Egerding · Die Metaphorik der spätmittelalterlichen Mystik, Band 2

MICHAEL EGERDING

Die Metaphorik der spätmittelalterlichen Mystik

Band 2:

Bildspender – Bildempfänger – Kontexte.
Dokumentation und Interpretation

Ferdinand Schöningh
Paderborn · München · Wien · Zürich

Die Deutsche Bibliothek – CIP-Einheitsaufnahme

Egerding, Michael:
Die Metaphorik der spätmittelalterlichen Mystik / Michael Egerding. – Paderborn;
München; Wien; Zürich: Schöningh
ISBN 3-506-72186-0

Bd. 2. Bildspender – Bildempfänger – Kontexte: Dokumentation und
Interpretation. – 1997

Umschlaggestaltung: INNOVA GmbH, D-33178 Borchen

Gedruckt auf umweltfreundlichem, chlorfrei gebleichtem
und alterungsbeständigem Papier ∞ ISO 9706

© 1997 Ferdinand Schöningh, Paderborn
(Verlag Ferdinand Schöningh GmbH, Jühenplatz 1, D-33098 Paderborn)

Alle Rechte vorbehalten. Dieses Werk sowie einzelne Teile desselben sind urheberrechtlich
geschützt. Jede Verwertung in anderen als den gesetzlich zugelassenen Fällen ist ohne vorherige
schriftliche Zustimmung des Verlages nicht zulässig.

Printed in Germany. Herstellung: Ferdinand Schöningh, Paderborn

ISBN 3-506-72186-0

Für Elisabeth

TEIL III

UNTERSUCHUNG DER METAPHORIK IN TEXTEN DER DEUTSCHSPRACHIGEN MYSTIK DES 13. UND 14. JAHRHUNDERTS

BEHANDELTE AUTOREN

A. Mechthild von Magdeburg
B. David von Augsburg
C. Meister Eckhart
D. Johannes Tauler
E. Heinrich Seuse
F. Margaretha Ebner
G. Heinrich von Nördlingen

ALPHABETISCHES VERZEICHNIS DER EINZELNEN ARTIKEL

Im folgenden wird für jeden Autor (A-G) angegeben, auf welcher Seite die betreffende Metapher zu finden ist.

A

abbrechen...E:134
abegan...B:201; C:202; D:207; E:212; F:215
abelegen...C:23
abelegunge...C:23
abeloesen...C:23
abenemen...B:692; C:693; D:696; E:697
abent(-lieht)...B:562; C:563
abentbekentnis...E:566
abescheiden...C:24; D:29; F:32
abescheidenheit...C:24; D:29; E:30; F:32
abeschelen...C:339;
abevallen...C:594; D:600; E:604; G:607
abeziehen...B:734; C:737; D:741; E:747
abgang...D:207;
abgescheiden...C:24; D:29; E:30
abgrunt/abgründicheit...A:279; B:282; C:283; D:290; E:303; G:307
abgruntlich...D:291
abstreichen...D:33;
abeval...C:594; E:604
abwaschen...E:461
abwerfen...C:706
abzug...E:747
ader...A:33; D:33; E:34; G:34
affe...A:35
anbeizen...E:334
aneblik...C:84

anebliken...E:90
anehangen/anhang...A:319; C:319; D:320; E:321
anerüeren...C:62
aneschouwen...C:85
anesehen...C:85; D:88
aneziehen...C:737
angel...A:37; D:37; E:37
anhaften...B:315; C:316; D:317; E:318
anker...D:38
ankern...D:38
ankleben...C:343; E:345
ansehen...D:88
apotek...E:250
arn...A:35
artedine/arzatine...A:245; G:253
arzat...A:245;E:250
arztenie...A:245; G:253
ast...E:128
atem...A:39

B

babest...A:39
bach...A:42; B:42
backen...B:331
balsam...E:250
bant...A:46; B:48; D:51; E:53; F:55; G:57
barfuos...A:97

bedecken...A:175; C:175; D:177; E:178
bedecket...C:175; D:177; E:178
bedeckunge...E:178
begiessen...B:256; C:258; D:262; G:269
begraben...A:60; E:60
behaften...B:315; C:316
behangen...C:319
beheften...B:315; E:318
bere...A:35
beregnen...G:455
berg...A:58; D:59; E:59
berhaft...E:235; G:240
berhaftikeit...E:235
berüerede...A:61; F:67; G:67
berüeren/unberuerlich...A:61; C:61;
    D:65; E:66; F:67; G:68
beschatewen...C:451
besinken...E:490
besliezen...A:500; B:501; C:502; D:505;
    E:507; F:508; G:509
besoufen...E:586
bevangen...A:608
bevleken...A:325; D:328
bevlekt...A:325
binden...A:46; B:48; C:49; D:51; E:53;
    F:55; G:57
binder...F:55
bindung...F:55
bitter...B:72; C:74; D:76; E:78; F:81
bitterkeit...A:69; B:72; C:74; D:76; E:78
biwonen...A:712; B:714; E:720
biwonunge...B:714; C:715
blenden...E:396
blik...D:88
bliken...A:84; C:84; D:88
blinder...A:92; G:96
blint/blintheit...A:92; B:93; C:93; D:94;
    E:95; G:96
bloezen...C:98; D:103
blôz/entbloezt...A:97; B:97; C:98;
    D:103; E:105; F:108; G:108
blôzheit...C:98; D:103; E:105
bluejunge...A:109
bluejen...A:109; B:112; C:112; D:116;
    G:122
bluejend...A:109; C:112; D:116; E:120
bluome...A:109; C:113; D:116; E:120
bluomen...A:109
bluomenberg...A:58

bluomend...A:109; E:120
blúte...D:116
boden...D:291
böugen...D:125
boum...A:127; D:127; E:128
boumgarten...A:127
brant...C:675; D:680; G:688
brechen...C:129; D:133; E:134; F:136
brot...A:329; B:331
brunne...A:137; B:138; C:139; D:142;
    E:143; G:145
bruoder...A:179
brut/trut...A:147; C:150; D:152; E:153
brutbett...A:147; D:152; G:157
brutgam...A:147; D:152
buckeler...D:466
buoch...A:158; E:158
burg...B:160; E:164
buwen...D:165; E:166

C

claeren...A:166; G:174
clar...A:166; B:168; C:169; D:170;
    E:172; F:173; G:174
clarheit...A:166; B:168; C:169; D:170;
    E:172; F:173; G:174
clot...A:174

D

dannantragen...D:572
daranheften...B:315
dienstman...A:40
dirne...A:179; B:181; D:183
doenen...E:342
doerren/erduerren/(ver-)torren...D:196;
    E:198
druk...D:189; E:191; G:194
druken...A:186; B:186; C:187; D:189;
    E:191; F:193; G:194
dunkel/dunster...D:387
dünsternis/verdunsterunge...C:376;
    D:386; E:396
durbrechen...C:129; D:133; E:134
durchbruch...D:131
durchgang...D:207
durchglesten...E:396
durchglestig...G:407
durchgründen...B:282; G:308

durchklert...F:173
durchlúhten...A:360; B:369;C:376;
    F:404;G:406
durchschiessen...E:473; G:473
durchschus...G:473
durchsehen...D:89
durchvliegen...B:621
durchvliessen...A:624; D:643
durchvliessunge/durchvluz...A:625;
    C:634
durchgan...A:199; C:202; D:208; E:212;
    G:216
durchgiessen...A:255; B:256; C:258;
    D:262; E:265; F:268; G:269
durlúhtend...B:369; E:395
dúrr...A:195; D:196; E:198
dürre...B:196; E:198
durschinen...A:360; G:44
dursmelzen...E:527
durwunden...E:250

E

einoede...A:722; C:723
entbloezunge...C:98
engegentragen...D:572; G:577
entbinden...A:46; E:53
entbloezen...C:98; D:103; E:105
entblúgen...C:112
entbrennen...B:671; E:684
entdecken/erdecken...C:175; D:177
entdekunge...E:178
entgân...A:200; C:202; F:215
entgangenheit...E:212
entgegengan...C:202
entgiessen...C:258; D:263; E:265
entgiessunge/entgossenheit...C:258;
    E:265
entgraben...E:60
entkleiden...A:346; C:348; D:350; E:351
entkleidunge...D:350
entlutern...D:424
entreinen...D:460
entschiessen...G:473
entsinken...A:478; C:481; D:483; E:490
entslafen...D:494
entslagen...E:499
entsliezen...C:502; D:505; E:507; F:508;
    G:509

entspringen...C:139; E:144
entsprunglichkeit...E:144
entsúvern...D:460; E:461
entvallen...A:592; C:595; D:600; E:604
entvarn...D:614
entvunken...A:664
entwahsen...C:693
entwerfen...C:706
entziehen...C:737
entzogenheit...E:747
entzúnden...A:665; B:671; C:675;
    D:681; E:685; G:688
entzúndunge...G:688
enzúnderin...B:671
(er-)steinen...D:544; E:545
ergiessen...C:258; D:263
erglüen...B:671
ergruenen...E:120
erhitzen...B:671; E:685
erklingen...E:342
erkuelen...A:659; E:662
erlúhten...A:360; B:369; C:376; E:395;
    F:405; G:406
erlúhtet/erliuhter...E:395; F:405
erlúhtunge...C:376; E:395; G:407
erspiegeln...D:534
erspillen...G:543
ersteint...E:545
erswingen...D:559; E:560
ertrenken...D:584
ertrinken...A:580
ervliessen...G:656
ervruren...A:659
erweichen...E:324
essen/toewen...A:329; D:333

F

fundament...A:279; D:291; E:303
fundieren...D:291
fúrst...A:39; D:40; E:41
fúrben...E:617

G

gan...A:199; B:201; C:202; D:207;
    F:215; G:216
geberer...E:235
geberlich/geborn...C:220; D:230; E:235

gebern...A:217; B:218; C:219; D:229; E:235; G:240
geberunge...C:219; E:235
gebirge...E:59
geborenheit...C:219
geburt...A:217; B:218; C:219; D:230; E:235; G:240
gedrukt...D:189
gegenblik...A:84
gejegede...D:338
gelten...A:242
gemahel...B:150; E:153; F:156; G:157
gemahelschaft...E:153
gemehellich...E:153
gesunt...F:253; G:253
gesuntheit...F:253; G:253
gevangen/ungevangen...A:608; D:609; E:610; G:612
gewülk...E:453
gibel...E:164
giessen...A:254; B:256; C:258; D:262; E:265; F:268; G:269
giessend...A:255; C:258
gift...E:272
glanz/glast...B:369; E:396; G:407
glesten...B:369
glizen...B:369
gluot...A:665
gold...B:273
gotvar...D:616
grendel...A:159
grif...F:274
griffen...F:274
groezen...D:276; E:277
grôz...C:274; D:276
grôzheit/groesse...C:274; D:276; E:277
gruenen...D:117; G:122
grundelos/ungruntlich...A:279; B:282; C:283; D:290; E:302; F:308; G:308
grundelosicheit...C:283
gründen...C:283; D:291
grundvesten...B:282; D:291; G:308
grunt...A:279; C:283; D:289; E:302; G:308
gruntveste...A:279; C:283; G:308
gúldin...B:273
guome...A:309; E:313; G:314
gúrten...D:52

H

haften...C:316; E:318
hangen...A:319; C:319; D:320
harniderswingen...A:558
heben...B:322
heften...B:315
heiz...A:665; B:671; C:675
hengen...A:319
(her-)uzquellen...D:142; E:144
herabtowen...E:453
herberge...A:158; B:160
hernidergan...A:200
hernidergiessen...A:255
herniderslagen...A:496; C:496; D:498; E:499
hert...B:322; D:323; E:324
hertekeit...B:322; D:323; E:324
heruzrúten...D:729
hervúrtreten...C:578
herzog...D:40
hingan...D:208
hinvart/himmelvart...E:615; G:616
hinwerf...E:709
hinwerfen...E:709
hinziehen...E:747; G:751
hitze...A:665; B:671; C:675; D:680
hizzig/inhizzig...C:675; E:685
hof...A:158; E:164
honicvluzz...B:630
honicvlüzzig...B:630
horwe...E:328
horwig...B:327
hunger...A:329; B:331; E:334
hungeric...A:329; B:331; E:334
hus...A:159; B:160; D:162
husfrowe...A:159
husgenosse...D:162
husrat...D:162
huswirt...A:159; D:162
hut...D:350

I

inblick...D:88; E:90
inblicken...D:88
inbrechen...E:134
inbruch...E:134
inbruchig...E:134
inburgheit...E:164

indruk/ingedrücketheit...C:187; E:191;
    F:193; G:194
indruken...C:187; E:191; F:193; G:194
ingan...C:202; D:108; E:112; G:216
inganc...B:201; C:202; D:208; E:212;
    G:216
ingebern...C:220; D:230; E:235; G:240
ingeberunge/ingeburt...C:220; E:235
ingeborn...C:220
ingedruket...C:187
ingiessen...A:255; B:256; C:258; D:263;
    F:268; G:269
ingiezunge/ingossenheit...B:256; F:268
inhangen...C:319; E:321
inlúhten...C:376; E:395; G:407
inluhtend...E:395
inpflanzen...D:729
inregnen...G:455
insenken...D:484
insinken...D:483
inslag...D:498; E:499
insliezen...B:501; C:502; D:505
insmelzen...C:524; D:525
insweben...C:549; E:551
inswingen...D:559; E:560
intragen...C:569; D:572; E:575; G:577
inval...C:595; D:600; E:604
invallen...C:595; D:600; G:607
invliessen...A:625; B:630; C:634;
    D:643; E:649; G:656
invliessend...D:643; E:649
invluz...C:634; D:644; E:649; G:656
inwerfen...D:709
inwonen...C:715; D:718; E:720
inziehen...B:734; C:737; D:742; E:747;
    F:750
is...E:453
isenin...E:336

J

jagen...A:336; B:337; C:337; D:338;
    E:338
juncvrouwe...A:179; C:181; D:183;
    E:184
juncvrouwelich...C:181; E:184; G:185
juncvröuwelicheit...C:181

K

kalt...A:659; C:661; D:661; E:662
kalten/erkalten/verkalten...A:659; D:661;
    E:662
kelte/kaltheit...D:661
kerker...A:608; C:609; E:610
kern...C:339; D:340
keyser...A:39
keyserinne...A:39; E:41
keyserlich...A:39; E:41
klang...E:342
kleben...A:343; C:343; D:344; E:345
klebicheit...D:344
klebrecht...D:344
kleiden...A:346; B:347; C:348; D:350;
    E:351; G:353
klein...C:274; D:276
kleinheit...C:274; D:276; E:278
kleit...A:346; B:347; C:348; D:350;
    E:351
klimmen...A:353; C:354
klingen...A:342
kloster...D:356
kluse...E:356
kouf...D:243
krank/krankheit...A:244; B:247; D:247;
    E:250
krisen...A:357
krúzigen...A:357; D:357
kuelen...A:659
kúlunge...A:659
kúnic...A:39; E:41
kúnigin...A:39
kúniglich...D:40; E:41
kuss...A:147; B:150; C:150; D:152;
    E:153; F:156; G:156
kússen...A:147; B:150; D:152; E:153
durkússen...A:148; E:153
kúwen...B:331; E:334

L

lache...E:328
lamp...A:35
laterne...B:369
liebbrief/minnebrief...A:358; E:358
liechtvar...D:616
lieht...A:359; B:368; C:375; D:386;
    E:395; F:404; G:406

lúhten...A:360; B:369; C:375; D:386;
    E:395; F:404; G:406
liht (Adj.)...B:369; E:395
lire...A:538
loesephant...A:242
loewe...A:35
louf...D:411
loufen...D:411
luhtend/verluhtet...A:360; E:395; F:404
luhter...A:360
lúhternisse...A:360
luhtevas...A:360
luogen...C:84
luter...A:412; B:414; C:417; D:424;
    E:428; F:431; G:433
luterkeit/luterunge...A:412; B:414;
    C:418; D:424; E:428; F:432; G:433
lutern...A:413; B:414; C:418; D:424;
    E:428; F:432; G:433

M

maget...A:179; B:181; C:181; D:183;
    E:193
magtuom...A:179; C:181
majestat...A:40
malen...A:435
mane...A:435; E:439
mantel...A:346
mark...C:339; D:340; E:341; G:341
mase...E:328
megdlich...A:179; B:181; C:181; D:183;
    E:184; G:185
meie...E:440
meienris...E:440
meiental...E:440
meientow...E:440
mer...A:42; B:42; C:43; D:43; E:44;
    G:46
merstern...E:439
minnebotte...E:358
minnebuoch...E:358
minnenschrin...E:358
minneruot...E:358
minnevackel...E:358
mist...A:325; D:327
mitewonen...C:715
mitgebern...C:220
mittac...C:563

mittenmorgen...C:563
morgen(-lieht)...C:562
morgenbekentnis...E:566
morgenrot...E:566
morgenstern...E:566
muerden...A:441
müeterlich...C:181; E:184
muoter...A:179; B:181; C:181; D:183;
    E:184; F:185
mure...D:162

N

nachgraben...B:60
nachklank...E:342
nacket...A:97; E:105
naht...A:562; C:562; D:565; E:566
nas...D:196
nebel...D:452; E:453
nebelheit...E:453
negeln...E:358
nidersinken...A:478; C:481; D:483;
    E:490; G:492
nidertragen...E:575
nidertrucken...B:186; D:189
niderval...C:595; D:600
nidervallen...D:600
nidervliessen...A:625; C:634
niderwerfen...D:709
niderziehen...B:734; E:747

O

obsweben...E:551
or...A:309; D:312; E:313
ostertac...A:562; E:566
ouge...A:309; B:311; C:311; D:312;
    E:313; G:314

P

palast...A:158; B:160; D:162
pantzer...D:466
pfalz...E:164
pflanzen...A:727; C:727; D:729
phat...D:701; E:704
phrengen...E:192
phruonde...A:242
phuol...A:325
phuolig...A:325

porte...A:159; B:160; C:161; D:162; E:164
portener...D:162

Q

quelle...D:142
quellen...D:142

R

rain/unrein...A:456; B:458; C:459; D:460; E:461; F:462; G:464
rainigen...A:456; B:458; C:459; E:461; F:463; G:464
rainikait/unreinkeit...A:456; B:458; C:459; E:461; F:462; G:464
rainung...D:460; F:463
regen...A:450
rehnung...E:244
rif...E:453
ritter...E:467
ritterlich...E:467
ritterschaft...E:467
rock...B:347
ror...G:634
rost...B:469; D:469
rúchen...A:470
runs...E:44

S

sack...B:347
saejen/insaejen...C:470
saitenspiel...A:538; E:541
salbe...A:245; D:248
salben...A:245; E:250
same...C:470; D:471; E:472
sat...A:470
schale...C:339
schate...A:450; C:451
schiessen...G:473
schilt...D:466; E:467
schin...A:360; B:369; C:376; G:407
schinen...A:360; C:376
schinende...D:386
schoss...D:472
schouwen...C:84; D:88; E:90
schouwunge...C:84; D:88; E:91
schrin...E:474

schuole...B:475; D:476; E:476
schuolgenosse...B:475
schuolkint...B:475
schuolmeister...A:475; B:475
sclinge...A:47
sclússel...A:500
sehen...C:85; D:88
senken...B:481; D:484; E:490
siech...A:244; D:247
sinken...A:478; B:481; D:483; E:490; G:492
sinkend...A:478
sinkunge/sunk...A:478; D:483
slaf...A:493; D:494
slafen...C:494; D:494; E:495
slag...A:496; C:496; E:499
slagen...A:496; C:496; D:498
slange...A:35
sliezen...B:501; C:502; D:505; E:507; F:508
sloiffen...D:509
sloz...B:501; C:502; E:507
slund...D:291
smak...A:510; B:511; C:512; D:516; E:519; F:521; G:521
smeken...A:510; B:511; C:512; D:515; E:519; G:521
smekend/unsmeklich/smackhaft...A:510; B:511; C:512; D:515; E:519; G:521
smelzen...A:523; C:524; D:525; E:527
smelzend...A:523
sne...E:453
spannen...D:529; E:529
speculieren...E:535
spiegel...A:530; B:531; C:533; D:534; E:535; G:537
spiegelberg...A:530
spiegelglas...B:532
spiegellich...D:534; E:535
spil...A:538; C:540; D:540; E:541; F:543
spilen/spilend...A:539; C:540; D:540; E:541; G:543
spilunge...A:538
spise...A:329; B:331; D:332; E:334; F:335; G:335
spisen...A:329; B:331; D:332; E:334; F:335; G:335

springen...A:137; C:139; D:142; E:144; G:145
staehlin...E:336
stam...D:127
stapf...E:704
steg...E:704
stein...D:544
steinin...D:544; E:545
sterben...A:441; C:442; D:445; E:447
stigen...A:353
stilheit/stille/stilnis...B:552; C:552; D:553; E:555
still...C:552; D:554; E:555
stillen...D:553; E:555
stinken...A:325
stob...A:325
stoss...F:546
stossen...A:546
stral...A:472; D:473; E:473; F:473
strick...A:47; D:52; E:53
strit...A:465; E:467
striten...A:465
sturm...A:450; C:452; D:452
stürmen...A:450; D:452
stürmend...A:450; C:451
suchtbrunne...B:138
sugen/soegen...A:476; E:477; G:477
suger...E:477
súle...D:291
sumpf...A:325
súndentragerin...G:577
sunne...A:435; B:436; C:437; D:438; E:439; G:440
sunneglast...B:436
sunnenschein...B:436
sur...A:69; D:76; E:78
surekeit...A:69
súss...A:69; B:72; C:74; D:76; E:78; F:81; G:83
süssekeit/sússe...A:70; B72; C:74; D:76; E:79; F:81; G:83
swanger...D:230; E:235
swank...A:558; D:559; E:560
sweben...A:546; C:549; D:550; E:551; G:551
swert...A:465; B:466; D:466
swester...A:179; D:183
swigen...D:553
swigen (Subst.)...C:552; D:553; E:555

swimen...A:556; D:557; E:557
swingen...E:560

T

tabern...E:586
tabernackel...D:561
tac...C:562; D:565; E:566
tal...A:58; D:59
tempel...C:161; D:162
tjust...E:467
toeten...A:441; B:442; C:442; D:445; E:447
toetunge...D:445
tohter...A:179
tolde...D:711; E:711
tot...A:441; C:442; D:445; E:447
toufen...C:567
tow...A:450; E:453
tragen...A:567; B:568; C:569; D:572; E:575; G:577
trank...A:580; E:586; F:589; G:589
trenken...A:580; B:583; D:584; E:586; F:589; G:590
treten...C:578; D:579; E:580
trinken...A:580; B:583; D:584; F:589; G:589
triskamer...A:159
tropfen...C:43; D:43; E:44
truchenheit...E:198
truken...E:198
trunken...A:580; B:583; D:584; E:586; G:590
trunkenheit...B:583
tube...A:35
turst/turstig...A:580; D:584; E:586; F:589; G:589
túrsten...A:580; D:584; E:586; G:589

U

úberclar...A:166
úberflug...E:623
úberfüllt...G:269
úbergan...B:201; C:202; D:208; E:213; F:215
úberganc...D:208
úbergiessen...B:256; C:259; D:263; F:268; G:269
úberglestend...G:407

übergolt...B:273; E:273
übergus...D:263; G:269
überheben...B:322
überklimmen...D:356
überrock...B:347
übersezzen...E:615
überslag...D:498
überspringen...C:140; G:145
überswank...D:559
übersweben...C:549; G:551
übertragen...C:569
übertreten...C:578; D:579
übervallen...D:600
übervarn...D:614; E:615
übervart...D:614; E:615
übervliegen...B:621
übervliessen...A:625; C:634; D:644
übervliessend/übervlüssig...A:625;
    B:630; C:634; D:644; E:649; F:654;
    G:656
übervluz/übervlüssigkeit...A:625; C:634;
    D:644; E:649; F:654
überwahsen...D:695
überwerfen...C:707
(uf-)lupfen...E:412
ufbluejen...A:109
ufbrechen...C:129
ufbuwen...D:165
ufval...D:600
ufgan...A:200; C:202; D:208; E:213;
    F:215
ufganc...D:208; E:213
ufgezogenheit/ufzug...A:732; E:747
ufgezogenlich...E:747
ufgúrten...D:52
ufheben...B:322
ufhenken...E:321
ufklimmen...C:354; E:356
ufklimmend...C:354
uflupfen...E:412
ufruken...A:591
ufsehen...C:85
ufsliezen...A:500; C:502; D:505; E:507;
    F:508; G:509
ufspringen...E:144
ufstan...D:614
ufstigen...A:353
ufstigend...A:353
ufstigunge...A:353

ufswenken...E:560
ufswimen...D:557
ufswingen...A:558; E:560
uftragen...C:569; D:573; E:575; G:577
ufvarn...D:614; E:615
ufvart...D:614
ufvlammen...E:684
ufvlammend...E:685
ufwahsen...B:691; D:696
ufziehen...C:737; E:747; G:752
ufzug...A:732
ufzucken...A:732; B:734
umbehalsen...A:148; B:150
umbehalsunge...A:148
umbesliezen...E:507
umbevang...C:151; D:152; E:153; G:157
umbkleiden...E:351
umbtragen...E:575
umbvahen/umbevangen...A:148; C:150;
    E:153; F:156; G:157
umbvlússen...G:656
unbedecket...C:175
undergan...D:208; G:216
undergang...D:208
undergezogenheit...E:747
undergründen...E:303
undersliezen...C:502
undertrucken...D:189
undertruk...E:192
underval...D:600
unflat...A:325; D:327; E:328
unluter...C:418
unsmak...C:512; E:519; G:521
unzerbrochen/unerbrochen/ungebrochen..
    .E:134; G:137
urspringen...G:146
usdruken...E:192
usgedrukt...E:192
usgruonen...E:120
uslihen...A:242
usqual...E:143
usquellen...D:142; E:144
usruns...E:44
usswigen...D:553
ustowen...E:453
ustragen...C:569; E:575
usvarn...A:613
usvart...A:613; E:615
uswal...E:44

uzbluejen...C:112; G:122
uzbrechen...C:129; D:133; E:134; F:136; G:137
uzbruch...C:129; E:134; G:137
uzgan...C:202; D:208; E:213; F:215; G:216
uzganc...B:201; C:202; D:208; E:213; G:216
uzgebern...C:220; D:230
uzgiessen...A:255; C:259; D:263; E:265; G:269
uzgus/usgossenheit...E:266; G:269
uzlouf...D:411
uzloufen...D:411
uzlúhten...C:376; E:395; F:405; G:407
uzslac...C:496; E:499
uzsliezen...C:502; E:507
ûzsmelzen...C:524; D:525
uztrinken...A:580
uzval...D:601
uzvallen...B:593; D:601
uzvliessen...A:625; C:634; D:644; E:649; F:654; G:656
uzvluot...A:625
uzvlüssig...A:625; C:635; D:644; E:649
uzvluz...A:625; B:630; C:635; D:644; E:649; G:656
ûzwerfen...C:707
uzziehen...A:732; C:737; D:742; E:747
uzzucken...B:734

V

vackel...E:396
val...A:592; B:593; D:600; E:604
vallen...A:592; B:593; C:594; D:600; E:604; G:607
vangen...A:608; E:610; F:611
vanknus/gevengnis...A:608; D:609; E:610; F:611; G:612
varn/durchvarn...A:613; C:614
varwe...D:616
vater...A:179
vaz...A:617; C:618; D:619; E:619; G:619
veder...A:620; B:621
vehten...A:465; G:469
vel...B:347; C:348; D:350
venster...B:160

(ver)brennen...A:664; B:671; C:675; D:680; E:684; F:687; G:687
verbinden...C:49; D:52
verdruken...D:189; E:192; G:194
verdúnstern...D:387
verfulen...D:327
vergan...F:215
vergiessen...B:256; G:269
vergiftekeit...A:271; D:272
vergiften...D:271; E:272
vergiftet/vergiftig...D:271; E:272
verherten...D:323
verkleben...E:345
verkleinen...C:275; D:276; E:278
verkleinunge...D:276
verkoufen...A:242
verkuelen...E:662
verloeschen...D:681; E:685
versenken...C:481; D:484; E:490; G:493
versinken...A:478; B:481; C:481; D:483; E:490; G:492
versinkend...D:483
verslinden...D:333
versliezen...C:502; D:405; E:507; F:508
versmelzen...C:524; D:525; E:527; G:527
versoufen...D:584; E:586
verstopfen...A:620
verstricken...D:52; E:53
versunken...D:483
verswemmen...E:557
verunlutern...D:425
verunreinen...E:461
vervallen...B:593; D:601; E:604
vervinstern...A:361
vervliessen...C:635; D:644; E:649
vervlossen...E:649
vervlossenheit...D:644
verwerfen...C:707
verworfenheit...C:707
verzogen...F:750
vinster...A:361; B:369; C:376; D:387; E:396; G:407
vinsternis...A:360; B:369; C:376; D:387; E:396
vlamme...A:664; G:688
vlammen...E:688
vlekke...A:325; B:327; D:328

vliegen...A:620; B:621; D:622; E:623; G:623
vliessen...A:624; B:630; C:633; D:643; E:649; F:854; G:655
vliessend...A:624; D:643; E:649
vloezen...E:649; G:656
vlug...A:620; G:623
vlúgel...A:620
vluot...A:624; C:634
vluz...A:624; B:630; C:634; E:649; F:654; G:655
vluzganc...B:630
vlúzzig...F:654
voegtin...A:40
vorburg...A:158
vorgan...C:203; G:216
vorganc/vúrgang...D:208
vorhof...E:164
vorlof...E:411
vorlofer...E:411
vorlúhten...G:407
vorsmak...D:516; E:519; G:521
vorsmeken...G:521
vorspil...E:541
vorspilen...D:540; E:541; G:543
vortragen...E:575
vruht...A:109; C:113; D:116; E:120; G:122
vruhtbar...A:110; C:113; D:117; E:120; G:122
vruhtbarkeit...C:113; D:117
vrúhten...C:113
vrúndin...A:179
vúelen...A:663; D:663
vúelunge...A:663
vúhten...A:195
vunke...A:664; C:675; D:680; E:685; G:688
vúr/vúrig...A:664; B:671; C:675; D:680; E:684; G:687

W

wafen...A:465; D:466
waffenen...A:465; D:466
waffenkleit...A:465; E:467
wag...E:44
waggusz...G:46

wahsen...A:691; B:691; C:693; D:694; E:697
walt...E:128
want...A:159
warm/erwermen...B:671; D:681
wartespil...E:541
waschen...A:456; D:460; F:463
wasser...A:42
wecgeselle...B:699
weg...A:698; B:699; C:700; D:701; E:704; F:705; G:706
wegeleiter...B:699
wegen...A:242; D:243; E:244
wehsel/wehselung...A:242
weich...D:323; E:324
werfen...C:706; D:709; E:709
weter...E:453
widerblick...E:90
widerböugen...D:125; E:126
widerböugunge...D:125; E:126
widergang...D:208
widergebererin...D:230
widergebern...C:220; D:230; E:235; G:240
widergebernd...C:220
widergebornheit...E:235
widergeburt...E:235
widergelt...A:242; D:243
widerglast...E:396
widerglenzen...B:369; E:396
widerglenzend...E:396
widergruenen...E:120
widerinwal...E:44
widerkaphen...D:88
widerlouf...D:411
widerlúhten...E:395; G:407
widerschiessen...G:473
widerslac...C:496; E:499
widerslagen...C:496
widertragen...D:573; E:575
widertruken...D:189
widervechten...D:466
widervliessen...D:644; E:649; G:656
widervlözen...E:649
widervluz...A:625; D:644; E:649
widerwegen...A:242
widerziehen...E.747
winkel...D:162; E:164
wint...A:450; E:453

winter...D:452
wîp...C:181
wipfel...C:710
wolf...A:35
wolke...D:452
wonen...A:712; B:714; C:715; D:718; E:720; G:721
wonunge...A:712; B:714; C:715; D:718; E:720; G:721
wüest...D:724; E:726
wüeste/wüestenunge...A:722; C:723; D:724; E:726
wunde...A:245; D:248; E:250; G:253
wunden...A:245; D:248; E:250; G:253
wunt/verwundet...A:244; D:248; E:250; G:253
wurm...A:35; D:36; E:37; G:37
wurmstichig/wurmfressig...D:36
wurtze...A:510
wurtzgarten...G:731
wurz...E:731
wurzel...C:727; D:729; E:731; G:731
wurzeln/inwurzeln...B:727; C:727; D:729; E:731; G:731

Z

zerbrechen...A:128; B:129; C:129; D:133
zergiessen...E:266
zerspannen...E:529
zerspringen...E:144
zertennen...E:529
zervliessen...B:630; C:635; E:649; F:654; G:656
zerziehen...D:742
zesamensliezen...C:502
zesamenbinden...A:46; C:49
zesamenhaften...C:316
zesamenheften...B:315
zesamenknúpfen...A:47
zesamenziehen...B:734
ziehen...A:732; B:734; C:736; D:741; E:747; F:750; G:751
zucken...B:734
zug...A:732; E:747; G:751
zuker...A:70
zúnden...G:688
zuobinden...C:49; D:52
zuogan...F:215
zuohaften...B:315; C:316; D:317
zuohangen...C:319
zuolegen...C:23
zuolîmen...C:49
zuonemen...B:691; C:693; D:696; E:697
zuoslagen...D:498
zuosliezen...D:505; E:507
zuostigen...A:353
zuotragen...C:569; D:573
zuoval...C:595; D:601; E:604
zuovallen...C:595; D:601; E:605
zuovallend...C:595; E:605
zuovliessen...A:625; B:630; G:656
zuowerfen...C:707; E:709

VORBEMERKUNG

Der systematischen Erfassung und Beschreibung der Metaphorik[1], die im Mittelpunkt des vorliegenden Teils steht, liegen folgende Gesichtspunkte zugrunde:

(1.) Die einzelnen Autoren werden in der oben genannten Reihenfolge behandelt, wobei das Fehlen eines Autors als Hinweis darauf zu verstehen ist, daß für die betreffende Metapher bei diesem Autor kein Beleg zu finden ist.

(2.) Das Metaphernverzeichnis ist alphabetisch nach Bildspendern[2] geordnet. Da die meisten Artikel mehrere Bildspender umfassen, wurde so verfahren, daß für die entsprechende alphabetische Einordnung der einzelnen Artikel der Anfangsbuchstabe desjenigen Bildspenders maßgeblich ist, mit dessen Behandlung der jeweilige Metaphernartikel beginnt. Z.B. ist der Artikel zur Fließmetaphorik unter 'v' zu finden, weil *vliessen* die erste in diesem Artikel behandelte Metapher ist. Um das Auffinden der einzelnen Bildspender zu erleichtern, wurde Teil III ein Inhaltsverzeichnis vorangestellt.

(3.) In zahlreichen Artikel wurden mehrere Bildspender zu Vorstellungskomplexen zusammengefaßt. Dabei war nicht beabsichtigt, Bildfelder zu erstellen[3]; vielmehr handelt es sich um eine Zusammenstellung unter pragmatischen Gesichtspunkten, wobei neben morphologischen Kriterien (vgl. *vliezzen, vluz, invliezzen, vluzgang*) der Aspekt leitend war, daß sachlich verwandte Bildvorstellungen oft innerhalb eines Textabschnittes gemeinsam auftreten; daher wurden z.B. *siech, gesunt, salbe, arztenie, arzt* in einem Artikel zusammengefaßt.

(4.) Die sich zu Beginn des Artikels findende Auflistung aller Bildspender gibt die Reihenfolge an, in der diese bei allen Autoren behandelt werden.

(5.) Die Bildempfänger, die in jedem Artikel hinter dem entsprechenden Bildspender aufgelistet sind, werden in zweifacher Hinsicht genauer bestimmt: (a) in dem Fall, daß ein Bildspender keinem Bildempfänger direkt zuzuordnen ist, wird bei der Auflistung der Bildempfänger der Eintrag 'o.BE' vermerkt; (b) wenn der Bildempfänger in einer metaphorischen Aussage, in der der Bildspender durch ein

---

[1] Die Auflistung und Beschreibung der Metaphorik in Teil III berücksichtigt alle Metaphern, die für den Metapherngebrauch eines Autors relevant sind. Dabei ist eine größtmögliche Breite anzielt, Vollständigkeit aber nicht beabsichtigt.
[2] Zur Begrifflichkeit vgl. Teil I, Kap. 1.
[3] Zur Problematik der Erstellung von Bildfeldern vgl. Eugenio Coseriu, Grundprobleme der strukturalen Semantik, aaO, S. 24f; ders., Einführung in die strukturelle Betrachtung des Wortschatzes, aaO, S. 15,109f; sowie die Zusammenfassung der Kritik Coserius bei Hans Geckeler, Zur Wortfelddiskussion, aaO, S. 168f.

Verb gebildet wird, als Patiens fungiert, wird nach der betreffenden Belegstelle '(Pat)' notiert.

(6.) Die Reihenfolge, in der die Bildempfänger aufgeführt werden, richtet sich nach den Anforderungen, die sich aus der Absicht ergeben, die Beschreibung der vielfältigen metaphorischen Aussagen so systematisch wie möglich zu gestalten. Den unter einem Bildspender aufgelisteten Bildempfängern samt den dazugehörigen Belegstellen kommen somit verschiedene Aufgaben zu: Zum einen gliedern sie die sich anschließende Metaphernbeschreibung; zum anderen liefern sie die Daten, auf denen alle weiteren Ausführungen basieren.

(7.) Die hinter den jeweiligen Bildempfängern aufgeführten Belege beziehen sich auf die in Teil I, Kap. 5 angegebenen Textausgaben. Bei Mechthild von Magdeburg dient Buch, Kapitel und Zeilenangaben als Belegnachweis. Bei David von Augsburg, Tauler, Seuse und Margaretha Ebner wurden Seite und Zeile, bei Meister Eckhart Band, Seite und Zeile angegeben. Bei Heinrich von Nördlingen erscheint als Beleg Nummer und Zeile des Briefes, in der die betreffende metaphorische Aussage zu finden ist.

(8.) Jede Ordnung hat ihre Probleme. Deshalb wurde so verfahren, daß in jedem Fall den Eigentümlichkeiten der untersuchten Metaphorik sowie den Erfordernissen der Darstellung Vorrang vor der Einhaltung der unter (2.) - (3.) genannten Gliederungsaspekte eingeräumt wurde.

abelegen (1.)/ abelegunge (2.)/ zuolegen (3.)/ abeloesen (4.)

C. Meister Eckhart

1. *abelegen*
1.1. *mensche* (II 14,1; 107,4; 565,12; 571,15; 630,5; III 78,5; 166,3; 345,10; V 45,15)
1.2. *allez niht* (I 185,3(Pat))
1.3. *nemelicheit* (I 56,3(Pat))
1.4. o.BE (I 401,7(Pat))
1.5. *sêle* (II 632,5)

2. *abelegunge*
2.1. *mensche* (I 162,14)

3. *zuolegen*
3.1. o.BE (I 401,8(Pat); 361,4(Pat))

4. *abeloesen*
4.1. o.BE (I 120,1(Pat))
4.2. *sêle* (III 130,1f(Pat))
4.3. *krefte* (I 120,2; 120,10(Pat))
4.4. *mensche* (I 120,5(Pat))
4.5. *bekantnis* (I 314,6; 315,6)
4.6. *name* (II 532,1(Pat))
4.7. *wârheit* (II 571,14)

1.1. – 1.5.: Eckhart verleiht dem Vorgang, der sich auf die Entfernung alles Unterschiedenen durch den Menschen richtet, Konturen des *abelegen*. Zunächst ist dieses Geschehen für die Gottesbeziehung von Bedeutung: Wenn der Mensch alles Individuelle beseitigt, "*sô wirt got dîn eigen, als er sîn selbes eigen ist...*" (II 107,5f; vgl. III 78,5). Unter dem Aspekt des Seins gedacht, heißt dies, daß der Mensch alles Kreatürliche, für Eckhart "*alles daz niht ist*" (I 185,3), entfernen muß, um die Fülle des Seins zu erhalten. Wenn der Mensch ganz authentisch Gott empfangen will, verlangt dies auch, daß alle *nemelicheit* (s.I 56,3), auch die Wahrheit, die die zweite trinitarische Person ist, von Gott genommen wird: "*Swaz ein ist, dâ ist al ander abegeleget; mêr doch daz selbe, daz dâ abegeleget ist, daz selbe daz ist zuogeleget, in dem daz ez andert.*" (I 401,7f)

Einen weiteren Schwerpunkt des Gebrauchs der Metapher *abelegen* bildet die Beziehung des Menschen zu Jesus Christus. Eckhart führt dazu aus, daß der Mensch nur dann ganz authentisch die Wahrheit, die Jesus Christus ist, zu erkennen vermag, wenn sich der Mensch von positiven wie negativen Empfindungen getrennt hat (s.III 166,3). Nur wenn der Mensch dadurch letztlich auch sich selbst zurückgelassen hat, kommt es zur Begegnung mit ihm (s.V 45,15f). Die Seele könnte - Eckhart formuliert hypothetisch - sogar Jesus Christus selbst werden, wenn es ihr gelänge, die *gropheit* ihres Seins zu beseitigen (s.II 632,4f). Dann könnte sie auch die *einunge* zwischen Gottvater und Christus erwerben (s.II 14,1).

2.1.: *Üebunge* und *abelegunge* gelten Eckhart als vom Menschen zu realisierende Voraussetzung, um das göttliche Licht empfangen zu können (s.I 162,14).

3.1.: s. 1.1.-1.5.

4.1. – 4.7.: Im Bild des *abeloesen* erscheint das Geschehen, dem der Mensch alles Akzidentelle an sich unterwerfen muß, damit es zur unio mit Gott kommen kann (s.I 120,1) bzw. die Seele ihre *blôze natûre* und damit ihre Vollkommenheit erlangen kann (s.III 130,1f). Durch die Seelenkräfte (die selbst, je weiter sie vom Kreatürlichen entfernt sind, desto mehr Freiheit von aller kreatürlichen Determination haben (s.I 120,10)) wird der Mensch befreit von aller endlichen Bestimmung und gelangt in Gott (s.I 120,2.10). Dort befreit *bekantnis* Gott von allen ihm fremden Bestimmungen und tritt direkt mit ihm in Kontakt (s.I 315,6f). Dies vermag die *bekantnis* jedoch nur, indem sie alle vom Menschen auf Gott projizierten Gedanken, ihr eigenes Anderssein sowie ihre Distanz zu Gott beseitigt: *"si loeset abe und scheidet sich abe und loufet vor und rüeret got blôz..."* (I 315,6f). Gegenüber allen Gott fremden Bestimmungen und Bezeichnungen weiß Eckhart aber auch, daß es eigentliche Bezeichnungen Gottes gibt; diese dürfen jedoch in keinerlei Zusammenhang mit anderen Dingen stehen (s.II 532,1).

abescheiden (1.)/ abegescheidenheit (2.)/ abgeschaiden (3.)

C. Meister Eckhart

1. *abescheiden*
1.1. *mensche* (II 268,54; 274,3f; 319,2; 343,10; 381,3; III 336,3; 344,3; V 284,1; 431,4)
1.2. *bekantnis* (I 315,5f)
1.3. *vernünfticheit* (III 169,2; 170,1; 179,8f)
1.4. *kraft* (I 328,8f)
1.5. *sêle* (II 561,2)
1.6. *vremdez* (II 549,3f(Pat))
1.7. *bilde* (III 437,13(Pat))
1.8. *abegescheidenheit* (V 432,9f)
1.9. o.BE (III 151,9)
1.10. *himel* (I 403,2)

2. *abegescheidenheit*
2.1. *got* (V 407,8; 412,5; 414,3.8; 416,5)
2.2. *Jesus Christus* (V 408,4; 419,5 f.8)
2.3. *Maria* (V 408,5f.7.8; 409,2f)
2.4. *inganc* (V 428,6f)
2.5. *geist* (I 170,8f)
2.6. *verstentnisse* (I 250,11)
2.7. o.BE (II 528,5; III 301,10; V 280,6; 401,6.7.10; 402,3.5; 403,1f.4.7.11; 404,1.3.6.8; 405,1.3.4.10; 406,2f.8; 409,7; 411,6.11f; 412,3; 413,5; 422,4.6f; 423,1.2f; 428,4; 430,12; 431,9; 432,7; 434,1.3)

3. *abgeschaiden*
3.1. *mensche* (I 119,8; 250,7f; II 109,1; III 275,3; 279,5; 343,4; V 284,1)
3.2. *sêle* (III 130,1; 266,9; 440,4)
3.3. *herze* (V 404,6; 425,4; 426,3 f.6.9; 428,12; 429,4; 430,2f)
3.4. *lûterkeit* (V 426,7.9)
3.5. *geist* (I 162,3; 251,4.6; V 411,5)
3.6. *gemüete* (V 280,6)
3.7. *kraft* (II 53,1; V 11,7)
3.8. *wesen* (III 265,4f)
3.9. *minne* (II 41,4; 43,6f; 45,7.10; 46,4f)
3.10. *tugent* (II 44,3; 361,3)
3.11. o.BE (II 42,3)
3.12. *abekeren* (V 205,12f)
3.13. *name* (II 372,5f; 539,36)

1.1.: Die Tätigkeit, durch die der Mensch den Kontakt aufhebt zu allem Zufälligen (s.II 268,4), allen Kreaturen (s.II 319,2), überhaupt zu allem, was Unterschied am Menschen konstituiert (s.II 381,3), trägt für Eckhart Züge des mit dem Verb *abescheiden* ausgesagten räumlichen Vorgangs, der Distanz bewirkt und letztlich zur völligen Isolierung führt. Die ontologische Relevanz dieser metaphorisch gemeinten räumlichen Distanzierung von allem Kreatürlichen besteht für Eckhart darin, daß der Mensch eine neue Identität erhält. Genauerhin zeigt sich, daß die Entfernung alles kreatürlich Begrenzten und Unterschiedenen den Menschen unbegrenzt und göttlich macht: *"Scheit abe, daz dû noch diz noch daz sîst noch diz noch daz habest, sô bist dû alliu dinc und hâst alliu dinc; und alsô: bist dû noch hie noch dâ, sô bist dû allenthalben."* (III 336,3-5) Wenn der Mensch auf diese Weise alles, was nicht authentisch zur Seele gehört, entfernt hat, befindet sich die Seele im Bereich Gottes und ist *"mit gote ein bilde"* (II 344,1). Denn die Seele hat sich Gott, dessen *"eigenschaft* (ist), *daz niht vremdes in in envellet"* (II 344,1f), angeglichen, und der Mensch ist infolge der Beseitigung jeglichen Unterschiedes *ein sun* (s.II 381,3f).

Neben allem Kreatürlichen fungieren auch göttliche Qualitäten als Objekt der mit dem Verb *abescheiden* metaphorisch bezeichneten menschlichen Tätigkeit. Der Mensch will erreichen, indem er alles *"mitewesen der gotheit"* entfernt, daß er die Gottheit, wie sie in sich selbst ist, d.h. *blôz*, empfängt (III 344,4). Man muß dazu die äußerlichen (in Pr 40 zur verhüllenden Wirkung eines Kleides in Beziehung gesetzten) Bestimmungen Gottes wie Güte, Gerechtigkeit etc. beseitigen, um Gott authentisch zu erfahren (s.II 274,3f).

1.2. – 1.4.: Die *bekantnis* des Menschen besteht darin, daß sie sich Gott annähert, indem sie sich selbst in Distanz bringt zu allen bisherigen Bindungen; sie *"loeset abe und scheidet sich abe und loufet vor und rüeret got blôz und begrîfet in eine in sînem wesene."* (I 315,6f) Speziell der *vernünfticheit* wird in Bezug auf Gott die Fähigkeit zugesprochen, durch *abescheiden* von den Eigenschaften Gottes wie Güte und Wahrheit zu abstrahieren und bis in den *grunt* Gottes vorzustoßen (s.III 179,8f).

Ein anderes Ziel der Vernunfttätigkeit besteht darin, die Distanz des Menschen von Raum und Zeit zu bewerkstelligen (s.III 169,2). Als Subjekt dieser Tätigkeit, die durch Entfernung von allem Vielfältigen zur Vereinigung des Menschen mit Gott beiträgt, wird an einer anderen Textstelle eine nicht näher von Eckhart bestimmte *"kraft in der natûre"* genannt; sie *"scheidet abe daz gröbeste und wirfet ez ûz, und daz edelste treget si ûf."* (I 328,9)

1.5. – 1.7.: Die mit dem Verb *abescheiden* kombinierte Metapher *abescheln* trägt dazu bei, daß die vom Menschen auf Gott übertragenen Vorstellungen in ihrem Verhältnis zu Gott auf dem Hintergrund der Relation Schale-Kern gesehen werden. Wie die Schale müssen alle Attribute Gottes entfernt werden durch die Seele, damit sie Gott unverfälscht empfangen kann (s.II 561,2). Neben Gott ist die Seele selbst von der Tätigkeit betroffen, die mit den Metaphern *abescheln* und *abescheiden* umschrieben und im Hinblick auf die Seele noch ergänzt wird durch die Metaphern *liutern* und *enbloezen*. Der gemeinsame semantische Nenner der verschiedenen Metaphern besteht darin, daß die auf die Seele gerichteten Aktivitäten mit dem Ziel erfolgen, den ursprünglichen Zustand der Seele dadurch wiederherzustellen, daß alles Fremde, Zufällige und alle Bilder der Seele beseitigt werden (s.II 549,3f u.III 437,13). Das *"blôze wesen der selen"* vermag dann *"dem blose(n) formlose(n) wesen gotlicher einkeit"* zu begegnen (III 437,14f). Auffällig ist, daß die Veränderung der Seele von Eckhart postuliert wird, ohne daß jedoch - im Unterschied zu der auf Gott gerichteten Tätigkeit der Seele - ein Subjekt dieses Geschehens von Eckhart benannt würde.

1.8. – 1.10.: Als Wirkung der *abegescheidenheit* stellt Eckhart u.a. heraus, daß sie die Trennung von den Kreaturen und Einigung mit Gott bewirkt (s.V 432,9f). In Pr 23 erfolgt diese Trennung, wie Eckhart anhand der Entrückung des Hl. Paulus in den dritten Himmel darlegt, in verschiedenen Etappen. Der erste Himmel bedeutet ein *"abescheiden aller lîplichkeit"*, der zweite ein *"entvremden aller bildlichkeit"*, der dritte Himmel ein unmittelbares Erkennen Gottes (I 403,2f). Allgemein ist für die Situation, in der der Mensch sich *in abescheidenne* befindet, die gottentsprechende Haltung charakteristisch, infolge derer der Mensch nur noch das Eine sucht, das Gott selbst ist (s.III 62,4).

2.1. – 2.3.: Was der Mensch durch den Abscheideprozeß sich erst erwerben muß, ist bei Gott als permanenter Zustand realisiert. Mit der Metapher *abegescheidenheit* lädt Eckhart den Rezipienten dazu ein, sich diesen Zustand der Distanz Gottes zu aller kreatürlichen Wirklichkeit in Parallele zu einem Ort vorzustellen, der sich durch Abgelegenheit, Einsamkeit und Verbindungslosigkeit zur übrigen Welt auszeichnet. Von diesen Merkmalen her erhalten auch die göttlichen Eigenschaften *lûterkeit, einvalticheit* und *unwandelbaerkeit* ihre Plausibilität; denn diese gründen in der Distanz Gottes allem gegenüber, was in der Zeit an *zuovellen* entsteht (s.V 412,1f). Aufgrund der in der Metapher *abegescheidenheit* zur Sprache kommenden Transzendenz ist Gott auch nicht tangiert von der Inkarnation Jesu (s. V 407,8-10f) sowie von dessen gesamten menschlichen Geschichte (s.V 414,8) oder von Gebet und guten Werken des Menschen (s.V 414,3). Der Sohn selbst kennt trotz aller menschlichen Reaktionen (z.B. am Kreuz; s.V 419,6) in seinem Inneren den Zustand der Abgeschiedenheit (s. V 419,5f.8.13). In gleicher Weise zeichnet sich die Gottesmutter - obwohl ausschließlich Mensch - durch Abgeschiedenheit aus (s.V 408,6f).

2.4. – 2.6.: Durch die Abgeschiedenheit gelangt die Seele zu Gott. Sie ist quasi der *înganc* zur göttlichen Natur insofern, als alle (kreatürlichen) Dinge in ihr zunichte werden (s.V 428,5-7). In diesem Zustand, der vom Menschen nicht nur realisiert werden muß (s.2.1.-2.3.), sondern genauso als ständige Realität im menschlichen Geist vorhanden ist, ist der Mensch, getrennt von der irdischen Wirklichkeit, nicht in der Lage, sich mit seinem Geist irdischen Dingen zuzuwenden (s.I 170,8f). Das menschliche Verstehen hat aber aufgrund seiner Distanz zu allen irdischen Eindrücken und Vorstellungen, d.h. in seiner Abgeschiedenheit, die Einfaltigkeit impliziert, die Fähigkeit, alle Dinge sowie das *"lûter blos wesen"* Gottes unmittelbar zu erkennen (s.I 250,11.17).

2.7.: Absolut gebraucht, steht *abegescheidenheit* für die Situation, in der aller kreatürliche Einfluß ausgeschlossen ist. Dieser Situation u.a. wendet sich Eckhart in seinen Predigten zu: *"Swenne ich predige, sô pflige ich ze sprechenne von abegescheidenheit und daz der mensche ledic werde sîn selbes und aller dinge..."* (II

528,5f). Im Traktat *'Von abegescheidenheit'* entwickelt Eckhart systematisch, was er unter diesem Begriff versteht. Einige Aspekte seien genannt: In Abhebung zu den Tugenden stellt Eckhart fest, daß die Abgeschiedenheit *"ledic aller crêatûren"* ist (V 401,7), während die Tugenden in Kontakt mit den Kreaturen stehen. Infolgedessen steht die *abegescheidenheit* dem Nichts, d.h. der Negation alles Kreatürlichen, ununterscheidbar nahe (s.V 405,3.4; 406,8; 423,2). Daraus ergibt sich für Eckhart weiterhin, daß Abgeschiedenheit Demut impliziert, insofern es bei der Demut um ein Vernichten seiner selbst geht (s.V 405,2f).

Wenn der Mensch sich ganz in *abegescheidenheit* befindet, macht er, da ihn kein vergängliches Ding mehr bewegt, die Erfahrung der Ewigkeit und Gleichheit mit Gott (s.V 412,3). Denn *"daz got ist got, daz hât er von sîner unbewegelîchen abegescheidenheit..."* (V 412,4f). Die Abgeschiedenheit bedeutet nämlich, *"daz der geist... unbewegelich stande gegen allen zuovellen liebes und leides..."* (V 412,1f). Die Abgeschiedenheit bewirkt, daß der Mensch in *lûterkeit*, von da aus in *einvalticheit* und dann in *unwandelbaerkeit* zur Gleichheit mit Gott gebracht wird (s.V 412,8-11).

An anderer Stelle des Traktats verweist Eckhart mit verschiedenen Bildern auf die zu Gott hin bewegende Wirkung der Abgeschiedenheit. Sie *"reiniget die sêle und liutert die gewizzene und enzündet daz herze und wecket den geist und machet snel die begirde und tuot got erkennen und scheidet abe die crêatûre und vereiniget sich mit gote."* (V 432,7-10).

3.1.: Es macht geradezu die Definition eines vernünftigen Menschen aus, daß er *"abgeschaiden ist von allen materien und formen."* (I 250,7) Das Ausmaß dieser Distanz zu allen Dingen bestimmt die Qualität der Erkenntnis von allem, d.h. der Totalität der Wirklichkeit (s.I 250,8f). Vorausgesetzt ist in diesem Gedankengang die Kongruenz des Erkenntnissubjektes mit dem Erkenntnisobjekt; die im Abgeschiedensein begründete Unterbindung jeglicher Außenorientierung macht das Verstehen derart form- und bildlos (s.I 250,11f), daß es als *lûter* und *einvaltig* verstantnis *"begriffet das lûter blos goetlich wesen sunder mittel."* (I 250,18) Den mit der Adjektivmetapher *abegescheiden* charakterisierten Zustand des Menschen kann Eckhart auch in einen engen Zusammenhang mit der Armut des Geistes bringen, infolge derer alle Dinge vernichtet werden (s.III 275,3). Vom Grad des als *abegescheiden* charakterisierten Status hängt es ab, wie nah der Mensch Gott ist (s.III 279,5). Eckhart empfiehlt, daß der Mensch derart isoliert bzw. distanziert und kontaktlos zu allem sein sollte, daß er ausschließlich auf die Gottheit hin sein Verlangen richtet (s.III 343,4).

Neben *abegescheiden* bringt Eckhart die unterbrochene Beziehung des Menschen zu allem Kreatürlichen auch mit den Metaphern *abegeloeset* (s.I 120,1) bzw. *"abegeloeset, abegezogen und îngezogen"* (I 120,5f) zum Ausdruck.

3.2. – 3.4.: Insofern die Seele immer schon Raum, Zeit und alle *natûrelicheit* transzendiert hat, ist sie *geist* (s.III 440,4). Damit ist auch bereits die Bedingung gegeben, die die Seele erfüllen muß, um mit Gott vereint zu werden (s.III 266,9). Die Natur der Seele ist geradezu dadurch definiert, daß die Seele ist *"abegescheiden und abegeloeset von allen crêatûren..."* (III 130,1f).

Wie die Seele ist das *"abegescheiden herze ledic aller crêatûren"* (V 430,3). Indem es *"stât ûf dem hoehsten"*, hat es sich von allem Kreatürlichen getrennt und befindet sich - in der Negation alles Begrenzten - *"ûf dem nihte"* (V 425,5; vgl. 426,4f), so daß *"des abegescheiden herzen gegenwurf weder diz noch daz"* sein kann (V 426,4f). Weil es der distanzierten Verfassung des Herzens eigentümlich ist, nichts entfernen zu wollen noch etwas zu begehren (s.V 426,9f), vermag das Herz in seiner *abegescheideniu lûterkeit* auch nicht, Gott um etwas zu bitten (s.V 426,6f).

3.5. – 3.6.: Der *abegescheiden geist* empfängt sein Sein unmittelbar von Gott (I 251,6f); dabei fällt auf, daß er erhält, was Gott sich selber gibt (s.V 411,5). Auch in Bezug auf die Erkenntnis gilt, daß die Gotteserkenntnis des *abgescheiden geist* der Selbsterkenntnis Gottes gleicht (I 251,9f; vgl. I 162,3f).

Grundsätzlich stellt Eckhart für das menschliche Bewußtsein die Forderung auf, daß es nicht nur punktuell, sondern durch geübte Praxis *abegescheiden sî* (s.V 280,6f).

3.7. – 3.8.: Das Geschehen der Gottesgeburt vermag der Mensch (in Raum und Zeit) nicht zu verstehen; allerdings ist es möglich, dieses Geschehen mit der *"kraft der sêle"* zu erfassen, die Eckhart näher bestimmt als *abegescheiden, lûter* und *"sippe götlîcher natûre"* (II 53,1). Im Buch der göttlichen Tröstung läßt Eckhart diese Bestimmungen den *hoehsten krefte(n) der sêle* zuteil werden; präzisierend fügt er hinzu, daß sie *"abegescheiden von zît und von stat"* sind sowie *"mit nihte niht gemeine enhânt"* (V 11,6-10). Diese Kräfte sind deshalb auch mit Gott verwandt, der näher charakterisiert wird als das *unbeweglîche, unberuerlîche* und *abegescheiden wesen* (III 265,5).

3.9. – 3.11.: Die Minne, die wie alle Tugenden *abegescheiden, lûter* und *blôz* ist, richtet sich aufgrund dieser Eigenschaften eigentlich und ausschließlich auf Gott (s.II 43,6f); 44,3). Wegen ihrer Qualitäten setzt Eckhart diese Minne mit dem Hl.Geist gleich: *"minne diu ist alsô lûter, also blôz, alsô abegescheiden in ir selber, daz die besten meister sprechent, daz diu minne, mit der wir minnen, ist der heilige geist."* (II 41,4f; vgl. II 42,3)

3.12.: Im Menschen, der Gott seinshaft empfangen hat (*in wesenne hât*), ist *"ein abegescheiden abekêren und ein înbilden"* Gottes (V 205,12f).

3.13.: Im Rahmen seiner Ausführungen zum Thema 'Abgeschiedenheit' kommt Eckhart auch auf das Problem der Namensgebung Gottes zu sprechen; dabei unterscheidet er zwischen Begriffen, die (a) ein *"zuohaften an got"* (II 532,4) haben, (b) die ein *"keren in die zît"* aufweisen (II 533,4) und (c) Namen, die ausschließlich Gott zu eigen sind (s.II 532,1). Diese kommen dadurch zustande, daß sie Ergebnis eines Prozesses sind, den Eckhart mit den Verbmetaphern *abescheiden, abeziehen* und *abescheln* (s.II 372,5f) beschreibt. Der gemeinsame semantische Nenner aller drei Metaphern besteht darin, daß sie auf verschiedene Weise den Vorgang der Isolierung der Namen Gottes von bestimmten Vorstellungen zum Ausdruck bringen, so daß im Ergebnis inhaltlich nur noch *"ein einic 'ist'"* bleibt (II 372,6). Das heißt: Die Entfernung mannigfaltiger - Unterschiede setzender - Vorstellungen vom Inhalt des Begriffs hat dessen Reduktion auf das Sein zur Folge.

D. Tauler

1. *abescheiden*
 1.1. *mensche* (30,22f; 92,6.11.18; 330,1)
 1.2. *kraft* (330,4)
 1.3. *lust* (221,4(Pat))

2. *abgescheidenheit*
 2.1. *mensche* (55,23f; 92,7)
 2.2. o.BE (11,18; 28,8; 38,10; 91,3; 92,1.4f.16.19; 96,14.27; 97,13; 249,16f; 330,8f; 400,26f.29)

3. *abgescheiden*
 3.1. *mensche* (102,2f; 119,35; 139,11; 283,14f; 307,3f; 387,2)
 3.2. *juncfrouwe* (11,10)
 3.3. *uebunge* (203,18f)
 3.4. *leben* (330,8f; 422,6)

1.1. – 1.3.: Tauler stimmt mit Meister Eckhart darin überein, daß der Mensch, der Gott empfangen will, sich von allem Nichtgöttlichen (s.92,6f), d.h. für Tauler genauerhin von allem Zeitlichen und Vergänglichen (s.330,1), trennen muß. Zu diesem Zweck hält Tauler es auch für sinnvoll, daß man sich an abgelegene Plätze und in die Einöde zurückzieht (s.271,13f). Allerdings muß das Bemühen des Menschen, sich vom Verlangen der Natur, der Sinne (s.330,4) sowie von der Lust auf Dinge (s.221,4) zu distanzieren und völlig frei zu machen, letztlich scheitern; denn der Mensch ist nicht in der Lage, das *widerboigen* der Natur auf sich selber bei allem echten Bemühen um Gott (*blos* und *einvaltig*, s.30,21) völlig zu unterbinden: *"des enkan der mensche nit abescheiden, er welle oder enwelle..."* (30,22f).

2.1.: Auf die Frage *"was ist nu wore abgescheidenheit...?"* definiert Tauler: *"Das ist daz sich der mensche abekere und abescheide von allem das das nút Got luter und blos enist..."* (92,5-7). Die Forderung nach Abgeschiedenheit des Menschen ist für Tauler die Konsequenz aus der völligen Unterwerfung unter den göttlichen Willen. Wenn der – in Pr 11 zusätzlich durch *"luterkeit, blosheit, unverbildete friheit und ... swigen..."* (55,24-26) charakterisierte – Zustand der Abgeschiedenheit soweit, wie dies dem Menschen möglich ist, realisiert ist, wird der Mensch aufgrund seines Desinteresses und seiner Distanz zu allem Kreatürlichen *"Gotte heimelich und wurt ein goettelich mensche darus."* (55,28)

2.2.: An vielen Textstellen steht *abgescheidenheit* als vom Kontext nicht weiter explizierte Metapher für eine gottgemäße Verfassung des Menschen, die alle kreatürlichen Bezüge ausschließt.
 In Predigt 23 nennt Tauler *abgescheidenheit* zusammen mit *"lidikeit und innikeit und einikeit"* (92,1f) als Voraussetzung für den Empfang des Hl. Geistes und seiner Gaben (s.92,16f; vgl.91,3-5). Diese Voraussetzung gilt auch für die Gottesgeburt; denn da nur in dem, der *luter, reine maget* wie Maria ist, der Sohn wirklich werden kann, muß der Mensch zu allem Äußeren sich in Distanz begeben, indem er sich nach innen wendet: *"alsus sol diese juncfrouwe in abescheidenheit sin, alle ir sitten, ir sinne, ir gelas, alles inwert..."* (11,18f). Dieser Zustand hat

auch den Effekt, daß der, der zugunsten der *innikeit* seine Hinwendung an die äußere Wirklichkeit aufgibt, aufgrund seiner *abgescheidenheit* bei sich selber bleibt und infolgedessen ausschließlich an Gott zu denken vermag (s.28,8f u. 96,27f). Die Umorientierung kommt u.a. dadurch zustande, daß der Mensch, infolge der Begegnung mit dem Hl. Geist verwandelt, sich in Distanz zu allem Kreatürlichen begibt (s.38,7.10). Oder er betrachtet in Liebe zu Jesus Christus über alle kreatürlichen Vorstellungsbilder und -formen hinweg die Ewigkeit Jesu Christi; dabei läßt er alle Mannigfaltigkeit zurück und gelangt in *ein abgescheidenheit* (s.249,16-19). Dort erfährt er die *vinsternisse* Gottes (s.249,28), dessen "*grosheit in sin kleinheit in lúcht*" (249,34f), was die Erkenntnis und existentielle Ratifizierung der Nichtigkeit des Menschen zur Folge hat (s.249,34.35f). Gerade weil der erreichte Zustand der *abgescheidenheit* aller Vielheit entgegengesetzt ist, ist er aber nach Taulers Auffassung in besonderem Maße geeignet, Mannigfaltigkeit zu erkennen (s.400, 27-29). Aufgrund der Negation alles Mannigfaltigen und der Isolation von allem anderen besteht eine hohe Affinität der *abgescheidenheit* zu *wuestunge*, die als Landschaft ähnliche Merkmale zeigt (s.330,7-9).

3.1.: Der Aufenthalt im göttlichen *abgrunt* bewirkt, daß der Mensch hier alle Äußerungen einstellt und jeglicher Kontakt zur kreatürlichen Wirklichkeit verlorengeht. Dies hat zur Konsequenz, daß der Mensch - befreit von allem Kreatürlichen - "*wurt so stille und so wesenlich... und me ufgerichtet in merre luterkeit und lidekeit...*" (102,2-4). Dieser gottentsprechende Zustand des Menschen, der zum Inhalt hat, daß der Mensch *abegescheidenlich*, *stilleclich* und *ingekert* ist (s.307,3f), macht das Wirken des Hl. Geistes im Menschen möglich. Die in Predigt 32 mit den Adjektiven *abescheidelich*, *lidelich*, *eineklich* und *innerlich* umschriebene distanzierte Einstellung des Menschen ist auch erforderlich zur Erkenntnis des von Tauler nicht genauer beschriebenen inneren Reichtums, den der Mensch aufzuweisen hat (s.119,35).

3.2. – 3.4.: Als Prototyp des für Gott offenen Menschen gilt für Tauler Maria; entsprechend ihrer Existenzweise als *juncfrouwe* soll der Mensch von allem Äußeren *abegescheiden sin* (11,10). Wenn der Mensch in *abgescheiden uebunge* ein *abegescheiden leben* führt, hat er die Isolation von seiner kreatürlichen Situierung erreicht und einen Zustand realisiert, der - äußerlich gesehen - der Beschaffenheit einer Wüstenlandschaft gleichkommt (s.330,8f; vgl. 2.2.), in der vielfältiges Leben ausgeschlossen ist.

E. Seuse

2. *abgescheidenheit*
2.1. *mensche* (192,18; 388,14)
2.2. *sinne* (183,11)
2.3. *kreature* (219,11)
2.4. o.BE (59,29)

3. *abgescheiden*
3.1. *inblik* (15,6)
3.2. *gesiht* (194,24f)
3.3. *wunder* (190,17)
3.4. *luterkeit* (218,6)
3.5. *blosheit* (360,6)
3.6. *leben* (296,27)
3.7. *geist* (185,31f)

3.8. *mensche* (59,30f; 138,18f;
    232,26; 288,12)
3.9. *usgang* (245,10)

2.1. – 2.3: Bei Seuse wird die im Bild der *abegescheidenheit* anschaulich gemachte innere Isolation des Menschen genauer bestimmt als Distanzierung des Menschen von aller Welt mit ihrer Sündhaftigkeit, bzw. als "*ein lidiger vonker von der welt lusten und von súntlichen gebresten*" (192,18). Diese durch Umorientierung erreichte Neubestimmung des menschlichen Interesses bildet eine wesentliche Etappe auf dem Rückweg des menschlichen Geistes zu Gott. Allerdings fällt der Erfahrungsprozeß unterschiedlich aus: "*Eins lofet mit grosser strenkheit, eins ilet mit luter abgescheidenheit, eins flúget mit hoher schoewelichkeit, ieder mensch, als er denne gezogen ist.*" (388,14-16) Der Zustand der *abgescheidenheit* ist weiterhin die Voraussetzung dafür, daß dem Menschen göttliche Visionen (s.183,11) oder Gottes Gegenwart selbst (s.219,11) zuteil werden. Die nähere Bestimmung der Metapher *abgescheidenheit* dadurch, daß Seuse von "*stiller ruow und abgescheidenheit der ussren sinnen*" bzw. "*aller kreature*" (219,11) spricht, charakterisiert die *abegescheidenheit* als einen Zustand, in dem die menschlichen Sinne ihren Kontakt mit allem sinnlich Erfahrbaren unterbrochen haben. *Stille ruow* hebt verstärkend die Untätigkeit und die Inhaltslosigkeit der Sinne hervor.

2.4.: Wörtlich als Situationsangabe verstanden, hielt Seuse es im Stadium eines *anvahenden menschen* für notwendig, sich in einem Kloster für mehr als zehn Jahre "*abgescheiden von aller der welt*" zurückzuziehen (59,29-31).

3.1. – 3.3.: Die Adjektivmetapher *abgescheiden* fungiert bei den unter 3.1.-3.3. aufgeführten Belegstellen als Indikator dafür, daß der durch sie näher bestimmte Sachverhalt frei von aller kreatürlichen Fixierung ist. Dementsprechend gelangt Seuse, frei von kreatürlicher Determination, "*mit einem abgescheiden inblik*" in die ewige Weisheit (15,6); eine geistliche Tochter erscheint Seuse nach ihrem Tode "*in einer abgescheidenr gesiht*" (194,24f); die Wunder, die der Mensch in der *dunklen vinsterheit* Gottes erfährt, sind ebenfalls *abgeschaidnú wunder* oder - wie Seuse, den Aspekt der sinnlichen Isoliertheit hervorhebend, auch formuliert - "*stillsprechende(m) swigene wunder*" (190,16f).

3.4. – 3.6.: Die Ausrichtung auf Gott bildet verschiedene Haltungen aus; u.a. bedeutet sie Trennung und damit - wie mit der Metapher *luterkeit* als Vorstellung assoziiert wird - authentisches, von allen verfälschenden Einflüssen befreites Menschsein: "*gehorsami, ... armuot und abgescheidenú luterkeit in heiliger einvaltkeit...*" (218,5-7).

Da der Mensch aber nicht dauernd in dieser kreatürlichen Ferne verharren kann, umgekehrt schädlicher Zeitvertreib von ihm vermieden werden sollte, bietet Seuse als Mittelweg zwischem dem positiven Extrem der *abgescheidenr blosheit* und dem negativen Extrem der *schedlich kurzwil* sein Briefbüchlein zur Lektüre an (s.360,6f). Allerdings ist für die Seele, die Christus in ihrem Inneren empfinden will, unabdingbar, daß ihr alle Untugenden genommen werden. Ist dies geschehen, befindet sich die Seele in einer Situation, in der sie sich innerlich von allem anderen distanziert hat. Da diese Existenzweise mit der äußerlichen Zurückgezogenheit in einem Kloster für Seuse vergleichbar ist, entwickelt er die Vorstellung von der *"heimlichen kluse eins abgescheidenen lebens"* (296,27).

3.7.: Wenn der menschliche Geist sich in die Höhe Gottes begibt, läßt er alle *nidren dinge* hinter sich; er ist *"abgescheiden... von allem gewulk und gewerbe der nidren dingen..."* (185,31f).

3.8.: Seuse empfiehlt als Mittel zur Erlangung der Vollkommenheit u.a., daß der Mensch sich - wörtlich verstanden - *"abgescheidenlich von allen menschen"* halten solle (288,12; ähnlich 138,18f u.59,30f). Dementsprechend soll der Mensch sich auch *luterlich* halten von allen Sinneseindrücken und sich *vrien* von allem Zufälligen und Leidvollen (s.288,12-14).

Als Metapher findet sich *abgescheiden* zur Bezeichnung der geistigen Verfassung von Menschen, die aufgrund ihrer abgebrochenen geistigen Verbindung zum Kreatürlichen sensibel für die Begegnung der Ewigen Weisheit mit der Seele sind (s.232,26).

3.9.: Mit dem Grad der Distanzierung (der Ausgangspunkt dieser Bewegung wird im Kontext nicht genannt) nimmt die Annäherung an Gott zu: *"... und ie abgescheidner lediger usgang, ie vrier ufgang, und ie vrier ufgang, ie neher ingang in die wilden wuesti und in daz tief abgrunde der wiselosen gotheit..."* (245,9-11)

F. Margaretha Ebner

1. *abescheiden*
1.1. *mensche* (162,12f)

2. *abgeschaidenheit*
2.1. *ding* (77,10)
2.2. *mensche* (9,23)

1.1.: Wenn der Mensch sich lustvoll ausschließlich dem Leiden Christi und den Sakramenten zuwendet, möge Christus - so Margarethas Bitte - dem Menschen geben *"ain warz abschaiden von aller diser welt..."* (162,12f). Neben der Fähigkeit zur Weltdistanz bittet Margaretha um ein *verzihen*, d.h. ein Hinwegziehen des Menschen von sich selbst und die reuevolle Erkenntnis der eigenen Sünden.

2.1. – 2.2.: *Abgeschaidenheit aller dinge*, das Vollbringen des göttlichen Willens und ewige Ehre machen den Inhalt des Verlangens aus, das Margaretha äußert (s.77,10), weil sie ganz für Gott leben will (s.9,22f).

abstreichen (1.)

D. Tauler

1. *abstreichen*
1.1. *mensche* (150,27.33.34; 151,4.11.17)

1.1.: Die Bewegung des *abstreichen* ist Metapher für eine Tätigkeit des Menschen, durch die er sich von äußeren Dingen und Übungen sowie von Gegebenheiten trennt, die Gottes Wirken verhindern.

ader (1.)/ ror (2.)

A. Mechthild von Magdeburg

1. *ader*
1.1. *gruos* (I 2,35)

1.1.: Um die vielfältigen Mitteilungsmöglichkeiten Gottes bewußt zu machen, inszeniert Mechthild den göttlichen *gruos* als ein Gebilde, das *manige adern* hat, durch die er jederzeit aus dem *vliessenden gotte* in die "armen, dúrren selen" gelangt (I 2,35).

D. Tauler

1. *ader*
1.1. o.BE (31, 14.20f)
1.2. *bevinden* (166,35)

1.1. – 1.2.: Die Beschaffenheit von Menschen, die nicht in der Lage sind, das von Gott Empfangene ihm wieder zu übereignen, läßt sich nach Taulers Meinung in Beziehung setzen zu einem Weinstock, der äußerlich unansehnlich und ausgetrocknet ist, doch in seinem *"grunde die lebenden odern und die edele kraft"* (31,14) verborgen besitzt, die die Frucht hervorbringt. Die Menschen, die liebevoll in Gott versunken sind, weisen äußerlich nichts Ansehnliches auf; doch innerlich haben sie dort, wo sie ihr Eigenes verlassen haben und wo Gott ein Teil von ihnen und ihr Halt ist, *"die lebenden aderen... in dem grunde"* (31,20f).

E. Seuse

1. ader
1.1. *gotheit/got* (51,1; 127,15)
1.2. *mensche* (92,18)
1.3. o.BE (346,17)

1.1.: Die Gottesmutter Maria, die die Sehnsucht des Dieners mit dem himmlischen *heilsamen tranke* stillt, der aus ihrem *herzen flússet* (s.50,3), wird wegen ihrer Vermittlungsfunktion der göttlichen Gnade für Seuse zur *"ader der usfliessenden gotheit"* (51,1). Der semantische Schwerpunkt verschiebt sich, wenn Gott als Ursprung allen Erbarmens mit der *ader* Züge einer nie versiegenden Quelle verliehen bekommt (s.127,15).

1.2.: Die Empfangsbereitschaft des Menschen für den göttlichen Gnadenbrunnen Jesus Christus wird so dargestellt, daß der Mensch mit weit geöffneten Adern Jesus Christus entgegentritt (s.92,18).

1.3.: Den Zusammenhang zwischen dem unmittelbaren Schauen Gottes und der Reflexion darüber, die in Bezug auf die Unmittelbarkeit ein *"usschlag und ein widerschlag... uf sich"* ist (346,15f), erlaubt ein Verstehen der im *grunt* sich abspielenden Vorgänge, da das direkte Empfangen Gottes *"us der selben adren getrungen ist"* (346,17) wie die Reflexion.

G. Heinrich von Nördlingen

1. ader   *2. ror*
1.1. *Jhesus Christus* (44,23)   2.1. *hertze* (28,20)

1.1.: Heinrich fragt Margaretha *"wanan fluszet trost und lust... den usz dem suszen marck der ader und des hertzen Jhesu Christi?"* (44,23)

2.1.: Seine Unbeständigkeit konkretisiert Heinrich, indem er - auf Jes 42,3 zurückgreifend - vom *"schwanckel ror (seines) hertzen unstetigkeit"* (28,20) spricht.

affe (1.)/ arn (2.)/ bere (3.)/ lamp (4.)/ loewe (5.)/ slange (6.)/ tube (7.)/ wolf (8.)/ wurm (9.)/ wurmstichig/ wurmfressig (10.)

A. Mechthild von Magdeburg

1. *affe*
1.1. *welte* (I 38,4)

2. *arn*
2.1. *got* (II 2,17)

3. *bere*
3.1. *mensche* (V 11,18)
3.2. *unkúschi* (I 38,7)

4. *lamp*
4.1. *mensche* (V 11,19)
4.2. *Jhesus Christus* (III 1,125; V 23,107; VII 21,20)
4.3. *got* (II 2,17)
4.4. *sele* (I 34,2)
4.5. *himelscher vater* (III 8,6)

5. *loewe*
5.1. *mensche* (V 11,18)
5.2. *hochmueti* (I 38,5)

6. *slange*
6.1. *valscheit* (IV 12,8)

7. *tube*
7.1. *mensche* (V 11,20)
7.2. *sele* (I 2,26; 11,2; 34,2f; II 25,39; III 23,14)

8. *wolf*
8.1. *girheit* (I 38,6)

9. *wurm*
9.1. *sele* (I 3,13)
9.2. *mensche* (VII 6,10)
9.3. *zorn* (VII 3,41)

1.1. – 8.1.: Der semantische Schwerpunkt ergibt sich bei den dem tierischen Bereich entnommenen Metaphern zum einen aus dem biblischen Bezug, in dem sie stehen. Z.B. zeigt Mechthild entsprechend Ex 19,4 und Dtn 32,11 oder Ps 103,5 Gottes Fürsorge im Bild des Adlers; *tube* ist im Hohenlied ein häufig verwendetes Bild für die *brut*.

Zum anderen veranschaulicht Mechthild anhand von allgemein bekannten tierischen Eigenschaften unterschiedliche menschliche Verhaltensweisen: "*Dis wirt an der stat wol schin, da er wirt ein grimmig bere und ein bruemende loewe bi sinen heimlichosten genossen, da er ein lamp an der sanftmuetekeit und ein tube an den tugenden solte sin.*" (V 11,18-20)

9.1.: Im Gespräch mit der personifizierten Minne beklagt die Seele die Übergriffe der Minne, die sie mit tiefen Wunden versehrt hat. Sie stellt die Frage an die Minne, ob sie (von der Minne) zu genesen vermag. In ihrer Antwort zeigt die Minne der Seele die Unangemessenheit ihrer Frage dadurch auf, daß sie zunächst ihr Einwirken auf den allmächtigen Gott in Erinnerung ruft. Im Vergleich dazu ist es dann für die Seele erst recht unmöglich, sich der Übergriffe der Minne zu erwehren und dadurch zu genesen. Denn im Unterschied zum *almehtigen got*, den die Minne vom Himmel zur Erde hin bewegt hat, ist die Seele für die Minne ein einem Wurm ähnelndes winziges Wesen, das der Gewalt wehrlos preisgegeben ist (s.I 3,13).

9.2.: Der Mensch, dem wie Mechthild alle seine Versäumnisse und Fehler bewußt sind, befindet sich in einer Lage, die wegen ihrer Erbärmlichkeit mit der Existenz eines Wurmes vergleichbar ist: *"...so krúche ich hin als ein cleines wúrmelin in der erden und huete mich under dem grase miner manigvaltigen versumnisse..."* (VII 6,10f).

9.3.: Anknüpfend an Mk 9,47f "es ist besser für dich, einäugig in das Reich Gottes zu kommen, als mit zwei Augen in die Hölle geworfen zu werden, wo ihr Wurm nicht stirbt...", d.h. wo der Mensch total der Vernichtung unterliegt (zitiert wird in Mk 9,47f Jes 66,24; an dieser Stelle erscheint die Hölle als Ort, "wo der Wurm - Symbol der Verwesung von Leichen - nicht stirbt, d.h. die Vernichtung total ist")[1], sieht Mechthild die Wirkung des vom Teufel dem Menschen eingegebenen, die göttliche Wahrheit vertilgenden Zorns in Analogie zur vernichtenden Tätigkeit des Wurmes in der Hölle. Dieser *wurm des zornes muos sterben* (VII 3,41), wenn der Mensch Gott im Gebet verlangend anruft.

D. Tauler

<u>9. wurm</u>
9.1. *mensche* (409,25)

<u>10. wurmstichig/wurmfressig</u>
10.1. *übunge* (185,9)

10.2. *niht got* (203,22f)
10.3. *werk* (186,11.30)
10.4. *o.BE* (187,1)

9.1.: Die Situation aller Menschen, zu denen sich auch Tauler zählt, setzt Tauler in Beziehung zu den *"wurmelin die hie noch kriechent in der erden..."* (409,25f). Die auf diese Weise ins Bild gebrachte Erlösungsbedürftigkeit des Menschen begründet die Bitte der Menschen, die ihre Lage erkennen, um göttliches Erbarmen und Hilfe. Die Metapher *wurm* bezieht sich dabei vor allem auf die Eigenschaft, ein winziges, der Gewalt wehrlos preisgegebenes und daher hilfloses Geschöpf zu sein.

10.1. – 10.2.: Tauler macht am Beispiel von Äpfeln, die unausgereift vom Baum auf den Erdboden fallen und wurmstichig werden, deutlich, daß innerliche Übungen (s.185,9), bei denen man nicht auf den Willen Gottes wartet, ähnlich den Äpfeln in ihrem Grund verdorben sind. Diese Beschaffenheit trifft auch für jeden Ort der Ruhe zu, der nicht Gott ist (s.203,22f).

10.3. – 10.4.: Auch die Werke, die der Mensch aus Egoismus tut, hat er *verderbet* (s.186,5); sie sind daher, wie Tauler metaphorisch formuliert, *wurmfressig* (s.186,11) oder *wurmstichig* (s.186,30). Gegen den Zustand des *wurmstiches* (187,1) ist der Mensch nur gewappnet, wenn er u.a. in Gehorsam und Demut sein Handeln vollzieht.

---

[1] Rudolf Pesch: Das Markusevangelium, 2. Teil. Freiburg 1977, S. 115 zu Mk 9,48.

| *E. Seuse* |

9. *wurm*
9.1. *mensche* (39,21; 305,29)
9.2. *Jesus Christus* (35,12f; 368,15; 441,25f)

9.1.: Die Reaktion, die das zur Kasteiung angefertigte Nagelhemd bei ihm auslöst, zeigt Seuse anhand des Wurmes auf, der - von spitzen Nadeln gestochen - sich windet (s.39,21). Sich selber charakterisiert Seuse im Gespräch mit der Ewigen Weisheit metaphorisch als *ungenemen wurme* (s.305,29). Damit will er seine Niedrigkeit und seinen geringen Wert im Unterschied zu den Engeln herausstellen. Doch diese vermögen Gott auch nicht mehr zu loben als *"dú aller minste kreatur"* (306,1f).

9.2.: In Anlehnung an Ps 22,7 ("Ich aber bin ein Wurm und kein Mensch, der Leute Spott, vom Volk verachtet") bezeichnet Seuse Jesus Christus als *"ein wurm und ein hinwerf aller menschen"* (35,13).

An anderer Stelle entwickelt er seine Sicht von Jesus Christus so, daß weltliche und göttliche Perspektive zusammenfinden: *"Owe, du schoener wurm, versmehet von aller diser welte, der da nu lúhtet ob der sunnen glantz..."* (441,26f).

| *G. Heinrich von Nördlingen* |

9. *wurm*
9.1. *Heinrich* (6,8; 35,10; 48,5)

9.1.: Heinrich sieht sich selbst in Kontrast zu Margaretha, der er himmlische Qualitäten zuspricht, als *wirmenlein* und *"suntlicher hinwurf aller geschepft"* (6,8f).

| **angel (1.)** |

| *A. Mechthild von Magdeburg* |

1. *angel*
1.1. *girekeit* (IV 12,9; VI 4,23)

1.1.: *Angel* ist Bild für die verführerische Wirkung, die die Gier nach Irdischem auf den Menschen ausübt.

| D. Tauler |

1. *angel*
1.1. *annemlicheit* (112,10)
1.2. *nimlicheit* (112,10)

1.1. – 1.2.: Die Haben-Existenz mit ihren - zu den äußeren Dingen verführenden - Verhaltensweisen bringt Tauler im Bild der *boesen angel* zum Ausdruck.

| E. Seuse |

1. *angel*
1.1. *tod* (284,9)

1.1.: Das Hängen an der Angel macht Seuse zum Bild für das Ergriffensein vom Tod (s.289,9).

| anker (1.)/ ankern (2.) |

| D. Tauler |

1. *anker*   2. *ankern*
1.1. *mensche* (325,5.9.11.12; 326,10)   2.1. *gemuet* (172,23)

1.1.: Daß Glaube und Hoffnung dem Menschen festen Halt und Sicherheit in Versuchungen des Teufels verschaffen, bringt Tauler in der Schiffahrtsmetapher des Ankerwerfens zur Sprache.

2.1.: Die geistigen Halt verschaffende Bedeutung Jesu Christi bringt Tauler ins Bild, indem er das *gemuet* ankern läßt *"an den herten stein"*, Jesus Christus (172,23).

| atem (1.) |

A. Mechthild von Magdeburg

1. *atem*
1.1. *engel* (II 22,6)
1.2. o.BE (II 24,66)
1.3. *hl. geist* (V 6,11)

1.1. – 1.2.: Zur Darstellung der Einheit zwischen Gott und den Seraphim dient die Bildvorstellung, daß sie "*ein minne und ein vúr und ein aten und ein lieht mit gotte sint.*" (II 22,6)

Das enge Verhältnis von minnender Seele und dem himmlischen Vater bringt die Seele mit der metaphorischen Aussage ins Bild, daß "*zwischent dir und mir gat ane underlas ein unbegriflich aten...*" (II 24,66).

1.3.: Die lebensentscheidende Funktion des Hl. Geistes für die Seele thematisiert Mechthild folgendermaßen: "*Herre heliger geist, du bist min atem!*" (V 6,11)

| babest (1.)/ fúrst (2.)/ herzog (3.)/ keyser (4.)/ keyserinne (5.)/ keyserlich (6.)/ kúnic (7.)/ kúnigin (8.)/ kúniglich (9.)/ majestat (10.)/ voegtin (11.)/ dienstman (12.) |

A. Mechthild von Magdeburg

1. *babest*
1.1. *got* (VI 2,13)

2. *fúrst*
2.1. *got* (I 4,6; 12,1)
2.2. *(ertz)engel* (II 3,36; 22,6; V 1,27)
2.3. o.BE (I 44,16)
2.4. *Jhesus Christus* (VI 37,48)

4. *keyser*
4.1. *Jhesus Cristus* (VI 37,48)
4.2. *got* (I 12,1)

5. *keyserinne*
5.1. *Maria* (III 4,3; VI 32,16; VII 19,30; 20,2.13; 26,12)
5.2. *gotzminne* (VII 48,92)

6. *keyserlich*
6.1. *arme gotz* (V 34,30)
6.2. *gotz sun* (VII 23,2)
6.3. *ougen* (VII 27,37)

7. *kúnic*
7.1. *got* (II 23,8)
7.2. *brut* (V 11,33)

8. *kúnigin*
8.1. *sele* (I 39,2; II 23,7; 25,68; III 9,63)
8.2. *Maria* (II 4,69; VII 62,47.49)
8.3. *mensche* (VII 27,45)
8.4. *minne* (IV 19,6)

39

10. *majestat*
10.1. *got* (VI 41,10)

11. *voegtin*
11.1. *sele* (V 7,3)

12. *dienstman*
12.1. *engel* (III 9,79)

1.1. – 10.1.: Die unter 1., 2., 4., 5., 6., 7., 8., 10. aufgeführten Titel der höchsten Repräsentanten irdischer Herrschaft werden - ungeachtet ihrer Unterschiede - ausnahmslos auf Gott angewandt. Gott ist in seiner Stellung im Himmel sowohl mit der Stellung des höchsten Repräsentanten der Kirche, dem Papst (s.VI 2,13), als auch hinsichtlich seiner Bedeutung für die Seele im Kontext der Beziehung von König zur Königin (s.II 23,7f), aber auch von Fürst zur kleinen *dirne*, mit der er vereint ist (s.I 4,6), vergleichbar. An einer anderen Textstelle tituliert Mechthild ohne weitere Erklärung die Erzengel ebenfalls als *fürsten* (s.II 3,36).

Die herausragende Stellung Gottes (s. I 12,1) und speziell Jesu Christi hebt Mechthild hervor, indem sie ihn als *"keyser aller eren"* und *"crone aller fürsten"* bezeichnet (VI 37,48). Seine Augen (s.VII 27,37) und Arme (s.V 34,30) werden infolgedessen als *keyserlich* charakterisiert. Entsprechend sieht Mechthild in der Gottesmutter Maria eine *keyserinne* (s.III 4,3) oder *kúnigin* (s.VII 62,47f); in Bezug auf ihre Beziehung zu den Kreaturen gilt sie ihr als *"keyserinne über alle creaturen"* (VI 32,16). Daneben spricht Mechthild auch der Gottesminne, von der sie auf ihrem Himmelsweg alle mögliche Hilfe erhalten hat, kaiserliche Funktion zu (s.VII 48,92).

11.1-12.1.: Der höfischen Lebenswelt entnommen ist die Vorstellung, daß Gott den höchsten Engel zum *dienstman* seiner *brut* gemacht hat (s.III 9,79).

D. Tauler

2. *fürst*
2.1. *Paulus* (316,10)

3. *hertzog*
3.1. *Cristus* (85,12)

9. *kúniglich*
9.1. *stuol* (11,33)

2.1.+ 3.1.+ 9.1.: Tauler tituliert ohne weitere Begründung wie folgt: Paulus ist der *edel fürste* (s.316,10); Christus sieht er als einen *"hertzogen..., der uns die banier vorgetragen hat."* (85,12f) Allegorisch wird das Reden des göttlichen Vaters vom königlichen Stuhl herunter als Hervorbringen des Ewigen Wortes aus dem väterlichen Herzen interpretiert (s.11,32f).

E. Seuse

2. *fürst*
2.1. *engel* (20,12)
2.2. *got* (171,15f)

5. *keyserinne*
5.1. *wisheit* (15,17)

6. *keyserlich*
6.1. *vater* (91,34)

7. *kunic*
7.1. *Jesus Christus* (322,3; 460,5; 548,9)

9. *kúniglich*
9.1. *Jesus Christus* (491,30; 538,17)
9.2. *criuze* (542,19)

2.1. – 2.2.: Ohne dies weiter zu erklären, bezeichnet Seuse Engel als *himelfürsten* (s.20,12). Insofern Gott seinen Einfluß auf alle Kreaturen geltend macht, ist er für Seuse ein *einiger fürst* (s.171,15f).

5.1.: Der ewigen Weisheit mißt Seuse die Rolle einer *keisrin* seines Herzens zu; in ihr gründet aller geistlicher Reichtum und alle Gewalt, die ihm zu eigen sind (s.15,17f).

6.1.: Das Verhältnis der Menschen zu Gott, dem Vater, beschreibt Seuse mittels weltlicher Machtstrukturen: *"wir, dez keiserlichen herren frumen riter..."* (91,34f).

7.1.: Die allgemeine Vorrangstellung Jesu Christi unterstreicht Seuse via eminentiae mit der Formulierung: *"O du kúnig aller kúnige und ein herre aller herren..."* (322,3).

An anderen Stellen hebt Seuse mit dem Königstitel die bestimmende Bedeutung Jesu Christi für die Seele hervor, die ihn als ihren Bräutigam liebt: *"du bist min kúnig, du bist min herr, du bist min liep..."* (548,9).

9.1.: Die Bedeutung Jesu Christi für die Seligkeit des Menschen liegt darin, daß er dem Menschen wie *"dur ein kuniglich strasse"* (538,17f) zur ewigen Seligkeit bringt.

9.2.: Die Vorstellung aufgreifend, daß Gott vom Kreuz aus regiert - wie sie sich etwa bei Venantius Fortunatus im Hymnus Vexilla Regis findet[1] - setzt Seuse für das Kreuz Christi die Metapher *kúniglich rich* ein (s.542,18f).

---

[1] Vgl. Karl Bihlmeyer (Hg.): Heinrich Seuse. Deutsche Schriften, aaO, Anm zu 542,19.

| bach (1.)/ mer (2.)/ runs (3.)/ usruns (4.)/ tropfen (5.)/ wag (6.)/ waggusz (7.)/ uswal (8.)/ widerinwal (9.)/ wasser (10.) |

| A. Mechthild von Magdeburg |

1. *bach*
1.1. *sele* (I 19,4)

2. *mer*
2.1. *bitterkeit* (IV 18,58)

10. *wasser*
10.1. *pine* (I 35,12)
10.2. *welt* (II 25,62)
10.3. *menscheit* (IV 12,20)

1.1.: Welche Bedeutung die geliebte Seele für Gott hat, wird in I 19 u.a. mit Genitivmetaphern thematisiert, die unter verschiedenen Aspekten der Minnebeziehung einen Zusammenhang zwischen der Seele und Gott herstellen; Gott lobt die Seele folgendermaßen: *"Du bist ein lust miner gotheit, ein turst miner moenschheit, ein bach miner hitze!"* (I 19,3f)

2.1.: Im Bild des Meeres macht Mechthild das unfaßbare Ausmaß der sündigen Wirklichkeit deutlich, die eine negative Wirkung auf die menschliche Seele ausübt (s.IV 18,58).

10.1.: Die Oppositon von Liebe und Leid veranschaulicht Mechthild durch Rückgriff auf die Grundelemente von Feuer und Wasser: Das *"für der minne"* steht im Gegensatz zum *"wasser der pine"* (I 35,12).

10.2.: Ihre irdische Verfaßtheit beschreibt die minnende Seele Gott drastisch, wenn sie sich in einem *pfuoligen kerker* sieht, in dem sie der *welte wasser* trinkt und den *escheknochen* ihrer *broedekeit* ißt (s.II 25,62).

10.3.: Aufgrund seiner Klarheit kann *wasser* auch als Bild für die Transparenz fungieren, die die Menschheit Jesu Christi besitzt (s.IV 12,20).

| B. David von Augsburg |

1. *bach*
1.1. *wollust* (370,30f)
1.2. *got* (375,1.6)
1.3. *Jesus Christus* (378,38)

2. *mer*
2.1. *got* (384,15)

1.1. – 1.2.: Das Bild des Baches findet im Rahmen der auf Gott bezogenen Quellmetaphorik - Gott als *"gruntlôser volle aller mîner saelekeit"* (370,6) - Verwendung für die Übermittlung der von Gott verursachten Freude an den Menschen; *bach* und *uzvluz* stehen in dem vorliegenden Kontext (s.370,30.31) synonym für ein Geschehen, durch das Freude, Güte, Milde, Liebe und Seligkeit unaufhörlich aus dem göttlichen Herzen in die menschliche Seele gelangen (s.375,1.6), wenn diese nicht infolge ihrer Sünden den Eingang versperrt hat (s.375,5f).

1.3.: Das am Kreuz aus Jesu Seite fließende Blut, das wegen der *minneclichen hitze* nicht zum Stillstand kommt, wird zum Bach, der zu Tal fließt (s.378,38).

2.1.: Die für Gott typische unendliche Fülle bzw. seine Unberechenbarkeit versucht David mit mehreren Metaphern zu fassen, die anhand der Unendlichkeitserfahrung in der Natur Gottes Wirklichkeit charakterisieren: *"Dû bist daz mer der vröuden, daz abgründe der wünne, diu übermâze der süeze..."* (384,14-16).

C. Meister Eckhart

2. *mer*
2.1. o.BE (I 121,11f)
2.2. *gruntlôsicheit* (I 123,2f)

5. *tröpfelin*
5.1. *vernünfticheit* (I 151,1)

2.1. – 2.2.: Die Erfahrung Gottes, die die Seele aufgrund der göttlichen Barmherzigkeit machen darf, besteht in der unbeeinträchtigten (*daz lûterste*) und unbegrenzten Fülle der göttlichen Wirklichkeit. Den Aspekt der Unermeßlichkeit bringt Eckhart seinen Zuhörern nahe, indem er in Parallele zur Unendlichkeitserfahrung in der Natur Gott als *ungrûntlich mer* (s.I 121,12) bzw. als *"mer der gruntlôsicheit"* (I 123,2f) sieht.

5.1.: Als Bild für das geringe Maß, in dem der Seele *vernünfticheit* zukommt, steht - neben *vünkelîn* und *zwîc* - *tröpfelin*.

D. Tauler

2. *mer*
2.1. o.BE (175,29f; 291,12)
2.2. *geist Gotz* (176,10)
2.3. *welt* (170,16f; 171,5; 183,30f)

5. *tropfen*
5.1. *sin selbes verzihen* (46,19)

5.2. *wunne* (98,23.29)
5.3. *gotheit* (62,3)
5.4. *eigenwillikeit* (184,3.6.8)
5.5. o.BE (73,32)

2.1. – 2.3.: In Weiterführung der Perikope von der Berufung der ersten Jünger Lk 5,1-11 beschreibt Tauler, wie das Schiff des Simeon untergeht. Allegorisch interpretiert er diesen Vorgang folgendermaßen: *"Wan sol ein ieklich ding gewerden des es nút enist, so muos es des entwerden das es ist."* (175,26f) Daher verliert der Mensch, der zu Gott kommt, in ähnlicher Weise seine menschliche Natur *"in dem versinkende in disem grundelosen mere."* (175,30) Einige Zeilen weiter präzisiert Tauler dieses Geschehen dahingehend, daß das *geschaffen nút* (s.176,4) *"in das ungeschaffen nút versinkt"* bzw. daß der menschliche Geist, wenn er sich *"hat* *verlorn in Gotz geiste", "in dem grundelosen mere... ist ertrunken"* (176,10f). Mit diesen Gedanken hat sich die ursprüngliche Aussageintention, die - am Untergang des Jüngerschiffes auf dem See orientiert - die Vernichtung der Menschen betont hatte, erweitert um die Vorstellung des göttlichen *nút*, das wegen seiner vernichtenden Eigenschaft und aufgrund seiner Unendlichkeit sowohl *ungeschaffen abgründe* (s.176,8) wie auch *grundeloses mere* (s.176,10) genannt wird.

5.1. – 5.2.: In loser textueller Verbindung mit *funke* und *púntelin* (s.46,19f.22), die den gleichen semantischen Nenner 'geringe Quantität' haben, steht *tropfen* als Metapher für das geringe Maß der Losssagung von sich selbst (s.46,19) sowie für ein Minimum an Erfahrung der Wonnen des Hl. Geistes, die aber das Maximum an weltlichen Freuden übertrifft (s.98,23).

5.3. – 5.4.: Während bereits ein einziger *tropfen* der Gottheit quasi als Medizin genügt, um der kranken leidenden Menschheit zu helfen (s.62,3), reichen schon geringe Mengen an Eigenwillen, Hochmut, Abgünstigkeit etc. aus, den Menschen zu *entreinen* (s.184,4).

5.5.: Ohne Bildempfänger verwendet Tauler den metaphorischen Ausdruck *"nút einen tropfen"* in der Bedeutung 'überhaupt nicht' (73,32).

E. Seuse

<u>2. *mer*</u>
2.1. *herre* (377,8; 449,22)
2.2. *leben* (430,3)

<u>3. *runs*</u>
3.1. *gotheit* (180,12.13)
3.2. *ler* (200,1)

<u>4. *usruns*</u>
4.1. *wille* (181,14)
4.2. *minne* (181,14)

<u>5. *troephli*</u>
5.1. *Ewige wisheit* (225,13)

<u>6. *wag*</u>
6.1. *herre* (377,8; 449,22)
6.2. *wunder gotes* (173,24f)

<u>8. *uswal*</u>
8.1. *himelsches tanzen* (21,27)
8.2. *gueti* (310,18)
8.3. *sun* (185,18)

<u>9. *widerinwal*</u>
9.1. *himelsches tanzen* (21,27)

2.1.: Ein unbegrenzt liebendes Herz vermag nur in Gott zum Ziel zu kommen, da dessen Wirklichkeit - wie Seuse mit den Metaphern *"tiefer wag, grundloses mer, tiefes abgründ aller minneklicher dingen"* (377,8 u. 449,22) eindrucksvoll vor Augen führt - ebenfalls von unendlicher Qualität ist.

2.2.: Der semantische Aspekt verschiebt sich, wenn mit der Metapher *tiefes mer* die Vorstellung der Gefährlichkeit und des Schreckens eines atheistischen Lebens evoziert werden soll (s.430,3).

3.1.: Was die Relation der drei trinitarischen Personen zur göttlichen Einheit anbelangt, zitiert Seuse, nachdem er die Unmöglichkeit eines adäquaten Sprechens von Gott betont hat, Augustinus, De trin IV,20 n. 29 ("totius divinitatis, vel si melius dicitur deitas, principium pater est."); der von Augustinus behaupteten Ursprungsfunktion des Vaters in Bezug auf die Gottheit des Sohnes und des Hl. Geistes (s.180,10f) stellt er dann die Aussage des Dionysius Areopagita in De div. nom 2,5.7 gegenüber, die beinhaltet, daß der göttliche Vater der Bereich ist, in dem sich - wie Seuse im Bild des *usfluss* und *runs* anschaulich macht - die Gottheit dadurch nach außen begibt, indem "*der runs entgússet sich naturlich...*" im Sohn und im Hl. Geist. Während die Bilder *usfluss*, *runs* und *entgiessen* eine Aktivität der Gottheit voraussetzen, wird in der metaphorischen Formulierung "*der runs entgusset sich naturlich in dem usgruonendem wort...*" (180,13) auch die Eigeninitiative des Sohnes durch den mit *usgruonen* analog zu pflanzlichem Wachstum zur Sprache gebrachten Prozeß des Hervorkommens zur Geltung gebracht.

3.2.: Da den schriftlich fixierten, insbesondere den deutschen Worten (s.199,19) die Erlebnisqualität dessen fehlt, der sie in Gnade in seinem Innern empfangen und "*usser einem lebenden herzen dur einen lebenden munt*" (199,17f) geäußert hat, muß ein sich darum bemühender Mensch den Ursprung der im Buch der Ewigen Weisheit gebotenen Lehre aufsuchen, um sie in ihr "*leblichi, in ir wúnklicher schonheit*" erfassen zu können (200,2f). Wenn er bis zu "*den usvergangen rúnsen diser suezen ler*" (200,1f) vorgedrungen ist, erfährt er, daß er das Büchlein kaum lesen kann, ohne daß sein Herz innerlich bewegt wird (s.200,5-9).

4.1. – 4.2.: Während mit *ussfliessen*, *entgiessunge*, *geburt* das Wirklichwerden der zweiten trinitarischen Person ins Bild gebracht wird, ist "*usrunse des willen und der minne*" (181,14) Metapher für die Konstituierung der dritten trinitarischen Person.

5.1.: *Troephli* steht als Metapher für den kleinsten Teil der Wirklichkeit Jesu Christi, dessen Empfang schon ausreicht, daß alle weltliche Freude ihren Wert für den Menschen verliert (s.225,13).

6.1.: s. 2.1.

6.2.: Über sein gnadenhaftes Versinken in Gott bemerkt Seuse, daß er dabei den Eindruck gewonnen habe, als schwebe er in der Luft und "*swummi in dem tiefen wage gotes grundlosen wundern...*" (173,24f).

8.1. – 9.1.: Seuse stellt mit den Metaphern *uswal* und *widerinwal* eine Beziehung her zwischen von ihm geschauter himmlischer Bewegung und dem fließenden Hervorkommen und Zurückkommen (s.21,27) eines Flußes in seinen Ursprung. Beim himmlischen Tanzen erfolgt der "*widerinwal in daz wild abgrúnd der goettelichen togenheit.*" (21,27)

Das Bild *uswal* steht weiterhin für die göttliche Güte, die aus Gott kommt (s.310,18), sowie für den göttlichen Sohn, der seinem Sein nach ewig im Vater bleibt, der Person nach jedoch ein *uswal* ist (s.185,18).

G. Heinrich von Nördlingen

2. mer
2.1. o.BE (212,13)

7. wagguz
7.1. barmhertzikeit (174,31)

2.1.: Zittern, Furcht, Anfechtungen und vielfältige Leiden bestimmen die Situation Heinrichs, aus der heraus er am 23.10.1338 Margaretha einen Brief schreibt. Er versucht Margaretha seine lebensbedrohliche Lage dadurch vor Augen zu führen, daß er sie durch Rückgriff auf den Bereich der Natur objektiviert: *"also durchgant mein sel die waser manigveltiger lidung... ich kum in ain tief des tiefen mers, da mich vil ungewitters ertrencken wil."* (212,11-14)

7.1.: Die göttliche Barmherzigkeit soll Margaretha - so Heinrichs Verlangen - in einem derartigen Umfang zuteil werden, daß ihre ganze Existenz davon betroffen ist. Heinrich versucht das alles Begreifen übersteigende Ausmaß der göttlichen Barmherzigkeit sowie deren Beziehung zu Margaretha im Bild von der *"waggusze der vetterlichen barmhertzikeit"*, in der Margaretha versinkt, anschaulich zu machen (s.174,30f).

---

bant (1.)/ binden (2.)/ binder (3.)/ bindung (4.)/ entbinden (5.)/ verbinden (6.)/ zesamenbinden (7.)/ zuobinden (8.)/ gúrten (9.)/ ufgúrten (10.)/ zesamen knúpfen (11.)/ zuolîmen (12.)/ strick/sail (13.)/ verstricken (14.)/ sclinge (15.)

A. Mechthild von Magdeburg

<u>1. bant</u>
1.1. o.BE (II 25,18)
1.2. mensche (VII 10,17; 21,36; 23,7)
1.3. minne (V 30,6; 31,5; VII 10,17)
1.4. Bredier orden (IV 21,11)
1.5. geloben (IV 21,11)
1.6. gehorsami (VII 65,25)
1.7. hl. geist (III 14,6)

<u>2. binden</u>
2.1. minne (I 3,5.9; II 19,26; 24,76(Pat). 82(Pat); III 13,12(Pat); V 30,7)
2.2. mensche (II 24,85(Pat); III 15,45(Pat); VI 16,36(Pat); VII 21,36(Pat))
2.3. brut (I 29,6(Pat); IV 12,102(Pat))
2.4. sele (II 24,86(Pat); 25,17(Pat); III 10,5(Pat); IV 19,7(Pat); V 4,54(Pat); VII 65,19(Pat))
2.5. gehorsami (VII 65,25)
2.6. hl. geist (III 4,12)
2.7. herr (II 25,48(Pat); VI 5,9; VII 53,11(Pat))
2.8. got (II 24,27)
2.9. gewissende (VII 17,17(Pat))
2.10. munt (VII 35,16(Pat))

<u>5. entbinden</u>
5.1. mensche (VII 35,40f(Pat))
5.2. got (VII 16,3)

<u>7. zesamenbinden</u>
7.1. minne (IV 19,3)
7.2. hoffunge (VII 48,68)

11. *zesamen knúpfen*
11.1. *túfel* (IV 17,17)

15. *sclinge*
15.1. *list* (IV 12,9)

13. *strick*
13.1. *ertrich* (I 44,77)

1.1. – 1.3.: Mit der Bandmetaphorik verweist Mechthild generell auf Obsessionen, die den Menschen unfrei machen. Mechthild bittet daher Jesus Christus darum, ihre *bende* zu *loesen* (s. VII 23,6f). Allein die *minnebant*, die jegliche Beliebigkeit zugunsten einer festen Beziehung zu Gott aufheben, sind in dieser Bitte vom Wunsch nach Befreiung ausdrücklich ausgenommen (s. VII 10,16-18).

1.4. – 1.6.: Wie der Predigerorden aufgrund seiner Predigttätigkeit, die eine enge Beziehung zum christlichen Glauben zur Konsequenz hat, als *"heilsam bant des heligen cristan gelouben"* (IV 21,11) bezeichnet wird, ist der Gehorsam ein *helig bant*, weil er die Beziehung zu Gott, Jesus Christus und dem Hl. Geist festigt (s. VII 65,25; vgl. IV 21,11).

1.7.: Für den Frieden ist nach Mechthilds Meinung das *"bant des heligen geistes"* konstitutiv (III 14,6).

2.1.: Im Bild des Bindens veranschaulicht Mechthild den Charakter der Minne, der darin besteht, daß die Minne in einer engen Beziehung zu Gott steht, so daß sie infolgedessen im Gegensatz zur *ungebunden minne* alle menschlichen Sinne transzendiert und leiblich bestimmtes Wollen unberücksichtigt läßt (s. II 24,76-78). Wenn der Mensch ihr in sich Raum gibt, bewirkt sie ein enges Verhältnis der Seele zur Geduld (s. II 19,26). Die zwingende Macht der Minne zeigt sich insbesondere darin, daß sie *"bindet beide jung und alt"* (V 30,7).

2.2.: Durch die Sehnsucht (s. VII 21,36) sowie die kräftige Minne ist der Mensch auf seine Gottesbeziehung verpflichtet, so daß er nicht mehr in schwere Sünden zu fallen vermag (s. II 24,84-86). Wer dagegen Sünden begangen hat (wie nicht näher beschriebene Klausner, die Mechthild als Beispiel anführt), steht im *grunt* der Hölle in enger Beziehung zu den Teufeln (s. III 15,45).

Die Metaphorik des Bindens erscheint ferner - durch einen Vergleich des Menschen mit einem bewaffneten Mann, der mit verbundenen Augen kämpfen muß, zusätzlich akzentuiert - zur Erfassung der grundsätzlichen Einschränkung, die der Mensch aufgrund seiner *vinstrú menscheit* hat (s. VI 16,35f).

2.3. – 2.4.: *Binden* steht weiterhin für das Geschehen, durch das eine enge Beziehung der Seele zur demütigen Minne (s. V 4,54) oder zur *gottes vroemdunge* (s. IV 12,102) zustandekommt. Zum anderen erhält über diese Metaphorik das Verhältnis der Seele zu ihrem liebsten *gevengnisse*, dem Leib, Züge einer unfrei machenden Beziehung (s. VII 65,19). Diese Sicht stellt sich bei Mechthild ebenfalls ein, wenn sie die Wirkung von Verleumdung auf die *brut* (s. I 29,6) oder der Minne auf die Seele beschreibt: *"dú sele ist gebunden, si muos ie minnen."* (II 24,86) Besondere Beachtung verdient, wie Mechthild quasi in einer Art umgekehrter Passion die Gefangennahme Jesu als Muster ansieht für das Geschehen, durch das die Seele *"wirt gebunden mit des heligen geistes gewalt..."* (III 10,8).

2.5.: Neben der Minne kommt dem Gehorsam eine besondere Bedeutung für eine enge Gottesbeziehung zu; er *bindet* die Seele zu Gott, den Leib zu Jesus und die fünf Sinne zum Hl. Geist. Die Dauer des Gehorsams hat dabei Auswirkungen auf die Intensität der Minne (s. VII 65,25).

2.6. – 2.8.: Der Hl. Geist ist zur Erfüllung seiner Liebe in eine enge Beziehung mit Maria getreten (s. III 4,12).

Das Verhältnis, das Jesus Christus zum Konvent Mechthilds hatte, beschreibt dieser folgendermaßen: *"Ich wart gevangen in giriger abgunst mit in. ... Ich wart gebunden in der gehorsami mit in."* (VII 53,10f)

In besonderer Weise steht Jesus Christus in fester Beziehung zur reinen Seele, seiner Braut (s. II 25,47f), die er so auf sich verpflichtet hat, daß die Anziehungskraft irdischer Dinge keine Wirkung auf die Seele auszuüben vermag (s. VI 5,7-10). Auch wenn im vorliegenden Kontext nicht dargelegt wird, wie Jesus Christus dies gelungen ist, ergibt sich aus einer anderen Textstelle im Zusammenhang mit dem an Gott gerichteten Wunsch, er *"muesse úns alle alsust binden"* (II 24,87): Die Seele wird *"mit der gruntruerunge der kreftigen minne"* (II 24,85) derart auf Gott verpflichtet, daß sie nicht anders kann als: *"si muos ie minnen."* (II 24,86f)

2.9. – 2.10.: Die personifizierte Erkenntnis diagnostiziert im Gespräch mit *vrou gewissende* deren unfrei machende enge Beziehung zu den Sünden der Welt (s. VII 17,17), von denen der menschliche Geist hofft, befreit zu werden (s. VII 35,16f).

5.1. – 5.2.: Mit *entbinden* wird ins Bild gebracht, daß der von Gott in Liebe umfangene Mensch sich in einer Verfassung befindet, in der er von allen sonstigen Bezügen frei ist (s. VII 35,40f). Auf diesen Zustand zielt auch der Wunsch eines Menschen ab, daß *"got sine sele entbunde mit eime heligen ende."* (VII 16,2f)

7.1. – 7.2.: Im Bild des *zesamene binden* wird die Tätigkeit der Minne anschaulich gemacht, durch die Gott und die menschliche Seele vereinigt werden (s. IV 19,3). Die Metapher verweist auch auf die heilsame Wirkung der Hoffnung, deren Wirkung es zu verdanken ist, daß von der Minne zugefügte Herzenswunden wieder geschlossen werden (s. VII 48,68).

11.1.: Das Bild des Verknüpfens findet Verwendung für die Tätigkeit des Teufels, der das Herz von Leuten mit guten Vorsätzen in festen Kontakt mit schädlicher Liebe bringt (s. IV 17,17).

13.1. + 15.1.: *Strik* und *slinge* fungieren als Bilder für die unfreimachende Wirkung des Irdischen (s. I 44,77) bzw. der List (s. IV 12,9).

B. David von Augsburg

1. *bant*
1.1. *minne* (372,16f.20.22.27f)
1.2. *mensche* (374,13)

2. *binden*
2.1. *minne* (372,16)
2.2. *gotes gewalt* (356,36)

1.1.: Die Minne stellt einen Zusammenhang zwischen dem Schöpfer und seinen Geschöpfen her, der sowohl Gott als auch seine Geschöpfe verpflichtet: *"...daz dû nicht anders wilt lâzen daz sie wellent..."* (372,17f). Kraft der Eigenschaft dieses Minneverhältnisses vermag Gott den Menschen in seine enge Treuebeziehung aufzunehmen (s.372,27) mit dem Ergebnis, daß alle menschliche Bedrückung und Traurigkeit in göttliche Freude verwandelt wird.

Der semantische Schwerpunkt von *bant* verlagert sich, wenn bei Aussagen zur Minne Jesu Christi die Assoziation geweckt wird, daß ihn die göttliche Minne wie eine Fessel *"von des vaters herzen in unser vrouwen lîp twanc"* und von dort bis ans Kreuz (372,20f).

Einen Freiheitsverlust bedeutet es auch, wenn der Mensch durch die Minne festgemacht wird in der inneren Empfindung der göttlichen Verborgenheit (s.372,28). Denn die Minne wirkt auf den Menschen - wie David anhand der Metaphern *bant* und *"sliezen in die niezunge"* suggeriert - wie ein Vorgang, bei dem man in Ketten gelegt wird.

1.2.: All das, wovon Jesus Christus den Menschen erlöst hat, ist aufgrund seiner Wirkung auf den Menschen mit einer Fessel vergleichbar. Als *"loeser miner bant"* (374,13) hat Jesus Christus den Menschen von allen hinderlichen Einschränkungen befreit.

2.1. – 2.2.: *Binden* verwendet David als Metapher zur Bezeichnung des Vorgangs, durch den die göttliche Minne einen engen Zusammenhang mit dem Menschen herstellt und Gott über die Minne gegenüber dem Menschen verpflichtet (s.372,16). An anderer Stelle negiert David für die göttliche Gewalt diesen verpflichtenden Zusammenhang; denn Gott kann, wie er will, Gnade dem Sünder zukommen lassen oder nicht (s.356,36f).

C. Meister Eckhart

2. binden
2.1. *mensche* (I 28,8f(Pat); 30,1(Pat); II 8,9f; V 112,10f(Pat); 233,6(Pat); 237,5f)
2.2. *wec* (III 486,13(Pat))
2.3. *got* (V 251,10f)
2.4. *gemüete* (V 190,9(Pat).10)
2.5. *gnâde* (III 398,10f(Pat))
2.6. *kraft* (I 338,7f(Pat); 352,2)

6. verbinden
6.1. *sêle* (III 401,9f(Pat))

7. zesamenbinden
7.1. o.BE (II 337,8(Pat); 338,3(Pat); 339,4(Pat))
7.2. *mensche* (II 338,1(Pat))

8. zuobinden
8.1. *synderesis* (I 333,5f)
8.2. *minne* (I 122,3f)
8.3. *et* (II 337,7)

12. zuolîmen
12.1. *minne* (I 122,3)

2.1.: Die Verbmetapher *binden* hat positive Bedeutung, wenn mit ihrer Hilfe ausgesagt wird, daß der Mensch oder die Seele in einem engen Verhältnis zu Gott stehen. Bewirkt wird dieses intensive Verhältnis zu Gott durch die Liebe, die der

Mensch aufgrund seiner Gottesfurcht, infolge seines Mißfallens an zeitlichen Dingen oder in Anbetracht der Erkenntnis seiner eigenen Mangelhaftigkeit Gott ungeteilt entgegenbringt: *"geistlichiu vröude, diu die sele erhebet ûz allem leide und jâmer und bevestent sie an gote. Wan, ie sich der mensche gebrestenlîcher vindet und mêr missetân hât, ie mêr er ursache hât, sich an got ze bindenne mit ungeteilter minne..."* (V 237,3-6; vgl. V 112,10f).

Die Verbmetapher kann auch über die intensive Beziehung hinausgehend den Verpflichtungscharakter eines Verhältnisses mit einbeziehen. Dies ist gemeint, wenn Eckhart ausdrücklich die Sünde unter dem Aspekt gutheißt, daß sie zu mehr Liebe gegenüber Gott verpflichte: *"Ja, der reht waere gesetzet in den willen gotes, der ensölte niht wellen, diu sünde, da er în gevallen was, daz des niht geschehen waere; niht alsô, als ez wider got was, sunder als verre als dû dâ mite bist gebunden ze mêrer minne..."* (V 233,4-7).

Mit *binden* verweist Eckhart weiterhin auf ein Verhalten, bei dem der Mensch sich *mit eigenschaft* auf die irdische Wirklichkeit, insbesondere auf Gebet, Fasten und äußerliche Übungen bezieht (s.I 28,8f). Infolge dieser ich- und außenorientierten Fixierung verliert der Mensch die Freiheit, ausschließlich Gottes Willen zu tun (s.I 29,2f) und zusammen mit Gott uneingeschränkt der göttlichen Wirklichkeit Leben zu verschaffen: *"Dise heize ich êlîche liute, wan sie an eigenschaft gebunden stânt. Dise bringent lützel vrühte... Ein juncvrouwe diu ein wip ist, diu ist vrî und ungebunden âne eigenschaft... Diu bringet alle tage hundert mâl oder tûsent mâl vruht joch âne zal gebernde und vruhtbaere werdende ûz dem aller edelsten grunde..."* (I 30,1-2.3-4.6-31,2).

Eine semantische Umwertung zu positiver Bedeutung hin erfährt der in I 30,1-3 zugrundeliegende Bedeutungsaspekt der Metapher, wenn im Hinblick auf Gott ausgeführt wird, daß er von einem Menschen, der sich ihm völlig überläßt, zu einer Beziehung quasi gezwungen wird: *"Swer sinen willen genzlich gibet gote, der vaehet got und bindet got, daz got niht enmac, dan daz der mensche wil."* (II 8,9-11)

2.2.: Eine Zwischenstellung zwischen Freiheit und Unfreiheit nimmt der Weg zu Gott ein, auf dem Petrus eine göttliche Stimme *"mit einem süezen geschaffenen dône"* (III 487,3) hört. Wohl wegen der Geschöpflichkeit dieses Tones charakterisiert Eckhart in Pr 86 diesen Weg folgendermaßen: *"Der ander wec ist wec âne wec, vrî und doch gebunden..."* (III 486,13).

2.3. – 2.4.: Der Bedeutungsaspekt der Abhängigkeit steht im Vordergrund, wenn Eckhart im Zusammenhang mit der Frage, wie der Mensch das Heil erlangen könne, ausführt, daß Gott das menschliche Heil *"enhat... niht gebunden ze deheiner sunderlichen wise."* (V 251,10f) Die gleiche Bedeutung liegt der Metapher zugrunde, wenn Eckhart in Bezug auf eine ähnliche Fragestellung bemerkt, daß das ein *lediges gemüete* sei, das das Seine nicht sucht in den Dingen und *"daz sin bestez ze keiner wise gebunden enhat."* (V 190,10)

2.5.: Die Verbmetapher *binden* kann dem Prediger Eckhart auch dazu dienen, den engen Zusammenhang seines Predigtwortes mit der göttlichen Gnade vor Augen zu führen: *"Möhte diu gnade, diu in min wort gebunden ist, ane underscheit komen in die sêle, als ob ez got selbe spraeche oder wörhte..."* (III 398,10f).

2.6.: Neben den Seelenkräften, die in fester Beziehung zu den Sinnesorganen des menschlichen Körpers stehen, gibt es auch Seelenkräfte, die dem Einfluß des Körpers nicht unterliegen. Diese Kräfte sind *"vri, die sint ungebunden und ungehindert von dem libe."* (I 352,2f)

6.1.: Wenn Eckhart den Begriff *vrîheit* in Opposition zur Verbmetapher *verbinden* innerhalb eines Aussagezusammenhanges verwendet, liegt der semantische Schwerpunkt auf dem unfreimachenden Charakter des Beziehungsgeschehens. Dementsprechend darf, da Gott nur bei Freiheit von allem Irdischen zu erlangen ist, die *"volkomene sêle in nihte verbunden"* (III 401,9f) sein; daher bricht sie aus und erhebt sich über alle Dinge, bis sie in die göttliche Freiheit gelangt.

7.1. – 7.2.: Im Kontext allgemeiner Ausführungen zur Semantik des lateinischen 'et', an die sich eine Reflexion auf die Bedeutung von *einunge* und *zesamenbindunge/insliezunge* anschließt, entwickelt Eckhart schlußfolgernd eine genauere Bestimmung der unio von Gott und Mensch. Zunächst stellt er fest, daß das, was in einen festen Zusammenhang im Bereich eines eng umgrenzten Raumes gebracht worden sei und eine Einheit bilde, Gleichheit voraussetze (II 338,2). Räumliche Nähe allein bewirke aber keine Gleichheit, so daß nur aufgrund der Gleichheit zweier Größen eine völlige *insliezunge* und *zesamenbindunge* erfolgen kann (s.II 339,4f). Darum gilt für die Vereinigung von Gott und Mensch/Seele, daß sie nur dann zustandekommt, wenn Gleichheit zwischen beiden herrscht.

8.1.: Das *vünkelîn*, auch Syntheresis genannt, hat zwei Betätigungen: Die eine besteht in einer Abwehr alles dessen, was nicht *lûter* ist. Mit der anderen Tätigkeit verfolgt das *vünkelîn* die entgegengesetzte Intention, Beziehung herzustellen: *"... heizet sinderesis und lutet als vil als ein zuobinden und ein abekeren..."* (I 333,5).

8.2. – 8.3.: Die mit den Metaphern *zuolîmen, zesamenheften* und *zuobinden* beschriebene Tätigkeit der personifizierten Minne vermag nur die Vereinigung zu intensivieren, nicht aber schon die verschiedenen Größen zur Einheit zusammenzubringen, indem sie die Ungleichheit der Seele mit Gott aufheben würde: *"Aleine Sant Johannes spreche, minne diu einige, minne ensetzet niemer in got; vil lihte lîmet si zuo. Minne eneiniget niht, enkeine wise niht; daz geeeiniget ist, daz heftet si zesamen und bindet ez zuo. Minne einiget an einem werke, niht an einem wesene."* (I 122,2-5)

12.1.: s.8.2.-8.3.

D. Tauler

1. *bant*
1.1. *fride* (240,5; 245,28f; 363,27.32; 380,25f; 382,1)
1.2. *tugende* (382,1-3)
1.3. *orden* (242,26)
1.4. *tot* (304,18f)
1.5. *gebet* (425,2f)

2. *binden*
2.1. *mensche* (240,2(Pat); 380,22(Pat))
2.2. *gebet* (425,2f)
2.3. *krefte* (32,10-13(Pat))

6. *verbinden*
6.1. *mensche* (242,28)

8. *zuobinden*
8.1. *tugende* (382,1-3)

9. *gürten*
9.1. *krefte* (32,10(Pat))
10. *ufgürten*
10.1. *krefte* (32,11(Pat))

13. *strick*
13.1. o.BE (14,12.18; 106,8; 308,6)
13.2. *vigent* (318,31)

14. *verstricken*
14.1. *betrüebnis* (365,11)
14.2. *mensche* (27,13(Pat))
14.3. *grunt* (127,30(Pat))

1.1. – 1.3.: Tauler benennt das, was die Einheit des Geistes verschiedener Menschen bewahrt, im Anschluß an Eph 4,1-3 mit dem metaphorischen Ausdruck *"band des friden"* (240,5). Verschiedenen Ausführungen im Zusammenhang mit diesem metaphorischen Ausdruck läßt sich entnehmen, daß Tauler nicht den Frieden als Verursacher des engen Verhältnisses zwischen den verschiedenen Menschen ansieht, sondern genauer die Minne oder Demut, Sanftmut, Geduld und Eintracht (s. 380,22-25 u. 382,2) als Mittel des Friedens in ihrer Wirkung auf die Beziehung zwischen Menschen mit der Funktion des Bandes vergleicht: "... *in dem bande des friden, das ist in der gemeinre ungepartigeter minne: einen ieklichen minnen als sich selber"* (363,32f).

Auch das sich aus dem Eintritt in den Orden ergebende enge Verhältnis des betreffenden Menschen mit dem Orden wird von Tauler als *bant* bezeichnet. Dabei muß offen bleiben, ob der semantische Schwerpunkt der Metapher in diesem Aussagekontext auch den Aspekt der Verpflichtung umfaßt (s.242,26).

1.4.: Im Zusammenhang mit der Macht des Todes, in die der Mensch geraten kann, verschiebt sich der semantische Schwerpunkt der Metapher *bant* auf den Aspekt 'unfrei machendes, zwanghaftes Verhältnis'. Denn der Mensch, der *"in die bant des ewigen todes"* (304,18f) gefallen ist, vermag von sich aus diese Beziehung nicht zu lösen, sondern bedarf der Erlösung durch Jesus Christus, der allein *"dis bant brach... an dem heiligen karfreitag..."* (304,19f).

1.5.: Die zwanghafte Wirkung, die das menschliche Gebet auf den Teufel ausübt, bringt Tauler dadurch zum Ausdruck, daß er es parallelisiert mit der Wirkung einer Fessel: *"ach du verburnest mich mit dinem gebette, und mit dinem furin bande hest du mich gebunden..."* (425,2f; vgl. 2.2.)

2.1.: In dem von Tauler in Pr 53 zitierten Text Eph 4,1-6 versteht sich Paulus als Gefangener der Herrn; abweichend vom Vulgatatext umschreibt Tauler dies nicht begrifflich, sondern mit dem metaphorischen Ausdruck: "... *ich gebunden mensche in Gotte"* (240,2).

2.2.: Der Teufel wird durch das menschliche Gebet derart bestimmt, daß sein Zustand dem eines Gefesselten gleichkommt (s.425,2f; vgl. 1.5.).

2.3.: In Verbindung mit der Verbmetapher *gürten* erscheint die Verbmetapher *binden* zur Erfassung der Relation, in der die verschiedenen Kräfte zur Seele stehen; sie müssen so fest an ihrer Stelle in der Seele festgemacht sein, daß jeglicher, beliebige Wechsel des Standortes ausgeschlossen ist: *"alle... krefte, so die alzuomole werdent gegúrtet ein iegeliche uf ir stat, daz noch... enkein kraft fri werde..."* (32,10f).

6.1.: Ein Ordensmitglied erscheint in der Sicht Taulers als ein Mensch, der *"sich... Gotte verbunden hette..."* (242,28; vgl. 1.3.).

8.1.: Mit der Metapher *zuobinden* evoziert Tauler eine Sicht, die die durch die Tugenden bewirkte Vereinigung der verschiedenen Menschen in Parallele zum Zusammenbinden von getrennten Teilen bringt: *"Nu sprichet S. Paulus: 'sint sorgveltig ze behaltende die einunge des geistes in dem bande des friden.' Dise tugende die sint ein wor bant do man mitte bindet: also bindent zuo in friden und in die einunge des geistes."* (382,1-3)

9.1. – 10.1.: s. 2.3.

13.1. – 13.2.: Für das, was den Menschen seiner Freiheit beraubt, wählt Tauler summarisch - ohne genauere Bestimmung - das Bild des *strick*.

14.1.: Die Metapher des *verstricken* bezieht sich auf die Eigenschaft der *betrüebnis*, das Leben quasi einzusperren (s.365,11).

14.2. – 14.3.: Einen anderen semantischen Schwerpunkt weist die Metapher auf, wenn sie die enge Beziehung der Kreatürlichkeit mit dem *grunt* eines Menschen (s.127,30) oder des Menschen mit dem göttlichen Willen (s.27,13) im Bild des Verwobenseins anschaulich macht.

E. Seuse

1. *band*
1.1. *minne* (28,25f; 181,19; 487,7; 537,14f; 554,29)
1.2. *truwe* (487,8)
1.3. *mensche* (55,5f; 56,6f.8; 358,4; 371,30-32; 460,29f)
1.4. *sele* (539,23f)
1.5. *tot* (259,12; 280,18f)
1.6. *ewige wisheit* (430,15)

2. *binden*
2.1. *herre* (320,25)
2.2. *mensche* (375,30(Pat); 372,18; 520,17)
2.3. *tiuvel* (369,19.28)

5. *entbinden*
5.1. *Jhesus Christus* (539,23f)
5.2. *mensche* (371,32(Pat))

13. *strik/sail*
13.1. *tod* (284,14)
13.2. o.BE (310,21; 380,13; 445,10; 456,20)
13.3. *tiuvel* (369,28)

14. *verstriken*
14.1. *mensche* (370,5; 458,13)

1.1. – 1.6.: Die Wirkung der Minne zeigt sich für Seuse zunächst im Bereich der göttlichen Trinität, wo aufgrund der Liebe Vater und Geist in einem engen Verhältnis stehen; für Seuse beinhaltet das nach dem Modell der Liebesbeziehung als *neigunge* und *minneband* näher bestimmte Verhältnis zwischen liebendem Vater und geliebtem Geist, daß *"ist zuogehoerlich der driten person der ursprung"* (181,20).

Auch zwischen Jesus Christus, der Ewigen Weisheit, und dem zu Gott betenden Menschen kann durch die Kraft der Minne ein enges Verhältnis zustandekommen, das sogar die unio nicht ausschließt: *"... daz du in mir und ich in dir mit vestem band der minne vereinbert eweclichen beliben."* (537,14f) Das durch die Minne und Treue bewirkte enge Gottesverhältnis verpflichtet den Menschen nach Auffassung der personifizierten Gottesminne zu einem friedvollen Handeln: *"Ich gebute uch in dem bande der minnen und bi dem bande der goetlichen truwe..., ein iegliches neme dez andern friden war..."* (487,7-10).

Im Unterschied zur Gottesminne hat die Minne zu vergänglichen Dingen für den Menschen die negative Konsequenz, ihn in seinem Bewegungsspielraum einzuengen und ihn dadurch zum Gefangenen seiner vergänglichen Minne zu machen (s.28,25f). Gelassenheit ist der Grund dafür, daß bestimmte Menschen kein zwanghaftes Verhältnis zu den Dingen haben wie die Mehrzahl der Menschen, die *"wurket usser bezwungenheit"* (358,4).

Die Metaphern *band/swere band* können von Seuse allgemein, ohne genauere Klärung des Sachverhaltes, dazu verwendet werden, eine unfrei machende Situation zu bezeichnen, die den Menschen bestimmt (s.55,5; 56,6f.8). In dieser Weise ist auch die metaphorische Formulierung *"bande der sele"* (539,23f) zu verstehen; von solchen psychischen Obsessionen kann - so Seuse - allein Gott befreien. Was die Endlichkeit des Menschen betrifft, macht die durch den Tod gesetzte Grenze den Menschen derart unfrei, daß Seuse diesen Zustand in Beziehung setzt zu dem eines Gefangenen: *"Owe tot..., du fuerest mich in dinen banden, als der einen verdamneten menschen gebunden fueret an die stat, da man in toeten wil."* (280,18-20)

In ein nur scheinbar unfrei machendes Verhältnis begibt sich der Mensch, wenn er tritt *"frilich in die bant der ewigen wiszheit"* (430.15); denn diese werden sofort verkehrt zu *"guldin kronen ewiger saelikeit"* (430,16).

2.1.: Die Errettung durch Jesus Christus stellt den Grund für die Bitte des Menschen dar, daß Jesus zu ihm in ein enges Verhältnis trete und ihn mit sich vereine: *"din sures eranen binde dich zuo mir, din vriliches erloesen verein mich eweklich mit dir."* (320,25)

2.2. – 2.3.: Den Sachverhalt, daß Menschen sich derart in Abhängigkeit von Traurigkeit und Schwermütigkeit befinden, daß sie davon nicht mehr loskommen, bringt Seuse mit der Formulierung ins Bild: *"... die gebunden waren mit stelinen reifen in trurkeit und swermuotekeit der strafenden gewüssne..."* (375,30f).

Ein anderes Bild, mit dem Seuse die aus einem bestimmten gottlosen Verhalten resultierende sklavische Abhängigkeit des Menschen vom Teufel verdeutlicht, ist das Bild vom Menschen, um den der Teufel ein Seil gebunden hat (s.369,28).

Um der Gottesbeziehung willen muß der Mensch nach Seuses Ausführungen im 4. Brief des Briefbüchleins u. a. seinen Leib in Zucht nehmen und dem unkontrollierten Lauf seiner Zunge - worauf Seuse mit dem Bild des Bindens aufmerksam macht - ein Ende bereiten (s.372,18).

5.1. – 5.2.: Wenn der Mensch von allen Obsessionen dadurch befreit wird, daß er sich zu Gott wendet (s.371,32) oder daß Gott ihn von den *banden siner sele* (539,23) erlöst, spricht Seuse metaphorisch von *entbinden*.

13.1. – 13.3.: Das, was den Menschen in seiner Freiheit einschränkt, ihn in seinem Leben festlegt oder ihm das Leben völlig nimmt wie der Tod, erscheint im Bild des Strickes. Insbesondere weist Seuse darauf hin, daß die *"welt ist vol striken, falschheit und untrúwen..."* (380,13).

14.1.: Im Bild des Verstricktseins erscheint die Bindung des Menschen an vergängliche Minne.

F. Margaretha Ebner

1. *bant*
1.1. o.BE (59,4.21; 60,4; 61,2.6; 160,17)
1.2. *Jhesus Christus* (60,25f)
1.3. *got* (139,6)
1.4. *genade* (157,15)

2. *binden*
2.1. *mensche* (49,23(Pat); 54,3(Pat); 71,5(Pat); 77,1; 141,6(Pat); 146,27(Pat); 152,18f(Pat); 156,8f(Pat); 157,14f(Pat).17(Pat); 160,17(Pat))
2.2. *swige* (52,7(Pat); 53,12f(Pat); 55,12(Pat); 63,4(Pat); 65,14(Pat); 66,2(Pat); 69,11(Pat); 70,17f(Pat); 71,14(Pat); 72,20(Pat); 91,26(Pat); 108,10(Pat); 110,1(Pat); 112,13(Pat); 118,10(Pat); 138,24(Pat))
2.3. *minne* (69,24f)
2.4. *Jhesus Christus* (59,5; 73,10f; 123,8)
2.5. *vanknüs* (138,6(Pat))
2.6. *hören/reden von got* (117,17)
2.7. *liden* (117,26)
2.8. *gewalt* (163,1)

3. *binder*
3.1. *Jhesus Christus* (73,10)

4. *bindung*
4.1. o.BE (157,22)

1.1. – 1.2.: Wenn Margaretha allgemein von *banden* spricht, in denen sie *"gefangen und gebunden"* ist (59,5), geht es um einen durch Jesus Christus hervorgerufenen Zustand (s.59,4f u.60,25), bei dem Margaretha schweigt und keine Nahrung und Flüssigkeit zu sich zu nehmen vermag (s.58,18-59,3). Es kann damit aber auch alles gemeint sein, was im Ablauf eines Jahres Margarethas Freiheit einschränkt (s.160,17).

1.3. – 1.4.: Die von Barmherzigkeit geprägte enge Beziehung Gottes ist gemeint, wenn Margaretha von *barmherzigen banden* Gottes zur ihr spricht. Insbesondere die Gnade ist für Margaretha ein *"senfte(s) süezze(s) band"* Gottes, das die Autonomie Margarethas einschränkt (157,15f).

2.1.: Die Konfrontation mit dem Leiden Christi führt bei Margaretha dazu, daß sie einen halben Tag wie gelähmt ist und sich in einem Zustand befindet, dem sie über die Metaphern *gefangen und gebunden* Züge einer die Freiheit beschränkenden bzw. zwangshaft unterdrückenden Gefangenschaft verleiht (s.49,23f).

Unter dem Aspekt des Festgelegtseins bringt Margaretha auch ihren durch die Güte Gottes bedingten Zustand während der Fastenzeit im Jahr 1344 zur Sprache (s.71,5). Dieses Festgelegtsein wird noch mehr dadurch konkretisiert, daß mit der Formulierung *"gebunden mit aller süezzen lust und mit creftiger götlicher genade"*, die Herz und Seele Margarethas *umbgit* (152,18-20), die Assoziation eines gefesselten Körpers geweckt wird. Während in dieser Aussage noch die Vorstellung einer Fesselung im Hintergrund steht, wird sie einige Seiten weiter explizit thematisiert durch die Metaphern *"gebunden mit ainem senften süezzen bande der genade"* (157,15) und *vast gebunden* (s.157,17). Die in diesen Formulierungen zum Ausdruck kommende Eingeschränktheit ist so groß, daß Margaretha nicht mehr über sich verfügen kann (s.157,16). Diesen aufgrund der Erfahrung der göttlichen Wirklichkeit sich einstellenden Zustand kann sie auch dadurch anschaulich machen, daß sie feststellt: *"uzzewendick werdent mir gebunden alliu miniu lider..."* (141,6; vgl. 146,27f). Die göttliche Gnade bewirkt, wie Margaretha drei Tage vor dem Fest des Hl. Andreas erfährt, andererseits die Befreiung von allen nicht näher bezeichneten Zwängen, die sie - was in der Bandmetaphorik zur Sprache kommt - das Jahr über negativ eingeschränkt haben (s.160,17f).

2.2.: Formelhaft findet sich bei Margaretha der metaphorische Ausdruck *gebunden swige*.

2.3.: Gott bringt gegenüber Margaretha mit der Verbmetapher *binden* zum Ausdruck, daß ihre Minne ihn auf ein enges Verhältnis verpflichte (s.69,24f; vgl.77,1).

2.4.: Unterschiedliche Erfahrungen macht Margaretha mit ihrem von Jesus Christus bewirkten Zustand, der sie *"in creftigen banden gefangen und gebunden hat"* (59,4f). Zum einen empfindet sie größte Lust (s.59,3) und *"ain süezze fröd"* (s.59,19), weil sie mitleiden darf mit dem Leiden Jesu Christi. Sie spricht in diesem Zusammenhang daher auch dann von den *"barmhertzigen suezzen bant"* an ihr (59,20f). Zum anderen nähert Margaretha die als *binden* beschriebene Tätigkeit Jesu Christi dadurch der tatsächlichen Wirkung einer Fesselung an, daß sie als Ergebnis des kräftigen Bindens ihre Hände vorweist, die so geschwollen sind, daß man Sterbemale daran sieht (s.73,11f).

2.5.: Margaretha überkommt nach Ostern der Zwang, nicht mehr zu reden. Die metaphorische Wendung *"diu gebunden vanknüzze der swige"* impliziert, daß es sich bei dieser Erfahrung um einen inneren, unfrei machenden Drang zum Schweigen handelt (138,6).

2.6. – 2.7.: Die Tatsache, daß ihr *"mit gewalt diu rede genomen wirt"* (117,14), wenn sie von Gott reden will bzw. von ihm reden hört, ist dadurch bedingt, daß sie innerlich davon derart tangiert ist, daß diese Erfahrung sie *"fahet und bindet"*, so daß ihr das Reden unmöglich wird (117,17). Insbesondere das Leiden Jesu Christi bewirkt bei ihr einen Zustand der Unfreiheit, indem es, wie Margaretha mit den Metaphern *binden und fahen* ins Bild bringt, auf Margaretha eine Wirkung ausübt, die einer Gefangennahme gleichkommt (117,26).

2.8.: Margaretha bittet Jesus Christus darum, daß er das menschliche Leben mit seinem Willen bestimme. Dieses enge, die freie Verfügbarkeit des Menschen einschränkende Verhältnis soll zustandekommen, indem Jesu Christi *"starker gewalt da zuo binde"* und seine *"süezze minn da zuo zwinge..."* (163,1f).

3.1.: Jesus Christus, der Margaretha in ein enges Verhältnis zu sich bringt, bezeichnet Margaretha als *binder* (s.73,10).

4.1.: Der Zustand der Freiheitseinschränkung, bedingt durch die göttliche Gnade (s.157,22), wird auch mit der Metapher *bindung* veranschaulicht.

G. Heinrich von Nördlingen

1. *bant*
1.1. *minne* (9,13; 33,61)

2. *binden*
2.1. *minne* (9,1f)

2.2. *mensche* (9,4(Pat); 16,72(Pat); 17,33(Pat); 33,90(Pat))
2.3. *Jesus Christus* (33,94(Pat))

1.1.: Die Minne Jesu Christi, infolge derer er am Kreuz für den Menschen gestorben ist, stellt nach Meinung Heinrichs einen engen Kontakt insbesondere zu Margaretha her; die in diesem Zusammenhang verwendeten Metaphern *minnebande* und *gefangen stan* erscheinen zur Erfassung der starken Abhängigkeitsbeziehung Margarethas zu Jesus Christus (9,13).

2.1.: Die Minne Gottes zeigt sich darin, daß sie *"das ewig wort in menschlich natur gebunden hat"* (9,1f). Die Metapher evoziert die Vorstellung, daß die göttliche Minne eine engere Beziehung zwischen Gott und Mensch herstellt, indem sie beide gleichsam einhüllt.

2.2. – 2.3.: Heinrich sieht Margaretha aufgrund der Einwirkung der göttlichen Minne in einem Zustand, der ihre Freiheit einschränkt, weil sie - *"gebunden und gefangen"* (9,4) - mit ihren Sinnen nichts anderes mehr vermag, als auf den geliebten Jesus Christus zu warten.

Dieser Zustand entsteht auch für Heinrich; allerdings ist er nicht durch die Minne Gottes, sondern durch die Bitte Margarethas verursacht, ihr zu helfen und ihr Leben zu ordnen (s.17,32f).

Mit dem Bild des Bindens verweist Heinrich weiterhin auf den unfreimachenden Krankheitszustand Margarethas, der für Heinrich seine Entsprechung in Jesus Christus hat, der an das Kreuz gefesselt war (s.33,90.94).

berg (1.)/ bluomenberg (2.)/ spiegelberg (3.)/ gebirge (4.)/ tal (5.)

A. Mechthild von Magdeburg

1. *berg*
1.1. *hochmuot* (III 14,4; 22,15)
1.2. *mensche* (IV 5,4.19)
1.3. *himelrich* (IV 18,47)
1.4. *minne* (V 4,25)
1.5. *got* (I 8,2; II 21,2ff)

2. *bluomenberg*
2.1. o.BE (III 15,59)

3. *spiegelberg*
3.1. *got* (I 20,2)

5. *tal*
5.1. *diemuetekeit* (III 22,15)
5.2. o.BE (IV 4,38)

1.1.: Zur Visualisierung des Hochmutes greift Mechthild auf die Landschaftsmetaphorik zurück und wählt den Berg, dessen vertikale Erstreckung als Bild für die innere Einstellung des Hochmutes fungiert (s.III 14,4).

1.2.: Aufgrund des gewaltigen Ausmaßes seiner räumlichen Ausdehnung erscheint Mechthild *berg* auch als Metapher für die Größe der menschlichen Schuld geeignet (s.IV 5,4); denn diese behindert sowohl die freie Sicht des Menschen auf Gott als auch aufgrund ihrer Unüberwindbarkeit den Zugang zu ihm: "*Herre, min schult..., dú stat vor minen ougen gelich dem groesten berge und hat lange vinsternisse gemachet zwúschent dir und mir und ewige verrunge von dir und - owe! - mir.*" (IV 5,3-5) Entgegen aller menschlichen Erfahrung stellt Gott das Verschwinden dieses menschlichen Berges in Aussicht: "*Din berg sol versmelzen in der minne...*" (IV 5,19f)

1.3. – 1.4.: Um das Himmelreich, Ort der Erfahrung Gottes und seiner Minne, erreichen zu können, muß die Seele - wie Mechthild mit *berg* ins Bild bringt - viel Anstrengung aufwenden, damit sie auf "*den hoehsten berg des schoenen himelriches*" kommt (IV 18,47). "*Uf den hohen berg der gewaltigen minne und der schoenen bekantnisse*" angekommen (V 4,25), geht es ihr wie dem Pilger, der mit großem Verlangen *uf gestigen* ist, um dann wieder abzusteigen (s.V 4,26f).

1.5.: An Dtn 4,11-15; 5,4 anklingend, wird Gott neben anderen Metaphern, die seine exklusive Position in Bezug auf die irdische Wirklichkeit unter verschiedenen Aspekten vorstellen, auch als *brennender berg* gekennzeichnet: "*O du brennender berg, o du userwelte sunne, o du voller mane, o du grundeloser brunne, o du unreichhaftú hoehi...*" (I 8,2f).

2.1.: Gott stellt in Aussicht, die armen Seelen in der Hölle auf einen *bluomenberg* zu bringen, wo sie "*vindent me wunne denne ich gesprechen kúnne.*" (III 15,59)

3.1.: Ohne weitere Erläuterung nennt Mechthild Gott einen *spiegelberg* (s.I 20,2).

5.1.: Die dem Hochmut entgegengesetzte Einstellung der Demut entspricht wegen der geistigen Position, die der Mensch dabei in Bezug auf die sonstige Wirklichkeit einnimmt, der Landschaftsform eines Tales im Gegensatz zum Berg, der als Landschaftserhebung die Selbsterhebung des Menschen in Hochmut über alles andere veranschaulicht (s.III 22,15; vgl. 1.1.).

5.2.: Ganz allgemein steht das *grundelose tal* für eine auf den Menschen in seiner ganzen Existenz bedrohlich wirkende Situation, in die er dann gerät, wenn er zu sehr mit irdischen Dingen beschäftigt ist und sich über andere Menschen erhebt (s.IV 3,8).

D. Tauler

1. *berg*
1.1. sele (83,1f)

5. *tal*
5.1. trehen (83,22)

1.1.: Um die innere Disposition vorstellbar zu machen, die die Seele haben muß, wenn sie Gott empfangen will, stellt sich Tauler die Seele als einen *berg* vor, der "*in uns erhaben (ist) über dise nidern vergenglichen ding...*" (83,2f). Damit bringt Tauler zum Ausdruck, daß die Disposition der Seele in der Transzendenz über alle vergänglichen Dinge besteht.

5.1.: Den Psalmen entnimmt Tauler den Ausdruck "*tal der trehenen*" (83,22; vgl. Ps 84,7).

E. Seuse

1. *berg*
1.1. gerehticeit (375,15)

4. *gebirge*
4.1. übergoetliches wa (188,20)

1.1.: Die Rechtfertigung des Sünders aus Liebe hebt Gerechtigkeit als unantastbares Prinzip auf: der *stehlin berg* der göttlichen Gerechtigkeit wird *zerspaltet* (s.375,15).

4.1.: Auf das schwer Zugängliche des Absoluten verweist Seuse mit dem - von Ex 19,3 und Dionysius Areopagita, De myst. theol I,3 angeregten - Bild des "*wilden gebirge des übergoetlichen wa*" (188,20).

begraben (1.)/ entgraben (2.)/ nachgraben (3.)

A. Mechthild von Magdeburg

1. begraben
1.1. o.BE (I 3,29)
1.2. *herre* (III 2,17)

1.1. – 1.2.: Dadurch, daß die Seele, die aus Liebe zu ihrem göttlichen Geliebten stirbt, in Gott ihr Grab findet, wird der Tod zur entscheidenden Voraussetzung der unio (s.I 3,29).

B. David von Augsburg

3. nachgraben
3.1. *mensche* (353,9f)

3.1.: Die Tugendsuche des Menschen wird im Kontext eines Vergleichs der Tugend mit einer verlorenen Silbernadel zum *nachgraben* (s.353,9f).

E. Seuse

1. begraben
1.1. *mensche* (365,29; 437,2)

2. entgraben
2.1. *name* (394,31(Pat))
2.2. *Seuse* (393,13)

1.1.: Für die mit der Betrachtung des Herzens erfolgende Trennung vom alten Menschen findet sich bei Seuse das Bild des *begraben*.

2.1. – 2.2.: Die Zugehörigkeit zu Jesus Christus bringt Seuse ins Bild, indem er die Sicht evoziert, daß der Name Jesu im Herzen des Menschen von der göttlichen Minne (s.394,31) bzw. von Seuse selbst eingegraben ist (s.393,13).

berüerde (1.)/ (be –)rüeren/unberuerlich (2.)/ anerüeren (3.)

A. Mechthild von Magdeburg

1. *beruerunge*
1.1. *minne* (II 24,85; VI 5,3)
1.2. *got* (IV 12,33)

2. *(be-)rueren*
2.1. *Jhesus Christus* (III 15,14; VII 50,4.9)
2.2. *trost* (IV 12,30)
2.3. *sele Jhesu Christi* (VI 16,24)
2.4. *got* (V 31,29)
2.5. *lop* (V 25,22)
2.6. *hl. geist* (II 3,18)
2.7. *mensche* (VII 45,20)

1.1. – 1.2.: Mechthild bringt im Bild der *beruerunge* den engen Kontakt zur Sprache, den die göttliche Minne bzw. Gott zum Menschen herstellt. Aufgrund dieser Erfahrung ist die Seele derart auf Gott hin konzentriert, daß sie jede schwere Sünde meidet (s. II 24,85f) und alle irdische Annehmlichkeit im Vergleich mit der widerfahrenen Gottesbegegnung als Defizit erfährt (s. VI 5,3ff).

2.1. – 2.6.: Die Verbmetapher *berueren* steht für den Vorgang, durch den Jesus Christus in eine enge Beziehung zum Menschen tritt. Dieses Geschehen trägt zum einen als Erlösungsgeschehen den Charakter eines Prozesses, in dessen Verlauf Jesus Christus mit seinen "*súnlichen gaben... ane underlas...*" dem Menschen (VII 50,4.9) so nahekommt, daß die ganze menschliche Existenz davon betroffen ist. Zum anderen wird im Bild des *rueren* eine Weise des Liebesvollzugs zwischen der Seele und Gott bzw. Jesus Christus thematisiert (s. V 31,29; III 15,14; IV 12,30). Ferner fungiert *rueren* im Rahmen der Zwei-Naturen-Lehre als Bild für die Göttlichkeit Jesu Christi: einerseits trägt Jesu Seele mit dem Leib die Bürde aller Seelen; andererseits steht sie in ständigem Kontakt mit der Gottheit: "*si ruere(t) ane underlas dise grundelose gotheit...*" (VI 16,24). Schließlich zeigt Mechthild mit dem Bild des *rueren und reizen* (V 25,22) die Wirkung, die das Gotteslob des Menschen auf die Dreifaltigkeit hat.

2.7.: Zwischen der *gebruchunge* des Göttlichen und dem menschlichen Sprechen davon besteht kaum ein Zusammenhang; menschliches Sprechen darüber ist fast völlig referenzlos; man vermag diese Erfahrung - so Mechthild - "*kume mit worten rueren...*" (VII 45,20).

C. Meister Eckhart

2. *(be)rüeren*
2.1. *kraft/krefte in der sêle* (I 32,1f; 162,12; 275,8f)
2.2. *vunke* (II 419,3)
2.3. *menschlîche natûre* (I 420,1f(Pat); V 47,4f)
2.4. *zît* (II 231,1-3)
2.5. *sêle* (I 220,7; 348,1; II 134,2.3; 135,6; 136,1f; 137,1; 165,3; 231,2(Pat); 405,1f; 456,1.3; 553,8; III 401,5)

2.6. *crêatûre* (I 212,3f; III 217,6; 264,3f; 265,5; V 111,7; 228,2f.11)
2.7. *wesen* (III 264,4(Pat); 265,5)
2.8. *gemüete* (V 255,9f)
2.9. *himel* (III 218,4f)
2.10. *mensche* (I 135,12; 282,1; II 418,2; III 490,8(Pat);V 25,11f(Pat). 15(Pat) 111,7(Pat); 116,20; 228,2f)
2.11. *wort* (I 281,12; 284,3)
2.12. *liden* (V 229,5)
2.13. *betrüepnis* (V 8,5)
2.14. *engel* (I 289,5; 336,10f; II 536,3; III 403,17; V 269,2)
2.15. *engelische natûre* (II 318,1)
2.16. *geist* (I 289,5)
2.17. *verstantnisse* (I 365,3; II 370,1)
2.18. *vernünfticheit* (I 365,3; II 318,2)
2.19. *bekantnis* (I 315,6f)
2.20. *lieht* (II 122,1; III 220,2; 230,10f.15; 250,3f)
2.21. *naht* (III 250,3)
2.22. *niht* (II 66,3f)
2.23. *abegescheidenheit* (V 405,3f)
2.24. *werk* (V 52,5f)
2.25. o.BE (II 456,1; III 170,4; 250,3; V 52,16.19)
2.26. *got/gotheit* (I 172,6f; 364,1(Pat); II 231,2f(Pat); 528,1)
2.27. *hl. geist* (I 168,3; III 302,1f)
2.28. *warheit* (II 27,11f)

3. anerüeren
3.1. *got* (II 259,6.7)
3.2. *dinc* (II 259,4f)

2.1. – 2.2.: Eckhart inszeniert mit der Metapher das In-Beziehung-treten der Seelenkräfte zu Raum und Zeit oder *vleisch* nach Art einer körperlichen Kontaktaufnahme, die zugleich eine Weise sinnlicher Wahrnehmung darstellt. Für die Seele hat dieser Kontakt zur Konsequenz, daß sie ihre *juncvröuwelîche reinicheit* (s.I 275,9), ihr *magetuom* (s. I 162,13) verliert.

Anders als die Seele kommt der Funke der Seele, insofern er in völliger Beziehungslosigkeit mit der Kreatur steht, d.h. *blôz* ist (s. II 420,1), mit der irdischen Wirklichkeit nicht in Kontakt. Deshalb hat der Mensch nur dann die Möglichkeit zur Vereinigung mit dem Funken, "*der zît noch stat nie enberuorte*" (II 419,3), wenn er seine Verbindung zu allem Geschöpflichen löst.

2.3. – 2.5.: Die menschliche Natur, die Seele und Gott stehen ihrem Wesen nach in keinerlei Beziehung mit der Zeit: "*Möhte diu sêle von zît berüeret werden, si enwaere nicht sêle, und möhte got von zît berüeret werden, er enwaere niht got.*" (II 231,2f) In anderen Aussagen geht Eckhart davon aus, daß die Seele geschaffen ist "*als in einem orte zwischen zît und êwicheit*" (II 405,1f) und infolgedessen mit ihren obersten Kräften in Kontakt mit Gott steht, mit ihren niedersten Kräften Zeit und zeitliche Dinge *rüeret* (s.II 405,1f). Für die Gottesgeburt des zeitlosen Gottes in der Seele bedeutet dies, daß sie nur zustandekommt, wenn die Seele - wie Eckhart konkretisierend in Opposition zur Metapher *berüeren* durch die Metaphern *abevallen* und *entvallen* (s.II 231,5f) ins Bild bringt - in keinem Zusammenhang mit der Zeit mehr steht. Diesen Zusammenhang der Seele mit der Zeit bezeichnet Eckhart in Pr 50 als "*ein anehaften der zît*" (II 455,4), "*ein ruoren der zît*" (II 456,1), "*einen rouch und einen smak der zît*" (II 456,2). Erst wenn die Seele die von Raum und Zeit bestimmte Wirklichkeit transzendiert hat, d.h. auch sich über sich selbst erhoben hat (s.II 165,3), steht sie in direktem, unmittelbaren Kontakt mit Gott, berührt *in blôz* (s. II 553,8; vgl. III 401,4f u. II 137,1f) und vereinigt sich mit ihm (s. II 136,1f.5f).

2.6. – 2.13.: Was den Kontakt der Kreatur mit Gott, mit dem Sein, dem Himmel und dem Gemüt anbelangt, weist Eckhart darauf hin, daß Gott und der Himmel, obwohl sie von sich aus mit den Kreaturen in Beziehung stehen - *"got vliuzet in alle crêatûren"* (III 217,6); der Himmel *"berüeret alliu dinc"* (III 218,4) -, von den Kreaturen unberührt bleiben. Diese Distanz zur Kreatur bringt Eckhart im Rahmen von Aussagen, die das Sein und das Gemüt betreffen, in Anlehnung an räumliche Verhältnisse zum Ausdruck: Das Sein ist unberührbar, weil es so hoch erhaben (s. III 264,3f) und abgeschieden ist (s. III 265,5). Für das Gemüt gilt die Forderung, daß es, insofern es *"über diu andren dinc alliu sol... erhaben sîn"* (V 255,10), nichts berühren soll als alleine Gott.

Wegen dieser alleinigen Ausrichtung auf Gott darf der Mensch sich insgesamt nicht tangieren lassen von Liebe und Leiden (s. III 490,8) und muß als innerer Mensch, als *"guoter boum unberüeret von diz und von daz"* sein (V 111,7). Denn daß er nicht beständig im unwandelbaren Sein lebt, ist in der Beziehung des Menschen zur Zeit begründet: *"Waz zît rüeret, daz ist toetlich."* (I 135,12f) Dieser Kontakt mit der Zeit ist auch gegeben, wenn der Mensch von beweglichen Dingen schreibt; infolgedessen hat sein Schreiben auch keinerlei Beziehung zur menschlichen Natur und zum Seelengrund (s. I 282,1). Umgekehrt ist es keiner Kreatur möglich, den Menschen unmittelbar zu affizieren, wenn er sich in Gott befindet und von Gott umfangen ist. Bevor Kreaturen in Kontakt mit solchen Menschen treten können, müssen sie zuerst Gott berühren, dessen Wirklichkeit alles Kreatürliche verwandelt: *"swaz an in komen solte, daz müeste durch got an in komen; dâ nimet ez sînen smak und wirt gotvar..."* (V 229,1-2) Insofern tangiert auch Leiden Gott mehr als den in Gott befindlichen Menschen (s. V 229,5-8), da es zuerst zu Gott kommt, bevor es zum Menschen gelangen kann.

Die Tendenz der Metapher *berüeren* kann sich auch mehr auf den Aspekt der Wahrnehmung verlagern, wenn im Bild des *berüeret* und *gewar*-Werdens die Erfahrung von Minne und Neigung zu Verwandten thematisiert wird (V 25,15).

2.14. – 2.16.: Was die Beziehung der Engel zu Gott anbelangt, vermögen sie Gott an sich nicht zu erfassen, wenn sie ihn *rüerent* (s. II 536,3). Auch der Unterschied zwischen Seele und Gott im Leib Jesu Christi bleibt für sie unerkennbar, da beide in einem so engen Verhältnis stehen, daß die Engel, wenn sie Gott *rüerent*, zugleich mit der Seele Jesu Christi in Kontakt treten (und umgekehrt) (s. V 269,2f). Für den Seelengrund und die Seelennatur gilt allgemein, daß weder Geist noch Engel diese tangieren können (s. I 289,5). Die Seele jedoch wird vom *"liehte des engels"* (I 336,12), d.h. genauer von der *"berüerunge des engels entvenget"* (I 336,10f).

In Bezug auf das Verhältnis Gott-Geschöpf kommt dem Engel eine Übermittlungsfunktion zu; alles, was er von Gott *"mit dem rüerenne des himels"* (III 403,17) an geschöpflichen Urbildern empfangen hat, gibt er an die Kreaturen weiter, ohne jedoch in Beziehung zur Zeit zu treten; denn *"diu engelische natûre enrüeret keine zît."* (II 318,1)

2.17. – 2.19.: Als Bedingung für die im Bild des *rüeren* veranschaulichte enge Beziehung des Menschen zu Gott, die Wahrnehmung, intellektuelles Erfassen und Einigung implizieren kann, nennt Eckhart, daß *"verstantnisse und vernünfticheit"* im Vorgang der *bekantnis* (I 315,6f) erst Raum und Zeit entfernen müssen, bevor sie die *engelische natûre* zu erreichen vermögen (s. I 365,3).

Wenn das menschliche Verstehen in Kontakt zu Gott treten will, muß die Seele sechs Merkmale aufweisen: u.a. Gleichheit, Lauterkeit, *âne mittel* sein. Bemerkenswert an dieser Stelle in Pr 45 ist, daß Eckhart mit Hilfe der kombinierten Verben *berüeren* und *begrifen* (s. II 370,1f) durch Rückgriff auf verschiedene Arten des körperlichen Erfassens den intellektuellen Erkenntnisvorgang veranschaulicht.

Eine andere Sichtweise der *vernünfticheit* findet sich in Pr 43: Als oberster Teil der Seele hat sie *"ein mitesîn und ein îngeslozzenheit mit den engeln in engelischer natûre"* (II 317,8); infolgedessen gilt für sie wie für die Engel, daß sie *"enrüeret keine zît"* (II 318,2).

2.20. – 2.21.: Die Beschaffenheit der Seele wird dadurch genauer bestimmt, daß Eckhart von ihr ein Bild entwirft, dessen zentrales Merkmal darin besteht, daß *"daz überswebende natiurlich lieht der sêle"* (II 121,4) an die *engelische natûre* heranreicht, während es zu den niedersten Seelenkräften von sich aus keine Beziehung hat; umgekehrt verneint Eckhart aufgrund seiner Position, daß alles an den Kreaturen nur *schate* und *naht* ist (s. III 220,1), die Möglichkeit, daß das Licht des obersten Engels die Seele zu affizieren vermag (s. III 220,2). Im Hinblick auf das Erkenntnissubjekt hin formuliert, heißt dies: *"waz crêatûre rüeret, daz ist naht."* (III 250,3) Oder Subjekt wie Objekt des Erkennens betreffend: *"Dâ ist ein wâr lieht, dâ ez crêatûre niht enrüeret. Swaz man bekennet, daz muoz lieht sîn."* (III 250,3f)

Anfangs- und Endpunkt des göttlichen Lichtes sind gemeint, wenn es unter dem Aspekt dargestellt wird, *"dâ ez ûzbrichet"* (III 230,13) und andererseits, als es *"mîne sele rüeret"* (III 230,11).

2.22. – 2.23.: Über dem geschaffenen Sein der Seele befindet sich nach Eckharts Aussagen etwas, das *"ein sippeschaft götlîcher art"*, *"in im selben ein"*, ein *wüestenunge* ist und *"kein geschaffenheit enrüeret"* (II 66,2-6); infolgedessen bezeichnet Eckhart es wegen des Ausschlusses alles Bestimmten als *ein niht* (s. II 66,3). Mit diesem *niht* steht die *abegescheidenheit* in einer derart engen Beziehung, daß für nichts anderes mehr zwischen ihnen Raum vorhanden ist (s. V 405,3).

2.24.: In enge Beziehung zum Werk, das ein Mensch vollbringt, kommt das Herz des betreffenden Menschen allein über die Motivation des Tuns (s. V 52,5f).

2.25.: In der Exegese des Predigtverses "Eratis enim aliquando tenebrae" führt Eckhart in Pr 50 zu *aliquando* aus, daß sich als Hindernis für die Gotteserkenntnis erweisen ein *anehaften*, ein *ruoren*, ein *rouch* und ein *"smak der zît"* (II 455,4-456,3). Darum muß alles, was in Kontakt mit der Zeit steht, beseitigt werden (s. III 170,4). Der bestimmende Einfluß der zeitlich verfaßten Wirklichkeit wird relativiert, wenn der Mensch alle Werke *durch got* vollbringt: "*... sô ist dâ got daz mittel und daz naehste der sêle, und enmac niht die sêle und daz herze des menschen rüeren, daz... enmüeze von nôt verliesen sîn bitterkeit und lûter süeze werden, ê dan ez des menschen herze iemer müge rüeren.*" (V 52,15-19)

2.26. – 2.28.: Eckhart verwendet die Metapher *berüeren* auch dazu, um die von Gott, dem Hl. Geist oder der Wahrheit ausgehende Kontaktaufnahme mit der Seele zu veranschaulichen. Zur Ausdrucksform der Liebesbeziehung Gottes zur Seele wird der Kontakt, wenn Eckhart ausführt, daß "*der sêle ein kus beschihet von der gotheit.*" (I 172,4f) Der Kontakt, den Gott mit der Seele eingeht, ist genauerhin Ausdruck der göttlichen Liebe, die von der Liebe Gottes zu sich selbst nicht zu trennen ist. Darum ist die Liebesbeziehung Gottes zur Seele - oder wie Eckhart auch formuliert: das Berühren der Seele durch Gott (s.I 172,8f) - mit dem Kontakt identisch, den er in Liebe zu sich selber hat. Weil die Liebe Gottes in Gestalt des Hl. Geistes erfolgt, vermittelt der Hl. Geist auch nicht die göttliche Liebe der Seele, sondern "*berüeret ane mitel*" als göttliche Liebe die Seele (I 168,3).

3.1. – 3.2.: Die grundlegende Opposition von außen und innen erfährt dadurch eine Weitung, daß Eckhart als Bedingung für die Lebendigkeit der Werke eines Menschen die Kontaktaufnahme Gottes mit dem Menschen im innersten Bereich der Seele nennt. Ein Affiziertwerden von außen durch Dinge oder durch Gott führt nur dazu, daß alle Werke tot sind (s.II 259,5).

D. Tauler

2. *(be)rüeren*
2.1. *hl. geist* (38,5f.11)
2.2. *Cristus* (81,24.28.30; 336,21)
2.3. *got* (81,32; 82,17f; 179,7; 286,7; 326,22)
2.4. *goetteliche sunne* (32,25)
2.5. *grunt* (22,16(Pat); 81,27f(Pat); 302,35 (Pat))
2.6. *begerunge* (22,19.20)
2.7. *mensche* (35,8(Pat); 226,6; 256,7; 272,26; 288,32)
2.8. *gebreste* (13,23)

2.1. – 2.4.: Das Innere des Menschen ist der Ort, an dem das Göttliche in Beziehung zum Menschen tritt. Dies kann auch über die Lichtmetaphorik als Einstrahlung der göttlichen Sonne vorgestellt werden, die in dieser Weise den *grunt* berührt und reiche Frucht als Ergebnis ihrer Tätigkeit aufzuweisen hat (s.32,25). Der Kontakt des Hl. Geistes mit dem Inneren des Menschen bewirkt eine völlige Verwandlung des Menschen mit dem Ergebnis, daß der Mensch seine Sünden im Blut Christi reinwäscht (s.38,5ff). Wenn Christus einen Kontakt mit dem Herzen eines Menschen herstellt, reagiert dieser nach Taulers Auffassung so, wie Eisen auf die Berührung mit einem Magneten hin diesem folgt: der betroffene Mensch transzendiert sich selbst zu Christus hin und vergißt seine eigene Natur (s.81,24-30).

Zu manchen Menschen kann Gott oft keine Beziehung aufnehmen, da er in diesen Menschen seine Stätte mit anderem besetzt findet (s.82,17f). Eine weitere Gruppe von Menschen, deren Wirken ausschließlich außenorientiert verläuft, reagieren auf die innerliche Berührung durch Gott mit einem Ortswechsel oder einer

Lebensweise, die sie ins Verderben führt (s.326,22ff). Der Mensch verhält sich dagegen Gott entsprechend, wenn er für die innere Berührung Gottes, die er bei seinem Tun erfährt, sensibel wird, sich ihr stellt und Gott in seine Werke trägt (s.179,7-9).

2.5. – 2.8.: Die inwendigen Menschen, die in Beziehung zum *grunt* stehen, von dem sie berührt und erleuchtet werden (s.302,35), haben dadurch Kontakt zum *grunt* bekommen, daß sie den äußeren Menschen überwunden und sich in sich selbst gekehrt haben (s.302,27). Infolge der Transzendenz über alles Nichtgöttliche wird der *grunt* "berüeret mit einer swinden begerunge." (22,16).

2.6.: Wenn das menschliche Begehren nach Beseitigung aller Ungleichheit mit Gott in Kontakt mit dem *grunt* gerät, steigert es sich so sehr, daß es alle Schichten des Menschen erfaßt. Dabei kann der Mensch auf zweierlei Weise auf das Affiziertwerden durch das Begehren reagieren: Entweder verwirrt er den *grunt* durch seine vernünftigen Vorstellungen und Vorsätze; oder er läßt Gott seinen *grunt* bereiten, indem er sich ganz Gott überläßt und sich des Seinen in allen Dingen entledigt (s.22,19f).

2.7. – 2.8.: Der Mensch erscheint einerseits als Objekt, das vom Wort Gottes (s.35,8), wie es die Theologen verkünden, oder durch *gebreste* affiziert wird; zum anderen bringt Tauler mit der Metapher *(be-)rueren* den Vorgang zur Sprache, durch den z.B. in der Predigt bestimmte Sachverhalte thematisiert werden (s.256,7).

E. Seuse

2. rueren
2.1. *mensche* (8,16f; 31,13(Pat); 357,2)
2.2. *got* (171,26)
2.3. *sinne* (191,3(Pat))
2.4. *wise* (199,21)
2.5. *ding* (209,18)
2.6. *ewige wisheit* (262,11f)
2.7. *Maria* (268,9.13)
2.8. *herzeleit* (268,12f)
2.9. *wort* (343,20)
2.10. *Jhesus* (492,11)

2.1. – 2.10.: Seuse verwendet *(be-)rueren* zunächst als Metapher für den Versuch seiner Mitmenschen, den Prozeß seiner geistlichen Umkehr zu erfassen (s.8,16f). Ferner fungiert *(be-) rueren* als Bild für die emotionale Beeinflußung des Menschen bzw. des Herzens durch äußere Eindrücke (s.31,13), durch das erlebte göttliche Wort (s.199,21) bzw. durch traurige Worte Mariens (s.268,13), durch ihr *herzeleit* (s.268,9.12f), sowie durch die Treue (s.209,18) und Liebe (s.492,11) Jesu Christi.

Die Tendenz der Metapher *rueren* verschiebt sich zur Bedeutung 'Thematisierung eines Sachverhalts', wenn Seuse den Wilden an seinen Dialogpartner die Bitte richten läßt, sich mit seinen Ausführungen auf die Unterschiede in Gott zu beziehen (s.357,2).

F. Margaretha Ebner

1. *berüerde*
   1.1. *got* (75,21; 162,9)
   1.2. *mund* (89,23)
   1.3. *genade* (129,12)
   1.4. *Margaretha* (57,15)

2. *(be)rüeren*
   2.1. *minnekus* (70,2)
   2.2. *genade* (74,19f; 76,13f)
   2.3. *lieht* (85,16)
   2.4. *mensche* (72,10f(Pat))
   2.5. *hertze* (76,14f(Pat))
   2.6. o.BE (19,25f; 75,1f.6; 117,15f)

1.1.: Gottes Einwirkung auf den Menschen entwirft Margaretha nach dem Muster von bestimmten Weisen des körperlichen Kontaktes, wenn sie die göttliche Tätigkeit metaphorisch mit den Formulierungen *"aller süssoste(n) stösse mit der ... genade und aller suessesten beruerde... von siner ungestüemen minne..."* (75,20-22) umschreibt. Grundsätzlich stellt die *suezze berüerung* für Margaretha die Voraussetzung dafür dar, der göttlichen Präsenz inne zu werden (162,9).

1.2.: Die Nähe, die Margaretha empfindet, als sie das Bild des Kindes Jesu an ihr Herz drückt, beschreibt sie als Erfahrung *"ainer menschlichen berüerde sines mundez..."* (89,23).

1.3.: Margaretha begegnet Jesus Christus in ihrem Herzen in der Weise, daß sie dabei große *suezzeket* und *"die beruerde innerr genade"* (129,12) empfindet.

1.4.: Die Worte vom Kreuz und Grab Jesu lösen bei Margaretha *trurket* und *heftige inner berüerde* aus (s.57,159).

2.1. – 2.4.: Das intensive Verhältnis Gottes zu Margaretha wird mit verschiedenen Weisen des Körperkontaktes parallelisiert: *minnenkus*, *"ain suesses inners berüeren"* (70,1f). Ebenfalls durch *berüeren* tritt die göttliche Gnade in Beziehung zum Menschen, dessen *tunkle sinne* allerdings bislang noch nie die Nähe der Gnade erfahren haben (76,13f). Züge einer kräftigen körperlichen Berührung verleiht Margaretha auch der Einwirkung des göttlichen Lichtes auf sich in der göttlichen Gegenwart (s.85,16).

2.5.: Jesus Christus will dem nicht näher bezeichneten Lehrer u.a. seine *inbrünstigiu minne* geben, damit durch dessen Vermittlung alle *"ungebrechten hertzen berüeret"* werden sollen (76,14f).

2.6.: Im Zusammenhang mit nicht näher beschriebenen Sachverhalten und Tatbeständen, die Margaretha direkt betreffen, heißt es, daß sie *berüeren*.

G. Heinrich von Nördlingen

1. *berüerde*
   1.1. *Jesus Christus* (4,21f; 5,20)
   1.2. *got* (29,13)
   1.3. *mensche* (16,65)

2. *berüeren*
2.1. *Margaretha* (1,28)
2.2. *Jesus Christus* (4,22; 16,37; 33,70)
2.3. *vatter* (5,19)
2.4. *mensche* (10,42(Pat))
2.5. *hertz* (37,18(Pat))

1.1. – 1.2.: Die Beziehung zwischen Jesus Christus und Margaretha konkretisiert Heinrich dahingehend, daß er den Wunsch äußert, Jesus Christus möge in ihrer Seele *sitzen* und *"den minigklichen hal seins ewigen wortz"* sprechen. Maßgebliche Bedeutung für dieses geistige Verhältnis kommt nach Heinrich der Vorstellung eines intensiven körperlichen Kontaktes zu: *"... nach der innersten süesten berürde, als er ie dehainen seinen erwelten berürt hat..."* (4,21f). Auch bei der Beschreibung des innertrinitarischen Verhältnisses zwischen Vater und Sohn greift Heinrich mit der Metapher *berüerde* auf die Vorstellung körperlichen Kontaktes zurück. Aufgrund dieses Kontaktes wird die Seele Christi *uberfol* von der Wirklichkeit des göttlichen Vaters, so daß diese durch Jesus Christus an den Menschen weitergegeben wird.

Eine andere Wirkung der *berurd gotz* besteht darin, daß der Mensch die in reichem Maße in ihm vorhandenen Gnaden Gottes wahrnimmt (s.29,13).

1.3.: Die Metapher *berüerde* kann auch dazu dienen, die Betroffenheit der Ellin von Crailsheim, einer mit Heinrich und Margaretha befreundeten Schwester im Zisterzienserinnenkloster Zimmern im Ries, in Anbetracht ihres sieben Jahre dauernden Leidens zu thematisieren, das sie von Gott erhalten hat (s.16,63-67).

2.1.: Das Bild der körperlichen Berührung steht für die Betroffenheit, die Margarethas beklagenswerter Zustand bei Heinrich auslöst (s.1,28).

2.2. – 2.3.: Das Verhältnis Jesu Christi zur Seele Margarethas beschreibt Heinrich unter Zuhilfenahme verschiedener menschlicher Beziehungsmöglichkeiten: *inplick, durchschinen* und *susses berüren* (s.16,35-37); an anderer Stelle konkretisiert er die Beziehung Margarethas zum Gekreuzigten: *"der dich... berürt hat mit dem kuniglichen zwei sines haillige crützes..."* (33,70f). Wie unter 1.1. ausgeführt, sieht Heinrich auch das Verhältnis zwischen dem göttlichen Vater und dem Sohn unter dem Aspekt der körperlichen Berührung (s.5,19).

2.4. – 2.5.: Seinem Betroffensein vom Tod Jesu Christi verleiht Heinrich Züge des körperlichen Kontaktes; diese Sichtweise zieht er auch heran, um seiner Betroffenheit beim Abschied von Margaretha Ausdruck zu verleihen: *"mein hertz ward wunderlich berürt und in ein wildes elend gesetzt, do ich von dir schied."* (37,18f)

bitter (1.)/ bitterkeit (2.)/ sur (3.)/ surekeit (4.)/ súss (5.)/ süsskeit/ sússe (6.)/ zuker (7.)

A. Mechthild von Magdeburg

2. *bitterkeit*
2.1. *irdenschú ding* (VI 29,24)
2.2. *súnde* (VII 48,15)
2.3. o.BE (V 19,26; 25,8)

3. *sur*
3.1. *herze* (III 13,21; V 13,3)

4. *surekeit*
4.1. *herze* (V 33,5)
4.2. o.BE (IV 19,18)

5. *súss*
5.1. *got* (I 2,38; V 4,22)
5.2. *swere* (I 30,3)
5.3. *wol* (I 30,2)
5.4. *turst* (I 30,4)
5.5. *kuelen* (I 30,5)
5.6. *not* (I 30,6; III 24,23; VI 15,3; VII 61,15)
5.7. *giessen* (I 30,7)
5.8. *vroewen* (I 30,8)
5.9. *klang* (II 2,42; 25,126.141; V 30,11)
5.10. *milch* (II 2,34; V 23,73)
5.11. *wunden* (II 3,44)
5.12. *ougen* (II 4,92)
5.13. *wandel* (II 25,129)
5.14. *ellende* (III 1,73.146)
5.15. *anschowunge* (III 1,131)
5.16. *wunsch* (III 15,56)
5.17. *lere* (III 20,4; V 24,77)
5.18. *herze* (V 13,3; 35,24; VII 18,20.41; 27,37; 37,7)
5.19. *gotzgabe* (VII 36,35)
5.20. *hunger* (VII 45,27)
5.21. *gerunge* (VI 1,100; VII 45,25)
5.22. *swingen* (VII 13,21)
5.23. *herre* (II 23,15; V 34,24; 35,9.39; VI 1,136)
5.24. *singen* (VI 8,16)
5.25. *himelvúr* (VI 15,26)
5.26. *vlus* (VI 16,11)
5.27. *gedrenge* (VII 55,41)
5.28. *luft* (VII 57,8)
5.29. *stimme* (V 23,14; 26,4; VII 61,12)
5.30. *hoffunge* (VII 65,23)
5.31. *maget* (VII 18,4)
5.32. *liden* (VII 55,37)
5.33. *wunne* (IV 3,13; V 4,23)
5.34. *grunt* (IV 4,18)
5.35. *lust* (V 35,60)
5.36. *trinken* (IV 12,107)
5.37. *trehen* (IV 18,57)
5.38. *wunder* (V 4,48)
5.39. *tow* (V 23,47)
5.40. *gotzheimlicheit* (V 8,31; 22,23)
5.41. *Jhesus Christus* (V 21,7)
5.42. *wehsel* (V 25,31)
5.43. *sper* (III 10,36)
5.44. *minneklagen* (III 10,45)
5.45. *weg* (III 10,26)
5.46. *gehugnis* (V 31,15)
5.47. *kumer* (V 30,18)
5.48. *vride* (V 30,32)
5.49. *gotzminne* (V 30,9)
5.50. *hant* (V 30,7)
5.51. *pine* (V 30,5)
5.52. *minneflug* (V 35,8)
5.53. *paradys* (IV 27,128; V 33,18)
5.54. *val* (VI 2,33)
5.55. *vater* (V 35,18)
5.56. *vliessen* (VI 1,107)
5.57. *arbeit* (VI 16,21)
5.58. *gesmak* (VI 19,16)
5.59. *genúge* (VI 1,66)
5.60. *gemute* (VI 1,46)
5.61. *sang* (VI 1,43)
5.62. *lachen* (VI 1,37)
5.63. *munt* (II 4,101; VI 22,41)
5.64. *einunge* (II 25,114; III 10,6)

5.65. *Jhesus* (III 2,3.10)
5.66. *herberge* (II 25,58)
5.67. *jamer* (II 20,27)
5.68. *minne* (III 9,63)
5.69. *himelblicken* (III 1,19)
5.70. *unbehalsunge* (VI 1,85)
5.71. *klingen* (V 18,7)
5.72. *lamp* (II 2,17)
5.73. *jagen* (II 25,45)
5.74. *ewekeit* (III 1,150)

6. suessekeit
6.1. *got* (V 8,34; 11,23.32; 18,6; 22,36; VI 1,40; 2,15; 4,26; 7,33)
6.2. *hl. geist* (IV 2,30; 20,16; V 23,45)
6.3. *himel* (III 1,144)
6.4. *Jhesus* (VI 1,140; VII 50,9)
6.5. *sele* (VI 26,13)
6.6. *herze* (V 23,70)
6.7. o.BE (II 2,43; III 1,129; IV 2,24; 12,68; V 25,18; VI 2,22; 20,11; VII 56,8)
6.8. *ere* (VI 20,14)
6.9. *welt* (IV 2,13)
6.10. *irdenschú ding* (VI 1,150; 5,9)

7. zuker
7.1. *miltekeit* (II 25,132)

2.1. – 2.3.: *Bitterkeit* ist Metapher für die Negativität der Sünden (s.VII 48,15) oder die oft verborgene negative Seite der irdischen Dinge, die für Mechthild in deren Vergänglichkeit und erkenntnishemmenden Wirkung begründet liegt (s.VI 29,24f).

3.1.: Das Gebet hat verändernde Kraft: "*Es machet ein sur herze suesse, ein trurig herze vro...*" (V 13,3).

4.1. – 4.2.: Die der *suessekeit* entgegengesetzte Beschaffenheit des Herzens macht Mechthild im Bild der *surekeit* anschaulich (s.V 33,5).

5.1. – 5.74.: Die Adjektivmetapher *suess* erscheint bei Mechthild zur Erfassung der angenehmen, positive Erfahrung ermöglichenden Qualität bzw. Wirkung der unter 5.1.-5.74. aufgeführten Bildempfänger. Dabei wird bei Bildempfängern, die einen gewöhnlich negativ empfundenen Sachverhalt bezeichnen (z.B. *wunden, not, swere, hunger, liden*), über die Metapher *suess* eine semantische Umwertung in dem Sinne vollzogen, daß die konventionell negativ bewerteten Sachverhalte in anderer - jedoch von Mechthild im Kontext nie expliziter - Hinsicht einen positiven Sinn erhalten. Beispielsweise heißt es von Jesu Wunden: "*... sine wunden; die sint also suesse, das si (die Seele) aller irer pine und alles irs alters nit mag bevinden.*" (VII 8,8f)

6.1.: Mit *suessekeit* stellt Mechthild eine Beziehung her zwischen der Wirklichkeit Gottes und der - positive Empfindungen auslösenden - Geschmackserfahrung. Wer mit seinen äußeren Sinnen vergänglichen Dingen seine Aufmerksamkeit schenkt, verfälscht Gottes positiven Charakter (s.V 8,34). Auch *girekeit* hebt die innere positive Erfahrung Gottes auf, die den Menschen zusammen mit der *uswendigen minnesamkeit* auf die unio vorbereiten sollte (V 11,23f). Ferner verhindert ein Übermaß an natürlichen Bedürfnissen den Zugang zu Gott und damit jegliche positive Erfahrung der göttlichen Wirklichkeit (s.V 11,29-32). Zu dieser Erfahrung, die die menschlichen Sinne zu verwandeln vermag (s.VI 7,27f) und die eine Hilfe für das Beten ohne Unterlaß ist, kommt es im Innern des Menschen; dort *"in dem einoete sines herzen sol er gebruchen die goetliche suessekeit"* (VI 2,15).

Die Erfahrung der göttlichen Wirklichkeit kann sich auch einstellen, wenn man sehnsuchtsvoll Jesus sucht, mit schuldhaftem Bewußtsein sowie mit demütiger Furcht und Liebe vor ihn hintritt. Jesus beginnt dann seinen Willen zu lehren, die Seele *"beginnet... ze smekende sine suessekeit..."* (VI 1,140). Mit dieser Erfahrung versehen rät die Seele dem Menschen *"zuo allen guoten dingen..."*(V 22,36).

6.2.: Im Bild der *suessekeit* macht Mechthild weiterhin die Wirkung anschaulich, die speziell der Hl. Geist ausübt; die Seele, die in Gott die Dreifaltigkeit erkennt, nimmt *"des vatter eweket, des sunes arbeit, des heligen geistes suessekeit"* (IV 2,29f) wahr. An dieser - positive Empfindung auslösenden - Qualität sieht Mechthild Dominikus Anteil haben: *"Swenne Dominicus lachete, so lachete er mit warer süessekeit des heligen geistes..."* (IV 20,15f).

6.3. – 6.5.: Das Bild der *suessekeit* erscheint auch zur Charakterisierung der Wirkung, die die Begegnung Jesu Christi auf die Seele ausübt (s. VI 1,140). Ferner fungiert *suessekeit* als Bild für die Atmosphäre, die durch das Spiel von Jesus Christus mit seinen Bräuten zustandekommt (s.III 1,128-130).

Außerdem steht *suessekeit* für eine bestimmte Qualität von Erfahrung, die im Bereich des vierten Engelchores zu machen ist (s. III 1,144). Eine derartige positive Erfahrungsqualität ist auch der Seele zu eigen, die im göttlichen Feuer brennt (s.VI 26,13).

6.6.: Die Verfassung der Gottesmutter Maria wird in der Weise beschrieben, daß sich beim Rezipienten die Assoziation 'ästhetisch schön' einstellt: *"Hoerent nu wunder! Die lúhtende bluejunge ir schoenen ougen und dú geistliche schoeni irs megtlichen antlites und dú vliessende suessekeit irs reinen herzen und dú wunnenkliche spilunge ir edelen sele..."* (V 23,69-71).

6.7.: Mit *suessekeit* bringt Mechthild ferner ins Bild, daß man im Bereich Gottes derart angenehm empfindet, daß man sich dieser Empfindung gerne ganz hingibt, so *"das ich irdenscher dingen wenig gebruchen konde."* (IV 2,25)

Weil trotz der *vroemdunge gottes* die Seele *untreglich suessekeit* erfährt, bittet die Seele, die sich aus dem acht Jahre lang währenden Trost in den niedrigsten Teil der Wirklichkeit aufmacht, um Gott zu ehren, Gott darum, daß er diese positive Erfahrung von ihr nehme (s.IV 12,68f), damit allein die *vroemdunge* der Seele bleibt.

Angenehme Empfindungen werden dem Menschen auch von seiner fleischlichen Existenz her vermittelt; diese soll er bekämpfen, indem er auf seiner Haut ein hartes Gewand trägt, auf Stroh schläft etc. (s.VI 2,22f).

An einer anderen Textstelle gibt Mechthild das Gotteslob eines *betruebte(n) mensche* wider, der dieses ohne jegliche positive Empfindung leistet (s.V 25,18). Ferner ist *suessekeit* Bild für die positive Erfahrung, die die Minne entstehen läßt und zu Erkenntnis führt (s.VI 20,11). Die Gottesliebe hat den Effekt, daß die Seele, wenn sie mit Laster und Pein konfrontiert wird, *"beginnet... ze brennende in dem fúre der waren gottes liebi mit so wunnenklicher suessekeit..."* (VI 26,13). Damit es zur Erfahrung der *suessekeit* im Bereich Gottes kommen kann, ist erforderlich, daß der Mensch über sich selbst gesiegt hat und sich in gleicher Weise gegenüber Pein und Trost verhält: *"So wil ich in in die suessekeit heben, also sol ime smeken das ewige leben."* (VII 56,8)

6.8. – 6.10.: Die Metapher *suessekeit* steht auch für die anziehende Wirkung der *italen ere* (s.VI 20,14) bzw. für den - angenehme Empfindung auslösenden - Charakter *aller welte* (s.IV 2,12), überhaupt der irdischen Dinge (s.VI 1,150), die die Gefahr in sich bergen, den Menschen von Gott abzubringen (s.VI 5,9f).

7.1.: Die Metapher *"zuker diner miltekeit"* fungiert als Bild für die Wirkung und erfahrbare positive Qualität der göttlichen Milde (s.II 25,132).

B. David von Augsburg

1. *bitter*
1.1. *herze* (328,8f)

2. *bitterkeit*
2.1. *ungedult* (316,38)

5. *süez*
5.1. *jamer* (375,20)
5.2. *joch* (326,18)
5.3. *mensche* (329,9)
5.4. *gotheit/got* (337,11f; 370,28; 371,17; 373,8.33f; 375,22; 386,15)
5.5. *wort* (345,21)
5.6. *rede* (389,30f)
5.7. *güete* (347,19; 381,39)
5.8. *minne* 8361,14; 373,21)
5.9. *gemahel* (362,27f)
5.10. *gnade* (375,29)
5.11. *durst* (363,5f)
5.12. *warheit* (364,22)
5.13. *wunne* (375,17)
5.14. *paradis* (399,24)
5.15. *bach* (378,38)
5.16. *ewikeit* (386,15)
5.17. *herre* (393,37)
5.18. *vater* (397,21)
5.19. *comtemplatio* (396,10)
5.20. *gelust* (389,29)
5.21. *ernst* (345,24f)
5.22. *tugent(vlîz)* (309,17f; 351,14f)

6. *süezekeit/süeze*
6.1. *got* (343,38; 349,6f; 360,25; 369,29; 375,28; 376,23; 377,27f; 384,15f; 386,14; 389,32)
6.2. *Jêsus Kristus* (383,17f)
6.3. *liebe* (383,15; 386,12)
6.4. *angesiht* (361,9f)
6.5. *wort* (335,1; 389,35)
6.6. *hl. geist* (334,38; 394,27)
6.7. *o.BE* (310,6; 329,12; 331,4; 365,15; 389,25; 391,32; 392,5)
6.8. *herz* (379,5)
6.9. *sünde* (349,39)

1.1.: Der mit dem Adjektiv *bitter* zum Ausdruck gebrachte herbe Geschmack weist für David Gemeinsamkeiten auf mit der Beschaffenheit von Herzen, denen *scharfiu wort* entsprechen (s.328,8f).

2.1.: Den negativen Einfluß, den die Ungeduld auf den Menschen ausübt, beschreibt David anhand der Geschmackserfahrung als *bitterkeit* (s.316,38).

5.1. – 5.22.: Die Charakterisierung der unter 5.1.-5.22. aufgeführten Größen durch *süez* verweist auf den Zusammenhang, in dem diese mit Gott stehen bzw. auf die besondere Qualität, die ihnen aufgrund ihrer Beziehung zu Gott zukommt.

Eine rein immanente Erfahrung thematisiert David, wenn er den *tugendvlîz* als das Beste und *daz süeziste* bestimmt, was die Welt aufzuweisen hat (s.309,17f).

6.1. – 6.5.: Die mit *süeze/süezekeit* analog zu positiver Geschmackserfahrung charakterisierte Qualität Gottes erfährt der Mensch durch *diu trahtunge* in Gott (s.360,25), aber auch in der Seele, in der die göttliche *süeze* präsent ist "*als daz honic in dem wahse...*" (389,31f).

An einer anderen Textstelle wird das von allen weltlichen Lastern freie *geistlîch herze* zum Ort, an dem Gott verborgen ist, sowie zum Organ, das Gottes *süeze* oft empfindet (s.350,12f). Anders als bei leiblicher Speise, die der Mensch seinem Leib zuführt und dadurch verwandelt, transformiert Jesus Christus als "*der sêle spîse*" (377,19) aufgrund seiner alles Menschliche übertreffenden Dynamik die Seele in sich, so daß er dem Menschen, der ohne Untugend ist, zur Erfüllung aller Sehnsüchte und allen Verlangens wird: "*ez sî alles dîn vol: ûzen von der schoene, von der êre dîner gotlîchen menscheit; innen von der liebe, von der süezze, von der wîsheit dîner êwigen gotheit.*" (377,26-28)

Realistischer unterscheidet David in dem dieser Aussage vorangehenden Kapitel, daß der Mensch mit der *spîse* Jesus Christus auf Erden die Kraft des Hl. Geistes empfängt, während dem Jenseits vorbehalten bleibt, daß dem Menschen "*vliuzet... dort in diu süeze und diu saelekeit der êwigen gotheit...*" (376,22f).

In der Ewigkeit, bei der Erkenntnis von Angesicht zu Angesicht, begibt sich Gott beim Anschauen der Seele in diese "*mit aller der minne unde mit aller der süezekeit*", die Gott selber ist (369,28f; vgl. 386,12-14), und verwandelt auf diese Weise die Seele. Die Voraussetzung für die Transformation des Menschen in die göttliche *süeze*, die den Menschen allen Jammer und alle Mängel vergessen läßt, bildet für David die Inkarnation, in der Gott die menschliche Natur mit seiner Gottheit "*ze samene gemahelt*" hat (343,36-40).

Göttliche *süeze* ist auch dem göttlichen Wort zu entnehmen, wenn eine reine Seele es durch ihre Erkenntnisbemühung in sich aufnimmt; sie empfindet dann "*der süeze... diu in den worten lît, diu süezer über daz honic tûsent stunt ist.*" (389,35f)

6.6.: David bezeichnet den Hl. Geist als *minne* von Vater und Sohn, *einunge, süeze güete* und *kuss* (s.394,26f). *Vihelîche* Menschen haben keinen Zugang zu seiner *süeze* (s.334,38).

6.7.: Angenehme Empfindung darf nicht alleiniges Ziel des geistlichen Lebens sein; neben *süezecheit* und *gemach* soll man daher auch Tugend lernen und Weisheit in sich aufnehmen (s.329,12). Je näher man dabei dem göttlichen Ursprung der Tugenden kommt, desto größere *kraft* und *süeze* kann erfahren werden (s.310,5f) in Gott, in dem Erkenntnis, Schönheit, *süeze*, Weisheit und Ewigkeit *gewurzelt* sind (s.365,15). Wenn der Mensch in der *4. staphel* des Gebetes sich in der Erkenntnis und der inneren *süeze* befindet, wird der Wille dazu bewegt, die göttliche *süezicheit* zu versuchen (s.392,5).

6.8.: Die wunde Seele kann geheilt werden, wenn sie *ervinde* die *süeze* und *senfte* des göttlichen Herzens (s.379,5).

6.9.: Die Anziehungskraft der Sünde ist nicht der Grund, warum man sich so schwer von ihr zu trennen vermag: *"ez ist von ir ungeslahte..."* (s.349,39f).

C. Meister Eckhart

1. bitter
1.1. o.BE (II 589,11; III 401,2)
1.2. *dinc* (II 611,1)
1.3. *leben* (I 187,15)

2. bitterkeit
2.1. o.BE (I 174,2; III 366,9; V 52,18; 53,4; 229,9; 230,3; 433,3)

5. süez
5.1. *liden* (I 38,2; 215,8; V 52,25)
5.2. *dinc* (II 306,6; 610,10f; V 59,13)
5.3. *trôst* (III 368,6; 481,8)
5.4. *gnade* (II 144,5f)
5.5. o.BE (II 44,5; 589,10; III 368,3; V 52,18)
5.6. *lûte* (II 143,3)
5.7. *dôn* (III 487,3)
5.8. *seitenspil* (III 491,20)
5.9. *louf* (V 32,15)

6. süezikeit
6.1. *Jesus Christus* (I 19,5f; 20,1)
6.2. *got* (I 35,5f; V 52,17.25f; 53,3; 283,5)
6.3. *natûre* (III 241,2)
6.4. o.BE (I 91,4; 174,2; 188,5; 272,7; 345,6; II 45,1;605,1; 626,7; III 134,12; 370,1; 489,13; 491,11; V 14,8; 112,11; 229,10; 230,4; 281,5; 433,3)
6.5. *geist* (III 488,12)
6.6. *mensche* (V 230,4)

1.1. – 1.2.: Auch wenn es der Seele *"swaere und bitter"* ist, die Dinge zu lassen (II 611,1), muß die Gott suchende Seele ihre bisherige positive Sicht der Dinge umkehren: *"daz ir vor süezlich was, daz ir daz bitter werde"* (II 589,10f). In einer anderen Predigt ist diese Umwertung die Folge der von Gott empfangenen Gnade (s.III 401,2).

1.3.: Eine nur vermittelte Erfahrung Gottes läßt das Leben *"dicke swaere und bitter"* sein (I 187,14f).

2.1.: *Bitterkeit* ist Paradigma schlechthin für alles Unangenehme, das der Mensch erfährt. In Gott macht der Mensch die Gegenerfahrung, aufgrund derer er dann seine *bitterkeit* verliert (s.V 53,3f).

5.1. – 5.4.: Leiden um Gottes Willen erhält dadurch eine neue Erlebnisqualität, daß Gott es *"machet im lîhte und süeze..."* (I 38,2), bzw. es wird *"allez süeze in gotes süezicheit"* (V 52,25f). Diese positive Leidensempfindung kann sich auch - wie Eckhart am Beispiel der Apostel aufweist - durch Gleichmut einstellen (s.I 215,8). In gleicher Weise empfindet eine *kraft in der sêle*: *"der sint alliu dinc glîche süeze."* (II 306,6) Auch tugendhaftes Verhalten zeigt nach Auffassung Eckharts eine ähnliche Wirkung: *"... daz tugende machent unmügelîchiu dinc mügelich und ouch lîht und süeze."* (V 59,12f) Distanzierte Unbetroffenheit und die Fähigkeit zur semantischen Umwertung ist bei den zur leiblichen Wirklichkeit hin orientierten Menschen nicht vorhanden; ihnen erscheinen leibliche Dinge so anziehend (*süeze*), daß sie von ihnen nicht lassen können (s. II 610,10f). Demgegenüber

über fordert Eckhart seine Zuhörer in einer Predigt auf, sich der anziehenden Qualität des göttlichen Trostes zu öffnen, den eigentlich alle Kreaturen suchen (s.III 368,6). Es zeigt sich dabei, daß die durch eigene Anstrengung erworbene göttliche Gnade der Seele *vil süezer* ist als die, die allen Menschen zukommt (s.II 144,5-7).

5.5.: Von der Seele, die Gott finden will, wird eine Neubewertung der Wirklichkeit verlangt: "*daz ir vor süezlich was, daz ir daz bitter werde.*" (II 589,10f) Dies kann dadurch geschehen, daß der Mensch alles *durch got* wirkt; denn dann ist Gott "*daz mittel und daz naeheste der sêle*", so daß alles, was zur Seele gelangt, vorher durch die göttliche Wirklichkeit hindurchgekommen ist. Infolge der göttlichen *süezikeit* muß dabei dann alles *sîn bitterkeit* verlieren und *lûter süeze werden* (s.V 52,15-19).

5.6. – 5.9.: Als Attribut steht *süez* bei den aufgeführten Größen, um deren positive Qualität zur Sprache zu bringen.

6.1. – 6.3.: *Süezikeit* verweist auf eine Qualität Jesu Christi bzw. Gottes, die neben *rîcheit* und *wunne* in deren Offenbarung vom Menschen wahrgenommen werden kann. Die *süezikeit* der göttlichen Natur bewirkt, daß "*von nôt abevellet allez, daz creatûre ist.*" (III 241,2) Wenn der Mensch *durch got* wirkt, gelangt nichts zur Seele, was vorher nicht durch Gott seinen Weg gegangen ist. Dabei zeigt sich die Wirkung der göttlichen *süezikeit*, indem alles *sîn bitterkeit* verliert und *lûter süezze* wird (V 52,17f); "*alles, daz man lîdet und würket durch got, daz wirt allez süeze in gotes suezicheit, ê dan ez ze des menschen herzen kome...*" (V 52,25f)

6.4.: An vielen Textstellen steht *süezikeit* für eine vom Menschen als angenehm empfundene geistige Situation, in der Menschen Gott mehr zu bekommen meinen als unter vergleichsweise alltäglichen Bedingungen (s.I 91,4). Nur dann wird der Mensch *gotvar*, wenn er erleidet, was Gott positiv wie negativ - *suezikeit* wie *bitterkeit* (s.V 229,9f) - erleidet und wenn er Gott nimmt "*in aller bitterkeit als in der hoehsten süezikeit*". (V 230,3f) Den mit *süezikeit* gemeinten Sachverhalt bringt Eckhart in enge Beziehung zu *innicheit, andâht,* und *trôst von gote* (I 272,6f; vgl. III 134,12) oder zu *lust* (s.III 489,13; 491,11) bzw. zu *nutz, lust, lon, himelrich* (s.V 281,4f).

An einer anderen Stelle sieht Eckhart den auf der dritten Stufe des inneren Menschen sich Befindenden *ingesetzet* "*in vröude und in süezikeit und saelicheit...*" (V 112,11f). Auf dieser Stufe ist das Nichtgöttliche, das alle *süezikeit, wunne und trost* von Gott verbirgt (s.V 14,8), weitgehend ausgeschlossen.

Gerechtigkeit definiert Eckhart als ein Verhalten, bei dem der Mensch sich in gegensätzlichen Situationen - *süezikeit* und *bitterkeit* stehen für die gegensätzlichen Situationen von Liebe und Leid - gleich zeigt (s.I 174,2). Die Leidensnachfolge Jesu ist auch die schnellste Möglichkeit zur Vollkommenheit, "*wan ez niuzet nieman mê êwiger süezicheit, dan die mit Kristô stânt in der groesten bitterkeit.*" (V 433,2f) Im Geist der Weisheit wird dem Menschen alles Gute und *süezicheit* innerlich zuteil (s.II 626,7), was bewirkt, daß der Mensch sich selbst und alle Kreaturen vergißt und in Gott zerfließen möchte (s.III 370,1f).

6.5.: Maria - zu Füßen Jesu sitzend, ihm und seinen Worten ganz hingegeben - empfing *"sueze(n) trôst und lust"* aus seinen Worten (III 481,8), war *"umbegriffen mit luste"* (III 482,17) und stand deshalb *in geistes süeze* (III 488,12).

D. Tauler

1. *bitter*
1.1. *liden* (210,2)
1.2. *truk* (314,6)
1.3. *joch* (26,29)
1.4. o.BE (100,33)

2. *bitterkeit*
2.1. o.BE (116,10; 128,20; 210,28)

3. *sur*
3.1. o.BE (73,2; 100,32; 116,19; 140,28; 334,26)

5. *suess*
5.1. *joch* (25,10; 26,1.29; 28,17)
5.2. *sunne* (98,6f)
5.3. *mensche Christus* (247,14)
5.4. *hl. geist* (110,1)
5.5. *kuss* (153,17f)
5.6. *gerúne* (226,22)
5.7. *ruef* (241,11)
5.8. *ding* (128,25)

5.9. *minne* (206,23; 247,34; 248,6.9.13; 249,22)
5.10. *herze* (207,4f; 211,14)
5.11. *wort* (269,32)
5.12. *antlit* (270,1)
5.13. o.BE (73,2; 140,27f)

6. *suessikeit*
6.1. o.BE (27,17; 70,34; 78,22.27; 98,32; 99,3.20; 100,8; 101,5; 102,1; 119,6; 122,3; 151,18.23; 160,25; 167,17; 210,27; 228,13; 247,29; 248,16; 315,31)
6.2. *welt* (70,34)
6.3. *creature* (98,23)
6.4. *hl. geist* (78,16; 153,18f)
6.5. *ewiges leben* (229,2)
6.6. *got/gotheit* (33,23; 61,38)
6.7. *minne* (217,1)
6.8. *menscheit* (426,17)

1.1. – 1.4.: *Liden, truk* und das dem Menschen auferlegte *joch* lösen bei diesem eine als *bitter* charakterisierte Empfindung aus (vgl. auch 3.1.).

2.1.: Mit *bitterkeit* wird ohne weitergehende Explikation global auf menschliche Negativerfahrung verwiesen.

3.1.: Den Effekt, der sich bei den Jüngern Jesu einstellte, als sie von Jesu Gegenwart Abschied nehmen mußten, charakterisiert Tauler als *sur* und *bitter* (s.100,32f). *Sur* wird bösen Menschen auch nicht das Interesse für große Dinge, wenn sie diese ohne Kosten und Anstrengung erwerben können (s.116,19). Zur Formulierung *"sues und sur"* vgl. 5.13.

5.1.: Wer sich von allen Kreaturen abgewandt und alle Vorstellungsbilder abgelegt hat, dem ist Gottes *joch suesse* (s.26,1.29).

5.2. – 5.7.: Mit *suess* evoziert Tauler eine Sicht, die die Wirkung von Gott, der göttlichen Sonne (s.98,6f), des Hl. Geistes (s.110,1), des Menschen Jesus Christus (s.247,14) in Parallele bringt zu positiver Geschmackserfahrung. Auch die im Bild des Kusses veranschaulichte intensive Zuwendung des göttlichen Vaters zum Menschen wird mit der positiven Geschmackserfahrung in Beziehung gebracht (s.153,17f).

Das von Elija in seiner Gotteserfahrung am Horeb wahrnehmbare *gerúne* Gottes wird ebenfalls als *"ein suesse stille senft dúnne gerúne"* charakterisiert (226,22). Da der Mensch jedoch oft den *"suessen senften rueffen"* Gottes nicht zu folgen vermag, bedarf er mancher *herter stimme* von Leiden und Widerwärtigkeiten (241,11-13).

5.8.: Auch wenn der Mensch sich Schwätzerei, Zeitvergeudung etc. hingibt, darf er um solcherart *súsliche ding* den Empfang des Sakramentes der Eucharistie nicht einstellen (s.128,25).

5.9.: Während ohne weitere Erklärung die Minne des Hl. Geistes als *sues* charakterisiert wird (s.206,23), differenziert Tauler in Bezug auf die Minne, die die von den Dingen dieser Welt abgewandten Menschen Jesus Christus entgegenbringen. Die erste Weise ihrer Minne ist *sinnelich, biltlich*: *"si kunnen als vil gedenken an den suessen menschen Christum,... wie sin leben und sin liden und sin tot was..."* (247,13-15). Diese für Tauler oberflächliche, mit *lust* (s.248,10) vollzogene Weise bezeichnet er als *"sinliche suesse biltliche minne"* (248,9).

5.10.: Das Herz Jesu ist für Tauler das *"minnende suesse herze"* und das *minnekliche brútbette* für die Menschen, die Jesus Christus ihr Herz geben wollen (207,4f).

5.11. – 5.12.: Wenn jemand anstelle eines angenehmen Wortes sich mit *"herten sweren ruschenden worten"* äußert, soll man mit einem *"guetlichen suessen antlit"* reagieren (269,32 u. 270,1).

5.13.: Die gegensätzlichen Möglichkeiten der Wirklichkeitserfahrung, die positiven und negativen Erfahrungen mit ihr, bringt Tauler folgendermaßen zur Sprache: *"... es si im liht oder swer, suesse oder sur..."* (73,2) bzw. *"...liep und leit, sur und sues..."* (140,27f).

6.1. – 6.5.: Die Zuwendung Gottes, speziell des Hl. Geistes (s.153,18f), zeigt eine Wirkung auf den Menschen, die Tauler anhand der Geschmackserfahrung als *suessikeit* charakterisiert, *"die got über alles honig und honigseim, das uswendig das suesseste heist"* (228,13f). Die gleiche Wirkung zeigt das Vorbild Jesu Christi, das allen *"troste und suessikeit der welte"* (70,33f) vergessen läßt, sowie die *wunnen* des Hl. Geistes, von denen bereits ein *troppfe* allen kreatürlichen *gesmag und suessikeit* übertrifft und vernichtet (s.98,22f). Jegliche positive Erfahrung mit kreatürlich Gutem steht in keinem vergleichbaren Verhältnis zur *suessikeit*, die man im ewigen Leben hat (s.229,1f). Diese positive Erfahrung stellt sich ein, wenn der Mensch die *ordentlichen wege* der Tugend gegangen ist und alle Hindernisse beseitigt hat (s.151,18); Gott läuft ihm dann entgegen mit *"goben und genoden"* und Trost, die infolge des mit *suessekeit* umschriebenen anziehenden Charakters *"ein helffe, ein leitunge zuo Gotte"* sind (100,8f). Diese im *inwendige(n) trost*, im *grunt* (101,5) oder in der eucharistischen Speise (s.119,6; 315,31) gewonnene Erfahrung der *suessekeit* führt auch dazu, daß *"mit dem smacken"* im Menschen *"verlesche smak und lust der creaturen und aller ander dinge."* (248,18f; vgl. 27,17) Eine Gefahr sieht Tauler dabei darin, daß Menschen dieser *"suessekeit des geistes"* völlig verfallen (78,16) oder sie als Besitz ansehen, über den sie auf Dauer verfügen können (s.98,32f). Dies hat zur Folge, daß bei derartig eingestellten Menschen "*in disem lust und bevindende... widerboiget die nature uf sich selber...*" (99,3f). Darum ist es oft besser, daß der Mensch "*nút bevintliche suessekeit enhette*", weil er in diesem Fall zu einer besseren Selbsterkenntnis in der Lage ist (247,29f). Die Gefahr egoistischen Besitzdenkens kann durch das göttliche Handeln selbst jedoch gegenstandslos werden, da Gott durch einen "*truk die... suessikeit und wollust*" dem Menschen wieder nimmt (151,22f). In dem Fall, daß der Mensch nur seiner eigenen Vernunft folgt, statt den Weg der Tugenden zu gehen, kommt der Teufel und läßt dem Menschen angenehme Empfindung zuteil werden, die jedoch - so Tauler - "*valsche suessekeit und valsche(s) lieht*" ist (167,16f).

6.6.: Die unio des menschlichen Geistes mit Gott erscheint im Bild des vollen Weinfaßes, in das ein Wassertropfen fällt, den Weingeschmack annimmt und jeden Unterschied verliert: Der menschliche Geist "*wurt also ein mit der suessekeit der gotheit daz sin wesen also mit dem goettelichen wesen durchgangen wurt...*" (33,22-24). Die Kehrseite dieser beglückenden Erfahrung ist der Entzug allen "*goetlichen troste(s) und suessikeit*", durch den der Mensch "*dürre und vinster und kalt wurt...*"(61,38).

6.7. – 6.8.: Die positive Erfahrung der göttlichen Minne stärkt die Minne des Menschen (s.217,1); die *suessikeit* der Menschheit Jesu Christi läßt den Menschen den Versuchungen der Welt gegenüber standhaft bleiben und vergrößert sein Verlangen nach Gott (s.426,17-22).

E. Seuse

1. bitter
1.1. *liden* (256,12)

2. bitterkeit
2.1. o.BE (383,24)
2.2. *Jesus Cristus* (204,29; 205,3; 256,4)
2.3. *vroede und wollust* (225,14)

3. sur
3.1. o.BE (194,17; 236,9; 377,20; 450,9)
3.2. *krone* (241,10)
3.3. *edel und guot* (248,25f)
3.4. *erarnen* (376,28.30; 449,8.10)

5. sues
5.1. *gedoene* (17,24; 20,26; 26,12; 31,20.22; 313,23; 386,8)
5.2. *hellunge* (17,27f)
5.3. *respons* (18,25)
5.4. *erklingen* (21,20; 31,17; 69,18; 250,22; 313,22)
5.5. *Jesus Cristus* (24,14; 395,28; 538,22; 539,14.26; 540,12; 542,17.31; 551,9; 552,30f; 554,17)
5.6. *seitenspil* (28,10f; 225,5; 250,20f)
5.7. *wort* (85,33; 90,22f; 227,7.9f; 269,15; 290,6; 538,11; 551,11)
5.8. *neigen* (86,29)
5.9. *sprechen* (90,19f)
5.10. *lere* (99,12; 192,23; 200,1f; 279,1; 310,5)
5.11. *name Jesus* (153,13; 493,33f)
5.12. *wisheit* (219,13; 257,6)
5.13. *joch* (220,20; 362,11)
5.14. *minne* (222,25f; 224,2.15; 225,16; 226,9.18; 227,11;228,2; 229,7; 236,8; 290,20; 303,22;

375,21; 447,33f; 455,22; 456,26;
467,14; 479,15; 552,9)
5.15. *munt* (223,13; 225,4; 291,33;
316,5; 450,26; 539,18)
5.16. *geist* (223,7)
5.17. *entschlaffen* (223,19)
5.18. *nu* (226,16)
5.19. *jungfrow* (227,16; 546,29f)
5.20. *herr* (236,5; 250,16; 294,19;
298,3; 429,17)
5.21. *harphe(n)* (250,16f; 400,27)
5.22. *vrúntschaft* (236,8)
5.23. *kuenigin* (243,1f; 374,9)
5.24. *ruowen* (243,16)
5.25. *liden* (254,15; 256,7)
5.26. *zunge* (254,19)
5.27. *ustouwen* (254,19)
5.28. o.BE (254,27; 377,20; 383,20;
442,1; 450,9; 465,13f)
5.29. *St. Bernhart* (256,6)
5.30. *liden* (256,7f)
5.31. *ansteren* (269,14)
5.32. *liep* (269,4; 451,7; 547,2f)
5.33. *gast* (297,18; 298,28)
5.34. *gedenke* (304,19)
5.35. *ernst* (381,29; 463,10)
5.36. *we* (384,19; 466,20)
5.37. *melodie* (386,6)
5.38. *niessen* (390,26; 472,10; 476,5)
5.39. *traht* (428,12)
5.40. *gegenwúrtikeit* (430,6)
5.41. *schússl* (443,23)
5.42. *regen* (452,7)
5.43. *wint* (452,12.24)

5.44. *guot* (456,23)
5.45. *miltekeit* (420,14)
5.46. *stimme* (423,13)
5.47. *rede* (552,8)
5.48. *gabe* (486,29)
5.49. *ellende* (487,27)
5.50. *trost* (489,21f; 538,22)
5.51. *heimlicheit* (491,11)
5.52. *ton* (491,24)
5.53. *wandel* (537,6; 538,24)
5.54. *bredien* (539,2)
5.55. *lembli* (540,34)
5.56. *begnaden* (543,3)
5.57. *Maria* (544,2)
5.58. *zuonemen* (545,2)
5.59. *magt* (546,26)
5.60. *kind* (546,16; 547,12)
5.61. *verwunden* (553,5f)

<u>6. *suessekeit*</u>
6.1. *wisheit/Jesus Christus* (27,8;
204,29; 541,29f)
6.2. *got* (57,18; 218,30; 384,2)
6.3. *ewikeit* (297,8f)
6.4. *wille* (486,23)
6.5. *Maria* (37,2.17)
6.6. *sel* (541,29f)
6.7. o.BE (98,15; 197,5; 205,2;
236,14; 241,2; 249,26; 250,5;
256,5.7.13; 257,25; 272,9;
299,25; 319,23;320,7; 364,20;
383,23; 424,8; 441,2; 465,16;
478,6)

<u>**1.1. + 2.1. – 2.2.:**</u> Die mit dem Leiden gegebene negative Erfahrung macht Seuse im Bild der *bitterkeit* anschaulich.

<u>**2.3.:**</u> Im Bild der *bitterkeit* bringt Seuse ferner die semantische Umwertung zur Sprache, die bereits aus der denkbar geringsten Einwirkung der ewigen Weisheit auf den Menschen resultiert: Alle irdische Freude wird dem Menschen dann zur *bitterkeit* (s.225,14).

<u>**3.1.:**</u> Mit dem Bild des *sur*-Seins verleiht Seuse der geistlichen Erfahrung, daß Gott das Geschenk seiner Liebe und Freundschaft durch dem Menschen zugedachte Leiden beeinträchtigt, Konturen negativer Geschmackserfahrung (s.236,8f).

3.2. – 3.3.: *Sur* fungiert als Bild für die irdische Erfahrung der göttlichen Würde Jesu Christi, die Leidenserfahrung ist (s.241,10).

3.4.: Die Metapher *sur* ist Bild für negative Erfahrung überhaupt.

5.1. – 5.61.: Im Bild der positiven Geschmackserfahrung werden bestimmte Qualitäten anschaulich gemacht, die den unter 5.1.-5.61. aufgeführten Bildempfängern jeweils zukommen: die angenehme, heilsame, göttliche Beschaffenheit. Generell kommt der Adjektivmetapher *sues* die Funktion zu, eine semantische Umwertung vorzunehmen: was unter irdischen Aspekten betrachtet als negativ erscheint, wird von göttlicher Perspektive aus gesehen zu positiver Erfahrung.

6.1.: Die äußerst positive Sicht, die Seuse von der Ewigen Weisheit gewonnen hat, bringt er auf verschiedene Weise zur Sprache: er bezeichnet sie als *"min froelicher ostertag"* (27,1), *"mins herzen summerwunne"* (27,1f), *herzentrut* (s.27,4) und *suessú suessekeit* (s.27,8).

6.2. – 6.4.: Auf den anziehenden, angenehme Empfindungen ermöglichenden göttlichen Bereich verweist Seuse mit dem Bild des verwöhnten *zertling*, der *"in goetlicher suessekeit als ein visch in dem mer geswebt"* hat (57,18f).

Suessikeit erscheint weiterhin zur Veranschaulichung der Wirkung des göttlichen Willens, um dessen Mitteilung Seuse zur Verhinderung von falscher Minne Gottvater bittet (s.486,23).

6.5. – 6.6.: Die Gottesmutter verkörpert die menschliche *zuoversiht* und *suessekeit* (s.37,2.17), wie auch die Ewige Weisheit im Minnebüchlein *"suesse suessekeit miner sel"* genannt wird (541,29f).

6.7.: In der unio werden Herz und menschlicher Geist dadurch erneuert, daß die göttliche Wirklichkeit in sie eindringt mit Wahrheit, Licht und mit *ungewonlicher suessikeit* (s.478,6).

Eng aufeinander bezogen werden an einer anderen Textstelle Minne und *zarte suesse* Gottes (s.441,2), um die Seuse bittet.

Gewöhnlich führen Betrachtung, Gebet und geistliche Übungen zu einer Erfahrung, die Seuse in Parallele zu *suezicheit* bringt. Stellt sich diese positive Empfindung nicht ein, soll man - so Seuse - sich als zu unwürdig dazu empfinden (s.364,20). Außerdem besteht ein vollkommenes Leben nicht im Empfang von Tröstung, sondern darin, den Willen Gottes zu tun. Seuses Schlußfolgerung: *"In dem sinne were mir lieber ein truchenheit, denne ane daz ein hinfliessendú suessekeit."* (383,22f) Am Beispiel Jesu wird ersichtlich, daß er zu allen äußeren Schmerzen seines Todes auch innerlich völlig ohne jeden Trost und *suezzikeit* (s.319,23) *"in truchenr biterkeit"* gehorsam den Willen des göttlichen Vaters erfüllt hat (383,24). Entscheidend ist für die Freundschaft mit Jesus, daß man sich zu Beginn eines auf Gott hin orientierten Lebens in der Nachfolge Jesu übt, indem man bereit ist, mit Christus zu leben oder zu leiden, *"ob sú got dur suessekeit ald dur hertikeit zugi, und wenn ald wie in dú bild ab vielin."* (98,15f)

Gegen die Tendenz des Menschen, sich *lust* und *suezicheit* hinzugeben (s.250,5) bzw. *geistliche suezicheit, goettelichen trost und wollust* (249,26) höher zu bewerten, hebt Seuse die Bedeutung des Leidens für den Menschen hervor, das *"dem li-*

den nit liden wirt" (249,25f). Unter Absehung von sich selbst, d.h. nicht zerfließend in Tränen und *suezicheit* (s.257,25), soll der Mensch in der Trockenheit seines Herzens um Jesu Christi willen dessen Leiden durchdenken. Bei dieser Betrachtung kann er die Erfahrung machen, einen *trank* seines *"bittren lidennes und ungewonlicher suezikeit"* zu empfangen (256,13). Die aus der Betrachtung des Leidens Jesu sich einstellende Empfindung des Menschen bleibt infolgedessen ambivalent. Zum einen empfängt der Mensch aus der Betrachtung des Leidens Jesu einen *"trank siner bitterkeit"* (256,3f), zum anderen kann Härte sich in *suezikeit* verkehren (s.197,5; vgl. 320,6f) und dem Menschen zum *trank goettelichen trostes* und *geistlicher suessekeit* werden: *"... daz din zunge hin flůsse von suezikeit, wan din herz mit dem suessen lidenne so gar versuesset waz."* (256,7f).

F. Margaretha Ebner

1. *bitter*
1.1. *smerze* (102,18)

5. *süez*
5.1. *name Jhesus Cristus* (1,1; 27,18f; 34,12; 42,14f.23; 43,2; 61,9; 79,2; 84,24; 97,2; 100,13; 111,22; 115,25; 120,25; 129,6; 144,2)
5.2. *gnaud* (22,17; 29,14; 30,20; 42,9; 43,6; 47,2f.6; 48,6; 54,27; 56,16; 60,15; 61,8.16; 67,19; 69,3; 70,27; 71,16; 72,21; 74,6; 75,23; 77,24; 78,11; 82,2,17.27; 84,22; 85,3; 86,4.17; 87,19; 88,23; 89,4; 93,11; 94,3; 99,14f.21; 102,7; 107,12.26; 113,22.25; 114,13; 115,6f; 126,16.21; 128,20; 143,6; 147,22; 157,6; 160,5f.7.14.18)
5.3. *lust* (28,5; 32,5; 39,4; 41,13; 44,10; 48,13; 69,23; 74,11; 75,7; 88,11; 91,24; 104,15; 107,2; 109,9f.22; 112,8; 114,12; 115,3.21; 120,24; 123,7; 126,3f; 128,5; 130,25f; 142,22; 160,10; 163,22)
5.4. *liebe/minne* (40,7; 109,16)
5.5. *gegenwertikeit* (41,21)
5.6. *fröd* (59,19)
5.7. *bant* (59,21; 157,15)
5.8. *ding* (61,24)
5.9. *maister* (68,14)
5.10. *stimme* (69,6; 96,17; 131,3)
5.11. *berüeren* (70,2; 75,21; 117,15f; 162,9)
5.12. *binder* (73,10)
5.13. *herze* (74,18; 84,8)
5.14. *gaub* (74,15f)
5.15. *tranck* (74,21)
5.16. *brust* (74,22)
5.17. *stos* (75,20)
5.18. o.BE (80,2; 104,28; 132,9)
5.19. *begirde* (82,25)
5.20. *barmherzekeit* (83,6)
5.21. *trost* (85,24; 106,20)
5.22. *besnidunge* (87,24)
5.23. *jamer* (91,25)
5.24. *craft* (98,1; 107,16; 109,4f; 119,14; 126,24f; 129,9.23; 141,4)
5.25. *Jhesus* (101,20)
5.26. *enphinden* (130,6)
5.27. *saitenspil* (131,11)
5.28. *don* (131,12f)
5.29. *wasser* (136,1)
5.30. *gelübede* (136,22)
5.31. *gerinket* (137,3f)
5.32. *werk* (163,6)

6. *süessiket*
6.1. o.BE (11,20f; 15,13; 20,14.24; 21,21; 25,17f; 27,17; 29,21; 33,4.10; 34,10.23; 35,10; 40,23;

44,19; 47,21; 50,7; 53,18; 57,9;   6.2. *lust* (24,9)
63,14f; 68,18; 85,14; 87,5.10;   6.3. *got* (26,6; 30,10.15; 35,21f; 61,8;
88,10; 97,18; 102,18; 105,10.14;   80,3f; 135,6f)
113,16; 122,21.25f; 129,12;   6.4. *genade* (74,4f)
130,27; 131,14; 134,6; 136,21;
138,19f; 138,21; 154,14; 155,11f)

1.1.: s. 6.1.-6.2.

5.1. – 5.32.: *Süez* steht für die positive Erfahrungsqualität der unter 5.1.-5.32. subsumierten Größen.

6.1. – 6.2.: *Süezkait* verwendet Margaretha für die positive Empfindung, die sich bei ihr eingestellt hat nach dem Trinken aus dem Kelch (s.11,20f) in der Eucharistie oder nach dem Empfang der eucharistischen Speise (s.20,14).

Als weitere Situationen nennt Margaretha einen Traum, in dem sich ihr Verlangen, Christus am Kreuz zu küssen, dadurch erfüllt, daß er sich zu ihr herabneigt und ihr sein geöffnetes Herz zum Kusse darbietet: "*... und enphieng ich da als grozze creftig gnaud und süezkait...*" (21,20f).

Ferner empfindet Margartha die "*aller grössten süesseket*" zur Weihnachtszeit (s.25,17f) wie auch während des Osterfestes (s.33,10), in der Osterzeit (s.33,4), während der Adventszeit (s.40,23; 57,9; 97,18), beim Hören der Passion Jesu (s.53,18), beim Sprechen des Paternoster (s.53,18; 57,9) sowie jeweils am Samstag eines nicht näher genannten Jahres (s.63,14f).

Auch die Erinnerung an vergangene *gesihte* führt zur Empfindung von geistiger *süezkait* und zum Reden auf neue Weise mit inneren Worten (s.130,27f).

Die 5-tägige Abstinenz von jeglicher Flüssigkeitsaufnahme löst bei Margaretha eine Empfindung aus, "*als ob mir ain süezzer zuker in minem munde wer, und da mit enphant ich wollüstiger süezzeket in dem herzen.*" (138,18-20)

In engem Zusammenhang mit *süezekeit* sieht Margaretha "*gnaud und gerinkait und fräud... und götlicher lust...*" (29,20f), schmag (s.15,13; vgl. 35,10; 44,19) oder "*ain umessigiu gnaude und ain inder lust rehter süezkait*" (24,9), die Margaretha in den Worten des Engels empfindet. Ambivalent ist die Empfindung in Bezug auf das Leiden Jesu; es wird von Margaretha "*mit süezzekait und auch mit bitterm smerzen*" (102,18) empfunden.

Die anhand der Geschmacksempfindung veranschaulichte geistige Erfahrung wirkt sich auf die leibliche Dimension von Margarethas Existenz in der Weise aus, daß sie wie gelähmt ist (s.20,24; vgl. 85,14f) oder meint, ihre Seele möchte von dem Leib geschieden sein (s.27,17). Sie ist, als sie nachts von der göttlichen Gnade einmal umfangen war, der äußeren Dinge nicht mehr mächtig und spürt sich selbst kaum noch, empfindet inwendig wohl aber eine große *süezekeit* (s.34,10f). Ebenfalls bleibt durch die Empfindung übermäßiger Süßigkeit körperlicher Schmerz ohne Wirkung auf Margaretha; irdische Wirklichkeit verliert jegliche Anziehungskraft: "*wer kain ander himelrich, mich diuht, ich het immer genuog, und alle creatur möhten mich die selben gotes nit irren umb ain har.*" (131,14-16)

6.3.: Äußerlich quasi tot (s.30,15), unlebendig (s.35,21f) und unsensibel (s.26,6) empfindet Margaretha innerlich *"götlicher gnaud und süezkait"* (s.30,15). In Anbetracht der erfahrenen göttlichen *süezkait* (s.80,3f) drängt es Margaretha, alles andere zu lassen. Als Ort der Erfahrung der Gnade und göttlichen *süezkait* nennt Margaretha eine Stelle *"under den rippen bi dem herzen"* (135,5).

6.4.: Die Empfindung der *süezekait* der Gnade ist für Margaretha Kriterium, was dem Willen Gottes gemäß zu tun ist (s.74,4f).

G. Heinrich von Nördlingen

5. *süess*
5.1. *minne* (1,9; 4,29; 13,68)
5.2. *name* (2,19; 35,91)
5.3. *berüerde* (4,21; 16,37)
5.4. *segen* (4,12)
5.5. *wort* (13,19)
5.6. *inlüchten* (13,13f)
5.7. *tranck* (36,9)
5.8. *treher* (39,14)
5.9. *smecken* (46,54)
5.10. *gothait* (52,33f)

6. *suszigkeit*
6.1. o.BE (3,3)
6.2. *grusz* (4,7)
6.3. *got* (5,3; 47,24)

5.1. – 5.10.: Das Bild der positiven Geschmacksempfindung steht bei Heinrich, um den Bezug der unter 5.1.-5.10. aufgeführten Bildempfänger zu göttlicher Wirklichkeit darzustellen.

6.1.: Zu Beginn seines 3. Briefes an Margaretha (1332-1338) beschreibt Heinrich Margaretha als Vorbild und als Beispiel Jesu Christi, insofern sie *"freud und suszigkeit in allü warhaftigü hertzen treit..."* (3,3).

6.2.: Heinrich entbietet Margaretha des *"miniklichen grusz usz flieszend suszigkeit"*, die die Liebe des Hl. Geistes aus dem Herzen von Gottvater gewonnen hat (s.4,7)

6.3.: In der Sicht Heinrichs ist Margaretha *gotlicher suszigkeit vol* (s.5,3). In einem anderen Brief wünscht Heinrich Margaretha *"den vorsmack aller himlischen siesigkeit"* (47,24).

bliken (1.)/ blik (2.)/ anebliken (3.)/ aneblik (4.)/ gegenblik (5.)/ inbliken (6.)/ inblik (7.)/ widerblik (8.)/ widerkaphen (9.)/ luogen (10.)/ schouwen (11.)/ schouwunge (12.)/ aneschouwen (13.)/ sehen (14.)/ anesehen (15.)/ durchsehen (16.)/ ûfsehen /17.)

A. Mechthild von Magdeburg

1. *bliken*
1.1. *mensche* (VII 28,25)
1.2. *kuscheit* (V 1,31)
1.3. *himel* (III 1,19)

5. *gegenblik*
5.1. *drivaltekeit* (VI 39,6.9; VII 20,4)
5.2. *got* (I 22,21; IV 24,11; V 1,21; VII 45,10)
5.3. *Maria* (VI 39,14)
5.4. *engel* (VI 41,11)
5.5. *persone* (VI 41,9)
5.6. *sele* (V 1,21)
5.7. *himel* (IV 25,10)

1.1. – 1.3.: Neben *schinen* fungiert die Verbmetapher *bliken* zur Erfassung des Vorgangs, durch den der Mensch vor Gott präsent wird (s. VII 28,25). Der semantische Schwerpunkt 'Verbreitung von Helligkeit' liegt auch der Aussage zugrunde, daß die Engel mit zunehmender Nähe zur Erde ihr *súesses himmelblikken* immer mehr verbergen (s. III 1,19).

5.1. – 5.7.: Durch die Metapher *gegenblick* erhält die Beziehung von Gott - Seele, Gott - Engel, Dreifaltigkeit - Gottesmutter Züge eines lichthaften Geschehens, bei dem z.B. die Dreifaltigkeit im Himmel auf die dort präsenten menschlichen Seelen (oder Engel) quasi einstrahlt und von ihnen wieder in Gott reflektiert wird (s. VI 41,6-11). In gleicher Weise wird die göttliche Einwirkung auf die Gottesmutter oder die Seligen auf Erden beschrieben (s. V 1,21; VI 39,14).

C. Meister Eckhart

1. *blicken*
1.1. *underscheit* (II 88,3)

4. *anblik*
4.1. *got* (V 415,2.4; 416,3)

10. *luogen*
10.1. *mensche* (I 40,4; 88,3; 90,9f)
10.2. *kraft* (I 42,4.6; 43,2)
10.3. *wîse* (I 43,2)
10.4. *got* (I 43,7.9)
10.5. *sêle* (I 287,1; III 20,1)
10.6. *crêatûre* (III 266,5)

11. *schouwen*
11.1. *mensche* (I 33,5; 36,4; II 363,8; 364,5; 365,5; 366,1; V 60,22; 116,15. 21; 117,21; 118,14.23)
11.2. *geist* (I 251,9f; V 116,21)
11.3. *sêle* (II 366,8; V 116,21.29; 117,3; III 437,10.11.13)
11.4. *antlütz* (II 30,2)
11.5. *engel* (III 336,7)
11.6. *leben* (III 302,3)

12. *schouwunge/daz schowen*
12.1. *got* (V 118,18)

12.2. *mensche* (V 118,18)
12.3. *sele* (II 367,4f)

13. aneschouwen
13.1. *mensche* (I 397,3; II 437,1; V 115,22)
13.2. *kraft* (II 387,29)
13.3. *vernunft/verstantnis* (II 387,29; 305,10)
13.4. *sêle* (II 440,6; 442,3)
13.5. *Jesus Christus* (II 440,8; 443,11)

14. sehen
14.1. *mensche* (II 454,9.11.15; 476,3; 597,2; III 36,6;66,4; 87,1.2.3; 129,11; 160,3; 161,3; 162,4; 167,1; 170,6; 175,5; 189,4; 190,1.3; 191,2f.4f; 196,1. 10.12.13. 14.; 200,5.11.12.13.16.22; 201,14.23.24.26.27; 202,1.2; 211,6f; 212,1; 214,6; 219,3; 223,1; 224,1; 225,2.12; 226,1; 227,6.7; 228,7.8.10.11; 230,5f; 250,7; 310,4 (Pat); 310,4; 311,1.2(Pat); 314,3; 320,3.6; 322,11f; 328,3; 381,3.4; 483,4; 486,6.7f. 17; 487,6.12.14; 488,5.10; V 26,14
14.2. *sêle* (II 367,3; 589,9; III 165,4.8; 229,7; V 32,11)
14.3. *engel* (II 222,1; 223,2)
14.4. *Jesus Christus* (III 487,9)
14.5. *got* (III 175,5; 214,6f(Pat); V 32,11f)

15. anesehen
15.1. *vater* (I 77,12)
15.2. *got* (I 173,6; 246,12; V 415,2f; 416,3; 417,3)
15.3. *krêatûre* (I 173,7)
15.4. *mensche* (I 169,6; 274,1f; 423,6.7; V 279,5f)
15.5. *geist* (II 265,2.3.4)

17. ûfsehen
17.1. *geist* (II 265,5)

1.1.: Die Einwirkung der von mannigfaltigen Unterschieden geprägten kreatürlichen Wirklichkeit in das Innere der Seele setzt Eckhart durch die Metapher *blikken* in Parallele zur Verbreitung von Helligkeit (s.II 88,3).

4.1.: s. 15.2.

10.1. – 10.4.: Das *vünkelîn/bürgelîn* stellt Eckhart als einen Raum dar, der aufgrund seiner einfaltigen Beschaffenheit in seinem Inneren von außen her nicht wahrnehmbar ist. Nur das, was eins ist, vermag - durch *luogen* - in das Innere zu gelangen. Wem es gelingt, für kurze Zeit in den einfaltigen *grunt* zu *luogen*, erlebt eine Umwertung des bislang Wertvollen: "*... dem menschen sint tûsent mark rôtes geslagenen goldes als ein valscher haller.*" (I 90,10f)

10.5. – 10.6.: *Luogen* ist auch Metapher für die Außenorientierung der Seele, die sie verhindern sollte (s.I 287,1). Daneben macht Eckhart mittels der Metapher *luogen* deutlich, daß es jedem, sogar der Seele Jesu Christi, prinzipiell verwehrt ist, zu erkennen, was Gott im Verborgenen der menschlichen Seele wirkt (s.III 20,1). Grundsätzlich ausgeschlossen ist auch den Kreaturen die Wahrnehmung des göttlichen Sprechens in der Seele; es geschieht "*in der naht, sô kein crêatûre in die sêle enliuhtet noch enluoget...*" (III 266,5).

11.1. – 11.6.: Schouwen ist neben *smeken* (s.V 60,22) Bild für ein Erfassen Gottes, das sich vom reflektierenden Denken des Menschen dadurch unterscheidet, daß dabei unmittelbar und ausschließlich Gott zum wahrgenommenen Inhalt des Menschen bzw. der Seele wird: "*... diu sêle schouwet got blôz. Dâ nimet si allez ir wesen und ir leben und schepfet allez daz si ist, von dem grunde gotes und enweiz von wizzenne niht...*" (V 116,29-117,1). Als Typus des *schouwelich leben* gilt Eckhart im Alten Testament Rachel, während Lea Typus der vita activa ist (III 302,1-3).

Wesentliche Voraussetzung dieser Art der Erkenntnis ist, daß der Mensch in Bezug auf die Welt kein eigenes Sein mehr hat - "*daz man tôt sî, ob man got schouwen wil...*" (II 366,1) - und "*muoz in im selber ein sîn und muoz daz suochen in im und in einem und nemen in einem: daz ist schouwen got alleine.*" (V 118,22f) In einem anderen Bild erscheint das Subjekt dieser differenzlosen unmittelbaren Wahrnehmung Gottes und aller Kreaturen (s.V 116,15) als *abgescheiden geist* (s.I 251,6.9). Der Prozeß, der zur Herstellung der aufgezeigten Erkenntnisbedingungen führt, bringt Eckhart am Beispiel der Seele zur Sprache, die - bevor sie Gott zu schauen vermag - "*gebiutelt werden (muoz) in dem lieht und in der gnâde...*" (II 366,7f) bzw. die in der Gnade "*geliutert wirt und ûfgetragen und bereitet ze götlîcher schouwunge.*" (II 367,4f) Diese Wahrnehmung als *schowen des einig ein* geht über die Schau *eins engels bilde* und *ir selbis bilde* (III 437,10f) hinaus, da dazu "*alle bilde der selen abegescheiden werden...*" (III 437,13).

Im Unterschied zu Aussagen, die die Gottesschau von der Realisierung bestimmter Bedingungen beim Erkenntnissubjekt abhängig machen, findet sich in Pr 26 ein von Eckhart ohne direkten Vorbehalt übernommenes Meisterzitat (Augustinus, De civ. dei XXII c.29; Avicenna, De an I c.5): "*...diu sêle habe zwei antlütze, und daz ober antlütze schouwet alle zît got...*" (II 30,1f). An einer anderen Textstelle hebt Eckhart ohne weitere Begründung das göttliche Schauen vom menschlichen Schauen ab: "*Gotes schouwen und unser schouwen ist zemâle verre und unglîch einander.*" (V 118,18f)

12.1. – 12.3.: s. 11.1.-11.6.

13.1. – 13.5.: Das mit dem Vorgang des *aneschouwen* ins Bild gebrachte Geschehen, in dem sich der Mensch - quasi *mit enbloeztem antlütze* (s.I 397,3) - bzw. die oberste Seelenkraft oder die Vernunft (s.II 387,29) Gott öffnet und seine Wirklichkeit geistig in sich aufnimmmt, führt zur unio mit dem dabei gewonnenen Bild, das "*al ein bilde ist gotes und der gotheit*" (I 397,5). Von Gottvater in den göttlichen Wahrnehmungsbereich geholt und dadurch zur Gotteserkenntnis befähigt, vermag der Mensch "*vernünfticlîche ane ze schouwenne diz lieht in disem liehte*" (II 437,1) und - typisch für den göttlichen Bereich (s.II 437,6-438,2) - ohne jeglichen Unterschied an Gott und seiner Selbsterkenntnis zu partizipieren; das bedeutet auch, daß das *aneschouwen* des Menschen zugleich ein *gebern* mit dem göttlichen Vater beinhaltet (s.II 437,5).

Namentlich Jesus Christus ist mit seiner Seele *vernünfticlîche aneschouwende* das mit ihm geeinigte oberste Gut (s.II 440,6); auch in seinem größten Leiden richtet sich seine Aufmerksamkeit ununterbrochen auf dieses. Denn geeinigt mit dem göttlichen Vater kann ihn kein Leiden tangieren, was auch für jede *edel sêle* gilt, die keine Beziehung mehr zum Leib hat (s.II 442,2-5).

14.1. – 14.2.: Die im Bild des Sehens zur Sprache gebrachte menschliche Wahrnehmung Gottes unterliegt verschiedenen Bedingungen: Der Mensch/die Seele muß von jeglicher kreatürlichen Einwirkung frei sein (s.III 162,4), d.h. die Welt, alles Menschliche (s.III 196,13), den irdischen Bereich sowie die Zeit transzendieren (s.III 191,2f), jegliche sündige Bestimmung aufheben (s.III 191,4f), anderes nicht sehen, *blint* sein (s.III 228,10) und jegliches *mittel* zwischen Gott und sich beseitigen (s.II 367,3). Man muß daher Gott "*al abenemen von ihte*" (III 224,1f); die Seele muß "*entbloezet und entdecket von allem mittel*" sein (III 165,6.7f), damit sie Gott "*entbloezet und entdecket*" (III 165,6) zu sehen und sich mit ihm zu vereinigen vermag (s.III 166,1; vgl. zum Zusammenhang von *blôz*-Sein, Sehen und Einigung mit Gott auch V 32,11ff). Der Gedanke der Einheit von Erkenntnissubjekt und Erkenntnisobjekt impliziert für Eckhart auch eine Seinsgleichheit zwischen Mensch und Gott (s.III 320,3) sowie die Notwendigkeit, daß Gott im göttlichen Wahrnehmungsbereich erkannt wird. Dazu muß die Seele dort sein, wo alle Kreaturen *niht ensint* (s.III 225,2), der Mensch muß "*grôz sîn und hôhe erhaben*" (III 196,1); er darf nicht im *zuogange sîn* (s.III 196,11) bzw. "*noch ûfgende und zuonemende an gnâden und an liehte*" sein (III 214,4f), da Gott nur "*in einem liehte, daz got selber ist*" (III 214,7), erkannt zu werden vermag: "*Niemermê enmac ich got gesehen wan in dem selben, dâ got sich selben inne sihet.*" (III 175,5)

Aufgrund der das Erkennen bestimmenden Einheit wird der Unterschied zwischen Erkenntnissubjekt und Erkenntnisobjekt hinfällig: "*Ez ist ze wizzene, daz daz ein ist nâch dingen: got bekennen und von gote bekant ze sînne und got sehen und von gote gesehen ze sînne.*" (III 310,3f)

Was den Inhalt der auf Gott gerichteten Wahrnehmung betrifft, kann dieser nur als das (im Vergleich zu gewöhnlichen, kreatürlichen Inhalten) ganz Andere ausgesagt werden, ohne daß es gelänge, die erfaßten Dinge in Gott zu *geworten* (s.III 381,4; vgl. II 454,9.15). Gotteserkenntnis ist frei von sonstigen Eindrücken und kann wegen dieser Zusammenhanglosigkeit mit der übrigen Wirklichkeit auch nicht genauer bestimmt werden; daher heißt es in Pr 71, wo Eckhart anhand der Damaskuserfahrung des Paulus die Gotteserkenntnis des Menschen charakterisiert: "*... mit offenen ougen sach er niht, und daz niht was got; wan, dô er got sach, daz heizet er ein niht. Der ander sin: dô er ûfstuont, dô ensach er niht wan got.*" (III 211,6f)

14.3. – 14.4.: Der Engel vermag alle Dinge in Gott zu sehen und kann sich auch in die Gerechtigkeit Gottes Einblick verschaffen (s.II 223,2). In Bezug auf Jesus Christus hält Eckhart es für erwähnenswert, daß dieser in die Herzen und den *grunt* des Geistes *sihet*, wo der Mensch unmittelbar vor Gott steht (s.III 487,9).

14.5.: Das in der Einheit des Menschen mit Gott erfolgende Sehen verläuft wechselseitig; die Seele "*sihet in got und got in sie von antlitze ze antlitze...*" (V 32,11f). Der im Alten Testament den Israeliten zugeschriebenen Erkenntnis Gottes von Angesicht zu Angesicht (Dtn 5,4) stellt Eckhart den Einwand nicht genannter Meister gegenüber: "*Wo zway antlüte erschinent, da sieht man gotes nit; wann got ist ain und nit zway; wann wer got sieht, der sieh(t) nit won ain.*" (III 87,2f) Eckhart vertritt wie die zitierte theologische Tradition die Position, daß Gott vom Menschen nur in Einheit mit ihm erfaßt werden kann. Für Eckhart steht daher fest, daß Gott nur in dem Wahrnehmungsbereich erkannt werden kann, in dem Gott sich selbst sieht (s.III 175,5), sowie unter den für Gott geltenden Wahrnehmungsbedingungen, d.h. "*in einem lieht, daz got selber ist.*"(s.III 214,6).

15.1. – 15.3.: Das Bild des *anesehen* steht für ein die Kreaturen betreffendes Interesse Gottes, infolgedessen diese ihr Sein von Gott erhalten (s.I 173,6). Der gleiche Effekt stellt sich durch das auf Gott gerichtete Interesse der Kreaturen ein, die durch ihr *anesehen* ihr Sein von Gott empfangen (s. I 173,7). Im Sinn der göttlichen providentia bezieht Eckhart das göttliche *anesehen* auch auf alle Dinge, die dadurch, bevor sie in Raum und Zeit zu existieren beginnen, geistige Realität erhalten (s.V 415,2f).

15.4.: Mit den auf das Äußere gerichteten Augen kann Gott nicht erkannt werden: "*Aber etlîche liuhte wellent got mit den ougen anesehen, als sie eine kuo anesehent...*" (I 274,1f) Trotzdem muß sich das um Gott bemühte menschliche Interesse nicht vom Äußeren abwenden; vielmehr muß der Mensch "*in allen gâben und in allen werken got lernen anesehen...*" (V 279,5f). In der Ewigkeit vermag der Mensch die Totalität der Wirklichkeit zu erfassen (s.I 423,6f).

15.5.: In Predigt 39 differenziert Eckhart zwischen dem *anesehen* Gottes und dem *gebern*: Insofern der menschliche Geist zum ewigen Leben noch *geborn wirt*, hat er aufgrund der nicht völlig beseitigten Differenz zu Gott ein *ûfsehen* und ein *anesehen gotes*; dieses ist nicht mehr möglich, wenn er *geborn* ist, da er in diesem Falle wie Gottvater "*lebet... in einvalticheit und in blôzheit des wesens.*" (II 266,1f)

17.1.: s. 15.5.

D. Tauler

<u>1. blicken</u>
1.1. *blicke* (382,22.28)
1.2. *ût* (386,4)
1.3. *wîse* (382,31)

<u>2. blic</u>
2.1. *üebunge* (382,23.27)
2.2. *mensche* (189,23)
2.3. *got* (386,4)

<u>6. inblicken</u>
6.1. *fride* (218,24f)
6.2. *got* (244,26f)
6.3. *mensche* (303,1(Pat))
6.4. *gnade* (387,26)
6.5. *worheit* (382,28)

<u>7. inblik</u>
7.1. *got* (33,9)

<u>9. widerkaphen</u>
9.1. *sele* (262,1)
9.2. *geist* (262,1)
9.3. *gemuet* (350,16)

<u>11. schouwen/schouwelich/schouwend</u>
11.1. *wise* (62,27; 168,31; 243,26)
11.2. *gabe* (302,3)
11.3. *werk* (402,25)
11.4. *leben* (185,10)
11.5. *engel* (373,24f)
11.6. *mensche* (14,16; 24,24; 400,11; 426,20f)
11.7. *got* (423,38)

<u>12. schouwelicheit</u>
12.1. *mensche* (197,8; 264,14f)
12.2. *lant* (14,11)

<u>14. sehen</u>
14.1. *mensche* (97,24)

<u>15. anesehen</u>
15.1. *mensche* (277,20; 249,28)
15.2. *grunt* (84,21(Pat))
15.3. *meinunge* (158,6)
15.4. o.BE (18,5.6)

15.5. *got* (17,30f; 46,16; 69,6; 239,26)
15.6. *ding* (96,11(Pat); 323,34(Pat))

16. durchsehen
16.1. *gotlicher vater* (8,29)
16.2 *mensche* (92,8.33; 160,19; 426,19)
16.3. *lieht der bescheidenheit* (93,8)
16.4. o.BE (93,15)

1.1. – 2.3.: Mit *blic* verweist Tauler auf die Assoziationen, die momenthaft im menschlichen Bewußtsein von den bislang vollbrachten geistlichen Übungen, vom Leiden Jesu oder von menschlichen Fehlern und Gebeten (s.382,22) bzw. überhaupt von etwas von außen Einwirkendem (z.B. *goetliche blicke* 386,4) erscheinen. Im Prozeß der Hinbewegung auf Gott soll man sich von allem Derartigen trennen (s.386,3f) bzw. *durchbrechen* (s.382,27). *"In blickender wise"* wird aufgrund der in *blic* enthaltenen zeitlichen Bedeutungskomponente zum bildhaften Interpretant für die Schnelligkeit, in der die unio des menschlichen Geistes mit Gott vollzogen wird (s.382,31).

In Pr 43 steht *blic* für die Wahrnehmung der vorborgenen Werke, die Gott im Menschen wirkt (s.189,23f).

6.1. – 6.5.: Im Bild des *inblicken* macht Tauler anschaulich, wie wahrer Friede (s.218,24f), Gnade (s.387,26), Gott (s.244,26f) bzw. die göttliche *wueste* (s.302,35f) auf den Menschen einwirken.

7.1.: Im Kontext der Sonnenmetaphorik verleiht Tauler der göttlichen Einwirkung auf den Menschen Züge von *goetlichen inblicken* (s.33,9).

9.1. – 9.3.: Bei der Funktionsbestimmung der Seele geht Tauler auf die verschiedenen Bezeichnungen des menschlichen Geistes ein. 'Seele' wird der Geist des Menschen genannt, insofern sie dem Leib die Möglichkeit zu leben gibt (s.261,32). 'Geist' wird sie genannt unter dem Aspekt ihrer engen Verwandtschaft mit Gott (s.261,34). Diese enge Beziehung resultiert aus dem Sachverhalt, daß sowohl Gott als auch die Seele Geist sind. Die Gleichheit mit Gott zeigt sich bei der Seele darin, daß sie *"ein ewig widerneigen und widerkaphen in den grunt irs ursprunges"* hat (261,35f). Präzisierend spricht Tauler vom *gemuet*, der Einheit aller Seelenkräfte (s.262,4f u. 350,1f). Obwohl es geschaffen ist, erkennt es sich *"Got in Gotte"* (350,18). Neben dem Bild des ununterbrochenen visuellen Kontaktes bringt Tauler die Beziehung des menschlichen Geistes zum *grunt* bzw. zum göttlichen Geist auch mit den Metaphern *widerneigen* (s.262,1.3.20) und *widerboigen* (s.262,2) sowie *wider intragen* (s.262,24f.33) zur Sprache.

11.1. – 11.4.: Freude gewinnt der Mensch, wenn er *"in smackender oder in bevindender wise, es si schouwelich oder gebruchlich"* (168,30f) die Wirklichkeit der Gottesgeburt in sich wahrnimmt. – In Abhebung zu den äußeren Werken bestimmt *schowelich* die *innewendigen werg* (s.402,24f) des Menschen genauer. Im Kontext der Nachfolge Jesu *"in würklicher wise und in lidelicher wise und in biltlicher... wise"* (243,25f) steht das *"nach ze volgende in schouwelicher wise"* für eine Form der Bezugnahme auf Jesus Christus, die über jegliche Vorstellung hinaus ihn selbst in geistiger Weise zu erfassen sucht (s.62,27).

11.5. – 11.6.: Während die Engel im *"spiegel der gotheit"* ständig die Menschen wahrnehmen (373,24f), muß der Mensch entrückt werden, um die göttliche Dreifaltigkeit *schouwen* zu können (s.426,20f).

11.7.: Tauler entwickelt die Vorstellung, daß der Mensch unter bestimmten Bedingungen Zugang zur göttlichen Einheit im *innewendige(n) tabernackel* *"gebruchliche und goetliche schouwende..."*(423,36.38) hat.

12.1. – 12.2.: Unter Umständen kann die Präsenz Gottes im menschlichen Wirken mehr vorhanden sein als in *schouwelicheit* (s.264,14f); letztlich muß der Mensch diese wie auch alles Wirken hinter sich lassen, um realisieren zu können, daß er nichts ist (s.197,8).

14.1.: Tauler fordert den Menschen in Parallele zu bäuerlicher Tätigkeit auf, Sorge um seinen *grunt* zu tragen und dessen Zustand wahrzunehmen (s.97,24).

15.1. – 15.3.: Die Metapher *anesehen* bezieht sich auf die Fähigkeit des Menschen, nach Reduktion seiner Mannigfaltigkeit auf das einfaltige Sein Gottes Verborgenheit verweilend wahrzunehmen (s.277,20). Die göttliche Wirklichkeit kann aber nur als *vinsternis* erfaßt werden, da sie für geschaffenes Verstehen unerkennbar bleibt (s.249,28-31) und sogar infolge ihrer *klarheit* das menschliche Erkenntnisvermögen *"als die sunne die ougen des menschen vervinstert..."* (249,30). Der mit *anesehen* metaphorisch veranschaulichte Vorgang richtet sich ferner auf den *grunt*, den der Mensch genau betrachten muß, um die Motivation seines Handelns zu erkennen (s.84,21).

15.4. – 15.6.: Die Metapher steht ferner für die providentia Gottes; Gott hat alles *"eweklich angesehen und... geminnet und gemeinet..."* (17,31)

16.1. – 16.4.: Die Metapher *durchsehen* intendiert eine Wahrnehmung, bei der alles, d.h. entsprechend den räumlichen Bedeutungskomponenten der Metapher: von vorn bis hinten bzw. vom Anfang bis zum Ende erfaßt wird. Auf diese Weise vermag der göttliche Vater sich völlig - bis in den *abgrunt* seines Seins hinein - zu verstehen (s.8,29); der Mensch muß mit dem *lieht der bescheidenheit* allesüberprüfen (92,8.33; 93,15), auch das göttliche Heilshandeln am Menschen zu erfassen versuchen (s.160,19). Auch wünscht er die in den Sakramenten verborgene Wirklichkeit Gottes im Himmel völlig erkennen zu können (s.426,19).

E. Seuse

3. anbliken/angeblikt
3.1. wise (163,1)

7. inblik
7.1. mensche (15,6; 20,15; 158,31; 335,10.14f.18; 350,24; 478,7)
7.2. lieht (189,19)

8. widerblick
8.1. goetliches wesen (180,24)

11. schowen
11.1. adel (156,5)
11.2. wise (156,31; 160,27; 171,22f; 339,27; 474,9)
11.3. hoheit (388,15; 469,19)
11.4. tougni (428,4; 464,19)

11.5. *vollekomenheit* (464,19)
11.6. *vereinunge* (245,5)
11.7. *mensche* (183,5; 244,16; 383,3; 473,13; 474,4; 476,19)
11.8. *gemuet* (288,15)
11.9. *kraft der sele* (390,26; 472,9)
11.10. *o.BE* (464,16)
11.11. *verstantnis* (478,8f)

12. schowung
12.1. *geist* (193,13)
12.2. *mensche* (183,7)

3.1.: *"Na angeblikter wise"* erfolgt die Wahrnehmung Gottes, wenn der Mensch in der Entrückung und Verachtung seiner selbst unter Wegfall jeglicher distanzierender Reflexion Gott ganz unmittelbar, in denkbar höchster Intensität erfaßt (s.163,1).

7.1.: *Inblik* ist Metapher für eine menschliche Weise der Wahrnehmung, infolge derer man bis in das eigene Innere gelangt, um dort das Liebesspiel zwischen Gott und der Seele zu erfassen (s.20,15) bzw. um seine eigene Nichtigkeit, sein gleichbleibendes Selbst in der Versenkung in Gott oder die Notwendigkeit der Entäußerung zu erkennen (s.335,10-19). *Inblik* steht ferner für die Kenntnis, die der Mensch gewinnt, wenn er mit seiner Wahrnehmung bis in das Innere Gottes kommt; völlig von seinem Selbst gelöst, begibt sich der Mensch in seinem *inblik* derart in die göttliche Wirklichkeit, daß alles endlich Begrenzte nicht mehr von ihm erfaßt werden kann (s.350,24). In der unio mit Gott wird dann der menschliche Geist erneuert, weil sich in ihr die Aufhebung aller Ungleichheit, das Einwirken der göttlichen Wahrheit sowie die Erfahrung von Gott selbst *"mit einem waren inblick der goettelichen clarheit"* ereignet (478,4-7; vgl.158,31-159,6).

7.2.: Die Wirkung der göttlichen Einheit auf den in Gott sich befindenden menschlichen Geist kommt zustande, indem das aus der Einheit scheinende göttliche Licht von den trinitarischen Personen in den menschlichen Geist geleuchtet wird, was aufgrund der Relation von außen nach innen für Seuse Züge eines *inblik* trägt (s.189,19).

8.1.: Die göttliche Selbstreflexion stellt Seuse als visuelles Geschehen dar; es geschieht in der väterlichen Vernunft als *"widerblick dez goetlichen wesens"* (180,24f).

11.1. – 11.6.: *Schouwliche wise* steht bei Seuse für das verweilende geistige Erfassen von Dingen (s.156,31) oder des Lebens Christi (s.339,27) durch die Vernunft; diese Art geistiger Aneignung trägt negativen Charakter, da sie allein nach den Kriterien der Vernunft und nicht in tätiger Nachfolge Jesu und damit in einer von der eigenen menschlichen Natur abstrahierenden Weise erfolgt (s.339,27-29). Nur wenn der Mensch *"in schowlicher als in gebruchlicher wise einer lidiger friheit in ime enpfindet..."* (474,9f), bzw. in *schouwelicher hocheit* (s.469,19; vgl. 156,5) oder sich in *vergangenheit* (s.160,27) befindet, vermag er Gott zu erfahren; er ist wie Paulus *"in die blossen gotheit... verzuket"* (160,27), *"in schowlicher tougni"* (428,4) empfindet er das höchste Gut und erreicht in *"schoewlicher vereinunge der sele mit der blossen gotheit"* (245,5) die Vollkommenheit seines Lebens.

11.7. – 11.8.: Als Morgengabe erhält die Braut, die Seele, wenn ihr Bräutigam sie zu sich in das himmlische Vaterland geführt hat, zur Erfüllung ihres irdischen Lebens in Glaube, Hoffnung und Liebe ein *offenbares schouwen* des Geglaubten, ein *begriffen* des Gehofften und ein *niessen* des Geliebten (s.244,16-19). Der im Bild der visuellen Wahrnehmung erscheinende Akt der geistigen Aneignung der göttlichen Wirklichkeit ist wahre Erkenntnis, da sich der geistige Vorgang unmittelbar auf Gott beziehen kann. Diese in jeder *vision* prinzipiell mögliche authentische Erfahrung Gottes ist demnach von der Voraussetzung abhängig, daß sie - gleich der *blosse(n) schowung* - bildlos ist (s.183,6f) oder - wie Seuse auch formuliert - *"mit entbloestem gemuete von allen creatúrlichen dingen"* (476,17) vollzogen wird. Die Funktion äußerer Übungen für das Schauen beurteilt Seuse unterschiedlich; in jedem Fall sind für Anfänger im geistlichen Leben diese in Anbetracht des Bestimmtseins durch *gebreste* unbedingt erforderlich (s.473,12f). Damit der Mensch in seinem geistlichen Leben die höchste Vollkommenheit erlangen kann, ist u.a. nötig, daß er Gott dauernde Aufmerksamkeit schenkt. Seuse verleiht dieser Empfehlung Züge eines visuellen Vorgangs, wenn er das erforderliche menschliche Bemühen als ein Aufrichten des menschlichen *gemuete "in ein tougenliches goetliches schouwen"* bezeichnet, bei dem man Gott als Gegenstand der Betrachtung andauernd vor Augen haben soll (s.288,15f).

11.9. – 11.11.: Die Vollkommenheit des Menschen wird genauerhin konstituiert durch die *vereinunge* der höchsten Seelenkräfte mit dem Ursprung des Seins, was in *"hohem schowene, in inbrúnstigem minnen und suezzen niessene dez hoehsten guotes..."* (390,26f; vgl. 478,8f) geschicht.

12.1. – 12.2.: Mit dem im Bild der *blossen schowung* zur Sprache gebrachten unmittelbaren Erfassen Gottes geht einher, daß der Mensch - nach *"dez geistes úbervart"* über Raum und Zeit - *"in got vergangen ist"* (193,11.13).

blint/blintheit (1.)/ blinder (2.)

A. Mechthild von Magdeburg

1. *blint/blintheit*
1.1. *irdenschú ding* (VI 29,25)
1.2. o.BE (VI 13,4)
1.3. *ere* (IV 4,13)
1.4. *mensche* (VI 14,3)

2. *blinder*
2.1. *mensche* (VI 36,22)
2.2. *sele* (II 23,51)

1.1. – 1.4.: Die Orientierung an irdischen Dingen und an äußeren Tätigkeiten (s.VI 29,25 u.VI 13,4) sowie an eitler irdischer Ehre macht - wie Mechthild mit dem Bild des Blindseins veranschaulicht - unsensibel für Gott und seine Zuwendung zum Menschen. In gleicher Weise ist ein Mensch im Hinblick auf Gott *der* *bekantnisse blint* (VI 14,3), wenn er sich über die aus dem Leiden für ihn ergebenden Einschränkungen beklagt.

2.1. – 2.2.: Im Bild der Blinden veranschaulicht Mechthild die Ignoranz, die die Seele der Zuwendung Gottes entgegenbringt.

B. David von Augsburg

1. *blint*
1.1. *heiden* (318,39)
1.2. *mensche* (320,40)

1.1. – 1.2.: Ohne nähere Erläuterung sind für David die Menschen, die Jesus am Kreuz und seine Mutter Maria mit Scheltworten geschmäht haben, *blinde heiden* (s.318,39). Daß mit der Metapher *blint* die mangelnde Erkenntnisfähigkeit des Menschen zum Ausdruck gebracht werden soll, wird an anderer Stelle durch den metaphorischen Ausdruck "*blint der verstantnüsse*" (320,40f) deutlich. Damit wird dem Menschen, der aus Lauheit, Unlust etc. die von Gott verliehenen Gnadengaben nicht nutzt, eine Unfähigkeit zur Vernunfterkenntnis unterstellt (s.320,40f).

C. Meister Eckhart

1. *blint/blintheit*
1.1. *mensche* (II 61,8; III 224,1; 228,11; 250,6.8; V 41,9; 54,6; 60,13)
1.2. *sele* (III 229,7; 230,5)
1.3. *sunder* (III 39,5)
1.4. *minne* (I 315,1)

1.1. – 1.3.: Wer Gott erkennen will, muß verhindern, daß kreatürliche Wirklichkeit in seine Seele eindringt. Deshalb fordert Eckhart in Analogie zum Sehvermögen, aufgrund dessen u.a. der Mensch geschöpfliche Wirklichkeit in sich aufnimmt, daß der Mensch "*...blint si und niht enwizze von creaturen.*" (III 250,6f) Weil die unterbundene Erfassung kreatürlicher Dinge Voraussetzung für das Sehen des göttlichen Lichtes ist, kann Eckhart auch paradox formulieren: "*Got ist ein wâr lieht; wer daz sehen sol, der muoz blint sin...*" (III 224,1).

Neben dieser positiven Bedeutung der Blindheit verwendet Eckhart die Metapher *blint/blintheit* auch in dem negativen Sinn, daß sie die Unfähigkeit zur (vollständigen, umfassenden) Erkenntnis bedeutet: "*... blint alzemâle guete und liehtes in in selben und des einen...*" (V 41,9) Vor allem den Sündern fehlt die Fähigkeit zur Wahrnehmung des Göttlichen; da sie *blint* sind (s.III 39,5), erfahren sie nicht die Erleuchtung durch das göttliche Licht.

1.4.: Der geistige Akt der Erkenntnis Gottes muß unbedingt nach Eckharts Meinung zur Gottesliebe beim Menschen hinzukommen, da Minne ohne Erkenntnis nicht fähig zur Wahrnehmung Gottes ist: *"... diu minne waere blint, enwaere bekantnisse niht."* (I 315,1)

D. Tauler

1. blint/blintheit
1.1. *mensche* (35,9; 76,21; 137,30.35; 184,1f; 195,24.26; 198,15; 202,17f; 221,11f; 243,20; 258,14f; 282,13; 296,14; 320,32; 323,25f; 360,6)
1.2. *werke* (181,24)
1.3. *besitzunge* (222,12f)
1.4. *lidekeit* (422,33f)
1.5. *sunder* (368,3f)
1.6. *wise* (288,18)
1.7. *vermessenheit* (272,8)
1.8. *verstentnis* (278,13)
1.9. *vernunft* (256,11f)
1.10. o.BE (433,28)

1.1.: Für Tauler ist der Mensch *blint*, der zu richtigem Handeln oder zur Selbsterkenntnis aufgrund vernünftiger Einsicht nicht fähig ist (s. 184,2; 221,10-12). Die Wirkung, die die Liebe und Neigung zu den Kreaturen sowie die Selbstliebe auf den Menschen ausübt, führt zu einer Ausschaltung des geistigen Aufnahmevermögens mit der Folge, daß der Mensch mit seinem *innerlich ouge* der Vernunft das *ware lieht* nicht mehr sehen kann (s.195,19-21). Tauler bringt dies ins Bild, indem er den Einfluß der Kreaturen hinsichtlich seiner Wirkung auf die Fähigkeit des Menschen zur Erkenntnis Gottes in Beziehung bringt mit dem Effekt einer Decke oder Haut, die - über den Menschen geworfen- diesen *blint und toub* werden lassen (s.195,24; vgl. 76,21).

Fehlende Minne, Andacht und ein zerstreutes Herz können dazu führen, daß der Mensch, wenn er in einem Orden lebt, das von der Ordensregel her auferlegte Beten und die Schriftlesung *"blintlichen und kaltlichen"* vollzieht (137,35); denn ohne die Ausrichtung auf Gott vermag der Mensch in seinem Tun Gott nicht mehr wahrzunehmen, und ohne Gottesliebe zeigt sein Herz kein Verlangen nach Gott (vgl. auch 360,30). Das darin zum Ausdruck kommende Verhalten ist davon geprägt, daß der Mensch Gott als sein wirkliches Ziel verliert und aufgrund seiner durch die Erbsünde bedingten Blindheit (s. 202,17f) bereits Ruhe dort sucht, wo er noch auf dem Weg ist. Solange es dem Menschen nicht gelingt, Jesus in seinem Leben und Leiden nachzufolgen (s. 258,7), ist er nicht in der Lage, Gott wahrzunehmen; sogar wenn Gott *"gat durch si"* (258,14), bleiben diese Menschen *blint*. Als Mittel, sich von allem, was Gott nicht ist, abzuwenden, nennt Tauler das Sakrament der Eucharistie (s. 296,6f); infolge der durch den Sakramentenempfang bewirkten Umorientierung auf Gott hin verliert der Mensch dann auch seine Erkenntnisunfähigkeit: *"Und dis sacrament wirffet blintheit ab und git dem mensche sich selber ze erkennende, und leret in abkeren von im selber und von allen creaturen."* (296,14f)

1.2.: Wenn man dem Hl. Geist folgt und auf ihn hört, kommt man auf den rechten Weg (s. 181,19). Wer dies nicht tut, bleibt bei seinen eigenen Vorhaben und Gewohnheiten; die Werke werden vom Menschen nicht mit der richtigen Einsicht getan und sind nach Tauler daher *blinde werke* (181,24).

1.3. – 1.5.: Daß Menschen unfähig sind, das göttliche Licht in sich aufzunehmen, erklärt Tauler mit der Inbesitznahme des Herzens durch Kreatürliches. Diese macht den Menschen nämlich *"vinster und blint"* (222,12f). Der gleiche Effekt stellt sich ein, wenn der Mensch aufgrund fehlender Gottesliebe und dominanter Ich-Orientierung nur eine *"innewendige itele blinde lidekeit"* (422,33f) aufzuweisen hat. In besonderer Weise zeigt sich beim Sünder, daß ein falscher Wirklichkeitsbezug - Eigenliebe anstelle Gottesliebe - *verblendet* (s.368,3) und infolgedessen jegliche Wahrnehmung Gottes verunmöglicht.

1.6. – 1.7.: Der aufgrund mangelnder Einsicht zustandekommende falsche Wirklichkeitsbezug des Menschen zeigt sich auch bei geistlichen Leuten, die *"verblibent mit uswendiger guotschinender sinnelicher blinder wise"* (288,18). Weiterhin schlägt sich eine solche Desorientierung bei Menschen nieder, die nach eigenem Gutdünken, nicht nach Gottes Willen, in *blinder vermessenheit* (s.272,8) handeln.

1.8.: Alle *geschaffen verstentnisse* vermag die göttliche *klarheit* nicht zu erkennen. Vielmehr bleibt diese dem Menschen *"ein goetliche vinsternisse"* (278,8). Tauler verdeutlicht dies mit zwei Vergleichen: (a) Für das menschliche Auge ist der Glanz des Sonnenrades eine Finsternis, da es zu schwach zur Wahrnehmung ist. (b) Das menschliche Verstehen verhält sich gegenüber Gott wie das Schwalbenauge im Verhältnis zur klaren Sonne: infolge seiner Geschaffenheit wird es wieder zurückgeworfen auf sein *"unbekentnisse und blintheit"* (278,13). Die kreatürliche Bedingtheit des menschlichen Verstehens sorgt demnach immer wieder dafür, daß der Mensch unfähig zur Erkenntnis Gottes ist.

1.9.: Tauler stellt heraus, daß zur Nachfolge neben Demut, Sanftmut, Geduld auch Glaube, Hoffnung und Liebe gehören. Der Glaube wirkt auf die Vernunft dahingehend ein, daß er die Vernunft ihres Wissens beraubt und ihre Kraft ausschaltet, so daß sie ohne Inhalt und ohne Vermögen ist, neue Inhalte durch Erkenntnis in sich aufzunehmen. Bezüglich der Perzeption der Vernunft führt Tauler daher aus, daß der Glaube *"benimet der vernunft alles ir wissen und machet si blint..."* (256,11f)

1.10.: Das Bild der Blindheit steht für die Orientierungslosigkeit, die Charakteristikum alles Kreatürlichen ist (s.433,28).

E. Seuse

1. *blint/blintheit*
1.1. *mensche* (57,4f; 94,8; 158,11; 163,5; 219,15; 247,15-18; 281,6; 297,13; 335,4; 376,2f; 448,13f)
1.2. *vernunft* (177,6f)

1.1.: Seuse bezeichnet mit *blint/blintheit* einen Zustand, bei dem der Mensch aufgrund fehlender Einsicht ein bestimmtes Fehlverhalten zeigt. Der Mensch etwa, der unvorbereitet in den Tod geht und dem infolgedessen jegliche Orientierung in Bezug auf den Todesweg fehlt, ist für Seuse *blint* (s.281,6). Blinde Menschen sind es auch, die des Dieners, d.h. Seuses, Ansehen in aller Öffentlichkeit zugrunderichten (s.57,4f). Das Bild des blinden Menschen kann auch Verwendung finden für diejenigen, die aufgrund ihrer ungeübten Vernunft und grundsätzlichen Erkenntnisunfähigkeit nicht mehr in der Lage sind, zwischen Gott und Dingen, die ihre natürliche Seinsheit behalten, zu differenzieren (s.163,6f). Mit der Unfähigkeit zum richtigen Erfassen der Wirklichkeit ist für Seuse auch der Grund dafür benannt, daß der Mensch sich in seiner Blindheit zuschreibt, was Gott gehört (s.335,4) oder daß er die zur Fehlorientierung führende *"vinstre(n) naht der valschen minne"* (376,2f) nicht erfaßt. Der Diener gibt schließlich gegenüber der Ewigen Weisheit seine *groze blintheit* (s.297,13) als Ursache dafür an, daß er zur Erkenntnis von Christi Gegenwart in der Seele nicht fähig war.

1.2.: Die Blindheit der menschlichen Vernunft besteht für Seuse darin, daß sie kein Vermögen besitzt, das göttliche Sein, das Voraussetzung ihrer Tätigkeit ist, zu erkennen (s. 177,6f).

G. Heinrich von Nördlingen

1. *blint/blindheit*   2. *blinder*
1.1. *gemahel* (46,40)   2.1. *mensche* (16,55; 43,20.22)
1.2. *gemahel* (46,41)

1.1. – 1.2.: Heinrich beschreibt durch Rückgriff auf Mechthild von Magdeburg den Zustand der Geliebten Christi in der *weincelle*: "... *in dem schönsten liecht ist si blint an ir selber, in der grosten blindheit sicht si aller clärst...*" (46,40f). Mit diesen Paradoxien verdeutlicht Heinrich, daß die Erfahrung Gottes nicht nach den Gesetzen der sinnlichen Wahrnehmung erfolgt.

2.1.: Den im Blindsein implizierten Aspekt der Funktionsstörung zieht Heinrich heran, wenn er sich selbst als *blinde(n), stumme(n) und lame(n)* (s.16,55ff) bezeichnet, um seinen defizitären Zustand vor Gott vorstellbar zu machen. Da er infolge dieser Einschränkung auch nicht zur Aufnahme Gottes fähig ist, fragt er sich, was er in Anbetracht eines fehlenden Erfahrungsbezuges der vom göttlichen Licht *"erluchten cristallinen vasz"* (43,21), Margaretha, schreiben solle.

| blôz/entbloezt (1.)/ blôzheit (2.)/ bloezen (3.)/ entbloezen (4.)/ enbloezunge (5.)/ naket (6.)/ barfuos (7.) |

A. Mechthild von Magdeburg

1. *bloz/entbloezet*
1.1. *sele* (V 25,24; VI 16,7)
1.2. *got* (V 25,26)

6. *naket*
6.1. *got* (V 25,26)

6.2. *mensche* (VI 1,128)
6.3. *sele* (I 44,89)
6.4. *minne* (II 23,28)

7. *barfuos*
7.1. *mensche* (VI 16,7)

1.1.: Die personifizierte Seele, die Jesus nachfolgt, bringt ihre Distanz von allem Irdischen dadurch zum Ausdruck, daß sie in ihrer Verfassung Ähnlichkeiten mit dem Unbekleidetsein entdeckt: sie sieht sich als "*blos und barfuos von allen irdenschen dingen.*" (VI 16,7)

1.2.: Die Seele, die sich *muossig und blos* in Liebe Gott nähert, entspricht mit ihrer Verfassung dem menschgewordenen Gott, der "*kindesch, arm, nakent, blos, versmehet...*" (V 25,26) auf Erden war.

6.1. – 6.4.: Die Unstetigkeit irdischer Ehre und des Hochmutes sind der Grund dafür, daß der Mensch - wie Mechthild anhand der Kleidmetaphorik vor Augen führt - aller Äußerlichkeit beraubt wird und sich "*naketer denne nakete*" erfährt (VI 1,128). Das Bild des Nacktseins macht anschaulich, daß das Fehlen alles dessen, was sich der Mensch zugelegt hat, seine eigentliche Armut hervortreten läßt. Der semantische Schwerpunkt der Metapher verschiebt sich, wenn die Metapher zur Charakterisierung der Seele im Rahmen der Liebesbeziehung von Seele und Gott verwendet wird (s.I 44,89 u. II 23,28).

7.1.: s.1.1.-1.2.

B. David von Augsburg

1. *blôz/entbloezt*
1.1. *mensche* (309,22; 318,21; 350,40f)
1.2. *krêatûre* (332,34)

1.1.: Der mit der Adjektivmetapher *blôz* ins Bild gebrachte Mangel bezieht sich bei David auf den Zustand des Menschen, der ohne Schande (s.350,40) oder ohne Tugenden (s.309,22) ist. Da er nicht gerne in diesem Zustand verharrt, ist er darum bemüht, daß er für seine Untugenden "*eine hülle... etelicher beschoenunge*" (309,21f) zur Verfügung hat.

1.2.: Die Metapher kann dann auch in Parallele zum Nacktsein die Bedürftigkeit der menschlichen Kreatur veranschaulichen, *"diu ir selber weder über sich noch vür sich gehelfen kan."* (332,34)

C. Meister Eckhart

1. *blôz/entbloezet*
1.1. *got/gotheit* (I 122,5.8; 152,6; 153,4; II 181,4; 217,4f; 277,1; 367,3; 382,9f; 418,3f; 420,1; 553,8f; 561,2f; III 133,7; 252,4; 344,3f; 486,17; V 10,16; 116,9.29; 276,2)
1.2. *wesen* (I 130,1; 182,10; 251,10; II 107,2; 348,3; III 135,4; 322,6; 341,2f; 437,14; V 117,19f)
1.3. *lûterkeit* (III 341,2)
1.4. *istikeit* (III 133,6)
1.5. *einekeit* (III 438,3)
1.6. *natûre* (I 212,1.6f; 291,3; 420,5.9; II 308,7; 380,1; 475,2; III 100,1; 130,1; 401,5; 488,10; V 29,11)
1.7. *warheit* (I 51,9.11; III 97,9; 100,12)
1.8. *lieht* (III 335,3f)
1.9. *güete* (V 10,4f)
1.10. *wîte* (V 25,2f)
1.11. *daz ein* (V 41,19)
1.12. *invlûz* (I 416,6; 417,1)
1.13. *minne* (II 104,5)
1.14. *meinunge* (II 104,1)
1.15. *mensche* (I 88,7f; 90,2; II 266,2; 278,5; III 486,1f; V 29,15; 42,21; 60,12; 298,1)
1.16. *selige* (V 21,15f)
1.17. *die armen* (V 42,19)
1.18. *kraft* (I 184,8; 275,7; III 133,4; V 28,16f; 29,3f)
1.19. *vünkelîn* (I 40,2; II 219,3)
1.20. *sêle* (I 288,6; II 203,4; 550,1; V 30,8; 32,8)
1.21. *verstân* (I 404,1)
1.22. *vernunft* (I 397,6)
1.23. *bilde* (II 276,5)
1.24. *abegescheidenheit* (I 170,8f)
1.25. *zal* (I 283,8)
1.26. *crêatûre* (III 489,11f; V 50,19f)
1.27. *niht* (III 339,3; V 425,2f)
1.28. *wille* (III 492,1)
1.29. *werlt* (I 202,2)
1.30. o.BE (I 284,2; 364,1f; III 188,6; V 28,9)
1.31. *wort* (III 39,1)

2. *blôzheit*
2.1. *natûre* (I 87,9)
2.2. *manicvalticheit* (I 200,16)
2.3. *wesen* (II 266,1f)
2.4. *got* (III 471,4)
2.5. o.BE (I 246,6; 282,2; V 32,8; 209,1)

3. *bloezen*
3.1. *kint* (III 325,4(Pat))

4. *entbloezen*
4.1. *bilde* (II 276,3f(Pat))
4.2. *mensche* (II 277,1f)
4.3. *underscheid* (V 41,19f(Pat))
4.4. *eigenschaft* (V 41,19f(Pat))
4.5. *sêle* (II 549,6; III 266,1(Pat); 448,1(Pat))

5. *enbloezunge*
5.1. *bilde* (II 276,7f)

1.1.: Eckhart suggeriert mit der Adjektivmetapher *blôz* die Vorstellung Gottes als eines Wesens, das frei von jeglicher Umhüllung und Bedeckung ist. Für Eckhart heißt dies, daß Gott, wenn er *blôz* ist, keine Bestimmungen wie Güte, Wahrheit, Sein etc. besitzt. Darum muß der, der Gott *blôz* empfangen will, mit Hilfe seiner

Vernunft jegliches Additum entfernen, was er in Gedanken auf den unterschiedslosen, *blôzen* Gott (s.II 217,4) projiziert hat. Er muß auch Gott von Bestimmungen wie Güte, Wahrheit und Sein freimachen, da diese wegen ihres akzidentellen Charakters ein *mitewesen* der Gottheit darstellen (s.III 344,3f) und ihn eher verbergen als zeigen, wie er in sich selber als *lûter wesen* (s.I 122,5) ist. Den Gott in seinem authentischen Sein verdeckenden Charakter der göttlichen Bestimmungen zeigt Eckhart seinen Zuhörern dadurch auf, daß er - anknüpfend an den in der Kleidermetaphorik implizierten Aspekt der Verhüllung - von *vel* und *kleit* (s.I 123,1), vom *"velle der güete"* (I 152,6) oder von *decke* (s.II 418,3) in Bezug auf den mit bestimmten Eigenschaften versehenen Gott spricht.

Eine andere, beim Gebrauch des Verbs *abescheln* vorausgesetzte Vorstellung besagt, daß der *blôze got* von menschlichen Vorstellungen in einer Weise umgeben und dadurch verborgen ist, wie dies etwa bei der Relation von Schale und Kern zu finden ist (s.I 122,5; II 561,2).

Sich an der Kleidermetaphorik orientierend, beschreibt Eckhart das Geschehen, in dem die menschliche Vernunft von Gott alle (Gott in seinem eigentlichen Sein verbergenden) Bestimmungen entfernt: die Vernunft *"ziuhet gote daz vel der güete abe und nimet in blôz, dâ er entkleidet ist von güete und von wesene und von allen namen."* (I 152,6-8) Die Kleidmetaphorik, die Metaphorik von Haut-Körper sowie von Schale-Kern regt die Bildphantasie Eckharts zu einer Sicht der auf Gott gerichteten menschlichen Tätigkeiten an, die in den Verben *abeziehen, abescheiden* und *abescheln* zur Sprache kommt. Er fordert dazu auf, daß die Seele *"abescheide und abeschel allez, daz man gote zuoleget..."* (II 561,2f). Was der Mensch durch dieses Geschehen erreicht, wird unterschiedlich definiert: die Seele empfängt zum einen Gott *blôz*, *"als er ist lûter wesen"* (I 122,5f) und *"als er ane namen ist"* (I 122,8) bzw. *"sunder mittel und sunder decke und blôz, als er in im selben ist..."* (II 418,3f). Unter Zuhilfenahme der Raumvorstellung formuliert, bedeutet das authentische Erfassen Gottes, daß die Seele *"got blôz nach dem grunde"* empfängt, *"dâ er ist über allez wesen."* (III 133,7)

1.2. – 1.5.: Die Aussagen zum *blôzen wesen* haben überwiegend das göttliche Sein zum Thema, das alle mannigfaltigen Dinge ausschließt (s.II 107,2) und ohne *mitewesen* von *güete, wîsheit* etc. ist. Da diese zum Sein ihr *mitewesen* hinzufügen, widerspricht dies der *blôzen lûterkeit* des göttlichen Seins, *"daz blôz âne allez mitewesen ist."* (III 341,2f) Das göttliche Sein ist so sehr verschieden von allem anderen Sein, daß Eckhart es paradox bestimmt als *"diu blôze isticheit, diu dâ beroubet ist alles wesens und aller isticheit."* (III 153,6f)

In Bezug auf das *wesen* der Seele gilt, daß dieses dann *blôz* ist, wenn alle Vorstellungsbilder von ihr entfernt sind, so daß sie dann - in ihrer Seinsbeschaffenheit Gott vergleichbar - ausschließlich Gott als *blôz einekeit* zu erleiden vermag (III 438,3) und das *"blose formlose wesen gotlicher einkeit"* zu finden vermag (III 437,14).

1.6.: Signifikant für die *"lûter blôze natûre"* ist, daß diese jenseits der Kreaturen ausschließlich auf Gott hin ausgerichtet ist (I 212,1f). Sie interessiert sich nicht für das *"diz und daz"* der irdischen Welt und *entwehset* allem, was nicht *"die lûterkeit, got"*, ist (II 475,2). *"Abegescheiden und abegeloeset von allen crêatûren"* (III 130,1f) partizipiert die Seele *"in ir blôzen natûre"* an der Vollkommenheit der Engel und an deren *wunne*; denn durch ihre Transzendenz vermag die Seele "*got... an sîne blôze götlîche natûre*" zu *rueren* (III 401,5). Zugleich erfaßt sie auch in dieser Situation alle Bilder der Wirklichkeit, die einfaltig in der *blôzen natûre* der Seele auf vernünftige Weise versammelt sind (s.I 291,3), wie Eckhart unter Berufung auf Avicenna Metaphysica IX c. 7 darlegt.

Gott und Mensch kommen darin überein, daß die zweite trinitarische Person die *blôze* menschliche Natur, nicht einen Menschen, an sich nahm (s.I 420,4f) und daß der Mensch die Möglichkeit hat, dem göttlichen Sohn gleich zu werden, wenn er alles individuell Menschliche an sich aufgibt und sich allein von seiner menschlichen, *blôze(n) natûre* bestimmen läßt (s.I 420,9).

Grundsätzlich gilt für die Transformation der konkreten Existenz in die überindividuelle menschliche Natur: "*Blôz, arm, niht-hân, îtel-sîn wandelt die natûre.*" (V 29,11f)

1.7.: In der Ewigkeit erkennt man im Unterschied zur irdischen Wahrheit die *blôze, lûter warheit* (s.I 51,9). Eckhart gebraucht hier und an anderen Textstellen die Adjektivmetapher *blôz* in Bezug auf die Wahrheit im Sinn von 'unverfälscht, richtig' (s.III 100,12 u.97,9).

1.8.: Aufgrund ihrer Immaterialität werden in der theologischen Tradition die Engel u.a. als "*ein vernünftic blôz lieht*" bezeichnet (III 335,3f).

1.9. – 1.10.: Das Gutsein des Menschen impliziert, daß er "*blôze und lûter güete*" in sich birgt (V 10,4f). Der Mensch muß alles begrenzte, auf bestimmte Weise Gute zurücklassen, um die unbegrenzte, von allem Individuellen freie Güte, die Gott ist, zu erfahren: "*Sant Augustinus sprichet: hebe ûf diz und daz guot, sô blîbet lûter güete in ir selber swebende in sîner blôzen wîte: daz ist got.*" (V 25,2f)

1.11.: Dem Einen, u.a. Ort der Gottesgeburt, fehlt jede Form von Pluralität; es ist "*blôz allerlei menge und underscheides*" (V 41,19).

1.12.: Weil der Mensch sich in Demut unter Gott begibt, ist er in der Lage, unmittelbar göttlichen Einfluß, frei von jeglicher Fremdbestimmung - *blôz* - ‚von Gott her zu empfangen (s.I 416,6).

1.13. – 1.14.: Wenn der Mensch sich selbst liebt, gilt die Minne nicht ausschließlich Gott; demgegenüber macht Eckhart geltend, daß die *êrste meinunge* der Minne "*sol blôz sîn an got...*" (II 104,1.5).

1.15. – 1.17.: Der Mensch ist dann vollkommen, wenn er alles Kreatürliche aus sich beseitigt hat und infolgedessen des *nihtes blôz* steht (s.I 88,7f; 90,2). Weil er dann "*blôz aller crêatûre*" ist, findet er Trost in Gott (V 29,15). Das *blôz*-Werden beschreibt Eckhart auch als Prozeß, in dessen Verlauf der Mensch von allem Kreatürlichen *entbildet* wird, um sodann in Gott "*ingebildet und überbildet*" zu werden (II 278,5f). Damit der Mensch die in seinem ursprünglichen Zustand begründete Seligkeit erlangen kann, empfiehlt Eckhart die Abwendung von allen Dingen und die Annahme seiner selbst "*blôz in wesene*" (II 266,2). Selig sind für Eckhart daher auch die Armen im Geiste; denn sie kommen, da sie nichts Eigenes mehr haben, *blôz* zu Gott (s.V 42,18f). Von dieser Aussage her ist es verständlich, daß die

Seligen im Himmel, *"blôz aller bilde der crêatûren"* (V 21,16), die Kreaturen in ihrer Totalität erkennen.

1.18. – 1.19.: Über Raum und Zeit sich befindend, sind die obersten Kräfte der Seele wie das *vünkelîn* (s.I 40,2) *blôz* (s.I 275,7). In Bezug auf die oberste Kraft der Seele präzisiert Eckhart an einer anderen Textstelle, daß diese *"aller dinge blôz ist und mit nihte niht gemeine enhat..."* (V 29,3). Vom *vünkelîn* heißt es: *"Ez ist von allen namen vrî und von allen formen blôz, ledic und vrî zemâle, als got ledic und vrî ist in im selber. Ez ist sô gar ein und einvaltic..."* (I 40,1-3).

1.20. – 1.23.: Was die Natur der Seele anbelangt, fehlt dieser alles, was Objekt irdischer Minne sein könnte (s.I 288,6); das Irdische hat für die Seele nur die Bedeutung einer Läuterung, die zum Ziel hat, daß sie in ihrem obersten Teil das göttliche Licht *blôz* zu erkennen vermag (s.II 203,4). Je weniger sie von kreatürlicher Wirklichkeit bestimmt ist, desto authentischer und mehr vermag sie Gott zu erfassen (s.V 32,8f), da sie infolge ihres *blôz-, arm-,* und *îtel- aller crêatûren*-Seins wie auch durch die Gleichheit mit der zweiten trinitarischen Person und die Energie (*hitze*) des Hl. Geistes zu Gott gelangt (s.V 30,8-10) und in ihren göttlichen Ursprungsort zurückkehrt; denn in diesen gelangt sie nur aufgrund der Gleichheit mit ihrem ursprünglichen Zustand: *"...als blôz...wider invliezen, als sie in im ûzgevlozzen ist."* (II 550,1f) Etappen dieses geistigen Prozesses sind das *"abescheiden aller lîplichkeit"*, *"ein entvremden aller bildlicheit"* und - als Konsequenz - *ein blôz verstân âne mittel in gote* (I 403,2-404,1). Den Endpunkt dieses Prozesses bildet nach Eckhart genauerhin die Anschauung Gottes *"mit enbloeztem antlütze"*, wobei der Mensch *wider-* und *ingebildet* wird in das Bild der Gottheit bzw. Gott sich wie bei der Gottesmutter in die Vernunft begibt, insofern diese *"blôz und lûter"* ist (I 397,3-6).

Als eine weitere Möglichkeit des Präsentwerdens Gottes im Menschen beschreibt Eckhart die Gottesgeburt als ein Geschehen, bei der der göttliche Vater sein im Menschen verborgenes Bild *blôz entdecket* (s.II 276,5).

1.24. – 1.25.: Eckhart geht davon aus, daß der menschliche Geist in sich etwas hat, das in Distanz zu allem Kreatürlichen von nichts überlagert ist; er nennt dieses eine *blôze abegescheidenheit* (s.I 170,9). In ähnlicher Absicht nennt Eckhart die Seele eine Zahl, da nichts *"sô blôz und sô lûter sî sô zal."* (I 283,8).

1.26. – 1.27.: Wenn Gott alles Göttliche von der Seele Christi entfernen würde, bliebe diese ausschließlich - *blôz* - Kreatur (s.III 489,11f). Die Kreatur selbst wird zum *blôzen niht*, wenn man ihr das von Gott verliehene Sein entziehen würde (s.V 50,19f). Von dieser Aussage her wird auch verständlich, daß Eckhart die Kreaturen im Vergleich zu Gott als ein *blôz niht* bezeichnet (s.III 339,3f). *"Ein blôz niht"* stellt für Eckhart aber auch der Zustand dar, in dem der Mensch - alles Kreatürliche negierend - für Gott bereit ist (s.V 425,2f).

1.28. – 1.29.: Ein gottförmiger Wille hat kein Interesse mehr am Irdischen; er ist *"blôz alles natiurlîchen lustes"* (III 492,1). Wenn der Mensch mit dieser Einstellung Weltliches, was ihm gehört, um Gottes Willen so *blôz* läßt, wie er es erhalten hat, bekommt er von Gott alles wieder zurück und das ewige Leben (s.I 202,2f).

1.30.: Das Verstehen kommt erst dann zur Ruhe, wenn es das Erkenntnisobjekt in seinem eigentlichen Sein völlig frei und unverborgen - *blôz* - erfaßt (s.II 364,1; vgl. III 188,6). Neben dem Erkenntnisobjekt gilt auch für das empfangende Subjekt, daß es "*muoz blôz sin*" (s.V 28,9), um aufnehmen zu können.

1.31.: Als Interpretationsgrundsatz für Joh 1,9 fordert Eckhart, daß man die Aussage *blôz verstan* (s.III 39,1) solle, da sie sich nicht auf die irdische, sondern göttliche Welt beziehe.

2.1. – 2.2.: Über die allgemeine menschliche Natur hat jeder Mensch die Möglichkeit, an der heilsbringenden Wirkung Jesu Christi zu partizipieren; denn Jesus Christus hat in der Inkarnation menschliche Natur angenommen und diese dadurch erhöht (s. I 86,8f). Da diese Natur "*ein und einvaltic*" ist (I 87,7) und demnach alle Mannigfaltigkeit ausschließt, kann nur der mit der - alles Akzidentelle negierenden - *blôzheit* dieser Natur identisch sein, der sich überpersönlich verhält, indem er "*aller persônen ûzgegangen*" ist (I 87,9f). Der von Mannigfaltigkeit bestimmte konkrete Einzelmensch hat ferner die Möglichkeit, diese in *blôzheit* und *einikeit* zu verwandeln, wenn er im Willen Gottes steht (s.I 200,16f).

2.3. – 2.4.: In Ewigkeit leben, bedeutet für den menschlichen Geist, daß er sich von allen Dingen, allem Akzidentellen, abgewandt hat und entsprechend der Beschaffenheit Gottes (s.III 471,4) "*in einvaltichkeit und in blôzheit des wesens*" zusammen mit Gottvater lebt (II 266,1-3). Die damit ausgesagte Konvergenz von *einvaltichkeit* und *blôzheit* hat darin ihren Grund, daß Gott dort, wo er ganz er selber ist, "*blôz allerlei menge und underscheides*" ist (V 41,19).

2.5.: Die mit den Termini *einvaltichkeit*, *lûterkeit* und *blôzheit* umschriebene Eigenschaftslosigkeit der Seele, die ihre Authentizität ausmacht, führt dazu, daß die Beschaffenheit der Seele in sich selber nicht mit Worten beschreibbar ist (s.I 282,2). Ohne den Zustand genauer zu bestimmen, steht für Eckhart fest, daß der Mensch, der sich selbst verlassen hat, jenseits aller konkreten Einzeldinge zeitlos in der *ainvaltikeit* (s.I 246,3), "*in ainer ledigen frihait und in ainer lûtern bloshait*" lebt (I 246,5f) und - wie im Buch der göttlichen Tröstung eindeutig formuliert wird - infolge der *îtelkeit oder blôzheit* von allen Kreaturen "*ein mit gote*" wird (V 32,8-10).

3.1.: Die geistliche Geburt des Menschen als Sohn Gottes geschieht im Gegensatz zur natürlichen Geburt als Geburt "*ûz der werlt*", bei der der Mensch durch einen als *bloezen* metaphorisch in Parallele zum Ablegen alles Äußeren formulierten Vorgang vom Kreatürlichen befreit wird, so daß er Sohn Gottes wird (s.III 325,3-5).

4.1. – 4.4.: Das Geschehen, durch das der Mensch das infolge von kreatürlichen Zusätzen verborgene Bild Gottes zur Geltung bringt, verleiht Eckhart mit dem Verb *entbloezen* Züge eines Freilegungsvorgangs (s.II 276,4). Je mehr sich der Mensch in der Weise des *entbloezen* von allen kreatürlichen Akzidentien befreit, desto mehr gleicht er sich Gott an und wird schließlich mit ihm vereint (s.II 277,1f). Wenn der Mensch in das göttliche *ein* gelangt ist, das selber "*blôz allerlei menge und underscheides*" ist (V 41,19), übt dieses einen gleichmachenden, zum

Eigentlichen des Menschen vordringenden Einfluß aus; denn in diesem *"einen... wirt enbloezet aller underscheide und eigenschaft..."* (V 41,19f).

4.5.: Auch die Geistigkeit (s.III 448,1) ist neben Zeitlichkeit und Kreatürlichkeit (s.III 266,1) wie alles Akzidentelle (*daz zuogevallen ist,* s.II 549,6) etwas, was den ursprünglichen Zustand der Seele überlagert hat; die Seele muß davon, um Gott richtig *in einberkeit* (s.III 448,3) lieben und erfahren (s.III 266,1) zu können, *entbloezet sin.*

5.1.: Wie bereits unter 4.1.-4.4. ausgeführt, stellt die *entbloezunge* des göttlichen Bildes im Menschen die Bedingung für die Gleichheit des Menschen mit dem göttlichen Bild dar (s.II 276,7f).

D. Tauler

1. *blôz/entblozt*
1.1. *mensche* (64,30f.32f; 176,3; 386,20)
1.2. *gnode* (64,17)
1.3. *barmhertzikeit* (64,17.34)
1.4. *grunt* (22,19; 139,31; 167,7)
1.5. *nature* (167,9)
1.6. *got* (10,6)
1.7. *sele* (26,18; 146,15.17)
1.8. *bilde* (300,3)
1.9. *wesen* (152,7)
1.10. *das niht* (314,15f.18)
1.11. *gemüete* (426,10)
1.12. *das inwendig* (348,18)
1.13. *verstan* (8,30f)

2. *blôzheit*
2.1. o.BE (26,20; 55,25; 124,3)

3. *bloezen*
3.1. *sele* (425,31(Pat))

4. *entbloezen*
4.1. *mensche* (22,17(Pat))

1.1. – 1.3.: Für den Weg des Menschen zur unio mit Gott gilt nach Taulers Meinung folgende Maxime: *"wan sol ein ieklich ding gewerden des es nút enist, so muos es des entwerden das es ist."* (175,26f) Dies bedeutet für den Menschen, daß er *also blos* werden muß, *"als das nút enist und nie nút engewan..."* (176,3). Dies erfordert, daß *"das geschaffen nút in das ungeschaffen nút... versinkt."* (176,4). Dazu gehört auch, daß die vollbrachten Handlungen den Menschen nicht affizieren und ihn völlig einnehmen dürfen, weil das Vertrauen in die eigenen Werke den Menschen von der ausschließlichen Offenheit für Gottes *"blosse gnoden und barmhertzikeit"* (64,17.34) abbringt: *"... das man des also blos und also lidig sye in dem grunde... also die nie kein guot werg getotent..., denne ist es alles also blos und also lidig also min vinger blos ist..."* (64,30-33).

1.4. – 1.6.: Die Aussage, daß der *grunt* des Menschen *blos* ist, impliziert für Tauler, daß der *grunt* keine (Vorstellungs-)bilder der äußeren Wirklichkeit hat sowie in keinerlei Kontakt zu anderem steht; der *grunt* ist *blos, lidig* und *unverbildet* (s.167,7). Wenn die von Tauler als Vernünftler apostrophierten Menschen sich diesem *"grunt mit eigenschaft"* zuwenden, meinen sie Gott dort als Besitz zu haben; tatsächlich handelt es sich aber nur um ihre *blosse nature* (s.167,7-9). Für die

Beziehung zu Gott ist es dagegen wichtig, daß der *grunt* des Menschen von allen fremden Bezügen und - sein eigentliches Wesen überlagernden - akzidentellen Inhalten befreit wird: der *grunt* muß *"blos und arm"* sein (139,30f). Denn nur, wenn der Mensch seinen *grunt* entsprechend vorbereitet, erfüllt Gott den *grunt*, indem er sich selbst *bloeslichest* präsent macht (s.10,6.9).

1.7. – 1.8.: Damit Gott seine Wirklichkeit in der Seele *bloesklich* (s.300,3) zur Geltung bringen kann (quasi als Bild auf dem Spiegel der Seele), muß diese von allen Hindernissen und von allen - den *spiegel* 'Seele' bedeckenden - Bildern *"blos sin und gefriget"* (26,18f). Die Seele hat dann, wenn sie alle Bilder, überhaupt alles Fremde beseitigt, das ihren ursprünglichen Charakter verfälscht und nach ihrem Entstehen zu ihr sekundär hinzukommt, ihren Ursprungszustand wiederhergestellt: *"...in aller der luterkeit, in aller der unbeflektheit, als blos und als unbehangen als (si) us geflossen ist."* (146,15f)

1.9.: Gott transzendiert *überwesenlich* mit seinem *"blossen luterme wesende"* alles Sein (152,8), so daß seine - mit den Adjektivmetaphern *blos* und *luter* umschriebenen - Eigenschaften eine Verfassung meinen, die jegliches akzidentelle kreatürliche Sein negiert. Gott kann infolgedessen, da alles Denk- und Erfahrbare auf ihn nicht zutrifft, auch als *ungeschaffen nút* (s.176,4) bezeichnet werden.

1.10.: Als Voraussetzung für das Wirken Gottes im Menschen nennt Tauler, daß die Menschen *"sten uf irme lutern blossen nút."* (314,16). Damit ist gemeint, daß der Mensch seine geschöpfliche Grundverfassung akzeptiert, indem er sich selbst verleugnet, alle seine Kräfte *enkreftiget* (s.314,15) und selbst *entwerdend* ist (s.314,20). Wenn es stimmt, daß der Mensch durch die Negation alles Eigenen sich selber findet, bedeutet die Anerkennung der kreatürlichen Bedingtheit des Menschen ein *bloeslich endecken* (s.314,18) der immer schon vorhandenen, allerdings durch falsche Selbsteinschätzung verborgenen Wesenskonstitution des Menschen.

1.11. – 1.12.: Damit das *gemuete* des Menschen die Präsenz Gottes in sich bemerkt, muß es alles kreatürliche Interesse vermeiden und infolgedessen (in Bezug auf kreatürliche Bewußtseinsinhalte) *blos* und *lidig* sein (s.426,10). Das Wesen der Kontemplation besteht geradezu darin, alles Zeitliche zu vergessen und Gott anzuhangen (s.426,12f). Um Gott allerdings auf eine dem Sehen ähnliche Weise wahrnehmen zu können, muß *"das innewendig (ouge) blos und luter sin alles wellendes und unwellendes..."* (348,18f). Denn der Wille übt auf das innere Wahrnehmungsorgan des Menschen für Tauler eine Wirkung aus, die dem Bedecken des äußeren Auges mit einem Fell oder einer Decke gleichkommt (s.348,15-17).

1.13.: Gottvater erkennt sich selbst derart unverstellt, daß er - aufgrund der Identität von Sein, Erkennen und Sprechen in Gott - authentisch sich selbst in Form der zweiten trinitarischen Person ausspricht: *"... von dem blossen verstane sin selbes so sprach er sich alzuomole us, und daz wort ist sin sun..."* (8,30f).

2.1.: Was Tauler unter *blosheit* versteht, wird insbesondere in Pr 11 deutlich, wo er kreisend mit verschiedenen Termini den gemeinten Sachverhalt darzustellen sucht. Allen Termini ist die Bedeutung 'Distanz zum entfremdenden Kreatürlichen' gemeinsam: *"abgescheidenheit..., merre luterkeit, blosheit, unverbildete fri-*

heit und einikeit und innerliche und usserliche swigen und tieffer demuetikeit..." (55,24-26). Im Gegensatz zum Menschen, für den die Realisierung dieses Zustandes bedeutet, daß er ein *goettelich mensche* wird (s.55,28), verhält sich Jesus Christus; ihm liegt nicht daran, daß *"er in der blosheit stet, sunder do an das er mit des menschen kinde si..."* (124,3f).

3.1.: Da grundsätzlich gilt: *"also vil minre creaturen, also vil me Gottes"* (425,32f), muß die Seele ihren Kontakt mit den Kreaturen, die sie umgeben, aufgeben. Dies geschieht dadurch, daß die Seele, wie Tauler mit der Verbmetapher *bloessen* darstellt, von ihren kreatürlichen Umhüllungen befreit wird (s.425,32), bis sie ganz 'nackt' ist.

4.1.: Das Ablegen von Kleidern dient Tauler auch zur Evokation der Phantasie seiner Zuhörer in Bezug auf das Geschehen der Angleichung an Gott. Dazu muß der Mensch *"ufston von allem dem daz Got nút enist... in der inblostekeit und inblosende aller ungelicheit..."* (22,14-17).

E. Seuse

1. *blos/entbloezt*
1.1. *gotheit* (14,31; 34,11f; 89,27; 97,11f; 178,6; 183,5; 194,27; 245,5; 331,9; 346,8)
1.2. *einikeit* (186,2f.11; 189,23f; 356,17)
1.3. *blossheit* (188,9f)
1.4. *daz ein* (330,2)
1.5. *sunkeit* (184,20)
1.6. *ungewordenheit* (188,19)
1.7. *warheit* (194,8; 220,14; 387,7)
1.8. *sele* (391,1f)
1.9. *abgrunt* (476,4f)
1:10. *gemuete* (95,21; 476,17f)
1.11. *beschoewde* (130,8)
1.12. *schouwen* (297,8)
1.13. *abzug* (190,11f)
1.14. *mensche* (356,16)
1.15. *wort* (326,18)
1.16. *lere* (518,15)
1.17. *wise* (386,18)

2. *blossheit*
2.1. *geschafenheit* (174,7f)
2.2. *wesen* (245,8; 328,16f)
2.3. *gotheit* (400,5)
2.4. *niht* (188,9)
2.5. o.BE (177,27; 186,15; 360,6)

4. *enbloezen*
4.1. *mensche* (174,7; 450,28)
4.2. *geist* (186,19(Pat))

6. *nacket*
6.1. *mensche* (488,21; 511,18)
6.2. *Cristus* (488,21)

1.1. – 1.6.: Bei Seuse fällt auf, daß vor allem in Bezug auf den Bereich Gottes die Adjektivmetapher *blos* Verwendung findet. Wenn Seuse von der *blosen gotheit* spricht, ist damit in Opposition zu allem individuellen Sein der Kreaturen das *"einvaltig luter wesen"* gemeint, das alles Geschaffene *"umbschlússelt... als ein anvang und ein ende aller dingen"* (178,6-10), selbst aber nichts Kreatürliches besitzt. Denn das göttliche Sein *"ist aller wisen bloss von creaturen..."* (188,10). Als *bloessú einikeit* schließt es alle Mannigfaltigkeit aus (s.186,2.4), wie Seuse der Vorstellung durch Rückgriff auf akustische und visuelle Erfahrung sowie den Bereich des Handelns nahebringt: "*Disú blossú einikeit ist ein vinster stillheit und ein muessigú mussekeit...*" (186,11f). Für den Menschen ergibt sich daraus, daß die Hinwendung zur *blossen gotheit* die Abkehr von allen Kreaturen verlangt (s.89,26); auch wird die Eigenständigkeit und Eigentätigkeit des menschlichen Geistes wegen der - mit den Termini *stillheit, dúnsterkeit* und *blosse einvaltige einikeit* umrissenen - Beschaffenheit der göttlichen Wirklichkeit (189,23-190,1) aufgehoben, solange die Entrückung des menschlichen Geistes andauert. Die trinitarischen Aussagen stehen zu diesem, alle Vielheit ausschließenden *blossen ein* Gottes nicht in Widerspruch, da "*disú menigheit ellú ist mit dem grunde und in dem bodme ein einveltigú einikeit.*" (330,3-4) Dieser Bereich, an dem die "*blosse goetliche sunheit*" (184,20), Gottvater und der Hl. Geist vereinigt sind, wird aufgrund seines *namlosen namen* auch *ein nihtekeit* (s.184,22) oder im Gegensatz zur Schöpfung "*die blosse(n) ungewordenheit der nihtekeit*" (188,19) genannt.

1.7. – 1.9.: Obwohl die Wahrheit "*an ir selben bloss und ledig sie*" (387), vermag der Mensch sie solange nur in bildlichen Gleichnissen zu erfassen, wie der Leib noch die Seele bestimmt und diese nicht mit einem "*gelútert oge blosklich*" Gott erfassen kann (387,10f). Die leibliche Verfaßtheit des Menschen ist auch der Grund dafür, daß die Seele nicht ohne Vorstellungen, d.h. "*in entbiltlichter wise*" und *blosseklich* ohne entfremdenden kreatürlichen Hinzufügungen, mit Gott in Kontakt stehen kann (391,1-3) bzw. nicht unbegrenzt "*in daz bloss abgrúnd des ewigen guotes mit lutrem schowen*" (476,4f) verbringen kann.

1.10. – 1.12.: Ein von allem Eigenwillen *entploeztes gemuete* sieht Gott und den Frieden sowohl in positiven wie in negativen Situationen gegenwärtig (s.95,21). Insbesondere stellen Leben und Leiden Jesu Christi die Situation dar, wo der Mensch mit einem von aller kreatürlichen Obsession *entbloestem gemuete* (476,17) die ewige Weisheit erkennen und sich mit ihr identifizieren kann: "*Der mensche sol... sich in daz selb bild verbilden von klarheit ze klarheit, von klarheit siner zarten menscheit ze der klarheit siner ewigen gotheit.*" (476,19-21) Umgekehrt ist in Bezug auf das Erkenntnisobjekt Jesus Christus die Freude des Schauens umso größer, je "*bloszlicher (er) von aller materi*" befreit wird (450,28f).

1.13. – 1.14.: Der Mensch gelangt "*mit einem blossen abzuge*" des reinen Bewußtseins in die einfaltige Einheit, das überseiende Schweigen Gottes; d.h. alle kreatürliche Beziehung und alle mannigfaltigen Dinge müssen hier zurückgelassen werden (s.190,10-13). Seuse warnt an einer anderen Textstelle in cap. VI des Büchleins der Wahrheit davor, Meister Eckhart in dieser Frage mißzuverstehen. Er lehnt die Meinung ab, Eckhart versetze den Menschen *bloz,* d.h. ohne irgendeinen Unterschied "*in die blozsen einikeit*" Gottes (356,15-17). Genauerhin ist mit *bloz* an dieser Textstelle gemeint, daß jegliche Differenz des Menschen mit Gott, die die Begriffe *glicheit* und *vereinunge* noch implizieren, hinfällig geworden sei, wenn Eckhart - so der Vorwurf an Meister Eckhart, den Seuse aber zurückweist - "*úns sazti bloz und entglichet in die blozsen einikeit.*" (356,16f)

1.15. – 1.17.: Die unverstellte Erkenntnis eines inneren Wortes (s.326,18) sowie die Lehre, Christus in seinem Tod gleich zu werden (Röm 6,4f; s. 518,15), und die vernünftige Art der Vereinigung zweier Herzen (s.386,18) charakterisiert Seuse - ohne weitere Ausführungen - mit der Ajektivmetapher *blos.*

2.1. – 2.4.: Das Freisein von allem Geschaffenen kennzeichnet für Seuse die Situation, die er in sich herstellt, um der *bildlosen gotheit* in sich liebevoll zu begegnen (174,7f; vgl.4.1.).

Eine andere Möglichkeit zur Gotteserfahrung besteht darin, daß die Seele, damit sie *"in des wesens einvaltigen blozheit"* (245,8) kommen kann, all ihre Kräfte und Vermögen transzendiert. Mehrere Termini, die den Bedeutungsaspekt 'Opposition gegen alle kreatürliche Mannigfaltigkeit' als gemeinsamen semantischen Nenner haben, zieht Seuse heran, um den Inhalt der Erfahrung zu veranschaulichen, die der Mensch bei der unio der Seele mit der *blosen gotheit* macht: *einvaltige blozheit* (s.245,8), *wilde wuesti* und *"tief abgrúnde der wiselosen gotheit"* (245,11) sowie *vinstre stilleheit* (s.245,17).

An einer anderen Textstelle wird in Bezug auf die Gottheit alle - Vielheit implizierende - *wise* als der natürlichen *blossheit* entgegenstehend negiert: "... *in unbekanter wiselosicheit,/ stat ir natúrlichú blossheit."* (400,5f) Weil das göttliche Sein *"ist aller wisen blos von creaturen"* (188,10), kann Seuse die Beschaffenheit Gottes in Negation aller kreatürlichen Vorstellungsweise mit der Formulierung *"diss nihtes blossheit"* umschreiben (188,9); der Terminus *niht* radikalisiert dabei die in der Metapher *blos* implizit enthaltene Negation insofern, als er alle denk- und sinnlich erfahrbare Wirklichkeit von Gott ausschließt. Damit wird nichts Bestimmtes, sondern Bestimmung mittels der kreatürlichen Wirklichkeit überhaupt negiert.

2.5.: Wenn die Wirksamkeit der geschöpflichen Vernunft in Gott unterbunden ist, führt dies in Gott durch den menschlichen Geist zur *"entekunge der bedahten blossheit"* der verborgenen Wahrheit; die Wahrheit ist in Gott zu erkennen, da sie in der *entekunge* quasi zum Vorschein kommt (s.186,15-17). Aus dem weiteren Textzusammenhang entnimmt dann der Leser der Vita Seuses, daß die dem menschlichem Geist verborgene *blossheit* nichts anderes ist als eine *ainvaltige stillheit* (s.186,23) bzw. *"die wiselosekeit dez goetlichen einvaltigen wesens"*, in dem der Geist des Menschen *entkleidet* und *entwiset* wird (186,21-22).

An einer anderen Textstelle erhält die absolut gebrauchte Metapher *ainvaltige blossheit* (s.177,27) dadurch Konturen, daß verschiedene Metaphern und Begriffe die gemeinte Sache, das von allem Akzidentellen freie göttliche Sein, umschreiben: Das mit den inneren Augen erkennbare höchste Sein zeichnet sich durch eine *einvaltige luterkeit*, Zeit- und Raumlosigkeit sowie durch Unterschiedslosigkeit aus; in seinem durch nichts beeinträchtigten Zustand (*luterkeit*), ohne *gebrest* und *anderheit* ist es *"ein einiges ein... in ainvaltiger blossheit."* (s.177,21-27)

4.1. – 4.2.: Mit der Metapher *enbloezen* entwirft Seuse nach dem Muster eines Entkleidungsvorgangs das geistige Geschehen, durch das der Mensch im Rahmen seiner auf Jesus Christus gerichteten menschlichen Erkenntnisbemühung alles Materielle von ihm entfernt (s.450,28) oder durch das als Voraussetzung für die Gottesbegegnung im Herzen des Dieners alles Geschaffene aus dessen Innerem beseitigt wird (s.174,6). Ferner erscheint das Bild des *enbloezen* im Kontext von Aussagen über die Verwandlung des menschlichen Geistes *"in der wiselosekeit dez goetlichen einvaltigen wesens"* zur Erfassung des Geschehens, infolgedessen dem menschlichen Geist die natürliche Vernunft genommen wird (s.186,17-19).

Weitere Bilder für den (sowohl den Menschen wie auch Gott betreffenden) Gesamtvorgang - das Entstehen neuer Wirklichkeit in Gott - sind: *sich gebern, us lühten*, *"entekunge der bedahten blossheit"* sowie *entkleiden* (s.186,12-23). Das tertium comparationis, die Wegnahme von Zusätzlichem, qualifiziert das Beseitigte als sekundär in Bezug auf den eigentlichen Charakter.

6.1. – 6.2.: Um in Gott zu leben, muß der Mensch seine existentielle Armut realisieren. Dies geschieht durch Angleichung an den *nackenden blossen* Christus; der Mensch muß dazu *"sich selbes sterben"* (488,17) lernen sowie alles sich selbst Zugelegte beseitigen - auch jegliche selbstgewählte Weise zu handeln. Im Bild des Nackt- und Bloß-Seins verweist Seuse auf diesen zu erstrebenden Zustand der Nachfolge.

In negativer Bedeutung erscheint die Adjektivmetapher *nackt* und *bloisz* (511,18) zur Erfassung des Mangels, den ein gottloser Mensch zeigt, da ihm alle Tugenden fehlen (s.511,18).

F. Margaretha Ebner

1. *bloz/entbloezt*
1.1. *herze* (87,10; 89,22.24)
1.2. *mensche* (89,7)
1.3. *warhet* (102,2; 105,22; 107,3; 166,24)

1.1. – 1.2.: Margaretha erfährt, wenn sie ein Bildnis der Kindheit Jesu an ihr *blosses herze* legt, direkt die Gnade der göttlichen Gegenwart (s.87,10).

1.3.: Neben *luter* wird an mehreren Stellen die Qualität der göttlichen Wahrheit hinsichtlich ihrer Authentizität mit der Adjektivmetapher *blos* charakterisiert.

G. Heinrich von Nördlingen

1. *bloz/entbloezt*
1.1. *gegenwirdigkeit* (3,19)
1.2. *warheit* (16,69f; 19,27f)
1.3. *wesen* (24,4)
1.4. *got* (36,48)
1.5. *offenbarung* (56,24f)
1.6. *gesicht* (47,4; 52,6f)
1.7. *Margaretha* (42,13)

1.1. – 1.2.: Was Margaretha Heinrich Gutes getan hat, soll Gott Margaretha damit vergelten, daß er sich ihrer Seele mitteilt und dort präsent wird. Mit der Charakterisierung seiner *gegenwirdigkeit* als offen und *bloz* (s.3,19) verweist Heinrich auf den Aspekt der unverstellten, authentischen Erscheinungsweise Gottes in der Seele.

Der Verweis auf die Authentizität kann in Bezug auf den Inhalt der Erfahrung des Paulus, der die *blosz warhait* sieht (16,69f), dadurch verstärkt werden, daß die durch *blosz* evozierte Sichtweise des Nacktseins ergänzt wird um den in der Adjektivmetapher *luter* zur Sprache kommenden Aspekt des Unvermischten (s.19,27f).

1.3. – 1.5.: Um authentische Erfahrung geht es auch beim *blosz(en) wesen gotz*, das von Margaretha in Jesus Christus geschaut werden kann. Von Gott selber gilt, daß er sich unmittelbar, authentisch mitteilt: er *"gibt sich selber blosz"* (36,48).

Auch von Jesus Christus erhofft sich Heinrich für Margaretha, wie er im Bild der *"blosse(n), clare(n) offenbarung"* zur Sprache bringt, daß Jesus Christus ihr unbeeinträchtigt, ganz unverborgen erscheint (s.56,24).

1.6. – 1.7.: Auf Seiten Margarethas ist es erforderlich, daß sie mit unbeeinträchtigtem Wahrnehmungsvermögen, *"in lauterkeit des gaistz... und in blosser angesicht..."* (52,5f), Jesus Christus schaut.

Blöszlich, clärlich und *luterlich* soll auch die von Gott beeinflußte Einstellung Margarethas sein, in der sie ausschließlich und unverfälscht Gott liebt (s.42,13).

---

bluejen (1.)/ bluejend (2.)/ bluejunge (3.)/ blúte (4.)/ entblúgen (5.)/ ufbluejen (6.)/ uzbluejen (7.)/ bluome (8.)/ bluomen (9.)/ bluomend/gebluemend (10.)/ fruht (11.)/ fruhtbar (12.)/ frúhtbarkeit (13.) frúhten (14.)/ ergruenen (15.)/ gruenen (16.)/ usgruonen (17.)/ widergruenen (18.)

A. Mechthild von Magdeburg

1. *bluejen*
1.1. *sele* (V 19,28)

2. *bluejend*
2.1. *got* (I 2,22.38)
2.2. *clarheit* (III 1,65)
2.3. *gerunge* (III 15,13)
2.4. *jugent* (VII 48,19)
2.5. *wise* (VII 37,13)

3. *bluejunge*
3.1. *sele* (V 20,4)
3.2. *ougen* (V 23,69)

6. *ufbluejen*
6.1. *herze* (V 24,64)

8. *bluome*
8.1. *himel* (V 19,28)
8.2. *sele* (V 7,3)
8.3. *mensche* (VII 1,127f)
8.4. *maget* (I 22,57)
8.5. *Maria* (VII 19,9)
8.6. *einunge* (II 25,114)
8.7. *got* (II 10,3)
8.8. *bekantnis* (IV 12,16)
8.9. *Jesus Christus* (V 20,2; VII 18,4)
8.10. *tugent* (VI 21,8; VII 37,13)
8.11. o.BE (V 20,3; VII 18,5)
8.12. *wunne* (VI 19,17)

9. *bluomen*
9.1. *crone* (VII 1,36(Pat).86)
9.2. *alles* (VII 1,126)
9.3. *martyrer* (VII 1,41(Pat))

10. *bluomend*
10.1. *menscheit* (III 4,19)

11. *fruht*
11.1. *gabe* (V 22,45; VI 13,28)
11.2. *ding* (VI 1,153)

11.3. o.BE (I 9,3; V 28,3; VI 37,45; VII 53,7)
11.4. *got* (I 22,6)
11.5. *muoter* (VII 1,74)
11.6. *Jesus Christus* (I 22,6; V 20,2; VII 18,5)
11.7. *nature* (III 9,22)
11.8. *mensche* (I 9,3)

12. *fruhtbar*
12.1. *got* (III 9,26)

1.1.: Die vollkommene, gottgleiche Seele wird in ihrer Entwicklung nicht durch die Übergriffe des Teufels gestört; als Himmelsblume *"bluejet (sie) für sich hin"*, da ihr durch den Hl. Geist Beständigkeit verliehen worden ist (s.V 19,28).

2.1. – 2.2.: Um Gottes Dynamik konkret zu machen, greift Mechthild auf den Bereich der Natur zurück: *"...got, fúrig inwendig, bluegende uswendig..."* (I 2,38). Auch die Atmosphäre Gottes ist von ähnlichen Merkmalen bestimmt: *"...gottes thron (ist) gewelbet mit der gottes kraft in bluejender, lúhtender, fúriger clarheit..."* (III 1,65).

2.3. – 2.5.: *Bluejen* ist ferner Metapher für den dynamischen Entwicklungsprozeß, dem die Sehnsucht der Minne zu Gott unterliegt (s.III 15,13).

3.1. – 3.2.: Die Beziehung der Seele zu Jesus Christus beschreibt Mechthild anhand der Relation Pflanze-Blüte: *"Du bist, herre, min labunge und ich din bluejunge."* (V 20,4) Auch auf die Gottesmutter Maria findet die Blumenmetaphorik Anwendung, wenn Mechthild die *"lúhtende bluejunge ir schoenen ougen"* (V 23,69) hervorhebt.

6.1.: Das Bild einer aufblühenden Blume zieht Mechthild heran, um ihre Auffassung vom Verhalten des geistlichen Herzens in Bezug auf die göttliche Dreifaltigkeit anschaulich zu machen: Die im Stadium ihrer Blüte aufblühende Blume ist Metapher für die notwendige geistliche Entfaltung des Menschen in Liebe zur Dreifaltigkeit (s.V 24,64).

8.1. – 8.2.: Die vollkommene, gottgleiche Seele bezeichnet Mechthild als *himmelbluome* (s.V 19,28) bzw. - in Verbindung mit der Spiegelmetapher - als *"bluome der hohen wunne"* (V 7,3).

8.3.: Anknüpfend an die Aussage, daß alles um Gottes Willen ertragene Leiden und getane Werk die göttliche Krone *gebluemet* verziert, verleiht Mechthild ihrer Hoffnung, daß ihr ein gewisser Stellenwert im Himmel zukommen möge, in dem Wunsch Ausdruck, an der göttlichen Krone *"ein klein bloemelin"* zu sein (VII 1,127).

8.4. – 8.5.: Die florale Metaphorik dient Mechthild weiterhin dazu, das Geschehen der Empfängnis Marias, der auserwählten *maget*, und der Geburt des Sohnes nach dem Muster eines organisch ablaufenden Naturvorgangs zu gestalten. Das Benetzen der Blumen durch den morgendlichen Tau und das Fruchtbringen der Blumen steht für das heilsgeschichtlich relevante Geschehen der Erwählung Mariens durch Gott, die infolge dieser göttlichen Einwirkung als *"des bluomen fruht"* Jesus Christus hervorbringt: *"Der suesse touwe der unbeginlicher drivaltekeit hat sich ge-*

sprenget us dem brunnen der ewigen gotheit in den bluomen der userwelten maget, und des bluomen fruht ist ein untoetlich got und ein toetlich mensche..." (I 22,4-6; vgl. V 20,2f). Anhand der Naturerfahrung gelingt es Mechthild, den Rezipienten in der Weise zu steuern, daß er das göttliche Geschehen als besonders schön empfindet. Diese Intention einer positiven ästhetischen Bewertung verfolgt Mechthild auch, wenn sie Maria als *"bluome der patriarchen"* und - anspielend auf die Reinheit - als *"wisse lylie der diemuetigen juncfrouwen"* darstellt (VII 19,13).

8.6. – 8.8.: Die Assoziation einer schönen Landschaft wird weiterhin von Mechthild dazu eingesetzt, die positive Wirkung der göttlichen *einunge* auf den Menschen vorstellbar zu machen. Gott, an einer anderen Textstelle selbst als *bluome* (s. II 10,3) bezeichnet, äußert gegenüber der geliebten Seele: *"...Und ich warten din in dem boumgarten der minne und briche dir die bluomen der suessen einunge..."* (II 25,113f) In gleicher Weise veranschaulicht Mechthild den Effekt der Gotteserkenntnis, wenn sie von *"bluomen der heligen bekantnisse"* (IV 12,16) spricht.

8.9.: Jesus Christus wird sowohl als *"grosser touw der gotheit"*, wie auch als *"nutzú fruht der schoenen blumen"* und als *"cleine(r) bluome der suessen maget"* bezeichnet (VII 18,3-5), die ihn hervorbringt.

8.10. – 8.12.: Die Blumenmetaphorik ist für Mechthild auch ein Mittel, unter visuellem Aspekt die Bedeutung und den Beitrag der Tugenden für die unio aufzuweisen. Verarbeitet zu Kränzen, die die Auserwählten bei der ewigen Hochzeit von Braut und Bräutigam schmücken, dienen die *bluomen* dazu, die Vereinigung von Gott und Mensch prachtvoll auszugestalten (s. VII 37,13-15).

9.1. – 9.3.: Die Krone Jesu Christi *"wirt gebluomet mit der gegenwirtikeit aller seligen"* (VII 1,14), mit der *helikeit* des Lebens der Martyrer (VII 1,41f). Alles um Gottes Willen Getane und Erlittene hat einen Platz bei Gott, indem es *"an den cronen gebluomet"* steht (VII 1,126).

Eine semantische Umwertung von negativ zu positiv erfolgt, wenn Mechthild die Dornen der Dornenkrone Jesu Christi charakterisiert als *"gebluemet lilienwis, rosenvar, wunnenklich, himelclar."* (VII 1,86)

10.1.: Die Menschheit Marias, die der Einwirkung Gottes unterliegt, wird mit der Adjektivmetapher *bluomend* im Anschluß an den Vergleich Jesu Christi - Maria mit dem Tau, der durch die Blumen geht, näher charakterisiert. An die Empfindlichkeit von Blumen anknüpfend, macht Mechthild plausibel, daß Gott, damit die *bluomende menscheit* Marias unter der Einwirkung *"der sunnen der creftigen gotheit"* (III 4,19f) keinen Schaden erleide, ihr einen Schatten gegeben hat.

11.1. – 11.2.: Wenn es um den Ertrag geht, den der Mensch mit den Gottesgaben gewinnt (s. V 22,45) oder den er z.B. durch Ehrsucht oder sonstige Untugenden verhindert (s. VI 1,153), hat die Fruchtmetapher die Funktion, diesen Ertrag als Ergebnis eines längeren Entwicklungsprozesses darzustellen.

11.3.: Wer sein Leben gewinnbringend gestaltet, bringt *fruht* und wohnt in der Höhe Gottes (s. I 9,3).

Ebenfalls zeigt die Solidarität Jesu Christi mit dem in Not geratenen Konvent Mechthilds entsprechende Ergebnisse: *"Ich wart bekort von dem viende mit in. Ich arbeite alle mine tage gezogenliche in nútzer vruht mit inen."* (VII 53,7)

11.4. – 11.5.: Gott selbst ist auch der nutzbringende Gewinn aller vollkommenen Menschen; Mechthild formuliert: *"nutzú fruht der schoenen bluomen!"* (V 20,2f) Speziell für die Gottesmutter gilt, daß deren *fruht "ein untoetlich got und ein toetlich mensche..."* (I 22,6), Jesus Christus, ist (s.VII 1,74).

11.6. – 11.8.: Jesus Christus wird wie Gott im allgemeinen (s.V 20,2f) als *"nutzú fruht der schoenen blumen"* bezeichnet (VII 18,5; s.11.4.-11.5.). Als Sohn der Gottesmutter ist er *"des bluomen fruht"* (I 22,6). Sein Wunsch ist, daß auch seine Natur *fruht bringen* soll (III 9,22).

12.1.: Gottvater begründet seine Absicht, sich selbst *ein brut* zu machen, mit seinem Willen, *fruhtber* zu werden (III 9,26).

B. David von Augsburg

1. *blüen*
1.1. *antlütze* (362,8; 382,39)
1.2. *menscheit* (381,20.24)
1.3. *got/gotheit* (381,35; 395,36; 398,23)
1.4. *wisheit* (384,30)

1.1. – 1.4.: Mit dem Bild des Blühens verleiht David dem göttlichen Antlitz Züge, die Assoziationen wie 'Schönheit der Farben' und 'Kraft des Lebens' wecken. In dieser Bedeutung wird die Metapher auch zur Charakterisierung der Weisheit, die Jesus Christus ist, sowie der Menschheit und Gottheit Jesu Christi verwendet. Entsprechend den semantischen Schwerpunkten 'Schönheit' und 'Lebenskraft' kann David die Metapher mit der Lichtmetaphorik *(blüende und über sunnen liehte menscheit* (381,20)) oder mit der Quellmetaphorik kombinieren: der *ölbrunne* der göttlichen Güte fließt aus dem *"zuber diner blüenden gotheit"* (381,34f); das *"lieht der ewigen sunne und ...daz...kláriste antlütze des blüenden gotes"* (395,35f).

C. Meister Eckhart

1. *blüejen*
1.1. *ding* (III 79,7)

2. *blüejend*
2.1. *minne* (V 30,13)

5. *entblúgen*
5.1. *hl. geist* (II 456,9)

7. *ûzblüejen*
7.1. *vater* (I 72,14)
7.2. *sun* (I 72,14)
7.3. *hl. geist* (I 94,1; 168,7f; 180,4f; 267,4f; 415,16; III 163,9; 180,2; 268,1)
7.4. *minne* (III 268,1f; 300,3)

8. *bluome*
8.1. *minne* (II 60,2)
8.2. *saelicheit* (V 116,24)

11. *vruht*
11.1. *mensche* (I 27,2; 29,9.10; 30,2; II 40,7; 55,3; 58,6-8; 278,7; V 111,8)
11.2. *juncvrouwe* (I 30,4.5; 31,1)
11.3. *sêle* (I 29,6; 367,5)
11.4. *got* (II 60,4f; III 224,7)
11.5. *niht* (III 224,7)
11.6. *tugende* (II 60,4.10; V 281,15)
11.7. *sacrament* (V 274,11)
11.8. *geist* (II 445,13; V 29,10)
11.9. *menscheit* (II 439,3f)
11.10. o.BE (I 367,5; II 443,7)

12. *vruhtbar*
12.1. *juncvrouwe* (I 31,1f.4)
12.2. *mensche* (I 27,2)
12.3. *sêle* (II 444,4f.7.10; 445,9)
12.4. *liden* (II 443,14)
12.5. *got* (I 27,6)
12.6. *dinc* (III 79,7f)

13. *vruhtbarheit*
13.1. *gabe* (I 27,6)
13.2. *wip* (I 27,11; 28,3)
13.3. *vater* (II 435,1)
13.4. *Jesus Christus* (II 440,2)
13.5. *liden* (II 444,2f)
13.6. *menscheit* (II 444,4)
13.7. *geist* (II 445,13)

14. *vrühten*
14.1. *got* (II 60,4)

1.1.: Den Aspekt, daß alle Dinge auf der Erde notwendigerweise ertragreich sind, verdeutlicht Eckhart anhand der pflanzlichen Entwicklung, indem er davon spricht: *"alle ding... die muossent blüen und fruchtbär werden"*(III 79,7).

2.1.: Im Bild der *blüejende(n), hitzige(n) minne* bringt Eckhart die Energie der Minne zur Sprache, die der Hl. Geist ist und die ihren Ursprung der Gleichheit mit dem Einen verdankt (s. V 30,13).

5.1.: Als Konsequenz der Geburt des göttlichen Sohnes durch Gottvater sieht Eckhart an, daß von dieser Selbstmitteilung der ersten trinitarischen Person der Hl. Geist *entblüejet* (s.II 456,8); d.h. er wird eigenständige Realität, aber im Unterschied zum Sohn (wie Eckhart mit der - verschiedenen Bereichen der Natur entnommenen - Geburts- und Blumenmetapher deutlich macht) auf andere Weise als der Sohn.

7.1. – 7.2.: Dem Hervorbringen des Hl. Geistes durch Gottvater und Gottsohn verleiht Eckhart mit der Metapher *ûzblüejen* Züge eines Geschehens, das von innen nach außen verläuft und dadurch neues Leben entstehen läßt (s. I 72,14).

7.3.: Neben der Aussage, daß die erste und zweite trinitarische Person den Hl. Geist *ûzblüejen* bzw. daß dieser selbst *ûzblüejet* (s.I 94,1), entwickelt Eckhart für den innertrinitarischen Entstehungsprozeß eine ähnliche Sicht; er greift dazu zurück auf Geschehensabläufe aus dem Bereich der unbelebten Natur: *"Der heilige geist kan niergen sîn ûzvliezen han noch sîn ûzblüejen dan aleine von dem sune... In dem gebenne* (des Vaters an den Sohn) *quillet ûz der heilige geist."* (I 180,4-7)

Neben dem Sohn bzw. Vater und Sohn (s.I 267,4) kann auch das Eine als Ort der Gottesgeburt (s.I 94,1) bzw. die *wurzel* der Gottheit (s.III 180,1) oder die Minne, mit der Gott die Seele liebt (s.III 163,8f), bei Eckhart zur Situation werden, in der der Hl. Geist *ûzblüejet*.

7.4.: Das "*ûzblüejen des heiligen geistes*" (III 268,1) ist Bild für den Vorgang, durch den sich die göttliche Minne im Menschen bemerkbar macht. Die Minne ist ursprünglich in Gottvater *entsprungen* und *ûzgeblüejet* zum Zweck der *êwigen geburt* des göttlichen Sohnes; als gegenseitige Minne von Vater und Sohn ist sie aber genauso "*ûzblüejende... von dem sune ze dem vater als ir beider minne*", die der Hl. Geist ist (III 300,3-5).

8.1.: Die Beziehung der Minne zu allen anderen Tugenden bringt Eckhart in II 60,2f zur Sprache: "*Minne der tugende ist ein bluome und ein gezierde und ein muoter aller tugende...*".

8.2.: Der Zusammenhang der Erkenntnis mit der Seligkeit und deren zentrale Bedeutung für die Seligkeit des Menschen veranlaßt Eckhart, bildlich von "*bluome und kerne der selicheit*" zu sprechen (V 116,24).

11.1. – 11.3.: In Pr 2 stellt Eckhart sich die Frage, was der Mensch mit den Gaben gemacht hat, die er von Gott empfangen hat. Es geht damit um den - mit dem Bild der *vruht* bezeichneten - Ertrag der auf die göttlichen Gaben gerichteten menschlichen Anstrengung. Wie der Zustand der Pflanze Auswirkungen auf den Ertrag hat, beeinflußt auch die innere Verfassung des Menschen das, was er hervorbringt: "*Dise heize ich êliche liute, wan sie an eigenschaft gebunden stânt. Diese bringent lützel vrühte, und diu selbe ist nochdenne kleine... Ein juncvrouwe, diu ein wîp ist, diu ist vrî und ungebunden âne eigenschaft... Diu bringet vil vrühte und die sint grôz...*" (I 29,11-30,5). Durch die *juncvrouwe/wîp*-Metaphorik lenkt Eckhart die Vorstellung von der unbelebten Natur zum menschlichen Bereich hin, wodurch der geistige Ertrag des Menschen auf der Folie der Entstehung menschlichen Lebens mit den Stadien Empfängnis - Wachsen der Leibesfrucht - Geburt gesehen und verstanden wird. Zunächst stellt Eckhart in diesem Kontext fest, daß die Empfängnis des Menschen ab alio noch keine neue Wirklichkeit hervorbringt, selbst wenn sie auf göttlicher Einwirkung beruht; vielmehr ist die göttliche Gabe, die der Mensch in seinem - einer *juncvrouwe* ähnelnden - Status empfängt, nur dann ertragreich, wenn diese sich im Bereich des Menschen erfolgreich zu entwickeln vermag. Dazu gehört jedoch, daß der Mensch alle individuelle Fixierung an die von Raum und Zeit bestimmte Wirklichkeit aufgibt. In diesem Fall zeigt er sich derart dankbar Gott gegenüber, daß Größe und Zahl der von ihm hervorgebrachten *vrühte* alle menschlichen Maßstäbe sprengen (s.I 30,4-31,2). Wenn der Mensch am höchstmöglichen Ziel seiner geistlichen Entwicklung, der Vereinigung mit Gott, angelangt ist, entstehen nach Eckharts Auffassung als *vruht* der Vereinigung des Menschen mit Gott alle Kreaturen, die der Mensch "*ist... mit gote vürbringende...*" (II 278,8). Typisch für Eckhart ist, daß er an allen Textstellen zwar verschiedene Einstellungen, Verhaltensweisen und Zustände nennt, bei denen Gott oder die Kreaturen als *vruht* fungieren; auffällig ist dabei aber, daß die einzelnen Phasen des Wachstums bis hin zur Frucht nie beschrieben werden. Entscheidend ist nur die Feststellung bestimmter menschlicher Einstellungen und ihrer Ergebnisse: "*Der uzer mensche ist der boese boum, der niemer enmac guote vruht bringen.*" (V 111,7f).

11.4. – 11.5.: Im Hinblick auf Gott konstatiert Eckhart, daß Gott einerseits dafür sorgt, daß ein tugendhaftes Leben ertragreich ist; andererseits besteht für Eckhart der Nutzen eines tugendhaften Lebens in Gott selbst: "*got vrühtet alle tugende und ist ein vruht der tugende...*" (s.II 60,4f); ferner eröffnet die Beseitigung alles Denk- und sinnlich Erfahrbaren sowie die Vernichtung der Seele im Menschen (*"ein verworfenheit ir selber"*) einen Raum für das Präsentwerden Gottes; dessen Wirklichwerden wird durch die Metaphern *swanger werden* und *gebern* mit dem Heranreifen neuen Lebens im Menschen verglichen (s.III 224,5-7). Der durch die Beseitigung alles Kreatürlichen realisierte Zustand des *niht* hat demnach die Anwesenheit Gottes als Ertrag, als "*vruht des nihtes*" (II 224,7), vorzuweisen.

11.6. – 11.8: Als "*vruht der tugende*" sieht Eckhart Gott an (II 60,4.10); in allgemeiner Weise, ohne genauere Festlegung, was er unter *vruht* versteht, fordert Eckhart den Menschen dazu auf, sich "*an den werken und an den vrühten... der tugende*" zu üben (s.V 281,15f). Unter dem Aspekt des geistlichen Gewinns verwendet Eckhart die Fruchtmetapher auch in Bezug auf das Sakrament der Beichte (s.V 274,11). Dieser Gewinn besteht in "*minne, vröude und vride*" (V 29,11); der Mensch kommt zu dieser "*vruht des geistes*", wenn er - arm im Geist - Gott als "*aller geiste geist*" (V 29,10) empfängt.

11.9.: Die Seele Jesu Christi, bei deren Erschaffung in Marias Leib durch Gott es sofort zur unio von Seele und Leib Jesu mit dem Ewigen Wort kommt, nennt Eckhart ohne genauere Erklärung "*vruht des ackers der menscheit Jêsû Kristî*" (II 439,3f).

11.10.: Als eine "*vruht des weizenkornes*", der Seele Jesu Christi, sieht Eckhart an, daß sie sich alle Zeit zum Lob und zur Ehre Gottes auf Gott hin ausgerichtet hat (s.II 443,7).

12.1. – 12.2.: Der Mensch, der - in der Sicht Eckharts quasi als *juncvrouwe* - die göttlichen Gaben empfängt und wie ein *wîp* "*vrî und ungebunden âne eigenschaft*" für deren Entwicklung sorgt (I 30,3f), ist derart gewinnbringend tätig, daß er ohne Begrenzung unendlich oft *gebernde und vruhtbaere werdende* ist. Mit Gottvater ist er am Heranwachsen und Hervorbringen Jesu Christi beteiligt; er ist "*vruhtbaere mitgebernde...*" (I 31,1.4).

12.3.: Die Art und Weise menschlichen Fruchtbarwerdens beschreibt Eckhart in Pr 49. Dort wird unter Bezugnahme auf den Vorgang der Aussaat eines Ackers die Seele zum Weizenkorn, das fruchtbar wird, indem es verdirbt. Diese an Joh 12,24 sich orientierende Vorstellung wird dahingehend konkretisiert, daß die Menschheit Jesu Christi der Acker ist, in den die Seele als Weizenkorn eingesät wird. Sie wird fruchtbar dadurch, daß sie körperliche und geistige Leiden wie geistlichen Hunger und Bitterkeit geduldig erträgt, nicht das Ihre sucht, sondern Gott allein die Ehre gibt, sich selbst vergißt und allen Besitz ausschlägt (s.II 444,4f.7; 445,9).

12.4.: Infolge seiner soteriologischen Bedeutung spricht Eckhart auch vom *vruhtbaren liden* Jesu Christi (s.II 443,14).

12.5. – 12.6.: Charakteristisch für alle Dinge ist ihre Entwicklung; sie müssen "*blüejen und vruhtbaere werden*" (III 79,7f). Dieser allgemeinen Erfahrung entspricht es auch, daß Gott nicht nur empfangen wird vom Menschen, sondern "*in im vruhtbaerlich werde*" (I 27,6).

13.1. – 13.2.: Daß die empfangenen göttlichen Gaben Ertrag bringen, stimmt für Eckhart mit der Entwicklung im pflanzlichen Bereich überein; in Beziehung dazu verwendet Eckhart den metaphorischen Ausdruck *"vruhtbarkeit der gabe"* (I 27,6). Diese besteht genauerhin darin, daß der menschliche Geist quasi als *wîp* den empfangenen Jesus in Dankbarkeit wieder zurückbringt: *"Wan vruhtbarkeit der gabe daz ist aleine dankbarkeit der gabe, und da ist der geist ein wîp in der widerbernden dankbarkeit, dâ er gote widergebirt Jesum in das veterliche herze."* (I 27,6-9)

13.3.: Durch die präpositionale Fügung *in vruhtbarkeit* wird das Handeln von Gottvater, der seine eigene Natur im ewigen Wort spricht, als ertragreich, d.h. neue Wirklichkeit erzeugend, charakterisiert (s.II 435,1).

13.4. – 13.6.: Jesus Christus (s.II 440,2), sein Leiden (s.II 444,2f), seine Menschheit (s.II 444,4) werden aufgrund ihrer heilsschaffenden Bedeutung mit der Vorstellung der *vruhtbarkeit* in Verbindung gebracht.

13.7.: Die *vruhtbarkeit* des menschlichen Geistes, der wie das Weizenkorn im Akker verderben muß, um fruchtbar zu werden, besteht darin, daß er alle geistliche Bedürftigkeit und von Gott verhängte Widerwärtigkeiten geduldig erträgt (s.II 445,13).

14.1.: Gott als *"vruht der tugende"* ist das Ergebnis einer organischen Entwicklung im tugendhaften Leben des Menschen; zugleich macht Eckhart deutlich, daß Gott gewinnbringend auf die menschlichen Tugenden einwirkt, indem er sie *vrúhtet* (s.II 60,4).

D. Tauler

1. blüejen
1.1. *frucht* (32,26f)
1.2. *got* (98,9f)

2. blüejend
2.1. *mensche* (56,21)
2.2. *wise* (94,1)

4. blüte
4.1. o.BE (16,13.16)
4.2. *gotmeinen* (33,1)
4.3. *suessikeit* (355,21)

8. bluome
8.1. *ewiges leben* (16,13)
8.2. *got* (33,1)
8.3. *selikeit* (33,1)
8.4. *daz gliche* (115,27)
8.5. o.BE (87,17)

11. fruht
11.1. *juncfrouwe* (11,18f)
11.2. *got* (11,19f)
11.3. *mensche* (176,21.24; 177,18; 178,20; 271,9.13; 222,5)
11.4. *leben* (271,21)
11.5. *geist* (234,17)
11.6. *liden* (199,26f.30)
11.7. *gabe* (200,22)
11.8. *wort Gottes* (130,6f)
11.9. *sacrament* (124,10.25; 126,1.4; 129,10; 297,30; 318,24)
11.10. *werk* (186,29)
11.11. *das ungliche* (115,27f.30; 275,2; 298,6; 318,24)

11.12. o.BE (28,4; 32,21.26; 33,6;
   68,25; 87,16; 117,11; 119,5;
   140,31; 188,11; 269,30; 272,12;
   370,12)
11.13. *bilde* (137,30f)

12. fruhtbar/fruchtberlich
12.1. *liden* (69,7f)
12.2. *das ungliche* (115,26)
12.3. *leben* (121,11)
12.4. *wort* (276,1)
12.5. *gabe* (309,18)
12.6. *got* (252,7)
12.7. *Jesus Christus* (313,33)
12.8. *mensche* (319,14; 355,1)
12.9. o.BE (40,9; 272,10; 273,1)

13. fruhtberkeit
13.1. *got* (318,24)
13.2. o.BE (319,18)

16. gruenen
16.1. *geist* (98,10)
16.2. *wise* (93,35f)

1.1. – 1.2.: Das Pflanzenwachstum dient Tauler als Paradigma dafür, daß ein entsprechend bearbeiteter *grunt* des Menschen neues Leben ermöglicht, das sich auf Gott hin entwickelt: Die aus dem von der göttlichen Sonne beschienenen *grunt* des Menschen gezogene *frucht* wendet sich ausschließlich Gott zu und *"blueget so wunneclichen in eime lutern gotmeinende..."* (32,27).

2.1. – 2.2.: Der Genuß der eucharistischen Speise führt zur geistlichen Entfaltung des Menschen; er wird in einen Zustand versetzt, in dem er infolge seiner dynamischen Entwicklung *"wurt bluegende und gros und stark..."* (56,21f). Allerdings ist es besser, sich völlig unter den göttlichen Willen zu begeben, als in einem von Gott bewirkten fortgeschrittenen geistlichen Stadium - bildlich ausgedrückt: *"in...bluegender gruenender erlühteter wisen..."* (93,35f) - Gott zu erfahren, da dabei die Gefahr besteht, daß der Mensch sich in Lust und damit mit Eigenwillen Gottes bemächtigt.

4.1. – 4.2.: Den Stellenwert des *luter gotmeinen* im Rahmen der geistlichen Entwicklung des Menschen markiert Tauler durch eine Parallelisierung mit dem pflanzlichen Wachstum, dessen Stadium der Blüte es entspricht. Dieses Stadium erreicht man auch durch eine Distanzierung von allen Dingen (s.16,13) sowie dadurch, daß man sich läßt, leidet und sich Gott völlig unterwirft (s.16,16f).

4.3.: Der mit *"blúte der suessikeit"* umschriebenen geistlichen Erfahrung stellt Tauler das *"cruze der bekorunge"* gegenüber, dessen Besitz der Einsicht entspricht, daß der Mensch kaum ohne Kreuz zu leben vermag (355,21).

8.1.: Der *vorsmag* bzw. die *"bluomen des ewigen lebens"* fungieren als Bild für den Anfang des ewigen Lebens; diesen vermag man zu erfassen, wenn man alle Dinge hinter sich gelassen hat (s.16,13f).

8.2. – 8.3.: Himmelreich, Gott und die ewige Seligkeit bezeichnet Tauler im Zusammenhang mit einer in Pr 7 entwickelten Ackerallegorie als *bluomen*, die den Menschen sogar in der Hölle vor dem Fürchten bewahren (s.33,1f).

8.4.: s. 11.11.

8.5.: s. 11.12.

11.1. – 11.3.: Damit der Mensch - wie die Gottesmutter Maria Gott leiblich Wirklichkeit werden ließ, - in geistiger Weise "*vil frühte und grosse fruht, Gotte selber, Gottes sun...*" (11,19f) hervorbringen kann, muß er sich dem Typus Maria angleichen: Er muß "*ein geistlich muoter Gottes diser geburt sin*" (11,11), *juncfrouwe* (s.11,18), *luter reine maget* (11,11f), den eigenen Willen Gottes Willen überlassen (s.11,22) sowie sich in sich selbst von allem Äußeren distanzieren (s.11,18) und sich in sich verschließen (s.11,27).

In allgemeiner Weise wird *nutzen* synonym mit *fruht* gebraucht; die Metapher steht dabei für den geistlichen Ertrag, den der Mensch durch die Einwirkung des Hl. Geistes (entsprechend 1 Kor 12,6f) gewinnt (s.176,21.24).

An einer anderen Textstelle geht es Tauler, mit der Fruchtmetapher anknüpfend an Joh 15,1-8, um den Gewinn, den der Mensch erlangt hat, wenn er Minne, Treue, Geduld und Sanftmut besitzt; er ist zur Selbsterkenntnis in der Lage und gibt anderen Menschen Aufschluß über sich selbst (s.271,8-10). Generell stellt Tauler fest, daß der Mensch je nachdem, wovon er besessen ist, eine entsprechende *fruht* zeigt (s.222,1-5).

11.4. – 11.6.: Mittels einer metaphora continuata läßt Tauler vor seinen Zuhörern eine Landschaft entstehen, die dazu dient, mit Hilfe der Bildelemente *bluejender boum, tolde, volle weide, früchte* (271,17-21) das Leben in der Nachfolge Jesu im Hinblick auf Verlauf und Ergebnis zu konturieren und über die Erfahrung einer schönen Landschaft positiv zu qualifizieren. Die metaphorischen Formulierungen *volle weide* und "*früchte alsoliches leben*" (271,20f) kommen in diesem Aussagezusammenhang darin überein, den Aspekt der Ergiebigkeit eines Lebens in der Nachfolge zu thematisieren. Konkret zeigt sich die "*frucht sines* (d.h. Jesu) *geistes*" darin, daß der Mensch, dem es gelingt, das Kreuz Christi in seinem Leben Wirklichkeit werden zu lassen, eine qualitativ neue Existenzweise in Jesus Christus erhält; diese wird dadurch konstituiert, daß der Mensch "*wider in im geborn*" wird (234,17-19). Der Mensch, bei dem das Leiden Christi nicht in sein Tun und Treiben hineinwirkt und der nicht auf sein Vergnügen, Ehre, Stolz usw. verzichtet, bildet nicht in Demut Christi Leiden nach. Daher hat das Leiden Christi in Bezug auf Leben, Sitten und Handlungen dieser Leute wenig Erfolg: "*Och, wie wening frucht bringet das minnekliche liden an den lüten!*" (199,26)

11.7. – 11.9.: Vom Menschen als Empfänger der göttlichen Zuwendung hängt es ab, ob und wieviel die göttlichen Gaben (s.200,22), speziell das Gotteswort (s.130,6f) oder das Sakrament der Eucharistie, *frucht bringen* (297,30). Beim Sakrament ist es beispielsweise unbedingt erforderlich, damit es *frucht* im Menschen bringen kann, daß er ein "*zuo gekert gemuete*" besitzt (297,30f).

11.10. – 11.11.: Offen ist es für Tauler, welchen geistlichen Gewinn die Werke einbringen, die der Mensch nicht ausschließlich um Gottes Willen getan hat (s.186,29). Beispielsweise bemißt sich der Wert eines Lebens daran, ob es gleich, d.h. nach dem menschlichen Willen, oder als angefochtenes Leben ungleich dazu verläuft; "*das geliche ist der bluomen und das ungliche ist die fruht.*" (115,27f)

11.12.: Der Ackerbau, speziell der Weinbau, dient Tauler an mehreren Stellen dazu, die Bedeutung des menschlichen Handelns in Bezug auf seine Gottesbeziehung plausibel zu machen. Tauler stellt beispielsweise, um die Wirkung der demütigen

Gelassenheit des Menschen zu veranschaulichen, eine Beziehung her zur Kultivierung eines Ackers, der infolge seiner Behandlung mit Pferdemist großen Ertrag bringt. In entsprechender Weise gilt dies für den Menschen, der seine - als *mist* vorgestellten - Mängel *"uf den acker des minneclichen willen gottes in rehter gelossenheit sin selbes"* trägt; wie in der bebauten Natur bringt dies guten Ertrag: *"do wehsset... edel wunnecliche frucht us."* (28,4)

Die Pflege eines Weinbergs dient Tauler als Beispiel dazu, die Notwendigkeit eines von allen Hindernissen freien menschlichen Grundes einsichtig zu machen. Wenn die göttliche Sonne unmittelbar in den von allen Hindernissen befreiten menschlichen *grunt* einzuwirken vermag, *"och, in aller der frucht die dan uz gezogen wurt, o die get so luterliche uf Got und blueget so wunneclichen in einem lutern gotmeinende..."* (32,25-27).

Durch eine Ackerallegorie versucht Tauler weiterhin, die Beziehung der Kirche zu einem demütigen Menschen, der geistlichen Gewinn bringt, als organischen Zusammenhang darzustellen: *"In disem garten der heiligen kilchen do stot manig wunnekliche boum mit vollen früchten: das ist manig guot demuetig mensche an dem allein die ware frucht hanget..."* (188,11-13).

Wie Mehltau verderben auch Ungelassenheit und Selbstzufriedenheit den geistlichen Ertrag, den Gott im inneren Menschen schaffen wollte (s.370,12).

Auch wenn von Tauler nie genau bestimmt wird, worin die jeweilige *frucht* besteht, stellt Tauler den besonderen Charakter des geistlichen Ertrages, der in Gott gewonnen wird, durch verschiedene Aussageelemente heraus. Zum einen hinsichtlich der Erfahrung: mit den äußeren Sinnen ist die in der eucharistischen Speise verborgene Frucht nicht zu erfassen (s.119,5); zum anderen in Bezug auf die Aussagbarkeit: *"ein unsprechenliche fruht wurt geborn"* aus dem göttlichen Grund (117,11f); schließlich gilt in zeitlicher Hinsicht für Entwicklung und Ergebnis des geistlichen Lebens im Bereich des göttlichen Grundes: *"do ist bluome und die fruht ein..."* (87,17).

11.13.: Das beispielhafte Verhalten Jesu Christi sowie sein Leiden bleiben nicht wirkungslos, d.h. *ane frucht* (137,30f; vgl. 11.4.- 11.6.).

12.1. – 12.5.: Als gewinnbringend charakterisiert Tauler mit der Adjektivmetapher *fruhtbar* nicht näher bestimmtes Leiden (s.69,7f), ein angefochtenes Leben, das ungleich zum menschlichen Willen verläuft (s.115,26), sowie das im Tod geborene Leben in der Auferstehungswirklichkeit (s.121,11).

Unfruchtbar, weil unnütz, sind für ihn Worte, mit denen der Mensch sündigt (s.276,1); fernerhin sind für ihn göttliche Gaben, die entgegen der Absicht Gottes keinen Ertrag bringen, unfruchtbar (s.309,18). Hingegen sind die Gaben, die Natur und Geist *in vermúgende* zu Gott zurückbringen, der Intention Gottes gemäß.

12.6. – 12.7.: Den Zusammenhang von göttlichem Wirken und der Demut als menschlicher Grundeinstellung veranschaulicht Tauler anhand eines Naturvergleichs: Wie der Himmel den größten Ertrag bringt in den Niederungen der Erde, so ist Gottes Wirken *"niergen als fruchtberlichen... als in der tiefster niderheit des menschen"* (252,8f). Aus diesem Grund bringt auch Jesus Christus dem Menschen, der auf sein Nichts fällt und zunichte wird, in geistlicher Weise mehr Gewinn als im Sakrament der Eucharistie (s.313,33).

12.8.: Vom Grad der inneren, auf Gott hin gewandten Einstellung hängt es ab, wie gewinnbringend für den Menschen die Teilnahme an der Hl. Messe ist (s.319,13f).

12.9.: Ohne Bezug auf einen konkreten Bildempfänger setzt Tauler die Adjektivmetapher *fruhtbar* ein, um verschiedene Sachverhalte als gewinnbringend zu charakterisieren; dazu gehört der häufige Empfang des Leibes Christi in der Eucharistie (s.272,10), das Sich-üben in der wirklichen Minne (s.273,1) sowie alles, was aus der Erkenntnis der Wahrheit hervorgeht (s.40,9).

13.1. – 13.2.: Die soteriologische Bedeutung des Todes Jesu macht Tauler im Bild der *fruhtberkeit* anschaulich (s.318,24). Obwohl der Tod Jesu auch in jeder Hl. Messe wirksam ist, erscheint manchen Menschen deren *fruhtberkeit* gering zu sein (s.319,18).

16.1. – 16.2.: Mit der Metapher *gruenen* verleiht Tauler der im *grunt* sich vollziehenden geistigen Entwicklung des Menschen Züge des pflanzlichen Wachstums: Gott läßt den Geist dort *gruenen, bluegen* und *frucht bringen* (s.98,10).

E. Seuse

2. bluend
2.1. *ast des crúzes* (33,1f)
2.2. *jugent* (103,19f; 239,4f; 484,16f)
2.3. *lip* (210,25; 317,6)
2.4. *schoeni* (441,7; 491,18)
2.5. *ewige wisheit* (13,29; 215,30)

8. bluome
8.1. o.BE (496,8)
8.2. *Jesus Christus* (226,11; 409,7)
8.3. *gotheit* (548,20f)
8.4. *Maria* (544,23; 545,14)

10. bluomend/gebluemend
10.1. *bett* (495,5; 496,3.5)
10.2. *lop* (313,6f)

11. fruht
11.1. *Maria* (50,1)
11.2. *lere* (90,13)
11.3. *Jesus Christus* (33,22)
11.4. *selikeit* (33,9)
11.5. *meye* (33,23)

12. fruhtbar
12.1. *werke* (489,13)
12.2. *gebet* (359,3)
12.3. *bluot* (541,19)

15. ergruenen
15.1. *tod* (261,11)
15.2. *got* (312,20)
15.3. *minne* (214,17)

17. usgruonen
17.1. *wort* (180,13)

18. widergruenen
18.1. *diener* (317,13)

2.1.: Aufgrund großer Formähnlichkeit kann Seuse den mit Bändern, Kräutern etc. geschmückten Maienbaum mit dem Kreuz Christi in Beziehung bringen, dessen Schönheit in Seuses Augen sogar noch die eines Maienbaumes übertrifft; denn der *"ast des heiligen crúzes... (ist) bluender... mit gnaden und tugenden und aller schoener gezierde, denn alle meyen ie wurden."* (33,2f) Auch ist am Kreuz Christi *"gewahsen... dú fruht der ewigen selikeit"* (33,9), die man, wenn man das Kreuz

Christi auf Erden lobt, ewig genießen darf (s.33,23f). Die Darstellung des Kreuzes Christi als blühenden und fruchttragenden (Maien-) Baum bewirkt eine semantische Umwertung; denn über die - in der soteriologischen Bedeutung des Todes Jesu begründete - ästhetisch schöne Erfahrung eines Maienbaumes, mit Bändern, Girlanden und Kränzen geschmückt, wird die Leidenswirklichkeit des Kreuzes in einen Kontext gestellt, der positive Assoziationen ermöglicht. Zugleich erfolgt über die Bildlichkeit eine Differenzierung im Hinblick auf die Heilswirksamkeit des Kreuzes, indem diese in Beziehung zu verschiedenen Phasen der Fruchtbarkeit eines Baumes gesetzt wird: Der Baum *bluende(r) ist* mit Gnaden und Tugenden (s.33,1f), an ihm ist im Endstadium seiner Wirksamkeit *"gewahsen dú fruht der ewigen selikeit"* (33,9).

2.2. – 2.5.: Den Aspekt der Lebenskraft stellt Seuse heraus, wenn er von der *bluenden jugent* (s.103,19) oder vom *bluenden lip* Jesu Christi (s.317,6) und der *bluegenden schoeni* (s.441,7) von Menschen handelt. Die Ewige Weisheit erhält ihre Lebenskraft durch das *natur darben* (s.215,30) des Dieners zurück.

8.1.: Zur drastischen Charakterisierung des inneren Zustandes von Menschen dient Seuse die Antithetik von *bluome* und *mist*; anstelle mit *bluomen* ist das Herz skrupelloser Menschen mit *miste bezettet* (s.496,9).

8.2. – 8.4.: Jesus Christus wird von Seuse in Anlehnung an Hl 2,1 als *veltbluome* bezeichnet, deren Bemühen darauf gerichtet ist, daß die Menschen, damit er damit geschmückt werden kann, zu Rosen werden (s.409,7f). Im Minnebüchlein sieht er Jesus Christus *"understutzet mit den bluomen der gotheit"* (548,21). Für die Gottesmutter Maria verwendet Seuse das Bild *"bluome aller gnaden"* (545,14).

10.1.: Seuse übernimmt die Formulierung des Hohenliedes "Lectus noster floridus" (Hl 1,15) und präzisiert: *"daz bettelin unserre minne daz ist gebluemet..."* (496,5).

10.2.: Die Ewige Weisheit fordert den Diener dazu auf, sich oft im *"wúnneklichen boumgarten mins gebluemten lobes"* zu ergehen (313,7).

11.1.: Aufgrund ihrer heilsbringenden Wirkung bezeichnet Seuse die Gottesmutter Maria als *reinu fruht* (s.50,1).

11.2.: Um die Mitteilung einer guten Lehre als geistlichen Gewinn aus seinem Leiden bittet Seuse den Herrn: *"...lass usser den scharpfen dornen dero liden etwas suesser fruht us dringen einer guoter lere."* (90,13f) Die Metapher *suesse fruht* dient hierbei dazu, die durch den Vergleich mit scharfen Dornen in ihrer Wirkung veranschaulichten Leiden zu relativieren und mit einer positiven Konnotation zu versehen.

11.3. – 11.5.: s. 2.1.-2.2.

12.1. – 12.3.: Über die Adjektivmetapher *fruhtbar* qualifiziert Seuse die durch Jesus Christus beeinflußten menschlichen Taten (s.489,13) sowie das Gebet (s.359,3) als ertragreich. Aufgrund der erlösenden Wirkung, die der Tod Jesu für den in Sünde verstrickten Menschen hat, greift Seuse auch zur metaphorischen Wendung vom *fruhtberen bluot* Jesu, das alle Sünden und *"die cleider der untugenden"* zu reinigen vermag (541,19f).

15.1.: Das Ergrünen ist Bild für das Wirklichwerden des Todes Jesu im geistlichen Sterben eines jeden Menschen (s.261,11).

15.2.: Im Bild des *ergrüenen* erscheint auch der Zuwachs an Lebenskraft, der dem Menschen durch Gottes Lob zuteil wird (s.312,20).

15.3.: In negativer Bedeutung als Verweis auf den Verlust der Lebenskraft beschreibt Seuse mit den Metaphern *roeten, ergruenen* und *ergilwen* das Resultat, das die Minne Jesu Christi für diesen selbst hat (s.214,17).

17.1.: Die Metapher *usgruonen* evoziert eine Sicht des göttlichen Sohnes, die dessen lebendige Entwicklung in Parallele zum pflanzlichen Bereich bringt (s.180,13).

18.1.: Das Darben Jesu Christi hat für den Diener Seuse heilsschaffende Bedeutung; er wünscht sich, wie er im Bild des *widergruenen* anschaulich macht, daß sein Leben neue Kraft und Lebendigkeit erhält (s.317,13).

G. Heinrich von Nördlingen

1. *blüen*
1.1. *Maria* (5,2)
1.2. *antlutz* (10,9; 13,18; 14,6f)
1.3. *mensche* (11,59; 13,18.42)
1.4. *erwelte* (21,9)
1.5. *behalter* (16,44)
1.6. *same des ewigen wortz* (35,78)
1.7. *ruet* (17,2)
1.8. *wort* (17,35)
1.9. *wunden* (34,2)
1.10. *trost* (34,27)
1.11. *begird* (15,20; 16,82)
1.12. *vorcht* (16,54)
1.13. *blume* (25,3-5)

7. *uzblüen*
7.1. *tochter* (1,5)
7.2. *minne* (44,19)

11. *frucht*
11.1. *mensche* (1,4; 10,1; 11,59; 21,10; 43,33)
11.2. *geist* (52,73)
11.3. *sel* (56,25)
11.4. *same* (35,79)
11.5. *arbeit* (35,80)
11.6. *grusz* (16,4)
11.7. *urstend* (11,2f)
11.8. *behalter* (16,45)
11.9. *hl. geist* (16,48)

12. *fruchtbar*
12.1. *schmack* (25,6)
12.2. *same* (41,34)
12.3. *mensche* (43,4)

16. *grüenen*
16.1. *mensche* (11,58)
16.2. *behalter* (16,44)
16.3. *jugent* (35,14)
16.4. *same des ewigen wortz* (35,78)

1.1. – 1.4.: Die mit den Verben *grüenen, blüwen und frucht bringen* (11,58f) im Bild des pflanzlichen Wachstums gesehene geistliche Entwicklung vollzieht sich bei dem Kreis von Menschen, die zu Margaretha Ebner gehören. Diese befinden sich zu Margaretha in einer ähnlichen Beziehung wie "*die zwig tuent in irem ber-*

haften stamen und uz ir wol getüngter wurtzeln." (11,59-61). Margaretha zeichnet sich selbst dadurch aus, daß ihr Zustand - wie mit der Metapher *blüen* konkretisiert wird - der Anfangsphase des Pflanzenwachstums hinsichtlich ihrer Lebenskraft und Frische ähnelt; ihr *plügs antlutz* wirkt so sehr auf Heinrich, daß es ihn *plüg machti* (s.13,18f).

Leben entwickelt sich vor allem in Jesus Christus; denn in ihm findet man, wie Heinrich feststellt, *"das verborgen leben der urstend gotz"* (21,7). Auf den Menschen wirkt dieses sich darin aus, daß die Auserwählten Jesu Christi *"geblüwet hand und in dem hailigen geist frucht bracht hant"* (21,9f).

1.5. – 1.6.: Heinrich mißt Margaretha die Rolle einer zweiten Maria zu, indem er sie auffordert, ihr Herz für den Erretter Jesus Christus zu öffnen, damit er sich in ihr entwickeln könne. Bei diesem - über die Verben *grunen, pluwen* und *neu frucht bringen* der Entwicklung im pflanzlichen Bereich angenäherten - Vorgang soll Margarethas Herz die Funktion des Erdbodens übernehmen, in dem die Pflanze heranwächst; Heinrich spricht daher davon, daß Margaretha *das ertrich* (des) *hertzen* öffnen und den Erretter hervorbringen solle. Während die in diesem Aussagezusammenhang verwendete Geburtsmetapher den Akzent auf die Aktivität Margarethas legt, stellt die damit kombinierte Pflanzenmetaphorik (*grunen, pluwen, frucht bringen*) mehr die eigenständige Entwicklung Jesu in Margarethas Innerem heraus (s.16,44f).

An anderer Stelle fügt Heinrich andere Elemente der Pflanzenmetaphorik zusammen, um die Entwicklung des ewigen Wortes, Jesus Christus, insbesondere aber die diese Entwicklung beeinflußenden Faktoren im Rahmen einer Naturlandschaft zu veranschaulichen: Der *"same des ewigen wortz"*, den Heinrich durch seine seelsorgerliche Tätigkeit in das Herz vieler Menschen bringt, soll von den *andechtig treher* Margarethas beregnet werden und von *"der usz fliessender gnad..."*, die Margaretha reichlich gegeben sind, *"grünend, bluend werd in got und frucht bringen..."* (35,78f).

1.7. – 1.12.: Ohne daß ein semantischer Schwerpunkt der Metapher auszumachen wäre, spricht Heinrich in Bezug auf das Leiden Jesu Christi von der *"immer blüenden ruet des hailigen lidens"* (17,2f); was Heinrich Gott gegenüber äußern möchte, ist für ihn ein *plüges wort* (s.17,35); die Wunden Jesu sind *bluewende wunden* (s.34,2); Margaretha ist für ihn ein *blüender trost* (s.34,27); das Verlangen des Menschen nach Gott nennt Heinrich ein *blüg begird* (s.15,20).

1.13.: Die Blumenmetaphorik dient Heinrich dazu, die Entfaltung Jesu Christi auf Erden zu veranschaulichen: aus dem Reis der Wurzel Jesse hervorgekommen (vgl. Jes 11,1), macht sich die - im Bild der Blume vorgestellte - Wirklichkeit Jesu Christi im menschlichen Herzen präsent, indem sie in der Sicht Heinrichs *"blüende in allen rainen hertzen"* erscheint. Jesu Christi Entwicklung setzt sich fort, indem er in allem tugendhaften Verhalten des Menschen *"fruchtpar worden ist"* (25,5f).

7.1.: Heinrich bezeichnet mit Hilfe der Fruchtmetapher Margaretha als Ergebnis des Hl. Geistes (s.1,5). Die Pflanzenmetaphorik findet ihre Fortsetzung, indem Heinrich Margarethas Hervorkommen aus dem göttlichen Ursprung als einen Vorgang erscheinen läßt, der dem pflanzlichen *auszpluen* ähnelt.

7.2.: Die von Jesus Christus mitgeteilte Minne wird unter dem Aspekt ihres dynamischen Hervorkommens mit dem *uzplüen* und *flieszen* in Beziehung gesetzt (s.44,19).

11.1.: Das pflanzliche Wachstum zieht Heinrich auch als Paradigma dafür heran, daß Margarethas geistliche Entwicklung in völliger Abhängigkeit von den drei göttlichen Personen erfolgt. Er bezeichnet sie daher als *"frucht des hailligen gaistz, ausz pluende durch din lieb Jhesum ausz dem lebenden ursprung des vetterlichen herzen..."* (1,4-6)

An anderer Stelle macht Heinrich die Trinität zum Lebensraum aller von Gott Erwählten; entsprechend den verschiedenen pflanzlichen Wachstumsphasen haben diese in *Jhesu Christo geblüwet* und ihre Entwicklung dadurch ertragreich gemacht, daß sie *"in dem hailigen geist frucht bracht hant..."* (21,9f).

Eine noch weitergehende Analogie mit dem Pflanzenwachstum findet sich im 11. Brief, in dem Heinrich die Bedeutung Margarethas für die ihr Nahestehenden mit dem Verhältnis der Zweige zum Baumstamm und dessen Wurzeln vergleicht: *"...wan usz dir vor got grünent, blüwent und frucht bringent alle die dinen..."* (11,58f). Auch Heinrich will in Jesus Christus *frucht bringen*. Dazu erbittet er von Margaretha Hilfe, wobei er deren Funktion für seine Entwicklung anhand der für die im pflanzlichen Bereich entscheidenen Faktoren 'Sonne' und 'Feuchtigkeit' aufzeigt. Ähnlich dieser Bedingungen ist Heinrich darauf angewiesen, daß Margaretha ihm die göttliche *sunne* vermittelt und mit der in ihr reichlich vorhandenen Gnade sowie ihren *"hitzigen minreichen trehern begüez"* (43,32).

11.2.: Um geistlichen Ertrag geht es auch, wenn Heinrich in Bezug auf die Priorin Schepach unter Heranziehung der Ackerallegorie wünscht, daß der *sam des ewigen wortz*, *"in den acker ires gutten hertzens, das ist in ir erleicht vernufft"* fällt und *"frucht bring des gaistes"* (52,69.72f).

11.3. – 11.5.: Heinrich äußert Margaretha gegenüber den Wunsch, daß den Freunden Gottes *"das ewige wort von euch in euch geboren werd..."* (56,15f). Jesus Christus ist dann als *"frucht der sel"* im Inneren des Menschen präsent. Damit das ewige Wort, das Heinrich in jedes Herz bringt, sich entfalten und geistigen Ertrag bringen kann, muß es - wiederum in Entsprechung zum Pflanzenwachstum *(same des ewigen wortz, grüenend, bluend werden* und *frucht bringen)* - *"von der richen uzs fliessender gnad"* sowie von den *"andehtig treher berenge(t)"* werden (35,75-79). Wenn sich in dieser Weise das von Heinrich jedem menschlichen Herz vermittelte ewige Wort entwickelt und geistlichen Ertrag bringt, bedeutet dies zugleich für Heinrich die *frucht* seiner Arbeit (s.35,80).

11.6. – 11.7.: Um den geistlichen Ertrag geht es auch, wenn Heinrich im Zusammenhang mit dem Gruß des Engels Gabriel an Maria von des *grusz frucht* (s.16,3f) spricht. Während sich an dieser Textstelle der gemeinte geistliche Ertrag als die Geburt Jesu deuten läßt, bleibt dies bei dem von Heinrich an Margaretha adressierten Wunsch *"alle die frucht der... urstend... Christi"* offen (11,2).

11.8.: Geburts- und Pflanzenmetaphorik kombiniert Heinrich unter dem gemeinsamen Aspekt des Hervorbringens neuen Lebens, wenn er Margaretha auffordert, den *behalter* hervorzubringen (s.16,45); dies soll jedoch in der Weise vollzogen werden, daß sie *"tu uf das ertrich deins hertzen..."* (16,43).

11.9.: *Lust, frid* und *ruwe* werden hinsichtlich ihrer Beziehung zum Hl. Geist in der metaphorischen Formulierung *"frucht des heiligen geistz"* (16,48) als ein von ihm hervorgebrachtes Produkt genauer bestimmt; *"morgengab deins liebs Jhesu Christi"* und *"vorsmek ewiges lebens"* sowie *"gedenck des barmhertzigen vatters"* schließen sich als weitere Sichtweisen des Verhältnisses der genannten Größen zu Gott an.

12.1.: Zwischen Jesus Christus, *"der edeln blumen aller lustlichsten schmack"* (25,2f), und verschiedenen Phasen der pflanzlichen Entwicklung sieht Heinrich insofern Gemeinsamkeiten, als er Jesu Präsentwerden, seine Entfaltung in allen *rainen hertzen* metaphorisch mit *blüen* umschreibt und die Tugendübungen des Menschen in Bezug auf ihr Verhältnis zu Jesus Christus durch die Aussage, daß er in ihnen *"fruchtbar worden ist"* (25,6), als Ertrag seiner Präsenz im Menschen darstellt.

12.2.: Die Samenmetaphorik wird durch die Adjektivmetapher *fruchtbar* weitergeführt, wenn ausgedrückt werden soll, daß das im Herzen angelegte ewige Wort geistlichen Ertrag zeigt (s.41,34).

12.3.: Heinrich will die empfangene *"träu gotz in nutze fruchtberlichen tailen"* (43,4).

16.1.: s.11.1.

16.2.: s.11.8.-11.9.

16.3.: Die Aufhebung der Zeit in Gott veranschaulicht Heinrich, indem er dort das Alte jung bleiben läßt. Daß das Vergehen zugleich immer auch ein neues Werden bedeutet, bringt er Margaretha dadurch nahe, daß er durch Rückgriff auf eine Anfangsphase pflanzlicher Entwicklung von *grünender jugent* spricht (s.35,14).

16.4.: s.1.6.

| *böugen (1.)/ widerböugen (2.)/ widerböugung (3.)* |

| **D. Tauler** |

1. *böugen*
1.1. *mensche* (23,14; 395,21.31f)
1.2. *nature* (94,6f)

2. *widerböugen*
2.1. *nature* (30,22; 99,4.12;418,4)

2.2. *lidekeit* (422,35)
2.3. *geist* (262,4)
2.4. *mensche* (32,6(Pat))

3. *widerböugung*
3.1. *mensche* (94,19; 30,34)

1.1.: Demut äußert sich darin, daß sich der Mensch unter den göttlichen Willen begibt (s.23,14).

1.2.: Als Folge der Erbsünde sieht Tauler, daß die "*nature* (ist)... *geboeget uf sich selber...*" (94,6f).

2.1. – 2.2.: Das Bild des *widerböugen* erscheint zur Erfassung des geistigen Geschehens, in dem die menschliche Natur im Unterschied zum Denken, das *einvaltig* und *blos* Gott anzielt (s.30,22), nach der Beschäftigung mit Zielen außerhalb ihrer selbst auf sich selbst zurückkommt und ausschließlich nur noch an sich selbst Interesse hat (s.418,4).

2.3.: Als gegenläufig sieht Tauler den Lebensvollzug des menschlichen Geistes an, der sich Gott angeglichen hat und infolgedessen wieder in seinen Ursprung zurückrückkommt, in den er sich *widerbúget* (s.262,4).

2.4.: Die Notwendigkeit, Reben zu binden und ihr Wachstum durch Niederbiegen zu verhindern, wie in Mt 20,1-16 ausgeführt wird, bringt Tauler in Beziehung zum Menschen, der das göttliche Leben als *fruht* seines irdischen Daseins erreichen will (s.32,1). Wie die Reben muß "*der mensche wider gebouget... werden, sin oberstes nider, in dem insinkende in ware underworffener demuetikeit, in den grunt, in Cristum...*" (32,6-8).

3.1.: s. 2.1.-2.2.

E. Seuse

2. *widerboegen*
2.1. *ende* (179,9)

3. *widerboegung*
3.1. *got* (180,20)

2.1.: Als Meisterzitat findet sich in cap. 51 der Vita (Bihlmeyer verweist z.St. auf Thomas, In 1 Sent.d. 14 a 2; d 32 q 1): "... *daz an dem usflusse der creatur uss dem ersten ursprung sie ein circelliches widerboegen des endes uf den begin.*" (179,7-9).

3.1.: Das Wirklichwerden der zweiten trinitarischen Person ist - worauf Seuse im Bild der *widerboegung* verweist (s.180,20) - Ergebnis der Selbstreflexion der ersten trinitarischen Person auf ihr göttliches Sein.

| boum (1.)/ boumgarten (2.)/ stam (3.)/ ast (4.)/ walt (5.) |

| A. Mechthild von Magdeburg |

1. *boum*
1.1. *drivaltikeit* (II 25,119.124)
1.2. *gotheit* (IV 18,48)
1.3. *criuze* (VII 1,84)

2. *boumgarten*
2.1. *minne* (II 25,113)

1.1.: s.2.1.

1.2.: Im Himmel nähert sich die Seele Gott, wenn sie in den Einflußbereich der Gnade gelangt und infolgedessen *"sunder arbeit uf den schoenesten boum der heligen gotheit"* steigt (s.IV 18,48).

1.3.: In Anlehnung an Gen 2,9; 3,24 und Apk 2,7; 22,1f spricht Mechthild vom *"boume des crúzes"* (s.VII 1,84).

2.1.: Die Begegnung von Gott und der Seele lokalisiert Mechthild in einem imaginären *"boumgarten der minne"*; das Inventar dieses Gartens wird dazu benutzt, einzelne Aspekte der Begegnung an den metaphorisch vorgestellten Raum zu binden. So entsteht der Effekt der Deautomatisierung, wodurch sich der Blick von den zugrundeliegenden, nicht logisch verknüpften Sachverhalten abwendet und auf die Bildebene hin konzentriert. Beabsichtigt ist, die Erfahrung Gottes über die Erfahrung einer Landschaft zu vermitteln, deren Elemente folgende sind: *"bluomen der suessen einunge"*, *"grase der heligen bekantheit"*, *"liehte sunne miner ewigen gotheit"*, *"hoehster boum miner heligen drivaltikeit"*, *"die gruenen, wissen roten oeppfel miner saffigen menscheit"*, *"der schatte mines heligen geistes"* (II 25,119-121). Hintergrund dieser Gartenvorstellung stellt wohl Hl 4,12-16 dar, wo allerdings vom Garten der Braut, nicht vom Bräutigam die Rede ist (vgl. auch Dietrich Schmidtke: Studien zur dingallegorischen Erbauungsliteratur des Mittelalters. Tübingen 1982, S. 378; z.St. S.386; 390).

| D. Tauler |

1. *boum*
1.1. *leben* (271,17f)

3. *stam*
3.1. *geloube* (161,31)

1.1.: Die Bedeutung Jesu Christi im Prozeß der unio legt Tauler dadurch dar, daß er seine Zuhörer auffordert, über Leben und Leiden Jesu in die Gottheit zu gelangen; er entwickelt folgendes Naturbild: *"... uf den bluejenden minneklichen boum klimmen des wirdigen lebens und des lidens unsers herren Jhesu Cristi... und denne fúrbas uf klimmen uf den tolden siner... gotheit..."* (271,17-20).

3.1.: Das Bild des Baumstammes verwendet Tauler für den festen Halt, den der Glaube dem Menschen verschafft (s.161,31).

E. Seuse

1. *boum*
1.1. *liden* (397,1)
1.2. *underscheid* (397,2)

4. *ast*
4.1. *criuze* (33,1f; 207,26)
4.2. *nature* (216,21)

5. *walt*
5.1. *goetteliches leben* (434,12.15)

1.1. – 1.2.: Zur Veranschaulichung des Leidens, aber auch des Unterschiedes von zeitlicher und göttlicher Minne läßt Seuse seine Kapelle mit dem *"rosbom zitliches lidens"* und dem *"bom des underscheides zitlicher und goetlicher minne"* (397,1-3) bemalen.

4.1. – 4.2.: Die Sitte des Maibaumsetzens aufgreifend, stellt Seuse den Kreuzesbaum über alle Maienbäume; denn der *"ast des heiligen crúzes"* bringt mehr Gnaden, Tugenden und Zier hervor als alle Maienbäume sonst (33,1-3). Jesus Christus ist Ursprung der ewigen Seligkeit, die auf ihm, den *hymelsche(n) meye(n)*, als *fruht gewahsen ist* (s.33,8f).

5.1.: Den unwegsamen, gefährlichen und bedrohenden Charakter eines angefangenen göttlichen Lebens bringt Seuse im Bild der öden Wüste und des wilden, finsteren Waldes zur Sprache.

(sich) brechen (1.)/ abbrechen (2.)/ durchbrechen (3.)/ durchbruch (4.)/ inbrechen (5.)/ inbruch (6.)/ inbruchig (7.)/ ufbrechen (8.)/ unzerbrochen/unerbrochen/ungebrochen (9.)/ uzbrechen (10.)/ uzbruch (11.)/ zerbrechen (12.)

A. Mechthild von Magdeburg

12. *zerbrechen*
12.1. *sunde* (V 1,4)

12.2. *nature* (IV 14,20(Pat))
12.3. *drivaltekeit* (V 26,20)

12.1. – 12.3.: Die Vorstellung, daß etwas Ganzes entzweigeht, zieht Mechthild heran, um die Wirkung der Sünde auf den Menschen, speziell auf seine Natur, darzustellen. In einer anderen Aussage steht das Bild für die Unauflösbarkeit der

Dreifaltigkeit: *"Ich bin also stark an miner ungescheidenheit, daß mich gescheiden nieman mag noch zerbrechen an miner ganzen ewekeit."* (V 26,20)

B. David von Augsburg

12. zerbrechen
12.1. *menschheit* (404,20)

12.1.: Im Unterschied zur Gottheit Jesu wird die Menschheit Jesu am Kreuz vernichtet. Das von David verwendete Bild des Zerbrechens verweist darauf, daß dabei die als Ganzheit einer Person gedachte Einheit von Gott und Mensch in Jesus Christus verlorengeht (s.404,20).

C. Meister Eckhart

1. (sich)brechen
1.1. *daz geschaffen ist* (I 212,4f)
1.2. *vernunft* (V 277,8(Pat))
1.3. *natûre* (V 47,3f)
1.4. *sêle* (II 120,5-121,1; 199,1)
1.5. *minne* (III 22,5f)
1.6. *mensche* (V 290,10; 291,5)

3. durchbrechen
3.1. *bekantnis* (I 49,1f; 52,10)
3.2. *mensche* (II 76,2f; 448,11f; 449,10; 450,2; 504,4.6; 505,4; V 207,8)
3.3. *got* (II 76,2f; 579,2)
3.4. *vernünfticheit* (III 179,1; 180,1)
3.5. *tugent* (III 280,9)
3.6. *bekantnis* (I 122,6f)

8. ûfbrechen
8.1. *götlîch lieht* (I 326,10; II 187,6f)

10. ûzbrechen
10.1. *barmherzigkeit* (I 121,5)
10.2. *krefte* (I 123,7.10; 171,12f; II 324,4f)
10.3. *vernünfticheit* (I 123,7.10; II 324,4f;III 253,3)
10.4. *wille* (I 123,7.10;II 324,4f)
10.5. *got* (I 289,6; 300,1.3; II 181,5f; 370,8; 557,12f; III 253,5)
10.6. *sun* (I 123,9; III 252,4f)
10.7. *heiliger geist* (III 252,4f)
10.8. *götlîch bilde* (I 267,8)
10.9. *wisheit* (II 119,7)
10.10. *minne* (II 119,7)
10.11. *lieht* (II 124,6; III 230,11.13.15)
10.12. *verstantnisse* (II 219,9)
10.13. *gedenke* (III 216,4)
10.14. *güete* (III 179,5)
10.15. *warheit* (III 179,5)
10.16. *vernunft* (I 397,7f)
10.17. *sêle* (III 396,1; 401,9f)

11. ûzbruch
11.1. *got* (II 180,5-7)
11.2. *sun* (I 267,3)
11.3. *wesen* (II 363,5)
11.4. o.BE (I 123,9f)

12. zerbrechen
12.1. *götlîch wesen* (I 194,2-4)
12.2. *gleychnuß* (II 473,7)

1.1.: Damit das Gute, das im Kreatürlichen verborgen liegt, zum Vorschein kommen kann, muß das Geschaffene sich öffnen. Die Verbmetapher *brechen* steht für das Geschehen, in dem diese Öffnung unter Gewaltanwendung erfolgt; das Bild verleiht dem Geschaffenen - unterstützt von der Schale-Kern-Metaphorik - den Charakter einer Oberfläche, die zerstört werden muß, damit der Kern, d.h. das Eigentliche, hervorkommen kann (s.I 212,4f).

1.2.: Die Auswirkungen der Gewalt und des Unrechts, die die Vernunft im kreatürlichen Bereich erleiden muß, stellt Eckhart im Bild des Brechens als einen Vorgang dar, bei dem die ursprüngliche Ganzheit und Unversehrtheit der Vernunft verlorengeht (s.V 277,7f).

1.3.: Die Natur ist nur um eines höheren Gutes zerstörerisch tätig, indem sie "*iht breche, verderbe...*" (V 47,4).

1.4. – 1.6.: Die Aktivität der Seele, die in ihr Licht und in die göttliche Ordnung kommen will, wird so dargestellt, daß die Seele sich quasi eine Öffnung schlagen muß, um ihr Ziel zu erreichen. Insbesondere die *minne*, die oberste Seelenkraft, führt zu Gott, indem sie "*tritet... her vür... und brichet in got.*" (III 22,5f). Auch für das Heraustreten des Menschen aus der Innerlichkeit in das äußere Tun steht - gegenläufig zum *înleiten* des äußeren Tuns in die *innicheit* - die Verbmetapher *brechen*, was die Vorstellung evoziert, daß das Innere ein geschlossener Raum ist, der nur gewaltsam durch das Schaffen einer Öffnung zu verlassen ist (s.V 290,10).

3.1.: Die Tätigkeit der Gotteserkenntnis gestaltet Eckhart nach dem Muster eines räumlichen Vorgangs, der das, was als Hindernis das Eigentliche überlagert, schließlich überwindet, indem er dieses durchbricht; weil durch die Tätigkeit der Erkenntnis Gott für den Menschen zugänglich wird, kann Eckhart die Erkenntnistätigkeit auch zum Aufschließen einer Türe in Beziehung setzen: "*bekantnis hât den slüzzel und sliuzet ûf und dringet und brichet durch und vindet got blôz...*" (I 52,9f).

3.2. – 3.3.: In Pr 49 weist Eckhart darauf hin, daß jede Demut und jede Heiligkeit ihre Grenzen, ihre *wîse*, ihre *mâze* hat (s.II 449,10; 450,2), die überwunden werden können, wenn man "*durchbraeche durch die mâze...*" (II 449,8). Dadurch kann der Mensch noch heiliger und seliger werden.

Mit der Metapher *durchbrechen* wird auch die Gegenbewegung zum *ûzvliesen* des Menschen aus Gott beschrieben (s.II 504,4). Insofern der Mensch dabei seinen kreatürlichen Status aufgeben muß, bewertet Eckhart das *durchbrechen* höher als das *ûzvliezen* aus Gott (s.II 504,2). Die Verwendung der Metapher für die Rückkehr des Menschen zu Gott läßt die Wiedererlangung des ursprünglichen Zustandes bei Gott als ein Geschehen erscheinen, bei dem der Mensch in harter Arbeit durch das massive Medium des Kreatürlichen dringt und es dadurch überwindet. Ergebnis dieses Prozesses ist ein Zustand, in dem der Mensch völlig unbestimmt jenseits der Beziehung Schöpfer-Geschöpf ganz ursprünglich lebt (s.II 504,4): "*in dem durchbrechen, dâ ich ledic stân mîn selbes willen und des willen gotes und aller sîner werke und gotes selben, sô bin ich ob allen crêatûren und enbin weder got noch crêatûre.*" (II 504,6-8). In diesem Stadium hat der Mensch seine Eigentlichkeit (wieder-)gefunden, zu der auch der Empfang der unio mit Gott gehört: "...

ich enphâhe in disem durchbrechen, daz ich und got einz sîn. Dâ bin ich, daz ich was, und dâ nime ich weder abe noch zuo..." (II 505,4f). An anderer Stelle fügt Eckhart als weiteren Aspekt mit der Verbmetapher *übertreten* (s.II 76,2f) die Vorstellung des menschlichen Transzendierens dem Bild des *durchbrechen* hinzu. Wenn der Mensch alle Zahl *übertreten* und alle Menge *durchbrochen* hat, kommt es zur gegenseitigen Durchdringung von Gott und Mensch, die wechselseitig die Wirklichkeit des anderen überwinden und hineingelangen: *"Dirre geist muoz übertreten alle zal und alle menige durchbrechen, und er wirt von gote durchbrochen; und alsô, als er mich durchbrichet, alsô durchbriche ich in wider."* (II 76,2-77,1).

Auch muß der Mensch lernen - wie Eckhart mit *durchbrechen* ins Bild bringt -, die Oberfläche der Dinge quasi auf Gott hin transparent zu machen und in ihnen Gott zu finden (s.V 207,8).

3.4.: In Gott kennt die *vernünfticheit* keine Hindernisse; sie läßt dadurch, daß sie alles *durchbrichet* (s.III 178,3f), alle *"winkel der gotheit"* hinter sich zurück und beseitigt alle Barrieren, indem sie alles *abescheidet*. Ergebnis ist, daß sie *"gat in und durchbrichet in die wurzeln, dâ der sun ûzquillet..."* (III 180,1).

3.5.: Mit dem ersten Grad der Tugenden überwindet der Mensch die ihn behindernden vergänglichen Dinge dadurch, daß dieser Grad *"brichet hindurch und machet weg dem menschen..."* (III 280,9).

3.6.: An einigen Stellen läßt Eckhart die Tätigkeit der Vernunft bzw. der *bekantnis* in ihrem Verlauf als ein Geschehen erscheinen, bei dem der Mensch in etwas anderes von oben her einbricht und nach unten fällt. Vor allem in Kombination mit der Metapher *vallen*, aber auch mit Metaphern wie *grunt* (s.III 179,5), *wurzel* (s.3.4.), scheint dieser Bedeutungsakzent den semantischen Schwerpunkt von *durchbrechen* zu erweitern: *"Bekanntnisse brichet durch wârheit und güete und vellet ûf lûter wesen..."* (I 122,6f).

8.1.: Mit *ûfbrechen* bringt Eckhart das plötzliche Hervortreten des göttlichen Lichtes in der Seele ins Bild. Das sich steigernde Präsentwerden Gottes zeigt dabei für Eckhart gemeinsame Züge mit der Tätigkeit der Sonne, deren Tageslauf er mit der Wirkweise des göttlichen Lichtes in Beziehung setzt (s.I 326,8-15).

10.1. – 10.4.: Die Seele hat eine verborgene Stelle in ihrem obersten Teil aufzuweisen, an der die Barmherzigkeit (s.I 121,5), die Kräfte, Vernünftigkeit und Wille des Menschen (s.I 123,7) aus dem Inneren der Seele hervorkommen und - wie Eckhart mit der Verbmetapher *ûzbrechen* anschaulich macht - diese dann verlassen.

10.5.: Im Bild des *ûzbrechen*, kombiniert mit dem Bild des *ûzvliezen*, macht Eckhart die Selbstmitteilung des Vaters aus dem Sohn deutlich; durch die Bildlichkeit erhält dieses Geschehen Konturen eines Vorgangs, der von innen nach außen verläuft; die Metapher *ûzvliezen* variiert bei gleicher Bewegungsrichtung nur die Sicht in Bezug auf die Beschaffenheit des Subjekts der Bewegung, das in diesem Fall Züge einer Flüssigkeit verliehen bekommt (s.III 253,5f).

10.6. – 10.10.: Indem der Sohn und der Hl. Geist aus dem Inneren von Gott Vater hervorkommen (s.III 252,4f), geschieht die innertrinitarische Differenzierung. Dieser Differenzierungsprozeß von der Einheit zur Dreiheit Gottes wird durch verschiedene Aussagen in Pr 16b (v.a.I 265,9) präzisiert. Während I 123,9 und III 252,4f im Zusammenhang mit der Metapher *ûzbrechen*, die die Differenzierung in drei göttliche Personen als räumliche Positionsveränderung von innen nach außen sowie als Lösen aus einer engen Bindung bzw. als Verlassen einer Gemeinschaft darstellt, offenläßt, wie die für jede christliche Theologie konstitutive Einheit in der Differenz der drei göttlichen Personen zu denken ist, finden sich dazu in Pr 16b Ausführungen im Rahmen der Bildtheologie. Allgemein wird zunächst in Bezug auf den Charakter eines Bildes entwickelt, was im Besonderen für Christus gilt, der *"ein bilde des vaters"* ist (I 267,4). Eigenschaft eines jeden Bildes ist, daß es hat *"einen natiurlîchen ûzganc und dringet ûz der natûre als der ast ûz dem boume."* (I 266,1) Für das göttliche Bild macht Eckhart jedoch den Unterschied, daß Gott seine ganze Natur und alles, was er ist, in das Bild hineinbildet, während jedes andere Bild nur die äußere Gestalt abbildet. Paradoxerweise bleibt jedoch Gott, obwohl er sich ganz in das göttliche Bild hineinbegibt (*sich ergiuzet*), auch ganz in sich selber (s.I 267,1).

Wenn Eckhart das innertrinitarische Geschehen vom Vater her beschreibt, sagt er die Selbstmitteilung des Vaters an den Sohn durch die Verben *sich erbilden* (s.I 266,6) und *sich ergiezen* (s.I 266,10) aus. An den Stellen, an denen die Aktivität des Sohnes bei der innertrinitarischen Differenzierung im Mittelpunkt der Aussage steht, greift Eckhart zu Verben, die das geistige Geschehen nach dem Muster einer räumlichen Entfernung konkretisieren: Übereinstimmend mit der als *ûzganc* und *ûzdringen* (s.I 266,1) allgemein beschriebenen Entstehung eines Bildes stellt sich Eckhart die Entstehung des göttlichen Bildes als *ûzbruch* und als *"ûzbrechen ûz der vruhtbaerkeit der natûre"* vor (I 266,9). Im Zusammenhang mit Aussagen, in denen Gottvater als *götlîche mügentheit*, der Sohn als *wîsheit* und der Heilige Geist als *minne* verstanden wird, steht das Bild des *ûzbrechen* für das Hervorkommen der Weisheit aus dem göttlichen Vermögen und das Entstehen der Minne aus *mügentheit* und *wîsheit* (s.II 119,7).

Im Gegensatz zu der Aussage in Pr 72, daß Sohn und Hl. Geist *"ûz gote brechent"* (III 252,4f), hebt Eckhart in Pr 16b hervor, daß der Hl. Geist, der kein Bild des Vaters ist, *"aleine ein ûzblüejen von dem vater und von dem sune"* ist (I 267,4f).

10.11. – 10.13.: Über die Metapher *ûzbrechen* verleiht Eckhart der Entstehung von Licht oder von Gedanken Züge eines räumlichen Prozesses, der von innen nach außen verläuft. *Uzbrechen* dient ferner dazu, den Vorgang, der den Beginn des Verstehens zum Ergebnis hat, als Hervorkommen des Verstehens aus Vernünftigkeit vorzustellen.

10.14. – 10.15.: Der göttliche *grunt* ist die Stelle, wo Güte und Wahrheit die Gemeinschaft mit Gott verlassen, indem sie *ûzbrechen* oder *ûzgânde* sind. Da Güte und Wahrheit in dem Augenblick selbständig zu existieren beginnen, in dem sie - wie die den beiden Metaphern zugrundeliegende Vorstellung besagt - aus dem göttlichen *grunt* nach außen gelangen, kann der *grunt* von Eckhart auch in Verbindung mit dem Terminus *begin* gebracht werden (s.III 179,6).

10.16.: Die göttliche Empfängnis der Gottesmutter Maria sieht Eckhart als ein Geschehen, bei dem Gott zuerst in der Vernunft Marias präsent wurde mit der Folge, daß diese dann ähnlich einem Gefäß aufgrund der erfahrenen göttlichen Überfülle *brach ûz* und *vloz über* in den Leib Marias, wo der Hl. Geist den Leib Jesu Christi gebildet hat (s.I 397,5-9).

10.17.: Die Seele, die zu göttlicher Freiheit gelangt, vermag in keiner kreatürlichen Beziehung zu stehen. Jegliche Gemeinschaft mit den Dingen gibt sie auf, indem sie *"breche sich ûz allen und über allen dingen."* (III 401,10)

11.1. – 11.4.: In Verbindung mit der Verbmetapher *ûzsmelzen* stellt Eckhart mit der Metapher *ûzbrechen/ûzbruch* die Selbstmitteilung des Vaters an seinen göttlichen Sohn vor. Beiden Metaphern ist die Bewegungsrichtung von innen nach außen gemeinsam, so daß die Vorstellung entsteht, daß Gott sich mitteilt, indem er sich von sich selbst als Ganzem löst, sich selbst verläßt und sich außerhalb seiner selbst zur Erscheinung bringt: *"Der êrste ûzbruch und daz êrste ûzsmelzen, dâ got ûzsmilzet, dâ smilzet er in sînen sun, und dâ smilzet er wider in den vater."* (II 180,5-7) Allgemein bezeichnet Eckhart mit der Substantivmetapher *"der erste ûzbruch"* die Stelle in Gott, an der alles Leben beginnt, indem es Gott aus sich heraus freisetzt (II 363,5).

12.1.: Wenn Gott sieht, daß Menschen den Status des eingeborenen Sohnes erreicht haben, verhält er sich, um die Fülle seines Seins diesen Menschen zu offenbaren, in der Weise, daß der Eindruck entsteht, *"sin götlich wesen welle zerbrechen und ze nihte werden an im selben..."* (I 194,4).

12.2.: Auf dem Hintergrund der Relation von Schale und Kern steht die Verbmetapher *zerbrechen* für das von Eckhart als notwendig angesehene Geschehen, bei dem die Gleichnisse beseitigt werden, damit die *natûre* bzw. *daz ein* (s.II 473,7.9) direkt vom Menschen erfahren werden kann.

D. Tauler

1. *brechen*
1.1. *nature* (53,31)

3. *durchbrechen*
3.1. *mensche* (14,6; 250,20f)
3.2. *blicke* (382,27(Pat))

4. *durchbruch*
4.1. *nature* (258,11)
4.2. o.BE (248,29; 250,19)

10. *ûzbrechen*
10.1. *mensche* (14,12; 16,17)

12. *zerbrechen/entzweibrechen*
12.1. *hertze* (53,27f)

1.1.: Mit der Metapher *brechen* meint Tauler ein Geschehen, bei dem die menschliche Natur infolge der gewaltigen göttlichen Einwirkung zerstört wird (s.53,31).

3.1.: *Durchbrechen* ist Bild für den Prozeß der Befreiung von kreatürlichen Hindernissen (s.14,6) bzw. die Distanzierung des Menschen von der menschlichen Natur durch Tugendübungen (s.250,20f).

3.2.: Der Mensch gelangt *einveltklich* in Gott, wenn er alle Vorstellungsbilder hinter sich läßt. Dies geschieht, wenn *"dise blicke... adellichen und lideklichen durchbrochen werdent..."* (382,27).

4.1.: Das Bild des *durbruch* findet Verwendung für den Prozeß, bei dem der Mensch seine Natur verläßt, um zu Gott durch die *túr* Jesus Christus zu gehen (s.258,11).

4.2.: Der Durchbruch ist auch Metapher des Zugangs, den der Mensch sich beim *grunt* verschafft, wenn er in diesen gelangen will (s.248,29). In gleicher Weise bringt Tauler ins Bild, wie der Mensch von seinem bisherigen Leben aus in das Leben Jesu Christi eindringt (s.250,19f).

10.1.: Im Bild des *"ûzbrechen uzs diesen mangivaltigen stricken"* (14,12) wird die Möglichkeit der Selbsterlösung des Menschen von den Obsessionen dieser Welt anschaulich gemacht. Auch das durch Eigeninitiative - anders als durch *sich lassen und liden* - bewerkstelligte Verlassen der menschlichen Situation kommt in der Metaphorik des *sich selber ûzbrechen* zur Sprache (s.16,15-17).

12.1.: Die Dynamik des göttlichen Wirkens ist so groß, daß der Mensch dieses nicht zu ertragen vermag: *"den brichet ir hertze entzwei..."* (53,27f).

E. Seuse

1. *(sich)brechen*
1.1. *herz* (202,14f)
1.2. *nature* (165,3; 156,30)

2. *abbrechen*
2.1. *mensche* (308,6)

3. *durchbrechen*
3.1. *mensche* (339,28; 497,2f)
3.2. *morgenstern* (446,7)

4. *durpruch*
4.1. *mensche* (3,11; 34,11; 94,10; 97,8; 333,6; 474,17)

5. *inbrechen*
5.1. *lieht* (157,1)
5.2. *wise* (175,26)

6. *inbruch*
6.1. *sinne* (168,30; 359,3f)

7. *inbruchig*
7.1. *wise* (175,26)

9. *ungebrochen/unerbrochen*
9.1. *nature* (156,30; 165,3)
9.2. *mensche* (53,2)

10. *usbrechen*
10.1. *lieht* (157,1)
10.2. *mensche* (164,20)
10.3. *wise* (175,26)
10.4. *blicke* (446,15)
10.5. *suessekeit* (10,24)

11. *usbruch*
11.1. *sinne* (164,17)
11.2. *mensche* (164,24)
11.3. *kreature* (333,4)
11.4. *got* (528,3f)

1.1. – 1.2: Der Diener der Ewigen Weisheit wünscht sich aus Liebe zur ewigen Weisheit, Christus, daß sein Herz sich in 1000 Teile teilt und Christus es wonnevoll mit seinem Herzen umfängt (s.202,14f). Dieser Zerstörung aus Liebe steht die Feststellung gegenüber, daß bei vielen Menschen die Kraft der Natur vermindert werden muß; denn ihre *"nature ist ze ungebrochen"* (165,3).

2.1.: Die Aufhebung des festen Kontaktes mit Gott, die Seuse als Möglichkeit für sich - selbst in der Situation der gottfernen Hölle - negiert, erscheint als *abbrechen* (s.308,6). Prinzipiell ist der durch die Erbsünde entstandene *bruch* (s.215,11) jedoch durch Jesu Tod *geheilet*.

3.1.: Die Rückkehr des Menschen zu Gott, bei der der Mensch die Hindernisse seiner Natur (s.339,28) und seine Mängel (s.497,2f) überwinden muß, bezeichnet Seuse in lexischer Antithese zum *usbruch* als *durchbruch*. Im Bild des *durchbruch* macht Seuse anschaulich, daß der Mensch nur dann in Gott gelangt, wenn er sich in harter Arbeit durch die Hindernisse hindurch den Bereich Gottes öffnet. Der Mensch erreicht diese Öffnung, wenn er seinen Selbstvollzug durch Christi Leben hindurch als Nachfolge des Lebens Christi gestaltet (s.339,28): *"Ich hoerti nu gerne von dem durchbruche, wie der mensch durch Cristum sol wider in komen und sin selikeit erlangen."* (333,5-7)

3.2.: Die im Bild des *liehte(n) morgenstern* anschaulich gemachten Qualitäten der Gottesmutter verändern den Menschen insofern, als durch sie die Widerständigkeit der *"leiden vinstri dins dunckeln hertzen"* (446,7f) mit ihrer Heiligkeit überwunden wird (s. 10.4.).

4.1.: Mit Hilfe der Metapher *durpruch* umschreibt Seuse das Bemühen des Menschen, etwas ihm Entgegenstehendes zu überwinden: dies kann das sinnengebundene Leben sein, das der Mensch mit Entsagung, Leiden und Übung hinter sich läßt, indem er es nach einem *anvahenden lebene* als *zuonemende(r) mensche* öffnet zu großer Heiligkeit hin (s.3,11).

Die gleiche Vorstellung liegt zugrunde, wenn Seuse vom *durpruch* zu Gott spricht (s.97,8), den der Mensch erlangt, *"mit einem ensinkene im selben und allen dingen..."* (94,10f). Jesus Christus, speziell seine leidende Menschheit, ist der Bereich, durch den der Mensch hindurch muß, wenn er einen *durpruch* gewinnen will zur Gottheit Jesu Christi (s.34,11) bzw. in seinen Ursprung (s.333,6; s. 3.1.).

5.1. – 5.2.: s. 10.1. u. 10.4.

6.1.: Für das Zurücknehmen der Sinne vom Äußeren in das Innere des Menschen wählt Seuse das Bild des *inbruch*.

7.1.: Da die Gnade sich im Innern dem Menschen mitteilt, kommt davon außen nichts zum Vorschein; das Gnadengeschehen vollzieht sich *"in inbrúchiger wise, nút in usbrúchiger wise."* (175,26).

9.1. – 9.2.: Die *ungebrochen nature* bzw. der *ungebrochen mensche* ist Bild dafür, daß die Geltung und die Bestimmung durch die Natur oder das rein Menschliche nicht relativiert ist. Das Ziel von Übungen, das *durprechen* des *ungebrochen menschen* zu erreichen (s.53,2), ist in diesem Sinn zu verstehen.

10.1.: Es gibt nach Seuse äußerlich als gut erscheinende Menschen, die aber in unvernünftiger Weise mit dem Licht ihrer Vernunft umgehen; sie sorgen nicht dafür, daß es in ihr Inneres gelangt, sondern bewirken durch ihr stolzes Verhalten, daß das Licht der Vernunft mit Gewalt aus dem Inneren nach außen drängt: *"Der selben vernúnftiges lieht ist usbrechende und nút inbrechende."* (156,34f)

10.2.: Der semantische Schwerpunkt der Metapher *usbrechen*, der auf der Bewegungsrichtung von innen nach außen liegt, kann so verallgemeinert werden, daß jede Äußerung des Menschen durch die Verbmetapher ausgesagt werden kann: so wird z.B. eine unruhige, aus dem Innern dringende Reaktion anstelle einer gelassenen Haltung des Menschen im Bild des *usbruch/usbrechen* veranschaulicht (s.164,20).

10.3.: s. 7.1.

10.4.: In Bezug auf die heil- und orientierungslosen Herzen hält Seuse mit der Metapher *usbrechen* fest, daß das Licht, das derartig finstere Herzen erleuchtet, aus Maria hervorkommt (s.446,15).

10.5.: Seuse erfährt in einer trostlosen Situation die Gegenwart Gottes. Mit den Bildern *glanzenriche(r) widerglast* (s.10,22) und *"dez ewigen lebens ein usbrechendú suessekeit"* (10,24) interpretiert er diese Erfahrung als Begegnung, die zustandekommt, weil Gott bzw. das ewige Leben aus seinem Inneren hervorkommt und sich von sich aus dem Diener Seuse mitteilt.

11.1. – 11.2.: s. 10.2.

11.3. – 11.4.: Das Werden der Kreatur (s.333,4) oder der ewigen Geburt aus Gott (s.528,3f) stellt Seuse sich als *usbruch* aus Gott vor. Dieses Geschehen beinhaltet, daß neues Leben entsteht, indem es aus Gott hervorkommt, d.h. seinen Innenbereich verläßt.

F. Margaretha Ebner

1. *brechen*
1.1. *laid* (50,25; 134,2)

10. *uzbrechen*
10.1. *red* (29,17)

10.2. *laid* (51,1; 67,22f; 125,1)
10.3. *Margaretha* (126,8)
10.4. *lieht* (47,6)

1.1.: Zwischen wörtlicher und metaphorischer Rede ist Margarethas Äußerung zu situieren, daß beim Hören der Passion Jesu das Leid sie *"brach as kreftiklichen, daz man mich haben muost, und brach da us mit clegelicher... stimme und mit den worten 'owe owe'!"* (50,25-51,2).

10.1. – 10.4.: *Uzbrechen* ist Metapher für den Vorgang, durch den innere Empfindungen Margarethas in Form von Klagen nach außen gelangen. Bemerkenswert ist, daß sie in paralleler Gestaltung zum sprachlichen Vorgang der göttlichen Gnadenwirkung realistische Züge verleiht, indem sie die Wirkung der Gnade als visuelle und körperliche Erfahrung inszeniert: "... *daz mir von der innern süessen genade ain lieht uzze brach zen augen mit ainem claren schin und daz wart denne gossen durch älliu miniu lider. daz machet mich denn as krank, daz ich kum den auten maht gewinnen."* (47,5-9).

G. Heinrich von Nördlingen

9. *unzerbrochen*
9.1. *hertz* (6,15)

10. *uzbrechen*
10.1. *liecht* (13,58f)
10.2. *prunnen* (37,1)

11. *uzbruch*
11.1. *gnade* (13,52)
11.2. *ewiges wort* (16,39)

9.1.: Die Vorstellung einer intakten Ganzheit liegt zugrunde, wenn Heinrich Margarethas Herz als *unzerbrochen* charakterisiert (s.6,15).

10.1. – 10.2.: Als *uzbrechen* stellt sich Heinrich den Vorgang vor, bei dem das ewige Licht aus dem *claren antlutz gotz* hervorkommt und in den Menschen gelangt (13,58f). Im Zusammenhang mit der Quellmetaphorik spricht Heinrich von *"dem us prechenden urspringen des lebenden prunnes"* (37,1).

11.1. – 11.2.: Die Metapher *uzbruch* veranschaulicht, wie das Ewige Wort (s.16,39) sowie die Gnade Gottes (s.13,52) aus dem Inneren der Gottesfreunde gelangen.

---

brunne (1.)/ suchtbrunne (2.)/ quelle (3.)/ usqual (4.)/ quellen (5.)/ (her-)uzquellen (6.)/ springen (7.)/ entspringen (8.)/ entsprunglichkeit (9.)/ überspringen (10.)/ ufspringen (11.)/ urspringen (12.)/ zerspringen (13.)

A. Mechthild von Magdeburg

1. *brunne*
1.1. *got* (I 2,2; 4,10; 8,3; 22,5; 38,7; IV 21,16; V 26,9; VI 2,34; 13,28)
1.2. *hl. geist* (VII 24,3)
1.3. *drivaltekeit* (VI 2,34)

7. *springen*
7.1. *ere* (VII 12,3)

1.1. – 1.3.: Im Bild der Quelle macht Mechthild das Charakteristikum Gottes anschaulich, Urheber allen Lebens zu sein. Die Adjektivmetapher *grundelos* fügt hinzu, daß das göttliche Schöpfungspotential unendlich ist. Auch die Mitteilung der göttlichen Gnade nimmt ihren Ursprung im *"grundelosen, lebendigen brunnen diner ganzen heligen drivaltekeit"* (VI 2,34). Das Bild wird über die Quellmetaphorik hinaus noch dadurch weitergetrieben, daß Mechthild an die reinigende Wirkung von Wasser anknüpft und dadurch die Befreiung der Seele von allen Sünden als Reinwaschen von allen Flecken versteht. Weiterhin üben die vom Hl. Geist ausgehenden *"suessen minnenden brunnenvlússe"* (VII 24,3) eine derart - über die Adjektivmetapher *sues* ausgesagte - positive Wirkung auf den Menschen aus, daß sein ganzes *herzeleit* beseitigt wird (s.VII 24,4) und der Leib seine Kraft verliert (s.I 2,3f).

Entsprechend dem Naturkreislauf wird auch die göttliche Zuwendung an Maria mit Hilfe der Quellmetaphorik beschrieben: *"Der sússe touwe der unbeginlicher drivaltekeit hat sich gesprenget us dem brunnen der ewigen gotheit in den bluomen der userwelten maget..."* (I 22,4f). Von Gott aus gesehen, ist das in ihm seinen Ursprung habende Mitteilungsgeschehen unaufhaltbar, da er ein *"usvliessende brunne (ist), den nieman mag verstoppfen."* (V 26,9f). Der Mensch muß nach Mechthild in Anbetracht des nie endenden Gnadenhandelns Gottes darauf achten, daß er sein empfangendes Herz nicht mit unnützen Gedanken *mag verstoppfen* (s.V 26,11).

Die Wirkung der Quelle, den Durst zu löschen, liegt als Vorstellungshintergrund den Ausführungen Mechthilds zugrunde, in denen sie die Seele vergleicht mit einem gejagten Hirsch, der zum göttlichen Brunnen kommt (s.I 38,7).

7.1.: Mechthild veranschaulicht mit der Metapher *springen*, daß das gute Denken über sich selbst möglicherweise die Konsequenz hat, daß die eitle Ehrsucht quasi hervorschnellt aus dem Herzen und sich in die fünf Sinne ausbreiten will (s.VII 12,3).

B. David von Augsburg

1. *brunne*
1.1. *gote* (310,3; 350,27f; 357,39; 361,35f; 363,6.13; 365,32)
1.2. *Jesus Christus* (342,33; 376,33f; 383,5f)
1.3. *hl. geist* (370,32; 397,18f)
1.4. *drivaltikeit* (371,27.33)
1.5. *gedanke* (348,8f)
1.6. *güete* (374,10)
1.7. *vreude* (373,27)
1.8. *triuwe* (384,8)

2. *suhtbrunne*
2.1. *mensche* (320,14)

1.1.: Mit der Quellmetaphorik bringt David das Entstehen der Tugenden aus Gott zur Sprache. Dementsprechend stellt er dar, daß von der Quelle des Guten die Gutheit aller Dinge entstanden ist (s.365,33f). Je näher diese ihrem göttlichen *urspringe* und *brunnen* sind, desto *"sterker vluz und ie groezer kraft und süeze"* (310,5f) haben sie.

Ein weiterer Bedeutungsaspekt der Metapher, die durststillende Funktion einer Quelle, steht im Mittelpunkt, wenn David darlegt, daß *"der brunne des oberisten guotes"* das - metaphorisch als *durst* - beschriebene menschliche Verlangen nach Gott *küelet* (363,6).

Etwas anders ist der Zusammenhang an einer anderen Textstelle zwischen Gott als Spender und dem Menschen als Empfänger der göttlichen Wirklichkeit im Rahmen der Quellmetaphorik dadurch gestaltet, daß der Mensch, den es nach Gott *gedürstet hât*, sein Bedürfnis befriedigt, indem er *"den brunnen des obersten guotes"* trinkt (357,39f).

Das Bild der ausfließenden Quelle wird noch weitergetrieben dadurch, daß der Bereich Gottes zum himmlischen Jerusalem wird, in dem quasi als *"roeren der minne"* die drei obersten Engelschöre die Quelle des göttlichen *honicfluzzes* verteilen (s.361,35f).

1.2. – 1.4.: Mit der Quellmetapher charakterisiert David neben Gott im Allgemeinen auch Jesus Christus als Ursprung aller Reinheit, alles Guten und allen Lebens. Die Quellmetapher fortführend stellt David sich das Entstehen allen Lebens als Fließvorgang vor, der in Jesus Christus beginnt: *"...von dir vliuzet allez leben aller krêatûre"* (383,6).

Ebenfalls wird dem Hl. Geist über die Quellmetapher eine Ursprungsfunktion im Hinblick auf das Leben (s.370,32) und alle Heiligkeit zugemessen, so daß auch global die göttliche Dreifaltigkeit als *brunne* vorgestellt werden kann, aus dem Maria *schepfet* allen, die es ihrer mütterlichen Fürsorge nach brauchen (s.371,27).

1.5. – 1.7.: Als Ursprung aller Worte und Werke ähneln in der Sicht Davids die Gedanken einer Quelle (s.348,8f); ebenfalls sind die in Gott erfahrene Freude (s.373,27) sowie die göttliche Güte *"ein ûzwallender brunne"* (374,10).

1.8.: In Jesus Christus, an *"dem bereiten tische diner endelosen ewikeit"*, lokalisiert David auch *"aller vröuden keler, aller triuwen brunne"* (384,7f). Jesus Christus wird in diesem Zusammenhang neben der Ursprungsfunktion auch der Aspekt der unermeßlichen Fülle zugesprochen: *"Dû bist daz mer der vröuden, daz abgründe der wunne, diu übermâze der süeze..."* (384,15f).

2.1.: David bezeichnet den Menschen in seiner irdischen Verfassung als *"ein ursprinc alles unvlâtes, der ze allen steten ûz diuzet ein suhtbrunne."* (320,13f).

C. Meister Eckhart

1. *brunne*
1.1. *got* (II 152,5; 243,6; 244,1; V 14,4f)
1.2. *sun* (V 42,6f.9-11; 113,5)
1.3. *leben* (III 403,4)

7. *springen*
7.1. *gnâde* (II 212,2f)
7.2. *lieht* (II 212,2f)
7.3. *sinne* (III 216,1)
7.4. *gedenke* (III 216,4)
7.5. *brunne des wazzers* (V 42,5)

8. *entspringen*
8.1. *wille* (I 94,1)
8.2. *gnâde* (I 177,5; II 212,2; 244,1; 243,6; III 399,2)
8.3. *lieht* (II 212,2)
8.4. *vater* (III 423,1)
8.5. *werke* (III 422,6f)
8.6. *brunne des lebens* (III 403,4)

8.7. *wort* (I 376,9)
8.8. *sêle* (II 456,10)
8.9. *verstantnisse* (III 299,4f)
8.10. *heiliger geist* (V 42,1f)
8.11. *minne* (III 300,3; V 30,15f; 42,15)

8.12. *brunne des wazzers* (V 42,6)
8.13. *leit* (V 22,15f)

10. *überspringen*
10.1. *sêle* (III 163,4f)

1.1.: Bei Eckhart steht die Quellmetapher für den göttlichen Ursprung der Gnade, Güte, Wahrheit und des Trostes. Hinsichtlich ihres Ursprungs unterschieden ist die Gnade von dem "*brunne..., dâ die crêatûren ûz gote vliezent*" (II 243,8f).

1.2.: Durch die Quellmetapher wird beim Rezipienten in Bezug auf den Hl. Geist die Assoziation hervorgerufen, daß dessen Entstehung in der 2. Person der Trinität ähnlich dem Ursprung und Hervortreten einer Quelle aus dem Erdinnern erfolgt: Der "*sun engibet niht anders dan... brunnen, ursprunc und ûzvluz des heiligen geistes, der minne gotes...*" (V 42,9-11). An anderer Stelle vergleicht Eckhart die Wirkung des Sohnes in der Seele mit einem Samen und mit einem Brunnen, den man nicht erkennt, wenn man Erde, d.h. für Eckhart irdisches Begehren, auf ihn wirft (s. V 113,5-9).

1.3.: Aufgrund der Funktion des Herzens, allem das Leben zu geben, kann Eckhart im Herzen auch die Quelle des Lebens ansiedeln: "*der brunne des lebens entspringet in dem herzen...*" (III 403,4).

7.1. – 7.2.: Züge einer nach oben verlaufenden Bewegung verleiht Eckhart mit der Verbmetapher *springen* der Vollzugsrichtung, die die von Gott mitgeteilten Gaben nehmen: "*entspringe(n)t in der sêle... dringe(n)t ûf und springe(n)t in die êwicheit.*" (II 212,2f).

7.3. – 7.4.: Bewirkt durch die Einstrahlung des göttlichen Lichtes erhöhen sich die Kräfte der Seele: Die Sinne kommen in die Gedanken (s.III 216,1), die Gedanken in die Vernünftigkeit (s.III 216,4).

7.5.: Wer das lebensspendende Wasser, den Hl. Geist (Joh 4,14), in sich aufnimmt, wird zur Quelle dieses Wassers, das alles Irdische transzendiert, indem es "*springet in daz êwige leben...*" (V 42,6f).

8.1. – 8.3.: Der Naturvorgang, bei dem Wasser als Quelle aus dem Boden hervorkommt, dient Eckhart dazu, eine Vorstellung vom Ursprung des Willens und der Gnade in Gott zu geben. Neben Gott fungiert auch die Seele als Ort, an dem gleichzeitig mit der Geburt des Sohnes Gottes Gnade *entspringet* (s.I 177,5f). Allerdings übersteigt der metaphorische Gebrauch des Verbs insofern die mit *entspringen* verbundenen Vorstellungen, als nicht die Seele aus sich heraus die Gnade hervorbringt, sondern nur insofern Gnade dort entstehen kann, als Gott diese der Seele mitteilt. Um herauszustellen, daß die Gnade in der Seele nur aufgrund der göttlichen Zuwendung dort präsent ist, verwendet Eckhart die Metaphern *ingiezen*, *vliezen* und *gebern*: "*Der sêle engenueget ouch enkeine wîs niht, der sun gotes enwerde denne in ir geborn. Und dâ entspringet gnâde. Gnâde wirt dâ îngegozzen...*

Si vliuzet ûz dem wesene gotes und vliuzet in daz wesen der sêle...Dô diu zît vol was, dô wart geborn gnâde." (I 177,4-9)

Was Gott als den Urheber der Gnade anbelangt, wird die Funktion Gottes in Beziehung gesetzt zu einer Quelle, die - unterschieden vom Ursprungsort der Kreaturen in Gott - die Stelle ist, wo der Vater seinen Sohn *ûzgebirt* und wo die Gnade entspringt (s.II 243,6; 244,1). In Pr 81 identifiziert Eckhart diesen Ursprungsort der Gnade mit dem Herzen des Vaters, in dem die Gnade entspringt, dann in den Sohn fließt und in den Hl. Geist, bis sie letztendlich *"wirt gesant mit dem heiligen geiste in die sêle."* (III 399,4f)

8.4. – 8.6.: Weil die erste Person der Trinität der Ursprung aller göttlichen Werke und das Herz Anfang und Ursprung aller menschlichen Werke ist, sind beide *ein gesprinc* ihrer Werke (III 422,11; 423,1f).

Das Herz ist auch der Ort, an dem *"der brunne des lebens entspringet"* (III 403,4); denn es gibt dem Leib das Leben und wirkt in diesem Sinne dem Himmel gleich.

8.7.: In Bezug auf das Hervorbringen der Kreaturen durch Gott verdeutlicht Eckhart am Beispiel des gesprochenen Wortes, wie sich Gott und die von Gott hervorgebrachte kreatürliche Wirklichkeit zueinander verhalten: Das gesprochene Wort, das im Menschen *entspringet*, bleibt, obwohl es geäußert wird, im Menschen; ebenso sind im Vater alle Kreaturen, die er *gebar* und die infolgedessen *ûzvlozzen* von ihm (I 376,7f), als Bild vorhanden (s. I 377,1).

8.8.: Die Seele *entspringet* im *ûzvluz*, den der Hl. Geist von Vater und Sohn hat (s.II 456,10).

8.9. – 8.11.: Die Verbmetapher *entspringen* dient Eckhart auch dazu, den Ursprung des Sohnes, der das Verstehen des Vaters ist, aus dem väterlichen Herzen in Zusammenhang mit der dem Bereich der belebten Natur entnommenen Verbmetapher *gebern* vorzustellen: *"Disiu geburt ist sîn verstantnisse, diu êwiclîche ursprungen ist von sînem veterlîchen herzen..."* (III 299,4f). In gleicher Weise stellt Eckhart sich die Entstehung der Minne, des Hl. Geistes, aus dem Sohn vor, in dem sie *ursprunget* und von dem sie *vliuzet* (s. V 42,15). Insofern und in dem Maß der Mensch Sohn Gottes ist, *entspringet* entsprechend auch der Hl. Geist im Menschen (s.V 42,1f). In Pr 75 verlegt Eckhart gemäß dem Grundsatz, daß die Minne von Natur aus *"vliuzet und urspringet von zwein als ein"* (V 30,15f), den Ursprung des Hl. Geistes sowohl in die erste und zweite Person der Trinität. Daneben findet sich die Reduktion des Ursprungs auf eine der göttlichen Personen: (1.) Verstärkt durch die Metapher *ûzblüejen*, die unter der Perspektive des Blütenbeginns das Hervorkommen des Hl. Geistes aus Gottvater schildert, spricht Eckhart in Bezug auf das Entstehen der Minne, dem Hl. Geist, im Vater von *entspringen*; als Ziel dieses Geschehens gibt Eckhart die ewige Geburt des Sohnes an. (2.) Umgekehrt sieht Eckhart auch, daß der Hl. Geist *"ûzblüejende ist von dem sune ze dem vater als ir beider minne."* (III 300,4f)

8.12.: Die Wirkung der Partizipation am Hl. Geist, den der Sohn mitteilt, besteht darin, daß im Menschen, wenn er den Hl. Geist empfangen hat, in ihm *"entsprin-*

get ein brunne des wazzers..." (V 42,6), das ewigkeitsverleihenden Charakter besitzt.

8.13.: Im Bild des *urspringen* macht Eckhart auch anschaulich, wie *"volkomen leide... von lûterer minne der lûtersten güete und vröude gotes..."* (V 22,15f) entsteht.

10.1.: Mit der Verbmetapher *überspringen* stellt Eckhart eine Parallele her zwischen der horizontal nach vorne verlaufenden Springbewegung und der Bewegung, durch die die Seele sich auf den Weg zu Gott macht und sich von den Kreaturen trennt, indem sie diese *überhüpfet* und *überspringet* (s.III 163,4; vgl. Hl 2,8).

D. Tauler

1. *brunne*
1.1. *got* (44,4f; 53,5; 55,9.12f)
1.2. *Jesus Christus* (287,15f.19.29; 289,33)
1.3. *sele* (61,15f)

3. *quelle*
3.1. o.BE (55,9f.12f)

5. *quellen*
5.1. *froide* (168,19)
5.2. *brunne* (287,29)

6. *ûzquellen*
6.1. *warheit* (41,17)
6.2. *got* (61,15)
6.3. *minne* (287,29)

7. *springen*
7.1. *mensche* (7,13f; 56,22)
7.2. *wasser* (56,12; 289,21f; 287,2)

1.1.: Im Bild des *burne* wird die Eigenschaft Gottes anschaulich gemacht, Ursprung der Barmherzigkeit zu sein (s.44,4f). Infolge der Paradiesessünde Adams erfährt die von Gott ihren Ausgang nehmende Mitteilung der göttlichen Barmherzigkeit eine Unterbrechung (s.44,5f).

Ganz allgemein, näherbestimmt durch *vinsternis* und *wilde wüeste* (s.55,4), steht die Metapher *brunne* für den Ursprung von allem, der Gott ist. Wenn der Mensch aus diesem *brunne* trinkt, wird er *"Gotz also vol das er in wunnen und in volle sin selbes vergisset."* (53,13f) An einer anderen Textstelle in der gleichen Predigt führt Tauler in Spannung zu dieser Aussage aus, daß die Seele nicht aus der göttlichen Quelle trinken darf; vielmehr soll die Seele in diese eingehen wie Wasser, das in den Grund einsickert (s.55,15f).

1.2.: Die Einwirkung Christi auf den *grunt* der Seele setzt Tauler in Beziehung zu einer Quelle, die in den *dürren grunt* der Seele quillt (s.287,29f).

1.3.: Der Mensch erfährt Gott nicht in sinnlicher oder vernünftiger Weise, indem man hört oder liest oder ihn mit den Sinnen in sich aufnimmt. Vielmehr ist die Erfahrung Gottes ein *smecken* Gottes an seinem Ursprung in der Seele. Gegenüber der Erfahrung von Dingen, die in die Seele hineingetragen werden, macht Tauler über die Parallelisierung Gottes mit einer im *grunt* der Seele entspringenden

Quelle deutlich, daß hier Gottes erfahrbarer Ursprung liegt. Wenn sich der Mensch in sich kehrt und Gott in seinem Ursprung *"in bevindender wisen"* (61,12) aufsucht, wird er neu; denn *"das ist und heisset nuwe daz nohe ist bi sinem begine..."* (61,9f).

3.1.: Wenn der menschliche Geist alles Kreatürliche, auch sich selbst, transzendiert hat und in der göttlichen *vinsternisse* bzw. *wueste* angelangt ist, vermag er *"uz der waren wesenlichen quellen"* zu trinken (55,9f).

5.1.: Die aus der Erkenntnis der Gottesgeburt im Inneren resultierende Freude *"qwilt reht als ungehaben win"* (168,19f).

5.2.: Das *quellen* des göttlichen *brunne* in den *dürren grunt* des Menschen bewirkt, daß aus diesem nur noch göttliche Minne - quasi *uzquellend* - hervorkommt (s.287,29)

6.1. – 6.2.: Die Quellmetapher steht für den Ursprung der Wahrheit aus dem *grunt* des Menschen (s.41,17). Als neu erfährt der Mensch Gott wie auch alles übrige, was entsteht, wenn er nahe der Stelle, wo er *(es) heruz quellende ist*, empfängt (s.61,15).

6.3.: s. 5.2.

7.1.: Wegen der Geburt Christi an Weihnachten soll jeder Christ vor Jubel und Minne in Ekstase geraten: *"... daz er rehte von wunnen solte usser ime selber springen in iubilo und in minnen..."* (7,14)

Wie sehr die göttliche Einwirkung das Verhalten des Menschen beeinflussen kann, zeigt Tauler am äußeren Menschen auf, der Kraft bekommt, in allem Gott zu folgen und in das ewige Leben zu gelangen. Die Auswirkung der von Gott durch den Empfang der göttlichen Speise empfangenen Kraft schlägt sich darin nieder, daß der Mensch - entsprechend der Lozierung der Ewigkeit in der Höhe - *"springe(n)t in daz ewige leben"* (56,22).

7.2.: Die als Durst ins Bild gesetzte Sehnsucht des Menschen nach Gott wird von Christus in so reichem Maße befriedigt, daß von denen, die den göttlichen Trank trinken, in Anlehnung an Joh 7,37 *"sollent lebende wasser fliessen... die do sprungent in das ewige leben."* (56,11f) Bei den Menschen dagegen, die sich von Christus, dem lebendigen Wasser, zugunsten der sinnengebundenen äußeren Wirklichkeit abwenden, finden sich im *grunt* nur Äußerlichkeiten, nicht jedoch das Wasser, das aus dem *grunt* hervorkommmen sollte (s.287,2).

E. Seuse

1. *brunne*
1.1. *got* (242,16f; 385,9; 467,16f; 498,19)
1.2. *Jesus Christus* (92,19; 265,27.29f; 273,7f; 543,5f; 550,20; 553,25)
1.3. *ougen des dieners/* bzw. *Marias* (257,9; 544,12)
1.4. *Maria* (546,29)

4. *usqual*
4.1. *grunt* (330,7)

6. *usquellen*
6.1. *ursprung* (14,30)

7. *springen*
7.1. *mensche* (372,3; 461,7f)
7.2. *tufel* (458,3)

8. *entspringen*
8.1. *gelassenheit* (162,5f)
8.2. *froede* (373,19f)
8.3. *volkomenheit* (390,24; 472,7)
8.4. *drivaltekeit* (179,30)
8.5. *gestalt* (191,31)

9. *entsprunglichkeit*
9.1. *entgossenheit* (185,7)

11. *ufspringen*
11.1. *herze* (173,7)

13. *zerspringen*
13.1. *herze* (260,24; 305,10f)

1.1.: Gott wird von Seuse in Verbindung gebracht mit einer Quelle, von der die in einer himmlischen Landschaft versammelte Menschenmenge trinkt (s.242,16f). Als Bestandteil einer Gartenlandschaft steht sie allgemein aufgrund ihrer durststillenden Wirkung für die positive Erfahrung Gottes.

Die Quellmetapher kann auch dazu verwendet werden, Gott als Ursprung unendlicher Barmherzigkeit und Güte vorzustellen (s.498,19).

1.2.: Am häufigsten verwendet Seuse die Quellmetapher für Jesus Christus, der ein Ursprung von Gnade (s.92,16), Barmherzigkeit und ewigem Leben ist (s.265,27-29). Die Wirkung von Jesu Handeln in Bezug auf die Welt kommt in den Blick, wenn Seuse feststellt, daß die von Jesu Wunden ausgehenden Quellen unerschöpflicher Barmherzigkeit, Weisheit, Süßigkeit und Minne "*alles ertrich begiessent*" (265,27f).

An anderer Stelle nimmt Seuse Bezug auf die Bedeutungskomponente 'durststillende Wirkung von Quellwasser', wenn er herausstellen will, daß Jesus die menschlichen lebensnotwendigen Bedürfnisse befriedigt: "*... daz du... mit dir, dem lebenden brunnen, alle túrstigen hertzen trenktest.*" (543,15f) Jesus als Erfüllung menschlicher Sehnsüchte ist auch gemeint in der Formulierung "*voller brunne alles des, daz begirlich ist*" (553,25).

1.3.: Um das Ausmaß der Trauer über Jesu Leiden auszudrücken, spricht Seuse davon, daß seine Augen zu einem "*vliezenden brunnen der bitterlichen trehen*" (257,9; in Bezug auf Maria s.544,12) geworden sind.

1.4.: Die tiefgreifende Wirkung, die der Tod Jesu auf Maria ausübt, bringt Seuse dadurch zur Sprache, daß er zunächst Maria mit Hilfe der Quellmetapher zum Ursprung aller Wonne macht, die sie in Fülle in sich als dem "*volle(n) brunne(n) aller wollust*" (546,29) versammelt hat. Mit dem Tod Jesu ändert sich der Zustand der Gottesmutter schlagartig: denn der Tod Jesu hat Maria des Trostes und der süßen Liebe beraubt (s.547,2f).

4.1.: Weil im göttlichen *grunt* die *usflusse entspringent*, nennt Seuse diesen auch *usqual* (330,7).

6.1.: Seuse sieht Gott ähnlich einer Quelle alle Wirklichkeit hervorbringen; er spricht daher vom *"usquellenden ursprung der blossen gotheit"* (14,30).

7.1.: Die Trennnung von vergänglichen Dingen und die alleinige Orientierung an Gott macht Seuse im Bild des Springens anschaulich (s.372,3).

7.2.: Unklar ist, ob *"des tufels sprung"* im 17. Brief des Großen Briefbuches nicht durch *"dez tuvels sail"* (369,28), - so die Formulierung im 4. Brief des Briefbüchleins - aufgrund der sonstigen Übereinstimmungen zwischen beiden Briefen zu ersetzen ist (s.458,3).

8.1. – 8.3.: *Entspringen* fungiert als Bild für den Vorgang, durch den bei den Gottesfreunden in einer leidvollen Situation Gelassenheit entsteht (s.162,5f) oder Freude in Seuses Herz über die Bekehrung eines Menschen (s.373,19f). Ferner konkretisiert die Metapher das Entstehen der menschlichen Vollkommenheit aus der unio des Menschen mit Gott (s.390,24).

8.4. – 8.5.: Die Dreifaltigkeit entsteht aus der Selbstliebe Gottes, die in seiner Güte begründet liegt. In dieser göttlichen Güte *"von not entspringet du goetlich drivaltekeit..."* (179,30). Das Hervorbringen des Sohnes aus dem Vater, metaphorisch auch mit Hilfe der Geburtsvorstellung beschrieben, spielt Seuse quasi hypothetisch am Beispiel des Menschen durch; bemerkenswert ist, daß er anstelle der vorangehenden und folgenden Geburtsmetapher (s.191,27.33) das Verb *entspringen* verwendet: *"Wer nu daz wil bilden, der nem eins menschen forme, uss des herzen innigosten grunde entspring ein glichu gestalt..."* (191,30f).

9.1.: Für das Enstehen der göttlichen Mitteilung aus der göttlichen Einheit steht die Naturmetapher *entsprunglichkeit* (s.185,7).

11.1.: Die geistliche Tochter, die Gott gefunden hat, fordert Seuse auf, zu Gott zu schauen mit einem sich öffnenden Herzen. Den Vorgang der Öffnung umschreibt Seuse mit dem Verb *ufspringen*, einige Zeilen weiter als *"ufbrechen des beschlossen mund siner sele"* (173,14).

13.1.: Als Bild für eine starke Empfindung, die sein Herz zu zerstören in der Lage ist, wählt Seuse die Metapher *zerspringen*. Während die Erfahrung der Schöpfung den Diener nur wortlos macht, führt sowohl sein Mitleid um den Kreuzestod Jesu (s.260,23) wie auch das Lob, das aus dem Gedanken an den göttlichen Geliebten in seiner Seele entsteht, zur Sehnsucht nach einer Vernichtung seines Herzens (s.305,10f).

G. Heinrich von Nördlingen

1. brunne
1.1. *leben* (4,47; 7,7f; 11,47; 25,20f; 56,22)
1.2. *minne* (24,13; 43,79)
1.3. *weiszhait* (43,79)
1.4. *ewiges wort* (43,79f)
1.5. *hertz* (13,62; 40,26)
1.6. *got* (17,104.108; 37,1)

7. springen
7.1. *mensche* (16,57f)

145

10. *uberspringen*
10.1. *Margaretha* (46,14)

12. *urspringen*
12.1. *brunne* (13,62)

1.1.: Die Quellmetapher hat bei Heinrich (wie bei seinen Vorgängern) die Funktion, den Ursprung von etwas in Analogie zu Gegebenheiten in der Natur vorzustellen. Zugleich ist für Heinrich auch das im Ursprung Hervorkommende und dessen Wirkung wichtig: Ähnlich dem entstehenden Quellwasser möge der im *lieht* Jesu Christi erkennbare *"brunne(n) des lebens"* für Margaretha vor ihrem Tod die Wirkung zeigen - so Heinrichs Wunsch -, daß ihr durstiger Geist, wenn er aus ihm trinkt, *truncken* wird (s.11,47f). Kombiniert mit der Quellmetaphorik ist die Aussage, daß im *liecht* Christi auch der *"ursprung des liechtz"* (11,46) geschaut werden kann. Aus diesem *brunnen* hat Christus auch Gebet und Verlangen entnommen und den Menschen gegeben (s.4,47). Ebenfalls stammen von daher Treue, Wahrheit, Minne, Friede, Freude und Vergnügen (s.7,5f).

Durch die Metapher *brunne* wird das Herz des göttlichen Vaters zum Ort, an dem der Mensch das ewige Leben zu sich nehmen - d.h. in Fortführung der Quellmetaphorik - *trincken* kann (s.7,8; 13,62). Im 25. Brief wird *"das lustlich land der vetterlichen pfaltze"* als Bereich genannt, wo der Mensch im *gesindel*, dem Herz Jesu Christi, in der Lage ist, *"das miniglich ursprung des ewigen lebens in seinem aigen brunen"* (25,20f) zu erblicken. Neben dem Vater erscheint auch der Hl. Geist als *"brune des lebens"* insofern, als er dafür verantwortlich ist, daß Jesus Christus, das ewige Wort, in der Seele des Menschen *geboren wird* (56,22f).

1.2. – 1.4.: Heinrich bittet aus Dankbarkeit für die ihm von Margaretha erwiesene Minne die Gottesmutter und Johannes, den Lieblingsjünger Jesu, darum, ihm den *"brunen der minnen"* zu zeigen, den Ursprung und Endpunkt der Minne, die als *bach* in Margaretha geflossen ist, durch sie an Heinrich und alle Menschen weitergegeben wurde, bis sie *"mit groszem gewinen wider fluset in ir aigens ursprung."* (24,15f) Diese anhand des Wasserkreislaufs entwickelte Vorstellung des Ursprungs und der Weiterwirkung der Minne nimmt ihren Anfang - wie sich aus dem Zusammenhang erschließen läßt - in Jesus Christus (s.24,17). Im 43. Brief klärt Heinrich die Zugangsbedingungen für diesen Ursprung: Der Mensch gelangt nur *"in dem gelait des reichen verdinends unsers lieben heren Jhesu Christi zu dem lebenden brunen der ewigen weiszhait, der ewigen minen, des ewigen wortz"* (43,77-80).

1.5.: Neben dem Herzen des göttlichen Vaters, in dem man das ewige Leben genießen kann, sieht Heinrich auch das eigene Herz als Ort, an dem *"entspringet gewonlichen ain senft flieszender brunen"* (40,27), der in Form von freudigen Tränen zu den Augen austritt. Bedingt ist diese Ursprungsfunktion des Herzens durch die Gedanken und Empfindungen Heinrichs Margaretha gegenüber (s.40,26f).

1.6.: Die Mitteilung der göttlichen Gnade reicht der Seele nicht aus; sie möchte zu Gott, dem *lebend brunn*, vorstoßen (17,104.108). Aus dem *"usprechenden urspringen des lebenden prunnen"* (37,1) wird das als *durst* metaphorisch beschriebene Verlangen aller Geister nach Gott gestillt. Die von Gott ausgehenden Ströme sind zugleich für die Seele der Weg, zu Gott *wider geschwummen* zurückzukehren. Im *lebenden prunnen* angelangt, nehmen *"alle durstig meinden geist"* Gott in sich auf und gehen selbst völlig in seine Wirklichkeit ein. Heinrich versucht diesen Vorgang der wechselseitigen Durchdringung durch die Kombination der Metaphern *trincken* und *versinken/versencken* zum Ausdruck zu bringen (s.37,1-6).

7.1.: Die Transzendenzbewegung, die Menschen in das ewige Leben führt, bringt Heinrich im Bild des Springens zur Sprache (s.16,57f).

10.1.: Die Tätigkeit, die Menschen in Gott vollziehen und auch an sich erfahren, wird u.a. mit dem Verb *uberspringen* - absolut ohne Objekt gebraucht - umschrieben: "*... ein heimlichs dringen, ein creftiges uberspringen, ein gewaltiges vahen...*" (46,14f).

12.1.: Heinrich entwickelt in Bezug auf das Herz des göttlichen Vaters die Sicht eines "*lebenden urspringenden prunen*", in dem sich Margaretha - so Heinrichs Wunsch - , durch göttliche Gnade in Gott versetzt, einen vorläufigen Eindruck (*vorsmack*) vom göttlichen Genießen verschaffen möge (s.13,62).

---

brut/trut (1.)/ brutgam (2.)/ brutbett (3.)/ gemahel (4.)/ gemehellich (5.)/ gemahelschaft (6.)/ gemaheln (7.)/ kuss (8.)/ kússen (9.)/ durkússen (10.)/ umbehalsen (11.)/ umbehalsunge (12.)/ umbvahen/umbevangen (13.)/ umbevang (14.)/

A. Mechthild von Magdeburg

<u>1. brut</u>
1.1. o.BE (I 22,7; 29,3; 34,3; III 9,28.30)
1.2. *sele* (I 22,46; 34,3; 44,63.74; II 19,8; III 3,5.25.40; 11,4; V 17,7; 27,8.11)
1.3. *drivaltekeit* (I 22,48; II 9,6; III 9,69; V 27,11)
1.4. *got* (I 22,54; II 9,1; 10,1; III 6,7; IV 5,16; 12,3.6.83; 24,6; VI 1,64; VII 30,2)
1.5. *Maria* (I 22,46.48.62)
1.6. *mensche* (IV 5,22; V 11,33; VII 37,23.24.28)
1.7. *cristanheit* (VI 21,23)
1.8. *herre* (III 5,28; VII 30,2.4.6)
1.9. *súnderin* (V 17,7)

<u>2. brutgam</u>
2.1. *loser* (I 22,7.35)
2.2. *herre* (I 44,57; VII 15,5; 27,30)
2.3. *got* (I 44,74)
2.4. *Jesus Christus* (V 21,7 VII 35,37; 48,61)
2.5. *sele* (I 44,57.74; VII 15,5)

<u>3. (brut-, minne-)bet/ legerkussin</u>
3.1. o.BE (I 44,79; III 9,71; 10,45; VI 1,108)
3.2. *drivaltekeit* (V 11,24)
3.3. *herre* (V 34,30; VII 30,7)
3.4. *minne* (I 22,27; II 23,40)
3.5. *sele* (I 19,2)

<u>8. kuss</u>
8.1. *sele* (III 5,12)
8.2. *got* (III 1,33)

<u>9. kússen</u>
9.1. *mensche* (I 43,4(Pat); VII 1,95)
9.2. *got* (III 10,6)
9.3. o.BE (I 22,28; IV 5,22)

10. *durkússen*
10.1. *got* (II 23,38; VI 1,111)

11. *(be-/umbe-)halsen*
11.1. *sele* (IV 18,48.49(Pat))
11.2. *gottes minne* (V 30,3)
11.3. *menschlicher geist* (V 23,8)
11.4. *got* (II 23,36)
11.5. *herre* (VII 30,7)

12. *umbehalsunge*
12.1. o.BE (I 14,2; VI 1,85)
12.2. *got* (IV 22,9)
12.3. *drivaltekeit* (V 4,29)
12.4. *herre* (IV 12,94)

13. *umbevangen*
13.1. *herr* (I 46,50; III 23,17; VII 2,14.29; 37,28)
13.2. *sele* (II 4,54)
13.3. *engel* (VII 59,12)
13.4. *mensche* (II 4,62; V 34,9; VI 33,23; VII 1,96)
13.5. *hl. geist* (VI 16,54)
13.6. *got* (VI 1,111)
13.7. *súnder* (V 8,13(Pat))
13.8. *selige* (IV 16,9(Pat))

1.1. – 1.9.: Wenn Mechthild von Magdeburg das Verhältnis von Gott und Mensch in Anlehnung an das Hohelied als Brautschaftsverhältnis beschreibt, geht es ihr darum, in Analogie zu zwischenmenschlicher Beziehung eine besonders intensive Form der Beziehung von Gott und bestimmten menschlichen Seelen/Menschen zum Ausdruck zu bringen. Je nach besonderer Akzentuierung dieses allgemeinen Verhältnisses kann Mechthild allgemein den Menschen als *brut* sehen, dann aber auch von der Seele als *brut*, von der *brut der drivaltekeit*, von der *brut gotz*, insbesondere von Maria, aber auch von der Christenheit als *brut* Gottes sprechen.

An vielen Textstellen wird die Brautschaftsvorstellung durch weitere Vorstellungsaspekte ergänzt: *gotz brut* hat z.B. gewohnt "*in der besclossenen triskameren der... drivaltekeit...*" (IV 12,3f); dort ist in der unio der Geliebte von ihr gegangen, so daß die *brut* Trost sucht (s.IV 12,3ff). Gottes Verhalten den Menschen gegenüber, die die unio mit Gott in Liebe anstreben und deshalb *brúte* Gottes sind, stellt sich Mechthild folgendermaßen vor: "*... Min sun sol úch al umbevân, min gotheit sol úch al durgân, min helig geist sol úch iemer me leiten in wunnenklicher ougenweide...*" (VII 37,28-30).

In Spannung zur positiven Verhältnisbestimmung von Gott und Mensch finden sich Aussagen, in denen die Brautschaftsvorstellung negativ akzentuiert wird: So bezeichnet sich Mechthild im "*gebet der súnderin*" (V 17,7) als *unedel brut* und spricht im Hinblick auf die verdammte Seele von der *brut* des Teufels (s.III 11,4).

2.1. – 2.5.: Jesus Christus, dem *loser* (s.I 22,7), allgemein aber auch Gott, dem Herrn, spricht Mechthild in Bezug auf den Menschen/die Seele die Rolle des Bräutigams zu. Dessen Verhalten wird in I 22 genauer beschrieben.

3.1. – 3.5.: Noch konkretere Formen als durch die Rollenbezeichnung *brut-brutgam* erhält die Minnebeziehung zwischen Mensch und Gott, wenn als Ort der Begegnung und Minnehandlung das *brutbett/minnebett* (s.I 22,27) fungiert.

8.1. – 8.2.: Die enge Beziehung zwischen Gott und der Seele veranschaulicht Mechthild in Anlehnung an Hl 1,1 im Bild des Kusses: "*Du* (gemeint ist die Seele) *bist ein kreftig kus mines mundes..."* (III 5,12) Eine noch intensivere Form der Beziehung schließt sich an: *"Ich bin in dir und du bist in mir..."* (III 5,12f).

9.1. – 9.2.: Der Mensch kommt in engen Kontakt mit Gott, wenn er seines Herzens *lust* dem göttlichen *herze* und seiner menschlichen *bruste* anvertraut; dann wird er mit dem göttlichen Geist *gekúst* (s.I 43,4). Noch intensiver gestaltet Mechthild dieses enge Verhältnis an einer anderen Textstelle, indem sie den Menschen die Gottheit *"halsen und kússen und unbegrifliche umbevahen"* sieht (VII 1,95f).

9.3.: Auf die Klage der Braut, von ihrem Bräutigam Jesus Christus durch eigene Schuld unüberwindbar fern zu sein, stellt Gott seine verzeihende Liebe in Aussicht. Diese Liebe hat eine ganz enge Beziehung Gottes zur Braut im Himmel zur Konsequenz; Gott verspricht, ihr dort *"ein suesses muntkussen"* zu geben und durch ihre Seele zu *sweben* (IV 5,22f).

10.1.: Ziel der Menschwerdung Jesu Christi und des darin involvierten Verzichts Jesu Christi auf ihm Angenehmes war in den Augen Mechthilds, daß Gott die gottliebende Seele *"moehti durkússen und mit sinen blossen armen umbevahen."* (VI 1,111)

11.1. – 12.4.: Durch die Metaphern *kússen/durkússen, umbehalsen/umbehalsunge* erhält das Liebesgeschehen zwischen Mensch/Seele und Gott konkrete Züge.

13.1.: Die Beziehung Jesu Christi zum menschlichen Geist (s.VII 2,29) sowie zur Seele als *brut* (s.I 46,50) erhält über die Metapher *umbevan* Züge einer Liebesbeziehung.

13.2.: Eine zu Gott entrückte Frau erfährt die Vereinigung mit Gott, der Mechthild Züge einer Liebesbeziehung samt der dafür typischen Verhaltensweise verleiht: *"Sin ougen in min ougen, sin herze in min herze, sin sele in min sele umbevangen unverdrossen."* (II 4,53f).

13.3. – 13.4.: Den Sachverhalt, daß Wonne den Engelschor oder Eitelkeit unselige Frauen völlig bestimmen, veranschaulicht Mechthild mit der Metapher *umbevangen*. Mit dieser Metapher, wie auch mit den im Kontext verwendeten Metaphern *überzogen* (s.V 34,9) und *gekleidet* (s.II 4,61), stellt Mechthild über die Relation außen-innen den Einfluß der Wonne oder der Eitelkeit in der Weise dar, daß sie den Menschen bzw. die Engel ganz umgeben.

13.5.: Im Bild des Umfangenseins - ergänzt von der Vorstellung des Durchgehens - wird die Bestimmung des Engels Gabriel durch die Gottheit anschaulich gemacht: Mittels der Relation innen-außen wird über die Metapher *umbevangen* darauf verwiesen, daß die Gottheit den Engel umgibt; die Metapher *durchgan* bringt die innere Einwirkung Gottes auf den Engel ins Bild (s.VII 59,12).

13.6.: Für die intensive Beziehung des Menschen zu Gott wünscht sich Mechthild, daß wir *"halsen und kússen und unbegrifliche got umbevahen..."* (VII 1,95f) mögen.

13.7.: Die Beziehung zu den anderen Personen der Trinität läßt Mechthild die Seele Jesu Christi unter Berücksichtigung seiner zwei Naturen bestimmen: *"Dú gotheit ist min crone, sine menscheit han ich ze lone, der helig geist hat mich umbevangen und also wunnenklich durgangen..."* (VI 16,53f; vgl. zu den verwendeten Vorstellungen 13.5.).

13.8.: Gott wandelt die Situation der armen Sünder, indem er sie wie die Seligen und die gottliebende Seele in sich birgt.

B. David von Augsburg

4. gemahel
4.1. *Jesus Christus* (362,27f;374,15f)
4.2. *wisheit* (398,3f.26; 399,12)

8. kus
8.1. *vater* (394,33)
8.2. *sun* (394,33)
8.3. *hl. geist* (394,28.33)

9. küssen
9.1. *hl.geist* (397,18)

11. umbehalsen
11.1. *engel und sêle* (368,5)

4.1. – 4.2.: David verwendet das Brautschaftsverhältnis als bildhaften Interpretant für die enge Beziehung zwischen dem Menschen bzw. der Seele und Jesus Christus (s.374,15f) sowie zwischen Gottvater und der Weisheit (s.398,3f).

8.1. – 8.3.: Der Hl. Geist wird u.a. als *"minne des vaters unde des sunes"*, als *"ein kus und ein umbevanc und swaz gemein mac gesîn ir beider in der obersten einekeit"* von David bezeichnet (394,28.33).

9.1.: Als Prozeß vorgestellt, ist der Hl. Geist der *minnevluz* vom Vater zum Sohn und umgekehrt *ein minnelim* ihrer *einunge* sowie *"ein küssen und ein umbevanc"* von Vater und Sohn (397,16.18).

11.1.: Den engen Kontakt, den Engel und Seele mit ihrem freien Willen zur Güte haben, die Gott selbst ist, bringt David im Bild des *umbehalsen* zur Sprache (s.368,5).

C. Meister Eckhart

1. brut
1.1. *sêle* (I 387,14; 388,10.12)

8. kuss
8.1. *gotheit* (I 172,4f; 247,2)
8.2. *mensche* (I 247,2)
8.3. *sêle* (II 537,7)

13. umbevangen
13.1. *einikeit* (I 172,6)
13.2. *mensche* (III 370,2)
13.3. *lieht* (III 486,4)
13.4. *minne* (III 488,2)
13.5. *got* (V 228,10)

14. *umbevang*
14.1. *lieht* (III 486,9)
14.2. *vater* (III 487,1)

1.1.: Mit deutlicher Anspielung auf das Hohelied inszeniert Eckhart den Vorgang, durch den die Seele als *"ein brût des eingebornen suns"* (I 387,14) von Gott geschaffen wird; die Seele ist *vrúndin* des Sohnes, die *"im vater êwiclîche gemahelt hâte..."* (I 388,5f). Die Absicht des Sohnes besteht darin, daß er wollte *"wider îngân in sîne kâmer mit sîner brût"*, d.h. in die *"vinsternisse der verborgenen vaterschaft"* (I 388,10-12).

8.1. – 8.2.: Der Kontakt, der die unio zwischen Gott und der Seele bewirkt, entspricht in Eckharts Sicht dem Liebesverhalten zweier Menschen, so daß Eckhart zum Verhältnis der Seele und Gott ausführt, daß *"der sêle ein kus beschihet von der gotheit..."* (I 172,4f). Diese *berüerunge gotes* verändert die Seele derart, daß sie die gleiche Qualität wie Gott erhält (s.I 172,6-8). Zu dieser intensiven Begegnung von Gott und Mensch kommt es fast zwangsläufig, wenn der Mensch demütig ist. Denn in diesem Fall reagiert Gott entsprechend der Gesetzmäßigkeiten in der Natur: *"... die hoehi der gotheit kan es anders nit an gesehen denn in der tieffen der demuetikeit."* (I 246,11f).

8.3.: Die Veränderung der Seele durch die Einwirkung Gottes präzisiert Eckhart an einer anderen Textstelle dahingehend, daß mit dem *"kus der sêle"* die Gottesgeburt in der Seele geschieht (II 537,7f).

13.1.: Die Begegnung zwischen Gott und Seele beschreibt Eckhart als Liebesbeziehung: zuerst erhält die Seele einen Kuß von Gott, dann wird *"si umbevangen von der einicheit"*. (I 172,6)

13.2.: Nach Art eines Liebenden reagiert auch der Mensch, der das Göttliche in sich *umbevangen* möchte, das von unbeschreiblicher Süßigkeit ist (s.III 370,2).

13.3.: s. 14.1.

13.4.: Die auf den Menschen gerichtete Tätigkeit des Hl. Geistes, der Minne Gottes, konkretisiert Eckhart mit der Metapher *umbevangen*.

13.5.: Da der Zustand des Umfangenseins auch das Eingefaßtsein von allen Seiten implizieren kann, wird es möglich, mit diesem Verb die Schutzfunktion ins Bild zu bringen, die Gott bei Menschen ausübt. Wenn diese das Ihrige verlassen haben, werden sie von Gott *umbevangen*, so daß diese Menschen nur erreichbar sind, wenn man durch Gott quasi hindurchgeht (s.V 228,10).

14.1.: Wer etwas Vermittelndes braucht, um Gott sehen zu können, ist immer zweigeteilt zwischen Erkennen und Erkenntnisbild oder zwischen Erkennen und Sein. Eine Einheit kommt nur dann zustande, wenn in bildloser Erkenntnis der menschliche Geist und Gott vom ewigen Licht vereinigt werden. Die für diesen Vorgang verwendeten Metaphern *umbevanc/umbevangen* erwecken die Vorstellung, daß das *ewige lieht* die Einheit bewirkt, indem es die genannten Größen quasi körperlich mit seinen Armen umfaßt: *"lieht und geist, diu zwei ist ein in dem umbevange êwiges liehtes."* (III 486,9).

14.2.: Die Art und Weise, wie Gott Vater dem Hl. Petrus in seiner Verzückung begegnet, wird als liebevolles Umarmen vorgestellt: *"daz er was begriffen... in einem lieplîchen umbevange..."* (III 487,1).

D. Tauler

1. *brût*
   1.1. *mensche* (59,38; 81,8; 290,29; 354,14)
   1.2. *got* (424,8.12.14.17; 431,28f; 432,19f)
   1.3. *sele* (431,28f)

2. *brútgam*
   2.1. *Jhesus Christus* (431,26; 270,30)
   2.2. o.BE (434,8)

3. *brútbett*
   3.1. *herze* (207,5)

8. *kuss*
   8.1. *got* (160,34; 245,14)

9. *kússen*
   9.1. *mensche* (383,18)

14. *umbevang*
   14.1. *got* (153,14f; 156,26)
   14.2. *Jesus Christus* (156,26; 160,25)

1.1. – 1.2.: Tauler schreibt es dem Verdienst Gottes zu, daß der Mensch von der *valschen welte* weg auf Gott hin orientiert ist und in einem besonders engen Verhältnis zu Gott stehen darf; denn Gott hat die Menschen *"zuo eigenen sunderlichen uzerwelten brúte und fründen gerúffet"* (59,38f). Darum besteht auch Hoffnung, daß die Bitte der Menschen - übereinstimmend *"mit der brût in der minnen buoche: 'trahe me post te'"* (81,8; vgl. Hl 1,4) formuliert - auch erfüllt wird.

Um *ein userwelte brût* Gottes sein zu können, nennt Tauler in Auslegung von Hl 2,10: *"Dilectus meus loquitur mihi: 'surge propera amica mea et veni'..."* (424,6) folgende Bedingung: *"Mit drin widersachen solt du friden haben: das ist die welt, der vient und din eigen fleisch."* (424,21f)

1.3.: Eine Möglichkeit, die unio zwischen Gott und der minnenden Seele zu inszenieren, stellt bei Tauler die Metaphorik von *brútegoum* und *brût* dar (s.431,26.28f).

2.1. – 2.2.: Jesus Christus fungiert als *"brútegoum der minnenden sele"* (431,26), die er nach seinem Willen *"mag... kleiden..."* (434,8f).

3.1.: Den Menschen, die Gott ihr Herz geöffnet haben, wird das Herz zum *brútbette*, in dem Gott sie *"mit den edelen armen siner minne umbe vohen"* will (207,5-7).

8.1.: Wenn der Mensch zunichte geworden ist und sich selbst verlassen hat, kommt es zur intensiven Begegnung mit Gott, der dem Menschen *"sinen goetlichen minne kus"* gibt (245,14). Das Verhalten Gottes erfolgt mit notwendiger Konsequenz aus der Selbsterniedrigung des Menschen: *"Gotz hochheit sichet eigenlichen und aller meist in das tal der demuetkeit."* (245,17-18)

9.1.: Bezüglich seiner eigenen Beziehung zu Gott entwickelt Tauler die Sicht, daß er Gott als sein *"aller liepstes einiges liep"* in seiner Seele *"mueste umbe halsen und hundert tusent werbe kússen."* (383,17f)

14.1. – 14.2.: Die liebende, als Umarmung beschriebene Nähe Gottes hebt die Seele über all ihre Krankheit (s.153,14f).

An anderer Stelle beschreibt Tauler, wie der Mensch auf der Stufe eines inneren tugendhaften Lebens die Nähe Christi erfährt. Diese zeigt sich ihm als erfahrbare Vereinigung, die durch ein Geschehen zustandekommt, das Tauler im Bild des *innerlich umbevang* anschaulich macht (s.160,25).

Die *"in einem unsprechlichen umbevange"* (156,26) zur Sprache kommende Liebesbeziehung des göttlichen Vaters zu seinem Sohn ist auch die Ursache dafür, daß *"si beide geistend usser in beiden den heiligen geist..."* (156,25f).

E. Seuse

1. *trut*
1.1. *got* (451,7; 491,13)

4. *gemahel*
4.1. *ewige wisheit* (244,6)
4.2. *Maria* (266,17f)
4.3. *got* (266,17f; 296,16f; 413,4f)
4.4. *sele* (296,16f; 548,3.24)
4.5. *mensche* (372,23f; 410,12f; 418,10f)

5. *gemehelich*
5.1. *trúwe* (483,3)
5.2. *minne* (296,24)

6. *gemahelschaft*
6.1. o.BE (409,18)
6.2. *sele* (219,29)
6.3. *herre* (216,25)

7. *gemaheln*
7.1. *mensche* (483,1)

8. *kuss*
8.1. *gegenwurtikeit* (294,10)

9. *kussen*
9.1. *herze* (33,17)
9.2. *ewige wisheit* (225,7)

10. *durkússen*
10.1. *got* (93,18f)
10.2. *sel* (276,30f)
10.3. *mensche* (550,22f)

13. *umbevangen*
13.1. *mensche* (14,33; 15,8f; 18,5; 18,7(Pat); 19,4; 254,24f; 260,21f; 410,18; 412,18)
13.2. *herze* (294,34f; 375,19; 392,1.20; 408,15(Pat))
13.3. *sele* (322,4f; 413,7; 433,9f(Pat))
13.4. *wunne* (202,15f)
13.5. *got* (20,8.20f; 93,18f; 238,17f)
13.6. *ewige wisheit* (201,20; 400,10f(Pat))
13.7. *Jesus Christus* (392,20)

14. *umbevang*
14.1. *vúrsichtikeit* (201,27f)
14.2. *Jesus Christus* (413,5)
14.3. *gemahel* (496,1f)
14.4. *ewige wisheit* (14,13)
14.5. o.BE (408,14; 433,12f)

1.1.: In Anspielung auf Hl 5,16 bezeichnet Seuse Gott aufgrund der engen Beziehung zwischen ihnen beiden als seines *hertzen trut* (s.451,7).

4.1. – 4.2.: Die ewige Weisheit malt im Gespräch mit dem Diener aus, in welches *vatterland* sie *ze huse* ihren *lieben gemahel* führen will (244,6-13). Insbesondere Maria wird als *uzerweltú gemahel* bezeichnet (s.266,17f).

4.3. – 4.5.: Für die Beziehung Gott - Mensch/Seele trifft umgekehrt auch zu, daß Gott der *"aller werdeste keiser"*, *"der aller süessseste gast"* des Herzens und für die Seele des Dieners der *"aller minneklichster gemahel"* ist (296,15-17). Weil Gott nach Seuses Meinung die von ihm betreute geistliche Tochter *"ze einer gemahel"* fordert, muß diese alles *unvolk* von sich beseitigen; denn sie ist - wie alle gottverbundenen Menschen (s.410,12f) - *gemahel*, nicht eine *havendirne* (s.372,22-25). Den Leiden kommt speziell die Funktion zu, mit dem Herrn zu vereinen, den Seuse als seinen *gemahel* und *"der reinen sele ein einiger geistlicher umbvang"* (413,5) charakterisiert.

5.1.: Seuse will seine geistliche Tochter in ein enges Verhältnis mit ihrem geliebten Herrn und Gott dadurch bringen, daß er sie *"gemahel und vertrúw... in gantzer, steter gemehellicher trúw."* (483,1-3)

5.2.: Die ewige Weisheit fordert den Diener zum Eingehen einer engen Beziehung mit ihr auf; er soll sie *"in gemahellicher minne umbschliezen"* (296,24).

6.1. – 6.3.: Seuse appelliert an die Adressaten seines 1. Briefes, ihr Herz zu öffnen mit der Begründung, der Herr stehe davor und begehre *gemahelschaft* (s.409,18).

7.1.: s. 5.1.

8.1.: Das Begehren des Dieners Seuse richtet sich darauf, wie Simeon, der Jesus im Tempel begegnen durfte, Christus so intensiv zu erfahren, daß der *geistlich kuss* seiner *gegenwúrtikeit* ihm zuteil würde (s.294,6-11).

9.1. – 9.2.: Seuse bietet der ewigen Weisheit, dem geistlichen Maibaum, anstelle der Schönheit der Natur das geistliche *kússen* seines Herzens an (s.33,17). Die Ewige Weisheit ihrerseits hält ihr *kussen* als so *zartlich* für die reine Seele, daß ein Verlangen aller Menschen danach begründet wäre (s.225,7).

10.1.: Den leidenden, gelassenen Menschen stellt Gott u.a. die unio in Aussicht, die dadurch zustandekommt, daß Gott diese Menschen, *"wil... als inneklich durkússen und als minneklich umbvahen, daz ich sú und sú ich, und wir zwei ein einiges ein iemer me eweklich súlin bliben."* (93,18-20)

10.2. – 10.3.: Der intensiven geistigen Beziehung des Menschen bzw. der Seele zu Jesus Christus verleiht Seuse dadurch Ausdruck, daß er die Seele Jesus folgendermaßen anreden läßt: *"Herr, minú ougen durschouwent din toetlichez antlút, min sel durkússet alle dine vrischen bluotigen wunden..."* (276,30f).

13.1. – 13.4.: Seuse verhält sich gegenüber dem Ursprung aller Schönheit und Zier, allen Wohlgefallens und aller lieblichen Dinge wie ein Liebender; aufgrund seines brennenden Verlangens wünscht er Gott zu umfangen (s.14,33). Sein durch Liebe motiviertes Verhalten konkretisiert er, indem er das Bild einer Liebesbegegnung ausweitet; die Funktion der Arme übernehmen die *"uszerspreitem grundlo-*

sen herzen", mit denen Seuse Gott *umbvangen* und liebevoll an sein Herz *gedruket* hat (s.15,8f).

An anderer Stelle wird Seuse innerlich aufgefordert, Gott liebevoll zu umfangen und geistig zu küssen; die Umarmung Seuses durch Gott in der *ewigen klarheit* beanwortet die Geste Seuses (s.18,5-7).

An Stelle des Menschen können auch dem Herzen, bzw. noch konkreter den *"arme(n) sines herzen"* (392,20), und der Seele von Seuse ein Verhalten in Bezug auf Gott zugeschrieben werden, das Seuse durch die Verbmetapher *umbevangen* zum Ausdruck bringt. Daß die Begegnung mit Jesus Christus die ganze Person einbeziehen soll, macht Seuse durch eine Vervielfachung der Bildempfänger und Handlungen deutlich: *"Daz oge sol in minneklich an bliken, daz ore sich zuo siner meinung uf bieten, herze und sinne und muot in minneklich umbvahen."* (391,26f)

Der Wechsel von Aktiv zum Passiv, vom Agens zum Patiens, der an mehreren Stellen im Zusammenhang mit der Verbmetapher *umbvangen* zu beobachten ist, spiegelt die Wechselseitigkeit des liebevollen Handelns: Die Gott umarmende Seele wird von diesem ebenfalls umfangen. Neben dieser Wechselseitigkeit ist beim Menschen auch der Austausch des Objektes seiner Liebe festzustellen; parallel wird der auf irdische Dinge bezogene Liebesvollzug und das an dessen Stelle tretende Verhältnis zu Gott metaphorisch beschrieben: *"dú herzen, dú vor umbfiengen den mist, herr, die minnent und umbvahent dich hút mit grundloser girde."* (375,19f).

13.5. – 13.6.: Gott und speziell die Ewige Weisheit haben eine liebevolle Beziehung zum Menschen. Sie umfangen z.B. den Diener Seuse - wie er in einem *inblik* erfährt - innerlich mit ihren Armen (s.20,20f); bzw. Gott beabsichtigt, die Menschen zu erfreuen, indem er sie u.a. umfängt und küßt mit dem Ziel der Vereinigung: *"ich wil sú als inneklich durkússen und als minneklich umbvahen, daz ich sú und sú ich, und wir zwei ein einiges ein... bliben."* (98,18-20).

13.7.: Das Verhältnis des Menschen zu Jesus Christus stellt Seuse als eine Liebesbeziehung dar, wobei er auf menschlicher Seite die Akte der Liebe differenziert: Der Mensch soll Jesus Christus in das *herze truken*, ihn *an bliken* und *trutlich umbschlissen;* Jesus Christus wird den Menschen dann *minneklich umbvangen* (s.392,18-20).

14.1.: Den Sachverhalt, daß die göttliche Vorsehung der Ewigen Weisheit alles in ihr Tun einbezieht, gibt Seuse mit der metaphorischen Formulierung *"umbvange miner ewigen vúrsichtikeit"* (201,27f) wieder.

14.2. – 14.4.: Das enge Verhältnis zwischen Jesus Christus und der reinen Seele veranschaulicht Seuse nach dem Muster der liebenden Umarmung zweier Menschen: *"Herre, min zarter gemahel, der reinen sele ein einiger geistlicher umbvang, in dem du in eime ougenblicke tusent stunt von der minnenden selen wirst umbvangen..."* (413,4-7). Die liebende Umarmung Jesu Christi, der ewigen Weisheit, führt dazu, daß alles Verlangen Seuses gestillt wird (s.14,13).

14.5.: Seuse bringt seinen Wunsch, daß die Seelen in die göttliche Einheit gelangen, einige Zeilen weiter metaphorisch zur Sprache: *"sendent unser ellenden hertzen in den minneklichen umbvang..."* (433,12f).

F. Margaretha Ebner

4. gemahel
4.1. *Margaretha* (149,20f)
4.2. *got* (69,19)
4.3. *sele* (149,20f)

8. kus
8.1. *Jesus Christus* (21,26)

8.2. *minne* (70,1)
8.3. *fride* (165,9.12)

13. umbvahen
13.1. *mensche* (22,1; 164,13(Pat))
13.2. *got* (69,26f; 82,3f)
13.3. *herze* (140,4(Pat))

4.1.: Margaretha erhält auf ihr Verlangen von Gott die Antwort, daß sie sein *gemahel* sei, so wie er ihr *lieb* sei (s.149,20f). Das enge Verhältnis wird dann noch räumlich veranschaulicht: *"din wonung ist in mir, so ist min wonung in dir."* (149,22f)

4.2. – 4.3.: Margaretha zitiert die göttliche Selbstdefinition der Beziehung, die Gott zur Seele Margarethas hat: *"ich bin ein gemahel diner sel..."* (69,19). Zu dieser Rollendefinition gehört ein entsprechendes Verhalten, das Margaretha im weiteren Verlauf des Textes entfaltet: Gottes *minn* bindet Gott; er will die Seele *umvahen* und ihr den *minnenkus* geben (s.69,19-70,2). Umgekehrt bezeichnet Gott die Seele Margarethas als sein *gemahel* (s.149,20f).

8.1. – 8.3.: Dem Verlangen nach intensiver Begegnung mit Jesus Christus gibt Margaretha Ausdruck in den Worten: *"... daz ich den kus enphieng... und umbvangen würde mit der minne siner arme..."* (21,26f). Dieses Verlangen zwingt und verpflichtet geradezu Gott, sie liebevoll in seiner Einheit zu umfangen und mit ihr in engen Kontakt zu treten durch *"den minnen kus"* und *inners berüeren* (70,1f).

13.1.: Margaretha wünscht sich, in der Weise mit St. Bernhard in Kontakt zu kommen, daß er sie mit der *"minne siner arme"* umgibt (22,1). In ähnlicher Weise wünscht Margaretha auch den Menschen von Gott *umgeben* und *umvahen* mit seiner *lutern warhait* (s.164,12-14).

13.2.: Margaretha läßt Gott sprechen: *"ich wil dich... minneklich umvahen in daz ainige ain, daz ich bin."* (69,26f).
An anderer Stelle konkretisiert Margaretha unter verschiedenen Aspekten ihre Bitte um die Einwirkung Gottes: *"Ich bitt dich, mein herre, daz du mich spisest mit... genaden und mich creftigest mit diner luterr minne und umbgebest mit diner gruntloser barmhertzket und umbvahest mit der lutern warhet..."* (82,1-4).

13.3.: Zur Verfassung ihres Herzens beim Beten des Paternosters bemerkt Margaretha an einer Stelle, daß es *"wart... umvangen mit as süezzen genaden..."* (140,4).

3. *minnebet/trautbet*
3.1. o.BE (46,53)
3.2. *herr* (35,4)

4. *gemahel*
4.1. *got* (3,12; 46,37f)
4.2. *Margaretha* (3,12; 16,1; 45,22; 46,37f)
4.3. *Jesus Christus* (35,3; 45,22)

8. *kus*
8.1. *got* (4,37; 46,54)

13. *umbevahen*
13.1. *mensche* (16,72f(Pat); 46,20(Pat))
13.2. *güt gotz* (38,20)
13.3. *minne* (4,41)

14. *umbfang*
14.1. *got* (46,53)

3.1. – 3.2.: Das *minnebet*, Ort der unio, kann, wenn es zu klein ist, den *umbfang* der beiden Geliebten forcieren (Heinrich zitiert hier Mechthild von Magdeburg I 22. Dort ruht die Braut in der *"kamer sines hertzen"* (35,4)).

4.1. – 4.3.: Margaretha wird als die *"geminnte gemahel gotz"* (46,37f; vgl. 3,12) bzw. als *"wol gevellige gemaheln des ewigen kaisers sun"* (45,22) von Heinrich angesehen, sie ist *"geleuttert in dem blut ires gemacheln"* (35,3).

8.1.: In Brief 46 beschreibt Heinrich den Verlauf der unio unter Verwendung der Metapher *kus*, wobei er sich an Hl 1,2 anlehnt: *"... ie enger das minnenbet ist ie neher der umbfang get ie susser smecket das wessenlich mundküssen..."* (46,54). Zur Menschwerdung Jesu Christi heißt es im 4. Brief: *"Eia! frau gar hoche..., wie wirt ewer mund so nahen gefügt zu dem mund gotz! owe! gotlicher küsse, owe!"* (4,35-37)

13.1. – 13.2.: In Gott entrückt wie Paulus, wird der Mensch - wie Heinrich mit dem Bild des Umfangenseins zur Sprache bringt - u.a. völlig von *lieht* (s.16,72f) oder von der *"hochminnende(n) güt gotz"* (38,20) bestimmt.

13.3.: Die personifizierte Minne ist es, die nach Heinrich in liebevoller Weise sich um die Seele Christi gesorgt hat (s.4,41). Mit den Metaphern *seugen, ernern, leren, umbfangen* weist Heinrich ihr quasi Mutterfunktion zu.

14.1.: Im Rahmen der Beschreibung des Verhältnisses von Gott und Mensch als Begegnung von Bräutigam und Braut verwendet Heinrich neben den Vorstellungen von *minnebet, mundküssen* auch die Metapher *umbfang* (46,53f).

| buoch (1.) |

| A. Mechthild von Magdeburg |

1. *buoch*
1.1. *gotheit* (III 2,16)

1.1.: Die Buchmetapher dient als Bild für die Einheit Jesu Christi mit der geliebten Seele: "*Du hast mich geschriben an din buoch der gotheit, du hast mich gemalet an diner moenscheit, du hast mich gegraben an diner siten, an henden und an fuessen.*" (III 2,16-18)

| E. Seuse |

1. *buoch*
1.1. *gekruzigter lip* (209,12)

1.1.: Die Buchmetapher erscheint zur Erfassung der lehrhaften Bedeutung, die im gekreuzigten Leib Jesu enthalten ist; dem Lesen ähnlich gewinnt man aus der Beschäftigung damit die Erkenntnis, daß die Vernichtung aller Begierden und aller Lust erforderlich ist, wenn man sich Jesus angleichen will im Leiden (s.209,4.10-12).

| burg (1.)/ inburgheit (2.)/ vorburg (3.)/ palast (4.)/ pfalz (5.)/ herberge (6.)/ hof (7.)/ vorhof (8.)/ tempel (9.)/ hus (10.)/ husgenosse (11.)/ huswirt (12.)/ husfrow (13.)/ husrat (14.)/ porte (15.)/ portener (16.)/ gibel (17.)/ want (18.)/ mure (19.) winkel (20.)/ grendel (21.)/ triskamer (22.)/ venster (23.) |

| A. Mechthild von Magdeburg |

3. *vorburg*
3.1. o.BE (III 21,95)

4. *palast*
4.1. *drivaltekeit* (II 19,17; VI 1,14.62)
4.2. *sele* (VI 1,62)

6. *herberge*
6.1. *licham* (VI 16,58)

7. *hof*
7.1. o.BE (IV 12,25)
7.2. *sele* (I 4,11)

10. *hus*
10.1. *got* (II 20,6; III 1,42; 2,24)
10.2. *licham* (VII 48,5)
10.3. *Maria* (III 4,28)
10.4. o.BE (II 24,17)

12. *wirt*
12.1. o.BE (IV 14,41)

13. *husfrow*
13.1. *sele* (IV 14,41)

15. *porte*
15.1. *himelrich* (IV 24,3.9; VI 8,23; 24,9; VII 7,41)

18. *want*
18.1. *Maria* (III 4,28)
18.2. *licham* (V 23,45)
18.3. o.BE (IV 23,13)

21. *grendel*
21.1. *gerehtekeit* (VI 16,41)
21.2. o.BE (V 23,10)

22. *triskamer*
22.1. *drivaltekeit* (IV 12,3)

3.1.: Die Metapher *vorburg* steht für das Fegefeuer (s.III 21,95).

4.1. – 4.2.: Der Aufenthaltsbereich Gottes erscheint als "*palast der drivaltekeit*"; er ist der *pfuoligen welt* entgegengesetzt (VI 1,15). Mechthild schlägt den Prioren vor, als Projekt ihren untergebenen Mitbrüdern den Bau eines Palastes der Dreifaltigkeit in der Seele vor Augen zu stellen (s.VI 1,62).

6.1.: Durch die Metapher *herberge* erhält der Leib Mariens die Funktion, vorübergehender Aufenthaltsort Gottes zu sein; die Menschwerdung wird in diesem Bildkontext zu einem zeitweiligen Aufenthalt Jesu außerhalb seines eigentlichen Lebensraumes (s.VI 16,58).

7.1. – 7.2.: Im Rückgriff auf die höfische Vorstellungswelt wird der göttliche Bereich als *hof* (s.IV 12,25), die Annäherung der Seele an Gott bildlich als *hovereise* konkretisiert (s.I 4,11).

10.1. – 10.4.: *Hus* ist Metapher des göttlichen Bereichs, aber auch - als *vinster hus* - des Leibes (s.VII 48,5). Allegorisch wird das *hus* des Himmels mit verschiedenen Rollen und Funktionen besetzt (Gottvater als *schenke*, Jesus als *kopf*, die Minne als *kellerin* etc.; s.II 24,20-22).

12.1.: Die Vorstellung des Himmelreiches als Haus Gottes wird entfaltet, indem Mechthild allegorisch verschiedene Rollen diesem Bereich zuordnet: Gott ist *huswirt*, die Seele fungiert als *husfrow*, die Engel sind die *fürsten* und *dienstherren* (IV 14,41f).

13.1.: s. 12.1.

15.1.: Im Wissen um den metaphorischen Charakter von *porte* formuliert Mechthild: "*Das himelriche hat manige porten schoen und hat doch enkeine.*" (IV 24,3) Die *himelporte* ist die Stelle, wo sich Gott und Seele als Geliebte begegnen (IV 24,9).

18.1. – 18.2.: Innerhalb der Hausmetapher wird differenziert durch die Metapher der (*hus-*)*want*. Im Bildzusammenhang mit der Hausmetapher zeigt Mechthild an ihr auf, daß die Einwirkung des Hl. Geistes auf die Gottesmutter keine Grenzen kennt; das *lieht* des Hl. Geistes *"hat, frouwe, dine wênde durschinen und hat alle vinsternisse us dinem huse getrieben."* (III 4,28).

18.3.: Der semantische Schwerpunkt verlagert sich, wenn *want* als Metapher für die bis zum Jüngsten Tag unüberwindliche Differenz zwischen dem Leib des verstorbenen Evangelisten Johannes und dem Himmelreich gebraucht wird (s. IV 23,13).

21.1. – 21.2.: Als Element der Gebäudemetaphorik, mit deren Hilfe Mechthild das Himmelreich und den Zugang zu ihm veranschaulicht, dient *grendel* als Bild für den Sachverhalt, daß dem Menschen durch Adams Sünde bzw. durch die göttliche Gerechtigkeit in Bezug auf die Sünder der Eingang in das Himmelreich verwehrt ist.

22.1.: Die Präsenz der *brut gottes* in der Dreifaltigkeit macht Mechthild anschaulich, indem sie dem Leben in Gott räumliche Züge verleiht; die *brut gottes* hat *"gewonet... in der besclossenen triskameren der heligen gantzen drivaltekeit."* (IV 12,3)

B. David von Augsburg

1. *burc*
1.1. *herze* (312,12)

4. *palas*
4.1. *himel* (361,33)

6. *herberge*
6.1. *himel* (312,4; 343,3; 344,32)
6.2. *herze* (317,36f)

10. *hus*
10.1. *herze* (317,36)

15. *porte/tür*
15.1. *genade* (312,4f)

23. *venster*
23.1. *gehügede* (323,20)
23.2. *lip* (381,19)

1.1.: Das Verhalten unnützen Gedanken und schlechten Begierden gegenüber muß sich an den Erfahrungen orientieren, die man mit äußeren Feinden macht; wenn man diese nicht verjagt, fesseln sie *den wirt* und *"besitzent die burc"* (312,12).

4.1.+6.1.: Der Himmel wird neben *palas* - in typologischem Bezug zur *erstin herberge* Jesu, dem *vichstal* in Bethlehem - in Hinblick auf seine Funktion, die endgültige Bleibe des Menschen zu sein, an mehreren Stellen *herberge* genannt. Diese *himelische herberge*, die Christus dem Menschen bereitet (s.343,3), ist den Verdammten unzugänglich, *"so der genâden tür versperret wirt...."* (312,4f).

6.2.: Den Hl. Geist macht David zum *wirt*, den man z.B. *mit unminne* aus seiner Herberge, die das Herz eines jeden Menschen darstellt, vertreiben kann (s.317,36f).

10.1.: Das Herz wird aufgrund seiner Funktion, eigentlicher Aufenthaltsort des Hl. Geistes zu sein, metaphorisch als *sin hûs unde sin wonunge* angesehen (317,36).

15.1.: s.6.1.

23.1. – 23.2.: Im Bild des *venster* macht David die Offenheit des menschlichen Bewußtseins für Gott anschaulich (s.323,20). Diese kann der Mensch durch keine Beschäftigung mit irdischen Dingen beeinträchtigen. Die Offenheit für Gott erhält auch der Leib des Menschen, wenn er in Gott - so Davids Wunsch - *"werde... ein kristallin venster"* (381,19).

C. Meister Eckhart

9. *tempel*
9.1. *vernünfticheit* (I 150,3)
9.2. *sêle* (I 13,1.3; 15,5; II 595,1)
9.3. *got* (II 594,6)

15. *porte*
15.1. *güete* (I 301,6)
15.2. *hl. geist* (II 180,7)
15.3. *erbermde gotes* (II 552,6)
15.4. o.BE (II 552,8)
15.5. *sinne* (II 578,3f)

9.1. – 9.3.: Den Unterschied zwischen *wesen* und *vernünfticheit* erläutert Eckhart mit Hilfe der Gebäudemetaphorik. Während das *wesen* nur Vorhof ist, spricht Eckhart der *vernünfticheit* eine Funktion zu, die mit dem Tempel als Aufenthaltsort Gottes vergleichbar ist. Weil Gott selber *vernünfticheit* ist, hält Gott sich nirgendwo eigentlicher auf als in seinem *tempel vernünfticheit* (I 150,3).

Auch die Seele wird, wenn sie alle kreatürlichen Einflüsse aus sich entfernt, von Eckhart als gottgleicher *tempel* bezeichnet (s.I 13,1f), in dem Jesus *da heime* ist (s.I 15,6).

In Pr 57, in der Eckhart Apk 21,2ff ("Vidi civitatem sanctam Jerusalem novam descendentem de caelo a domino") auslegt, wird die Seele, nachdem als Eigenschaft jeder Stadt *"daz si veste ist"* (II 594,4) hervorgehoben worden ist, mit dieser *stat* und diesem *tempel* identifiziert; dieser Tempel ist so stark, *"daz ir nieman geschaden enmac"* (II 595,1). Da das Hl. Jerusalem nach dem sensus anagogicus die himmlische Gottesstadt bedeutet, hat diese Stadt kein Bethaus (s.Apk 21,22); denn im göttlichen Bereich erfüllt Gott selbst die Funktion eines Tempels, Aufenthaltsort Gottes zu sein, so daß Eckhart auch formulieren kann: *"got was selber der tempel."* (II 594,6; vgl. Apk 21,22)

15.1. – 15.2.: Im Bild der *porte* macht Eckhart deutlich, daß sich Gott in der Güte öffnet und nach außen mitteilt. Dabei bleibt jedoch das göttliche Sein des Vaters in sich selbst; in Bezug auf den Hl. Geist formuliert Eckhart dagegen: *"... daz diu porte waere der heilige geist; dâ smilzet er ûz in güete in alle crêatûren."* (II 180,7f)

15.3. – 15.4.: In Pr 54a ist *porte* Metapher für die Stelle in Gott, wo sein Erbarmen erfahren werden kann, weil er sich hier in Barmherzigkeit und Güte aus sich heraus begibt und anderem zuwendet (s.II 552,6-8).

15.5.: Das Bild der *porte* verweist auch auf die Funktion der menschlichen Sinne, durch die die äußere Wirklichkeit in das Innere des Menschen gelangen kann (s.II 578,3f).

D. Tauler

4. *palast*
4.1. *Jhesus Cristus* (421,12f)

9. *tempel*
9.1. *mensche* (39,32f; 209,20; 311,17; 312,5)
9.2. *grunt* (40,6; 266,7f)
9.3. *sele* (61,3f.7)

10. *hûs*
10.1. *himelrich* (29,3)
10.2. *ertrich* (29,3)
10.3. *vegefúr* (29,3)
10.4. *helle* (29,3f)
10.5. *herze* (391,15)
10.6. *mensche* (104,14)
10.7. *licham* (392,23)
10.8. *gebet* (418,16)
10.9. *sele* (392,23)
10.10. *innewendicheit* (418,16)
10.11. *got* (104,14f; 393,31; 394,31f.34; 419,29f)
10.12. *kirche* (104,14; 391,14)
10.13. *grunt* (144,8.14f.18.26.28)

11. *hûsgenosse*
11.1. *mensche* (206,12)
11.2. *Jhesus Christus* (206,12)

12. *hûswirt*
12.1. *hl. geist* (109,32)

14. *hûsrat*
14.1. *hl. geist* (104,7)

15. *porte*
15.1. *erwirdikeit Gotz* (149,37f; 387,36f)
15.2. *miltikeit Gotz* (150,3)
15.3. o.BE (207,13; 388,2; 395,16; 397,3)

16. *portener*
16.1. *hl. geist* (206,23)

19. *mure*
19.1. o.BE (74,11)
19.2. *vorht* (106,6)

20. *winkel*
20.1. *mensche* (48,13f; 104,7; 360,3f)
20.2. *sele* (103,26f)
20.3. o.BE (271,16)

4.1.: Das ewige Leben vollzieht sich im Tempel, im *palast* des obersten Priesters Jesus Christus (s.421,13).

9.1. – 9.3.: Mit Hilfe der Gebäudemetapher *tempel* zeigt Tauler die Funktion der Seele, des *grundes* in der Seele oder allgemein des Menschen auf, Aufenthaltsort Gottes zu sein. An diesen - mit dem *grunt der sele* identischen - Ort (266,7f) gelangt der Mensch, wenn er all seine Kräfte sammelt (s.39,32f). Von seiner Lebensführung hängt es ab, ob Gottes Tempel in ihm zerstört (s.209,20) oder der Mensch zum Tempel Gottes wird: "*Alsus als der mensche in disen (inerlichen) friden (des geistes) kumet, so wirt er eigenlich und werlich ein tempel Gotz. In pace, in dem friden ist sine stat...*" (312,3-5).

10.1. – 10.13.: Die Hausmetapher steht für die Wirklichkeitsbereiche, in denen Jesus Christus präsent ist: Himmel, Erde, Fegefeuer, Hölle (s.29,3f). Weiterhin sind die Kirche, jeder Mensch (s.104,14f), seine Seele und sein Leib (s.392,23) Haus Gottes; durch das Verhalten des Menschen ist das, was eigentlich *tempel Gottes* (s.392,24) sein sollte, zum *morthûs* oder zum *koufhûs* (392,21.27) geworden. Erst wenn die Menschen vertrieben sind, die wie Kaufleute mit Gott ihrem eigenen Willen entsprechend handeln, kann die *innewendikeit* des Menschen zum *hûs des gebetes* (418,16f) werden, zum *bettehûs, gotzhûs* (394,31f), da der *tempel Gotz,* der der Mensch/die Seele eigentlich ist, *gereiniget ist* (419,16). Entsprechend den verschiedenen Räumen eines Hauses hat der Mensch als *wonehûs* Gottes viele Kräfte, Sinne und *wúrckunge*, in die Gott bzw. der Hl. Geist auf je besondere Weise kommt (s.104,14-18). Vor allem stellt für Tauler der *grunt* des Menschen das *hûs* dar, in dem Gott bzw. sein Reich andauernd präsent ist. Der Mensch kann in diesen Bereich kommen, wenn er sich von aller sinnlich erfahrbaren Wirklichkeit, allen Vorstellungsbildern und aller Vernunft trennt. Wenn der Mensch dann in seinen *grunt* gelangt und Gott sucht, fängt Gott an, den Menschen zu suchen, indem er *"kert dis hûs umbe und umbe"* (144,15).

11.1.: Der Mensch hat von Jesus Christus Zeitliches und Ewiges geerbt. Zeitlich darf er dauernd präsent sein in Leben und Leiden Christi, in der Ewigkeit wird er zum *hûsgenossen* mit der Gottheit (s.206,12).

11.2.: Der dem Menschen als zukünftiges Erbe verheißene gemeinsame Status mit Jesus Christus macht Tauler im Bild des *hûsgenos* anschaulich (s.206,12).

12.1.: Das Bild des *hûswirt* steht für die bestimmende Rolle des Hl. Geistes im Inneren des Menschen (s.109,32).

14.1.: Den Vorgang des Einzugs benutzt Tauler als Perspektive auf das Gegenwärtigwerden des Hl. Geistes im Menschen, der alles Kreatürliche aus sich entfernt hat; der Hl. Geist kommt in diesem Fall mit seinem *husrat* und erfüllt alle *winkel* und den *grunt* mit seiner Gegenwart (s.104,7).

15.1. – 15.2.: Die Stelle im Bereich Gottes, wo sich Gott aus sich heraus mit Barmherzigkeit und Milde nach außen begibt, erscheint als *porte*, *"do Got us smilzet..."* (150,1.3)

15.3.: Die vor der Erlösung durch Jesus Christus bestehende Unmöglichkeit zu Gott zu kommen, bringt Tauler ins Bild, indem er davon spricht, daß *"die porten warent... beslossen."* (395,16)

16.1.: Das Bild des Pförtners verweist auf die Funktion des Hl. Geistes, den Menschen auf sein Ansinnen hin in den Bereich Gottes einzulassen (s.206,23).

19.1.: *Mure* ist Paradigma schlechthin für die Hindernisse, die der Mensch zwischen sich und Gott errichtet (s.74,11).

19.2.: *Mure* verweist auch auf die Eigenschaft der Gottesfurcht, den Menschen vor *gebresten, hindernissen* und *stricke*n zu bewahren (s.106,6).

20.1. – 20.2.: Tauler benutzt die Metapher *winkel*, um anschaulich zu machen, daß Mensch und Seele gänzlich, ohne jegliche Ausnahme *vol sint* (u.a.360,4). Diese Feststellung kann sich sowohl auf die pharisäische, ichbezogene Einstellung des Menschen beziehen, die so sehr mit der menschlichen Natur einhergeht, daß nichts davon ausgenommen ist (s.48,13f u.360,3), als auch auf das Ausmaß der Mitteilung Gottes an die Seele, der *füllet.... alle die winkel der selen* (103,26f).

Die Gebäudemetaphorik wird entfaltet, wenn Tauler auf dem Hintergrund der Vorstellung von der Seele als Haus Gottes ausführt, daß der Hl. Geist in die Seele komme "*mit allem sime hûsrate und erfüllet alzuohant alle die winkele und den grunt*" (104,6-8).

20.3.: Im Zusammenhang mit der Aufforderung Taulers an seine Zuhörer, sich in Distanz zu allem zu begeben, was nicht Gott ist, steht bei dem - neben der Formulierung *abgescheidenlichen halten* und dem Bild der *einoete* verwendeten - metaphorischen Ausdruck "*sich in die winkel machen*" der Aspekt der abgelegenen Stelle eines Hauses im Vordergrund (s.271,16).

E. Seuse

1. *burg*
1.1. *mensche* (489,26f)

2. *inburgheit*
2.1. o.BE (169,28)

5. *pfallentz*
5.1. *himel* (457,1f; 547,24)

7. *hof*
7.1. *himel* (111,8; 112,7; 152,22; 242,3; 284,28; 304,10; 374,28; 442,30; 447,7; 457,1f; 490,14f)

8. *vorhof*
8.1. *selikeit* (234,5)

8.2. *helle* (362,5; 412,9)
8.3. o.BE (427,21)

15. *porte/tor*
15.1. *Maria* (266,5)
15.2. *munt* (414,21)
15.3. *liden* (205,6)

17. *gibel*
17.1. *gotheit* (190,15)

20. *winkel*
20.1. *herz* (395,25)
20.2. *sele* (529,17.19)

1.1.: Zur Bezeichnung des Menschen, in den der Teufel nur schwer einzudringen vermag, findet sich die Metapher *burg* (s.489,26f).

2.1.: *Inburgheit* ist Bild für das Innere des Menschen (s.169,28).

5.1.: Eine von Gott auserwählte Seele findet in der Zeit ihren Seelenfrieden, "*zuo hofe eren in der himelschen pfallentz, ewiges lobes...*" (457,1f). Was den Status der Gottesmutter im Bereich Gottes anbelangt, ist "*in der himelschen pfallentz sam ein edlú gemahel des obresten kúnges...*" (547,24f).

7.1.: Höfische Vorstellungen übernimmt Seuse, wenn er vom Himmel als Hof mit entsprechendem *ingesinde* spricht.

8.1. – 8.3.: Mit dem Bild des Vorhofs verfolgt Seuse die Intention, zu differenzieren zwischen der ewigen Seligkeit als dem Ziel des menschlichen Verlangens und dem Ergebnis, das der Mensch durch das Transzendieren von Raum und Zeit erreicht (s.234,5). Als *vorhof der selikeit* weist es zwar noch Unterschiede zur Seligkeit auf, trägt jedoch bereits viele Gemeinsamkeiten. In ähnlicher Weise sieht Seuse ein Leben in Beziehung zur Hölle stehen, wenn man an der Welt keinen Gefallen mehr findet und doch noch ohne Gott ist (362,5). Unter dem Aspekt des Warteraumes steht *vorhof* als Metapher für die Situation, in der zu Gott eilende Menschen darauf warten, zu ihm gelassen zu werden (s.427,21).

15.1.: Die Bedeutung der Gottesmutter im Rahmen des Heilsgeschehens, nämlich das durch sie in Jesus Christus Gestalt werdende Erbarmen Gottes, wird im Bild der nie verschlossenen *porte der erbermde* anschaulich gemacht (266,5).

15.2.: Dem Mund des Menschen, seiner *porte*, wie Seuse bildhaft formuliert, muß ein Schloß angelegt werden, damit nur noch Notwendiges von innen nach außen dringen kann (s.414,21).

15.3.: *Tor* steht als Metapher für die Bedeutung des Leidens Jesu, das dem Menschen den Zugang zu Gott eröffnet (s.205,6).

17.1.: Im Bild des *gibel* verweist Seuse auf den höchsten Bereich der im Kontext der Gebäudemetaphorik Züge eines Hauses annehmenden Gottheit (s.190,15).

20.1. – 20.2.: Mit der Metapher *winkel* verleiht Seuse dem Herzen und der Seele räumliche Züge: sie dient ihm zum einen dazu, aufzuzeigen, was es bedeutet, daß das menschliche Herz ganz - wie Seuse im Bild formuliert: "*die gnadlosen winkel mines herzen*" (395,25f) - von der Gnade durchdrungen werden muß; andererseits kann mittels der Metapher *winkel* auch die Schwierigkeit ins Bild gebracht werden, vor der derjenige steht, der sich bemüht, seine Seele daraufhin zu überprüfen, ob sich in ihr noch etwas befindet, was ihn an der Begegnung mit Gott hindert.

---

bûwen (1.)/ ûfbûwen (2.)

D. Tauler

1. *bûwen*
1.1. *mensche* (13,6; 18,32; 64,15.23.25; 86,32; 95,32)

2. *ûfbûwen*
2.1. *leben* (322,7)
2.2. *werk* (322,7)

1.1.: Verschiedene Verhaltensweisen erhalten im Kontext der Metaphorik des Bauens den Charakter, grundlegend das menschliche Handeln zu bestimmen: das Vertrauen in die eigene Kraft (s.13,6), die eigenen Vorsätze (s.18,32), das eigene Tun anstelle des göttlichen Gnadenhandelns (s.64,23) oder das Vertrauen auf Jesus Christus (s.95,32).

2.1. – 2.2.: Über die Metapher *ûfbûwen* erhält die Demut des Menschen die Funktion zugeschrieben, Grundlage für die *zimber* des menschlichen Lebens sowie aller Werke zu sein (s.322,7).

E. Seuse

1. *buwen*
1.1. *mensche* (219,6f; 514,2)

1.1.: Mit der Baumetapher verweist Seuse darauf, daß Worte anderer Menschen Grundlage des Handelns oder des Lebens sein können.

clar (1.)/ überclar (2.)/ clarheit (3.)/ klaeren (4.)/ durklert (5.)

A. Mechthild von Magdeburg

1. *clar*
1.1. *mensche* (V 17,10)
1.2. *sele* (II 8,19; III 1,20; V 25,12; VII 7,16)
1.3. *kor* (II 4,62)
1.4. *engel* (I 44,55)
1.5. o.BE (IV 23,9)
1.6. *selige* (VII 1,112)
1.7. *sehen* (I 22,10)
1.8. *geist* (V 5,10)
1.9. *dorne* (VII 1,86)
1.10. *kúscheit* (V 23, 28. 128)
1.11. *wunne* (VI 10,22; VII 1,82; 2,23)
1.12. *minnelust* (V 1,32)
1.13. *minne* (III 13,24; VI 41,11)

2. *überclar*
2.1. *antwurt* (VII 59,4)

3. *clarheit*
3.1. *got* (I 8,3; III 1,65; V 18,4)
3.2. *drivaltekeit* (VII 25,3)
3.3. *himel* (VII 53,23)
3.4. o.BE (I 22,11; IV 25,7; VI 41,4; VII 37,20f)
3.5. *lib* (IV 27,164)

4. *klaeren*
4.1. *ouge* (II 18,4(Pat))
4.2. *gegenblik* (VI 39,14(Pat))

1.1. – 1.6.: In Anlehnung an einen von allem Schmutz und Eintrübung freien Zustand charakterisiert Mechthild mit der Adjektivmetapher *clar* die Verfassung des Menschen bzw. der Seele, die Gott in seine Nähe gebracht hat. Wenn dieser Zustand realisiert ist, worum Mechthild Gott bittet, ist alles Irdische, alle Sünde entfernt; der Mensch hat seine ursprüngliche Ausstrahlung und Transparenz wieder zurückerhalten, weil der - *vinsternis* verbreitende - irdische Einfluß beseitigt ist dadurch, daß Gott den Menschen zu sich geholt hat: "*Eya zúch mich, herre, uf zuo* *dir, so wirde ich rein und klar. Last du mich in mir selber, so blibe ich in vinsternisse und in sweri."* (V 17,9-11) Denn oberhalb von *"allen zergenglichen dingen"* wird alles von Gottes lichtvoller Wirklichkeit bestimmt, so daß jegliches Irdisch-Menschliche hier transformiert wird. Zum Beispiel *"lúhtet als ein furig kristalle"* (IV 23,5) der Leib des Evangelisten Johannes im Himmel, wo *alles klar* ist (IV 23,9), weil er *"nu der goetlichen ewekeit also vil enpfangen..."* hat (IV 23,5). Mittels der Kleidmetaphorik in Bezug auf den himmlischen *kor* veranschaulicht, bedeutet die Existenz im Bereich Gottes, daß alle Menschen dort *"waren gekleidet mit lúhtendem golde... klarer denne die sunne."* (II 4,61-63) Weil alle, die in den Bereich Gottes gelangen, die gottgleiche Eigenschaft ungetrübter Helligkeit auszeichnet (z.B. die Engel, s. I 44,55), hat dies für die Annäherung der Seele an Gott die Konsequenz: *"... ie hoeher ich stige, ie klarer ich schine."* (III 1,19f) Vereint mit Gott wird der Mensch mit seiner Seele ganz transparent für Gott: *"... so werdent únser sinne geoffenet und so wirt únser sele also clar, das wir sehen in die goetlichen bekantnisse..."* (VII 7,15f). Der sich anschließende Spiegelvergleich besagt, daß die Seele aufgrund ihrer spiegelähnlichen Beschaffenheit in Gott an dessen Selbsterkenntnis zu partizipieren vermag (s.VII 7,16). Wegen des (aufgewiesenen) engen Zusammenhangs der Gottgleichheit und der metaphorisch als *clar* umschriebenen menschlichen Verfassung formuliert Mechthild im Hinblick auf die sich in Gott befindlichen Seligen: *"So werdent si also vro und also vri,... clar und gotte gelich... als das mag múglich sin."* (VII 1,112f)

1.7.: Am Beispiel der *brut* Jesu Christi weist Mechthild darauf hin, daß die unbeeinträchtigte, innere Erfahrung im Gegensatz zur äußeren sinnlichen Wahrnehmung steht: *"... in der groeston blintheit sihet si allerklarost."* (I 22,10)

1.8.: Ein reines Herz sieht Mechthild als Ursache dafür an, daß das Bewußtsein eines Menschen *"clar an im selber als die sunne"* ist (V 5,10f).

1.9.: Die Offenheit Jesu Christi für die Einwirkung des göttlichen Vaters stellt Mechthild im Rückgriff auf die Naturerfahrung dar, indem sie sich Gott als Sonne vorstellt, die *"dur das clare wasser der vroelichen menscheit..."* Jesu Christi *schinet* (IV 12,20f).

1.10.: Die Keuschheit der Gottesmutter weist keine Einschränkung auf; sie ist *rein, klar* (s.V 23,128).

1.11. – 1.13.: Grundsätzlich kann alles, was an Gott partizipiert, von Mechthild metaphorisch als *clar* charakterisiert werden; die göttliche *wunne* (s.VI 10,22), die *minnelust* der Seraphim (s.V 1,32) sowie die göttliche *minne* (s.III 13,24). Durch Kombination des Helligkeits- mit dem Reinheitsaspekt macht Mechthild insbesondere an der himmlischen *wunne* den Gegensatz zu aller irdischen Erfahrung deutlich. In Bezug auf einen Seligen, der bei Gott lebt, formuliert sie: *"Do was er schoener denne die sunne und er swebete in klarer wunne hoch über alle irdenische jamerkeit."* (VI 10,21f). Zu dieser Erfahrung kann der Mensch auch durch die Demut gelangen, wie Mechthild am Kreuz Christi zeigt: *"Das crúze hat vier ende. Das niderste ende ist gezieret mit wunne, claror denne die sunne."* (VII 1,81f)

2.1.: Die alles menschliche Fassungsvermögen transzendierende göttliche Wirklichkeit zeigt sich in der Antwort Gottes auf Mechthilds Botschaft an ihn. Gottes *"antwurt... ist so gros, so creftig, so grundelos, ... so úberclar, das ich si nit mag enpfân..."* (VII 59,3-5).

3.1. – 3.3.: Als Gegenpol zur irdischen Wirklichkeit zeichnet sich Gott nach Mechthilds Meinung aus durch seine *"klarheit ane masse..."* (I 8,3), die seiner räumlichen Position in *unreichhaftú hoehi* (I 8,3) entspricht. Wenn der Mensch alle irdischen Dinge aus sich entfernt hat und *rein* ist, vermag er diese *himmelschen clarheit* in seiner Seele zu empfangen (s.VII 53,23f).

3.4. – 3.5.: Durch tugendhaftes Leben kann der Mensch seine Bestimmung durch die irdische Wirklichkeit verringern und sich dadurch Gott zunehmend angleichen: *"... das wir wahsen an der edelkeit und dien an der klarheit und stigen uf an der hoehin."* (IV 25,7f) Den Endpunkt dieser Entwicklung sieht Mechthild an einer anderen Textstelle enden in der *"ewigen hochgezit der heligen drivaltekeit..."* (VII 37,2f), wo der Mensch *"von wunnen ze minnen, von minnen ze vroeden"*, von dort zu *clarheit*, zu *gewaltekeit* bis in die *hoehsten hoehin* vor die Augen des himmlischen Vaters gelangt (VII 37,20-22). Dies bedeutet - wie den Bemerkungen Mechthilds zur *brut des Herrn* zu entnehmen ist -, daß der Mensch *"in der groesten klarheit..."* sowohl tot wie lebendig ist (I 22,11); tot, weil alles Irdische vernichtet ist; lebendig, weil der Mensch in Gott zu seiner eigentlichen Bestimmung gefunden hat.

4.1. – 4.2.: Eine der vielfältigen Tätigkeiten Gottes besteht darin, daß er in einer Art Läuterung die Seele von allen, ihr Sehvermögen wie Schmutz beeinträchtigenden Fremdeinflüssen befreit. Dies hat zum Ergebnis, daß die *"ogen der sele"* in Gottes *"fúrigem liehte sint geklaeret..."* (II 18,4).

In Bezug auf die Gottesmutter führt Mechthild an einer anderen Textstelle aus, daß ihr *gegenblik*, bedingt durch die empfangenen göttlichen Gaben, seine volle Helligkeit hat; *"er ist geklaeret mit aller der gabe..."* (VI 39,14).

B. David von Augsburg

---

1. *clar*
1.1. *anésehen* (326,8)
1.2. *muot* (391,23)
1.3. *menscheit* (381,25)

3. *clarheit*
3.1. *himel* (324,10; 342,16)
3.2. *got* (388,26)
3.3. *ewikeit* (384,2)
3.4. *brehen* (369,32)
3.5. o.BE (361,30f; 394,6)

1.1. – 1.2.: Vom Leben in der Nachfolge Jesu hängt es ab, ob der Mensch Christus im Himmel unbeeinträchtigt wahrnehmen kann (s.326,8). Wie David im Rahmen seiner Ausführungen zu den sieben Stufen des Gebets darlegt, ist der menschliche *muot* auf der dritten Stufe des Gebets allerdings noch nicht in der Lage, Gott zu erkennen, da er dazu noch nicht ausreichend *klârlîchen* und *lûterlîchen erliuhtet* ist (391,23f).

1.3.: Weil die Menschheit Jesu Christi durch nichts beeinträchtigt ist, so daß sie unverfälscht erfahren werden kann, charakterisiert David diese mit der Adjektivmetapher *klâr* (s.381,25).

3.1. – 3.3.: Das authentische Verstehen der himmlischen Wirklichkeit, die - wie David im Bild der *klârheit* zur Sprache bringt - ganz transparent ist, wird durch den Bezug des Menschen zu irdischen Dingen eingeschränkt (s.324,10). Deshalb kann sich der kreatürlich verfaßte Mensch auch nicht von sich aus in die himmlische *klârheit*, oder wie David an anderer Stelle formuliert: *"in die klâre klârheit"* verwandeln; er ist vielmehr auf die Hilfe Gottes angewiesen (s.342,16).

3.4.: Der unendliche Tag Gottes empfängt sein nie abgeschwächtes Licht von der *"umbetrüebten klârheit* des *gotlîchen brehens"* (369,33f).

3.5.: Die von Paulus in 1 Kor 13,12 angesprochene unmittelbare Gotteserkenntnis deutet David dahingehend, daß dabei ein Wechsel *"von einer klârheit in die andern"* (394,7) erfolgt, nämlich von dem mit göttlichem Licht erleuchteten menschlichen Geist in die göttliche Klarheit. Indem das göttliche Licht *"mischet sich in den muot"*, macht es *"einen geist ûz zwein..."* (394,9).

Ganz allgemein verleiht David durch die Formulierung *"in der lûtern klârheit und in der liehtsten lûterkeit"* (361,30f) dem göttlichen Bereich Züge des Hellen und Ursprünglichen.

C. Meister Eckhart

1. *klâr*
1.1. *wizzen* (I 164,10)
1.2. *verstantnisse* (II 305,10)
1.3. *sunne* (I 407,5)
1.4. *sêle* (III 26,2)
1.5. *bilde* (II 276,3f)
1.6. *got* (II 276,4)
1.7. *lieht* (II 402,1)

3. *klârheit*
3.1. *natûre* (II 529,1f)
3.2. *got* (I 397,3f; II 594,7)
3.3. *heilige* (II 86,3)
3.4. *sêle* (I 407,9)
3.5. o.BE (I 398,4; III 259,5; 260,3.7)

1.1. – 1.2.: Für das Erfassen geistiger Wirklichkeit, insbesondere der göttlichen Wahrheit, sieht Eckhart es als Notwendigkeit an, daß der Mensch über ein unverfälschtes und unbeeinträchtigtes Wissen, d.h. in seinen Worten: *"ein lûter klâr wizzen götlîcher wârheit"* (I 164,10f), verfügt. Infolge der Übertragung des äußeren Wahrnehmungsvorgangs auf die geistige Erkenntnis bleibt Eckhart im Bild, wenn er die Offenheit der inneren Augen des Menschen (s.II 305,9f) als Bedingung für das deutliche *(klaerlîche)* Erfassen der Wahrheit durch den Verstand nennt.

1.3. – 1.4: Die anhand der Lichtmetaphorik anschaulich gemachte Einwirkung der *"klâre(n) sunne der gotheit"* auf die Seele wird in ihrer Intensität beeinflußt von der Beschaffenheit der Seele. Je mehr die Seele zu sich selbst in Distanz gegangen und sich Gott angenähert hat und je mehr sie alle - ihre Aufnahmefähigkeit beeinträchtigenden - Fremdbestimmungen beseitigt hat, desto vollkommener vermag Gott in ihr zu wirken: *"Sô diu sêle hoeher gezogen ist über sich, sô si lûterer und klârer ist, sô got ie volkomenlîcher in ir gewürken mac..."* (III 26,1f).

1.5. – 1.6.: Gott wird umso authentischer im Inneren des Menschen präsent, desto mehr Gottes Bild im Menschen von allen fremden - dieses Bild verhüllenden - Überlagerungen befreit wird. Mit dem Grad des *entbloezen* geht der Grad der durch keine Fremdeinwirkung beeinträchtigten Präsenz des Göttlichen einher: *"Sô der mensche ie mê und ie klaerlîcher gotes bilde in im entbloezende ist, sô got ie klaerlîcher in im geborn wird."* (II 276,3f).

1.7.: Eckhart weist darauf hin, daß bei aller Empfänglichkeit des Menschen für Gott seine Aufnahmefähigkeit dennoch beschränkt ist; darum kann das göttliche *lieht* nicht so *lûter klâr*, wie es von sich aus erscheint, auf die Seele einwirken, sondern bedarf, damit die Seele es verkraften kann, einer Umhüllung (*umbewîlunge*) (s.II 402,1f).

3.1. – 3.2.: Wenn *klârheit* zur Metapher Gottes wird, steht im Mittelpunkt der Aspekt der Transparenz und ungetrübten Helligkeit, die Gott zukommt, weil Gott von allen, seine Natur betreffenden, Einschränkungen frei ist (s.II 529,1f). Da die Worte menschlichem Einfluß unterliegen, ist die mit der Metapher *klârheit* ins Bild gebrachte Beschaffenheit Gottes *unsprechelich* (s.II 529,2). Diese *klarheit gotes* wirkt in jede *geistlîche sêle* ein (II 594,7f). Wenn der Mensch - wie Eckhart unter Berufung auf 2 Kor 3,18 ausführt - Gottes *glanz* und *klârheit* mit *entbloeztem antlütze* wahrnimmt, kommt es zur unio, indem der Mensch in Gott *ingebildet* wird (s.I 397,3-5).

3.3. – 3.4.: Die Gottesgeburt ereignet sich u.a. durch das Erscheinen des ewigen *liehtes* in der *klârheit* der Heiligen (s.II 86,3).

An einer anderen Textstelle spricht Eckhart mit der Formulierung *klârheit der sêle* (I 407,9) deren Transparenz an, die die Gottesgeburt ermöglicht.

3.5.: Ohne daß Gott als Bildempfänger genannt wäre, wird bei den aufgeführten Textstellen aus dem Kontext deutlich, daß es die göttliche *klârheit* ist, in der der Mensch die ganze Welt versammelt sieht (s.III 260,3). Der Mensch gelangt in diese *klârheit*, genauerhin *"von klârheit ze klârheit und mit klârheit"* (I 398,4), wenn er sich mit seiner Vernunft zu Gott begibt.

D. Tauler

1. *clar*
1.1. *verston* (8,29f)
1.2. *underscheit* (54,36)
1.3. *schin* (214,10)
1.4. *lieht* (378,24)
1.5. *schinen* (33,11)
1.6. *vorgang* (238,14)
1.7. *ding* (75,24f)

3. *clarheit*
3.1. *got* (206,19; 301,22)
3.2. *engel* (376,7)
3.3. *vinsternisse* (278,8f)

1.1.: Gott ist zur völligen, uneingeschränkten Erkenntnis seiner selbst fähig, da sein *verston* keinem - die Qualität des Erkennens mindernden - fremden Einfluß unterliegt; das Erkennen des göttlichen Vaters charakterisiert Tauler daher als ein *"durchsehen sich selber in clorem verston"*, bzw. als *"blosse(s) verstane sin selbs"* (8,29-31).

1.2. – 1.3.: Der Mensch, der sich in der unio befindet, gewinnt in unüberbietbarer Weise einen *"clar war underscheit von allen articheln des lutern gelouben"* (54,36f). Dies ist darin begründet, daß die göttliche Einheit *"eine unsprechenliche vinsternisse, und ... doch das wesenliche lieht..."* (55,3f) ist. Auch wenn die Gegensätzlichkeit von Licht und Finsternis erst in den folgenden Ausführungen aufgelöst wird, kann der Zuhörer die assoziative Abfolge der Metaphern *clar* (s.54,36), *vinsternis, wesenliches lieht* (s.55,3) in der Weise in einen logischen Zusammenhang bringen, daß er zunächst *vinsternis* ausfiltert, *lieht* jedoch als Bedingung dafür ansieht, daß er einen *clar war underscheit* hat (54,36). Denn so wie Licht Voraussetzung jeder visuellen Wahrnehmung ist, trifft auch für die verborgene Glaubenswahrheit zu, daß sie nur dann erkannt wird, wenn sie - ähnlich der visuellen Wahrnehmung - dem Menschen deutlich gemacht wird: *"do wirt es in alles uf geton in dem wunderlichen liehte und in den bliken in dem klaren schine, die in dem inwendigen grunde gelúchtet hant, die verborgene worheit."* (214,9-11)

1.4.: Was die Erfahrung der *vinsternis* anbelangt, sieht Tauler diese in der Intensität der göttlichen Mitteilung begründet. Über einen Vergleich mit der klaren, in ihrer Helligkeit ungetrübten Sonne macht Tauler plausibel, daß die direkte Einwirkung des göttlichen Lichtes auf den *grunt* des Menschen den Menschen und sein Erkenntnisvermögen *verblendet* (s.378,25). Die aus seiner Wirkung, daß es *"wirt als klar in dem grunde"* (378,26), resultierende *überswenklicheit* überfordert nämlich das menschliche Erkenntnisvermögen derart, daß es inhaltsleer, d.h. ohne Eindruck bleibt und das göttliche Licht somit nur als *ein dúnsternisse* wahrgenommen wird (s.378,27).

1.5.: In Pr 7, in der Tauler die innere Entwicklung des Menschen in Anlehnung an das - infolge Sonneneinstrahlung erreichte - Wachstum auf einem Acker veranschaulicht, hat die Adjektivmetapher *klar* die Funktion, diese Entwicklung mit dem Hinweis auf die besondere Qualität der als einstrahlendes Sonnenlicht dargestellten göttlichen Einwirkung zu erklären (s.33,11-13).

1.6.: Die uneingeschränkte und authentische Qualitität, die die Begegnung mit dem Geist Gottes hat und die eine Umkehr des Menschen bewirkt, veranschaulicht Tauler mit den Adjektiven *"klar und war und blos"* (238,14f).

1.7.: Um hervorzuheben, daß der Mensch in vollem Maße, d.h. in uneingeschränkter und unabgeschwächter Weise, die Dinge braucht, die Tauler zur Erreichung des göttlichen Lebens empfiehlt, wählt er die Metaphern *luterlich und clerlich* (75,25).

3.1. – 3.2.: Im Bild der *klarheit* macht Tauler anschaulich, daß Gott völlig frei von allem ist, was die Erscheinungsweise seines Wesens beeinträchtigen könnte (s.206,19 u. 301,22).

Weil auch die Kerubim zur Sphäre Gottes gehören, partizipieren sie an der göttlichen *klarheit*. Dies wirkt sich in der Weise aus, daß der *grunt* des Menschen, auf den sie mit ihrem gottfarbenen Licht einwirken, selbst *liechtvar* wird (s.376,7-10).

3.3.: In Pr 60 nennt Tauler die göttliche *klarheit* als Ursache für die in menschlicher Perspektive erscheinende göttliche Finsternis; durch einen Vergleich mit den Augen des Menschen, die im Hinblick auf die Sonne nur Finsternis wahrnehmen, weist Tauler darauf hin, daß sich die in der *unsprecheliche(n) klorheit* begründete Intensität der göttlichen Mitteilung inadäquat verhält zum menschlichen Auffassungsvermögen: *"Denne sich an das goetliche vinsternisse, das von unsprechelicher klorheit vinster ist allen verstentnissen... als der glantz und die sunne in irem rade ist dem kranken ougen ein vinsternisse."* (278,8-11).

E. Seuse

1. *clar*
1.1. *spiegel* (242,17;277,8)
1.2. *minne* (385,6)
1.3. *vereinen* (385,20)
1.4. o.BE (196,8)
1.5. *gotheit* (206,26)

3. *clarheit*
3.1. *himel* (242,1)

3.2. *vinsterheit* (177,19f)
3.3. *Jesus Christus* (277,17; 291,22; 391,7)
3.4. *engel* (294,15)
3.5. *menscheit* (391,9f)
3.6. *gotheit* (391,10)
3.7. o.BE (519,4)

1.1.: Daß in Jesus Christus auf unbeeinträchtigte Weise Gottvater präsent ist und zur Darstellung kommt, wird durch das Adjektiv *klar* im Zusammenhang mit der Metaphorik des Spiegels hervorgehoben,- ein Bild, das auf die unbeeinträchtigte Identität von Vater und Sohn zielt (s.277,8). Aufgrund der spiegelhaften Qualität der *blozen gotheit* soll auch plausibel gemacht werden, daß in ihr alle Dinge manifest werden (s.242,17-19).

1.2.: Für die *minne* der Ewigen Weisheit, die sich uneingeschränkt vollzieht, verwendet Seuse das Bild der *"klare(n) suezze(n) minne"* (385,6f).

1.3.: Als *klarlich* bezeichnet Seuse die unio der Ewigen Weisheit mit der Seele des Dieners, da es sich um eine uneingeschränkte Verbindung handelt (s.385,20f).

1.4. – 1.5.: Das, was sich dem Menschen bei der Entrückung zu erkennen gibt, wird hinsichtlich seiner Qualität als *klar* charakterisiert (s.196,8).

3.1.: Eine ungetrübte Helligkeit spricht Seuse dem 9. Himmel zu, wenn er seine *"unmessige(n) durglenzende(n) klarheit"* (242,1f) herausstellt.

3.2.: Obwohl Gott von sich aus *"ist du aller liehtstu klarheit"* (177,19f), erfährt der Mensch diese nur als *vinsterheit*, da der Einfluß der kreatürlichen Wesen eine Gotteserkenntnis verhindert. Dies bedeutet, daß Gott aufgrund seiner *klarheit* jede

Erkenntnis zuläßt, diese aber beim Menschen deshalb nicht zustandekommt, weil die kreatürlichen Wesen ihn zerstreuen und blenden (s.177,19f).

3.3. – 3.6.: Die Metapher *klarheit* findet auch Verwendung für die Verfassung Jesu Christi in der Ewigkeit (s.277,17 u. 291,22), die auch die Engel zeigen (s.294,15). Anknüpfend an 2 Kor 3,18 sieht Seuse, daß der Mensch, der in der Nachfolge des Vorbildes Jesu lebt, vom göttlichen Geist umgestaltet wird *"von klarheit ze klarheit"*. Dies bedeutet für Seuse, daß der Mensch sowohl die Menschheit Jesu Christi als auch seine Gottheit in ihrer uneingeschränkten Qualität erfahren kann (s.391,8-10).

3.7.: Neben *unleydligkeit, untodligkeit* umschreibt Seuse mit *klarheit* Eigenschaften des Zustandes, den Jesus Christus nach seiner Auferweckung erhält (s.519,4).

F. Margaretha Ebner

1. *clar*
1.1. *got* (163,12)
1.2. *leben* (76,12f)
1.3. *lip* (50,5)

3. *clarheit*
3.1. *got/gotheit* (79,6; 86,7; 99,9; 163,15f; 164,30)

3.2. *Jesus Christus* (132,24)
3.3. o.BE (166,15)

5. *durklert*
5.1. *menscheit* (165,17)

1.1.: Gott begibt sich bei der unio uneingeschränkt in die Seele; Margaretha konkretisiert dies metaphorisch, indem sie formuliert, daß Gott sich *clärlichen in sie gesenket* hat (163,12).

1.2.: Wie Margaretha berichtet, ist Jesus Christus bereit, sein *luters clares leben* (76,12f) ihrem - von Margaretha nicht genauer vorgestellten - Lehrer des Herrn als Mittel gegen seine *tunkel sinne* zu geben.

1.3.: Den Leib Jesu Christi erfährt Margaretha in einer Vision als den *aller lutersten claren lip* (50,5).

3.1. – 3.2.: Charakteristikum Gottes ist es, daß er völlig uneingeschränkt existiert. Zur authentischen Erfahrung Gottes, der Hl. Dreifaltigkeit (s.163,15f) oder speziell Jesu Christi gehört daher, daß Gott *in der aller lutersten clarhait* (164,30) erfaßt wird. Weil in Gott keine Beeinträchtigung seines Wesens möglich ist, folgt aus der *clârheit* Christi im Himmel auch seine Schönheit (s.132,24).

3.3.: Margaretha wünscht sich, daß alle Seelen aus dem lebendigen Wasser, das Jesus Christus ist (s. Joh 4,14), *mit clarhait* getränkt werden (166,15).

5.1.: In ihrer Beschaffenheit zeichnet sich die Menschheit Jesu dadurch aus, daß sie ohne beeinträchtigende Fremdbestimmung ist. Margaretha charakterisiert sie daher metaphorisch als *durchclariu wol geziertiu menschait* (165,17), die aufgrund ihrer Eigenschaft die Fähigkeit besitzt, das Leben Margarethas zu reinigen (s.165,19).

G. Heinrich von Nördlingen

1. *clar*
1.1. *Margaretha* (4,49)
1.2. *minnen* (42,14)

3. *clarheit*
3.1. *got* (5,15; 38,25)
3.2. *glider* (47,52)

4. *klaeren*
4.1. *Jesus Christus* (34,44)
4.2. *antlüz* (48,1(Pat))

1.1. – 1.2.: In seinen Ausführungen stellt Heinrich Margaretha als eine Frau dar, die *"clarlich gelüchtit hat in dem vetterlichen hertzen"* (4,49), die *blöszlich, clärlich* und *luterlich* Jesus Christus und das Seine zu lieben vermag (s.42,14).

3.1.: Die Stelle, wo Gott authentisch ganz er selber ist, frei von allem Fremden, umschreibt Heinrich metaphorisch als *"abgrund seiner ewiger klarheit"* (5,15). Da Gott hier frei von jeglicher Beeinträchtigung ist, spricht Heinrich an einer anderen Textstelle auch von der *"luter clarheit gotz"* (38,25).

3.2.: Die *"klarheit aller erstanden glider Christi"* (47,52) resultiert daraus, daß diese an der Beschaffenheit Gottes partizipieren.

4.1. – 4.2.: Dem Einfluß Jesu Christi verdankt Margaretha nach Heinrichs Meinung, daß sie ihr authentisches Wesen wiedererlangt hat. Indem Jesus Christus nämlich aus Liebe sie *"in seines fewers rost lüteret und geklert hat"* (34,44), wurden alle entfremdenden Bestimmungen ihres Wesens vernichtet. Dem *"brunst der mine"* zuzurechnen ist, daß speziell ihr Gesicht *geklert* ist (48,1).

clot (1.)

A. Mechthild von Magdeburg

1. *clot*
1.1. *got* (VI 31,28)

1.1.: Das Bild vom Kreis, dessen Höhe, Tiefe und Umfang unfaßbar sind, sprengt alle menschlichen Vorstellungen; es steht für den Zustand Gottes, in dem vor der Schöpfung alle Dinge präsent waren (s.VI 31,28).

bedecken (1.)/ bedecket (2.)/ unbedecket (3.)/ bedeckunge (4.)/ entdecken/erdecken (5.)/ entekunge (6.)

A. Mechthild von Magdeburg

1. *bedekken*
1.1. *hl. geist* (VII 24,5)

1.1.: Das Ausmaß der göttlichen Minne, die der Hl. Geist dem Menschen mitteilt, ist so groß, daß der ganze Mensch - wie Mechthild im Bild des *bedekken* zur Sprache bringt - davon quasi überlagert ist (s.VII 24,5).

C. Meister Eckhart

1. *bedecken*
1.1. *wandelwerticheit* (I 393,8)
1.2. *begerunge* (V 113,6f)
1.3. *bilde* (V 113,26f(Pat))
1.4. *sun* (V 114,6f(Pat))
1.5. *lieht dirre werlt* (V 114,13f)
1.6. o.BE (I 395,7; V 14,5)
1.7. *dinc* (III 315,4f)
1.8. *got* (I 186,4; II 116,6)
1.9. *güete* (I 400,4)
1.10. *mensche* (II 120,3)
1.11. *zuobedenken* (II 120,3f)
1.12. *daz guot* (V 25,4f)
1.13. *minne* (V 243,1.2f)

2. *bedecket*
2.1. *dinc* (I 184,5)
2.2. *got* (II 30,5)
2.3. *krefte* (I 184,7)
2.4. o.BE (I 185,3.4.7f; III 324,3)

3. *unbedecket*
3.1. *kraft* (I 184,8)
3.2. *bilde* (V 114,5)
3.3. *wesen* (II 363,6)

5. *entdecken*
5.1. *mensche* (I 185,6; 186,3.6f; II 275,4f; 276,3f; 288,1f)
5.2. *vater* (II 276,5f)
5.3. *got* (I 186,3.7: 187,5; II 274,5(Pat))

1.1. – 1.7.: Ähnlich wie bei der Kleidmetapher steht auch bei der Verbmetapher *bedecken* die verhüllende und verbergende Funktion im Vordergrund, die Eckhart dem Irdischen, genauerhin der *wandelwertichkeit* (s.I 393,8), irdischen *begerunge* (V 113,6f), irdischen *dinc*, "*diz und daz guot*" (V 25,4f) zumißt. Im Unterschied zur alltäglichen menschlichen Erfahrung wird dieses jedoch nicht als Nutzen, sondern ausschließlich als zu entfernendes Hindernis dargestellt. Demnach deutet aus der Sicht Eckharts nicht das Nacktsein, sondern das Bedecktsein auf einen Mangel hin. Dies ist darin begründet, daß die irdische Wirklichkeit die Erfahrung der göttlichen Wirklichkeit unmöglich macht: *wandelwertikeit* überlagert die menschliche Vernunft, so daß diese das göttliche Wort nicht zu vernehmen vermag (s.I 393,7).

Im Hinblick auf das erkennende Subjekt hält Eckhart es in jedem Fall für geboten, daß alles "*daz, daz verstantnisse bedecken mac*" (I 395,7), entfernt wird, so daß nur noch das *dem verstantnisse* Gleiche übrig bleibt. Weiterhin macht irdisches Verlangen die Erkenntnis des göttlichen Bildes im Menschen unmöglich, indem es das göttliche Bild, Gottes Sohn im Grund der Seele, *hindert und bedecket* (V 113,6f). Die gleiche Wirkung erzielt jegliche Form von Orientierung der Seele an äußerlichen Übungen (s.V 113,26f u. V 114,6f).

Allgemein charakterisiert Eckhart den negativen Einfluß der irdischen Wirklichkeit auf den Menschen dahingehend, daß das "*lieht dirre werlt*" das göttliche Bild im Menschen verbirgt und sogar seine Substanz angreift, indem es das Bild *entverwet*, ohne es jedoch zu vertilgen (s.V 114,12f). Alles Nichtgöttliche wirkt sich auf die Erfahrung göttlicher Wirklichkeit derart aus, daß sie "*minnert und bedecket und verbirget süezicheit, wunne und trôst, den got gibet.*" (V 14,7f)

1.8. – 1.11.: Eckhart geht davon aus, daß Gott nichts von sich prinzipiell zurückhält, indem er es *bedecket* (s.I 186,4). Wenn er "*sich bedecket in dem engelischen liehte*", dann nur, um zu warten, bis die Seele auf seinen Empfang vorbereitet ist (s.II 116,6). - Daß das Sein Gottes nicht erkannt werden kann, liegt vor allem daran, daß der Mensch Gott unter dem Aspekt der Güte und Wahrheit betrachtet. Dies hat den Effekt, daß damit Gott in seinem Sein etwas *zuogeleget* ist (s.I 401,8), was "*bedecket wesen und machet im eine hût...*" (I 400,4). Ein "*einic zuobedenken bedecket*" nämlich *wesen* (II 120,3f).

1.12.: Um Gottes Güte zu erfahren, ist es erforderlich, "*diz und daz guot*" zu entfernen, da dieses die göttliche Güte im Menschen "*verbirget und bedecket*" (V 25,4f).

1.13.: Positive Bedeutung spricht Eckhart dem - metaphorisch als *bedecken* bezeichneten - Vorgang zu, den die menschliche *minne* vollzieht; sie *bedecket* - hier beruft sich Eckhart auf Paulus (1 Petr. 4,8) - die "*manicvalticheit der sünde*" (V 243,1f), so daß diese der Minne unbekannt ist.

2.1. – 2.2.: Die oberste Kraft der Seele hat die Fähigkeit, alle Dinge zu erkennen; ihr ist nichts *bedecket* (s.I 184,5). Im Obersten der Seele selbst *liget bedecket* die göttliche Trinität: der Ursprung alles Guten, Gottvater, sowie das immer leuchtende *lieht* (Jesus Christus als Offenbarung Gottes) und der andauernd brennende *brant*, der Hl. Geist (s.II 30,5f).

2.3. – 2.4.: Im Unterschied zu den obersten Kräften der Seele sollen die niedersten Kräfte nach Eckharts Meinung - ohne daß dies genauer begründet würde - *bedekket sin* (s.I 184,7). Diese Aussage ist wohl von der weitergehenden Aussageintention zu verstehen, daß alles, was *niht*, d.h. kreatürlich ist, "*sol abegeleget sîn und sô bedecket, daz ez joch niemermê gedâht sol werden.*" (I 185,3f)

Andererseits fordert Eckhart seine Zuhörer dazu auf, nichts verborgen zu halten vor Gott, sondern ihm alles zu offenbaren (s.I 185,7f; III 324,3).

3.1. – 3.3.: Völlig frei von jeglicher verbergenden Wirklichkeit sind die edle, oberste Kraft der Seele (s.I 184,8) sowie das Bild Gottes in der Seele, das sich "*unbedecket blôz in blôzer sêle*" (V 114,5) zu Gott begibt. Dort empfängt der Mensch sein Sein: "*... in gote... in dem lütersten und dem hoehsten, blôz, unbedecket in* *dem ersten uzbruche und in dem grunde des wesens..."* (II 363,5-7). Dies bedeutet, daß der Mensch quasi nackt, d.h. unmittelbar in Gott, in seinem durch nichts beeinträchtigten Ursprung, das Sein empfängt.

5.1. – 5.2.: *Entdecken* ist Metapher für die Offenlegung alles dessen, was im Menschen verborgen ist; vor allem fungiert die Metapher als Bild für das Geschehen, bei dem der Mensch Gott freilegt, der sich quasi unter der menschlichen Oberfläche befindet (s.I 185,8; 186,3). In gleicher Weise handelt der Mensch in Bezug auf das göttliche Bild, das in ihm unter vielem, das Gott fremd ist, verborgen liegt. Der Mensch befreit dieses Bild von allen nichtgöttlichen Überlagerungen, so daß Gottes Bild – durch das *entbloezen und entdecken* (II 275,4f) – authentisch offenbar wird. Weil Gottes Präsenz dadurch in der Seele erfahrbar wird, spricht Eckhart auch davon, daß Gott – abhängig von der Intensität des *entdecken* – im Menschen *geborn wirt* (II 276,3f). Im Anschluß daran – mit den sonstigen Äußerungen Eckharts nicht vereinbar – heißt es dann, daß *"der vater daz bilde blôz entdecket und in im liuhtende ist."* (II 276,5f)

Schließlich richtet sich das *entdecken und entbloezen* des Menschen auch auf die Hl. Schrift, die dadurch *gar rehte* ist (II 288,1f).

5.3.: Gott ist es, der dem ausschließlich Gottsuchenden alles, was in seinem Herzen verborgen ist, *entdecket* (s.I 187,5). Wenn der Mensch Gott selbst *in der lûtern, blôzen substancie* (II 274,3) erfahren will, darf er nicht bei göttlichen Eigenschaften wie Güte oder Wahrheit Gottes stehen bleiben; diese umgeben nämlich Gott wie ein Kleid, so daß Eckhart diesbezüglich seine Zuhörer auffordert: *"... scheidet gote alles abe, daz in kleidende ist, und nemet in blôz in dem kleithûse, dâ er entdecket und blôz in im ist."* (II 274,4-6)

D. Tauler

1. *bedecken*
1.1. *hut* (275,10f)
1.2. *mensche* (275,11)
1.3. *wille* (348,15f)
1.4. *vater* (348,1f)

2. *bedecket*
2.1. *got* (20,23; 25,25)

2.2. *welt* (72,13f)
2.3. *wort* (332,25)
2.4. o.BE (433,16f)

5. *entdecken/erdecken*
5.1. *hl. geist* (72,20)
5.2. *grunt* (26,21)

1.1. – 1.3.: Daß der Mensch Schwierigkeiten hat, sich selbst innnerlich wahrzunehmen, erklärt Tauler damit, daß der Mensch *"hat manige hut in im die im den grunt bedeckent und überwachsen hant..."* (275,10f). Dies bedeutet, daß der Mensch vor sich selbst die Wahrheit verbirgt und diese daher unbekannt bleibt (s.275,11). Insbesondere dem menschlichen Willen schreibt Tauler eine erkenntnishemmende Wirkung zu; denn der Wille *"bedecket die ougen innewendig, ze gelicher wise als das uswendig ouge das ein vel oder ein decken hat, das enmag nût gesehen."* (348,15-18)

1.4.: Gottvater verhindert, daß die Großen und Weisen der Welt die göttlichen Geheimnisse erkennen können, indem er *"die grossen hohen verborgen ding ... bedecket"* (348,1f).

2.1.: Wer oder wo Gott ist, ist der Seele *unbekant und verborgen* (20,21), bzw. - wie Tauler anschaulicher formuliert -: *"Got der ir alsus bedecket und verborgen ist."* (20,23) In der folgenden Predigt 6 kennt Tauler dann doch den Ort Gottes, wenn er ausführt, daß Gott *"in dem indewendigen grunde der selen gegründet het und verborgen und bedecket lit..."* (25,24f).

2.2.: Da die irdische Welt im Inneren des Menschen präsent ist und ihren schädlichen Einfluß ausübt, auch wenn sie *bedecket und verborgen* ist, hat der Hl. Geist die Aufgabe, dies offenzulegen (*endecken,* s.72,20).

2.3.: Die Beziehung von Proklos und Platon zum Christentum bestimmt Tauler dahingehend, daß Platon bereits gesagt habe - allerdings mit *"verborgen bedekten worten"* -, was im Prolog des Johannesevangeliums enthalten ist (332,25).

2.4.: Wenn der Mensch erkennen will, was in ihm verborgen liegt, muß er *entkleit* und auf sein *niht gewiset* werden (433,15f).

5.1.: s. 2.2.

5.2.: Das Geschehen, durch das der verborgene Grund zugänglich wird, trägt für Tauler Züge des *endecken* (s.26,21).

E. Seuse

1. *bedecken*
1.1. *minne* (165,17f)
1.2. *túfel* (115,6)

2. *bedecket*
2.1. *schade* (327,2)

4. *bedeckunge*
4.1. *vernunft* (164,5)

6. *entekunge*
6.1. *blossheit* (186,16)

1.1. – 1.2.: Vergängliche Minne führt dazu, daß die Wahrheit verschwindet; denn diese Minne ist ein *"bedeken aller warheit"* (165,17f).

2.1.: Ein Mensch, der in einer Vision auf den Wert der inneren Gelassenheit aufmerksam gemacht wird, erhält die Warnung, daß in dieser Vision *"verborgen legi valscher grunt ungeordneter friheit und bedecket legi groze schade der heiligen kristenheit."* (327,1-3)

4.1.: Die Natur bewirkt aus sich heraus nur Anstrengung, Leiden und *bedeckunge der vernunft* (164,4f).

6.1.: Das mit der Geburtsmetapher angezeigte Erscheinen der Wahrheit resultiert aus einem Geschehen, das Seuse mit der Metapher *entekunge* nach dem Muster eines Freilegungsvorgangs entwirft. Dieser Vorgang richtet sich darauf, daß die unverfälschte und unbeeinträchtigte Wahrheit in Gott durch Entfernung aller Entstellungen und Überlagerungen offenbar wird, was Seuse im Bild der *"entekunge der bedahten blossheit"* (186,16) zur Sprache bringt.

dirne (1.)/ jungfrouwe (2.)/ juncvröuwelicheit (2.)/ juncvröuwelich (4.)/ maget (5.)/ magtuom (6.)/ megdlich (7.)/ wîp (8.)/ muoter (9.)/ müeterlich (10.)/ vater (11.)/ tochter (12.)/ bruoder (13.)/ swester (14.)/ vrúndin (15.)

A. *Mechthild von Magdeburg*

1. *dirne*
1.1. *valscheit* (II 24,10)
1.2. *sele* (I 4,7)

2. *juncfrowe*
2.1. *sele* (II 19,7)
2.2. *mensche* (V 23,9; 30,30; VII 30,9)
2.3. *tugende* (VII 48,20)
2.4. *minne* (I 3,3.25; VII 48,32.36)
2.5. *cristanheit* (IV 3,71.73)

5. *maget*
5.1. *Maria* (I 22,5; 44,62; V 20,2; VII 18,4)
5.2. *mensche* (I 11,2; III 1, 57.100; V 30,30; VII 35,36; 37,10.31)
5.3. *sele* (III 1,1)
5.4. *tugende* (I 3,2)

6. *magtuom*
6.1. *Maria* (V 23,30)

7. *megdlich*
7.1. *kúschekeit* (III 9,61)
7.2. *brust* (V 23,73; 30,29)

7.3. *antlitz* (V 23,70)
7.4. *kleit* (VII 48,60)
7.5. *muoter* (VII 35,33)
7.6. *zuht* (V 23,67)

9. *muoter*
9.1. *demuetekeit* (III 14,24)
9.2. *einvaltekeit* (IV 3,80)
9.3. *gotes menscheit* (IV 18,15)
9.4. *Maria* (I 22,49; VII 26,17)

11. *vater*
11.1. *vorht* (III 14,24)

12. *tohter*
12.1. *sele* (II 22,14)

13. *bruoder*
13.1. *Jhesus Christus* (V 11,8)

14. *swester*
14.1. *Maria* (V 11,9)
14.2. *sele* (II 22,14)

15. *vrúndin*
15.1. *sele* (II 22,15)

1.1.: *Dirne* dient Mechthild zur Personifikation der *valscheit*, die Gottes Wort vernichtet hat (s.II 24,10).

1.2.: Den großen Unterschied in der Liebesbeziehung zwischen Gott und Seele bringt Mechthild ins Bild, indem sie davon spricht, daß *"sich der hohe fürst und die kleine dirne behalsent und vereinet sind..."* (I 4,6f)

2.1. – 2.5.: Den Status, den die Seele ihrem geliebten Herrn gegenüber einnimmt, umschreibt Mechthild mit mehreren Bildern: sie ist ein *menlich man* in ihrem *strite*, ein *wolgezierte juncfrowe* im Palast vor dem Herrn und eine *lustlichú brut* im *minnebette* Gottes (s.II 19,7f). Der mit *jungvrowe* zum Ausdruck gebrachte Status impliziert für Mechthild Minne in Bezug auf Jesus Christus und Dienstbereitschaft ihm gegenüber, so daß das *jungvrowe*-Sein der *maget*-Rolle übergeordnet ist: *"Die sere minnen unde megde sint, das sint die jungvrowan von Seraphin."* (V 30,30) Allegorisch deutet Mechthild die *jungvrowe* auf die *gotzminne* und die Tugenden (s.VII 48,20). An einer anderen Textstelle spricht Mechthild der personifizierten Minne ebenfalls die Jungfrauen-Rolle zu, die sie selbst eingenommen hat, als sie ihre *kammerin* war (s.I 3,3f).

5.1. – 5.2.: Das biblisch begründete Rollenverständnis der Gottesmutter Maria als *maget* weitet Mechthild auf alle Menschen aus. Diese stehen dann wie die Gottesmutter in einem besonders engen Verhältnis zu Jesus Christus; denn dieser ist *"der reinen megde kint"* (VII 35,36; vgl. VII 37,10).

5.3.: Bedauernswert erscheint der Seele im Gespräch mit Gott eine Seele zu sein, die für die Minne Gottes auf Erden die Funktion einer *maget* zu erfüllen hat (s.III 1,1).

5.4.: *Maget* ist ferner Bild für die dienende Funktion der christlichen Tugenden in Bezug auf die Seele (s.I 3,2).

6.1.: Pars pro toto steht die Metapher für die Disposition, die Maria in Bezug auf Gott zeigt (s.V 23,30).

7.1. – 7.6.: Mit der Adjektivmetapher *megdlich* ordnet Mechthild Einstellungen (s.7.1.u.7.4.) und Körperteile Marias (s.7.2.u.7.3.) in den größeren Zusammenhang der Dienstbarkeit ein.

9.1. – 9.4.: Die Mutter-Kind-Beziehung zieht Mechthild heran, um die Bedeutung herauszuarbeiten, die der *diemutekeit* für die Minne (s.III 14,24), *einvaltekeit* für die Gottesweisheit (s.IV 3,80), der Menschheit Gottes für einen geistlichen Menschen (s.IV 18,15) und Maria für alle Keuschheit (s.VII 26,17) zukommt.

11.1.: Tugendhafte Minne muß ihren Ursprung in Demut und Furcht haben. Mechthild macht diesen Sachverhalt dadurch anschaulich, daß sie metaphorisch von *"muoter der diemuetekeit"* und von *"vatter des heligen vorhten"* (III 14,24f) spricht.

12.1. – 15.1.: Verschiedene Verwandtschaftsbezeichnungen fungieren als Metaphern für das enge Verhältnis, das zwischen Jesus Christus und der Gottesmutter einerseits und allen Menschen andererseits besteht: Jesus ist *bruoder*, Maria *swester* aller Menschen (s.V 11,8f). An einer anderen Textstelle heißt es von der Seele: *"Die minste sele ist tohter des vatters und swester des sunes und vrúndinne des heligen geistes und werliche ein brut der heligen drivaltekeit."* (II 22,14f)

B. David von Augsburg

1. *diern*
1.1. *Maria* (338,27)

5. *maget*
5.1. *gotes muoter* (342,23; 352,33; 376,31; 338,26)

7. *magetlîch*
7.1. *reinikeit* (342,24)

9. *muoter*
9.1. *wisheit* (399,12f)

1.1.: Neben den Bezeichnungen *diu saelige meit, des himels künegine, gotes muoter* nennt David Maria *ein diemuetigiu diern* (338,26f).

5.1. + 7.1.: Maria, die *reiniste muoter*, ist für David eine *maget*, deren *magetlîch reinikeit* durch die Geburt Jesu in keinster Weise beeinträchtigt worden ist (342,22-25).

9.1.: Die Erschaffung des Menschen stellt sich David so vor, daß der Mensch geboren wurde *"von unserm vater ûz sîner gemaheln, der wîsheit; von der geschepfede wart unser sêle, dâ von si ouch unser muoter heizet."* (399,11-13)

C. Meister Eckhart

2. *juncvrouwe*
2.1. *mensche* (I 24,8f; 26,1.4.8f; 27,1.10; 30,3.6; 38,5; 166,12; 214,1; 376,4)

3. *juncvröuwelicheit*
3.1. *mensche* (I 27,10; 28,2.3)

4. *juncvröuwelich*
4.1. *reinicheit* (I 275,9)

5. *maget*
5.1. *mensche* (I 26,8; 27,5)

6. *magetuom*
6.1. *krefte* (I 162,12f)

7. *megetlich*
7.1. *mensche* (I 26,5)
7.2. *Jêsus* (I 26,6f.9)

8. *wîp*
8.1. *geist* (I 27,7)
8.2. *mensche* (I 28,3)

9. *muoter*
9.1. *minne* (II 60,3)

10. *müeterlich*
10.1. *name* (II 278,11)

2.1.: Die im *Wort juncvrouwe* enthaltenen Bedeutungsaspekte der sexuellen Unberührtheit und der Ungebundenheit macht sich Eckhart zunutze, um metaphorisch mit *juncvrouwe* die geistige Verfassung eines Menschen zu bezeichnen, dessen entscheidendes Merkmal darin besteht, daß er *"von allen vremden bilden ledic ist"* (I 25,1). Dieser Sachverhalt begründet, warum er seinen ursprünglichen Zustand - d.h. für Eckhart *"alsô ledic, als er was, dô er niht enwas..."* (I 25,2) -, wieder herzustellen vermag. Auch wenn der Mensch im Verlauf seines Lebens dauernd von der irdischen Wirklichkeit affiziert wird, behält er solange seinen - mit *juncvrouwe* metaphorisch umschriebenen - Status, wie es ihm gelingt, in Bezug auf die von Raum, Zeit und Mannigfaltigkeit bestimmte Wirklichkeit *âne eigenschaft* zu sein, so daß *"ich enkeinez mit eigenschaft haete begriffen... mit vor noch mit nâch, mer; daz ich... vrî und ledic stüende..."* (I 25,8-10). Nur wenn der Mensch in dieser Weise als *juncvrouwe "vrî âne alle hindernisse der obersten wârheit"* steht (I 26,5f), vermag er auch Jesus Christus in sich zu empfangen (s.I 26,8f).

Ein weiterer semantischer Schwerpunkt wird von Eckhart - ebenfalls in Pr 2 - aus dem Fortpflanzungsmodell heraus entwickelt; *juncvrouwe* erscheint in diesem Kontext als Vorstufe zum Stadium des *wîp* (s.8.1.-8.2.).

3.1.: s. 2.1.

4.1.: Wenn die niedersten Seelenkräfte mit Raum oder Zeit in Kontakt kommen, haben sie ihre *juncvröuweliche reinicheit*, d.h. für Eckhart ihre ursprüngliche authentische Verfassung, verloren (s.I 275,8f).

5.1.: Bedeutungsgleich mit *juncvrouwe* steht die Metapher *maget* für die geistige Verfassung des Menschen, in der er empfangsbereit für Jesus ist: *"Daz der mensche got enpfaehet in im, daz ist guot, und in der enpfenclicheit ist er maget."* (I 27,4f)

6.1.: Die als *magetuom* metaphorisch gekennzeichnete Haltung des Menschen steht für die raum- und zeitlose Verfassung der Seelenkräfte (s.I 162,12f).

7.1. – 7.2.: Wenn der Mensch wie Jesus *"ledic und vrî"* ist, *"stat er megetlich und vrî"* (I 26,5) und erfüllt aufgrund seiner Gleichheit mit der Verfassung Jesu die Voraussetzungen für den Empfang des *megetlîchen* Jesus (s.I 26,9).

8.1. – 8.2.: Im Rahmen des Fortpflanzungsmodells markiert *wîp* als Metapher die geistige Einstellung des Menschen, in der dieser - über die mit *juncvrouwe* metaphorisch umschriebene Empfangsbereitschaft für Gott hinausgehend - um die Entwicklung des Empfangenen zum Ertrag, zur *vruht*, bemüht ist: *"wan vruhtbaerkeit der gâbe daz ist aleine dankbaerkeit der gâbe, und dâ ist der geist ein wîp..., dâ er gote widergebirt Jêsum in daz veterliche herze."* (I 27,6-9)

Die in Pr 2 mehrfach verwendete paradoxe Formulierung *"ein juncvrouwe, diu ein wîp ist"* besagt, daß sich beide gegenseitig ergänzen und unlösbar verbunden sind; denn der Mensch muß immer - frei von Raum und Zeit - für Gott empfangsbereit sein und zugleich immer *"âne zal gebernde und vruhtbaere werdende..."* (I 31,1f).

9.1.: Die Vorrangstellung der Minne im Gesamt der Tugenden hebt Eckhart mit der metaphorischen Aussage hervor: *"Minne der tugende ist... ein muoter aller tugende und aller volkomenheit und aller saelicheit..."* (II 60,2f).

10.1.: *"Wisheit ist ein müeterlich name, wan müeterlich name ist eigenschaft eines lîdennes..."* (II 278,11f). Da der Sohn *ist lidende*, insofern er geboren wurde, ist der Sohn als die *"ewige geborne wîsheit"* ein *müeterlich name* (II 279,2).

D. Tauler

1. *dirne*
1.1. *got* (11,24)

2. *juncfrouwe*
2.1. *mensche* (11,18.21)

5. *maget*
5.1. *mensche* (11,11f.13.14f)

7. *maegtlich*
7.1. *mensche* (11,13)

9. *muoter*
9.1. *got* (11,11)
9.2. *mensche* (9,7; 11,11; 12,10.15)
9.3. *minne* (15,23)

14. *swester*
14.1. *demuetekeit* (90,25)

1.1.: s. 9.1.-9.2.

2.1.: Im Rahmen einer Weihnachtspredigt, in der die Bedingungen für die geistliche Gottesgeburt in der Seele dargelegt werden, verwendet Tauler die Metapher *juncfrouwe*. Dies ist darin begründet, daß die Gottesmutter Maria, die für Tauler eine Präfiguration jeder - für die Gottesgeburt bereiten - Seele darstellt, *"waz ein luter maget, eine juncfrouwe"* (11,8f). Die Bedeutung dieser metaphorischen Prädizierung ergibt sich demnach bei Tauler aus der Charakterisierung Marias. Diese erhält in bemerkenswerter Weise Eigenschaften zugeschrieben, die nicht ihren biologischen Status betreffen, die aber aufgrund ihrer Leitfunktion für jeden für Gott empfänglichen Menschen nach Taulers Ansicht zu gelten haben: *"...sú waz ingeslossen, von allem abgescheiden."* (11,10) Daher *"sol dise juncfrouwe in abgescheidenheit sin..."* (11,18). Dies beinhaltet als Grundforderung Taulers in Bezug auf die Realisierung der Gottesgeburt die Aufgabe aller Außenorientierung und jeglichen Interesses an äußeren Dingen. Der im Bild der *juncfrouwe* zur Sprache gebrachte Status wird dadurch aufgehoben, daß Tauler von dem metaphorisch als *juncfrouwe* bezeichneten Menschen erwartet, daß *"sú vil frühte und grosse fruht, Gotte selber, Gottes sún"* bringt (11,19f). Zugleich wechselt Tauler durch den Plural *frühte* im Rahmen der Fruchtbarkeitsmetapher vom menschlichen Bereich zum Bereich der Natur über, was Konsequenzen hat für die Vorstellung des Ergebnisses, das am Ende des im Inneren des Menschen ablaufenden Reifungsprozesses steht. Nicht mehr neues Leben, sondern ein mit pflanzlichen Früchten vergleichbarer Ertrag ist bei der Metapher *vil fruht* intendiert. Gott wird dabei in die Reihe dieser pflanzlichen Produkte eingegliedert (s.11,19f).

5.1.: Entsprechend dem mit *luter maget* und *juncfrouwe* bezeichneten Status der Gottesmutter Maria ist es für den Menschen mit dem Wunsch, daß sich die Gottesgeburt in ihm ereigne, erforderlich, daß er *"sol sin luter reine maget"* (11,11f). Dies hat das Aufgeben der nach außen orientierten Minne zur Konsequenz (s.11,14f). Wie die *juncfrouwe* soll *"die maget innewendig vil frühte haben"* (11,16f).

7.1.: *Maget* wie Maria kann der Mensch werden, indem er wieder seinen ursprünglichen Zustand, wo er von allen Fremdeinflüssen frei war, seine *luterkeit*, aufsucht. Der Mensch ist dann *"wider reine und maegtlich"* (11,13).

9.1. – 9.2.: Neben *juncfrouwe* und *maget* umschreibt Tauler den für die Gottesgeburt erforderlichen Status des Menschen auch mit *dirne Gottes* (11,24) oder *"geistlich muoter Gottes"* (11,11). Will der Mensch eine geistliche Mutter Gottes sein, setzt dies allerdings voraus, daß er *luter reine maget* ist (11,11f). *Muoter* wie Maria vermag der Mensch dann zu werden, wenn er in sich und dann aus sich heraus in Gott geht (s.9,8f.28-31).

9.3.: Die Minne ist der Demut vorgeordnet; sie ist *"ein muoter der lutern demuetikeit"* (15,23).

14.1.: Die geschwisterliche Beziehung zieht Tauler als Metapher heran, um die sachliche Nähe von eingebildeter Demut und Hochmut zu veranschaulichen (s.90,25).

E. Seuse

2. *jungfrouwe*
2.1. *mensche* (407,11)

4. *jungfrowelich*
4.1. *uszog* (410,12f)

5. *maget*
5.1. *Maria* (110,30; 544,2; 545,5; 546,4.26; 547,1.17)
5.2. *mensche* (407,10; 432,16)

7. *megtlich*
7.1. *lip* (544,5)

9. *muoter*
9.1. *gnade* (51,2; 263,23; 264,7)
9.2. *Maria* (51,2; 263,4.23; 264,7)
9.3. *herre* (222,25; 223,6)
9.4. *erbarmherzikeit* (263,4; 264,7)

10. *mueterlich*
10.1. *minne* (205,20)

2.1.: Die Erzählung 2 Kön 1,1ff aufgreifend, fragt Seuse im Sinn des allegorischen Schriftsinnes, wer die *schoene jungfrouwe* des himmlischen Königs sein will (s.407,11f).

4.1.: Im Zusammenhang mit der Braut-Christi-Vorstellung bezeichnet Seuse den Auszug gottverbundener Menschen aus der falschen Welt in ein himmlisches Leben als *"jungfrowelichen uszog der usserwelten gottes gemaheln"* (410,12f). Die Metapher führt dabei zum einen die Brautschaftsvorstellung fort, beinhaltet zum anderen aber auch das Unberührtsein von der falschen Welt.

5.1. – 5.2.: Wie Maria, die im ausgezeichneten Sinn *"ein magt ob allen creaturen"* ist (547,1f), sind auch die im Brief angesprochenen Klosterfrauen für Seuse *reine megde* (407,10).

7.1.: Maria hat mit ihrem *megtlichen lip* Jesus empfangen (544,5).

9.1. – 9.4.: Die Gottesmutter wird aufgrund der Heilsbedeutung Jesu Christi von Seuse als *"muoter aller gnaden"* (51,2), *"muoter aller erbarmherzikeit"* (263,4) genannt.

Gott wird in Übereinstimmung mit Sir 24,26; 40,20 als ein *"muoter der schoenen minne"* (223,6) bezeichnet.

10.1.: Die Ewige Weisheit fordert den Diener zu einer Haltung gegenüber ihrem Leiden auf, die der Reaktion der Gottesmutter entspricht. Seuse formuliert: *"Min marter solt du emzeklich in dinem herzen mit mueterlicher herzklicher minne tragen."* (205,19f)

F. Margaretha Ebner

9. muoter
9.1. *barmhertzikait* (14,12)
9.2. *cristenhet* (100,3)

9.1. – 9.2.: Maria wird von Margaretha unter dem Aspekt ihrer grundlegenden Funktion als *"ain muoter der barmhertzikait"* (14,12), die Kirche als *"diu muoter der hailigen cristenhet"* (100,3) bezeichnet.

G. Heinrich von Nördlingen

4. *junckfroulich*   7. *megdlich*
4.1. *orgelkunigin* (43,129)   7.1. *mutter Maria* (43,126f)
                                      7.2. *leib* (49,13f)

4.1. + 7.1. – 7.2.: In Bezug auf Maria spricht Heinrich von *der "junckfroulicher himelscher orgelkunigin"* (43,129) oder der *megdlichen mutter* (43,126f) bzw. von ihrem *megtlichem leib* (49,13f).

druk (1.)/ druken (2.)/ gedruckt (3.)/ indruk/ingedrücketheit (4.)/ indruken (5.)/ ingedrücket (6.)/ nidertrucken (7.)/ ubertrucken (8.)/ undertrucken (9.)/ undertruk (10.)/ usdruken (11.)/ usgedrukt (12.)/ verdruken (13.)/ widertruken (14.)/ phrengen (15.)

A. Mechthild von Magdeburg

<u>2. (be-)druken</u>
2.1. *mensche* (VII 7,14)
2.2. *minne* (VI 19,8)

2.1. – 2.2.: *Druken* ist Bild für den Vorgang, durch den der Mensch die göttlichen Gaben unter Zuhilfenahme von Liebe und Demut in sein Inneres bringt (s. VII 7,14). An einer anderen Textstelle ist *druken* Metapher für die Initiative der *gewaltigen minne*, die den Menschen innerlich verändert, indem sie ihn von der göttlichen Höhe "*hat... gedruket in einen grundelosen sumpf...*" (VI 19,8).

B. David von Augsburg

<u>2. drücken</u>
2.1. *güete* (371,37f)
2.2. *forme* (366,23(Pat))
2.3. *sêle* (394,17f(Pat))
2.4. *mensche* (394,23(Pat))
2.5. *vreise* (356,38f)

<u>7. niderdrücken</u>
7.1. *sorge* (321,11)
7.2. o.BE (319,34f)

2.1. – 2.2.: Die Metaphorik des *drucken* steht für den von der göttlichen Güte bewirkten Prozeß, durch den ein enger Kontakt von Gott und Seele zustandekommt, indem die göttliche Güte "*daz insigel der gotlîchen gelîchnüsse*" in die Seele und den Geist *gedrücket* hat (371,37f). Da Gott alle Geschöpfe nach sich geformt hat, sind an diesen seine *vuozspor* zu erkennen; dies umso mehr, je intensiver die Beziehung ist: "*Sô diu forme ie eigenlîcher in dich gedrücket ist, sô dû ie baz dar ûz schînest.*" (366,23f)

2.3. – 2.4.: Der intensive Kontakt der Seele mit Gott erfährt noch eine Steigerung in der *einunge* des Geistes mit Gott. Bewirkt durch die - im Bild der Hitze veranschaulichte - Energie der Minne, gelangt die Seele *als* "*ein zevlozzen wahs*" in das göttliche Bild, "*an daz si gedrücket wirt*" (394,16.17f). Der Mensch - "*sô vaste gedrücket*" in das göttliche Bild (394,23) - vermag dann keinen anderen Willen als Gott mehr zu haben; er ist selbst der "*heilige geist..., ein got und ein minne.*" (394,26)

2.5.: Mit dem Bild des *drucken* verweist David auf die belastende Wirkung von Gefahren; positiver Nebeneffekt ist, daß dadurch eine Reduzierung des menschlichen Übermuts erreicht wird (s.356,39).

7.1. – 7.2.: Mit *niderdrücken* bringt David ins Bild, welche belastende, die Lebensvollzüge verringernde Wirkung die Sorge auf den Menschen ausübt (s.321,11). Auch die Reduktion des Übermutes durch den Menschen kann auf diese Weise - wie schon mit dem Bild des *drückens* (s.2.5.) - anschaulich gemacht werden (s.319,34f).

C. Meister Eckhart

2. *drücken*
2.1. *got* (I 268,12; II 221,2; 458,6-9; III 46,4f; 404,1f)
2.2. *bilde* (I 268,3(Pat); 291,1f(Pat); II 456,10f(Pat))
2.3. *gnade* (III 399,5f(Pat))
2.4. *sêle* (II 408,3f)
2.5. *crêatûre* (I 131,1)
2.6. *engel* (II 178,3f)
2.7. *himel* (I 386,7f)
2.8. *hoffenunge* (III 146,7)
2.9. *vorhte* (III 146,7)
2.10. *iht* (II 62,6-8)
2.11. *niht* (I 179,6f)

4. *indruk*
4.1. *ûzerliche dinge* (III 225,6f)
4.2. o.BE (II 344,3; 505,1f; III 146,5; 194,4f; 227,2)
4.3. *crêatûre* (III 247,7f)
4.4. *oberste natûre* (V 45,4f)
4.5. *mâne* (V 45,8)
4.6. *himel* (V 220,3f)
4.7. *weselicheit* (I 56,1f; 402,5)
4.8. *lieht* (I 163,1)
4.9. *bilde* (I 275,11f)

5. *îndrücken*
5.1. *vünkelîn* (I 332,3f(Pat))
5.2. *lieht* (I 332,3f(Pat))
5.3. *got* (V 111,18f)
5.4. *sâme* (V 113,1f(Pat))
5.5. *bilde* (II 192,5)
5.6. *werk* (I 334,3(Pat))
5.7. *not* (III 146,5)
5.8. *sêle* (III 244,1f(Pat))

6. *îngedrücket*
6.1. *bilde* (II 211,3)

2.1. – 2.4.: Die Metaphorik des *drücken* erscheint zur Erfassung des in der Dynamik Gottes begründeten Geschehens, infolgedessen das göttliche Bild in die Seele gelangt, wo es andauernd präsent bleibt (s.II 458,6-9). In gleicher Weise bewirkt Gott, daß die Natur aller Kreaturen in die wirkende Kraft der Seele (s.II 221,2) sowie die Gnade in das Innerste der Seele kommt (s.III 404,1f). Ohne daß Gott als Urheber genannt würde, heißt es an mehreren Stellen, daß das göttliche Bild bzw. aller Dinge Bild in die Seele *gedrücket ist* (s.2.2.) oder daß die Gnade mit Kraft von außen in das Innere der Seele gebracht wird (s.III 399,5f). Das Bild des Drückens verweist auch auf die unio der Seele mit Gott; aus dem Hohenlied (Hl 8,6) zitiert Eckhart: "*drücke mich in dich als ein wahs in ein ingesigel*" (III 46,4f). An dieser Stelle wird deutlich, daß mit *drücken* neben der Positionsveränderung der Seele zugleich auch der intensive Kontakt mit Gott ins Bild gebracht wird. Die sich dabei äußernde Kraft Gottes ist so groß, daß es Eckhart fraglich erscheint, wie die Seele, wenn *"si got in sich drücket"*, am Leben zu bleiben vermag (s.II 408,3f).

2.5.: Bei Eckhart findet sich auch die Aussage, daß es durch kraftvolle Anstrengung etlichen Kreaturen, die Gott nahe sind, möglich ist, so viel an göttlichem Licht in sich zu bringen, daß sie dadurch in der Lage sind, anderen Kreaturen Sein zu geben (s.I 131,1).

2.6.: In Bezug auf alles Geistliche bewirkt der Engel, daß dieses in die Seele kommt, indem er es *"drücket... in daz ober teil der sêle"* (II 178,4).

2.7.: Auch wenn die Erde vom Himmel weg fliehen will, hat sie damit keinen Erfolg, weil der Himmel seine Macht in sie *drücket*. In gleicher Weise gilt für den Menschen, daß er sich nicht von Gott entfernen kann, da sich Gott von sich aus, unabhängig vom Willen des Menschen, in ihm präsent macht, worauf Eckhart mit dem Bild der Geburt des Sohnes in der Seele verweist (s.I 386,7f).

2.8. – 2.9.: Die Seele, die Gott erkennen will, muß derart gefestigt sein, daß von außen weder Hoffnung, noch Furcht oder Freude, Liebe und Leid aufgrund der in ihnen vorhandenen Dynamik in das Innere der Seele einzudringen vermögen (s.III 146,7f).

2.10. – 2.11.: Als Last empfindet Eckhart, wenn sich über ihm Geschaffenes befindet; es ist unfrei machend und *drücket* ihn (s.II 62,8). Daher sieht Eckhart den Menschen völlig frei von jeglicher Bedrängnis, wenn er alles Kreatürliche transzendiert hat (s.I 179,6f).

4.1. – 4.2.: *Indruk* steht für das, was von äußeren Dingen abbildhaft in den Menschen gelangt (s.III 225,6f; 227,2) und dort quasi seine Spur hinterläßt (s. auch II 344,3).

4.3.: Das Bild des *indruk* erscheint ferner zur Erfassung der besonderen Form von Präsenz aller Kreaturen in dem, dem - wie dem Engel - keine geschöpfliche Natur zu eigen ist (s.III 247,6-8).

4.4. – 4.6.: Die Metapher *indruk* - kombiniert mit dem Bild des *invluz* - findet Verwendung für das dynamische Einwirken des Himmels auf den Menschen (s. V 220,3f), der obersten Natur auf die Natur (s.V 45,4f) sowie des Mondes auf das Wasser (s.V 45,8).

4.7.: Mit *"indruk der lûtern weselicheit"* und *erste lûterkeit* bringt Eckhart die Stelle in Gottes *überswenkende(m) wesen* zur Sprache, wo die Seele *îngebildet wirt* (I 56,1).

4.8.: Eckhart setzt sich mit der Position verschiedener Meister in Bezug auf die Frage auseinander, wie das göttliche Licht in die menschlichen Kräfte kommen kann, obwohl diese wegen ihrer kreatürlichen Kontakte nicht dafür empfangsbereit sind. Eine Position lautet, daß die menschlichen Seelenkräfte durch Übung und Läuterung empfangsbereit werden könnten für das göttliche Licht; eine andere Position beinhaltet, daß ein dem inneren (göttlichen) Licht gleiches Licht, wenn es als *îndruk* in die Kräfte gelangt, diese empfänglich macht für das innere Licht (s.I 162,15-163,1).

4.9.: Da die niedrigen Kräfte der Seele infolge ihrer raum-zeitlichen Bezogenheit die *juncvröuwelîche reinicheit* verloren haben, können sie nicht mehr in die obersten Kräfte gelangen. Ihnen wird stattdessen gegeben *"ein glîchez bilde einer îngedrücketheit."* (I 275,11f)

5.1. – 5.6.: Im Bild des *îndrücken* macht Eckhart anschaulich, daß infolge der dynamischen Tätigkeit Gottes das *vünkelin* bzw. das *lieht* von *oben* in das Innere der Seele gebracht wird (s.I 332,3f). Eckhart spricht auch vom Samen, den Gott im Inneren des Menschen *"îngesaejet und îngedrücket und îngeborn hat"* (V 111,18f bzw. passivisch V 113,1f).

Das Bild des *îndrücken* findet ferner Verwendung für das *bilde der kunst*, das in die Seele gelangt (II 192,5), sowie für das *werk* Gottes, das in der Seele das Verlangen nach dem Guten entstehen läßt (s.I 334,3).

5.7.: Da nach Auffassung der von Eckhart zitierten aristotelischen Lehre der Himmel keine fremde Einwirkung in sich aufzunehmen vermag, erleidet er auch keine Not: *"im enmac kein pînlîchiu nôt îngedrücken, daz in entsetze."* (III 146,5f)

5.8.: Dem intensiven Kontakt mit Jesus Christus, um den sich nach Eckhart die Seele bemühen sollte, verleiht Eckhart Züge eines dynamischen Geschehens, bei dem die Seele *"sol widerbildet sîn und îngedrücket in daz bilde und widerslagen in daz bilde, das gotes sun ist."* (III 244,1f)

6.1.: Das *"vünkelin der vernünfticheit"* ist, da es von Gott in die Seele gebracht worden ist, ein *"îngedrücket bilde götlicher natûre"* (II 211,3).

D. Tauler

1. *truk*
1.1. o.BE (150,17; 151,22.27; 161,34; 167,30; 168,33; 172,18; 314,6; 315,25; 316,9)

2. *truken*
2.1. *mensche* (35,28; 139,18(Pat); 152,15; 199,20f; 210,32)
2.2. *got* (323,22f)
2.3. *hl.geist* (104,18f)
2.4. *füste* (217,28f)
2.5. *guetschunge* (172,30)
2.6. *nature* (314,33(Pat))
2.7. *herze* (310,29)

3. *getrukt*
3.1. *maze* (147,17; 151,15.24; 336,6.23.27; 338,26; 371,31)

7. *nidertruken*
7.1. *lieht* (78,2f)
7.2. *minne* (252,25)
7.3. *mensche* (349,31)

9. *undertruken*
9.1. o.BE (349,15)
9.2. *mensche* (357,23)
9.3. *nature* (377,10f(Pat))

13. *vertruken*
13.1. *got* (44,25)
13.2. *creature* (44,25)
13.3. *mensche* (173,8f)

14. *widertruken*
14.1. *got* (217,15)

1.1.: *Truk* fungiert bei Tauler als eine nicht weiter entfaltete Metapher für jegliche Form von Bedrängnis, die der Mensch im Verlauf seines Lebens zu erleiden hat.

2.1. – 2.3.: Für das Geschehen, in dem sich der Mensch mit eigener Kraft in den Bereich der Demut, in sein Nichts sowie in den Willen Gottes begibt und sich mit diesen identifiziert, findet die Verbmetapher *trucken* Verwendung.

Ebenso wird die Notwendigkeit der engen Kontaktaufnahme und die Übernahme von Jesu Lebensmuster mit der Metapher *truken* zur Sprache gebracht: Du "*solt... dich in sin liden erbilden und dich an in trucken...*" (199,20f) bzw. "*trucke dich demuetklich inwendig under sine bilde...*" (210,32). Übersetzt in eine horizontale Bewegung, heißt dies, daß der Mensch den *fuosstaphen* Jesu Christi *nach volge* (210,14).

Zur Erfassung des Prozesses, der zur demütigen Einstellung des Menschen führt, erscheint das Bild, daß der Mensch sich leidend unter Gott, die Kreaturen und alle Dinge begibt (s.35,28f) oder - an einer anderen Textstelle - daß er *getrukt* und *vernút* wird (139,18). Tauler kann diese Fremdeinwirkung, die zur Verkleinerung und Vernichtung des Menschen führt, auch direkt auf Gott zurückführen: "*vindet er uns denne hoch, sint sicher: so trucket er uns; vindet er uns nider, er erhabet uns uf...*" (323,22f) Insbesondere ist die Präsenz des Hl. Geistes an dieser Tätigkeit für den Menschen erkennbar: er "*trucket und reisset und neiget... den menschen...*" (104,18f).

2.4.: Das Hineinführen des Menschen in eine ausweglose Situation, *ein vinsternisse*, sowie die Konfrontation mit dem *grüwelichen urteil* des Jüngsten Gerichts sind die beiden *füste* Gottes, die den Menschen *trúckent*, damit der *grunt* seines Hochmutes vernichtet wird (s.217,28-30).

2.5. – 2.6.: Dem Menschen dient das Durchleiden alles dessen, was ihn belastet (s.172,30), als kürzester Weg zur Gottesgeburt (s.173,4f). Allgemein ist für die Entäußerung des Menschen kennzeichnend, daß er sich nicht gerne dem Prozeß der Selbstvernichtung unterwirft. Das aus der Entäußerung resultierende *unlidelich getrenge* bewirkt, daß dem Menschen die Welt zu eng wird und seine "*nature wurt gequetschet und getrucket...*" (314,32f).

2.7.: Der semantische Schwerpunkt der Metapher verschiebt sich vom Aspekt 'Bedrängnis des Menschen durch die Last der Leiden', wenn es darum geht, das in der Dynamik Jesu Christi begründete Geschehen zu erfassen, durch das dieser in den Menschen gelangt, um sich mit ihm zu vereinen: "*dis meinet das er gar nohe und indewendeclich sich in uns wil sencken und trucken und uns zuomale vereinen...*" (310,28f-311,1)

3.1.: In Auslegung von Lk 6,36-38 charakterisiert Tauler die Gottesbeziehung des Menschen: Wenn dieser mit der *überstrichende(n) mosse* die äußeren Dinge in sich beseitigt hat und dadurch offen für Gott geworden ist, kommt es zunächst zu einer tiefen, positive Empfindungen auslösenden Gotteserfahrung. Die *getrukte mosse*, die ihm Gott dann zukommen läßt, bereit dem Menschen viel Leiden und führt (im positiven Fall) zum mystischen Sterben. An diese Situation des Leidens schließt sich an, daß Gott zum Menschen "*mit der überflüssigen mosse*" kommt (152,32) und der Mensch sich mit Gott vereinigt.

7.1. – 7.3.: Die zur Demut führende Kraft der göttlichen Einwirkung macht Tauler im Bild des göttlichen Lichtes anschaulich, das alles "*trucket sich nider in den grunt*", so daß dieses sich geringachtet (78,2-4). In gleicher Weise beschreibt Tauler die Wirkung, die die Dynamik der Minne zeigt: indem sie den Menschen "*so tieffe nider trukt in den grunt*", bewirkt sie dessen Vernichtung (252,25f). Damit die Minne ihren bestimmenden Einfluß aber auf den Menschen ausüben kann, ist es erforderlich, daß der Mensch - worauf Tauler mit dem Bild des *nidertrucken* verweist - von sich aus die Wirklichkeit der *vihelichen krefte, sinne* und *alle uswendikeit* beseitigt (349,31f).

9.1. – 9.2.: Mit *undertruken* wird ins Bild gebracht, wie der Mensch mit seiner Kraft alles beseitigt und sich erhebt über das, was der Minne zuwider ist (s.349,15). In gleicher Weise soll er den Einfluß der sinnlich orientierten sowie der von der Vernunft bestimmten Dimension seines Menschseins - für Tauler der *vihelich* und der *vernünftige mensche* (s.357,17) - beseitigen; er soll sie *übertretten* und *undertrucken*, um in seinen obersten inwendigen Menschen gelangen zu können.

9.3.: Eine Erneuerung des Menschen kommt nur dann zustande, wenn die menschliche Natur sich selbst verleugnet und bedeutungslos wird, indem sie *under getruket* wird (s.377,10).

13.1. – 13.3.: Durch die Entrückung gelangt der Mensch derart tief in den *woren grunt*, daß weder Gott noch alle Kreaturen ihn hätten tiefer "*verdrucken noch vernúten noch versencken*" können (173,8f).

14.1.: In der Metaphorik des *widertruken* - kombiniert mit dem Bild des *wider niderslagen* - bringt Tauler zur Sprache, daß Gott, nachdem er sich dem Menschen nach langem Warten erfahrbar gemacht hat, dieser Erfahrung zuwider so auf den Menschen einwirkt, daß dieser "*in disem bevindende nút sich erhebe*" (217,14f). Gott erfüllt ihn mit Schrecken, macht ihn orientierungslos und versetzt ihn in eine heillose Situation voller Unglück, Versuchung und Sünde (s.217,18-25).

E. Seuse

1. *truk*
1.1. o.BE (57,6)

2. *truken*
2.1. *mensche* (20,1; 231,27; 294,9f; 385,3f; 392,17f; 467,10; 480,4f.14f; 484,22; 493,33; 525,27)
2.2. *sele* (20,21(Pat))
2.3. *herre* (276,26f)
2.4. *betrahten* (255,4)
2.5. *tot* (282,12)
2.6. *got* (133,4; 517,20)
2.7. *jugent* (484,16(Pat))

4. *indruk*
4.1. *got* (8,21)

5. *indruken*
5.1. *liden* (196,10f(Pat))
5.2. *sele* (538,6f)

10. untertruk
10.1. *fleisch* (158,21f)

11. usdruken
11.1. *bilde* (181,16)

12. usgedrukt
12.1. *bild* (181,16)

13. verdrucken
13.1. *mensche* (532,11)

15. phrengen
15.1. *liden* (215,28)

1.1.: Das Zugrunderichten des öffentlichen Ansehens Seuses durch uneinsichtige Menschen erscheint als *truk*, der Seuse mehr schmerzen soll, so die Meinung Jesu Christi, als das Nagelkreuz, das Seuse auf seinem Rücken befestigt hat (s.57,6f).

2.1. – 2.3.: Seuse verweist mit der Metaphorik des Drückens auf eine Form intensiven Kontaktes zwischen seiner Seele und einem Engel (s.20,1) bzw. zwischen ihm und Jesus Christus, der ewigen Weisheit (s.276,26f). Wie aus dem weiteren Kontext hervorgeht, gestaltet Seuse das Verhältnis zu Jesus Christus in Form einer Liebesbeziehung; mit seinen Armen möchte er Jesus in seine Seele und sein Herz gedrückt haben, so daß ihm dann der *"geistlich kuss der waren gegenwúrtikeit"* (294,10) Jesu Christi zuteil wird.

Diesen Aspekt der wechselseitigen Liebesbeziehung bringt Seuse an anderer Stelle noch deutlicher ins Bild: *"Dar um, so wir daz goetlich liep ie lieplicher in unsrú herzen truken, und so wir daz goetlich an bliken und es trutlich mit den armen unsers herzen umbschliessen, so wir ie minneklicher hie und in ewiger selikeit von im werden umbvangen."* (392,17-20)

Eine weitere Möglichkeit der Beziehung zu Jesus Christus sieht Seuse darin, daß der Mensch das Bild Jesu Christi internalisieren soll, indem er es durch die Augen in die Seele (s.480,4f) oder *"durch unser herze trucket"* (493,33; vgl. 525,27).

Der semantische Schwerpunkt der Metapher verlagert sich auf die Bedeutung 'Beseitigung', 'Vernichtung', wenn Seuse im Zusammenhang mit der Abwendung vom bisherigen Leben und Hinwendung zu Gott die Entfernung aller Dinge so darstellt, daß man *"ellú ding under die fuesse getruket"* hat (385,3f).

Die Metapher verwendet Seuse ferner, wenn er dazu auffordert, auf die wilde Jugend einzuwirken und auf sie zu achten (s.484,22).

2.4.: Die Betrachtung von Jesu Leiden führt den Menschen ins Glück und bewahrt ihn vor allem Übel (s.255,4).

2.5. – 2.7.: *Truken* ist ferner Metapher für die Belastung des Menschen durch Tod und bittere Leiden (s.282,12) bzw. eines nicht genauer bezeichneten göttlichen Handelns, das der Mensch als belastend erfährt (s.517,20). Belastende Erfahrungen sammelt man in seiner Jugend dann, wenn der eigene Wille gebrochen wird (s.484,16).

4.1.: Im Bild des *indruk* macht Seuse das Einwirken Gottes auf den Menschen anschaulich (s.8,21).

5.1. – 5.2.: In einer Entrückung erhält Seuse die Mitteilung, daß durch die Betrachtung der Leiden Jesu diese in ihn gelangen, indem sie ihm *"geistlich in gedruket werden"*, und dort derart wirksam sind, daß er dasselbe um Jesu Willen leidet (196,10-12). Die intensive Beziehung zu Jesus Christus zeigt sich auch darin, daß die Seele *"ze einem urkúnd der lieplichen gemahelschaft sinen namen (dem) hertzen... in getruckt"* hat (538,5-7).

10.1.: *Untertruk* ist Metapher für den Prozeß, der zur Beherrschung von Fleisch und Blut im geistlichen Kampf führt (s.158,21f).

11.1.: *Usdruken* fungiert als Bild für das Geschehen, durch das die zweite trinitarische Person aus dem väterlichen Abgrund hervorgebracht wird (s.181,16).

12.1.: Die zweite trinitarische Person sieht Seuse infolge der Selbsterkenntnis der ersten Person dadurch eine selbständige Wirklichkeit werden, daß die Dynamik des göttlichen Vaters das bei der Selbsterkenntnis entstehende Erkenntnisbild aus dem Inneren des Vaters nach außen bringt. Seuse bezeichnet deshalb den Sohn als *"ein usgedrukte(s) bild uss sinem innigosten abgrúnde..."* (181,16)

13.1.: Im Bild des *"verdrucken die viheliche neigunge"* bringt Seuse zur Sprache, daß der Mensch, um zu Gott zu gelangen, seine sinnlich orientierte Existenz beenden muß (s.532,11).

15.1.: Im Bild des Pressens wird die enge Beziehung anschaulich gemacht, in die Leiden den Menschen zu Christus bringen (s.215,28).

F. Margaretha Ebner

2. *druken*
2.1. *Margaretha* (33,16f; 43,4(Pat); 48,7f; 88,9; 89,21)
2.2. *Jhesus Christus* (127,9; 128,15f; 129,6; 130,6; 163,13)
2.3. *liden* (46,1f)
2.4. *smerczen* (163,18)
2.5. *warhait* (83,21)

4. *indruk*
4.1. *name Jhesus Cristus* (130,13f)

5. *indrücken*
5.1. *nam Jhesus Cristus* (31,11f)
5.2. *gegenwertikait gotes* (34,11f(Pat))
5.3. *minnezaichen* (78,4(Pat).6(Pat))

2.1.: Mit dem Verb *druken* legt Margaretha hinsichtlich ihrer Beziehung zu Jesus Christus die Assoziation nahe, daß sie unter Anwendung von Kraft *"in daz offen verwundet hercze"* Jesu Christi gelangt (33,15f) bzw. in das Leiden ihres *"geminten liebes Jhesu Cristi"* (43,3f) gebracht wird. Aus liebevollem Jammer will sich Margaretha, als ihr ein Kruzifix gereicht wird, in dieses *bilde druken* (48,7f). Als Ausdruck intensiver Begegnung, verursacht durch *starke minne*, möchte Margaretha Jesus Christus an ihr Herz *truken* (88,9).

2.2. – 2.4.: Auch Jesus Christus nimmt intensiven Kontakt mit Margaretha auf, indem er sich *"in daz innerst (irs) herzen drucket"* (128,15f). Margaretha macht, als ihr *"der süez nam Jhesus Cristus in (ir) herze gedruket"* war, eine positiver Geschmacksempfindung ähnelnde Erfahrung (129,5f).

Jesus Christus ist auch verantwortlich dafür, daß sein Leiden (s.46,1f) bzw. seine leidvollen Schmerzen (s.163,18) in Margaretha *getrucket werden* (s.46,2).

2.5.: Mit der Wahrheit möchte Margaretha dadurch in Kontakt geraten, daß diese in sie *gedruket* und sie in die Wahrheit *verzogen* wird (s.83,21).

4.1.: Der viermalige *indruk* des Namens Jesu Christi innerhalb von kurzen Zeitabständen ist Bild für die Erfahrung der unio mit Jesus Christus im Inneren Margarethas (s.130,13f).

5.1. – 5.3.: Um deutlich zu machen, daß der Name Jesus Christus (s.31,11f), die Gegenwärtigkeit Gottes (s.34,11f) und die fünf Minnezeichen (s.78,4.6) kraftvoll auf Margaretha einwirken, verwendet sie die Metapher *indrucken*.

G. Heinrich von Nördlingen

1. *druk*
1.1. o.BE (38,2)

2. *drücken*
2.1. *antlitz gotz* (21,23f)
2.2. *gotlich bild* (6,25)

4. *intruk*
4.1. *gnade* (6,26f)

5. *indrucken*
5.1. *bild* (6,30(Pat))
5.2. *nam* (34,48(Pat))
5.3. o.BE (46,19)

13. *verdruckt*
13.1. *sel* (40,24)

1.1.: Die Veränderung des Menschen auf Gott hin macht Heinrich mit Hilfe von mehreren Bildern anschaulich: *"diemutigen druck under sich, einen andechtigen zuck usz ir selber und einen minenden flug uber sich selber und alle creatur in ir einigs lieb Jhesu Christum."* (38,2-4)

2.1. – 2.2.: Die infolge der göttlichen Gnadenmitteilung sich entwickelnde zärtliche Beziehung zwischen Jesus Christus und Margaretha entfaltet Heinrich unter verschiedenen Aspekten: Wenn Jesus Christus Margaretha *"zartlich verzogen und verfürt in sich"* hat, wird er ihr dann im ewigen Licht präsent; sodann soll sie die göttliche unio mit ihm wahrnehmen: *"da soltu an sehen lieblichen das lieblich antlitz gotz, wie sich das in dich und dich in sich getrucket hat, verborgen hat, vereiniget hat und verschricket hat."* (21,22-25)

Mittels *"drücken und schriben"* bringt Heinrich ferner metaphorisch das Geschehen zur Sprache, bei dem sich das göttliche Bild in die menschliche Natur begibt (s.6,25).

4.1.: *Indruk* ist Metapher für die Mitteilung der göttlichen Gnade an das demütige Herz Margarethas (s.6,26f).

5.1. – 5.2.: Mit *indrucken* bringt Heinrich das Geschehen ins Bild, in dem Gott *bild* (s.6,30) und *nam* Jesu Christi (s.34,48) in die menschliche Wirklichkeit, in Margarethas Inneres, bringt.

5.3.: Der Wunsch Heinrichs in Bezug auf die Gotteserfahrung Margarethas umfaßt auch *"ein zartlichs niessen, ein inners intrucken..."* (46,19).

13.1.: Die belastende Wirkung seiner selbst sowie der Mannigfaltigkeit auf die Seele macht Heinrich anschaulich im Bild der *"verdruckent sel mit dem überlast"* (43,24f).

---

dúrr (1.)/ dúrre (2.)/ (ver–)torren/erduerren/doerren (3.)/ truchenheit (4.)/ truken (5.)/ nas (6.)/ vúhten (7.)

A. Mechthild von Magdeburg

1. *dúrr*
1.1. *sele* (I 2,36; II 2,18; III 10,39; VI 37,11)
1.2. *mensche* (V 23,123)
1.3. *Maria* (I 22,55)

7. *vúhten*
7.1. *sele* (II 6,3)

1.1. – 1.2.: Den in der Trockenheit der Natur implizierten Mangelzustand bezieht Mechthild auf die Verfassung der Seele, um aufzuweisen, welche Bedeutung Gottes Zuwendung - mit der Flüssigkeitsmetapher vorgestellt - für die *dúrren selen* hat; sie bittet Gott: *"gús, herre, nider dine himelvluot in mine dúrre sele..."* (VI 37,11; s. auch den Vergleich mit einem *dúrren acker* (IV 5,10)).

Das Bild wird gesprengt, wenn anstelle der Wassermetaphorik die Feuermetaphorik den Inhalt der göttlichen Zuwendung umschreibt, deren Adressat die *dúrre sele* ist: *"O fúres gluot, entzúnde mich!"* (II 2,17)

Der semantische Schwerpunkt verlagert sich, wenn das Schwinden der irdischen Dinge bei der Seele am *crútze der hohen minne* (III 10,39) aufgrund göttlicher Einwirkung - *"luft des heliges geistes"*, *"sunnen der lebendigen gotheit"* - unter dem Gesichtspunkt der Vernichtung ihrer lebendigen Existenz als *dúrre*-Werden der Seele beschrieben wird.

1.3.: *Dúrr* ist ferner Bild für die Entbehrungen Mariens und für den Verlust ihrer Lebendigkeit infolge der Leiderfahrungen, die sie am Kreuz Jesu gemacht hat (s.I 22,55).

7.1.: Die Angleichung des Menschen an Gott, die aus der göttlichen Mitteilung an die Seele resultiert, bringt Mechthild ins Bild, indem sie einen Folgezusammenhang zwischen dem göttlichen *vliessen* und dem *vúhten* der menschlichen Seele herstellt (s.II 6,3): *"Swenne ich vlússe, so muost du vúhten."*

B. David von Augsburg

2. *dürre*
2.1. *herze* (379,1)

2.1.: David bittet darum, daß der Liebestod Jesu Christi auf ihn einwirke und der Mangelsituation in seinem Inneren abhelfe: *"Herzelieber herre, nû begiuz mit dînem minneheizem bluote die dürre mînes herzen, daz ez tugende vruhtbaer werde..."* (378,39f).

D. Tauler

1. *dúrr*
1.1. *mensche* (19,15; 59,12; 61,37; 305,13; 420,23)
1.2. *vinsterkeit* (62,15)
1.3. *wise* (287,14)
1.4. *grunt* (287,30)
1.5. *acker* (305,9f)
1.6. *nature* (383,3)
1.7. *ertrich* (63,30f)
1.8. *herze* (123,25)

3. *dorren*
3.1. *mensche* (143,21; 221,26; 231,24f; 345,17; 392,10; 394,4f; 409,6f)
3.2. *herze* (48,19; 130,13f; 202,26f)
3.3. *lip* (130,14)
3.4. *creature* (61,31)
3.5. *nature* (151,33)

6. *nas*
6.1. *mensche* (123,21)

1.1. – 1.2.: Daß der Mensch geistigen Mangel leidet, bringt Tauler mit den Naturmetaphern *duerr* und *vinster* (s.19,15) zum Ausdruck. Dieser Zustand tritt insbesondere dann ein, wenn der Mensch jeglichen göttlichen Trost und jegliche Erfahrung der göttlichen Wirklichkeit entbehren muß; für die dann eintretende Perspektivenlosigkeit sowie die Defizienz von Lebensnotwendigem und für die Leblosigkeit steht neben den Metaphern *dürr* und *vinster* auch die Metapher *kalt* (s.61,37f). An einer anderen Textstelle lautet die metaphorische Umschreibung dieses Zustandes: *"...einen lewen dúrren kalten doten menschen..."* (420,22f). Könnte sich der Mensch in einem solchen Zustand *"in gelicher gelicheit"* (62,17) halten, so würde dies alles empfindende Genießen Gottes übertreffen. Menschen, die nicht vom Hl. Geist erfüllt sind, sind aus der Sicht Taulers *"dúrre und scharpf und gnadelos..."* (305,13).

Mit *dúrr* macht Tauler weiterhin auf ein Verhalten beim Offizium aufmerksam, bei dem der Mensch quasi leblos, nicht *hochgezitlichen* als Zeichen der *ewigen hochgezit* (s.59,12f), seinen Dienst versieht.

1.3. – 1.5.: Die Menschen, die bei ihrer alten außenorientierten Lebensweise bleiben, sind nicht offen für Gott, weshalb Tauler ihr Leben bestimmt sieht von *"blinder kalter dúrrer herter wise"* (287,14). Erst wenn Gott auf diesen gottlosen Zustand einwirkt, indem er als *lebender burne* in den *dúrren grunt* des Menschen gelangt, gewinnt der Mensch eine Lebensqualität, die ganz von der göttlichen Minne geprägt ist (s.287,30). Zusätzlich zur *grunt*-Metapher versucht Tauler auch über die *acker*-Metapher seinen Zuhörern die Notwendigkeit, aber auch die wahrscheinliche Möglichkeit des göttlichen Eingreifens im Hinblick auf dessen *dúrren* Zustand nahezubringen (s.305,9f).

1.6.: Durch Tugendübungen wird die *"nature arm und dúrre"*, da sie das ihr Eigene verloren hat (383,3).

1.7.: Das *dúrre ertrich* verweist auf den von Natur aus widerspenstigen Leib des Menschen, der sich erst durch den Einfluß Jesu eignet zum *"segen und egen"* (63,31f).

1.8.: Die Verwandlung, die der Mensch bei der Annäherung an das göttliche *fúr* erfährt, besteht in einer Änderung der Beschaffenheit seines Herzens: *"sin dúrre, steinin, stehelin hertze muos warm, weich, fúrig und goettelich werden."* (123,25)

3.1. – 3.3.: In Bezug auf die drohende Rache Gottes denkt Tauler, daß das Herz/die Menschen *"moecht in dorren von engsten"* (202,26f; s. 221,26 u. 231,24f), wenn sie deren Außmaß kennen würden. Das gleiche, zu Leblosigkeit führende Geschehen ereignet sich auch, wenn der Mensch, der Gott als Fundament seines Lebens aufgibt, in Unfrieden gerät (s.392,10).

Wenn Menschen ein negatives Urteil über die Fehler anderer fällen, ist dies für Tauler ein Zeichen dafür, daß es ihnen an göttlicher Liebe fehlt: *"... das man an der goettelichen minne dorrende ist und ietzent dorret."* (409,6f).

Bei den Erwählten Gottes führt der Verlust der Erfahrung Gottes, wenn sie sich selbst verlassen haben und *erdorret sint* (s.394,5) dazu, daß sie durch die Einwirkung des Hl. Geistes solange Schmerzen empfinden, bis sie wieder zu sich selbst gekommen sind. Ihre Einstellung zeigt sich zum einen darin, daß sie auch zu ewiger *armuote, darben* und *verdorren* (s.345,16) bereit sind, sofern dies Gottes Wille ist, und zum anderen noch Minne in der Situation des geistlichen Verlustes aufbringen, d.h. *"in der quale ein versmelzen und ein verdorren in dem brande dis darbens."* (143,21f)

Der Zustand, daß der Leib und vor allem das Herz des Menschen geistlichen Mangel leiden und infolgedessen sich ihre lebenswichtigen Funktionen und Äußerungen immer mehr reduzieren, kann auch in der Mißachtung der göttlichen Gnade durch den Menschen (s.130,14f) oder in der Erfahrung der Mißachtung Gottes durch die Mitmenschen begründet liegen. In diesem Fall geschieht es, daß *"den waren fründen Gottes ir hertze dorren und kelten mag..."* (48,18f).

3.4.: Für Tauler fehlt Lebewesen, die ihr Herz mit Minne und Lust am Irdischen besetzt haben, Entscheidendes zum Leben: das Minnefeuer des Hl. Geistes, Gnade und göttlicher Trost. Tauler verleiht solchen Lebewesen deshalb Züge eines defizitären Zustandes im Bereich des pflanzlichen Wachstums; sie sind für ihn *"die leidigen verdorrende... creaturen..."* (61,31).

3.5.: Manche Menschen können den Verlust der geistlichen Erfahrung nicht verkraften; ihre menschliche Natur *"dorret recht von jomer"* (151,33).

6.1.: *"Nas von súnden"* ist Bild für die Existenz des Menschen, der ganz von Sünden bestimmt ist (123,21).

E. Seuse

1. *túrr*
1.1. *herze* (199,22)
1.2. *sele* (373,25f)
1.3. *mensche* (289,25)
1.4. *munt der sele* (303,17)

2. *túrri*
2.1. *herze* (199,22; 257,23f)

3. *torren/erduerren/doerren*
3.1. *mensche* (57,20; 128,31; 273,31; 368,4; 538,9)

3.2. *zitliche wirdekeit* (491,16f)
3.3. *schonheit* (491,18f)
3.4. *lib* (491,19(Pat); 491,20)
3.5. *minne* (221,31)

4. *truchenheit*
4.1. *mensche* (383,22; 465,15)

5. *truken*
5.1. *bitterkeit* (383,24; 465,17)

1.1.: Im Vergleich zu den Worten, die *"usser einen lebenden herzen dur einen lebenden munt"* nach außen dringen (199,17f), erleiden Worte, die auf Pergament geschrieben werden, einen Qualitätsverlust: sie *"erkaltent und verblichent"* (199,19f); es fehlt ihnen die *lustliche wise*, die menschliche Herzen mehr als alles andere bewegt. Wenn sie dann noch von Menschen empfangen werden, die selbst infolge der *"túrri der túrren herzen"* quasi leblos und damit nicht erlebnisfähig sind, stoßen sie nur auf Unverständnis. Denn *"ein minnerichen zungen ein unminneriches herze enkan als wenig verstan, als ein tútscher einen walhen."* (199,24f) Den Zusammenhang von Sender und Empfänger vertieft Seuse über dieses Beispiel hinausgehend weiterhin an der Funktionsweise eines Saiteninstrumentes: *"Es enwart nie kein seiten so sueze: der in richtet uf ein túrres schit, er erstumbet."* (199,23f)

1.2.: Seuse versteht die von ihm geschriebenen Briefe ausschließlich als eine *jubilierendú rede*, die seiner Einschätzung nach die *"túrren selen und hertú herzen"* ablehnen werden (373,25f).

1.3.: Nicht ganz klar ist, was Seuse intendiert hat, wenn er die Beschäftigung mit der göttlichen Lehre als Bedingung dafür nennt, daß der Mensch *túrr* wird (s.289,25). Gemeint ist wohl der Verlust alles Irdischen, was Seuse als Bedingung für die Internalisierung der Worte Christi gilt: *"Min kint, halte dich inrlich, luterlich, ledklich und ufgezogenlich! Sich, so wirst du schier innan miner worten..."* (290,1f).

1.4.: Seuse setzt den Zustand der geistlichen Entbehrung ins Bild, indem er der Seele Züge eines *túrren* Mundes verleiht, der in Gott - so seine Bitte - den zur unio führenden Inhalt erhalten möge (s.303,17f).

2.1.: Die *"túrri der túrren herzen"* (199,22) ist Bild für die leblose innere Disposition, mit der Menschen (göttliche) Worte empfangen.

3.1.: Der Mensch, der ohne Gotteserfahrung leben muß (s.57,20) oder der in Buße verharrt (s.128,30f), erleidet zahlreiche Entbehrungen; er muß *"darben und torren"*. Ferner soll sich beim Diener - so die Ewige Weisheit - in der Leidensnachfolge die Situation Jesu wiederholen, d.h. er soll ohne positive Erfahrung *"in trostlosem lidenne in hertikeit erdarben und ertorren..."* (273,31). Sollte sich der Mensch diesen Zustand als eine Weise der Selbstkasteiung und Abtötung selbst auferlegt haben, empfiehlt Seuse, diesen Zustand zugunsten willig ertragenen Leidens aufzugeben in dem Bewußtsein, daß das Leiden mit den anderen leidenden Gottesfreunden gleichmacht und zu großem Gut verhilft (s.363,3-5).

3.2. – 3.4.: Seuse wünscht sich in seinem Herzen die Vernichtung aller zeitlichen Ehre und des Eindrucks der *bluegenden schonheit* vieler Menschen (s.491,16-18) in Referenz gegenüber dem *erdorreten libe* Jesu Christi, *"der an dem crútze dorete alsam eine griebe..."* (491,19f).

3.5.: Unter Anspielung auf kalten Reif im Mai beschreibt Seuse im Bild des *doerren* die Wirkung der vergänglichen Minne auf allen göttlichen Ernst und die geistliche Zucht des Menschen: sie nimmt ihnen ihre Dynamik (s.221,31).

4.1.: Als Kriterium für ein vollkommenes Leben nennt Seuse die völlige Hingabe an den Willen Gottes. Der Erfahrung Gottes zieht er die Erfahrungslosigkeit des Menschen vor: *"In dem sinne weri mir lieber ein truchenheit, denne ane daz ein hinfliessendú suessekeit."* (465,15f)

5.1.: Ein Beispiel für ein unter 4.1. charakterisiertes Leben stellt Jesus Christus dar, der sich gehorsam *in trukner bitterkeit* hingegeben hat (465,17).

---

gan (1.)/ abegan (2.)/ abgang (3.)/ durgan (4.)/ durchgang (5.)/ entgegengan (6.)/ entgân (7.)/ entgangenheit (8.)/ hernidergan (9.)/ hingan (10.)/ ingan (11.)/ inganc (12.)/ übergan (13.)/ überganc (14.)/ ufgan (15.)/ ufganc (16.)/ undergan (17.)/ undergang (18.)/ (her–)uzgan (19.)/ uzganc (20.)/ vergan (21.)/ vorgan (22.)/ vorganc/fúrgang (23.)/ widergang (24.)/ zuogan (25.)

A. Mechthild von Magdeburg

1. gan
1.1. *sele* (II 23,54)
1.2. *mensche* (III 15,1.17; VII 25,7)
1.3. *got* (IV 14,24)
1.4. *minnelust* (III 23,18)
1.5. *tugende* (V 4,10)
1.6. *gloube* (IV 12,57)

4. durgan
4.1. *suessekeit* (II 19,56; VII 50,10)
4.2. *goetliche kraft* (VI 1,142)

4.3. *hl.geist* (VI 16,54)
4.4. *gotheit* (VII 37,29)
4.5. *engel* (VII 59,12(Pat))
4.6. *mensche* (V 8,14(Pat))
4.7. *sele* (V 4,20(Pat))
4.8. *minne* (I 3,20)

7. entgan
7.1. *ding* (V 4,71)
7.2. *sele* (I 5,15)

9. hernidergan
9.1. *got* (IV 24,6)
9.2. *schin* (V 1,39)
9.3. *minnelust* (V 1,31)
9.4. *Jhesus Christus* (VI 1,14)

15. ufgan
15.1. *suessekeit* (V 18,5)

1.1. – 1.3.: Der geistige Vorgang, durch den die Seele vom Bereich der Dinge in Gott gelangt, trägt für Mechthild, wie an ihrer Verwendung des Verbs *gan* ersichtlich wird, Züge einer räumlichen Fortbewegung. Diese Art der Veränderung der Ausgangsposition liegt auch der Aussage zugrunde, daß der Mensch soll "*mit aht tugenden... gân zuo gottes tische*" (III 15,1). Ferner wird die Zuwendung Gottes, durch die der sündige Adam wieder auf den richtigen Weg gebracht wird, von Mechthild in der Weise vorgestellt, daß Gott Adam *gieng nach* (s.IV 14,24).

1.4. – 1.6.: Die Einwirkung der göttlichen *minnelust* auf die Seele Mechthilds (s.III 23,18), die Begleitung der Minne durch die Tugenden Keuschheit und Demut (s.V 4,10) sowie das Sich-Präsentmachen des personifizierten Glaubens in der Seele sind geistige Prozesse, die Mechthild über die Metaphorik des Gehens zur Sprache bringt.

4.1. – 4.2.: *Durchgan* ist Metapher für das völlige Erfaßtsein der Seele mit all ihren Gliedern durch eine *unbegrifeliche suessekeit*. Damit ist impliziert, daß die Seele als ganze, d.h. räumlich vorgestellt von einem Ende zum anderen, die göttliche Süßigkeit erfährt (s.II 19,50). In ähnlicher Weise veranschaulicht Mechthild die Bedeutung, die der Gottesgruß für die Seele hat. Die Kraft der Dreifaltigkeit *durchgat* dabei Seele und Leib derart, daß die Seele krank wird (s.VI 1,142).

4.3. – 4.6.: Noch ausdrucksstärker bringt Mechthild das Erfaßtsein von der göttlichen Wirklichkeit dadurch ins Bild, daß sie durch die Kombination der Metaphern *umbevangen* und *durgan* eine Vorstellung evoziert, bei der der Mensch, die Seele, aber auch der Engel Gabriel außen wie innen ganz von der göttlichen Wirklichkeit betroffen sind. Dies gilt auch für die Seele Jesu Christi: "*Der helig geist hat mich umbevangen und also wunnenklich durgangen,...*" (VI 16,54).

Eine Aufgabenteilung innerhalb der Trinität sieht Mechthild bei den Bräuten Gottes: "*Min sun sol úch al umbevân, min gotheit sol úch al durgán, min helig geist sol úch... leiten....*" (VII 37,28f).

4.7. – 4.8.: Die Seele, die mit der falschen Minne *durgangen ist*, wird nicht mehr *durflossen* mit der göttlichen Minne (s.V 4,20).

7.1. – 7.2.: Der demütigen Seele "*mag... enkein ding entgan...*" (V 4,71), mit dem sie nicht Gott zu loben vermöchte.

9.1. – 9.4.: Gottes Zuwendung zu den Menschen bringt Mechthild ins Bild, indem sie davon spricht, daß er *harnider gat*, der Seele entgegen (s.IV 24,6; V 1,39).

15.1: *Ufgan* steht für das Geschehen, durch das alles menschlich Positive (*suessekeit*) zu Gott gelangt (s.V 18,5).

B. David von Augsburg

1. gan
1.1. *mensche* (393,20)

2. abegan
2.1. *sinne* (357,17)

12. inganc
12.1. *staphel* (395,29)

13. übergan
13.1. *Jesus Christus* (377,32f)

20. ûzganc
20.1. *muot* (394,2; 395,9)
20.2. *sele* (394,17)

1.1.: Mit der Metaphorik des Gehens verweist David auf die Hinwendung des Menschen zum Inneren in die Ruhe des Herzens (s.393,20).

2.1.: Wie sehr der Mensch durch die Gottesliebe verwandelt wird, zeigt David an der Liebe des Menschen zu einem niedrigeren Gut als Gott auf, indem er darauf hinweist, daß bereits bei dieser Liebe "*kunst und sinne und leben dâ von abe gêt.*" (357,17) Im Bild des *abegan* wird der Prozeß anschaulich gemacht, durch den die genannten Größen den Zusammenhang mit dem Menschen verlieren.

12.1.: Mit der Formulierung "*ein inganc der himelschen phalnze, dâ si allez daz antlütze des vaters sehent...*" (395,29f) bringt David die Bedeutung der siebten Stufe des Gebets ins Bild, die darin besteht, daß sie dem Menschen ermöglicht, gottgleich in den Bereich Gottes zu gelangen und ihn unmittelbar zu schauen (vgl. dazu 1 Kor 13,12)

13.1.: Die Metapher *übergan* steht für Jesu Transzendieren aller irdischen Wirklichkeit, bewirkt durch seine demütige Güte, seine Seligkeit und Treue (s.377,32f).

20.1. – 20.2.: David konkretisiert die *einunge* des menschlichen Geistes mit Gott durch die Metapher "*ûzganc des muotes in got*" (395,9). Damit will David hervorheben, daß der menschliche Geist, um zu Gott zu gelangen, sich selbst verlassen muß. In Bezug auf die Seele wird dieser - durch die Minne bedingte Vorgang - mit dem Zerfließen von Wachs verglichen: durch die *hitze* der Minne wird die Seele "*geweichet... unde als ein zevlozzen wahs vliuzet (si) in daz gotlîche bilde, daz si dâ siht in dem ûzgange...*" (394,15-17).

C. Meister Eckhart

1. gân
1.1. *mensche* (I 113,7f; II 256,3; 309,3-5; 634,1; III 80,2; 123,5; 173,6f; V 18,8; 237,7f; 263,4; 265,1; 275,2; 284,10; 405,9; 409,8f)
1.2. *crêatûre* (II 530,5f; 531,1)
1.3. *werlt* (II 138,2)
1.4. *Jesus* (I 14,2)
1.5. *vernünficheit* (III 215,8)
1.6. *wort* (I 252,3)
1.7. *sêle* (II 565,4)
1.8. *gnâde* (II 243,8)
1.9. *vruht* (I 29,10f)
1.10. *ende* (I 144,8)
1.11. o.BE (I 188,5f; II 530,2; V 206,8)

2. abegân
2.1. *mensche* (I 293,2; 419,6; II 381,2f; 541,97; III 340,4)
2.2. *wisheit* (I 51,4.10)
2.3. *zuoval* (II 381,4)
2.4. *trost* (II 147,2f)
2.5. *enthalt* (V 260,5)
2.6. o.BE (I 56,14f; 420,6.8; III 203,5; 215,9; 482,7; 489,14f)

4. durgân
4.1. *mensche* (I 164,17; 276,4; II 309,3; 618,42)

6. engegengân
6.1. *got* (II 46,9)

7. entgân
7.1. *mensche* (V 291,4)

11. îngân
11.1. *bilde* (I 93,2)
11.2. *got* (I 93,2f; V 187,2; 197,2f)
11.3. *crêatûre* (II 530,5)
11.4. *natûre* (II 539,23)
11.5. *vernünfticheit* (III 180,1)
11.6. *Jesus Christus* (I 388,12)

12. înganc
12.1. *got* (II 530,4)
12.2. *abegescheidenheit* (V 428,5-7)

13. übergân
13.1. *mensche* (I 164,17; 193,3; 276,4; II 618,42; III 240,2.5f.7; 309,4; V 275,8)
13.2. *sêle* (I 303,7f)

15. ûfgân
15.1. *sêle* (I 303,7f)
15.2. *mensche* (III 485,14; 486,1)
15.3. *lieht* (I 342,9)

19. (her-)ûzgân
19.1. *mensche* (I 72,1.3; 87,10; 92,8; 93,4.6; 100,2;102,5; 103,3; 186,1f; 193,11; 201,1; 244,10; 246,1.4f; 293,2f; II 306,8f; 492,7; V 45,12; 45,14f; 114,18; 187,1.4; 189,1; 194,1; 197,2; 223,2; 227,5; 228,1.9f; 298,5; 430,9)
19.2. *sêle* (II 138,1; 164,2; 296,3; III 229,4)
19.3. *crêatûre* (II 537,2f)
19.4. *wille* (III 174,7; 261,6f; V 218,9f)
19.5. *vernünfticheit* (III 261,5)
19.6. *güete* (III 179,5f)
19.7. *warheit* (III 179,5f)
19.8. *engel* (II 222,2)
19.9. *herre* (II 164,5)
19.10. *got* (I 93,6; II 165,3)
19.11. *kraft* (I 124,3; II 138,3)
19.12. *sun* (I 388,11; II 635,5f)
19.13. *hl. geist* (II 287,5; III 14,6)
19.14. o.BE (I 173,10f; V 223,5f)
19.15. *werk* (II 65,6)
19.16. *bilde* (I 93,3)

20. ûzganc
20.1. *bilde* (I 266,1)
20.2. *got* (II 530,4)
20.3. o.BE (V 408,11)

22. vürgân
22.1. got (V 224,11)

1.1.: Die mittels des Gehvorgangs metaphorisch zum Ausdruck gebrachte geistige Veränderung des Menschen betrifft zum einen ein Geschehen, bei dem der Mensch - bestimmt von *minne* - in den Bereich Gottes (s.I 113,7f), bzw. in den *gruntlosen grunt* Gottes (s.II 309,5) oder in den eigenen *grunt* (s.II 256,3) gelangt. Zum anderen wird mittels der Gehbewegung das Verlassen alles Kreatürlichen (s.III 123,5), aber auch das Verlassen seiner selbst in Demut (s.V 405,9) oder in Barmherzigkeit (s.V 409,8f) anschaulich gemacht. Ganz allgemein, bereits als verblaßte Metapher, steht die Metapher *gân* für die Bewegung auf Gott zu (s.III 80,2; V 237,7f).

1.2.: Den Unterschied zwischen den *vernünftigen* und *lîplichen crêatûren* sieht Eckhart in der je verschiedenen Bewegungsrichtung ihres Existenzvollzugs; für die *vernünftigen crêatûren* gilt bei ihrem Tun: "... *sô sie mê gânt ûz in selben, sô sie mê gânt in sich selben.*" (II 530,5f) Demgegenüber führt das Handeln bei den *lîplîchen crêatûren* dazu: "*sô sie mê würkent, sô sie mê gânt ûz in selben.*" (II 530,6f).

1.3. - 1.5.: Über die *stigen* der Sinne gehend, gelangt die Welt in die Seele des Menschen (s.II 138,1f). Auf gleiche Weise gelangt auch Jesus in die Seele (s.I 14,2). Ähnlich muß man sich nach Eckharts Auffassung auch die Aktivität der *suochenden vernünfticheit* vorstellen: "*Si gât alumbe und suochet; si lûzet her und dar, und ir gât zuo und abe.*" (III 215,8f)

1.6.: Die Differenzierung in Gott geschieht dadurch, daß das *ewige wort* aus dem Inneren des göttlichen Vaters nach außen *gât*. Die Metaphorik wird an dieser Stelle allerdings dadurch gesprengt, daß die durch den Gehvorgang sich mit zwingender Folge einstellende Entfernung vom Ausgangspunkt im Hinblick auf Jesus Christus außer Kraft gesetzt wird: "*Der vater ist ein begin der gotheit... us dem gât das ewig wort inne belibend, und der hailig geist flusset von in beiden inne belibend...*" (I 252,2-4). Dies bedeutet, daß der als *gân* und *fliessen* bezeichnete innertrinitarische Prozeß keinen Fortschritt im Sinn einer Distanz zum Ausgangspunkt kennt. Zustand und Bewegung sind demnach keine kontradiktorischen Gegensätze mehr.

1.7.: Eckhart sieht Jesus Christus hinsichtlich seiner Funktion für die Seele als Pforte, durch die die Seele wieder in den Vater *gât* (s.II 565,4).

1.8.: In Verbindung mit der Quellmetaphorik beschreibt Eckhart den Ursprung der Gnade und der Kreaturen. Eckhart unterscheidet das Ursprungsgeschehen nur durch die Bewegungsart: Während die Kreaturen aus dem göttlichen *brunnen vliezen*, "*gât diu gnâde ûz dem selben brunnen*" (II 243,8).

1.9. - 1.10.: In sehr allgemeiner Weise steht das Verb *gân* für den Ursprung der *vruht* (s.I 29,11) sowie für Gott, dem Endpunkt aller Dinge. Charakteristisch für dieses Ende ist dessen Weiselosigkeit: *"ez entwehset der wîse und gât in die breite."* (I 144,8)

1.11.: Den Prozeß, bei dem etwas, von Eckhart nicht näher Bezeichnetes, den Menschen verläßt (s.II 530,2) oder etwas in Leiden und Anstrengung kommt (s.I 188,5f), bezeichnet Eckhart in allgemeinster Weise als *gân*.

2.1. – 2.3.: Die innere Distanzierung, d.h. die Aufhebung des Zusammenhangs mit allem *zuoval* (s.II 381,44), mit all dem, was Unterschied bereitet (s.II 381,2f), mit allem Kreatürlichen (s.I 293,2), sogar mit sich selbst und allen Dingen (s.I 419,6), stellt sich Eckhart als ein Geschehen vor, bei dem der Mensch *abegât*. Wenn der Mensch seiner selbst *abegegangen* ist, ist er nichts mehr von sich aus und infolgedessen ungeschieden von allen Dingen (s.III 340,3f), was bedeutet, daß er alle Dinge ist. In Spannung zu dieser Aussage findet sich an einer anderen Textstelle die Feststellung, daß nur der eins ist, der von allen anderen Dingen geschieden ist. Mit diesem Zustand korreliert ein bestimmtes Gottesverhältnis: Je mehr der Mensch sich aus der Einheit mit Gott löst, d.h. metaphorisch formuliert: *abegât*, desto größer wird seine Mannigfaltigkeit (s.II 541,97).

Weil in Gott alles Irdische vernichtet ist, bedeutet dies für sämtliche irdische Weisheit, daß sie im Bereich Gottes *sol abegân* (s.I 514,10).

2.4. – 2.5.: Die Metapher *abegân* steht auch dann, wenn der Verlust allen Trostes und Haltes zum Ausdruck gebracht werden soll (s.II 147,2f u. V 260,5).

2.6.: Alles Menschliche sowie alles, was Christus nicht an sich genommen hat, überhaupt alles - auch noch das geringste - Kreatürliche *gât abe*, wenn der Mensch zu Gott kommt (s.I 56,14f) bzw. wenn er derselbe Christus und Gott sein will (s.I 420,6).

4.1.: Das mit den Verben *durchgân* und *übergân* näherbestimmte Bild einer Ortsveränderung gibt das Vorstellungsmuster ab für die Transzendenzbewegung des Menschen durch alle Geschaffenheit, alles Zeitliche und alles Sein hindurch, wobei der Mensch dieses letztlich hinter sich läßt und in den unendlichen *grunt* gelangt (s.II 309,3-5; II 618,42; I 164,17).

Einen anderen Verwendungszusammenhang bildet der Empfang der mit der göttlichen Natur geeinten Tugend. Damit der Mensch diese empfangen kann, muß er durch alle Tugenden hindurch bis zum *grunt* kommen, wo die Tugend eins ist mit der göttlichen Natur (s.I 276,4f).

6.1.: Die Zuwendung Gottes zum Menschen konkretisiert Eckhart mit dem Verb *engegengân* (s.II 46,9).

7.1.: Beim Handeln soll der Mensch sein Inneres nicht verlassen; vielmehr soll er sein Wirken mit und aus dem Inneren vollziehen: *"Niht, daz man dem innern sül entgân oder entvallen oder vermeinen, sunder in dem und mit dem und ûz dem sol man lernen würken..."* (V 291,3-5).

11.1. – 11.2.: Die Präsenz Gottes im Inneren des Menschen hängt von dessen Beschaffenheit ab: Solange ein kreatürlicher Eindruck, ein *bilde ingât*, hat Gott keinen Ort im Inneren des Menschen. Wenn der kreatürliche Eindruck aber das Innere verläßt (*ûzgât*), *"gât got in"* (I 93,2). In gleicher Weise kommt Gott in das Innere des Menschen, wenn dieser *des sînen* (V 187,2f) bzw. *"von allen dingen ûzgât"* (V 197,2f).

11.3. – 11.4.: Der Weg nach innen stellt das Unterscheidungsmerkmal zwischen leiblichen und vernünftigen Kreaturen dar (s.II 530,5; vgl. 1.2.). Die vernünftige Kreatur wie auch die vernünftige Natur *"gât in sich selber"* umso mehr, je mehr sich beide in ihrem Tun nach außen bewegen (II 539,23).

11.5.: Die *vernünfticheit* des Menschen gelangt bis zum Ursprung der trinitarischen Differenzierung in Gott, indem sie alle Bestimmungen Gottes entfernt, bis sie *"gât în und durchbrichet in die wurzeln..."* (III 180,1).

11.6.: Da Gottvater Ursprung und Ziel des göttlichen Sohnes ist, hat das *ûzgân* des Sohnes das *wider îngân* des Sohnes mit seiner *brût*, der Seele, zur Folge (s.I 388,12).

12.1.: Insofern es in Gott keine Veränderung im Sinn eines Fortschrittes gibt, ist jedes – in Entsprechung zur räumlichen Ortsveränderung vorgestellte – Geschehen mit dem gegenläufigen Geschehen gleichzeitig: *"Gotes ûzganc ist sîn înganc."* (II 530,4)

12.2.: Aus der Perspektive der Seele betrachtet, öffnet sich ihr die göttliche Wirklichkeit, wenn sie sich in *abegescheidenheit* von allem Kreatürlichen distanziert hat. Die *abegescheidenheit* ist demnach der *înganc* der Seele auf Erden in die göttliche Natur (s.V 428,5-7).

13.1. – 13.2.: Für das Transzendieren aller geschaffenen Wirklichkeit steht die Metapher *übergân*: *"Driu dinc sint, diu uns hindernt, daz wir niht enhoeren daz êwige wort. Daz êrste ist lîplicheit, daz ander manicvalticheit, daz dritte ist zîtlicheit. Haete der Mensch disiu driu dinc übergangen, sô wonete er in êwicheit... und dâ hôrte er daz êwige wort."* (I 193,1-5) In Bezug auf den Empfang von Gottes Lehre differenziert Eckhart diesen geistigen Prozeß noch weiter: Zunächst muß der Mensch alles, was eine räumliche Extension besitzt, *"ûfgân und übergân"*; weiterhin muß er sich sammeln und sich von allem Äußeren abwenden; dann geht es darum, alle geteilten Seelenkräfte und das Denken zu transzendieren (s.III 240,2-7).

Das mit *durchgân* neben dem vertikalen Prozeß als horizontale Bewegung ins Bild gebrachte Transzendieren kann Eckhart auch in Bezug auf alle einzelnen Tugenden fordern, wenn es um die Frage geht, wie der Mensch in den göttlichen *grunt* der Tugend gelangt (s.I 276,4).

15.1. – 15.2.: Die Seele bzw. der Mensch sollen sich in einer Art Aufwärtsbewegung, wie Eckhart mit dem Verb *ûfgân* suggeriert, Gott *mit begerunge* (s.I 303,7) oder *mit vernünfticheit* (s.III 485,14) nähern.

15.3.: Analog zur Naturerfahrung sieht Eckhart das göttliche *lieht* in der Seele präsent werden, indem es dort aufgeht und *einen morgen* bereitet (s.I 342,8f).

19.1.: Die Distanzierung des Menschen von sich selbst, von allen Dingen (s.V 430,9f; V 197,2), der Welt (s.I 293,2f), vom eigenen Willen (s.I 102,5) und von allen kreatürlichen Vorstellungen (s.V 114,18) interpretiert Eckhart mittels der

Verbmetapher *ûzgân* als ein Geschehen, bei dem sich der Mensch quasi räumlich aus dem Bereich der aufgeführten Größen entfernt. Begründet ist die Aufforderung zum *ûzgân* darin, daß dies die Bedingung dafür ist, daß der Mensch Gott zu empfangen vermag (s.I 72,1.3), daß er der eingeborene Sohn Gottes sein kann (s.I 193,11) oder daß sich die Gottesgeburt in seinem Geist ereignet (s.II 306,8f). Wenn der Mensch *"usgegangen waere sin selbes"* (I 244,10), folgte er darin Jesus nach und würde ihm gleich; dies bedeutet, daß er sich wie Jesus völlig Gott unterwirft, keine Orientierung zur geschaffenen Wirklichkeit hin zeigt und seinen Willen völlig Gottes Willen übergibt (s.I 244,8-10). In diesem *"ûzgân aller dinge"* bleibt dann beim Menschen ausschließlich das zurück, *"daz Kristus an sich nam, und alsô hâst dû Kristum an dich geleget."* (V 430,9-11) Dies bedeutet auch die Beseitigung alles Personhaften (s.I 87,10), grundsätzlich die Beseitigung der Fremdheit und Ungleichheit zu aller anderen geschöpflichen Wirklichkeit (s.V 114,18-20). Wenn der Mensch sich von allen Dingen und von sich selber getrennt hat, indem er *usgegangen* ist, macht er die Erfahrung, daß alles ihm wiedergegeben wird - allerdings verwandelt *"in der ainvaltikait"* (I 246,3f).

19.2.: Die Hausmetaphorik bildet den Hintergrund, wenn Eckhart die Außenorientierung der Seele beschreibt als *"ûzgân in die werlt"* über die *stîgen* der Sinne (II 138,1). Die Seele ist im Unterschied dazu *heim komen* und *wonet* in ihrem *einvaltigen liehte*, wenn sie ihr Inneres nicht verlassen hat und *"niht ûz engât an diu ûzern dinc..."* (III 229,4). In dem Fall, in dem die Seele auf ihre Außenorientierung verzichtet und der Mensch in seinem *"innigesten dâ heime"* ist, ist Gott anwesend (II 164,1-4). In Spannung zu dieser Aussagereihe sieht Eckhart in einer anderen Predigt für die Seele das Verlassen ihrer selbst geradezu als Bedingung für die unio mit dem göttlichen Sohn an: *"... als vil mê, als si ir selbes ûzgât, als vil wirt si ein mit dem sune."* (II 296,3f)

19.3.: Das Bild des Ausgehens verweist auch auf das Ursprungsgeschehen aller Kreaturen in Gott (s.II 537,2f).

19.4. – 19.7.: Den Aspekt, daß ein geliebtes Objekt beim menschlichen Willen eine Einstellungsänderung im Sinn des Verlassens seiner selbst und einer Annäherung an das Geliebte provoziert, vermittelt Eckhart seinen Zuhörern, indem er durch Rekurs auf die räumliche Ortsveränderung die Bewegung des Willens als *ûzgân* und *giezen ûf* das betreffende Objekt beschreibt (s.III 174,7f). In extremer Weise kommt das *ûzgân* des Willens seiner Selbstaufgabe gleich. Dieser Fall liegt vor, wenn der menschliche Wille ganz in den göttlichen Willen *"gebildet und geformet ist"* (V 218,9f).

Der Wille verdankt seine Existenz der *güete* und *vernünfticheit*, aus deren Bereich er sich entfernt: *"Wan von der güete wil der wille und wirt dâ von geborn und gât ûz von vernünfticheit..."* (III 261,6f).

Raumhafte Züge verleiht Eckhart über die Metaphern *grunt*, *ûzbrechen* und *ûzgân* auch dem Ursprung von Güte und Wahrheit. Eckhart entwickelt folgende Vorstellung: *"grunt, dâ güete und wârheit ûzbricht,... in dem beginne, dâ güete und wârheit ûzgânde ist..."* (III 179,5f)

19.8.: Die im Bild des *ûzgân* dargestellte Möglichkeit der Engel zur Umorientierung von innen nach außen den Dingen zu bewertet Eckhart negativ; denn dies bedeutet, daß es - so Eckhart - in diesem Fall für die Engel *naht* würde (s.II 222,2f).

19.9. – 19.11.: Wenn Jesus Christus im *"innersten und lûtersten"* der menschlichen Seele ist, ist er bei sich selber und *"engât niht verre ûz."* (II 164,5) Die gleiche Feststellung gilt auch allgemein für Gott, der sich oberhalb von Raum und Zeit befindet und *"enrüeret niht vremdes"* (II 165,3). Für die Seelenkräfte gilt dagegen, daß sie sich auf die Welt oder auf die Werke beziehen, indem sie *"ûzgânt... von der sêle in diu werk..."* (I 124,3). Wenn Gott und Mensch wegen ihres positiven Verhältnisses zueinander ihr Eigenes verlassen, so daß *"disiu zwei ûzgânt"*, ist nur noch *"ein einvaltigez ein"* präsent (I 93,6f).

19.12. – 19.13.: Der göttliche Sohn wird zu einer eigenständigen Wirklichkeit, indem er das Innere des göttlichen Vaters verläßt (s.I 388,11; II 635,5f); entsprechend formuliert Eckhart in Bezug auf den Hl. Geist, daß er als *minne* von Gottvater und Sohn *ûzgegangen ist* (s.III 14,6).

19.14. – 19.15.: Im Gegensatz zu dem, was sich den Dingen zuwendet, definiert Eckhart das, was innen ist: es *"wonet in dem grunde der sêle... und engât niht ûz..."* (I 173,10f). Anders steht es mit dem *werk der natûre*; dieses geht zwar aus, kehrt aber wieder in die Seele zurück (s.II 65,6).

19.16.: Alle Vorstellungsbilder müssen die Seele verlassen, damit Gott im Inneren des Menschen präsent werden kann (s.I 93,3).

20.1.: Das Bild eines Gegenstandes sieht Eckhart in folgender Weise entstehen: *"Daz ein ist, daz ez von dem, des bilde ez ist, sîn wesen âne mittel nemende ist..., wan ez hât einen natiurlîchen ûzgang und dringet ûz der natûre als der ast ûz dem boume."* (I 265,9-266,1).

20.2.: s. 12.1.

20.3.: *Uzganc* ist Metapher für die geistige Bewegung, die den Menschen aufgrund seiner Reflexion aus der *abegescheidenheit* herausführt (s.V 408,11).

22.1.: Der Mensch denkt in Bezug auf die Nichtanwesenheit Gottes nach Eckharts Erfahrung oft *"got sî vür gegangen."* (V 224,10f)

D. Tauler

1. *gan*
1.1. *meinunge* (30,22; 93,2)
1.2. *frucht* (32,26)
1.3. o.BE (97,18)
1.4. *uebunge* (322,2)
1.5. *himel* (9,3)
1.6. *mensche* (9,5)

2. *abegan*
2.1. *pine* (125,28f)
2.2. *buosse* (125,28f)
2.3. *mensche* (400,32)

3. *abgang*
3.1. *fürgang* (222,18f)
3.2. *mensche* (400,24)

4. *durgan*
4.1. *wesen* (33,24(Pat); 120,27f(Pat))
4.2. *wurken* (120,27f(Pat))
4.3. *minne* (171,22)
4.4. *wollust* (151,19)
4.5. *herre* (372,5)

5. *durchgang*
5.1. *ewikeit* (400,3f)
5.2. *zit* (202,15)

10. *hingan*
10.1. *zit* (47,34)
10.2. *bilde* (137,31)

11. *ingan*
11.1. *got* (10,4. 14f; 12,1; 28,16; 45,10)
11.2. *vater* (8,34.36; 9,1)
11.3. *mensche* (9,8; 45,7; 144,2.24; 243,34f)

12. *inganc*
12.1. *vater* (9,6)
12.2. *mensche* (9,28)
12.3. o.BE (243,32)
12.4. *geburt* (12,4)

13. *übergan*
13.1. *gemuete* (202,9)
13.2. *würdikeit* (202,3)
13.3. *suessikeit* (228,13f)
13.4. *andaht* (84,18)
13.5. *mensche* (10,27.29)
13.6. *bilde* (12,8)
13.7. *trost* (151,20f)

14. *übergang*
14.1. *mensche* (9,29)
14.2. *mosse* (341,4f)

15. *ufgan*
15.1. *gemuete* (202,9)
15.2. *mensche* (28,22)

16. *ufgang*
16.1. *gebet* (20,6f; 67,23f; 101,13.26f; 154,16f; 421,20)
16.2. *mensche* (89,16; 377,28)

17. *undergan*
17.1. *sele* (175,28)
17.2. *gerechtekeit* (237,28)

18. *undergang*
18.1. *natúrliches liecht* (20,16; 344,20)

19. *(her-)uzgan*
19.1. *vater* (8,33; 8,34f; 9,1)
19.2. *sun* (29,9-11; 299,6)
19.3. *wille* (79,10)
19.4. *fride* (180,2)
19.5. *himel* (9,3f)
19.6. *bekentnis* (299,8)
19.7. *mensche* (9,9; 10,4.14f.24.27.30; 23,10;28,15; 36,9;45,6.10; 136,13; 144,24f; 159,26; 307,27; 357,20f)
19.8. *ding* (12,1)

20. *uzganc*
20.1. *persone* (8,23f)
20.2. *gnade* (29,25)
20.3. *wille* (180,1)
20.4. *vater* (9,1.6)
20.5. *mensche* (9,28; 10,16; 36,8)
20.6. *grunt* (36,5f)

23. *vorganc/fürgang*
23.1. *geist* (222,14.17f)
23.2. *got* (222,15.17f.21f)
23.3. *mensche* (222,18)

24. *widergang*
24.1. o.BE (9,2)

1.1. – 1.3.: Für den Prozeß der Hinwendung der menschlichen Absicht zu Gott (s.30,21f) steht bei Tauler die Verbmetapher *gan*. Mit dieser Metapher veranschaulicht Tauler auch die auf Gott hin orientierten Aktivitäten der im *grunt* entstehenden *fruht* der göttlichen Einwirkung (s.32,26f). In all seinen Vollzügen sollte der Mensch grundsätzlich prüfen - so Taulers Auffassung -, *"ob es alles uf Got get oder nút..."* (97,18).

1.4.: Mit der Metaphorik des Gehens wird die Intention des menschlichen Lebensvollzuges zur Sprache gebracht: *"uf die gat alle unser uebunge, wesen und leben..."* (322,2).

1.5. – 1.6.: Die Vollkommenheit des *himels* wie des *menschen louf* besteht darin, daß jeder wieder in seinen Ursprung *get* (s.9,3.5).

2.1. – 2.2.: Mit der von Gott dem Menschen geschenkten *ker* ist der Verlust aller *"pine und buosse"* verbunden. Tauler konkretisiert die Lösung des Zusammenhangs von *pine und buosse* mit dem sündigen Menschen durch das Verb *abegan* (125,28f).

2.3.: Wer zur inneren Schau Gottes berufen ist, darf auf äußere Werke der Liebe nicht verzichten; allerdings soll er diese Werke selbstlos, d.h. metaphorisch formuliert: *"in einem abegange sin selbes"* und in innerer Distanz - in *abegescheidenheit* - zur Welt vollbringen (400,24.27). Weiterhin ist gefordert, daß der Mensch die feste Bindung an die Gesellschaft löst (s.400,32).

3.1.: Daß Gott in seinem *fúrgang* durch seine *geburt* im Menschen präsent werden kann, hängt von der Bedingung ab, daß ein *abgang* alles Kreatürlichen stattfindet. Für die Aufhebung aller kreatürlichen Bezüge ist erforderlich, daß *die creature* im Menschen *muos verwerden* (s.222,19.22f).

3.2.: s. 2.3.

4.1. – 4.2.: Die in der unio erfolgende Veränderung des menschlichen Seins ist bedingt durch die göttliche Einwirkung, die *wesen* und *wurken* des Menschen völlig erfaßt; Tauler verleiht der göttlichen Einwirkung Züge eines räumlichen Vorgangs, wenn er darstellt, daß *wesen* und *wurken* des Menschen *"wirt mit Gotte durchgangen"* (120,28).

4.3.: Das intensive Hineinversetzen in Jesu Leben und Werk hat zur Konsequenz, daß die *minne* zu ihm den meditierenden Menschen ganz bestimmt (s.171,21f).

4.4.: Wenn der Mensch alle Hindernisse beseitigt hat, begegnet ihm manches, was ihm derart viel Freude bereitet, daß es *"durch gat geist und nature"* (151,19).

4.5.: Das Handeln Jesu Christi denjenigen gegenüber, die ihn suchen, präzisiert Tauler mit den Verben *sterken*, *erlühten* und *"mit guete durchgan"* (372,5).

5.1. – 5.2.: Zur Charakterisierung von Raum und Zeit als Zwischenstadium der Ewigkeit wählt Tauler die Metapher *durgang*, um so den Aspekt des Prozeßhaften hervorzuheben.

10.1. – 10.2.: *Hingan* ist verblaßte Metapher für das Schwinden der Zeit oder die Entwertung von Vorbild und Leben Jesu.

11.1.: Bedingung für die Präsenz Gottes in der Seele ist die Entfernung aller (geschöpflichen) Dinge (s.12,1) sowie des Menschen selbst: *"Gest du nu alzuomole uz, so got er... zuomole in..."* (10,14f).

11.2.: Das innertrinitarische Geschehen, dem Tauler in einer Predigt zum Weihnachtsfest seine besondere Aufmerksamkeit widmet, ist dadurch gekennzeichnet, daß der himmlische Vater sich auf sich selber wendet, sich selbst erkennt, dann in der Geburt seines Sohnes sein Inneres nach außen bringt, um abschließend in Wohlgefallen wieder in das eigene Innere zurückzukehren. Das Wohlgefallen äußert sich dann erneut in der Konstituierung des Hl. Geistes (s. zum Ganzen 8,28-9,1). Während die Äußerung der ersten trinitarischen Person als *sich ussprechen, gebern* und *usflússen* (8,31f. 37) sowie - auf dem Vorstellungshintergrund einer räumlichen Veränderung von innen nach außen - als *uzgon* beschrieben wird, steht für die erkennende Hinwendung und dann für die auf das *uzgon* folgende Rückkehr des göttlichen Vaters in sein Inneres die Metapher *ingon* (s.8,34.36).

11.3.: Nach dem Verhaltensmuster der ersten trinitarischen Person soll der Mensch, damit sich die Gottesgeburt in ihm ereignet, *"alzuomole in sich gon und denne usser sich gon."* (9,8f)

An einer anderen Textstelle erscheint das *"usgon sin selbes"* als Voraussetzung des *ingon* des Menschen in Gott (45,6f). Allgemein gilt für Tauler: Um Gott begegnen zu können, ist es erforderlich, daß der Mensch sich in seinen *grunt* begibt (s.144,2.24; 243,34f).

12.1. – 12.3.: Dem geistigen Vollzug des himmlischen Vaters mißt Tauler quasi den Rang eines allgemeinen Lebensprinzips zu, das Geltung hat sowohl im Bereich der Natur als auch im Bereich des Menschen: *"Darumbe sint alle uzgenge umb die widergenge."* (9,1f) Der Mensch muß, damit die Gottesgeburt in ihm geschieht, eine dementsprechende Umorientierung vornehmen: *"es muos von not ein widerlouf geschehen, sol dise geburt geborn werden, do muos ein kreftig inker geschehen, ein inholen, ein innewendig versamenen aller krefte..."* (9,19-21). Dabei gelangt der Mensch, bevor er zum *uzgang* und *übergang* aus sich selbst kommt, *"in den grunt, dis ist der ingang."* (9,28)

12.4.: Die (geschöpflichen) Dinge hindern die Gottesgeburt am unmittelbaren *ingang* in das Innere des Menschen (s.12,4).

13.1.: Dem Überwechseln in einen anderen Bereich gleicht es, wenn Tauler als Ergebnis des *ufgan* der Gottesmutter formuliert, daß ihr *"gemuete... über ging in das goetlich abgründe..."* (202,9f).

13.2. – 13.4.: Die im Sinn der via eminentiae verstandene hervorragende Qualität der Gottesmutter verdeutlicht Tauler durch die Aussage, daß *"ir wirdikeit die gat über alle wise und mosse."* (202,3) In gleicher Weise übertrifft die Erfahrung von Gottes Präsenz jegliche positive Erfahrung von Irdischem derart (s.228,13), daß sie alle sinnliche Wahrnehmung sowie alles Verstehen transzendiert (*übergat*) *"in ein grundelos abgründe"* (228,14f). Diese Transzendenz stellt Tauler auch bei wahrer Andacht des Menschen fest, die *"überget smacken und bevinden."* (84,18)

13.5.: Damit Gott im Menschen präsent werden kann, ist es erforderlich, daß der Mensch die sinnlich erfahrbare, in *bilde und forme* verstehbare Wirklichkeit hinter sich läßt. Dies geschieht, indem er diese durch *uz-* und *übergan* transzendiert (10,17.29f).

13.6.: Die negative Bedeutung der *"manigvaltikeit der bilde"* sieht Tauler darin, daß sie die Aufforderung Christi zur Trennung von allem, was dem Menschen gehört, dadurch in Vergessenheit geraten lassen, daß sie diese *"bedeckent und übergont"* (12,8).

13.7.: Die Erfahrung von Freude, Trost und die Empfindung, die der Mensch auf dem Weg der Wahrheit gewinnt, *"gat unsprechlichen über aller diser welte froeide..."* (151,20f).

14.1.: Die Transzendenzbewegung des Menschen strukturiert Tauler in Pr 1 mit den Substantivmetaphern *"ingang in den grunt, ... uzgang, jo ein übergang usser ime selber und über in..."* (9,28f).

14.2.: Die Menschen, die in reichem Maß alles Erhaltene Gott wieder zurückbringen, gleichen einem überfließenden Gefäß. Bei dessen *übergange* in Gott bleibt nichts von dem zurück, was im Menschen versammelt ist (s.341,4f).

15.1.: Das Gleichnis vom Weinberg (Mt 20,1-16) unterweist den Menschen - so Tauler - im *ufgon* zu Gott (s.28,22).

15.2.: Das *gemuete* der Gottesmutter zeichnet sich dadurch aus, daß es sich dauernd auf Gott bezogen hat, indem es *"ane underlos ufging und überging in das goetlich abgrunde"* (202,9f).

16.1. – 16.2.: Als Aufwärtsbewegung, die in Gott als ihrem Ziel endet, stellt Tauler mit der Metapher *ufgang* das geistige Geschehen des Gebetes dar. Das Gebet erscheint daher als eine Form, in der sich die vom Willen initiierte Transzendenzbewegung des Menschen über alles Kreatürliche auf Gott hin vollzieht (s.89,12-16).

17.1. – 17.2.: *Undergan* - kombiniert mit dem Bild des göttlichen *mer* - steht für den Vorgang, durch den Leib und Seele des Menschen in der göttlichen Fülle mit ihrer ganzen Individualität vernichtet werden (s.175,28).

18.1.: Ein Effekt des göttlichen Lichtes besteht darin, daß es den *undergang* allen geschaffenen Lichtes bereitet (s.344,20), indem es dieses überstrahlt. Diese im Bild des *undergang* veranschaulichte Vernichtung jeglichen - mit der Lichtmetapher zur Sprache gebrachten - natürlichen Erkennens ist Voraussetzung für das Erfassen der Gottesgeburt im Innern des Menschen.

19.1.: Die Selbstmitteilung des göttlichen Vaters an die zweite Person in der Trinität setzt dessen *uzgon* voraus, was unter dem Aspekt der Konstituierung einer neuen, aber jenseits von Raum und Zeit gleichen Wirklichkeit als *gebern* verstanden wird (s.8,33-35).

19.2.: Die Beziehung des Sohnes, der im *gebern* des göttlichen Vaters hervorgebracht wird, sprengt die - Entfernung implizierende - Bedeutung des Verbs *usgon*; denn paradoxerweise ist *"der sun usgande und doch inne blibende..."* (299,6).

Auch das Geschehen der Inkarnation Jesu Christi wird von Tauler durch die Formulierung *"uzgan in menschliche nature"* (29,11) interpretiert als Verlassen des eigentlichen Lebensbereiches Jesu.

19.3. – 19.4.: Das Befolgen des göttlichen Willens verlangt die Veränderung des geistigen Standortes insofern, als der Mensch muß *uzgon (sins) willen* (79,10). Dies hat zur Folge, daß der *weseliche fride* "*wirt geborn und gat hin us...*" (180,2).

19.5. – 19.6.: Unter dem Aspekt der Entstehung spricht Tauler vom *usgan* des Himmels aus seinem *begin* (s.9,3f) oder vom *usgan* der Erkenntnis des göttlichen Vaters, aus der *usflússet* der Hl. Geist (s.299,8f).

19.7. – 19.8.: Damit Gott präsent werden kann im Innern des Menschen, müssen "*alle ding uzgon*" (12,1); aber auch der Mensch selbst muß sich zu sich selbst in Distanz begeben (s.10,4.14f).

An einer anderen Textstelle erscheint das "*uzgon sin selbes*" als Voraussetzung für das *ingon* des Menschen in Gott (45,6f). Mit dem Verb *uzgon* wird ferner das Verlassen seiner selbst, bedingt durch die Hinwendung an die Kreaturen, ausgesagt (s.144,24). Das Verlassen seiner selbst kann aber auch als Konsequenz des "*in sich gon*" die zweite Stufe auf dem Weg zu Gott bedeuten (s.9,8f).

20.1. – 20.4.: Die Substantivmetapher *uzganc* steht zur Veranschaulichung des Ursprungs der trinitarischen Personen (s.8,23f) in Gott sowie der Gnade (s.29,25). Als *usgang* sieht Tauler aber auch die Aufgabe des eigenen Willens (s.180,1) sowie die Äußerung des himmlischen Vaters (s.9,6).

20.5. – 20.6.: Auf die Introversion des Menschen in den eigenen *grunt* folgt "*ein uzgang, jo ein úbergang usser ime selber und über in...*" (9,28f), wo der Mensch bis auf "*ein luter meinen Gottes*" alles aufgibt. Neben dem *uzgang*, bei dem Gott das Ziel ist, steht die Metapher auch einfach für den Vorgang der Distanzierung des Menschen von sich selbst (s.10,16).

An einer anderen Textstelle wird ersichtlich, daß die *uzgenge* des Menschen bzw. seines *grundes* allgemein jede Äußerung im Daseinsvollzug meinen (s.36,5f.8).

23.1. – 23.3.: Der Gottesbegegnung kann Tauler in Anlehnung an die alttestamentliche Erfahrung des Elija (s. 1 Kg 19,11) Züge eines Vorübergangs (*fúrgang*) Gottes verleihen (s.222,14-18).

24.1.: *Widergang* ist Bild für die Rückkehr in Gott.

E. Seuse

2. *abegan*
2.1. *mensche* (25,29; 233,29; 236,22)
2.2. *luterkeit* (505,18)

4. *durchgan*
4.1. *mensche* (205,4)

8. *entgangenheit/entgangunge*
8.1. *sin selbes* (94,27; 162,31; 168,16.19)

8.2. *mensche* (189,16f; 344,12)
8.3. *sinne* (113,13)

11. *ingan*
11.1. *mensche* (233,9)

12. *inganc*
12.1. *wisheit* (232,21)
12.2. *Jesus Christus* (431,3; 486,29)
12.3. *abgrunt* (293,14)

12.4. *mensche* (167,27f; 245,10; 284,28; 380,3; 479,18)
12.5. *gemuete* (4,25)

13. *übergan*
13.1. *mensche* (234,4f; 257,21)
13.2. o.BE (257,18f)

15. *ufgan*
15.1. *widerwertikeit* (505,18)

16. *ufganc*
16.1. *mensche* (245,10)

19. *(her-)uzgan*
19.1. *mensche* (23,18f; 54,5f; 94,33f; 142,14f; 161,19; 169,10; 205,25f; 471,17; 484,7-9)
19.2. *sinsheit* (95,11f)

20. *uzganc*
20.1. *leben* (280,12)
20.2. *mensche* (245,10)
20.3. *sinne* (4,25)

2.1.: Das Abweichen von bestimmten Ordnungen (s.25,29) bei Tisch wird von Seuse über das Verb *abegan* so dargestellt, daß der Mensch sich aus dem Bereich der besagten Ordnung quasi räumlich entfernt. Die Vorstellung der räumlichen Distanz benutzt Seuse auch, um auf das Fehlen von Kühnheit in der Situation seiner Verlassenheit zu verweisen (s.233,29). Weiterhin steht die Metapher für den Prozeß, in dem die Freunde Gottes den Kontakt mit Gott aufgeben, wenn ihre Bewährung im Leiden ansteht (s.236,22).

2.2.: In dem Maß, wie dem Menschen *luterkeit* beim Gebet *abe gat*, entsteht ihm (*gat ime uf*) Widerwärtigkeit des Leidens (505,18f).

4.1.: *Durchgan* ist Bild für die Beschäftigung mit der irdischen Geschichte Jesu von Anfang bis Ende. Dabei wird die metaphorisch thematisierte Beziehung zur Menschheit Jesu durch weitere Metaphern konkretisiert: *weg* (s.205,5), *tor* (s.205,6), *ring ritterlicher vestekeit* (s.205,8) sowie *wafenkleit* (Jesu) *anlegen* (s.205,10).

8.1. – 8.2.: Das Bild der *entgangenheit/entgangunge* erscheint bei Seuse zur Erfassung des Zustandes bzw. der Bewegung, in der sich der Mensch selbst, d.h. genauerhin seine kreatürliche Verfaßtheit, transzendiert (hat). Dieser als räumliche Ortsveränderung dargestellte Prozeß erzeugt solange Müdigkeit, als die Trennung vom Irdischen noch nicht vollzogen ist (s.168,19). Während dieses Geschehens kommt es zur Vernichtung des menschlichen Geistes und - infolge des Verlassens seiner selbst - zu einem völligen Vergessen seiner selbst (s.162,31f); ein Licht scheint aus der göttlichen Einheit (s.189,16f), und der Mensch wird - aus der Perspektive der *entgangunge* betrachtet - zum Mitwirker Gottes, weil er "*sich in daz eine hat vergangen und eins ist worden.*" (344,13)

8.3.: "*In einer entgangenheit siner sinnen*" (113,13) widerfuhr - wie Seuse in der Vita berichtet - einem Menschen die Erscheinung Jesu Christi.

11.1.: Die Verbmetapher *ingan* ist Bild für die Introversion des Menschen, die die Ewige Weisheit als Bedingung für ihre Erfahrbarkeit nennt (s.233,9).

12.1. – 12.2.: In Verbindung mit der Vorstellung der Seele als Haus Gottes verlangt die Ewige Weisheit nach einer Öffnung, einem *ingang*, durch den sie in die

Seele gelangt (s.232,21). Der Mensch muß nach Seuses Meinung in diesem Zusammenhang immer darauf achten, *"wenne und wie"* Jesus Christus *"sinen ingang haben wil"* (486,28f).

12.3.: Die Beschaffenheit der *ingange* des göttlichen *abgrúndes* entzieht sich menschlichem Verstehen (s.293,14).

12.4. – 12.5.: An den meisten Textstellen steht die Metapher *inganc* für den Prozeß, durch den der Mensch bzw. das menschliche *gemuete* (s.4,24-26) in das Innere Gottes oder in die ewige Seligkeit (s.380,1-3) gelangt. Daß der *ingang* in Gott nur das Ergebnis eines komplexen Geschehens darstellt, wird im 12. Kap. des Büchleins der Ewigen Weisheit deutlich. Dort führt Seuse aus: *"...und ie abgescheidner lediger usgang, ie vrier ufgang, und ie vrier ufgang, ie neher ingang in die wilden wuesti und in daz tief abgründe der wiselosen gotheit..."* (245,9-11).

13.1.: Aufgrund der Erfahrung Gottes in der Seele entsteht beim Menschen der Eindruck, als habe er Raum und Zeit *úbergangen* und befinde sich durch diesen Akt des Transzendierens im *"vorhove ewiger selikeit"* (234,4f).

13.2.: Die Betrachtung des Leidens Jesu Christi soll nicht *"mit einem ilenden úbervarne"*, sondern *"mit einem kleglichen úbergenne"* (257,17f) geschehen. Damit ist eine Vorgehensweise angesprochen, in der der Mensch sich geistig von einem zum anderen Leiden Jesu bewegt.

15.1.: s. 2.2.

16.1.: Die Annäherung des Menschen an Gott trägt - wie Seuse im Bild des *ufgang* anschaulich macht - Züge einer Aufwärtsbewegung (s.245,10).

19.1.: Distanz zu sich selbst beinhaltet die Forderung Seuses nach dem *"usgene des sinen"* (54,6) und - was dem gleichkommt - nach einer vollkommenen *"gelassenheit sin selbs"* (54,3). Bewirkt wird damit, daß der Mensch alle Zeit *stand glich* aufgrund seiner *entwordenheit* (54,4-6). Die Distanz zu allem Geschöpflichen ist das Ziel des mit *usgan* metaphorisch umschriebenen geistigen Geschehens, das die Reinigung des Menschen bewirkt (s.471,17).

Im 17. Brief des Großen Briefbuches empfiehlt Seuse seiner geistlichen Tochter, sich als Zuflucht ehrbare Frauen auszusuchen; denn *"da mit... gest (du) ouch usz allem dem, das man dir von argwon moeht zuo legen."* (484,8f)

19.2.: Wenn sich der Mensch *"im usgene der sinsheit"* (95,12) völlig dem Willen Gottes unterwirft, verliert das Leiden für ihn aufgrund der *"verlornheit des eigen willen"* (95,4) an Bedeutung.

20.1.: Für das Ende des Lebens kann in Opposition zum *anvang* die Metapher *usgang* stehen (s.280,12).

20.2. – 20.3.: Allgemeiner steht die Substantivmetapher *uzganc* für das Verlassen der irdischen Wirklichkeit (s.245,10: *abgescheidner lediger usgang, ufgang, ingang in die... wuesti... der gotheit*) bzw. für die Abkehr der Sinne von allem Äußeren (s.4,25f).

F. Margaretha Ebner

<u>1. gan</u>
1.1. *siechtag* (1,19; 2,2; 2,5)
1.2. *stösse* (75,20; 92,16)
1.3. *daz* (28,2f)
1.4. *genade* (128,20)
1.5. *smak* (128,22)
1.6. *gebet* (31,14f)

<u>2. abegan</u>
2.1. *gehörd* (2,6)
2.2. *swige* (73,8)

<u>7. entgan</u>
7.1. *vorht* (25,29)
7.2. *trureket* (37,7)
7.3. *kranket* (144,8)
7.4. *swige* (138,25; 139,1)
7.5. *rede* (131,9)

<u>13. übergan</u>
13.1. *forht* (57,21)

<u>15. ufgan</u>
15.1. *smak* (140,7; 141,4f)

<u>19. (her-)uzgan</u>
19.1. *smak* (43,5)

<u>21. vergan</u>
21.1. *cranckait* (64,5f)

<u>25. zuogan</u>
25.1. *kraft* (56,15f)
25.2. *liden* (59,24; 93,12)
25.3. *swige* (96,25)

<u>1.1. – 1.5.</u>: Fast schon zur lexikalisierten Metapher geworden veranschaulicht die Verbmetapher *gan* das Geschehen, im Verlauf dessen Margarethas Siechtum zu ihrem Herzen und in ihre Augen gelangt. Ebenfalls stellt sich Margaretha in gleicher Weise vor, daß die *stösse* der göttlichen Gnade ihr Herz erreichen (s.75,20). Die göttliche Gnade selbst *gat* in alle Glieder Margarethas; weiter wirkt sie in ihr in der Weise, daß sie von innen her ähnlich einem *süezze(n) smak* durch die Kehle in den Mund gelangt (s.128,20-22). Die Empfindung Margarethas über ihren Zustand, die sie aus ihrem Herzen mitteilt, *gat* von innen nach außen (s.28,2f).

<u>1.6.</u>: Von ihrem Gebet verlangt Margaretha, daß es ganz von Jesus Christus bestimmt sein muß und sich auf seine Minnewerke ausrichten soll (s.31,14f).

<u>2.1. – 2.2.</u>: *Abegan* ist Metapher für das Geschehen, das zum Verlust von Margarethas Gehör führt; weiterhin veranschaulicht das Bild des *abegan*, wie das lange Schweigen Margaretha wieder verläßt (s.73,8).

<u>7.1. – 7.5.</u>: Die Befreiung von Furcht, Traurigkeit, Schweigen und Krankheit begreift Margaretha, wie die Metapher *entgan* impliziert, nach dem Muster eines räumlichen Distanzierungsprozesses. Am Beispiel des verklingenden Tons eines Saitenspiels zeigt Margaretha die Parallele zum Aufhören der inneren Rede in ihrem Herzen auf, die dadurch zu Ende kommt, indem sie *entgant* (s.131,9).

<u>13.1.</u>: Daß Furcht über sie kommt und sie traurig macht, veranschaulicht Margaretha mit der Formulierung "...*daz übergant mir min hertze mit rehter truret und bedeket mir elliu miniu wort...*" (57,21f). Während mit *übergan* die Betroffenheit Margarethas als Vorgang konkretisiert wird, veranschaulicht die Metapher *bedekken* den Zustand des Betroffenseins.

15.1.: Der Name Jesu Christi sowie seine Worte verursachen eine - süßem Geschmack ähnelnde - Empfindung, die sich innerlich in Margaretha ausbreitet, indem diese *uf gant* (s.140,7).

19.1.: Wenn Margaretha in das Leiden Christi versetzt wird, empfindet sie die *"aller wunderbersten smeke"*, die in ihrem Inneren entstehen und nach außen kommen (43,5).

21.1.: Als *vergan* wird der Prozeß beschrieben, in dem die Krankheit Margarethas ein Ende findet (s.64,5f).

25.1. – 25.3.: Im Sinne einer schreitenden Fortbewegung, die bei ihr endet, versteht Margaretha mit dem Verb *zuogan* die Mitteilung der göttlichen Gnade und ihrer Kraft (s.56,15f); ebenfalls beschreibt sie in dieser Weise die Konfrontation mit großem Leiden (s.59,24). Züge des *zuogan* trägt für Margaretha auch der Vorgang, in dem das Schweigen zu ihr kommt (s.96,25).

G. Heinrich von Nördlingen

1. *gan*
1.1. *mensche* (4,25; 33,34; 43,77)
1.2. o.BE (42,18)

4. *durgan*
4.1. *waser* (28,11)

11. *ingan*
11.1. *mensche* (9,14; 43,89)

12. *inganc*
12.1. *mensche* (19,26)

17. *undergan*
17.1. *gnad* (34,55)

19. *(her-)uzgan*
19.1. *mensche* (1,34; 43,89)

20. *uzganc*
20.1. *got* (1,35)

22. *vorgan*
22.1. *mensche* (16,58)

1.1.: Im Bild des Gehens veranschaulicht Heinrich, wie der Mensch in Jesus Christus gelangt, wenn dieser sich seinerseits in das Herz des Menschen begibt. In gleicher Weise kommt der Mensch *"in dem gelait des reichen verdinends... Jhesu Christi"* (43,77) zu Gott, dem Ursprung von allem.

1.2.: Jesus Christus wird in Verbindung mit der Verbmetapher *gan* ähnlich einem Raum vorgestellt, in dem man sich fortbewegen kann (s.42,18).

4.1.: Seine Seele sieht Heinrich als Raum, der völlig von Leiden bestimmt ist; *"die waser manigveltiger lidung durchgant"* die Seele (28,11).

11.1.: Mit *ingan* bringt Heinrich den geistigen Vorgang ins Bild, durch den der Mensch in Christus - quasi als Tor -, in sich (s.43,89) oder in Gottes Vermögen kommt (s.9,14).

12.1.: Damit der Mensch nicht an seinem *ingang* in Gott gehindert wird, muß alles dabei Hinderliche entfernt werden vom Menschen (s.19,26).

17.1.: Die Verbmetapher *undergan* findet Verwendung für die durch Mühen und Kummer bedingte Vernichtung von Gnade und Andacht (s.34,55).

19.1.: Als *uszgon* sieht Heinrich - in Parallele zur räumlichen Distanznahme - das Verlassen aller Kreaturen durch den Menschen. Der gleiche semantische Schwerpunkt liegt der Aussage zugrunde, die als Gegenbewegung zum *eingan* das *uszgan* des Menschen aus sich selber zum Inhalt hat (43,89).

20.1.: Das *"ausgon ausz aller creatur"* möchte Heinrich an Gottes *"auszgang in mensch natur ... in alle raine hertzen"* lernen (1,35).

22.1.: Seine Rolle in Bezug auf andere definiert Heinrich mit seiner Funktion: *"daz ich... den weg wis und... in das ewig leben vor gang..."* (16,58).

---

gebern (1.)/ geberer (2.)/ geberunge (3.)/ geborenheit (4.)/ geburt (5.)/ berhaft (6.)/ berhaftikeit (7.)/ (un)geborn/geberlich (8.)/ ingebern (9.)/ ingeberunge/ingeburt (10.)/ ingeborn (11.)/ mitgebern (12.)/ uzgebern (13.)/ widergebern (14.)/ widergebernd (15.)/ widergebererin (16.)/ widergeborenheit (17.)/ widergeburt (18.)/ swanger (19.)

A. Mechthild von Magdeburg

1. *gebern*
1.1. *vare* (II 26,46(Pat))
1.2. *sele* (I 22,5(Pat); III 21,76(Pat))
1.3. *mensche* (V 6,7(Pat))
1.4. *pine* (IV 12,99f(Pat))
1.5. *sun* (III 9,36(Pat); V 24,40(Pat))

5. *geburt*
5.1. *hl. geist* (V 11,17)

1.1.: Das mit dem Verb *gebern* zur Sprache gebrachte Hervorbringen neuen Lebens stellt bei den Mystikern die Folie dar, auf deren Hintergrund verschiedene wirklichkeitsstiftende Akte im geistigen Bereich in der Vorstellung konkrete Gestalt annehmen. Besonders genau wird von Mechthild die falsche Aufmerksamkeit des Menschen dadurch beleuchtet, daß sie deren Werden in einer metaphora continuata darstellt: *"Si ist gezúget in Lucifers herzen und ist geborn in geistlichem homuote und ist gedrunten in dem has und ist gewahsen in dem gewaltigen zorne als gros..."* (II 26,46).

Auffällig an dieser Aussage ist, daß die mit den Metaphern *zúgen, gebern, druten* und *wahsen* veranschaulichten verschiedenen Stadien der Entwicklung der falschen Aufmerksamkeit jeweils einem anderen Einflußbereich zugeordnet sind, in dem ihr Werden sich vollzieht.

1.2. – 1.4.: An anderen Stellen wird meist der Bereich angegeben, aus dem etwas geburtsähnlich hervorgebracht wird: die Seele ist *"geborn usser dem ewigen liehte..."* (III 21,76); Mechthild, die *"gevlossen (ist) geistlich"* aus dem Herzen des göttlichen Vaters, ist *geborn vleischlich* aus der Seite Jesu (V 6,7); die Pein entstammt *"us lucifers herze..."* (IV 12,99f).

1.5.: Die Erschaffung von Adam und Eva durch Gott sieht Mechthild in dem Willen der Dreifaltigkeit motiviert, aus Liebe *fruhtbar* zu werden und sich eine *brut* zu machen (s.III 9,26-28). Der wirklichkeitsstiftenden Tätigkeit Gottes dient dabei das Hervorbringen des Sohnes als Vorbild, der *"ane beginnen von sinem vatter ist geborn."* (III 9,35f)

Ebenfalls wie ein Sohn wird geboren *"us dem getrúwen herzen des ewigen vatters"* - so Mechthilds Vision - ein Orden, der an die Stelle des Dominikaner- und Franziskanerordens tritt, die nach Einschätzung Mechthilds zunehmend Schaden nehmen (s.V 24,40).

5.1.: Als Kriterium dafür, daß äußere und innere Wirklichkeit bei geistlichen Menschen übereinstimmen, gilt Mechthild der Ursprung ihres äußeren Verhaltens im Hl.Geist. Auch wenn man vom Verhalten geistlicher Menschen meint schließen zu können, *"das sie innewendig haben des heligen geistes vluot"* (V 11,14), ist es leider dennoch oft so, daß der geistliche Mensch *"enpfindet doch in sinem herze nit des heligen geistes volle geburt."* (V 11,17) Die in dieser Äußerung Mechthilds verwendeten Metaphern *vluot* und *geburt* erklären auf unterschiedliche Weise das Präsentwerden des Hl.Geistes in Innern des Menschen. Während *vluot* dem Kommen des Hl. Geistes Züge eines dynamischen Naturgeschehens gewaltigen Ausmaßes verleiht, verweist Mechthild mit der Geburtsmetapher darauf, daß die Präsenz des Hl. Geistes durch Gott selbst bedingt ist, der sein Leben als Geist in anderem, in der Seele, hervorbringt.

B. David von Augsburg

1. gebern
1.1. *Jesus Christus* (342,11f(Pat); 368,38(Pat))
1.2. *wîsheit* (398,5)
1.3. *mensche* (399,11f)

5. geburt
5.1. *Jesus Christus* (383,27)

1.1.: Bei der Verbmetapher *gebern* steht der Gesichtspunkt im Vordergrund, daß aus der Wirklichkeit des Vaters das Leben des Sohnes hervorgeht (s.342,11f).

1.2. – 1.3.: Die metaphorische Aussage nähert sich noch mehr dem natürlichen Geburtsvorgang an, wenn David die Weisheit zum *gemahel* des *"herre von himelriche"* macht, die dem Herrn *"in sîner wonunge den sun Jêsum Kristum"* (398,5) hervorbringt. Ebenfalls entsteht auf die gleiche Weise - allerdings mit vertauschter Rollenbesetzung - der Mensch; er wird geboren von Gottvater *"ûz sîner gemaheln, der wîsheit"* (399,11f).

5.1.: Die Geburtsvorstellung dient David dazu, in Bezug auf Jesus Christus einen Anfangspunkt in der Ewigkeit zu markieren, von dem ab Jesu Güte existiert (s.383,27).

C. Meister Eckhart

1. *gebern*
1.1. *(got)vater* (I 32,6; 41,1; 72,7.8.9.10.11.12.13; 73,1.4; 80,8; 87,6; 90,6; 93,8; 109,2.4.6.7; 109,8f; 166,10; 171,8f; 180,5; 217,3; 218,2; 376,6; 382,2.8; II 52,2.9f; 53,4; 68,2.3; 84,5f; 86,4; 93,5; 97,4; 117,1; 258,2; 263,3f; 264,3; 306,9; 433,9f; 434,1f; 435,5; 471,8f; III 352,1)
1.2. *got* (I 110,1; 177,1.3.4; 368,6; 383,9; II 227,8(Pat); 228,2(Pat); 231,4.5(Pat); 236,3(Pat); 238,8; 252,3(Pat).4f(Pat); 275,3(Pat); 276,3f(Pat); 320,1.4; 321,1; 328,2; 342,5.9.11.13(Pat); 627,8f; III 224,6f(Pat); 299,1; 301,2; V 41,9; 44,1(Pat))
1.3. *sun* (I 49,2(Pat); 177,5(Pat); 179,12(Pat);II 84,6(Pat); 219,4(Pat); 258,4f(Pat); 276,2(Pat); 293,1.9f(Pat);III 325,6.9(Pat); 326,3.5f(Pat); 329,2.3f(Pat); V 43,15f(Pat); 44,2(Pat))
1.4. *mensche* (I 217,3(Pat); 375,10; 382,9; 383,1(Pat); II 84,1(Pat); 263,2(Pat); 264,3(Pat); 276,6f(Pat); 293,4.6(Pat); 293,10(Pat); 437,4.5f; 627,8; V 26,17(Pat); 43,15f.19(Pat))
1.5. *juncvrouwe* (I 30,5; 166,13)
1.6. *geist* (I 41,3)
1.7. *kraft* (V 11,13(Pat))
1.8. *sêle* (I 166,11f; 167,1; 177,1; II 228,3(Pat); 231,4(Pat); 319,4; 328,6.10f; 342,8(Pat))
1.9. *crêatûre* (I 379,7)
1.10. *bilde* (I 265,7)
1.11. *werk* (II 627,3)
1.12. *daz ein* (V 115,13(Pat))
1.13. *dinc* (II 503,6(Pat))
1.14. *güete* (V 9,6.9.14)
1.15. *wille* (III 261,6(Pat))
1.16. *gerehtikeit* (V 11,16f)
1.17. *sprechen* (II 53,4)
1.18. *hoeren* (II 53,4(Pat))
1.19. *gnâde* (I 177,9(Pat); 189,4.5(Pat))
1.20. o.BE (I 118,5(Pat); 180,1(Pat); 265,7(Pat); V 10,14(Pat); 11,15)
1.21. *engel* (II 240,2f(Pat))

3. *geberunge*
3.1. *offenbarunge* (II 276,1)
3.2. *got* (II 276,5)
3.3. *mensche* (II 277,3; III 325,7)

4. *geborenheit*
4.1. *eigenschaft* (II 279,1)

5. *geburt*
5.1. *got* (I 30,5; II 118,4f; 230,1.3.7; 236,4.5; 238,1.7f; 239,5f; 320,1.2.5; 321,3.7; 322,1.5f; 342,7; 627,8.10; III 352,1; V 114,5)
5.2. *sun* (I 171,9f;II 320,1.2.5)
5.3. *mensche* (II 277,3; III 325,7)
5.4. *daz eine* (V 30,10)
5.5. *verstantnis* (III 299,4)
5.6. *hl. geist* (III 300,4)
5.7. *sêle* (II 319,4; 329,3f)
5.8. *mensche* (II 503,6; III 325,3; 326,6)
5.9. o.BE (I 182,1; II 219,4; 341,10; 343,8)

8. *(un)geborn*
8.1. *got* (II 626,5; 627,3)
8.2. *vater* (V 44,25)
8.3. *sun* (V 11,17; 41,10; 44,26)
8.4. *wisheit* (II 279,2)
8.5. *gerehticheit* (V 11,17)
8.6. *güete* (V 10,6)

9. *ingebern*
9.1. *mensche* (II 293,1-4(Pat))
9.2. *gabe* (I 27,11(Pat))
9.3. *güete* (V 10,6(Pat))
9.4. *got* (V 111,19)

10. *ingeberunge*
10.1. o.BE (II 418,4)

11. *ingeborn*
11.1. *sun* (I 41,1.3; 49,2; 166,7; 171,8; 382,8; 368,6; 383,6f; II 68,2; 84,5; 328,2; V 41,9; 44,1)
11.2. *lop* (II 443,12)

12. *mitgebern*
12.1. *juncvrouwe* (I 31,4)
12.2. *kraft* (I 32,7)

13. *ûzgebern*
13.1. *vater* (I 31,3; II 68,3)
13.2. *got* (III 299,1)
13.3. *sêle* (III 301,3)

14. *widergebern*
14.1. *geist* (I 27,8; II 306,9)
14.2. *mensche* (I 383,8)
14.3. *sêle* (I 171,10(Pat); 166,11(Pat))

15. *widergebernd*
15.1. *dankbaerkeit* (I 27,6)

1.1.: Bei Eckhart liegt ein Aussageschwerpunkt der Metapher *gebern* darauf, die Leben schaffende Tätigkeit Gottes analog zur menschlichen Geburt als Freisetzung und Hervorbringung neuer Wirklichkeit aus Gott heraus zu verstehen. Diese wirklichkeitsstiftenden Akte machen entscheidend das Wesen des göttlichen Vaters aus: "... *daz wort 'vater' liutet ein lûter gebern und ist ein leben aller dinge.*" (I 72,7f; vgl. II 264,3). Die geburtsähnliche Tätigkeit wird geradezu - in semantischer Inkongruenz zur Frauenrolle - zum Kriterium für das Vatersein. Daher kann Eckhart auch für die Seele, wenn diese mit dem göttlichen Vater am Hervorbringen von Wirklichkeit beteiligt ist, das Vatersein behaupten: "*dâ heizet sie mit dem vater vater.*" (Pf II 175,20)

Eckhart führt die an der Geburtsvorstellung orientierten Gedanken in Bezug auf den göttlichen Vater noch dadurch weiter, daß er neben der Kreatur und dem Menschen allgemein insbesondere auf dem Hintergrund der Verwandtschaftsbeziehung den Sohn als Ergebnis der väterlichen Geburtstätigkeit nennt: "*daz wort 'vater' treit in sich ein lûter gebern und süne ze habenne.*" (I 73,4). Aus diesem Grund ergibt sich auch für Eckhart, daß des göttlichen Vaters "*wesen hanget dar an, daz er in der sêle gebere sînen sun...*" (I 72,10f) Da alles, was Gott wirkt, eins ist (s.I 110,1), weist die vom göttlichen Vater hervorgebrachte göttliche Wirklichkeit auch keinen Unterschied zu ihm auf, so daß es - die natürlichen Möglichkeiten jeglicher Sohnschaft sprengend - zum Rollentausch von Vater und Sohn kommen kann: "*ûz der lûterkeit hat er mich êwiclîche geborn sînen eingebornen sun in daz selbe bilde sîner êwigen vaterschaft, daz ich vater sî und geber den, von dem ich geborn bin.*" (I 382,8-383,1) Diese unterschiedslose Reduplikation des Einen im Anderen impliziert für Eckhart auch, daß das Geburtsgeschehen allen - Unterschied setzenden - Einflüssen von Raum und Zeit entzogen ist. Dies bedeutet, daß nicht nur Subjekt und Objekt des Geburtsgeschehens, sondern auch der Bereich, in dem die neue Wirklichkeit von Gott Vater gesetzt wird, mit dem Ergebnis der göttlichen Tätigkeit identisch ist: *"Dâ der vater sînen sun in mir gebirt, dâ bin ich der selbe sun und niht ein ander..."* (I 73,1).

An anderer Stelle behauptet Eckhart entsprechend seiner Sichtweise auch eine enge Beziehung zwischen Subjekt und Bereich des Geburtsgeschehens: Wenn der Vater in der Raum und Zeit enthobenen Kraft der Seele seinen ewigen Sohn *"gebirt âne underlâz"*, hat dies zur Folge, daß diese Kraft *"mitgebernde ist den sun des vaters und sich selber den selben sun in der einiger kraft des vaters"* (I 32,7f). Die Kraft der Seele bestimmt Eckhart in diesem Aussagezusammenhang, konsequent den Gedanken der Unterschiedslosigkeit anwendend, zugleich als *kraft des vaters*. Neben der *kraft der sêle* bzw. des Vaters lokalisiert Eckhart das Geburtsgeschehen auch *"in dem ewigen verstantnisse"* (I 72,8), *"in der sêle"* (I 72,9), *"in dem innersten grunde"* (I 87,6), *"in sîner einvaltigen natûre"* (I 90,6), *"in des geistes innigestez"* (I 90,7), in dem *ein* (I 93,8). Charakteristisch für die Aufzählung ist, daß im jeweiligen Kontext fast immer parallel zum göttlichen Bereich ein menschlicher Bereich der Gottesgeburt aufgeführt wird, so daß sich die verschiedenen Bereiche infolge ihrer Unterschiedslosigkeit letztlich als identisch erweisen: *"Als waerlîche der vater in sîner einvaltigen natûre gebirt sînen sun natiurlîche, als gewaerlîche gebirt er in in des geistes innigestez, und diz ist diu inner werlt. Hie ist gotes grunt mîn grunt und mîn grunt gotes grunt."* (I 90,6-8) Allen Orten der Gottesgeburt ist gemeinsam, daß sie keinem kreatürlichen Einfluß unterliegen (s.I 80,8-10), so daß der Mensch, in dessen Geist der Vater seinen Sohn Wirklichkeit werden lassen soll, seine kreatürliche Verfassung hinter sich lassen und *ledic* sein muß (s.II 306,8f). Wegen der Ausschaltung alles Kreatürlichen vollzieht der göttliche Vater das Geburtsgeschehen auch nicht nur in einer bestimmten Zeitspanne oder an einem bestimmten Zeitpunkt. Vielmehr wird der Sohn *"in einem gegenwertigen nû"* hervorgebracht (I 171,8), was infolge der Aufhebung jeglichen zeitlichen Nacheinanders ein Gebären *âne underlâz* (s.I 32,7) in der Seele sowie ein gleichzeitiges *widergebern* der Seele in Gott (s.I 171,10) und ein Gebären des eingeborenen Sohnes durch die Seele (s.I 166,7f) bedeutet.

Ein anderer Bedeutungsschwerpunkt der Metapher ergibt sich aus der Vollzugsrichtung des Geburtsgeschehens von innen nach außen: Dem Gebären ähnlich kommt die Wirklichkeit des Sohnes dadurch zustande, daß der göttliche Vater sie aus seinem Inneren entläßt und sie als lebendiges Gegenüber außerhalb seiner selbst konstituiert. In dieser Hinsicht zeigt das Geschehen, bei dem der Mensch zusammen mit allen Kreaturen hervorgebracht wird, Gemeinsamkeiten mit dem *ûzquellen* (s.I 109,9), dem *ûzvliezen* (s.I 376,9); am meisten ist Eckhart jedoch am engen Zusammenhang des Geburts- mit dem Sprechvorgang interessiert. An mehreren Stellen des deutschen Werkes parallelisiert er beide Vorgänge oder setzt sie zumindest in enge Beziehung. Aufschlußreich für die Beschreibung der Metaphorik ist dabei, daß der Kontext je nach Dominanz eines der beiden Vorgänge eine entsprechende Prägung erfährt. Während sich bei der Geburtsmetapher die Relation zwischen Subjekt und Objekt als Beziehung zwischen Vater und Sohn bzw. Aktiv und Passiv bestimmt, ist bei der Sprechtätigkeit des göttlichen Vaters das *wort* das Objekt, das im Inneren des Vaters entsteht und von da aus im Sprechen geäußert wird (s.II 97,4). Die unterschiedliche Rolle von Vater und Sohn bei der Geburt - *"der vater enkan niht dan gebern, der sun enkan niht dan geborn werden..."* (II 84,5f) - berücksichtigt Eckhart, wenn er die Selbstmitteilung der ersten an die zweite Person der Trinität als Sprechvorgang versteht, mit der Opposition von *sprechen* und *hoeren*: *"Des vaters sprechen ist sîn gebern, des sunes hoeren ist sîn geborn werden."* (II 53,4f) Die Menschen, die Gottvater in der gleichen Geburt *"sprichet... sîne vriunde,* sind oft jedoch - anders als der eingeborene Sohn - nicht in der Lage, das göttliche Sprechen zu hören und zu verstehen. Allerdings gibt es eine gottverwandte Kraft in der Seele, die in jedem Fall Gott versteht (s.II 52,10-53,2)

Was den Inhalt des göttlichen Sprechens anbelangt, besteht dieser - in Übereinstimmung mit Eckharts Ausführungen zum Gebären - in Gott selbst, der neben allen Dingen (s.II 321,1) und dem menschlichen Geist (s.II 435,8) in seinem göttlichen Wort vor allem sich selbst mit seiner ganzen Macht, seiner Natur und Gottheit mitteilt: *"In disem selben worte hoeret der vater und bekennet der vater und gebirt der vater sich selben und ouch diz selbe wort und alliu dinc und sîne gotheit al ze grunde, sich selben nâch der natûre und diz wort mit der selben natûre in einer andern persône. Eyâ, nû merket die wîse dises sprechennes! Der vater sprichet... sîne eigene natûre alzemâle in sînem êwigen worte."* (II 434,1-435,1) Wenn Gottvater sich selber in einer Weise mitteilt, daß seine ganze Wirklichkeit als Inhalt der Mitteilung davon betroffen ist (s. II 52,10), scheint er selbst dadurch, daß er in eine andere Person übergeht, seine Wirklichkeit aufzuheben. Eckhart löst das Problem dadurch, daß er Gott zum Ausgangs- und zugleich zum Endpunkt des Geburtsvorgangs macht, indem er differenziert: *"... got gebirt sich ûz im selben in sich selben und gebirt sich wider in sich."* (II 320,4) Da Gottvater die Fülle seiner Gottheit in Gott an seinen Sohn weitergibt, verliert er sich auch nicht; denn *"sîn gebern daz ist sîn inneblîben... Ez blîbet allez daz eine, daz in im selben quellende ist."* (II 68,3f) Dies heißt, daß es keinen Unterschied zwischen dem Inneren und Äußeren in Gott gibt, so daß das Schaffen neuer Wirklichkeit außerhalb der ersten trinitarischen Person dennoch zu keinem Unterschied zwischen Innen und Außen von Gottvater führt, sondern Gottvater mit der Äußerung des *gebern* in seinem Inneren verbleibt. Auch der vom göttlichen Vater ähnlich einer Geburt als *einiger sun* (s.I 376,6) hervorgebrachte Mensch wird nicht von der Einheit mit dem göttlichen Vater getrennt, sondern verbleibt wie die *"bilde aller crêatûren"* (I 377,1) in Gottvater. Eckhart macht diesen, der platonischen Ideenlehre entlehnten Gedanken anhand des Wortes plausibel, das im Menschen entspringt und, obwohl es geäußert wird, *"nochdenne blîbet ez eigenlîche in mir."* (I 376,11)

1.2.: Wenn *got* allgemein als Subjekt des *gebern* fungiert, ist an vielen Stellen die erste Person der Trinität gemeint, die ihren Sohn im Menschen, im höchsten Teil der Seele (s.I 383,6) bzw. in der Seele hervorbringt. *"Sînen sun gebern"* macht geradezu die Definition dessen aus, was Gott *alle zît* wirkt (II 319,6f). In Predigt 39 macht demgegenüber Eckhart das tugendhafte Wirken des Gerechten verantwortlich dafür, daß im Gerechten Gott zu leben beginnt (s.II 252,3-7). Daneben finden sich Aussagen, bei denen es darum geht, daß Gott selbst sich gebiert in der Seele (s.II 238,8f), alle Zeit im Menschen (s.II 275,3), in seinem Sohn frei von allem kreatürlichen Einfluß (s.II 328,2) oder - wie Eckhart auch formuliert - *"in dem* *nihte"* (III 224,6). Wenn Gott sich der Seele mitteilt, *"treget diu sêle daz götlîche bilde und ist gote glîch."* (I 265,4). Begründet ist die Gleichheit der Seele mit Gott darin, daß Gott sich selbst in der Seele als Wirklichkeit hervorbringt. Allgemein stellt Eckhart mit einem Meisterzitat zur Entstehung der Gleichheit zwischen zwei Größen fest: *"... alliu glîcheit meinet eine geburt."* (II 341,10) Dieses - zum Geburtsvorgang in Beziehung gesetzte - Geschehen bewirkt den Bildcharakter der Seele; denn *"daz des andern bilde sol sîn und muoz von sîner natûre komen sîn und muoz von im geborn sîn und muoz im glîch sîn."* (I 265,6-8) Wenn Gott in dieser Weise sein Leben dem Menschen mitteilt und seine Wirklichkeit als *bilde* in der Seele zur Erscheinung kommt bzw. Gott mit seiner Präsenz in der Seele diese derart bestimmt, daß diese zum Bild Gottes wird, offenbart Gott seine Wirklichkeit. Allerdings erreicht nur dann die Selbstmitteilung Gottes ihr Ziel, wenn Gott als Bild in der Seele uneingeschränkt präsent ist und in seiner ganzen Wirklichkeit erfahrbar wird. Darum hängt für das, von Eckhart nach dem Muster einer Geburt entworfene Lebendigwerden der göttlichen Wirklichkeit in der Seele alles davon ab, ob der Mensch Gottes Bild in sich entblößt, damit die göttliche Wirklichkeit vor ihm erscheint und die Offenbarung dadurch ihr Ziel erreicht: *"Und dar umbe, so der mensche ie me und ie klaerlîcher gotes bilde in im entbloezende ist, so got ie klaerlîcher in im geborn wirt."* (II 276,3f) Um den logischen Schluß zu verhindern, daß dann ja eigentlich der Mensch für die Wirksamkeit der Selbstmitteilung Gottes verantwortlich wäre und insofern dann auch - als Hervorbringer der göttlichen Wirklichkeit - metaphorisch als Gottesgebärer verstanden werden könnte, macht Eckhart im folgenden Satz (aufgrund der bisherigen Äußerungen Eckharts nicht ganz konsequent) Gott zum Subjekt des Freilegungsvorgangs: *"Und alsô ist diu geberunge gotes alle zît ze nemenne nâch dem, daz der vater daz bilde blôz entdecket und in im liuhtende ist."* (II 276,4-6)

1.3.: Im Unterschied zu Gottvater ist es Signum des göttlichen Sohnes, *geborn (ze) werden*. Dies geschieht als Ergebnis der Vernunfttätigkeit des Menschen im göttlichen Sein (s.I 49,2) bzw. wenn der Vater dem Menschen *"veterlîche offenbârende ist sîne tougene"* (II 276,2f). Damit der göttliche Sohn im Menschen durch ein geburtsähnliches Geschehen präsent werden kann, muß der Mensch dafür sorgen, daß er Zeit und zeitliche Dinge hinter sich gelassen hat (s.I 179,10f). Da das *"vünkelîn der vernünfticheit"* nicht dem Einfluß von Raum und Zeit unterliegt, kann dieses auch unabhängig von menschlichem Bemühen als Ort fungieren, an dem der göttliche Sohn hervorgebracht wird (II 219,4). Allgemein stellt Eckhart für das Wirklichwerden des Sohnes im Menschen fest, daß das Ausmaß der Wirklichkeit des Sohnes, die im Inneren des Menschen präsent wird, davon abhängt, ob der Mensch ausschließlich auf Gott ausgerichtet ist: *"... als vil als wir an nihte ûzluogen, als vil werden wir überbildet in dem sune, und als vil wirt der sun in uns geborn, und wir werden geborn in dem sune und werden ein sun."* (II 293,8-10) Noch enger sind göttliche und menschliche Aktivität in Bezug auf die Gottesgeburt im Menschen in Pr 39 verschränkt: *"... alliu diu tugent des gerehten und ein ieglich werk, daz von tugent des gerehten geworkt wirt, enist niht anders, dan daz der sun von dem vater geborn wirt."* (II 258,3-5)

1.4.: Ein Wesensmerkmal des Menschen ist, daß er hervorgebracht wird. Diese Bestimmung vermag der Mensch zu verändern, wenn er im *"êrsten beginne der* *êrsten lûterkeit"* von der ersten Person der Trinität als *einiger sun "in daz selbe bilde sîner êwigen vaterschaft"* (I 382,9) *êwiclîche geborn* ist (I 382,9f), so daß er selbst hervorbringt: *"daz ich vater sî und geber den, von dem ich geborn bin."* (I 382,9f)

An anderer Stelle spricht Eckhart gemäßigter davon, daß der Mensch von Gottvater dazu befähigt wird, in Gemeinschaft mit dem Vater sich selbst und alle Dinge hervorzubringen. Als Bereich des geburtsähnlichen Geschehens fungiert *"des vaters kraft"*, in der zeitlos alles *âne underlâz* geschieht (II 437,5). In dieser gottgleichen Tätigkeit des Menschen ist realisiert, was letztlich der Sinn der Menschwerdung Gottes ist: *"War umbe ist got mensche worden? Dar umbe, daz ich got geborn würde der selbe."*(II 84,1f). Genauerhin bestimmt Eckhart im Hinblick auf den Menschen die Funktion der zweiten Person der Trinität dahingehend, daß der göttliche Sohn Raum und Vorbild für das geburtsähnliche Hervorbringen des Menschen von Gottvater ist (s.II 264,3).

Die Intention des göttlichen Vaters richtet sich sogar darauf, daß der Mensch im Sohn die Identität des Sohnes annimmt (s.II 263,2). Der Mensch hat in diesem Zusammenhang die Aufgabe, sich ausschließlich auf Gott hin zu konzentrieren. In dem Maße, wie ihm dies gelingt, wird der Mensch im Bereich des Sohnes *überbildet*, wird der Sohn im Menschen und der Mensch im Sohn *geborn* und wird der Mensch *ein sun* (II 293,10; vgl. 1.3).

Im Menschen ist auch die Möglichkeit angelegt, *alle zît* in Gott wie bei einer Geburt als neue Wirklichkeit präsent zu werden. Allerdings hängt dies davon ab, ob der Mensch das gottgleiche Bild in sich freilegt. Ist dieses Bild freigelegt, teilt er sich Gott mit und - wie Eckhart unter Bezugnahme auf die visuelle Erfahrung das Präsentwerden veranschaulicht - ist *"mit sinem bilde liuhtende... in gotes bilde..."* (II 277,4).

Eine letzte Funktion der Metapher *gebern* besteht bei Eckhart darin, die Relation des guten Menschen zur Güte zu verdeutlichen. Mit Hilfe der Geburtsmetapher mißt Eckhart der *güete* zum einen die Rolle des Verursachers zu; zum anderen macht er über die implizierte Verwandtschaftsbeziehung die Ähnlichkeit zwischen der Güte und dem guten Menschen plausibel. Das in *gebern* enthaltene Merkmal der Ähnlichkeit wird noch verstärkt durch Eckharts Bestimmung des guten Menschen als *"bilde der güete"* (V 26,17).

1.5.: Mit der *"juncvrouwe, diu ein wîp ist"* (I 30,3), stellt Eckhart einen Menschentyp seinen Zuhörern vor Augen, der ohne zeitliche Begrenzung unendlich oft gebiert. Zu den sie auszeichnenden Merkmalen gehört, daß sie frei und ungebunden ohne kreatürliche Bestimmung lebt, so daß sie *"über zît in êwicheit"* Söhne hervorbringen kann (I 166,12f).

1.6. – 1.7.: Die mit mehreren Termini umschriebene *"kraft in dem geiste"* - *huote, lieht* und *vünkelîn* (s.I 39,2-4) -, ist der Ort, an dem Gottvater voraussetzungslos seinen Sohn hervorbringt; dies heißt für Eckhart genauerhin, daß der Geist zusammen mit dem Vater diesen Sohn gebiert, der letztlich aber nichts anderes als der Geist selbst ist.

Allgemein gilt für die höchsten Seelenkräfte, daß sie, da sie nicht Gott sind, sondern in der Seele mit der Seele geschaffen sind, ihre kreatürliche Verfassung aufgeben und sich Gott angleichen müssen, wenn Gott alleine ihr Vater sein soll;

die Gleichheit mit Gott kommt dadurch zustande, daß sie "*in got aleine überbildet und in got und ûz gote geborn werden*" (V 11,12f; zur Kombination von *bilden* und Geburtsmetapher vgl. 1.2.).

1.8.: Die Seele bringt "*über zît in dem tage der êwicheit*" wie die erste Person der Trinität mit gleicher Häufigkeit den eingeborenen Sohn Gottes hervor (s.I 166,11ff); in jedem Augenblick gebiert sie (s.II 319,4). Mit einem Meisterzitat präzisiert Eckhart das Geburtsgeschehen dahingehend, daß die Seele zugleich Ort, Herkunfts- und Zielbereich des Geschehens ist, bei dem sie sich selbst hervorbringt (s.II 328,6f). Dort, wo die Seele Bild Gottes ist, d.h. ununterscheidbar mit Gott vereint (s.II 329,4) und *gotvar* (s.II 329,1), *gebirt* die Seele "*ûzer ir got ûz got in got*" (II 328,10).

1.9. – 1.13.: Nach Eckharts Auffassung zeigen alle Kreaturen die Tendenz, in einer dem Gebären ähnlichen Weise neue Wirklichkeit ins Leben zu rufen, um dadurch dem göttlichen Vater zu gleichen. In diesem Fall wird die Gleichheit durch eine gleiche, für den göttlichen Vater typische Tätigkeit erzielt. Daneben bewirkt - was insbesondere für das Verhältnis von Gott und Mensch gilt - das Geburtsgeschehen selbst eine Gleichheit zwischen Subjekt und Ergebnis des Gebärens, die der Relation zwischen Bild und Abgebildetem entspricht (s.I 265,7), indem der Hervorbringer seines Bildes von seiner Natur selbst mitteilt. Dies gilt vor allem von Gott, der um die Herstellung von Gleichheit auf vielfältige Weise bemüht ist. Eckhart stellt fest: "... *daz edelste werk in got ist gebern... got hât allen sînen lust in dem geberne.*" (II 627,3f) Hinsichtlich der Einheit der Wirklichkeit muß Eckhart feststellen, daß diese nur in Gott, nicht jedoch in der - Unterschiede setzenden - kreatürlichen Wirklichkeit zu finden ist. Da die göttliche Natur *ein* ist, kann das Eine auch nur alleine von Gott hervorgebracht sein (s.V 115,13f). Und da in Gott alles eins ist, werden in der Geburt, in der z.B. Meister Eckhart hervorgebracht wurde, auch alle Dinge von Gott *geborn* (s.II 503,6).

1.14. – 1.16.: Ein guter Mensch bildet den Bereich, in dem die Güte alles, was sie ist, hervorbringt; der gute Mensch ist auch wie der Wille eine Wirklichkeit, die von der Güte zum Leben gebracht wird. Um die Ursache- Wirkungsrelation zwischen der Güte und dem guten Menschen hervorzuheben, stellt Eckhart das "*gebern der güete*" dem "*geborn-werden in dem guoten*" gegenüber (V 9,14).

1.17. – 1.18.: Den Unterschied in der Aktionsart zwischen *gebern* und *geborn werden* berücksichtigt Eckhart, wenn er das Geburts- mit dem Sprachgeschehen parallelisiert, durch die Opposition *sprechen-hoeren* (s.II 53,4f).

1.19. – 1.21.: Der Zeitfaktor bildet das Kriterium dafür, wann in der Seele Gnade *geborn* wird; wem in der Zeit alle zeitlichen Dinge bedeutungslos sind, hat die Fülle der Zeit erlangt, in der Gnade *geborn* (s.I 177,9), *îngegozzen wirt* (s.I 177,6) bzw. *entspringet* (s.I 177,5). Eine andere Bedingung für die dynamische Präsenz der Gnade im Inneren des Menschen besteht darin, daß nichts anderes als der Sohn im Menschen geboren wird (s.I 180,1). Nur dann vermag auch der Hl. Geist, der seinen Ursprung im Sohn hat, im Menschen zu wirken. Damit der Sohn im Menschen aber geboren werden kann, darf nichts anderes als Gott auf den Menschen einwirken; Meister Eckhart stellt in diesem Zusammenhang für seine Person fest: "... *alles des bin ich sun, daz mich nâch im und in sich glîche bildet und gebirt.*" (V 11,14f)

3.1. – 3.3.: Da der göttliche Vater, wenn er sich offenbart, die in seinem Inneren verborgenen Geheimnisse mitteilt, spricht Eckhart in Bezug auf die göttliche Offenbarung von *geberunge*. Dieses Ereignis tritt auch ein, wenn Gottvater in der Seele dadurch präsent wird, daß er sein Bild in der Seele freilegt und sich *liuhtende* in diesem Bild als neue Wirklichkeit erfahrbar macht. Umgekehrt kommt es zur *geberunge* des Menschen, wenn dieser das göttliche Bild in sich freilegt: Je mehr der Mensch alles Fremde von diesem Bild genommen hat, desto gleicher und mehr vereint ist er mit Gott. Ein Aspekt dieser Einheit besteht nun darin, daß der Mensch in Gott als neue, aber gottgleiche Wirklichkeit ähnlich einer *geberunge* präsent wird, indem er "*mit sînem bilde liuhtende ist in gotes bilde...*" (II 277,4). Solange der Mensch sich aber noch nicht ganz von der kreatürlichen Wirklichkeit abgelöst hat und noch etwas, insbesondere Leid, empfindet, steht er im Prozeß der *geberunge* und ist "*nâhe der geburt*" (III 325,7).

4.1.: Die unterschiedliche Rollenverteilung von Vater und Sohn im innertrinitarischen Prozeß - "*der vater ist würkende und der sun ist lîdende*" (II 279,1) - macht für Eckhart die "*eigenschaft der gebornheit*" aus, die dem Sohn zukommt.

5.1. – 5.2.: Im Kontext der Metapher *geburt* finden sich viele Aspekte, die auch das metaphorisch als *gebern* vorgestellte Geschehen näher bestimmen. Kategorisch fordert Eckhart, daß jeglicher Einfluß der Zeit aufgehoben werden müsse, damit sich die Gottesgeburt im Innersten der Seele ereignen könne: "*wan niht enist, daz dise geburt alsô sêre hindert als zît und creatûre.*" (II 230,7f) Indem Gott in einer solchen Geburt sich selbst bzw. bedeutungsgleich seinen Sohn (s.II 627,8f.10) der Seele mitteilt und als neue Wirklichkeit die Seele bestimmt, "*würket er sîn glîch in sîner geburt*" (II 238,7f). Dies bedeutet für die Seele, daß diese "*gote wirt in dirre geburt*" (II 239,6). Zugleich werden auch alle Dinge und Kreaturen in dieser Geburt aus Gott hervorgebracht: sie sind "*her ûz getragen von götlîcher geburt*" (II 322,5f) bzw. *her ûz komen* in dieser Geburt (II 320,1).

Das, was als göttliche Wirklichkeit in der menschlichen Seele präsent ist, umschreibt Eckhart mit den Termini *gotes bilde, gotes geburt, gotes sun* und *sâme götlîcher natûre* (V 114,5f).

5.3. – 5.5.: Die Geburt des eingeborenen Sohnes durch den Vater "*in einem gegenwertigen nû*" (I 166,10) bedeutet für die Seele, in der Gott Vater seinen eingeborenen Sohn Wirklichkeit werden läßt, daß sie "*wider in got geborn wirt*" und - infolge der Einheit mit dem Vater -, sooft die Geburt geschieht, den Sohn gebiert (s.I 166,10-12; vgl. I 171,8-10).

Gegenüber allen Aussagen, die die Geburtsmetapher als Erklärungsmodell für die Gleichheit zwischen dem göttlichen Vater und dem von ihm Hervorgebrachten heranziehen, hebt Eckhart im Buch der göttlichen Tröstung hervor: "*... vater meinet geburt und niht glîchnisse und meinet daz ein...*" (V 35,5f). Allerdings findet sich auch im selben Buch die Aussage: "*Glîchnisse in allen dingen... ist geburt des einen...*" (V 30,10-12). Aufgrund dieser engen Beziehung identifiziert Eckhart die göttliche Geburt auch mit der Selbsterkenntnis Gottes; denn indem sich Gott im anderen hervorbringt, tritt er sich gegenüber und erkennt sich. Eckhart formuliert: *"Disiu geburt ist sîn verstantnisse..."* (III 299,4).

5.6.: An einer einzigen Stelle in seinem Deutschen Werk verwendet Eckhart auch in Bezug auf den Hl. Geist die Geburtsmetapher. Zu dessen *êwigen geburt* (III 300,4) kommt es dadurch, daß die Minne zwischen der ersten und zweiten göttlichen Person *"entsprungen ist und ûzgeblüejet ist"* (III 300,3). Demnach ist der Hl. Geist von Gott Vater und Sohn hervorgebracht durch die Äußerung ihrer Liebe.

5.7.: Das im Bild der Geburtsmetapher anschaulich gemachte Hervorbringen neuer Wirklichkeit durch die Seele übersteigt jede leibliche Geburt hinsichtlich ihrer Häufigkeit (s.II 319,4); denn als Bild Gottes mit Gott ununterscheidbar vereint, *"hât si geburt"* wie Gott (II 329,4).

5.8.: Beim Menschen unterscheidet Eckhart zweierlei Geburt: *"ein in die werlt und ein ûz der werlt, daz ist: geistlîche in got."* (III 325,3f). Solange der Mensch noch Leid um etwas Kreatürliches empfindet, hat die geistliche Geburt noch nicht stattgefunden.

Anders als diese Unterscheidung nahelegt, findet die Geburtsmetapher in Pr 52 Verwendung, um das Hervorkommen des Menschen aus Gott mit allen Dingen zu konkretisieren (s.II 503,6).

5.9.: Obwohl an den aufgeführten Stellen die Geburtsmetapher hinsichtlich des Bildempfängers unbestimmt ist, geht aus dem weiteren Kontext eindeutig hervor, daß die göttliche Geburt gemeint ist; diese kommt nur zustande, wenn alles Nichtgöttliche aus der Seele entfernt ist (s.I 182,1) und die Seele Gott gleich ist; denn *"in dem glîche dâ gibet got die geburt."* (II 343,7f) Diese Geburt, in der der Sohn geboren wird, geschieht *"alle zît, daz ist obe zît in der wîte, dâ noch hie noch nû enist, noch natûre noch gedanke."* (II 219,5f)

8.1. – 8.4.: Den Gott kennzeichnenden Vollzug macht Eckhart mit dem Adverb *geberlîche* anschaulich; als Begründung fügt er hinzu: *"wan daz edelste werk in gote ist gebern..."* (II 627,3). Den Unterschied zwischen der ersten und zweiten Person der Trinität hebt Eckhart auch dadurch hervor, daß er charakterisierend die erste Person mit der Formulierung *got-vater-ungeborn* und die zweite Person *got-sun-geborn* umschreibt (V 44,25f). Allgemein nennt Eckhart - in Abhebung zum *eingebornen sun* - die Menschen, die Gottes Kinder sind, *geborn süne* (s.V 41,10).

An anderer Stelle bezeichnet Eckhart die *ewige wîsheit*, die der Sohn ist, konsequenterweise als *"diu êwic geborne wîsheit"* (II 279,2).

8.5. – 8.6.: Entsprechend der Sentenz, daß der Mensch von all dem Sohn ist, was ihn *"nâch im und in sich glîche bildet und gebirt"* (V 11,15), ist der gerechte Mensch der *geborn sun* der Gerechtigkeit, die *ungeborn-geberende* ist (s.V 11,17). In gleicher Weise erklärt sich die Eigenschaft der Güte in einem Menschen; sie ist *"îngevlozzen und îngeborn von der ungebornen güete"* (V 10,6f).

9.1. – 9.4.: Um hervorzuheben, daß es das Innere von etwas anderem ist, in dem das geburtsähnliche Geschehen sich ereignet, greift Eckhart auf die Metapher *ingeborn* zurück. Diese Vorstellung liegt der Aussage zugrunde, daß der Mensch wieder *"ingeborn in dem sune"* wird (II 293,2-4) oder daß unter bestimmten Umständen Gaben, die der Mensch von Gott erhalten hat, bei einem egozentrischen Verhalten des Menschen "*enwerdent niht wider îngeborn... in got*" (I 27,10f).

Ebenfalls stellt sich Eckhart vor, daß in einer mit dem Vorgang des *îngebern* vergleichbaren Weise die Güte in den guten Menschen gelangt. Die Kombination der Metaphern *învliezen* und *îngebern* (s.V 10,6) bewirkt, daß im besonderen Maße der gemeinsame semantische Nenner - die von außen nach innen verlaufende Geschehensrichtung - akzentuiert wird. Der gleiche Aspekt liegt vor, wenn Eckhart die Ausstattung des Menschen mit einer göttlichen Anlage im Bild des Einsäens anschaulich macht; daß dabei der göttliche Same unter die Oberfläche des (menschlichen) Ackers kommt, betont Eckhart durch eine redundante Formulierung: "*wan got selber disen sâmen îngesaejet und îngedrücket und îngeborn hât...*" (V 111,18f).

10.1.: Mit *ingeberunge* konkretisiert Eckhart die Art und Weise der göttlichen Mitteilung an das "*lieht in der sêle*", das dadurch in die Lage versetzt wird, Gott unmittelbar, wie er in sich selbst ist, zu empfangen (s.II 418,4).

11.1.: Als konventionalisierte Metapher fungiert die Wendung *in(ein)geborner sun*, die die zweite Person der Trinität bezeichnet, aber auch den Menschen, der im Prozeß der Angleichung zu eben diesem Sohn wird.

11.2.: Jesus Christus zeichnet sich dadurch aus, daß er ununterbrochen sein Lob der göttlichen Herrschaft Gott mitteilt; er ist die Gottheit "*aneschouwende mit wider ingebornem lobe die veterlîche hêrschaft...*" (II 443,11f).

12.1. – 12.2.: Das unter bestimmten Voraussetzungen mögliche Beteiligtsein des Menschen - vorgestellt im paradoxen Bild der "*juncvrouwe, diu ein wîp ist*" (I 30,6) - an der göttlichen Schöpfungstätigkeit bedeutet für Eckhart ein *mitgebern* aus dem Grund des Vaters heraus. Insbesondere die Kraft, in der der göttliche Vater seinen Sohn hervorbringt, fungiert zusammen mit der ersten Person der Trinität als Subjekt, das den Sohn aufgrund der Einheit mit dem Vater in sich, d.h. zugleich "*in der einiger kraft der vaters*" (I 32,8), gebiert. Infolge der Einheit mit dem Vater ist diese Kraft in der Seele aber nicht nur Raum und mitgebärendes Subjekt, sondern auch der Sohn, der entsteht, wenn die Kraft *mitgeberende* sich selbst hervorbringt.

13.1. – 13.3.: Um deutlich zu machen, daß der göttliche Sohn seine Existenz einem Geschehen verdankt, bei dem der göttliche Vater den Sohn als neue Wirklichkeit aus seinem Inneren nach außen hin mitteilt und sich als eigene Person gegenübersetzt, spricht Eckhart metaphorisch von *ûzgebern* und *her ûz drücken* (s.II 68,1.3). Da die mitgeteilte Wirklichkeit den Vater verläßt, aber dem Vater nicht verlorengeht, formuliert Eckhart paradox: "*... sîn inneblîben ist sîn ûzgebern.*" (II 68,3)

Gott verfolgt mit der Geburt seines Sohnes in der Seele nach Eckharts Auffassung die Absicht, daß die Seele den Sohn in ihren Werken lebendig werden lasse, indem sie ihn *vort ûzgebaere* (s.III 301,3).

14.1. – 14.2.: Die Dankbarkeit des Menschen für die von Gott empfangenen Gaben äußert sich für Eckhart darin, daß er Gott alles wiedergibt, was er von ihm erhalten hat (s.I 383,8). In Bezug auf den Sohn, den Gott durch Geburt in der Seele präsent macht, bedeutet dies, daß der Mensch bzw. der menschliche Geist diesen in gleicher Weise - *widerbernde* - aus sich heraus in den göttlichen Bereich zurückbringt (s.I 27,8).

14.3.: Die Seele, die *"in einem gegenwertigen nû"* Ort der Gottesgeburt ist, wird in der selben Geburt zurück in Gott gebracht und gewinnt dort wieder auf geburtsähnliche Weise ihre Existenz. Infolge der Zeitaufhebung ereignet sich aber zugleich mit der Wiedergeburt die Geburt des Sohnes in der Seele (s.I 171,8-11).

15.1.: Die Einstellung, mit der der Mensch als von Gott Beschenkter die göttliche Gabe wieder Gott als Schenkender zurückgibt, charakterisiert Eckhart metaphorisch als *widerbernde dankbaerkeit* (s.I 27,6).

D. Tauler

1. *gebern*
1.1. *vater* (7,16; 8,19.32.35; 68,37; 156,24f; 220,5f; 299,6; 301,19;)
1.2. *bekennen* (8,32)
1.3. *got* (7,20f(Pat); 129,18(Pat); 220,22; 299,32(Pat))
1.4. *sun* (8,14f(Pat); 301,27(Pat))
1.5. *ewic wort* (249,7)
1.6. *geburt* (11,6(Pat); 120,29(Pat); 168,2(Pat).24(Pat); 172,15(Pat); 315,28(Pat))
1.7. *gnade* (61,22(Pat); 163,21(Pat); 166,9(Pat); 300,26(Pat); 369,23(Pat))
1.8. *Cristus* (233,32(Pat); 234,14(Pat).24(Pat))
1.9. *criuze* (233,25(Pat); 234,14(Pat))
1.10. *mensche* (37,20(Pat); 54,35(Pat); 90,9(Pat); 96,22(Pat); 115,29(Pat); 301,28(Pat))
1.11. o.BE (42,2(Pat); 62,24(Pat); 77,23f(Pat); 88,6(Pat); 172,16(Pat); 246,20f; 369,26(Pat); 376,18(Pat))
1.12. *fruht* (117,11(Pat); 297,30(Pat); 370,13(Pat))
1.13. *ding* (220,14.17; 315,27)
1.14. *luterkeit* (61,22(Pat))
1.15. *lieht* (61,22(Pat))
1.16. *underscheidunge* (54,34(Pat))
1.17. *tugende* (61,22(Pat); 93,5(Pat); 383,1(Pat))
1.18. *fride* (84,13(Pat); 180,1(Pat); 245,32(Pat); 371,27(Pat); 383,1(Pat))
1.19. *lop* (87,16(Pat))
1.20. *junglich* (116,31(Pat))
1.21. *glicheit* (117,6(Pat))
1.22. *vröude* (151,20(Pat), 160,19(Pat))
1.23. *übunge* (159,34(Pat))
1.24. *guot* (46,26(Pat))
1.25. *suocken* (164,9(Pat))
1.26. *entzündunge* (166,27(Pat))
1.27. *homuot* (55,20(Pat))
1.28. *behendikeit* (42,27(Pat))
1.29. *ruf* (43,26(Pat))
1.30. *urteil* (29,33(Pat); 73,15(Pat); 74,15(Pat))
1.31. *urdrutz* (249,24(Pat))
1.32. *ekel* (249,24(Pat))
1.33. *vernihten* (251,30(Pat))
1.34. *getrenge* (314,3f(Pat))
1.35. *wesen* (315,8(Pat))
1.36. *richeit* (344,14(Pat))
1.37. *herre* (345,7(Pat))
1.38. *sorgvelticheit* (361,1)
1.39. *bekorunge* (422,32)
1.40. *krefte* (222,7)
1.41. *juncvrouwe* (220,5f)

5. *geburt*
5.1. *got* (7,20; 8,7.11.17.27; 9,34; 10,12.25.34; 11,6; 20,25; 21,21; 168,2.9.10.26; 172,15.16f.19.21; 173,5; 220,19.21.23; 222,22; 239,31f; 315,25f; 369,25.27; 426,39f)
5.2. *vater* (7,16f; 8,18f; 220,4.5.18)
5.3. *juncvrouwe* (220,5; 239,35)
5.4. *Jhesus Cristus* (29,8; 234,24(Pat); 249,4)
5.5. *criuze* (234,21)
5.6. *creature* (172,19; 427,1)
5.7. o.BE (120,29; 220,7.14; 222,4; 246,20; 426,39)

8. (un-)geborn/geberlich
8.1. o.BE (299,21)

9. *ingebern*
9.1. *mensche* (68,37(Pat); 230,26(Pat); 234,18(Pat); 249,27(Pat))
9.2. *got* (220,19)

13. *usgebern*
13.1. *ewig wort* (249,7(Pat))
13.2. *mensche* (145,17f(Pat))
13.3. *getrenge* (314,31(Pat))

14. *widergebern*
14.1. *mensche* (95,29f(Pat); 224,5; 266,23(Pat); 230,26(Pat))

16. *widergebererin*
16.1. *Maria* (219,26)

19. *swanger*
19.1. *mensche* (136,24)

1.1. – 1.6.: Tauler verwendet wie Eckhart die Verbmetapher *gebern* für ein Geschehen, bei dem der göttliche Vater seinen Sohn hervorbringt. Auch wenn es für den Menschen unbegreiflich ist, wie der göttliche Vater seinen Sohn gebiert (s.299,6), steht für Tauler dennoch fest, daß das Geschehen der geistlichen Geburt, insofern jeglicher kreatürliche Einfluß vom Ort der Gottesgeburt ausgeschlossen ist, keinerlei räumlichen und zeitlichen Determinierung unterliegt; das Gebären des göttlichen Sohnes geschieht "hundert tusent werbe sneller denne ein ougenblik... in dem blicke der ewikeit allezit nuwe..." (301,19-21). In Spannung zu dieser Aussage behauptet Tauler an anderer Stelle eine Identität zwischen der ewigen, von Gott Vater hervorgebrachten Geburt und dem historischen Geschehen, bei dem die *juncvrouwe* Maria gebiert (s.220,5).

Wenn Tauler das Geburtsgeschehen, bei dem der göttliche Sohn im Bereich des Menschen durch den Vater hervorgebracht wird, lokalisiert, siedelt er dieses entweder global im Inneren des Menschen an (s.220,22) oder greift zur Bezeichnung des Geburtsortes auf die Metapher *grunt* zurück (s.68,37).

Eine weitere Möglichkeit besteht für ihn darin, das *gebern* (a) der ersten trinitarischen Person in Gott im Kontext der Selbsterkenntnis (b) zu situieren: "... do er in dem bekentnisse sin selbes gebirt sinen geminten sun..." (156,24f). Ferner zieht Tauler in diesem Aussagekontext zusätzlich das Sprachmodell (c) heran, um das Wirklichwerden des göttlichen Sohnes vorstellbar zu machen: Gott Vater spricht sich aus, das Wort ist sein Sohn (s.8,32). Den gemeinsamen semantischen Nenner der drei Vorgänge bildet die Vollzugsrichtung des Geschehens: Das Innere von Gottvater verläßt die göttliche Wirklichkeit und tritt der ersten göttlichen Person als selbständiges Leben gegenüber.

Die unterschiedlichen Akzentsetzung der verschiedenen Vorstellungen (a-c) liegt darin begründet, daß das metaphorisch zu verstehende Geburtsgeschehen wie auch das Sprachgeschehen bei aller Ähnlichkeit von Hervorbringer und Hervorgebrachtem auch die Differenz zwischen beiden Größen aussagen, während es bei der Selbsterkenntnis um die Identität von Subjekt und Objekt geht. Das Zusammendenken von Identität und Differenz in der Trinität gelingt Tauler in Bezug auf das Verhältnis des göttlichen Vaters zum Sohn demnach dadurch, daß er die Selbsterkenntnis des Vaters mit der Geburt des Sohnes kombiniert. Da in der Sicht Taulers das Verhältnis der göttlichen Einheit zur Unterschiedenheit der drei trinitarischen Personen Ähnlichkeit mit der räumlichen Relation von innen und außen aufweist, muß der göttliche Vater, wenn er *"den wesenlichen abgrunde sins ewigen wesens"*, d.h. sich in seiner göttlichen Einheit erkennen will, seine persönliche Eigenart als Vater hinter sich lassen und in sich gehen (s.8,30.34); danach bringt er wie bei einer Geburt sein Erkenntnisbild als neue Existenz und von ihm unterschiedene Person hervor; in Bezug auf die göttliche Einheit wird durch derartige Gedanken die Reduplikation des Einen im Anderen vorstellbar. Anders als das Wort, das der Sohn ist, vermag der Bildbegriff in sehr viel höherem Maße sowohl den Aspekt der Identität (des Bildes mit dem Abgebildeten) als auch - ergänzt durch die Bildlichkeit des Gebärens - den der Differenz (das Bild ist nicht das Abgebildete) zu berücksichtigen; aufgrund des dargelegten Zusammenhangs von Erkenntnis und Hervorbringen des Sohnes kommt Tauler zu dem Schluß: *"...daz bekennen sin selbes daz ist daz gebern sins sunes in der ewikeit..."* (8,32).

Wenn es darum geht, das mit den Verben *sprechen, gebern* und *ûzgon* umschriebene Heraustreten und -bringen des göttlichen Vaters aus seinem Inneren plausibel zu machen, überträgt Tauler auf Gottvater Züge eines Gefäßes, das infolge seiner Fülle ausgegossen werden muß: *"wan von überflüssikeit des überwesenlichen richtuomes in der guete Gottes so enmoehte er sich nút inne enthalten er mueste sich ûzgiessen und gemeinsamen..."* (8,19-21).

Die Differenzierung in drei göttliche Personen vernachlässigend, finden sich auch Aussagen bei Tauler, die das Wirklichwerden Gottes zu jeder Zeit in der menschlichen Seele in Anlehnung an den Geburtsvorgang konkretisieren (s.7,20f). Daneben sind auch Formulierungen zu verzeichnen, in denen allgemein von der *geburt* gesprochen wird, die in der Seele oder im *"waren grunt geborn wirt"* (168,2), wenn der Mensch wie Maria in sich gekehrt und sich zu allem Äußeren in Distanz befindet (s.11,6ff). Auch wenn nicht ganz geklärt werden kann, ob es um das Lebendigwerden des Sohnes oder allgemein Gottes im Menschen geht, ist an allen angeführten Stellen die göttliche Wirklichkeit gemeint, deren Geburt vollzogen wird.

1.7.: Da die göttliche Gnade im *grunt* hervorgebracht wird, soll nach Taulers Empfehlung der Mensch sich in sein Nichts kehren bzw. - was für Tauler das Gleiche ist - in den *grunt*.

1.8. – 1.9.: Damit der gekreuzigte Christus bzw. das Kreuz im Menschen (ohne Unterlaß) Wirklichkeit werden kann, muß der Mensch einen - dem Geburtsgeschehen ähnelnden - Weg hinter sich bringen, der durch alle Kräfte des Menschen, durch die Sinne und äußeres Begehren etc. hindurchführt.

1.10.: Daß Gott dem Menschen große Gaben schenkt, hat den Zweck, daß der Mensch - einer Geburt vergleichbar - neu zu leben beginnt (s.37,19f). Ebenfalls kann ein angefochtenes Leben für Tauler dazu dienen, daß der Mensch *"in warheit geborn wirt"* (115,29). Wenn der Mensch im *grunt versinke(t)*, wird der Mensch von Gottvater zu sich geholt und im Sohn vom göttlichen Vater - nach dem Vorbild der Geburt des göttlichen Sohnes aus dem Vater - hervorgebracht, um dann wieder mit der zweiten trinitarischen Person zu Gottvater zurückzukehren und eins mit ihm zu werden (s.301,28f).

1.11.: Für Tauler steht fest, daß das, was die Drangsal des Menschen beseitigt, die bestimmende Wirklichkeit im Inneren des Menschen wird. Deren Lebendigwerden im Menschen stellt sich Tauler metaphorisch als *geboren werden* vor (s.172,16). Das im Bild des *gebern* veranschaulichte Geschehen weist auch zurück auf die Ursache der hervorgebrachten Wirklichkeit: *"Wer des werkes ein sache ist, der die geburt gebirt, des ist die geburt und nút eins andern."* (246,20f)

Weiterhin bezeichnet das Indefinitpronomen im Zusammenhang mit der Verbmetapher *gebern* unbestimmt alle Inhalte, die aus Gott hervorgebracht werden und die Gott zu erkennen geben (s.62,24). Auch alle Inhalte des menschlichen Geistes werden zu Bewußtseinsinhalten, indem sie dort *geborn werden* (s.77,23). Global verwendet Tauler die Metapher, wenn er die Entstehung einer beliebigen, im Kontext näher bestimmten Geschehensabfolge in Gott zur Sprache bringen will (s.376,18).

1.12.: Damit die *frucht* des Sakramentes der Eucharistie im Menschen Wirklichkeit werden kann, braucht der Mensch ein zu Gott gekehrtes und gesammeltes Gemüt (s.297,30f). Bequemlichkeit und Ungelassenheit dagegen verhindern, daß im inwendigen *grunt* des Menschen die *frucht* geboren werden kann (s.370,13).

1.13.: Die Dinge, die dem Menschen Lust bereiten oder ihn von der Angst befreien (s.315,25-28), werden so bestimmend im Inneren des Menschen, daß Tauler diesen Sachverhalt über die Verbmetapher *gebern* parallelisiert mit dem Entstehen einer neuen Lebenswirklichkeit.

1.14. – 1.40.: Unter dem Aspekt der Entstehung verwendet Tauler *gebern* als habitualisierte Metapher in Bezug auf die 1.14.- 1.40. registrierten Bildempfänger.

1.41.: s. 1.1.

5.1. – 5.4.: Das mit der Substantivmetapher *geburt* anschaulich gemachte Lebendigwerden Gottes in der Seele bedarf auf Seiten des Menschen einiger Vorbereitungen, damit es zustandekommt: Nur wenn der Mensch durch den Weg der Gelassenheit hindurchgegangen ist (s.369,25-27), wenn alles Kreatürliche im Menschen vernichtet ist (s.222,22) und der Mensch dadurch *"aller dinge über kumet"* (239,31f), wenn der Mensch alles Gott überläßt (s.173,1-5) und wenn er in seinem Zustand wartend verharrt (s.172,14f), geschieht die göttliche Geburt im Menschen *"in der obersten wise in dem hoechsten grate"* (168,26f) bzw. im *waren grunt* (s.168,2) oder in jeder *guoten sele* (7,21). Ausdrücklich stellt Tauler in einer Weihnachtspredigt, in der er dreierlei Geburten unterscheidet - die Geburt des Sohnes durch den himmlischen Vater *in goetlicher wesenlicheit* (7,16f), durch Maria in der irdischen Geschichte (s.7,18f) sowie die Geburt Gottes in jeder Seele (s.7,20) -, bezüglich der dritten Geburt fest, daß die Seele, die die Geburt erfährt, zu jeder Zeit auf geistliche Weise in sich gekehrt und von allem Äußeren abgeschieden ist (s.11,6f). Wenn dann alle kreatürlichen Vorstellungsbilder und -formen beseitigt sind, *"wiset alleine die geburt in der worheit"* (21,21). Die Gottesgeburt bewirkt in der Seele, daß Gott ihr mehr als alles andere zu eigen wird (s.8,11).

Wenn Tauler das Hervorbringen des göttlichen Sohnes im Sprechen des göttlichen Vaters begründet sieht, kann das Ergebnis dieses Vorgangs, selbst wenn das Ereignis des Hervorbringens metaphorisch als *geburt* verstanden wird, zum *"wort der geburt"* werden; dieses vermag nur dann dem Menschen sprechend mitgeteilt und von ihm hörend aufgenommen werden, wenn er selbst schweigt (s.10,12f).

Der Charakter und Inhalt der *geburt* selbst hängt davon ab, was das Geburtsgeschehen bestimmt: *"Also werdent von goetlichen bilden alle die geburt goettelichen und von creaturen creaturlich."* (426,39-427,1)

Eine weitere Bedingung für die Eigenschaft und den Inhalt der Geburt ist das, was die menschliche Drangsal beseitigt (vgl. 1.11). Tauler hebt hervor: *"so welch sache dir das getrenge oder den truk benimet..., das sich das gebirt in dich. Und des ist die geburt, das si was das si, Got oder creature."* (172,17-19) Wenn auf diese Weise die Dinge bestimmend im Menschen präsent werden, sieht Tauler sie als *"alsolicher geburt vater"* an (220,17f). Im Bereich Gottes ist bei Tauler die erste Person der Trinität gemeint, die die zweite trinitarische Person in *"der obersten geburt"* aufgrund der Überfülle ihres Reichtums hervorbringt (8,18f). Verursacht wird die Geburt des Sohnes auch durch die Jungfrau Maria; in diesem Fall fallen Ewigkeit und Zeit zusammen: *"wan die selbe geburt die ist ir geburt, die der himelsche vater eweklichen geborn hat: die hat och si geborn..."* (220,5f). Im Raum der Geschichte kommt Maria die besondere Aufgabe zu, den Menschen so zu führen, daß auch er von dieser Geburt erfüllt wird (s.220,6f). Um die historische Geburt Jesu Christi durch Maria vom Hervorbringen des Sohnes in Ewigkeit unterscheiden zu können, spricht Tauler im letzteren Fall von der *ewigen geburt* (29,8; 249,4).

5.5.: Die historische Dimension der zweiten trinitarischen Person, die entscheidend vom Kreuz geprägt ist, führt dazu, wenn sie - zusammengefaßt in der *"geburt des heiligen krúzes"* - im Menschen reale Züge annimmt und als lebendige Wirklichkeit den Menschen bestimmt, daß dem Menschen alle Sünden vergeben werden (s.234,21).

5.6.: s. 5.1.-5.4.

5.7.: Mit *froemden geburten* vergleicht Tauler die Wirkung der Dinge, die im Menschen ihre Wirklichkeit präsent machen (s.220,14 u.222,4). Allgemein fungiert *geburt* als Bild für das Verursachen und Hervorbringen eines Werkes (s.246,20).

8.1.: Über die Hl. Dreifaltigkeit kann nicht gesprochen werden, da diese - im Menschen *"ungeborn, ungesprochen verre und froemde"* (299,21) - nicht als Wirklichkeit präsent ist.

9.1.: Daß der Mensch, der seine kreatürliche Verfaßtheit aufgegeben hat, aus nicht-göttlicher Wirklichkeit bis in das Innere Gottes zurückgebracht wird und dort als neue Wirklichkeit präsent und eng mit Gott verbunden ist, versucht Tauler mit der metaphorischen Formulierung *wider ingebern*, unterstützt durch das Verb *wider intringen*, zu konkretisieren: *"do der vatter gebirt sinen sun, do werdent sú wider in geborn; in den grunt wurt diser geist wider in getrungen..."* (68,37-39). Tauler empfiehlt an anderer Stelle die Kreuzesliebe als Mittel, durch das man in seinen göttlichen Ursprung gebracht wird und dort wieder zu leben beginnt. Dazu ist es erforderlich, wie Tauler in der gleichen Predigt (Pr 51) genauer mit Hilfe der auf den gekreuzigten Christus bezogenen Geburtsmetapher ausführt, daß das Kreuz Christi im Menschen, d.h. in allen Schichten seiner Existenz - außen wie innen, in Vernunft, Willen und den Sinnen usw. - Realität wird. Dies äußert sich dann darin, daß alle Fleischeslust ans Kreuz geschlagen wird (s.234,18), daß man sich in allen Dingen läßt und leidet (s.234,5f). Infolge der auf diese Weise lebendig gewordenen Kreuzesrealität Jesu - ein Geschehen, das für Tauler Ähnlichkeiten mit einer Geburt aufweist -, gelangt der Mensch zu einer qualitativ neuen Existenz (*gebern*), die - als *"frucht sines geistes"* (234,18f) veranschaulicht - das Ergebnis des Einflusses Jesu Christi ist. Andererseits bewirkt auch die *wise*, d.h. die vernünftige Minne, bei der der Mensch sich ewigen Dingen zuwendet, daß er sich Gott annähert und als neue Wirklichkeit Gott *"naher in geborn"* wird (249,27).

9.2.: Solange irdische Dinge das Innere des Menschen ausfüllen, bringt Gott seine eigene Wirklichkeit nicht aus sich im Inneren des Menschen hervor (s.220,19).

13.1.: Den Aspekt, daß der Sohn, das ewige Wort, den Bereich des göttlichen Vaters verläßt, wenn dieser ihn als eigenständige Wirklichkeit hervorbringt, hebt Tauler verstärkt mit der Metapher *usgebern* hervor (s.249,7)

13.2.: Das Bild des *usgebern* findet ferner Verwendung für den in der inneren Situation der Gelassenheit lokalisierten und motivierten Entstehungsprozeß, infolgedessen Menschen dann liebevoll werden, wenn sie ihrer Natur entsagen (s.145,17f).

13.3.: Die Metapher *usgebern* verweist ferner auf den Prozeß, durch den als Folge der Entäußerung beim Menschen die Angst entsteht, die eigenen Interessen aufgeben, d.h. des *sînen* absterben zu müssen (s.314,31).

14.1.: Als erneutes Existieren im göttlichen Ursprung, dazu noch in einer qualitativ höherstehenden Existenzweise als der irdischen Existenz, sieht Tauler - wie er mit der Metapher *widergebern* signalisiert sowie durch die Kombination der Verbmetapher mit dem Verb *vernuwen* (s.95,30) deutlich macht - die Rückkunft des menschlichen Geistes in den göttlichen Ursprung an; dort im *grunt*, wo der Vater seinen Sohn hervorbringt (s.68,3.7), wird der Mensch/der menschliche Geist erneuert und *wider geborn* (s.266,23). Als Beistand auf diesem Weg erweist sich Christus, durch den die Menschen *"in getragen und widergeborn und vernuwet"* werden (95,29f). Auch das Kreuz Jesu Christi hat für Tauler die Wirkung, daß der Mensch seine ursprüngliche Existenzweise dadurch wiederherzustellen vermag, daß er *"über alle bilde und formen"*, sich selbst *"entformet und entbildet"* (68,39) *"in dem hohen adel, do wir in der ewikeit inne woren"* (230,26f), erneut - dem *widergebern* vergleichbar - zum Leben gebracht wird.

16.1.: Die Gottesmutter Maria bezeichnet Tauler als *widergebererin*, da sie zusammen mit dem göttlichen Vater alle Glieder seines mystischen Leibes in den göttlichen Ursprung zurückbringen soll (s.219,26).

19.1.: Verdorbene Menschen charakterisiert Tauler mit der bildlichen Aussage, daß der *"mage irre minne vol mistes der creaturen"* ist und daß *"sie sint swanger worden in irme inwendigen grund von den creaturen"* (136,24f), dahingehend, daß ausschließlich Kreatürliches in ihnen Wirklichkeit zu werden vermag.

E. Seuse

1. *gebern*
1.1. *got/gotheit* (191,27; 330,17.26; 348,9)
1.2. *vater* (179,27)
1.3. *sun* (340,21(Pat))
1.4. *zitliches* (340,26f)
1.5. *eigenschaft* (340,26f)
1.6. *mensche* (91,33(Pat); 347,27(Pat), 356,4(Pat); 460,6)
1.7. *waz* (348,22(Pat); 355,20(Pat); 381,27; 382,22)
1.8. *geburt* (349,14)
1.9. *entgangunge* (168,19)
1.10. *mueszikeit* (186,13)
1.11. *warheit* (186,15f)
1.12. *kraft* (191,23)

2. *geberer*
2.1. *vater* (355,22f; 543,23)

3. *geberunge*
3.1. *mensche* (355,10)
3.2. o.BE (340,22f)

5. *geburt*
5.1. *entgiessunge* (181,12)
5.2. *got* (348,3.9; 349,4f.6.14)
5.3. *Christus* (191,32f; 355,9)
5.4. *tod* (380,2)
5.5. *win* (349,3f)

6. *berhaft*
6.1. *daz niht* (353,26)

7. *berhaftikeit*
7.1. *daz niht* (353,19)
7.2. *goettliche nature* (330,21)

8. *(un)geborn/geberlich*
8.1. *hl. geist* (181,17)
8.2. *niht* (343,9; 347,11)
8.3. *wise* (340,19; 350,12.13f)

9. *ingebern*
9.1. *der gerehte* (355,18(Pat))

10. *ingeberunge/ingeburt*
10.1. *wort* (279,6)

14. *widergebern*
14.1. *mensche* (162,9f)

17. *widergebornheit*
17.1. o.BE (186,14)

18. *widergeburt*
18.1. *mensche* (348,19f.23; 349,5.8)
18.2. *geberunge* (355,8)
18.3. *geist* (279,6)

19. *swanger*
19.1. *goetteliche nature* (330,21)

1.1. – 1.2.: Im Hinblick auf die Geburtsmetapher gilt Gott für Seuse als Bildempfänger par excellence, da dessen charakteristischer Vollzug im *gebern* besteht (s.330,17). Im Unterschied zur Gottheit, mit der Gott eins ist, gilt: *"...und doch so wúrket noch gebirt gotheit nit, aber got gebirt und wúrket."* (330,26). Genauerhin stellt sich Seuse das Hervorbringen des Sohnes als Sprech- und Geburtsvorgang vor, bei dem die göttliche Natur - im tiefen Abgrund bzw. *"in der vermúgenden kraft goetlicher nature in dem vater"* (191,21f) *sprechent und geberend* - dem *wort* zu einer eigenen persönlichen Wirklichkeit verhilft, die außerhalb von Gottvater existiert, während *na weslichkeit* das Wort *inne blibend* ist (191,26-29).

Im Unterschied zu allem, was Kreaturen von sich weiterzugeben vermögen, gibt Gott nicht einen "*teil des wesens*" wie der menschliche Vater seinem Sohn in der Geburt, sondern "*nah der wise der groessi dez guetes, daz er selb ist...*" (179,19). Der Inhalt des mit den Metaphern *entgiessung* (s.179,21.27), *geberne* (s.179,27), *entspringen* (s.179,30) sowie dem Verb *sprechen* (s.179,28) umschriebenen Geschehens, bei dem aus dem Inneren des göttlichen Vaters *ane underlaz* (s.348,9) der Sohn, d.h. das Wort (s.179,27), bzw. aus dem obersten göttlichen Gut die Dreifaltigkeit (s.179,30) hervorgebracht wird (s.179,27-30), ist gleich mit dem göttlichen Sein seines Urhebers (s.179,21; zur genaueren Begründung dieses Gedankens s. *giessen* 6.1.-6.5.).

1.3. – 1.6.: Der Mensch, dem Gott, wie Seuse unter Berufung auf Joh 1,12f darlegt, die Möglichkeit gegeben hat, Sohn Gottes zu werden, realisiert diese Möglichkeit, wenn von nichts anderem als von Gott sein Leben abhängt (s.340,21f). Dann ist "*got allein vatter*" (340,26), wenn nichts Zeitliches noch *eigenschaft* mehr im Menschen als Wirklichkeit zu existieren vermag. Der göttliche Vater realisiert seine wirklichkeitsstiftenden Möglichkeiten bei einem derart gelassenen Menschen, indem er "*bildet...nach im und in sich und git ime glichheit sins wesens mit wúrkunge.*" (340,24f) Vom Menschen aus betrachtet, sind für das Sohnwerden Gehorsam, Nachgiebigkeit (*unbehabenlichi*) und Leidtragen von Bedeutung; sie "*tragent den menschen in daz bilde Cristi.*" (340,15f)

Der Mensch, der – wie Seuse mit der Geburtsmetapher zur Sprache bringt – völlig von Gott her lebt, ist frei von Sünden; denn da er infolge der unio mit Gott (s.347,20f) sich selbst verlassen hat, "*wúrket er nit gebresten*" (347,26). Ein Unterschied des Menschen zu Jesus Christus ergibt sich für Seuse dadurch, daß nur bei Christus der himmlische Vater der alleinige Vater ist, so daß ausschließlich für Jesus gilt, daß "*er hat nit wesen denne daz wesen des vatters...*" (355,22). Diesen in Spannung zu den Aussagen von 340,20ff und 347,20ff stehenden Gedanken bringt Seuse gegenüber Meister Eckhart zur Geltung, der unter Berufung auf Joh 3,6 in Bezug auf jeden Menschen behauptet hatte: "*der gerehte der wúrket alles, daz dú gerehtikeit wúrket.*" (355,17) Die Beschränkung auf Jesus Christus, die Seuse vornimmt (s.355,20f), schließt jedoch nicht die Möglichkeit aus, daß der Mensch in dem Maße mit dem göttlichen Vater wirkt, in dem sein Leben in Gott seinen Ursprung hat und von diesem her bestimmt wird. Für alle Menschen gilt, "*daz wir minr und me mit im wúrken*", d.h. mit Gottvater, "*nach dem, als wir minr und me von im sien geborn.*" (356,3f)

1.7.: An einigen Stellen wird von Seuse die Geburtsmetapher verwendet, ohne daß genau bestimmt würde, was durch den dadurch zur Sprache gebrachten Werdeprozeß als Wirklichkeit hervorgebracht wird bzw. was wirklichkeitsstiftend wirkt; die von Seuse geäußerten Gedanken tragen – wie sich aus der Unbestimmtheit des Bildempfängers ergibt – allgemeinen Charakter. So ist z.B. die Stelle Joh 3,6 zu verstehen, die Seuse zitiert, allerdings um sie auf Jesus Christus in ihrem Wahrheitsanspruch einzuschränken: "*daz von fleische geborn ist, daz ist fleisch, und daz geborn ist von geiste, daz ist geist.*" (355,19f)

Diesen Sachverhalt, daß das Geburtsgeschehen Gleichheit bewirkt, bringt Seuse an anderer Stelle nicht - wie 355,19f - durch die rhetorische Figur des Polyptotons zum Ausdruck, sondern (in seiner Geltung uneingeschränkt) mittels einer Sentenz: "*Waz nu daz ander... gebirt, daz bildet es nach im und in sich und git ime glichheit sins wesens und wúrkunge.*" (340,23-25)

In allgemeinster Weise kann Seuse die Verbmetapher auch dazu verwenden, um das Entstehen des Friedens aus einer unparteiischen Haltung oder aus dem Unfrieden heraus zu konkretisieren (s.381,26 u. 382,22).

1.8.: Die wesentlichen, natürlichen Ursachen, die das Thema der Philosophie sind, wirken - wie Seuse die Ewige Wahrheit im Büchlein der Wahrheit knapp antworten läßt - alles, was die *ewige geburt* im Menschen "*in irem geberenne*" wirkt (349,15). Diese *geburt* ist in Seuses Definition die Kraft, von der alle Dinge und die Ursachen aller Dinge verursacht sind (s.349,6-8) - eine Sichtweise, die über eine rein philosophische Darstellung hinausgeht (s.349,15f; vgl. 5.2.).

1.9.: Das Verb *gebern* fungiert auch als Bild für das Erzeugen von Müdigkeit durch die Entrückung (s.168,19).

1.10. – 1.11.: Im Sinn von 'wirklichwerden', 'sich in Erscheinung bringen' setzt Seuse Geburts- und Lichtmetaphorik kombiniert ein, wenn er ausführt, daß "*uss der stillen muessikeit*" der bloßen Einheit Gottes "*lúhtet rehtú friheit, die sich gebirt*"; in gleicher Weise *lúhtet us* und *gebirt sich* auch die verborgene Wahrheit aus Gott (186,13-16).

1.12.: Die vermögende Kraft der göttlichen Natur konstituiert ihr gleich - wie im Bild des *gebern* zur Sprache gebracht wird - die zweite trinitarische Person (s.191,23).

2.1.: Gottvater ist aufgrund der ihn charakterisierenden Schöpfungstätigkeit für Seuse der *geberer* schlechthin (s.355,22f).

3.1. – 3.2.: Da der Mensch nicht von Natur aus Sohn Gottes ist, trägt das als *geberunge* bezeichnete Geschehen, in dem der Mensch der Geburt des Sohnes Christus gleich wird, den Charakter einer *widergeburt* (s. 1.3.); diese gleicht *in einfoermikeit* den Menschen der Natur Christi an. Trotz dieser Differenzierung spricht Seuse an einer anderen Textstelle in Bezug auf das Hervorbringen des Menschen als Sohn Gottes durch Gott von *geberunge*, da bei diesem Geschehen - wie bei jeder Weitergabe von Leben - Gleichheit erzeugt wird: "*Waz nu daz ander in solicher wise gebirt, daz bildet es nach im und in sich und git ime glichheit sins wesens und wúrkunge.*" (340,23-25) Der Mensch ist dabei dadurch beteiligt, daß er als gelassener Mensch dafür sorgt, daß "*got allein vatter ist*" (340,26). Wenn er ausschließlich dann von Gott sein Leben empfängt jenseits aller zeitlichen Determinationen, befindet er sich in der unio mit Gott, wo alle Dinge "*eins in eime*" (340,29) sind.

5.1.: Durch Rückgriff auf Entstehungsprozesse in der belebten und unbelebten Natur versucht Seuse das Wirklichwerden der zweiten Person der Trinität vorstellbar zu machen. Anhand des Fließ- und Geburtsvorgangs zeigt er auf, daß der Sohn seine Existenz einem Geschehen verdankt, bei dem er das Innere des Vaters verläßt: "*dis wort flússet uss dem usblik dez vater*" (181,11), "*sin entgiessunge von dem vater (heisset) ein geburt* "(181,12f); eine andere Vorstellung beinhaltet, daß der Weg Christi aus dem Inneren des Vaters ähnlich einem "*usgedrukten bild uss sinem innigosten abgründe*" (181,16) verläuft. Die Wahl verschiedener Metaphern für den gleichen Vorgang läßt sich von den verschiedenen Aspekten erklären, die der Aussage Seuses zugrundeliegen: *fliessen* geht von einer Selbsttätigkeit der zweiten Person der Trinität aus, *geburt*, *entgiessunge* und *usdruken* verlangen Gottvater als Subjekt des Geschehens. Die Entstehung des Hl. Geistes unterscheidet sich von der des Sohnes dadurch, daß er aufgrund des Ausflusses (*usrunse*) des Willens und der Minne im *fluss* der Minne von Vater und Sohn *entgossen ist* (s.181,15). Wegen dieses doppelten Ursprungs "*dar umb mag er weder sun heissen noch geborn."* (181,17)

5.2.: Im Einen, das Gott selber ist (s.347,6), sind alle Werke, die dort gewirkt werden, auch nur "*ein werk; wan es ist ein geburt und ein grunt, ja nach vereinunge."* (348,3f)

Ein weiterer Aspekt, den Seuse im Büchlein der Wahrheit entwickelt, betrifft den Unterschied zwischen der ewigen Geburt und der Wiedergeburt. Während die Wiedergeburt ein Zurückbringen eines jeden Dinges in seinen Ursprung beinhaltet, ist die *ewige geburt* für Seuse die Kraft, in der alle Dinge und die Ursachen aller Dinge ihren Ursprung haben (s.349,6-8).

5.3.: Allein Christus kann als *eingeborner sun* bezeichnet werden, da nur er *der natúrlich sun* ist, dessen Geburt - wie Seuse formuliert - der Natur entspricht, während der Mensch erst in seiner *widergeburt*, d.h. bei seiner Rückkehr in den göttlichen Ursprung *in einfoermikeit* Christi Natur zu entsprechen vermag (s.355,11f).

An anderer Stelle wird die "*geischlichú überweslichú geburt*" Jesu Christi mit dem *entspringen* einer gleichen Gestalt aus dem Inneren des Herzens von Gottvater parallelisiert. Daß das Verlassen des Vaters keine Trennung des Sohnes vom Vater bedeutet, sondern vielmehr visuelle Kommunikation ermöglicht, hebt Seuse hervor: "*...also daz es alle zit hab ein steren wider in."* (191,31f) Zugleich ist diese *geburt* auch "*ein volkomnú sach*" aller Dinge und Geister, die sie in ihre natürliche Existenz bringt (s.191,33f).

5.4.: Weniger der Vorgang des Hervorbringens als die aus dem Geburtsgeschehen resultierende neue Wirklichkeit steht im Mittelpunkt, wenn Seuse den Tod, der die Trennung vom irdischen Leib und die Schwelle zum ewigen Leben bedeutet, als "*ein núwú gebúrt*" bezeichnet (380,2).

5.5.: Mit der *ersten geburt* des Weines ist gemeint, daß der Wein in dem Zustand der Entstehung zu unterscheiden ist von anderen Phasen, in denen z.B. aus Wein - wie Seuse ausführt - Branntwein gemacht wird (s.349,3f).

6.1.: Die Fruchtbarkeit in der Natur verwendet Seuse als bildhaften Interpretanten für das ewige *niht*, dem über die Metapher *berhaft* die Fähigkeit zugeschrieben wird, die Ordnung der Welt hervorzubringen (s.353,26).

7.1.: s. 6.1.

7.2.: Die *vermugendú kraft* (s.330,18) des göttlichen Abgrundes, d.h. die göttliche Natur im Vater, gibt den ersten Impuls in der stillen, in sich ruhenden Gottheit zum Wirken, speziell zur Konstitution neuer Wirklichkeit: *"und da in dem selben ougenblicke ist es swanger berhaftikeit und werkes, wan alda hat sich... gotheit ze gotte geswungen."* (330,21-23).

8.1.: Der Hl. Geist kann nicht als *sun* noch als *geborn* bezeichnet werden (zur Begründung s. 5.1. zu 181,12).

8.2. – 8.3.: Insofern Gott *"niht ist aller der dingen, die man besinnen alder gewoerten mag"*, spricht Seuse konsequenterweise in Bezug auf Gott, der sich mitteilt, indem er Wirklichkeit schafft, vom *geberlich niht* (343,9). Auch die Tätigkeit des Menschen in Gott ist schöpferisch; sie ähnelt daher der *geberlich wis* (350,12), in der u.a. der Mensch von Gott als Sohn Gottes geschaffen wird (s.340,19).

9.1.: Anknüpfend an die Bestimmung Jesu Christi als *eingeborne(n) sun* (355,8) setzt Seuse die Verbmetapher *ingebern* dazu ein, um die Parallele in der Beziehung des gerechten Menschen zur Gerechtigkeit, wie sie Meister Eckhart sieht, hervorzuheben; Seuse grenzt sich von Meister Eckhart ab, indem er Eckharts Aussage nur in Bezug auf Jesus Christus für richtig hält (s.355,16-21; s. 1.3.-1.6.).

10.1.: Die Zeugung der zweiten trinitarischen Person macht Seuse 279,6 im Bild der *"ingeburt des wortes"* anschaulich (279,6).

14.1.: Die Rückkehr des Menschen in die *einvaltige gotheit* (162,27), aus der er entstammt, gestaltet sich in der Weise, daß sich der Mensch in Gott *einvalteklich* in einer - verglichen mit seinem irdischen Zustand - qualitativ neuen Existenz hervorbringt. Zur Bedeutung des Verbs *widergebern*, das Seuse als Bild zur Veranschaulichung dieses Sachverhaltes heranzieht, steht der gemeinte Sachverhalt insofern in Spannung, als der Hervorbringer und das im Geburtsgeschehen Hervorgebrachte zusammenfallen; auch fällt auf, daß der Mensch als Subjekt des Geschehens mit dem Bereich des Vollzuges identisch wird: *"...und gebirt sich ainvalteklich wider in daz selb und wirt daz selb, als ie von erst."* (162,9-11)

17.1.: Der Metapher *widergebornheit* läßt sich kein eindeutiger Bildempfänger zuordnen; vom Kontext läßt sich Seuses Aussage so verstehen, daß aus dem menschlichen Geist, der von allem Irdischen in Gott entblößt wird, *"in entwordenr widergebornheit"* wahre Freiheit leuchtet (186,14).

18.1. – 18.2: Seuse definiert: *"... die widergeburt, dú dem menschen allein zuo gehoeret, heis ich ein widerlenken eins ieklichen dinges, daz gevellet, wider in den ursprung, ze nemenne nach dez ursprunges wise, ane alles eigen anesehen."* (349,8-11) Die Bedeutungsaspekte der Rückkehr und - damit verbunden - die Schaffung einer neuen, qualitativ höheren Existenzweise erklären auch die Aussage Seuses, daß die Wiedergeburt fremd und wenig mit dem Leib zu tun habe, so daß er nach diesem Ereignis jede lebensnotwendige Tätigkeit ohne innere Beteiligung, allein habitualiter, vollzieht (s.348,23-28). Die Differenz des Menschen zu Jesus Christus besteht für Seuse darin, daß ausschließlich Jesus Christus natürlicher Sohn des Vaters ist, *"wan sin geburt zilet in der natur..."* (355,9); die *geberunge* des Menschen hingegen kann immer nur eine *widergeburt* sein, da *"si zilet* *in einfoermikeit*" der Natur Jesu Christi; während Jesus Christus *"ein bilde des vatters"* ist, ist der Mensch gebildet nach dem *"bilde der heiligen drivaltekeit"*. (355,11f)

18.3.: Die Vereinigung der menschlichen Vernunft mit Gott führt zur *widergeburt* ihres Geistes in Gott, was auch die Aufgabe ihrer selbst und die Befreiung von jedem irdischen Hindernis impliziert (s.279,6).

19.1.: Das Schwangerwerden dient dazu, eine Vorstellung davon zu geben, wie die göttliche Natur, d.h. für Seuse genauerhin die vermögende Kraft Gottes, aus der unterschiedslosen Einheit der Gottheit die drei göttlichen Personen entstehen läßt (s.330,21; s. 7.2.).

G. Heinrich von Nördlingen

1. gebern
1.1. *Jesus Christus* (6,9(Pat); 9,33; 14,17(Pat))
1.2. *got* (11,24)
1.3. *ewig wort* (56,15f (Pat))
1.4. *geburd* (56,23(Pat))
1.5. *Margaretha* (16,43.46)
1.6. *liden* (36,61)
1.7. *Heinrich* (48,11(Pat))

5. geburd
5.1. *mensche* (5,37)
5.2. *hertz* (9,26)
5.3. *bild der sel* (29,18)
5.4. *gotzsun* (36,71)
5.5. *ewig wort* (56,19)

6. berhaft
6.1. *gnad* (11,52)

9. ingebern
9.1. *adel gotz* (38,20f)

14. widergebern
14.1. *mine* (6,7)
14.2. *ewig wort* (6,9)

1.1. – 1.4.: Im Bild des *gebern* macht Heinrich den Vorgang anschaulich, bei dem in der göttlichen Kraft der Liebe, d.h. im Hl. Geist, der Gottessohn vom göttlichen Vater hervorgebracht wird. Gott gebiert ferner in Ewigkeit *"im wort der warheit"*, Jesus Christus, die Menschen (11,24).

Heinrich spricht in einer Bitte Jesus Christus die Fähigkeit zu, im Inneren Margarethas seinem göttlichen Bild ohne kreatürliche Beeinträchtigung eigenständiges Leben zu verschaffen (s.9,33). Die menschliche Seele ist auch der Raum, in dem Jesus Christus, das ewige Wort, von den auserwählten Gottesfreunden - so Heinrichs Wunsch - *"von minnen vor wihenachten... ob der zit"* (56,16.19) in Ewigkeit zum Leben gebracht werden soll, so daß Heinrich von einer *unzitigü geburd* (s.56,19) sprechen kann. Diese Geburt wird aber auch, wie Heinrich in seinen weiteren Ausführungen hervorhebt, im Hl. Geist, dem *"brunen des lebens"*, geboren (56,22f).

1.5.: In besonderer Weise spricht Heinrich Margaretha die Funktion zu, den Erretter Jesus Christus hervorzubringen. Heinrich gestaltet in diesem Aussagezusammenhang die Bildebene, indem er an die Voraussetzung des Pflanzenwachstums anknüpft und in Bezug auf Margarethas Herz vom *ertrich* spricht; zugleich baut er Elemente der Geburtsmetaphorik in die Vorstellung vom Pflanzenwachstum ein: *"tu uf das ertrich deins hertzen und gebir..., der usz dir grunen und pluwen sol..."* (16,43-45).

1.6.: Heinrich empfiehlt Margaretha, sich dem Leiden Jesu Christi zu unterwerfen, damit es - worauf Heinrich mit der Geburtsmetapher verweist (s.36,61) - in ihren inneren Kräften lebendig zu werden vermag.

1.7.: Heinrich stellt im 48. Brief durch Kombination von heterogenen Metaphern eine enge Beziehung zwischen seiner Existenz im Anfangsstadium und der Trinität her: *"here, himelscher vatter, wan ich... usz deinem hertzen geflossen bin geistlich und ich, du mein hertzlieb Jhesus, geborn bin usz deiner sitten fleischlich und ich, here got und mensch, mit ewer beider geist gereiniget bin meiniglich..."* (48,9-13).

5.1. – 5.2.: Um seine verursachende Tätigkeit bezüglich des geistlichen Lebens von Margaretha herauszustellen, bezeichnet Heinrich Margaretha als seine *"liebü geburt in Christo"* (5,37), oder als seines *"hertzen geburt in got"* (9,26).

5.3.: Das Bild der Seele, das durch die Minne Christi in das Innerste des väterlichen Herzens gebracht wird, erfährt dort - zu neuem Leben gebracht - seine göttliche Geburt (s.29,18).

5.4. – 5.5.: Jesus Christus als Gottessohn und ewiges Wort soll mit Hilfe der Heiligen und der Treue des himmlischen Vaters, der dabei - so Heinrich - seinem Sohn zu Hilfe kommt, in der Seele Margarethas zum Leben gebracht werden (s.36,71). Daß dies unabhängig von der Zeit geschieht, bringt Heinrich im Bild der *unzitigü geburd* zur Sprache (s.56,19f).

6.1.: Den Zustand der Seele setzt Heinrich in Beziehung zu einer Schwangeren, wenn er ausführt, daß infolge der *"berhaften gnad gotz"* der Umfang der Seele Margarethas so weit geworden sei, daß sie Jesus Christus aufzunehmen vermag (s.11,52).

9.1.: Für den *adel gotz* besteht nach Auffassung Heinrichs die Notwendigkeit, Margaretha in Jesus Christus ein neues Leben zu verschaffen (s.38,20f).

14.1. – 14.2.: Mit *wider gebern* umschreibt Heinrich metaphorisch die Eigenschaft der göttlichen Minne (6,7), die darin besteht, den vom Vater hervorgebrachten Sohn, *das ewig wort* (6,9), mit allen Erwählten zum Ursprung zurückzubringen und ihnen dort erneut Leben zu verleihen.

gelt (1.)/ gelten (2.)/ uslihen (3.)/ widergelt (4.)/ kouf (5.)/ rehnung (6.)/ phruonde (7.)/ wegen (8.)/ widerwegen (9.)/ wehsel/ wehselunge (10.)/ verkoufen (11.)/ loesephand (12.)

A. Mechthild von Magdeburg

2. gelten
2.1. *minne* (I 4,22)

3. uslihen
3.1. *got* (VII 45,17)

4. widergelt
4.1. *minne* (VII 55,30)
4.2. *arbeit* (VII 55,31)
4.3. *got* (VII 36,44)

7. phruonde
7.1. *miltekeit* (I 33,2)

8. wegen
8.1. *got* (V 13,1)
8.2. *wirtekeit* (V 8,16(Pat))

8.3. *Jesus Christus* (II 22,16; V 3,9)

9. widerwegen
9.1. *Jesus Christus* (II 25,77)

10. wehselunge
10.1. *sele* (I 1,9; V 25,31)
10.2. *mensche* (IV 15,7)

11. verkoufen
11.1. *mensche* (V 22,10)

12. loesephant
12.1. *Jhesus Christus* (III 15,28.38.53; V 20,3; 23,77; VII 18,7)

2.1.: Weil sich die Seele von Frau Minne beraubt fühlt, fordert sie eine Wiedergutmachung im Sinne eine Rückzahlung: "*...dennoch sont ir mir gelten.*" (I 4,22)

3.1.: Die Inkarnation Gottes sieht Mechthild als einen vorübergehenden Leihvorgang von etwas an, das im Himmel wieder zurückerstattet wird (s.VII 45,17).

4.1. – 4.3.: Die Gegenleistung, die der Mensch für das göttliche Handeln erbringt, trägt unterschiedlichen Charakter: während das *"widergelt der minne"*, das der Mensch Gott gibt, *vil suesse* ist, fällt dem Menschen das *"widergelt der arbeit"* oft sehr schwer; denn seine ganze Energie ist von der Minne zu Gott bereits aufgebraucht, so daß er sie in seinem äußerlich sichtbaren Tun entbehren muß (s.VII 55,30f).

7.1.: Die Bedeutung, die die göttliche Milde für die Gott liebende Seele hat, konkretisiert Mechthild durch die Parallele zum Ertrag einer Pfründe (s.I 33,2).

8.1. – 8.3.: Für den Aufweis der Bedeutung, die für Gott alles unverschuldete menschliche Leiden hat, wählt Mechthild das Bild einer Waage. Jesu Bedeutung zeigt sich für die Seele in der Kontemplation daran, daß sich bei ihm im Vergleich mit den Engeln die Waage am meisten neigt (s.II 22,16).

9.1.: Jesus Christus stellt der Seele einen Ausgleich für all das in Aussicht, was sie seinetwegen getan und gelitten hat. Dies geschieht, indem er ihr alles *widerwegen* will (s.II 25,77). Im Rahmen dieses Vorgangs markiert Christus auch den Unterschied zur Seele: "*Hastu das geloete, ich habe das golt.*" (II 25,75).

10.1.: Im Sinn von Leistung und Gegenleistung interpretiert Mechthild mit der Metapher *wehsel* das Geschehen, wodurch die Seele von der himmlischen Minne ihrer Kindheit beraubt wird, dafür aber himmlische Freiheit und viele Tugenden erhält (s.I 1,9). Ohne näher auszuführen, worin der Inhalt der göttlichen Mitteilung als Reaktion auf das Leiden der Seele um Gottes Willen besteht, läßt Mechthild an einer anderen Textstelle Gott der Seele in Aussicht stellen, daß er ihr *suessen wehsel* geben wolle (s.V 25,30f).

10.2.: Die unio des Menschen mit Gott setzt u.a. voraus, daß der Mensch alles ihm Gehörende Gott schenkt. Im Gegenzug teilt Gott dem Menschen dann seine ganze Wirklichkeit mit (s.IV 15,7).

11.1.: Mit dem Bild des *verkoufen* charakterisiert Mechthild den Effekt, den das Lügen eines Menschen auf seine Wahrhaftigkeit hat (s.V 22,10).

12.1.: Das Geschehen der Erlösung durch Jesus Christus wird von Mechthild mit der Metapher *loesephant* in Beziehung gesetzt zum Freikauf von Gefangenen (s.III 15,28ff).

D. Tauler

4. *widergelt*
1.1. *fleischlich bluot* (167,13)

5. *kouf*
5.1. o.BE (231,18; 425,33)
5.2. *mensche* (393,12f)

8. *wegen*
8.1. *mensche* (65,12; 274,23)

4.1.: Im Verzicht des Menschen auf die leibliche Dimension seiner Existenz sieht Tauler ein "*widergelte dem... bluote unsers herren Jhesu Christi.*" (167,13)

5.1.: Als Tauschhandel apostrophiert Tauler mit der Metapher *gelich kouf* die Verpflichtung des Menschen, Gott in gleichem Maße in sich aufzunehmen, wie er in Gott präsent sein darf (s.231,17f).
   An anderer Stelle bezieht sich der *kouf* auf die Kreaturen: "*also vil minre creaturen, also vil me Gottes.*" (425,32f)

5.2.: Ohne im Einzelnen zu beschreiben, was der Mensch empfängt, der Gott seinen Willen überläßt, bedeutet dies jedenfalls nach Taulers Ansicht für den Menschen ein *selige(r) kouf* (393,12f).

8.1.: Tauler empfielt seinen Zuhörern, die Bedeutung der Liebe Jesu Christi zu erfassen, wenn er sie dazu auffordert, zu "*wegen die unbegriffenliche tieffe minne...*" (65,12). Damit Gott zu einem Urteil in Bezug auf die Mängel des Menschen kommen kann, schlägt Tauler in einer anderen Predigt vor, daß die Menschen diese *wegent* vor Gott (s.274,23).

E. Seuse	
1. gelt 1.1 o. BE (67,28; 146,15 u.a.) *6. rehnung* 6.1. *mensche* (69,6; 84,18; 85,24f)	*8. wegen* 8.1. *liden* (212,5(Pat)) 8.2. *mensche* (335,28(Pat); 497,20f; 499,17.19)

1.1.: *Gelt* wird ausschließlich von Seuse als nichtmetaphorischer terminus verwendet.

6.1.: Seuse macht Gott Vorhaltungen wegen seines leidvollen Schicksals, indem er Gott quasi eine Rechnung mit der Auflistung seiner verschiedenen Leiden eröffnet (s.69,6f).

8.1.: Die Bedeutung des eigenen Leidens sieht Seuse, wie er im Bild des *wigen* zum Ausdruck bringt (s.212,5), geringer an als die Erregung des göttlichen Zorns.

8.2.: Wer seine Bedeutung richtig einschätzt, so daß er ein *wolgewegen* Ich hat, gibt sich selber auf und wird ein christusförmiges Ich (s.335,26.28). Im Hinblick auf Gott führt das *wegen* dessen, was er ist, dazu, daß man Gott aufgrund der sich einstellenden Wertschätzung nicht mißtrauen kann (s.499,17f). - Die metaphorische Funktion des Verbs *wegen* verändert sich, wenn es in abstrakter Weise den Denkvorgang bezeichnet, der beim Menschen Leiden bewirkt: "... *lidende dar an, daz er wiget, daz nút zuo wegende ist...*" (497,20f).

---

gesunt (1.)/ gesuntheit (2.)/ krank/krankheit (3.)/ siech (4.)/ wunt/ verwundet (5.)/ wunde (6.)/ (ver–)wunden (7.)/ durwunden (8.)/ salbe (9.)/ salben (10.)/ arzat (11.)/ artedine/arzatine (12.)/ arztenie (13.)/ apotek (14.)/ balsam (15.)

A. Mechthild von Magdeburg

3. krank/krankheit
3.1. *unkúscheit* (IV 2,87)
3.2. *helliche* (IV 2,87f)
3.3. *sinne* (V 4,57)
3.4. *sele* (VI 1,143)
3.5. *mensche* (VI 16,33)
3.6. *welt* (IV 2,7)

4. siech
4.1. *sele/mensche* (I 3,26; VII 31,6; 58,3; 65,10)
4.2. *Jesus Christus* (I 4,8; III 2,15; VI 1,144)
4.3. *ding* (VII 44,4)
4.4. *minne* (VI 20,14)

5. wunt/gewundet
5.1. *mensche* (II 15,3)
5.2. *sele* (I 5,6; 29,13; 38,3; II 15,6; 24,72.75.82; 25,64; 50,64; V 23,187)
5.3. *minne* (I 3,5)
5.4. *munt* (III 5,9)
5.5. *got* (VI 1,109)

6. *wunde*
6.1. *sele* (I 22,19; VII 58,10)
6.2. *herze* (VII 48,68)
6.3. *mensche* (III 9,76)

7. *verwunden*
7.1. *got* (II 25,70)
7.2. *Jhesus Christus* (VII 58,5.6)
7.3. *brut* (III 9,29)
7.4. *minne* (I 3,10)

9. *salbe*
9.1. *got* (II 10,4; V 31,26)
9.2. *brut* (II 9,4)
9.3. *in sele sweben* (III 2,22)

10. *salben*
10.1. *got/ herre* (II 25,71; III 9,76)
10.2. *mensche* (VI 1,35)
10.3. *sele* (III 2,18)
10.4. *túfel* (IV 15,12)

11. *arzât*
11.1. *Christus* (VII 58,4)

12. *artedine/ arzatine*
12.1. *sele* (III 2,25)
12.2. *einvaltekeit* (VII 43,5)

13. *arztenie*
13.1. *got* (I 3,15.17)

3.1. – 3.6.: Mit *krankheit* bringt Mechthild die Störung und Einschränkung des Wohlbefindens ins Bild, die Unkeuschheit und Haß bei geistlichen Menschen bewirken. Insbesondere die Gottesbeziehung ist von dieser - aus dem sündigen Zustand des Menschen (vgl. Ps 40,5; 146,3 u.a.) sich ergebenden - Störung betroffen, infolge derer geistliche Leute von Gott geschieden werden. Aber nicht nur in Bezug auf Haß und Unkeuschheit, sondern auch im Hinblick auf die allgemeine Grundbefindlichkeit des Menschen spricht Mechthild von *krankheit* (s.VI 16,33), um deutlich zu machen, daß der Mensch auf die göttliche Barmherzigkeit angewiesen ist.

Weiterhin verweist die Krankheitsmetapher auf den gestörten Zustand der äußeren Sinne, dessentwegen sich der Leib gegenüber der mit der *diemuetigen minne* verbundenen Seele schämt (s.V 4,57). Eine semantische Umwertung erfährt die Metapher, wenn Mechthild sie für den positiven Zustand verwendet, in den die Seele gerät, wenn Jesus Christus sie zu lieben beginnt (s.VI 1,143).

4.1.: Die Gott liebende Seele beklagt sich, daß der Weg zu ihrem Herrn zu lang ist, da sie - *minnensiech* - Pein, Not und harten Zwang erleiden muß. Ihre Liebeskrankheit kann nur geheilt werden, wenn Christus selbst der Arzt ist und sich in die Wunden der Seele legt (s.VII 58,3; vgl. Ex 15,26; Ps 102,3; Mk 2,17).

4.2.: Wie die Seele aus Liebe zu Christus *minnesiech* ist, ist umgekehrt auch Christus aus Liebe zur Seele *siech*, so daß die Seele ihm anbietet, seine Ärztin zu sein und ihn zu *salben* (s.III 2,15). Dieser von Mechthild in Beziehung zu körperlicher Krankheit gebrachte Zustand entsteht, wenn die Seele sich an ihn hängt: *"So beginnet sie ze sugende, das er minnesiech wirt..."* (VI 1,144).

4.3. – 4.4.: Mechthild zählt fünf Dinge auf, u.a. Gier, Lüge und Spott, die den Menschen in seinem geistlichen Leben krank machen (s.VII 44,4). In gleicher Weise kann weltliche Ehre, Hochmut, Zorn und Verlangen nach irdischen Dingen den Menschen in Mitleidenschaft ziehen (s.VI 20,14-16).

5.1. – 5.3.: Züge einer körperlichen Verletzung verleiht Mechthild dem Zustand, der sich aufgrund der Wirkung der Minne beim Menschen einstellt. Konkretisierend benennt Mechthild auch Subjekt und Objekt des Liebesgeschehens: "*Der wirt niemer me wol gesunt, er enküsse noch den selben munt, von dem sin sel ist worden wunt.*" (II 15,4-6)

Die Minne, die noch mit irdischen Dingen vermischt ist, gelangt nicht bis zur Seele, so daß diese *bleib ungewunt* (s.II 24,72). Im Unterschied dazu wird die Seele von der ausschließlich auf Gott hin orientierten Minne betroffen, d.h. von der *gebundenen minne*, die sich nicht mehr in den Sinnen, sondern in der Seele befindet (s.II 24,82). Diese Betroffenheit der Seele durch die auch als *fúrige strale* vorgestellte Einwirkung der Minne kann so groß sein, daß sie "gewundet (ist) *uf den tot...*" (II 25,64f).

5.4.: Im Rahmen der Brautmetaphorik personifiziert Mechthild auch den Mund Jesu, dem die Seele als Kuß zu eigen ist; sie macht den *munt* dafür verantwortlich, daß er die Seele *hat durwunt* (s.III 5,9).

5.5.: Mit ihrer Minne gelingt es der Seele, die Unversehrtheit Gottes anzutasten, so daß Mechthild Gott selbst feststellen lassen kann, daß die Seele ihn *gewundet hat* (s.I 38,3).

Gott ist so sehr von der Minne der Seele in Mitleidenschaft gezogen, daß er in das Brautbett der Seele gehen will, die Seele "*durküssen und... umbevahen...*" möchte (s.VI 1,109).

6.1. – 6.3.: Für das Affiziertsein der Seele/des Herzens durch die Minne wählt Mechthild - weitverbreiteter Minnemetaphorik entsprechend - das Bild der *wunde*. Diese innere Verletzung kann nur geheilt werden, wenn - so Mechthild in VII 58,5 - sich der Geliebte, Jesus Christus, selbst in die Wunden legt.

7.1. – 7.4.: Durch den Wechsel in der Wortart von der Substantiv- zur Verbalmetapher wird es möglich, das Minnegeschehen hinsichtlich der dafür verantwortlichen Größen genauer zu differenzieren: Neben Gott, Jesus Christus und der personifizierten Minne, die die Seele *wunden*, erschafft Gott sich eine *brut*, die ihn "*mit irem ansehen verwunden...*" soll (III 9,29).

9.1. – 9.2.: Gott bezeichnet wegen ihrer Heil vermittelnden Wirkung seine *brut* als "*ein salbe der verserten*"; umgekehrt ist für die *brut* Gott "*ein salbe ob allen seren...*" (II 10,4).

9.3.: Für den Herrn, der in seinem Wohlbefinden aus Minne zur geliebten Seele beeinträchtigt ist, besteht die beste - Abhilfe seines Zustandes schaffende - *salbe* darin, unablässig in der geliebten Seele zu *sweben* (s.III 2,22).

10.1. – 10.4.: Gott stellt der minnenden Seele in Aussicht, die durch seine *minne stralen* bewirkten Verletzungen zu heilen (s.II 25,71). Umgekehrt will auch die Seele die von ihr bewirkten Minneverletzungen Gottes beseitigen, indem sie ihren Geliebten *salben muesse* (s.III 2,18).

Heilende Wirkung kommt für Mechthild auch den Gottesworten zu. Darum empfiehlt sie, daß man damit die Kranken im *siechhus salben* soll (s.VI 1,35).

11.1.: Wenn der Mensch sein Wohlbefinden wieder erlangen will, muß Jesus, dessentwegen er *minnesiech* geworden ist, dafür sorgen; d.h. der Krankheitsverursacher muß auch Arzt sein, damit der Mensch gesunden kann. Die im Bild einer körperlichen Krankheit zur Sprache gebrachte innere Verfassung des Menschen kann aber nur dann zum Positiven hin verändert werden, wenn Jesus als Arzt die gestörte Verfassung wieder herstellt, indem er selbst als Heilmittel auf die Wunden der Seele einwirkt: *"Lat er mich nu ungesalbet ligen, so mag ich niemer genesen. Weren alle berge ein wuntsalbe und allú wasser ein arzatin trank..., da mitte moehte ich niemer genesen; er muos sich selber in miner sele wunden legen."* (VII 58,7-10)

12.1.: Die Seele bietet ihrem *minnesiechen* Herrn an, seine Ärztin zu sein. Sie möchte ihn *salben*, indem sie ihr Herz aufreißt und ihren Herrn und Gott dort hineinlegt (s.III 2,25).

12.2.: Ohne dies näher auszuführen, bezeichnet Mechthild die *helige einvaltekeit* als *"arzatine aller wisheit"*. Ihr Wirken besteht darin, aus einem *tumben* den *wisen* zu machen (VII 43,5).

13.1.: Gott hat der Seele oft eine *arztenie* gegeben zur Behandlung der Liebeskrankheit der Seele. Endgültige Erfüllung und damit Heilung der Krankheit findet die Liebessehnsucht jedoch erst nach dem Tod, wenn die Seele zu ihrem geliebten Herrn aufersteht (s.I 3,15.17).

B. David von Augsburg

3. *krank*
3.1. *mensche* (321,1; 356,22; 360,22)
3.2. *wille* (340,27)
3.3. *herze* (347,1f)

3.1. – 3.3.: Der Mensch ohne Tugenden ist mit seiner Affinität zur Sünde *"krank an dem gelouben"* (321,1). Er vermag schlechten Vorbildern und Versuchungen aufgrund seiner allgemeinen Schwäche auch nicht zu widerstehen (s.356,22); sein Wille (s.340,27) wie auch sein Herz (s.347,1f) sind *krank*.

D. Tauler

3. *krank/krankheit*
3.1. *krefte* (43,19)
3.2. *fundament* (86,28)
3.3. *geist* (120,25; 251,10f)
3.4. *nature* (175,10.13; 266,26; 324,12; 329,18)
3.5. *mensche* (184,11; 188,2; 200,22; 226,7; 253,17; 318,22; 323,25; 324,4)
3.6. *ding* (196,17; 230,19)

4. *siech*
4.1. *mensche* (35,18; 38,11)

5. *wunt/verwundet*
5.1. *minne* (290,18; 291,9f; 301,14f; 316,22; 333,14.21; 346,5)
5.2. *mensche* (291,6)

6. *wunde*
6.1. *minne* (291,15)

7. *(ver-)wunden*
7.1. *got* (290,25(Pat))
7.2. *sele* (290,19(Pat).20)
7.3. *mensche* (291,2(Pat))
7.4. *herze* (291,4(Pat))
7.5. *phil* (339,22)

9. *salbe*
9.1. *minne* (340,3.4)
9.2. *Jesus Christus* (366,25.26.29f.35)

3.1.: Tauler sieht es in der *krangheit* der niedersten Seelenkräfte begründet, daß diese sich nach außen an der kreatürlichen Wirklichkeit orientieren; denn infolge ihrer *krangheit* vermögen sie nicht den Versuchungen der Welt, des Fleisches, der Sinne sowie des Teufels zu widerstehen (s.43,19).

3.2.: Im Hinblick auf Menschen, die Gott bekennen und lieben, wenn sein Wille ihrem eigenen Willen entspricht, bei Anfechtungen aber in eine Krise geraten, stellt Tauler fest, daß ihr Bekenntnis *"ein krang fundamente und ein risende sant"* (86,28) besitzt.

3.3.: *Krankheit* ist weiterhin Metapher für das beeinträchtigte Aufnahmevermögens des menschlichen Geistes, infolgedessen er die mit der Gegenwärtigkeit Jesu Christi im *grunt* einhergehende starke Minne nicht ertragen kann. Dieses Unvermögen verdeutlicht Tauler im Rahmen eines Sehvorgangs, bei dem der menschliche Geist zu einem Auge mit begrenzter Sehfähigkeit wird, das das als Lichtwerden veranschaulichte Präsentwerden Christi in Liebe nicht auszuhalten vermag (s.251,10f). In der Vereinigung mit Gott wird der menschliche Geist jedoch so verwandelt, daß ihm alle *"krangheit und natúrlicheit und ungelicheit"* (120,25f) genommen wird, indem er dort *"gelutert und verklert und erhaben über alle sine kraft und über sich selber und sine wise"* wird (120,26f).

3.4. – 3.5.: Die mit der Metapher *krang/krangheit* bildhaft zum Ausdruck gebrachte geistige Anfälligkeit und Schwäche der menschlichen Natur führt dazu, daß sie sich zur Sünde hin orientiert (s.266,26f) oder daß der Teufel sie in ihrer Schwäche bedrängt (s.324,12). Weil die in dieser Weise angeschlagene Natur von sich aus nichts vermag, ist sie auf die Hilfe der göttlichen Gnade angewiesen (s.329,18). Die *krangheit* wirkt sich auch darin aus, daß der Mensch es kaum verkraftet, von göttlichen Dingen zu reden oder zu hören, die er selber nicht erlebt hat (s.226,7f).

Die mit der Metapher *krang* angezeigte allgemeine Eingeschränktheit des Leistungsvermögens der Natur führt zu einer ernsthaften Störung, wenn die menschliche Natur göttliche Einwirkung in ihrem Überfluß erfährt, zu deren Empfang sie von Natur aus zu schwach ist. Die *krangheit*, die sich beim Menschen infolgedessen einstellt, ist mit einem Netz zu vergleichen, das - Tauler spielt dabei auf den Fischfang des Simon in Lk 5,1-11 an - wegen zu großer Fleischeslast reißt; denn *"die nature, die her zuo ze krank ist, (muos) von not rissen, also das der mensche niemer gesunden tag engewinnet..."* (175,10f).

3.6.: Nur weil der Mensch ein inneres Auge hat, ist er in der Lage, noch anderes als die übrigen Lebewesen wahrzunehmen. Wenn er sich ausschließlich nur auf sein äußeres Auge stützen könnte, *"so wer es ein hert snoed krank ding... umbe den menschen..."* (195,16f).

4.1.: Die Heilung eines Kranken durch Jesus am Teich Betesda auslegend, wie sie in Joh 5,1-9 erzählt wird, stellt Tauler in seiner spirituellen Exegese dar, wer die Kranken sind: *"hochvartige und zornige und hessige und gritige und unkúsche"* (35,17f).

Noch allgemeiner sieht Tauler an anderer Stelle der gleichen Predigt im *siechen* den *uswendige(n) mensche(n)* verkörpert (s.38,11f).

5.1. – 5.2.: Unter Berufung auf Richard von St. Viktor, De quattuor gradibus violentiae caritatis, unterscheidet Tauler vier Grade der Minne. Den ersten Grad bildet die *wunde minne*, weil Gott durch sie auf die Seele so einwirkt, daß diese *wirt verwunt* (290,18f). Diese Minne eignet sich der Mensch an, wenn er sich in Demut in seinen *grunt* kehrt und sich ganz dem göttlichen Willen überläßt. Tauler stellt abschließend, auf den Predigtvers Lk 5,4f anspielend, fest: *"Si habent ir netz zuo der rechten hant us geworffen und hant die wundenden minne gevangen."* (346,4f) Die Wirkung dieser Minne besteht darin, daß der von ihr betroffene Mensch alles auf seinen Geliebten hin konzentriert, um ihm zu gefallen (s.291,6f). Die Minne führt den Menschen in die Gottheit und bereitet der Seele - aufgrund ihrer dauernden Empfangsbereitschaft immer mehr erfüllt von Gott und in ihrer Fassungskraft ausgeweitet - *niuwe wunden* (s.291,15).

6.1.: s. 5.1.-5.2.

7.1. – 7.2.: Die Wirkung der Minne bestimmt das Verhältnis von Gott und Mensch; die Seele des Menschen, von den *"stralen der* (göttlichen) *minne"* in ihrer Unversehrtheit betroffen, verwundet ihrerseits Gott, indem sie - wie Tauler im Anschluß an Hl 4,8f ausführt - bis hin zu Gott gelangt und auf ihn einwirkt (s.290,23f).

7.3. – 7.4.: Das Verhalten des Menschen, der von der Minne Gottes heimgesucht worden ist, erläutert Tauler am Beispiel eines Kaufmanns, der um des Gewinnes willen ein Schiff ausfahren lassen will. Sein Herz ist von dem Verlangen erfüllt, möglichst viel zu sammeln und auf das Schiff zu bringen. Ebenso zieht der Mensch, der von der Minne *verwunt ist*, alle Vorstellungen und Gedanken zusammen, um dem Liebenden zu gefallen (s.291,2-4).

7.5.: Wenn der Mensch in falscher Gerechtigkeit Urteile fällt, gehen von seiner vergifteten Zunge gleichsam Pfeile aus, die die Zunge ähnlich einem Bogen in die Seele schießt, wodurch diese mit dem *"schosse des ewigen todes verwundet"* wird (339,22f).

9.1.: In der Exegese von Ps 132,2: *"reht als die salbe nider gieng von dem houbte in dem bart her Aarons"* parallelisiert Tauler die Salbe mit der Minne, die - wie die Salbe in den Bart Aarons - jedem ungeteilt zukommt, der nicht von ihrem Empfang ausgeschlossen ist (340,3f).

9.2.: Neben der Verwendung als Metapher für die Minne erscheint *salbe* als Bild für die Einwirkung Christi auf den Menschen; diese geschieht, indem Christus in den ihm zugekehrten Grund des Menschen gelangt und diesen positiv verändert: *"dar flússet dise salbe Christus sunder underlos und machet den grunt so sues und milt..."* (366,29f).

E. Seuse

3. *krank/krankheit*
3.1. *liep* (18,27; 390,27)
3.2. *nature* (98,26)
3.3. *mensche* (107,10; 170,21; 369,21; 423,6)
3.4. *gelassenheit* (161,10)
3.5. *krefte* (349,20)
3.6. *oge únser bekentnús* (177,15f)
3.7. *sinne* (191,4)

5. *wunt/verwundet*
5.1. *herz* (25,1; 122,4; 264,1; 274,18f)
5.2. *sele* (545,23f)

6. *wunde*
6.1. *unred enpfahen* (422,5f)
6.2. *minne* (548,19)
6.3. *herze* (553,17)

7. *(ver-)wunden*
7.1. *minneworte* (223,13f)
7.2. *mensche* (553,5f(Pat))

8. *durwunden*
8.1. *hertze* (120,26(Pat); 271,2(Pat))
8.2. *sele* (120,26(Pat))
8.3. *got* (69,8)
8.4. *liden* (41,16f; 127,26f)
8.5. *wort* (318,31)

10. *salben*
10.1. *got* (539,10f)

11. *arzat*
11.1. o.BE (503,20f)

14. *apotek*
14.1. *tugende* (266,23; 313,26f)
14.2. *hertzlust* (427,16)
14.3. *gotheit* (431,6; 487,2)
14.4. *hertze* (431,5f; 487,2)

15. *balsam*
15.1. *gedultikeit* (252,12f)
15.2. *got* (297,21)

3.1.: Den Gesang der himmlischen Jünglinge, der in der Seele des Dieners Seuse erklingt, vermag sein - metaphorisch als *krank* charakterisierter - Körper nicht ertragen. Diese leibliche Verfassung schränkt auch die Vereinigung der höchsten Seelenkräfte mit dem Ursprung des Seins, ihr Schauen, Lieben und Verkosten ein, da der menschliche Körper infolge seiner Beschaffenheit die Seele von Gott weg wieder zur Erde hin zieht (s.390,27).

3.2. – 3.3.: Die mit einer körperlichen Krankheit in Beziehung gebrachte Beeinträchtigung der geistigen Leistungsfähigkeit ist ein Aspekt, den Seuse sowohl bei der menschlichen Natur wie auch generell beim Menschen vorliegen sieht, wenn er metaphorisch von *kranker nature* und von der *"krankheit des menschen"* spricht. Wegen dieser allgemeinen Beeinträchtigung empfiehlt Seuse seiner geistlichen Tochter, bei der Sorge um das geistliche Leben anderer Menschen jede übertriebene Strenge zu vermeiden (s.107,10). Die *menschliche krankheit* stellt auch die Ursache dafür dar, daß der Mensch in der Zeit das *"gegenwürtig nu der* *ewikait"* (170,20) nur eingeschränkt erfahren kann. Neben dem Aspekt der Schwäche hebt Seuse bei der Verwendung der Metapher *krank* auch auf den Aspekt der in der Krankheit implizierten Störung des Organismus ab, wenn er die Verfassung einer von ihm betreuten geistlichen Tochter wegen ihrer Sündhaftigkeit *"krenker denne Eva"* bezeichnet (369,21).

3.4.: Der Mensch ist nicht in der Lage, solange Seele und Leib miteinander verbunden sind, sich ganz und auf Dauer Gott zu überlassen. Denn von seiner *vergangenheit* in Gott wird er immer wieder auf sich selbst zurückgeworfen. Aus diesem Grund ist das Sich-Überlassen des Menschen an Gott beeinträchtigt, so daß Seuse von einer *kranken gelassenheit* spricht (s.161,10).

3.5. – 3.6.: Die Kräfte der Seele sind aufgrund ihrer - metaphorisch als *krank* bezeichneten - Beschaffenheit nicht in der Lage, in das göttliche Nichts zu gelangen. Insbesondere am Erkenntnisvermögen des Menschen kann gezeigt werden, daß es infolge seiner Leistungsschwäche nicht das Sein zu erkennen vermag, das an sich am erkennbarsten ist. Das *"oge únser bekentnús"* gleicht mit seiner *krankheit* - wie Seuse in Anlehnung an Aristoteles (Metaphysik 993b 9) feststellt - dem Auge einer Fledermaus, das das helle Sonnenlicht nicht wahrzunehmen vermag. Die Beeinträchtigung der Erkenntnis, also die *"krankheit des oge unser bekentnús"* bezüglich des Seins, kommt nach Seuse dadurch zustande, daß das menschliche Bewußtsein durch das mannigfaltige Sein zerstreut und geblendet wird, so daß es nicht mehr die göttliche, von Helligkeit geprägte *klarheit* erkennen kann (s.177,15f).

3.7.: Die *kranken sinne* sind der Grund dafür, daß eine geistliche Tochter Seuse darum bittet, ihr von Gott in bildhafter Weise alles zu erklären, damit sie es sich umso besser einprägen könne (s.191,4).

5.1.: Wie etwas durch Reibung o.ä. verletzt wird, so stellt sich Seuse die Wirkung der Minne auf Jesus vor, in dessen *minnewunte(n) herzen* (s.274,18f) sich der Diener einschließen soll (vgl. auch 8.3.-8.4.).

5.2.: Die Metapher steht in Anlehnung an die Weissagung des Simeon (Lk 2,35) für die tiefe Betroffenheit, die in der Seele der Gottesmutter beim Anblick ihres gekreuzigten Sohnes entsteht (s.545,23f).

6.1.: Die innere Wirkung, die der Empfang von Unrecht beim Menschen auslöst, beschreibt Seuse in Form eines komparativischen Vergleichs mit körperlicher Verletzung; die durch Unrecht geschaffenen Wunden *"gant tiefer denne swertslege"* (422,6).

6.2. – 6.3.: Die Realität der Minne führt dazu, daß Jesus Christus, der Geliebte der Seele, tiefe Wunden des Herzens - *minnewunden* - davonträgt.

7.1.: Die aus Jesu Mund stammenden Worte der Liebe betreffen manches menschliche Herz so stark, daß in ihm, weil es dadurch *verwunt* ist, alle vergängliche Minne aufhört (s.223,13f).

7.2.: Im Bild einer äußeren Verletzung wird veranschaulicht, wie der Mensch, der Jesu Wunden meditiert, in Mitleidenschaft gezogen wird. Allerdings mißt Seuse der Verwundung, die sich bei der Betrachtung von Jesu Wunden einstellt - wie er mit dem Adverb *suesselich* anzeigt -, im Unterschied zur negativen Empfindung körperlicher Verletzung positive Bedeutung bei (s.553,5f).

8.1. – 8.2.: Mit *durwunden* inszeniert Seuse das Bild einer inneren Verletzung, um die Wirkung anschaulich zu machen, die Beschuldigungen fremder Menschen, er sei ein Betrüger, auf ihn haben (s.120,26).

8.3. – 8.4.: Der Diener Seuse macht Gott dafür verantwortlich, daß er sein Herz *"mit unere durwundet hat"* (69,8). Ferner entspricht die Wirkung, die das Herzleid auf die Gottesmutter in der Stunde des Todes ihres Sohnes ausgeübt hat, nach Seuses Auffassung körperlicher Verwundung. Er führt darum aus, daß das Herzleid *"ir herz und sele... durwundete"* (41,16f). Sie hat daher ein *verwundete(s) herze* (122,4), ist aber selbst einziger Trost und einzige Zuflucht für *"verwundet ellende herze"* (264,1).

8.5.: Die Worte Jesu Christi am Kreuz haben die Gottesmutter innerlich verletzt (s.318,31).

10.1.: Als Bitte äußert Seuse, daß Jesus Christus sein Herz salben möge mit den gleichen Schweißtropfen, die dieser am Ölberg vergossen hat. Als Grund der Bitte läßt sich Seuses Hoffnung erkennen, in aller Traurigkeit und Widerwärtigkeit durch Gottes Wirken heilsame Stärkung zu erfahren (s.539,10).

11.1.: Seuse verlangt, daß man einem *"bescheiden geistlichen arzate"* Glauben schenken soll (503,20f).

14.1.: Weil die Gottesmutter alle heilsamen Tugenden und Gnaden in sich vereinigt, ähnelt sie - so Seuses Meinung - einer *"wolriechenden apotek aller tugenden und gnaden"* (266,23f).

An einer anderen Textstelle geht es Seuse um das Gotteslob, das wie ein angenehmer Duft *"von allen edlen kruetern und wurzen und allen apoteken aller tugenden... geroechet weri..."* (313,26-28).

14.2. – 14.4.: Mit *"appotecke der gotheit"*, die sich im Herzen des Menschen befindet, bringt Seuse die heilsame Wirkung Gottes ins Bild, die aus dessen Präsenz im Herzen des Menschen resultiert (s.431,5f).

15.1.: Die Wirkung, die die Geduld im Leiden des Menschen auf die Ewige Weisheit ausübt, parallelisiert Seuse mit der Geruchsempfindung: sie ist *"ein suezzer smak des edeln balsam..."* (252,12f).

15.2.: Im Bild des *balsam* werden bestimmte Qualitäten Gottes anschaulich gemacht: seine positive Wirkung, insbesondere sein heilsamer Einfluß auf den Menschen (s.297,21).

F. Margaretha Ebner

1. gesunt
1.1. *mensche* (2,27; 103,19)

2. gesuntheit
2.1. *sel* (3,1.5; 7,10)
2.2. *mensche* (95,19; 97,21)

1.1. – 2.2.: Von Gott verlangt Margaretha, daß er sie als Gesamtpersönlichkeit in einen Zustand versetzt, der dem körperlichen Wohlbefinden analog ist (s.2,27).

G. Heinrich von Nördlingen

1. gesunt
1.1. *mensche* (47,43; 48,57)

2. gesunthait
2.1. *mensche* (47,44)

5. verwundt/wundent
5.1. *hertze* (16,66; 47,24f; 51,38)
5.2. *mensche* (8,12; 27,5; 36,65f)
5.3. *Jhesus Christus* (34,7)
5.4. *wort* (38,29)

6. wunde
6.1. *Jhesus* (34,1)
6.2. *lieb* (35,4)
6.3. *gemahl* (46,46)

7. (ver-)wunden
7.1. *Jhesus Christus* (44,15f)
7.2. *hl. geist* (4,50)

12. artzättin
12.1. *Margaretha* (47,24)

13. ertznie
13.1. *Jhesus Christus* (27,3)

1.1. – 2.1.: Ein der Gesundheit vergleichbarer Zustand stellt sich beim Menschen in der unio ein, wenn der Hl. Geist im Menschen und der menschliche Geist im Hl. Geist präsent wird (s.47,43f).

5.1. – 5.2.: Als Adjektivmetapher bezeichnet *verwundt* den durch Leiden beeinträchtigten Zustand des menschlichen Herzens, als dessen Ärztin Heinrich im 47. Brief Margaretha ansieht (s.47,24f).

An anderer Stelle, im 27. Brief, erscheint Jesus Christus als derjenige, der *"hailsam ertznie in der buchsen seiner hailigen menscheit"* dem Verwundeten gebracht hat (27,3-5).

5.3.: Jesus Christus, Margarethas Geliebter, ist nach den Aussagen Heinrichs von Margarethas Verhalten derart in Mitleidenschaft gezogen, daß er seinen Zustand mit einer körperlichen Verletzung parallelisiert (s.34,7).

5.4.: Daß Christi Handeln beim Menschen einen positiven - im Gegensatz zu der mit *verwunden* evozierten negativen Assoziation - Effekt auslöst, bringt Heinrich in dem Wunsch zum Ausdruck, Jesus Christus als *"sisz wundent wort"* möge Margaretha *durchschiessen* (38,28f).

6.1. – 6.2.: Die Nähe Margarethas zu ihrem Geliebten Jesus Christus führt Heinrich zu der bildhaften Aussage, daß sie sich als *"nistende(n) turteltaube(n) in den wunden irs liebs Jhesu"* aufhält (34,1f).

Im sich anschließenden 35. Brief sind die Wunden ihres *gemacheln,* ihres *liebes,* der Ort, wo sie *gehauszet hat* (s.35,3f).

6.3.: In Gott erhält die Braut um so tiefer Wunden, *"ie gebietiger si ist"* (46,46).

7.1.: Die Wirkung der Minne Jesu Christi auf den Menschen konkretisiert Heinrich durch Rückgriff auf den körperlichen Bereich des Menschen, indem er von *"tiefen durchgründend minende(n) griffe(n)"* (44,15) spricht, die *"scharpflichen wunden und hailen"* vermögen.

7.2.: Anhand der körperlichen Verletzung veranschaulicht Heinrich auch die Einwirkung des Hl. Geistes auf Margaretha: er *schiusze* sie mit dem göttlichen Licht, *durchstich* sie mit dem *sper* der Minne und *"wunde sie... mit dem durchflamenden glenstern deiner hailsamer sträl..."* (4,50-52)

12.1.: Heinrich verleiht der Bedeutung, die Margaretha für ihn hat, dadurch Ausdruck, daß er sie wegen der positiven Wirkung auf sein verwundetes Herz als *artzättin* bezeichnet (s.47,24).

13.1.: Heinrich entbietet Margaretha als Gruß, an die soteriologische Bedeutung der Inkarnation Jesu Christi anknüpfend, *"aller der träwe hailsam ertznie, die... dein lieb Jhesus Christus, in der buchsen seiner hailigen menscheit bracht hat dem verwundten..."* (27,3).

---

giessen (1.)/ giessend (2.)/ begiessen (3.)/ durgiessen (4.)/ entgiessen (5.)/ entgiessunge/entgossenheit (6.)/ ergiessen (7.)/ hernidergiessen (8.)/ ingiessen (9.)/ ingiezunge/ ingossenheit (10.)/ übergiessen (11.)/ überguss (12.)/ uzgiessen (13.)/ uzgus/ usgossènheit (14.)/ vergiessen (15.)/ zergiessen (16.)/ übervüllt (17.)

A. Mechthild von Magdeburg

1. *giessen*
1.1. *drivaltekeit* (I 1,6)
1.2. *herre* (III 5,14(Pat); VI 39,20; VII 13,13)
1.3. *hl. vater* (VI 2,6; 29,19)
1.4. *got* (VI 29,19; 31,14)
1.5. *sele* (III 5,14(Pat))
1.6. *menscheit* (VI 29,40)
1.7. *mensche* (VII 55,20.24)
1.8. *herze* (VII 18,38)
1.9. o.BE (I 30,7)

2. *giessend*
2.1. *got* (I 17,2)

4. *durgiessen*
4.1. *selige* (VII 39,39(Pat))

8. *hernidergiessen*
8.1. *herre* (VI 37,11)
8.2. *himelval* (VI 2,33f)

9. *ingiessen*
9.1. *herre* (V 20,7)

13. *uzgiessen*
13.1. *hl. geist* (VII 1,103)
13.2. *mensche* (VII 55,18.22)

1.1. – 1.4.: Wenn hervorgehoben werden soll, daß die Mitteilung der göttlichen Wirklichkeit in dieser selbst begründet liegt, steht - statt der Metapher *vliessen* - die Verbmetapher *giessen*: Auf die Anregung von Frau Minne hin hat sich die göttliche Dreifaltigkeit der Gottesmutter mitgeteilt (s.I 1,6). Nicht nur die Gottesmutter Maria (s.I 1,6; VI 39,20), sondern auch jede Gott liebende Seele kann zum Adressaten der göttlichen Zuwendung werden; was die unio betrifft, gibt Gott von seiner göttlichen Natur so viel in die Seele, daß nichts anderes mehr in ihr sich zu äußern vermag (s.VI 31,14). Jeder Christ ist jedoch nicht automatisch Adressat der göttlichen Mitteilung; vielmehr muß Gott nach Mechthilds Meinung in der Christenheit oft erst noch einen geeigneten Ort für seine Mitteilung suchen (s.VII 13,13).

An einer anderen Textstelle geht Mechthild jedoch davon aus, daß Gott täglich ohne Unterlaß seine Gaben aus der Dreifaltigkeit in das Herz des Sünders gelangen läßt (s.VI 2,6). Mit der Inkarnation seines Sohnes hat Gottvater überdies jeder menschlichen Seele und allen menschlichen Sinnen *helikeit* übermittelt; es liegt am Menschen, ob diese *helikeit* in ihm bleibt oder verlorengeht (s.VI 29,19).

1.5.: Die Nähe, die zwischen Gott und der Seele in der unio herrscht, veranschaulicht Mechthild anhand von Vorgängen, die dem Bereich der Metallverarbeitung entnommen sind: "*Wan wir zwoei sint in ein gevlossen und sint in ein forme gegossen...*" (III 5,14).

1.6.: Mittels verschiedener Verben vermittelt Mechthild einen lebendigen Eindruck von der Einwirkung der trinitarischen Personen auf den Menschen: "*Und sehe und smeke wie dú gotheit vlússet, wie die menscheit gússet, wie der helig geist ringet und manig herze twinget...*" (VI 29,40).

1.7.: Der Mensch gibt die von Gott empfangenen Gaben wieder Gott zurück, wenn er diese aus seinem "*cleinen vesselin gússet*" auf die Sünder, auf die Unvollkommenheit geistlicher Leute, auf die Not der armen Seelen und der Christenheit (s.VII 55,20ff).

1.8. – 1.9.: In einem an Jesus Christus gerichteten Gebet zur Vesperzeit, in dem dessen Heilswirksamkeit hervorgehoben wird, formuliert Mechthild folgendermaßen: "*O gebundens minnevliessen, o getrúwes herzegiessen, o herer licham, der da durch mich getoedet wart...*" (VII 18,38f).

2.1.: Die Zuwendung Gottes zum Menschen differenziert Mechthild durch verschiedene Metaphern; während *vliessen* der Minne Gottes zugeordnet ist, steht *giessen* für die Mitteilung der göttlichen Gaben: "*O du giessender got an diner ga-*

be, o du vliessender got an diner minne, o du brennender got an diner gerunge, o du smelzender got an der einunge mit dinem liebe..." (I 17,2-4).

4.1.: Das völlige Bestimmtsein der Seligen von der Minne zu Gott bringt Mechthild zur Sprache, indem sie dieses Bestimmtsein anhand der räumlichen Anschauung zur Sprache bringt: *"...die sint so sere durgossen und mit der minne durvlossen..."* (VII 39,39f).

8.1. – 8.2.: Mechthild verleiht der Angewiesenheit der Seele und der göttlichen Einwirkung auf sie den Charakter eines organischen Zusammenhangs, indem sie das göttliche Handeln als eine Art Regen darstellt, der quasi auf ausgetrocknetes Land fällt: *"gús, herre, nider dine himmelvluot in mine dúrre sele..."* (VI 37,11).

9.1.: Die Übermittlung der Gnade durch Gott in das Innere des Menschen hat den Effekt, daß der Mensch, nachdem die Gnade eingegossen ist, durch die göttliche Liebe in Bewegung gerät: *"Da sult du... din gnade in giessen, so mag ich... vliessen."* (V 20,7f).

13.1.: Der Hl. Geist bewirkt durch die Weitergabe seiner Minne, indem er seinen *"minnenden himelvlus git us..."*, daß die Seligen bis zu Gott gelangen (VII 1,103).

13.2.: Indem der Mensch die von Gott empfangenen Gaben weiterschenkt, *giuzet* er sie wieder *uz* in das *"grosse vas das got ist."* (VII 55,18f; vgl. 1.7.).

B. David von Augsburg

1. *giessen*
1.1. *got* (323,25; 369,28)
1.2. *hl. geist* (326,27; 391,31f)
1.3. *spîse* (377,17)
1.4. *minne* (388,15f)
1.5. *schîn* (394,8)

3. *begiezen*
3.1. *herze* (320,3f(Pat))
3.2. *Jesus Christus* (378,39)

4. *durch giessen*
4.1. *schîn* (383,1f)
4.2. *muot* (391,34f(Pat))

9. *ingiessen*
9.1. *spîse* (376,8)
9.2. *sêle* (341,12(Pat))

10. *îngiezunge*
10.1. *andâcht* (393,13f)

11. *über giessen*
11.1. *Jesus Christus* (349,18)
11.2. *sêle Jesu Christi* (382,18)

15. *vergiessen*
15.1. *sünde* (350,21)

1.1.: David beschreibt mit der Verbmetapher *giezen* eine Tätigkeit Gottes, des *"wâre(n) sunne(n) schîn(s)"*, durch die Gott dem Herzen *"daz lieht der lûtern erkantnîsse"* und *"die hitze der gotlîchen liebe"* (323,24f) übermitteln würde, wenn ihm nicht aufgrund der Außenorientierung des Menschen *"der vluzganc verliet"* (323,23) wäre.

Wenn es darum geht, daß sich Gott selbst in die Seele begibt, stellt David Gott als Urheber des Mitteilungsgeschehens dar, durch das er als neuer Inhalt in die

Seele gelangt. Um hervorzuheben, daß Gott dabei seine - in räumlicher Vorstellung oben angesiedelte - Position auf den Menschen hin nach unten verlagert, kombiniert David die Metaphern *sich senken* und *sich giessen* (s.369,27f). Als Ergebnis dieser Mitteilung nennt David im Gespräch mit Gott: "*alle ir minne und allez ir leben verwandelstû in dich.*" (369,29f)

1.2.: Insbesondere für die Selbstmitteilung des Hl. Geistes bzw. die Mitteilung der Tugenden durch den Hl. Geist in das Herz des Menschen wählt David das Bild des Gießens (s.326,27).

1.3. – 1.5.: Die Verbmetapher *giessen* steht auch für den Vorgang, durch den sich Jesus Christus als *spîse* in die Seele begibt und - was in semantischer Inkongruenz steht zu den Eigenschaften gießbarer Flüssigkeit, aber auch zum Charakter der Nahrungsaufnahme - diese in sich verwandelt, sofern die Seele ohne Untugend ist (s.377,17).

In gleicher Weise gelangt von sich aus die "*minne der himelischen dinge unde diu klârheit der wâren sunne*" (388,15f) aufgrund intensiven Betens in den Menschen; an anderer Stelle führt David in Bezug auf Gott durch Verwendung der Lichtmetaphorik aus, daß der "*schîn des gotlichen liehtes giuzet unde mischet sich*" (394,8f) in den menschlichen Geist.

3.1.: Die Metapher *begiessen*, als Bild erweitert durch die Formulierung "*öl des heiligen geistes*" (320,4), dient der Veranschaulichung des Einflußes, den der Hl. Geist auf das menschliche Herz nimmt. Die Folge davon ist, daß der Mensch demütig wird und ein liebendes Verlangen nach Gott entwickelt.

3.2.: Dem Charakter eines trockenen Ackers entsprechend, mißt David der Liebe Christi, konkretisiert in seinem *minneheizem bluote*, eine Bedeutung zu, die der Wässerung eines trockenen Ackers gleichkommt. Die der Bearbeitung des Ackers vergleichbare Einwirkung auf die *dürre* des menschlichen Herzens soll bewirken, "*daz ez tugende vruhtbaer werde...*" (379,1).

4.1.: Die mit Hilfe der Lichtmetaphorik aufgewiesene Wirkung "*der êwigen unde klâren menscheit*" Jesu ist so groß, daß der *überliuhte schîn* die Anhängerschaft Jesu "*mit minnesüezen vreuden gar durchgiuzet*" (383,1f).

4.2.: Die Metapher *durchgiessen* wird auch unter dem Gesichtspunkt eingesetzt, die völlige Durchdrungenheit des menschlichen Geistes mit der göttlichen Minne auf der vierten Stufe des Gebetes auszusagen (s.391,34f).

9.1. – 9.2.: Das Verb *îngiessen* steht als Metapher für den Übertragungsvorgang, durch den Jesus Christus als göttliche *spîse* seine Natur in die menschliche Wirklichkeit bringt (s.376,8) bzw. als reine Seele in den Leib gelangt (s.341,12).

10.1.: Als *îngiezunge* stellt sich David die göttliche Mitteilung der auf Gott gerichteten *andaht* vor, die den Menschen von aller Außenorientierung abbringt (s.393,13f).

11.1.: Im Mittelpunkt der Aussage steht die Ausbreitung aller Gnade und Wonne Jesu Christi, wenn David hervorhebt, daß er damit "*allez himelriche übergiuzet* *und ervüllet"* (349,18). In der Konsequenz dieses Zustandes liegt es, daß ähnlich dem Regen vom Himmel auch *tropfen* auf die Menschen heruntergelangen (s.349,18).

11.2.: Das Verhältnis von Gott und Mensch in Jesus Christus verdeutlicht David anhand der Beschaffenheit der Seele Jesu Christi. Deren völliges Bestimmtsein von der Gottheit bringt er zur Sprache, indem er der Seele Jesu Christi Züge von Metall verleiht, das ist *"innen und ûzen übergozzen... mit dem lütersten golde der edelen gotheit"* (382,18f).

15.1.: Die vernichtende Wirkung der Sünde im Hinblick auf die im Menschen anwesende göttliche Wirklichkeit zeigt sich darin, daß sie den Hl. Geist und die Gnade - wie die Verben *vertriben* (s.350,20) und *vergiezen* (s.350,21) veranschaulichen - aus dem Menschen entfernt.

| C. Meister Eckhart |

1. *giessen*
1.1. *got* (I 370,3; 379,14; 385,7; II 294,5; 601,1; III 260,7; 261,12; 294,3; 295,4)
1.2. *götlicher vater* (III 437,7)
1.3. *sache* (III 384,2f)
1.4. *gnâde* (I 367,2)
1.5. *engel* (II 556,1; III 403,12.15)
1.6. *natûre* (II 342,12)
1.7. *güete* (V 9,9)
1.8. *lieht* (II 122,2; 124,5; 142,2; 347,1; 402,2)
1.9. *sêle* (II 214,3; 598,2; III 24,3)
1.10. *mensche* (III 403,14)
1.11. *wille* (III 174,7)
1.12. *viur* (I 379,13)
1.13. *himel* (II 554,6)
1.14. o.BE (III 461,2)

2. *giessend*
2.1. *got* (I 200,2)

3. *begiessen*
3.1. *mensche* (II 346,2(Pat); 347,4(Pat))

4. *durgiessen*
4.1. *got* (I 199,7f; II 214,3f)

4.2. *Maria* (II 580,7f(Pat))
4.3. *mensche* (II 580,8f(Pat))

5. *entgiessen*
5.1. *vater* (II 537,1f; III 14,5)
5.2. *crêatûre* (II 394,4f; 595,6)

6. *entgiessunge/entgossenheit*
6.1. *natûre* (II 395,2)
6.2. *vater* (II 395,3f)
6.3. *sun* (II 395,5)
6.4. o.BE (II 397,7)

7. *ergiessen*
7.1. *got* (II 415,3.5f.8; III 294,2)
7.2. *kraft* (II 552,1f)
7.3. *vater* (II 597,2f)
7.4. *mensche* (III 296,6)
7.5. *sêle* (III 459,6)
7.6. *dinc* (III 430,1)
7.7. o.BE (III 429,8f)

9. *îngiessen*
9.1. *got* (III 221,2; 384,1)
9.2. *vater* (V 38,11f)
9.3. *gnâde* (I 177,6(Pat); V 424,2(Pat))
9.4. *leben* (I 344,7(Pat))

11. *übergiessen*
11.1. *got* (II 534,4)
11.2. *mensche* (III 490,19(Pat))

13. *ûzgiessen*
13.1. *sunne* (I 394,3)
13.2. *lieht* (II 124,5)
13.3. *himel* (II 346,1f)
13.4. *got* (III 383,1)
13.5. *mensche* (II 296,1f; V 28,5f)
13.6. *gehugnis* (III 437,8f)
13.7. *werk* (V 41,4f(Pat))

1.1. – 1.7.: Die von Gott verursachte Mitteilung aus seinem Inneren sieht Eckhart als ein Geschehen an, bei dem die Seele "*daz edelste, daz lûterste, daz hoehste*" aller Dinge erhält, indem Gott es in sie *giuzet* (I 370,3). In Pr 73 gibt Eckhart mit "*lieht der vernünfticheit*" genauer an, was infolge der - als *giessen* metaphorisch vorgestellten - Tätigkeit Gottes zum Inhalt für die Seele wird. Dies kann auch - wie den Ausführungen in Pr 75 zu entnehmen ist - Gott selbst sein (s.III 294,2-4). Allerdings ist die Selbstmitteilung Gottes an Bedingungen geknüpft: Nur wenn die Seele leer ist wie der Seraphim, der in sich nichts hat, ist sie "*als wît und als breit*" (III 294,2), daß Gott sich ihr vollkommen mitteilen kann. Mit dieser Aussage aktualisiert Eckhart die im Verb *giessen* konnotierte Gefäßvorstellung, indem er dem Zielbereich des Gießvorgangs konkrete Züge verleiht. Je nach Beschaffenheit dieses Empfängers teilt Gott sich unterschiedlich mit. Ausdrücklich stellt Eckhart in diesem Aussagekontext in Bezug auf alle Kreaturen fest: "*Aber got der giuzet sich doch wesenlîche in alle crêatûren, in ieglîche, als vil si enpfâhen mac.*" (III 295,4f) Die Einflußnahme des Menschen auf die göttliche Selbstmitteilung kann sogar so weit gehen, daß der Mensch, bedingt durch seine Demut, die göttliche Zuwendung geradezu erzwingt (s.I 385,7).

Daß Gott dem Leib die Seele zukommen läßt, indem er sie in ihn *giuzet*, hängt dementsprechend - wie Eckhart hervorhebt - von der Beschaffenheit des Leibes ab (s.II 601,1). Bedingungslos dagegen wird von Gottvater das Geschehen vollzogen, bei dem er sein Sein in die zweite und dritte Person der Trinität *giuzet* (s.III 437,7f).

Kennzeichnend für Gott als Urheber der Wirklichkeit ist, daß er sich weitaus mehr den auf die Erstursache folgenden Zweitursachen hingibt, als sich jegliche nichtgöttliche Ursache einem Werk mitteilen kann (s.III 384,2f).

Weiterhin können Vorgänge, in denen die Gnade sich der Seele mitteilt (s.I 367,2) oder die Engel ihre Kraft an den Himmel weitergeben (s.II 556,1), aber auch die Selbstmitteilung der göttlichen Natur an die Seele (s.II 342,12) und der Güte an den Guten (s.V 9,9f) im Bild des Gießens anschaulich gemacht werden. Insbesondere bei der Beschreibung des Verhaltens der göttlichen Natur und der Güte fällt auf, daß *giezen* in Verbindung mit der Verbmetapher *gebern* erscheint. Dies hat darin seinen Grund, daß die Selbstmitteilung der göttlichen Natur an die Seele - ähnlich dem Hervorbringen neuen Lebens, worauf die Geburtsmetapher verweist - Gott als bislang noch nicht in der Seele existierende Wirklichkeit präsent macht. Die Selbstmitteilung der Güte an den Guten trägt einerseits als Geschehen, bei dem etwas weitergegeben wird, Züge des Gießens; andererseits geschieht dies - vom Adressaten aus betrachtet - zugleich in einer geburtsähnlichen Weise, da der Gute die Güte nicht aus sich heraus besitzt bzw. sich als Besitz aneignet, sondern diese als neue, eigenständige Wirklichkeit in ihm hervorgebracht wird (s.V 9,9f). Die Differenz beider Bildvorstellungen ist dadurch gegeben, daß *giezen* nicht das Schaffen neuen Lebens wie *gebern*, sondern die Mitteilung von Wirklichkeit an bereits existierende Empfänger thematisiert.

1.8.: Die Ausbreitung von Licht - sowohl des Sonnenlichtes wie des göttlichen Lichtes und des Lichtes der Seele sowie der *vernünficheit* - zeigt die Wirkung, daß das, worauf es *sich giuzet*, völlig von seiner Wirklichkkeit bestimmt wird. So liegt es etwa in der Konsequenz der Einwirkung des göttlichen Lichtes auf die Seele, daß es zur Vereinigung Gottes mit der Seele als ein *"lieht mit liehte"* (II 142,3) kommt.

1.9. – 1.11.: Die Gießmetapher steht auch für den Vorgang, durch den die Seele sich allen Gliedern des Leibes (s.II 214,3) bzw. dem Leib (s.II 598,2) mitteilt. Weiterhin läßt sich für Eckhart mit der Verbmetapher *giezen* auch der innere Weg vorstellbar machen, den der Mensch vom Willen seines Herzens bis hin zur veräußerlichten schriftlichen Form eines Briefes hinter sich zu bringen hat (s.III 403,14). Ebenfalls gilt dies für das Geschehen, bei dem der Wille eines Menschen dessen Freund beansprucht: *"er giuzet sich ûf in"* (III 174,7f).

1.12. – 1.13.: Auch bei Naturvorgängen verwendet Eckhart - in semantischer Inkongruenz zur Weitergabe von Flüssigkeit - die Verbmetapher *giezen*: Sie steht für ein Geschehen, bei dem das Feuer seine Natur auf dürres Holz einwirken läßt (s.I 379,13) oder der Himmel seine Kraft Sonne und Sternen mitteilt (s.II 554,6).

1.14.: Die Seele wird zum Adressaten aller Pein, wenn jemand *"ûf eine sêle güzze alle die pîne der helle..."* (III 461,2).

2.1.: Gott ist *giezende* seine Natur und sein Sein in das, was ihm gleich ist (s.I 200,1f).

3.1.: Die Einwirkung Gottes auf den Menschen erhält Züge des Niederschlags in der Natur, wenn Eckhart den Menschen definiert als jemanden, der - wie die Erde *"des himels învluz"* empfängt (II 346,1) - *"begozzen ist mit gnâden"* (II 346,3f). Abhängig ist dies allerdings davon, daß der Mensch demütig und zunichte geworden ist (s.II 347,4f).

4.1.: In Bezug auf die gottgleichen Dinge akzentuiert Eckhart mit dem Präfix *durch-* der Metapher *durchgiezen*, daß diese völlig, vom einen bis zum anderen Ende, von der göttlichen Wirklichkeit bestimmt sind (s.I 199,7f). Gott wirkt ebenso, indem er die Seele *durchgiuzet*, auf die Seele ein mit der Konsequenz, daß diese - völlig mit Gottes Wirklichkeit erfüllt - das Empfangene weitergibt (s.II 214,3f).

4.2. – 4.3.: Den Umfang, in dem Leid die Gottesmutter Maria, aber auch Menschen allgemein bestimmt, bringt Eckhart ins Bild, indem er die Vorstellung entwickelt, daß der Mensch *"durchgozzen mit leide"* (II 580,9) wird.

5.1. – 5.2.: Im Sprechen seines Sohnes schafft der göttliche Vater auch die Kreaturen. Diese werden dadurch eine neue Wirklichkeit gegenüber Gottvater, daß sie

Gottvater aus sich herausbringt, indem er sie - in Eckharts Sichtweise - *entgiuzet* (s.II 537,1f).

Von den Kreaturen aus betrachtet, kommt die väterliche Aktivität ihrem *ûzvliezen* aus Gott gleich (s.II 537,2). Die Entfernung von Gott kann Eckhart auch in den Kreaturen begründet sehen insofern, als *"sie sich entgiezent"* von der göttlichen Natur (II 394,4).

6.1. - 6.3.: Die durch die göttliche Natur bewirkte Differenzierung in drei göttliche Personen entwirft Eckhart nach dem Muster des Gießens, indem er das Geschehen metaphorisch als *"entgiezunge götlîcher natûre"* umschreibt. Genauerhin umfaßt dieser Prozeß zwei Weisen von *entgiezunge*. Die erste Weise - die *"entgiezunge des sunes von dem vater"* - *"geschihet in einer geburt wîse"* (II 395,3f). Während bei der Metapher *entgiezunge* der Akzent darauf liegt, daß die Existenz des Sohnes dadurch zustandekommt, daß der göttliche Vater von seiner Wirklichkeit ab- und weitergibt, interpretiert Eckhart mit der Geburtsmetapher den zugrundeliegenden Vorgang als Hervorbringung neuen Lebens. Zugleich ist es bei der Geburtsvorstellung besser möglich, die Differenz bei aller Gemeinsamkeit vor Augen zu führen.

Der Hl. Geist wird im Unterschied zur zweiten Person der Trinität wirklich durch *"diu entgiezunge... von liebe des vaters und des sunes"* (II 395,5).

6.4.: Die Einheit in der Trinität sieht Eckhart trotz des Unterschiedes zwischen dem Urheber der innertrinitarischen Differenzierung und dem Ergebnis dieses Geschehens gewahrt: *"Sehet, alsô enist ez in gote niht, wan kein zît noch stat in im enist; dar umbe sint sie ein in gote und enist niht underscheides dan entgiezunge und entgozzenheit."* (II 397,5-7)

7.1. - 7.2.: Wenn Eckhart betonen will, daß eine Mitteilung in großem Umfang erfolgt, wählt er die Verbmetapher *ergiezen*. Die Metapher findet sich, wenn Eckhart die Selbstmitteilung Gottes in die Seele, die sich gelassen hat, bzw. in den Menschen, der sich vernichtet hat, thematisiert. Gott begibt sich in diesem Fall vorbehaltlos in den Menschen (s.II 415,3ff). Dies gilt auch für den Fall, daß die Seele in ihren *grunt* und in ihr Inneres kommt. Die göttliche Kraft ergießt sich dann in sie, was die Seele *grôz und hôch* macht (s.II 552,1f).

7.3.: *Ergiessen* ist Metapher für die Selbstmitteilung von Gottvater, die die innertrinitarische Differenzierung zum Ergebnis hat; die erste göttliche Person gibt sich dabei *"mit aller volkomenheit"* (II 597,2) in den Sohn, der dadurch als neue Wirklichkeit - wie die zur Gießmetaphorik hinzutretende Geburtsmetapher akzentuiert - konstituiert wird, und *"mit einer güete"* in den Hl. Geist (II 597,3).

7.4. - 7.5.: Die Zuwendung einem anderen geliebten Menschen gegenüber beschreibt Eckhart im Bild des *sich ergiezen* (s.III 296,6). Dieses Bild findet ferner Verwendung für das sich Hineinversenken der Seele in die Güte (s.III 459,6).

7.6. - 7.7.: Mit Dionysius Areopagita nimmt Eckhart folgende Hierarchie an: *"... daz diu obersten dinc ergiezent sich ûf diu nidersten und diu nidersten in diu obersten und vereinent sich in den obersten."* (III 430,1f). In Gott, dem Obersten, gibt es keine Unterschiede zwischen dem Hervorbringenden und dem Hervorgebrachten mehr, so daß *"der sich ergiuzet, und daz ergozzene alles ein sint."* (III 429,8).

9.1. – 9.2.: Mehr empfängerorientiert entwickelt Eckhart die Vorstellung der Selbstmitteilung Gottes, wenn er mit der Metapher *îngiezen* andeutet, daß Gott durch ein entsprechendes Geschehen in das Innere der Seele (s.III 221,2), der Dinge (s.III 384,1) oder als Gottvater sich in *"etwaz inningers... und ungeschaffen... daz sint der sun und der heilige geist..."* (V 38,11-13) begibt.

9.3. – 9.4.: Insbesondere die Gnade kommt in das Innere des Menschen, indem sie *îngegozzen wirt* (s.I 177,6). In ähnlicher Weise wird auch das menschliche Leben im Mutterleib dem neuen Menschen geschenkt (s.I 344,7).

11.1. – 11.2.: Das völlige Bestimmtsein der Heiligen von der göttlichen Wirklichkeit stellt sich Eckhart als ein äußerliches Umgebensein mit göttlichem Licht vor; Gott hat sie *"übergozzen mit gotlîchem liehte"* (II 534,4). Ebenfalls ist der Mensch in gleicher Weise von Gott tangiert, wenn er *"mit der gnâde übergozzen waere"* (III 490,19).

13.1. – 13.3.: In Opposition zu *îngiezen* stellt Eckhart mit der Verbmetapher *ûzgiezen* heraus, daß das Subjekt etwas aus sich heraus entlassen und entäußern muß, damit es zur Mitteilung kommen kann. Dies gilt für die Sonne, die ihren Schein auf die irdischen Dinge ausgießt (s. I 394,3), wie für jedes Licht (s.II 124,5) oder überhaupt den Himmel (s.II 346,1f).

13.4.: Von seiner Ursprungsfunktion her begründet Eckhart, daß Gott ist *"ûzgiezende sich in alliu dinc."* (III 383,1).

13.5.: Um Gott empfangen zu können, ist es für den Menschen erforderlich, alles Kreatürliche durch *ûzgiezen* zu entfernen (s.V 28,5f).

13.6.: In ihrem Verhalten ähnelt das *gehugnis* der Seele Gottvater darin, daß es so, wie dieser in die zweite und dritte trinitarische Person *ûzvliuzet*, die Ideen in die anderen Kräfte der Seele *usgusset* (s.III 437,10).

13.7.: Den Charakter des *ûzer werk* bestimmt Eckhart in Abhebung zum *inner werk* dadurch, daß es durch die Vermittlung des *innigen werkes* seine göttliche Güte erhält; *"daz uzer werk"* empfängt diese *"ûzgetragen und ûzgegozzen in einem nidervalle der... gotheit mit underscheide..."* (V 41,5).

D. Tauler

1. *giessen*
1.1. *sunne* (263,12)
1.2. *vigent* (99,18f)
1.3. *hl. geist* (93,12; 98,12)
1.4. *got* (239,6)
1.5. *herre* (152,33; 289,18)

3. *begiessen*
3.1. *hl. geist* (306,19)

4. *durgiessen*
4.1. *hl. geist* (301,33)
4.2. *mensche* (175,17f(Pat))

5. entgiessen
5.1. *vater* (8,24)

7. ergiessen
7.1. *same* (369,23)

9. ingiessen
9.1. *got* (263,12)
9.2. *herre* (289,2)
9.3. *vater* (153,17f)
9.4. *gnade* (80,15(Pat))
9.5. *selikeit* (80,15(Pat))
9.6. *lieht* (378,21(Pat))
9.7. *sele* (261,32)

11. übergiessen
11.1. *hl. geist* (304,29; 305,2f)
11.2. *miltikeit Gotz* (160,11)
11.3. *mensche* (160,20(Pat))
11.4. *geist* (169,24(Pat); 263,10(Pat))
11.5. *überguss* (175,14)

12. überguss
12.1. o.BE (340,27)
12.2. *gotheit* (175,14)

13. uzgiessen
13.1. *vater* (8,21.23)
13.2. *Gottes nature* (8,22f)
13.3. *hl. geist* (301,31)
13.4. *geist* (152,36)
13.5. *mensche* (10,4; 282,19)

1.1. – 1.5.: Neben der Sonne, die ihren Schein in die Luft *gússet* (s.263,12) und dem Feind, der falsche Süßigkeit in den Menschen bringt (s.99,19), steht die Verbmetapher *giessen* vor allem für verschiedene Mitteilungen Gottes. Der Hl. Geist gibt der Seele die übernatürlichen Tugenden (s.93,12) und seinen göttlichen *schin*, indem er diese in sie *gússet*. Das Gut, das Gott der Gottesmutter Maria zukommen läßt, gelangt in sie, indem es von Gott *in gegossen* wird (s.239,6f). Für den Menschen allgemein gilt: wenn er sich tugendhaft verhält, leidet und sich läßt, teilt Gott sich mit seiner überfließenden Fülle so mit, daß das als *mosse* vorgestellte Aufnahmevermögen des Menschen Gott nicht fassen kann. Die *mosse* ist *überfliessend* und der Geist des Menschen "tuot einen úberswank in das goetliche abgrúnde" (152,32-36).

3.1.: Die "armen des geistes" empfangen den Hl. Geist, indem dieser sie mit seinem Reichtum *begússet* (306,19).

4.1.: Die Einwirkung des Hl. Geistes auf den *grunt* des Menschen geschieht umfassend. Tauler bringt den Sachverhalt, daß nichts dem Hl. Geist mit seinen Gaben entzogen ist, dadurch zur Sprache, daß er die Tätigkeit des Hl. Geistes im *grunt* des Menschen metaphorisch als *"durchgiessen und durchfliessen"* beschreibt (301,33; s. 13.3.).

4.2.: Wenn der Mensch in Gott von der göttlichen Wirklichkeit bestimmt wird, verändert er seine Konstitution und wird gottförmig. Diesen Prozeß der Angleichung an Gott sieht Tauler als ein Geschehen, bei dem der Mensch *"von einer überweselicher wise durchgossen und überformet"* wird (175,18).

5.1.: Das Verhältnis der ersten trinitarischen Person zu den übrigen Personen der Trinität einerseits und den Kreaturen andererseits ist für Tauler davon bestimmt, daß Gottvater sich den anderen göttlichen Personen durch *uzgiessen* und dann den Kreaturen durch *entgiessen* mitgeteilt hat (s.8,23f).

7.1.: Das Wirklichwerden der Gnade im Menschen konkretisiert Tauler zum einen mit der Geburtsmetapher; zum anderen formuliert er: "*der same ergússet sich in disem grunde.*" (369,23)

9.1. – 9.5.: Der menschliche Geist, der sich ganz in die göttliche Wirklichkeit hineinbegeben hat, erfährt, daß Gott außen wie innen auf ihn einwirkt; innen, indem er sich *ingússet* in den menschlichen Geist (s.263,12). An einer anderen Textstelle stellt Tauler dar, daß Gottvater der Seele, die sich vor ihm befindet, die Wirklichkeit des Hl. Geistes zu erfahren gibt, indem er ihr "*in dem aller suessesten kusse ingusset... die oberste überweselichen sueskeit des heiligen geistes.*" (153,18)

Etwas anders wird in Pr 19 die Situation des nach langer ethischer Bewährung zu Gott in seinen Ursprung zurückgekehrten Menschen beschrieben. Dem Menschen, der eine *inker*, ein *insincken*, ein *insmeltzen* in Gott hat, wird alle Gnade und Seligkeit *ingegossen* (s.80,11f.17).

9.6.: Neben den natürlichen *liechter* gibt es für Tauler in Übereinstimmung mit der theologischen Tradition auch die gnadenhaft *ingegossen liechter* (s.378,21).

9.7.: Der Geist wird Seele genannt, weil "*si dem libe leben ingússet*" (261,32).

11.1. – 11.2.: Der Hl. Geist, der seine Gaben dem Menschen zukommen läßt, tangiert damit den ganzen Menschen: "*so füllet er und übergússet alle die gründe und alle die herzen und die selen wo er stat vindet.*" (305,2f)

Den gleichen Effekt erreicht auch die Milde Gottes in Bezug auf alle Kreaturen, indem sie - worauf Tauler mit der Metaphorik des Übergießens verweist - ihre Gaben über die Kreaturen quasi ausbreitet (s.160,11).

11.3.: In Anbetracht des göttlichen Handelns entsteht beim Menschen, der dieses bedenkt, eine große Freude, die ihn völlig erfaßt: "*... wirt der mensche... übergossen mit innerlicher froeide...*" (160,20f).

11.4.: Der Mensch, der Gott auch in Bedrängnis die Treue hält, erfährt, daß ihn Gott innerlich wie äußerlich völlig bestimmt, indem der menschliche Geist "*mit der gotheit durchflossen und übergossen und in in gezogen*" wird (169,24). Der Mensch verliert dabei, insofern er alle seine Mannigfaltigkeit in der göttlichen Einheit aufgibt, seine spezifische Eigenart. Tauler formuliert an einer anderen Textstelle: "*der geist wirt übergossen und überformet von Gotz geiste*" (263,10).

11.5.: Die Übermacht der göttlichen Mitteilung kann sogar so groß sein, daß der Mensch "*von der überflussikeit des übergusses der gotheit*" (175,14f) ganz umgeben und sogar physisch krank wird.

12.1.: Das im Anschluß an Lk 6,38 entwickelte Bild vom Gefäß, das der Mensch ist, dient Tauler dazu, unterschiedliche Beziehungen und Einstellungen des Menschen zu Gott anhand von verschiedenartigen Gefäßen anschaulich zu machen. So gibt es Menschen, die so viel von Gott in sich aufgenommen haben, daß sie - wie "*überflüssige masse schút sich wider us*" - in ihren göttlichen Ursprung gelangen; es ist dann "*willen, wissen, minnen, kennen übergeflossen*" und eins mit Gott geworden. Da der Inhalt der *überflüssigen masse* nicht auf derartige Menschen beschränkt bleiben kann, wird er als *übergus* (s.340,27) bzw. als *"übergange irre mosse"* (341,4f) weitergegeben an die Kirche, die alles wieder zu Gott emporträgt, was gewirkt worden ist (s.340,33f).

12.2.: s. 11.5.

13.1. – 13.2.: Mit dem Bild eines überlaufenden Gefäßes versucht Tauler den Reichtum der Güte Gottes zu veranschaulichen, in dessen *überflüssikeit* begründet liegt, daß Gott von seiner Wirklichkeit abgeben muß. Er kommt dieser Notwendigkeit dadurch nach, daß *"der vatter sich uzgegossen (hat) an dem usgange der goetlichen personen, und vor hat er sich entgossen an die creaturen."* (8,23f) Dieser Vorgang ist für Gott derart charakteristisch, daß Tauler in Übereinstimmung mit Augustinus definiert: *"Gottes nature und sin art ist daz er sich uzgiesse..."* (8,22f). Die durch dieses Geschehen bewirkte Konstituierung einer neuen Wirklichkeit in Gestalt des göttlichen Sohnes kann Tauler einige Zeilen weiter auch als *geberen sins sunes* oder als *uzgon an personlichem underscheide* (8,32-34) verschieden akzentuieren.

13.3.: Wenn sich der Mensch in Gott befindet, *gússet sich us* der Hl. Geist und wirkt auf den *grunt* des Menschen ein (s.301,32f; s. 4.1.).

13.4.: Der Reichtum Gottes kann auch - anders als in 1.1.-1.5., wo das Subjekt des als *giessen* metaphorisch bezeichneten Geschehens im Mittelpunkt steht - vom Ergebnis her verdeutlicht werden: aufgrund seiner Fülle ist Gott - im Kontext der Gefäßvorstellung - eine *überflüssige mosse*, mit der er sich in das - ebenfalls als Gefäß vorgestellte - menschliche Gemüt gießt (s.1.5.), das infolge der göttlichen Einwirkung *"an allen enden übergat"*; der menschliche Geist kann nicht anders, als daß *"er gússet sich us und blibet doch vol..."* (152,35f).

13.5.: Damit der Mensch, wie Tauler mit Augustinus in Anspielung an die Eigenschaften eines Gefäßes betont, *erfüllet* zu werden vermag, muß er alles andere aus sich entfernen: *"gús uz, daz du múgest erfullet werden..."* (10,4).

E. Seuse

1. giessen
1.1. o.BE (336,21(Pat); 455,15(Pat))

4. durgiessen
4.1. *jubilieren* (173,12)
4.2. *gegenwertikeit* (395,24.26)
4.3. *sele* (233,30(Pat))

5. entgiessen
5.1. *vater* (185,20)
5.2. *sun* (185,20; 207,3; 235,5)
5.3. *persone* (181,15(Pat); 186,5(Pat))
5.4. *runs der gotheit* (180,13f)

6. entgiessunge/entgossenheit
6.1. *got* (179,1f.18.21.29f.31; 185,7)
6.2. *goetliche guotheit* (179,6f)
6.3. *creatur* (179,13)
6.4. o.BE (179,5)
6.5. *wesen* (179,22)
6.6. *wort* (179,27; 180,18; 181,12f)
6.7. *hl. geist* (181,4)
6.8. *goetliche persone* (185,7)

13. uzgiessen
13.1. *herre* (290,13)

265

14. *uzgus/usgossenheit*   **16.** *zergiessen*
14.1. *lieht* (243,15)   16.1. *herre* (174,11f)
14.2. *persone* (180,2f)

1.1.: Unter Berufung auf 1 Kor 15,28 folgert Seuse, daß Gott nur dann beim Menschen alles in allem sein könne, wenn alles andere aus dem Menschen *gegozsen wurdi* (s.336,21).

In Bezug auf das, was in den *grunt* des Menschen *gegossen wirt*, sieht Seuse die Qualität des empfangenen Inhalts bestimmt von der Beschaffenheit des Grundes (s.455,14f).

4.1.: Das infolge des *speculieren* Gottes sich einstellende Jubilieren bestimmt den ganzen Menschen, indem es "*herz und sel krefteklich durgússet.*" (173,12)

4.2. – 4.3.: Gott vermag mit seiner Gegenwart den ganzen Menschen zu erfassen; mit seinen Gnaden soll er deshalb, so bittet Seuse, "*die gnadlosen winkel mines herzen... rilich durchgiesse(n)...*" (395,25f).

5.1. – 5.4.: Die Entstehung der zweiten und dritten Person der Trinität wird von Seuse in cap. 52 seiner Vita als ein in sich differenziertes Geschehen beschrieben. Während der Sohn "*von dem vater eweklich geflossen (ist) na der persone und inneblibende nah dem wesene*" (185,19f), wird der Geist aus ihrem Inneren hervorgebracht, indem Vater und Sohn "*entgiessent iren geist*" (185,20).

In cap. 51 der Vita sieht Seuse den Hl. Geist dadurch zur eigenständigen Wirklichkeit werden, daß er "*nah der minne fluss*" der ersten und zweiten trinitarischen Person *entgossen ist* (181,15).

Eine dritte Möglichkeit, etwas mehr ergebnisorientiert, stellt Seuse im gleichen Kapitel der Vita in Anlehnung an Dionysius Areopagita (De div. nom. 2,5.7) vor; zunächst geht Seuse davon aus, daß in Gottvater "*sie ein usfluss oder ein runs der gotheit*", der sich "*entgússet... in dem usgruonendem worte*", das der Sohn ist. Diese nach außen drängende Bewegung der Gottheit konstituiert auch den Hl. Geist, indem sie sich "*entgússet... nah minnericher miltekait dez willen...*" (180,12-15).

6.1. – 6.5.: Zentrale Bedeutung kommt der Metapher *entgiezunge/entgossenheit* bei Seuse im Zusammenhang mit der Beantwortung der Frage zu, wie der einfache Gott dreifaltig sein könne (s.178,17). Zunächst weist Seuse darauf hin, daß Gott aufgrund seiner Güte diese "*in sich und uss sich teilen*" müsse (178,24). Diesem Vorgang der Mitteilung verleiht Seuse dadurch stärkere Konturen, daß mit der Metapher *entgiessunge* zugleich eine Vorstellung evoziert wird, die sich an der Ausleerung eines Gefäßes bzw. der Abgabe eines bestimmten Gefäßinhaltes orientiert. Im Unterschied zur "*entgiessunge der creatur*" (179,13) ist Gottes *entgiessunge* wegen der Größe Gottes "*vil inniger und edelr*" (179,18). Denn da die Kreaturen ein *zerteiltes wesen* haben, können sie sich nur teilweise und mit Maß mitteilen: "*Der menschliche vater git sinem sune in der geburt ein teil des wesens, aber nút zemale daz, daz er ist...*" (179,15-17). Aus diesem Grund ist alles kreatürliche "*geben und entgiessen*" (179,14f) nur ein "*widerblik der ewigen entgiessunge der grundlosen goetlichen gotheit*" (179,6f). Insofern Gott als das oberste Gut alles andere geteilte Gut, das sich mitteilt, *grundlosiklich*, d.h. unauslotbar, übertrifft (s.179,20), ergibt sich, daß Gott allein sich ganz, mit seinem ganzen Sein mitteilen kann: *"... so muoss von not sin, daz... dú entgiessung sie glich dem wesen, und daz mag nit sin ane entgiessung sines wesens nach persoenlicher eigenschaft."* (179,20-22) Nur dann aber ist der Inhalt der göttlichen Äußerung mit Gott als Urheber der *"entgiessung sin selbs"* gleich, wenn der Vorgang der Selbstmitteilung Gottes ohne raum - zeitliche Begrenzung *"inrlich, substanzlich, persoenlich, natúrlich ... endlos und volkomen"* (179,3-5) vollzogen wird.

6.6. – 6.8.: Seuse begründet den - seit Gregor von Nazianz von der lateinischen Trinitätstheologie (vgl. LThK 8, Sp. 780f) als Übersetzung von Joh 15,26 processio genannten - innertrinitarischen Differenzierungsprozeß mit dem Charakter des obersten Gutes, das Gott ist: Gottes Güte besteht darin, andauernd neu sich selbst zu lieben (s.179,25f; vgl. 178,22-24), was die Freisetzung des Sohnes zur Folge hat. Je nach Akzentuierung wird dieser Vorgang, bei dem auch alle Dinge hervorgebracht werden (s.179,27f), in verschiedenen Bildern beschrieben. Während bei *entgiessunge* leichter nachvollziehbar ist, daß der abgegebene Inhalt mit dem ursprünglichen Inhalt eine gleiche Beschaffenheit hat, stellt die Geburtsmetapher mehr den Aspekt des neuen Lebens in den Vordergrund. Schließlich wird durch die Kombination des Verbs *sprechen* mit *entgiessunge* und *gebern* als gemeinsamer semantischer Nenner hervorgehoben, daß es in jedem Fall - unabhängig von der konkreten sprachlichen Bezeichnung - um einen Vorgang geht, bei dem Wirklichkeit aus dem Inneren Gottes nach außen hin abgegeben wird. In den sich anschließenden Ausführungen innerhalb des cap 51 der Vita folgt Seuse der Position des Thomas von Aquin (S.c.gent. IV,11), der die Entstehung des Sohnes im Prozeß der Selbsterkenntnis der ersten Person der Trinität begründet sieht. Wenn diese mit ihrer Erkenntnis sich auf sich selbst wendet, hat dies die *"entgossenheit dez wortes uss des vaters herzen und vernunft"* (180,18) zur Konsequenz. Aus der Perspektive des Sohnes betrachtet, stellt sich der Vorgang in der Weise dar, daß *"dis wort flússet uss dem usblik dez vater nah der forme der natur mit persoenlichen underscheid..."* (181,11f).

Obwohl auf diese Weise - durch *usrunse* (s.181,14) bzw. durch *entgossenheit* (s.181,4) - auch der Hl. Geist aus dem Inneren des Vaters gelangt und zu einer selbständigen Wirklichkeit wird, gilt nur in Bezug auf den Sohn: *"... so heisset sin entgiessunge von dem vater ein geburt."* (181,12f). In Bezug auf den Hl. Geist stellt Seuse ausdrücklich fest, daß seine *"wise ab dem usrunse des willen und der minne nit also ist"* (181,13f) wie beim Sohne. Darum *"...mag es weder sun heissen noch geborn."* (181,17)

Zusammenfassend formuliert Seuse im Hinblick auf die in der Selbstmitteilung des obersten göttlichen Gutes begründete Differenzierung in drei göttliche Personen: *"... in dem obersten guot und in der hoehsten entgossenheit von not entspringet dú goetlich drivaltekeit."* (179,29f) Dieses oberste Gut ist *"das bildriche lieht der goetlichen einikeit"*, in dem der Ursprung der *"persoenlichen entgossenheit uss der almugenden ewigen gotheit"* liegt (185,6-8).

13.1.: Als Äußerung der unermeßlichen Liebe Jesu Christi interpretiert Seuse das Leiden Jesu, wenn er Christus folgendermaßen anspricht: *"herre, du hast daz abgrund diner grundlosen minne... usgegossen..."* (290,13f).

14.1.: Empfang und Weitergabe der göttlichen Wirklichkeit durch die Cherubim macht Seuse im Bild des *"liechten influz und usguz"* des göttlichen Lichtes (243,14f) anschaulich.

14.2.: Identität und Differenz der drei göttlichen Personen wird als coincidentia oppositorum festgehalten; einerseits besteht *"in der gerivierten drivaltekeit... dú aller obrest und nehst mitwesentheit, dú hoehste glihheit und selbsheit des wesens"*, andererseits haben sich die drei Personen durch ihre *usgossenheit* in Distanz zur Gottheit begeben. Um beiden Gesichtspunkten gerecht zu werden, spricht Seuse von *"inneblibender usgossenheit nah ungeteilter substancie, ungeteilter almehtikeit der drier personen in der gotheit."* (180,2-4).

16.1.: Die Einwirkung des göttlichen Vaters auf das Innere des gottliebenden Menschen ist so groß, daß alles davon erfaßt wird. Seuse zieht zur besseren Vorstellung die Ausbreitung von Wassermassen heran, wenn er die göttliche Aktivität metaphorisch beschreibt: *"... du zerflüsset in liebes herzen, du zergússet dich in der sel wesen..."* (174,11f).

F. Margaretha Ebner

1. *giessen*
1.1. *lieht* (47,6f(Pat); 85,13f)
1.2. *sel* (162,25)
1.3. *Jhesus Christus* (166,9)

4. *durchgiessen*
4.1. *hertz* (12,13(Pat))
4.2. *Jhesus Christus* (26,6; 99,22)
4.3. *Margaretha* (35,21(Pat); 69,8(Pat); 87,19(Pat))

9. *ingiezzen*
9.1. *Margaretha* (77,23(Pat))
9.2. *Jhesus Christus* (42,23f(Pat))

10. *ingossenheit*
10.1. *got* (27,1)

11. *übergiezzen*
11.1. *got* (166,9)

1.1. – 1.3.: Die Gießmetapher steht für die von Margaretha erbetene Mitteilung der göttlichen Gnade an den Menschen, der Seele an den Leib, sowie der Selbstmitteilung Jesu Christi in alle Menschen.

4.1.: Mit der Metapher *durchgiessen* führt Margaretha vor Augen, daß ihr Herz völlig bestimmt ist von der göttlichen Wirklichkeit (s.12,13).

4.2. – 4.3.: Mit verschiedenen Bildern veranschaulicht Margaretha die Komplexität der von ihr gemachten (und auch wieder erneut erwünschten) Erfahrung Gottes; ein Aspekt ist dabei das im Bild des *durchgiessen* zur Sprache gebrachte totale Bestimmtsein von Gott: *"daz ich uz siner lutern menschet gerainiget werde und mit siner inbrünstiger minne uz im enzündet werde und ich mit siner gegenwertket und mit siner süezzen genade durchgossen werde, daz ich da mit gezogen werde in daz war niezzen sines götlichen wesens mit allen minneden selen, die in der warhet gelebt hant."* (87,16-21)

9.1. – 9.2.: Das Bild des Einfüllens von Flüssigkeit in ein Gefäß steht für die Einwirkung der göttlichen Gnade auf den Menschen. Neben der Gnade empfängt Margaretha in gleicher Weise *"den süesse(n) nam Jhesus Christus"* (42,23f).

10.1.: Ganz allgemein steht die Metapher *ingossenhait* für die göttliche Einwirkung, die dem Menschen Trost vermittelt (s.27,1).

11.1.: Durch die Kombination der Metaphern *giezen in* und *übergiezzen* veranschaulicht Margaretha ihre Bitte, Jesus Christus möge den Menschen innerlich und äußerlich mit seiner Wirklichkeit bestimmen (s.166,9).

G. Heinrich von Nördlingen

1. *giessen*
1.1. *vater* (5,18; 8,4f; 12,4f)
1.2. *wort* (38,30)
1.3. *guti* (43,17)

3. *begiessen*
3.1. *clarhait der ewigen sunnen* (43,33)

4. *durchgiessen*
4.1. *liecht* (3,20)
4.2. *hertze* (5,11(Pat); 13,67f(Pat))
4.3. *mensche* (16,73(Pat))
4.4. *gut* (20,11)

9. *eingiessen*
9.1. *lamp* (49,18)

11. *ubergieszen*
11.1. *Jhesus Christus* (21,33)
11.2. *brief* (33,13(Pat))
11.3. *hertz* (43,31)

12. *ubergus*
12.1. *sel* (47,56)

13. *usgiessen*
13.1. *vater* (3,25; 15,23)
13.2. *got* (42,8)

14. *usguss*
14.1. *barmhertzigkeit gotz* (16,24)

15. vergiessen
15.1. *Jhesus Christus* (2,19)

17. *überfüllt*
17.1. *geist* (21,16)

1.1. – 1.2.: In Entsprechung zur Tätigkeit des Gießens sieht Heinrich den Vorgang, bei dem Gott Vater sich, *"das allerliebste gut"* (8,4f) oder den *"uszfluz des gutten willens"* (12,4f) durch Jesus Christus dem Menschen bzw. Engeln und Heiligen zukommen läßt. Auch die Selbstmitteilung Jesu Christi, des *"siez wundent wort"* (38,29), an Margaretha, wenn diese sich in Jesus Christus befindet, macht Heinrich im Bild des Gießens anschaulich.

1.3.: Gottes Güte *güszet sich* sogar in die Unwürdigen, wie Heinrich anhand der in Mt 5,45 verwendeten Naturmetaphorik plausibel macht: *"wan er lat sein sunnen schinen uf die guten und uf die böszen und regnet uf die gerechten und die ungerechten."* (43,18-20)

3.1.: Die im Vorgang des Begießens implizierten semantischen Aspekte der (gleichmäßigen) Einwirkung von oben nach unten werden herangezogen, um die durch Margaretha Heinrich vermittelte Einwirkung Gottes, der *ewigen sunne*, darzustellen. Primär zeigt sich die Wirkung zwar in der Erleuchtung Heinrichs; doch nennt Heinrich die *"clarhait der ewigen sunnen"* auch als Subjekt eines Geschehens, bei dem zunächst Margaretha die göttlichen Gnaden mitgeteilt werden, damit dann Heinrich, wie er wünscht, über Margaretha die göttliche Gnadenmitteilung erfährt, d.h. daß die *"clarhait der ewigen sunnen... durch dein ubergoszen hertz in seinen gnaden und in dinen hitzigen minreichen trehern begüesz..."* (43,29-32). Die Metapher wird weitergeführt, indem der intendierte Ertrag der auf den Menschen bezogenen, im Bild des Begießens veranschaulichten göttlichen Tätigkeit als *frucht* vorgestellt wird (s.43,33), die Gottes Hunger stillt. Charakteristisch für Heinrichs Denkweise ist bei diesem Bildkomplex, daß die *frucht* als Resultat des Zusammenwirkens von Heinrich und Margaretha vorgestellt wird und daß Gott der Bereich ist, in dem die *frucht* gewonnen werden kann.

4.1.: Für Gottes Einwirken auf die Seele wählt Heinrich das Bild von Licht, dessen Eigenschaft durch die Metaphern *durgüssend* und *uberglestend* genauer bestimmt ist (s.3,20).

4.2.: Im Unterschied zum eigenen *durre(n) hertze* sieht Heinrich Margarethas Herz als ein vom Tau des Himmels *durchgosze(s) hertz* (s.5,11). Anstelle der Vorstellung vom Tau kann Heinrich auch die Sicht entwickeln, daß die Minne des Hl. Geistes in einer dem *durchgiessen* ähnelnden Weise das Herz Margarethas tangiert (s.13,67f).

4.3. – 4.4.: *In got vergotet* ist der Mensch ganz von göttlichen Eigenschaften bestimmt. Mit verschiedenen Metaphern versucht Heinrich dieser äußeren und inneren Bestimmung der Ellin von Crailsheim, einer Schwester im Zisterzienserinnenkloster Zimmern, durch die göttliche Wirklichkeit Ausdruck zu verleihen: *"mit minen gebunden, mit liecht umbfangen, mit frid durchgosszen, mit lust durchschosszen..."* (16,72f). Auch das innerste Gut, das Gott Maria sowie allen Heiligen mitgeteilt hat und das Margaretha, so Heinrich, völlig ergreifen soll, wird in ihrer alles bestimmenden Beziehung zu Margarethas Geist und Sinnen mit der Metaphernkombination *"durchguszen, durchschieszen und umbfluszen"* anschaulich gemacht (s.20,11).

9.1.: Jesus Christus, das geschlachtete Osterlamm, begibt sich - wie Heinrich im Bild des *eingiessen* zur Sprache bringt - in die Seele Margarethas (s.49,18).

11.1. – 11.3.: Mit dem Verb *ubergiezen* entwirft Heinrich die Mitteilung alles Guten durch Jesus Christus nach dem Muster eines Vorgangs, bei dem der Mensch von oben bis unten durch den mitgeteilten Inhalt ganz umgeben wird (s.21,33).

Die gleiche Vorstellung liegt zugrunde bei der metaphorischen Formulierung *"ubergoszene(n) briefe(n) mit der smackhaften genad des hailligen gaistz"* (33,13), die das Verhältnis von Margarethas Briefen zur göttlichen Gnade konkretisiert.

Auch Margaretha selbst wird durch den metaphorischen Ausdruck *"ubergoszen hertz in seinen gnaden"* (43,31f) hinsichtlich der Intensität ihres Ergriffenseins von der göttlichen Gnade vorgestellt.

12.1.: Der Kontakt Jesu zur gottliebenden Seele Margarethas, der aufgrund der im Bild des Übergusses enthaltenen Merkmale den Charakter eines völligen Überlagertseins der Seele von Jesus Christus erhält, möge - so Heinrich - derart die Seele

Margarethas verändern, daß alle *"bitterkeit... in siessigkait"* gewandelt wird (s.47,56).

13.1. – 13.2.: Gemeinsamkeiten mit dem *usgieszen* weist für Heinrich der Vorgang auf, durch den der göttliche Vater das *inerst marck* seiner Barmherzigkeit und Liebe bzw. sich selbst dem Menschen mitgeteilt hat. Anfangspunkt und Weg der göttlichen Mitteilung werden im 3. Brief an Margaretha genannt: Aus der *"gutigkeit seins vetterlichen hertzen"* (3,24) hat er dem Menschen *"durch das hertz seins suns uszgoszen..."* (3,25).

14.1.: Der Mitteilung der göttlichen Barmherzigkeit verleiht Heinrich Konturen einer fließenden Fortbewegung dadurch, daß er sie mit den *"milten flussen und den richen usgussen"* parallelisiert (16,24).

15.1.: Heinrich sieht den Kreuzestod Jesu als Voraussetzung der unio des Menschen mit ihm; dem mit der Metapher *vergiessen* zur Sprache gebrachten Aspekt des Sterbens korrespondiert das gegenseitige *erflieszen*: *"und das... blut, das es vergossen hat. in dem hat er in vergoszen sein suszen namen Jhesus, das er zemal in uns und wir in im erfluszent."* (2, 18-20)

17.1.: Der Segen, der - wie über die Metapher *uszfliessen* dargestellt wird - in Gottvater seinen Ursprung hat, soll, so Heinrichs Wunsch, in einer derartigen Fülle auf Margaretha herabkommen, daß ihre - als Gefäß vorgestellte - Seele und ihr Geist *"uberfült werden in aller völin gotz"* (21,16).

gift (1.)/ vergiften (2.)/ vergiftet/vergiftig (3.)/ vergiftekeit (4.)

A. Mechthild von Magdeburg

4. *vergift*
4.1. o.BE (VII 27,28)

4.1.: Die schädliche Wirkung der Welt auf den Menschen faßt Mechthild im Bild von *"der welte vergift..."* zusammen (s.VII 27,28).

D. Tauler

2. *vergiften*
2.1. o.BE (282,20(Pat); 308,12f(Pat))

3. *vergiftet/vergiftig*
3.1. *nature* (99,12)
3.2. *widerboeigunge* (94,19)
3.3. *mensche* (69,31; 308,12)
3.4. *ding* (272,9)
3.5. *grunt* (217,30)
3.6. *sorge* (360,8)

4. *vergiftekeit*
4.1. *nature* (94,6.11.15)
4.2. *val* (202,12)
4.3. o.BE (271,15)

2.1.: Das Bild des Vergiftens steht für die schädliche, zerstörende und bisweilen tötende Wirkung, die Menschen u. a. in ihren Urteilen (s.282,20) auf all das ausüben, was sie sehend und hörend empfangen.

3.1. – 3.6.: Mit der Adjektivmetapher *vergiftet* charakterisiert Tauler ohne nähere Begründung die sich selbst zuwendende Natur des Menschen als schädlich (s.99,12). Die Hinwendung zu sich selbst, von Tauler als *vergiftige widerboeigunge* apostrophiert, hat zur Konsequenz, daß der Mensch ausschließlich seine eigenen Interessen in allem Tun verfolgt. Schaden nehmen Menschen auch, wenn sie das Sprechen von Gott *"sunder wise und sunder wege"* (69,30) mit ihren äußeren Sinnen begreifen. *Vergiftige mensche* kennzeichnet, daß alles, was in sie gelangt, *vergiftet* wird (s.308,12). *"Vergiftliche boese ding"* weist der *grunt* des Menschen auf, wenn dieser von törichter Kühnheit, Eigendünkel und Prahlerei bestimmt wird (272,8f). Es entspricht dem Charakter des Grundes, daß er als *"grunt der hofart boese und vergiftig"* ist (217,30). Als Schaden bringend sieht Tauler, wie er ebenfalls mit der Adjektivmetapher *vergiftig* zur Sprache bringt, die *"sorge der boesen valschen welt"* an, von der Gott den Menschen erlöst hat (360,8).

4.1. – 4.2.: *Vergiftekeit* ist Metapher für den Schaden, den die Natur durch die Erbsünde, den *ersten val* (202,12), genommen hat, aufgrund dessen sie ganz zu sich hingekehrt ist (s.94,9) und der Mensch sich mehr liebt als Gott (s.94,11). Die Zerstörung durch die Erbsünde zeigt sich insbesondere darin, daß die *nature* eine Position in extremer Distanz von Gott - im niedrigsten Teil der Wirklichkeit - eingenommen hat (s.202,12).

4.3.: Tauler sieht es als *"ein boese vergiftekeit"* an, Zeit in Bezug auf das Erbringen eines geistlichen Ertrages zu verlieren (271,15).

E. Seuse

1. *gift*
1.1. *selikeit* (135,14)
1.2. o.BE (137,24; 372,10; 461,14)
1.3. *red* (14,1)

2. *vergiften*
2.1. *tor* (483,19)

3. *vergiftig*
3.1. *dot* (489,9)

1.1. – 1.3.: Im Bild des Giftes verweist Seuse auf die lebensgefährliche Wirkung, die die Liebe zu vergänglichen Dingen bedeutet. Jegliche Gesellschaft, die den Menschen zu einem außenorientierten Verhalten rät, ist daher ebenfalls *gift* für den Menschen (s.372,10). Wenn der Mensch sich dem Teufel überläßt, muß er, sobald ihn nicht mehr das angenehme, jedoch Verderben bringende Empfinden verblendet (*"die versuestú gift"*; 137,24), viel Mühsal als Konsequenz ertragen.

2.1.: Die verderbende Wirkung, die von dem die äußeren Sinne ansprechenden Tun des Menschen ausgehen kann, macht Seuse im Bild des *vergiften* anschaulich (s.483,19).

3.1.: Schädliche Wirkung zeigt die Irrlehre der Begharden, die Christus herabsetzt; sie ist der *"vigentliche, vergiftige dot cristenlicher ordenunge und gewares lebens."* (489,9f).

gold (1.)/ übergolt/übergolden (2.)/ güldin (3.)

B. David von Augsburg

1. *gold*
1.1. *gotheit* (382,19)

2. *übergolt*
2.1. *güete* (374,21f)

3. *güldin*
3.1. *roeren* (376,23f)

1.1.: Die Bedeutung der Gottheit, die mit der Menschheit Jesu vereinigt ist, hebt David hervor, indem er vom *"lutersten golde der edelen gotheit"* (382,19) spricht, mit dem die Seele Jesu Christi - ähnlich wie bei der Metallverarbeitung - überzogen ist.

2.1.: Die Beziehung zwischen der Güte, die Jesus Christus ist, und Gott entspricht der Relation von *"übergolt... des wunders das got ist"* zum (im Text vorausgesetzten) Gold Gottes (374,21f).

3.1.: Um deutlich zu machen, daß Jesus Christus mit seiner Menschheit der Vermittler der *süeze* und *saelekeit der ewigen gotheit* (376,23) ist, bringt David aufgrund der ähnlichen Funktion die Menschheit Jesu in Verbindung mit *güldinen roeren*, durch die das von Gott Vermittelte fließt.

E. Seuse

2. *übergolden*
2.1. *Ewige wisheit* (215,9)

2.1.: Seuse veranschaulicht die Bedeutung der Kreuzigung Jesu mit der Metapher *"des úbergúldens alles guotes"* (215,).

grif (1.)/ griffen (2.)

F. Margareta Ebner

1. grif
1.1. *Jhesus Christus* (22,2)
1.2. *minne* (28,18; 129,26)
1.3. *got* (130,2)
1.4. *kraft gottes* (27,13)

2. griffen
2.1. *Margaretha* (33,15)

1.1. – 1.4.: Die Beziehung Jesu Christi zu Margaretha wird verschiedentlich auch als Minnebeziehung beschrieben; diese zeigt sich u.a. darin, daß Jesus Christus sie mit der *"minne siner arme"* umfängt und *"ain grif in daz hertz tät"* (22,1-2).
 Allgemeiner kann Margaretha an anderen Stellen dieses Geschehen auch unter dem Begriff *minnegrif* subsumieren (s.28,18; 129,26); als Subjekt dieses Geschehens wird Jesus Christus oder Gott genannt.

2.1.: Den Kontakt zum verwundeten Herzen Jesu Christi stellt sich Margaretha mit realistischer Konsequenz in der Weise vor, daß sie aufgrund ihres Verlangens *"griffen solt in daz offen verwundet hercz"* Jesu Christi, sich dort hinein *druken* und daraus *trinken sölt* (33,15-17).

grôzheit/groesse (1.)/ grôz (2.)/ groezen (3.)/ kleinheit (4.)/ klein (5.)/ verkleinunge (6.)/ verkleinen (7.)

C. Meister Eckhart

1. grôzheit/groeze
1.1. *sêle* (I 415,5)
1.2. *got* (II 633,1)
1.3. *mensche* (II 448,4)

2. grôz
2.1. *sêle* (I 415,5; II 552,2f)
2.2. *mensche* (I 331,5; II 448,13; III 196,1.7; 275,6.8; V 292,8)
2.3. *lieht* (III 196,5)
2.4. *ding* (II 297,8; III 277,1; V 60,25f; 280,9)
2.5. *werk* (II 552,2)
2.6. *sinne* (V 60,26)
2.7. *minne* (III 427,5f)

4. kleinheit
4.1. *natûre* (I 379,5f)
4.2. *mensche* (I 164,19)
4.3. *dinc* (III 386,5)

5. klein
5.1. *dinc* (II 626,7f; III 189,3; 220,9; 386,6; V 13,17)
5.2. *werlt* (III 190,3; 191,2)
5.3. *zît* (III 190,3; 191,2)
5.4. *mensche* (II 448,4)
5.5. *o.BE* (II 296,8; III 457,5)
5.6. *allez geschaffene* (III 112,1f)
5.7. *vernünfticheit* (III 196,3)
5.8. *lieht* (III 196,5.7)

7. verkleinen
7.1. *mensche* (V 292,7)

1.1. – 1.3.: Mit dem Bild der *grôzheit* verweist Eckhart auf die herausragende Bedeutung und den Wert, der der Seele zukommt aufgrund der Tatsache, daß sie *nach gote* gemacht ist (s.I 415,5). Jesus Christus bringt diese Wertschätzung Johannes dem Täufer entgegen wegen dessen Demut: "*... daz er kleine was in rehter demüeticheit; daz was sîn groeze.*" (II 448,4)
 Gott kann mit seiner *groeze* auf keinen Ort festgelegt werden; hingegen sind alle Kreaturen *vol* von *gotes minstes* (s.II 633,1f).

2.1. – 2.3.: Als Bild für die geistliche Entwicklung der Seele markiert die Metapher *grôz* das Ergebnis des Einflusses, den die *minne gotes* auf die Seele ausübt (II 552,2f). Das durch göttliche Gnade (s.III 196,7) und Demut (die die Selbstvernichtung des Menschen zur Konsequenz hat) (s.III 275,6) erreichte Stadium der geistlichen Entwicklung ist Voraussetzung für die Schau Gottes (s.III 196,1f). Die dabei erforderlichen Erkenntnisbedingungen macht Eckhart mittels der Lichtmetapher anschaulich: Um Gott erkennen zu können, reicht weder das "*lieht der vernünfticheit*" noch der *gnade* aus; denn wie *grôz* es ist, ist es im Vergleich zum göttlichen Licht doch *kleine* (s.III 196,7), so daß es plausibel erscheint, daß die Gottesschau allein im götlichen Licht erfolgen kann.

2.4. – 2.7.: Mit der Metapher *grôz* verweist Eckhart auf die Bedeutung, die Dingen zukommen muß, wenn Gott ihnen nahe sein soll (s.III 277,1). Entsprechend sind die Gaben, die der Mensch von Gott erhält, *grôziu dinc* (s.V 280,9; vgl. II 297,8) und die von Gott vollbrachten Werke *grôziu werk* (s.II 552,2). Will man - so Seneca (Ep. 71,24), den Eckhart zitiert - "*von grôzen und von hôhen dingen*" sprechen, muß dies mit *sinnen* geschehen, die der Bedeutung der Dinge gerecht zu werden vermögen (V 60,25f).

4.1. – 4.2.: Mit dem Bedeutungsunterschied von Menschheit und Gottheit erklärt Eckhart die gleichzeitige Bezeichnung *kint* und *sun* für Jesus Christus; ein *kint* ist er wegen der "*kleinheit menschlîcher natûre*" (I 379,5f). Wenn der Mensch nicht zum Transzendieren aller Dinge in der Lage ist und infolgedessen nicht weise zu werden vermag, ist er zur Bedeutungslosigkeit verurteilt: er "*blîbet in sîner kleinheit*" (I 164,19).

4.3.: *Kleinheit* ist auch Bild für den Unterschied der Dinge zur *unmaezlicheit* Gottes (s.III 386,5).

5.1. – 5.4.: Um Gott zu finden, müssen dem Menschen alle vergänglichen Dinge, Welt und Zeit (s.III 190,3) bedeutungslos sein: "*swem niht kleine und als ein niht ensint alliu zergenclîchiu dinc, der envindet gotes niht.*" (III 220,9f; vgl. III 189,3) In Bezug auf sich selber macht diese Sicht die Haltung der Demut aus (s.II 448,4).

5.5. – 5.8.: Alles Denken ohne Gott, alles Geschaffene sowie alle Gaben Gottes sind im Vergleich zu Gott selbst - wie Eckhart durch die metaphorische Charakterisierung *klein* anhand der räumlichen Ausdehnung anschaulich macht - bedeutungslos. Dies gilt auch für die *vernünfticheit* (s.III 196,3), das *"lieht der gnade"* im Vergleich zum göttlichen Licht, das allein die Erkenntnis Gottes ermöglicht.

7.1.: Auf den in Demut sich vollziehenden Prozeß der Selbstvernichtung, der die Einsicht des Menschen in die eigene Bedeutungs- und Wertlosigkeit impliziert, verweist Eckhart mit dem Bild des *verkleinen* (s. V 292,7).

D. Tauler

1. grôzheit/groesse
1.1. *got* (118,26; 249,35; 410,2)
1.2. *erwirdikeit* (293,9)
1.3. *hl. geist* (103,15)
1.4. *werg* (61,25)
1.5. *minne* (338,23)

2. grôz
2.1. *got* (90,20; 231,7; 292,27; 368,24.27)
2.2. *mensche* (250,33f)

3. groezen
3.1. *name* (69,5(Pat); 362,3f(Pat))
3.2. *sele* (355,14)
3.3. *mensche* (78,10(Pat))

4. kleinheit
4.1. *mensche* (70,29; 229,11; 248,21; 249,34; 250,1; 253,14; 263,30f; 345,30; 387,19; 273,7.22)

5. klein
5.1. *mensche* (15,22; 90,6.11.18f.23; 175,35; 195,1; 250,33; 292,27; 310,24; 348,1)
5.2. *creature* (231,8)
5.3. *das Got nút enist* (368,24)

6. verkleinunge
6.1. *mensche* (15,24; 90,22; 199,16; 250,30; 273,32f)
6.2. *o.BE* (123,2; 200,23; 201,1)

7. verkleinen
7.1. *mensche* (74,20; 88,12; 128,16; 245,25(Pat); 348,11)
7.2. *o.BE* (90,27; 287,32)
7.3. *die frijen* (167,33(Pat))

1.1. – 1.3.: Wert und Bedeutung Gottes veranschaulicht Tauler im Bild der räumlichen Ausdehnung. Im Vergleich mit Gottes *grosheit* gewinnt der Mensch die Einschätzung des eigenen Wertes: *"wan so im ie klerlicher und bloslicher in lúcht Gottes grosheit, so im ie bekentlicher wirt sin kleinheit und sin nichtkeit."* (249,35-250,1) Infolgedessen vermag der Mensch *"in bildelicher wisen"* mit seiner Vernunft Gott bzw. den Hl. Geist nicht zu erfassen wegen seiner *"groesse und unmasse"* (103,15f), und es versagen alle menschlichen Worte, um Gott zu loben. Man muß daher mit Gott vereint sein, wenn man ihn adäquat, d.h. für Tauler letztlich, wenn Gott sich selber loben will (s.293,9-12).

1.4. – 1.5.: Allein von der Orientierung auf den göttlichen Ursprung hin erhalten menschliche Werke Bedeutung (s.61,25). Die räumliche Dimensionsvorstellung fungiert auch als Bild für die Intensität von Minne (s.338,23).

2.1. – 2.2.: Die hinsichtlich der räumlichen Ausdehnung gegensätzlichen Extreme von *gros* und *klein* stehen für die unterschiedliche Bedeutung, die Gott und die

Kreaturen für den Menschen haben können: "... *das er gros in uns wirt in unsern herzen; wan wem Got ie gros wart, dem sint alle creaturen klein, und vergenkliche dinge sint im als nút.*" (231,7f) Umgekehrt sind die Menschen in der Perspektive Gottes *"gros und wert"* (250,34), die sich selbst als *"klein und nút"* (250,33) ansehen.

3.1. – 3.3.: Im Bild des *groessen* bringt Tauler den Akt der Bedeutungsverleihung zur Sprache, in dem Gott durch den Menschen bzw. durch die Seele die ihm entsprechende Bedeutung zugemessen wird (s.69,5). Negativ beurteilt Tauler die Erwartung von Menschen, die in der Hl. Schrift lesen, ohne danach zu leben: "*... die wellent gegroesset sin und geeret sin...*" (78,10).

4.1.: Aus der Erkenntnis von Gottes Würde resultiert für den Menschen die Einsicht in die eigene Bedeutungs- und Wertlosigkeit: "*Wan ie me si bekennent sin hocheit, ie me si erkennent ir kleinheit und vernútheit.*" (229,10f)

5.1. – 5.3.: Die im Bild des Kleinseins veranschaulichte Geringschätzung der eigenen Person korrespondiert für Tauler mit der Haltung der Demut: "*Der mensche sol... kleine sin in verworfener demuetikeit.*" (15,21f) Nur wenn der Mensch "*kleine und vernút*" (90,18f) wird, vermag er in das *groeste* zu kommen, das Gott zu eigen ist (vgl. 2.1.-2.2.).

6.1.: Die Nachfolge Gottes "*mit underworfenem gemuete in wore verkleinunge din selbes*" (199,16) ergibt sich für Tauler aus der Tatsache, daß "*din grosser Got also ze núte ist worden...*" (199,17f).

6.2.: Allgemein bestimmt Tauler die von ihm gemeinte *verkleinunge* als "*einen demuetigen underval under got und under alle creaturen in rechter gelossenheit*" (200,24f). Sie führt in den göttlichen *abgrunt*, in dem der Mensch - ganz bedeutungslos geworden - sich selber verliert (s.201,1f). Daneben fungiert *verkleinunge* auch als Metapher für die (ungerechtfertigte) Herabsetzung des Altarsakramentes durch den Menschen (s.123,2).

7.1. – 7.3.: Die Tendenz der Metapher *verkleinen* liegt auf 'herabsetzen', wenn es um das Verhalten von Menschen in Bezug auf die Bedeutung von Mitmenschen (s.74,20) oder von Dingen (s.88,12) geht. Der Bedeutungsakzent liegt auf dem Aspekt der Bedeutungslosigkeit bei Ausführungen, in denen Tauler seine Sicht darlegt, daß Versuchungen und von Gott verhängte *gebreste* den Menschen *verkleinen* und auf sein Nichts verweisen (s.245,25f). Die freien Geister, eine häretische Gruppierung zur Zeit Taulers, wehren sich aufgrund ihrer *hofart* gegen einen derartigen Prozeß, der zum Ergebnis die Einsicht in die eigene Nichtigkeit hat (s.167,32f).

E. Seuse

1. *grozheit/groessi*
1.1. *herre* (294,33)
1.2. *besserunge* (258,23.28)

3. *groezen*
3.1. *goetlich lieht* (489,12)

4. *kleinheit*
4.1. *herze* (205,7
4.2. *mensche* (235,4f; 258,28; 383,6; 464,22)
4.3. *werk* (266,12)
4.4. *lop* (304,29)

7. *verkleinen*
7.1. o.BE (489,4.7)

1.1. – 1.2.: Bei Seuse ist *grozheit* Metapher für die unermeßliche Bedeutung und den Wert Jesu Christi (s.294,33) sowie der von Jesus Christus in seinem Leiden und Sterben erbrachten Buße (s.258,23.28).

3.1.: Die im Bild des *erheben* und *groessen* zur Sprache gebrachte Bedeutungsverleihung Jesu Christi im menschlichen Bewußtsein resultiert für Seuse aus der Tätigkeit des göttlichen Lichtes und der Gnade (s.489,12).

4.1.: Da der Leidensnachfolge Jesu, die sich im *"ring ritterlicher vestekeit"* vollzieht, des *herzen kleinheit* entgegensteht, ist der Mensch aufgefordert, die im Bild der *kleinheit* veranschaulichte Mutlosigkeit abzulegen, um wie der Herr in *kuonheit* mit dem *wafenkleit Jesu* die Leiden zu erleiden (205,7-10).

4.2. – 4.4.: Die Tendenz der Metapher *kleinheit* liegt auf 'Unselbständigkeit', wenn Seuse mit der Metapher auf eine Verfassung des Menschen verweist, bei der ihm ein Verzicht auf die Gegenwart Gottes nicht möglich ist (s.235,4f).

Die Metapher steht ferner für den geringen Wert der von Seuse vollbrachten Werke (s.266,12) sowie für die Bedeutungslosigkeit des menschlichen Lobes in Anbetracht der göttlichen Wirklichkeit, in deren *abgrunt* es verschwindet (s.304,29).

Allgemein soll der Mensch seine eigene *kleinheit* bedenken (s.383,6; 464,22) und sie demütig in die *"grozheit der besserunge"* Jesu Christi *versenke(n)* (s.258, 28f).

7.1.: Das Bild des *verkleinen* findet Verwendung für die Tätigkeit, durch die Jesus Christus in seiner wahren Bedeutung herabgesetzt wird (s.489,4.7).

grunt (1.)/ grundelosicheit (2.)/ grundelos/ungruntlich (3.)/ abgrunt/ abgründicheit (4.)/ abgruntlich (5.)/ gründen (6.)/ durchgründen (7.)/ undergründen (8.)/ gruntveste (9.)/ grundvesten (10.)/ boden (11.)/ fundament (12.)/ fundieren (13.)/ súle (14.)/ slund (15.)

A. Mechthild von Magdeburg

1. *grunt*
1.1. *masse* (IV 4,18)
1.2. *argheit* (IV 4,27)
1.3. *herz* (V 23,190; VII 27,41; 48,67)
1.4. o.BE (III 15,45; 21,61; VII 35,42)
1.5. *sumpf* (VI 19,9)
1.6. *wisheit* (I 8,4)
1.7. *warheit* (I 9,2)

3. *grundelos/ungruntlich*
3.1. *gotheit* (VI 16,25)
3.2. *herz* (V 22,39)
3.3. *gnade* (V 22,26)
3.4. *brunne* (I 8,3; VI 2,34; 13,28)
3.5. *antwort* (VII 59,4)
3.6. *sele* (I 5,19; II 16,2)
3.7. *diemuetekeit* (V 4,33; VI 1,16.65; VII 30,6)
3.8. *sumpf* (VI 19,8)
3.9. *tal* (IV 3,8)
3.10. *vestenunge* (VI 31,29)
3.11. *list* (IV 27,93)
3.12. *girheit* (I 44,87)

4. *abgrunt*
4.1. o.BE (III 1,61; 7,14; 21,4.16; V 4,49; 34,10; VI 16,67; 31,30)
4.2. *túfel* (VI 8,19)
4.3. *ertrich* (VII 10,4)

9. *gruntveste*
9.1. *sele* (V 7,2)

12. *fundament*
12.1. *Jhesus Christus* (VI 38,10)
12.2. *gelobe und hoffenunge* (VI 6,8)

1.1. – 1.2.: Auffällig ist, daß Mechthild *grunt* als Metapher nicht häufig verwendet. Auf die Funktion von *grunt*, Nährboden und Unterboden von etwas zu sein, spielt Mechthild an, wenn sie mit der Metapher *grunt* die Grundlage und Ursache eines Sachverhaltes bezeichnet: "... *dú selige masse hat ie einen suessen grunt... Dú argheit hat von nature einen boesen grunt."* (IV 4,18.27)

1.3.: Wenn es darum geht, nachdrücklich herauszustellen, daß der Speer, mit dem Jesus am Kreuz verwundet wurde, durch sein ganzes Herz ging, zieht Mechthild zur besseren Vorstellung den Begriff *grunt* heran, dessen Bedeutung 'untere Fläche, Boden eines Gefäßes' diesem Konturen eines Raumes verleiht (s. VII 27,41). Der *grunt* des Herzens ist für Mechthild auch der Ort, an dem auf ihre Bitten hin die personifizierte Tugend der Heiligkeit sich dauernd aufhalten soll (s. VII 48,67).

1.4.: Anknüpfend an die räumliche Lage steht die Metapher auch für den Endpunkt, der in Verbindung mit der Verbmetapher *sinken* das Ende einer Einstellung bezeichnet: "...*sunke aller únser homuot ze grunde."* (VII 35,41f) Daneben kann die Metapher *grunt* auch die existenzbedrohende gefährliche Tiefe der Hölle ins

Bewußtsein rufen; ihre Bedeutung nähert sich dabei der von *abgrunt* an (s. III 15,45).

1.5.: Von der Wonne in der Höhe bei Gott gelangt Mechthild auf das Betreiben der *gewaltigen minne* hin in einen Zustand, den sie mit einem Sumpf ohne festen Boden vergleicht (s. VI 19,8f; vgl. 3.9.-3.10.).

1.6.: Die Unermeßlichkeit der göttlichen Weisheit bringt Mechthild dadurch ins Bild, daß sie Gott durch die metaphorische Formulierung *ane grunt* eine Tiefendimension verleiht, die unbegrenzt ist. Dementsprechend finden sich in dem betreffenden Kontext auch die Formulierungen "*grundeloser brunne,...unreichhaftú hoehi,... klarheit ane masse...*" (I 8,3).

1.7.: Die Bedeutung, die die Orientierung an der Wahrheit für den Gottesbezug des Menschen haben kann, verdeutlicht Mechthild durch die Hausmetaphorik: Die Menschen *wonent* in der Höhe bei Gott, die "*uf einen steten grunt buwent der warheit...*" (I 9,2f). Wahrheitsorientierung ist demnach die sichere Voraussetzung und Grundlage für jede intensive Gottesbeziehung.

3.1. – 3.5.: Viel häufiger als *grunt* benutzt Mechthild die adjektivische Metapher *grundelos*. Sie dient u.a. dazu, durch Rekurs auf räumliche Verhältnisse die Unbegrenztheit Gottes vorzustellen, die es möglich macht, daß der himmlische Vater mit seiner *endelosen liebin* sich dem Menschen zuwendet (s. VI 16,25f). Ferner umfaßt der semantische Schwerpunkt der Adjektivmetapher neben dem Aspekt der Unbegrenztheit auch die Bedeutung 'unfaßbar', 'unverfügbar', 'unausschöpfbar', 'unüberschaubar', 'undurchdringbar'. So spricht Mechthild davon, daß man in seinem *ungrüntlichen herze* (s. V 22,39) *grundelose gnade* zu finden vermag (s. V 22,26). Noch deutlicher bringt Mechthild den Aspekt des unausschöpflichen Handelns Gottes dadurch ins Bild, daß sie als Hintergrundmetapher die Vorstellung vom Gnadenstrom verwendet, dessen Unermeßlichkeit in seiner Ursache, dem *grundelose(n) brunne(n)* Gott, begründet liegt (s. I 8,3; VI 2,34).

3.6.: Weil die Entgrenzung auch bei den Worten festzustellen ist, die Gott oder ein Engel an Menschen richten, können sie nicht verstanden werden. Denn der Sinn dieser *antwurt*, die *grundelos, gros, creftig, úberclar* etc. ist, übersteigt derart den menschlichen Verstehenshorizont, daß der Mensch ihn - "*die wile (er) irdensche wesen sol...*" (VII 59,2-5) - nicht vernehmen kann. Um diese Unausschöpfbarkeit deutlich zu machen, wird die Antwort Gottes folgendermaßen beschrieben: "*Sinú wort mohte ich noch verstan noch gehoeren, wan ich bin noch glich einem irdenschen toren.*" (VII 59,12-14)

3.7.: Wie Gott wird auch die Seele als *grundelos* charakterisiert; d.h. beide können nicht definiert werden. In Bezug auf Gott stellt Mechthild fest, daß die Seele "*grundelos an der gerunge ist, brennende an der lieben...*" (II 16,2) Dies heißt: Ihr - über räumliche Ausdehnung anschaulich gemachtes - Verlangen ist so stark, daß es keine Grenzen kennt.

3.8.: Die als räumliche Abwärtsbewegung verstandene Haltung der Demut erfährt eine Steigerung zum Unendlichen hin dadurch, daß mit der Metapher *grundelos* ein abschließender Endpunkt negiert wird. Die Seele, die Gott liebt, sinkt unter dem Einfluß der *grundelosen diemuetekeit "in das tieffeste, das si vinden mag..."* (V 4,66f). Von sich aus kennt diese Einstellung keine Grenzen, so daß die Seele, die diese Einstellung hat, sich unbeschränkt allem unterordnet. Dem entspricht, daß man sprechen soll *"zuo einem ieglichen bruodere mit grundeloser diemuetekeit... (des) reinen herzen: Eya lieber mensche, ich unwirdig alles guotes, ich bin din kneht mit allem dienste, da ich es vermag, und nit din herre"* (VI 1,16-18).

3.9. – 3.10.: Mehr unter negativem Bedeutungsaspekt wird die Adjektivmetapher dann verwendet, wenn mit dem Bild eines nicht vorhandenen festen Untergrundes die Haltlosigkeit, der fehlende feste Standort des Menschen veranschaulicht werden soll. Der Mensch, den *unstete* und *unmacht* plagen, kommt aufgrund eigenen Willens von einem Extrem ins andere. Zunächst findet er bei Gott kein Ende der Dinge; daraufhin - von Gott auf eigenen Wunsch fallengelassen - wird er von der Minne in einen mit *sumpf* metaphorisch bezeichneten Zustand gedrückt, der in Opposition zur *hoehin (gotes)* steht. Da dieser Zustand *grundelos* ist, findet er aber auch hier keinen festen Halt: *"Nu hat si (= die Minne) mich gedruket in einen grundelosen sumpf, da vinde ich keinen grunt..."* (VI 19,8f). Dieser Zustand kann daher auch als Strafe über den Menschen verhängt werden: Wer sich mit seinen Fähigkeiten über andere Menschen setzt, soll Gott *"enpfallen in das grundelose tal..."* (IV 3,7f).

3.11. – 3.12.: Im Zusammenhang mit der Frage: *"Wie was únser herre got do gestalt?"* entwirft Mechthild von Gott das Bild einer Klause, deren Höhe so hoch ist, daß nichts darüber zu sein vermag. Das unermeßliche Ausmaß Gottes wird in Bezug auf den unteren Teil dadurch veranschaulicht, daß Mechthild diesen als *"ein grundelose vestenunge beniden allú abgrúnde"* (VI 31,29f) bestimmt.

4.1. – 4.2.: Der semantische Schwerpunkt der Metapher *abgrunt* liegt auf dessen Gefährlichkeit und dessen nicht auslotbaren Tiefe. Im Rahmen des ptolemäischen mittelalterlichen Weltbildes hat die Metapher die Funktion, in Opposition zur Höhe, dem Bereich Gottes, den dem Himmel entgegengesetzten Bereich des Teufels näher zu charakterisieren. *"Zwúschent gottes hoehi und des túfels abgrúnde ist noch zweiger hande vegefúr."* (VI 8,19f) Alles Negative ist hier beheimatet: Haß, schwere Sünden (s.III 1,60f; 21,4), der Teufel (s.III 21,16; VI 8,19). Weil auf dem Weg der Sünde, der im *ewigen abgrunde* endet, das *"ware lieht der waren gottes lieben..."* ausgelöscht wird und *"dú ougen der heligen bekantnisse..."* verblendet werden (III 7,12f), benennt die Metapher einen Zustand, der fern von aller Gottesliebe das menschliche Leben verfinstert und dieses - seines Sinnzieles beraubt - orientierungslos macht.

Der Aspekt der Gefährlichkeit tritt an den Stellen zurück, an denen Mechthild mit der im Begriff *abgrunt* enthaltenen Bedeutungskomponente der nicht auslotbaren Tiefe die Unermeßlichkeit Gottes, dessen *"grundelose vestenunge beniden allú abgrúnde..."* sich befindet (VI 31,30), oder das gewaltige Ausmaß menschlichen Leidens, das infolge der Abwesenheit Gottes entstanden ist, vor Augen führen will (s.VII 8,3).

4.3.: Das gewaltige Ausmaß der Sünden auf der Erde hebt Mechthild ins Bewußtsein, indem sie deren Wirkung sich erstrecken läßt vom *"abgrúnde des ertriches untz in den himel..."* (VII 10,4).

9.1.: Die Bedeutung der Seele für Gott ergibt sich aus deren Funktionsbestimmung als *gruntvestunge* der göttlichen Zuwendung, die im Bild des *goetlichen flusses* (s. V 7,2) veranschaulicht wird (s. V 7,2).

12.1. – 12.2.: Die zentrale Bedeutung Jesu Christi oder von Glaube und Hoffnung für den Menschen bringt Mechthild durch die Metapher *fundament* zur Sprache.

B. David von Augsburg

3. *gruntlos*
3.1. *gotheit* (362,14; 398,11)
3.2. *brunne* (363,6)
3.3. *volle* (369,24; 370,4; 371,16; 372,4.25f; 373,1.27; 374,35f)
3.4. *wisheit* (371,14)
3.5. *güete* (371,36; 373,19.21.23)
3.6. *saelekeit* (372,39; 375,3f.15)
3.7. *wunder* (373,7)
3.8. *stille* (395,23)

4. *abgrunt*
4.1. *Jesus Christus* (366,29f; 384,15)
4.2. *wisheit* (366,29f)
4.3. *wünne* (384,15)
4.4. *helle* (399,33f.37)

7. *durchgründen*
7.1. *niemen* (381,38)

10. *grundvesten*
10.1. *dinc* (366,15)

3.1.: Als bildhafter Interpretant verwendet, qualifiziert *gruntlos* die aufgeführten Bildempfänger im Hinblick auf ihre Unermeßlichkeit und Unendlichkeit.

Ergänzt wird die Aussage der *gruntlosen gotheit* (s.362,14) durch die Bestimmung Gottes als *endeloser hoehe* (s.362,20). In der Konsequenz dieser Charakterisierung Gottes liegt weiterhin auch, daß der Mensch ohne Grenze zu jeder Zeit neue Gnade empfangen kann; denn Gott ist "*ewic... âne anegenge und âne ende*" (362,16).

3.2.: Infolge dieser Charakterisierung kann Gott auch mehr unter dem Aspekt seines Gnadenhandelns als "*gruntlose(r) brunne des oberisten guotes*" vorgestellt werden, der aufgrund der mit *gruntlos* angegebenen Eigenschaft *alle zît* das menschliche Verlangen stillt (s.363,6).

3.3.: Entsprechend der allgemeinen Aussage der Unendlichkeit Gottes bezeichnet David Gott auch als *gruntlose(n) volle* der menschlichen Seligkeit (s.370,4); andere Formulierungen stellen die unermeßliche Fülle der Gottheit heraus (s.372,4.25f).

3.4. – 3.7.: Aus der Unendlichkeit und Unüberschaubarkeit Gottes ergibt sich ferner, daß seine Eigenschaften *wisheit* (s.371,14) und *güete* (s.371,36) sowie die *saelekeit* (s.372,39) und die *wunder* (s.373,7) Gottes für den Menschen *gruntlos* sind.

3.8.: Der Ort der Seele Christi in der Gottheit wird dadurch bestimmt, daß eine räumliche Dimensionierung in *tiefe* und *hoehe* ausgeschlossen wird; dieser Aussage entspricht die der akustischen Erfahrung entnommene Vorstellung einer grenzenlosen Stille (s.395,23).

4.1. – 4.3.: Bei den Jesus Christus charakterisierenden Formulierungen *"abgründe der wisheit"* (366,29f) bzw. *wünne* (s.384,15) steht der Gesichtspunkt im Vordergrund, daß Christus die nicht erreichbare und durchdringbare Tiefendimension der Weisheit und Wonne darstellt.

4.4.: Gott hat den Menschen ins Paradies gesetzt, damit er nicht infolge seines Ungehorsams wie die Engel direkt vom Himmel in die Hölle gerät, wo er der Gefährlichkeit des Ortes - mit *abgrunt* ins Bild gebracht - kaum entweichen könnte (s.399,33f).

7.1. Die als *durchgründen* vorgestellte Tätigkeit, durch die man bis zum unteren, metaphorisch als *grunt* bezeichneten Ende von etwas gelangt, wird im Hinblick auf Gott negiert, da Gott ohne Anfang und Ende ist (s.381,38).

10.1.: Bei der Feststellung, daß alle Dinge auf Gott *gegrundvestet sint*, steht der Gesichtspunkt im Vordergrund, daß sie in Gott ihren festen Halt haben (s.366,15).

C. Meister Eckhart

1. *grunt*
1.1. *got* (I 90,8; 165,10; 171,15; 247,3; 253,6; 419,5; II 471,9; 551,1; III 337,6; V 116,30)
1.2. *wesen* (I 219,5; 419,4f; II 363,6f; 582,5)
1.3. *sêle* (I 124,2.5; 136,6; 162,5; 253,5f; 281,11; 282,1; 284,3.5; 360,5f; III 225,9; 252,2.4; 302,1; 337,8; 490,3; V 110,15; 219,8)
1.4. *mensche* (I 90,8; 92,4; II 256,3; 551,2; V 199,2; 255,8; 256,4)
1.5. *leben* (I 92,2)
1.6. o.BE (I 31,2.3; 87,6; 88,4; 90,9; 219,3; 253,6; 276,5; 302,7; 315,2; 319,10; 394,5; 395,1; 396,3; 99,2; 415,5; II 203,9; 309,5.7; 415,5; 420,8f; 421,1; 552,1; 558,1; III 133,7f; 134,7f.15; 135,1f.12; 179,2.5.7; 481,11; 489,7; V 199,1.2)
1.7. *vater* (II 263,5;III 135,11f)
1.8. *natûre* (V 119,4)
1.9. *saelicheit* (V 117,27)
1.10. *tugent* (II 361,4; V 282,4)
1.11. *werk* (II 253,2; V 198,9)
1.12. *vernünfticheit* (III 179,2)
1.13. *stat* (II 191,3.4)
1.14. *dêmuot* (II 553,6f; 581,5; 582,4)
1.15. *geist* (III 487,9)
1.16. *hoeren* (I 312,7)
1.17. *meinunge* (II 416,3)

2. *grundelôsicheit*
2.1. *got* (I 123,3)

3. *grundelôs/ungruntlich*
3.1. *tieffi* (I 246,9f)
3.2. *gotheit* (I 235,6; III 378,4; 380,1)
3.3. *grunt* (II 309,5)
3.4. *wisheit* (II 486,6)
3.5. *wec* (III 36,8)
3.6. *natûre* (III 113,3)
3.7. *gedenke* (III 215,6; 216,1)

4. *abgrunt/abgründicheit*
4.1. *gotheit* (I 194,5; II 68,1; 84,7)
4.2. *wesen* (II 84,7; 493,5)

6. *gründen*
6.1. *vernunft* (V 277,13)
6.2. *kraft* (I 171,14)

9. *gruntveste*
9.1. *bekantnis* (III 229,6)

1.1. – 1.2.: Das Vorstellungsvermögen des Hörers/Lesers von Eckharts Predigten, das durch die Metapher *grunt* dahingehend gesteuert wird, daß es auf Gott räumliche Merkmale überträgt, ist durch die verschiedenen Aussagen im Zusammenhang mit der Metapher *grunt* einem dauernden Prozeß der Korrektur und Präzisierung seiner entwickelten Vorstellungen aufgerufen. Zunächst muß der Rezipient lernen, daß es sich beim *grunt* Gottes nicht um etwas handelt, was wie der mit *grunt* bezeichnete Erdboden in der äußeren Wirklichkeit zu lokalisieren wäre. Vielmehr ist die durch die Metapher *grunt* räumlich differenzierte göttliche Wirklichkeit im Innersten des menschlichen Geistes (s.I 90,8) bzw. im *grunt* der Seele anwesend, wo *"gottes grund und der sele grund ain grund ist."* (I 253,5f) Wenn Eckhart an dieser Stelle Gott verborgen im *grunt* der Seele sieht, bedeutet dies für die Vorstellung, daß Gott im *grunt* der Seele inkludiert ist. Von daher ist es auch verständlich, daß Eckhart davon ausgeht, daß man, um in den *grunt* Gottes und dessen Innerstes zu kommen, zuerst den eigenen Grund und sein Innerstes aufsuchen muß (s.II 551,1f). Dazu ist es erforderlich, daß der Mensch seine Außenorientierung aufgibt und sich - von allem Kreatürlichen befreit - nach innen wendet, wo er mit dem *"inner ouge der sêle"* in Gott sieht (I 165,5-9.11), den er eigentlich *"in sînem eigenen smacke und in sînem eigenen grunde"* (I 165,9f) erfaßt. Denn nur wenn der Mensch alle geschöpflichen Dinge, auch Vorstellungen und Begriffe wie Gutheit und Wahrheit (s.I 171,13), hinter sich gelassen hat, ist er in der Lage, Gott *"über alliu wort in lûterkeit sînes grundes"* (III 337,6) zu erkennen. Um deutlich zu machen, daß der Mensch dabei im Unterschied zu aller Mannigfaltigkeit Gott *"in sîner einunge"* erfaßt, wählt Eckhart verschiedene Metaphern, deren gemeinsamer semantischer Schwerpunkt auf 'einheitlich gestaltete Fläche', 'monotone Landschaft' liegt: Die Seele *"nimet got in sîner einunge und in sîner einoede; sie nimet got in sîner wüestunge und in sînem eigenen grunde."* (I 171,14f)

An anderer Stelle steht nicht so sehr die flächenhafte Erstreckung als der Aspekt des nährvollen Erdbodens im Vordergrund. Eckhart will in Verbindung mit der Pflanzmetaphorik dadurch die Assoziation wecken, daß ähnlich dem Pflanzenwachstum die Demut aus Gott ihre Kraft gewinnt und sich entwickelt; sie ist *"ain wurtzel und gepflantzet... in dem grund der gotheit"* (I 247,2f). Wegen dieser engen Beziehung der Demut zur Gottheit liegt es nahe, den Weg in das göttliche Sein als Abwärtsbewegung zum *"grunt rehter dêmuot"* zu beschreiben, der der *"grunt götlîches wesens"* (II 582,3f) ist. Für die Seele heißt dies, daß sie über die Realisierung der Demut *"in den grunde götlîches wesens"* gelangt und hier wie die trinitarischen Personen eins ist. Damit die Seele aber in diesem Grund, von dem sie alles schöpft, was sie ist (s.V 116,30), eins sein kann, muß sie alles entfernen, was sie selbst und was kreatürlich ist (s.I 419,5-8). Dort seiend, erfährt sich die Seele als selig, weil sie die Stelle erreicht hat, die Ursprung von allem ist, wie Eckhart durch die Metaphernkombination *"in dem êrsten ûzbruche und in dem grunde des wesens"* (II 363,6) über die begriffliche Aussage hinaus eigens akzentuiert. Da in diesem Aussagekontext die Metapher *grunt* hauptsächlich dazu verwendet wird, unter dem Aspekt des fruchtbaren Nährbodens ein Bild vom Ursprung in Gott zu entwerfen, entsteht die semantische Spannung einerseits aus der Lokalisierung des *"ersten uzbruche(s)"* und *"grunt des wesens"* *"in dem lûtersten und in dem hoehsten"* (II 363,5f) und andererseits der Bedeutung von *grunt* als 'Erdboden', 'unten gelegene Fläche'.

1.3.: Diese - die Vorstellung irritierende Lozierung - findet sich auch in Bezug auf den *"grunt der sêle"*: *"...daz got... sprichet in dem hoehsten, in dem grunde mîner sêle."* (V 110,14f; vgl. III 225,9) Genauerhin bedeutet dies für Gott, da *"sêle in ir selber... ist sô lûter..."* (I 361,3), daß nichts anderes in ihren *grunt* kommen kann als *lûter gotheit* (s.I 360,5f).

An anderer Stelle hebt Eckhart diese Einschränkung jedoch scheinbar wieder auf: Im Zusammenhang mit der Wahrnehmung äußerer Dinge, bei der der Mensch *daz allergröbeste* in Form eines Bildes in sich zieht, kommt dem *"grunt der sêle"* eine besondere Bedeutung zu. Denn in diesem untersten Teil der Seele *"dâ enist ez niht wan ein bilde."* (III 225,9f) Gegenüber dieser Behauptung und anderen Aussagen darf jedoch die Korrektur nicht unterschlagen werden, die Eckhart in Bezug auf alle Aussagen zum *"grunt der sêle"* wie auch in Bezug auf den *grunt gotes*, der mit dem *"grunt der sêle"* eins ist (I 253,5f), selbst vornimmt: *"Waz diu sêle in irem grunde sî, dâ enweiz nieman von."* (I 124,4f) Auch ist die Seele wie Gott in ihrem Grund unaussprechlich; alle Worte, die diesen *grunt* meinen, haben ihn nicht zum Inhalt (s.I 284,3-5). Denn die Worte, die für bewegliche Dinge in der Regel verwendet werden, treffen Natur und *"grunt der sêle"* nicht: *"Swer nâch der einvalticheit und lûterkeit und blôzheit diu sêle, als si in ir selber ist, nennen sol, der enkan ir enkeinen namen vinden."* (I 282,2f) Für die Beschaffenheit des *"grundes der sêle"* ergibt sich daraus, daß sie durch *einvalticheit, lûterkeit und blôzheit* gekennzeichnet ist. Auch wenn der *"grunt der sêle"* von der äußeren, kreatürlichen Wirklichkeit unterschieden ist, verkennt Eckhart nicht die Mittlerfunktion, die dem *grunt* - resultierend aus der Mittelstellung der Seele zwischen Zeit und Ewigkeit - in Bezug auf Kreatürliches zukommt: Der im *"grunt der sêle"* stattfindende Kontakt des Hl. Geistes beeinflußt das Wirken des Menschen insofern, als es durch diesen Kontakt *beweget sî* (s.III 302,1f).

1.4. – 1.5.: Wenn Eckhart das, woraus der Mensch bzw. allgemein das Leben lebt, konkretisieren will, greift er zurück auf die Funktion von *grunt*, Nährboden zu sein. In dieser Bedeutung findet *grunt* als Bild Verwendung für die *inner welt*, für das, was der Ursprung allen menschlichen Wirkens und Lebens ist: *"... leben lebet ûzer sînem eigenen grunde und quillet ûzer sînem eigen"* (I 92,2f). In diesem *grunt* geschieht die Gottesgeburt und obwohl Gott mit diesem *grunt* eins ist, lebt der Mensch hier aus seiner eigenen Wirklichkeit: *"Hie ist gotes grunt mîn grunt und mîn grunt gotes grunt. Hie lebe ich ûzer mînem eigen, als got lebet ûzer sînem eigen."* (I 90,8f)

1.6.: Ohne direkten Bezug zu einem Bildempfänger kommt der Metapher *grunt* auch nicht mehr die Funktion zu, als Teil von Gott, Mensch oder Seele diesen räumliche Konturen zu verleihen. Vielmehr erhält *grunt* seine Bedeutung als Ursprung und Ausgangspunkt eines Geschehens, an dem Gott und Mensch beteiligt sind. Hier wird *"diu juncvrouwe, diu ein wîp ist"*, *vruhtbare* und bringt *vruht*, die sie *"âne zâl gebernde"* ist (I 31,1f). Aus dem gleichen *grunt* bringt der göttliche Vater *sîn êwic wort* hervor; die *juncvrouwe, diu ein wîp ist,* ist *vruhtbaere mitgebernde* (I 31,3f). Allgemein - ohne Verwendung der Geburts- und Fruchtbarkeitsmetaphorik - fordert Eckhart den Menschen dazu auf, den *innersten grunt* zum Ausgangspunkt des Handelns zu machen (s.I 90,11).

Daß der *grunt*, aus dem der Sohn hervorgebracht wird, sich im Bereich des göttlichen Vaters befindet, geht aus einer Aufzählung hervor, die wegen ihres asyndetischen Charakters jedoch keine genauere Bestimmung von *vater* und *grunt* zuläßt: Der Sohn trägt die Seele "*in sînen ursprunc, daz ist in den vater, in den grunt, in daz êrste, dâ der sun wesen inne hât...*" (I 302,6f).

In jedem Fall ist vom *grunt* alles Kreatürliche, alle Mannigfaltigkeit sowie jeglicher zeitliche und räumliche Unterschied ausgeschlossen; denn damit die Seele in den *grunt* zu kommen vermag, darf nichts Geschaffenes, kein Können und Wollen des Menschen, das sich nicht auf Gott richtet, über der Seele und vor Gott sein (s.I 319,9f); alles was Gott nicht ist, muß der Mensch hinter sich lassen, damit er in den - im göttlichen Bereich angesiedelten - *grunt* gelangt, bzw. alles hinauftragen "*in die êwige êwicheit hin ûf über alliu dinc*" (I 319,7). Weil alle kreatürliche Vielfalt von diesem *grunt* ausgeschlossen ist, spricht Eckhart auch vom *einvaltigen grunt* (s.I 88,4). Daraus folgt für die Seele, daß sie alle Dinge verlassen muß, damit der Hl. Geist sie in ihr *ewic bilde*, in dem ihr Ursprung liegt, und mit dem Bild in den *grunt* bringen kann, der sein Ursprung ist (s.I 396,2-4; 399,1f). Ist der Mensch im *grunt* angelangt, indem er "*alle geschaffenheit und alle zîtlichkeit und allez wesen*" (II 309,4f) transzendiert hat, muß Gott sich "*ergiezen in vruhtbaerlicher art*" (II 415,8). An dieser Stelle in Pr 48 begründet Eckhart die Notwendigkeit des göttlichen Handelns damit, daß er die für den Bereich der Natur geltenden Gesetzmäßigkeiten auf die Beziehung Gott-Mensch überträgt: Indem der Mensch sich selbst und alles Kreatürliche vernichtet, hat er "*die niderste stat besezzen*" (II 415,2) bzw. - metaphorisch als Geschehen im Raum veranschaulicht - "*sich ze grunde gelâzen*" (II 415,5). In diesen Menschen muß Gott - wegen des natürlichen Gefälles von oben nach unten (s. das Exempel zu Beginn von Pr 48; II 414,3-8) - sich *ergiezen*.

In Bezug auf die Gotteserkenntnis hingegen, die im *grunt* zustandekommt, wird der *grunt* wieder in der Höhe lokalisiert; Eckhart führt aus: "*Dâ nimet si got blôz nâch dem grunde dâ, dâ er ist über allez wesen... dâ enist niht wan éin grunt.*" (III 133,7f). Diese Feststellung betrifft aber nicht nur die Anzahl, sondern vor allem die Beschaffenheit des Grundes, infolge derer der Mensch "*éin* (ist) *nâch dem grunde*" (III 134,7) und - da der innere Mensch in geistiger Weise seinem eigenen Sein *entvellet* - "*in dem grunde éin grunt*" (III 135,1f). Aufgrund dieser einigenden Beschaffenheit des Grundes ist auch die Tugend des Menschen im *grunt* eins mit der göttlichen Natur, wie Eckhart ohne weitere Erläuterung ausführt (s.I 276,5). Verschiedene Metaphern spielen anhand der Natur und der akustischen Erfahrung durch, was es heißt, ununterschieden eins zu sein und keine Mannigfaltigkeit zuzulassen: den *einvaltigen grunt* verbindet Eckhart daher mit der Metapher *stille wueste* (s.II 429,8); er spricht in der gleichen Predigt auch davon, daß "*dirre grunt ist ein einvaltic stille, diu in sich selben unbewegelich ist...*" (II 421,1f). Es fällt auf, daß Eckhart auf der begrifflichen Ebene die in den Metaphern zum Ausdruck gebrachte Unterschiedslosigkeit assoziativ zur Unbeweglichkeit weiterentwickelt hat, was auch eine Verschiebung des semantischen Schwerpunktes bei der Metapher *grunt* zur Folge hat, die dadurch in die Nähe eines abstrakten Terminus, etwa des aristotelischen "unbewegten Bewegers", rückt, der den Anfang und Ursprung von etwas bezeichnet. Ganz deutlich ist diese Entwicklung von konkreter Vorstellung zum abstrakten Terminus in Pr 69 zu verfolgen, wo *grunt* zunächst für den

Ort steht, an dem Güte und Wahrheit in Gott entstehen. Um aussagen zu können, daß die Vernunft, die von dieser Ursprungsstelle aus immer tiefer in Gott eindringt, bis zum absoluten Anfang des göttlichen Seins gelangt, entledigt sich Eckhart der Unbestimmtheit der Metapher *grunt* und benutzt stattdessen die Begrifflichkeit *"in principio, in dem beginne"* (III 179,5f). Diese eindeutige Fixierung schlägt ihrerseits jedoch sofort wieder in Uneindeutigkeit um, da die Beziehung des absoluten Anfangs zur übrigen göttlichen Wirklichkeit unbegreifbar bleibt und infolgedessen wiederum nur - unpräzis vergleichend - metaphorisch zur Sprache gebracht zu werden vermag: *vernünfticheit* nimmt das göttliche Sein *"in principio, in dem beginne, dâ güete und wârheit ûzgânde ist, ê ez dâ deheinen namen gewinne, ê ez ûzbreche, in einem vil hoehern grunde, dan güete und wîsheit sî."* (III 179,5-7) *"Aber vernünfticheit diu scheidet diz allez abe und gât în und durchbrichet in die wurzeln, dâ der sun ûzquillet und der heilige geist ûzblüejende ist."* (III 179,8-180,2)

1.7.: Um herauszustellen, wie sehr der göttliche Vater von dem Drang bestimmt wird, zu gebären, verweist Eckhart neben dem abstrakten Begriff *wesen* mit der Metapher *grunt* darauf, daß auch das Unterste in Gottes Wirklichkeit von diesem Drang bestimmt wird: *"jâ, von sînem grunde und von sîner wesunge und von sînem wesene wirt der vater beweget ze geberne."* (II 263,5f)

In einer anderen Aussage befaßt sich Eckhart mit der Beziehung des Menschen zu Christus und dem göttlichen Vater: Da der Mensch über die Nachfolge *"in den werken der selbe Kristus"* sein kann, *"als er in dem wesene éin Kristus ist nâch menschlîcher art"* (III 135,8f), vermag der mit dem *persônlichen wesene* Christi vereinte Mensch auch mit Christus im *grunde des vaters* als *"ein grunt und der selbe Kristus"* präsent zu sein (III 135,8-12).

1.8.: Die göttliche Natur zeigt dadurch, daß aus ihr der *edel mensche* hervorgeht, Gemeinsamkeiten mit einem fruchtbaren Ackerboden, dessen Pflege für Eckhart in der Predigt VeM ein Gleichnis für die Gottesbeziehung des Menschen ist. Weil die Beschaffenheit der göttlichen Natur nicht nur in ihrer Fruchtbarkeit, sondern auch in ihrer Einheitlichkeit besteht, kombiniert Eckhart mit den Metaphern *gebern* und *grunt* auch die Landschaftsmetapher *einoede* (V 119,3f).

1.9. – 1.13.: Den Ursprung der menschlichen Seligkeit, in dem der Mensch ausschließlich Gott erkennt, umschreibt Eckhart mit Metaphern aus dem Bereich der Natur: *"in den wurzeln und in dem grunde der saelicheit"* (V 117,27). In dieser Bedeutung steht *grunt* auch für den Ursprung der Werke (s.V 198,8) oder der Tugend, die hier von allen leiblichen Dingen abgeschieden ist (s.II 361,4). Im Zusammenhang mit der Hausmetaphorik meint Eckhart mit *grunt* das Fundament, zu dem die *vernünfticheit* gelangt, nachdem sie durch alle *"winkel der gotheit"* (III 179,1) gegangen ist. Zugleich hat *grunt* in diesem Aussagezusammenhang, verstärkt durch die Metaphern *ûzbrechen, ûzgân* (s.III 179,5f), *wurzel* und *ûzquellen* (s.III 180,1) sowie die Termini *"in principio, in dem beginne"* (III 179,5f), die Funktion, den Ursprung des göttlichen Sohnes, aber auch von Güte und Wahrheit durch die Parallele zu Ursprungsorten und -geschehen in der Natur zu konkretisieren. Wenn Eckhart in diesem Kontext dann ausführt, daß die *vernünfticheit* den Sohn *"in dem herzen des vaters und in dem grunde"* empfängt und ihn *"setzet in* *irn grunt"* (III 179,1f), partizipiert der nicht weiter unterschiedene *"grunt der vernünfticheit"* an dem in diesem Zusammenhang entwickelten Aspektreichtum des göttlichen *grundes*. In besonderem Maße greift Eckhart auf den Begriff *grunt* zurück, wenn er Gott Züge eines locus amoenus verleihen will, in dessen *"stat gruonent und bluejent alle créatûren"* und aus dessen *grunt* alle Kreaturen ihre Existenz erhalten haben (II 191,2-4).

1.14. – 1.16.: Um die radikale Verwirklichung der Demut anschaulich machen zu können, verleiht Eckhart der Demut mit dem Bild des Grundes räumliche Konturen, indem *grunt* als Metapher den Endpunkt der Demut als räumlich unten gelegene Fläche vorstellt, bis zu der man vorzudringen vermag (s.II 581,5). In gleicher Bedeutung beschreibt Eckhart die Einwirkung Jesu auf den Menschen; er zeigt auf, daß Jesus *"sihet in herzen und in geistes grunt"* (III 487,9). Ebenfalls spricht Eckhart formelhaft in dieser Bedeutung *"vom grunde des hoerennes"* (I 312,7).

1.17.: Eckhart gibt in Pr 48 ein Gleichnis, das den *"sin und grunt"* all seiner gepredigten *meinunge* verständlich machen soll (s.II 416,3). *Grunt* ist in diesem Kontext Bild für den Ursprung, Nährboden, aber auch das Fundament seines Predigens.

2.1.: zu *grundlôsicheit* s. 3.1.

3.1. – 3.6.: Für Eckhart erscheint Gott, wenn er die Metapher *grundelôs* einsetzt, - im Gegensatz zu seinen Ausführungen, die dem *grunt gotes* gelten - als eine Wirklichkeit, der gleichsam eine nicht auslotbare bodenlose Tiefe zukommt. Da Gott *"in sîner grundlôsen tieffi"* (I 246,9f) oder - wie Eckhart auch paradox formuliert - *"in dem grunt, der grundelôs ist"* (II 309,5) bzw. als *grundelôser got* (I 235,6) nicht begrenzt werden kann, entzieht er sich jedem Begreifen: *"dâ enkan si in niemer begrîfen in dem mer sîner gruntlôsicheit"* (I 123,2f). Die Kombination der Metaphern *mêr* und *gruntlôsicheit* ist geeignet, einerseits über den in *mer* enthaltenen Aspekt der nicht mehr zu erfassenden Wasserfülle, andererseits über den in der Metapher *gruntlôsicheit* enthaltenen Bedeutungsaspekt der 'nicht auslotbaren Tiefe' die Unbegreifbarkeit der göttlichen Wirklichkeit vor Augen zu führen. Daher trägt der *gruntlôse got* auch keinen Namen (s.III 380,1). Entsprechend dieser Eigenschaft sind auch die göttliche Natur, die göttliche Weisheit *gruntlôs* sowie seine Urteile *unbegrîfelich* und seine Wege *ungruntlich* (s.III 36,8).

3.7.: Wie Gott sind auch - wie Eckhart mit der Metapher *gruntlôs* zur Sprache bringt - die inneren Sinne und Gedanken des Menschen unbegreiflich und unausschöpfbar (s.III 215,6).

4.1. – 4.2.: Im Bild des Abgrundes macht Eckhart die Unbegreiflichkeit, Unermeßlichkeit und Unzugänglichkeit des göttlichen Seins anschaulich (s.II 84,7). Wenn der Mensch der *eingeborne sun* ist, drängt es Gott, sich diesem Menschen mit seiner ganzen Wirklichkeit mitzuteilen, d.h. *"daz er uns offenbare allen den abgrunt sîner gotheit und die vüllede sînes wesens und sîner nature."* (I 194,4f) Diesen Mitteilungsvorgang kann Eckhart auch mit Hilfe der Geburtsmetapher zum Ausdruck bringen: *"Allez, daz der vater hât und daz er ist, die abgründicheit götlîches wesens und götlîcher natûre, daz gebirt er zemâle in sînem eingebornen sune."* (II 84,6-8)

6.1. – 6.2.: Die Vernunft, die auf die Kreatur *gründet*, wird in ihrem Streben nach Gott behindert (s. V 277,13).

Im Sinn von 'festen Boden suchen' steht *gründen* für die Tätigkeit der *"kraft in der sêle"*, die die unio mit Gott anzielt (s.I 171,14).

9.1.: Die Bedeutung der Erkenntnis für das Sein sieht Eckhart auf dem Hintergrund der Gebäudemetaphorik vergleichbar mit der Funktion, die ein *"gruntveste und ein fundament"* haben (III 229,6).

D. Tauler

1. grunt
1.1. *got/gotheit* (25,20.23; 113,27; 149,34; 235,9)
1.2. *wesenlicheit* (352,1)
1.3. *sele* (25,24; 137,1.6.12; 146,28; 216,20; 250,3; 266,8; 277,23f; 300,19f.24.26.30; 301,19.25.33; 302,9.16.25.28.32; 334,14.16.29.35; 347,7.9; 361,5.29)
1.4. *herz* (139,2f; 187,23.25.28; 209,29; 295,3; 383,20; 396,32f; 410,21)
1.5. *mensche* (10,31; 22,7.12.16.19.23.28; 23,1.2.9.24; 24,6.14.25f.27.29.32; 31,20.26; 32,15f.25; 36,1.6.26; 39,33; 40,6; 41,16.20f; 42,1.5.8.16; 57,16.36f; 59,3.7.18; 63,8; 67,3; 73,8; 74,26; 97,24; 98,7.14; 127,29; 129,10.27; 136,25; 137,12; 139,31; 144,2.6.8.19.28; 149,35; 152,1; 155,26; 163,30f; 167,7; 170,25; 181,15; 191,11f; 192,34; 195,29; 205,10f; 215,20; 225,17.19.23; 251,4; 254,4; 278,6; 281,6.15f.23.26.28; 282,3.24.31f.34; 283,5.7; 287,30f; 288,25; 292,28; 301,19.25.33; 303,19.21.27; 307,8f.32; 313,6.9; 326,14.20; 327,6; 328,5f.10.12; 329,6.9; 330,27f; 331,1f.12.17.21; 332,16.18f.27; 341,27.28f; 342,23; 346,21; 355,16; 369,10.28; 371,27f; 375,25.29.35; 376,18; 382,8.10.15; 384,28; 386,17.20.25; 387,7; 402,19; 405,15; 408,29; 413,20; 416,22; 417,20.32; 423,27; 432,8; 433,26)
1.6. o.BE (9,28; 10,9; 14,25; 17,22; 22,19.23; 26,14.21.23.25.31; 30,17; 32,7f; 35,32; 37,16; 43,31; 44,3.18.25; 45,1; 46,1.5; 48,21; 49,19; 55,15; 58,7.30f; 59,1.3; 61,15; 62,21; 64,31; 68,2.26.38; 69,21; 75,31; 77,10f; 78,3.6; 81,13f; 83,21; 84,19f; 87,15.17; 89,26; 90,22; 92,25; 93,17; 94,15.18; 101,4.29; 104,8; 105,19; 107,29; 108,5.17.28; 109,2.18; 112,27; 113,18; 117,11; 120,11; 121,37; 122,15; 126,18; 128,13; 138,28.32; 140,8; 145,19; 146,14; 151,25; 164,4; 166,9; 168,2; 169,7; 173,30; 175,3; 179,26; 185,3.6.9; 187,16; 188,9.31; 189,2.7.24; 192,18; 197,18.24; 212,24; 213,30; 214,11; 223,20; 227,11; 229,10; 235,31; 236,9.15; 237,33; 238,10.18; 239,13; 241,6; 243,31; 246,27; 247,1; 248,23.29; 250,24; 251,10.28; 252,25; 253,19f; 254,1; 257,10.35; 262,11.16.21.25; 265,11; 266,1; 269,9; 272,5; 274,11; 275,10; 287,2.22; 288,9;

299,32; 305,3; 317,16; 318,9;
325,9; 335,22.24; 337,30;
338,11; 343,27; 346,1;
347,15.30f.35; 356,31;
357,2.9.29; 358,14.23;
359,28.32; 363,5.13f.19; 366,25.
27f. 30; 367,6; 369,20.23; 370,6;
375,25; 376,5.8; 378,25f;
381,14.23; 382,32; 383,27;
392,7; 398,24.27; 399,7.20;
402,9; 403,1; 404,19; 405,30;
407,5.28;408,32; 409,11.20;
410,28; 414,17.20; 416,4;
433,23)

1.7. *helle* (33,1f; 205,29; 217,28; 368,5)
1.8. *demuetekeit* (88,10; 162,14f.17; 164,17; 225,34; 274,11.13; 323,19; 325,19)
1.9. *abgrunt* (205,22; 331,4f)
1.10. *vernichten* (367,33f)
1.11. *vernútkeit* (190,16f; 257,13)
1.12. *gemuet* (350,26f)
1.13. *ursprung* (262,1)
1.14. *minne* (17,26; 350,8)
1.15. *begerunge* (38,14)
1.16. *nature* (31,32f)
1.17. *warheit* (44,24)
1.18. *meinunge* (84,21; 417,31)
1.19. *willen* (108,13f; 151,29)
1.20. *creature* (146,34)
1.21. *hofart* (217,30)
1.22. *neiglicheit* (237,30)
1.23. *liecht* (286,30f)
1.24. *kleinmuetikeit* (348,31)
1.25. *uebunge* (88,5)

3. grundelôs/ungruntlich
3.1. *erbarmhertzikeit* (66,8f; 82,27; 219,27)
3.2. *gueti* (209,31; 342,15)
3.3. *got* (368,13; 417,16)
3.4. *mer* (153,1; 175,30; 176,10; 291,12)
3.5. *ellende* (168,34)
3.6. *súftzen* (43,28)
3.7. *bandikeit* (43,33)

3.8. *wise* (109,20f)
3.9. *gelossenheit* (115,36; 189,6; 396,6)
3.10. *demuetekeit* (239,7; 273,29)
3.11. *underval* (214,16)
3.12. *willoskeit* (357,15f)
3.13. *ziehen* (169,22)
3.14. *mensche* (322,26)
3.15. *gemuete* (187,8)
3.16. *verlornheit* (258,1)
3.17. *grunt* (370,6)
3.18. *abgrunt* (228,15; 331,4; 367,33; 407,3)
3.19. *vernúten* (44,32; 251,26; 252,26)
3.20. *entsinken* (256,30f)
3.21. *vernutkeit* (206,2)
3.22. *nút* (175,35; 229,6; 256,31; 303,9f; 314,16f)
3.23. *guot* (121,12)
3.24. *ding* (121,35f; 360,26)

4. abgrunt
4.1. *got* (8,30; 46,2; 67,30; 88,3; 103,24; 109,18; 113,31; 117,14.18.28.33; 121,30; 122,14; 201,1; 202,10; 251,13; 239,4;331,17; 358,8; 363,12; 367,28)
4.2. *geschaffen* (176,8; 201,4)
4.3. *ungeschaffen* (176,9; 201,5)
4.4. *grundlosicheit* (368,13)
4.5. *vinsternis* (278,16f)
4.6. *rich* (101,33; 102,16.21f)
4.7. *begin* (263,16)
4.8. *wille* (345,28)
4.9. *sele* (92,24; 101,30)
4.10. o.BE (44,18; 120,18; 135,15; 141,7; 174,28; 190,9;219,28; 257,32; 331,4.14.16; 367,28.33; 406,37; 407,3; 434,13)
4.11. *helle* (135,15; 201,24; 205,16.22)
4.12. *minne* (102,18)

5. *abgruntlich*
5.1. *diemuetekeit* (293,17)
5.2. *tiefe* (368,5)
5.3. *nicht* (368,20)

6. *gründen*
6.1. *got* (25,25)
6.2. *abgrunt* (367,31(Pat))

10. *gruntfesten*
10.1. *minne* (323,3(Pat))
10.2. *mensche* (324,5(Pat); 392,6)

11. *boden*
11.1. *grunt* (262,13f)
11.2. *adel* (347,12)

12. *fundament*
12.1. *gefüelen* (86,28)
12.2. *jar* (79,20)
12.3. *grunt* (392,7)

13. *fundieren*
13.1. *herze* (364,23(Pat))
13.2. *mensche* (174,24(Pat); 238,31f(Pat); 367,1(Pat).3(Pat).9(Pat))

14. *súle*
14.1. *mensche* (24,4; 80,18; 407,6)

15. *slund*
15.1. *abgrunt* (46,4)

1.1.: Wie bei seinen Vorgängern ist *grunt* bei Tauler Metapher Gottes, durch die Gott Züge eines fruchtbaren Erdbodens erhält; der inwendige, edle Mensch entstammt diesem *"grunde der gotheit"* und partizipiert von Gnaden an dem, was dieser *grunt* von Natur aus an Gutem in sich enthält (s.25,20.23). Um den mit *grunt* metaphorisch beschriebenen Bereich Gottes erreichen zu können, ist es nach Taulers Meinung, der hierin Eckhart folgt, erforderlich, daß der Mensch zuerst in den eigenen *grunt* und in sein *innigostes* kommt (s.149,34f).

1.2.: Unwandelbarkeit und Zahllosigkeit ist nicht in der *"wise der zit in der wúrklicheit"* anzutreffen. Vielmehr ist ihr Ort die *wesenlichheit* und - was für Tauler das Gleiche ist - der *grunt*. Da *grunt* hier (352,1) - wie an vielen Textstellen bei Tauler - ohne Genetivattribut erscheint, steht die Metapher nicht für einen Teilbereich der attribuierten Größe und verleiht dieser infolgedessen auch keine räumlichen Konturen; vielmehr steht *grunt* - absolut gebraucht - für den Bereich, der vom Sein und - im Gegensatz zur kreatürlichen Realität - von Zeitlosigkeit geprägt ist.

1.3.: Tauler erklärt Gottes verborgene Anwesenheit in der Seele damit, daß er gleichsam wie unter der Erdoberfläche *"in dem indewendigen grunde der selen... verborgen und bedecket..."* liegt (25,24f). Der tiefste Bereich der Seele weist - wie Tauler durch eine Tempelallegorie verdeutlicht - Züge eines geschlossenen Raumes auf, der als dauernder Aufenthalt der Dreifaltigkeit dient (s.266,8). Dieser - raumhafte Gestalt annehmende - Bereich in der Seele ist auch die Stelle, wo Gott zeitlos seinen eingebornen Sohn hervorbringt (s.301,19).

Die Zuwendung Gottes zum Menschen macht Tauler ferner in dem Bild des *"weselich in lúhten... in den grunt der selen..."* (250,2f) anschaulich; dieses Geschehen bewirkt, daß der Mensch aufgrund der Erfahrung von Gottes Größe die eigene Nichtigkeit erkennt und infolgedessen *"tieffer versinkt in sin eigen nicht"* (250,4).

Eine andere Darstellung des göttlichen Geschehens in diesem *grunt* besagt, daß sich hier der Hl. Geist mitteilt, indem er ähnlich einer Naturlandschaft diesen *grunt* "*durchgússet und durchflússet... mit sinen goben.*" (301,31-34). Der *grunt* der Seele ist auch Metapher für den Ort, in dem das ewige Wort gesprochen wird; in dem Fall, daß er aufnahmebereit ist, wird er mit dem göttlichen Wort identisch, ohne jedoch - wie Tauler einschränkend hinzufügt - seine Geschaffenheit zu verlieren (s.334,16f).

Allgemein charakterisiert Tauler den *grunt* der Seele als Wirkungsstätte Gottes; die Seele besitzt hier Gott dem Sein nach (s.300,20), und sie hat hier alles *von genade*, was Gott *von naturen* hat (s.300,25). Die Gnade wird aber erst durch ein - von Tauler zum Geburtsvorgang in Beziehung gesetztes - Geschehen in dem Maße präsent, wie der Mensch sich dem *grunt* zuwendet (s.300,25f). Solange er noch mit der äußeren, irdischen Wirklichkeit beschäftigt ist, vermag er überhaupt nicht in den *grunt* zu kommen; denn in den äußeren Dingen findet man den *grunt* nicht; vielmehr muß man alle Dinge lassen und in sich gehen (s.302,28), wo im Allerinnersten der Seele, dem *grunt*, das göttliche Bild/das Bild der Hl. Dreifaltigkeit (s.300,19), das Reich Gottes, bzw. Gott (s.361,29), verborgen liegt. Beschäftigt sich die Seele dagegen mit äußeren Dingen, so wird das Erscheinungsbild ihres *grundes* dadurch verändert, daß sie dann - Tauler bezieht sich hier auf *grunt* in der Bedeutung einer ebenen Fläche - ihren "*grunt nach creaturen geverwet*" hat (146,28f). Auf der anderen Seite bewirkt die Konzentration auf Gott, daß die Seele äußerlich wie innerlich Gott angeglichen wird: "*Wer si sehe, der sehe si in dem kleide, in der varwe, in der wise, in dem wesende Gotz von gnaden...*" (146,25f). Die Hinwendung zu Gott ist in der Eigenschaft des Funkens oder - von Tauler mit diesem gleichgesetzt - des Seelengrundes begründet, ein Bedürfnis zu entwickeln, das nur durch Gott selbst gestillt werden kann (s.137,1). Dieses Bedürfnis bewegt den - in Pr 36 im Seelengrund lokalisierten - "*funken der sele*", auch *boden, tolde, erstekeit* oder *bilde* der Dreifaltigkeit von verschiedenen Theologen genannt, wie Tauler bemerkt (s.347,11-14), dazu, sich so hoch zu bewegen, bis er über alles Verstehen wieder "*in den grunt*" gelangt, aus dem er in seiner "*ungeschaffenheit usgeflossen ist*" (347,15f).

Während *tolden* die Assoziation weckt, daß sich der auf diese Weise bezeichnete Bereich der Seele in der Höhe befindet, suggerieren *grunt* oder *boden* eine im untersten Teil der Seele gelegene einheitliche Fläche mit einem sich darunter befindlichen verborgenen Untergrund. Anknüpfend an diese Bedeutungskomponente sieht Tauler auch Gemeinsamkeiten zwischem dem Seelengrund und einer "*einveltig úberwesenliche(n) verborgene(n) wueste und frie(n) dúnsternisse*" (302,32f). Denn frei von allen äußeren Dingen, ohne räumliche und zeitliche Differenzierung ist dieser Grund einer monotonen Wüstenlandschaft ähnlich; *dunsternis* ist in diesem Zusammenhang Bild für die Unerkennbarkeit des Grundes.

1.4.: Den alles umfassenden Charakter menschlichen Handelns und Verhaltens veranschaulicht Tauler dadurch, daß er sich vorstellt, wie dieses das ganze Herz des Menschen, auch den mit *grunt* metaphorisch umschriebenen unteren Bereich des Herzens, erfaßt.

1.5.: Das Innere des Menschen erhält durch die Metapher *grunt* Züge, die an einen Ackerboden erinnern, der mit bestimmten Pflanzen von Gott bepflanzt worden ist (s.42,11), auf dem sich wie Unkraut irdische Dinge befinden, die entfernt werden müssen (s.163,30f), und der auch wie dürrer Ackerboden seinen Zustand verändert, wenn der *lebende brunne* auf diesen Grund einwirken würde (s.287,29f); in ununterscheidbarer Einheit von Gott und Mensch würde dann - wie Tauler hypothetisch formuliert - dauernd göttliche Liebe aus dem *grunt* herausquellen. Die einer Quelle vergleichbare Bestimmung des *grundes*, Liebe oder Wahrheit aus sich hervorzubringen, wird von den Menschen verfehlt, die aufgrund ihrer sinnlichen Orientierung und ihres geschraubten Redens nur einen leeren *grunt* aufzuweisen haben (s.41,16).

Eine andere Möglichkeit besteht darin, daß beim Menschen, der auf die äußere Wirklichkeit fixiert ist, kreatürliches Wachstum entsteht. Durch die Kombination der Metaphern *grunt* und *swanger* evoziert Tauler eine Vorstellung, die auf entsprechende Entwicklungen im menschlichen und im Bereich der Natur bezogen ist. Tauler formuliert: *"Si sint swanger worden in irme inwendigen grunde von den creaturen..."* (136,24f). Da Gott den *grunt* des Menschen alleine besitzen will, muß der Mensch, damit Gott in diesem *grunt* wirkt, Sorge dafür tragen, daß kein anderes Ding in diesem *grunt* ist (s.36,26). Anhand der Arbeit an einem Ackerboden zeigt Tauler die Notwendigkeit geistiger Pflege des menschlichen *grundes* auf; der Sinn der auf den *grunt* gerichteten Tätigkeit wird dabei aufgrund des Funktionszusammenhangs verdeutlicht, der zwischen der Sonneneinstrahlung und einer entsprechenden aufnahmefähigen Bodenbeschaffenheit besteht: Wie beim Erdboden die Vernichtung allen Unkrautes erforderlich ist, damit die Sonne ungehindert und fruchtbringend einstrahlen kann, so muß der Mensch alle Hindernisse beseitigen, damit Gott ungehindert seine Wirkung auf den Menschen ausüben kann. Die Tätigkeit, die der Mensch in Bezug auf seinen *grunt* dabei entfaltet, parallelisiert Tauler mit dem Umgraben eines Ackers: *"also sol der mensche... sich selber umbegraben und sehen in sinen grunt..."* (97,23f). Wenn der äußere Mensch, die niedersten und obersten Kräfte *"wol behouwen und bereit sint..., so kummet denne die suesse goetteliche sunne, und beginnet die klerlich in den grunt, in den edeln akker lúhten klerlichen..."* (98,6-8). Das sich anschließende Bild einer fruchtbaren Maienlandschaft vermittelt über die ästhetisch schöne Landschaft dem Hörer/Leser der Predigt die Auswirkungen des ungehinderten göttlichen Einflußes auf den menschlichen *grunt* (s.98,8-16). Ähnlich wie Gott geht es auch dem Menschen auf dem Weg zu seinem *grunt*, in dem er zu nichts werden soll: Wenn die Dinge den Weg zum *grunt* verstellen, vermag er weder in den eigenen, noch in den *grunt* Gottes zu kommen; denn um in Gottes *grunt* zu gelangen, muß der Mensch zunächst in den eigenen *grunt* kommen (s.149,35). Dazu ist es erfoderlich, daß er sich in Distanz zu seinen Sinnen (s.144,6), zu allen kreatürlichen Dingen und zu sich selbst (s.155,29) begibt. Ist der *grunt* von allem Kreatürlichen befreit, so daß Gott diesen *grunt* in Besitz hat nehmen können (s.24,32), und gelingt es den Menschen, daß sie nicht *"uzlouffent von irme grunde"* (36,1) in die Werke, sondern in Distanz zu allem Kreatürlichen in ihren *grunt* gelangen, kommt es zur Erfahrung Gottes, der sich in diesem *grunt* dauernd aufhält.

Wegen seiner Funktion, Aufenthaltsort Gottes zu sein, zieht Tauler in Bezug auf den *grunt* auch die Gebäudemetaphorik heran. Der menschliche *grunt* ist ein *hus* (s.144,6) und ein *indewendiger tempel* (s.39,33) des Menschen. Die Gebäudemetaphorik dient in einer anderen Predigt dazu, die Bedeutung von verschiedenen Tugenden für den Weg zu Gott anhand der Funktion zu veranschaulichen, die verschiedene Teile eines Hauses für das ganze Haus haben; die Rolle, die Tauler der

Demut dabei zumißt, ähnelt der des Fundamentes: "...*die demuetkeit sol unser grunt sin und minne sol unser gezimber sin...*" (328,5f). Wer stattdessen in vernünftiger Weise nicht auf diesem Weg der Tugenden Gott zu erreichen meint, fällt nur in den existenzbedrohenden (*ab-*)*grunt* (s.328,10), während Gott den Menschen auf dem Tugendweg *ufziehen muesse* (328,13). Eine andere Möglichkeit zu Gott zu kommen, beschreibt Tauler im Rahmen des Aufstiegsmodells als Bewegung, bei der der Mensch alle Gedanken, Vorstellungen und alles Wirken zurückläßt, indem er diese in die Höhe zu Gott hin transzendiert. Dort vermag er seinen bislang verborgenen *grunt* direkt, ohne Einschränkungen, zu erkennen, - allerdings infolge der Aufhebung aller räumlicher Begrenzung als "*grunt sunder grunt*" (369,10-13).

Eine andere Möglichkeit, zu Gott zu gelangen, veranschaulicht Tauler anhand einer Abwärtsbewegung, durch die der Mensch von allem Kreatürlichen weg immer tiefer in seinen *grunt* eindringt, bis er in den Willen Gottes gelangt (s.155,25f).

Eine dritte Möglichkeit besteht für Tauler darin, daß der Mensch seinen schlechten *grunt* in die *wueste Gotz* trägt (278,5-8). Nicht als Aufwärts- oder Abwärtsbewegung, sondern nach innen verläuft der Weg zu Gott, den Tauler in Pr 61 als weitere Möglichkeit entwickelt: "*Do er in im was, do was der mensche Got in Gotte.*" (331,31) Dieser für die kreatürliche Vernunft unerreichbare *grunt* im Menschen ist raum- und zeitlos; seine Weite weist "*weder bilde noch forme noch wise*" auf (331,3f); er ist daher "*einvaltig und sunder underscheit*"(331,26), so daß infolge der dort herrschenden Monotonie und Unzugänglichkeit das durch diesen Bedeutungsaspekt bestimmte Bild der Wüste mit *grunt* kombiniert werden kann (s.331,21f). Wegen seiner horizontal und vertikal unbegrenzten Ausdehnung wird letztlich die Metapher *grunt* aufgehoben; der semantische Schwerpunkt der Metapher *grunt* 'Boden', 'unterste Fläche eines Raumes' hat sich verlagert zur Auffassung von der nicht mehr auslotbaren Tiefe des Grundes. Daher kann Tauler in diesem Aussagezusammenhang auch *grunt* oder *abgrunt* synonym gebrauchen; zum *grunt* führt er genauer aus: "*denne es ist ein grundelos abgründe swebende in im selber sunder grunt...*" (331,4f). Da diese Merkmale des *grundes* wegen der darin zum Ausdruck kommenden fehlenden räumlichen Definition mit der geschöpflichen Wirklichkeit nicht vereinbar sind, stellt Tauler auch fest: "*In dis abgrunde gehoert allein das goettelich abgründe.*" (331,16f)

1.6.: An vielen Textstellen hat die Metapher *grunt* keinen Bildempfänger, auf den sie bezogen ist. Erst durch den weiteren Kontext der Metapher wird deutlich, daß es um den *grunt* im Bereich Gottes, des Menschen oder des Teufels geht.

An den Textstellen, an denen der Mensch von Tauler aufgefordert wird, sich um die *blosheit* des *grundes* zu bemühen, indem er ihn wie seinen Acker säubert und alle Vorstellungsbilder beseitigt, so daß der *verborgen grunt* sich zu *erdecken* und *erbilden* vermag (26,21), ist der menschliche *grunt* gemeint. Von allen Hindernissen befreit, ähnelt der *grunt* einem Spiegel, in dem Gott sich zur Darstellung bringt (s.26,16), bzw. einer Erdfläche in gesäubertem Zustand, so daß "*sich die sunne drin mag ergiessen...*" (26,27f) und der Mensch in der Lage ist, in diesen *grunt* zu schauen. Denn solange die "*bilde der dinge*", *eigen lust* etc. den Menschen bestimmen, versperren diese wie eine Haut den Zugang zum *grunt*: "*... der* *mensche hat manige hut in im die im den grunt bedeckent und überwachsen hant..."* (275,10f). Deshalb bleibt für den Menschen die Wahrheit im *grunt* solange *"bedeckt und unbekant"* (275,11), wie es ihm nicht gelingt, durch die sinnlichen Vorstellungen hindurch und über diese hinweg zu kommen, um dann in einem *"durbruch in den grunt"* zu gelangen (248,22.29), in dem die *lebende worheit* leuchtet (248,29).

An einer anderen Textstelle wird der *grunt* geradezu zum Raum, in den Gott sein göttliches Bild gelegt hat (s.58,31f). Auch die Aussage, daß der Hl. Geist mit allem seinem Hausrat in den von den Kreaturen distanzierten Menschen kommt und *"alle die winkele und den grunt"* erfüllt (104,7f), verleiht dem mit *grunt* gemeinten Bereich räumliche Züge; ebenfalls ist für Christus der Gott zugekehrte *grunt* dessen dauernder Aufenthaltsort; er *wonet do* (s.366,26). Auf dem Hintergrund der Hausmetaphorik ist auch die Bezeichnung Gottes als *grunt* zu verstehen; Taulers Feststellung, daß der Friede darauf *gebuwen* ist, evoziert eine Sicht, die dem mit *grunt* gemeinten göttlichen Bereich die Funktion eines Fundaments zumißt (s.392,7).

Andere Aussagen knüpfen daran an, daß der Begriff *grunt* in eigentlicher Bedeutung für 'Erdboden' stehen kann. Es liegt in diesem Bedeutungskontext nahe, das Sinken des Menschen in den *grunt* mit dem Einsickern von Wasser in das Erdreich zu parallelisieren (s.55,15); auch läßt sich, wenn *grunt* in der Vorstellung dem Charakter eines Ackerbodens angenähert wird, veranschaulichen, wie *gebreste*, die in dem *grunt* liegen, mit großen Übungen - für Tauler dem Pflügen ähnlich - bekämpft werden (s.398,24-27). Entsprechend der Eigenschaft des Bodens, Wachstum zu ermöglichen, sieht Tauler als Ergebnis des menschlichen Bemühens, alle von Gott erhaltenen Dinge wieder so in den göttlichen Ursprung zurückzubringen, daß diese *"fruht in dem grunde"* (87,17) bringen. Wegen der Zeitlosigkeit dieses Grundes gibt es keine Entwicklung hier: *"do ist der bluome und die fruht ein, do Got ist ..."* (87,17f). Wenn der Mensch in seinen *grunt* gelangt, der sich in der göttlichen Höhe befindet (s.369,6-10), wird dort die Gnade *geborn* oder - wie Tauler gleichbedeutend mittels der Pflanzenmetaphorik aussagt -, *"der same ergüsset sich in disem grunde."* (369,23)

In mehreren Predigten zieht Tauler mit der Wurzelmetapher ein anderes Element der Pflanzenmetaphorik zum einen dazu heran, den Zusammenhang der bösen *gebreste* (s.398,24) oder der *vergiftetheit* (s.94,15) mit dem *grunt* ins Bild zu bringen. Zum anderen macht Tauler mit der Wurzelmetapher die Ursprungsfunktion des *grundes* anschaulich, aus dem das göttliche Licht *geborn* ist (s.78,6) und das menschliche Tun, das der *wurtzeln uzgesprungen* ist (s.78,7f); um bis zum Ursprung der Demut zu gelangen, ist es erforderlich, *"nider ze sinkende in den aller tiefsten grunt und an die wurzele der demuetkeit."* (274,11) Auch ohne die Wurzelmetapher wird an mehreren Textstellen mit *grunt* die Stelle bezeichnet, wo alle Gaben ähnlich einer Geburt von Gott hervorgebracht worden sind, und wo sie, wenn sie in ihren Ursprung wieder zurückkehren, vom Menschen hingebracht werden müssen (s.30,17). Wegen dieses semantischen Schwerpunktes kombiniert Tauler mehrmals die Metapher *grunt* mit dem Begriff *ursprunc* (s.37,16).

Der Aspekt der Tiefe wird mit der Metapher *grunt* assoziiert, wenn Tauler ausführt, daß der verklärte Geist des Menschen/der Mensch in den Grund einsinkt (s.117,11f) und zunichte wird, indem er in sein Nichts *entsinket* (s.197,24f). Die

Bedeutung 'Tiefe' wird der Vorstellung ebenfalls nahegelegt, wenn in Bezug auf den Hl. Geist, der alle *gründe, die herzen* und *die selen* erfüllt, ausgeführt wird, daß "*er füllet die telre und die tieffe die im für gehalten sint.*" (305,3.5)

Das Verhältnis von *grunt* zu *abgrunt* ist Gegenstand verschiedener Ausführungen. Es finden sich einerseits Aussagen, die von einer Identität zwischen beiden Metaphern ausgehen (s.109,2.18; 92,24f; 68,2), insofern beide einen Bereich jenseits der kreatürlichen Wirklichkeit meinen. Tauler kann z. B. darlegen, daß der Endpunkt des Gebetes, bei dem man sich Gott annähert, der innerste *grunt* ist, "*von dem sancte Augustinus sprichet das die sele habe in ir ein verborgen appetgrunde, daz enhabe mit der zit noch mit aller diser welte nüt zuo tuonde...*" (101,29-31). Andererseits wird eine Unterschiedenheit zwischen dem *grunt* und dem *abgrunt* dort vorausgesetzt, wo im Sinn einer zeitlichen Folge beschrieben wird, daß der Mensch durch die Einwirkung der göttlichen Minne auf den *grunt* jeden festen Halt verliert und "*versinke und ertrinke in das goetlich abgründe...*" (251,13). Oder: Im Inneren des *grundes* sich befindend, "*do der geist einen überslag tete über sin vermügen in das goetteliche abgrunde.*" (117,13f)

In einer anderen Predigt folgt auf das Erreichen des Grundes, daß der Mensch über alle Hindernisse emporgehoben und in den göttlichen Abgrund gezogen wird (s.46,1ff). Mittels einer räumlichen Differenzierung werden beide Metaphern 44,18 unterschieden: "*sú ging... in den grunt, noch naher trang sú hinin in daz abgrunde...*" (44,17f).

Lebensbedrohende Gefährdung impliziert der *grunt*, in den der Mensch gerät, wenn er nicht den Weg der Tugendübungen einschlägt (s.369,20) oder wenn er sich in seinem Gutdünken erhebt; je höher Menschen in dieser Einstellung kommen, "*ie tiefer si in den grunt vallent*" (236,9).

1.7.: Räumliche Merkmale erhält die Hölle dadurch übertragen, daß Tauler an mehreren Stellen als Aufenthalt von Menschen den "*tiefsten grunt der helle*" nennt.

1.8.: Die Realisierung der Demut veranschaulicht Tauler anhand einer Abwärtsbewegung, die an ihr Ziel gelangt, wenn sie im tiefsten Bereich bis zum Ursprung geraten ist: "*... in der ze sinkende in den aller tiefsten grunt und an die wurzele der demuetkeit.*" (274,11f) Der Aspekt der Ursprungsfunktion des *grundes* stellt Tauler in einer anderen Predigt noch besonders dadurch heraus, daß er den *grunt* der Demut zum Bereich macht, aus dem die Gnade *geborn wirt* (164,17). Einige Zeilen weiter spielt er mit der Metapher *tal* auf die bei *grunt* sich einstellende Vorstellung des Untergrundes, einer unten gelegenen Fläche an; dem Aspekt des Ursprungs trägt er dadurch Rechnung, daß er mittels der Wachstumsmetapher im "*dal der demuetkeit*" die Entstehung verschiedener Tugenden beschreibt (s.164,20f).

1.9.: Für die räumliche Ausdehnung des *grundes*, in dem man "*das lieht in dem liehte*" sieht (330,29), ist charakteristisch, daß er "*weder hie noch do*" hat (331,3f); daher ist er ein "*grundelose abgründe ... sunder grunt*" (331,4f).

An einer anderen Stelle ist mit der metaphorischen Formulierung "*aller tiefster grunt des abgründes*" der unterste Teil der Hölle gemeint, die wegen ihrer Gefährlichkeit von Tauler als *abgrunt* bezeichnet wird (s.205,21f).

1.10. – 1.11.: Der Tiefe des göttlichen *abgrundes* soll der Mensch dadurch begegnen, daß er der göttlichen Unendlichkeit die eigene Bestimmungslosigkeit gegenüberstellt; diese wird erreicht, indem der Mensch alle (kreatürlichen) Bestimmungen seiner selbst vernichtet; das Ergebnis umschreibt Tauler metaphorisch als "*ein grundelos abgrúnde eins vernichtendes vernútkeit ir selbes sunder grunt.*" (367,33f).

1.12.: Der mit dem *gemuet* gleichgesetzte *grunt* hat "*ein gruntneigen wider in den ursprung*" (350,27f).

1.13.: Mit Hilfe der Metapher *grunt* gibt Tauler eine räumliche Vorstellung vom Ursprung der Seele, in den sie zurückkehrt, wenn sie wieder in dessen *grunt* eindringt (s.262,1).

1.14. – 1.25.: *Grunt* ist Bild für den Ursprung der Minne (s.350,8), einer bestimmten *begerunge*, der Natur sowie der unter 1.17.-1.25. aufgeführten Größen.

3.1. – 3.4.: Um die grenzenlose Barmherzigkeit Gottes zum Ausdruck zu bringen, negiert Tauler mit der Adjektivmetapher *grundelos*, daß diese Barmherzigkeit an ein Ende kommt. Die mit *grundelos* zugleich geweckte Assoziation einer Tiefe wird verstärkt in der Aufforderung zur Sprache gebracht, daß der Mensch sich begeben solle "*in die vertieffete grundelose erbarmhertzikeit Gottes*" (66,7f). Weiterhin verweist das Bild auf die unendliche Güte Gottes (s.209,31) sowie auf die Unendlichkeit Gottes selbst.

3.5. – 3.13.: In Bezug auf Widerfahrnisse, Haltungen und Äußerungen des Menschen steht die Metapher, um deren unendliches Ausmaß vor Augen zu führen: das *ellende* (s.168,34), das der Mensch auf dem Weg zu Gott erleidet, sowie die *willoskeit* des Menschen, der zu Gott kommen möchte (s.357,16), das *súftzen,* die *bandikeit*, die *demuetkeit*, der *underval*, die *wise*, mit der sich der menschliche Geist in Gott verliert, und die *gelassenheit* werden als *grundelos* charakterisiert. Ebenfalls erfolgt das Bemühen Gottes, der in einer Art Ziehbewegung den Menschen zu sich holt, *grundelos* (s.169,22).

3.14. – 3.16.: Der Zustand des Menschen, der egozentrisch auf sich schaut, kommt darin zum Vorschein, daß er grenzenlos der Sünde verfallen ist (s.322,26).
Eine andere Einstellung hat der Mensch, dessen *gemuete* sich durch einen unendlichen Gehorsam auszeichnet (s.187,8). Im göttlichen Abgrund ist die menschliche Verfassung geprägt "*von der grundeloser verlornheit*" des geschaffen menschlichen Geistes (258,1).

3.17. – 3.18.: Der inwendige *grunt* im Menschen und der *abgrund*, in den der Mensch wieder zurückkehrt (s.407,3), wenn er zu Gott kommt, sowie der *abgrund*, der sich ohne räumliche Begrenzung *sunder grunt* im Menschen befindet (331,2-5), als auch der *abgrunt*, den der Mensch aufsucht, wenn er in Demut zunichte wird (s.367,33f), erhalten durch die Metapher *grundelos* Züge einer unbegrenzten, unberechenbaren und unheimlichen Tiefe.

3.19. – 3.22.: Das Zunichtewerden des Menschen sieht Tauler als einen Prozeß, bei dem *wort und wise* (175,33f) sowie alles, was der Mensch von Gott empfangen hat, *enpfelt* bzw. bei dem der Mensch all diesem *enpfelt* (s.176,1). Daraus ergibt sich, daß er alles, was er ist, verliert, und letztlich nur noch - verglichen mit der räumlichen Ausdehnung alles Kreatürlichen - seine *kleinheit* übrig bleibt (s.229,6). Den Vorgang, durch den der Mensch seine raum-zeitliche Verfassung aufgibt, beschreibt Tauler als *nider sinken* oder *"nidertruken in den grunt"*; der Mensch meint im Verlauf dieses Prozesses *"minre denne ein mensche ze sinde"* (252,13). Weil der Mensch dabei sich von sich selbst endlos entfernt, indem er sich in *"einem grundelosem entsinkende in ein grundelose nút"* (256,30f) begibt, hat er auch keinen *grunt* mehr aufzuweisen, der ihm einen 'Selbstand' ermöglichen würde. Insofern das *vernúten grundelos* ist (252,26), bleibt den Menschen, die diesem Prozeß unterworfen sind, nur die Möglichkeit, zu *"sten uf irme lutern blossen nút"* (314,16). Dessen Qualität beeinflußt die unio des Menschen mit Gott: *"Und so ie das niht so grundeloser ist, so die vereinunge do ie wesenlicher und gewerlicher wurt"* (314,16f).

3.23. - 3.24.: Einen nicht mehr überschaubaren Sachverhalt bezeichnet Tauler als *"ein grundelos ding"* (360,26).

Den unschätzbaren Wert des Sterbendürfens bringt er mit der Formulierung *"ein so edel grundelos luter guot"* (121,12) zum Ausdruck.

4.1. - 4.5.: Anknüpfend an die nicht mehr auslotbare Tiefe eines Abgrundes bezeichnet Tauler metaphorisch mit dem Begriff *abgrunt* die Wirklichkeit Gottes, deren Charakteristikum es ist, frei von räumlicher Begrenzung und infolgedessen unfaßbar zu sein. Wer darum in die Wirklichkeit des göttlichen Vaters gelangt, kommt in *"daz vetterliche abgrunde"* (113,31). Dieser *abgrunt* ist wegen seiner nicht begrenzten Tiefe, wie Tauler in Pr 67 darlegt, für das geschaffene Verstehen nicht zugänglich und von diesem nicht erkennend zu ergründen: *"... noch es enist nút ze ervolgende noch ze gründende denne allein von im selber."* (367,30f) Denn da der göttliche *abgrunde überwesenlich*, Gottes Sein *"hoch und hoch über alle hoehi"* (121,29) zu finden ist, ist der geübte und von allem behindernden Irdischen geläuterte Mensch (s.46,2) darauf angewiesen, daß der göttliche *abgrunde* auf den menschlichen Geist zukommt und *"lat do sine funken stieben in den geist..."* (117,18).

Eine andere Vorstellung bei Tauler besagt, daß der Mensch aufgrund der Lage des göttlichen *abgrundes* *"verre über alle creatúrliche wise"* (117,29) alles Kreatürliche beseitigen muß, um in diesen Abgrund zu gelangen. Dies geschieht (neben der mit *lutern* zum Ausdruck gebrachten Weise der Distanzierung) dadurch, daß der Mensch über alle Kreaturen sein *gemuete* in den *abgrunde* Gottes richtet (s.67,30) oder sein *gemúete* in die Höhe treibt (s.68,13) bzw. über alle kreatürlichen Hindernisse *"wart... in das abgrunde Gottes gezogen."* (s.46,2).

In einer anderen Predigt (Pr 52), in der die Feststellung getroffen wird, daß *"die tieffe des goetlichen abgrúndes das ist unervoelgig allen vernunften..."* (239,4f), hält Tauler die Angleichung an die von jeglicher kreatürlichen Beschränkung freien Tiefe des göttlichen Abgrundes für erforderlich: *"Aber der tieffe sol man volgen mit einer vertieffeter demuetkeit."* (239,5)

In Pr 67 präzisiert Tauler die Forderung nach Angleichung an die Unkreatürlichkeit Gottes dahingehend, daß der Mensch zu einem *"luter nichte werden"* muß (368,1); dies bedeutet für die Menschen, daß in ihnen *"ein grundelos abgrúnde eins vernichtendes irs selbes sunder grunt"* hergestellt wird (367,33f). Wenn dem Menschen die Realisierung dieser Forderung gelingt, vermag er der Tiefe des göttlichen *abgrundes* mit seiner eigenen *tieffi* zu begegnen (s.367,32f). Den durch die Demut ausgelösten Prozeß der Vernichtung seiner selbst beschreibt Tauler an mehreren Textstellen auch auf dem Hintergrund der polaren räumlichen Erstreckung Größe-Kleinheit metaphorisch als *verkleinunge*, die beim Menschen "*einen demuetigen underval under Got und under alle creaturen*" (200,24f) bewirkt. Mit seiner *verkleinunge* zieht der Mensch die Konsequenz aus der Erfahrung Gottes, dessen Größe alles andere als klein und nichts erscheinen läßt: "*... und Got wirt den menschen als gros das in alles das klein und nút enwirt das Got nút enist..."* (368,23f). Aufgrund der *verkleinunge* gelingt es dem Menschen, die der Seinsqualität Gottes entsprechende Haltung zu realisieren; während Gott infolge seiner Seinsqualität die höchste Position in Differenz zu allem Kreatürlichen einnimmt (s.368,13ff) - was keine Lozierung Gottes und seines Abgrundes bedeutet, sondern nur die Transzendenz Gottes in Bezug auf alles Kreatürliche anhand der räumlichen Differenz zur Erde veranschaulicht -, führt den Menschen die Erkenntnis seines Stellenwertes im Vergleich mit Gott (s.368,2) zum Abbau seiner Selbständigkeit und seines Eigenwertes gegenüber Gott. Der Mensch begibt sich infolgedessen in die unterste Position der Wirklichkeit und macht sich an die Vernichtung seiner individuellen Existenz - veranschaulicht anhand der Reduzierung der Körpergröße in Form einer *verkleinunge*. Insofern diese mit der Metapher *geschaffen abgrunde* ins Bild gebrachte Position unter allen Kreaturen für den Menschen wegen ihrer unendlichen Tiefe die Befreiung von allen kreatürlichen Fixierungen bedeutet, ist der Mensch hierin Gott gleich: "*Das geschaffen abgrúnde das in leitet von siner tieffe wegen. Sin tieffe und sin bekant nicht das zúhet das ungeschaffen offen abgrúnde in sich, und do flússet das ein abgrúnde in das ander abgrúnde und wirt do ein einig ein, ein nicht in das ander nicht.*" (201,3-7) Dies heißt, daß der Mensch, der mit der *verkleinunge* seine kreatürliche Verfaßtheit beseitigt, als kreatürliches Nichts in das "*goetlich innerlich abgrúnde versinkt*" (201,1); dieser *abgrund* ist wegen seiner Distanz zu allem Kreatürlichen immer schon ein kreatürliches Nichts und damit auch von räumlich unbegrenzter, unfaßbarer Erstreckung. Da der Mensch in seinem *abgrunt* aufgrund der mit ihm verbundenen Unendlichkeit Gott gleich ist, kommt es in dieser Position zur unio von Mensch und Gott. Der Endpunkt der Vernichtung des Menschen ist aber erst erreicht, wenn der Mensch im göttlichen Abgrund von der Gottheit *ingesluden wart* (s.46,3). Die in diesem Geschehen sich bestätigende existenzbedrohende Gefährlichkeit, an die man bei jedem Abgrund denkt, hebt Tauler noch mehr hervor, indem er anstelle von *abgrund* von *slund* spricht (s.46,4).

Eine andere Vorstellung entstammt der Metallurgie: Der menschliche Geist ist "*versmoltzen in das goetteliche abgrúnde..."* (88,2f). Diese Aufhebung aller Unterschiede im göttlichen Abgrund macht Tauler in Pr 28 durch einen Rückgriff auf die visuelle und akustische Erfahrung bewußt: "*In diseme versinket der geluterte verklerte geist in daz goetteliche vinsternisse, in ein stille swigen und in ein... vereinen, und in diseme insinkende wurt verlorn alles gelich und ungelich, und in diseme abegrunde verlúret der geist sich selber... er... hat verlorn alle underscheide.*" (117,30-36) Daß das Verlieren seiner selbst den Selbstverlust impliziert, bringt Tauler seinen Zuhörern nahe, indem er die unio der *zwei abgrúnde* mit dem

Ertrinken in einem *grundelosen mere* parallelisiert: "*...do hat sich der geist verlorn in Gotz geiste; in dem grundelosen mere ist er ertrunken.*" (176,10f).

Erwähnenswert ist, daß Tauler an einigen Textstellen Metaphern mit gleichem semantischem Schwerpunkt kombiniert. Der Aspekt der Unfaßbarkeit Gottes wird in Pr 60 mit der Formulierung "*das abgrunde des goetlichen vinsternisses... Das abgrúnde, das unbekant und ungenant*" (278,16.17) umschrieben; den Aspekt der Unendlichkeit veranschaulicht er dadurch, daß er von "*dem abgrúnde der grundeloskeit Gotz*" (368,13) spricht.

4.6 – 4.8.: Tauler spricht an einigen Stellen nur umschreibend von der göttlichen Wirklichkeit: "*In dem edeln wunneclichen abgrunde do in dem himelschen riche*" (101,33), "*das abgrúnde sines beginnes*" (263,16). Wie Gott im allgemeinen ist auch sein Wille unfaßbar, so daß Tauler auch in Bezug auf den Willen die Metapher als bildhaften Interpretant verwendet (s.345,28).

4.9.: Die Seele hat einen *verborgen abgrund*, auch *daz heimeliche rich* und *grunt* (92,24f) genannt, in den Gott hineinkommt (s.101,30), wo das Bild der Dreifaltigkeit verborgen liegt (s.92,25f) und der von der Zeit und der Welt unterschieden ist (s.101,31). Hier wird der Mensch *wesenlich, abgescheiden*, authentisch (*luter*), entsagungsvoller, gelassener und gewinnt ein göttliches Leben (s.102,2-7). Der menschliche Geist *versmilzet... hie alzuomole und inzúndet ime selber im allen dingen und wurt ingezogen in das heisse fúr der minnen, die selber Got ist...*" (102,7-9).

4.10.: Bei vielen Äußerungen Taulers bleibt offen oder ergibt sich erst im Verlauf der jeweiligen Predigt, was mit dem Lexem *abgrund* metaphorisch prädiziert werden soll.

Ganz allgemein findet die Metapher bei Tauler Verwendung, um die Unfaßbarkeit eines Sachverhaltes vor Augen zu führen: "*Die froide die enkoende enkein menschliche verstentnisse begriffen..., das gat recht in ein abgrúnde.*" (141,6f) Die Unbegreiflichkeit bezieht sich fernerhin auf "*dis überwesenliche abgrunde*" (120,18), wo die unio stattfindet (120,19f), nachdem der Mensch sein "*gemuete über alle creaturen*" in Gott gerichtet hat (67,30). Der *tieffe abgrunde*, in den der Mensch seinen Geist in Gottes Geist *versenken* soll (s.67,30f), wird in der gleichen Predigt auch als *grunt* (s.68,2; vgl. 331,1f.4.7.12.16f.21) und *inre wuestunge* (s.68,13) bezeichnet. Die Wüstenmetapher (s.68,13 u. 331,21f) ist - wie auch die Lozierung des Abgrundes in der Höhe "*über alle sinne und verstentnisse*" (68,1.13) - dazu geeignet, anhand der Relation der Wüste zu sonstiger Landschaft den Aspekt der Differenz dieses Abgrundes von allem Kreatürlichen zu veranschaulichen: "*Dis abgrúnde das enmúgent mit núte erfüllen noch gegründen alle creaturen... In dis abgrúnde gehoert allein das goetteliche abgrúnde.*" (331,1.14f.16f). Im weiteren Kontext der Predigt wird dieser Abgrund mit Merkmalen charakterisiert, die alle zum Inhalt des Begriffs 'Wüste' gehören: "*einvaltig und sunder underscheit*" (331,26), "*die wite...enhat weder bilde noch forme noch wise...*" (331,3). Wegen der Erfahrung der Unendlichkeit, die der geläuterte und verklärte Mensch in diesem Abgrund macht, sind ihm "*himel und erde und alle creature als ein luter nút...*" (174,30f). Wenn dem Menschen alle kreatürliche "*wise, bilde und formen*" (257,33) und letztlich er sich selbst verloren geht beim *"versinken in das unbekante und ungenante abgründe"* (257,32), gelangt er zu einem *"grunt der weselichen uf im selber stot, ein wesen, ein leben, ein über al."* (257,35) Daß damit die göttliche Wirklichkeit gemeint ist, wird ersichtlich bei Ausführungen, in denen Tauler die Sicherheit, in der Menschen stehen, damit begründet, daß sie *"in disem abgründe und ... in Got versuncken und... fri ir selbes"* sind (406,36f; zu 135,15 u.219,28 s. 3.11.).

4.11.: Wie bei Mechthild kann an einigen Stellen die Metapher *abgrund*, wenn sie im Zusammenhang mit der Hölle verwendet wird, den Bedeutungsaspekt der gefährlichen Tiefe tragen: *"Diser gebrest der warf die aller hochsten engele in das aller tiefste abgründe. Do von huetent úch hiervor als vor dem ewigen tode."* (135,14-16) An diesem Ort unterliegt man schwerster Pein und Unheil (s.205,25). Trotzdem vermag auch dort Gottes Ruf den Menschen zu treffen, der sich zum Abbüßen seiner Schuld dort freiwillig hinbegeben hat: *"Wigman, kum balde her uf in den obersten tron, in das vetterlich herze."* (205,30f) Die lebensbedrohende Gefährlichkeit des Höllenabgrundes verstärkt Tauler noch, indem er in Pr 46 *"abgrunde der helle"* mit der Metapher *tiefe(s) mer* (201,24f) verknüpft.

4.12.: Den *abgrunt* im Himmel, in dem das *"heisse für der minnen"* (102,8) angesiedelt ist, nennt Tauler auch *"der minnen abgrunde"* (102,18).

5.1. – 5.3.: Die Demut ist für Tauler eine Haltung, die im Prozeß des Transzendierens alles kreatürlich Begrenzten Gottes Unendlichkeit entspricht; wie das *nút* und die *tiefe*, die der Mensch im Verlauf seiner Selbstvernichtung erreicht (s.368,5), wird sie mit der Adjektivmetapher *abgründig* als unbegrenzt - auch den *"grunt der helle"* einbeziehend (s.368,5) - sowie als schwer zugänglich und unbegreiflich charakterisiert.

6.1.: Das Bild des *gründen* steht für die konstitutive Bedeutung, die Gott für den Menschen hat: Gott ist es, der den Seelengrund *gegründet hat* (s.25,25) und sich dort verborgen hält.

6.2.: *Gründen* ist ferner Metapher für die mit Hilfe räumlicher Vorstellung dargestellte Erkenntnisfähigkeit Gottes; sie zeigt sich darin, daß Gott quasi bis zur untersten Fläche seines Abgrundes vorzustoßen und dadurch dessen Tiefe zu erfassen vermag (s.367,31).

10.1.: Den engen Zusammenhang der Gottesliebe mit der menschlichen Natur wird zur Sprache gebracht, indem Tauler diese Beziehung mit der festen Verankerung eines Hauses im Untergrund vergleicht: *"die minne die ist gegruntfestent in den menschen."* (323,3f)

10.2.: Wenn der Mensch nicht auf Gott *gegrundfestet* ist (s.392,6), ist er leicht anfällig für den Teufel (s.324,5).

11.1. – 11.2.: Tauler verleiht dem Göttlichen im Menschen räumliche Züge und suggeriert die Möglichkeit einer Lokalisierung, wenn er von *boden* oder *grunt* spricht, in dem das göttliche Bild verborgen liegt (s.262,13). Als weitere gebräuchliche Bezeichnungen zitiert er: *"dolten der selen"* (262,14), *"funken der sele"* (347,12), *bilde* (s.347,12).

12.1. – 12.3.: Als Bestandteil der Gebäudemetaphorik steht *fundament* für die Grundlage des menschlichen Lebens; dies kann generell Nichtgöttliches sein (s.392,7), aber auch die Jahre zwischen dem 40. und 50. Lebensjahr, denen Tauler in Bezug auf die Gotteserfahrung eine zentrale Bedeutung zumißt (s.79,20).

13.1. – 13.2.: Neben *wurzeln* ist *fundieren* Metapher für das Geschehen, in dem der Mensch sich festmacht in der Minne und diese zur Grundlage seines Lebens erhebt, wie es in Eph 3,17 beschrieben wird (s.364,23).

14.1.: Die Gebäudemetaphorik dient dazu, um die zentrale Bedeutung der Menschen zu erfassen, die sich ganz von Gottes Willen bestimmen lassen; diese Menschen sind die *súlen* der Welt und der Kirche (s.80,18). Auf ihnen ruht die Christenheit auf (s.407,6).

15.1.: Im Hinblick auf die existenzvernichtende Wirkung des göttlichen Abgrundes spricht Tauler von *slund* (s.295,20f).

E. Seuse

1. *grunt*
1.1. o.BE (14,24; 29,24; 48,7; 56,19; 157,24; 159,15; 162,1; 260,7.9; 284,23; 289,24; 300,8; 307,3; 318,8; 326,18; 330,4.5.7.28; 331,5; 348,4; 349,15; 354,9; 358,3; 372,4; 461,8; 475,8; 520,29; 523,10; 529,12)
1.2. *kraft* (182,27f)
1.3. *got* (350,20)
1.4. *niht* (346,2.11; 349,29; 350,22; 511,13)
1.5. *einvaltekeit* (185,24f; 331,11)
1.6. *mensche* (54,22; 156,24; 190,24; 353,30.33.35; 517,6; 534,14.18)
1.7. *herze* (16,8.20; 191,31; 237,22; 246,25; 262,4; 277,4; 279,1f; 289,23; 294,17; 312,13; 318,18; 374,6; 392,21; 395,31; 437,18; 446,11; 523,8; 525,10)
1.8. *sele* (124,24f; 214,26f; 294,17; 400,10.21; 525,10)
1.9. *nature* (165,24f; 166,19)
1.10. *selikeit* (421,25; 533,26)
1.11. *friheit* (327,1f)
1.12. *helle* (308,3.11)

3. *grundelos/ungruntlich*
3.1. *diemuetikeit* (29,11)
3.2. *lob/loben* (33,19; 246,27; 297,6; 304,1; 308,21)
3.3. *liep* (231,15)
3.4. *voelli* (90,24)
3.5. *begirde* (90,26f; 276,24; 375,20)
3.6. *abgrund* (14,32; 90,32; 127,20; 189,2; 206,5; 319,9; 330,11)
3.7. *miltekeit* (100,27; 270,28)
3.8. *ungemessenheit* (173,1)
3.9. *wunder* (173,25)
3.10. *vollheit* (174,11)
3.11. *guete* (178,22; 179,7; 215,16; 264,22)
3.12. *got* (179,20; 534,10)
3.13. *tiefi* (185,28)
3.14. *wussentheit* (188,15)
3.15. *gemuet* (190,11f)
3.16. *kraft* (191,22)
3.17. *minne* (203,11.21; 206,25; 207,26; 218,19; 231,16; 267,25; 290,14.18f; 291,11; 295,16; 313,20; 543,26)
3.18. *mensche* (237,10)
3.19. *guot* (215,15; 246,28f; 254,8; 303,6f)

3.20. *herzeleid* (35,31; 207,7; 263,9; 268,7f; 269,2; 276,13)
3.21. *erbarmherzkeit* (127,10; 207,2; 213,15f; 214,4f; 263,13; 265,2)
3.22. *wesen* (265,3; 328,16)
3.23. *ere* (265,14)
3.24. *wisheit* (265,28)
3.25. *wolgevallen* (266,25)
3.26. *minnespil* (267,5f)
3.27. *marter* (270,28; 287,4)
3.28. *not* (270,28f; 271,13)
3.29. *liden* (272,4)
3.30. *schrift* (288,5)
3.31. *minnezeichen* (291,1)
3.32. *ordenen* (296,7f)
3.33. *sufzen* (297,11)
3.34. *jamer* (302,9)
3.35. *erbermde* (303,13; 543,3.21)
3.36. *gelaszenheit* (336,24)
3.37. *angst* (539,6)
3.38. *mer* (377,8; 449,11)
3.39. *gedenken* (378,9f)
3.40. *ernst* (385,2)
3.41. *brunne* (385,9; 467,16)
3.42. *herze* (15,8; 140,11; 393,5; 484,17; 548,7)
3.43. *laszen* (534,7)
3.44. *versinken* (534,10)
3.45. *grunt* (446,11f)
3.46. *suezzekeit* (13,31)

4. *abgrunt*
4.1. *got* (188,21; 189,2; 245,10; 330,11)
4.2. *vater* (181,16; 191,26)
4.3. *guot* (262,24; 304,27)
4.4. *minne* (290,13)
4.5. *wisheit* (296,9)
4.6. *erbarmherzikeit* (213,15f; 214,4; 319,9)
4.7. *lere* (288,6)
4.8. *warheit* (88,15)
4.9. *kunst* (544,3)
4.10. *ding* (14,32; 377,9)
4.11. o.BE (23,7; 127,20; 184,5; 193,21)
4.12. *herze* (26,18; 90,32)
4.13. *erde* (549,16)
4.14. *klarheit* (433,15.22f)
4.15. *súnlichkeit* (224,13)
4.16. *tougni* (206,5f)

8. *undergrúnden*
8.1. *Ewige wisheit* (13,1)

12. *fundament*
12.1. *selikeit* (533,26)

1.1.: Kennzeichnend für den Gebrauch der Metapher *grunt* bei Seuse ist, daß diese oft in einem Kontext verwendet wird, der eine genauere Interpretation infolge einer mangelnden näheren Charakterisierung der Metapher nicht erlaubt. Auch ist die Metapher an einigen Stellen so wenig in den Aussagezusammenhang eingebunden, daß eine direkte Zuordnung zu einem bestimmten Bildempfänger schwerfällt. Oft signalisiert Seuse mit der Formulierung *ze grunde*, daß etwas vollständig, bis zum Ende hin, erfaßt ist. Wenn unter diesem Aspekt die Äußerung Seuses im 47. cap. der Vita *"die sachen sind in noh nit ze grunde worden ze erkennen..."* (159,15f) interpretiert wird, heißt dies: Vollständige Erkenntnis der Dinge ist nur dann möglich, wenn man in ihre Tiefe bis zum äußersten Punkt (vgl.auch 260,9; 318,8; 326,18) vorgestoßen ist.

Wegen seiner Funktion, neues Wachstum aus sich hervorzubringen, sieht Seuse auch Gemeinsamkeiten zwischen dem *grunt*, den er auch *bodme* nennt, und dem Ursprung von allem. Auf die Frage des Jüngers *"waz heissest du den grunt und den ursprung, ald nit den grunt?"* (330,5f) gibt die Wahrheit folgende Antwort: *"Ich heisse den grund den usqual und den ursprung, us dem die usflússe entspringent."* (330,7f) Im weiteren Verlauf der Ausführungen der Wahrheit wird der durch die

Quellmetaphorik und den Terminus *ursprung* näher bestimmte *grunt* mit der *natur* und dem *wesen* der Gottheit gleichgesetzt (s.330,10). Genauerhin trägt der *grunt* Merkmale eines *grundelosen abgrúnde*, in dem nur Einheit, keine Mannigfaltigkeit, vorhanden ist. Daher begeben sich die trinitarischen Personen, wenn sie in den *grunt* kommen, in ihre Einheit; denn: *"ellú mengi wirt da ir selb entsetzet in etlicher wise."* (330,12f) Daß man zwischen der Gottheit und dem wirkenden, alles hervorbringenden Gott unterscheidet, geschieht - so die Position der Wahrheit - allein *"nach nemlicheit der vernunft"* (330,28). Da alle trinitarischen Personen derselben Natur entstammen, ist für die Unterschiede in Gott der Betrug durch die *inbildunge* verantwortlich, *"dú daz an bliket nach der wise, als es in der kreature ist in getragen."* (331,7f) In Wirklichkeit gilt aber: *"es ist eins in dem grunde"* (330,28) und - wie Seuse auch formuliert - *"es ist an im selber einig und bloz."* (331,8f) Entsprechend für den mit Gott vereinten Menschen folgt Seuse, daß in der unio nur ein einziges Werk und eine einzige *geburt* realisiert wird und daß nur *ein grunt* vorhanden ist (s.348,4).

An die Bedeutungskomponente des Ursprungs, aber auch an die Vorstellung einer ganz unten gelegenen Fläche knüpft Seuse an, wenn er Menschen auffordert, *"sich ze grunde"* zu lassen (162,1; 523,10). Es geht dabei um einen existentiellen Prozeß, in dem der Mensch von der Oberfläche seiner Existenz in die Tiefe bis zum Ursprung seines Daseins vordringt. Dabei ist vorausgesetzt, daß der Mensch von sich selbst zu lassen vermag (s.307,3); erst dann - *"usz dem grund, usz dem innersten, usz dem geist"* (520,29f) - ist der Mensch in der Lage, Gottes Geist zu suchen. Um Gott empfangen zu können, muß der Mensch Sorge dafür tragen, daß dieser Grund von allem Kreatürlichen frei ist (s.529,12f) bzw. daß er alle Kreaturen, alle Weisen etc. hinter sich bringt, indem er *"sich ze grunde"* läßt (523,10).

1.2.: Wenn der Mensch *mit einer entsunkenheit sin selbheit* (182,26f) sich aus sich herausbegeben hat, kommt er *ze grund* der göttlichen Kraft, wo er die Unendlichkeit des *obersten wesens* (182,29) erfährt.

1.3. – 1.5.: Der Mensch, der sich selbst verlassen hat und mit Gott vereint ist, erkennt, daß Gott quasi der Boden ist, auf dem er steht (s.350,20). Wenn der Mensch in das Innere dieses Grundes eindringt, den Seuse wegen der Unterschiedenheit Gottes von allem Kreatürlichen *"grunt des nihtes"* (350,22) nennt, bleibt der Mensch, was er ist; allein der menschlichen Auffassung nach geht jeglicher Unterschied verloren. Diesem *grunt* entnimmt die Seele, insofern sie selig ist, alles, was sie ist (s.346,11). Die Negierung jeder Näherbestimmung des Bildempfängers der Metapher *grunt* entspricht der Erfahrung, die der Mensch in der Tiefe der Wirklichkeit macht: *"Wenne der mensch im selben also wirt entnomen, daz er weder von sich noch umb nút niht waiz und ze male gestillet in dem grunde des ewigen nihtes, so ist er wol verlorn im selber."* (349,27-30) Die Unfähigkeit des Menschen, im göttlichen *grunt* bestimmt zu erkennen, ergibt sich für Seuse aus dem Charakter dieses Grundes: *"Und dú einikeit, dú da wesen ist des ersten ursprunges... Wie aber dú driheit ein sie..., daz mag man nit gewoerten von des tiefen grundes einvaltekeit."* (185,21.22.24f) Mit dieser Aussage ist die Differenz des göttlichen Grundes zu den vielfältigen göttlichen Eigenschaften (s.331,2) und den trinitarischen Personen festgehalten; zugleich ist mit *"der gruntrueri der nehsten einveltikeit"* der Endpunkt markiert, bis zu dem hin der Mensch in die göttliche

Wirklichkeit vordringen kann: *"Der junger sprach: 'Ich merk wol, daz ich bin komen uf die gruntrueri der nehsten einveltikeit, fúr die nieman inbaz mag kommen, der warheit wil fueren."* (331,10-12)

1.6. – 1.9.: Das Bild des Grundes findet sich bei Seuse ferner zur Bezeichnung der Grundlage des menschlichen Handelns (s.156,24). Die Metapher steht auch für den göttlichen Ursprung, in dem alles unterschiedslos eins ist (s.353,30.33.35; 354,9f). Die anderen aufgeführten Stellen wecken die Vorstellung, daß das Herz/ die Seele ein raumähnliches Gebilde ist (s.191,31), in dessen Tiefe man Jesus Christus *versenken* möchte (s.294,17f) oder die Lehre des göttlichen Vaters aufbewahren soll (s.289,23). Auch ist der *grunt des herzen* der Ausgangspunkt, von dem aus man sprechen soll (s.523,8) oder Gott ehrt (s.246,25). Der gleiche Bedeutungsschwerpunkt liegt der Metapher zugrunde, wenn Seuse fordert, daß das Wirken der Natur *"usser irem eigen grunde"* (166,19f) und nicht von außen dazu bewegt erfolgen muß.

1.10.: Demut ist die Ursache, Grundlage und Nährboden - *ein wurtzel, der grunt* (421,24f) - aller Seligkeit. An anderer Stelle wird in Verbindung mit der Hausmetaphorik die Selbstvernichtung als Grundlage der Seligkeit des Menschen deklariert: *"Dit iz der grunt und daz fundament unse selikeit..."* (533,26).

1.11. – 1.12.: Die tiefste Stelle der Hölle bezeichnet Seuse als *"nidersten grunde der helle"* (308,3.11).

3.1. – 3.44.: In Opposition zu *grunt* hat die Adjektivmetapher *grundelos* bei Seuse die Funktion, die Unermeßlichkeit bestimmter Empfindungen und Verhaltensweisen von Gott und Mensch über das Bild der nicht enden wollenden Tiefe nahe zu bringen. Die *grundelose* Demut (s.29,11), das *grundelose* Loben, Seufzen und Jammern (s.297,6.11; 302,9), das *grundelose* Herzleid der Mutter Jesu (s.276,13), ihre Barmherzigkeit (s.265,2), das *grundelose* Erbarmen Gottes (s.303,13) usw. werden auf diese Weise in ihrer Unbegrenztheit, Unabschließbarkeit und Undurchdringlichkeit dem Leser vor Augen geführt.

Im folgenden soll auf einige Besonderheiten im Gebrauch der Metapher *grundelos* eingegangen werden: Wegen ihrer Unbegrenztheit sind die Zeichen der unermeßlichen, *grundelosen* Minne Gottes auch *ungezellet* (s.290,18f) und enthält die *"grundelose hl. schrift"* auch Lehren *"ane alle zal"* (288,5), so daß Seuse wegen der nicht zu erfassenden Bedeutungstiefe der Hl. Schrift in Bezug auf sie von *abgrunt* spricht (s.288,6).

In enger Verbindung von Adjektivmetapher und Begriff bringt Seuse tautologisch in der Formulierung *"grundelose wunderliche ungemessenheit"* (173,1) die unendliche Größe Gottes zum Ausdruck, wobei die Metapher die Funktion hat, den begrifflich ausgesagten Aspekt räumlich vorzustellen. Die Unermeßlichkeit des göttlichen Gnadenhandelns vor Augen zu führen, ist auch Aufgabe des Bildes, das das unbegrenzte, daher metaphorisch als *grundelos* qualifizierte, Erbarmen Gottes dadurch veranschaulicht, daß es die Wirkung Jesu mit dem durstlöschenden Effekt von Wasser parallelisiert (s.543,16). Der Brunnen, aus dem das Wasser stammt, ist infolge der unendlichen Liebe Gottes (s.543,25f) ein *"unerschoepfter brunne des lebenden wassers"* (543,5f). Dieser Brunnen ist daher auch der Ursprung "*unerschoephter erbarmherzikeit, grundeloser wisheit, übervliessender suezikeit*" (265,28f).

Neben dem Bild des nie versiegenden Brunnens verwendet Seuse die Meeresmetapher, um die Unermeßlichkeit Gottes, verstärkt noch durch die Metapher "*tiefer wag, grundeloses mer, tiefes abgrund aller minneklicher dingen*" (377,8f), oder die Größe der Leiden Marias vorzustellen (s.269,2).

Eine genauere Bestimmung der Metapher *grundelos* erfolgt in der vierten Predigt Seuses: "*Duo muost haben eyn grundelois lazen. Wie grundelois? Were eyn stein und viel in eyn grundeloiz wazzer, der mueste ummer vallen, wan he inhelte niet grundes. Also sulde der mensche haben eyn grundeloiz versinken und vervallen in den grundelosen got und in in gegrundet sint, wie swere eynich dink uf in vile, daz were innewendich ader uzwendich lyden oder ouch sin eygen gebrech, der got dicke umbe din groz guot verhenget. Dit sulde allez den menschen ye difer in got senken, und insulde sines grundes nummer da an gewar werden noch ruren noch bedruben, noch insal ouch niet suchen noch meynen yme, he sal got meynen, in den he versunken ist. Der yt suchet, der insuchet got niet.*" (534,7-17).

Aufgrund des Zitats wird auch verständlich, daß das, was der Mensch als *grundlos* erfährt, nicht faßbar und daher auch nicht in Worte zu bringen ist: "*Es ist grundlos, daz ich bevinde, es ist endlos, daz ich minne, und dar umb ist wortlos, daz ich meine.*" (548,7f) Unbegrenzte Erfahrung, unendliche Liebe etc. sind Sachverhalte, die sich jeder Fixierung im Wort entziehen.

3.45 – 3.46.: Die Metapher *grunt* verliert als Significans den Bezug zur Ebene des Significatum, wenn sie durch die Adjektivmetapher *grundelos* eine Näherbestimmung erfährt, die im Gegensatz zu ihrer begrifflichen Bedeutung steht: "*Got gruesse dich, ufgender... morgenstern, von dem grundelosen grunde aller minnender hertzen!*" (446,11f) Dies bedeutet für die bildliche Aussage: Die nach unten hin durch den *grunt* abgeschlossene Tiefe des Herzens wird durch die Adjektivmetapher *grundelos* unbegrenzt; der *grunt* verliert seine Funktion.

4.1. – 4.2.: Eine Entgrenzung der Metapher *grunt* (wie in 3.45.) liegt vor, wenn Seuse im Abstand von wenigen Zeilen entsprechend seinem Programm, "*bilde mit bilden ustriben*" (191,9), die für Gott gebrauchte Metapher *grunt* zunächst kombiniert mit *bodme* (s.330,4) *ursprung* (s.330,5), mit *usqual* sowie *entspringen* (s.330,7f), dann *grunt* ersetzt durch die metaphorische Formulierung *grundeloser abgrunt* (330,11).

Die mittels der Metapher *grunt* evozierte Vorstellung einer abschließenden, ganz unten in Gott gelegenen Fläche wird dadurch aufgehoben zugunsten einer Sichtweise, die in Gott einen - als Grundlage untauglichen - Bereich mit einer nicht mehr auslotbaren Tiefe annimmt, in dem die Trinität in ihre Einheit *siget* (s.330,11). In cap. 52 der Vita schränkt Seuse diese Aussage insofern ein, als er zwar die geheimnisvolle Unnennbarkeit und die Entfremdung des Menschen von sich selbst in diesem Abgrund erwähnt, andererseits jedoch die in der Unbestimmbarkeit des Abgrundes begründete Unfaßbarkeit nur für die Kreaturen gelten läßt; für Gott ist dieser Abgrund *grüntlich* (s.189,3). Da in dem göttlichen Abgrund "*ellú mengi wirt... entsetzet*" (330,12), so daß dort nur Einheit herrscht, legt sich für Seuse die Kombination von *abgrunt* mit *wuesti* nahe, die die Merkmale 'Eintönigkeit' und 'Undifferenziertheit' aufweist. Diese Aspekte thematisiert Seuse auf verschiedene Weise im weiteren Kontext der Metapher *abgrunt*, z.B. in cap. 12 des Büchleins der Ewigen Weisheit: Zunächst stellt Seuse fest, daß es um die unio der Seele mit *der blosen gotheit* geht (s.245,5); dies bedeutet, daß die Seele "*gewiset wirt... in des wesens einvaltigen blozheit*" (245,8). Konkret heißt dies: "*ingang in die wilden wuesti und in daz tief abgründe der wiselosen gotheit, in die sú versenket, verswemmet und vereinet*" wird (245,10-12). Im folgenden Abschnitt charakterisiert Seuse die 'monotone' Situation, in der sich die Seele in Gott befindet, unter dem Aspekt der akustischen und visuellen Erfahrung mit der Formulierung "*in diser vinstren stilleheit*" (245,17).

4.3. – 4.9.: Gegenüber der unfaßbaren Größe des göttlichen Gutes versagen alle menschlichen Möglichkeiten, Gott zu loben: "*...gan ich... in daz tief abgründe dines eigen guotes, herre, da verswindet alles lop von kleinheit.*" (304,27-29). In Bezug auf die göttliche Minne, die göttliche Weisheit, die göttliche Barmherzigkeit, die göttliche Lehre bezüglich der Lebensführung hat die Landschaftsmetapher *abgrund* - an einigen Stellen verstärkt durch *grundelos* (s.319,9) oder *richheit* (s.296,9) - die Funktion, deren unermeßliche Fülle durch Rekurs auf die Naturerfahrung eindrucksvoll ins Bewußtsein zu rufen. Während bei den aufgeführten Größen die Unbegreiflichkeit ein Indiz für ihre übergroße Fülle war, steht im Hinblick auf die ewige Wahrheit, die Gott ist, die Metapher *tieffú abgruntlichkeit* (s.88,15) für deren prinzipielle Unerkennbarkeit und Unzugänglichkeit durch kreatürliche Wesen. Dieser Aspekt gilt auch für Maria, die "*von dem abgrund der goetlichen kunst und wisheit*" (544,2f) auserwählt wurde, Gottesmutter zu sein.

4.10.: Ein "*grundlos minnendez herz*" findet das Ziel seiner Liebe nur in Gott, der als "*tiefer wag, grundeloses mer, tiefes abgründ aller minneklicher dingen*" (377,8f) ebenfalls - wie das liebende Herz in ihrer Liebe - unendlich ist.

4.11.: Der Weiselosigkeit des Abgrundes wird dadurch Rechnung getragen, daß in mehreren Textpassagen die Metapher keinem Bildempfänger direkt zugeordnet ist. Die Metapher ist nur insofern bestimmt, als Seuse mit ihr den Ort umschreibt, wo die Versenkung des Menschen stattfindet (s.23,7) und wo er, nachdem er alle "*bild und form und alle manigfaltekeit*" abgelegt hat, "*mit den drin personen wider... nah inswebender einvaltekeit in geswungen...*" wird (193,21f).

4.12.: Ohne näher auf die Funktion einzugehen, spricht Seuse auch vom *grundelosen abgründe* des Herzens (s.90,32).

4.13. – 4.16.: Eine semantische Akzentverschiebung liegt in der metaphorischen Formulierung "*abgrund der erde*" vor; die Metapher bezieht sich hier, verstärkt noch durch die Metaphern *tieffe vinstri* und "*stricke des ewigen todes*" (549,9.12), auf einen gefährlichen und perspektivenlosen Zustand des Menschen.

Im Gegensatz dazu wird mit der Metapher "*abgrund der goetelichen klarheit*" (433,15), im Zusammenhang mit einer Sommerlandschaft verwendet (s.433,21ff), die Dunkelheit negiert; die Tiefe Gottes ist von Helligkeit geprägt, so daß alles dort deutlich erkennbar ist.

8.1.: Die zentrale, alles bestimmende Bedeutung der Ewigen Weisheit hebt Seuse mit dem Bild hervor, daß diese den Himmel befestigt und "*daz abgründ undergründet*" hat (13,1).

12.1.: Die eminente Bedeutung der Vernichtung seiner selbst für die Erlangung der Seligkeit des Menschen bringt Seuse durch die Gebäudemetapher *fundament* zur Sprache (s.533,26).

F. Margaretha Ebner

<u>3. grundlos</u>
3.1. *barmhertzket* (82,3; 83,11f;
   109,16f; 147,11f; 161,14; 162,21f;
   164,12f; 164,27; 165,13f; 166,21)
3.2. *güet* (142,24)

3.1. – 3.2.: Die Güte und Barmherzigkeit Jesu Christi, bzw. die Jesus Christus ist, und die, wie Margaretha darlegt, der *überflüssigen craft* seines Leidens entstammt (s.166,19-21), hat für Margaretha ihre Parallele in der *gruntlosen* Beschaffenheit einer räumlichen Gegebenheit. Bei *gruntlos* liegt wie bei *überflüssig* der semantische Schwerpunkt darauf, die Fülle der Barmherzigkeit Christi vor Augen zu führen. Über die Adjektivmetapher *überflüzzig* hinausgehend, weckt *grundlos* die Assoziation der Grenzenlosigkeit, Unausschöpfbarkeit und Unüberschaubarkeit der Güte und Barmherzigkeit Jesu Christi.

G. Heinrich von Nördlingen

<u>1. grunt</u>
1.1. *hertze* (25,8f; 28,5)
1.2. *sel* (27,13)

<u>3. grundlos/ungrüntlich</u>
3.1. *barmhertzigkeit* (6,35)
3.2. *gut* (35,38)

<u>4. abgrunt</u>
4.1. *klarheit* (5,15)
4.2. *got* (17,114)
4.3. *mensche* (17,114)
4.4. *diemütigkeit* (17,10f)

<u>7. durchgründen</u>
7.1. *grif* (44,15)

<u>9. gruntfest/gruntvestigung</u>
9.1. *mensche* (28,18)
9.2. *Heinrich* (48,20)

<u>10. grundfestigen</u>
10.1. *mensche* (29,8(Pat); 36,3(Pat))

1.1.: Die Metapher *grunt* steht für die Tiefe des Herzens, aus der ein nicht näher genannter Wunsch Heinrichs - Margaretha betreffend - stammt (s.25,8f).
   Auch das Ausmaß der Betrübtheit wird durch die mit *grunt* vollzogene räumliche Dimensionierung des Herzens eindrucksvoll vor Augen gestellt (s.28,5).

1.2.: *Gebreste* und ständige Abkehr verhindern, daß der Mensch zum *grunt* seiner Seele gelangt (s.27,13).

3.1.: In Verbindung mit *gruntlos* wird die Barmherzigkeit Gottes unter dem Aspekt ihrer Fülle und Grenzenlosigkeit gesehen (s.6,35).

3.2.: Mit der Adjektivmetapher *ungrüntlich* weckt Heinrich im Hinblick auf Gott, dem *wesenlich gut*, die Assoziation einer Wirklichkeit von unauslotbarer Tiefe (s.35,38).

4.1. – 4.3.: Die grenzenlose, unendliche göttliche Wirklichkeit, in der Margaretha, so Heinrichs Wunsch, des göttlichen Einflusses teilhaftig werden soll, stellt Heinrich durch Rückgriff auf den Bereich der Natur als *"abgrund seiner ewiger klarheit"* vor (5,15). Wenn der Mensch in Kontakt mit Gott gerät, ist seine Beschaffenheit der mit *abgrunt* umschriebenen undurchschaubaren Unendlichkeit Gottes gleich: *"...wie rürt da ain abgrund das ander an..."* (17,113f).

4.4.: Der Weg zum ewigen Leben kann - Heinrichs Sicht zufolge - nach oben oder unten verlaufen; denn zum einen sieht Heinrich es über sich *"in den... flammen hoch fliegender minnen"* (17,9); zum anderen ist es erreichbar durch grenzenlose Demut *"in ainem nider sinckenden abgrunt verkleinder diemütigkeit"* (17,10f).

7.1. Im Bild der *"tiefen durchgründend minenden griffe"* (44,15) macht Heinrich die heilende bzw. verletzende Wirkung Jesu Christi auf den ganzen Menschen anschaulich.

9.1. – 9.2.: Heinrich sieht in der Armut die *gruntfest* seines Lebens (s.28,18). Eine ähnlich zentrale Bedeutung wie die Armut hat für Gott Heinrich selbst im Rahmen des göttlichen Gnadenhandelns; er ist für Gott *"ein gruntvestigung meins götlichen fluszes..."* (48,20).

10.1.: Die Präsenz Jesu Christi im Herzen Margarethas, die Heinrich ihr wünscht, hat den Zweck, daß sie - wie die Metaphern *wurtzeln* und *grundfestigen* implizieren - festen Halt in der Liebe Jesu Christi gewinnt.

Ganz allgemein wünscht Heinrich ihr, *"in Got gewurtzelt und gruntfestet (zu) werden"* (36,3).

guome (1.)/ or (2.)/ ouge (3.)

A. Mechthild von Magdeburg

1. *guome*
1.1. *sele* (V 35,36)

2. *or*
2.1. *sele* (II 6,20; IV 18,38)
2.2. *geist* (IV 13,4)
2.3. *snoedikeit* (II 3,5)

3. *ouge*
3.1. *got* (IV 5,24; V 22,29; 31,17; 34,31; VII 38,4)
3.2. *ewekeit* (IV 3,13)
3.3. *erbarmherzekeit* (VI 37,20)
3.4. *himlischer vater* (VII 37,22)

3.5. *sele* (II 3,6; III 10,24; IV 2,27;
13,3; 23,2; V 35,59; VI 1,99;
29,4; 31,10; VII 1,10; 37,34;
48,71)
3.6. *bekantnis* (III 7,12; 12,13; IV
18,56)
3.7. o.BE (VII 7,28)

1.1.: Die Metapher *guome der sele* steht für das geistliche Erfahrungsorgan des Menschen (s.V 35,36).

2.1. – 2.3.: Die Aufnahmefähigkeit der Seele für Gott bringt Mechthild ferner ins Bild, indem sie von den *oren* der Seele spricht, die Gottes Weisheit hören (s.IV 18,38; vgl. 3.5.).

3.1. – 3.4.: Die Metapher *ouge* Gottes evoziert eine Sicht, die die Erkenntnis Gottes in Parallele zum Sehvorgang bringt; *ouge* ist in diesem Zusammenhang quasi das Organ, mit dem Gott in das Herz sieht (s.V 22,29) oder die Sünden des Menschen zu erfassen vermag bzw. die Schuld des Menschen erkennt (s.VII 38,4). Auch soll Gottvater - so Mechthilds Bitte - ihre Not *"mit den ougen... (seiner) gotlichen erbarmherzekeit..."* erfassen (VI 37,20).

3.5.: Die im Bild des Hörens und Sehens von Mechthild zum Ausdruck gebrachte Wahrnehmung der Seele hat ein entsprechendes Verhalten Gottes zur Voraussetzung: *"Dú grosse zunge der gotheit hat mir zuo gesprochen manig creftig wort;... und das allergroeste lieht hat sich uf getan gegen den ougen miner sele."* (II 3,6) In Übereinstimmung mit dieser Aussage bekennt Mechthild, daß sie nur zu schreiben vermag, wenn sie die Kraft des Hl. Geistes mit den Augen der Seele und den Ohren des Geistes sowie mit allen Gliedern des Leibes erfaßt (s.IV 13,3f). Mit ihrem *ouge* erkennt die Seele im Zustand der Erfahrung Gottes auch die Dreifaltigkeit an dem Antlitz Jesu Christi (s.IV 2,27) und den Leib des Hl. Johannes oberhalb von allen Dingen (s.IV 23,2f). Befähigt zur Erkenntnis des göttlichen Bereichs wird die Seele, die Liebe und Haß mit Gott teilt, indem ihr *ouge* von Gott so erleuchtet wird, daß sie in die ewige Gottheit sehen kann (s.VI 31,10). Zur Selbsterkenntnis befähigt der christliche Glaube, indem er das Auge der Seele so erleuchtet, daß der Mensch um seine Orientierung weiß (s.VII 48,71). Eine Beeinträchtigung erfährt das Wahrnehmungsorgan der Seele durch den Leib, mit dem die Augen der Seele *verbunden* werden, wenn diese zu sehr ihrer leiblichen Wirklichkeit verhaftet ist (s.III 10,24). Ist die Seele dagegen frei und völlig ungebunden, kann sie Gott ununterbrochen ansehen; ihre Augen können dann - wie Gottes Augen im Herzen des Menschen (s.IV 5,24) - in Gott *spilen* (s.V 35,59f).

3.6. – 3.7.: Noch enger wird der Erkenntnisvorgang auf den Prozeß der visuellen Wahrnehmung bezogen, wenn Mechthild von den *ougen* der *bekantnisse* spricht, mit denen der Mensch in Gott sieht (s.IV 18,56); diese werden erleuchtet von dem Licht, das Jesus Christus ist, unter der Voraussetzung, daß man dieses Licht ansieht (s.III 12,13). Schädliche Sitten und böse Gewohnheiten u.a. verunmöglichen die Tätigkeit der Erkenntnis, indem sie deren *ougen verblendent* (s.III 7,12), so daß der Mensch in Sünde gerät.

B. David von Augsburg

3. *ouge*
3.1. *sele* (330,6f; 337,28)
3.2. *verstantnüsse* (330,8; 364,17.24.27f)
3.3. *herz* (392,2; 393,23)

3.1. – 3.2.: David unterscheidet zwischen den *uzern ougen*, die sich auf leibliche Dinge beziehen, und den *innern ougen der verstantnüsse* an der Seele, die lehren, was das Beste an geistlichen Dingen ist (330,6-9). Zum Bereich der geistlichen Dinge gehören z.B. die Tugenden, die infolgedessen nur *mit der sêle ougen* erkannt werden können (337,28). Da man mit den *ougen der verstantnüsse* infolge ihrer Schwachheit Gott an sich nicht unmittelbar zu erkennen vermag, hat Gott dem Menschen den Glauben gegeben, damit dieser wie das Licht einer Laterne den Menschen vor der Blendung durch das göttliche Licht bewahrt (s.364,17f). Auch wenn die *ougen* gesunden, erhalten sie dennoch nie die Möglichkeit zur unmittelbaren Gotteserkenntnis, da vor die *ougen* "*daz toetlîche vel vür gespannen ist unde der sünden stein walget in den ougen.*" (364,27f)

3.3.: Erleuchtet kann der Mensch in der 4. Stufe des Gebetes mit den "*ougen des herzen*" Gott sehen (s.392,1f). In der 5. Stufe soll der Mensch seinen *muot* von allem Äußeren entfernen, "*die glîchnüsse lîplîcher dingen... von den ougen des herzen tuon...*" (393,21-23), damit der Mensch "*die angesiht des gemüetes gestechen müge(n) in die tougen ungesihtiger dinge...*" (393,24).

C. Meister Eckhart

3. *oge*
3.1. *got* (I 78,6; 201,6f; II 183,4)
3.2. *sêle* (I 165,4f; II 134,7; 135,4; 305,9)
3.3. *mensche* (I 169,6f; 274,1)

3.1. – 3.3.: Eckhart differenziert zwischen der Erkenntnis äußerer und innerer, d.h. seinshafter Wirklichkeit, indem er beiden Erkenntnisarten jeweils ein durch ihre Blickrichtung unterschiedenes Seelenauge zuordnet: "*Diu sêle hât zwei ougen, einz inwendic und einz ûzwendic.*" (I 165,4f) Während das *ûzer ouge* kreatürliche Wirklichkeit in bildhafter Weise erfaßt, "*sihet daz inner ouge in das wesen*" und "*nimet sîn wesen von gote âne allez mitel...*" (I 365,5f). In dieser Erkenntnis ist das Auge des Menschen und das Auge Gottes "*ein ouge und ein gesiht und ein bekennen und ein minnen.*" (I 201,7f) Allerdings müssen - Eckhart formuliert, die Differenzierung *inner ouge/ uzer ouge* vernachlässigend, im Plural - *der sêle ougen* offen sein, damit die göttliche Wahrheit *klaerlîche* erkannt zu werden vermag (s.II 305,9f). Der Sinn der Welt resultiert aus ihrer Funktion, das Seelenauge zu üben und zu stärken für den Empfang des göttlichen Lichtes (s.II 134,6f). Denn da dieses von sich aus zu kräftig für die Seele ist, muß *der sêle ouge* "*gestaetigt und ûfgetragen bî materie und bî glîchnisse...*" (II 135,4) werden, um sich an das göttliche Licht zu gewöhnen. Im Unterschied zur zweifachen Blickrichtung des Menschen ist bei Gott das Auge stets in sich selbst gekehrt. Darum erkennt Gott nicht die Sünder, sondern nur die Menschen in dem Maße, wie sie sich in Gott befinden (s.I 78,6).

D. Tauler

2. or
2.1. *mensche* (18,8)
2.2. *inwendicheit* (191,32)

3. oge
3.1. *got* (215,20)
3.2. *vernunft* (196,14)
3.3. *inner mensche* (18,8; 195,15f.20; 196,13f; 243,4; 294,25)

2.1. – 2.2.: Die aus dem Interesse des Menschen entstehenden Vorstellungen "*fliessent für die oren siner inwendikeit...*" (191,32f) und verunmöglichen das Vernehmen des Ewigen Wortes.

3.1.: Das bis in den *grunt* des Menschen gelangende Erkennen Gottes erscheint als Vorgang, bei dem "*die klaren goetlichen ougen uns als gruntlichen an sehent und durch sehent in unsern grunt...*" (215,19f).

3.2. – 3.3.: Die Liebe zu den Kreaturen bringt Tauler hinsichtlich ihrer Wirkung auf die Gotteserkenntnis im Bild des Fells zum Ausdruck, das die *inwendigen ougen*, die *ougen der vernunft* bedeckt (s.196,14). Das mit der Vernunft gleichgesetzte *inwendige ouge*, durch das der Mensch sich vom Tier unterscheidet (s.195,18), ist infolgedessen *blint*; die *innerkeit* des Menschen ist *verdeckt* (s.195,31). Mit "*offenen innerlichen ougen*" dagegen ist der Mensch in der Lage, den ihm von Gott bestimmten Weg zu erkennen (s.243,4f). Ist der Mensch aufgrund seiner Sünde zur Selbsterkenntnis nicht fähig, öffnet Gott ihm die *inwendigen ougen* und gibt dem Menschen die *gebreste* zu erkennen (s.294,25f).

E. Seuse

1. *guome*
1.1. *sele* (491,29f; 493,31)

2. *or*
2.1. *sele* (176,6)
2.2. *hertz* (533,21)
2.3. *geist* (504,17)

3. *ouge*
3.1. *got* (266,16f; 306,25f; 314,1)
3.2. *erbarmherzekeit* (264,11; 540,9; 545,29)
3.3. *himelscher vater* (258,19; 317,31f)
3.4. *sele* (248,14; 263,21f; 387,10)
3.5. *herze* (247,27; 256,14; 264,25f; 304,11f; 546,8; 548,17)
3.6. *verstentnus/vernunft* (158,28f; 243,11; 493,7)
3.7. *geist* (295,27; 476,24f)
3.8. *geloben* (537,10)
3.9. *mensche* (28,2; 70,4; 153,2; 177,21; 201,26; 443,18)
3.10. *gemuet* (177,11)
3.11. *bekentnús* (177,15)

1.1.: *Guome* ist Metapher für die Möglichkeit der Seele, Göttliches zu empfangen und in sich aufzunehmen.

2.1. – 2.3.: Zu Beginn der Beantwortung von Elsbeth Stagels Frage, wo Gott sei, gibt Seuse seiner geistlichen Tochter zunächst die Anweisung, *"dú inren oren"* ihrer Seele zu öffnen und zuzuhören (176,6). Den mit diesem Bild zur Sprache gebrachten Prozeß der Verinnerlichung stellt Seuse auch bei Eva fest, bei der das Wort der Schlange *"schal so in iris hertzen oren..."* (533,21). Zu einer anderen Haltung fordert Seuse in der 1. Predigt auf: Jeglicher böser Rede, die *"den geistlichen oren wurt in gerunet"*, muß der Mensche widerstehen und dagegen ankämpfen (504,17f).

3.1. – 3.3.: Die nach dem Muster eines Sehvorgangs von Seuse begriffene göttliche Erkenntnis hat die Gottesmutter (s.266,16f), das als Gotteslob vollbrachte menschliche Tun (s.306,25f), aber auch sündhaftes Tun des Menschen (s.258,19; 317,31f) zum Inhalt. Seuse bittet in Anbetracht seiner sündigen Existenz darum, daß Gott die *"ougen der erbarmherzkeit"* ihm zuwende (264,11).

3.4. – 3.5.: Auf die memoria-Funktion des menschlichen Bewußtseins beziehen sich Aussagen Seuses, in denen der Mensch aufgefordert wird, den gekreuzigten Jesus *"ze allen ziten"* (256,14) oder allgemein Leiden *"ze einem zeichen vor dien geistlichen ougen diner sele"* (248,14) zu tragen. Daneben soll sich der Mensch auch an den Einblick in Gott bleibend erinnern (s.247,27), weil dadurch allein das irdische Leiden in seiner Bedeutung erfaßt werden kann.

Die *"ougen der herzen"* sind ferner Bild für das innere Erfassen Jesu durch den Menschen (548,16f), insbesondere in der Situation der Kreuzigung (s.546,8). Was die göttliche Wahrheit anbelangt, kann diese aufgrund der leiblichen Verfaßtheit des Menschen nur *"in biltlicher glichnúss"* solange empfangen werden, bis *"daz gelútert oge der sele"* sich unmittelbar in Gott befindet (387,9).

3.6.: Mit den *"ougen der lutren verstentnússe"* vermag der Mensch sich Einblick in den Bereich der Seraphim zu verschaffen (243,11). Wenn man sich auf Jesus Christus bezieht in einer Weise, die einem *"lutern claren spiegel"* gleichkommt, den man sich vor die *"ougen der vernunft"* hält (493,6f), erkennt man den Grad der Gleichheit mit dem Vorbild Jesus Christus.

3.7.: Des *geistes ougen* richten sich nicht auf leibliche Wirklichkeit, da sie *"eigenlicher und warlicher"* sehen (295,28). Von Jesus Christus als *exemplar* der geistlichen Augen des Menschen wird infolgedessen aufgrund seiner zwei Naturen sowohl Göttliches als auch Menschliches wahrgenommen (s.476,24f).

3.8.: Aus der an Gott gerichteten Bitte Seuses um Erlaubnis, daß er, Seuse, ihn *"mit den ougen luters glouben staetenklich mug an sehen..."* (537,10f) geht hervor, daß Seuse dem Glauben neben Seele, Herz und Vernunft Erkenntnisfunktion zuspricht.

3.9.: Mit den *inren ogen* erkennt der Mensch sich selbst (s.28,2), das Sein in seiner einfaltigen Lauterkeit (s.177,21), die Verwandlung in eine himmlische *klarheit* (s.153,2) sowie die Ewige Weisheit (s.201,25f).

3.10. – 3.11.: Seuse stellt eine Parallele her zwischen dem menschlichen Auge und dem *"oge unsers gemuetes"* (177,11): Wie das Auge infolge seiner mannigfaltigen Wahrnehmung das Licht nicht erfaßt, durch das es alles andere zu sehen vermag, schätzt das *"oge des gemuetes"*, auf vielfältiges Seiendes gerichtet, das Sein gering, durch dessen Kraft es das vielfältige Seiende aufnimmt (s.177,11-14). Geblendet von dem zerteilten Seienden wendet sich aufgrund dieser *krankheit* das *"oge únser bekentnús"* nicht dem an sich am besten erkennbaren Sein zu (177,15-20).

G. Heinrich von Nördlingen

1. *guome*
1.1. *hertze* (48,31)

3. *aug*
3.1. *mensche* (36,51)
3.2. *got* (43,14)

1.1.: Auf dem Hintergrund der Parallelisierung der Gotteserfahrung mit der Geschmackserfahrung wird Heinrichs inneres Organ zur Wahrnehmung des göttlichen Wirkens zum *inner gume meins hertze* (48,31).

3.1.: Heinrich bittet Margaretha um Auskunft über die Wirkung der göttlichen Gnade in ihr sowie - im Bild des aufgeschlossenen inneren Auges -, ob sie für die Offenbarung Gottes empfänglich sei (s.36,51).

3.2.: Wegen der *durchsehenden augen gotz* fürchtet sich Heinrich mit seinem Leben in Schuld vor Gott (43,14).

haften (1.)/ anhaften (2.)/ behaften (3.)/ zesamenhaften (4.)/ zuohaften (5.)/ heften (6.)/ beheften (7.)/ daran heften (8.)/ zesamen heften (9.)

B. David von Augsburg

2. *anhaften*
2.1. *herze* (323,39f)
2.2. *allez* (337,37)
2.3. *swacheit* (355,19f)

3. *behaften*
3.1. *dinge* (359,39)
3.2. *diu ungeliche* (360,4)

5. *zuohaften*
5.1. *mensche* (394,3)

6. *heften*
6.1. *engel und heilige* (373,18f(Pat))

7. *beheften*
7.1. *herze* (318,6f(Pat))
7.2. *mensche* (324,8(Pat); 337,11(Pat))

8. *daran heften*
8.1. *viwer* (314,23)

9. *zesamen heften*
9.1. *luft* (360,3)

2.1. – 2.3.: Im Bild des *anhaften* bringt David die enge Beziehung des Menschen zu Gott zur Sprache, die allein den Menschen zur Ruhe kommen läßt. Denn wenn er mit etwas Nichtgöttlichem beschäftigt ist, sehnt er sich immer wieder nach etwas anderem, so daß er keine Ruhe findet (s.323,39f). Ein ähnlich enger Zusammenhang wird durch die Verwendung der Verbmetapher *anhaften* in Bezug auf all das ausgesagt, was von Sünde, schlechten Vorbildern und Zeitlichem bestimmt ist (s.337,37). Auch den Zusammenhang der menschlichen Schwachheit mit schuldhaftem Versagen stellt David nach dem Muster eines Zustandes dar, in dem man sich an der Oberfläche von etwas anderem festgesetzt hat (s.355,19f).

3.1. – 3.2.: Unter dem Gesichtspunkt der engen feststehenden Verbindung erörtert David die Frage, wie ungleiche Dinge "*ze samene gevüeget werden und alsô samt behaften, alsô viur und wazzer*" (359,38f).

5.1.: Die mit dem Verb *zuohaften* anschaulich gemachte feste Verbindung des menschlichen Geistes mit Gott ist wesentlicher Bestandteil der Einigung zwischen Gott und Mensch (s.394,3).

6.1.: Engel und Heilige werden in ihrem Verhältnis zu Gott mit den Metaphern *umbevangen und heften* in der Weise beschrieben, daß sie einerseits völlig von der göttlichen Güte umgeben wie auch andererseits in eine feste Beziehung zur göttlichen Güte, die Gott selber ist, gebracht sind (s.373,18f).

7.1. – 7.2.: Als festen - mit der Verbmetapher *beheften* ausgesagten - Kontakt stellt sich für David der Zusammenhang eines sehnenden Herzens mit dem Objekt seiner Sehnsucht dar; die Verbindung ist so konstant, daß es anderes kaum wahrnimmt (s.318,6f).

Da mannigfaltige Dinge dem Menschen nur Trübsal und Verdruß bringen, vermeiden gute Menschen, mit ihnen in festem Kontakt zu stehen (s.324,8).

Neben mannigfaltigen Dingen nennt David auch noch den Fall, daß der Mensch *"mit îteler liebe beheftet wirt"* (337,11).

8.1.: Die Einwirkung des Fegefeuers auf den Menschen hängt für David vom Grad der Sündhaftigkeit des jeweiligen Menschen ab. Je mehr Sünden vorhanden sind, desto enger gestaltet sich der Kontakt zum jeweiligen Menschen (s.314,23).

9.1.: Die Luft *heftet* Wasser und Feuer *"ze samene, daz diu ungelîche beidenthalp bîeinander behaftet."* (360,3f).

C. Meister Eckhart

1. *haften*
1.1. *mensche* (I 120,8; III 174,3.4; 250,6)
1.2. *kleinez* (III 160,3)
1.3. *geist* (III 174,1(Pat))
1.4. o.BE (V 41,7)
1.5. *minne* (III 229,6f)
1.6. *wille* (II 636,1)
1.7. *sele* (III 471,1)

2. *anehaften*
2.1. *mensche* (II 455,4; V 199,7; 200,4.6.7)
2.2. *gnade* (II 244,7f)
2.3. o.BE (V 109,12)

3. *behaften*
3.1. *mensche* (III 219,5)
3.2. o.BE (V 41,7)

4. *zesamenhaften*
4.1. *tugende* (II 175,2.3)

5. *zuohaften*
5.1. *niht* (I 90,1)
5.2. *name* (II 532,4)

1.1. – 1.4.: Die Metapher *haften* findet sich zur Bezeichnung einer festen Verbindung des Menschen mit anderer kreatürlicher Wirklichkeit. Diese darf nicht vorhanden sein, wenn der Mensch Gott erfahren will (s.I 120,8; III 160,3; 250,6). Denn der über die Metapher *haften* - verstärkt durch die Verbmetapher *bûwen* - als Festsitzen des Menschen bzw. des menschlichen Geistes auf der Oberfläche des Kreatürlichen charakterisierte Kontakt hat zur Folge, daß der Mensch/der menschliche Geist von der Bewegung erfaßt wird, der alles Kreatürliche unterliegt. Darum hält es Eckhart für notwendig, daß der Mensch keine feste Bindung zur kreatürlichen Welt hat, so daß er von ihren Bewegungen nicht bestimmt wird (s.III 174,3f).

1.5. – 1.7.: Die Minne steht in festem Kontakt zur Erkenntnis (s.III 229,6f), wie auch der Wille zur Güte Gottes (s.II 636,1), was zur Folge hat, daß er nicht in das Innere Gottes vorzudringen vermag, sondern im Unterschied zur Vernunft *blîbet ûze* bei der *güete*, die ein *kleit gotes* ist. Will die Seele mit Gott geeint sein, muß sie sich selbst und alles Vergängliche transzendieren und mit Gott selbst in festem Kontakt stehen (s.III 471,1).

2.1. – 2.3.: Jegliche Form des Kontaktes zur Zeit - Eckhart verweist mit verschiedenen Bildern auf unterschiedliche Grade an Intensität: *anehaften, ruoren, rouch und smak der zit* (II 456,1f) - verhindert die Wahrnehmung des göttlichen Lichtes. Wenn der Seele etwas "*anehaftende ist, begriffen und vermischet mit dem vleische...*" (V 109,12f), ist der Mensch ein *ûzer mensche*. Wer dagegen in gnadenhafter fester Beziehung zu Gott steht, "*dem haftet ane allez, daz götlich ist...*" (V 200,7).

3.1. – 3.2.: Jegliche feste Verbindung mit nichtgöttlicher Wirklichkeit macht unmöglich, daß der Mensch Ort der unio mit Gott sein kann (s.III 219,5f).

4.1.: Auf die innere Verbindung aller Tugenden verweist Eckhart mit dem Bild des *zesamen haften* (s.II 175,2).

5.1. – 5.2.: Menschliche Vollkommenheit bedeutet, daß der Mensch völlig frei von festen kreatürlichen Bindungen ist (s.I 90,1).

Der Beziehung der Gottesbezeichnungen zur göttlichen Wirklichkeit verleiht Eckhart mit der Metapher *zuohaften* den Charakter einer festen, jedoch nur oberflächlichen Beziehung, da die Namen nur äußerlich in Kontakt mit der göttlichen Wirklichkeit treten (s.II 532,4).

D. Tauler

2. *anhaften*
2.1. *guot* (191,26)
2.2. *ere* (191,26)
2.3. *frunt* (191,26)
2.4. *nature* (191,26)

5. *zuohaften*
5.1. *mensche* (66,2)

2.1. – 2.4.: Eine inhaltliche Differenzierung des Begriffs *welt* erreicht Tauler, indem er aufzeigt, was sich in fester Bindung mit ihr befindet: *guot* oder *ere, frunt, nature* (s.191,26).

5.1.: Für Tauler bedeutet das Sterben des Menschen, den Gott zu sich holt, "*in allem dem do du ein zuohaften zuo hast und eine enpfenglichkeit..., das daz nihtes nút ensi.*" (66,2f).

E. Seuse

1. *haften/haft*
 1.1. *bilde* (158,26)
 1.2. *mensche* (283,22; 390,8; 471,14; 473,17)
 1.3. o.BE (190,13)

2. *anehaften*
 2.1. *creaturlichkeit* (193,2)
 2.2. *mensche* (166,25; 477,12)
 2.3. *sele* (391,1f; 476,8f; 477,18)
 2.4. o.BE (288,14; 477,17.20)

7. *beheften*
 7.1. o.BE (169,13)
 7.2. *mensche* (358,27)

1.1. – 1.3.: Das Bild des *haften* verwendet Seuse für die feste Beziehung von Sünde und kreatürlichen Vorstellungen zum Menschen. Das Transzendieren des Menschen beginnt, wenn er von derartigen Kontakten befreit wird (s.158,26). Es macht geradezu *anevohende* Menschen aus, daß sie sich - bevor sie sich zu Gott wie ein Adler aufschwingen (s.473,15) - von allen festen Verbindungen zum Kreatürlichen befreien (s.473,17; 473,19: "*scheiden von allen creaturen in dem anevange...*").

Jegliches Verhaftetsein an Kreatürlichem muß als Vorbereitung auf den Tod (s.283,19-22), oder im Rahmen des mystischen Lebens auf der Stufe der via purgativa (s.390,8), aufgehoben werden; denn die *einvaltige einikeit* Gottes verlangt, daß "*hie muos alle haft entheftet sin, ellú ding gelassen sin...*" (190,13).

2.1. – 2.4.: Letztlich ist auch das Kreatürliche für den menschlichen Geist etwas Äußerliches; mit der Metapher *anhaftende creaturlichkeit* (s.193,2) verweist Seuse darauf, daß diese quasi auf der Oberfläche des menschlichen Geistes festsitzt. Wenn die kreatürliche Bestimmung verloren geht, vermag der Geist ganz authentisch in den göttlichen Bereich zu gelangen; er ist damit am Lebensziel des Menschen angekommen: die Rückkehr in den Ursprung und mit Gott andauernd in fester Bindung zu leben, was sich in der unio der Seele mit Gott realisiert: "*wanne in dem anhafte da wirt die sele verswemmet in daz einig ein... als sant Paulus sprichet: 'der anhaft machet die sele einen geist mit got.'*" (477,18-21; vgl. 1 Kor 6,17) Da die Seele aber nicht unbegrenzt "*von des sweren libes krankheit*" (391,1) in festem Kontakt mit Gott stehen kann, sondern "*emzklich wirt nider gezogen*" (476,8), bedarf sie des Vorbildes Jesu Christi, das sie wieder in die Nähe mit Gott zurückführt (s.391,3f).

7.1. – 7.2.: Zum gelassenen Menschen gehört nach Auffassung Seuses, daß er frei ist von allem, was den menschlichen Willen fixiert (s.169,13); in Beziehung auf seine Mitmenschen bedeutet dies, daß er mitleidet ohne Sorge in Freiheit, und daß er liebt, ohne diesen Menschen - wie mit *beheftunge* ins Bild gebracht wird (s.358,27) - verpflichtet zu sein.

hangen (1.)/ anehangen (2.)/ behangen (3.)/ inhangen (4.)/ zuohangen (5.)/ ufhenken (6.)/ hengen (7.)

A. Mechthild von Magdeburg

1. *hangen*
1.1. *mensche* (III 3,47; 14,22)
1.2. *engel* (IV 14,11)

2. *anhangen*
2.1. *sele* (V 31,26)

7. *hengen*
7.1. *got* (VI 23,19)

1.1. – 7.1.: Die Verbmetapher *(an-)hangen* ist Metapher für die feste Bindung der Engel bzw. des Menschen an Gott in allen Situationen.

C. Meister Eckhart

1. *hangen*
1.1. *zal* (I 368,10)
1.2. *natûre* (I 369,4; II 287,6)
1.3. *leben* (II 33,4.5)
1.4. *hl. geist* (II 118,3)
1.5. *crêatûre* (II 118,3)
1.6. *gotheit* (III 265,7f)
1.7. *ding* (II 458,2)
1.8. *wesen* (I 72,10; II 287,7; III 142,2)

2. *anehangen*
2.1. *wesen* (I 154,1)
2.2. *mensche* (II 272,7)

3. *behangen*
3.1. *mensche* (I 315,2)
3.2. *sêle* (III 245,3f; 253,5.6)

4. *inhangen*
4.1. *persône* (III 133,1)
4.2. *krefte* (I 56,9.10)
4.3. *got* (I 56,5f)

5. *zuohangen*
5.1. *(n)iht* (I 56,6; 87,8)
5.2. *sêle* (I 220,6)
5.3. *kraft* (I 348,12)
5.4. *bilde* (I 269,5)

1.1. – 1.7.: Mit *hangen* evoziert Eckhart eine Sicht, die die Beziehung der Zahlen zur Eins (s.I 368,10) sowie von Gottes Natur zur göttlichen Einheit (s.I 369,4) in Parallele bringt zu etwas, das mit seinem oberen Ende an einer bestimmten Stelle befestigt ist, nach unten aber frei schwebt. Auf diese Weise wird die Bedingtheit und gleichzeitige Freiheit verschiedener Größen zur Sprache gebracht. Neben den genannten Größen bezieht Eckhart die Metapher *hangen* auf das Verhältnis des Vaters zum Sohn, der mit seinem Leben auf den Sohn angewiesen ist, wie umgekehrt das Leben des Sohnes *"hanget in dem vater"* (II 33,4-5). Im Hinblick auf die Trinität weiß Eckhart den Hl. Geist sowie alle Kreaturen vom Werk des göttlichen Vaters, der Geburt des Sohnes, abhängig (s.II 118,3; 458,2). Allgemein gilt für die Gottheit, daß sie *"hanget dar ane, daz er sich gemeinen müge..."* (III 265,7f)

1.8.: Was das göttliche *wesen* anbelangt, ist es darauf angewiesen, den Menschen zu lieben (s.II 287,6f) und daß Gott seinen Sohn in der Seele gebiert (s.I 72,10). Für das menschliche *wesen* ist konstitutiv, daß Gott nahe und präsent ist (s.III 142,2).

2.1.: Die *Vernünfticheit gotes* benennt Eckhart als Stelle, an der das Sein des Engels *ane hanget* (s.I 154,1).

2.2.: Das Bild des *anehangen* verweist auch auf den festen Kontakt des Menschen zu allen Dingen, der nicht vorhanden sein darf, wenn er in Gott sein will (s.II 272,7).

3.1.: Wenn Eckhart thematisiert, daß ein Mensch in der göttlichen Güte den Endpunkt seiner Annäherung an Gott erreicht hat und zu weitergehender Bewegung auf Gott selbst zu nicht mehr in der Lage ist, bringt er dies im Bild des *behangen* zur Sprache (s.I 315,2).

3.2.: Die Stelle, die für das Entstehen der Seele konstitutiv ist, geht über den Ursprungsort der zweiten trinitarischen Person hinaus: "*Dâ got ûzbrichet in sînem sun, dâ enbehanget diu sêle niht... ez ist al dar obe.*" (III 253,5-6)

4.1. – 4.2.: *Inhangen* ist Bild für die Relation der drei göttlichen Personen zum göttlichen Sein, in dem sie quasi ihren festen Halt haben (s.III 133,1). Ähnlich sieht Eckhart auch die Beziehung der Kräfte unter Gott zu Gott: "*... die hânt ein inhangen in gote...*" (I 56,9).

4.3.: Für Gott gilt: "*Er ist ein înhangen in sîn selbes lûter weselicheit... Er ist ein lûter înstân in im selber...*" (I 56,5f.7).

5.1.: Das Festmachen am Äußeren eines anderen dient dazu, die Vorstellung zu geben, wie sich Nichtgöttliches auf die *weselicheit* Gottes (s.I 56,6) bzw. die göttliche Natur (s.I 87,8) zu beziehen vermag. Die auf diese Weise ins Bild gebrachte Bezugsmöglichkeit wird im Hinblick auf Gott prinzipiell von Eckhart negiert: "*Hie mac wol... iht zuohangen, daz ist diz eine niht.*" (I 87,7f)

5.2. – 5.3.: Neben ihrem ungeschaffenen Vermögen, mit dem sie "*alle zît gote zuohanget*" (I 348,12), kennzeichnet die Seele, daß sie in fester Bindung zur Zeit steht; sie hat "*ein zuosehen und ein zuohangen ze der zît...*" (I 220,6).

5.4.: Die konstante Abhängigkeit eines Bildes vom Abgebildeten veranschaulicht Eckhart im Bild des "*zuohangen und anehaften*" (I 269,5).

D. Tauler

1. *hangen*
1.1. *mensche* (170,19.26; 329,16f; 401,16; 420,12f.24)
1.2. *nature* (145,7; 411,22)
1.3. *gebot* (408,24)

2. *anhangen*
2.1. *mensche* (36,17; 50,21; 82,28; 155,7; 158,3.20; 170,25; 421,29)
2.2. *ougen* (351,6)
2.3. *andaht* (84,15)

2.4. *contemplacio* (426,12)
2.5. o.BE (145,20)

1.1. – 1.2.: Tauler bedauert, daß Menschen *noch hangent* am *"wuetenden mere diser engstlichen welt"* (170,16f.19) statt sich - worauf Tauler ebenfalls mit der Metapher *hangen* verweist - in Gott quasi festzumachen (s.170,26). Menschen *"ensoltent noch hangen noch kleben..., danne alleine Gotz ere und wille..."* (401,16). Ansonsten ist bei denen, die so sehr vom irdischen Leben abhängig sind (s.420,12f.24), die Beziehung zu *lieht* und *gloube* bedroht (s.329,16f). Es liegt in der menschlichen Natur begründet, daß Menschen auf Kreatürliches angewiesen sind: *"die ist als klebrecht in vil menschen und wil ie etwas haben dar an si hange und ir enthalt si."* (145,6-8)

1.3.: Am Gebot der Nächstenliebe *"hangent alle die gebot und die e Gottes..."* (408,24f).

2.1. – 2.5.: In der Metaphorik des *anhangen* kommt die Beziehung des Menschen zur Sprache, der, indem er sich mit *minne* und *meinunge* auf Gott als dem Fixpunkt seines Verhaltens ausrichtet, einen festen Zusammenhang konstituiert. Dieser Zusammenhang wird in verschiedenen Bildern anschaulich gemacht: der Mensch *versinket* in Gott (s.36,15f), er vermag *"an ime und in ime iemer me zuo blibende und anzuohangende..."* (36,16f); der inwendige Mensch ist *"versunken und versmolzen in sinem gebruchlichen anhangende an Gotte..."* (158,20); das ist für Tauler Einmütigkeit, daß das *"gemüete an Gotte alzemole und alleine klebe und... der mensche... habe ein milt gunstlich anhangen an Gotte."* (155,4-7) Dies geschieht durch *wesenliche andaht*, in der man sich *"innerlich Gotte verbunden habe und welle und meinen in allen dingen."* (84,17) Wie Tauler in Hinblick auf eine genauere Bestimmung des Begriffs *contemplacio* ausführt, impliziert das *"anhangen an Gotte"* ein Vergessen aller zeitlichen Dinge (426,12f), d.h. *"ane alles anhangen oder enthalten ichtes... in armuete und blosheit..."* (145,20f). Um die intensive Beziehung zu Gott realisieren zu können, hält Tauler den engen Kontakt zu Gottesfreunden für ratsam, weil diese andere Menschen auf ihrem Weg zu Gott *"mit in ziehent"* (s.50,21).

E. Seuse

2. anhangen
2.1. *mensche* (38,13; 369,31; 458,6)

6. ufhenken
6.1. *sele* (553,1(Pat))

4. inhangen
4.1. *persone* (186,27)

2.1.: Jegliche - im Bild des *anhangen* anschaulich gemachte - Angewiesenheit auf äußere Dinge empfiehlt Seuse zu vermeiden (s.38,13).

4.1.: Das *Inhangen* wählt Seuse als Bild für die Beziehung der drei göttlichen Personen zur göttlichen Einheit (s.186,27).

6.1.: Die compassio mit Christus veranschaulicht Seuse im Minnebüchlein: *"Ich beger, daz alle min kraft mit dir ersterbe und alles min gebein mit dir ertoedet werd, min sel mit dir uff gehenket werd."* (552,32-553,1).

---

geheben (1.)/ (sich)überheben (2.)/ ufheben (3.)

B. David von Augsburg

<u>1. geheben</u>
1.1. *tiuvel* (322,12)

<u>2. (sich)überheben</u>
2.1. *die heiligen* (332,31)
2.2. *mensche* (334,23f; 357,9)

<u>3. ufheben</u>
3.1. *schin des gotlichen liehtes* (394,10)
3.2. *Jesus Christus* (341,31)

1.1. – 2.2.: Die Verben *geheben/(sich) überheben* bezeichnen ein von Hochmut bestimmtes Verhalten, wodurch sich der Teufel im Gegensatz zu den Heiligen innerlich über andere setzt (s.332,31).

3.1.: Der Einfluß des göttlichen Lichtes auf den menschlichen Geist ist so groß, daß es diesen - wie David mit der Verbmetapher *ufheben* konkretisiert - zu Gott bringt, der in der Höhe lokalisiert wird (s.394,10).

3.2.: In nichtmetaphorischer Bedeutung im Sinn von 'ergreifen' verwendet, führt David aus, daß Jesus alle Dinge *"ufhebet unde berihtet"* (341,31).

---

hertekeit/hertmuetecheit (1.)/ hert (2.)/ verherten (3.)/ weich (4.)/ erweichen (5.)

B. David von Augsburg

<u>1. hertekeit</u>
1.1. *sele* (394,14)

<u>2. hert</u>
2.1. *liden* (347,2)
2.2. *ungemach* (378,8f)

1.1.: Die Festigkeit und Stabilität von Gegenständen in der unbelebten Natur bezeichnend, verweist die Metapher *hertekeit* in Bezug auf die Seele auf deren Lieblosigkeit; eine Veränderung erfährt dieser Zustand der Seele, wenn die Seele infolge der - anhand der Feuermetaphorik beschriebenen - Einwirkung der göttlichen Liebe *"geweichet wirt von ir gewonlîchen hertekeit"* (394,14).

2.1. – 2.2.: Im Sinne von 'mühevoll, schwer erträglich' charakterisiert das Adjektiv *hert* Leiden des Menschen, insbesondere Jesu Leiden (s.378,8f).

D. Tauler
---

1. hertekeit
1.1. *leben* (48,6)
1.2. *mensche* (106,27; 196,2; 209,4; 283,31; 287,23; 309,22; 335,11f; 366,26; 409,1)
1.3. *herze* (285,3.6; 286,10)

2. hert
2.1. *mensche* (123,21; 282,12; 283,29)
2.2. *herze* (281,18; 286,17)
2.3. *grunt* (281,24)
2.4. *wise* (287,14)
2.5. *wort* (142,11.15; 269,33; 276,4; 287,26)
2.6. *ding* (195,16f; 282,34)

3. verherten
3.1. *mensche* (286,12(Pat))

4. weich
4.1. *herze* (123,25)

1.1. – 1.2.: *Hertekeit* ist zunächst Metapher für die nicht auflösbaren Widerwärtigkeiten des Lebens (s.48,6; 283,31). Dann verwendet Tauler die Metapher auch, indem er die mit dem Terminus *hertekeit* bezeichnete, nicht elastische, kaum nachgebende, unempfindliche Materialbeschaffenheit in Beziehung setzt zur ichzentrierten völlig unflexiblen Einstellung des Menschen. Mit dieser Einstellung will der Mensch jederzeit sein Recht haben (s.409,1), verurteilt andere, zeigt sich unnachgiebig gegenüber anderen und tut Böses (s.309,22). Derartige Menschen *"enlassent sich nút"* (409,2); vielmehr ist ihr Leben geprägt von *"hofart, eigenwillikeit, hertmuetikeit und swer urteil..."* (287,23).

1.3.: Das Bild der *"hertekeit des herzen"* erscheint zur Erfassung der Unempfindlichkeit und Gefühllosigkeit des Menschen (s.285,3.6; 286,10).

2.1. – 2.6.: Ohne Empfindung Gottes wird der Mensch unsensibel und unlebendig; er *"vindet sich hert, dúrre, kalt und trege."* (283,29f) Der gleiche Effekt tritt ein, wenn der Mensch sich auf sein eigenes Tun (s.282,12) verläßt oder sich Nicht-Göttliches als Besitz zueignet (s.286,17f). Daher haben für Tauler Menschen mit weltlichen Herzen *"ein hert steiniu herze, hert und dúrre und kalt..."* (281,18); der Inhalt der Bücher *ensmacket im nút*, er beschäftigt sich *"in einer grober blinder wise"* damit (281,21); sein *grunt* wird *"als hert als ein múlistein..."* (281,24).

3.1.: Die mangelnde Fähigkeit zur Rezeption Gottes führt Tauler darauf zurück, daß Menschen *verhertet* sind, so daß sie göttliche Dinge nicht in sich aufzunehmen vermögen und infolgedessen *nút ensmackent* (s.286,12); in Bezug auf Gott sind ihre Herzen *als steine* (s.286,14).

4.1.: Die Transformation des gottabgewandten und für Gott verschlossenen Herzen - Tauler charakterisiert es metaphorisch als *dúrr, steinin* und *stehelin* - zum göttlichen Herzen hin erfordert, daß es *warm, weich* und *fúrig* wird (s.123,25).

E. Seuse

1. *hertikeit*
1.1. o.BE (98,15f; 232,15; 247,21; 273,31)
1.2. *mensche* (197,5.7; 233,14; 299,24)

2. *hert*
2.1. *herze* (227,8)

4. *weich*
4.1. *gemuet* (369,6)
4.2. *rúwerin* (453,22)

5. *erweichen*
5.1. *herze* (227,11)
5.2. *wort* (137,32)

1.1. – 1.2.: Seine Unfähigkeit zur Betrachtung der Leiden Jesu bringt Seuse im Bild der *hertikeit* zur Sprache. Diese Empfindungslosigkeit bzw. Erfahrung der *bitterkeit* (s.197,7) verwandelt sich zu *suezikeit*, nachdem er auf himmlische Eingebung hin hundertmal sich zu Boden geworfen hat und jedesmal eine besondere Betrachtung des Leidens Jesu damit verbunden sowie eine entsprechende Bitte formuliert hat (s.197,5). *Hertikeit* stellt sich auch ein, wenn die Erfahrung von *lieht, gnade und suessekeit* Gottes ausbleibt. Seuse vergleicht in diesem Zusammenhang seine Existenz mit einem Menschen, "*der blint geborn ist und daz liecht nie gesach.*" (299,26)

Was das Gotteslob angeht, bekennt der Diener Seuse, es sowohl in *hertikeit* wie in *suessekeit* zu suchen (232,15).

2.1.: Durch die Bildopposition *hertes herze, kalte sele - erweichen* bringt Seuse die Verwandlung zur Sprache, der der Mensch unterliegt, wenn er Jesu *fúrin wort*, d.h. die Mitteilung seiner Liebe, vernimmt (s.227,8-11).

4.1. – 4.2.: Bei der Adjektivmetapher *weich*, die Seuse zur Charakterisierung eines menschlichen *gemuetes* (s.369,6) oder einer *rúwerin* (s.453,22) benützt, liegt der semantische Schwerpunkt auf 'nachgiebig', weshalb es auch eine Affinität zu *unstet* zeigt (*weich* ist an beiden Textstellen damit kombiniert).

5.1.–5.2.: s. 2.1.

horwig (1.)/ hor(we) (2.)/ lache (3.)/ mase (4.)/ mist (5.)/ phuol (6.)/ phuolig (7.)/ verfulen (8.)/ stob (9.)/ sumpf (10.)/ unflat (11.)/ vlekke (12.)/ befleken (13.)/ beflekt (14.)/ stinken (15.)

A. Mechthild von Magdeburg

5. *mist*
5.1. *súnde* (III 21,82)

6. *phuol/pfuol*
6.1. *helle* (III 21,66)
6.2. *welt* (IV 18,31)
6.3. *mensche* (II 4,55; VI 1,115)
6.4. *unkúscheit* (VI 21,5)
6.5. *sele* (IV 2,55)
6.6. *herze* (VII 21,9)
6.7. o.BE (II 26,20; V 11,33; VII 27,17)

7. *phuolig*
7.1. *welt* (VI 1,15)

9. *stob*
9.1. *súnde* (VI 1,98.102)
9.2. o.BE (III 19,10)

10. *sumpf*
10.1. *vleisch* (VI 21,7)
10.2. o.BE (VI 19,9)

11. *unvlat*
11.1. *súnde* (VI 1,136)
11.2. o.BE (III 9,73)

12. *vlekke*
12.1. *súnde* (III 10,11)
12.2. *sele* (V 33,13.18; VI 2,36)

13. *bevlekken*
13.1. o.BE (I 44,21)

14. *beflekt*
14.1. *sele* (III 21,109)
14.2. *brut* (IV 5,9; V 27,8)

15. *stinken*
15.1. *súnde* (VII 10,3)
15.2. *licham* (III 5,18)

5.1.: Drastisch formuliert Mechthild die negative Wirkung der Sünde, indem sie vom *"miste aller unfletigen súnden..."* spricht (III 21,82).

6.1. – 6.2.: Das Bild des - negative Assoziationen auslösenden - *phuol* komplettiert die Vorstellung der Hölle, in der Teufel sieden, braten, schwimmen und waten *"in dem stanke... und in dem pfuole"* (III 21,66). Eigentlich metaphorische Bedeutung trägt *phuol* jedoch erst dort, wo Mechthild durch eine Anwendung des Wortes auf die irdische Wirklichkeit eine negative Sicht von Welt, Mensch, Seele und Herz vermittelt. Die infolge der von Mechthild vorgenommenen Parallelisierung mit einem stinkenden Gewässer in ihrer Qualität negativ erscheinende Lebenswelt zeigt sogar lebensfeindliche Züge: *"Swenne wir trinken den pfuol der welte...; so ist úns selben mit úns selben vergeben. Wellen wir denne jemer genesen, so muessen wir úns selben verlassen..."* (IV 18,30-33).

6.3. – 6.6.: Aufgrund ihrer *unedelkeit* kommt Mechthild auch zu einem negativen Urteil über sich selbst; an mehreren Textstellen bezeichnet sie sich daher als *pfuol* (s. II 4,55; VI 1,115). Auch das von *unkúscheit* bestimmte Verhalten der *boese(n)* *pfafheit* hat zum Ergebnis, daß das *golt* der Christenheit *"ist verfúlet in dem pfuole der unkúscheit..."* (VI 21,5).

Von sich selbst ausgehend, macht Mechthild auch Ausführungen zur richtigen Einstellung für den Empfang des Sakramentes der Eucharistie. Sie thematisiert die Erkenntnis ihrer Sündhaftigkeit, die sich beim Überdenken ihrer Lebensführung vor dem Empfang einstellt und dazu führt, daß ihr Gottes Handeln in Anbetracht ihrer sündigen Beschaffenheit unfaßbar ist: *"... und weine, eb ich mag, das der ewig unbegriffelicher got also guot ist, das er sich wil neigen in den unvletigen pfuol mines herzen."* (VII 21,8-10).

<u>6.7.</u>: Auch wenn an mehreren Stellen die Metapher auf keinen Bildempfänger direkt bezogen ist, wird dennoch aus dem weiteren Kontext deutlich, daß mit *pfuol* die Welt gemeint ist, in der Jesus Christus mit seiner Mutter wohnt (s.II 26,20). Die Menschen, die sich beklagen, zu wenig von der Welt zu haben, *versinken* in diesem *pfuol* und *ertrinken* in ihren Sünden (VII 27,17f).

<u>7.1.</u>: Als Weg, der im Vergleich zur Ausgangssituation ins Gegenteil führt, erscheint die Inkarnation Christi, wenn Mechthild diesbezüglich bemerkt, daß er *"gieng har nider us von dem hohen palaste der heligen drivaltekeit in dise pfuolige welte."* (VI 1,14f)

<u>9.1.</u>: Das Bild vom Sündenstaub charakterisiert die Wirkung der Sünde dahingehend, daß sie das eigentliche Wesen des Menschen überlagert und dadurch verbirgt. Insofern diese Verunreinigung des Menschen aber nur äußerlich bleibt, ist es plausibel, daß die Sünde beim Menschen keine große Konsistenz aufweist: *"Der stoub der súnden der uf úns vallet alsemere als ane únsern dank der wirt von der minne fúr also drate ze nihte..."* (VI 1,98f). Gegenüber der kathartischen Eigenschaft der Minne erweist sich der *stoub der súnde* demnach als nicht resistent.

<u>9.2.</u>: *Stoub* bildet sich beim Menschen auch, wenn er sich *"mit irdenschen dingen ze verre besweren..."* kann (III 19,10).

<u>10.1. – 10.2.</u>: Die heillose Bedeutung des *vleisches* entwickelt Mechthild aus der ausweglosen Situation eines Menschen, der in einem Sumpf versunken ist. Diese vernichtende Wirkung muß die Demut der Christenheit erfahren, die *"versunken* (ist) *in dem sumpfe..."* ihrer leiblich orientierten Existenz (s.VI 21,7f). Der dem Wort *sumpf* inhärente Aspekt des Ausweglosen kann von Mechthild noch dadurch verstärkt werden, daß sie die hoffnungslose Situation des Menschen, der sich von der Erfahrung der göttlichen Nähe auf dem Weg in das entgegengesetzte Extrem befindet, mit der Negierung jeglichen festen Haltes verbindet: *"Nu hat si (dú gewaltige minne) mich gedruket in einen grundelosen sumpf, da vinde ich keinen grunt..."* (VI 19,8f).

<u>11.1. – 11.2.</u>: Die den Menschen beeinträchtigende Wirkung der Sünde veranschaulicht Mechthild im Bild vom *"unvlat der súnden"* (VI 1,136).

<u>12.1.</u>: Im Kontext der ursprünglichen - mit den Metaphern *rein, luter* oder *clar* veranschaulichten - Verfassung des Menschen macht Mechthild anhand der verschmutzenden Wirkung eines Fleckens die Veränderung des Menschen durch die

Sünde vorstellbar. Diese *"vlekken der súnde"* berauben den Menschen seiner inneren Reinheit und entfremden ihn von Gott (III 10,11).

12.2.: Ein ungesühnter Fehler macht sich in der Seele dadurch bemerkbar, daß diese einen *vlekken* bekommt (s.V 33,13). Mechthild führt das Bild weiter, indem sie Gott darum bittet, daß sein *"suesse(r) himmel val... hernider gússet..."* und die Seele reinige *"von allen vleken..."* (VI 2,33-36).

13.1.: Mit der Metapher *beflekken* bringt Mechthild ein geistiges Geschehen ins Bild, das den Menschen in seiner inneren Einstellung beeinträchtigt (s.I 44,21).

14.1. – 14.2.: Aufgrund mangelnder *klarheit* ist die Beziehung der *beflekten selen* zu den *reinen engel* unterbrochen; diese Seelen werden infolgedessen von den Teufeln ins Fegefeuer gebracht (s.III 21,109). Im Unterschied dazu ist die *unbeflekte brut*, die zu Gott gelangt, unmittelbar ohne jegliche Distanz in Gott (s.V 27,8).

15.1.: Ähnlich wie bei der Metapher *pfuol* hat die Metapher *stinken* die Funktion, die Qualität der Sünden über die negative Geruchsempfindung zu vermitteln: *"Die súnden stinkent mich an."* (VII 10,3)

15.2.: Die negative Bewertung des Leibes setzt Mechthild bildlich in eine entsprechende Geruchserfahrung um, indem sie dazu ausführt, daß der Leib ihr *zuo stinket* (s.III 5,17f).

B. David von Augsburg

1. *horwig*
1.1. *lip* (381,4f; 385,3)

12. *vlecke*
12.1. o.BE (363,28)

1.1.: Der irdische Leib weist für David gemeinsame Züge auf mit einem *irdischen kleit* oder mit *einem horwigem sacke* (381,4), den Gott dem Menschen bei seiner Erschaffung als Aufforderung zur Demut angelegt hat.

12.1.: Jesus Christus - so Davids Bitte - möge als *tugentspiegel* das menschliche Herz von allen orientierungslos machenden Beeinträchtigungen befreien, indem er die *vlecken* am Menschen einem Läuterungsprozeß unterziehe (s.363,27f).

D. Tauler

5. *mist*
5.1. *kreature* (136,22)
5.2. *gebreste* (27,32)
5.3. *mensche* (28,3)
5.4. o.BE (149,19.21; 419,25)

8. *verfulen*
8.1. *mensche* (52,9)

11. *unflat*
11.1. *gerehtikeit* (73,25)
11.2. *nature* (83,23)
11.3. *welt* (116,23)

12. *vlecke*
12.1. *sele* (94,4)
12.2. o.BE (95,27; 380,13; 399,23; 404,28)

13. *beflecken*
13.1. *nature* (94,8; 419,28)

5.1. – 5.3.: Im Bild des *mistes* wird der negative Charakter sichtbar gemacht, den nach Taulers Auffassung die *kreature* allgemein (s.136,22) oder speziell *gebreste* (s.27,32) aufweisen. Auch der Mensch verfügt über derartig Negatives.

5.4.: Solange dieser *mist* im Inneren des Menschen vorhanden ist und dieses *"entreint und entsúvert"* (149,19), vermag sich Gott dort nicht aufzuhalten.

8.1.: Das Verderben pflanzlicher Produkte dient als Bild für den geistigen Verfallsprozeß, dem der Mensch unterliegt, der sich dem Einfluß von Gesellschaft, Kurzweile und menschlicher Liebenswürdigkeit hingibt (s.52,9).

11.1. – 11.3.: Eine negative Bedeutungssetzung erfolgt mittels der Metapher *unflat*, die in Bezug auf falsche Gerechtigkeit (s.73,25), aber auch alles Negative in Natur (s.83,23) und Welt (s.116,23) verwendet wird, ohne daß eine genaue Schilderung des jeweiligen Übels erfolgt.

12.1.: Wenn der Mensch selbstbezogen, d.h. ohne an Gott zu denken, an den göttlichen Gaben Lust empfindet, wird die Seele infolge dieser Fehlorientierung - wie Tauler mit der Fleckenmetaphorik zur Sprache bringt - in ihrem Wesen beeinträchtigt (s.94,4).

12.2.: Tugenden, die ausschließlich von der menschlichen Natur bestimmt sind, machen *geistliche blotern* (s.95,25); in die Höhe strebende Tugenden *"machent... geistliche flecken und eine veraltunge."* (95,27) Grundsätzlich gilt: alles von der Natur Bewirkte *"hat alwegen etwas flecken, und es enist nút vollen luter..."* (380,13f). Diese im Bild des Flecken anschaulich gemachte Beeinträchtigung der ursprünglichen Beschaffenheit kann aufgehoben werden, wenn es gelingt, nichts mit *eigenschaft* zu besitzen (s.380,15f). Denn dann ist beseitigt, was Gott am Wirken gehindert hat (s.399,23).

13.1.: Die auf sich selbst hin orientierte Natur beeinträchtigt die göttlichen Gaben, indem sie *"die goben Gottes beflecket"* (94,8).

D. Seuse

2. *horwe*
2.1. *gebreste* (473,14)
2.2. *wollust* (237,3)

3. *lache*
3.1. *súntlich leben* (385,25f; 468,1)
3.2. o.BE (71,3; 124,4.6; 161,31)
3.3. *wollust* (237,3)

4. *mase*
4.1. *missetat* (277,9; 321,28)

11. *unflat*
11.1. *kezerliche lere* (68,23)
11.2. *súnde* (541,19)

2.1. – 2.2.: Im Bild des Schmutzes verweist Seuse auf den negativen Charakter der eigenen Mängel des Menschen (s.473,14) und seiner leiblichen Wollust (s.237,3).

3.1. – 3.3.: Die unheilvolle Situation des Leidens, der Sünde oder leiblicher Wollust erscheint als *lache*.

4.1.: Mit der Metapher *mase* wird erreicht, daß die Beeinträchtigung des authentischen Menschseins durch begangene Missetaten als Flecken auf einer sauberen Oberfläche erscheint, der beseitigt werden kann.

11.1. – 11.2.: Die den ursprünglich intakten Glaubenszustand seiner Gegend nachhaltig störende Beeinträchtigung durch Häresien stellt Seuse so dar, daß sie mit *kezerlichem unflat* verunreinigt wurde (s.68,23).

Die Schmutzmetapher läßt ferner die Sünde als Verunreinigung ursprünglich sauberer Kleider erscheinen, die der Mensch jedoch an Jesu Blut wieder abwaschen kann (s.541,19).

---

hunger (1.)/ hungeric (2.)/ spise (3.)/ spisen (4.)/ anbeizen (5.)/ kuwen (6.)/ (ver–)slinden (7.)/ essen (8.)/ toewen (9.) brot (10.)/ backen (11.)

A. Mechthild von Magdeburg

1. *hunger/hungeren*
1.1. *minne* (III 3,40)
1.2. *sele* (II 6,12; III 3,40; VII 45,27)
1.3. o.BE (IV 3,6)

2. *hungerig*
2.1. *sele* (III 1,11; 3,37; V 13,6)
2.2. *gerunge* (VII 45,26)

3. *spise*
3.1. *gelobe* (III 3,38)
3.2. *hl.licham* (V 35,58f; VI 37,25)

3.3. *Jesus Christus* (VII 35,20)
3.4. o.BE (III 20,23; VII 34,1f; 48,79)

4. *spisen*
4.1. *got* (II 3,19)
4.2. *geist* (IV 27,170(Pat))

8. *essen*
8.1. *sele* (II 22,19; 23,22)

10. *brot*
10.1. *hl. licham* (VI 37,25)

1.1. – 1.3.: Mechthild interpretiert mit der Metapher *hunger* bzw. *hunger und durst* (s.III 3,40) die Sehnsucht der Seele und der Minne als ein Grundbedürfnis, das gestillt werden muß.

Allgemein formuliert Mechthild, daß der Mensch "*hungeren moege nach dem himmelschen troste.*" (VI 4,37f).

2.1.: Gott ist für die Seele lebensnotwendig; denn sie "*mag nit lange alsust leben; ... wan der visch mag uf dem sande nit lange leben und frisch wesen.*" (III 1,9f) Gott erkennt dies; darum läßt Mechthild Gott die Seele als *hungerige sele* bezeichnen. Im Unterschied zur Seele hat Gottes Verlangen nach der Seele für Gott selbst keine existentielle Relevanz; ihn *lustet* nur die Seele *"ob allen dingen..."* (III 1,12).

Das Gebet hat in Bezug auf den Zustand der Entbehrung die Funktion, diesem abzuhelfen, indem sie *"tribet die hungrigen sele uf zuo dem vollen gotte..."* (V 13,6). Damit die Seele aber Gott ganz in sich aufnehmen kann, ist es erforderlich, daß sie Gott sich *"hungerig, arm, nakent..."* nähert (s.III 3,37).

2.2.: Die von Gott in die Seelen gelangende *suesse gerunge* zeigt Eigenschaften, die Mechthild ohne weitere Begründung als *"wunnenklich, hungerig, minnenvol..."* (VII 45,26) umschreibt.

3.1.: Die personifizierte Minne setzt die Braut, die Seele, in Kenntnis darüber, was ihr bevorsteht, wenn ihr der Zugang in den göttlichen Bereich eröffnet wird. Bei aller Armut, Nacktheit und Hunger auf diesem Weg der Entbehrung bleibt ihr von allem, was sie zum christlichen Leben notwendig braucht, nur der Glaube. Im Bild der Speise macht Mechthild die Bedeutung des Glaubens für die Seele anschaulich: er ist als *spise cristanliches lebens* lebensnotwendig für die Seele; nur wenn sie regelmäßig aus ihm Kraft schöpfen kann, bleibt sie lebensfähig (s.III 3,38).

3.2. – 3.3.: Anknüpfend an die eucharistische Deutung des Brotes als Leib Christi bittet Mechthild Gott um Stärkung durch den Leib Christi, der *wegespise* und *jungestú spise* am Lebensende für Seele und Leib ist (s.V 35,58f u.VII 35,20). Die Metapher *spise* konkretisierend, spricht Mechthild im Hinblick auf den Leib Christi auch von *"spise mines lichammen und das ewige brot miner armen sele..."* (VI 37,25).

3.4.: Ohne einen Bildempfänger zu nennen, spricht Mechthild, anspielend auf die bittere Erfahrung des Leidens in der metaphorischen Formulierung *"nach bitterme tranke"* (VII 34,2), von dem menschlichen Bedürfnis nach *senfter spise*. Damit ist, wie im folgenden von Mechthild dargelegt wird, gemeint, daß die Seele, von Gott geführt, ihren göttlichen Bräutigam erblicken kann (s.VII 34,3f).

An anderer Stelle wird der Einfluß der Zufriedenheit auf den Menschen in der positiv verwandelnden Kraft gesehen, die sie auf das hat, was dem Menschen tagtäglich widerfährt; sie macht *"mine groben spise smakhaft..."* (VII 48,79).

4.1. – 4.2.: Das Geschehen, durch das Gott der Seele den *"blik sines heren antlútes"* (II 3,19) zukommen läßt, entwirft Mechthild nach dem Muster eines Ernährungsvorgangs, indem sie Gottes Tätigkeit metaphorisch als *spisen* bezeichnet. Wegen ähnlicher Bedeutung für den Menschen stellt Mechthild der lebensnotwendigen Versorgung des Leibes mit Nahrung den menschlichen Geist gegenüber, der von Gott *gespiset* wird (s.IV 27,170).

8.1.: Die Vereinigung der Seele mit ihrem göttlichen Geliebten charakterisiert Mechthild als geistiges Rezeptionsgeschehen, indem sie die Seele in Bezug auf ihren Geliebten, Jesus Christus, folgende metaphorische Aussage machen läßt: *"Den nim ich, minste sele, in den arm min, und isse in und trinke in..."* (II 22,19ff).

10.1.: s.3.2.-3.3.

B. David von Augsburg

1. *hunger*
1.1. *mensche* (382,6.7)

2. *hungeric*
2.1. *sele* (374,28)

3. *spise*
3.1. *Jesus Christus* (343,1; 359,30.32.34; 360,13; 375,33; 376,7.13.22; 377,4.16.18.19; 379,6)
3.2. *leben* (375,33; 376,2)
3.3. *lichnamen Christi* (350,25)
3.4. *menschheit Jesu Christi* (384,2)

4. *spisen*
4.1. *sele* (312,1f(Pat))
4.2. *Jesus Christus* (379,5)

6. *kiuwen*
6.1. *mensche* (375,25)

8. *ezzen*
8.1. *sele* (389,33f)

10. *brot*
10.1. *Jesus Christus* (343,16; 376,2.29; 377,2; 405,3ff)

11. *backen*
11.1. *Jesus Christus* (376,30f(Pat))

1.1.: Alles menschliche Bedürfnis nach Gott wird - im Bild des *hunger* zur Sprache gebracht - gesättigt durch alle Lust und Fülle der Wonne in Gott (s.382,6.7).

2.1.: Das im Bild der *hungeriu sêle* anschaulich gemachte geistliche Defizit wird aufgehoben, wenn die Seele bereits durch das geringste *brosmelîn*, das Gott von sich in die Seele fallen läßt, Anteil am himmlischen Gastmahl erhält (s.374,28).

3.1. – 3.3.: Zu verschiedenen metaphorischen Charakterisierungen Jesu Christi, die alle dessen Bedeutsamkeit für den Menschen auf verschiedenerlei Weise konkretisieren (*lieht, wec, scherm*), gehört auch die Metapher *ewige spise* (343,1). Wie die leibliche gesunde Speise zur Gesundheit des Menschen beiträgt, soll die *lebendiu spise* Jesus Christus die sterbliche Schwachheit des Menschen in seine göttliche Natur (359,30f), *in sine gotlîche lûterkeit* (360,14), verwandeln, so daß der Mensch aufgrund der Kräfte der göttlichen Speise an der Herrlichkeit Christi zu partizipieren (s.359,31f) und mit Gott ein Geist und Herz ewig zu werden vermag (s.359,34f): *"daz wir werden daz er ist"* (360,15). Nicht so sehr unter der gesundheitsfördernden, sondern mehr unter dem Gesichtspunkt der lebensnotwendigen Nahrung wird Jesus Christus als *spise des gotlichen lebens* metaphorisch bezeichnet, da ohne diese Speise niemand, wie David ausführt, ewig zu leben in der Lage ist (375,33f). Diese Funktion für den Menschen kleidet David in die metaphorische Formulierung *spise des lebens* (376,2). Dieser Funktion entspricht auch, daß der Mensch mit dieser Speise *die kraft* des Hl. Geistes empfängt (s.376,22) oder daß David das *himelische brot und spise*, Jesus Christus, bittet: *"krefftige mîne sele..."* (377,3).

Ein weiterer Gesichtspunkt ergibt sich aus der Parallelisierung mit der Nahrungsaufnahme: Christus will uns eine *spise* sein, die *"uns (sine) natûre in gieze"* (376,8) und die der Mensch ständig genießt, so daß *"wir werden, das si ist"* (376,14). Dabei liegt ein Geschehen zugrunde, das - anders als bei der Umwandlung der leiblichen Speise in die menschliche Natur - als *"der sele spise"* (377,19) die Seele in die göttliche Speise verwandelt, da diese edler und kräftiger als die

Seele ist. Diese Verwandlung wird allein behindert durch die Untugend des Menschen (s.377,21); generell machen Sünden den Menschen unwürdig für die göttliche Speise, den Leib Christi (s.350,25).

3.4.: Gottheit und Menschheit Jesu können von David auch so verstanden werden, daß am Tisch der göttlichen Ewigkeit die Gottheit den Freude gebenden Trank darstellt, während die Menschheit Jesu zur *"leben gebenden spise"* (384,1f) dient.

4.1.: Neben den Tugenden, mit denen die Seele gespeist wird, kommt vor allem Jesus Christus die Aufgabe zu, durch sein als Speisung dargestelltes Wirken den Menschen und sein *dürrez herze* zu befähigen, kräftig den Unannehmlichkeiten dieser Welt zu widerstehen (379,5f).

6.1.+ 8.1.: Im Zusammenhang mit der Vorstellung von Schale und Kern formuliert David als Anweisung für seine Hörer bzw. Leser, damit diesen seine Rede zur Gotteserfahrung werden kann: Man *"sol... diu wort mit dem zande der verstantnüsse kiuwen unz man kumet in die niezunge der gotlîchen heimlîche, sô sol man diu wort lâzen."* (375,24-26) An einer anderen Textstelle heißt es, daß die Seele, um zu dieser Erfahrung zu kommen, die Worte ganz *ezzen* müsse (s.389,33f).

10.1.: Die Brotmetapher dient David zum einen dazu, Jesus Christus - abgehoben vom *"höu der irdischen gluste"* (343,16) - in seiner Bedeutung mit der lebensnotwendigen Nahrung, die das Volk Israel in der Wüste in Form von Himmelsbrot erhielt, zu parallelisieren (s.343,16); allgemein wird unter Berufung auf Joh 6 die Bedeutung Jesu für die menschliche Seele in Beziehung gesetzt zur kräftigenden Wirkung von Brot (s.377,2).

Daneben verweist David mit der Brotmetapher aber auch auf das Werden Jesu im Leib Marias und die dabei entstehende Verbindung von göttlicher und menschlicher Natur, die er anhand des Brotbackens anschaulich macht (s.376,29ff), bei dem Gott *"zuo dem melwe menschlîcher natûre ze samene gemischet wart"* (376,35; vgl. backen 11.1.).

An anderer Stelle wird das *brot* in Verbindung zur Kleidmetaphorik gebracht: So wie Christus sich auf Erden *gekleidet* hat *"ûzwendic mit der menscheit"* (404,40f), so ist Gott *"verwunden in daz brôt"* (405,6).

11.1.: Mit realistischer Konsequenz konkretisiert David die für Jesus Christus verwendete Brotmetapher, indem er Christi Heranreifen im Unterleib Mariens mit dem Backen von Brot parallelisiert (s.376,30f).

D. Tauler

3. *spise*
3.1. *Jesus Christus* (56,16; 119,8.15;
120,18f; 121,1.33; 122,25.37;
267,1f; 268,1; 295,19;
296,5.17.19)

4. *spisen*
4.1. *got* (99,29)
4.2. *mensche* (268,1(Pat))

7. *verslinden*
7.1. *got/gotheit* (143,7; 295,25)
7.2. *minne* (339,8.9)
7.3. *erde* (199,31f)

9. *toewen*
9.1. *mensche*
   (295,21(Pat).25(Pat).28(Pat))
9.2. *sacrament* (296,10)

3.1.: Bei Tauler kann der Vergleichspunkt, der der Metapher *spise* zugrundeliegt, auch darin bestehen, daß die leibliche Speise etwas ist, was der Mensch zu sich nimmt und was über den Magen in alle Glieder gelangt (s.56,13-16). In gleicher Weise gelangt die göttliche Speise, die der Mensch zu sich nimmt - so Taulers Ausführungen im Rahmen der Auslegung von Joh 7,37f *"ist ieman den túrste, der kome zuo mir und trinke"* (56,8f) - in alle Glieder des Menschen (s.56,17f).

In der Exegese von Joh 6,55 *"Min fleisch ist ein wore spise..."* legt Tauler dar, daß der, der diese *edelen spise* Christus zu sich nimmt, im Unterschied zu normaler Speise ewiges Leben erhält (s.119,10). Von leiblicher Speise, die zur Ermöglichung zeitlicher Existenz beiträgt, ist demnach die Ewigkeit verschaffende *edele spise* qualitativ unterschieden. Genauerhin zeigt sich die Wirkung dieser Speise darin, daß sie den Menschen aus der Ungleichheit in die Gleichheit mit Gott befördert, wo jeglicher Unterschied ausgeschlossen ist und *"der spiser und die spise ein"* (119,15) sind. Dies bedeutet auch, daß jenseits der Vernunft im *úberwesenliche(n) abgrunde* die göttliche Speise mit dem Menschen vereint wird (s.120,18). Da der Mensch nur durch die *"edele starke spise"* auf den Gipfel eines göttlichen Lebens gelangt (268,1f), ist es erforderlich, daß er diese in der Eucharistie oft zu sich nimmt (s.122,37).

4.1. – 4.2.: Die zur Stärkung des Menschen dienende Versorgung mit Nahrung ist auch Bild für die Vermittlung des göttlichen Trostes und der Erfahrung Gottes an den Menschen durch Gott *"...rehte also sol dirre mensche tuon den Got also sterket und spiset mit sime goettelichen troste und bevindende..."* (99,28-30). Auch der Empfang Jesu Christi als *"edeler starker spise"* durch den Menschen in Form der Hostie dient der Stärkung (268,1).

7.1. – 7.2.: Das Bild des Verschlingens erscheint zur Erfassung der Tätigkeit Gottes, durch die er den menschlichen Geist ganz in seine Wirklichkeit hineinnimmt. In gleicher Weise wird die Tätigkeit der Minne beschrieben, die alles auf Himmel und Erden - alles Leiden wie alles Gute - in sich aufnimmt (s.339,8f).

7.3.: Verhindern soll der Mensch, daß ihn die Erde *"nút enverslinde in sich"* (199,32).

9.1. – 9.2.: Im Zusammenhang mit der Speisemetaphorik konkretisiert die Metapher *toewen* den Einigungsvorgang zwischen Gott und Mensch: Wenn der Mensch in der eucharistischen Speise Gott zu sich genommen und jegliche Eigenheit abgelegt hat (s.295,28), wird er von Gott *"geslunden und gekochet und getoewet"* (295,21). Als Kriterium für die Tatsächlichkeit des Geschehens nennt Tauler, daß am Menschen, insofern er sich dann in Gott befindet, nichts anderes als Gott sein dürfe (s.295,25). Denn das Sakrament beseitigt alles andere, indem es dieses *toewet* und *vertoewet* (s.296,10).

E. Seuse

1. *hunger*
1.1. *mensche* (296,25)

2. *hungerig*
2.1. *sele* (456,5f)

3. *spise*
3.1. *lere* (99,6)

4. *spisen*
4.1. *liden* (251,26)
4.2. *sele* (389,12(Pat))

4.3. *sinne* (276,31f(Pat))
4.4. *mensche* (470,15f(Pat); 477,4f(Pat); 428,8(Pat))

5. *anbeizen*
5.1. *mensche* (449,15)

6. *kúwen*
6.1. *gotesfrúnd* (391,21)

1.1.: *Hunger* ist Metapher für das geistliche Bedürfnis des Menschen nach Gott (s.296,25).

2.1.: s. 1.1.

3.1.: Wie der Pelikan seine Jungen aus Vaterliebe mit seinem eigenen Blut nährt, soll Seuse als geistlicher Vater seine geistliche Tochter ähnlich dem Blut des Pelikan mit *geischlicher spise* seiner Lehre versorgen, nach der seine geistliche Tochter *turstig* ist (s.99,6).

4.1. – 4.4.: Für die Seele hat das Leiden eine lebensnotwendige Funktion; denn "*es spiset... die edlen sele, dú da eweklich bliben sol*" (251,26). Mit Hilfe der Naturmetaphorik konkretisiert Seuse diesen - der Versorgung mit Nahrung gleichenden - Vorgang im Hinblick auf die Sinne, die den gekreuzigten Jesus wahrnehmen: "*...alle min sinne werdent gespiset von dieser suezen vruht under disem lebenden boume des krúzes.*" (276,31-33)

An anderer Stelle teilt Seuse der Gottheit und Menschheit Jesu unterschiedliche Funktionen zu: Während die Menschheit Jesu den Menschen belehrt, wird er von Jesu Gottheit *gespiset* (s.477,4f). Wie in der Eucharistie (s.428,8) geht es auch hier darum, daß Gott - wie Seuse mit Hilfe der Verbmetapher *spisen* konkretisiert - den Menschen mit Lebensnotwendigem versorgt.

5.1.: Als Köderung stellt sich Seuse die Wirkung der Empfindung Gottes vor (s.449,15).

6.1.: Das Bild des *kúwen* findet Verwendung für den Erwerb geistiger Nahrung durch die intensive Beschäftigung mit guten Vorbildern oder Sprüchen. Wenn der Mensch allezeit "*in der sele munt ze kuwene*" hat, entsteht in seinem Herzen Verlangen nach Gott (391,21).

F. Margaretha Ebner

3. *spis*
3.1. *lichnam* (163,23)
3.2. *Jhesus Christus* (164,10; 165,29)

4. *spisen*
4.1. *Jhesus Christus* (82,1; 163,30)

3.1. – 3.2.: Auf dem Hintergrund eucharistischer Vorstellungen bezeichnet Margaretha den *hailigen lichnam* Jesu Christi bzw. allgemein Jesus Christus als *lebende spis* (s.163,23f). Parallel zur Kräftigung durch leibliche Nahrung sieht Margaretha die Funktion der *lebenden spis* Jesus Christus darin, daß die Menschen durch diese Speise "*creftigot werden ze ainer zuo nemenden infiurinn minne...*" (164,11).

4.1.: Margarethas Bitte an Jesus Christus erstreckt sich darauf, daß er ihr in der Weise, wie man jemanden mit Nahrung versorgt, seine Gnaden zukommen lasse. Während im allgemeinen der Mensch durch die Nahrungsaufnahme gekräftigt wird, ist dieser Aspekt bei den Ausführungen in der vorliegenden Textstelle ausgeklammert; vielmehr weist Margaretha im Anschluß an den erbetenen Vorgang der Speisung durch die *luter minne* Christi die Funktion der Kräftigung zu. Weiterhin müssen die göttliche Barmherzigkeit und Wahrheit dazu beitragen, daß sich die in der Speisung aufgenommene Gnade in Margaretha entwickelt (s.82,1-5).

G. Heinrich von Nördlingen

3. *spise*
3.1. *frucht* (43,34)
3.2. *Christus* (43,112f)

4. *spisen*
4.1. *got* (40,18.20; 51,51.55)
4.2. *mensche* (40,90)

3.1.: Heinrich bittet Margaretha um Beistand bei seinem Vorhaben, Jesus Christus geistliche Frucht zu bringen, die "*seinem hunger ain lustigü spis werd.*" (43,33f)

3.2.: Heinrich berichtet vom Wunsch seiner Schwester, daß Christus für sie eine Funktion erfüllen möge, die der Stillung elementarer Bedürfnisse ähnelt. Christus wird in diesem Zusammenhang zur *herberg*, sowie zu *speis* und *tranck* (43,112f).

4.1. – 4.2.: Im Kontext der Speisemetapher wird Gott zur geistlichen Nahrung, als die er sich selbst über Margaretha Heinrich bzw. über die Freunde Gottes Margaretha gibt. Mit der Versorgung des Menschen mit Geistigem geht auch die Tröstung des Menschen mit Gott selbst einher (s.40,18-20). Ein anderer Aspekt der göttlichen Speisung besteht darin, daß der im Bild des *ascherkuchen* veranschaulichte Inhalt der göttlichen Versorgung, der Leib Christi und die göttlichen Gnade, bei Heinrich eine ausschließliche Treue Gott gegenüber bewirkt (s.51,55). Seine Hoffnung richtet sich darauf, daß der von ihm an *hungerige selen* ausgeteilte (eucharistische) Leib Christi zur Ehre Christi und zum Trost der ganzen Christenheit werde.

isenin (1.)/ staehlin (2.)

E. Seuse

1. *isenin*
1.1. *herz* (452,16; 552,29)

2. *staehlin*
2.1. *herze* (212,11)

1.1.: Im Bild des eisernen Herzens macht Seuse die Empfindungs- und Gefühlslosigkeit des Menschen anschaulich, die durch den *"suessen himelschen wint der gnaden"* (452,12) oder durch den Anblick der Wunden Jesu überwunden werden (s.552,29).

2.1.: Die stählerne Beschaffenheit des Herzens fungiert als Bild für die Widerstandsfähigkeit und Belastbarkeit des Herzens mit Leid (s.212,11).

jagen (1.)/ gejegede (2.)

A. Mechthild von Magdeburg

1. *jagen*
1.1. *sele* (I 39,2; II 6,13; 25,25.45)
1.2. *herze* (V 4,24; 31,25)
1.3. *diemutekeit* (V 4,49)
1.4. *minne* (I 3,5.8)
1.5. *súnde* (V 19,2.4)

1.1. – 1.2.: Die Jagdmetapher steht für das intensive Bemühen der Seele bzw. des Herzens um Gott. Es entspricht der Bildlogik, wenn Mechthild als Folge des Jagens darstellt, daß Jesus, von der Jagd durch die Seele ermüdet, sich in der Seele *kuelen* will (s.II 25,45).

1.3. – 1.4.: Jagen ist ferner Bild für die dauernde Unruhe der Seele; bewirkt wird sie durch Demut oder Minne.

1.5.: Im Sinn von 'entfernen', 'vertreiben' wird die Verbmetapher zur Veranschaulichung des durch die Sünde verursachten Geschehens gebraucht, infolgedessen der Mensch in Distanz zu Gott gerät (s.V 19,2.4).

B. David von Augsburg

1. *jagen*
1.1. *sele* (393,1(Pat))

1.1.: Das Verlangen nach der göttlichen Gegenwart hat zwei Bewegungen der Seele zur Folge: Die Distanz von allem Veränderlichen und die Annäherung an Gott, die durch die metaphorische Formulierung *"wirt uf gejaget in got"* als Fremdeinwirkung auf die Seele beschrieben wird.

C. Meister Eckhart

1. *jagen*
1.1. *gotlicher vater* (II 258,5; 263,2)
1.2. *got* (II 259,3; III 75,1.3; 95,3f.7)
1.3. *minne* (III 95,9)
1.4. *crêatûre* (III 75,3.5.10; 95,6; 171,2)
1.5. *natûre* (III 172,6)
1.6. *grunt* (I 219,3f)

1.1. – 1.4.: Das Bild des *"trîben und jagen"* steht für die Energie, mit der Gottvater seine Intention verfolgt, daß sein Sohn im Menschen (s.II 258,5) bzw. der Mensch im göttlichen Sohn geboren wird (s.II 263,2). Eine weitere Aktivität Gottes wird in Pr 63 genannt: *"Got ist ain guot, das da iaget mit seiner mynne alle creaturen, dar umb das sy in wider iagent: also lusticlich ist got, das er geiaget wirt von der creaturen."* (III 75,2-4)

Die ebenfalls mit der Metapher *jagen* veranschaulichte Anstrengung der Kreaturen zielt auf die Gleichheit mit Gott ab (s.III 171,2f). Sie ist entscheidend von *minne* zu Gott bestimmt (s.III 75,10f).

1.5. – 1.6.: Ferner ist *jagen* Bild für das Bemühen der menschlichen Natur, in allem Gott zu finden (s.III 172,6). Unter Berufung auf Boethius entfaltet Eckhart die aristotelische Lehre vom unbewegten Beweger, der alle Dinge, obwohl selber in Ruhe, bewegt. Eckhart formuliert: *"Der grunt jaget sie alliu."* (I 219,3f)

D. Tauler

1. *jagen*
1.1. *got* (40,13; 43,5.8.32)
1.2. *geist* (43,3)
1.3. *mensche* (42,27.29.30; 44,16;
  50,26(Pat); 306,4;
  312,14(Pat).22(Pat).25(Pat).27;
  313,1.3f(Pat).14)

2. *gejegede*
2.1. *got* (313,3f)
2.2. *kreature* (313,3f)

1.1. – 1.2.: Die Jagdmetapher findet Verwendung für die Einwirkung Gottes, der den Menschen durch den Streit des äußeren mit dem inneren Menschen in Bewegung bringt auf seinem geistlichen Weg (s.40,13). Als Konsequenz dieses göttlichen Jagens sieht Tauler, daß sich *bandikeit* und *getrenge* einstellen (s.43,8).

1.3.: Das Jagen des Menschen bestimmt Tauler genauer, indem er dem auf Gott sich hinbewegenden inneren Menschen zuschreibt, daß er "*tribet und jaget den ussewendigen menschen...*" (42,29), während der äußere Mensch bei seinem Jagen einen anderen Weg wählt, nämlich auf die niederen Dinge zu (s.42,30f). Das Bild des Jagens steht auch für einen Vorgang, durch den der Mensch in Bewegung versetzt wird durch grausame Menschen (s.312,22ff) oder durch Versuchungen (s.50,26).

2.1. – 2.2.: Allgemein stellt Tauler fest, daß der Mensch dem *gejegede* von Gott und den Kreaturen unterliegt (s.313,3f).

E. Seuse

1. *jagen*
1.1. *herze* (400,6)
1.2. *mensche* (216,16; 427,2)
1.3. o.BE (166,8; 469,2)

1.1. – 1.3.: Bei Seuse ist *jagen* Bild für die auf Gott gerichtete Intentionalität des Menschen.

kern (1.)/ mark (2.)/ schale (3.)/ abeschelen (4.)

C. Meister Eckhart

1. *kern*
1.1. *got* (II 32,1f)
1.2. *ewiges leben* (II 363,9; 371,2f)
1.3. *saelicheit* (III 188,2; V 116,24)

2. *mark*
2.1. *got* (II 32,1)

3. *schal*
3.1. *daz geschaffen ist* (I 212,5)
3.2. *glichnisse* (II 473,5-8)

4. *abeschelen*
4.1. *krefte* (I 120,3)
4.2. *vernünfticheit* (I 122,5; 365,1f)
4.3. *mensche* (II 343,10)
4.4. *vremdez* (II 549,4f(Pat))
4.5. *name gotes* (II 372,5f(Pat))

1.1.: Die göttliche Wirklichkeit nimmt Gestalt an, wenn Eckhart die in dem Begriff *kern* implizierte Relation von innen und außen auf Gott überträgt. Gott hat demnach ein Inneres, das von der übrigen göttlichen Wirklichkeit umgeben wird (s.II 32,1f).

1.2. – 1.3.: Wenn es darum geht, das für das ewige Leben oder die Seligkeit Zentrale und Wesentliche zu thematisieren, greift Eckhart - die Hintergrundmetaphorik von Schale und Kern voraussetzend - zur Metapher *"kerne des êwigen lebens"* (II 363,9) bzw. *"kerne der saelicheit"* (V 116,24).

2.1.: *Vernünfticheit* als oberste Kraft der Seele zielt in ihrer Tätigkeit darauf ab, bis in das Innerste Gottes zu gelangen. Mit verschiedenen - dem pflanzlichen Bereich entnommenen - Metaphern evoziert Eckhart das räumliche Vorstellungsvermögen seiner Zuhörer dahingehend, daß sie dazu bewegt werden, aufgrund der Metaphern *mark* und *kern* das Innerste Gottes als zentralen Bereich und als Mitte der göttlichen Wirklichkeit anzusehen (s.II 32,1f).

3.1. – 3.2.: Die Relation von Schale-Kern zieht Eckhart heran, um das Verhältnis Mensch-Gott zu beschreiben. Nur wenn es gelingt, die äußere harte Schale, d.h. das Geschaffene, zu zerbrechen, kann das Gute quasi als Kern herauskommen: *"Diu schal muoz enzwei sîn, sol der kerne her ûz komen."* (I 212,5f)

In Bezug auf Gott haben die Gleichnisse, in denen man von Gott redet, auch wenn sie in einem - der Relation von Schale und Kern vergleichbaren - organischem Zusammenhang mit Gott stehen, verhüllende Wirkung. Wie eine Schale muß man daher - so Eckhart - die Gleichnisse *zerbrechen*, um die göttliche Natur unverhüllt zu finden (s.II 473,5-8).

4.1. – 4.2.: Ein Kriterium für die Qualität der Seelenkräfte besteht nach Eckhart darin, in welchem Maß sie eine Tätigkeit ausüben, die Eckhart metaphorisch mit den Verben *abeloesen*, *abeschelen* und *scheiden* (s.I 120,2f) umschreibt. Was darunter genauer zu verstehen ist, läßt sich an den Ausführungen Eckharts entnehmen, in denen er sich mit der Tätigkeit der (Kraft der) Vernunft befaßt. Dieser wird die Fähigkeit zugeschrieben, Gott *blôz*, als *lûter wesen* zu nehmen im Unterschied zur Minne, die Gott *"nimet... under einem velle, under einem kleide."* (I 122,10f) Begründet ist die Fähigkeit darin, daß die *"vernünfticheit schele... abe"* (I 122,5f). Damit ist gemeint, daß die Vernunft alles von Gott entfernt, was ihn - vergleichbar mit der Relation von Schale und Kern - umgibt und infolgedessen verbirgt. Die dabei erforderliche geistige Aktivität richtet sich auf eine Situation in Gott, die Eckhart neben der Schale-Kern-Relation auch über die Körper-Kleid-Beziehung (s.*blôz* I 122,6; *vel, kleit* I 123,1) sowie über die Vorstellung vom Metall, das von allen fremden, es beeinträchtigenden Beimischungen frei ist (s.*lûter* I 122,6), zur Sprache bringt. Im Unterschied zur Abstraktionstätigkeit des Auges, die das Materielle nicht völlig negieren kann (s.I 364,9), vermag die Vernunfttätigkeit alles zu beseitigen, was mit Raum und Zeit zu tun hat: *"Aber verstantnisse und vernünfticheit die schelent alzemâle abe und nement, dâ noch hie noch nû enist."* (I 365,1f)

4.3. – 4.4.: Damit die Seele wieder so in ihren Ursprung gelangt, wie sie ihn verlassen hat (s.II 549,4ff), muß sie von allem Fremden und teilweise auch von sich selbst befreit werden. Konkretisiert wird dieser Befreiungsvorgang in Pr 54a durch verschiedene Metaphern, die aufgrund ihrer Analogie zu Geschehen in der äußeren Lebenswirklichkeit des Menschen verschiedene Aspekte dieses Befreiungsprozesses vorstellen: die Seele muß *"geliutert werden, kleinlich gemachet, "allez abegescheiden und abegeschelt, daz vremdez ist an der sele..."* und *"enbloezet werden alles des, daz zuogevallen ist"* (II 549,3-6).

Damit die Seele *ein bilde* mit Gott werden kann, muß der Mensch sich befreien von allem, was - wie die Verbmetapher *abeschelen* insinuiert - äußerlich zur Seele gehört und nicht ihren Kern, ihr Wesen ausmacht: von ihrem Leben, den Kräften und der Natur der Seele (s.II 343,10f).

4.5.: Die Eigentümlichkeit des Namens Gottes besteht für Eckhart unter Berufung auf Ex 3,14 darin, daß alle konkreten Bestimmungen bei ihm fehlen, so daß keiner weiß, was mit Gott gemeint ist; *abegescheiden* und *abegezogen* und *abegeschelt* (s.II 372,5f) sind die Metaphern der Prozesse, die das Freisein Gottes von allen konkreten Bestimmungen zum Ergebnis haben, so daß nichts anderes übrig bleibt als *"ein einic 'ist'"* (II 372,6). Zugleich beinhalten die Metaphern auch die Sichtweise, daß die Bezeichnungen Gott nur oberflächlich, von außen tangieren, ihn aber dennoch jedem unmittelbaren, Authentizität intendierenden Erfassen verbergen.

D. Tauler

1. *kern*
1.1. *ruwe* (36,14f)

2. *marg*
2.1. *ruwe* (36,14f)

1.1. – 2.1.: Eine rückhaltlose Hinwendung zu Gott macht das Wesen der menschlichen Ruhe aus. Tauler spricht in diesem Zusammenhang vom *kerne* und *marg des ruwen* (36,14f).

E. Seuse

2. *gemarg*
2.1. *herz* (120,11)
2.2. *sele* (120,11)
2.3. *adren* (127,27f)
2.4. *hirni* (127,27f)
2.5. *mensche* (358,10f)

2.1. – 2.5.: Wie sehr ihn die Verleumdung durch eine Frau betroffen macht, bringt Seuse dadurch zum Ausdruck, daß er die Einwirkung mittels der metaphorischen Formulierung *"dur daz innigost gemarg sines herzen und sele..."* (120,10f) als räumlichen Prozeß inszeniert, der von außen bis in seinen innersten zentralen Bereich verläuft und diesen - wie Seuse im Bild des *dursofen* zur Sprache bringt - völlig bestimmt (s.127,27f). Ähnlich setzt Seuse an einer anderen Textstelle die Metapher dazu ein, um mit ihr den extremen, innersten Punkt im Menschen zu bezeichnen, der in äußerster Konsequenz vom Sich-Lassen des Menschen betroffen ist (s.358,10f).

G. Heinrich von Nördlingen

2. *mark*
2.1. *barmhertzikeit* (3,25f)
2.2. *minne* (4,29)
2.3. *sel* (17,86)
2.4. *Jhesus Christus* (44,10)
2.5. *herze* (44,23)
2.6. *ader* (44,23)

2.1. – 2.2.: Heinrichs Interpretation der Zuwendung Gottes in Jesus Christus geht dahin, daß für ihn darin die eigentliche Mitte, das *inerst mark* der väterlichen Barmherzigkeit und seiner Minne, sichtbar wird (s.3,25f; 4,29).

2.3.: Die im Terminus 'Mark' implizierte Relation von außen und innen bildet die Grundlage für die Vorstellung, daß Gott - alle äußeren natürlichen Grenzen sprengend - bis in das Innerste, das *"inerst mark der sel und des gebains"* (17,86), einzuwirken vermag.

2.4.: Mit der Metapher *mark* läßt sich auch das Verhältnis von Gott Vater und Jesus Christus lokalisieren: Jesus Christus ist das *mark des vetterlichen hertzen* (44,10).

2.5. – 2.6.: Alle von Jesus Christus ausgehende positive Wirkung wie Trost, Lust, Freude etc., haben ihren Ursprung im *"suezzen marck der ader und des hertzen Jhesu Christi."* (44,23).

klang (1.)/ nachklank (2.)/ erklingen (3.)/ doenen (4.)

A. Mechthild von Magdeburg

3. *clingen*
3.1. *gotheit* (II 3,23)
3.2. *minne* (IV 18,26)

3.1.: Als himmlische Harmonie stellt Mechthild in II,3 die Einheit der drei göttlichen Personen dar: *"Und wie dú gotheit clinget, dú moenscheit singet, der helig geist die liren des himelriches vingeret, das alle die seiten muessent clingen, die da gespannent sint in der minne."* (II 3,23-25)

3.2.: Für das Eindringen der göttlichen Minne in das menschliche Herz wählt Mechthild das Bild, daß diese *"dur das minnende herze in die edel sele klinget."* (IV 18,25f)

E. Seuse

1. *klang*
1.1. *himel* (386,30)

2. *nachklank*
2.1. *erbsúnde* (387,16; 468,20)

3. *erklingen*
3.1. *Ewige wisheit* (213,10)
3.2. *lob* (313,22)

4. *doenen*
4.1. *verworfenheit* (306,17-19)
4.2. *betrahten* (306,15)

1.1.: Im Bild der *geischlichen klenke* verweist Seuse auf die wahrnehmbare Präsenz göttlicher Wirklichkeit in der Seele des Menschen (s.386,30).

2.1.: Im Bild des *nachklang* macht Seuse das Fortwirken der Erbsünde in der Zeit anschaulich.

3.1. –3.2: Züge akustisch vernehmbarer Präsenz erhält über die Metapher *erklingen* die Gegenwart der Ewigen Weisheit im Menschen (s.213,10) oder des menschlichen Lobes im göttlichen Herzen (s.313,22).

4.1. – 4.2.: Mit dem Bild angenehmer Klangwirkung veranschaulicht die Ewige Weisheit die positive Bedeutung, die für sie demütige Erniedrigung sowie das innerliche Betrachten des Menschen hat.

---

kleben (1.)/ klebicheit (2.)/ klebrig/klebrecht (3.)/ ankleben (4.)/ verkleiben (5.)

A. Mechthild von Magdeburg

1. cleben
1.1. o.BE (VII 64,5)
1.2. *guot* (IV 3,7)

1.1. – 1.2.: Für die feste Verbindung, in der alles zum menschlichen Herzen steht, was der Mensch an Irdischem *in eigenschaft* besitzt (s.VII 64,5), wählt Mechthild die Metapher *cleben*.

C. Meister Eckhart

1. kleben
1.1. *goetlich lieht* (II 116,4; III 352,6f)
1.2. *gloube* (II 168,1)
1.3. *hoffenunge* (II 168,1)
1.4. *brant der minne* (II 168,4f)
1.5. *güete* (I 148,3)
1.6. *mensche* (I 337,3f)
1.7. o.BE (III 191,4)

4. ankleben
4.1. *mensche* (II 533,5)

1.1. – 1.6.: Die Metaphorik des Klebens steht für den engen, festen Zusammenhang, in dem das göttliche Licht zum Licht der Engel, der Glaube zum *"lieht der vernünfticheit"*, Hoffnung zur *kriegenden kraft* und der *"brant der minne"* zum Willen steht. In gleicher Weise stehen auch *güete* und *wesen* zueinander (s.I 148,3) sowie bestimmte Menschen zur Besorgtheit, von der sie infolgedessen nicht loskommen (s.I 337,3f).

1.7.: Die Metapher *kleben* erscheint ferner im Zusammenhang mit dem Nichtzustandekommen der Gotteserkenntnis: wenn etwas Sündenartiges in fester Beziehung zur Seele steht, d.h. an ihr *klebet*, wird diese verhindert (s. III 191,4).

4.1.: Das Bild des *anekleben* findet unter dem Aspekt einer dauerhaften Hinzufügung Verwendung für die Projektion eines Namens auf Gott (s.II 533,5)

D. Tauler

1. *kleben*
1.1. *annemlicheit* (254,36f)
1.2. *genuegdlicheit* (254,36f)
1.3. *ding* (21,9)
1.4. *gemuet* (155,4f)
1.5. *mensche* (25,3; 46,8f; 356,37f; 401,14.16)
1.6. o.BE (97,30f)

2. *kleblicheit*
2.1. o.BE (223,21.25; 226,35)
2.2. *mensche* (231,5; 354,37)
2.3. *nature* (377,11)

3. *kleberig/klebrecht*
3.1. *sinne* (64,7)
3.2. *nature* (64,7; 145,6f; 202,19f)
3.3. *mensche* (140,31.32; 145,8; 151,35; 355,16f)

1.1. – 1.3.: Der unlösbare Zusammenhang, in dem Wohlgefallen und Befriedigung des Menschen zu seinen guten Werken steht, wird so dargestellt, daß diese an den Werken *klebent* (s.254,36f). In einem gleichartigen Verhältnis sieht Tauler auch die leiblichen Sinne und das leibliche Begehren zur menschlichen Natur stehen (s.21,9).

1.4. – 1.6.: Wenn der Mensch immer ein "*anhangen an Gotte*" haben und somit ausschließlich mit Gott in festem, engen Kontakt stehen möchte (155,4f), muß er darauf achten, daß kein fremdes, d.h. irdisches Ding in fester Beziehung zu ihm steht (s.46,9; 97,30) bzw. daß er sich selbst in keinem unlösbaren Zusammenhang befindet zu seinen bisherigen Gewohnheiten oder zu seiner äußeren, sinnlich orientierten Wirksamkeit (s.356,37), die er *lassen* können muß (s.356,37). Insbesondere darf er bei seiner inneren Tätigkeit (Gebet, Betrachtung) nicht aufgrund eines dabei entstehenden angenehmen Gefühls schläfrig werden, indem er daran "*klebet an der suessekeit also der bere an dem honige...*" (401,14f).

2.1.: Menschen, die ihren *grunt* nicht kennen, wissen nicht um ihre dort im Verborgenen existierenden Interessen (s.223,21), die sie in ihrem Existenzvollzug unausweichlich verfolgen. Im Bild der *klebicheit* macht Tauler generell die Situation anschaulich, in der der Mensch während seiner zeitlichen Existenz in vielfältigen festen Bezügen zum Irdischen steht (s.226,35).

2.2. – 2.3.: Tauler sieht in der menschlichen Natur begründet, daß der Mensch sich seinen Freunden und Verwandten (s.377,11) konstant verbunden weiß und von sich selbst und von oberflächlicher Befriedigung der Sinnlichkeit abhängig ist (s.231,5). Damit der Mensch von all seiner *anklebicheit*, "*der lust des geistes*" befreit wird, muß er mit seinem inwendigen Menschen versuchen, dem Kreuz Christi nachzufolgen (354,37).

3.1. – 3.2.: Die menschlichen Sinne und die Natur sind so fest auf ihr Eigenes bezogen, daß sie nur das Ihre suchen (s.64,7). Vor allem für die menschliche Natur ist es charakteristisch, daß sie die Tendenz zeigt, sich festzumachen: "*wo mit si umbe gat, dar uf velt si die richti und wil ir ruowe do nemen, es si geistlich oder liplich...*" (202,20f). Gegenüber jeglicher Form von Transzendenzbewegung sucht die menschliche Natur immer etwas, woran sie *hangen* kann und was ihr Halt bietet (s.145,6f).

3.3.: In Bezug auf den Menschen steht *klebrecht* für dessen Eigenschaft, in allem völlig *ungelassen* (s.145,8) das Seine zu suchen: Empfindung, vernünftige Erkenntnis (s.355,16f) etc.

E. Seuse

1. *kleben*
1.1. *junger* (156,7)
1.2. *meinunge* (309,29)

4. *ankleben*
4.1. *meinunge* (309,29)

5. *verkleiben*
5.1. *mensche* (115,5; 192,7)

1.1.: Bei Seuse ist *kleben* Metapher für den äußerst festen Kontakt, den die Jünger zu Jesu sinnlich wahrnehmbarer Gegenwart hergestellt haben. Dies ist für Jesus - wie Seuse unter Berufung auf Joh 16,7 darstellt - der Grund für sein Weggehen von ihnen (s.156,7).

1.2.: Das menschliche Denken steht ausschließlich dann mit Gott in einem festen Zusammenhang, wenn alles leibliche Verlangen beseitigt und eine geistliche Leere hergestellt ist (s.309,29).

4.1.: In der Metaphorik des *ankleben* kommt der Wunsch der Ewigen Weisheit zur Sprache, daß alles Denken und Wollen des Menschen in fester Beziehung mit Gott stehe (s.309,29).

5.1.: Die zu enge Beziehung von zwei geistlichen Menschen im Kloster erfaßt Seuse im Bild des *verkleiben*.

Verkleiben ist ferner Metapher für das Unkenntlichmachen des Bildes Gottes durch Menschen, die sich auf ihre leiblichen Freuden konzentrieren wollen (s.192,7).

> (be–)kleiden (1.)/ kleit (2.)/ entkleiden (3.)/ entkleidunge (4.)/ umbkleiden (5.)/ hut (6.)/ mantel (7.)/ rock (8.)/ überrock (9.)/ sack (10.)/ vel (11.)

A. Mechthild von Magdeburg

1. *(be-)kleiden*
1.1. *got* (II 5,7)
1.2. *mensche* (III 9,43(Pat); IV 22,28(Pat); 25,3(Pat); VI 1,115.124(Pat); VII 27,3(Pat))
1.3. *sele* (III 1,16(Pat); VII 8,12(Pat))
1.4. *minne* (I 46,9(Pat))
1.5. *demuetekeit* (I 46,10(Pat))
1.6. *wisheit* (I 46,7(Pat))
1.7. *rúwe* (I 46,11(Pat))

2. *kleit*
2.1. *kúschekeit* (I 44,19; IV 22,29)
2.2. *sele* (II 5,2.8; 25,136; VII 35,23)
2.3. *got* (II 5,2.8; 25,136)
2.4. *gotzwisheit* (IV 22,30)
2.5. *marter* (IV 22,31)
2.6. *pine* (IV 12,90)
2.7. *smacheit* (IV 12,91)

3. *entkleiden*
3.1. *sele* (II 6,19; III 10,18(Pat))

7. *mantel*
7.1. *gerunge* (VII 35,40)
7.2. *bosheit* (VI 1,118)
7.3. *gerucht* (I 44,22)

1.1.: Das enge Verhältnis zwischen Gott und der Seele ist in vielem in Mechthilds Augen mit der Relation Kleid - Bekleidetes vergleichbar; paradox formuliert Mechthild, da in der unio alle räumlichen Unterschiede wie außen-innen etc. aufgehoben sind:" *Du <got> kleidest dich mit der sele min und dú bist ouch ir nehstes cleit,...*" (II 5,7f).

1.2. – 1.3.: Die Kleidmetaphorik hat auch die Funktion, das, was der Mensch sich angeeignet hat und was seine Erscheinungsweise bestimmt, in seiner sekundären Relation zum Wesen des Menschen zu kennzeichnen. Der Mensch ist z.B. " *bekleidet mit den tugenden*" (IV 25,3f) oder "*mit der vinsteren erden*" (III 1,16f). Die Seele eines nicht näher bezeichneten Menschen sieht Mechthild "*in unwenklicher zuht gekleidet...*" (VII 8,11f). Weil der Mensch vor Gott hintreten soll als der, der er ist, darf der Mensch sich nur "*kleiden mit dem pfuole...*", der er selber ist (VI 1,115).

1.4. – 1.7.: Im Rahmen einer Personifikationsallegorie dient die Kleidmetaphorik dazu, die verschiedenen Attribute von *vorhte, wisheit, minne, demuetekeit* etc. als solche zu benennen: "*Die minne ist gekleidet mit der kúschekeit...*" (I 46,9).

An einer anderen Textstelle zieht Mechthild die verschiedenen Phasen des Ankleidevorgangs heran, um den Prozeß der bewußten Aneignung zu differenzieren, die der Mensch beim Gebet zum Zweck seiner Übereignung an Gott vollzieht: "*... so kleide ich mich mit dem pfuole der ich selber bin. Danach schoehe ich mich mit der edelen zit... Danach nime ich umbe mich einen mantel der bosheit, der ich vol bin.*" (VI 1,115-118)

2.1. – 2.2.: Die Verfassung, die die Seele sich wie ein Kleidungsstück zur Vorbereitung auf das Kommen Gottes zulegt und darin erscheint, ist Demut und Keuschheit: *"So zúhet si <sele> an ein hemede der sanften demútekeit... Dar úber ein wisses kleit der luteren kúschekeit... So nimet si umbe einen mantel des heligen geruchtes..."* (I 44,18-22).

An einer anderen Textstelle bittet die Seele zum Schutz gegen die Feinde darum, ihr das - nicht näher beschriebene - *helige waffenkleit* zu bringen (s.VII 35,23).

2.3.: Es entspricht der intensiven Beziehung Gottes zur Seele, daß Mechthild parallel zur Relation Kleid-Körper Gott als *nehstes cleit* der Seele bezeichnen kann (s.II 5,8).

2.4. – 2.7.: Wenn Mechthild die Metapher *kleit* mit Farbadjektiven versieht - *"wisses kleit der kúscheit; gruen kleit der wahsenden gottes wisheit... unbesprenget rot kleit, wan er die marter geistlichen leit..."* (IV 22,29-31) -, differenziert sie entsprechend dem jeweiligen Charakter der Verhaltensweise, die sich der Mensch zulegt.

3.1.: Da die irdische Wirklichkeit die Gotteserkenntnis des Menschen behindert, besteht die Notwendigkeit für den Menschen, sich von der quasi verhüllenden und damit jede Wahrnehmung Gottes verunmöglichenden Wirkung der Erde zu trennen: *"... die sich von der erden enkleidet und leit ir ore für dinen munt. Ja die begriffet der minne funt!"* (II 6,19-21)

7.1.: Weil Mechthild ganz von Sehnsucht bestimmt sein möchte, bittet sie den Bräutigam Jesus Christus darum, sie mit dem *"mantel (siner) langen gerunge..."* zu bedecken (VII 35,40).

7.2. – 7.3.: s. 1.4.-1.7.; 2.1.-2.2.

B. David von Augsburg

1. *kleiden*
1.1. *sêle* (312,1(Pat))
1.2. *Jesus Christus* (343,8f; 404,40f)

2. *kleit*
2.1. *Jesus Christus* (381,18)
2.2. *erde* (385,1f)
2.3. *lip* (385,19)

8. *rock*
8.1. *erde* (381,11)

9. *uberrock*
9.1. *erde* (381,10)

10. *sack*
10.1. *lip* (385,19)
10.2. *erde* (385,1f)

11. *vel*
11.1. o.BE (364,27)

1.1.: Die Aneignung von Tugenden durch die Seele differenziert David durch die Kombination von Speise- und Kleidmetapher. Während die Verbmetapher *spisen* die innerliche Aneignung der Tugenden durch die Seele thematisiert, impliziert die Metapher *kleiden*, daß die Tugenden zum Habitus der Seele werden, der die Erscheinungsweise der Seele nach außen hin bestimmt (s.312,1).

1.2.: Die im Verhältnis von Kleid zum Körper gegebene Relation von außen und innen fungiert bei David auch als Folie, um den Zusammenhang von Menschheit und Gottheit Jesu anschaulich zu machen; die Menschheit Jesu ist demnach etwas, was zu seinem eigentlichen Wesen äußerlich hinzukommt: "*Dô dû selbe ûf erde gienge unde dû dich gekleidet hêtest ûzwendic mit der menscheit, dô hiez man dich einen menschen.*" (404,40f)

An einer anderen Textstelle erfüllt die Kleidmetapher - wie in 1.1. - die Aufgabe, Jesu enge Beziehung zu Demut und Armut zu kennzeichnen (s.343,8f).

2.1. – 2.3. u. 8.1. – 10.2.: Das Bild des Kleides erscheint zur Erfassung des Verhältnisses, das der Mensch zu seiner irdischen Verfassung, aber auch Jesus Christus in der Ewigkeit zum Menschen hat: Jesus Christus soll im Himmel zum *erenkleit* des Menschen werden (s.381,18), während die irdische leibliche Verfassung der Seele (auch als *irdische(r) überrock*, den Jesus als *rock* selbst angelegt hat (381,10), bezeichnet und negativ als *horwige(r) sac* sowie als "*ein swaerer bûoz sac*" apostrophiert) zu einem "*edel küniges kleit*" verwandelt werden muß, das die Himmelsfürsten gerne ansehen (385,20f).

11.1..: Das Erkenntnisvermögen des Menschen ist zu unmittelbarer, direkter Gotteserkenntnis nicht in der Lage, da den geistlichen Augen "*daz toetlîche vel vür gespannen ist unde der sünden stein walget in den ougen.*" (364,27f)

C. Meister Eckhart

1. (be-)kleiden
1.1. *sêle* (II 146,5(Pat))
1.2. *mensche* (V 268,6(Pat))
1.3. *güete* (II 274,3)
1.4. *gerehtikeit* (II 274,3)
1.5. *got* (II 36,2(Pat); V 41,4(Pat))
1.6. o.BE (II 274,3)
1.7. *zunge* (V 228,7(Pat))

2. kleit
2.1. *got* (I 123,1; II 274,3; 635,4)
2.2. *güete* (I 153,3f; 153,5; II 274,3; 636,1)
2.3. *warheit* (II 635,4)
2.4. *gerehtikeit* (II 274,3)
2.5. *sêle* (I 282,6f; 293,4f)
2.6. *zunge* (I 187,9)
2.7. o.BE (V 256,2)

3. entkleiden
3.1. *got* (I 152,6(Pat); 153,3f(Pat))

11. vel
11.1. o.BE (I 122,10)

1.1. – 1.2.: Eckhart sieht die Seele "*gekleidet mit der sterke ze widerstânne*" aller Unvollkommenheit (II 146,5). Weil diese Stärke die Seele quasi umgibt, kann sie aller Sünde widerstehen.

Einen ähnlichen Effekt erzeugt der Empfang des Altarsakramentes, durch den dem Menschen - wie Eckhart im Bild des Kleidens zur Sprache bringt - Tugenden und Gnaden attribuiert werden (s.V 268,6).

1.3. – 1.6.: Mit der Kleidmetaphorik macht Eckhart auch darauf aufmerksam, daß die Gott attribuierten Eigenschaften wie Güte, Gerechtigkeit, Wahrheit etc. Gott nur äußerlich zukommen und die *lûter/blôze substancie* (s.II 274,3) Gottes verbergen. Damit der Mensch bei seiner Erkenntnisbemühung in das Innere Gottes gelangt, wo dieser *blôz, lûter* (s.II 274,3), d.h. authentisch Gott ist ohne verhüllende oder das eigentliche Wesen verfälschende fremde Wirklichkeit, bedarf es der Tätigkeit der Vernunft, die von Gott alles entfernt, *"daz in kleidende ist"*. Sie empfängt ihn dann *"blôz in dem kleithûse"*, in dem er *entdecket* und quasi nackt ist (II 274,4-6).

1.7.: Am Beispiel einer Zunge, die *"bekleidet mit bitterkeit"* ist (V 228,7), erläutert Eckhart die Veränderung der Wahrnehmung des Kreatürlichen, wenn der Mensch *"mit gote umbevangen"* ist. Wie bei der Geschmackserfahrung *nimet* alles Kreatürliche *"sinen smak an gote und wirt götlich"* (V 230,1), bevor es zum Menschen kommt.

2.1. – 2.4.: Ein Weise der Rezeption Gottes besteht für den Menschen darin, daß man Gott nimmt *"under einem velle, under einem kleide"* (I 122,10f). Dies bedeutet, daß man zwar bestimmte Eigenschaften Gottes wie Wahrheit, Güte etc. erfaßt; Gott selbst aber bleibt unter diesen Eigenschaften verborgen; denn *"got ist über allez, daz wir geworten mügen."* (II 635,5) Demnach üben alle Worte über Gott, alle Bezeichnungen und Namen Gottes in Bezug auf das eigentliche Sein Gottes, indem sie Gott wie ein Kleid umgeben, eine verbergende Wirkung aus, so daß Eckhart formulieren kann: *"Güete ist ein kleit, dâ got under verborgen ist..."* (I 153,5f).

2.5.: Die irdische Verfaßtheit verändert das Erscheinungsbild der Seele dahingehend, daß ihre *lûterkeit* und *einvaltige natûre* unter dieser äußerlich zur Seele hinzukommenden Verfassung verborgen sind (s.I 282,6f).

2.6.: Die Gotteserkenntnis wird auch dadurch beeinträchtigt, daß das Kreatürliche als *ein mittel* zwischen dem erkennenden Menschen und Gott steht. Dieses beeinflußt die Wahrnehmung Gottes so, wie die quasi mit einer *decke* und einem *kleit* belegte Zunge eines Kranken verhindert, daß die Speise *"in irm eigenen smacke"* geschmeckt wird (I 187,7-10.13f).

2.7.: Die Relation des Kleides zum Bekleideten macht sich Eckhart auch zunutze, um mit der Kleidmetaphorik die Relation der Inwendigkeit zur äußeren Wirklichkeit anschaulich zu machen (s.V 256,2).

3.1.: Als Gegenpol zu *kleit* markiert die Adjektivmetapher *blôz* das Ergebnis eines Vorgangs, den Eckhart als *entkleiden* (s.I 153,3) und als *abescheiden* (s.II 274,4) beschreibt. Ohne Güte, Sein und andere terminologische Fixierungen erscheint Gott als *blôz, entkleidet* (s.I 152,6).

11.1.: s.2.1.-2.4.

D. Tauler

1. *(be-)kleiden*
1.1. *mensche* (311,13(Pat).27(Pat); 369,17(Pat); 433,5f(Pat).11(Pat))
1.2. *ufsetze* (434,7f)
1.3. *brútegom* (434,8f.14f)

2. *kleit*
2.1. *brut* (432,11.17f)

3. *entkleiden*
3.1. *mensche* (432,11.30(Pat).34(Pat).36; 433,15(Pat))

4. *entkleidunge*
4.1. *mensche* (433,5)

6. *hut*
6.1. o.BE (195,30-33; 196,4; 275,10.13.15f)
6.2. *mensche* (95,11)

11. *vel*
11.1. o.BE (195,22; 196,10.13; 275,13.16)

1.1.: Die enge Beziehung, die der Mensch, der das Sakrament der Eucharistie empfangen will, u.a. zu den Tugenden Jesu Christi herstellen sollte (s.311,13), entspricht dem Ankleidevorgang. Die Aneignung dieser Tugenden Christi führt aber dann dazu, daß der Mensch - die Kleidmetaphorik sprengend - *"wirt entsast sin selbes..."* (311,27)

In einer anderen Predigt charakterisiert Tauler den Menschen, der sich die Demut als Haltung zugelegt hat, als *"gekleit mit demuetekeit"* (369,17). Grundsätzlich ist die Entsagung für den Menschen besser, als daß er *"mit grossen dingen gekleit wúrde"* (433,5f). Auch erscheint Tauler der Weg mannigfaltiger Prüfungen mehr der Nachfolge zu entsprechen als alle Frömmigkeitsübungen. Tauler stellt fest: *"Ouch schint daz so froemede etwenne und ungelich, und in deme wirstu bas gekleit dan mit den aller hoehesten wisen do du zuo male mitte wenest gros ding schaffen."* (433,10-13)

1.2. – 1.3.: Wenn vielfältige Vorhaben und Arten des geistlichen Lebens Menschen in ihrer Erscheinungsweise so prägen, wie sie es selbst wollen, kann Jesus Christus als *brútegom* das Erscheinungsbild dieser Menschen nicht beeinflussen. Erst wenn man sich völlig von Jesus Christus bestimmen läßt, *"sol er úch wunnenklichen mit ime selber in wunnenklicher wisen kleiden..."* (434,14f).

2.1.: Die als Transformation der äußeren Erscheinungsweise beschriebene innere Veränderung der für Gott bereiten *brut* zeigt sich in dem Ablegen der alten (s. 3.1.) und dem Anlegen der neuen Kleider, die Bild sind für die neuen Tugenden, ein göttliches Leben, den neuen Menschen (s.432,11.17f).

3.1.: Damit der Mensch seine Verfassung derart verändern kann, daß er *"nach cristo gebildet ist"* (432,18), muß er alles, was er sich bislang an Untugenden, Sitten und Gewohnheiten angeeignet und sich damit wie ein Kleid umgeben hat, ablegen. Dieses *entkleiden* hat das Anlegen der *neuen kleider* zur Folge, unter denen Tauler (s.2.1.) die Tugenden, göttliches Leben sowie allgemein den an Christus orientierten Menschen versteht (s.432,11f). Wenn es nur beim Vorgang des *entkleiden* bleibt und der Mensch infolgedessen sich von allem trennt, was er sich im

Lauf seines Lebens an Einstellungen, Verhaltensweisen, Erwartungen in Bezug auf Gott etc. zugelegt hat, läßt er sich, gelangt zu seinem Nichts und nimmt wahr, was bislang in ihm verborgen und bedeckt war (s.433,15f). Dieser mit dem Ablegen aller Kleider verglichene Weg der Selbsterkenntnis korrespondiert mit dem Ziel, sich dem göttlichen Willen völlig zu überlassen (s.432,35f).

4.1.: s.2.1.

6.1.: Die ichbezogene Einstellung des Menschen, der sich allem *mit willen*, mit *hochmuetikeit, eigenwillikeit* etc. zukehrt (s.196,1), erscheint als *"dicke grúweliche hut"*, die das Innere des Menschen derart *"verdeckt das Got noch er selber nút drin enmag: es ist verwachsen."* (195,31f) Das an Eigeninteressen orientierte Verhalten kann solche Ausmaße annehmen, daß Tauler bildlich im Hinblick auf derartige Menschen von dreißig bis vierzig Häuten spricht, die die Qualität von *beren húte* (s.195,33) aufweisen bzw. einer Ochsenstirn, als *"dicke und als hert"* (275,14). Dem Menschen ist infolgedessen, da *"diese húte den grunt bedeckent und überwachsen hant"* (275,9ff), die Erkenntnis der Wahrheit unmöglich.

6.2.: Der Beseitigung der alten menschlichen Verfassung verleiht Tauler Züge einer Häutung. Wie eine Schlange sich zwischen zwei Steinen *"sloiffet... vil enge, also daz ime die alte hut zuomole abeget"* (95,9f), soll der Mensch - analog zu den eng beieinander sich befindenden Steinen - sein Leben und sein Sein zwischen der ewigen Gottheit und der Menschheit Jesu Christi *würken, sloiffen und tragen* (95,17).

11.1.: s. 6.1.

E. Seuse

1. (be-)kleiden
1.1. *liden* (252,22f)
1.2. *herz* (553,8)
1.3. *got* (148,27f; 199,10)
1.4. *Maria* (244,10(Pat))
1.5. *vriheit* (261,25f)
1.6. *mensche* (148,27; 329,23)

2. kleit
2.1. *lieht* (390,22f)
2.2. *liden* (399,22f)

3. entkleiden
3.1. *geist* (186,17f(Pat))
3.2. *mensche* (186,21(Pat))

5. umbkleiden
5.1. *mensche* (492,28)

1.1.: Die Bedeutung, die das Leiden für die Seele hat, führt Seuse durch eine Kleiderallegorie vor Augen: *"Liden kleidet die sele mit roeslim kleide, mit purpurvar; si treit der roten rosen schapel..."* (252,22-24).

1.2. – 1.4.: Die Verbmetapher *kleiden* steht u.a. für den Vorgang, durch den das Herz sich Gottes Stärke zulegt (s.553,8) oder in dem Gott die in der Nachfolge Jesu Leidenden mit ewiger Schönheit versieht (s.199,11).

In Bezug auf die Gottesmutter beschreibt Seuse in Ausweitung der Kleidmetaphorik ins Unvorstellbare den göttlichen Zueignungsvorgang, durch den sie innen wie außen mit Gottes Wirklichkeit versehen wird: *"Ich zier si inwendig mit der schoenen wate des liechtes der glorie... Si wirt uswendig gekleidet mit dem geklerten libe..."* (244,8-10).

1.5.: Die von allen fremden Einflüssen befreite Freiheit des Dieners ist - so die Ewige Weisheit im Gespräch mit dem Diener nach der Darstellung Seuses - nicht bedeutungslos für die Ewige Weisheit; denn sie verändert deren Erscheinungsweise, indem die Freiheit des Dieners *"kleidet und zieret (die) blozheit..."* der Ewigen Weisheit (261,26).

1.6.: Das Verhältnis der vielfältigen Bezeichnungen Gottes wie Weisheit, Güte, Gerechtigkeit usw. zur Einfaltigkeit Gottes sieht Seuse im Zusammenhang mit dem Verhältnis, das verschiedene, wechselnd zu tragende Kleider zum Menschen haben. Die unterschiedlichen Bezeichnungen bergen das *bloze ein* unter sich und verändern infolge ihres Wechsels Gott äußerlich in mannigfacher Weise: *"Eine kleidet in mit wisheit und sprichet in dú wisheit, eine mit gueti;... ald wie mag es als gar ein blozes ein sin, da so vil menigheit ist?"* (329,23f u. 330,2). In seiner Beantwortung der Frage, wie trotz der Mannigfaltigkeit Einheit möglich sein kann, verläßt Seuse die Kleidmetaphorik und springt in den Bereich der Natur, um mit den Metaphern *grunt* und *bodme* (330,4) auf den Bereich zu verweisen, in dem die Mannigfaltigkeit eine *einveltigu einikeit* ist (330,4). Wie bei der Kleidmetaphorik liegt dieser Metaphorik die Relation Oberfläche/außen - Untergrund/innen zugrunde, wobei *grunt* im Gegensatz zur Kleidmetaphorik nicht die Oberfläche, sondern die Innen- bzw. Unterseite einer Erscheinung meint. Im vorliegenden Kontext wird die Grundmetapher über die Metaphern *usqual* bzw. *usflusse entspringen* auf die Thematik Fruchtbarkeit/Ursprung bezogen: *"Ich heisse den grund den usqual und den ursprung, us dem die usflusse entspringent."* (330,7f)

Die Kleidmetaphorik zieht Seuse ferner heran, um den Unterschied Gott - Mensch anschaulich zu machen. Während der Mensch Jesus Christus mit Leiden *gekleidet* hat, will Gott den Menschen *"mit im selben eweklich kleiden."* (148,27f)

2.1.: Die göttliche Verfassung, die dem Menschen infolge der göttlichen Einwirkung, durch die alles Irdische entfernt wird, auch in der Zeit zuteil werden kann, vergleicht Seuse in ihrer Beziehung zum Menschen auch mit einem Kleid, das dem Menschen neu angelegt wird: *"... daz untoedemklich kleit dez künftigen iemer werenden liehtes ieme wirt geeiget..."* (390,22f).

2.2.: In den Zusätzen zum Briefbüchlein heißt es: *"kunes lieb und langes leid, ist ir... inner kleid."* (399,33f).

3.1. – 3.2.: In der göttlichen *einikeit* findet die Trennung des menschlichen Geistes vom natürlichen Licht seiner Vernunft statt (s.186,17); Seuse veranschaulicht dies, indem er davon spricht, daß der menschliche Geist bzw. der Mensch selber *"entkleidet und entwiset in der wiselosikeit"* Gottes wird (186,21f), was die Angleichung des menschlichen Geistes an Gott zur Folge hat.

5.1.: Seuse fordert seine Leser auf, in trostloser Situation sich mit Jesus zu *umbkleiden* (s.492,28).

G. Heinrich von Nördlingen

1. *kleiden*
1.1. *Jhesus* (38,34)

1.1.: In Bezug auf den Kontakt Jesu Christi zu Margaretha wünscht sich Heinrich, daß Jesus sich auf Margaretha neige, sie völlig umgebe und - wie er im Bild des *kleiden* zur Sprache bringt - ihr dadurch ganz nahe ist (s.38,34).

---

klimmen (1.)/ überklimmen (2.)/ ufklimmen (3.)/ ufklimmend (4.)/ stigen (5.)/ ufstigen (6.)/ ufstigend (7.)/ ufstigunge (8.)/ zuostigen (9.)

A. Mechthild von Magdeburg

1. *klimmen*
1.1. *sele* (IV 18,47)
1.2. *die seligen* (VII 1,106)

5. *stigen*
5.1. *sele* (I 7,3; 22,38; 38,3; II 23,31; III 1,19.168; VI 1,101)
5.2. *minne* (II 24,71.77; IV 16,4)

6. *ufstigen*
6.1. *mensche* (IV 25,7; V 1,49)
6.2. *geist* (V 23,7)

6.3. *sele* (V 4,12.21.65)
6.4. *wort* (V 22,25)
6.5. *lob* (V 25,19)

7. *ufstigend*
7.1. *gerunge* (VII 34,2)

8. *ufstigunge*
8.1. *homuot* (VII 50,14)

9. *zuostigen*
9.1. *sele* (I 38,3)

1.1. – 1.2.: Der Annäherung der Seele und der Seligen an Gott verleiht Mechthild Züge einer Aufwärtsbewegung. Mit dem Verb *klimmen* macht sie darauf aufmerksam, daß diese Positionsveränderung nur unter großer Kraftanstrengung des Menschen erfolgen kann; die Seele soll "*mit grossen tugenden und mit heiligen arbeiten louffen... uf den hoehsten berg des schoenen himelriches...*" (IV 18,46f). Noch höher gelangt sie dort, indem sie "*klimmet... in die gnade... uf den schoenesten boum der gotheit...*", wo es zur unio kommt (IV 18,47f). Diese letzte Phase der Annäherung wird allerdings - in Widerspruch zum Bedeutungsinhalt von *klimmen* - *sunder arbeit* vollzogen, da die Gnade an die Stelle der menschlichen Anstrengung tritt. In Gott selbst "*vliegent und klimment (si)... vúr des riches hoehin...*" (VII 1,106).

5.1.: Bei dem von Mechthild in Parallele zum *stigen* gebrachten Geschehen verläßt die Seele den Leib (der im Irdischen zurückbleibt; s.I 7,3), begibt sich über alles Kreatürliche (s.I 22,38) und "*kumet geswungen als ein are usser der tieffi in die* *hoehin..."* (I 38,7f; vgl.II 23,31). Deutlich wird, daß die Verbmetapher *stigen* - wie die Verbmetapher *klimmen* - den Aspekt der Distanzierung vom ursprünglichen Standpunkt beinhaltet. Dabei entfällt der Seele *"der súnde stob..."* (VI 1,101f), und sie wird von allen negativen, ihre Angleichung an Gott beeinträchtigenden Einflüssen in dem Maß frei, wie sie Gott nahe ist: *"...ie hoeher ich stige, ie klarer ich schine."* (III 1,19f)

5.2.: Anders als die *ungebunden minne*, die noch auf die sinnliche Wirklichkeit fixiert ist, läßt die an Gott *gebunden minne* die menschlichen Sinne und den Leib hinter sich (s.II 24,77).

An einer anderen Textstelle beschreibt Mechthild das Verhalten *der grosse(n) minne*; diese *"brennet in dem grossen himmelfúre, ... stiget gotte allernehest und blibet an ir selben allerinnest."* (IV 16,3-5)

6.1. – 6.3.: Die Metapher *ufstigen* akzentuiert durch das Präfix noch mehr den Richtungsaspekt bei der Bewegung, durch die der Mensch - begleitet von einer Zustandsveränderung: *"wahsen an der edelkeit und... klarheit"* - in die Höhe gelangt (IV 25,7). Die Bedingungen dafür, daß der Mensch überhaupt *moehte ufstigen* zu Gott, hat Jesus Christus mit seinem Kreuzestod geschaffen (s.IV 23,5-9). Ausgelöst wird die Annäherung an Gott durch die Gottesminne, die durch die Sinne *"stúrmet mit ganzen tugenden uf die sele..."*; sie hat zunehmend bestimmenden Einfluß auf die Seele, bis die Seele *"stiget... mit girekeit uf zuo gotte..."* (V 4,11-13). Nachdem die an ihren Leib gebundene Seele *"ufgestigen ist in das hoehste..."*, das ihr möglich ist, und in Demut *"har nider gesunken ist in das tieffeste..."*, hat sie ihre Tugenden und Heiligkeit vollendet (V 4,65-67).

6.4. – 6.5.: *Ufstigen* sieht Mechthild auch Worte aus einem hochmütigen Herzen (s.V 22,45) sowie das Lob Gottes zu Gott (s.V 25,19).

7.1.: Auf Gott gerichtete Sehnsucht charakterisiert Mechthild als *ufstigende gerunge* (s.VII 34,2).

8.1.: Die Entstehung von Hochmut veranschaulicht Mechthild auch als *"ufstigunge des homuotes..."* (VII 50,14).

9.1.: *Zuostigen* ist Bild für die Annäherung der liebenden Seele an Gott (s.I 38,3).

C. Meister Eckhart

<u>1. klimen</u>
1.1. *engel* (II 124,1)
1.2. *sêle* (II 128,8)
1.3. *mensche* (III 299,9f)

<u>3. ûfklimen</u>
3.1. *sêle* (I 136,11.14; 342,9; 395,3; II 553,7; 557,2.3f)
3.2. *mensche* (I 366,3; III 298,13; 302,14; 303,4)
3.3. *engel* (II 536,3)
3.4. *gebet* (I 319,1)
3.5. *lieht* (II 346,5)
3.6. *minne* (III 293,1f)

<u>4. ûfklimmend</u>
4.1. *geist* (III 302,3)

1.1. – 1.2.: Die göttliche *inerliuhtunge* der Engel sowie der Seele hat zur Folge, daß diese ihren Status und ihre Position verändern: sie werden Gott gleich (soweit das bei der Seele möglich ist) und transzendieren sich selbst auf Gott hin mit dem Ergebnis, daß sie mit ihm vereint werden (s.II 124,1.8).

1.3.: Wenn der Mensch in den Ursprung des göttlichen Sohnes kommen will, muß er die natürliche Wirklichkeit überwinden und in einer Art Aufwärtsbewegung in die Sphäre der Gnade eindringen, in der er sich wie eine Pflanze hinsichtlich seiner Größe derart verändert, daß er in das *"lieht, daz der sun ist"*, gerät (III 299,9-300,1; vgl. *wahsen* 1.1.).

3.1. – 3.2.: Die - durch das Präfix *ûf-* noch besonders hervorgehobene - Aufwärtsbewegung fungiert bei Eckhart vor allem als Bild für das Verhalten der Seele, wenn diese im Prozeß der Läuterung durch Tugendübungen von einem Leben in Gegensätzen zu einem Leben ohne Gegensatz sich verändert (s.I 136,11-14). Ein dem *ûfklimmen* ähnelnder geistiger Vollzug der Seele kann auch durch den Hl. Geist initiiert werden, der die Seele mit sich *ziuhet* (s.I 395,3). Im Zusammenhang mit der Annäherung an die von Gott mitgeteilte Gnade stellt sich ebenfalls beim Menschen die Erfahrung ein, daß er aus sich selbst *gezogen* wird und *ûfklimmende* ist in Gott (s.III 298,11-13). Ähnlich wird an anderen Textstellen die Beziehung von göttlicher und menschlicher Aktivität beschrieben: in der göttlichen Kraft *ûfklimmet* die Seele *und wirt ûfgezogen* (II 553,7); wenn das göttliche Licht in die Seele hineinwirkt, *klimmet die Seele "ûf in dem liehte in eine wîte und in eine hoehe..."* (I 342,9f).

Genauer wird die Transzendenzbewegung der Seele in ihren verschiedenen Etappen ausschließlich in Pr 54 dargestellt: Zunächst *tritet* die Seele über *"an irm natiurlîchen liehte in irm hoehsten über zît und über stat in die glîchnisse des liehtes des engels."* (II 556,6f) In der *vernünftigen würkunge* mit den Engeln soll die Seele dann weiter *ûfklimmen*, bis sie kommt direkt in das Angesicht Gottes (II 557,3-5).

3.3.: Zu den Engeln führt Eckhart aus, daß die obersten Engel *ûfklimment* und in Kontakt mit Gott treten, ohne in ihn einzudringen (s.II 536,2-4).

3.4. – 3.5.: Noch konkretere Züge erhält der mit der Verbmetapher *ûfklimmen* umschriebene Existenzvollzug des Menschen, wenn die Tätigkeit des Betens in Übereinstimmung mit Dionysius Areopagita damit identifiziert wird: *"ein vernünftic ûfklimmen in got, daz ist gebet."* (I 318,12-319,1) Die sich im Gebet zeigende Tätigkeit der menschlichen Vernunft kann auch ausgelöst werden, indem der demütige Mensch die göttliche Gnadeneinwirkung mit der Konsequenz empfängt, daß in dem *"ûzvluzze der gnâden klimmet ûf... daz lieht der vernünfticheit."* (II 346,5f)

3.6.: In Bezug auf verschiedene Arten der Minne erinnert Eckhart an die Eigenschaft des Menschen, diese in aufsteigender Reihenfolge entsprechend ihrer unterschiedlichen Qualität zu betrachten (s.III 293,17).

4.1.: Zur vollkommenen Minne Gottes durch Menschen gehört neben Abgeschiedenheit und Kontakt des Hl. Geistes mit der Seele ein *ûfklimmender geist* (s.III 302,3).

D. Tauler

2. *überklimmen*
2.1. *gemuete* (238,36)
2.2. *mensche* (142,23f)

2.1. – 2.2.: Für das Transzendieren aller niederen sinnlichen Dinge findet bei Tauler neben der Metapher *uf swimmen* die Metapher *überklimmen* Verwendung (s.238,36).

E. Seuse

3. *ufklimmen*
3.1. *mensche* (205,4)

3.1.: *Ufklimen* ist Metapher für die Bewegung des Menschen auf Gott zu; sie kommt *"ane daz durchgan"* von Jesu Menschheit nicht ans Ziel (205,4f).

kloster (1.)/ kluse (2.)

D. Tauler

1. *kloster*
1.1. *minne* (369,18)

1.1.: *Gelossenheit, lidikeit* und *unannemlichkeit* sind in Verbindung mit der Demut Voraussetzung, um ins *kloster der minne*, den *grunt* (369,18.23), zu gelangen, wo *die gnade geborn* wird.

E. Seuse

2. *kluse*
2.1. *abgescheiden leben* (296,29)

2.1.: Dem abgeschiedenen Leben verleiht Seuse Züge einer Klause, in der Gott innerlich empfunden werden kann.

krisen (1.)

A. Mechthild von Magdeburg

1. *krisen*
1.1. *mensche* (V 21,11; VII 25,6)
1.2. *sele* (V 8,38)

1.1. – 1.2.: Dem Leben des Menschen/der Seele in Sünde verleiht Mechthild Züge eines tierischen Bewegungsvollzugs.

krúzigen (1.)/ negeln (2.)

A. Mechthild von Magdeburg

1. *cruzegen*
1.1. *sele* (II 24,15(Pat))

1.1.: Mechthild zieht an mehreren Textstellen (s.I 3,5-10; 29,5-16f; II 24,10-16; III 10,3-60; VII 53) verschiedene Aspekte des Leidensweges Jesu heran, um metaphorisch damit das Leiden ihres Konventes als Wiederholung der Passion Jesu und als Mitleiden Jesu mit dem Konvent zur Sprache zu bringen (s.VII 53).

An den anderen Textstellen zieht Mechthild Einzelzüge der Passion Jesu heran, um damit - in einer semantischen Umwertung des zum Tod Jesu führenden Geschehens - den mystischen Prozeß der minnenden Seele zu parallelisieren; z.B. heißt es von der Seele: *"Si túrstet ouch vil sere an dem crúze der minne, wan sie trunke vil gerne den lutern win von allen gottes kinden."* (III 10,30f)

D. Tauler

1. *krúzigen*
1.1. *mensche* (210,25; 234,1; 327,21(Pat); 354,2.3.9ff)

1.1.: Assoziationen an den Kreuzestod Jesu evozierend, steht *krúzigen* für die Vernichtung der fleischlichen/leiblichen Lüste durch den Menschen (s.210,25; 234,1 u.a.). Die Metapher findet ferner Verwendung für die durch grausame Beschwerden verursachte Partizipation des Menschen am Kreuzesschicksal Jesu.

E. Seuse

2. *negeln*
2.1. *mensche* (538,12)

2.1.: Die Leidensnachfolge wird so dargestellt, daß der Mensch sich an das Kreuz Christi nagelt, um zur ewigen Seligkeit zu kommen (s.538,12).

liebbrief/minnebrief (1.)/ minnebuoch (2.)/ minnebotte 3.)/ minneruot (4.)/ minnenschrin (5.)/ minnevackel (6.)

A. Mechthild von Magdeburg

1. *minnebrief*
1.1. *mensche* (VII 58,12)
1.2. *sele* (I 3,21)

1.1. – 1.2.: Die Botschaft, die Mechthild dem Erzengel Gabriel an ihren Geliebten, Jesus Christus, aufträgt, ist in ihrer schriftlich fixierten Form vergleichbar mit einem *minnebrief*; außer Jesus Christus als dem Adressaten ist er auch - so Mechthild - den Rezipienten ihres Buches zugänglich, deren Sinne "*diser minnebrief erweket...*" (VII 58,12).

E. Seuse

1. *liebbrief/ minnebrief*
1.1. *wort der hl. schrift* (231,10)
1.2. *gebet* (484,10f)
1.3. *sprúch* (484,10f)
1.4. *tútsche buechlin* (484,10f)

2. *minnebuoch*
2.1. *Jesus Christus (537,12; 553,24)*

3. *minnebotte*
3.1. *got* (405,7)
3.2. *wort* (231,8)

4. *minneruot*
4.1. *liden* (252,4)

5. *minnenschrin*
5.1. *herze* (486,19)

6. *minnevackel*
6.1. *mensche* (313,17.24f; 314,2)

1.1. – 1.4.: Ihren Ausdruck findet die Liebesbeziehung der Ewigen Weisheit/ des göttlichen Liebhabers zur Seele in jedem Wort der Hl. Schrift, jedem guten Gebet,

Spruch und *guote tütsche buechlin*. Sie alle sind für Seuse vergleichbar mit einem *minnebrief.*

2.1.: Die Buchmetapher steht für Jesus Christus, der genau studiert werden muß, da bei ihm als Gewinn der geistigen Beschäftigung "*gnad und aplas*" alles Mangelhaften zu finden ist (553,24).

3.1. – 3.2.: Als *minnebotte gotes* sieht Seuse jeden seiner Briefe in Hinblick auf die Menschen an, die anstelle irdischer Minne die Ewige Weisheit zum *einigen geminten lieb* nehmen wollen (405,7). Die Metapher wird auch verwendet für jedes gesprochene Wort der Ewigen Weisheit, das als *minneboetlin* zur geliebten Seele kommt (s.231,8).

4.1.: Auf die Funktion der Leiden verweist das Bild der *minneruot*, die Gott seinen Auserwählten schickt (s.252,4).

5.1.: *Minneschrin* ist Bild für das Herz des geliebten Jesus (s.486,19).

6.1.: Die Energie der auf Gott gerichteten Minne des Menschen bringt Seuse im Bild der aufflammenden, feurigen *minnevackel* zur Sprache.

---

lieht (1.)/ luhten (2.)/ luhtend/verluhtet (3.)/ liht (Adj.) (4.)/ durchlúhten (5.)/ durlúhtend/ durlúhtet/ durliuhter/diurluchtic (6.)/ erluhten (7.)/ erluhtet/erliuhter (8.)/ erlúhtunge (9.)/ inluhten (10.)/ inluhtend (11.)/ uzluhten (12.)/ vorluhten (13.)/ widerluhten (14.)/ glanz/glenz/glast (15.)/ glesten (16.)/ glizen (17.)/ durchglestig (18.)/ durglesten (19.)/ überglestend (20.)/ widerglast (21.)/ widerglenzen (22.)/ widerglenzend (23.)/ schin (24.)/ schinen (25.)/ schinende (26.)/ durschinen (27.)/ stral (28.)/ laterne (29.)/ luhter (30.)/ lúhternisse (31.)/ luhtevas (32.)/ vakel (33.)/ dünsternis/verdunsterunge (34.)/ verdúnstern (35.)/ dunkel/dunster (36.)/ vinsternis (37.)/ vinster (38.)/ vervinstern (39.)/ blenden (40.)

A. Mechthild von Magdeburg

1. *lieht*
1.1. *buoch* (I 1,10)
1.2. *gotheit/got* (I 1,10; II 3,6; 10,2;)
1.3. *brut* (II 9,2)
1.4. *welt* (II 9,2)
1.5. *vater* (III 9,83)
1.6. *Jesus Christus* (III 12,15)
1.7. *prophete* (III 20,2.6.12)
1.8. *hl.geist* (III 1,70; 4,23; 24,5; VII 27,11; 35,14)
1.9. *himel* (V 23,18.153)
1.10. *engel* (II 22,7)
1.11. o.BE (II 3,16; 7,8; 19,60; 24,79; III 1,117; 10,10; 21,76; 24,12; IV 3,20; 12,48; V 5,13; 29,4; VII 28,10; 63,15)
1.12. *sele* (III 2,11; 21,74.77)

1.13. *vernunftekeit* (I 46,22)
1.14. *warheit* (II 3,1; V 28,23)
1.15. *bescheidenheit* (VI 4,25)
1.16. *minne* (II 19,62; III 7,12; V 28,23; 31,3)
1.17. *túfel* (II 19,58)

2. luhten
2.1. *sele* (I 16,2; 22,21; II 6,2; III 21,75; V 25,12; VI 16,14)
2.2. *lop* (V 25,5)
2.3. *licham/lip* (IV 23,5; V 25,12)
2.4. *got* (II 5,3; III 29,12; VI 1,138; 5,8; 31,10; VII 1,97)
2.5. *drivaltekeit* (III 9,6)
2.6. *prophete* (III 20,14.18.22)
2.7. *brut* (I 22,21)
2.8. *mensche* (VII 32,5)
2.9. *unschult* (VII 32,5)
2.10. *arbeit* (VII 32,7)
2.11. *innekeit* (VII 32,8)
2.12. *pine* (VII 32,11)
2.13. *tugende* (VII 32,12)
2.14. *minne* (VII 32,15)
2.15. *die seligen* (VI 29,11; VII 39,40)
2.16. *Maria* (VI 39,6)
2.17. *gewissede* (VII 27,11)
2.18. *ding* (VI 29,23)
2.19. *jungfrouwe* (VII 62,82)

3. luhtend/verluhtet
3.1. *kuscheit* (V 30,1)
3.2. *anschouwunge* (VI 29,33)
3.3. *mensche* (VII 41,25)

5. durluhten
5.1. *drivaltekeit* (VI 29,34)

7. erluhten
7.1 *got* (III 20,2; VI 16,9; 31,10; VII 26,8)
7.2. *hl. geist* (VII 47,16)
7.3 *gelobe* (VII 48,71)
7.4. *geist* (VI 33,12(Pat))
7.5. *mensche* (VII 7,9(Pat); 8,23)
7.6. *helige bruedere* (IV 27,89)
7.7. *minne* (V 4,3)

24. schin
24.1. *got* (I 2,5; V 1,33.38; VI 39,5; VII 1,110)
24.2. *himel* (VII 52,82)
24.3. *ere* (VI 39,5)
24.4. *minne* (V 31,3)
24.5. *erde* (IV 27,168)

25. schinen
25.1. *mensche* (III 1,20; VII 32,5)
25.2. *got* (II 6,2; III 29,12; IV 12,40; V 1,19; VII 1,97)
25.3. *spiegel* (VI 41,7)
25.4. *drivaltekeit* (III 9,7)
25.5. *sele* (III 21,71; VII 1,110)
25.6. *wollust* (VII 27,20)
25.7. *Maria* (VI 39,6)

27. durschinen
27.1. *sele* (V 4,28(Pat))
27.2. *fúr* (III 4,28)

28. stral
28.1. *gotheit* (II 3,16; VI 24,13)

30. lúhter
30.1. *engel* (IV 2,37)
30.2. *brust* (III 12,15)

31. lúhternisse
31.1. *koere* (III 1,137)
31.2. *sele* (II 3,33)

32. lúhtevas
32.1. *gewissede* (VII 27,10)
32.2. *diep* (III 21,45)

37. vinsternis
37.1. o.BE (III 4,28; 9,61; IV 3,19; 4,9; 12,48.83; V 5,12; 17,11; VI 4,20)
37.2. *minne* (I 21,2)
37.3. *herze* (V 4,56)
37.4. *vleisch* (VII 26,9)
37.5. *erde* (III 21,102)
37.6. *schult* (IV 5,4)
37.7. *licham* (III 10,25)
37.8. *ungeloube* (IV 12,53)

38. *vinster*
38.1. *erde* (III 1,17)
38.2. *herze* (VI 37,9; VII 27,5)
38.3. *menscheit* (VI 16,35)
38.4. *hus* (VII 48,23)
38.5. *sele* (V 33,7; VII 3,50)
38.6. *sinne* (VII 31,19)
38.7. *wisheit* (III 3,8)

39. *vervinstern*
39.1. *Salomo* (III 20,14(Pat))
39.2. *bekorunge* (VI 4,25)
39.3. *mensche* (VII 21,14)
39.4. *alte e* (V 23,122(Pat))

1.1. – 1.5.: Da in den "Offenbarungen der Schwester Mechthild von Magdeburg" Gott selbst zur Sprache kommt (s.I Prol, 1f), ist sichergestellt, daß ihr Werk nicht den Stempel der menschlichen sündhaften Existenz trägt. Aufgrund der direkten Herkunft von Gott ist ihr Buch in der Lage, dem in Unwissenheit und Sünde verhafteten Menschen eine - seine Existenz erhellende und Orientierung ermöglichende - sinnvolle Perspektive zu vermitteln. Wegen dieser existenzerhellenden Funktion des Buches bezeichnet es Mechthild als *"vliessendes lieht der gotheit"* (I Prol, 10f).

Im Unterschied zu sonstigen Orientierungsmöglichkeiten, wie sie die *brut* darstellt, die *"ein lieht der welte"* ist (II 9,2), wird Gott via eminentiae als *"ein lieht in allen liehten"* (II 10,2) bestimmt. Als dieses Licht wirkt Gott auf den Menschen ein, indem - so ein anderer Gedankengang Mechthilds - aus der *"armbrust der heligen drivaltekeit... die strale der gotheit... mit einem unbegriffenlichem liehte..."* (II 3,14-16) die Menschen durchdringen. Speziell dem Hl. Geist teilt Mechthild die Rolle zu, das *lieht* des himmlischen Vaters vor dem Sohn ähnlich einer Prozession in alle Herzen zu tragen (s.III 9,83).

1.6. – 1.7.: Jesus Christus bezeichnet sich selbst als *lieht*, das wahre Erkenntnis denen ermöglicht, die die Wirkung dieses Lichtes erfahren. Die von Jesus geliebte Seele steht dabei - wie Mechthild am Funktionszusammenhang von Kerze und Leuchter darlegt - in enger Beziehung zu Jesus insofern, als Jesus auf sie als Leuchter sein Licht stellt (s.III 12,15; vgl.30.2.). Daß das Buch Mechthilds eine existenzerhellende Wirkung bekommt, so daß man in ihm Orientierung findet, stellt Gott - in Mechthilds bildlicher Inszenierung - sicher durch die Propheten, mit deren Hilfe er aufgrund ihres Lichtcharakters das Buch *erlûhten welle* (s.III 20,2).

1.8.: Mit dem Unterschied von Licht und Schatten erklärt Mechthild, in welcher Relation die Menschheit Marias zur lichtvollen Gottheit steht, die sie in Jesus Christus empfangen hat: Damit sie der göttlichen Wirklichkeit nicht völlig ausgesetzt ist, hat Gott Maria einen *schatten* gegeben, der ihre *bluomende menscheit* vor dem einwirkenden *"für der gotheit"* und dem *"lieht des heligen geistes"* schützen soll (III 4,19-23).

Wenn der Hl. Geist im Gewissen des Menschen erscheint, wird diesem durch *"des heligen geistes lieht"* die Eigenschaft verliehen, dem Menschen Orientierung zu bieten. Den Vorgang, durch den das Gewissen zur sinnvollen Orientierung des Menschen wird, bringt Mechthild ins Bild, indem sie das Gewissen als ein *lûhtevas* des Hl. Geistes bezeichnet, das infolge des vom Hl. Geist empfangenen Lichts *lûhtet* (s.VII 27,10f).

1.9. – 1.10.: Generell kann alles, was zum Bereich Gottes gehört, als Licht vorgestellt werden: Die Engel erscheinen *"in einem himelschen liehte"* (V 23,18.153); die Seraphim sind *"ein minne, und ein fúr und ein âten und ein lieht mit gotte..."* (II 22,6f).

1.11.: An vielen Textstellen ist die Lichtmetapher nicht direkt auf einen Bildempfänger bezogen; charakterisierende Adjektive wie *ewic* (s.V 5,13 u.a.), *unbegriffenlich* (s.II 3,16), *allergroest* (s.II 3,5) fungieren dann als Indikator dafür, daß mit der Lichtmetapher göttliche Wirklichkeit gemeint ist. Zunächst dient die Metapher dazu, das Präsentwerden des Göttlichen in der Seele damit zu erklären, daß die göttliche Wirklichkeit als Licht *"gegen die ougen"* der Seele scheint und infolgedessen von diesen sehend aufgenommen werden kann (II 3,6f). Eine andere Form des göttlichen Präsentwerdens inszeniert Mechthild durch Rekurs auf die akustische Wahrnehmung: die *"grosse zunge der gotheit hat mir zuo gesprochen manig kreftig wort..."* (II 3,4f).

Anknüpfend an die Naturerfahrung erklärt Mechthild das göttliche Einwirken auf den Menschen auch auf der Folie eines Sonnenaufgangs; nach vielerlei Leiden *"sol in die ewige sunne nach ufgan des ewigen liehtes, die si beschinen sol mit ewiger vroede na diser not."* (VII 28,9-11) Umgekehrt vermag auch die Seele von sich aus zum *ewigen lieht* zu gelangen, indem sie voller Demut sich in den dritten Himmel begibt, wo *"ir das ware lieht gegeben..."* wird (II 19,40).

Weiterhin kommt die Erfahrung des Göttlichen dadurch zustande, daß die Seele sich von allem Kreatürlichen abwendet und mit ihrer auf Gott bezogenen *gebunden minne* über alle menschlichen Sinne sowie über den Leib hinausgelangt, bis sie - akustischer und visueller Erfahrung entsprechend - *"hoeret nach der unsprechenlichen stimme und siht in das unbegriffenlich lieht..."* (II 24,79). Die unter dem Aspekt ihrer prinzipiellen Erkennbarkeit als *lieht* dargestellte göttliche Wirklichkeit zu erfassen, ist nur der Seele möglich, die keinem irdischen Einfluß unterliegt und infolgedessen völlig ihrem göttlichen Ursprung, dem *ewigen liehte*, gleicht. In diesem Fall vermag sie den in der Hölle Befindlichen *"ein ewic lieht und ein grosser trost..."* zu sein (III 21,74f). Dies bedeutet für die Seele, daß die ausschließliche Ausrichtung auf Gott hin die Ursprungsgleichheit mit dem *ewigen lieht* solange bewahrt, wie die Seele sich nicht an Sünde und Teufel bindet; dann nämlich *"verlúret si ir schoen lieht."* (III 21,77)

Daß göttliches Handeln und menschliches Verhalten in Bezug auf den Empfang des göttlichen Lichtes durch die Seele zusammenspielen, wird an einer anderen Textstelle mit konkretisierender Konsequenz durch eine metaphora continuata aufgewiesen: Gott als Feuer, die Seele als fließendes Wachs und die Demut als Docht ergeben zusammen eine Kerze, die brennt: *"Got bútet sinen heligen geist den reinen geisten, die hie lebent in getrúwer heliger meinunge alles irs wesens. Do komen zwo reine nature zesamene: Das heisse fúr der gotheit und das vliessende wahs der minnenden selen. Ist da denne ein reine daht der steter demuetekeit, so wirt da ein schoen lieht..."* (III 24,8-12).

Als Vorbild gilt Jesus, den als einzigen Menschen die im Bild der Finsternis zur Sprache gebrachte Perspektivenlosigkeit einer unheilvollen Situation von außen nicht ergreift und der in sich das ewige Licht enthält (s.IV 3,19f). Ohne Finsternis sind auch die Seligen im Himmel, die *"sint alle bevangen mit einem liehte..."* (III 1,117).

Völlig im Finstern befindet sich der Mensch in der Hölle; da er jegliche Erkenntnis und *das lieht* hier verloren hat, fehlt ihm auch eine sinnvolle Orientierung; Unglaube ist die Folge (s.IV 12,48.53).

1.12.: Die Seele, die in ihrer Unschuld die Eigenschaften ihrer göttlichen Abstammung bewahrt hat, ist für die in der Hölle Befindlichen *"ein ewic lieht..."* (III 21,74). Indem sie von Natur aus immer *"lúhten und schinen..."* (III 21,75) muß, macht sie sich wie Gott selbst erfahrbar und bietet Orientierung. Dies gilt auch in der Beziehung der gottminnenden Seele zu Gott; die Seele wird von Gott in diesem Zusammenhang gelobt als *"ein lieht vor minen ougen,... ein lire vor minen oren,... ein stimme miner worten..."* (III 2,11f).

1.13. – 16.: Neben der Seele ähneln nach Mechthild auch *vernunftekeit* (s.I 46,22), *warheit* (s.II 3,1), *bescheidenheit* (s.VI 4,25) und die *minne* dem Licht insofern, als es mit ihrer Hilfe möglich ist, Erkenntnis und Orientierung in der irdischen *vinsternisse* zu gewinnen. Am Beispiel der Seele macht Mechthild deutlich, daß eine in Bezug auf ihre Minne zu Gott empfindungslose und inaktive Seele - wie Mechthild mit der Metaphorik vom Schlafen und Wachen zu verstehen gibt (s.II 19,62) - nicht für die Erkenntnis Gottes vorbereitet ist. Erst wenn die Seele in tiefer Demut allen irdischen Einfluß unterbunden hat, ist sie - *"erwachet in dem liehte der offener minne..."* - fähig zur Erfahrung Gottes; aufgrund der von der Minne hergestellten Erkenntnisbedingungen vermag sie jetzt zu erfassen, *"wie der si, der sich iro wiset... So siht si werlich und bekennet, wie got ist allú ding in allen dingen."* (II 19,62-65)

Wenn betont werden soll, daß die für die Erkenntnis erforderlichen Bedingungen durch die Energie der Minne hergestellt werden, spricht Mechthild anstelle vom *lieht* auch vom *"vúr der minne"* (VI 4,25f; vgl.III 4,22f zur Gottheit).

1.17.: Bemerkenswert ist, daß auch der Teufel - wohl auf dem Hintergrund des immer in der Hölle brennenden Feuers - mit seiner als Licht veranschaulichten Wirklichkeit auf den Menschen einwirken kann, wenn dieser auf seinem Weg zu Gott die Tiefe der Demut nicht erreicht hat, was dann zur Fehlorientierung des Menschen führt (s.II 19,58).

2.1. – 2.3.: Die Mitteilung und Ausbreitung einer als *lieht* metaphorisch umschriebenen Qualität veranschaulicht Mechthild im Bild des *lúhten*. Die auf diese Weise hinsichtlich ihrer Wirkung genauer vorgestellten Größen partizipieren in irgendeiner Form an der göttlichen Wirklichkeit. So führt Mechthild etwa aus, daß die Seele *"luhte(s)t als dú sunne..."* (I 16,2). Insbesondere zeigt sich am Leichnam des Hl. Johannes, der *"lúhtet als ein fúrig kristalle..."* (IV 23,5), weil er die göttliche Ewigkeit empfangen hat, daß die göttliche Ewigkeit dem Licht vergleichbare Merkmale enthält.

An einer anderen Textstelle wird deutlich, daß die Seele deshalb Licht ausstrahlen muß, weil sie von Gott beschienen wird: *"Swenne ich schine, so muost du lúhten..."* (II 6,2).

Eine andere Erklärung für das *lúhten* der Seele gibt Mechthild mit dem Hinweis auf ihre göttliche Abstammung; als reine, unschuldige Seele ist sie in der Lage, die

Eigenschaften ihres Ursprungs zu erhalten, so daß sie *"von nature iemer lúhten und schinen..."* muß (III 21,75).

Eine Ursache dafür, daß Leib und Seele eine lichtähnliche Wirkung verbreiten, ist das Gotteslob; dieses ist *"alleredelost und lúhtet allerschoenost gegen der heligen drivaltekeit..."* (V 25,4f).

2.4. – 2.5.: Der Sonne vergleichbar wirkt Gott auf die Seele ein, indem er in sie *lúhtet* (s.II 5,3). Allerdings setzt die göttliche Einwirkung voraus, daß von der Seele *"verswindet der unflat der súnden..."* (VI 1,138; vgl.III 19,11-13). Folge dieser göttlichen Einwirkung ist, daß es der Seele möglich ist, mit ihrem Auge, das Gott *erlúhtet* hat, in die ewige Gottheit zu sehen (s.VI 31,10) bzw., von Gottes Einwirkung betroffen, in Liebe sich Gott zuzuwenden (s.VI 1,138).

Den Leuchtvorgang zieht Mechthild auch heran, um die Identität und Differenz der drei göttlichen Personen vorstellbar zu machen: *"Do lúhteten die drie personen also schone in ein, das ir ieglicher dur den andern schein und waren doch gantz in ein."* (III 9,6-8)

Daß Gott eine Wirkung ausübt, die hellmachendem Licht gleichkommt, sieht Mechthild in der Energie der Gottheit begründet, die *"so fúrig heis (ist), ... das alles fúr und alle die gluot, das den himmel und alle heligen lúhten und brinnen tuot,... das ist alles geflossen usser sinem goetlichem ateme..."* (I 44,65-67).

2.6. – 2.7.: Infolge der Lichthaftigkeit der göttlichen Wirklichkeit *lúhtet* die *brut* aufgrund des göttlichen Widerscheins um so schöner, je höher sie auf dem Weg zu Gott ist. Einen weiteren Grund für eine derartige Reaktion der in der Rolle der *brut* vorgestellten Seele sieht Mechthild in der Intensität der menschlichen Leidenschaft (s.I 22,21; vgl. 1.6.-1.7. u. 7.1.).

2.8. – 2.14.: Wenn die Menschen *"in minne brennen und lúhten in heligem lebene..."* oder wenn die Werke des guten Menschen bis in den Himmel ihre Wirkung zeigen, wie Mechthild im Bild des *lúhten* veranschaulicht, löst dies eine entsprechende Reaktion Gottes aus: Bei menschlicher Unschuld wirkt *gotz unschult*, bei menschlicher Arbeit *"gotz helige arbeit"*, *gotz minne* usw. *"lúhten und schinen..."* in den betreffenden menschlichen Vollzug (VII 32,5ff).

2.15.: Auf die Orientierungsfunktion der Seligen verweist Mechthild mit der metaphorischen Aussage, daß sie *lúhten* mit *hl. tugenden* (s.VII 39,40) und *"mit guotem bilde"* (VI 29,11).

2.16.: Der Einfluß der Dreifaltigkeit auf die Gottesmutter Maria macht sich dadurch bemerkbar, daß sie als Reaktion auf die lichtvolle göttliche Wirklichkeit als *"gegenblik der drivaltekeit schinet und lúhtet..."* (VI 39,6). Umgekehrt formuliert Mechthild als Regel, daß die göttliche Reaktion dem menschlichen Verhalten entsprechend auf den Menschen zurückwirkt: *"Darnach als wir hie únsere pine dankberlich enphahen und geduteklich liden, darnach sol gottes heligú pine lúhten und schinen in únsere pine."* (VII 32,9-11)

2.17.: Das Gewissen ist nur dann fähig, Orientierung dem Menschen zu bieten, wenn es durch den Hl.Geist dazu befähigt wird: *"...Wan die gewissede lúhtet niht ane des heligen geistes lieht."* (VII 27,10f)

2.18.: Die Wirkung irdischer Dinge auf den Menschen bringt Mechthild in dem Bild zur Sprache, daß sie *lúhtent* in unseren Augen und *spilent* in unseren Herzen (s.VI 29,23).

2.19.: s. 2.1 - 2.3.

3.1. – 3.3.: Die Adjektivmetapher *lúhtend* verwendet Mechthild als Bild für die existenzerhaltende Anschauung der Hl. Dreifaltigkeit (s.VI 29,33). Auch die Keuschheit, die die Wirkung der als Feuer beschriebenen Energie der göttlichen Minne erfährt, ist *verlúhtet* (s.V 30,1). Der Predigerbruder, der sich über die Engelschöre hinausbegibt, *"vuor lúhtende hin..."* (VII 41,25).

5.1.: Die Hl. Dreifaltigkeit soll auf den Menschen in der Weise einwirken, daß sie Leib und Seele *durlúhten sol* (s.VI 29,34).

7.1.: Das göttliche Licht erreicht, vermittelt durch verschiedene Propheten, auch Mechthilds Buch: *"Unser herre hat mir gelobet, er welle das buoch erlúhten mit fünf liehten..."* (Moses, David, Salomo, Jeremia, Daniel) (III 20,2; vgl. 1.7.). Folge der göttlichen Einwirkung auf den Menschen ist ferner, daß dadurch die Erkenntnisbedingungen geschaffen sind, die es der Seele ermöglichen, in die ewige Gottheit zu sehen (s.VI 31,10).

7.2. – 7.4.: Die Erfahrung des Gottesminne ermöglicht dem Menschen, sich selbst in seinem von Sünde geprägten Zustand zu erkennen: *"Do ich si rehte angesach, do wart min vinster hus erlúhtet, das ich alles das bekante, das inne was..."* (VII 48,23f).

In gleicher Weise verhilft der christliche Glaube, der das *"ouge der sele"* erleuchtet, zur Erkenntnis der Grundausrichtung, die der Mensch gewählt hat (s.VII 48,71). Ein Mehr der Erkenntnis wird auch durch die Erleuchtung des menschlichen Geistes bewirkt, die sich - so Mechthilds Schilderung - bei einem Menschen einstellte, nachdem er alle sündhaften Gelüste seiner fleischlichen Natur durch Leidensbereitschaft für Gott sowie Reichtum und Ehre durch Armut und Schmach ersetzt hatte. Aufgrund der gesteigerten Erkenntnisfähigkeit war er dann in der Lage, Jesus Christus, der *"glich eim armen bilgerin..."* ins Kapitel kam, zu identifizieren (VI 33,11f).

7.5. – 7.7.: Die Vermittlung von Erkenntnis ist die Aufgabe der dominikanischen Prediger (s.IV 27,89) bzw. eines gotttsuchenden Menschen, den Gott auffordert, bestimmte Klosterleute zu *"erlúhten und leren..."* (VII 8,23).

24.1. – 24.3.: Die Lichtmetaphorik kann auch Verwendung finden für Gottes Einwirkung auf die Seele des Menschen, der seine Sünden bereut hat. Die Metapher *schin/schinen* läßt den Eingriff Gottes als einen Vorgang erscheinen, der - wie in der Natur der Sonnenstrahl von der heißen Sonne *"schinet uf einen núwen goltvarwen schilt..."* (V 1,21) - zur Konsequenz hat, daß die gottliebende Seele den *vúrigen geist*, den Gott in sie *schinen* läßt, reflektiert, so daß sich Gott und die minnende, *vúrige* Seele gegenseitig anstrahlen. Die dabei sich zeigende Kraft und der *offenbare(n) schin* sind so groß, daß die höchsten Engel sich genötigt sehen, in Liebe mit der liebenden Seele vertrauten Umgang zu pflegen und wieder zu Gott zurückzustrahlen: "*Darumbe zúhet der edel schin harnider, das si von minnen blikkent wider.*" (V 1,33)

An einer anderen Textstelle sieht Mechthild den Effekt der göttlichen Zuwendung darin, daß diese wie eine gewaltige *fluot* dem Leib alle Kraft nimmt, und indem sie den *gotlichen schin* der Seele mitteilt, diese befähigt, Gott zu erkennen (s.I 2,5). Aufgrund des göttlichen Scheins verbreitet die Seele - ganz der göttlichen Einwirkung angeglichen - Helligkeit durch den Leib hindurch (s.VII 1,110f). *Vluot* und "*schin der himelschen eren...*" (VI 39,4f) charakterisieren auch an einer anderen Textstelle das Kommen der Dreifaltigkeit in das Innere Marias. Die göttliche Einwirkung verändert Maria derart, daß sie "*schinet und lúhtet*", so daß bei ihr der "*hohe gegenblik der heligen drivaltekeit...*" (VI 39,6f) entsteht. Über Maria bzw. generell die Seele hinaus gibt Gott insbesondere allen demütigen "*minnevas schin und ere...*" (VI 39,8).

24.4.: Die Lichtmetaphorik dient auch zur Erfassung der Wirkung, die die Minne in der Seele entfaltet, sowie der Energie, die ihr Erscheinen bestimmt: "*O minne, wie breit wirt din lieht in der sele und wie vúrig ist din schin...*" (V 31,3).

24.5.: Die Bestimmung des Menschen durch die irdische Wirklichkeit versucht Mechthild unter dem Gesichtspunkt zu konkretisieren, daß der Mensch *irdenschen schin* empfängt (IV 27,168).

25.1.: Je näher der Mensch dem göttlichen Licht kommt, desto klarer verbreitet er selbst Helligkeit (s.III 1,20). Daß der Mensch vor Gott *bliken und schinen* vermag, kann auch Konsequenz seines mit Freude aufgenommenen Leidens sein (s.VII 32,5).

25.2.: Im Unterschied zum wetterbedingten Scheinen der Sonne hängt das als *schinen* vorgestellte Wirken Gottes im Menschen davon ab, wie sehr der Mensch von Liebe und Tugend geprägt ist (s.III 29,12). Genauerhin stellt sich Mechthild das Einwirken Gottes auf die Seele in der Weise vor, daß er "*glich als ein schoener sunnenstral...*" seinen *vúrigen geist* aus der Dreifaltigkeit in die minnende Seele *schinen lat* (IV 12,40).

25.3. – 25.4.: Die Beziehung in Gott zwischen der Seele, dem Leib und der Dreifaltigkeit entwirft Mechthild nach dem Muster eines Spiegelungsgeschehens: in den Spiegel, der vor der Brust einer jeden Seele und dem Leib steht, scheint der Spiegel der Dreifaltigkeit und vermittelt dabei Wahrheit und Erkenntnis; infolge dieser Gabe "*schinet der here gegenblik von einer ieglichen persone...*" wieder in den göttlichen Ursprung zurück (VI 41,9f). Die Dreifaltigkeit selbst kommt zu ihrer Einheit, indem die drei Personen jede "*dur den andern schein...*" (III 9,7).

25.5.: Die Seele, die wegen ihrer Reinheit ihre ursprünglichen Eigenschaft bewahrt hat, sowie die Seele, die das göttliche Licht in sich trägt, gibt diese Eigenschaft weiter, indem sie *schinet* (s.VII 1,110).

25.6.: Den positiven Eindruck, den die falsche Wollust, obwohl sie bittere Pein zur Konsequenz hat, der Seele hinterläßt, sieht Mechthild in der als *schoene schinen* metaphorisch umschriebenen Aktivität der Wollust begründet (s.VII 27,20).

25.7.: In der Art der Einwirkung Gottes auf Maria sieht Mechthild die von ihr ausgehende Reaktion begründet: "*Mit unspreclicher gruosse rueret er ir herze, das si schinet und lúhtet, also das der hohe gegenblik der heligen drivaltekeit vor únser frouwen antlize entstet.*" (VI 39,6f)

27.1.: Der Einfluß der - aus der intensiven Beziehung zu Gott sich ergebenden - "*hitze der langen minne*" hat die Seele so sehr bestimmt, daß sie davon ganz *durschinen ist* (V 4,28).

27.2.: Weil das göttliche Feuer eingewirkt hat auf den - als Haus vorgestellten - Menschen, indem es, wie Mechthild mit der metaphorischen Formulierung "*die wênde durchschinen*" veranschaulicht, bis in das Innere vorgedrungen ist, ist alle gottlose Finsternis aus dem *hus* des Menschen beseitigt (III 4,28).

28.1.: s. 30.2. und Artikel '*schiessen*'.

30.1.: Die Funktion des Seraphims im Himmel besteht darin, daß er der Seele Orientierung verleiht; er ist der Seele ein *helig lúhter* (s.IV 2,37).

30.2.: Jesus Christus will sich in der Weise mitteilen, daß in alle Augen, die ihn ansehen, ein *strale* seiner Wirklichkeit fällt. Zu diesem Zweck zieht er die Seele heran, deren Brust die Funktion eines Leuchters erhält, auf den das Licht Jesu Christi gesetzt wird (s.III 12,15; vgl. 1.6.).

31.1. - 31.2.: Für die Engelschöre gilt, da sie alle an der lichtvollen göttlichen Wirklichkeit partizipieren, daß sie "*sunderliche lúhtenisse an irem schine...*" (III 1,137) haben.
Die gleiche Metapher steht auch für die Seele Mariens (s.II 3,33).

32.1.: Das Verhältnis zwischen dem Gewissen und dem Hl. Geist sieht Mechthild in Parallele zum *luhtevas*, als dessen *lieht* der Hl. Geist fungiert (s.VII 27,10). Das *luhtevas* zerbricht, wenn der Mensch sich der Welt öffnet (vgl. 1.8.)

32.2.: Ohne weitere Erklärung weist Mechthild dem Dieb in der Hölle die Funktion eines *lúhtevas* zu (s.III 21,45).

37.1.: Eine genauere Analyse des Gesamtwerkes von Mechthild hat zum Ergebnis, daß die Dichotomie von Licht und Finsternis allgemein den Unterschied zwischen Gott und der von Sünde geprägten irdischen Wirklichkeit ins Bild bringt. Diese Wirklichkeit hat ihr Sinnziel 'Gott' verloren, bietet darum keine Orientierung und läßt den Menschen infolgedessen in Unkenntnis über seine wahre Bestimmung.
Wenn Mechthild die Metapher *vinsternis* ohne feststellbaren direkten Bezug zu einem Bildempfänger in ihre Ausführungen einbaut, charakterisiert sie damit in allgemeiner Weise jene heil- und perspektivenlose Situation, in der Mensch/ die Seele sich befindet. Als Konsequenz dieser Situation sieht Mechthild an, daß der Mensch, ohne göttliches Licht empfangen zu können, in Unglauben verfällt (s.IV 12,48.53). Allein die auf das Tun guter Werke gerichtete Energie, bei der der Mensch *infúrig* am göttlichen *fúre* partizipiert, ist in der Lage, die Finsternis zu vertreiben (s.III 4,27f). - Bei Jesus Christus, der inwendig ganz mit dem ewigen Licht erfüllt war, war jegliche Finsternis im Unterschied zu allen anderen Menschen ausgeschlossen (s.IV 3,19f).

37.2. – 37.8.: Für die Seele bedeutet die *minne* ohne Erkenntnis ein *vinsternis*, da sie dann eine orientierungslose Leidenschaft bleibt (s.I 21,2).

In gleicher Weise muß der Leib sein (zur Orientierung unfähiges) Herz sowie die in ihrer Wahrnehmung behinderten Sinne fürchten, da er den Tod noch nicht überwunden hat und infolgedessen noch auf dem Weg zu seinem ewigen Ziel ist (s.V 4,56). Die Gefahr besteht darin, daß an die Stelle der Orientierung an Gott die Ausrichtung auf die fleischliche, d.h. rein irdische, von Sünde geprägte Wirklichkeit tritt. Folge dieser Desorientierung ist, daß Schuld zwischen dem Menschen und Gott steht, so daß er - wie Mechthild anhand eines Landschaftsvergleichs aufzeigt - Gott nicht mehr erkennen kann: "*Herre, min schult, da mite ich dich verloren han, dú stat vor minen ougen gelich dem groesten berge und hat lange vinsternisse gemachet zwúschent dir und mir und ewige verrunge von dir und - owe! - von mir.*" (IV 5,3-5). Die in der *vinsternis* begründete Unfähigkeit der Seele zu sinnhafter Erkenntnis veranschaulicht Mechthild an einer anderen Textstelle auch, indem sie als Folge ihrer von *vinsternis* bestimmten Existenz sieht, daß die "*ougen werdent ir verbunden mit irs lichamen unedelkeit...*" (III 10,24f). Eine Beseitigung der *vinsternis* erhofft sich Mechthild von der Erleuchtung der Sinne durch Gott (s.VII 26,9) oder durch die Beichte der Sünden (s.III 21,102).

38.1. – 38.5.: Den gottfeindlichen und orientierungslosen Charakter der irdischen Wirklichkeit (s.III 1,17), der Pein (s.IV 12,87), des sündigen Herzens (s.VII 3,50), das zur Welt hin orientiert ist (s.VII 27,5), oder auch der Menschheit (s.VI 16,35) bringt Mechthild mit der Adjektivmetapher *vinster* ins Bild.

38.6.: Wenn der Mensch in der von Sünde bestimmten Situation seiner irdischen Existenz verhaftet bleibt, verliert der Mensch seine Transparenz und Aufnahmefähigkeit für Gott: "*...so wirt min sele also vinster und min sin also stumpf unde min herze also kalt...*" (V 33,7f; vgl.VII 31,19).

38.7.: Im Bild der *vinsteren wisheit* ist eine geistige Situation des Menschen zur Sprache gebracht, in der er mit seiner fehlgeleiteten Vernunft auf Gottes Hilfe angewiesen ist (s.III 3,8).

39.1. – 39.3.: Durch sein sündiges Leben, durch sein Streben nach äußeren Ehren etc. (s.VI 4,25), hat der Mensch oft selbst bewirkt, daß er jede Orientierung an Gott und dessen Wahrnehmung verloren hat. Er ist, selbst wenn er wie Salomo *lúhtend wort* spricht, *vervinstert* (s.III 20,14).

39.4.: Zum Alten Testament heißt es einschränkend: "*Dú alte e (was) vervinstert... mit manigen grossen súnden...*" (V 23,122).

B. David von Augsburg

1. *lieht*
1.1. *erkantnüs* (323,24; 368,4)
1.2. *Jesus Christus* (342,20.22.40; 370,33; 374,14; 382,16; 386,11)
1.3. *got* (364,29; 367,14; 369,35; 370,34; 392,4; 393,30; 394,7.8; 396,3)
1.4. *touge* (395,22f)
1.5. *sunne* (395,35)

1.6. *triuwe* (383,25)
1.7. o.BE (332,21)
1.8. *wisheit* (350,39f)
1.9. *warheit* (364,14)

2. *liuhten*
2.1. *sun* (398,19f)

4. *lieht (Adj.)*
4.1. *sêle* (346,16)
4.2. *lûterkeit* (361,31)
4.3. *amplic* (362,4f)
4.4. *antlütz* (388,26)
4.5. *schin* (382,38)
4.6. *mensche/menscheit* (381,20; 386,11; 392,15; 401,30)
4.7. *lip* (385,17)
4.8. *engel* (385,21f)
4.9. *wârheit* (364,22)

5. *durliuhten*
5.1. *Jesus Christus* (383,24f; 379,16f)

6. *durliuhtic*
6.1. *lieht Jesu Christi* (386,11)

7. *erliuhten*
7.1. *mensche* (326,9(Pat); 334,1(Pat); 364,15f; 388,9(Pat); 391,22f(Pat))
7.2. *muot* (391,24(Pat); 391,35(Pat))
7.3. *Jesus Christus* (344,3; 379,16f)
7.4. *palas* (361,33(Pat))
7.5. *sele* (367,40(Pat))
7.6. *engel* (367,40(Pat))
7.7. *got* (367,5)
7.8. *trahtunge* (357,11f)
7.9. *ougen* (392,2(Pat))

15. *glast*
15.1. *got* (361,32; 401,28.30)
15.2. *minne* (398,20f)
15.3. *wünne* (362,9)

16. *glesten*
16.1. *vater* (398,19)
16.2. *sun* (398,20)

17. *glizen*
17.1. *sêle* (346,18)

22. *widerglesten*
22.1. *schoene* (398,18)

24. *schin*
24.1. *got* (346,19f; 361,31)
24.2. *lieht der wârheit* (364,20)
24.3. *gotlîch lieht* (393,30; 394,8)
24.4. *gnade* (388,22)
24.5. *hl. geist* (394,39)
24.6. *Jesus Christus* (342,19; 404,22)
24.7. *menscheit Jesu Christi* (382,38)
24.8. *güete* (379,17)

29. *laterne*
29.1. *menscheit Jesu Christi* (342,21)
29.2. *kristengeloube* (364,14.21)

37. *die vinster*
37.1. *werlt* (344,4f; 364,14)
37.2. *sêle* (369,35; 370,1)
37.3. *mensche* (374,14)
37.4. *gotlîche heimlîche* (382,19f)
37.5. *bercnüsse gotes* (382,15)

38. *vinster*
38.1. *herze* (323,25)
38.2. *gemüete* (383,25)

1.1.: Anknüpfend an die Funktion des Lichtes, visuelle Wahrnehmung zu ermöglichen, spricht David vom *"lieht der lûtern erkantnüsse"* (323,24) Gottes, das Gott selbst als *"der wâre sunne schin"* (323,22) in das menschliche Herz gibt, sofern dieses dafür geöffnet ist. An anderer Stelle heißt es, daß der Mensch mit seinem Verstehen dieses Licht in der göttlichen Weisheit empfängt (s.368,4f).

1.2.: David begründet mit der *lûterkeit* des Lichtes, das Jesus Christus ist, daß er von allen Kreaturen nur als *diu vinster* erkannt werden kann (s.382,15f).

An anderer Stelle zeigt David anhand der Lichtmetaphorik auf, daß die Wirkung Jesu Christi als des *ewige(n) sunneschîn* (s.342,8) vom Menschen aufgrund der Schwachheit seines Auffassungsvermögens nicht verkraftet werden kann, so daß Jesus Christus sein Licht in abgeschwächter Form mit der *"reinen laterne (siner) lûtern menscheit"*, in der die Gottheit verborgen war, zur Geltung gebracht hat (342,20f).

Den Unterschied zu allen Kreaturen und die Gemeinsamkeiten mit dem göttlichen Vater versucht David ebenfalls mit der Lichtvorstellung anschaulich zu machen: Jesus Christus als der Sohn des Vaters ist *"daz lieht in dem liehte"* (370,33f); Jesu *lieht* ist in Bezug auf alles Kreatürliche *"durchliuhtic über elliu lieht"* (386,11). Weil er der Erlöser der Menschen ist, ist er auch die Person, an der der Mensch sich orientieren kann; er ist *"daz lieht,... der wec,.. der wîsaer"* (342,40) und als Hoffnung in auswegloser Situation *"ein lieht miner vinster"* (374,14).

1.3. – 1.5.: Gott ist das *wâre lieht* (s.364,29), das allem verborgen ist, dem Gott sich nicht zeigt. Wenn der Mensch nach Gott begehrt und sich von aller Äußerlichkeit zurückzieht, kann es geschehen, daß *"ein schin des aller gotlichsten liehtes"* (393,30f) kommt und den Menschen zur Selbsttranszendenz bewegt. Der Mensch, der auf diese Weise für kurze Zeit alles irdische Elend vergißt, weil er von der 6. Stufe des Gebetes aus den Glanz des göttlichen Lichtes erblickt, erfährt die himmlische Seligkeit (s.396,3-5). Der menschliche Geist, mit dem sich bei dessen Selbsttranszendenz der Schein des göttlichen Lichtes vermischt hat, wird dadurch ein Geist mit Gott (s.394,9).

Gott selber weist - wie David anhand der Kombination von Feuer- und Lichtmetaphorik verdeutlicht - eine derart große Energie auf, daß in der *"unbetrüebeten klârheit (des) gotlîchen brehens"* kein Tag vergeht. Alle Finsternis, alle Nacht wird in dieses Licht Gottes verwandelt, das immer leuchtet (s.369,33f). Im *"innersten liehte der gotlîchen tougen"* (395,22f) wohnt jedoch ausschließlich die Seele Christi; die Heiligen vermögen nur ihre Augen *"gestechen in daz schinbaeriste lieht der êwigen sunne"* (395,34f).

1.6.: Die Lichtmetaphorik kann David auch dazu verwenden, um den Prozeß der menschlichen Veränderung ins Positive hin durch den Einfluß Jesu Christi aufzuzeigen: *"nû durchliuhte unser vinsternez gemüete mit dem liehte dîner triuwen..."* (383,24f).

1.7.: Die Heiligen, die mit dem Empfang der göttlichen Gnaden zunehmend den eigenen Unwert erkennen und die göttlichen Auszeichnungen mit tiefer Demut beantworten, verhalten sich in Bezug auf Gott und sich selber ähnlich der Tätigkeit Gottes in Gen 1,4: *"si schieden daz lieht von der vinster"* (332,21).

1.8.: Aus der unbegrenzten Erkenntnisfähigkeit Gottes, dem *"lieht der wisheit"*, resultiert die größte Marter der Verdammten, die darin besteht, daß ihre Schandtaten zu keiner Zeit vor Gott verborgen werden können (s.350,39f).

1.9.: Da keiner Gott erkennen kann, wie er ist, hat Gott dem Menschen den christlichen Glauben gegeben, durch den der Mensch in seiner irdischen Finsternis erleuchtet wird. Denn die (Orientierung und Erlösung gewährende) göttliche Wahrheit, in dieser Beziehung für David vergleichbar mit dem Licht in der Finsternis, ist im Glauben enthalten wie ein Licht in einer Laterne. Dadurch ist es möglich, daß die zu schwachen Augen des Verstandes durch den Glanz des göttlichen Lichtes nicht geblendet werden (s.364,14).

2.1.: Die gegenseitige Einwirkung des göttlichen Vaters und Sohnes wird von David mit der Spiegel- und Lichtmetaphorik beschrieben: *"Der vater glestet mit minne in den sun, so liuhtet unde glestet der sun in den vater mit minne..."* (398,19f).

4.1.: Ähnlich dem von Rost befreiten Eisen wird die Seele durch Leiden *reiner*, wenn die Sünden und ihr Hochmut beseitigt sind, was zur Folge hat, daß sie wird *"liehter glîzende mit der lûterkeit"* (346,18f).

4.2. – 4.4.: Die mit dem Adjektiv *lieht* ausgesagte Eigenschaft des Hellseins wird zur näheren Bestimmung der Metapher *lûterkeit* verwendet, um das Freisein des Himmelreiches von jeglicher Beeinträchtigung seiner *lûterkeit* herauszustellen (s.361,31). Die Lichtmetaphorik akzentuiert demnach die *lûterkeit* des Himmels und gleicht diese in ihrer Beschaffenheit dem göttlichen Licht an. Da Gott *iteniuwez lieht* ist (s.362,9), ist auch sein Anblick so *"lûter und lieht"*, daß er von den niederen Engeln nicht verkraftet werden kann (362,4-6). Der Mensch gelangt *"ze gotes klarheit sines liehten antlützes"* (388,26) durch die sieben Stufen des Gebetes.

4.5.: Die anhand des Lichtes veranschaulichte Wirkung, die Jesus Christus mit seiner ewigen Menschheit auf die Engel ausübt, übersteigt alle sonstige Lichterfahrung; denn mit seinem *überliuhten schîne* wird alle ihre Schönheit bleich und verdunkelt (s.382,37f).

4.6. – 4.9.: Der Leib, der der Seele nach der Auferstehung *liehter danne die sunne* (385,17f) von Gott wiedergegeben wird, muß dort - so David - die Funktion eines Fensters übernehmen, durch das der Mensch im Himmel dann die Würde der *"über sunnen liehter menscheit"* Christi zu empfangen vermag (381,19f).

Wenn alle Sünden und Hindernisse beseitigt sind, die zwischen Gott und der Seele stehen und ähnlich dem Dunkel die gegenseitige Erfahrung verunmöglichen, wird der Mensch *"lieht mit gote"* (392,15), eine Eigenschaft, die David an anderer Stelle den Engeln zuspricht (s.385,21). An Mose weist David auf, daß die Begegnung mit Gott den Menschen verändert, indem er durch die Anteilhabe am göttlichen Glanz so schön und hell wird, daß ihn niemand anzublicken vermag (s.401,30). Denn des Menschen Augen sind zu schwach dazu. Möglich ist dem Menschen nur, daß er bei seinem tugendhaften Verhalten der *liehten* göttlichen Wahrheit zu folgen in der Lage ist (s.364,22).

5.1.: Jesus Christus wird aufgefordert, auf das orientierungs- und heillose Dunkel des menschlichen Bewußtseins einzuwirken: *"durchliuhte unser vinsterez gemüete mit dem liehte dîner triuwen..."* (383,24f; s. 1.6.).

6.1.: Jesus Christus wird in seiner Stellung zu den Geschöpfen in Parallele zur Wirkung von Licht gebracht: sein *"lieht (ist) durchliuhtic... über elliu lieht..."* (386,11).

7.1. – 7.2.: Der Mensch fungiert an den angegebenen Stellen (mit Ausnahme von 364,15f)) als Objekt, das von dem nach dem Muster der Lichtausstrahlung entworfenen Handeln Gottes betroffen und dessen Einwirkung an ihm sichtbar wird. Die Auswirkung der Erleuchtung des Menschen durch die göttliche Wahrheit zeigt sich auch darin, daß er zugleich mit der Minne der Wahrheit *enzündet* ist (s.334,2). Dies bedeutet, daß sich die göttliche Wahrheit nicht nur zu erkennen gibt, sondern sich auch mit ihrer Minne so mitteilt, daß deren Energie auf den Menschen übergeht und dieser daran teilhat.

Die in Anlehnung an Ps 27 formulierte Aussage Davids, daß man als Mensch in der Betrachtung erleuchtet wird, wenn man zu Gott betend kommt (s.388,9), schränkt David einige Seiten weiter jedoch wieder ein. Zur dritten Stufe des Gebetes bemerkt er, daß auf dieser Stufe der Mensch, speziell sein Bewußtsein, noch nicht "*sô klarlîchen noch sô lûterlîchen ... erliuhtet*" ist (391,24), daß er zur Gotteserkenntnis fähig wäre. Erst auf der vierten Stufe des Gebetes erhält der menschliche Geist mit der göttlichen Minne die für die Erkenntnis Gottes erforderlichen Bedingungen (s.391,35).

In diesem Zusammenhang kommt der Nachfolge Jesu eine besondere Bedeutung zu: Wer sich nach Jesus Christus als dem "*spiegel aller volkomenheit*" (326,3f) in seinem Verhalten richtet, wird im Himmel den göttlichen Spiegel anschauen und von dessen "*brehendem glaste erliuhtet*" (326,6-9).

Dem christlichen Glauben kommt die Aufgabe zu, dem Menschen in der heillosen Finsternis dieser Welt Orientierung dadurch zu geben, daß der Mensch sich durch die Perspektive des Glaubens trotz der irdischen Finsternis von der Wahrheit Gottes leiten lassen kann (s.364,14f; s. 37.1.).

7.3.: Jesus Christus, der ewige *sunneschîn*, hat die Welt erleuchtet und *die vinster* vertrieben, da seine von den zwölf Aposteln verkündete Lehre die Orientierungslosigkeit der Welt aufhebt (s.344,3-5). Das Bild des Erleuchtens, das sich auf die Fähigkeit bezieht, das Dunkel zu vertreiben, setzt David weiterhin in Beziehung zur Mitteilung der Güte durch Jesus Christus an die Seele, was die Situation des Menschen zum Positiven hin - heilbringend - verändert (s.379,16f).

7.4. – 7.9.: Auch wenn Engel und Seele nicht das werden, was Gott ist, partizipieren sie dennoch an seiner Wirklichkeit dadurch, daß sie mit der göttlichen Wirklichkeit "*ervüllet und erliuhtet unde gereinet unde geheiliget unde gesaeliget werden...*" (367,40f). Allein dadurch, daß Gott sein Inneres mitteilt, indem er mit seinem Geist den Menschen erleuchtet (s.367,4f), kann er überhaupt so, wie er in sich selbst ist, erfahren werden. Umgekehrt trägt auch die Betrachtung des Menschen zur Erkenntnis Gottes bei; denn sie *erliuhtet* den Menschen zur Gotteserkenntnis, so daß der Mensch mit *erliuhten ougen* Gott schaut (s.392,2).

15.1.: Mit *glast* verweist David auf die Qualität der göttlichen Schönheit, deren Wirkung so groß ist, daß infolge ihrer Einwirkung auf die Engel diese den gesamten himmlischen *palas* erleuchten und mit ihrer Minne bestimmen (s.361,32f). Der Glanz Gottes stellt auch den Grund dafür dar, daß der Mensch Gott in seiner Schönheit nicht zu sehen vermag mit seinen menschlichen Augen (s.401,26-28).

15.2. – 15.3.: Das Bild vom *minneglast* steht für die Ausbreitung der göttlichen Minne im Himmel (s.398,20f). In gleicher Weise ist die Metapher *wünne glast* zu verstehen, die die Ausbreitung göttlicher Wonne zu erfassen versucht (s.362,9).

16.1. – 16.2.: Die Metaphern *glesten* und *liuhten* stehen für das liebevolle Einwirken des göttlichen Vaters auf den Sohn (s.398,19) und umgekehrt des Sohnes auf den göttlichen Vater (s.398,20).

17.1.: Die Reinheit der Seele ist das Ergebnis der Erfahrung von Widerwärtigkeiten, durch die - ähnlich wie bei Metall Rost durch Abfeilen beseitigt wird - die Sünden und der Hochmut *abegevilet* werden (s.346,17), so daß die Seele analog zum gereinigten Metall heller glänzt; denn sie ist aufgrund ihrer *lûterkeit* jetzt in der Lage, mehr vom göttlichen Schein zu empfangen.

22.1.: Der Beziehung zwischen der ersten und zweiten trinitarischen Person verleiht David Züge eines Spiegelungsgeschehens, indem er ausführt, daß der göttliche Sohn die Schönheit des Vaters reflektiert (s.398,18).

24.1. – 24.5.: Im Zusammenhang mit der metaphorischen Bestimmung Gottes als *lieht* spricht David mehr unter dem Aspekt der Ausbreitung der göttlichen Wirklichkeit vom *schin* Gottes, den die menschliche Seele umso mehr empfängt, desto mehr sie von allen Sünden und dem Hochmut befreit ist (s.346,19f). Da das menschliche Auffassungsvermögen geschwächt ist, vermag es die göttliche Wahrheit nicht zu erkennen. Wenn der *"wünnesaelige(r) schin des liehtes"* der Wahrheit erblickt wird, ist dies ein Zeichen für die Gesundung der *"ougen der verstantnüsse"* (364,17). Der von dem göttlichen Licht ausgehende Schein, der auf der 5. Stufe des Gebetes auf einen sich nach Gott sehnenden Menschen trifft, wirkt auf den Menschen dadurch ein, daß er den menschlichen Geist über sich selbst hinausführt (s.393,30). Indem dann anschließend auf der 6. Stufe des Gebetes der *"schin des gotlichen liehtes giuzet unde mischet sich..."* in das menschliche Bewußtsein, das sich selbst transzendiert hat (394,8f), macht es aus zweien einen Geist (394,2).

An anderer Stelle spricht David es dem Wirken der göttlichen Gnade zu, daß ihr *schin* den Menschen auf dem Höhepunkt des Gebetes in Gottes Liebe, Erkenntnis und das göttliche Geheimnis versetzt (s.388,22). Aber auch durch den Hl. Geist, *"in sinem schîne unde in sîner minne"* (394,39), wird des Menschen Seele auf der 6. Stufe des Gebetes zu Gott gezogen.

24.6.: Die anhand zu starker Lichteinwirkung veranschaulichte Unfähigkeit des Menschen, Jesus Christus in seiner Göttlichkeit, d.h. *"als gotlich brehende(n) schin"*, wahrzunehmen, begegnete Jesus dadurch, daß er seine göttliche Wirkung mit seiner Menschheit abschwächte, in der die Gottheit verborgen war (342,19-21). Die Menschheit Jesu bekommt dabei eine Funktion, die einer Laterne oder einem Kleid entspricht, das er über den *"gotlîchen schin ziehen muoste"* (404,21f).

24.7.: An anderer Stelle führt David aus, daß die mit Hilfe der Lichtmetaphorik veranschaulichte Wirkung der *"ewigen unde klâren menscheit"* Jesu sowie seines *"küneclîchen... antlütze"* (382,38f) so groß ist, daß durch ihren *überliuhten schîne* die Schönheit des höchsten Engelchores erbleichen und dunkel werden muß.

24.8.: Das Wirken Jesu in Güte veranschaulicht David, indem er ihm Züge der Lichteinstrahlung verleiht, die die Situation des Menschen verändert: *"... erliuhte unser sêle mit dem schîne dîner milten güete..."* (379,17).

29.1.: Die Menschheit Jesu hat für David Ähnlichkeiten mit einer Laterne: sie schwächt den *"gotlîch brehende(n) schin"*, damit der Mensch mit seinem begrenzten Auffassungsvermögen das Göttliche zu empfangen vermag (342,21; vgl. 24.6.).

29.2.: Da der Mensch wegen seiner Begrenztheit die göttliche Wahrheit nicht zu erfassen vermag, hat Gott dem Menschen den christlichen Glauben gegeben, in dem - wie in einer Laterne die Kerze - die Wahrheit enthalten ist und dadurch in abgeschwächter Form dem Menschen begegnet (s.364,14.21).

37.1.: Jesus Christus hat als *êwiger sunneschîn* mit seiner Lehre die Welt erleuchtet. Dies geschah - so David - dadurch, daß Jesu Lehre die (durch die Ursünde Adams bedingte) Unkenntnis der Welt bezüglich Gottes aufgehoben hat und somit deren *vinster vertriben* (s.344,4f). Neben Christus und seiner Lehre hat Gott dem Menschen den christlichen Glauben gegeben, in dem die göttliche Wahrheit als Licht - so Davids Vergleich - wie in einer Laterne verborgen ist. Da die Welt von sich aus nicht zur Erkenntnis Gottes führt, hat der Mensch mit dem christlichen Glauben eine Möglichkeit, sich damit in der *vinster* der Welt Orientierung zu verschaffen (s.364,14f; s. 7.2.).

37.2.: Wenn Gott sich in die Seele begibt, wird deren *vinster* in das göttliche *lieht* verwandelt und deren *naht* in den ewigen *tac* (s.369,35f), so daß der *unkunde ganc* der Seele *"in der vinster"* beendet ist; denn das göttliche Licht verschafft der Seele Orientierung und Sicherheit (s.370,1f).

37.3.: Die in 'Finsternis' enthaltenen Aspekte des Gefährlichen, Bedrohlichen und Perspektivenlosen können alle gemeint sein, wenn David die Bedeutung Jesu Christi neben den metaphorischen Formulierungen *"ein loesaer mîner bant"*, *"ein vaterlant mines ellendes"* mit *"lieht mîner vinster"* umschreibt (374,13-15).

37.4.: Der in 'Finsternis' implizierte Gesichtspunkt des Undurchdringlichen, Unerkennbaren liegt dem Bild zugrunde, daß die Seele Jesu Christi *"wonet in der vinster d(in)er gotlîchen heimlîche..."* (382,19f).

37.5.: Da das göttliche Licht wegen seiner *lûterkeit*, d.h. von aller Materialität befreiten Beschaffenheit (s. Artikel *lûterkeit*), von keiner Kreatur erfaßt werden kann, ist *diu vinster*, die der Mensch in Gott erfährt, die Erkenntnis Gottes (s.382,15f).

38.1. – 38.2.: Wenn der Mensch *"daz venster der gehûgede"* dadurch für das göttliche Licht undurchlässig macht, daß er es *verrünet "mit irdischen schûbelen ûzers gescheftes"* (323,20f), fehlt ihm die für lautere Erkenntnis erforderliche Helligkeit; außerdem vermag die mit dem göttlichen *sunne schîn* verbundene *"hitze der gotlîchen liebe"* nicht einzudringen. In der Konsequenz dieses Zustandes stellt David daher abschließend fest: Das Herz *"belîbet... vinster von unverstandenheit und kalt von kleiner liebe."* (323,25f)

C. Meister Eckhart

1. *lieht*
1.1. *got* (I 8,9; 9,1; 18,7; 50,8; 162,7.13; 307,1; 313,6; 320,5; 321,1; 326,10.13; 329,8; 342,8.10; 343,2.7f; 350,2; II 116,4f; 124,2.8; 135,1.3.5; 136,1; 142,2f; 181,4; 187,6.10; 199,4; 203,5; 211,2; 219,2; 368,3f. 5; 369,2f.5; 370,6; 476,4.13; 477,1-3; 557,2f.4; 589,6; 603,1f.3.6; 604,2; III 196,5.10f; 214,1f.3.5.7; 215,4.11; 221,2; 223,7; 224,1; 227,6.7; 253,4; 228,3.6; 229,1; 230,10.12; 250,8; 251,1; 252,3.6; 298,13; 352,6; 353,3; 354,2; 355,4; 356,2; 357,2; 385,3.4; 425,8.12; 426,2; 428,2.4; 445,1f; 458,3; V 26,15)
1.2. *vater* (I 375,5; 389,9f; II 477,1; III 385,5)
1.3. *Jesus Christus* (I 31,4; III 363,5)
1.4. *sun* (III 299,8; 300,1f)
1.5. *wort* (III 488,2)
1.6. *gnade* (II 450,7; III 196,3.5; 262,1; 297,5.6; 298,11f; 300,1)
1.7. *engel* (I 306,10f; 313,5; 320,2.5f; 321,1; 336,12; 350,2; II 116,4f.6; 199,3; 203,5; 223,4; 557,2; III 220,2; 335,3f; 352,5f.7)
1.8. *himel* (II 74,3f; III 214,1; 215,4.11)
1.9. o.BE (I 12,4; 14,2; 29,2; 34,6; 41,5; 152,4.5.10; 162,15f; 163,1; 212,2; 253,2; 348,2; II 30,6; 86,3; 366,8; 370,4; 418,1-3.5f; 420,6; 436,10; 437,1; 438,2; 454,4; 455,3; 549,4; III 214,5; 220,3; 228,7f; 250,2f; 251,8; 252,1; 253,4; 262,4; 297,3; 298,4; 400,1.2; 428,9; 482,20; 483,1; 485,5.17; 486,1f.4.9; V 114,9; 230,5.7)
1.10. *vünkelin* (I 336,3; 332,3; 348,9f; II 211,2)
1.11. *vernünfticheit* (I 136,15.16; II 168,1; III 196,2; 217,2f; 260,7.11; 261,1f; 262,5f; 298,7)
1.12. *bekantnisse* (III 261,8; V 116,10)
1.13. *verstantniss* (I 251,2f)
1.14. *geist* (I 39,3)
1.15. *glouben* (II 142,3f; 153,2)
1.16. *sêle* (I 283,3.6; 306,9; 313,4; 319,13; 320,2.5f; 321,2; 359,6; II 121,1.4; 142,1f; 181,4f.7; 199,1f; 203,3; 325,3; 328,7; 556,6; III 229,5; 251,6; V 11,21; 116,10)
1.17. *mensche* (II 454,2; 455,1; 457,1.2)
1.18. *juncvrouwe* (I 31,8)
1.19. *leben* (III 363,6)
1.20. *werlt* (I 326,14; II 187,11; III 363,5)
1.21. *crêatûre* (III 297,4)
1.22. *waz* (III 250,2f; 458,3f)
1.23. *niht* (III 228,7f; 230,6)
1.24. *buoch* (III 380,3)

2. *liuhten*
2.1. *goetlich lieht* (I 162,13; II 30,6; III 250,5.8; 354,2; V 114,9f; 230,5)
2.2. *got* (II 280,1; 304,2; 382,10; III 301,5; V 205,10; 210,15; 276,2)
2.3. *gegenwerticheit gotz* (V 113,26; 209,1)
2.4. *vater* (II 276,6)
2.5. *bilde gotes* (V 113,26)
2.6. *Jesus* (I 31,4f)
2.7. *sun* (III 299,9)
2.8. *tempel* (I 12,10)
2.9. *juncvrouwe* (I 31,4f)
2.10. *lieht der sêle* (II 122,3)
2.11. *mensche* (II 277,4)
2.12. *crêatûre* (III 162,4; 266,5)
2.13. *werk* (V 197,8)
2.14. *dinc* (III 260,11(Pat))

5. *durliuhten*
5.1. *Jesus* (I 31,4)

7. *erliuhten*
7.1. *goetlich lieht* (I 326,11)
7.2. *engel* (II 124,2(Pat); III 355,3.6; 357,2)
7.3. *lieht* (II 124,8)
7.4. *mensche* (III 39,3(Pat))
7.5. *vernünfticheit* (III 298,9(Pat))
7.6. *bescheidenheit* (III 445,2(Pat))
7.7. *werke* (V 38,15)
7.8. o.BE (V 41,8(Pat))

9. *inerluhtunge*
9.1. *got* (II 123,6f; 124,8)

10. *inliuhten*
10.1. *bilde* (II 96,1)

12. *uzliuhten*
12.1. *wort* (I 16,7)
12.2. o.BE (I 192,5)

24. *schin*
24.1. *Jesus* (I 31,4f)

25. *schinen*
25.1. *bilde gotes* (V 113,26)
25.2. *goetlich lieht* (II 320,5; 368,5; 369,3)
25.3. *lieht des engels* (I 313,4f; 320,2)
25.4. *lieht des vaters* (I 389,9f)
25.5. *lieht der sêle* (I 313,4)
25.6. *crêatûre* (II 369,6(Pat))

34. *dünsternis/verdunsterunge*
34.1. *sêle* (I 18,6)

37. *vinsternis*
37.1. *unbekantnisse* (I 8,10; 253,1)
37.2. *liden* (II 476,4f.11)
37.3. *crêatûre* (III 458,4f)
37.4. o.BE (I 389,10; 252,2; II 455,1; 476,11; III 223,7; 250,5f.8f; 251,3.6; 363,6; 458,18; V 230,5.7)
37.5. *verborgenheit* (I 382,4f)
37.6. *verborgene vaterschaft* (I 388,10f)
37.7. *gotheit* (I 253,1; 389,7)
37.8. *lieht* (II 369,4; 476,13)

38. *vinster*
38.1. *sêle* (V 428,9)
38.2. *lieht* (II 604,2; III 227,7)
38.3. o.BE (II 304,2)

39. *vervinstern*
39.1. *sêle* (II 598,3(Pat))

1.1.: Die Eigenschaften des wahrnehmbaren physischen Lichtes sind so der Beschaffenheit des göttlichen Seins analog, daß Licht als Metapher Gottes auf einem fundamentum in re basiert: Die Formulierung *götliches lieht* weist auf die Einsehbarkeit Gottes hin, in dessen Selbstmitteilung in Helligkeit und Offenbarkeit es begründet liegt, daß er vom Menschen erkannt werden kann. Demnach beruht der Zusammenhang zwischen dem göttlichen Seinsgrund und dem kreatürlichen Seienden darauf, daß das göttliche Sein - hierin dem Licht ähnlich - sich selbst im Bereich des Seienden zur Erscheinung bringt und darstellt.

Theologisch wird der in Anlehnung an die Lichterfahrung formulierte Sachverhalt mit dem Offenbarungscharakter der göttlichen Wirklichkeit erklärt; Eckhart formuliert dementsprechend in Bezug auf Gott: "*Sîn gegenwerticheit enist offenbârunge.*" (II 589,5f) Der in der Eigenschaft des Lichtes enthaltene Aspekt der Mitteilung kann - eng auf die Lichtvorstellung bezogen - durch die Verben *liuhten, glenzen* und *schinen* (s.III 354,2 u.229,3), aber auch mit Hilfe der Metapher *ûzvliezen* von Eckhart zur Sprache gebracht werden, wenn der Mitteilungscharakter des göttlichen Seins mit der Ursprungsfunktion Gottes begründet wird: "*... daz er ursprunclich ist, dar umbe ist er ûzvliezende in alliu dinc... mit wesene und mit* *lebene und mit liehte..."* (III 385,1-3). An dieser Aussage wird zugleich offenkundig, daß Eckhart zwischen dem göttlichen Sein und dem göttlichen Licht unterscheidet; die in der syndetischen Verknüpfung *"mit wesene und mit lebene und mit liehte"* (III 385,3) mit ausgesagte inhaltliche Differenz hat darin ihren Grund, daß die Lichtvorstellung eine bestimmte Qualität Gottes benennt, nämlich seine Offenheit, Unverborgenheit und damit seine prinzipielle Erkennbarkeit und Zugänglichkeit.

Mit der Metaphorik des Lichtes hat der Seinsbegriff gemeinsam, daß beide nicht in der Lage sind, die göttliche Wirklichkeit an sich zu erfassen: *"So sich got in die sêle bildet und îngiuzet, nimest dû noch iht von im, daz enist got niht."* (III 221,2f) Deshalb formuliert Eckhart auch via eminentiae: *"daz ist ein lieht über liehte"* (III 253,4); oder - im Gegensatz zum Licht - noch grundsätzlicher: *"Die verborgen fynsternuß des ungesichtigen liechtes der ewigen gotheyt ist unbekannt unnd wirt auch nymmer bekant."* (II 476,13f)

Die Einsicht, daß Gott in aller Mitteilung und Offenbarung selbst letztlich nie völlig zu erfassen ist, versucht Eckhart auch damit zu erklären, das das unendliche göttliche Licht die Seele an ihrer Erkenntnis hindert, indem es sie blendet (s.III 251,1-3). Von Seiten der um Gotteserkenntnis bemühten Seele aus betrachtet, beschreibt Eckhart den gleichen Sachverhalt mit einem Zitat des Apostels Paulus: *"got wonet und innewonet in einem liehte, dâ niht zuoganges enist."* (III 196,10f) Grundsätzlich gesehen, bedeuten die angeführten Aussagen Eckharts, daß die dem Mitteilungscharakter des Seins entgegenstehende Unzulänglichkeit und Verborgenheit Gottes der Bildlichkeit des Lichtes in Bezug auf Gott selbst jegliche Referenzmöglichkeit raubt, so daß nur noch die Finsternis bleibt; die auf der Intelligibilität allen Seins beruhende Ähnlichkeit Gottes mit aller erkennbaren Wirklichkeit ist umgeschlagen in die noch größere Unähnlichkeit der göttlichen Wirklichkeit, die sich jedem Erkennen verschließt: *"<Das leste ende> des wesens ist das vinsterniss oder das unbekantniss der verborgenen gothait, dem dis lieht schinet..."* (I 253,1f).

Wenn Eckhart trotzdem die Lichtmetapher in Bezug auf Gott gebraucht, steht diese für die göttliche Wirklichkeit, die sich - abgesehen von der bleibenden Unbegreiflichkeit und Verborgenheit der göttlichen Wirklichkeit im Ganzen - im Bereich des Menschen zur Erscheinung bringt. Dies führt bei der Seele dazu, daß Gott, weil er *"offenbâret sich selber mit liehte und mit wârheit"* (I 9,1), *"vertrîbet er... ûz unbekantnisse, daz ist vinsternisse..."* (I 8,10). Insofern sich Gott als Sinnziel des Menschen selbst in der Seele präsent macht, hat sie ihre Orientierung gefunden; *"aller zwîvel und alliu irrunge und alliu dünsternisse"* (I 18,5f) ist von ihr entfernt. Es entspricht der gewohnten Wirkweise von Licht, daß das göttliche Licht in dem Zustand des Menschen anzutreffen ist, den Eckhart aufgrund der menschlichen Perspektivenlosigkeit in Beziehung zur Finsternis bringt; denn *"daz lieht, daz got ist, daz liuhtet in der vinsternisse."* (III 223,7; vgl. II 476,4).

An anderen Textstellen parallelisiert Eckhart die Wirkung, die das göttliche Licht auf die Seele ausübt, mit der aufgehenden Sonne am Morgen; es sorgt dafür, daß in der Seele Tag wird (s.I 326,10; 342,8), der dann kommt, wenn alles in der Seele mit göttlicher Wirklichkeit erfüllt ist (s.II 187,10).

In Pr 36b zieht Eckhart die Tageszeitenmetaphorik dazu heran, um die Erfahrung, die die Seele beim Eindringen in verschiedene - durch unterschiedliches

Licht differenzierte - göttliche Bereiche macht, mit verschiedenen Etappen des Tages und der zu der jeweiligen Zeit herrschenden Hitze zu parallelisieren: *"Daz naturlich lieht der sêle daz ist der morgen. Swenne diu sêle sich brichet in daz hoehste und in daz lûterste in dem liehte und alsô tritet in des engels lieht, in dem liehte ist ez mittenmorgen; und alsô tritet diu sêle ûf mit des engels liehte in götlich lieht, daz ist der mittac; und diu sêle blîbet in dem liehte gotes..., daz ist der âbent; danne ist ez allerheizest in der götlîchen minne."* (II 199,1-200,2)

Eine andere Parallele zum Sonnenlicht besteht für Eckhart darin, daß das göttliche Licht ähnlich wie die Sonne in der Höhe des Himmels, die Saft von den Wurzeln in die Äste zieht, in der Seele wirkt (s.I 329,5-8). Die Position, die die Sonne von der Erde unterscheidet, ist zugleich Bild für die Distanz des göttlichen Lichtes von allem Kreatürlichen: Als *"ein lieht über liehte"* (III 253,4) transzendiert das göttliche Licht alle Kreaturen, so daß kein *gemanc* in dieses Licht kommen kann (s.III 228,3.6). Im Vergleich zu allem kreatürlichen Licht ist es *"sô lûter und sô überswebende und sô hôch, daz alliu lieht ein vinsternisse sint und ein niht wider disem liehte."* (II 369,4f) Darum müssen sich die Seele bzw. deren Kräfte, wenn sie das göttliche Licht erfassen wollen, einem Geschehen unterwerfen, das sie zu Gott in die Höhe führt. Eckhart konkretisiert diesen geistigen Vorgang mittels Verben, die eine Ortsveränderung in Richtung nach oben beinhalten: Im göttlichen Licht *überhüpfent* die Kräfte der Seele und *erhoehent* sich die äußeren Sinne (s.III 215,5); der Mensch muß *"ûferhaben werden und gesast in eine lûter ruowe und alsô got sehen"* (III 196,14); da Gott ist *"als dar obe"*, entwahset die Seele *"allem liehte und bekantnisse"* (III 253,6f); der Mensch, der sich diesem göttlichen Licht mit der Vernunft nahen soll, wird aus sich selbst *gezogen* und ist *"ûfklimmende in ein lieht, daz got selber ist."* (III 298,12f).

Aufgrund seiner Position scheint göttliches Licht *"die rihte oben în"* (II 368,5; ein Vergleich zum Scheinen der Sonne schließt sich an); die Kreaturen, die in dieser Weise vom göttlichen Licht *überschinen* werden, empfangen hierin ihr Sein und sind dadurch *iht* (s.II 369,6f).

Damit das in der Höhe vorgestellte göttliche Licht direkt in den Menschen gelangen kann, ist zudem erforderlich, daß der Mensch bzw. die Seele *"ist gekeret mit aller kraft under daz lieht gotes"* (II 368,4).

In einer anderen Predigt verneint Eckhart mit dem Hinweis auf die Qualität des göttlichen Lichtes die Möglichkeit, daß Gott in den Seelenkräften erscheint (s.I 162,7). In jedem Fall muß die Seele auf den Empfang des göttlichen Lichtes vorbereitet werden; denn von sich aus ist *der sêle ouge* zu schwach, um das *"überkreftic gôtlîche lieht"* ertragen zu können. Es ist aber notwendig, daß die Seele sich an der Welt übe und stärke, damit sie sich an das göttliche Licht zu gewöhnen vermag (s.II 135,1; 135,4f).

Das gleiche Ziel schreibt Eckhart der Aktivität des Engels zu, der die Seele kräftigt (s.III 356,2) und läutert, damit sie in das Lage ist, das göttliche Licht zu empfangen (s.II 116,4f). Da Gott nur in einem Licht erkannt werden kann, das er selber ist (s.III 214,7), muß die Seele im Hinblick auf irdische Eindrücke *blint* sein (s.III 224,1). Diese Ausschaltung der irdischen Wirklichkeit kann auch durch Gott selbst geschehen, wie für Eckhart die Erfahrung des Paulus zeigt: *"Daz lieht, daz got ist, daz vliuzet ûz und machet vinster allez lieht. Daz lieht, in dem dâ Paulus sach, in dem liehte sach er got, niht mê."* (III 227,6-8) Letztlich bedeutet dies entsprechend dem Axiom, daß Gleiches nur durch Gleiches erkannt werden kann, daß die Seele die gleiche Beschaffenheit aufweisen muß, die dem göttlichen Licht zukommt: *"wan got ist ein geist und ein lûter lieht; dar umbe swaz von gote blôz enphahen sol, daz muoz von nôt sîn ein geist und ein lûter lieht."* (II 181,3-5) Diese Beschaffenheit ist immer schon im *obersten wipfel* der Seele vorhanden; denn hier leuchtet das göttliche Licht *âne underlaz* (III 354,1f u.II 219,1f; vgl. die Ausführungen zu *vünkelin*). Gott hat dieses göttliche Licht der Seele zugeeignet, *"daz ez ein stücke ist der sêle..."* (III 428,3).

1.2.: In Anspielung an Jak 1,17 wird die erste trinitarische Person *"vater der liehte"* (III 385,5) genannt. Neben seiner Zuwendung in Helligkeit und Offenheit, mit Sein und Leben richtet sich eine andere Aktivität des göttlichen Vaters darauf, mit seinem Licht die unerkennbare Finsternis der ewigen Gottheit der menschlichen Erkenntnis zugänglich zu machen; aber: *"diu vinsternisse enbegrîfet des liehtes niht."* (I 389,10)

1.3. – 1.5.: Als Person, die die Wirklichkeit des göttlichen Vaters enthält und zur Darstellung bringt, gleicht Jesus Christus einem *lieht* und *"schin des veterlîchen herzen"* (I 31,5f). Weil er die Welt aus der Finsternis ihrer Orientierungslosigkeit herausführt, ist er - wie Eckhart übereinstimmend mit dem Johannesevangelium formuliert - ein *"lieht der werlt"*, bzw. ein *"lieht des lebens"* (III 363,5f).

1.6.: Im Vergleich zu den von Natur aus vorhandenen Erkenntnismöglichkeiten der Vernunft eröffnet die gnadenhafte Mitteilung Gottes der Seele eine Erkenntnis, im Vergleich zu der" *daz lieht, daz vernünfticheit geleisten mac, ist... als ein einiger tropfe... gegen dem mer und noch tûsentmâl kleiner."* (III 262,6f). Obwohl das *"lieht der gnade"* alles Geschöpfliche transzendiert hinsichtlich seiner Ausbreitung, ist es dennoch klein im Vergleich mit dem göttlichen Licht (s.III 196,5). Allerdings bietet das Licht der Gnade dem Menschen, wie Eckhart mit der Vorstellung vom *grôz werden, zuonemen* (s.III 196,7f) und *wahsen* (s.III 300,1) umschreibt, die Möglichkeit zu einer Entwicklung, die ihn in das Licht des göttlichen Sohnes führt (s.III 300,1f).

Eine andere Vorstellung besagt, daß der Mensch unter dem Einfluß des Lichtes der Gnade aus sich selbst *gezogen* wird und *ûfklimmende* ist *"in ein lieht, daz got selber ist."* (III 298,12f)

1.7.: Als Zwischenstation auf dem Weg der Seele zum göttlichen Licht fungiert das Licht des Engels. Die Seele gelangt in dieses Licht, wenn sie *"in irme hoehsten"* Raum und Zeit hinter sich gelassen hat; von dort aus soll sie *ûfklimmen* zusammen mit dem Licht des Engels, bis sie in das göttliche Licht kommt (s.II 557,1-4; I 306,9). Aufgrund seiner Position ist der Engel im Gegensatz zu den Kreaturen zu einer Erkenntnis fähig, die zeitlos ist (s.III 335,6). Damit die Seele in ähnlicher Qualität erkennen kann, muß sie dazu vom Licht des Engels vorbereitet werden, der die menschliche Seele überscheint und sie auf diese Weise für das göttliche Licht stärkt (s.I 313,5).

In Pr 20a geht Eckhart sogar davon aus, daß bereits für den Empfang des Engelslichtes ein Üben und eine Läuterung der Seele erforderlich ist (s.I 336,11f; 350,1 u.a.), auch wenn das Engelslicht hinsichtlich seiner Intensität hinter dem göttlichen Licht zurücksteht (s.I 320,2).

Während Eckhart mit der Tageszeitenmetaphorik und der damit verbundenen unterschiedlichen Helligkeit die Differenz zwischen dem Engels- und dem göttlichen Licht veranschaulicht, steht in Pr 31 der enge Zusammenhang zwischen beiden im Blickpunkt; aufgrund der engen Verbindung - *"götlich lieht klebet... in des engels lieht"* - verspürt die Seele überhaupt in sich das Bedürfnis, das Licht des Engels zu empfangen (II 116,4f).

1.8.: Um ein Licht erfassen zu können, dessen Ursprung im Himmel ist, muß sich der Mensch von der zeitlichen Wirklichkeit abkehren (s.II 74,3f). In Pr 71 wird dieses Licht mit Gott gleichgesetzt (s.III 214,1).

1.9.: Auch wenn an vielen Stellen der Eckhart-Predigten die Lichtmetapher absolut gebraucht wird, legt sich aus dem Kontext der Metapher ein Verständnis nahe, das die Lichtmetapher mit dem Erscheinen des göttlichen Bereiches assoziiert: Die vernünftige Kreatur wird durch ein Licht, *"daz über allez natûrlîche lieht ist"* (III 297,3), aus sich selber in Richtung auf Gott hin gebracht. Wenn die Seele dann *"in daz ungemischte lieht"* (I 14,2) kommt, erfährt sie sich in Distanz zu ihrer kreatürlichen Verfassung von Gott gehalten. Diese göttliche Wirklichkeit erscheint, wie Eckhart anhand der Farb- und Helligkeitsskala zeigt, im Gegensatz zum Kreatürlichen als lichtvolle Wirklichkeit: *"Swaz daz êrste lieht niht enist, daz ist allez tunkel und ist naht."* (III 220,3) Ähnlich formuliert Eckhart an einer anderen Textstelle: *"Waz ich in gote bekenne, daz ist ein lieht; waz crêatûre rüeret, daz ist naht."* (III 250,2f) In der gleichen Predigt 73 beschreibt Eckhart aber auch als Folge der göttlichen lichtvollen Einwirkung, daß die Seele *allem liehte*, d.h. aller erkennbaren Wirklichkeit, *entwahset* (s.III 252,2f), so daß nur noch Gott selbst in seinen drei Personen, nicht jedoch seine Gnadengaben, in den *"grunt der sêle"* kommen können. Dies ist möglich, weil die Seele ausschließlich bei Gott angelangt ist, der *"ist al dar obe"* (III 253,6) oder wie Eckhart auch paradox veranschaulicht: *"daz ist ein lieht über liehte; dâ entwahset diu sêle allem liehte, ûf dem berge der hoehe, dâ kein lieht enist."* (III 253,4f)

Der Aspekt der unio legt in diesem Aussagezusammenhang einen Bezug des nicht weiter definierten *"lieht über liehte"* zu Gott nahe; indem Eckhart aufzeigt, daß die Seele in dem Licht geeint wird, in dem sie Gott empfängt (III 400,1) oder daß der menschliche Geist mit *"lieht in dem umbevange êwiges liehtes"* (III 486,9) bei der unmittelbaren, d.h. bildlosen Gotteserkenntnis eins ist, oder auch, daß der göttliche Vater, der Mensch, alle Dinge und das ewige Licht *"ein in dem liehte"* sind (II 438,2), wird deutlich, daß dieses Licht dem Einfluß von Raum und Zeit nicht mehr unterliegt (s.III 454,2.4; 455,3) und somit zur Ewigkeit, d.h. zu Gott gehört. Im Unterschied zu vielen anderen Aussagen bestimmt Eckhart das ewige Licht in Pr 86 genauer als etwas, das sich nie allein, sondern immer nur in Gemeinschaft mit Gott zu erkennen gibt (s.III 483,1). Den Einfluß, den dabei das (ewige) *lieht* auf den Menschen ausübt, stellt Eckhart dar, indem er die verfeinernde Wirkung von Luft und natürlichem Licht bei der kreatürlichen Wahrnehmung mit der Funktionsweise des Erkenntnislichtes bei der Gotteserkenntnis des Menschen parallelisiert. Allerdings wird in diesem Fall das erkennende Subjekt, die Seele, - nicht das zu erkennende Objekt wie bei der kreatürlichen Erkenntnis - *geliutert* (s.II 370,3) und *"gebiutelt... in dem liehte und in der gnâde..."* (II 366,7f; vgl. II 549,3f). Während in dieser Aussage davon ausgegangen wird, daß das Licht

- hierin der läuternden Wirkung eines Feuers vergleichbar - die Seele erkenntnisfähig macht, sieht Eckhart in Pr 48 die Gotteserkenntnis dadurch zustandekommen, daß sich ein ungeschaffenes Licht in der Seele befindet, das Gott unvermittelt zu empfangen vermag (s.II 418,1f). Dieses Licht, auch *"vunken in der sêle"* genannt (II 419,3), befindet sich über Raum und Zeit und in Einheit mit Gott (s.II 418,5; 419,3).

Neben der Erkenntnisfunktion verweist die Lichtmetapher in Pr 2 auf die Orientierung, die Gott dem Menschen in Bezug auf sein Handeln zukommen läßt (s.I 29,2).

1.10.: Das *vünkelin* nimmt konkrete Gestalt dadurch an, daß Eckhart es als ein *"lieht daz brinnet"* bezeichnet (I 336,3); dauernd im Streit mit dem Nichtgöttlichen befindet es sich als *"lieht oben îngedrücket"* in der Seele, ohne eine Kraft der Seele zu sein. Vielmehr spricht Eckhart von einem *"bilde götlîcher natûre"* (I 332,3-333,2). Diesen Ausführungen gemäß ist die Bestimmung in Pr 37: "... *ein vünkelîn götlîcher natûre, ein götlich lieht, ein zein und ein îngedrücket bilde götlîcher natûre."* (II 211,2f).

1.11. – 1.12.: Die *vernünfticheit* ist dadurch Teil des Menschen, daß Gott sie *"gegozzen hât in die sêle"* (III 260,8); aufgrund ihrer Erkenntnisfähigkeit bezeichnet sie Eckhart metaphorisch auch als *"lieht der vernünfticheit"* (III 260,7). Aufgrund der Eigenschaft des *"liehtes der vernünfticheit"*, von den Dingen Leiblichkeit und Zeitlichkeit abzusondern, ist es für Eckhart *"lûterer und liehter dan diu sunne..."* (III 260,12f).

Alles Leibliche, das die im Bild des Lichtes veranschaulichte Einwirkung der *vernünfticheit* erfährt, wird veredelt (s.III 260,12). Das Wirken dieses *liehtes* ist unbegrenzt, so daß Eckhart feststellen kann: *"ez ist wîter dan diu wîte."* (III 261,2) Trotzdem ist es klein im Vergleich zum *"lieht der gnâde"* (III 196,2). Eng verbunden mit der Vernünftigkeit ist der Glaube; er *"klebet in dem liehte der vernünfticheit"* (II 168,1). Erkenntnis kommt dadurch zustande, daß von der *"vernünfticheit als ein ûzvlûz und ein ûzbruch oder ein strâm"* das *lieht* ausgeht, das die Erkenntnis ist (III 261,8f).

1.13.: Wenn der Mensch in seinem vernünftigen Bemühen ein Verstehen erwirbt, das - abgeschieden von allen Dingen - *"ist so lûter und clar in im selber"*, kann das, was im Wirkungsbereich dieses Verstehens liegt - Eckhart spricht von *lieht* -, nur noch engelshafte Wirklichkeit sein (s.I 251,2f).

1.14.: Das *vünkelin* wird in Pr 2 mit mehreren Metaphern umschrieben: *"kraft in dem geiste"*, *"eine huote des geistes"* und - entsprechend seiner Erkenntnisfunktion (s. 1.10.) - *"ein lieht des geistes"* (I 39,3).

1.15.: Die Beeinflussung der *redelichen kraft* der Seele durch den *"smak der gnade"* kommt in ihrer Wirkung dem (Helligkeit verbreitenden) Licht gleich; Eckhart spricht in diesem Zusammenhang vom *"lieht des glouben"* (II 153,2), das auf die Seele einwirkt. Dieses Licht des Glaubens kommt dadurch zustande, daß die Seele sich für ihre auf Gott bezogene Erkenntnismöglichkeit, *"die einvaltige kraft"* (II 142,1), interessiert und das göttliche Licht sich der Seele mitteilt; die Seele, infolge ihrer Erkenntnisfähigkeit in dieser Seelenkraft selber *lieht*, wird dabei dann mit

Gott vereint als *"ein lieht mit liehte"* (II 142,3). Das Licht des Glaubens entspricht in diesem Fall der göttlichen Wirklichkeit; denn auf das Sich-Zeigen des Göttlichen reagiert der Mensch mit einer Einstellung, die das Erfassen des Göttlichen ermöglicht.

1.16.: Es entspricht der Wirklichkeitsordnung, daß die Kreaturen, die von der Seele abhängig sind, sich der Seele unterordnen; denn nur dann wirkt auf sie die Seele quasi als überscheinendes Licht ein und erhalten sie ihr Sein (s.I 313,3-5). Die Ausbreitung des Lichtes gibt auch die Vorstellungsgrundlage dafür ab, daß die Seele in der göttlichen Finsternis alle erhellende und damit Erkenntnis anbahnende Funktion verliert: *"Alsô verliuset diu sêle in der 'vinsternisse' allez lieht; si entwahset allem dem, daz hitze geheizen mac oder varwe."* (III 251,6f) Die Erkenntnisfähigkeit der Seele ist, wie sich aus der Funktion von Licht als Bedingung für visuelle Wahrnehmung überhaupt nahelegt, ein weiterer Grund dafür, daß Eckhart vom *"lieht der sêle"* spricht: *"bekantnisse ist ein lieht der sêle."* (V 116,10). Genauerhin wird das *lieht* der Seele als *einvaltic* (s.III 229,5), *überswebend, lûter, klâr* und *hôch* charakterisiert (s.II 121,4f). Es berührt aufgrund seiner Höhe die Engelsnatur (s.II 122,1), so daß die Seele, wenn sie sich zu Gott hin bewegt, hier die Stelle findet, wo sie in das Licht des Engels und von dort aus in das göttliche Licht gelangt (s.I 306,9). Wegen der Beschaffenheit ihres Lichtes sind auch alle Werke, die im Licht der Seele vollbracht werden, *lûter* (s.I 359,6); Gott wirkt daher auch im *"einvaltigen lieht der sêle"* nur *"ein einic werk"* (II 325,2f). Die Seele befindet sich dann ganz in diesem Licht, wenn sie sich von allen äußeren Dingen getrennt hat (s.III 229,5). Völlig in sich gekehrt, ist die Seele *"ein lieht oder ein lûter geist"* und vermag (aufgrund ihrer Gleichheit) Gott, der ebenfalls *"ein geist und ein lûter lieht"* ist, zu empfangen (II 181,3-7).

Die Lichtmetapher reicht nicht aus, um die Beschaffenheit der Seele in der Vorstellung lebendig werden zu lassen. Darum führt Eckhart in Pr 17, nachdem er *einvaltichkeit, lûterkeit* und *blôzheit* als Merkmale der Seele genannt hat, weitere Metaphern auf, die die Seele bezeichnen können: *"Unsere meister sprechent: diu sêle heizet ein viur durch die kraft und durch die hitze und durch den schîn, der an ir ist. Die anderen sprechent, si sî ein vünkelîn himelscher natûre. Die dritten sprechent, si sî ein lieht."* (I 283,4-6). Einen ursächlichen Zusammenhang zwischem dem Licht und Feuer der Seele stellt Eckhart in Pr 31 her: *"Uz der naht und ûz dem lieht entspringet ein brant, ein minne..."* (II 121,1).

1.17. – 1.18.: Paulus zitierend (Eph 5,8), umschreibt Eckhart den Zustand des Menschen, der sich zeitlos in Gott befindet, mit der Lichtmetapher, die die Assoziation einer Gleichheit mit Gott, dem ewigen Licht, weckt (s.II 457,1ff). Dieser Mensch, so Eckhart in Pr 2, gleicht aufgrund seiner Freiheit von allen irdischen Beeinträchtigungen einer *juncvrouwe*, die zugleich als *wîp* unzählig viel Frucht in Gott hervorbringt. Ein solcher Mensch ist mit Jesus Christus vereint und wendet sich dem Einen zu, indem er *"liuhtet und schînet mit im als ein einic ein und als ein lûter klâr lieht im dem veterlîchen herzen."* (I 31,7f).

1.19. – 1.20.: Mit der metaphorischen, dem Johannesevangelium entnommenen, Charakterisierung Jesu Christi als *"lieht der werlt"* und *"lieht des lebens"* (Joh

8,12) macht Eckhart aufmerksam auf die Orientierung, die Jesus Christus dem Menschen bietet (s.III 363,5f).

Die Lichtmetapher kann aber auch auf die Ausbreitung der weltlichen Wirklichkeit über den Menschen und seine Seele verweisen (s.I 326,14f).

1.21.: In allgemeinster Bedeutung steht die Lichtmetapher für die kreatürliche Lebenssphäre; der Mensch ist hiervon derart bestimmt, daß er nur die auf sich selbst gerichtete Lust kennt (s.III 297,4).

1.22.: In Gott ist im Unterschied zum kreatürlichen Bereich alles, was der Mensch erkennt, *lieht* (s.III 250,3) und Sein (s.III 458,3), in den Kreaturen ist *"vinsternisse und niht"* (III 458,4).

1.23.: Weil das wahre Licht Gottes keine kreatürliche Beimischung aufzuweisen hat, kommt die Wahrnehmung des göttlichen Lichtes der Erfahrung von nichts gleich (s.III 228,7ff). Unterschieden von allem Kreatürlichen ist das Licht dieses Nichts *"alliu lieht..., des wesen alliu wesen..."* (III 230,6).

1.24.: Mit dem Buch *"lieht der liehte"*, von dem Eckhart in Pr 80 spricht, ist der "Liber de causis" gemeint, der im Mittelalter u.a. den Titel "Lumen luminum" trug (s.III 380,3).

2.1. – 2.5.: Im Rahmen der Lichtmetaphorik konkretisiert Eckhart mit dem Bild des *liuhten* das Geschehen, durch das sich Gott nahebringt und offenbar macht. Die oberste Kraft der Seele, der oberste *wipfel* und *zwig* der Seele, ist die Stelle, wo Gott direkt unaufhörlich auf den Menschen einwirkt (s.II 280,1; 382,10; III 354,2), wenn dieser frei von allem Irdischen ist (s.I 162,13; II 382,10). Eine andere Vorstellung besagt, daß Gott immer schon als *bilde* in der Seele verborgen präsent ist und dort seine Wirksamkeit entfaltet (s.II 276,6). Eckhart verändert erneut seine Sicht von der Offenbarkeit der göttlichen Wirklichkeit, wenn er als Voraussetzung für deren Erfahrung das Transzendieren der Seele in den göttlichen Bereich nennt: dort *"liuhtet und schinet daz bilde gotes"* (V 113,26). Ein anderer Bereich, in dem sich Gott manifestiert, ist die Kreatürlichkeit; mit Joh 1,5 hebt Eckhart hervor, daß Gott als wahres Licht in der Finsternis leuchtet und dort erkannt werden kann (s.V 230,5). In der Predigt 'Vom edlen Menschen' bestreitet Eckhart in Anschluß an Joh 1,5 jedoch gerade, daß das göttliche Licht dort erkannt werden kann (s.V 114,10). Denn Gottes Wirksamkeit ist nur jenseits der Grenzen der Vernunft und des menschlichen Verlangens offenbar: *"Dâ diu verstantnisse und diu begerunge endet, dâ ist ez vinster, dâ liuhtet got..."* (II 304,1f). Allein wer Gott im Sein hat und von der göttlichen Gegenwart durchdrungen ist, vermag in allem Gottes Wirken zu erkennen (s.V 205,10 u. 209,1).

2.6. – 2.11.: Jesus Christus ist andauernd in Gottvater präsent, indem er als *lieht* *"êwiclîche geliuhtet hât in dem veterlîchen herzen..."* (III 299,8f). Der Mensch, der ganz für Gott empfänglich ist, gewinnt einen - von allem Irdischen unbeeinträchtigten - Status, der ihm erlaubt, mit dem *tempel* seiner Seele über allem Kreatürlichen und durch alles Kreatürliche hindurch wirksam zu werden (s.I 12,10). Die Transzendenz der Seele macht Eckhart im Bild der Seele als *überswebendes lieht* anschaulich, das Kontakt zur Sphäre der Engel hat, nie aber auf die niederen Seelenkräfte einwirkt (s.II 122,3). Wenn ein für Gott empfänglicher Mensch auch noch bereit ist, das von Gott Empfangene fruchtbar werden zu lassen, vermag er als *"juncvrouwe, diu ein wîp ist"*, vereint mit Jesus Christus, als ein *"lûter klar lieht"* im Herzen des göttlichen Vaters wirksam zu werden (I 31,4f). Das Präsentwerden in Gott wird an einer anderen Textstelle in Verbindung mit der Geburtsmetapher zur Sprache gebracht: Die *geberunge* des Menschen in Gott besteht darin, daß der Mensch *"mit sînem bilde liuhtende ist in gotes bilde, daz got blôz nâch der wesunge ist, mit dem der mensche ein ist..."* (II 277,4f).

2.12. – 2.14.: Das Bild des *liuhten* steht ferner für die Einwirkung von Kreatürlichem auf die Seele, die die Beziehung Gottes zum Menschen stört (s.III 266,5), sowie für den Effekt, den menschliche Werke ausüben, wenn sie von guten Menschen in einer entsprechenden Einstellung vollbracht werden (s.V 197,8). Schließlich ist *liuhten* Metapher für den Einfluß der Vernunft, infolgedessen die davon betroffenen Dinge *"lûterer und liehter dan diu sunne (werden), wan ez scheidet von den dingen lîplicheit und zîtlicheit..."* (III 260,12f).

5.1.: Im Bild des *durliuhten* bringt Eckhart zur Sprache, daß Jesus Christus das Innere der ersten trinitarischen Person völlig mit seiner Wirksamkeit bestimmt (s.I 31,4).

7.1. – 7.8.: Die göttliche Einwirkung auf die Engel (s.II 124,3), die Seelenkräfte (s.I 326,11), auf die ausschließlich zu Gott hin orientierte menschliche Vernunft (s.III 298,9), sowie die *bescheidenheit* (s.III 445,2) macht Eckhart an mehreren Textstellen im Bild des *erliuhten* anschaulich. Für die Vernunft bedeutet dies, daß sie mit Gott vereint wird und Gott authentisch zu erkennen vermag (s.III 298,9). Ferner steht die Metapher *erliuhten*, um den Einfluß der Engel auf die Seele vor Augen zu führen; die Seele wird dadurch befähigt, das göttliche Licht zu ertragen (s.III 355,3-6).

9.1.: Aufgrund der göttlichen *inerliuhtunge* erreichen die Engel und die Seele die Gleichheit mit Gott (s.II 123,6f; 124,8).

10.1.: Das Einwirken der Vorstellungsbilder auf den Menschen erscheint im Bild des *inliuhten*. Dieses Geschehen schließt Eckhart für den innersten und höchsten Bereich der Seele aus (s.II 96,1).

12.1. – 12.2.: Ihrem Urbild nach sind alle vernünftigen Geistwesen dem ewigen Wort Gottes gleich, solange das Urbild in Gott bleibt; sobald das Wort Gottes - wie Eckhart im Bild des *ûzliuhten* veranschaulicht - jedoch den Bereich Gottes verläßt und außerhalb wirksam wird, wird es differenziert und Gott unähnlich (s.I 16,7). *Uzliuhten* ist ferner Metapher für das Offenbarmachen Gottes (s.I 192,5).

24.1.: Jesus Christus ist *"daz lieht und der schin des veterlîchen herzen"* (I 31,4).

25.1. – 25.6.: Neben *liuhten* und *erliuhten* ist *schinen* Metapher für die göttliche Einwirkung auf die Seele. Verstärkt noch durch die Präfixe *über-* wird das Ausmaß des göttlichen Handelns ins Bild gebracht, das die ganze Existenz der Seele bzw. der Kreatur betrifft: Infolge der als *überschinen* vorgestellten göttlichen Mitteilung erhalten die Kreaturen ihr Sein (s.II 369,6) und werden aus *niht* zu *iht*.

In einer anderen Predigt entwickelt Eckhart eine hierarchische Ordnung der Einwirkung: Das Licht der Seele *überschinet* alle Kreaturen, wodurch diese ihr Sein empfangen; des Engels *lieht* wirkt so auf die Seele ein, daß es dieser möglich wird, das göttliche Licht zu empfangen (s.I 313,4f; 320,2).

34.1.: In der Vereinigung mit Jesus Christus hat die Seele alle Perspektivenlosigkeit überwunden; den überwundenen Zustand umschreibt Eckhart mit den Termini *"zwîfe., irrunge und dünsternisse"* (I 18,5f).

37.1. – 37.4.: Ohne Gott fehlt der Seele die Erkenntnis der Wahrheit und die Orientierung, auf die hin sie sich ausrichten kann. Die in diesem Sachverhalt begründete Perspektivenlosigkeit der Seele macht Eckhart im Bild der Finsternis anschaulich. Als Wirklichkeit, die in Opposition zu diesem Zustand des Menschen steht, vertreibt Gott die menschliche Unwissenheit, wenn er sich selber offenbart *"mit liehte und mit wârheit"* (I 9,1).

Über die perspektivenlose, von Unwissenheit und Leiden (s.II 476,4f) bestimmte menschliche Situation hinausgehend, steht die Opposition *lieht-vinsternis* für den Gegensatz von Gott und Kreatur: *"... in gote ist lieht und wesen, und in den creatûren ist vinsternisse und niht."* (III 458,3f) Durch mehrfaches Zitieren von Joh 1,17 stellt Eckhart heraus, daß *vinsternis* in diesem Zusammenhang die gottlose Situation der Kreatur insgesamt meint. Was insbesondere den Menschen am göttlichen Licht hindert, ist seine zeitliche Verfaßtheit (s.II 455,1). Solange noch Irdisches den Menschen beeinflußt, liegt die kreatürliche Finsternis wie ein Schleier und Schatten über der ewigen Seligkeit des Menschen, so gottorientiert sein Leben auch sein mag (s.III 485,18). Mit der Metapher wird aber auch ein Zustand des Menschen bezeichnet, in dem er ohne Kenntnis der Kreaturen ist oder überhaupt nichts weiß und erkennt (s.III 251,3), weil das göttliche Licht den Menschen blendet. Ferner verweist die Metapher auf die Eigenschaft des Himmels, der aufgrund seiner erhobenen Position kein Licht aufzuweisen hat (s.III 251,4f).

37.5. – 37.7.: Die Tatsache, daß der Mensch die Gottheit bis ins Letzte nicht erkennen kann (s.I 253,1), umschreibt Eckhart mit der Metapher *vinsternis*. Dieser Aspekt der Unerkennbarkeit Gottes wird noch stärker dadurch akzentuiert, daß Eckhart im Hinblick auf Gott von der *"verborgenen vinsternisse der êwigen verborgenheit"* (I 382,4f) spricht. Die Unmöglichkeit der Erkenntnis hebt Eckhart noch deutlicher dadurch hervor, daß er Joh 1,17 auf die göttliche Finsternis bezieht: *"Waz ist daz leste ende? Ez ist diu verborgen vinsternisse der êwigen gotheit und ist unbekant und wart nie bekant und enwirt niemer bekant. Got blîbet dâ in im selber unbekant, und daz lieht des êwigen vater hât dâ êwiclîche îngeschinen, und diu vinsternisse enbegrîfet des liehtes niht."* (I 389,7-10)

37.8.: Der mit der Metapher *vinsternis* in 37.5.- 37.7. umschriebene Sachverhalt trifft auch dann zu, wenn Gott als *lieht* bezeichnet wird; durch die genauere Bestimmung dieses göttlichen Lichtes als *ungesihtic* wird festgelegt, worauf bei der paradoxen Formulierung *"die verborgen fynsternuß des ungesichtigen liehtes der ewigen gotheyt"* (II 476,13) die Metapher *vinsternis* verweist.

Ein anderer semantischer Schwerpunkt der Metapher liegt darauf, anhand der Helligkeitsvorstellung den Unterschied des göttlichen Lichtes zum übrigen Licht, das vergleichsweise dazu *ein vinsternis* (s.II 369,4) ist, zu konkretisieren.

38.1.: Wenn die Seele über die *lûteriu abegescheidenheit*, in der in ihr alle Dinge vernichtet werden, in die göttliche Natur gelangt, schlägt infolge der Abgeschiedenheit alle Erfahrung dort in ihr Gegenteil um: "*... sô wirt si von bekennene kennelôs und von minne minnelôs und von liehte vinster.*" (V 428,8f)

38.2.: Wenn Gott sich als lichtvolle Wirklichkeit dem Menschen mitteilt, hat dies zur Konsequenz, daß der Einfluß aller anderen - wie Licht erscheinenden - Wirklichkeit unterbunden wird, indem das göttliche Licht "*machet vinster allez lieht.*" (III 227,6f) Bei den Menschen, die sich in Sünde befinden, erscheint Gott zwiespältig; der *blik* des göttlichen Lichtes ist "*lieht und aber vinster*" (II 604,2).

38.3.: Weil die Reichweite menschlicher Erkenntnis begrenzt ist, ist es für den Menschen dort, wo er mit seiner Erkenntnis nicht mehr hinzukommen kann, infolgedessen *vinster*. Allerdings kommt hier Gott dem Menschen entgegen, indem er sich - wie Eckhart im Bild des *liuhten* veranschaulicht - erkennbar mitteilt (s.II 304,2).

39.1.: Die Seele, die sich an der äußeren, zeitlich verfaßten Wirklichkeit orientiert, verfinstert, weil sie von Gott, dem wahren Licht, entfernt ist (s.II 598,3).

D. Tauler

1. *lieht*
1.1. *got* (20,25; 49,34; 77,29.32f; 78,2; 87,18; 329,24.27f; 332,15; 344,21f.23.25)
1.2. *glorie* (329,23)
1.3. *Jesus Christus* (47,6.8.9.14.16f.26.35; 50,9-11.17f; 48,23.29.31; 49,5.34; 386,31; 412,18)
1.4. *welt* (47,14)
1.5. *hl. geist* (93,12)
1.6. *gnade* (329,20f; 330,31; 332,10f)
1.7. o.BE (20,20.27f.30; 21,2.7.19f.24f; 23,39; 47,11; 48,27; 77,32; 93,12.15; 113,10; 128,18; 144,30; 146,1; 151,33; 161,33; 167,17; 195,20; 214,10.13.20; 278,15; 286,31; 326,18; 329,4-7.13.15f; 331,13; 344,25; 351,24; 366,19.21; 378,19.21.24.28f; 344,22f; 365,11; 403,9; 411,33; 420,37.42f)
1.8. *einikeit* (55,3)
1.9. *vinsternis* (55,5)
1.10. *creature* (330,30; 378,25)
1.11. *cherubin* (376,13)
1.12. *mensche* (20,20.28; 21,2; 48,24; 49,33; 167,6-8; 250,4f.18f; 378,19)
1.13. *redelicheit* (91,27; 92,29; 97,10; 100,23)
1.14. *bescheidenheit* (92,7; 93,3.6)
1.15. *worheit* (70,31; 351,28)

2. *lúchten*
2.1. *herr* (238,18)

26. *schinende*
26.1. *heilikeit* (288,8)
26.2. *werk* (247,2)
26.3. *demuetekeit* (90,26)
26.4. *dinc* (203,10)

34. *dünsternis/verdunsterunge*
34.1. *lieht* (47,13f.15)
34.2. *daz goettelich ein* (301,1; 378,32f)
34.3. o.BE (47,35; 302,33; 316,21; 345,13.15; 366,21; 378,27; 396,20)

35. *verdunstern*
35.1. *betrüebnis* (365,10)
35.2. *liecht* (378,25)

36. *dunkel/duster*
36.1. *lieht* (344,23)
36.2. *krankheit* (221,10)

37. *vinsternis*
37.1. o.BE (19,5; 23,38; 38,25.28; 48,1.28; 50,11; 85,30; 86,12; 113,9; 161,33; 166,28.30; 172,13.29; 211,26; 212,1; 213,19.21.32; 217,20; 218,21; 230,1; 243,3; 324,22; 326,19; 403,8; 406,4)
37.2. *got* (117,31; 249,28; 263,22.31f; 278,16; 400,13; 401,23.25; 411,26.33; 434,12f)
37.3. *guot* (54,30)
37.4. *einikeit* (55,3.5)
37.5. *unbekantheit* (264,1; 263,23f)

37.6. *wuestenunge* (406,13)
37.7. *blintheit* (406,9)
37.8. *mensche* (47,17; 278,14f)
37.9. *meister* (405,34f.39f)

38. *vinster*
38.1. *gotheit* (8,2)
38.2. *lieht* (49,33)
38.3. *unbekantnis* (238,12)
38.4. *vinsternisse* (249,29; 278,9)
38.5. *wille* (264,5)
38.6. *hoffnunge* (397,2)
38.7. *sele* (19,15)
38.8. *elende* (168,35)
38.9. *besitzunge* (222,12)
38.10. *weg* (168,32; 211,26.31; 212,4; 213,10; 214,12.19; 218,35; 255,36; 257,2)

39. *vervinstern*
39.1. *erbe* (64,10(Pat))
39.2. *got* (64,11)

1.1. – 1.2.: Das Verhältnis zwischen der göttlichen und der geschaffenen Wirklichkeit läßt sich für Tauler von der Wirkweise des Lichtes her begreifen, das aufgrund seiner Intensität anderes, weniger gehaltvolles Licht an seinem Erscheinen hindert; in Bezug auf Gott wird auf diese Weise dem Hörer der Predigt von Tauler die Omnipotenz Gottes vor Augen geführt: *"Wann wenne das ware liecht, das Got ist, us get, so muos das geschaffen lieht under; so das ungeschaffen lieht beginnet glenzen und schinen, so muos von not das geschaffen liecht dunster und dunkler werden, ze glicher wis als der klare schin der liplichen sunnen machet dunkel und dunster der kerzen liecht ze erlúchtende."* (344,21-25)

Die Sonne ist auch an einer anderen Textstelle der Vergleichspunkt für die Beeinflussung der Menschen durch Gott. Tauler meint, daß diese ähnliche Ausmaße annimmt wie bei der Sonne, deren Schein alle Menschen erreicht. Für den Menschen bedeutet dies konkret, daß die als Licht vorgestellte und in Jesus Christus Person werdende Mitteilung der göttlichen Wirklichkeit die menschliche Selbstauslegung insofern verändert, als durch Jesus Christus der Mensch sein *vinster lieht*, d.h. seine unheilvolle und fehlorientierte Existenz, in Gottes wahrem *"wesenlichen lieht loeschen lassen"* kann (49,33f).

Auch das Vorbild, das Jesus Christus für den Menschen ist, verändert sich in seiner Bedeutung für den Menschen je nachdem, ob der Mensch dieses mit seiner Vernunft, dem *natürlichen lieht*, oder im *"goetteliche(n) übernatürliche(n) liebt"* betrachtet (77,27-30). Denn das göttliche Licht ist zum natürlichen Licht in einer Relation zu sehen, die - so Tauler - dem Unterschied von Sonnen- und Kerzenlicht entspricht (s.77,31f). Aufgrund dieser göttlichen Einwirkung wird der Mensch auf seinen eigenen Ursprung verwiesen, orientiert sich innerlich auf seinen *grunt* hin und erfährt infolge der übermächtigen Wirklichkeit Gottes sich selber als ein Nichts (s.78,2-8).

Weil in Gott alles eins ist, so daß Gott als *"lit dem liehte"* erscheint (87,18), kann er auch nur in seinem eigenen Licht (s.332,15), dem *ungeschaffen lieht* (bzw. dem *"lieht der glorien"* s.329,23), d.h. *"durch Got, mit Gotte, in Got, Got durch Got..."* (329,25) erkannt werden.

1.3. – 1.4.: In Pr 10 legt Tauler Joh 8,12: "Ego sum lux mundi dicit dominus" aus. Damit ist die Orientierungs- und Sinnfunktion angesprochen, die Jesus Christus für die in *vinsternis*, d.h. in einer perspektivenlosen Situation sich befindlichen Menschen sowie allgemein für die Welt hat. Er beeinflußt mit seiner - Helligkeit vermittelnden - Wirklichkeit *"alle lieht im ertrich"*, wie Sonne, Mond und Sterne, sowie auch *geistlich lieht* wie die Vernunft des Menschen. Alles Licht sowie alle unter dem Aspekt der geistigen Erhellung dem natürlichen Licht ähnelnden intelligiblen Eigenschaften der Kreatur erweisen sich damit letztlich als geschenkte, von Gott empfangene Wirklichkeit.

Noch allgemeiner steht die Antithetik *wores lieht - vinsternis* für eine unterschiedliche Qualität von Leben: *"Nu sprach unser lieber herre: 'begib din lieht, daz in der warheit ein dunsternisse ist gegen mime liehte, und contrarie umbe mich, wanne ich daz gewore lieht bin, so wil ich dir umb dine vinsternisse min ewig lieht eigenen, daz es si din also min, min wesen und leben und selikeit und froede."* (47,15-18) Damit der Mensch zu diesem Licht, das sein ewiger Ursprung ist (s.47,26), finden kann, muß er sich selbst verleugnen und ausschließlich an Gott denken (s.48,31f). Selbstliebe, Lust an der Welt, ausschließliche Konzentriertheit auf die menschliche Natur (s.48,22) sind von Tauler als *vinster lieht* bezeichnete Fehlorientierungen, die der Mensch mit Hilfe Gottes überwinden muß, der seinen Sohn als *"wares wesenliche(s) lieht"* zur richtigen Orientierung des Menschen in die Welt gesandt hat (49,29-35). Allerdings kann der Mensch dieses nur erkennen, wenn er seine Eigenliebe und seinen eigenen Willen aufgegeben hat, so daß er arm im Geiste und damit aufnahmefähig für das wahre Licht Jesus Christus ist, das in die Finsternis der Welt leuchtet (s.50,11f). Mit der Erfahrung dieses Lichtes sind die Voraussetzungen dafür geschaffen, daß der Mensch wieder in seinen Ursprung kommt (s.50,18f).

1.5.: Der Beeinflussung des als *natürlich lieht* metaphorisch umschriebenen Bewußtseins des Menschen durch die vom Hl. Geist ausgehende Mitteilung der übernatürlichen Tugenden Glaube, Hoffnung und Liebe verleiht Tauler Züge einer lichtvollen Einstrahlung, die das natürliche Licht des Menschen *überlühtet* und dabei ihren spezifischen Inhalt übermittelt (s.93,12).

1.6.: Als übernatürliche Hilfe und Kraft vermag das *"liecht der gnaden"*, das ein *geschaffen lieht* ist, den Menschen über seine Natur bis zum göttlichen Licht hinaufzuführen (s.329,18-21). Nicht als Orts-, sondern als Zustandsveränderung vorgestellt, hat die Einwirkung der Gnade die Konsequenz, daß der menschliche Geist *"über formet mit dem liechte der gnade"* wird (332,10f), in deren Folge er in seinen *grunt* gelangt und die Überformung durch Gott erfährt.

1.7.: An den meisten Textstellen ist die Lichtmetapher auf keinen direkten Bildempfänger bezogen. Allerdings steuert Tauler mit verschiedenen sprachlichen Mitteln das Vorstellungsvermögen seiner Zuhörer derart, daß der Hörer von sich aus den Bezug zu den nicht genannten, aber gemeinten Bildempfängern herstellen kann. In den Fällen, in denen anhand der Sonnenstrahlung die Wirkweise der in den Menschen gelangenden - metaphorisch als *lieht* bezeichneten - Wirklichkeit erläutert wird, legt sich ein Zusammenhang der Metapher mit Gott nahe, dem ähnlich wie der Sonne im Vergleich zu den anderen Gestirnen und anderen Lichtquellen die stärkste Wirkkraft zukommt. Von der Erfahrung her, daß im Sonnenlicht alle anderen Eindrücke verschwinden, macht Tauler plausibel, daß in der Seele alle Vorstellungsbilder und Formen entweichen, wenn "*dis klare lieht lúhtet in der selen*" (21,24). So wie das Sonnenlicht Glas von unterschiedlicher Helligkeit durch seine Einstrahlung verändert, wird die Vernunft des Menschen verwandelt, indem alle Bilder, Formen und Gleichnisse abfallen und die Vernunft "*ein luter einvaltikeit*" wird (21,19-21). Diese Umwandlung ist erforderlich, da der Mensch mit seinem *natúrlichen lieht*, der Vernunft (s.47,11), Gott nicht zu finden vermag (s.20,27; 21,2 u.a.). Vielmehr muß das natürliche Licht sogar "*undergon und erloeschen*", damit "*das lieht (Gotes) sol erschinen...*" (21,25; vgl. 344,23f). Dies bedeutet umgekehrt, daß die Menschen, solange sie in ihrem natürlichen Licht bleiben, in Bezug auf Gott zu keiner Erkenntnis kommen und infolgedessen - orientierungs- und sinnlos - nur die *ewige vinsternis* erfahren (s.48,27). Denn das natürliche Licht der Vernunft ist nach außen hin orientiert (s.77,33) und ist als geschaffenes Licht auch überhaupt nicht in der Lage, in den *grunt*, die Wohnstätte Gottes, von sich aus zu gelangen (s.331,13). Zusätzlich machen noch Liebe und Wertschätzung des Kreatürlichen (s.195,20-22) sowie ein zerstreutes Gemüt (s.128,18) den Menschen unempfänglich bzw. so *verblent*, daß er das wahre Licht (s.195,20f) oder - wie Tauler auch formuliert - den *minneclichen influs* (s.128,17) nicht aufnehmen kann. Stattdessen befinden sich, wie das Beispiel geistlicher Leute zeigt, äußere Dinge im *grunt* des Menschen, wo sonst das wahre Licht und Leben präsent ist (s.286,31). In Anbetracht der Tatsache, daß der Mensch aus den verschiedensten Gründen nicht in der Lage ist, in seiner - mit der Metapher *vinsternis* als perspektivenlos charakterisierten - Situation Gott zu erkennen, zieht Tauler die Konsequenz, der Mensch müsse sich mit seinem Mangelzustand auf Gott hin begeben, wobei er aber "*das abgrúnde des goetlichen vinsternisses*" unerkannt lassen muß: "*Dar engegen trag diu abgrúndig vinsternisse beroubet von allem worem liechte und darbende alles liechtes...*" (278,14f).

In Pr 61 spricht Tauler davon, daß dieser Mangelzustand vom Menschen selbst nicht behoben werden kann, sondern des Lichtes der Gnade bedarf, das, auch wenn es ein *geschaffen lieht* (329,21) ist, "*überhebet die nature verre über sich...*" bis hin zum göttlichen Licht (329,18-23; vgl. 1.6).

Je nachdem, ob der Mensch äußerer, innerer oder dauernd in seinen Ursprung gekehrter Mensch ist, zeigt er auch einen anderen Glauben: Während der innere, d.h. vernünftige Mensch den Glauben "*in liehte und in klarheit und in underscheide...*" (366,1.19f) hat, befindet sich der Glaube bei dem in den Ursprung gekehrten Menschen "*ob dem liechte in eine dunsternisse sunder underscheit ob bilden und formen... in einer einveltiger einvaltikeit.*" (366,20-22) Damit ist ein Glaube angesprochen, der über aller - um Erkenntnis, Unterscheidung und Vorstellung bemühten - Vernunft liegt. Der Mensch ist in diesem Glauben wieder in seinen Ursprung gelangt, in dem alles eins ist, so daß er dort "*ein liecht in dem liechte*" wird

(378,19). Dieses Licht bewirkt infolge seiner Ungeschaffenheit das Erlöschen alles geschaffenen Lichtes (s.378,20f). Dem menschlichen Geist ist es so übermächtig, daß es ihm wie dem Schwalbenauge ergeht: *"Und ob du mit dinen kranken ougen woltest staren in das rat der sunnen, das schine dime gesichte als ein dúnsternisse von úber treffendem liechte und von krankheit des ougen."* (378,30-32)

1.8. – 1.10.: Von der Seite des Menschen aus gesehen, erscheint die göttliche Einheit (der drei Personen), obwohl sie metaphorisch als *"das wesenlich lieht"* (55,3) bestimmt wird, für die geschaffene Vernunft als *"eine unsprechenliche vinsternisse"* (55,2f); denn da die Vernunft Gott nicht zu erreichen vermag, bleibt er ihr in seiner Einheit verborgen und unerkennbar. In Analogie zur visuellen Erfahrung macht Tauler diesen Sachverhalt deutlich, indem er der lichtvollen göttlichen Einheit die Wahrnehmbarkeit durch die menschliche Vernunft insofern abspricht, als er mit der Metapher *vinsternis* deren Erkennbarkeit negiert. Durch die Metapher *wilde wueste*, die mit den Metaphern *vinsternis* und *lieht* kombiniert wird (s.55,3f), begründet Tauler die Unerkennbarkeit der göttlichen Einheit mit deren Unzugänglichkeit für die geschaffene Vernunft (s.55,4-8). Erkennbar ist Gott im *grunt*, wohin die Vernunft des Menschen nicht zu gelangen vermag; dort erkennt man durch die von der Gnade hergestellten Erkenntnisbedingungen das göttliche Licht; d.h. *"so sicht man das liecht in dem liechte, das ist:... in dem creaturlichen liehte do sicht man, do verstet man das goettelich, das ist in dem liechte der gnaden."* (330,29-31)

1.11.: Der *grunt* des Menschen ist auch die Wirkungsstätte der Engel: Während die Cherubim diesen *grunt* mit ihrem *"gotvarwen liechte liechtvar"* machen, entzünden die Seraphim den *grunt* mit ihrer flammenden Minne (376,7-10.13).

1.12.: Mit dem *natúrlicheme liechte* des Menschen ist seine Vernunft gemeint, die trotz aller Bemühungen nicht erkennen kann, wer und wo Gott ist (s.20,20.28; 21,2; s. 1.7.).

Insofern der Mensch seine Menschennatur zu Lebzeiten nie ganz überwinden kann, kommt er nie zum wahren Licht und in seinen Ursprung, weil er immer wieder auf den Wirkungsbereich seiner natürlichen Vernunft, seines *natürlichen liechte(s)*, zurückfällt, was *ewige vinsternisse* bedeutet (s.48,27f). Da man mit dem *liecht* der natürlichen Vernunft nur kreatürliche Zusammenhänge 'erhellen' und damit zu erkennen in der Lage ist, befindet sich der, der nicht über den Geltungsbereich der Vernunft in das wahre Licht Gottes vorzustoßen vermag, ständig in der *ewigen vinsternisse* (s.48,27); denn es gelingt ihm infolge seiner Diesseitsorientiertheit nicht (s.167,8), den Erstreckungsbereich der natürlichen Vernunft auf Gott hin hinter sich zu lassen; die natürliche Vernunft bleibt daher, obwohl sie erkenntnismäßig eine erhellende Wirkung ausübt, ein *vinster lieht* des Menschen (s.49,33). In dem Augenblick hingegen, in dem es dem Menschen gelingt, wieder in seinen Ursprung zurückzufinden, wird er *"do ein liecht in dem liechte."* (378,19)

Die irrende Vernunft, die bei der häretischen Gruppierung der freien Geister die Ursache für deren Einbildung darstellt, die Wahrheit von sich aus erkannt zu haben und bleibend zu besitzen, charakterisiert Tauler als *valsches liecht* (s.250,4f).

Dieses Licht kann dem Menschen auch durch den Teufel nahegebracht werden (s.167,17).

1.13. – 1.15.: Die auf die Erkenntnis der Welt und das eigene Selbst gerichtete Vernunft ist ein *lieht*; ebenfalls mißt Tauler der *bescheidenheit* die Funktion eines Lichtes zu, an dem der Mensch sich mit seinen natürlichen Tugenden orientieren kann (s.93,3). Auch der Einfluß der Wahrheit verschafft dem Menschen in seinem Tun und Lassen Orientierung (s.70,31).

2.1.: Im Bild des *lúchten* macht Tauler die Aufhebung der menschlichen Erkenntnislosigkeit durch Gott anschaulich, die erfolgt, wenn sich der Mensch in Demut zu Gott begibt. Der Mensch soll sich dann passiv verhalten, damit Gott ungehindert auf den *grunt* des Menschen einwirken kann (s.238,18-22).

26.1. – 26.4.: Wie *schin* und *schinen* ist *schinende* bei Tauler (konventionelles) Bild für den sichtbaren Eindruck von etwas, der allerdings vom Sachverhalt selbst meist abweicht.

34.1.: Der Kontrast von Hell und Dunkel erscheint Tauler geeignet, den Unterschied vom wahren göttlichen Licht zum Menschen in seiner kreatürlichen Verfassung als extremen Gegensatz zu charakterisieren (s.47,13f).

34.2.: Proklus zitierend, charakterisiert Tauler die Erfahrung Gottes, die sich jenseits aller Mannigfaltigkeit und der Vernunft als Erfahrung des Einen einstellt, mit der Formulierung *"stille swigende sloffende goetteliche unsinnige dúnsternisse"* (301,1). Damit ist impliziert, daß Gott aufgrund der Begrenztheit des menschlichen Erkenntnisvermögens nur als *"ein dunsternisse in der selen nach allem liechte"* erkannt werden kann (378,33f). Darin ähnelt die Gotteserfahrung, die der Mensch *"mit unbekentnisse des gemuetes"* macht (378,34f), dem Sehen der Sonne, die wegen der Übermächtigkeit des Sonnenlichtes und der Eingeschränktheit der Augen dem Menschen *"als ein dúnsternisse"* erscheint (378,31f).

34.3.: Ohne Bildempfänger steht die Metapher für eine trost-, halt- und orientierungslose Situation des Menschen (s.345,13.15; 396,20).

Ein anderer Schwerpunkt liegt darauf, den undurchschaubaren und damit den der Erkenntnis verborgenen Charakter der göttlichen Wirklichkeit anhand der visuellen Wahrnehmung den Rezipienten der Predigten nahezubringen. Als Grund für diesen Sachverhalt nennt Tauler die Unzulänglichkeit des menschlichen Erkenntnisvermögens (s.378,27f). Auch die höchste Form des Glaubens an Gott ist in einem Bereich angesiedelt, der sich jenseits von allem diskursiven Denken befindet: "*... do hant si es ob dem liechte in eine dunsternisse sunder underscheit ob bilden und formen und underscheide in einer einveltiger einvaltikeit.*" (366,21f)

Der abgelegene *grunt* des Menschen ist auf sinnliche Weise nicht zu finden, da er Eigenschaften zeigt, die die Sichtweise nahelegen, daß er Ähnlichkeiten mit einer *"verborgene(n) wueste und frie(n) dunsternisse"* hat (302,33f).

35.1.: Die Wirkung der Melancholie bringt Tauler ins Bild, indem er die *betruebnis* so darstellt, daß sie das Leben *verstiket*, das *liecht verdúnstert* und das *"für der minne verloeschet"* (365,10).

35.2.: Das in den *grunt* scheinende *liecht* nimmt dem geschaffenen Licht jegliche Wirkkraft dadurch, daß es dieses *verdúnstert* und *verblendet* (s.378,25).

36.1. – 36.2.: Die göttliche Einwirkung auf den Menschen hat zur Konsequenz, daß alle kreatürlichen Erscheinungen ihren Stellenwert verlieren: *"Wenne das ware liecht das Got ist, us get, so muos das geschaffen liecht under; so das ungeschaffen liecht beginnet glenzen und schinen, so muos von not das geschaffen liecht dunster und dunkler werden..."* (344,21-23).

37.1.: Ohne direkten Bezug zu einem Bildempfänger gebraucht, steht die Metapher *vinsternis* zunächst im Gegensatz zum göttlichen Licht für die perspektivenlose, weil gottferne Situation des Menschen. Diese geht einher mit Bedrängnis, Leiden und Versuchungen (s.19,5ff), die dem Menschen jegliche Orientierung verunmöglichen: *"... und so, dan daz liden und daz vinsternisse kam..., so enwúsent sú nút wo sú hin soltent..."* (86,11-13). Wie der leidvolle, negativ als *vinsternis* zu bewertende Zustand entstehen kann, zeigt Tauler in Pr 41 auf. Dort verfolgt er die Läuterung des Menschen, die darin besteht, daß der Mensch auf dem Weg zu Gott alle Gedanken und liebgewordenen Vorstellungen beseitigt. Zwischen dem Verlust des Bisherigen und dem nicht Erreicht-Haben des ersehnten göttlichen Zieles stehend, ist er *"in grossem we und getrenge"* (171,34). Alle Versuchungen, Vorstellungen und die bereits überwundene Armseligkeit kommen wieder und bewirken die *vinsternis*. Tauler empfiehlt, daß der Mensch diesen Zustand *us lide* (s.172,29f); denn für ihn ist es, wie er am Tag-Nacht-Zyklus deutlich macht, selbstverständlich, daß die *vinsternis* von der Erfahrung des Lichtes abgelöst wird: *"Blibe bi disem ane allen zwivel; nach dem vinsternisse kumet der liechte tag, der sunnen schin... blibest du do bi, die geburt die ist nach und sol in dir geborn werden."* (172,12f.14f) Grundsätzlich ist die *vinsternis* jedoch verursacht durch die fehlgeleitete Orientierung des Menschen an der kreatürlichen Wirklichkeit. Tauler stellt fest: *"... weltliche hertzen, die iren lust und ir genuegede nement in den creaturen und in den sinnen...; dise sint zuomole in dem dunsternisse unde hant contrarie in disem liehte."* (47,32-35) Damit der Mensch im Sinne dieser Lebenskonzeption *mit behegenlicheit* nicht auf sich selbst und seine eigenen Interessen in Selbstliebe (s.213,17-20) zurückkommt, verhängt Gott - in der deutenden Sicht Taulers - zur Verhinderung dieser Desorientierung Unwissen, Furcht und Bedrängnis (s.38,25). In jedem Falle spricht Tauler der menschlichen Vernunft die Fähigkeit ab, die *vinsternis* aus eigener Kraft zu überwinden; denn da das *lieht* der Vernunft so große Lust verleiht, bleiben die Menschen dem Geltungsbereich der natürlichen Vernunft verhaftet, so daß sie nicht zum wahren Licht kommen (s.48,25-28). Darum ist es notwendig, damit der menschliche Geist wenigstens für kurze Zeit *licht* werden kann, daß *ein nebel, ein vinsternisse* entsteht, so daß der Mensch seinen *"sinnen und ... natúrliche(n) vernunft entnomen..."* wird (166,28-30). Diese - *"im brande der minne"* entstehenden - *nebel* und *vinsternis* stellen die Voraussetzung für das Lichtwerden des Geistes dar; denn nur wenn Kreatürliches nicht mehr auf den Geist des Menschen einwirkt, kann dieser ganz offen für die Zuwendung Gottes in Helligkeit und Offenbarkeit sein. Aber auch wenn der Mensch von sich aus nicht in der Lage ist, seine gottferne *vinsternis* aufzubrechen, besteht nach Auffassung Taulers, der sich auf Joh 1,9 stützt, die Möglichkeit, daß

Gott dem Menschen erklärt: "...*so wil ich dir umb dine vinsternisse min ewig lieht eigenen....*" (47,16f).

Wenn der semantische Schwerpunkt der Metapher *vinsternis* ausschließlich darauf liegt, die für Kreaturen prinzipielle Unfähigkeit zur Gotteserkenntnis anschaulich zu machen, richtet sich Taulers Interesse nicht mehr auf die Frage der Überwindung eines perspektivenlosen, weil gottfernen Zustandes; ihm geht es jetzt vielmehr darum aufzuzeigen, wie in Anbetracht der Unerkennbarkeit Gottes dennoch eine intensive Gottesbeziehung zustandekommen kann. Tauler empfiehlt: "*Dar engegen trag diu abgründig vinsternisse beroubet von allem woren liechte und darbende alles liechtes und la das abgründe des goetlichen vinsternisses im selber allein bekant und allen dingen unbekant...*" (278,14-17).

37.2. – 37.7.: In Bezug auf Gott verwendet, hat die Metapher *vinsternis* die Funktion, die Unerkennbarkeit und Unbegreiflichkeit Gottes herauszustellen; Gott ist über allen Vorstellungsformen und -bildern: "*...namlos, formlos, bildelos über alle wise und über alle wesen.*" (263,24f) Mit der Kombination von *vinsternis* und *stille swigen* (s.117,31; 400,13) zeigt Tauler - heilsgeschichtlich in der Erfahrung des Mose begründet (Ex 24,16ff; s.401,23ff) - im Rahmen der visuellen und akustischen Wahrnehmung auf, daß Gott sich dem menschlichen Erkenntnisorgan nicht als wahrzunehmender Inhalt präsentiert. Dies ist vor allem in der Unzulänglichkeit des menschlichen Erkenntnisorgans begründet: "*goetliche vinsternisse, das von überflüssikeit der unbekentlicheit und ansenlicheit vinster ist allem geschaffenem verstentnisse...*" (249,28f) Die Parallele zur Klarheit der Sonne, die das menschliche Auge verfinstert, ist für Tauler ein geeigneter Vergleich, diesen Sachverhalt plausibel zu machen (s.249,30). Dieser Vergleich bildet auch den Hintergrund für Taulers Ausführungen, daß die göttliche Finsternis aufgrund ihrer unaussprechlichen "*klarhet vinster ist allen verstentnissen*" (278,8f). Zugleich bedeutet dies aber, daß für den Menschen in Distanz von allen Vorstellungsbildern und Formen eine Möglichkeit besteht, in die göttliche Finsternis zu gelangen und - wie Mose - "*in dem mittele des swigendes*" und in dem "*tieffesten der naht*" (401,28-30) Gott zu erfahren. Weil Gott, das *wiselose guot*, in seiner Einheit nicht zugänglich ist und infolgedessen auch nicht vom Menschen zu erkennen ist, legt sich für Tauler auch eine Kombination der Metaphern *vinsternis* und *wilde wueste* nahe (54,29f; 55,3-5); denn auf Gott trifft wie auf die Wüstenlandschaft zu, daß "*do nieman vindet weg noch wise...*" (55,4); *wilde* ist dieses Licht, "*wanne es enkeinen zuogang enhat.*" (55,7) Noch enger miteinander kombiniert, spricht Tauler in Pr 75 von der "*vinsternisse der goettelichen wuestenunge*" (406,13), die sich insofern von der allgemeinen *vinsternis* unterscheidet, als es - wie die präzisierende Formulierung "*dis vinsternisse dieser blintheit*" (406,9) nahelegt - dabei um die prinzipielle Unfähigkeit kreatürlicher Gotteserkenntnis geht; der Mensch bleibt in diesem Stadium "*vol itelkeit und der creaturlicher bilde*" (406,6f). Erst wenn er sich von sich selber und allen Dingen abgewandt und dem *gewore(n) lieht* Gottes zugewandt hat, kommt er in einem "*stillen swigende alle... krefte... in das vinsternisse der goettelichen wuestenunge, das da ist über alle verstentnisse.*" (406,13)

37.8. – 37.9.: Auch wenn der Mensch als Kreatur ohne alles göttliche Licht auskommen muß, braucht dies seiner Gottesbeziehung keinen Abbruch tun. Denn er hat die Möglichkeit, seinen von "*unbekantnisse und blintheit*" (278,13) geprägten

Zustand, bzw. - anders formuliert - seine *abgründig vinsternisse* dem *"abgründe des goetlichen vinsternisses"* entgegenzutragen (278,14-16).

Neben dieser in der Kreatürlichkeit begründeten *vinsternis* des Menschen (s.47,17), die in Bezug auf Gott die Unfähigkeit des Menschen zur Gotteserkenntnis zur Sprache bringt, findet die Metapher auch für die gottlose Unheilssituation Verwendung, die von den Teufeln verursacht ist. Diese werden *"der welte meistere der vinsternisse"* genannt (405,34f).

38.1.: Durch die Adjektivmetapher *vinster* in Verbindung mit den Adjektiven *verborgen* und *unbekant* wird die Gottheit als unerkennbar charakterisiert (s.8,2).

38.2. – 38.4.: Auch wenn die natürliche Vernunft des Menschen, worauf Tauler mit der Metapher *lieht* verweist, von sich aus die Bedingungen für die Erkenntnis herzustellen vermag, wird sie dennoch als ein *vinster lieht* charakterisiert, weil sich ihr Erstreckungsbereich auf die kreatürliche Wirklichkeit beschränkt und ihr infolgedessen die Gotteserkenntnis versagt bleibt (s.49,33). In Pr 52 spricht Tauler aufgrund dieses Sachverhaltes auch von *"vinster ellende unbekentnisse"* des Menschen (238,12), die nur dadurch überwunden wird, daß Gott *"kumet in einem snellen blicke und lúchtet in den grunt..."* (238,17f).

Ferner ist *vinster* Bild für die Unfähigkeit allen Verstehens, die göttliche *klarheit* trotz ihrer Nähe zum Menschen zu erfassen: *"Denne sich an das goetliche vinsternisse, das von unsprecheliher klorheit vinster ist allen verstentnissen, engelen und menschen..."* (278,8f).

38.5. – 38.6.: Da der göttliche Wille menschlicher Erkenntnis prinzipiell verschlossen ist (s.264,5), oder auch die Hoffnung auf Erlösung im Alten Testament im Ungewissen geblieben ist (s.397,2), findet sich zur Charakterisierung dieser Unerkennbarkeit die Metapher *vinster*.

38.7. – 38.9.: Die Funktion der Adjektivmetapher kann sich dahingehend verlagern, daß sie die von Bedrängnis und innerem Leiden gekennzeichnete Situation einer Seele (s.19,15), allgemein die perspektivenlose Trostlosigkeit von Menschen (s.168,32-35) oder die blinde Besitznahme des Herzens durch die Geschöpfe (s.222,12), in ihrer Heillosigkeit hervorhebt.

38.10.: Die Wege des Menschen sind deshalb *vinster*, weil dem Menschen - von Gott alleingelassen - jegliche Orientierung fehlt und er in Unwissenheit (s.211,26.31) lebt, so daß die Wege, die der Mensch auf Gott hin und wegen Gott zu gehen hat, unbegreifbar sind. Leiden und grundloses Elend verstärken den Eindruck unheilvoller und deshalb finsterer Trostlosigkeit (s.168,32ff). Diese Erfahrung prägt die irdische Existenz des Menschen derart, daß Tauler an mehreren Stellen seiner Predigten formelhaft vom *vinster (unbekant) weg* des Menschen spricht (s.255,36; 257,2; 218,35).

39.1. – 39.2.: Wo der Mensch auf kreatürliche Weise sich des Göttlichen annimmt, erhält das Göttliche kreatürliche Züge und wird - wie Tauler anhand der Helligkeitsskala demonstriert - in seiner Qualität ins Gegenteil verkehrt (s.64,11).

E. Seuse

1. lieht
1.1. got (29,27; 181,22; 407,4f)
1.2. ainikeit (184,21; 185,6; 189,17.18)
1.3. selbsheit (184,24)
1.4. o.BE (27,13; 169,3; 186,17.20; 187,4.6; 190,20; 196,12; 200,7; 242,5f; 299,25; 337,18; 356,21f; 359,6; 384,17f; 386,17; 427,8; 466,18; 477,22; 478,5f; 488,14; 489,4; 524,23)
1.5. Jesus Christus (277,6; 520,21; 539,31; 542,30; 549,14)
1.6. wisheit (243,15; 298,24f; 300,4f)
1.7. warheit (178,7f; 356,25f; 390,17.19.23; 471,28)
1.8. nature (356,24)
1.9. bekentnus (181,10f)
1.10. gloube (301,23)
1.11. hl. schrift (197,16)
1.12. gebet (476,13)
1.13. welt (285,5)
1.14. mensche (156,34f; 157,3; 180,16f; 254,11f)
1.15. underscheid (156,14)
1.16. glorie (244,9)
1.17. tugent (174,23)
1.18. vernunft (157,1)

2. luhten
2.1. goetliches wesen (186,22f; 187,6)
2.2. ding (187,7)
2.3. einikeit (185,15; 186,12f)
2.4. driheit (185,16)
2.5. friheit (186,13f)
2.6. geist (192,1)
2.7. mensche (194,25)
2.8. wort (241,21)
2.9. hl. schrift (351,14f)
2.10. wurm (441,27)
2.11. liden (253,10)

3. lúhtend
3.1. bilde (192,7)
3.2. sele (299,21)
3.3. gnade (299,17)
3.4. ougen (450,25)
3.5. wurm (368,15)

4. liht (Adj.)
4.1. trost (95,26)
4.2. bekantnis (180,19)
4.3. Dionysius (190,4)

6. durlúhtend/durlúhtet
6.1. sele (254,18(pat))
6.2. minne (22,5)

7. erluhten
7.1. engel (390,3(Pat); 471,8(Pat))
7.2. Jesus Christus (153,24; 220,27f; 294,1)
7.3. ewige wisheit (303,21)
7.4. Maria (374,10)

8. erluhtet
8.1. vernunft (188,28)

9. erluhtunge
9.1. glouben (61,31f)
9.2. got (388,20f; 469,23f)

10. inlúhten
10.1. got (85,24)
10.2. mensche (101,9(Pat))
10.3. warheit (327,5f)
10.4. o.BE (328,8)
10.5. morgengruoz (395,2)
10.6. entgangenheit (168,16)

11. inluhtend
11.1. warheit (181,29; 390,5; 471,10)
11.2. geist (304,21)
11.3. meinunge (28,1)
11.4. buoch (4,7f)

12. uzluhten
12.1. warheit (186,13)

14. widerluhten
14.1. got (172,5)
14.2. vernunft (156,27)
14.3. al (190,19)

15. *glanz*
15.1. *hertz* (59,18.25)

19. *durglesten*
19.1. *kint* (59,24)

21. *widerglast*
21.1. o.BE (10,22)
21.2. *vinsternis* (190,12)
21.3. *goetlich lieht* (407,4; 477,22)
21.4. *ingeburt* (279,6)
21.5. *heilige* (307,23)

22. *widerglenzen*
22.1. *krefte* (452,18)
22.2. *gnade* (299,15)

23. *widerglenzend*
23.1. *spiegel* (263,12)

33. *vakel*
33.1. *minne* (384,16; 466,16)

34. *dünsternis/verdunsterunge*
34.1. *got* (187,17; 189,23)

37. *vinsternis*
37.1. *unwússentheit* (390,18)
37.2. o.BE (233,22; 549,9)
37.3. *herz* (446,8)
37.4. *got* (177,19; 190,13.18)

38. *vinster*
38.1. *wiselosekeit* (184,25f)
38.2. *stillheit* (186,11; 245,17)
38.3. *herz* (373,16)

40. *blenden*
40.1. *zerteiltú wesen* (177,18)
40.2. *unverstandenheit* (207,6)
40.3. *gegenwúrtikeit* (239,4)
40.4. *minne* (421,6)
40.5. *mensche* (247,9(Pat))

1.1.: Der Mensch wird in der göttlichen Einheit entsprechend dem Lichtcharakter der göttlichen Wirklichkeit in der Weise verändert, daß dieses göttliche Licht ihn *überbildet* (s.181,22). Bei Jesus Christus geht die Einwirkung *"des summerlichen liehtes der klaren vaetterlichen gotheit"* (407,4f) so weit, daß die Beziehung der Menschheit Jesu Christi zu Gottvater mit der Relation von Mond und Sonne in Verbindung gebracht wird. Über die Mondmetapher noch hinausgehend, stellt sich Seuse in dem betreffenden Kontext Jesus Christus als *widerglast* des väterlichen Lichtes vor. Während die Mondmetapher herausstellt, daß die Menschheit Jesu Christi das Licht des göttlichen Vaters nur empfängt, betont Seuse in der Metapher *widerglast*, die ihre Fortführung an anderen Textstellen durch die Metaphern *glantz*, *"spiegel der goetlichen majestat"* (277,8) und *"bilde der vaetterlichen gueti"* (277,10) findet, daß die Wirklichkeit Jesu Christi Ausdruck der väterlichen Selbstmitteilung ist und mit dieser korrespondiert, indem sie das von sich gibt, was sie an väterlichem Licht empfangen hat (s.407,4f).

1.2. – 1.3.: Der göttlichen Einheit als dem Bereich, in dem der göttliche Sohn präsent ist, nähert sich Seuse unter verschiedenen, sowohl begrifflichen wie auch metaphorisch entfalteten Aspekten im 52. Kapitel der Vita. Zunächst bezeichnet er die göttliche Einheit als *"ein bildriche(s) lieht"* (184,21), um sofort anschließend den mit *lieht* assoziierten Aspekt der Sichtbarkeit und damit der Erkennbarkeit zu negieren. Daran schließt sich ein Hinweis an auf die Perspektivität der menschlichen Erkenntnis, die - wie Seuse mit der lexischen Opposition *inschlag - usschlag* markiert, situationsbedingt ist (s.184,22f). Den vorläufigen Abschluß bildet eine - von jeglicher Perspektivität unabhängige - Bestimmung der Eigenart der göttlichen Einheit (s.184,24). Logisch nicht konsequent schließt sich noch eine Aussage zur Ursächlichkeit dieser göttlichen Einheit an (s.184,25), die aber erst 185,5ff genauer dargestellt wird. Seuse führt aus: *"Eya, wa ist nu daz wa der blossen götlichen sunheit? Daz ist in dem bildrichen lieht der götlichen ainikeit, und daz ist na sinem namlosen namen ein nihtekeit, nah dem inschlag ein weslichú stilheit, nah dem inneblibendem usschlag ein natur der driheit, nah eigenschaft ein lieht sin selbsheit, nah ungeschafenr sachlichkeit ein aller dingen gebendú istekeit."* (184,20-25) Die im Bild des Lichtes veranschaulichte Wirkung der göttlichen Wirklichkeit besteht darin, daß Göttliches aus der göttlichen Einheit heraus von den drei göttlichen Personen im geläuterten menschlichen Geist zur Erscheinung gebracht wird, was zur Folge hat, daß der menschliche Geist sich selbst und seine Selbstheit aufgibt und in die göttliche Seinsheit überwechselt (s.189,17-22).

1.4.: Auch wenn an vielen Textstellen ein Bildempfänger nicht auszumachen ist, der der Lichtmetapher direkt zugeordnet wäre, ergibt sich aus dem weiteren Kontext, daß Seuse mit der Lichtmetapher an der jeweiligen Textstelle meistens eine Aussage über Gott machen will. Ein Aspekt dabei ist, daß Gott, obwohl er verborgen ist, sich selbst zur Erscheinung bringt und - wie Seuse mit gustatorischen und visuellen Metaphern in Analogie zur Alltagserfahrung formuliert - wahrgenommen werden kann. In der unio wirkt sich das Präsentwerden Gottes derart auf den Menschen aus, daß Seuse in diesem Zusammenhang von einer inneren Erneuerung spricht, die sich an denen vollzieht, die eins mit Gott geworden sind: *"Und welle alsus ein mit ein in einikeit worden sint, der hertze und geist wirt ernüwert mit dem infliessen sins selbes geistes mit nuwer warheit, mit verborgem liehte, mit ungewonlicher suessikeit... mit eime waren inblick der goettelichen clarheit..."* (478,3-7). Ferner kommt Gott sowie den göttlichen Gaben, worauf Seuse mit den Termini *gnade, lieht* und *suessekeit* (s.299,25) oder *"nuwes lieht und nuwe gnade"* (488,14; vgl. 27,13) verweist, - auch wenn sie der Diener Seuse nur selten wahrnimmt (s.299,23f) - eine existenzerhellende Bedeutung zu. Eine zustandsverändernde Wirkung der Zuwendung Gottes stellt sich in den Fällen ein, wo Seuse global davon redet, daß er als Diener *"in dem liecht stuont"* (196,12) oder daß sein Herz voll des inneren Lichtes war (s.386,17), so daß ihm alle Kraft genommen war. Gemeinsam mit der nach Weisheit verlangenden Minne kann dieses Licht dem Menschen aber auch neue Energie verleihen (s.384,17f), indem in ihm *"ein inbrúnstigú vakel enbrunnen"* ist (384,15f).

Ein weiterer Aspekt, den Seuse mit der Lichtmetaphorik geltend macht, ist die Unzugänglichkeit Gottes. Allerdings kann er diese Aussageintention nicht mit der Lichtmetapher selbst, sondern nur durch deren weitere Präzisierung erreichen, indem er von *unbegriffenlichem liehte* (s.242,5) oder davon schreibt, daß das Licht in der Glorie keinen Zugang hat (s.337,18). Auch wenn das *ewige lieht* am Menschen selbst erscheint, ist nicht jeder Mensch infolge seiner beeinträchtigten Sensibilität in der Lage, dieses zu erfassen (s.427,7f). Den Mangel an *weslich lieht* macht im Büchlein der Wahrheit der Jünger im Dialog mit dem Wilden speziell dafür verantwortlich, daß beim Wilden die Fähigkeit zur Ordnung und Unterscheidung gegenüber der hereinbrechenden Mannigfaltigkeit der Gedanken fehlt (s.356,22f).

In sich selbst ist die *"einikeit dez wesens"* ein *bildreich lieht* (187,4), da es die Ideen aller Dinge, denen es als *lieht* sein Sein mitteilt, in sich *"einvalteklich und weslich"* aufbewahrt (187,3). Seuse stellt sich den Akt der Seinsverleihung genauerhin als *lúhten* vor, so daß die Anwendung der Lichtmetapher von diesem Vorgang her ihre Rechtfertigung erfährt: "... *und wan es sich ellú ding lúhtet, dar umbe haltet es liehtes eigenschaft."* (187,5f).

Mehr zum Bestandteil der Atmosphäre in der Hl. Dreifaltigkeit gehörend, fungieren die *"unbekanten, ungesichtigen, úberglestigen liechten"* (190,20) quasi als Lichtquelle, die zur Erhellung der menschlichen Vernunft beitragen, die sich in der *"úberliehten dunklen vinsterheit"* befindet (190,18).

Im Sinn der Ermöglichung von Erkenntnis stellt sich Seuse vor, daß in den obersten Kräften eines gelassenen Menschen *"ein lieht erzoeget"* wird, aufgrund dessen der Mensch erkennt, wer Gott ist, was Gott in ihm wirkt und welche Rolle ihm als Menschen dabei zufällt (359,6-8).

Die Wirkung der an sich für den Menschen unerkennbaren göttlichen Wirklichkeit besteht bei dem, dem Gott sich mitteilt, darin, daß Gott in diesem Menschen die Bedingungen für seine Präsenz selbst herstellt. Damit Gott sich im Menschen zur Erscheinung bringen kann, ist es erforderlich, daß alles Kreatürliche im Menschen beseitigt ist. Denn die kreatürlichen Dinge, die sich im Menschen zeigen, machen sich im Menschen bemerkbar in einer Weise, die Seuse metaphorisch in Beziehung setzt zur verhüllenden Wirkung eines Kleides und zum Effekt eines trüben Lichtes, das mit seinem Schein auf allem liegt. Die mit der Einwirkung von Licht verglichene Selbstmitteilung Gottes führt dazu, daß der als *tinber lieht* (s.186,17) verstandene kreatürliche Einfluß aufgehoben und der Mensch frei von allen, seinen Ursprungszustand verdeckenden, Obsessionen wird. Mit dem von Seuse in Ähnlichkeit zum Hervorbringen neuen Lebens durch die Geburtsmetapher verstandenen Präsentwerden des Göttlichen im Menschen geht einher, daß *"der geist entkleidet (wirt) von dem tinbern liehte"* (186,17) und daß er *"enwiset (wirt) in der wiselosekeit dez goetlichen einvaltigen wesens."* (186,21f) Eine Alternative dazu besteht darin, daß der Mensch sich an *valschem lieht* orientiert und dadurch den Weg zum göttlichen Vater verfehlt (s.489,4).

Eine letzte Funktion der auf keinen Bildempfänger direkt bezogenen Lichtmetapher ist, in Verbindung mit den Metaphern *widerglast* und *"luter spiegel der goettelichen majestat"* (479,22f) Identität und Differenz zwischen der ersten und zweiten trinitarischen Person aufzuweisen.

1.5.: Die Relation der zweiten zur ersten trinitarischen Person steht infolgedessen im Mittelpunkt, wenn Jesus Christus als *"glantz des ewigen liehtes und ein spiegel sunder massen..."* (539,31) bezeichnet wird. Jesu Christi Bedeutung und Stellenwert veranschaulicht Seuse folgendermaßen: *"O clares lieht des mittentages und der sunnen loufes hoechstes ziel..."* (542,30f).

Auch die Orientierungsfunktion Jesu Christi in bedrängender Situation wird durch die Lichtmetapher ins Bild gebracht (s.549,14).

1.6.: Die Ewige Weisheit bezeichnet sich im Gespräch mit dem Diener Seuse als ewiges unbegreifliches Licht, das sich den Engeln mitteilt und durch sie weiterwirkt (s.243,14f), ohne daß es nach außen hin tätig würde; vielmehr versteht sich die Ewige Weisheit als *inwúrkendes guot* (s.300,5f).

1.7. – 1.9.: Aufgrund seiner Ausführungen über die Gottheit sieht Seuse die von im betreute geistliche Tochter in der Lage, tiefer in das *"lieht der goetlichen ver-*

borgnen warheit" (178,7f) einzudringen. Streckenweise ist dieses Licht in seiner Wirkung nicht zu unterscheiden vom *"lieht der nature"* (356,24-26). Seine Bedeutung liegt in seiner Erkenntnis vermittelnden Eigenschaft, die auf den Menschen existenzerhellend wirkt: "... *wan warheit ist lieht, daz die tinbern vinstri der unwussentheit vertribet."* (390,17f)

Auf die erhellende, Wahrnehmung ermöglichende Eigenschaft von Licht spielt Seuse auch an, wenn er für die Vernunfterkenntnis analog zur sinnlichen Wahrnehmung die Formulierung *"lieht des bekentnus"* gebraucht (181,10).

1.10. – 1.11.: Um herauszustellen, daß als Alternative zur Gotteserfahrung auch der Glaube den Menschen maßgeblich bei der Realisierung seines Seelenheiles bestimmen kann, situiert Seuse mittels der Lichtmetapher den Menschen im Einflußbereich des Glaubens: "... *wan daz heil der sele... wirt dik allein in dem lieht des lutren glouben als adellich volbracht, als in grozer suezikeit."* (301,22-24) In ähnlicher Weise hat auch die Hl. Schrift für den betrachtenden Menschen insofern eine bestimmende Funktion, als sie aufgrund ihres Lichtcharakters, den Seuse ihr zuspricht, dem Menschen in der Betrachtung die göttliche Wahrheit eröffnet (s.197, 12.15f).

1.12.: Das Vorbild Jesu Christi hat Orientierungsfunktion; es ist ein *"lieht alles gebettes"* (476,13).

1.13.: Die den Menschen bestimmende Wirklichkeit, in deren Einflußbereich er sich befindet, das *"lieht diser welt"*, verliert ihre Geltung in der Situation des Todes (285,4-6).

1.14.: Die Diskrepanz von Denken und Tun zeigt sich bei den außenorientierten Menschen, die ihre Vernunfterkenntnis, ihr *inres lieht*, mißbrauchen, indem sie diese Fähigkeit zugunsten ihres Geltungsbedürfnisses einsetzen; infolgedessen ist ihr *"vernunftiges lieht... us brechende und nút in brechende..."* (157,1). Im Unterschied zu diesen Menschen ist der Hl. Thomas von Aquin, weil er Erkenntnis in Bezug auf die verborgene Gottheit ermöglicht, ein *lieht* (s.180,16). Der Hl. Paulus gilt Seuse aufgrund seiner überragenden Bedeutung als jemand, der - bezogen auf alle anderen (Orientierung gewährenden) Lichtträger - *"ein edels lieht under allem himelschen gestirne"* ist (254,11f).

1.15.: Auf dem Weg zu Gott will Seuse seiner geistlichen Tochter mit einer Differenzierung im Hinblick auf *"zwaierlay wisen under guotschinenden menschen"* (156,17) eine Perspektive vermitteln, die den vom Menschen zu realisierenden vernünftigen Lebensweg um so erkennbarer macht. Seuse bringt diesen Sachverhalt ins Bild, indem er sein Tun als *"vor lühten mit dem liehte eins guoten underscheides"* sieht (156,12f).

1.16.: Die enge Verbindung, die die Ewige Weisheit mit einem geliebten Menschen eingeht, schlägt sich nieder in der Verleihung des *"liechtes der glorie"*, das dem Menschen Erkenntnismöglichkeiten eröffnet, die über sein natürliches Vermögen weit hinausgehen (s.244,8f).

1.17.: Die Art und Weise, wie der Mensch sich an den Tugenden ausrichtet, hat Konsequenzen für seine Stellung gegenüber den Tugenden: Solange er nicht selber durch sein Leben Vorbild ist, bleibt er mit Unterbrechungen und Mängeln bloßer Rezipient und somit jemand, der sein Leben nicht autonom, sondern fremdbestimmt lebt: *"So heiss ich unweslich, den daz lieht der tugent in entlenter, unsteter volkomenr wise luhtet, als der schine in dem mane tuot."* (174,22-24)

1.18.: s.14.2.-14.3.

2.1. – 2.2.: Der Art und Weise, in der sich das göttliche Sein den in ihm befindlichen Dingen mitteilt und sie dadurch prägt, verleiht Seuse Züge von Licht, das durch sein Leuchten die Umgebung mit seiner Helligkeit bestimmt: *"Wan sich nu dis bildrich lieht haltet wesen, so sind dú ding in ime na sin selbes wesentheit...; und wan es sich ellú ding lúhtet, dar umbe haltet es liehtes eigenschaft."* (187,3-6) Die derart in ihrem *wesen* beeinflußten Dinge reagieren dem Charakter des Seins entsprechend, indem sie *"lúhtend.... in einer inwesender stillheit nah des wesens einvaltekeit."* (187,7f)

2.3. – 2.5.: Die Relation der göttlichen Einheit zur Trinität stellt sich Seuse so vor, daß die Einheit sich quasi leuchtend in der Dreiheit auf unterschiedliche Weise manifestiert hat, während die Trinität *einvalteklich* in der göttlichen Einheit ihre - im Bild des *lúhten* anschaulich gemachte - göttliche Wirkung ausübt (s.185,15-17). Da diese göttliche Einheit von Natur aus aller Erfahrung transzendent ist - Seuse verdeutlicht dies durch Rekurs auf die sinnliche Wahrnehmung: *"ein vinster stillheit und ein muessigú mussekeit..."* (186,11f) -, kann sie nur von dem verstanden werden, in dem sich die Einheit - wie Seuse im Bild des Leuchtens veranschaulicht - präsent macht (s.186,11-13). Was mitgeteilt wird aus der göttlichen Einheit, ist erkennbar als rechte Freiheit und verborgene Wahrheit (s.186,13f).

2.6.: Mit der Metapher *luhten* versucht Seuse ferner ein Geschehen zu erfassen, in dem Gott auf den Menschen einwirkt und als Bild im Bewußtsein des Menschen präsent bleibt (s.192,1f; s. 3.1.).

2.7.: Als lichtvolle Erscheinung wirkt auch eine gestorbene geistliche Tochter auf Seuse, ihren geistlichen Vater, ein: *"in schnewisser wat... mit liehtricher klarheit..."* (194,25).

2.8.: Die Worte, in denen die Ewige Weisheit dem Diener das Himmelreich schildert, partizipieren an der himmlischen Wirklichkeit; sie *lúchtent* (s.241,21).

2.9.: Die Verbmetapher *lúhten* ist ferner Bild für die orientierende Wirkung der Hl. Schrift (s.351,14f).

2.10.: Im Rahmen der Lichtmetaphorik bestimmt Seuse die Position Jesu Christi in Relation zu den Kreaturen: *"Owe du schoener wurm, versmehet von aller diser welte, der da nu lúhtet ob der sunnen glantz..."* (441,26f; s. 3.5.).

2.11.: Mit der Formulierung *vientlich luhten* versucht Seuse die Wirkung zu beschreiben, die verschiedenerlei Leiden auf ihn ausgeübt haben (s.253,10).

3.1.: Das göttliche Bild im Bewußtsein des Menschen, das Gott dadurch mitteilt, daß er in den Menschen *lúhtet*, ist, insofern es an der Zuwendung Gottes in Helligkeit partizipiert, ein *luhtendes bilde* (192,7; vgl. 2.6.).

3.2. – 3.4.: Um den Unterschied zur kreatürlichen Wirklichkeit zu markieren und ihren göttlichen Charakter zur Sprache zu bringen, bezeichnet die Ewige Weisheit die kleinste, im Sakrament vermittelte Gnade als *"lúhtender denne kein morgenstern"* und Jesu Seele *"lúhtender denn kein sterne"* (299,17.20f). Mit gleicher Aussageintention sieht Seuse die Augen Jesu Christi als *"lúhtender denne der liehten sunnen glantz"* an (450,25).

3.5.: Die Metapher *luhtend* kann auch dazu dienen, die einseitig negative Bewertung des Leidens Jesu, der deshalb in Anlehnung an Ps 22,7 metaphorisch *wurm* genannt wird, aufzuheben, indem Seuse die Metapher *wurm* durch *lúhtend* charakterisiert, was beim Leser die Assoziation 'schön' evoziert. Durch diese Metaphernkombination wird das häßliche Leiden über die ästhetische Erfahrung, d.h. indem die negativen Konnotationen der Metapher *wurm* ergänzt werden durch den Aspekt des Schönen, zur Paradoxie der schönen Häßlichkeit verändert, was eine Leidensnachfolge Jesu sinnvoll macht: *"Owe, du lúhtender wurm ob der sunnen glanz, der dich an sihet, der sol nit klagen, er sol sich under ein ieklichs liden, daz im zuo vellet, mit froelichem muote neigen!"* (368,15-17; s. 2.10)

4.1. – 4.3.: Die Adjektivmetapher *liht* fungiert als Hinweis auf die göttliche Qualität des Trostes, den der Mensch oft von Gott empfängt (s.95,26); ferner steht sie für die Selbsterkenntnis Gottes, die unter optimalen Erkenntnisbedingungen erfolgt (s.180,19). Schließlich verweist Seuse mit der Metapher auf die Erfahrungskompetenz des Dionysius Areopagita bezüglich des Göttlichen (s.190,4).

6.1.: Der Konkretisierung des Gedankens, daß die Seele des Hl. Bernhards während seiner Predigt ganz von der Wirklichkeit Jesu Christi bestimmt war, dient die Vorstellung, daß seine *"... sel durlúhtet waz mit dez ewigen wortes blozheit."* (254,18)

6.2.: Bei der Feier der Messe erscheint der Diener Seuse - unter der Einwirkung der göttlichen Gnade - einer Ordensfrau mit einer *"zierde einr durlúhten minne..."*, d.h. *"daz dú goetlich gnade her ab towete in sin sele..."* (22,4-6).

7.1.: Die höheren Engel teilen den unteren Engeln von der lichtvollen göttlichen Wirklichkeit dadurch mit, daß die unteren von den oberen Engeln *erlúhtet werden* (s.390,3).

7.2. – 7.3.: *Erlúhten* ist ferner Metapher für die heilvolle, Orientierung schaffende Einwirkung Jesu Christi auf alle Herzen (s.153,24), die Seuse an einer anderen Textstelle genauer bestimmt als Mitteilung des Glaubenslichtes durch Jesus Christus, das das menschliche Bewußtsein erkenntnisfähig macht (s.303,21).

7.4.: Der Gottesmutter spricht Seuse die Fähigkeit zu, die unheilvolle, trostlose innere Verfassung eines Menschen zu verändern, indem sie sein *"tinber herz durlúhtet"* (374,10).

8.1.: Die *erluchtete*, d.h. zur Erkenntnis von Gott befähigte Vernunft weiß um die Wahrheit, die das *einige ein* ist (s.177,28).

9.1.: Als Seuse Glaubenszweifel packen, sorgt schließlich Gott mit einer *"erlúhtunge des globen"* dafür, daß Seuse seine Glaubensgewißheit wieder erhält (61,31f).

9.2.: Göttliches Handeln am Menschen verleiht diesem, insofern es einer *erlúhtunge* gleicht, Orientierung und Perspektive (s.388,20f).

10.1. – 10.5.: Die Erkenntnis von Gott und seiner Wirklichkeit gewinnt der Mensch nicht aus sich heraus, sondern empfängt sie, indem ihm *"ward... neiswi ingelúhtet..."* (101,9). Dies gilt auch für die göttliche Wahrheit, deren Einfluß Seuse in der Entrückung zuteil wird (s.327,5f). Auch der Inhalt des Büchleins der Wahrheit kommt in der dargestellten Weise auf Seuse zu (s.328,8).

10.6.: *Ingeluhtet* ist ferner Metapher für das Geschehen, bei dem ein Mensch auf dem Weg zur Wahrheit durch die *"entgangenheit sin selbs"* zu der Einsicht gelangt ist, wie es um ihn steht (168,16).

11.1.: Das Eindringen der göttlichen Wahrheit in das Innere des Engels/des Menschen veranschaulicht Seuse mit Hilfe einer Metaphernkombination: Die göttliche Wahrheit nimmt von Gott als *usbrechender glantz* ihren Ursprung, wird durch den *usflus* mitgeteilt und wirkt als *inlúhtende(r) warheit* auf das Innere ein (s.471,9f).

11.2. – 11.3.: Der *inluhtende geist* Jesu Christi löst beim Menschen ein sehnendes Verlangen und liebevolle Gedanken aus. Auch die Gedanken, die Seuse beim Singen des 'Sursum corda' in der Messe kommen, sind *inluhtende meinunge* (s.28,1).

11.4.: *Inluhten* ist ferner Bild dafür, daß Seuse die Bücher, die er zum 'Exemplar' zusammengefaßt hat, von Gott mitgeteilt worden sind (s.4,7f).

12.1.: s. 2.5.

14.1.: Unter Berufung auf Röm 1,20 verweist Seuse mit dem Bild des *widerluhten* darauf, daß Gott in den Kreaturen zur Erscheinung kommt und von diesen weiter vermittelt wird, da diese Gottes Selbstmitteilung spiegeln: *"Die creaturen sint als ein spiegel, in dem got widerluhtet."* (172,5).

14.2. – 14.3.: Im Rahmen der Vorstellung, daß die Vernunft ein Licht ist (s.157,1), bestimmt Seuse im Gegensatz zur außenorientierten Vernunft die gottförmige Vernunft dahingehend, daß sie *"widerlúhtet in ir selb"* (156,27). In gleicher Weise gilt für die Gottheit selbst, die - wie Seuse paradox formuliert - eine *"überliehte(n) dunkle(n) vinsterheit"* (190,17f) ist -, daß in ihr alles *widerlúhtet* (s.190,19; s. 37.4.).

15.1.: Im Bild des einwirkenden Lichtglanzes veranschaulicht Jesus Christus seine auf den Diener Seuse gerichtete Beeinflussung; diese Einwirkung ist so groß, daß reflektierend wieder Glanz aus Seuses Herz dringt und - so Jesu Christi Hoffnung - andere Herzen in Liebe zu ihm bringt (s.59,24f).

19.1.: s.15.1.

21.1.: Die Erfahrung, bei der Seuse *"dez ewigen lebens ein usbrechendú suessekeit"* (10,24) zuteil wird, hat zur Konsequenz, daß das Hineinschauen in den damit einhergehenden *glanzenrichen widerglast* für Seuse ein Vergessen seiner selbst und aller Dinge bedeutet.

21.2.: Die Lichtmetaphorik benützt Seuse auch dazu, um das Verhältnis zwischen Gottvater und dem göttlichen Sohn zur Sprache zu bringen. Diesen stellt sich Seuse vor als *"den usglentzenden widerglast des summerlichen liehtes der klaren vaetterlichen gotheit, den vollen mane siner... menscheit..."* (407,4f). *Mane* und *widerglast* sind aufgrund ihrer Eigenschaft, fremdes Licht empfangend zu reflektieren, geeignet, als Bild zu fungieren für die Erfassung der gleichen Wesensart, die der Sohn mit dem göttlichen Vater teilt (s.407,4f).

An einer anderen Textstelle stehen für die Präsenz des väterlichen Wesens im Sohn die Metaphern *widerglast* und *spiegel* (s.477,22f).

21.3 – 21.5.: Bei der Vereinigung mit der Trinität macht die Vernunft *"in dem waren widerglanze der ingeburt des wortes und widergeburt ir selbs geistes"* (279,6) die Erfahrung, daß sie sich selber entzogen und von allen Hindernissen befreit wird . Neben der an dieser Stelle zum Ausdruck kommenden Tendenz der Nachwirkung ist *widerglanz* an einer anderen Textstelle Metapher für die Heiligen, die mit Gott in Ähnlichkeitsbeziehung - genauerhin in der Beziehung von Empfangen und Wiedergeben - stehen (s.307,23).

22.1. – 22.2.: Die göttliche gnadenhafte Einwirkung auf die Seelenkräfte, die diese gottförmig macht, stellt sich Seuse als himmlischen *"wint der gnade des heiligen geistes"* vor, der die Seelenkräfte *"machet schon widerglenzent"* (452,12f.17f). Was die Qualität der Gnade im Vergleich zur kreatürlichen Wirklichkeit anbelangt, verdeutlicht Seuse den Unterschied anhand der Naturerfahrung via eminentiae: *"... widerglenzender denne kein der liplichen sunnenglaste."* (299,15-17)

23.1.: Maria wird aufgrund ihrer engen Verwandschaft mit Gott als *"der ewigen sunnen glastes widerglenzender spiegel"* (263,12) bezeichnet.

33.1.: Die leidenschaftliche Minne, die im Herzen einer geistlichen Tochter Seuses zur Ewigen Weisheit entstanden ist, bringt diese in einem Brief an Seuse (Seuse zitiert diese Briefstelle) im Bild einer entbrannten *vakel* zur Sprache (s.384,15f).

34.1.: Da der menschliche Geist die göttliche Einheit nicht auf *zitliche wise* erfassen kann, erscheint sie ihm als *ein niht* (s.187,12f). Entsprechend versucht sich Seuse die Art und Weise, wie die göttliche Wirklichkeit dem Menschen erscheint, durch Rekurs auf die sinnliche Erfahrung vorzustellen: *"... na stillheit der verklerten glanzenrichen dünsterkeit in der blossen einvaltigen einikeit."* (189,23f)

37.1. – 37.3.: In Bedeutungsopposition zu *lieht* wird die Situation, in der der Mensch von Unwissenheit bestimmt wird, als *vinsternis* bezeichnet: *"warheit ist lieht, daz die tinbern vinstri der unwüssentheit vertribet."* (390,17f). Der Übergang zur Bedeutung 'Fehlorientierung, Perspektivenlosigkeit' im menschlichen Bereich ist dabei fließend: *"... dar umbe so volgte ich minem eigen willen... und was min ermü sel in der tieffen vinstri verieret, sú was mit dem schmertzen des todes und der helle dick umgeben..."* (549,6f.9f). Seuse mißt u.a. der Gottesmutter die Funktion zu, die innere Erfahrung der Sinnlosigkeit aufzubrechen, indem sie wie der helle Morgenstern Licht in die Finsternis des Herzens bringt (s.446,7f).

37.4.: Mit den paradoxen Formulierungen "*die goetliche(n) vinsterheit, dú da an ir selb ist dú aller liehtstú klarheit*" (177,19f) und "*úberwesliche(n) widerglast der goetlichen vinstri*" (190,12f) sowie "*úberliehte(n) dunkle(n) vinsterheit, daz da ein úberoffenbar liehtriches schin ist...*" (190,17-19) trägt Seuse dem Sachverhalt Rechnung, daß es sich bei der Erkenntnis des Göttlichen um die Wahrnehmung des Nichtwahrnehmbaren handelt. Denn alle - wie mit der Metapher *liehtstú klarheit* insinuiert wird - Erkennbarkeit Gottes schlägt sofort wieder um in ihr Gegenteil, die *goetliche vinstri*. Beim Menschen, der aufgrund seines kreatürlichen Bezuges von der Erscheinung der kreatürlichen Wirklichkeit quasi geblendet wird, verkehrt sich die an sich erkennbare, für den Menschen jedoch als *vinsterheit* sich präsentierende göttliche Wirklichkeit zur menschlichen Wahrnehmungsunfähigkeit Gottes (s.177,19f).

38.1. – 38.2.: Seuse bestimmt in cap. 52 der Vita die göttliche Einheit auf vielfältige Weise, was eigentlich zur göttlichen Einheit in Diskrepanz steht, insofern diese jede Mannigfaltigkeit negiert. An und für sich "*ein lieht sin selbsheit*" (184,24), sprengt sie alles begriffliche Denken; sie ist "*na sinem namlosen namen ein nihtekeit*" (184,22). Was die Erfahrung der göttlichen Einheit anbelangt, macht Seuse diese mittels der sinnlichen Erfahrung deutlich, indem er im Bild der *vinster stillheit* veranschaulicht (s.186,11), daß kein bestimmter Inhalt zu erkennen ist. Visuell dargestellt, heißt dies für Seuse, daß "*in der vinstren wiselosekeit verget ellú menigvaltekeit...*" (184,25f).

38.3.: Neben der Funktion, die Unbestimmbarkeit der göttlichen Wirklichkeit durch die Erkenntnisbemühung des Menschen von der visuellen Erfahrung her aufzuweisen, dient die Metapher auch zur Bezeichnung des heillosen, weil gottlosen inneren Zustandes, den ein Mensch haben kann (s.373,16).

40.1. – 40.5.: Die hindernde Wirkung der unter 40.1.–40.5. aufgeführten Größen auf die Erkenntnisfähigkeit des Menschen wird so dargestellt, daß sie den Menschen mit ihrer Wirklichkeit *blendent*, so daß er u.a. die göttliche Wirklichkeit nicht wahrzunehmen vermag (s.177,18). Auch der Sinn des Leidens bleibt ihm verborgen, da er von "*kumber, arbeit und... liden... geblendet*" ist (247,9).

F. Margaretha Ebner

1. *lieht*
1.1. *Jhesus Christus* (47,20; 102,11; 142,21)
1.2. *got* (85,13; 162,24)
1.3. *warhait* (24,2; 28,8; 160,28)
1.4. *gelauben* (75,11f; 79,7f)
1.5. *leben* (165,22)
1.6. *friunt* (143,8)
1.7. *genade* (47,6)
1.8. o.BE (6,15; 37,20; 40,20; 43,23; 44,2; 47,17.19)

2. *liuhten*
2.1. *lieht* (79,8; 142,21)
2.2. *warhet* (98,3)
2.3. *got* (143,8)

3. *liuhtend*
3.1. *schin* (166,26)

5. *durluhten*
5.1. *driveltikait* (14,17)
5.2. *lieht* (75,11; 102,11f)
5.3. *kind* (145,10)

6. *durchliuhter*
6.1. *Jhesus Christus* (76,5)
6.2. *menschait* (165,17)

7. *erliuhten*
7.1. *mensche* (102,9f(Pat))

8. *erliuhter*
8.1. *Jhesus Christus* (28,6)

12. *uzluhten*
12.1. *gnaude* (24,8)

1.1. – 1.2.: Jesus Christus ist für Margaretha das *"clar luter lieht"*, das um alle andere Orientierung weiß, die auf Margaretha eingewirkt hat (47,20). Auch in Bezug auf die in Unheil verstrickte Welt gleicht Jesus einem Licht, das die Welt erleuchtet (s.102,11f).

Weiterhin bestimmt sie Jesus Christus aufgrund seiner Orientierungsfunktion als *"daz war lieht daz uns liuhtet in die warheit"* (142,21f).

Allgemein trägt Gottes Einwirkung für Margaretha Züge von Licht, das in der Gegenwart Gottes *"drank ine, gosse sich in elliu... lider und beruort"* Margaretha (s.85,13-16).

1.3.: Wenn Gott selber Licht ist, ermöglicht er aufgrund seiner Zuwendung in Helligkeit auch die Erkenntnis der Wahrheit, so daß er auch als *"lieht der warheit"* aufgefaßt werden kann (160,28). Dieses Licht wird an anderer Stelle (s.28,8) in Beziehung zur göttlichen Vernunft gebracht.

1.4.: Der Glaube wird wegen der Tatsache, daß durch ihn göttliche Dinge begreifbar und die Wahrheit Gottes erkennbar werden, metaphorisch als *lieht* bezeichnet. Wie schon bei den vorangehenden Bildempfängern besteht auch hier das tertium comparationis zwischen dem Glauben und dem Licht der Wahrnehmung in der Ermöglichungsfunktion der Erkenntnis (s.75,11f).

1.5.: Die Lichtmetapher verweist auch auf die Orientierungsfunktion von Jesu Leben für den Menschen (s.165,22).

1.6.: Das enge Verhältnis, das der ihr von Gott gegebene Freund zu Gott hat, zeigt Margaretha auf, indem sie Gott sagen läßt: *"... er ist daz lieht, uz dem ich liuht. er ist diu craft, uz der ich würk..."* (143,8f).

1.7.: Margaretha kann die Lichtmetapher auch dazu verwenden, um mit ihrer Hilfe die Wirkweise der inneren Gnade bei ihr anschaulich zu machen (s.47,6).

1.8.: Ohne daß der Bildspender *lieht* eindeutig einem Bildempfänger zugeordnet ist, findet er sich im Zusammenhang mit einem Traum, in dem Margaretha *"in ainem licht"* ein Psalmvers zugesprochen wird (6,15). Auch sieht Margaretha in der Nacht *wisse liehtiu* vor sich (s.37,20); oder um Mitternacht ein schneeweißes Licht, in dessen Zusammenhang Margaretha göttliche Lust empfängt (s.43,23).

2.1. – 2.3.: Auf dem Hintergrund der Vorstellung Gottes als Licht wird die Einwirkung der göttlichen Wahrheit in Margarethas Herz und Seele als *liuhten* charakterisiert (s.98,3f). Um auszusagen, daß Gott durch den (nicht näher bezeichneten) Freund (Heinrich von Nördlingen?) wirkt, den er Margaretha geschickt hat, greift Margaretha auf die Lichtmetaphorik zurück. Der Freund verdankt ausschließlich

Gott seine dem Licht vergleichbare Eigenschaft; denn aus dem Licht, das der Freund ist, leuchtet Gott (s.143,8).

3.1.: In der Bitte um den wahren Glauben verleiht Margaretha auch dessen Orientierungsfunktion Ausdruck, indem sie metaphorisch von *"ainem warn liuhtenden schin"* des Glaubens spricht (166,26).

5.1. – 5.3.: Während der christliche Glaube aufgrund seiner hellmachenden Wirkung die Erkenntnis göttlicher Dinge ermöglicht (s.75,11f) und Jesus Christus alle Welt (s.102,12) oder auch den einfältigen Sinn eines Menschen *derliuhtet het* (s.145,10), gibt eine verstorbene Schwester Margaretha im Traum Auskunft über die Menschheit Jesu Christi. Diese kann sie im Himmel erkennen, weil die Hl. Dreifaltigkeit selbst dafür sorgt, daß ihre Wirklichkeit offenbar ist, so daß Jesus Christus als *luter mensche* in ihr erkannt werden kann.

6.1. – 6.2.: Jesus Christus als *durchliuhter* der menschlichen Sinne stellt mit seiner Menschheit die Bedingungen dafür her, daß der Mensch die lautere Wahrheit zu erkennen vermag (s.165,17-20).

7.1.: Die Begegnung des alten Simeon mit Jesus bedeutet für jenen, daß er durch den Empfang der göttlichen Gnade in die Lage versetzt wird, Jesus Christus als Licht der Welt zu erkennen. Die gnadenhafte Herstellung der Erkenntnisvoraussetzungen stellt Margaretha als Erhellung dar, die durch den Vorgang des Erleuchtens zustandekommt (s.102,9f).

8.1.: Jesus Christus ist für Margartha *"ain erliuhter der sinne"* (28,6).

12.1.: Aus dem Engel, den Gott Margaretha in ihrer tiefen Trauer schickt, *"luht uz ain umessigiu gnaude"* (24,8).

G. Heinrich von Nördlingen

1. *liecht*
1.1. *got* (3,20; 5,14; 6,28; 10,4; 13,58; 16,72; 27,11; 30,5; 43,117; 46,40; 53,34)
1.2. *Jhesus Christus* (11,37.46; 29,11; 43,21f)
1.3. *ursprung* (11,46)
1.4. *o.BE* (4,48)
1.5. *mensche* (24,3; 30,3)
1.6. *himel* (43,5)
1.7. *warhait* (43,81)
1.8. *mine* (43,118f)
1.9. *gnad* (48,2)
1.10. *beschaidenhait* (52,6)

2. *luchten*
2.1. *antlütz der sel* (4,34)
2.2. *Margaretha* (4,49)
2.3. *gemahel* (46,48.59)
2.4. *mensche* (38,10; 45,10)
2.5. *leben* (13,25)
2.6. *sunne der gerechtigkeit* (6,14f)
2.7. *Jhesus Christus* (6,18)
2.8. *antlütz* (16,39)
2.9. *gnad* (17,27)

5. *durchluchten*
5.1. *vetterliche trü* (53,33f)

7. *erluchten*
7.1. *got* (4,80f; 5,13)
7.2. *vasz* (43,21)

9. *erluchtung*
9.1. *Margaretha* (10,3)

10. *inluchten*
10.1. *glast des ewigen wortz* (9,10f)
10.2. *Jhesus Christus* (42,5f)
10.3. *bild* (13,14; 17,4f)
10.4. *gnad* (27,10f)

12. *uzluchten*
12.1. *sun der gotlichen warhait* (47,18)

13. *vorluchten*
13.1. *bild* (40,113f)

14. *widerlichten*
14.1. *schin* (46,3)
14.2. *antlüz* (48,1f)

15. *glast*
15.1. *glorie* (3,20f)
15.2. *ewig wort* (9,11)
15.3. *ewig lieht* (13,58)

18. *durchglestig*
18.1. *liecht* (11,37)
18.2. *bild* (13,66)
18.3. *brief* (17,23)
18.4. *schein* (19,22)
18.5. *sel* (46,11)

20. *überglestend*
20.1. *liecht* (3,20)

24. *schin*
24.1. *haillige* (19,22; 29,19)
24.2. *geist* (46,3)

27. *durchschinen*
27.1. *glast* (9,11)
27.2. *Jhesus Christus* (16,37)

38. *finster*
38.1. *Margaretha* (38,10)

1.1.: Infolge der Vorstellung Gottes als *liecht* beschreibt Heinrich auch die Einwirkung der göttlichen Wirklichkeit auf den Menschen als lichtvolles Geschehen. Das ewige Licht soll - so Heinrichs Wunsch - vom göttlichen Antlitz aus in Margarethas Inneres kommen, es erleuchten (s.5,14) und sie bis zu Gott hin erheben (s.13,58; 30,5). Bezüglich der unio spricht Heinrich davon, daß das göttliche Licht den Menschen umfängt (s.16,72). Auch das von Margaretha zu erwartende Gegenwärtigwerden Gottes in der menschlichen Seele, zu dem Heinrich Gott verpflichtet sieht, geschieht "*in einem schnellen, durchgüssenden, uberglestenden liecht*" (3,19f). Wenn Gott auf diese Weise auf den Menschen einwirkt - Heinrich wünscht dies, auch wenn er seinen Wunsch allgemein formuliert, speziell Margaretha -, wird dieser im göttlichen Licht in Richtung auf den "*abgrund seiner ewigen klarheit*" (5,15) gebracht.

Eine weitere Wirkung ergibt sich aus der mit dem Adjektiv *minebrennend* metaphorisch umschriebenen Eigenschaft des göttlichen Lichtes, durch das es den Charakter eines Feuers erhält. Aufgrund der Einwirkung dieses Lichtes auf den Menschen soll es, so Heinrichs Wunsch, geschehen, daß der Mensch - ähnlich dem durch Wärme bewirkten Schmelzvorgang - in Jesus Christus vereint wird (s.53,34). Im Unterschied zu dieser Eigenschaft des göttlichen Lichtes hebt Heinrich die verschiedenen Eigenschaften der göttlichen Wirklichkeit in einem anderen Brief dadurch hervor, daß er mit *liecht, für* und göttliche *sterck* innerhalb der göttlichen Wirklichkeit verschiedene Aspekte unterscheidet (s.10,4; 30,5). Während das göttliche Licht "*ain ware erluchtung*" Margarethas ist (10,3), entzündet und vereint (s.30,5) das göttliche Feuer den Menschen mit Gott.

1.2. – 1.4.: In einer dem Licht vergleichbaren Funktion sieht Heinrich Jesus Christus im Verhältnis zu Margaretha stehen; Heinrich ist der festen Überzeugung, daß es Margaretha noch vor ihrem Tod in seinem *lieht* möglich sein wird, *"den ursprung des liechtz und den brunen des lebens"*, Gott Vater, zu schauen (11,46f). Den Hl. Geist bittet Heinrich, auf Margaretha das Licht wirken zu lassen, in dessen Einflußbereich diese selbst in Gottvater Helligkeit verbreitet hat (s.4,48).

1.5.: Entsprechend dem sinnlichen Wahrnehmungsvorgang, zu dessen Voraussetzungen eine bestimmte Helligkeit gehört, verlangt Heinrich für Margarethas Erkenntnis der Wahrheit Licht, das sie dazu in die Lage versetzt (s.30,3). Wie im 24. Brief genauer ausgeführt wird, setzt die Erkenntnis des göttlichen Willens in der Zeit ein dauerndes Zunehmen des Menschen an Gnade, Tugend, *"in lieht und in meinen"* (24,3) voraus.

1.6.: In Brief 43 charakterisiert Heinrich den Faktor, der die Erkenntnisbedingungen positiv verändert, als *"clare(s) himelsche(s) liecht"* (43,5).

1.7.: Die ewige Weisheit, Minne und das ewige Wort, die in Gott ihren Ursprung haben, soll der Mensch in sich aufnehmen, indem er das *"liecht der warhait"*, *"feur der minen"* und den *"spruch des ewigen wortz"* (43,81f) aus dem göttlichen *brunen* trinkt. Die Lichtmetapher steht an dieser Stelle - so wie die Feuermetapher Bild für die leidenschaftliche Energie der Minne ist - für die Möglichkeit der wahren Erkenntnis, die bestimmten (im Bild des Lichtes zur Sprache gebrachten) Bedingungen unterliegt.

1.8.: Mechthilds Buch *"Das liecht der gothait"* muß Heinrich Margaretha zukommen lassen, da ihn dazu *"...zwinget... das lebend liecht der hitzigen mine Cristi..."* (43,118f). Mit der in Bezug auf Mechthilds Buch verwendeten Lichtmetapher soll darauf verwiesen werden, daß dieses Buch sowohl von der Gottheit als auch von der leidenschaftlichen Minne Christi erkennbares Zeugnis gibt.

1.9.: Die mit *lieht* ins Bild gebrachte Einwirkung der Gnade auf Margaretha ist für Heinrich so groß, daß ihr Gesicht *"wider lichten ist in das gebrech der hailigen driveltigkeit"* (48,2f).

1.10.: Im Zusammenhang mit der Gotteserkenntnis, die u.a. *"in behüttigkeit der sinne"*, *"in lauterkait des gaiztz"* und *"in warem liecht der beschaidenhait"* geschieht, fungiert die Bescheidenheit, wofür das Bild des Lichtes steht, als entscheidende Erkenntnisbedingung (52,6).

2.1. – 2.3.: Die Seele Margarethas, die - so Heinrichs Wunsch - in Gott sein möge, *lucht* dann aufgrund der lichtvollen Wirklichkeit Gottes mit ihrem *"antlütz in dem antlutz gotz"* (4,33). Diese Tätigkeit kann sich in ihrer Intensität je nach Nähe und Ferne bei der Annäherung an Gott verändern; denn die als *luhten* metaphorisierte Tätigkeit der Braut Gottes wird *"von dem gegenblick der gotheit"* (46,48f) verursacht. Eine andere Ursache für das Leuchten der Braut besteht darin, daß sie bei der Begegnung mit ihrem Geliebten *fundken* der göttlichen Wirklichkeit empfängt, die bei ihr eine dem Brennen verwandte Reaktion auslösen, so daß gilt: *"ie mer si brinet ie schoner si luchtet."* (46,58f)

2.4.: Mit verschiedenen Antithesen beschreibt Heinrich die Verfassung Margarethas in Jesus Christus, ohne diese genauer zu erklären; dabei zieht er auch die Lichtmetaphorik heran und bezeichnet Margaretha als *"finster und doch luchtent"* (38,10).

Wenn im 45. Brief Margaretha als *gotluchtendü frau* charakterisiert wird, geht es darum, daß in ihr Gott zum Vorschein kommt (s.45,10).

2.5.: In der Bedeutung 'hell machen' verwendet Heinrich die Metapher in Bezug auf Margarethas Leben, das für ihn im Hinblick auf Gott wegweisende Bedeutung hat (s.13,25).

2.6. – 2.8.: Jesus Christus als *"sunne der ewigen gerechtigkeit und warheit"* richtet seine Aktivität auf Margarethas reines Herz (6,14f). Seine - die menschliche Existenz erhellende - Außenwirkung konkretisiert Heinrich mit dem Bild, daß seinem Gesicht leuchtende Eigenschaften zukommen (s.16,39).

2.9.: Das Bild des Leuchtens findet ebenfalls Verwendung für die Einwirkung der Gnade aus Heinrich in Margarethas Inneres (s.17,27).

5.1.: Die Treue, die der himmlische Vater bei seinem Liebeshandeln dem Menschen entgegenbringt, parallelisiert Heinrich mit dem *minenbrinende(n) lieht*, das den Menschen *durchluchten* und in Jesus Christus *versmeltzen* soll (s.53,33f).

7.1.: *Warheit, mine, kraft* (in ähnlicher Weise bereits in dieser Reihenfolge Gegenstand von Aussagen in 10,4 und 30,5 s.1.1.) sollen - so Heinrichs Wunsch - den von ihm betreuten Schwestern von Gott vermittelt werden; in Bezug auf die Wahrheit wünscht Heinrich, daß Gott - die Lichtmetapher zur Bezeichnung der Wahrheit vorausgesetzt - die Schwestern *"müsze... erleuchten in aller warheit..."*(4,80f).

An anderer Stelle kommt die Erleuchtung des inneren Menschen mit dem göttlichen Licht einer inneren Positionsveränderung gleich; denn *"in seinem liecht"* bewegt Gott Margaretha *"in sich selben, in das abgrund seiner ewiger klarheit..."* (5,15).

7.2.: Den bestimmenden Einfluß, den Jesus Christus auf Margaretha hat, veranschaulicht Heinrich, indem er Margaretha als eine vom Licht Christus *"erluchten cristallinen vasz"* bezeichnet (43,21).

9.1.: Die Mitteilung von Wahrheit, Liebe und Kraft durch Gott wünscht Heinrich in mehreren Briefen Margaretha. Im 10. Brief verleiht er diesem Wunsch mit einer Reihung von Substantivmetaphern Ausdruck: *"ain ware erluchtung in dem gotlichen liecht, ain ware entzundung in dem gotliche für, ain ware kraft in der gotlicher sterck..."* (10,4f).

10.1. – 10.3.: Beim Anschauen des Gesichtes ihres Neugeborenen wirkt auf die Gottesmutter Maria *"des ewigen wortz durchschinder glast"* (9,10f) in einer Intensität ein, die die Möglichkeiten aller *lutern creatur* zum Empfang des Göttlichen übertrifft. Aber auch für Margaretha gilt, daß ihr *"in der zit"* Jesus Christus innerlich auf liebevolle Weise *in leuchtent* ist (42,5f).

Margaretha selbst erhält eine dem Licht vergleichbare Funktion, indem sie das Vorbild Jesu Christi quasi zum Leuchten bringt und von ihr aus dieses Vorbild

Heinrich *in gelücht hant* (s.13,14). Diese Funktion Margarethas bringt Heinrich an anderer Stelle dadurch zum Ausdruck, daß er von ihr als von einem Spiegel des Lebens und Leidens Christi redet, deren *bild* in seine, Heinrichs, Seele *in lüchtend* ist (s.17,4f).

10.4.: Wenn Heinrichs Seele dafür empfänglich wäre, würden in ihn aus der göttlichen Wahrheit *"gnad, lieht und gotlicher smack"* gelangen (s.27,10f).

12.1.: Die Selbstmitteilung der göttlichen Wahrheit an den Menschen, für Heinrichs beeinträchtigtes Auffassungsorgan nicht erkennbar, bringt Heinrich im Bild der *"ausz leichtend klar sunn"* zur Sprache (47,18).

13.1.: Den Vorbildcharakter Jesu Christi bezeichnet Heinrich unter dem Aspekt seiner wegweisenden Bedeutung als *vorluchtende(s) bild* (s.40,113f).

14.1. – 14.2.: Den Einfluß der göttlichen Minne und Gnade auf Margaretha macht Heinrich dadurch vorstellbar, daß er dies am veränderten äußeren Zustand von Margarethas Gesicht aufzeigt: ihr Gesicht ist *"von brunst der mine"* geklert und *"von liecht der gnad wider lichten... in das gebrech der hailigen driveltigkeit..."* (48,2f).

15.1. – 15.3.: Im Zusammenhang mit der metaphorischen Bestimmung Gottes als *liecht* findet auch der Begriff *glast* als einer Eigenschaft von Licht Verwendung für die u.a. in der Seele Margarethas sich zeigende göttliche Wirklichkeit (s.3,20f).

18.1. – 18.4.: Aus der lichtvollen Erscheinung Gottes und seines Sohnes ergibt sich, daß er ein *durchglestige(s) liecht* und *das schönsti und durchglestigsti bild* genannt werden kann. Aufgrund ihrer Partizipation am Göttlichen zeigen auch alle Heiligen einen *durchglestigen schein* (s.19,22).

Weil die schriftliche Mitteilung Margarethas göttliche Wahrheit enthält, bezeichnet Heinrich sie als *durchglesten brief* (s.17,23).

18.5.: Im Zusammenhang mit Ausführungen zur göttlichen Himmelfahrt wünscht Heinrich Margaretha u.a. *"ein luter hertz, ein durchglestig sel, ain minenden geist, ein brinenden ernst..."* (46,11f).

20.1.: Gottes Einwirken auf die Seele in Barmherzigkeit - veranschaulicht im Bild des Lichtes - wird genauer charakterisiert mit den Adjektiven *schnell, durchgüssend* und *uberglestend* (3,19f).

24.1. – 24.2.: Auf die Partizipation der Heiligen an der göttlichen Wirklichkeit verweist Heinrich mit dem Bild vom *"schein aller hailligen"* (19,22).

27.1. – 27.2.: Die Wirkung Jesu Christi auf Margaretha parallelisiert Heinrich mit durchdringendem Lichtglanz, der in Margaretha hineinleuchtet. Sein *liecz durchschinen* wird ergänzt durch sein *suesses berüren* und durch den *creftigen durchschus* seines ewigen Wortes (s.16,37f).

38.1.: Heinrich wünscht Margaretha die unio mit Jesus Christus und in ihr die Erfahrung, *"finster und doch lüchtend (ze sein),... teglich sterben und doch dar inen vor smeken ewigs leben."* (38,10-13)

loufen (1.)/ louf (2.)/ uzloufen (3.)/ uzlouf (4.)/ widerlouf (5.)/ vorlof (6.)/ vorlofer (7.)

D. Tauler

1. *loufen*
1.1. *mensche* (36,4)

2. *louf*
2.1. *sele* (9,18)

3. *uzloufen*
3.1. *sele* (9,16.18)
3.2. *mensche* (36,1f; 172,8)

4. *uzlouf*
4.1. *mensche* (14,26; 105,5; 129,36; 184,9f; 280,1; 327,6; 354,23)
4.2. *zit* (11,25)

5. *widerlouf*
5.1. *mensche* (9,19)

1.1. – 2.1.: Das Bild des Laufens findet Verwendung für die Unbeständigkeit des Menschen, der sich in seiner Außenorientierung immer mehr von sich selbst entfernt (s.36,4).

3.1. – 3.2.: Der Hinwendung zur Zeit und zeitlichen, sinnlichen Dingen verleiht Tauler mit der Metapher *uzlouffen* Züge einer Ortsveränderung, bei der der Mensch seinen *grunt* zugunsten gut scheinender Werke und Vollzugsweisen (s.36,1) verläßt und sich von sich selbst entfernt wegen seiner Suche nach etwas anderem, als er selbst ist (s.172,8).

4.1. – 4.2.: Die Suche im eigenen Innern, im *grunt* (s.14,26; 327,6), muß - so Taulers Forderung - an die Stelle aller Existenzvollzüge treten, die auf zeitliche (s.11,25) und äußere Ziele gerichtet sind und Zerstreuung bewirken (s.354,23).

5.1.: *Widerlouf* ist Bild für die Rückkehr des Menschen in sein Inneres (s.9,19).

E. Seuse

6. *vorlof*
6.1. o.BE (174,17)

7. *vorlofer*
7.1. *diener* (26,23f)

6.1.: Die Entrückung nennt Seuse aufgrund ihres vorbereitenden, vorab vor dem eigentlichen Geschehen der wesenhaften Vereinigung stattfindenden Charakters einen *vorlof* (s.174,17).

7.1.: Die Rolle des Vorläufers bezieht Seuse auf alle Liebhaber Gottes, denen für das geistliche Leben eine Vorbildfunktion zukommt (s.26,23f).

(er–)/uflupfen (1.)

E. Seuse

1. *(er–)/uflupfen*
1.1. *werk* (3,6f)
1.2. o.BE (171,25f)
1.3. *mensche* (156,3
1.4. *herze* (114,11f(Pat)

1.1. – 1.3.: Die Bedeutung, die die guten Werke (s.3,6f), aber auch die Aussicht auf die Erlangung der Seligkeit in der Gottesschau (s.171,23f) für den Menschen haben, läßt sich an der inneren Veränderung des Menschen entnehmen; Seuse spricht davon, daß die Kunde von Gott und seiner Schau den menschlichen Geist *"uf lupfet, hoh über sich selb."* (171,26f)

Die Vorstellung vom geistlichen Stufenweg voraussetzend, fordert Seuse an einer anderen Stelle der Vita seine geistliche Tochter auf, daß sie sich vom Trost des anfangenden Menschen auf die Höhe Gottes hin weiter fortbewege. Das *uf erlupfen*, zu dem Seuse auffordert, vergleicht er dann wirkungsvoll mit der Flugbewegung des Adlers (s.156,2-4).

1.4.: Auch für den Vorgang der geistlichen Auferbauung, etwa der leidenden geistlichen Tochter durch einen Brief, steht bei Seuse die Verbmetapher *erlupfen* (s.114,11f).

luter/gelutert (1.)/ unluter/ungelutert (2.)/ luterkeit/luterunge (3.)/ lutern (4.)/ entlutern (6.)/ verunlutern (5.)

A. Mechthild von Magdeburg

1. luter
1.1. *maget* (III 1,57; IV 1,8; V 6,3; VII 37,31)
1.2. *minne* (III 3,7; 7,7; 24,26; IV 2,22; VI 30,1f)
1.3. *leben* (VI 30,5; VII 21,30)
1.4. *mensche* (III 4,10; IV 25,12; V 23,179; VI 39,19; VII 18,51; 26,5; 27,9.24; 35,17; 62,40)
1.5. *sele* (VII 48,61)
1.6. *kúscheit* (VII 17,30.32; 30,2)
1.7. *gewissen* (VII 17,3)
1.8. *wille gottes* (VII 34,12)
1.9. *ellende* (III 1,63)
1.10. *helikeit* (III 1,146)
1.11. *geist* (IV 14,40)
1.12. *herze* (VII 48,32; 64,14)
1.13. *meinen* (II 23,29)

3. luterkeit/luterunge
3.1. *schatz* (VII 21,12)
3.2. *vater* (VII 37,25)

3.3. o.BE (V 35,46)
3.4. *maget* (III 1,57)
3.5. *sele* (IV 18,53)
3.6. *minne* (V 30,28)

4. *lutern*
4.1. *hl. vater* (VI 37,16)
4.2. *sele* (I 1,21(Pat))
4.3. *pine* (V 2,15)

1.1.: Die hinsichtlich ihrer Beschaffenheit mit Metall ohne jegliche Beimischung verglichenen *lutern megde* zeichnen sich dadurch aus, daß sie in Demut schweigen, in Liebe Kummer erleiden, Scham und Keuschheit zeigen (s.IV 1,1-5).

1.2. – 1.4.: *Luter gotzminne* beinhaltet, daß man Dankbarkeit gegenüber Gott zeigt, indem man ohne Sünde lebt, Gottes Gaben nutzen und hinsichtlich des Lebenswandels *luterliche leben* kann (s.VII 21,30). Die *hoehin* der Minne Jesu Christi dem Menschen gegenüber, d.h. ihr transzendenter Charakter, bewirkt, daß der Mensch in Jesus Christus *luter* bleibt, weil irdische Dinge ihn nicht verderben können (s.VII 18,51f).

1.5. – 1.6.: Die Keuschheit soll dafür sorgen, daß die Seele *"iemer luter und reine si, wand min lieber brútgoum Jhesus Christus, der ist ze allen ziten bi mir."* (VII 48,61f) Jesus Christus selbst ordnet Mechthild an einer anderen Textstelle im Rahmen einer Kleidallegorie *"die... diemuetige(n) lutere(n) kúscheit..."* zu (VII 17,37).

1.7.: Schmach und Pein bringen das Gewissen nicht davon ab, *"luter in gotte..."* zu stehen (VII 17,3).

1.8.: Im Unterschied zum menschlichen Willen, der *"gemenget ist mit dem vleische..."* (VII 34,12), ist Gottes Wille frei von jeglicher fremder Beeinflussung und deshalb für Mechthild *luter*.

1.9. – 1.11.: Das *ellende* des Himmels, unterhalb von Gottes Thron gelegen, ist *"luter in sich selber..."* (III 1,63f); im *ellende* lokalisiert Mechthild die *luter helikeit* (s.III 1,146).

1.12.: Zum Merkmal eines *lutern herzen* gehört, daß es sich *"dur die waren gottes minne hat geloeset von allen irdenschen dingen."* (VII 48,33f)

1.13.: Die *einvaltigen reinen* Menschen zeichnet aus, daß sie *"got in allem irem tuonde luterlich meinent..."* (II 23,28f).

3.1.: Der Mensch hat durch sein sündiges Verhalten den in der Taufe von Gott verliehenen *"túren schatz der luterkeit..."* beseitigt (VII 21,12).

3.2. – 3.6.: Gottvater kommt die *ewige luterkeit* zu (s.VII 37,25); in seiner Macht liegt die *reine luterunge* des Menschen (s.V 35,46). Anders als Gott ist den *megden*, die gesündigt haben, die *luterkeit* genommen (s.III 1,57). Auf Seiten des Menschen ist allein die gottliebende Seele in der Lage, mit *gottes wisheit* die Teufel zu vertreiben und zu leben *"in heliger luterkeit von allen súnden vri..."* (IV 18,52f).

4.1.: Die Entfernung der Sünden stellt Mechthild sich als ein Geschehen vor, bei dem Gott ähnlich der Läuterung von Metall den Menschen durch seine Gnade verändert (s. VI 37,16).

4.2.: Infolge davon, daß Frau Minne die Seele ganz für sich in Anspruch genommen hat, erscheint die Seele *"gelútert und gezogen in got..."* (I 1,21).

4.3.: Die Verbmetapher *lutern* steht schließlich für die Wirkung der *pine*, die den Menschen von allen Sünden befreit (s. V 2,15).

B. David von Augsburg

1. *lûter*
1.1. *guot* (322,29)
1.2. *erkantüsse* (323,24; 337,3f; 364,4)
1.3. *verstantnüsse* (324,9)
1.4. *erkenen* (332,28; 333,23; 395,34; 396,17)
1.5. *schouwen* (387,24)
1.6. *ervinden* (367,8)
1.7. *gnade* (333,37)
1.8. *armuot* (344,33)
1.9. *tugent* (351,14f; 352,37)
1.10. *güete* (358,17)
1.11. *klarheit* (361,30)
1.12. *glast* (361,33)
1.13. *amplic* (362,4f)
1.14. *geiste* (324,20)
1.15. *spiegel* (404,11f)
1.16. *ursprinc* (383,30.32)
1.17. *brunne* (376,33)
1.18. *engel* (324,30)
1.19. *gerunge* (325,6; 392,26)
1.20. *wille* (394,13)
1.21. *erliuhten* (391,24)
1.22. *minne* (347,30; 378,1; 383,15; 386,12)
1.23. *minnen* (365,39)

3. *lûterkeit*
3.1. *sêle* (346,19)
3.2. *andâht* (352,40)
3.3. *allez* (397,24f)
3.4. *himel* (359,34)
3.5. *got* (360,14; 398,24f)
3.6. *himelsche gesinde* (362,3)
3.7. *gotlich lieht* (382,16)
3.8. *gotliche niezunge* (393,35f)

4. *lûtern*
4.1. *mensche* (363,24f)
4.2. *Jesus Christus* (363,27)
4.3. *sunne* (342,10)
4.4. *melwe menslîcher nature* (376,35f)

1.1. – 1.6.: Der in *lûter* erhaltene Aspekt des Ursprünglichen und des Freiseins von allen fremden Beimischungen liegt auch der metaphorischen Verwendung des Adjektivs bei David von Augsburg zugrunde: Die menschliche gute Tat ist nie ausschließlich, d.h. *lûter guot*; die durch nichts Fremdes abgeschwächte Erkenntnis Gottes, die die höchste Seligkeit des Menschen begründet (s.364,3f), kann auch bei den Heiligen durch das Fixiertsein auf betrübliche irdische Dinge beeinträchtigt werden: "... *diu lûter verstantnisse der himelischen klârheit dâ mite trüeber ist...*" (324,9f). Bei den Heiligen ergibt sich aus dem Grad, mit dem sie die göttliche Gnade *lûterlich* erkennen, der Grad der Einsicht in die eigene Unwürdigkeit (s.332,28); da Christi Seele *"lûterlicher erkante denne ie dehein sin..."* (333,23), ist er auch am demütigsten. König David gelangte zu einer authentischeren Erkenntnis - d.h. er *erkente deste lûterlîcher* (396,17) - in Bezug auf den Schaden der menschlichen Ursünde in dem Augenblick, als er in der Kontemplation in die Höhe erhoben war.

Für den Menschen allgemein ist das Gebet die Gelegenheit, in der er all seinen Nutzen und Schaden *lûterlich* wahrzunehmen vermag (s.387,24). In Bezug auf Gott gilt jedoch, daß weder *engelisch sin* noch *menschlich verstantnisse* authentisch zu erfahren vermögen, was Gott ist (367,6-8).

1.7. – 1.10.: Bei den Größen *tugent, güete* Gottes, *gnade* und *armuot* Christi hat die Adjektivmetapher die Funktion, hervorzuheben, daß diese jeweils uneingeschränkt vorhanden sind und ohne Beeinträchtigung zur Geltung kommen.

1.11. – 1.13.: Im Zusammenhang mit der Lichtmetaphorik stellt David durch die metaphorische Formulierung "*in der lûtern klârheit und in der liehtisten lûterkeit*" (361,30f) fest, daß im Himmelreich die Verbreitung des göttlichen Scheins durch nichts beeinträchtigt wird. Darum empfangen die obersten Engel auch den göttlichen Glanz "*also vrisch und alsô lûter und also starc, daz aller der himelische palas von in erliuhtet wirt...*" (361,32-34). Da den unteren Engelschören der göttliche Anblick "*als lûter und als lieht ist*" (362,4), wird ihnen von den oberen Chören so viel mitgeteilt, wie sie jeweils aufnehmen können.

1.14. – 1.15.: Im Unterschied zur sichtbaren Welt ist die geistige Welt der Bereich, in dem sich die *lûtern geiste* aufhalten und über sich in die Höhe zu Gott aufbrechen (s.324,20f). Wer als Mensch ohne Todsünde den Leib Christi empfangen hat und stirbt, kommt vor Gott in eine Situation, die in Davids Sicht Züge eines Spiegels aufweist; in dem "*lûter spiegel der gotheit*" sieht der Mensch das Gesicht von Gottes Menschheit.

1.16. – 17.: An den reinen Menschen, denen Jesus Christus sein Herz mitteilt, läßt sich ablesen, wie *gesmack* und wie frei von allen Eintrübungen der göttliche Ursprung ist. Und je näher jemand etwas dem Ursprung entnimmt, desto "*lûterr und ie süezer*" ist das, was er entnimmt (383,30-32). Im Hinblick auf den Ursprung alles Guten stellt David zur Qualität des Ursprungs, der Jesus Christus ist, fest, daß er als "*lûteriste(n) brunne alles guotes*" anzusehen ist (376,33).

1.18.: Das Verhältnis Engel-Seele, die ein "*geschaffenz exemplar nâch got aller dinge*" (324,29) ist, differenziert David hinsichtlich ihrer *lûterkeit*: Der Engel ist "*in sîner natûre noch ein teil lûterr*" (324,30).

1.19. – 1.21.: Das stille Gebet besteht in einer uneingeschränkten (*lûter*) Sehnsucht nach Gott (s.325,6). Was die verschiedenen Stufen des Gebets anbelangt, kommt der Mensch auf der dritten Stufe noch nicht zur vollkommenen Erkenntnis Gottes, da sein Geist auf dieser Stufe noch nicht ohne Einschränkungen - *klarlich* und *lûterlich* (391,23f) - die für die Gotteserkenntnis erforderliche Helligkeit besitzt. Zur Einigung des menschlichen Geistes mit Gott kommt es erst auf der 6. Stufe, wenn die Seele die göttliche Liebe in ihrer ganzen Intensität und "*mit dem aller lûtersten willen*" der göttlichen Minne (394,13) erfährt.

1.22. – 1.23.: In Verbindung mit der Minne sagt *lûter* deren Echtheit und Uneingeschränktheit aus: Mit *lûterr minne* soll man u.a. die Leiden - wie Jesus gelehrt hat - auf sich nehmen (s.347,30); kein Ding liebt man so *lûterlich* wie Christus (s.365,39).

In Bezug auf Jesu Minne wird an mehreren Stellen festgestellt, daß diese "*so vil lûterr unde kreftiger ist*", je weniger sie sich den Kreaturen mitgeteilt hat (u.a.383,15f).

3.1.: Gemeinsamkeiten zwischen der Seele und dem Eisen sieht David darin begründet, daß die Entfernung von Rost der Einwirkung von Leid auf die Seele gleichkommt. Denn durch *ungemach* wird der Seele "*der sünden roste und diu hôchvart abegevilet*" (346,17), so daß ihr Zustande von allen fremden, den ursprünglichen Zustand verfälschenden Beimischungen und Überlagerungen gereinigt ist. Aufgrund ihres Reinseins und ihrer *lûterkeit* glänzt sie heller als vorher, weil sie den göttlichen Schein wieder mehr empfangen kann.

3.2.: "*Lûterkeit der andaht*" und die Intensität des menschlichen Willens sind u.a. nach Davids Meinung ein Kriterium für Gott, die Tugenden des Menschen zu bewerten (352,39f).

3.3.: In seiner Beziehung zu Gott ist der Mensch auf *lûterkeit* sowie auf *gerunge* angewiesen; denn ohne diese *zwei(n) vüeze(n)* vermag er Gott nicht zu erreichen (397,24f).

3.4. – 3.8.: Der Bereich Gottes und alles, was mit der göttlichen Wirklichkeit unmittelbar zusammenhängt, ist geprägt von einer Verfassung, die David mit der Metapher *lûterkeit* umschreibt. Innertrinitarisch ähnelt der Sohn in seiner Funktion für den Vater der eines Spiegels; denn der Vater "*siht... sich selben an in dem spiegel*" (398,16). Ebenfalls nimmt der Sohn die Gottheit des Vaters in dem Spiegel wahr, der er selbst ist; zugleich erkennt er dabei sich selbst "*in der reinen lûterkeit der gotheit*" (398,24f). Denn er selbst ist ohne Einschränkung und Beeinträchtigung in gleichem Maße wie der Vater Gottheit. Die göttliche *lûterkeit* schließt auch alle *toetliche broedekeit* aus; den Sinn der Inkarnation Jesu Christi sieht David in diesem Zusammenhang darin, daß der Mensch in seiner Schwachheit durch Jesus Christus, der *lebendiu spise*, in dessen *gotliche lûterkeit* (s.360,14f) verwandelt wird.

Charakteristisch für die himmlische *lûterkeit* ist auch, daß der Mensch mit Gott ein Geist wird (s.359,35). Auch der Ort in Gott, wo die Kreatur erzeugt wird und wo die drei obersten Engelschöre den Glanz der göttlichen Schönheit empfangen, wird umschrieben mit den Metaphern *lûter klârheit* und *liehtiste lûterkeit* (s.361,30f). Was die obersten Engel dort an göttlichem Glanz empfangen, geben sie weiter an das *himelische gesinde,* so viel es je nach der jeweiligen *lûterkeit* und *begirde* empfangen kann (362,3f).

Die Eigenschaft der *lûterkeit*, die in Bezug auf das göttliche Licht das Fehlen jeglicher Materialität bedeutet, ist Ursache dafür, daß menschliche Erkenntnis *vinster* und Gott aller Kreatur verborgen ist (s.382,16f). Erst wenn der menschliche Geist auf der fünften Stufe des Gebets über sich selbst hinausgelangt ist, vermag er Gott wahrzunehmen, ohne daß die "*lûterkeit der gotlîchen niezunge*" dabei zerstört würde (393,34-36).

4.1. – 4.4.: Die Verbmetapher *lûtern* setzt David ein, um das Verhalten des Menschen darzustellen, der sich dem *tugentspiegel* Jesus Christus versucht anzugleichen. Dabei bittet er auch Jesus Christus um Hilfe, ihm alle dunkel machenden Flecken zu entfernen (s.363,25.27f). In dem Maße, wie sich der Mensch in seinem irdischen Leben *lûtert*, wird er im Himmel gleich dem *"liehten spiegel... der gotheit"* Jesu Christi (363,26).

Der Tätigkeit Jesu, des *ewigen sunnenschin*, verleiht David Züge der Sonnenhitze, die den Dampf der Erde hinaufzieht und zu klarer Luft *lûtert* (342,10); denn Jesus Christus verfolgt - so David - mit seiner Inkarnation das Ziel, mit seiner *minnehitze* den Menschen von aller irdischen Liebe zu sich in die Höhe Gottes zu ziehen (s.342,13f). Jesus Christus selbst unterscheidet sich vom Menschen dadurch, daß seine menschliche Natur so *"an der reinen muoter sante Marien... gelûtert ward"* (376,35f), daß keine Sünde eine Verbindung mit ihm eingehen konnte.

C. Meister Eckhart

1. *lûter*
1.1. *warheit* (I 11,3; 51,9; 331,7f; III 293,3f)
1.2. *got/gotheit* (I 360,5f; 361,3; II 557,5; III 78,5.11; 252,1)
1.3. *wesen/weselicheit* (I 49,1; 56,1.6; 122,5f.7; 250,18; 251,10; 400,1; 402,5; II 66,3; 120,1; 161,6f; 216,5; 350,1f; 448,6; 553,10f; 554,1f; 561,3f; 597,6)
1.4. *absolûcio* (III 133,5)
1.5. *substancie* (II 274,2)
1.6. *einicheit* (III 101,3)
1.7. *vereinen* (III 118,15)
1.8. *einvalticheit* (I 289,8)
1.9. *einunge* (I 197,6)
1.10. *ein* (I 361,6; II 77,1f; 89,3; III 448,8; V 53,18)
1.11. *zâl* (I 283,8)
1.12. *instan* (I 56,7)
1.13. *würken* (II 306,11)
1.14. *gebern* (I 73,4; II 306,9)
1.15. *lieht* (I 18,6f; 162,7; 283,3; 405,7; II 121,4; 181,3; 343,10; 369,3; III 217,2; 229,4f)
1.16. *mensche* (I 11,4; 326,6; 328,12; II 61,10; 598,5f; III 63,5; 489,2; V 12,4.12; 24,13; 401,9f)
1.17. *sêle* (I 361,2f; II 229,5; 549,6; 560,1; 599,2; III 17,1; 424,3; V 32,10)
1.18. *tempel* (I 12,10)
1.19. *vünkelîn* (I 344,10f)
1.20. *vernünfticheit/vernunft* (I 368,2; 377,2f; 383,5)
1.21. *dinc* (I 289,10; II 612,10; III 260,12f; 458,2)
1.22. *verstan* (I 366,1; 408,1)
1.23. *bekennen* (III 38,4; 39,5)
1.24. *verstantnis* (I 250,17; 251,2; 366,1)
1.25. *bekantnis* (I 51,4f)
1.26. *kraft* (II 53,1; II 308,3; III 169,3; 173,1)
1.27. *minne* (II 41,4; 43,6; 45,10f; 46,5)
1.28. *tugent* (II 44,3f; 46,3f)
1.29. *wille* (I 366,2)
1.30. *dêmüeticheit* (II 550,4; 551,2)
1.31. *vroide* (III 329,1)
1.32. *trost* (III 367,1)
1.33. *güete* (V 25,2)
1.34. *ruowe* (I 252,5; II 123,3; 198,7; 199,4)
1.35. *vride* (II 122,7)
1.36. *werc* (I 359,5)
1.37. *daz meinen* (I 187,4)
1.38. *entwerden* (V 283,3)

1.39. *spîse* (I 344,5)
1.40. *leben* (III 400,9)
1.41. *geist* (II 181,5.7; 201,8)
1.42. *stât* (III 424,5)
1.43. *abegescheidenheit* (V 401,6; 423,1.4; 428,7f)
1.44. *ein niht* (III 80,4)
1.45. *spiegel* (III 335,1)
1.46. *sprechen* (II 189,10)
1.47. o.BE (I 123,4; 284,1; 349,1; 370,3; 388,11; II 42,3; 199,1f; 242,3; III 194,6; 367,6f; 398,8)
1.48. *verworfenheit* (III 224,3)
1.49. *poshait* (III 80,3)

2. *unlûter*
2.1. *reden* (III 224,3)

3. *lûterkeit*
3.1. *got* (II 529,1; III 398,8; 458,1: V 403,4)
3.2. *wesen* (I 329,2; 346,5; II 553,9f; III 341,2.5)
3.3. *grunt* (III 337,5)
3.4. *stilnis* (III 342,2f)
3.5. *engel* (III 129,11)
3.6. *crêatûre* (I 379,10f)
3.7. *sêle* (I 136,12; 137,1; 289,7f; II 599,3; V 11,6)
3.8. o.BE (I 17,8; 56,1; 282,2.6; 358,13; 359,4; 368,2; 380,2f; 382,5f; 383,5f; 385,1f;388,3; 402,4f; II 63,7; 67,2; 274,12; 347,6; 558,1; 596,2; III 471,1f)

4. *liutern*
4.1. *sêle* (I 136,4.7.10.12(Pat))
4.2. *engel* (II 116,3; III 353,2(Pat))
4.3. *mensche* (II 370,3f(Pat))
4.4. *gotheit* (I 363,3(Pat))
4.5. *iht* (I 335,5(Pat); II 203,3)

1.1.: Eckhart verfolgt im Hinblick auf die unter 1.1.-1.49. aufgeführten Bildempfänger die Intention, deren authentische, von allen kreatürlichen Einflüssen freie Verfassung zur Sprache zu bringen. Aufgrund ähnlicher semantischer Merkmale kombiniert er an vielen Stellen *lûter* mit *rein* unter dem Aspekt der Sauberkeit, der Ungebundenheit mit *ledic*, der Unbedecktheit mit *blôz* sowie der Freiheit von Eintrübungen mit *clar*.

Nicht vereinbar mit der *lûtern warheit* ist alle Vielheit, Zeit und jeglicher individuelle Unterschied (s.I 11,3-6). Sie ist nach Eckharts Auffassung aller irdischen Weisheit weit überlegen; deshalb muß diese sogar bei der Erkenntnis der *"blôzen lûtern wârheit"* beseitigt werden (I 51,9-11). Da jeglicher Unterschied und damit alle kreatürliche Vielheit der Beschaffenheit der *lûtern wârheit* widersprechen, gilt: *"in gote enist weder minner noch mê; er ist alleine ein einvaltigu, lûteriu, wesenlîchû wârheit."* (III 293,3f).

1.2.: Das Verhältnis des Menschen zu Gott bestimmt Eckhart auf dem Hintergrund des Substanz-Akzidenz-Modells. Die kreatürlichen, Unterschied und Vielheit implizierenden Eigenschaften überlagern quasi das Göttliche im Menschen, so daß, wenn alles *"das und das"* vom Menschen beseitigt ist, *"das... da beleibet, das ist lûter got."* (III 78,5-6). In sich selber hat der Mensch oberhalb des Leibes, d.h. jenseits des Kreatürlichen, in seiner Seele einen Ort, der derart frei von allem Fremden ist, daß in diese *lûter sêle* ausschließlich die *lûter gotheit* hinzukommen vermag (I 360,5f; 361,2f).

1.3. – 1.5.: Für das *lûter wesen* Gottes ist es charakteristisch, daß *vremdes* (s.I 56,11), *zuohangendes* und *zuoval* (s.I 56,6) von ihm ausgeschlossen sind. Da der Mensch bestimmte Eigenschaften auf das Sein Gottes projiziert, obliegt es der Vernunft, diese *zuolegunge* (s.II 561,3) zu entfernen, um Gott "*blôz, als er lûter wesen ist in im selben*" (I 122,6) zu empfangen (s.II 561,3). Dies heißt für Eckhart auch, daß das Sein Gottes nur der erkennt und in dieses nur der hineinkommt, der sich vom Sein Gottes nicht unterscheidet: "*in got, der ein lûter wesen ist, enkumet nihtes niht, ez ensî ouch lûter wesen.*" (II 554,1f; vgl.I 250,17f).

Daß das göttliche Sein als *lûter wesen* von jeglichem kreatürlichen Einfluß frei ist, veranschaulicht Eckhart auch mit dem Abstand, den das *lûter wesen* Gottes zur Schöpfung hat: Gottes "*hêrschaft liget dar ane, daz er möhte schepfent tûsent werlte und er dâ enboben allez überswebete in sînem lûtern wesene...*" (II 161,6f). Das *lûter wesen* Gottes kann synonym daher auch als *überswebendes wesen* bezeichnet werden (s.I 400,1f). Aufgrund seiner Verbindungslosigkeit und Freiheit von allen fremden Einwirkungen sieht Eckhart das Sein Gottes *dar obe* auch dadurch bestimmt, daß es sich bei ihm um die "*lûter absolûcio des vrîen wesens, daz dâ ist sunder dâ...*" handelt (III 133,5).

1.6. – 1.9.: Übereinstimmend mit dem als *lûter* metaphorisch umschriebenen Charakter des göttlichen Seins werden auch die *einicheit*, die Gott ist (s.III 101,3), sowie die *einvalticheit*, die die Dinge in Gott bestimmt (s.I 289,8), und das Vereinen des menschlichen mit dem göttlichen Willen (s.III 118,15) durch die Adjektivmetapher *lûter* hinsichtlich ihrer Authentizität genauer charakterisiert.

1.10. – 1.12.: Da man nach Eckharts Auffassung nichts finden kann, was "*so blôz und so lûter sî sô zal*" (I 283,8), zieht er die Zahl eins heran, um Gott zu charakterisieren. Diese konvergiert inhaltlich mit *lûter* darin, daß sie alles zum Ursprünglichen Hinzukommende negiert (s.III 448,8) und damit als "*lûter ein ist sunder alle zuovallende menge underscheides...*" (V 53,18). Von diesen Ausführungen her ist es einsichtig, daß es in diesem *lûter ein* Gottes keinen Zugang gibt (s.II 89,3) und daß die derart bestimmte göttliche Wirklichkeit keine Außenorientierung kennt, sondern ein "*lûter instan in im selber*" ist (I 56,7). Die Unvereinbarkeit der Mannigfaltigkeit mit der Zahl eins rückt diese auch in die Nähe einer - Monotonie implizierenden - Wüstenlandschaft. Eckhart formuliert infolge einer ähnlichen Merkmalsstruktur: "*Got leitet disen geist in die wüestunge und in die einicheit sîn selbes, dâ er ein lûter ein ist...*" (II 77,2).

1.13. – 1.14.: Entsprechend dem lauteren Charakter der göttlichen Wirklichkeit ist auch das Wirken des göttlichen Vaters, insbesondere sein *gebern*, davon geprägt, daß es *lûter*, d.h. authentisches Handeln der ersten trinitarischen Person, ist. Damit dieses Geschehen im Menschen in der gleichen Weise wie im eingeborenen Sohn erfolgt, ist es erforderlich, daß die menschliche Seele die gleiche Beschaffenheit wie die Seele Christi zeigt (s.II 306,11).

Auch die Gottesgeburt kann nur dann im menschlichen Geist ohne Abstriche (*lûterlîche*) vollzogen werden, wenn der Mensch sich selbst entäußert hat und *ledic* geworden ist (s.II 306,9f).

1.15.: Die Freiheit von allem fremden, Gottes wahre Wirklichkeit verfälschenden Einfluß zeigt sich auch daran, daß Gott ein "*lûter klârez lieht*" ist (I 18,6f). Dieses *lûter lieht* Gottes ist von der kreatürlichen Wirklichkeit unterschieden, wie Eckhart über die räumliche Position dieses Lichtes und den Hell-Dunkel-Gegensatz hervorhebt: "*daz götlich lieht... ist sô lûter und sô überswebende und sô hôch, daz alliu lieht ein vinsternisse sint und ein niht wider disem liehte.*" (II 369,3-5) Wer das göttliche Licht empfangen will, muß sich der Beschaffenheit dieses Lichtes angleichen und infolgedessen selber *lûter lieht* werden (s.II 181,3).

Mit dem göttlichen Licht teilt das "*lûter lieht der sêle*" die Bestimmung, in Distanz zur Lebenswelt präsent zu sein: "*daz überswebende natiurlich lieht der sêle daz ist sô lûter und sô klâr und sô hôch, daz ez rüeret engelische natûre*" (II 121,4f). Wenn die Seele jegliche Außenorientierung aufgegeben hat, ist sie als ganze in ihrem "*einvaltigen lûtern lieht*" präsent (III 229,4f).

Einen Zustand von göttlicher Qualität erreicht die Seele, wenn man ihre Kräfte und ihre Natur von ihr entfernt; in diesem Fall befindet sie sich "*in dem lûtern liehte, dâ si mit gote ein bilde ist...*" (II 343,11f).

1.16.: In Bezug auf den Menschen steht *lûter*, um eine bestimmte, ausschließlich auf Gott gerichtete Disposition vorzustellen. Verfälscht würde eine solche Einstellung, wenn der Mensch in allem, was er tut und von Gott empfängt, nur seine Interessen verfolgen würde (s.I 11,3). Diese Einstellung bewirkt, daß der Mensch, wenn er die eucharistische Speise empfängt, mit ihr eins wird (s.I 328,12).

Damit der Mensch sich eine als *lûter* charakterisierte Verfassung erwirbt, muß er - wie Eckhart in Übereinstimmung mit Augustinus (Sermo 216 c.2 n.2; PL 38,1077) empfiehlt, den er zitiert, - von allen irdischen Dingen lassen (s.II 598,5f); er muß im Zustand der *abegescheidenheit* (s.V 401,9f) sein und sich selbst gelassen haben (s.II 61,10), wenn er "*unbetrüebet und lûter welle sîn.*" (V 401,9)

1.17. – 1.19.: Bedingt durch ihre - mittels räumlicher Anschauung ins Bild gebrachte - Position oberhalb des Leibes ist die Seele derart *lûter*, daß sie in der Lage ist, die lautere Gottheit in sich aufzunehmen (s.I 361,2f). In Distanz von allem Irdischen findet in der Seele dort, wo sie authentisch Seele ist, d.h. "*in dem innersten, in dem lûtersten... in vernünfticheit...*" (II 229,5), die Gottesgeburt statt. Das "*vünkelin der sêle*" markiert, die allgemeine Bestimmung präzisierend, in der Seele die Stelle, wo sie am eigentlichsten, d.h. ohne kreatürliche Bestimmung ist; es ist nämlich "*daz lûterste und daz kleineste und daz hoeheste...*" (I 344,10).

In einem anderen Zusammenhang spricht Eckhart davon, daß die Seele erst wieder ihre originäre (s.II 549,6; vgl.II 599,2), authentische Verfassung herstellen muß, um das Eine zu erkennen (s.II 560,1) und dem Hl. Geist die Möglichkeit zum Wirken in der Seele zu geben (s.III 424,2). Der originäre Zustand wird dadurch restituiert, daß die Seele - wie Eckhart mit der Verbmetapher *enbloezen* in Anspielung an die Relation Körper-Kleid formuliert - von allem befreit wird, was zu ihr nach ihrem Ausgang aus Gott hinzugekommen ist (s.II 549,6f). Wenn alle Hindernisse beseitigt sind, leuchtet, so Eckhart, die als *tempel* vorgestellte Seele "*lûter und klâr*" über alles Geschaffene (I 12,9-11).

1.20. – 1.21.: Insofern die jeweilige Situation die Dinge verändert, ist ihre durch die Existenz in der äußeren Wirklichkeit bedingte Entfremdung dann aufgehoben, wenn sie sich in der Seele befinden (s.I 289,10f); vollständig beseitigt ist ihre Entfremdung allerdings erst in Gott, denn dort sind *"alliu dinc... lûter und edel..."* (III 458,2).

Eine Qualitätsverbesserung der Dinge auf ihre ursprüngliche Beschaffenheit hin wird durch die Tätigkeit der Vernunft erreicht, die - selbst *lûter* (s.1.20.) - von den Dingen Leiblichkeit und Zeitlichkeit entfernt, so daß das betreffende *dinc "wirt lûterer und liehter dan diu sunne"*, wenn es die Einwirkung von dem *"liehte der vernünfticheit"* erfahren hat (III 260,7.11-261,1).

1.22. – 1.25.: Die Seele, die in ihrem *lûter verstan* durch ihre Leibgebundenheit irritiert wird, kommt, wenn sie entrückt ist (s.I 408,1), d.h. unbeeinflußt von Raum und Zeit (s.I 366,1f), zu einem *lûter bekennen* Gottes als Einheit und Dreiheit der Personen (s.III 38,4).

1.26.: Es gehört zu den Charakteristika der als *vernünfticheit* (s.III 169,3ff) und an mehreren Textstellen auch nicht genauer benannten *"kraft in der sêle"*, daß sie - verwandt mit der göttlichen Natur - von jedem fremden, beeinträchtigenden Einfluß frei ist. Diese Kraft ist *"abegescheiden und alsô lûter in ir selben"* (II 53,1), *"lûter und hoch"* jenseits aller Kreaturen (II 308,2f), *"lûter und unvermenget"* (III 169,3).

1.27. – 1.28.: Die ausschließliche Ausrichtung der *minne* auf Gott bedingt deren - mit den Metaphern *lûter, blôz, abegescheiden* (s.II 41,4; 43,6; 45,10f) näher beschriebene - Beschaffenheit der Distanz von allen menschlichen Objekten der Liebe (s.II 43,6) und ihre unbeeinträchtigte Konzentration auf die Güte und Gott (s.II 46,5). Wenn der Mensch diese Tugend der Minne verwirklicht, die aufgrund ihrer Beschaffenheit der Hl. Geist ist (s.II 41,4), ist der Mensch zur Selbst- und Gotteserkenntnis in der Lage (s.II 44,3f).

1.29. – 1.40.: Neben Vernunft und Minne können auch unter dem Aspekt der durch nichts beeinträchtigten Echtheit der Wille (s.I 366,2), die Demut (s.II 550,4; 551,2), die Freude (s.III 329,1), der Trost (s.III 367,1), die Gott gleichkommende und alles kreatürliche Gut transzendierende Güte (s.V 25,2), Ruhe und Friede (s.II 122,7), die in der Seele realisierten Handlungen (s.I 359,5), das ausschließliche Gott *"suochen und meinen"* (I 187,4), das *entwerden* des menschlichen Willens und Begehrens (s.V 283,3) in den Willen Gottes hinein, die eucharistische Speise (s.I 344,5) sowie Einfluß und Leben der Gnade und Güte auf die Seele (s.III 400,9) durch die Adjektivmetapher *lûter* charakterisiert werden.

1.41. – 1.42.: Damit der Mensch in der Lage ist, Gott zu empfangen, muß er eine Gleichheit zwischen sich und Gott herstellen. Da Gott *"ein geist und ein lûter lieht"* ist, muß der Mensch ebenfalls *"ein lieht oder ein lûter geist"* (II 181,3.7) sein. Da Gott nur in einer *lûter stat* präsent sein kann, ist es erforderlich, daß die Seele *gehoehet* ist *"über alliu zergenclîchiu dinc"* (III 424,5f).

1.43.: Eine andere Vorstellungsweise der Distanz von allem Kreatürlichen stellt neben der räumlichen vertikalen Positionsveränderung die räumliche Isolation dar, die sich aus der *abegescheidenheit* ergibt. Für Eckhart ist *"lûteriu abegescheidenheit ob allen dingen"* anzutreffen (V 401,6); sie zeichnet sich dadurch aus, daß sie *"ledic aller crêatûren"* ist (V 401,7), bzw. daß in ihr alle Dinge sowie die Seele aus sich selbst *ze nihte* werden (s.V 428,4.6f). Infolge der kreatürlichen Distanz ergibt sich für Eckhart auch die Bestimmung des Gegenstandes der *abegescheidenheit*: *"...daz weder diz noch daz ist der lûtern abegescheidenheit gegenwurf. Si stât ûf einem blôzen nihte, und sage dir, war umbe daz ist: diu lûteriu abegescheidenheit stât ûf dem hoehsten."* (V 423,2-4)

1.44.: Weil die Kreaturen von Natur aus keinen Eigenwert haben, sind sie für Eckhart *"ain lûter nit"* (III 80,4).

1.45.: Mit der Spiegelmetapher erfaßt Eckhart das Verhältnis des Engels zu Gott. Die Gleichheit mit Gott bedingt, daß der Engel in unbeeinträchtigter Weise *spiegel* Gottes ist (s. III 335,1).

1.46.: Da der Mensch nicht das Vermögen besitzt, von den Dingen ihrem originären Zustand entsprechend *lûter* zu sprechen, zieht es ein von Eckhart zitierter, aber nicht näher bezeichneter vorchristlicher Philosoph vor, lieber zu schweigen (s. II 189,10-12).

1.47.: Ohne daß genauer dargelegt wird, worauf sich die Adjektivmetapher *lûter* bezieht, steht diese - wie aus dem weiteren Kontext der Metapher ersichtlich wird - für die Stelle, wo Gott auf den Menschen einwirkt (s. I 123,4; II 242,3f; III 367,6f). Das *"hoehste und lûterste"* ist zugleich für die Seele die Stelle, wo sie ihren eigenen Bereich verläßt und in den Bereich des Engels zu kommen vermag (s. II 199,1f). Diese Stelle ist auch der Bereich, in dem die Minne mit Gott identisch ist: *"Minne in dem lûtersten, in dem abegescheidensten, in ir selber enist niht anders dan got."* (II 42,3f)

An einer anderen Textstelle wird Gottvater mit den Adjektiven *allerhoehster* und *allerlûterster* (s. I 388,12) umschrieben.

1.48. – 1.49.: *Lûter* kann auch einfach Indikator für die erreichte Ausschließlichkeit sein; die Seele kommt z.B. *"in ein lûter verworfenheit ir selber"* (III 224,4).

2.1.: Gleichnishafte Rede von Gott verfälscht im Gegensatz zur eigentlichen Rede, die Eckhart als Rede *bî nihte* charakterisiert, die göttliche Wirklichkeit. Ein derartiges Reden ist deshalb *unlûterlîche* (s. III 224,2f).

3.1.: Die *abegescheidenheit* bewirkt, daß *"gotes natûrlîchiu stat"* sich auszeichnet durch *"einicheit und lûterkeit"* (V 403,3f). Damit Gottes *lûterkeit* in der Seele zu wirken vermag, muß alles von ihr beseitigt sein, *"das gemenget ist mit crêatûren"* (III 398,8f). Nur in diesem Fall wird die göttliche Wirklichkeit unbeeinträchtigt in ihrer Natur, d.h. mit ihrer *lûterkeit* und *klârheit* (II 529,1f), empfangen.

3.2. – 3.3.: Die Tatsache, daß man von der göttlichen Ursache nicht reden kann, sieht Eckhart in dem *"überswanke der lûterkeit sînes wesens"* begründet (I 329,2f).

In einer anderen Predigt zitiert Eckhart einen nicht näher genannten Meister, der die Unfähigkeit des Menschen, mit eigenen Worten von Gott zu sprechen, mit der *hôheit* und *"lûterkeit sînes wesens"* (I 346,5) erklärt. Güte, Weisheit und sonstige Gottesprädikationen widersprechen der *blôzen lûterkeit* des göttlichen Seins (s. III 341,2), da diese alle *"mitewesen gotes blôzen wesens"* sind (III 341,4), das göttliche Wesen aufgrund seiner *lûterkeit* aber *alliu mitewesen* ausschließt; diese machen nämlich *"vremde von dem wesene"* (III 341,4f). Insbesondere ist es mit der *lûterkeit* des göttlichen *grundes*, der allen menschlichen Worten bleibend transzendent ist, unvereinbar, daß von Gott gesprochen wird (s.III 337,5-7).

3.4. – 3.5.: Die Engel partizipieren in Gleichheit als *spiegel* an der Güte und der *"lûterkeit des stilnisses und der verborgenheit gotes"* (III 342,2f). *Stilnis* ergänzt die Metapher *lûterkeit* insofern, als damit jede Mannigfaltigkeit im Bereich der akustischen Erfahrung ausgeschlossen ist.

3.6.: Innerhalb der *lûterkeit* gibt es für Eckhart einen qualitativen Unterschied. In Gottvater als dem Ursprung aller Wirklichkeit lokalisiert er die *êrste lûterkeit*, *"diu dâ ist ein vülle aller lûterkeit"* (I 382,5f). Sie ist aufgrund ihrer Originalität die *hoehste volkomenheit* der Kreaturen und daher auch Maßstab für ihr Handeln (s.I 379,10f).

3.7.: Die *"lûterkeit der sêle"* besteht für Eckhart darin, daß sie keinerlei Außenorientierung aufweist (I 137,1) und sich jenseits eines von Vielheit gekennzeichneten Lebens in einem Leben bewegt, das *vereinet ist* und keinen Gegensatz zeigt (s.I 136,12f). Wenn die Seele wieder *lûter* geworden ist, ist sie zurückgekehrt in ihre *erste lûterkeit*, die in ihrem Ursprung gegeben war (s.II 599,2f).

Neben dieser prozeßhaft realisierten *"lûterkeit der sêle"* kennt Eckhart auch eine *lûterkeit*, die zur dauernden Ausstattung der Seele gehört. In dieser *lûterkeit* sind die höchsten Kräfte der Seele jenseits von Raum und Zeit präsent, für die es kennzeichnend ist, daß sie in keinem Kontakt zur leiblichen Wirklichkeit des Menschen stehen (s.V 11,6).

3.8.: Wenn *lûterkeit* den menschlichen Geist bestimmt, ist jeglicher Einfluß von Liebe, Leid oder sonstigen zeitlichen Dingen unterbunden (s.I 17,8). In *lûterkeit* leben, bedeutet genauerhin, daß der Mensch von allen leiblichen Dingen, insbesondere von Sünden (s.II 596,2), getrennt und die Seele infolgedessen ganz frei ist (s.II 596,2; vgl. I 358,13). In diesem Fall vermag die Seele sich in ihrem Handeln an der ersten *lûterkeit* zu orientieren (s.III 471,1f), die ihr Ursprung und Ziel ist. Hier am Ursprung der Seligkeit (s.II 274,12) ist alles eins (s.I 385,1).

4.1. – 4.2.: Um die Befreiung der Seele von allen beeinträchtigenden Einflüssen, wie sie z.B. das Leben in der Vielheit kennt, vorstellbar zu machen, greift Eckhart auf den Bereich der unbelebten Natur zurück und zieht zur besseren Anschaulichkeit der geistigen Wirksamkeit von Tugendübungen den Läuterungsprozeß von Metall etc. heran. Neben der Tugendübung hat auch schon die Tatsache der Existenz der Seele in Liebe eine dem Läuterungsvorgang vergleichbare Wirkung auf die Seele (s.I 136,4.10.12).

Eckhart kann auch dem Engel die Aufgabe zuweisen, die Seele zu läutern und sie dadurch für den Empfang des göttlichen Lichtes zu befähigen (s.II 116,3). Der Engel selbst hat die Empfangsbedingungen für Gott optimal realisiert; er ist, wie Eckhart mit Dionysius Areopagita bemerkt, *"ein spiegel âne vlecken, geliutert ûf daz hoehste..."* (III 353,2f).

4.3. – 4.4.: Um Gott erkennen zu können, was der Vernunft von sich aus unmöglich ist, muß der Mensch u.a. alle Ungleichheit beseitigen und auch *geliutert* sein im Licht und der Gnade Gottes (s.II 370,3f). Dies bedeutet genauerhin, daß die Seele alle Vielheit aufgeben und eins werden muß (s.I 136,11) wie die Gottheit, die eins ist und infolgedessen *"in ir geliutert... dâ niht zuogeleget enist, dâ niht bedaht enist."* (I 363,3f)

4.5.: Der Läuterungsvorgang liegt jedem Sehen zugrunde, das durch Abstraktion einen sinnlichen Eindruck gewinnt und diesen dem Inneren des Menschen vermittelt (s.I 335,5f). Alles, was an Bildern durch die Sinne in das Innere des Menschen gelangt, *"bereitet und liutert"* seinerseits auch die Seele für den Empfang des göttlichen Lichtes (II 203,4f).

D. Tauler

1. *lûter*
1.1. *demuetikeit* (15,23)
1.2. *einekeit* (33,28)
1.3. *das innewendig* (348,18f)
1.4. *bekentnis* (40,6)
1.5. *armuet* (273,22)
1.6. *abgescheidenheit* (410,35)
1.7. *substancie* (21,11)
1.8. *dienen* (413,16)
1.9. *bilde* (26,17)
1.10. *genade* (123,7f)
1.11. *guete* (89,34)
1.12. *burne* (55,10.12)
1.13. *gelobe* (54,37)
1.14. *ende* (106,4)
1.15. *hertz* (58,25)
1.16. *not* (75,25)
1.17. *haben* (57,37)
1.18. *bichten* (274,22)
1.19. *gan* (414,7.32)
1.20. *nemen* (140,1f; 412,1)
1.21. *lúhten* (23,37)
1.22. *suochen* (169,8)
1.23. *minnen* (57,10; 116,20; 403,7)
1.24. o.BE (92,2; 128,30; 138,29; 218,34)
1.25. *mensche* (120,15; 128,33; 170,25; 174,29; 176,2; 193,21; 218,29f; 303,19; 355,16; 382,25; 387,16)
1.26. *nút* (174,30f; 181,9; 197,29; 204,15; 245,7f.12; 256,18; 273,20.22f; 306,4; 314,16; 345,27; 368,1.31; 380,7; 387,30)
1.27. *wesen* (146,19; 176,9)
1.28. *grunt* (59,18; 81,30f; 101,28f; 128,13; 129,10f.27; 163,31; 363,13)
1.29. *uftragen* (30,14; 37,15f; 49,1; 258,25)
1.30. *meinen* (48,32; 57,23.35; 117,20; 309,34)
1.31. *meinunge* (129,10f; 422,18)
1.32. *geist* (21,16f.33; 117,1.19.30; 121,34)
1.33. *einvaltikeit* (21,19; 316,17)
1.34. *maget* (11,11f)
1.35. *got* (25,21; 116,15; 185,3)
1.36. *guot* (37,10; 46,26; 59,33; 80,12f; 85,17; 89,27; 94,27; 401,15.22)
1.37. *worheit* (69,34; 348,3)

2. *unlûter*
2.1. *mensche* (35,11; 215,21)
2.2. *iht* (215,22)

3. *lûterkeit*
3.1. o.BE (7,19; 11,12; 15,21.25; 55,25; 58,7; 102,3f; 107,31; 120,13.17; 146,14f; 332,10; 363,11f; 410,19; 411,38)
3.2. *mensche* (179,26)

4. *lûtern*
4.1. *mensche* (35,11.13(Pat); 117,15)
4.2. *bekennen* (311,21)
4.3. *nature* (386,7(Pat))
4.4. *vernunft* (386,7(Pat))

5. *entlûtern*
5.1. *mensche* (273,28)

6. *verunlûtern*
6.1. *neiglicheit* (332,4f)

1.1. – 1.23.: Bei Tauler ist eine weitgehende Lexikalisierung der Adjektivmetapher *luter* zu konstatieren. Sie hebt bei den unter 1.1.- 1.23. aufgeführten Größen und Vorgängen hervor, daß sie uneingeschränkt und unverfälscht in Geltung sind bzw. ohne Beeinträchtigung vollzogen werden.

Im folgenden soll nur auf die Textstellen genauer eingegangen werden, in denen die mit *luter* metaphorisch zur Sprache gebrachte Eigenschaft das Thema von Ausführungen ist, die im Zusammenhang und in Weiterführung der Adjektivmetapher *luter* erfolgen.

1.24.: Das Gottesverhältnis des Menschen erfordert eine bestimmte Einstellung, die dadurch erreicht werden kann, daß der Mensch sich von allem abwendet, was *"Got nút luter und blos enist..."* (138,29). Die auf diese Weise realisierte innere Disposition macht den Menschen empfangsbereit für die göttliche Einwirkung: *"...es muoz gar luter sin do Got sin unsprechenlichen heilikeit instúrtzen und ingiessen sol."* (128,30f)

1.25.: Nur den Menschen, die *"sint uswendig gelútert menschen und inwendig sint verklerte menschen und inwonende menschen"* (174,29f) und denen alles *"als ein luter nút"* geworden ist (174,30f), ist es möglich, Gott in sich wahrzunehmen. Der Mensch macht sich bereit für Gott, wenn er lernt, *in den fuosstaphen* Jesu Christi zu gehen, der jeden *"hoch über alle ding"* führt, so daß alle *creatúrliche ding* dem Menschen verloren gehen und er, je konsequenter er Jesus Christus folgt, *"ie lúterre wirt"* (218,28-34). In Bezug auf sich selber kann die Entwertung alles Kreatürlichen dadurch ausgelöst werden, daß der Mensch bedenkt, *"wie hoch... und luter er was in siner ungeschaffenheit... und wie ungelich er dem nu ist in siner geschaffenheit..."* (387,16-18). Diese Einsicht weckt im Menschen den Wunsch nach *kleinheit* seiner selbst und *ze nichte* zu werden (s.387,19).

Die mit *luter* umschriebene innere Disposition ist demnach verwirklicht, wenn der Mensch die Bestimmung durch den äußeren und inneren Einfluß alles Kreatürlichen unterbunden hat und auch den Eigenwert seiner kreatürlichen Existenz negiert. Tauler sieht, daß der Mensch dann *"uf sine(r) kleinheit und uf sine(m) lutere(m) armuete und nichte..."* (273,22f) konzentriert ist und sich wieder in seinen Ursprung wendet.

1.26. – 1.27.: Das *luter nút*, das der Mensch werden will, beinhaltet die Negation jeglichen kreatürlichen Eigenwertes (s.174,30f). Dies heißt, daß der Mensch die geschöpfliche Armut und dementsprechend seine bleibende Angewiesenheit auf Gott existentiell ratifizieren muß. Die Menschen, denen alles Kreatürliche, Himmel und Erde bedeutungslos werden, *"sint selber ein himel Gotz, wan Got hat raste in in."* (174,31) Als Gegenbegriff zum *luter nút* fungiert das *"luter wesen gotes"*, das mit dem *einig ein* (176,9), aber auch mit dem *ungeschaffen nút* identisch ist (176,4).

In negativer Bedeutung findet die Formulierung *"ein luter nicht"* Verwendung für die Negation allen Eigenwertes menschlicher Worte in Relation zum göttlichen Tun (s.181,9).

Die programmatisch in Zusammenhang mit Ausführungen zur Demut immer wieder erhobene Forderung Taulers an seine Zuhörer, er *"mueste zuo einem luteren nichte werden"* (387,30 u.a.), wird in Pr 46 in einzelnen Zügen entwickelt.

Zunächst wird dazu aufgefordert: *"Halt dich nu demuetklichen an dinem lutern nicht..."* (204,15). Damit hängt die weitere Forderung zusammen, sich nicht allen Eindrücken zuzuwenden. Schließlich findet sich die Aufforderung zur Demut: *"...halt dich undenen und sink under in din nicht wissen noch wellen wissen; denne halt dich alles arm an dinen... Got..."* (204,20-22).

1.28. – 1.29.: Die mit der als *luter* bezeichneten Verfassung einhergehende Negierung der kreatürlichen Existenzweise und Wiederherstellung des ungeschaffenen Ursprungszustandes des Menschen bestimmt auch den *grunt* des Menschen. Wenn dieser *grunt* *" von dem agesteine Cristo ie berueret"* wird, befreit der Mensch sich derart von allen kreatürlichen Bezügen, daß er sogar seine eigene Natur vergißt und Jesus Christus *"lúterlicher und werlicher und bloeslicher"* (81,28f) folgt.

Daß der *grunt luter* ist, wird in Pr 33 ausdrücklich als Bedingung dafür genannt, daß das empfangene Sakrament seine Wirkung entfalten kann (s.129,10f.27). Daher muß der Mensch darauf achten, *"ob ein unkrut do under gewachsen si; wan der grunt muos luterlichen und bloslichen uf Got gon und nút anders meinen denne in."* (163,31f) Erst dann kommt es auch dazu, daß sich der göttliche *abgrunt* *"in den lutern zuo gekerten grunt"* des Menschen begibt (363,13).

In einer anderen Predigt geht Tauler unter Berufung auf Augustinus dagegen davon aus, daß der *grunt*, in dem jenseits von Raum und Zeit wahre Einheit herrscht, immer schon als das *luterste, innigeste* und *edelste*, real existiert. Es muß in Anbetracht dessen dem Menschen darum gehen, im Gebet diesen Grund zu Gott emporzutragen, damit dieser sich in den derart beschaffenen *grunt* zu begeben vermag (s.101,27-31). Mit dem *grunt* soll der Mensch auch alle Gaben, die er von Gott empfangen hat, *"luterlich wider uf tragen"* (30,13f).

1.30. – 1.33.: Die ausschließliche Konzentration auf Gott, die alle anderen Interessen ausschließt, sieht Tauler auch vergleichbar mit einem *"bloeslichen zuo hangende mit lutere einvaltiger meinunge"* (422,18). Diese Grundeinstellung gegenüber der Wirklichkeit prägt auch das *meinen* und die *meinunge* des Menschen, der am schnellsten in seinen Ursprung gelangt, wenn er sich selbst verleugnet und *"ein luter gruntlich blos meinen und minnen Got..."* (48,31f) zeigt. Der von aller kreatürlichen Entstellung seiner eigentlichen Beschaffenheit befreite (*gelutert*) menschliche Geist ist dann auch in der Lage, das, was Gott unähnlich ist, mehr zu lieben und mehr darin zu erfahren als in allem Gottgleichen. Wer stattdessen die kreatürliche Ungleichheit mit Gott nicht beachtet und einen gottgleichen Status beansprucht, gerät wie Lucifer nach Taulers Meinung nur noch in eine größere Ungleichheit und verliert jegliche Gleichheit mit Gott. Wenn man dagegen den Unterschied zu Gott nicht überspringt, sondern diesen mit einer entsprechenden Erkenntniseinstellung - von Tauler als *klerlich, bloeslich* und *offenlich* charakterisiert - erfaßt als das, was er ist, kommt man zur Gleichheit mit Gott: *"Ie dis unge-*

liche ie klerlicher und bloeslicher und offenlicher bekant wurt, ie noherre und innerlicher die glichheit geborn und drinne ervolget wurt." (117,4-6)

Nicht mehr beschreibbar ist für Tauler das auf Gott gerichtete Geschehen, wenn der *verklerte* und *geluterte geist* dann aus sich selbst gezogen wird *"in ein sunderlich gelutert unsprechenlich gotmeinen."* (117,19f) Mit dieser übernatürlichen *meinunge* (s.117,21-23) dringt der *"geluterte verklerte geist"* schließlich ganz in Gott ein und wird - nachdem er sich selbst und alle Unterschiede verloren hat - mit ihm eins (s.117,30-33.35f). Diese Verwandlung des Menschen geschieht jenseits aller kreatürlichen Mannigfaltigkeit *"in einer lutern einvaltikeit"* (316,17).

1.34.: Damit die Gottesgeburt im Menschen geschieht, muß der Mensch *luter maget* (s.11,11f) sein, d.h. die in der Gottesmutter präfigurierte Verfassung geistig authentisch nachvollziehen (vgl. 3.1.-3.2.).

1.35. – 1.36.: Was dem Menschen zur Realisierung mehr oder weniger aufgegeben ist, ist bei Gott dauernder Zustand; er ist *"daz luter goetteliche einveltige indewendige guot"* (80,12f) bzw. der *"edel luter Got"* (25,21).

1.37.: Zusammenfassend kreisen Taulers Predigten um die Frage, *"weles die wisen und wege sint die do gehoerent zuo der lutersten und der hoehsten und vollekomensten worheit."* (69,33f).

2.1. – 2.2.: Im Vergleich zu Gott ist der Mensch *recht unluter*, weil er noch nicht frei von jeglicher Unwahrheit ist (s.215,19-22).

3.1. – 3.2.: Da die Geburt Jesu *"in rehter luterkeit"* geschah (7,19), muß auch der, der *"ein geistlich muoter diser geburt"* (11,11) sein will, sich in den Zustand der *luterkeit* begeben. Der Mensch erreicht dies, indem er sich äußeren Einflüssen gegenüber verschließt (s.11,24-26) und in einer inneren *abgescheidenheit* (s.11,18) verharrt. Die Verpflichtung zur *luterkeit* erwächst dem Menschen auch, wenn er sich in Demut dem göttlichen Willen unterwirft. Als weitere Forderung wird in diesem Zusammenhang die Verwirklichung von *abegescheidenheit, blosheit, unverbildeter friheit und einikeit* sowie *swigen* und *demuetikeit* genannt (55,23-26). Mit diesen Termini zielt Tauler auf ein Verhalten ab, durch das der Mensch zu seiner authentischen Existenz findet, Gott vertraut und ein *goettelich mensche* wird (s.55,28), d.h. in Distanz zum Kreatürlichen, frei von verfremdenden Determinationen, Zusätzen und Eindrücken unter Ausschluß jeglicher Mannigfaltigkeit (s.*einikeit* und *swigen*). Der dabei erreichte Status gleicht dem paradiesischen Zustand Adams (s.120,13f) sowie dem Ursprungszustand eines jeglichen Menschen: *"...in aller der luterkeit, in aller der unbeflektheit, als blos und als unbehangen als er us geflossen ist."* (146,15f)

Mit der Kleidmetaphorik weist Tauler darauf hin, daß nach der Schöpfung im göttlichen Ursprung die kreatürliche Wirklichkeit das eigentliche Wesen des Menschen quasi überlagert und umgeben hat; die Metapher *unbeflekheit* suggeriert die Vorstellung einer Reinheit, die durch kreatürliche Einflüsse beeinträchtigt wurde. Wenn der Mensch *"in verklerte luterunge"* kommt, ist aller bisherige Einfluß beseitigt; er *"ensiht weder uf dis weder uf das, danne blos uf Got on allen zuoval."* (107,31f) Denn *pure luterkeit* heißt, daß der Mensch *"sol zuomale unvermenget sin mit allen dingen..."* (15,21).

4.1. – 4.4.: Der Mensch hat die Möglichkeit, durch eigene Anstrengung in Bezug auf seine Natur und seinen Geist, einem Läuterungsprozeß vergleichbar, sich so zu verändern, daß er mit seiner Natur *"uf ir hoehstes kummet"* und Gott begegnet (117,15.18). Die Verbmetapher *liutern* läßt die dabei erfolgende geistige Anstrengung des Menschen als einen Vorgang erscheinen, der - wie bei der Behandlung von Metall - zur Konsequenz hat, daß alles, was an Fremdem das Eigentliche des Menschen beeinträchtigt, ausgeschieden wird. Für den Fall, daß es dem Menschen in seinem irdischen Leben nicht gelingt, sich auf Gott hin zu verändern, übt das Fegefeuer läuternde Wirkung auf den Menschen aus (s.35,11.13). Auch die Selbsterkenntnis kann läuternd auf den Menschen wirken (s.311,21f).

Die Natur und Vernunft des Menschen wird geläutert, wenn der Mensch alle Dinge und Vorstellungen von sich entfernt und alles Gott anvertraut (s.386,7).

5.1.: Wenn der Mensch von der Nachfolge Jesu abläßt, gerät er in Ungleichheit mit Jesus Christus und wird *entlútert* (s.273,28).

6.1.: Die Hinwendung zum Kreatürlichen *verunlútert* den *grunt* des Menschen (332,4f).

E. Seuse

1. luter
1.1. *wesen* (177,13; 178,8; 304,27)
1.2. *einvaltekeit* (176,10; 342,21)
1.3. *grunt* (455,14f; 529,5)
1.4. *mensche* (22,4; 290,1)
1.5. *herz* (156,11; 225,20)
1.6. *geist* (379,1)
1.7. *gewissen* (251,23)
1.8. *muot* (309,24)
1.9. *lip* (20,17)
1.10. *oge* (179,23; 387,10; 468,14)
1.11. *verstentnús* (243,11)
1.12. *warheit* (183,3.5; 217,23)
1.13. *schowen* (476,5)
1.14. *wunne* (450,29)
1.15. *abgescheidenheit* (388,14; 469,18)
1.16. *leben* (192,24)
1.17. *antlút* (153,5)
1.18. *guot* (225,13; 228,22; 391,1f; 516,20; 522,2)
1.19. *guetekeit* (179,24; 350,27)
1.20. *wort* (341,1)
1.21. *glouben* (301,23; 537,10)
1.22. *leer* (518,15)
1.23. *lop* (310,4)
1.24. *samnen* (450,30f)
1.25. *inker* (470,4)
1.26. *enpfangen* (455,15)
1.27. *kreature* (262,22; 266,17; 416,5f)

3. luterkeit
3.1. o.BE (104,13; 166,1.5; 309,30; 526,12f)
3.2. *geist* (189,16)
3.3. *engel* (301,5)
3.4. *tugent* (313,27)
3.5. *wesen* (177,22)

4. lutern
4.1. *mensche* (379,23(Pat); 444,24f(Pat); 494,19)
4.2. *engel* (390,2f(Pat))
4.3. *elemente* (165,20(Pat))

1.1. – 1.2.: Unterschieden vom *"dis und das wesen"* transzendiert das *"luter einvaltig wesen"* (177,12f), das alles andere *wesen* verursacht hat (s.178,8), das einzelne Seiende. Im Rahmen der Seinshierarchie nimmt es die oberste Stelle ein. Symptomatisch für diese Auffassung ist Seuses Bemerkung: *"...wan gan ich in die aller schoensten kreature, in die hoehsten geiste, in dú lutersten wesen, daz úbergast du alles unsaglich..."* (304,26f).

Im Zusammenhang mit Aussagen über Gott kann die Metapher *luter* durch den Terminus *einvaltekeit* präzisiert werden: das göttliche Sein ist kein *geteilt wesen* wie die Kreatur, *"vermischet mit anderheit"* (177,2f), sondern - jede Vielheit negierend - *"ein einiges ein... in ainvaltiger blossheit"* (177,27). Diese Eigenschaft kommt allein dem göttlichen Sein zu, da alles andere Sein der Stütze des immer gegenwärtigen göttlichen Seins bedarf, um existieren zu können. Dies bedeutet somit für die Kreatur, daß sie nie einfaches, aus sich heraus selbst seiendes Sein sein kann (s.177,4-6). Aufgrund seiner kreatürlichen Beschaffenheit ist der Mensch auch nicht in der Lage, die göttliche Wirklichkeit zu erkennen; denn obwohl diese als *"luter einvaltig wesen"* (177,13) und als *"dú aller liehtstú klarheit"* (177,19f) von sich selbst aus am meisten erkennbar ist, wird das Erkenntnisvermögen des Menschen durch die kreatürliche Wirklichkeit an der Erkenntnis des *luter wesen* Gottes gehindert: *"...wan dú zerteiltú wesen zerspreitend und blendend daz gemuete, daz es nut mag sehen die goetlichen vinsterheit, dú da an ir selb ist dú aller liehtstú klarheit."* (177,18-20)

Da die *"lutrú einvaltikeit alle geworden ihtikeite"* ausschließt (342,21f), kann Gott auch nicht mit kreatürlichen Termini authentisch bezeichnet werden; in Opposition zu allem Denk- und Erfahrbaren der kreatürlichen Wirklichkeit bleibt nur die Möglichkeit, Gott als *daz niht* zu begreifen: *"wan der im sprichet gotheit oder wesen, oder waz namen man im git, die sint im nit eigen nach dem, als die namen sich bildent in der kreature."* (342,16-18). Als *aller einvaltigest* läßt die göttliche Wirklichkeit keine Differenzierung zu. Um dem Menschen überhaupt ein Verstehen Gottes ermöglichen zu können, muß man - so die Position Seuses - mit Bildern und Formen arbeiten (s.342,26-343,1). Bei der Annäherung an die namenlose göttliche Wirklichkeit, *daz niht*, hebt sich diese Art des Verstehens schließlich selbst auf; der Mensch ist dann von allem Unterschied mit Gott befreit, allerdings - wie Seuse an dieser Stelle ausdrücklich hervorhebt - *"nút nach wesunge, mer nach nemunge únser halb..."* (343,19). Denn in der *luterkeit* Gottes wird das menschliche Bewußtsein *"versouffet und von irdenscheit ze einer geistlichen und engelschlichen glicheit verbildet..."* (310,1f).

1.3.: Von der Beschaffenheit des menschlichen Grundes hängt es ab, wie die göttliche Mitteilung empfangen wird; für Seuse gilt: *"So der grunt ie luter wirt, so es ie luterlicher wirt empfangen..."* (455,14f). Damit der Mensch den *"dinst der warheit"* tun kann, richtet sich Jesu Bemühen darauf, den Menschen mit seinem Wirken und seiner Verkündigung in den *luteren grunt* zu bringen (529,5).

1.4. – 1.7.: Der Mensch vermag Gott zu erkennen, wenn er sich *"inrlich, luterlich, ledklich und ufgezogenlich"* verhält (290,1f). Diese Bedingung verlangt eine Richtungsänderung des Menschen von außen nach innen, ein Ungebundensein *(s.ledklich)*, eine Positionsveränderung von den Kreaturen weg zu Gott hin (*ufgezogenlich*) und das Freisein von allen Beeinträchtigungen des eigentlichen Menschseins (*luter*). Mit Hilfe von geistlichen Übungen vermag der Mensch die *"wuesti eins vihlichen unbekanten leben"* zu verlassen und in das *"land eins lutren ruewigen herzen"* (156,10f) zu gelangen. Das Geschehen, durch das der Mensch anfangshaft mit der Seligkeit in Kontakt kommt, stellt sich für Seuse als ein *"hoh vernúnftiger weg"* dar (156,12f), der Ursache dafür ist, daß die Seele *"da ist ein luter, vernúnftiger, gotfoermiger geist..."*(379,1f).

Eine andere Ursache für die Veränderung der Beschaffenheit des menschlichen Herzens besteht in der *minne* der Ewigen Weisheit, die die Herzen von der Last der Sünden befreit und ihnen dadurch ein *"vries wolgemuotes luter herze"* (225,19f) verschafft.

Auch das Leiden verändert den Menschen auf ein authentisches Menschsein hin, indem es für ein *"luter gewissen und steten hohen muot"* sorgt (251,23).

1.8. – 1.9.: Die Seele, die ein *"luter geist ist"* (379,1f), bzw. ein *geluterter muot* (s.309,24) werden aus dem *"engen jemerlichen kercher erloeset"* (379,2f), indem der *muot* durch die Hilfe geistlicher Betrachtung in den Himmel versetzt wird (s.309,25f). Ferner fungiert der *lip*, der *"ob sinem herzen ward als luter als ein kristalle"* (20,17), als Ort eines Minnespiels zwischen Gott und der Seele.

1.10. – 1.14.: Aufgrund seiner leiblichen Verfaßtheit ist es dem Menschen nicht anders möglich, als in Bild und Gleichnis die Wahrheit zu erfassen, die an sich selbst *"bloss und ledic"* ist (387,7-9). Erst wenn der Leib entfernt ist, vermag das *"gelútert oge der sele"* unbeeinträchtigt in *vernúnftikeit* der göttlichen Wahrheit *blosklich* zu begegnen (387,10f) und die *bloze gotheit* unmittelbar zu schauen (183,3). Das - auch als *"ougen der lutren verstentnússe"* benannte - Erkenntnisorgan des Menschen erlaubt ebenfalls einen Einblick in die gegenseitige Einwirkung der Engel und Gottes (243,11-16). Wenn die Seele *"mit lutrem schowen"* sich Gott annähert, kommt es letztendlich zur Vereinigung der Seele mit Gott dadurch, daß die Seele in den *blozen abgrunt* des ewigen Gutes, das Gott ist, *versoffet wirt* (s.476,5f).

Einblick in Jesus Christus verschafft der Mensch sich allein dadurch, daß er ihn von allem Materiellen *enbloesset* (s.450,28). Dann ist er fähig, die *lutre wunne* zu erkennen, die Jesus Christus bestimmt.

1.15.: Die Empfangsbereitschaft für Gott kann bei frommen Menschen auf verschiedene Weise realisiert werden: *"eins lofet mit grosser strenkheit, eins ilet mit luter abgescheidenheit, eins flúget mit hoher schoewlichkeit..."* (388,14f).

1.16. – 1.27.: Als ein nicht weiter im unmittelbaren Kontext thematisiertes Adjektiv steht *luter* zur Charakterisierung des Lebens Jesu Christi (s.192,24); es charakterisiert ferner das Gesicht des Dieners, das sich während der Hl. Messe verändert (s.153,5); das ewige Gut, das Gott ist (s.u.a.228,22); das Gut von Kreaturen (s.262,22); die göttliche Güte (s.179,23); das *luter wort* Jesus Christus (s.341,1); den Glauben (s.301,23); die in 1 Kor 15,3-5 niedergelegte *leer* von Jesu Tod und Auferweckung (s.518,15); das Lob Gottes (s.310,4); das sich Sammeln (s.450,30f); die Einkehr des Menschen (s.470,4) sowie das Empfangen der göttlichen Wirklichkeit durch den Menschen (s.455,15).

3.1. – 3.2.: Mit einem Wort des Abbas Moyses fordert Seuse dazu auf, den äußeren Menschen in Stille und den inneren Menschen - der äußeren Monotonie entsprechend - *in luterkeit* zu führen (s.104,13f). Denn in der *luterkeit* hat die menschliche Natur die Möglichkeit zur Begegnung mit der Wahrheit, was ihr erlaubt, die äußeren Dinge besser auf ihr Ziel hinzuordnen (s.166,1). Darum stellt die *luterkeit* neben *verstentnús* und *tugent* eine Bereicherung für die menschliche Natur dar (s.166,5).

Die *luterkeit* ist ebenfalls Bild für die Situation, in der der Mensch auf unaussprechliche Weise von seiner irdischen in eine geistliche und engelshafte Verfassung transformiert wird (s.309,30-310,2). Die *"luterkeit des geistes"* ist weiterhin Metapher für die Verfassung des menschlichen Geistes, der in der Versenkung den geistlichen Tod gestorben ist und infolgedessen keinen Unterschied mehr wahrnimmt; wegen dieser Verfassung erfährt der menschliche Geist die Mitteilung Gottes, der *"verborgen (ist) allem dem, daz er selber nit ist..."* (189,3; vgl.189,18f).

3.3. – 3.5.: Im Unterschied zur *luterkeit* der Engel (s.301,5) oder der Tugenden (s.313,27) wird *"daz wesen in siner luterkeit"* genauer bestimmt: ohne zeitlichen und räumlichen Unterschied und Vielheit ist es *"ein einiges ein in ainvaltiger blossheit"* (177,22-27).

4.1.: Einem Läuterungsprozeß ähnelnd bewirkt die göttliche Barmherzigkeit, daß der Mensch von allen Gott entgegenstehenden Hindernissen befreit wird (s.444,24f). Die Wahrheit erlangt der Mensch, wenn er sich, u.a. durch *lútern*, freimacht von allen kreatürlichen Vorstellungen (s.494,19).

4.2.: Die niedrigen Engel werden von den höheren Engeln - entsprechend den drei viae des Dionysius - *gelútert, erlúhtet und volbraht* (s.390,3).

4.3.: Die Seelenkräfte orientieren sich ganz auf ihren ewigen Sinn hin, wenn sie durch Vernichtung ihre kreatürlichen Eigenschaften verlieren und einem Prozeß unterliegen, der sie quasi durch Läuterung in ihre authentische Verfassung führt (s.165,20f).

F. Margaretha Ebner

1. *luter*
1.1. *warhait* (27,12f; 32,10; 35,10; 36,22; 69,25; 76,16.25; 80,14; 82,4; 83,9f.21; 90,1; 91,13; 98,3; 99,9; 100,20; 104,17; 107,3.10; 109,15; 140,22; 143,7; 147,8.23; 149,14; 160,28; 161,12; 162,20; 164,6.14; 165,14.20)
1.2. *lieht* (47,20)
1.3. *menschet* (87,17)
1.4. *clarhait* (164,30)
1.5. *rainkait* (166,4.23)
1.6. *leben* (76,12f; 81,9; 165,22)
1.7. *minne* (82,2; 140,19; 142,223; 162,3; 164,19; 165,27)
1.8. *wesen* (104,19)
1.9. *mensche* (14,17; 162,23)
1.10. *magt* (86,23)
1.11. *lip* (50,5)
1.12. *herze* (81,21f)
1.13. *sel* (113,1; 165,10f)
1.14. *bekantnüz* (162,14)

3. luterkeit
3.1. *Jhesus Christus* (83,8; 161,11)

4. lutern
4.1. *mensche* (38,17(Pat); 162,22(Pat))

1.1.: *Luter* dient an vielen Stellen bei Margaretha zur Charakterisierung der Wahrheit, die Jesus Christus ist oder die zu ihm gehört. Der Aspekt des Authentischen kann noch dadurch verstärkt werden, daß zur Metapher *luter* die der Kleidmetaphorik entnommene Metapher *blos* hinzutritt (s.107,3).

1.2. – 1.6.: Wenn Jesus Christus metaphorisch als *liecht* bezeichnet wird, stellt Margaretha mit den Adjektivmetaphern *clar* und *luter* heraus, daß er dieses ohne Beeinträchtigung ist (s.47,20). Entsprechende Wirkung zeigt auch die *luter menschet*, d.h. die von Sünden freie Menschheit Jesu Christi; denn in ihrer Möglichkeit liegt es, aufgrund ihrer *lutern* Beschaffenheit den Menschen von allen Beeinträchtigungen der Sünde zu befreien. Margarethas Verlangen richtet sich infolgedessen darauf, *"uz siner lutern menschet gerainiget"* zu werden (87,16f).
Im Unterschied zur Gottesmutter Maria, in deren *lutriu rainkait* das ewige Wort aus des Vaters Herzen gelangt (s.166,3f), ist demnach der Mensch auf die Hilfe Jesu Christi angewiesen, die dieser in seinem Leiden der Menschheit hat zuteil werden lassen. Bezugnehmend auf die *überflüzzige(n) craft* seines Leidens wünscht Margaretha daher auch, daß Jesus Christus den Menschen *"gnauden rehter lutern rainkait und der lutern blossen warhait"* (166,23f) zukommen lasse.
In Bezug auf das Lebensende bittet Margaretha Jesus Christus darum, seine Gottheit völlig ungetrübt, fern von aller Traurigkeit und von allem Schrecken (s.164,24f) in ewiger Freude genießen zu dürfen *"in der aller lutersten clarhait..."* (164,30).
Eine andere Bitte Margarethas richtet sich darauf, daß Jesus Christus den Menschen aus seinem *"lutern warhaften leben ain luters warhaftes demüetiges leben"* mitteile (81,8f). Von sich aus hat Jesus Christus, wie Margaretha ihn äußern läßt, die Absicht, dem Menschen *"sein luters clares leben"* (76,12) gegen die in Unkenntnis sich befindlichen *dunkel sinne* als Orientierung zu geben. Diese Orientierungsfunktion, die Jesu Leben aufgrund seiner deutlich sichtbaren Qualitäten (d.h. *luter*) zukommt, stellt Margaretha durch die Licht- und Wegmetapher zusätzlich an anderer Stelle heraus; als *lieht* des *lutern lebens* kommt Jesu irdischem Leben richtungsweisende Bedeutung für den Menschen auf dem *"weg der rehten warhait"* (165,21f) zu.

1.7.: Die Adjektivmetapher *luter* steht ferner für die Qualität der Minne des Menschen, die auf Jesus Christus gerichtet ist (s.164,19; 165,27), wie auch für die Minne Jesu Christi (s.82,2).

1.8. – 1.13.: Vom *"lutern wesen gocz"* (104,19), aber auch von der Menschheit Jesu Christi in der Dreifaltigkeit (s.14,17f) oder vom eucharistischen Leib Jesu Christi (s.50,5-13) unterscheiden sich die meisten Menschen insofern, als sie zuerst von ihrer Schuld befreit werden müssen, um *luter* vor Gott sein zu können (s.162,23f). Anders verhält es sich mit der Gottesmutter, die Margaretha als *"aller rainst und luterst magt"* (86,23) bezeichnet.

Neben der Schau Jesu Christi in der Dreifaltigkeit bzw. als eucharistischer Leib kann Jesus Christus auch im Herzen täglich erfahren werden; Voraussetzung ist dafür allerdings, daß das menschliche Herz in seinem Zustand durch nichts beeinträchtigt ist; denn Jesus gibt sich nur *"allen lutern rainen herczen"* (81,21f). Daher richtet sich Margarethas Verlangen darauf, wie Jesus Christus selbst *"ain luter sel"* (113,1) zu haben sowie ein *raines herze* und ein wahrhaftes christliches Leben, um ihn empfangen zu können.

1.14.: Um authentisch - *luter* - die Sünden erkennen zu können, bittet Margaretha für alle Menschen Jesus Christus um Hilfe (s.162,14).

3.1.: Margaretha bittet Jesus Christus in seiner Barmherzigkeit darum, in *luterket*, *rainkait* und *unschulde* Seele, Herz und Leben der Menschen zu behüten (s.83,8).

4.1.: Die Beseitigung der menschlichen Schuld sieht Margaretha in Parallele zum Vorgang des Läuterns und Reinigens. Insbesondere wird nach Margarethas Meinung der Mensch geläutert durch die göttliche Barmherzigkeit und das gemeinsame Gebet (s.38,17).

G. Heinrich von Nördlingen

1. *luter*
1.1. *warhait* (4,21; 11,36; 19,27f; 34,16)
1.2. *creatur* (9,12)
1.3. *mainung* (13,22)
1.4. *aigen* (19,13)
1.5. *lieb* (25,7)
1.6. *spiegel* (17,5)
1.7. *gottlich wesen* (4,32)
1.8. *gnad* (13,16)
1.9. *hertze* (25,7; 27,8; 31,3; 36,8; 46,11; 56,14)
1.10. *gewissen* (33,32)
1.11. *trank* (36,9)
1.12. *geist* (37,2)
1.13. *clarheit gotz* (38,25)
1.14. *zuflucht* (40,12f)
1.15. *minnen* (42,14)
1.16. *glas* (43,30)
1.17. *blut* (46,74)
1.18. *junckfrau* (50,23)
1.19. *andacht* (56,4)

3. *luterheit*
3.1. *mensche* (12,8; 43,5)
3.2. *got* (40,24)
3.3. *gaist* (52,5)

4. *lutern*
4.1. *sel* (4,11(Pat))
4.2. *Jesus Christus* (34,44)
4.3. *mensche* (35,2(Pat))

1.1.: Unter dem Aspekt der Authentizität qualifiziert die Adjektivmetapher *luter* die Wahrheit des ewigen Wortes, das in die Seele gesprochen wird. Diese von Margaretha durch den Empfang des *"liechtz Jhesu Christi"* gemachte Erfahrung *"in luterer warheit"* ist nach Auffassung Heinrichs mit Worten nicht beschreibbar (11,35-39). Die mit den Metaphern *lautter* und *blosz* charakterisierte Wahrheit soll Margaretha, die sich in der Ewigkeit befunden hatte, sowohl *"in zeit und ewigkait"*, wie Heinrich in Aussicht stellt, gegeben werden (19,28).

1.2.: Befindet sich eine Kreatur in einem Zustand, den Heinrich im Bild des *luter*-Seins zur Sprache bringt, beeinflußt dies den Grad des göttlichen Einwirkens. Bei Maria ist dieses anhand der Lichtmetapher veranschaulichte Einwirken des ewigen Wortes von den übrigen Menschen noch dadurch unterschieden, daß es bei ihr *"neher und hocher"* ist (9,11).

1.3.: Während das *küsche(s), rain(s) hertz* Margarethas Heinrichs Verlangen nach *"aller küschen reinigkeit"* weckt, nimmt ihre als *luter* charakterisierte Gesinnung ihm alle *geverd* (13,22).

1.4. – 1.5.: Margaretha ist *luter aigen* Gottes sowie Heinrichs *"lautter(s) lieb in dem lauttern herzen Jhesu Christo"* (25,7f).

1.6. – 1.19.: Insgesamt fällt bei den unter 1.6.- 1.19. aufgeführten Größen auf, daß auf den Bedeutungsgehalt der Adjektivmetapher im Kontext nicht Bezug genommen wird; die Metapher ist weitgehend lexikalisiert.

3.1. – 3.2.: Heinrich situiert Margaretha, ohne dies genauer auszuführen, *in luterkeit* (s.12,8). Diese soll sie auch in ihrem Sein bestimmen, wenn sie die von Gott empfangene Treue behält (s.43,5). In Bezug auf Gott spricht Heinrich, ohne daß dies für ihn erklärungsbedürftig wäre, von der *lutterheit gotz* (s.40,24).

3.3.: Für Margaretha wünscht sich Heinrich, daß sie *"in lauterkait des gaistz"* Gott zu schauen vermag. Als weitere Bestimmung ihrer Verfassung bei der Schau nennt er ähnliche Sachverhalte: *"in behüttigkeit der sinne"*, *"in blosser angesicht ze schawen"* (52,5.6f).

4.1.: Mit den Metaphern das *rain vas* und *die geluterste(n) sel* stellt Heinrich heraus, daß das Innere Marias von allen, den eigentlichen Zustand beeinträchtigenden Elementen frei ist (s.4,11).

4.2. – 4.3.: Ohne daß angegeben wird, wovon der Mensch befreit wird, weist Heinrich Jesus Christus die Funktion zu, daß er den Menschen ähnlich wie das Metall *"in sines fewers rost... lüteret und geklert hat..."* (34,43f).

An anderer Stelle präzisiert Heinrich, daß das bei der Kreuzigung von Jesus vergossene Blut auf Margaretha eine dem Feuer vergleichbare läuternde Wirkung ausübt (s.35,2).

malen (1.)

A. Mechthild von Magdeburg

1. *malen*
1.1. *mensche* (VI 23,13)

1.1.: Mechthild entwirft das Bild, daß der Mensch "*dike des túfels glichnisse an siner sele gemalet habe mit tegelichen súnden...*" (VI 23,13).

mane (1.)/ sunne (2.)/ sunneglast (3.)/ sunnenschin (4.)/ merstern (5.)

A. Mechthild von Magdeburg

1. *mane*
1.1. *got* (I 8,2)
1.2. *sele* (I 18,3)

2. *sunne*
2.1. *got* (I 4,10; 8,2; II 25,116; III 4,19; 10,34; IV 5,12; 12,20)
2.2. *Jesus Christus* (III 2,6)
2.3. *sele* (I 18,3)
2.4. *ewiges lieht* (VII 28,10)

1.1. – 1.2.: In I 8,2 heißt es von Gott ohne weitere Erklärung: "*O du userwelte sunne, o du voller mane...*". Die gleiche Metaphorik läßt Mechthild Gott für die Seele in I 18,3f gebrauchen; Gott lobt dort die Seele folgendermaßen: "*O du schoenú sunne an dinem schine, o du voller mane an dinem stande, ...*".

2.1. – 2.3.: Verschiedene Metaphern aneinanderreihend, wird Gott von Mechthild im ersten Teil ihres Buches über die Sonnenmetapher unter dem - biblisch in Mal 3,20 und Dtn 33,14 entfalteten - Bedeutungsaspekt der Quelle des Lebens in eine Ähnlichkeitsbeziehung gebracht zu verschiedenen Elementen der erfahrbaren äußeren Wirklichkeit: Gott ist der Seele "*vliessender brunne, min sunne*" (I 4,10); er ist "*brennender berg, userwelte sunne, voller mane, grundeloser brunne...*" (I 8,2f). Ein weiterer semantischer Schwerpunkt der Sonnenmetapher ergibt sich durch die Parallele, die Mechthild zwischen der Gottheit und der vernichtenden Kraft zieht, die aus der gewaltigen Energie der Sonne resultiert. Nach Mechthild hätte die Einwirkung der Gottheit auf die Menschheit Mariens eine vernichtende Wirkung, wenn Gott der Gottesmutter bei seinem Handeln an ihr nicht einen *schatten* gegeben hätte, damit ihre "*menscheit in der sunnen der creftigen gotheit nit verswunde.*" (III 4,19f)

Die mittels der Sonnenmetapher veranschaulichte vernichtende Wirkung Gottes hat für die gottliebende Seele insofern positive Konsequenzen, als sie, wenn sie am Kreuz der Minne *"hanget... gegen der ewigen sunnen der lebendigen gottheit..., durre wirt von allen irdischen dingen."* (III 10,37-40)

Zum anderem läßt Mechthild anhand der visuellen und akustischen Erfahrung die Seele verdeutlichen, welche erfüllende Bedeutung sie Jesus Christus zumißt: *"...du bist die sunne aller ougen, du bist die lust aller oren..."* (III 2,6). Neben dieser - am Beispiel der Beziehung Wahrnehmung/Inhalt der Wahrnehmung - vorgenommenen Verhältnisbestimmung der Seele zu Jesus Christus zieht Mechthild den organischen Zusammenhang in der Natur heran, um die Notwendigkeit der göttlichen Einwirkung für den Mangel leidenden Menschen aufzuweisen; der Mensch wird zum dürren Acker, der von Jesus Christus *"den suessen regen diner menscheit und die heisse sunnen diner lebendigen gotheit und den milten towe des heligen geistes..."* (IV 5,12) erbittet.

Im Rahmen der Begegnung der Seele als Braut mit ihrem Bräutigam Jesus Christus werden Gottheit und Menschheit Jesu zu Elementen einer Naturlandschaft. Die Gottheit Jesu tritt im *"boumgarten der minne"* mit der Seele in Kontakt, indem sie als *"liehte sunne (siner)ewigen gotheit"* die Seele *"beschinet mit dem verborgenen wunder"* der göttlichen *lustlicheit*; die Menschheit Jesu hängt in Form von *"gruenen, wissen, roten oeppfel"* am *"boum (siner)heligen drivaltekeit"* (II 25,116-120).

Die Beziehung Gottes bzw. Jesu Christi zur Seele wird bildlich ferner so dargestellt, daß die Sonnen- mit der Spiegelmetapher kombiniert wird; so äußert die Seele I 4,9-11: *"Herre, du bist... min sunne und ich bin din spiegel."*

Schließlich verwendet Mechthild die Sonnenmetaphorik dazu, die Einheit von Gott und Mensch in Jesus Christus vorzustellen: *"die spilende sunne der lebendigen gotheit schinet dur das clare wasser der vroelichen menscheit..."* (IV 12,20f). Anhand dieser Parallelisierung mit der Naturerfahrung gelingt es Mechthild, die Einheit des Verschiedenen in der Einwirkung des Göttlichen auf das empfangsbereite Menschliche Jesu Christi zu begründen.

2.4.: Mechthild wünscht armen, notleidenden Menschen den Wechsel ihrer Situation durch die Erfahrung göttlicher Zuwendung; sie bringt dieses Geschehen dadurch ins Bild, daß sie es in Beziehung zum Tagesanbruch setzt (s.VII 28,9f).

B. David von Augsburg

2. *sunne*
2.1. *Jesus Christus* (375,18)
2.2. *got* (388,17; 395,33.35)

3. *sunneglast*
3.1. *got* (364,25f)

4. *sunnenschin*
4.1. *got* (323,22)
4.2. *Jesus Christus* (342,8.29; 344,3)

2.1.: Unter dem Gesichtspunkt der Freude und Wohlbefinden erzeugenden Wärme wird Jesus in seiner Bedeutung für die Seele in Beziehung zu einer *liehten sunne* (s.375,18) gesetzt, die in die Seele scheint und Freude bereitet, wenn die Seele infolge der Einwirkung Jesu Christi in seiner *"honicsüezen gotheit brinnet"* (375,22).

2.2.: Als eine Konsequenz ausdauernden Betens nennt David ein Handeln Gottes, das der Erfahrung, die der Mensch in der Natur mit der Sonne macht, entspricht: Die *"klârheit der wâren sunne giuzet"* sich in den Menschen und *ziuhet* ihn in den Himmel (388,17f).

Den Heiligen, die ohne Sünden sind und keine Schwäche zeigen, ist es allein vorbehalten, sich ähnlich dem Adler zu Gott, der *obersten sunnen* (s.395,33), aufzumachen.

3.1.: Die Wahrnehmung Gottes durch den Menschen wird von David parallelisiert mit dem Anblick des Sonnenglanzes durch ungesunde, schwache Augen. Da das *toetliche vel* vor die Augen der Vernunft gespannt ist und *"der sünden stein walget in den ougen"* (364,27f), bleibt es dem Menschen versagt, Gott als *"den ewigen brehenden sunneglast"* (364,25f) zu erfassen.

4.1.: Unter Bezugnahme auf die Naturerfahrung, daß die Sonne nur dann durch ein Fenster nach innen scheinen kann, wenn dieses für den Sonnenschein durchlässig ist, zeigt David, daß die Menschen durch die Beschäftigung mit äußeren Dingen *"daz venster der gehügede verrünen"*, so daß *"der wâre sunne schin"*, Gott, nicht in das menschliche Herz einzudringen vermag (323,20-23).

4.2.: Jesus Christus kann hinsichtlich seiner Tätigkeit mit dem Schein der Sonne parallelisiert werden, da er, wie die Sonne niederstrahlt, sich zu den Menschen *her nider* gelassen hat mit dem Ziel, diese - ähnlich der Sonnenwärme - zu sich hinaufzuziehen (s.342,8f). Außerdem hat er, wie die Sonne die Welt erleuchtet, der finsteren, unheilvollen Situation der Welt mit seiner Lehre Orientierung verschafft und sie dadurch - in geistiger Weise - *erliuhtet* (s.344,3).

Ein anderer Aspekt der Metapher wird dadurch zur Sprache gebracht, daß David die durch farbiges Glas verursachte Verfärbung des Sonnenscheins mit Jesus Christus in Verbindung bringt; als *ewiger sunneschîn* hat er sich *"nach dem menschen geverwet und nach sîner natûre..."* (342,29f).

C. Meister Eckhart

2. sunne
2.1. *gotheit* (I 407,5)

2.1.: In Beantwortung der Frage, ob Gott im entrückten Paulus oder dieser in Gott sei, entwickelt Eckhart seine Antwort zunächst mit Hilfe eines Beispiels. Dabei parallelisiert er Gottes Einwirkung auf die Seele des Hl. Paulus mit der Sonne, die in ein mit Wasser gefülltes Blumenglas scheint: *"dô diu klâre sunne der gotheit sîne sêle durchschein... daz geschach im doch von klârheit sîner sêle..."* (I 407,5.8f)

437

D. Tauler

2. sunne
2.1. *got* (26,18; 27,10f; 32,15f.20.25;
   33,6.11; 98,3.6f.32f; 228,21)
2.2. *vater* (50,5f)
2.3. *sun* (50,5f)

2.1.: Tauler verdeutlicht die Beziehung Gott-Seele anhand eines Beispiels. Die Regel, daß die Sonne in einem Spiegel nicht als Bild erscheinen kann, wenn sie durch ein zwischen sie und den Spiegel tretendes Hindernis von ihrer unbeeinträchtigten Einstrahlung abgehalten wird, gilt auch für das Verhältnis Gott-Seele; aufgrund der Funktionsähnlichkeit sieht Tauler Gott als *sunne*, die sich, sofern sie kein Hindernis einschränkt - z.B. andere Vorstellungsbilder - im *spiegel* der Seele abbildet: *"Weliche sele in der sich die sunne erspiegeln sol, die muos blos sin und gefriget von allen bilden..."* (26,18f).

Ein anderer Aspekt des göttlichen Wirkens wird deutlich, wenn Tauler Gott in die Nähe der Sonne rückt, die auf einen Acker einstrahlt und - je nach Beschaffenheit des Ackers - dadurch eine mehr oder weniger große Fruchtbarkeit des Ackers ermöglicht. Das Verhältnis des Menschen zu Gott wird durch die gewählte Metaphorik - Gott als *sunne* und der *acker* und *grunt* des Menschen - als organischer Zusammenhang verstanden, aufgrund dessen unter Beteiligung des Menschen als Frucht eine Haltung entsteht, die die Ausrichtung des Menschen auf Gott betrifft: *"...do die goetteliche sunne disen grunt unmittelichen berueret, och, in aller der frucht, die dan uz gezogen wurt,..., o die get so luterliche uf Got und blueyet so wunneclichen in eime lutern gotemeinende..."* (32,25-27).

Tauler akzentuiert das Bild im Hinblick auf die Bedeutung des Menschen, wenn er an anderer Stelle die göttliche Einwirkung abhängig macht von der menschlichen Tätigkeit, die wie die Ackerarbeit auf optimale Nutzung der göttlichen Einwirkung abzielt (s.98,5). Wenn der Acker des Menschen gut vorbereitet ist, kommt die göttliche Sonne und bereitet - Tauler läßt in diesem Zusammenhang die Abfolge der verschiedenen Jahreszeiten unberücksichtigt - im *grunt* einen richtigen Sommer (s.98,8).

Eine andere Qualität Gottes, seine Orientierungsfunktion für die Welt, bringt Tauler im Bild der Sonne zur Sprache, wenn er im Zusammenhang mit der Bestimmung Gottes als transzendenter Wahrheit von der *klare(n) sunne* spricht, *"die alle die welt erlúchtet."* (228,21)

2.2. – 2.3.: Im Anschluß an Joh 8,12: "Ego sum lux mundi dicit dominus" bezeichnet Tauler Gottvater als *grosse sunne* und Jesus Christus - Identität und Differenz der Trinität aussagend - als eine *minre sunne* (s.50,5f), die als das wahre Licht jeden Menschen erleuchtet.

E. Seuse

1. *mane*
1.1. *menscheit* (407,5)

2. *sunne*
2.1. *got* (263,12; 390,4; 439,21f;
    468,14f; 471,8f; 478,16)

5. *merstern*
5.1. *Maria* (18,1)

1.1.: In verschiedenen Bildern umschreibt Seuse Jesus Christus: er ist der *"usglentzende(n) widerglast des summerlichen liehtes der klaren vaetterliche gotheit,... voller(n) mane siner lútseligen menscheit..."* (407,4f).

2.1.: Seuse benützt die Metapher, um auf dem Hintergrund der Wirkweise der Sonne göttliches Handeln zu verstehen.
Der ähnlich der Sonneneinstrahlung sich mitteilende Gott erscheint in Maria wie in einem Spiegel, die deshalb, weil Gottes Handeln in ihr präsent ist, auch von Seuse *"verborgen hort der grundlosen goetlichen erbarmherzkeit"* (263,12) genannt wird.
An eine andere Eigenschaft der strahlenden Sonne knüpft Seuse an, wenn er ausführt, daß die *ware sunne* dem, dem sie einleuchtet, alle Finsternis und alle Nebel vertreibt. Der mittels des Hell-Dunkel-Gegensatzes beschriebene Wechsel in der Verfassung des Menschen kommt durch die göttliche Einwirkung insofern zustande, als der Mensch von der Sünde, von allem Bösen weg auf Gott hin orientiert wird (s.478,16).
Auf einen weiteren Aspekt des göttlichen Handelns weist Seuse hin, wenn er es in Beziehung zur bleichenden Wirkung der Sonneneinstrahlung setzt. Durch den sich zeigenden Glanz der *úberweslichen sunnen* werden - wie Seuse unter Bezugnahme auf Dionysius Areopagita, De coel. hierar. 8,2 formuliert - die niedrigen von den oberen Engeln *"gelútert, erlühtet und volbraht."* (390,3)
Seuse sprengt das Bild, wenn er an anderer Stelle ausführt, daß die ewige Sonne den Menschen mit *"grosse(m) bitterliche(m) liden entverwet"* (439,22f).
Auf die blendende Wirkung der Sonne wird angespielt im Zusammenhang mit Bemerkungen zur Unerkennbarkeit der reinen Wahrheit Gottes. Aufgrund der Beschaffenheit seiner Natur vermag der Mensch diese nur in bildhaftem Gleichnis zu erfassen (s.468,13). Erst wenn der nach unten ziehende Leib abgelegt ist, ist die Seele zur unmittelbaren Erkenntnis Gottes fähig, indem ihr *"geluterte(s) ouge in der ewigen sunnen rad wurt gestecket."* (468,14f)

5.1.: Seuse entnimmt dem 9. Responsorium der Matutin am Fest Mariae Geburt für Maria das Bild des Meersterns (s.18,1).

G. Heinrich von Nördlingen

2. *sunne*
2.1. *ewige gerechtigkeit* (6,14)
2.2. *gotliche mine* (6,35)
2.3. *ewigkeit* (43,30)
2.4. *got* (43,18)
2.5. *warhait* (47,18)

2.1.: Die Beziehung Gottes zum Menschen konkretisiert Heinrich durch seinen Hinweis auf die Einwirkung der Sonne auf Glas. So wie die Sonne das Glas durchstrahlt, gelangt die *"sunne der ewigen gerechtigkeit"*, Jesus Christus, in das reine Herz Margarethas (6,14).

2.2.: Vermutlich aufgrund ihrer Eigenschaft, Wärme und Geborgenheit zu vermitteln, wird die göttliche Minne (ohne weitere Begründung) metaphorisch als *sunne* bezeichnet (s.6,35).

2.3. – 2.4.: Mt 5,45 zitierend, führt Heinrich aus, daß Gott läßt *"sein sunnen schinen uf die guten und uf die böszen..."* (43,18f).
Im gleichen Brief macht er den Stellenwert, den Margaretha im Rahmen seiner Beziehung zu Gott hat, im Bild der Sonne anschaulich, die Heinrich durch Margaretha *"als durch ain luter glas"* innerlich erleuchtet (43,30f).

2.5.: Seine Unfähigkeit, Gottes Einwirken zu erfassen, zeigt Heinrich an der Wahrnehmung von Licht auf: Aufgrund seiner kranken Augen ist er nicht in der Lage, *"die ausz leichtend klar sunn der gotlichen warhait"* zu sehen (47,18).

meie (1.)/ meienris (2.)/ meiental (3.)/ meientow (4.)

E. Seuse

1. *meie*
1.1. *goettlicher abgrunt* (433,22)
1.2. o.BE (32,30; 33,5.8.16.22)

2. *meienris*
2.1. *Ewige wisheit* (216,19)

3. *meiental*
3.1. *himmlische froeden* (374,18; 446,23f)

4. *meientow*
4.1. *gnade* (433,27)
4.2. *Jesus Christus* (456,27)
4.3. *himmlische sunne* (486,28)

1.1. – 1.2.: Die Zeit des Mai wird zur Metapher für den immer bleibenden positiven Zustand im göttlichen *abgrunt* (s.433,22f). Daneben knüpft Seuse im Bild des *geistlichen meyen* im 12. cap. der Vita an den Brauch des Maibaumsetzens an.

Das Kreuz Christi wird ihm zum inneren Maienbaum, vor dem er singt: *"gegruezet, sist du, hymelscher meye der ewigen wisheit, uf dem da gewahsen ist dú fruht der ewigen selikeit!"* (33,8f)

2.1.: Seuse bezeichnet als Diener im Dialog mit der Ewigen Weisheit diese als *seldenzwi* und *meienris* (s.216,19).

3.1.: Im Bild einer Maienlandschaft macht Seuse die himmlischen Freuden anschaulich, die ein Mensch erfährt, der sich in Gott befindet.

4.1. – 4.3.: Die lebensspendende, jegliche Entwicklung fördernde Kraft der Gnade bringt Seuse im Bild des *meyentow* zur Sprache. Aufgrund seiner, jegliches sonstige Gnadengeschehen übertreffenden Heilsvermittlung wird Jesus Christus als der *"aller suessestes meientow"* (456,27) bezeichnet. Insofern es sich beim göttlichen Gnadenhandeln um die entscheidende Lebensbedingung des Menschen handelt, muß er alles Kreatürliche aus sich entfernen und sich mit seiner ganzen Wirklichkeit dem *"suessen meiendouwe der himelschen sunnen"* (486,27f) entgegenstrekken.

muerden (1.)/ (er–)toeten (2.)/ toetunge (3.)/ (er–)sterben (4.)/ tot (5.)

A. Mechthild von Magdeburg

1. *muerden*
1.1. o.BE (V 30,3)

2. *toeten*
2.1. *valscheit* (II 24,11)
2.2. *minne* (III 13,23)
2.3. *herre* (III 9,65)

4. *sterben*
4.1. *mensche* (I 3,29; IV 18,91; VII 21,45)
4.2. *sele* (I 2,42; 28,6; 29,13)
4.3. *leben* (I 28,5)

5. *tot/mort*
5.1. *brut* (IV 12,23)
5.2. *werk* (V 30,5)
5.3. *sele* (I 21,3)

1.1.: Für den Menschen ist es lebenswichtig, daß er in Kontakt zur Gottesminne steht; denn nach seinen Aussagen *muerdet* es ihn, wenn sie ihn verlassen hat (s.V 30,3).

2.1.: Vernichtende Wirkung hat Falschheit, wie Mechthild mit der Verbmetapher *toeten* konkretisiert, für das in der Seele befindliche Gotteswort (s.II 24,11).

2.2.: Bei der Seele hingegen zeigt die als *toeten* metaphorisch bezeichnete Tätigkeit der *claren minne* keine existenzvernichtende Wirkung. In Analogie zwar zur

Vernichtung der Existenz vorgestellt, erleidet die Seele durch die Minne *suesse not*; aber die Tätigkeit der Minne beschränkt sich darauf, daß "*si toedet si ouch sunder tot.*"(III 13,23)

2.3.: Jesus Christus spricht Mechthild die Fähigkeit zu, daß er "*toetet únsern tot...*" (III 9,65).

4.1. – 4.3.: Das Bild des Sterbens steht bei Mechthild für den Abbruch der Beziehung heiligmäßiger Menschen, die nur noch "*leben got alleine*" (IV 18,91), zu irdischen Dingen. Ferner setzt Mechthild die Metapher *sterben* entsprechend ihrer Konzeption des Minnesterbens in Beziehung zur unio: "*Wer von minnen stirbet, den sol man in gotte begraben.*" (I 3,28f).

5.1. – 5.2.: *Gotz brut* führt im Zusammenhang mit der Beschreibung ihres Befindens in Gott aus, daß die *suesse lust* des Hl. Geistes von ihr alles entfernt hat, was nicht Gott ist, so daß sie nichts anderes mehr als Gott in sich aufnehmen kann. Ihrer von der Liebe zu Gott bestimmten Verfassung verleiht die *brut* über die Formulierung *wunderlich tot* Züge eines letztlich unbegreiflichen Zustandes, in dem alle Lebensfunktionen erloschen sind (s.IV 12,23). Ihre Verfassung in der unio charakterisiert die *brut* paradox auch als Einheit von Tod und Leben (s.I 22,12).

An anderer Stelle verwendet Mechthild die Metapher *tot* dazu, um auszusagen, daß alle Werke des Menschen, wenn er nicht die Gottesminne spürt, für ihn nichtig sind (s.V 30,5).

5.3.: Die Erfahrung Gottes bedeutet für die Seele den mystischen Tod: "*...gebruchunge ane mort kan si nit verklagen.*" (I 21,3)

B. David von Augsburg

---

2. *toeten*
2.1. *sünde* (350,21)

2.1.: Die Vernichtung der Gerechtigkeit durch die Sünde des Menschen trägt für David den Charakter des Tötens (s.350,21).

C. Meister Eckhart

---

2. *toeten*
2.1. *mensche* (II 89,4f Pat; 429,4f; III 163,3; V 425,8)

4. *sterben*
4.1. *sêle* (I 135,10; II 301,6-8; 408,3; 589,2f III 464,2; 468,4f; 470,8;)
4.2. o.BE (I 136,16; 137,1f)

4.3. *got* (II 301,6-8)
4.4. *mensche* (II 84,3; 365,2; 588,6; III 388,1; 538,4f)

5. *tôt*
5.1. *mensche* (I 128,11; 135,10; 201,9; II 80,1-3; 89,4f; 255,4f; 365,1; 366,1; 370,3; 429,4f; V 411,8)
5.2. *dinc* (I 178,1)

5.3. *werke* (II 254,3; 259,4f; 383,9;
   384,1)
5.4. *got* (II 302,2)
5.5. *want* (III 178,1)

2.1.: Im Sinne von 'auslöschen', 'vernichten' umschreibt Eckhart mit dem Verb *toeten* ein konkretes Geschehen, nämlich das Säubern einer Tafel von Geschriebenem (s. V 425,8). Bezogen auf geistige Sachverhalte meint Eckhart mit *toeten* einen Vorgang, bei dem der Mensch, damit er zu Gott gelangen oder sein Wort hören kann, allem fleischlichen Empfinden, allen vergänglichen Dingen sowie sich selbst jegliche Bedeutung entzieht, so daß diese letztlich für ihn nichtexistent werden. In Bezug auf Gott heißt dies, daß der Mensch, der Gott an seiner Menschenliebe hinderte, "*der benaeme im sîn leben und sîn wesen, oder er tôte got...; wan diu selbe minne, dâ mite got die sêle minnet, daz ist sîn leben...*" (III 163,7-9)

4.1.: In Parallele zum Sterben beschreibt Eckhart metaphorisch die Beendigung der Eigenexistenz der Seele, die einerseits erfolgen muß, damit die Seele das lebendige Sein empfangen (s.I 135,10) oder in Gott gelangen kann (s.III 464,2); andererseits hört die Seele auf zu existieren, wie Eckhart meint, wenn an ihr die leidenschaftliche Minne zu Gott *erkaltet* (s.III 468,4f) oder wenn Gott sich von ihr trennt (s.III 470,8). Den gleichen Effekt erzielt die Seele, wenn sie sich zur äußeren Wirklichkeit hin orientiert. Aus all dem folgt, daß der Gottesbezug für die Existenz der Seele konstitutiv ist. Problematisch erscheint Eckhart dabei jedoch, wie die Seele die göttliche Einwirkung zu verkraften in der Lage ist. Infolge der Übermacht Gottes hält Eckhart es für notwendig zu überlegen, "*wie diu sêle erlîden müge, daz si niht enstirbet, dâ sie got in sich drücket*" (II 408,3f). Umgekehrt ist auf Seiten der Seele die positive Gefühlsreaktion über die göttliche Ankunft in ihr so groß, daß sie, wenn sie darum wüßte, "*stürbe von vröuden*" (II 589,3).

4.2.: Für Eckhart steht fest, daß das, was das "*lieht der vernünfticheit*" verläßt, kein Leben im eigentlichen, seinshaften Sinn mehr führt; es "*stirbet und enmac niht bestân.*" (I 136,16) Dem gleichen Vorgang unterliegt alles, was - *der sêle lûterkeit* zuwider - für etwas Kreatürliches Interesse zeigt (I 137,2).

4.3.: Wenn Gott infolge der Außenorientierung der Seele für die Seele irrelevant wird, kommt dies - in der Perspektive der Seele - seiner Nichtexistenz gleich. Metaphorisch formuliert Eckhart, subjektiven und objektiven Aspekt in Bezug auf das Sein Gottes differenzierend: "*got der stirbet ouch der sêle; und dar umbe sô enstirbet er an im selben nihtes niht, und er lebet an im selben.*" (II 301,7f).

4.4.: Damit der Mensch in Gemeinschaft mit Gott leben und ihn schauen kann, muß er abgeschieden, ledig aller Dinge sein (s.II 528,5f) bzw. "*allen dingen sterben*" (II 538,5), d.h. in Bezug auf alle Dinge quasi nichtexistent sein. Daß der Mensch überhaupt den mystischen Tod erleiden kann, sieht Eckhart in Christi Tod begründet (s.II 84,1-3). Sein Sterben verursacht in der Gottesmutter ein mystisches Sterben (s.II 588,6).

5.1.: Der Mensch gelangt und lebt dann in Gott, wenn er *tôt* ist. Diese in Analogie zum physischen Tod metaphorisch vorgestellte geistige Nichtexistenz zeigt sich darin, daß der Mensch sich selber und alle Dinge gelassen hat, so daß er ohne bestimmte Beziehung (s.II 80,1-3) zu sich selbst und zu allen geschaffenen Dingen ist: *"Der mensche, der also stat in gotes minne, der sol sin selbes tôt sin und allen geschaffenen dingen, daz er sin selbes als wenic ahtende sî als eines über tûsent mîle."* (I 201,9f) Daß er sich in Bezug auf die Welt verhält wie einer, bei dem alle Lebensfunktionen erloschen sind, verdeutlicht Eckhart anhand der Geschmacksempfindung; der Mensch, der *"stat in ganzer abegescheidenheit"*, so daß ihn kein vergängliches Ding zu berühren vermag, *"heizet der werlte tôt, wan im smacket niht daz irdisch ist"* (V 411,8f). In diesem Zustand hört der Mensch Gottes Wort (s.II 429,4f) und *"twinget... got ze sînem wesene"* (V 411,2). Um überhaupt in Kontakt mit Gott zu kommen, ist erforderlich, *"daz man tôt sî aller unglîche."*(s. II 370,3) Nur wenn der Mensch in keiner Beziehung mehr steht zu etwas, was Gott ungleich ist, ist er Gott gleich. In Konsequenz dieser Position ergibt sich für Eckhart die Notwendigkeit, daß der Mensch als Subjekt der Erkenntnis und als eigenständige Größe, die zu Gott gelangen will, sich selbst in seiner Existenz vernichten muß: *"Dar umbe muoz der mensche getoetet sîn und gar tôt sîn und an im selben niht sîn und gar entglîchet und niemane glîch sîn, so ist er gote eigenlîche glîch."* (II 89,4-6; vgl. II 366,1).

Damit hängt auch zusammen, daß der Mensch auf jede Form von Lohngerechtigkeit verzichten muß. Wer irgendwelche Werke tut, damit Gott in ihm präsent wird, raubt diesen die Existenz; sie *sint alliu tôt* (II 255,1). Dauernde Existenz verleiht der Mensch sich selbst in allen von ihm vollbrachten Werken nur dann, wenn er sich in Bezug auf die Dinge verhält wie einer, der als Mensch nicht mehr existiert: *"wilt dû leben und wilt, daz dîniu werk leben, sô muost dû allen dingen tôt sîn und ze nihte worden sîn."* (II 255,4-6)

5.2.: Wem die zeitlichen Dinge nichts mehr bedeuten, so daß ihn in der Zeit nur die Ewigkeit interessiert, in dem haben zeitliche Dinge kein Leben mehr; sie sind - wie Eckhart metaphorisch formuliert - *tôt* (s.I 178,1).

5.3.: Wenn der Mensch von außen her motiviert wird, bestimmte Werke zu tun, haben diese keine dauerhafte Existenz; sie sind nach Eckharts Meinung *tôt*.

5.4.: Wenn Gott infolge der Außenorientierung der Seele bedeutungslos wird, kommt dies für die Seele seiner Nichtexistenz gleich. Obgleich er an sich lebt, ist er für die Seele *tôt* (s.II 302,2).

5.5.: Wenn eine vormals weiße Wand schwarz gestrichen wird, ist alles Weiße vernichtet; Eckhart formuliert: Die Wand ist *"tôt aller wîze"* (III 178,1).

D. Tauler

2. *toeten*
2.1. *mensche* (17,15; 377,28)

3. *toetunge*
3.1. *untugende* (167,14)

4. *sterben*
4.1. *mensche* (23,7; 65,5; 66,4.13.20; 68,35f; 84,4f.8; 118,1; 121,10; 152,1f; 357,2.9; 379,7; 426,25f; 427,7f; 431,9)
4.2. *spise* (121,14)
4.3. *nature* (121,10)
4.4. *grunt* (225,18f)
4.5. *sele* (267,16)
4.6. *Jesus Christus* (345,7)
4.7. o.BE (383,6f)

5. *tôt*
5.1. *nature* (75,11; 115,18.19.21; 121,9.16; 213,33)
5.2. *spise* (119,6f; 121,16)
5.3. *mensche* (114,16f; 152,1f)
5.4. o.BE (71,20f)

2.1.: Die Hinwendung des Menschen zu Gott setzt voraus, daß der Mensch sich von allen weltlichen Lüsten und Befriedigungen trennt. Tauler fordert dazu auf, indem er das *überwinden* der menschlichen Natur, d.h. der Hinneigung zur Welt und zu den Kreaturen, in Anlehnung an die Fortbewegung von Flüssigkeit als *hinfliessen lossen* (s.17,13) und im Zusammenhang damit über die Metapher *toeten* als Vernichtung entwirft (s. 17,15). Wenn der Mensch dadurch derart auf Gott hin orientiert ist, daß alles irdische Begehren in ihm vernichtet ist, bereitet Gott seine Stätte in ihm (s.377,28).

3.1.: *Toetunge* ist Bild für die Vernichtung der Untugenden (s.167,14).

4.1.: Tauler verwendet die Sterbemetapher zunächst in Hinblick auf Menschen, die nach eigenen Vorstellungen ihren *grunt* bereiten; er hält es für notwendig, daß sie als Menschen, die in allen Dingen eigene Interessen verfolgen, aufhören zu leben, indem sie Gott ihren *grunt* bereiten lassen und "*gont des iren us in allen dingen...*" (23,10). In enger Anlehnung an Leben, Sterben und Auferstehung Jesu Christi beschreibt Tauler durch Rekurs auf Röm 6,8 als Folge des mystischen Sterbens, daß derart zunichte gewordene Menschen "*stont uf in der worheit*" (23,8)). Neben *sterben* und *uzgan* umschreibt Tauler auch mit der Formulierung "*verloucken des dinen*" den Vorgang, der darauf abzielt, daß der Mensch anders wird, indem Gott das Leben und Sein des Menschen bildet bzw. er in Gott lebt und wirkt (s.68,35). Dazu ist es erforderlich, daß der Mensch von sich selbst absieht (*verloucken*), sich selbst verläßt (*uzgan*) und in seinem Selbstsein zu existieren aufhört (s. 84,4f.8f). Dieser Prozeß betrifft sowohl den menschlichen Willen (s.65,5 u. 357,9) als auch Natur und Sinne des Menschen (s.379,7). Mit diesen Größen sowie generell mit allen Kreaturen muß der Mensch, der für Gott allein leben will, in Kontakt stehen wie einer, der infolge seiner Nichtexistenz keine eigenständige Größe und somit kein Bezugspunkt mehr für eine Beziehung ist (s.118,1). Dies heißt auch, daß nur der Mensch, der "*zuo grunde sins selbes gestorben*" und *tôt* ist (152,1f) und Gott allein vertraut, auch in der Lage ist, alles Leiden gelassen zu ertragen (s.151,36; 152,4f), weil er sich selbst gelassen hat (s.357,2).

4.2. – 4.3.: Die Speise muß, bevor sie in den Magen kommt, *"an ime selber sterben und zuomole verwerden"* (121,14f). Ebenso muß auch die menschliche Natur, die zu Gott kommen will, *"maniges todes vor sterben"* (121,9). Diese Vernichtung der natürlichen Existenz geschieht, indem Gott den Menschen in seinem Leben auf manchen unbekannten, schwierig zu bestehenden Weg führt.

4.4. – 4.6.: Der auf die Welt bezogene Mensch wird von Versuchungen heimgesucht, die aus einem Seelengrund stammen, der noch auf die Welt hin lebt und deshalb noch *ungestorben* ist (s.225,18f). Damit die Seele aufhört, in den Sünden zu existieren, soll sie um den Beistand Jesu bitten (s.267,16). Jesus Christus ist nämlich mit seinem irdischen Leben im Menschen in der Weise präsent, daß sich seine heilsgeschichtliche Existenz zeitlos im Inneren des Menschen wiederholt, bevor dieser von Gott überformt wird: *"denne der mensche her zuo kome, so ist vor unser herre in im geborn und gestorben und uf erstanden..."* (345,6-8)

4.7.: Wenn der Mensch in Gott gelangt, muß die menschliche Natur, die *"hette... gerne ut und... wiste gerne und... wolte gerne ut"* (383,5f), ihre diesbezüglichen Erwartungen aufgeben; denn sie *"enhat des iren nút"* (383,3) von den Tugendübungen. Deshalb ist es nach Taulers Meinung für die menschliche Natur schwer zu verkraften, daß sie der Existenz dieser Vorstellungen in sich ein Ende bereiten muß.

5.1. – 5.2.: Bevor der Mensch in Gott verwandelt wird, muß seine Natur in einen Zustand überführt werden, in dem all ihre Lebensfunktionen erloschen sind; denn mit einem *"ieglichen tode der naturen da wurt aller werlichest Got inne lebende und wesende."* (75,11f) Dies bedeutet für Tauler auch, daß der Mensch bei zweifelhaften Sachverhalten den Willen Gottes erfahren kann, indem er darauf achtet, worauf die Natur am wenigsten geneigt ist. Als Vorstellungsmodell für die Überführung der Natur in einen ihrer Nichtexistenz, ihrem Tod, vergleichbaren Zustand dient Tauler die Speise, die sich auflösen und einen todesähnlichen Zustand annehmen muß, damit der Magen in der Lage ist, sie aufzunehmen: *"do gehoeret manig tôt zuo..."* (121,16).

5.3.: In paradoxer Verkehrung des normalen Verhältnisses von Leben und Tod nennt Tauler die Überwindung der menschlichen Natur im mystischen Tod als Voraussetzung für den Erhalt göttlichen Lebens (s.115,18ff).

5.4.: Wichtig ist Tauler, daß die Veränderung des äußeren zum inneren Menschen die wiederholte Erfahrung von Vernichtung der menschlichen Natur verlangt: *"do muos uf die nature manig swinde dot vallen..."* (71,20). Ergebnis ist die Erfahrung der Ewigkeit: *"Dem tode antwurtet ewig leben."* (71,21)

E. Seuse

2. (er-)toeten
2.1. *mensche* (209,10)
2.2. *muot* (269,20f)
2.3. *gebein* (553,1(Pat))
2.4. *got* (440,8)

4. (er-)sterben
4.1. *herze* (80,6; 90,2; 269,20f; 275,20; 277,25; 440,14)
4.2. *mensche* (182,5f; 261,1.10f; 269,8; 279,10.19.23; 279,23; 378,26f;439,22f; 441,24; 444,9f; 474,13; 488,16f; 517,10; 519,6; 520,13; 546,1; 554,26)
4.3. *untugend* (107,16)
4.4. o.BE (414,13)
4.5. *weyssenkorn* (515,14.16)
4.6. *geist* (189,10f)
4.7. *nature* (35,17f)
4.8. *kraft* (553,1)

5. tot
5.1. *sünde* (28,27)
5.2. *sel* (73,18)
5.3. *ere* (73,18)
5.4. *herz* (73,15; 78,11; 200,3f)
5.5. *mensche* (348,19f; 412,10)
5.6. *wille* (488,18f)
5.7. *ordenunge* (489,9f)

2.1. – 2.3.: Die Vernichtung aller *gelüste* durch den Menschen (s.209,10), aber auch die Vernichtung des *muot* durch den Anblick des gekreuzigten Jesus erscheint als *ertoden* (s.269,20f).

2.4.: Gott macht durch sein Eingreifen (indem er z.B. dem Menschen Leiden schickt) den Menschen in der Welt bedeutungslos und bewirkt, daß wichtige menschliche Lebensfunktionen und Vollzüge beendet werden (s.440,8).

4.1.: Als ein Mörder Seuse im einsamen Wald beichtet, er habe in ähnlicher Situation einen Menschen umgebracht, beschreibt Seuse seine eigene Reaktion in Parallele zum Lebensende: "*sin herz erstarb*" (80,6), er "*erbleichet und ertodet.. als gar, daz im der kalte totsweiz uber daz antlut... ab ran, und erzagte und erstumbet, daz im alle sin sinne entgiengen...*" (80,13-16). In eine solche Situation gerät Seuse auch durch körperliche Leiden, die dazu führen, daß seine Umgebung ihn für tot hält. Daß es sich dabei für Seuse um eindeutig metaphorische Aussagen handelt, wird dadurch deutlich, daß er seine Ausführungen mit der Feststellung abschließt: "*daz erstorben herz begond wider leblich werden...*" (90,2f).

Auch die Beschreibung, die Seuse von dem Zustand gibt, in den Maria beim Anblick des am Kreuz sterbenden Christus gerät, muß metaphorisch aufgefaßt werden. Seuse macht Maria dadurch gleichförmig mit dem sterbenden Christus, daß er sie rückblickend ihren Zustand in Parallele zur Endphase des Lebens charakterisieren läßt: "*Wie erstarb in mir min herze, wie ertodet min muot! Wie wart ich so kraftlos, und wie verswunden mir alle min sinne!...Ich was herzlos worden, min stimme war mir engangen...*" (269,20-22.25f). Noch konkreter stellt Seuse die Wirkung des Anblickes von Christi Tod auf Maria vor, indem er Maria ausführen läßt: "*Sieh, do erstarb min herze aber und moechti von dien toutwunden, so es enphieng, in tusent stuk sin zersprungen.*" (275,20-22) Die mit der Metapher *ersterben* unter dem Aspekt der Existenzvernichtung zum Ausdruck gebrachte Verfassung wird hier noch verstärkt durch das Element der beigebrachten Todeswunden und durch die Vorstellung der Zerstörung, die so dargestellt wird, daß das Herz seine Ganzheit verliert und zerspringt.

4.2.: Im Mittelpunkt der Ausführungen zum geistlichen Sterben des Menschen um Gottes willen steht die Notwendigkeit, daß sich der Mensch in Bezug auf sich selbst und alle Dinge so verhält, als ob er diesen durch den Tod genommen würde: *"daz ich... wunschen soelte, denn daz ich mir und allen dingen koende sterben und dir alleine leben..."* (279,18-20). In allegorischer Exegese von Hl 1,4 "Nigra sum, sed formosa" spricht Seuse vom gottleidenden Menschen, den das von Gott über ihn verhängte Leiden entstellt und der sich mit *"eime lebenden sterbenne"* von der Welt trennt; innerlich stellt sich mit dieser Entbehrung aber gerade die Erfahrung göttlichen Trostes ein (s.439,22-440,1). Nur wenn der Mensch für sich selber, für die Welt (s.546,1), seinen eigenen Willen und sein Begehren (s.517,10), sein sinnliches Hin- und Herschweifen (s.520,13) ohne Bedeutung ist, lebt er in Gott und Gott in ihm in Zeit und Ewigkeit (s.488,16f); dann kann auch Jesu Tod seine Wirkung zeigen, wie Seuse mit Hilfe der Fruchtbarkeitsmetaphorik zum Ausdruck bringt: *"sich, als dik du von minnen alsus dir selb erstirbest, als dike ergruenet und erbluejet sich min tod in dir."* (261,10f) Dies bedeutet, daß der Mensch, indem er sich mit seinem geistlichen Sterben dem Tod Jesu angleicht und seine Eigenexistenz vernichtet, die Voraussetzungen dafür schafft, daß Jesu Tod in ihm zu wirken vermag. In einer anderen Aussage hebt Seuse hervor, daß der Mensch erst, wenn er sich einem Prozeß unterzogen hat, der die völlige Vernichtung alles Sündhaften zur Folge hat, befreit ist von aller Sünde und Gott liebt (s.182,5). Abgesehen von der Notwendigkeit des Sterbens im Rahmen des Gottesbezuges stellt das *geistlich sterben* (s.444,9f) für Seuse eine Möglichkeit dar, selbst geistig am Sterbeprozeß ihm nahestehender geistlicher Kinder zu partizipieren (s.378,26f). In einem Brief schreibt er an sein todkrankes geistliches Kind: *"Ich bin liplich verr von dir, aber min herz stat vor dinem todbete mit bitren trehen..."* (378,27f).

4.3. – 4.4.: Seuse empfiehlt, daß der Mensch Zorn, Rache und Untugend in sich vernichtet. Er muß daher von der strengen Lebensweise der Väter lernen, damit *"dú untugend in dir sterbe und mit dem libe lang lebest..."* (107,16).

4.5.: Im Anschluß an Joh 12,24f fordert Seuse generell für die irdische Existenz, daß sie sich dem Sterbeprozeß unterwerfen muß: *"Kinder, isz musz eyn sterben und eyn verwerden und eyn vernichten hie gescheen, isz musz syn Non sum."* (515,16f)

4.6. – 4.7.: In Gott lebend, unterliegt der menschliche Geist, wie Seuse im Bild des Sterbens zur Sprache bringt, einem Geschehen, infolgedessen seine Lebensfunktionen erlöschen: er ist *"in siner vergangenheit"* nicht mehr zur Erkenntnis seiner selbst in der Lage (s.189,10f). Nach dem *usschlag*, d.h. der Rückkehr aus der Beschauung, gewinnt er jedoch sein Selbstbewußtsein und damit die Fähigkeit zur differenzierenden Erkenntnis zurück.

4.8.: Die compassio mit Christus veranschaulicht Seuse im Minnebüchlein: *"Ich beger, daz alle min kraft mit dir ersterbe und alles min gebein mit dir ertoedet werd, min sel mit dir uff gehenket werd."* (552,32-553,1).

5.1.: Im Hinblick auf die Menschen, die sich ausschließlich Gott zuwenden, fordert Seuse all diejenigen auf, die von vergänglicher Minne beherrscht werden, ihre Situation zu verändern und sich Gott zuzuwenden. Genauerhin umschreibt Seuse ihre Lage mit zwei Bildern: Das eine Bild stellt den Menschen als Gefangenen dar, der infolge des Einflusses vergänglicher Minne seine Bewegungsfreiheit verloren hat; im anderen Bild wird die von Sünde bestimmte Situation des Menschen in Beziehung zu einem Zustand gebracht, der wie der Tod Jesu ohne Leben ist: " *Wol uf... uss dem tode der sunden!*" (28,27)

5.2. – 5.4.: In Anbetracht des Todes seiner Schwester bezeichnet Seuse sein Herz, seine Seele und seine Ehre (s.73,18) als tot, d.h. in einem Zustand befindlich, in dem alle Lebensfunktionen bereits erloschen sind. Die *toetu herzen* zu erquicken ist die göttliche Lehre imstande, die durch den Einfluß der Gnade in den Menschen gelangt (s.200,3f).

5.5.: Für die Wiedergeburt, d.h. die Rückkehr eines jeglichen Dinges in den Ursprung, ist es erforderlich, daß der Mensch sich in einer Verfassung befindet, bei der er - wie Seuse mit der Adjektivmetapher *tot* herausstellt - gleichsam ohne Leben ist. Dies führt dazu, daß die Natur in ihm die lebensnotwendigen Werke wirkt, der Mensch selbst aber sich nicht mehr in wirkender Weise betätigt. Sind auf diese Weise alle Lebensfunktionen im Menschen erloschen und ist alles, was einmal in den Menschen gelangt ist, tot, kann es *"in uns anderwerb geborn"* werden (348,22).

Die positive Bedeutung dieses metaphorisch als *tot* charakterisierten menschlichen Zustandes verkehrt sich in ihr Gegenteil, wenn der Mensch - *"tot der werlte"* und *gottes ane* (412,9f) - des göttlichen Trostes beraubt ist. Das Leben ist dann für Seuse *"ein vorhof der helle"* (412,9).

5.6.: Daß der Mensch in Gott leben kann und Gott in ihm, hat zur Voraussetzung, daß sich der menschliche Wille in einem todesähnlichen Zustand befindet, so daß der Mensch keine selbstgewählte Weise zu handeln mehr besitzt. *"Der tod dez naturlichen willen"* bewirkt, daß der Mensch jetzt *"nacket und blos"* (488,18.21) in Gleichförmigkeit Christus folgt.

5.7.: Die Vernichtung, d.h. den Tod der christlichen Weltordnung, ziehen aus der Sicht Seuses die Lehren der Begharden nach sich, die mit ihren subtilen Aussprüchen Christus verkleinern, statt ihn und seine Ordnung in uns zu vergrößern (s.489,9f).

nebel (1.)/ nebelheit (2.)/ rif (3.)/ schate (4.)/ beschatewen (5.)/ sturm (6.)/ stürmen (7.)/ stürmend (8.)/ tow (9.)/ herab towen (10.)/ us towen (11.)/ weter (12.)/ wint (13.)/ winter (14.)/ wolke (15.)/ gewülk (16.)/ beregnen (17.)/ inregnen (18.)/ is (19.)/ regen (20.)/ sne (21.)

A. Mechthild von Magdeburg

<u>4. schatte</u>
4.1. o.BE (III 4,17.20)

<u>6. sturm</u>
6.1. got (I 20,2)

<u>7. stürmen</u>
7.1. sele (I 22,19)
7.2. minne (V 4,11)

<u>8. stúrmend</u>
8.1. minne (IV 18,90)

<u>9. touw</u>
9.1. got (V 20,2; VII 18,3)
9.2. drivaltekeit (I 22,4)
9.3. Jesus (III 4,14)
9.4. hl.geist (IV 5,13)

<u>13. wint</u>
13.1. súnde (VII 27,19)
13.2. girekeit (VII 27,16)

<u>20. regen</u>
20.1. menscheit (IV 5,12)

4.1. Das Bild des Schattens erscheint an einer anderen Textstelle zur Veranschaulichung der Maßnahmen, die Gott ergreift, damit die Gottesmutter seine - unter den Zügen der kräftigen Sonne geschilderte - Einwirkung verkraften kann (s.III 4,17.20).

6.1.: Für die Dynamik Gottes, die Mechthild in ihrem Herzen erfährt, wählt sie das Bild vom *sturm* des *hertzen* (s.I 20,2f).

7.1.: Von der Kraft der Seelenbewegung in Richtung auf Gott hängt es ab, wie sehr Gott der Seele entgegenkommt (s.I 22,19).

7.2.: Die Gottesminne erfaßt die Seele, indem sie *"wandelet dur die sinne"* und mit ihren Tugenden *"stúrmet uf die sele"* (V 4,11f).

8.1.: Die kraftvolle Wirkung der Minne - Mechthild spricht von *"grossen bulgen der stúrmenden minne..."* (IV 18,90) - ist verantwortlich dafür, daß heiligmäßigen Leuten allen Dingen absterben.

9.1. – 9.4.: Mechthild verwendet die Metapher *touw* für die Beziehung Gottes zur Seele. Ähnlich wie sich der Tau an Pflanzen etc. niederschlägt, kommt Gott/die Dreifaltigkeit zum Menschen. Mechthild bringt diesen Vorgang zum Ausdruck, indem sie den Naturvorgang, ohne daß dieser Selbständigkeit gewönne, als bildhaften Interpretant des Geschehens zwischen Gott und der auserwählten Magd Maria einsetzt: *"Der sússe touwe der unbeginlicher drivaltekeit hat sich gesprenget us dem brunnen der ewigen gotheit in den bluomen der userwelten maget, und des bluomen fruht ist ein untoetlich got..."* (I 22,4-6).

Das Bild des Taus bezieht sich weiterhin auf die Eigenschaft, fast unmerklich auf eine Blume einzuwirken und diese langsam zu verändern. Dementsprechend setzt Mechthild das unmerkliche Eindringen des Taus in Beziehung zu Jesus Christus, der sich in den Leib Mariens begibt, ohne daß sie in ihrem Leben einschneidend gestört würde: "*... und Jesus gieng dur dinen lip als der touwe dur die bluomen, also das dinú kúscheit nie wart berueret...*" (III 4,13f).

Die Metapher *touw* kann auch von Mechthild dazu herangezogen werden, das Inkarnationsgeschehen, die Deszendenz Gottes in Menschengestalt, anhand einer Naturgegebenheit zu veranschaulichen. Eingebaut in den organischen Zusammenhang einer Naturlandschaft erscheint Jesus zum einen als "*grosser touw der edelen gotheit*"; dann als "*kleine bluome der suessen maget*"; darauffolgend als "*nütze fruht der schoenen bluomen*"; schließlich stellt Mechthild fest: "*Du bist, herre, min labunge und ich din bluejunge...*" (V 20,2-4).

Das Bild der - positive Veränderung bewirkenden - Kraft des Taus verweist auch auf die Wirkung des Hl. Geistes; Mechthild bittet Jesus Christus u. a. um den "*milten touwe (des) heligen geistes, das ich verklage min herzeleit...*" (IV 5,13).

13.1. – 13.2.: Das Hereinbrechen von Gier und sündiger Wollust über den ganz auf die irdische Wirklichkeit hin orientierten Menschen setzt Mechthild in Beziehung zum Aufkommen von Nord- und Südwind (s.VII 27,16ff).

20.1.: Die Regenmetapher erscheint in einem Aussagezusammenhang, der die Struktur aufweist: menschliche Mangelsituation - Beseitigung des Mangels durch die Zuwendung Gottes. Den Ausgangspunkt der Bildentfaltung bildet Mechthilds Vergleich ihrer irdischen Verfassung mit einem dürren Acker; sie bittet Jesus Christus in Anbetracht dessen darum, daß er ihr "*sende... den suessen regen diner menscheit und die heisse sunnen diner lebendiger gotheit und den milten touwe dines heligen geistes...*" (IV 5,12f).

C. Meister Eckhart

4. *schate*
4.1. *engel* (II 598,1)
4.2. *creâtûre* (III 220,1)
4.3. *underscheid* (V 41,18)

5. *beschatewen*
5.1. *sêle* (III 355,5)

6. *sturm*
6.1. *gedanke* (III 18,3)

8. *stürmig*
8.1. *kraft* (III 487,1)

4.1.: Wie der Engel ist auch die Seele von Gott geschaffen. Um zwischen den beiden Objekten des göttlichen Schöpfungshandelns differenzieren zu können, macht Eckhart den Engel zum Objekt, das direkt vom göttlichen Handeln betroffen ist, während die Seele "*ist geschaffen als mê als under dem schaten des engels...*" (II 597,7f).

4.2.: Den Unterschied zwischen Gott und der Kreatur veranschaulicht Eckhart mit Hilfe des Hell-Dunkel-Gegensatzes: Gott ist das *erste lieht*; die Kreaturen sind *tunkel, naht* und *schate* (III 220,1.3).

4.3.: Die Menschen, die rein von Gott als Gottes Söhne geboren sind, sind frei von aller Mannigfaltigkeit; nicht einmal der geringste Unterschied - der *schate* eines *underscheides* (V 41,18) - tangiert sie.

5.1.: Damit die Seele die Stärke des göttlichen Lichtes auszuhalten vermag, muß es durch das Licht des Engels in seiner Helligkeit vermindert (*beschatewet*) werden (s.III 355,5).

6.1.: Weil die inneren Gedanken die Seele beunruhigen, parallelisiert Eckhart diese mit einer heftigen Luftbewegung und spricht vom *"sturme inwendiger gedanke"* (III 18,3).

8.1.: Die Dynamik, mit der Gottvater auf den Hl. Petrus in der Ewigkeit zukam, inszeniert Eckhart, indem er - anknüpfend an die Naturerfahrung - Gott sich *mit stürmiger kraft* (III 487,1) dem Hl. Petrus nähern läßt.

D. Tauler

1. *nebel*
1.1. o.BE (166,28)
1.2. *blintheit* (184,2.9)

6. *sturm*
6.1. *welt* (43,17)
6.2. *liden* (192,33)
6.3. *minne* (334,5f; 335,8.9)
6.4. *gotheit* (291,9f)

7. *stürmen*
7.1. *mensche* (335,11)

14. *winter*
14.1. *darben* (60,22f)
14.2. o.BE (61,28f.35; 62,1.10.15)

15. *wolke*
15.1. *súnde* (420,15.17)

1.1.: Parallel zur Praxis des Hohenpriesters, der im Allerheiligsten u.a. Kräuter anzündet, die einen wohlriechenden, nebelartigen Rauch hervorbringen, nimmt Tauler in Bezug auf jeden Menschen an, daß in der Vereinigung der Tugenden durch die Liebe Feuer entzündet wird, was einen *nebel, ein vinsternisse* entstehen läßt, in dem Gott erfahren wird (s.166,28f).

1.2.: Wenn der Mensch ganz sinnlich orientiert ist, fehlt ihm - wie Tauler mit den Bildern der Blindheit und des Nebels zur Sprache bringt - die Fähigkeit zur Selbsterkenntnis. Infolgedessen verkennt er die Einflüsse des Teufels und wird noch mehr desorientiert, weil er *"noch vil tieffer in den nebel"* gerät (184,9).

6.1. – 6.4.: Die Einwirkung der weltlichen Wirklichkeit veranschaulicht Tauler, indem er von den *starcken stúrmen* der Welt spricht. Insbesondere verweist das Bild des Sturmes auf die Heftigkeit und Gewalt des Einflusses, den die Welt auf den Menschen ausübt (s.43,17).

Der gleiche semantische Schwerpunkt liegt der Aussage zugrunde, bei der Tauler die Bedrängnis, die durch Leiden entsteht, mit der Rede vom *"sturme des lidens"* wirkungsvoll vor Augen führt. Der in der Metapher enthaltene Bedeutungsaspekt der Dynamik bildet auch die Grundlage, um mit der Formulierung *"sturm der minne"* (334,5f) die Kraft der Minne zu konkretisieren.

Die gewaltige Kraft, die die Gottheit auf die in sie geratene *verwundete minne* ausübt, steht im Mittelpunkt, wenn Tauler vom *"sturm der gotheit"* spricht (291,9f).

7.1.: Die Dynamik des von Minne bestimmten Lebensvollzugs bringt Tauler ins Bild, wenn er mit dem Verb *stürmen* vorstellt, wie der Mensch sich - ganz von Minne bestimmt - in Widerwärtigkeiten begibt (s.335,11).

14.1. – 14.2.: Das Bild des Winters steht für die Erfahrung der Gottlosigkeit, wenn infolge der kreatürlichen Fixierung das Herz des Menschen *"verkaltet und verhertet"* ist (61,28f). Von diesem Winter zu unterscheiden ist der Winter, in dem sich Gott einem guten, auf Gott hin orientierten Menschen entzieht mit der Folge, daß dieser "*dúrr und vinster und kalt wirt von allem goettelichen troste und suessekeit.*" (61,35) In diesem Zustand befand sich - so Taulers Feststellung - Jesus Christus, als er von seinem Vater verlassen war (s.62,1).

15.1.: Die Beeinträchtigung des eigentlichen Lebens durch die Sünde setzt Tauler aufgrund ihres oberflächlichen Charakters in Beziehung zu Wolken, die das Leben bedecken, durch die aber die Sonne, das eigentliche Leben, hindurchzudringen vermag (s.420,15.17).

E. Seuse

1. *nebel*
1.1. o.BE (478,17)

2. *nebelheit*
2.1. o.BE (478,17)

3. *rif*
3.1. o.BE (406,17)
3.2. *minne* (425,23)

9. *touw*
9.1. *himel* (249,26f)
9.2. *gnade* (433,27f)
9.3. *himelsche sunne* (431,1f; 486,27)
9.4. *liden Jesu Cristi* (253,14.16)
9.5. *Jesus Christus* (456,25-27)

10. *her ab touwen*
10.1. *gnade* (22,5)

11. *us touwen*
11.1. *zunge* (254,19)

12. *weter*
12.1. o.BE (364,23)
12.2. *liden* (130,1f)

13. *wint*
13.1. *wort* (425,23)
13.2. *gnade* (452,12)

16. *gewülk*
16.1. *ding* (186,1)
16.2. o.BE (478,17)

19. *is*
19.1. *gebreste* (452,16f)

21. *sne*
21.1. *geselleschaft* (425,23)

1.1.: Als Gegenbild zu der ganz von Gott bestimmten inneren Situation des Menschen entwirft Seuse einen Zustand, der von *gewúlk* und *timber nebelheit* geprägt ist (478,17).

2.1.: Den Naturvorgang, daß die Sonne *"alles gewúlken und tinber nebelheit vertriben"* hat (478,17), verwendet Seuse als bildhaften Interpretanten für das Geschehen, in dem Gott alles beseitigt hat, was dem Göttlichen entgegensteht und seine Erkenntnis nicht zuläßt.

3.1. – 3.2.: Durch Rekurs auf die Naturerfahrung bringt Seuse die Interessenlosigkeit geistlicher Menschen für die Ewige Weisheit (s.406,17) sowie - ergänzt um die *"kalten winde uppiger worte"* und den *tiefen sne* böser Gesellschaft (425,23) - die negative Bedeutung vergänglicher Minne zur Sprache.

9.1.: Die Metapher *himelscher touw* steht für die geistliche Süßigkeit, den göttlichen Trost und die Freude, die der Mensch von Gott empfängt. Dem Vorstellungsbereich der Natur entstammend, wird *touw* übertragen auf das göttliche Handeln. Mit der als Tau sich niederschlagenden Luftfeuchtigkeit hat das göttliche Handeln die Richtung gemeinsam. Die kleine Tropfen von Feuchtigkeit implizierende Metapher wird dadurch gesprengt, daß infolge des Übermaßes des göttlichen Heilshandelns aus den kleinen Tröpfchen ein ganzer Bach wird, in dem der Diener Seuse *"ze allen ziten hin flusse(t) von dem himelschen touwe"* (249,27).

9.2. – 9.3.: Seuse nimmt den organischen Zusammenhang in der Natur, wo die Pflanzen etc. den Tau in sich aufnehmen, als Vorbild für die Bereitschaft des Menschen in Bezug auf göttliches Gnadenwirken: *"hebent uf hertze, muot und alle sinne gegen dem suessen meigendouwe der himelschen sunnen (...), daz ir war nement, wenne und wie er sinen ingang haben wil."* (486,27-29).

9.4. – 9.5.: Durch den Vergleich der Leiden Jesu mit dem *sueze(n) meientouwe* (s.253,16) vollzieht Seuse eine semantische Umwertung der Leiden zu positiver Bedeutung hin.

Generell ist *touw* Metapher für das Liebeshandeln Jesu Christi am Menschen (s.456,27).

10.1.: Die Richtung, die das göttliche Gnadenhandeln nimmt, sowie die Art und Weise des Gnadenhandelns wird von Seuse unter Verwendung der Metapher *herab touwen* näher charakterisiert (22,5).

11.1.: Die Wirkung, die das Reden des Hl. Bernhard vom Leiden Jesu Christi erzielte, kommt der Ausbreitung milden Taus gleich; Seuse formuliert: *"daz diu suezú zunge so suezklich us touwet von einem vollen herzen daz liden siner menscheit..."* (254,19f).

12.1. – 12.2.: Die Antithese von *wandelbar weter-himelsch heitri* charakterisiert den Erfahrungsweg des Menschen, der, bis er zur himmlischen Seligkeit gelangt, noch viele Widerwärtigkeiten auf sich nehmen muß (s.364,23). Seuse macht in diesem Zusammenhang die Erfahrung, daß sich das *"ungebúr weter dez lidens"* (130,1f) durch Gottes Hilfe abschwächt.

13.1.: Den negativen Einfluß von ausladendem Gerede, vergänglicher Minne und schlechter Gesellschaft auf gottliebende Menschen zeigt Seuse auf, indem er die negativen Faktoren in den Bereich der Natur transportiert. Hier richten die *"kalten winde úppiger worten,... starcken riffen zerganklicher minne,... tiefen sne boeser unreiner geselleschaft..."* (425,23f) in Bezug auf die *"zarten wingarten des himelschen vatters"*, die *"schoenen lútseligen turteltúbli des goettelichen gemahels"* (425,18f) verheerenden Schaden an.

13.2.: Der *"wint der gnade"* des Hl. Geistes steht für den dynamischen Vorgang, durch den der Hl. Geist auf ein sündiges Herz einwirkt und dieses aufgrund seiner himmlischen Milde verändert (s.452,12-14.16f).

16.1. – 16.2.: Die verunklarende, die Sicht beeinträchtigende Wirkung von Wolken nimmt Seuse als Bild für die Bedeutung der niedrigen Dinge für die Gotteserkenntnis; da sie ein Hindernis für die Gottesschau sind, spricht Seuse vom *"gewulk und gewerbe der nidren dingen"* (186,1).

19.1.: Die Reduktion allen geistlichen Lebens durch sündhaftes Verhalten bringt Seuse in der Metaphorik des *"gefrorenen is súntlicher gebresten"* zur Sprache (452,16f).

21.1.: s. 3.1.-3.2.

G. Heinrich von Nördlingen

17. berengen
17.1. *treher* (35,75)
17.2. *begird* (35,75)

18. inregnen
18.1. *wolcken* (16,28)

17.1. – 17.2.: Die Einwirkung des sehnsuchtsvollen Verlangens sowie der *andechtig treher* Margarethas fördert - auf der Folie eines kultivierten Ackers beschrieben -, indem es *"den samen des ewigen wortz"* beregnet, die Entwicklung des gnadenhaft dem Menschen in die Seele vermittelten göttlichen Wortes (35,75).

18.1.: Gleichsam wie ein Naturgeschehen soll sich das Einwirken der sieben Gaben des Hl. Geistes auf Margaretha vollziehen, wenn Heinrich den Wunsch äußert, daß *"die wolcken der siben gaben dez heiligen geistz <solen> inregnen in dein sel den gerechten <Jhesus Christus>."* (16,28)

rein/unrein (1.)/ rainikait/unreinkeit (2.)/ rainung (3.)/ rainigen (4.)/ entreinen (5.)/ verunreinen (6.)/ entsuvern (7.)/ waschen (8.)/ abwaschen (9.)

A. Mechthild von Magdeburg

1. *rein/unrein*
1.1. *sele* (I 44,20; II 25,47; III 21,74; V 17,8.10; VII 39,6)
1.2. *engel* (III 21,109)
1.3. *mensche* (I 23,2.4; 44,52; II 23,28; VII 52,10; 53,22)
1.4. *herze* (IV 2,15; 4,42; V 2,23; 4,22; 5,11; 11,50; 23,70; VI 1,17; 24,6)
1.5. *juncfrouwe* (V 23,9; 24,20; VII 37,9)
1.6. *maget* (VII 35,36; 37,10)
1.7. *brut* (VII 37,23)
1.8. *cristanheit* (V 34,34)
1.9. *licham* (III 9,42)
1.10. *vleisch* (V 23,33)
1.11. *Jesus Christus* (V 23,173)
1.12. *einvaltikeit* (IV 3,80; V 24,53)
1.13. *gewissi* (VII 37,13)
1.14. *spise* (III 9,57)
1.15. *sitte* (V 30,32)
1.16. *quelen* (V 30,16)
1.17. *orden* (V 24,52)
1.18. *menscheit* (II 26,12; III 15,23)
1.19. *geiste* (III 24,8)
1.20. *pfafheit* (V 15,12)

2. *rainkeit/unreinheit*
2.1. o.BE (III 22,17; VII 36,43)
2.2. *engel* (III 9,60)

4. *rainigen*
4.1. *got* (VI 2,35; 37,10)
4.2. *hl. geist* (VI 27,4)
4.3. *pine* (VII 17,22)
4.4. *sele* (V 6,8(Pat))
4.5. *súnder* (VII 55,20(Pat))
4.6. *bihter* (V 24,19)
4.7. *tugende* (VI 37,64)
4.8. *mensche* (III 1,56)

8. *weschen*
8.1. *Jhesus Christus* (V 34,36)

1.1. – 1.4.: Antithetisch auf *vleken, befleket* bezogen, steht die Adjektivmetapher *rein* für einen sündenlosen Zustand; denn alles, was als Sünde den Menschen bzw. die Seele befleckt, verfälscht die natürliche Beschaffenheit der Seele/ des Menschen und schränkt deren *luter kúschekeit* ein (s.I 44,20). Die Seele ist nur dann *rein*, wenn sie "*an gedenken, an worten, noch beruerunge nút me mag geliden, das si bevlekken moege.*" (I 44,20) Nur in diesem Falle ist sie auch durch ihre Herkunft von Gott, dem *ewigen liehte*, bestimmt und "*muos von nature iemer luhten und schinen.*" (III 21,75) Damit ist bei der Seele auch die Voraussetzung dafür vorhanden, daß Engel zu ihr in Beziehung treten (s.VII 39,6); denn den durch Sünde *beflekten selen* ist kein Kontakt mit den *reinen engeln* möglich, da ihre von fremden Einflüssen bestimmte Beschaffenheit nicht den Engeln gleichkommt und sie daher nicht mit ihnen "*in einer klarheit... gelich schinent*" (III 21,109).

Damit der Mensch die *himelschen clarheit* in seiner Seele aufzunehmen vermag, ist von ihm nach Mechthilds Sicht gefordert, daß er frei von allem Irdischen und allen Sünden ist: "*beliben von allen irdenischen dingen reine... also soent si... von iren brúchen ufstân.*" (VII 53,21-23) Infolge des *reinen herzen* einer nicht genauer bezeichneten Begine ist die Transparenz ihres menschlichen Geistes auch in keinster Weise eingeschränkt; er ist "*clar an im selber als die sunne. Das hatte si von irme reinen herzen...*" (V 5,10f).

1.5. – 1.8.: Auf dem Hintergrund der biblischen Konzeption der Maria immaculata dient die Adjektivmetapher *rein* dazu, Menschen in einen sachlichen Zusammenhang mit der Gottesmutter zu bringen: "*der reinen juncfrouwen geist*" (V 23,9) präfiguriert im Alten Testament die Verfassung der Gottesmutter; in der Nachfolge Mariens werden Menschen zu "*reinen minnenden juncfrouwen*" (VII 37,9), zu *reinen megde(n)* (VII 35,36) oder zur *reine(n) brut* (VII 37,23). Als Antitypus stellt Mechthild die personifizierte Christenheit vor; ihre Verfassung steht im Gegensatz zu der Mariens: "*Si ist ouch unvletig an der húte, wan si ist unreine und unkúsche.*" (V 34,34)

1.9.: In ihrer schöpfungsmäßigen Ausstattung sieht Mechthild die Verpflichtung zum Rein-Sein von Adam und Eva begründet: "*Ire lichamen sollen reine wesen, wan... si waren gekleidet mit engelscher wete.*" (III 9,42-44)

1.10. – 1.11.: Die Sündlosigkeit der Gottesmutter Maria wird bei Aussagen zur Inkarnation Jesu Christi dadurch akzentuiert, daß es heißt: "*dú ganze helige drivaltekeit... saste sich in das offen herze ires allerreinosten vleisches...*" (V 23,28.31f). Jesus Christus, der *mit den erbesúnden* sich zur Hölle begeben hat, ist trotzdem aber "*reine von allen súnden*" geblieben (V 23,173).

1.12. – 1.20.: Eine von jeglicher Fremdbestimmung freie Beschaffenheit sagt Mechthild formelhaft aus in Bezug auf die Menschheit Jesu (s.II 26,12), die Einfaltigkeit (s.IV 3,80), das Gewissen (s.VII 37,13), die von Gott der Seele versprochene Speise (s.III 9,57) sowie - als Konsequenz der Minne - Sitten und Qualen (s.V 30,16.32) und den Anfangszustand des Dominikanerordens (s.V 24,52).

2.1.: Die Mitteilung der göttlichen Güte (s.III 22,16f) erfolgt u.a. "*úber die slehten wege der reinekeit...*" (III 22,16f).

2.2.: Den Engeln gleich war die Verfassung Adams und Evas im Paradies. Nachdem sie die verbotene Speise gegessen hatten, verloren sie "*der engele reinekeit...*" (III 9,60) und damit ihren ursprünglichen Zustand.

4.1. – 4.2.: Da die Sünde und Liebe zu irdischen Dingen die natürliche Beschaffenheit der Seele bzw. des menschlichen Herzens beeinträchtigt, bittet Mechthild Gott darum, ihr Herz von aller irdischen Liebe zu *reinigen* (s.VI 37,10) und dadurch ihre ursprüngliche Beschaffenheit wiederherzustellen.

In noch engerer Anlehnung an einen Säuberungsvorgang wird die von Gott erbetene Entfernung aller Elemente, die die Natur der Seele verfälschen, von Mechthild zum Waschvorgang ausgestaltet, bei dem die Seele durch den "*himelval, der hernider gússet..., von allen vleken...*" gereinigt wird (VI 2,35f). Ohne genauere Detaillierung spricht Mechthild auch davon, daß der Hl. Geist die Seele *gereinget hat* (s.VI 27,4).

4.3.: Auch die *minne pine* befreit den Leib von Sünden (s.VII 17,22f).

4.4. – 4.8.: Die reinigende Einwirkung auf die Seele kann auch in Zusammenarbeit der drei göttlichen Personen geschehen: *"Herre, ewiger vatter, wan ich, aller menschen unwirdigeste ... mit úwer beder geist gereineget bin..."* (V 6,6-8).

An einer anderen Textstelle geht Mechthild davon aus, daß die Menschen, die die göttliche Minne im Überfluß empfangen haben, diese an sündige Menschen weitergeben und sie so von ihren Sünden befreien (s.VII 55,19f).

Eine ähnliche Wirkung üben auf den Menschen die Beichte (s.III 1,56), die durch Gnade dem Menschen vermittelten Tugenden (s.VI 37,64) und die hl. Bekenner der Kirche (s.V 24,19) aus.

8.1.: Die Bedeutung des Erlösungstodes Jesu Christi für die Christenheit veranschaulicht Mechthild anhand des Waschvorgangs; sie läßt Jesus Christus sagen: *"Ich wil si weschen in min selbes bluote..."* (V 34,36).

B. David von Augsburg

1. rein/unrein
1.1. *muoter* (342,22f.31; 376,31.36)
1.2. *maget* (352,33)
1.3. *leben* (352,36f)
1.4. *gebern* (342,32)
1.5. *gedanke* (324,38)
1.6. *gebet* (388,3)
1.7. *gewizzen* (312,21; 347,30)
1.8. *êwikeit* (386,8)
1.9. *gesinde* (383,36)
1.10. *menscheit* (376,3)
1.11. *herze* (363,8)
1.12. *sele* (324,3f; 341,12; 346,16; 389,33; 382,19)
1.13. *mensche* (315,24)

2. reinikeit
2.1. *mensche* (315,24)
2.2. *muoter* (342,23)
2.3. *frouwe* (352,7)
2.4. *Jesus Christus* (382,35; 360,11)
2.5. *brunne* (342,32)
2.6. *herze* (343,12; 363,10)

4. rainigen
4.1. *engel* (368,1(Pat))
4.2. *sele* (368,1(Pat))
4.3. *bekorunge* (313,17f)
4.4. *herze* (367,6(Pat))

1.1. – 1.11.: Ohne daß es der Erläuterung bedürfte, spricht David unter dem Aspekt des unbeeinträchtigt Vorhandenen in Bezug auf die Gottesmutter von der *reinen muoter* und *maget* (s.352,33), von ihrem *reinsten leben* (s.352,36f) sowie davon, daß sie *rein* Jesus Christus gebar (s.342,32). Ähnlich selbstverständlich wird die Adjektivmetapher zur Charakterisierung von Gedanken (s.324,38), Gebet (s.388,3), Gewissen (s.312,21 u. 347,30), der Ewigkeit Gottes (s.386,8) des himmlischen *gesinde* (s.383,36), der Menschheit Jesu Christi (s.378,3) sowie von nicht näher bestimmten menschlichen Herzen (s.363,8) verwendet.

1.12. – 1.13.: Was David genauerhin als *rein* ansieht, läßt sich einer Äußerung entnehmen, die sich auf die Seele bezieht. Diese wird *reiner* in *ungemach*, weil - *"als diu vîle dem îsen"* dem Menschen *"nimt... den rost abe"* (346,14f) - durch *ungemach "der sünden rost unde diu hôchvart abe gevîlet"* wird. Allgemein gilt: *"Der mit buoze gewaschen wirt, der ist ouch rein."* (315,25f)

2.1. – 2.6.: Neben der Adjektivmetapher hat die Substantivmetapher *reinheit* die Funktion, die Freiheit von allen - den ursprünglichen Zustand überlagernden - Beeinträchtigungen vorzustellen. Dies gilt für die sündenlose Verfassung der Gottesmutter sowie des Menschen im allgemeinen (s.315,24) und für die Verfassung Jesu Christi, der an einer Textstelle sogar als *"brunne aller reinikeit"* (342,33) bezeichnet wird. Behinderungen ergeben sich aus der Sünde wie auch aus der über das Notwendige hinausgehenden Beschäftigung mit irdischen Dingen. Die Folge ist, daß der Mensch, der keine *"reinekeit âne houbetsünde unde vlîz guoter werke"* (315,25) hat, nicht zum Himmel gelangen kann.

4.1. – 4.3.: Wenn Gott auf die Engel und die Seele einwirkt, werden diese von allen Beeinträchtigungen ihres Wesens befreit (s.368,1f). Eine Einschränkung ihrer guten Werke, Gedanken und guten Intentionen kommt beim Menschen beispielsweise dadurch zustande, daß die bösen *bekorunge* diese *unreinen* (313,17f).

4.4.: Da Gott sich nur den mit den Tugenden *gereinten herzen* mitteilt und diese erleuchtet, sind nur diese in der Lage, Gott in sich selber zu erkennen (s.367,6).

C. Meister Eckhart

1. *rein/unrein*
1.1. *herze* (I 80,8.10; 88,6; II 147,6)
1.2. o.BE (I 80,10)
1.3. *sêle* (I 80,8; III 16,6; 424,2)
1.4. *mensche* (I 80,16; III 44,4)
1.5. *himel* (III 40,6)

2. *rainkeit/unreinheit*
2.1. *herze* (I 359,1)
2.2. *mensche* (III 42,8; V 18,13)

4. *rainigen*
4.1. *abegescheidenheit* (V 432,7)

1.1. – 1.4.: Als Ort Gottes, speziell als Ort der Gottesgeburt, sieht Eckhart ein *reines herze* und eine *reine sêle* an (s.I 80,8). Damit meint er einen von allen kreatürlichen Einflüssen freien Ort; denn über die Sauberkeitsvorstellung wird der Anwesenheit von Kreatürlichem in Herz und Seele eine negative Bedeutung zugesprochen: *"daz ist rein, daz von allen crêatûren ist gesundert und gescheiden, wann alle creaturen machen flecken, wann si nutzend sind; wann nutzt daz ist gebresten und beflecket die sel..."* (I 80,10-12); vgl. III 424,2). Die darin angesprochene Freiheit von allem Kreatürlichem kann u.a. durch die Orientierung der Seele an geistlichen Dingen realisiert werden, die der Seele das Transzendieren der kreatürlichen Wirklichkeit - von Eckhart als vertikal nach oben verlaufende Bewegung veranschaulicht - ermöglicht (s.III 16,6). Dann ist der Mensch auch - was für Eckhart Zeichen eines reinen Menschen ist - in der Lage, im Schlaf gute Dinge zu träumen (s.III 44,4). Wenn er jedoch kreatürlich bestimmt ist, ist er nicht frei vom kreatürlichen *niht* und infolgedessen *unrein* (s.I 80,16).

1.5.: Eckhart fordert ohne weitere Begründung, daß der Himmel *rein* sein müsse (s.III 40,6).

2.1. – 2.2.: In Pr 21 definiert Eckhart die Metapher *reinicheit* vom Zustand der Abgeschiedenheit her, der zugleich auch Bewegung der Vereinigung in Gott bedeutet: *"Was ist reinicheit des herzen? Daz ist reinicheit des herzen, daz gesundert ist und gescheiden von allen lîphaftigen dingen und gesamenet und geslozzen in im selben und denne ûz der lûterkeit sich werfende in got und dâ vereiniget werdende."* (I 359,1-4) Demgegenüber führt Eckhart in Pr 62 aus, daß die menschliche *reinicheit* von Gott ganz verschieden ist: *"Aber unser reinicheit ist gegen gotes lûterkeit als ein unreinicheit."* (III 42,8f)

4.1.: Der Reinigungsvorgang steht für ein Geschehen, bei dem es um die Entfernung alles Kreatürlichen von der Seele geht. Als entscheidenden Faktor dieses Prozesses, den Eckhart neben *reinigen* auch mit dem Verb *lutern* aussagt, nennt Eckhart die *abegescheidenheit*. Ihrem Einfluß ist es zu verdanken, daß alles, was nicht von Natur aus zur Seele gehört, beseitigt wird: *"Wan si reiniget die sêle und liutert die gewizzene... und scheidet abe die crêatûre und vereiniget sich mit gote."* (V 432,7-10)

D. Tauler

1. rein/unrein
1.1. *maget* (11,11)
1.2. *juncvrouwe* (219,23)
1.3. *materie* (197,32)
1.4. *zwivel* (212,34)

3. rainung
3.1. *sünde* (432,14)

5. entreinen
5.1. o.BE (149,19)

7. entsúvern
7.1. o.BE (149,19)

8. waschen
8.1. *Jhesus Christus* (34,24.25)
8.2. *mensche* (35,19; 38,13)
8.3. *bluot* (123,35)

1.1. – 1.2.: Vor allem in Zusammenhang mit der Gottesmutter wird die Reinheitsvorstellung von Tauler dazu benützt, um die Freiheit von der Sünde zum Ausdruck zu bringen. Sie ist als *luter, reine maget* Typus für alle Menschen, die Gott empfangen wollen (s.219,23). Gemeint ist damit authentisches, ursprüngliches Menschsein: *"Und alsus sol ein geistlich muoter Gottes diser geburt sin, sú sol sin luter reine maget..."* (11,11).

1.3.: Im Unterschied zum Typus Maria nimmt der außenorientierte Mensch bei der *unreinen materie* seinen Ursprung (s.197,32).

1.4.: Auch die im Glauben Zweifelnden sind für Tauler unrein (s.212,14).

3.1.: Die Entfernung aller Sünden trägt für Tauler Merkmale eines Waschvorgangs, durch den der Mensch von Sünden und Mängeln gereinigt wird (s.432,14).

5.1. + 7.1.: Den Zustand, der den Aufenthalt Gottes im Innern des Menschen verunmöglicht, führt Tauler eindrucksvoll vor Augen: *"... do Got so wunneklichen in-*

ne solte wonen, die ist also entreint und entsúvert und also vol fules mistes..." (149,18f).

8.1. – 8.2.: Realistische Züge erhält die Erlösung des Menschen von seinen Sünden durch den Kreuzestod Jesu, indem Tauler diesem Geschehen Züge eines Waschvorgangs verleiht: Jesus Christus hat die Menschen in seinem Blut gewaschen (s.34,24f); Hochmütige, Haßerfüllte und geistig Kranke müssen sich in diesem heilswirksamen Blut waschen, wenn sie gesund werden wollen (s.35,19).

8.3.: Aufgrund seiner Funktion, von allen Sünden zu befreien, charakterisiert Tauler das Blut Jesu auch als *"sin heilig weschendes reine machendes bluot"* (123,35).

E. Seuse

1. *rein/unrein*
1.1. *muoter* (26,10; 271,24)
1.2. *Maria* (89,1; 266,11)
1.3. *juncfrouwe* (245,4)
1.4. *kreature* (262,21)
1.5. *name* (265,4)
1.6. *sele* (225,7; 271,3: 297,18; 391,18)
1.7. *herze* (271,24)
1.8. *maget* (407,10)
1.9. *selikeit* (492,20)
1.10. *ding* (524,18)
1.11. *geist* (553,19)
1.12. *mensche* (135,2)

2. *rainkeit/unreinheit*
2.1. *Maria* (266,22)
2.2. *mensche* (263,3)
2.3. *Jesus Christus* (547,13f)

2.4. *heilige* (301,5)
2.5. *sele* (212,25; 297,1)

4. *rainigen*
4.1. *Jesus Christus* (277,9; 321,27; 505,4(Pat))
4.2. *antlut* (544,21(Pat))
4.3. *mensche* (541,18)

6. *verunreinen*
6.1. *lant* (68,22(Pat))
6.2. *spiegel* (321,28(Pat))
6.3. *gebet* (505,4(Pat))

7. *entsubern*
7.1. *bilde* (277,10(Pat); 321,31(Pat))

9. *abwaschen*
9.1. *bluot Cristi* (135,2)

1.1. – 1.12.: Im Vergleich zu Eckhart und Tauler läßt sich bei Seuse eine Ausweitung im Gebrauch der Adjektivmetapher *rein* konstatieren: Mittels dieser Metapher wird den unter 1.1.-1.12. aufgeführten Bildempfängern fast formelhaft die Eigenschaft zugesprochen, authentisch, d.h. in einer durch fremden Einfluß unbeeinträchtigten Weise, zu existieren.

2.1.: Demut, Tugenden und *lutre reinikeit* der Gottesmutter üben auf Gott eine derart starke Wirkung aus, daß er davon *gevangen* wird (s.266,22-24).

2.2. – 2.4.: Der sündige Mensch befindet sich in Opposition zu Gott, dessen *luterkeit* in der menschlichen *unreinkeit* ihren Gegensatz findet (s.263,3). Aufgrund dieser göttlichen Differenz zu allem anderen bezeichnet Seuse Jesus Christus an einer anderen Textstelle als *"bildriches exemplar aller reinekeit"* (547,13f). Der

Unterschied Jesu Christi hinsichtlich seiner Freiheit von allen - die Natur beeinträchtigenden - Fremdeinflüssen zum Menschen ist derart groß, daß Seuse die Ewige Weisheit sagen lassen kann: *"... und hette ein mensch aller engel naturliche luterkeit, aller hailigen reinikeit..., er were min dennoch unwirdig."* (301,5-7).

2.5.: Die Seele, die Gott erfahren will, darf nichts Fremdes besitzen. Daher muß die Seele, die Gott *"in der heinlichen kluse eins abgescheidenen lebens inrlich enphinden und suezklich niessen will, diu muoz vorhin von untugenden sin gefürbet... mit schoenen violn demuetiger verworfenheit und wissen lylien rehter reinikeit bezetet."* (296,26-297,1). Was *"kluse eines abgescheiden lebens"* über die Raumvorstellung aussagt, wird wieder aufgegriffen in der Darstellung der Natur. Die weißen Lilien veranschaulichen, was *reinikeit* als Verfassung des Menschen formuliert; offen bleibt jedoch, wovon der Mensch isoliert (*kluse, abgescheiden leben*) und getrennt werden muß (*reinikeit, lylien*).

4.1. – 4.2.: Die Beeinträchtigung, die Jesus Christus aus Liebe zum Diener erlitten hat, betrifft in Seuses Sichtweise die Darstellungsqualität des Göttlichen in Jesus Christus. Seuse fordert Christus daher auf, die durch Seuses Fehlverhalten verursachte Verfälschung seiner Person zu beseitigen: *"O ein luter klarer spiegel der goetlichen majestat, wie bistu von minnen dur mich verunreinet! Reine die grozen masen miner missetat!"* (321,27-29)

4.3.: Noch konkreter als im Büchlein der Ewigen Weisheit wird im Minnebüchlein die Entfernung der Sünden als Waschvorgang beschrieben, bei dem im Blut Christi die vom Schmutz der Sünden verdreckten, d.h. *entreinten* Kleider gewaschen werden (s.541,18-20).

6.1. – 6.3.: Als Verunreinigung bezeichnet Seuse die Beeinträchtigung, die ein Land durch falsche Lehre (s.68,22), Jesus Christus als *"spiegel der goettelichen majestat"* durch die menschliche Missetat (s.321,28) und das Gebet (s.505,4) erleiden müssen.

7.1.: Der Diener beschuldigt sich im Dialog mit der Ewigen Weisheit, das Bild Jesu Christi in seinem Innern durch seine Missetaten *entsúbert* und *entstellet* zu haben (277,10f).

9.1.: Die soteriologische Funktion des Todes Jesu faßt Seuse in dem Bild vom Blut Christi zusammen, das alle Sünde abwäscht und dadurch den Menschen *rein* macht (s.135,2).

F. Margaretha Ebner

1. *rain/unrain*
1.1. hercze (81,21f; 113,1; 163,23; 165,11)
1.2. sele (81,21f)
1.3. magt (86,23)
1.4. geburt (166,5)
1.5. verainung (163,10)

2. *rainkait*
2.1. mensche (77,2; 86,24; 166,23)

2.2. *hercze* (83,8f; 161,11)
2.3. *muoter Jhesu Christi* (100,1; 166,4)

3. *rainung*
3.1. *menschait Jhesu Christi* (165,19)

4. *rainigen*
4.1. *mensche* (87,17(Pat); 162,22(Pat))

4.2. *Jhesus Christus* (166,10)
4.3. *rainkait* (166,4f)
4.4. *geburt* (166,5)

8. *waschen*
8.1. *Jhesus Christus* (166,10f)

1.1. – 1.4.: Die Adjektivmetapher *rain* dient Margaretha zur Charakterisierung ihrer (von jeglicher Fremdbeeinflussung bzw. Beeinträchtigung des ursprünglichen oder eigentlichen Zustandes freien) inneren Disposition, in der sie bereit ist, Jesus Christus oder seinen *"kus (des) ewigen fridens"* (165,9) in ihrem Herzen zu empfangen. Margaretha formuliert, indem sie die Adjektivmetaphern *luter* und *rein* kombiniert, daß Gott sich *"allen lutern rainen herczen und selen geben hat..."* (81,21f).

Auch bei der Beschreibung der Gottesmutter, deren Geburt Margaretha mit der Adjektivmetapher *rain* charakterisiert (s.166,5), findet sich diese Kombination; Maria ist die *"aller rainst und luterst magt"* (86,23).

1.5.: Die unio zwischen Jesus Christus und der Seele, in die sich Christus *clärlichen* hinbegeben hat, schließt, wie Margaretha mit der Formulierung *"ain rainiu verainung"* (163,10) hervorhebt, jede – das Wesen der Vereinigung verfälschende – Beeinträchtigung des Zusammenseins von Christus und Seele aus.

2.1.: Der Mensch kann in der lauteren Wahrheit Jesus Christus finden, in leidenschaftlicher Minne ihn auf sich verpflichten und mit seinem Verlangen zwingen; der mit *rainkait* metaphorisch umschriebene Zustand des Menschen bildet die Voraussetzung dafür, daß man Jesus Christus bei sich behalten kann. Eine solche Reinheit erhält der Mensch durch das Leiden Jesu, das bewirkt, daß alle Sünden von ihm entfernt werden (s.86,24f).

2.2. – 2.3.: Margaretha bittet Jesus Christus darum, die menschliche Seele *in luterket*, die menschlichen Herzen *in rainkait* zu behüten (s.83,8f).

Die Gottesmutter Maria zeichnet sich vor allen anderen Menschen durch ihre Reinheit aus, so daß das ewige Wort, Jesus Christus, *"in ainer jungfrawen lip in ain lutriu rainkait"* (166,3f) sich befindet.

3.1.: Mit der Metapher *rainung*, die auf den Vorgang der Entfernung fremder, den ursprünglichen Zustand entstellender Zusätze abzielt, beschreibt Margaretha die Funktion, die sie der *"durchclarin wol gecziertin menschait Jhesus Christus"* in Bezug auf ihr Leben zumißt (165,19).

4.1. – 4.2.: Die Bedeutung der lauteren Menschheit Jesu Christi (s.87,17) sowie seiner Barmherzigkeit (s.162,22) liegt darin, daß durch sie die Menschen alles entfernt bekommen, was nicht von Natur aus zu ihnen gehört. Dies betrifft insbesondere die menschliche Schuld, deren Beseitigung für Margaretha Züge eines

Reinigungsvorgangs trägt. Diese Vorstellung wird mit realistischer Konsequenz noch mehr dem Säuberungsvorgang angeglichen, wenn Jesus Christus in einem anderen Zusammenhang in metaphorischer Rede - *rainigen, wäschen mit deinem hailigen bluot* (166,10f) - zur Entfernung der menschlichen Schuld aufgefordert wird.

4.3. – 4.4.: Auch die Reinheit der Gottesmutter Maria, bzw. ihre *rain geburt* (s.166,5), Jesus Christus, vermag nach Margarethas Meinung den Menschen wieder von entstellenden Zusätzen zu befreien, indem sie den Menschen durch ein Geschehen verändern, das im Bild des Reinigungsvorgangs anschaulich gemacht wird.

8.1.: s. 4.1. – 4.2.

G. Heinrich von Nördlingen

1. *rein/unrein*
1.1. *herze* (1,6.16; 1,35; 3,22; 6,15; 11,6; 13,21; 14,31; 16,26; 25,5; 29,7; 43,80; 47,3; 56,14)
1.2. *mensche* (4,54; 35,2; 46,82)
1.3. *sele* (17,35f; 14,4; 47,55)
1.4. *lieb* (11,33; 33,83)
1.5. *träwe* (12,1)
1.6. *zuoflucht* (40,12)

2. *reinikeit*
2.1. *Maria* (16,5)
2.2. *Margaretha* (35,51)
2.3. o.BE (13,22)

4. *rainigen*
4.1. *mensche* (35,55(Pat); 48,13(Pat))

1.1. – 1.6.: Ohne weiteren Ausführungen werden die unter 1.1.- 1.6. aufgeführten Bildempfänger durch die Adjektivmetapher *rein* näher charakterisiert; dabei kombiniert Heinrich die Metapher *rein* mit *küsch* (s.6,15), *luter* (s.6,15; 35,2; 40,12; 47,55) und *treu* (s.56,14).

2.1. – 2.3.: Als lexikalisierte Metapher wird *reinikeit* von Heinrich für die Gottesmutter und Margaretha gebraucht.

4.1.: Eine mit dem Verb *reinigen* metaphorisch umschriebene befreiende Wirkung in Bezug auf alle - Leib und Seele entfremdenden - Bestimmungen mißt Heinrich gleichermaßen dem Hl. Geist (s.48,13) wie auch der Berührung von Margarethas Kleidern zu (s.35,55).

| ritter (1.)/ ritterschaft (2.)/ ritterlich (3.)/ strit (4.)/ striten (5.)/ (t)just (6.)/ buckeler (7.)/ pantzer (8.)/ schilt (9.)/ swert (10.)/ vehten (11.)/ widervechten (12.)/ wafen (13.)/ waffenkleit (14.)/ waffenen (15.) |

A. Mechthild von Magdeburg

4. *strit*
4.1. *mensche* (II 19,7)
4.2. *sele* (II 19,9)
4.3. *selige* (IV 16,10)
4.4. *got* (I 11,3; V 9,8)

5. *striten*
5.1. o.BE (IV 2,107; VII 27,9)

10. *swert*
10.1. *jamer* (II 24,8)
10.2. *pine* (I 22,55)

11. *vehten*
11.1. *mensche* (VI 16,34)

13. *wafen*
13.1. *sele* (IV 2,108.112)

14. *waffenkleit*
14.1. *sele* (VII 35,23)

15. *waffenen*
15.1. *sele* (II 19,9(Pat))
15.2. *mensche* (VII 27,3(Pat))
15.3. *licham* (IV 2,104(Pat))
15.4. *got* (VII 57,20)

4.1. – 4.3.: Das Leben des Menschen, seiner Seele im allgemeinen wie auch das der Seligen im Besonderen besteht für Mechthild aus einem permanenten *strite* (s.IV 16,10).

4.4.: Letztlich hat diese Auseinandersetzung ihren Sinn in Gott; denn sie kommt zustande als Kampf gegen die Welt, gegen den Leib und den Teufel. Mechthild spricht daher vom *strite gottes* (s.I 11,13; V 9,8).

5.1.: Um ein konflikthaftes Verhalten - bildhaft von Mechthild konkretisiert zu einem *striten* mit geistlichen Waffen - kommt die Seele/der Mensch garnicht umhin, wenn sie/er den irdischen Einfluß beseitigen will (s.IV 2,107), um *"luter mit gotte gestan..."* (VII 27,9).

10.1. – 10.2.: Dem Affiziertsein vom Kreuzesleiden Jesu verleiht Mechthild Züge einer inneren Verletzung, die ihr bzw. der minnenden Seele (s.II 24,8) durch das *swert* der *"vleischlicher pine Jhesu..."* (I 22,55) zugefügt wurde.

11.1.: Die Situation des Menschen sieht Mechthild davon bestimmt, daß er andauernd - behindert durch seine *vinstrú menscheit* - wie ein *wolgewaffenter man* blind gegen seine Feinde *vehten* muß (s.VI 16,34).

13.1.: Mechthild beschreibt, wie sich die Seele zu Beginn ihres geistlichen Lebens gegen die Übergriffe des Leibes mit ihren Waffen - dem Leiden Christi, Seufzen, Beichten, Fasten, Wachen etc. - zur Wehr setzt (s.IV 2,108.112).

14.1.: Als Schutz gegen ihre Feinde erbittet sich Mechthild von Gott für ihre Seele das *helige waffenkleit* (s. VII 35,28).

15.1. – 15.2.: Mechthild gestaltet das Bild vom geistlichen Kampf aus, indem sie die Seele *gewaffent* sieht im Kampf gegen die Welt und den Teufel mit *"kraft... samenunge des gemuetes"*, mit Jesus Christus als *swert* und der Gottesmutter als *schilt* (s. II 19,9).

An einer anderen Textstelle wird der Hl. Geist als Mittel genannt, mit dem der Mensch *gewaffent si*, um sich vor der Verführung durch die Welt zu schützen (s. VII 27,3).

15.3. – 15.4.: Im Unterschied zur Seele ist der Leib *gewaffent* mit seiner natürlichen Kraft (s. IV 2,104). Da dies für den Streit in der Welt nicht ausreicht, bittet Mechthild darum, daß Gott sie mit seiner Kraft *waffenen* möge (s. VII 57,20).

B. David von Augsburg

10. *swert*
10.1. *kriuze* (359,24)
10.2. *götliche gewalt* (373,40)

10.1. – 10.2.: Zu den Bildern, in denen David die Bedeutung Jesu/Gottes für den Menschen zur Sprache bringt, gehört neben *wegeleiter* (s.359,20), *schuolmeister* (359,26), *lebendigiu spise* (s.359,30) auch die Vorstellung, daß er uns *"ist... ouch ein vorkempfe, der aller unser viende hât uns undertân gemachet mit sînes kriuzes swerte."* (359,23)

D. Tauler

7. *buckeler*
7.1. *glouben* (405,27; 407,8)

8. *pantzer*
8.1. *mensche* (403,13; 406,30)

9. *schilt*
9.1. *gloube* (406,26.28)
9.2. o.BE (403,13)

10. *swert*
10.1. *gottes wort* (403,13f; 406,31; 407,9)

12. *widervechten*
12.1. *mensche* (43,2)

13. *waffen*
13.1. *Jhesus Christus* (15,29; 404,10.11f)
13.2. *geloube* (326,6)
13.3. *sakrament* (326,6)
13.4. *wort gotes* (326,6)
13.5. *bilde* (326,6)
13.6. *gebet* (326,6)
13.7. *got* (404,8f.32.34)
13.8. *demuetikeit* (405,12.24)
13.9. *senftmuetikeit* (405,8.24)

15. *weffenen*
15.1. *mensche* (403,12)

7.1.: Im Rahmen der Hintergrundmetaphorik vom geistlichen Kampf steht *buckeler* für die schützende Funktion des Glaubens.

8.1.: Den Versuchungen muß der Mensch als geistlicher Ritter begegnen. Ein Element der ritterlichen Ausrüstung ist der *"pantzer gestricket von allen tugenden..."* (406,30).

9.1. – 9.2.: Tauler empfiehlt, gegen die Angriffe des Teufels den Glauben als *schilt* zu nehmen (s.406,28).

10.1.: Im Kontext der Hintergrundmetaphorik der geistlichen Ritterschaft findet sich u.a. das Bild vom *swert* des Gotteswortes, mit dem man den Angriffen des Teufels begegnen soll (s.406,31).

12.1.: Den Widerstand des Menschen gegen das Streben des Geistes setzt Tauler in Beziehung zum *widervechten* (s.43,2).

13.1. – 13.9.: Demut und Sanftmut sind die Waffen Jesu Christi (s.404,12f), die der Mensch anlegen soll, um dem Teufel und anderen Menschen widerstehen zu können. Andere Mittel, dem Nichtgöttlichen zu widerstehen, sind Glaube, Sakrament, Wort Gottes, das Vorbild guter Menschen und das Gebet der Kirche (s.326,6f).

15.1.: Thema von Pr 75 ist, wie sich der Mensch gegen Versuchungen *weffenen sol* (s.403,12).

E. Seuse

1. *riter*
1.1. *mensche* (55,26.30; 151,6; 370,28; 371,6)
1.2. *sele* (554,14)
1.3. *got* (152,17f)

2. *riterschaft*
2.1. *leben* (55,20)
2.2. *mensche* (56,3; 152,8)
2.3. *got* (56,3)

3. *riterlich*
3.1. *mensche* (371,15; 497,3)

4. *geveht/strit*
4.1. o.BE (9,23)

6. *just*
6.1. *anvang* (370,26; 371,12; 460,8)

9. *schilt*
9.1. *Maria* (546,27)

14. *wafenkleit*
14.1. *ewige wisheit* (205,10)

1.1. – 1.3.: In der Konzeption der geistlichen Ritterschaft parallelisiert Seuse den geistlichen Erfahrungsweg zu Gott mit der weltlichen Möglichkeit, als Ritter in kämpfender Auseinandersetzung die Wirklichkeit zu bestehen. Gegen die Ernennung zum geistlichen Ritter durch Gott macht er aber geltend: *"Sid nu got wil, daz ich riter sie, weri ich denne loblich in einem strite riter worden, so weri es mir dest lieber."* Als Antwort erhält er darauf: *"bis ane sorge, dir sol noh strites gnuog* *werden!"* (55,30-56,2). Konkret bedeutet dieser Status für Seuse, daß er allen Anfechtungen des Teufels widersteht und im Kampf über die *herten schleg* (s.371,4) als *gotes riter* (s.371,6) siegt. Jedes Leiden impliziert *arbeit*, die dem Menschen, bzw. der Seele Gelegenheit bietet, ein *frumer gottesritter* zu werden und sich mit der *arbeit* die ewige Seligkeit zu erwerben (s.554,14).

Das Leben eines *"frumen gotes riter"* beginnt damit, daß er sich von zeitlichen Dingen trennt (370,28f).

Im 44. cap. der Vita versteht sich Seuse als geistlicher Minneritter, der um den Preis, daß seiner Seele Ehre, Lob und ein *geischlich vingerli* (s.152,27) zuteil würde, zu allem von Gott gesandten Leiden bereit ist. Als Gott ihm verschiedene Leiden hat zukommen lassen, klagt er: *"owe, herr, die turney, da man dir sich inne muoss liden, die sint gar ze langwirig."* (152,15f) Das Weinen Seuses wird - ganz im Sinne des ritterlichen Erfahrungskontextes - von Gott folgendermaßen getadelt: *"we dir, wilt du wainen als ein wip? Du geschendest dich selb in dem himelschen hove!"* (152,21f).

2.1. – 2.2.: Im Zusammenhang mit seinem Rollenkonzept des geistlichen Ritters charakterisiert Seuse auch das irdische Leben des Menschen als *riterschaft* (s.55,20).

2.3.: Nicht nur die ritterähnliche Weise des Lebensvollzuges, sondern auch der besondere Charakter als Dienstmann ist angesprochen, wenn Seuse von der *"geischlichen ritterschaft gotes"* behauptet, daß dem Menschen in Diensten Gottes vergleichsweise viel mehr *gedrange* begegnet als den berühmten Helden (56,3-5).

3.1.: Ritterliche Einstellung ist auch vom Menschen in Bezug auf die Auseinandersetzung mit seinen Schwächen gefordert; er bedarf eines *"wol guetes gemuotes"*, weil er *"ritterliche durchbrechen sol die herten strite sinre eigenen gebresten."* (497,2f)

4.1.: *Geveht* ist Bild für die Auseinandersetzung zwischen den Verpflichtungen der Welt und dem Dienst Gottes, der ein *anvahender mensche* unterliegt (s.9,23).

6.1.: Im vierten, an eine geistliche Tochter gerichteten Brief des Briefbüchleins parallelisiert Seuse den ritterlichen Zweikampf mit dem Anfang im geistlichen Leben, wo der Gottesritter sich von zeitlichen Dingen zu trennen (s.370,29) und den Versuchungen zu widerstehen hat (s.371,4f).

9.1.: Das Bild des Schildes steht für die Funktion der Gottesmutter, alle Sünder vor Anfechtung zu behüten (s.546,27).

14.1.: Die ewige Weisheit will dem Diener Seuse in der Leidensnachfolge die Leiden dadurch erträglich machen, daß sie ihm ihre - nicht näher bestimmte - *wafenkleit* anlegt (s.205,10).

G. Heinrich von Nördlingen

11. *fechten*
11.1. *Jhesus Christus* (52,29)

11.1.: Daß sich Jesus Christus für Heinrich aus Barmherzigkeit einsetzt, macht Heinrich im Bild des *fechten* anschaulich (s.52,29).

rost (1.)/ abeschúren (2.)

B. David von Augsburg

1. *rost*
1.1. *sünde* (343,17)

1.1.: David sieht die Bedeutung von *ungemach* für den Menschen im Zusammenhang mit der Funktion einer Feile, die den Rost entfernt. Wenn Sünde und Hochmut auf diese Weise durch *ungemach* beseitigt sind, ist *"diu sele reiner"* (343,16).

D. Tauler

1. *rost*
1.1. *getrenge* (128,21)
1.2. *sünde* (203,17)
1.3. o.BE (116,4)

1.1. – 1.3.: Zu Beichte und Gewissensvorwürfen stellt Tauler fest: *"das schirt... ab den rost der súnden."* (203,17) Den gleichen Effekt erzielen *bitterkeit* und *daz getrenge* (s.128,21f) sowie die Versuchungen, die über den Menschen kommen.

E. Seuse

2. *abschúren*
2.1. *gebrechen* (528,13(Pat))

2.1.: Im Bild des *abschúren* verleiht Seuse den *gebrechen* Merkmale einer fest auf der Oberfläche des Menschen sitzenden Verschmutzung, die nur mit entsprechender Anstrengung entfernt werden kann (s.528,13).

rúchen (1.)

A. Mechthild von Magdeburg

1. *rúchen*
1.1. *sele* (I 16,2)

1.1.: Die Erfahrung der Seele, die Gott macht, wird u.a. mit der Geruchsempfindung parallelisiert; Mechthild läßt Gott zur Seele sagen: "... *du rúchest als ein balsam...*" (I 16,2).

same (1.)/ sat (2.)/ saejen/ insaejen (3.)

A. Mechthild von Magdeburg

2. *sât*
2.1. *mensche* (IV 18,18)

2.1.: Die durch den Empfang des göttlichen Geistes in Gang gebrachte geistliche Entwicklung des Menschen wird durch Rückbezug zum Pflanzenwachstum in der Weise dargestellt, daß der Mensch aufgrund des empfangenen göttlichen Geistes ist eine so *edel sât*, die "*kinet und wahset untz an des seligen menschen ende...*" (IV 18,18).

C. Meister Eckhart

1. *sâme*
1.1. *götliche natûre* (V 110,10; 114,5f)
1.2. *got* (V 111,11.13.15.17.18; 113,1.2)

3. *saejen/însaejen*
3.1. *got* (V 110,7f; 111,18; 113,1f)
3.2. *mensche* (V 431,11f; 432,1)

1.1. – 1.2.: In der Predigt *Von dem edeln menschen* spricht Eckhart im Rahmen einer Ackerallegorie vom Samen, der von Gott in den inneren Menschen als dem Acker eingesät ist. Mit dem Bild des Samens bringt Eckhart mehrere Aspekte der Gott-Mensch-Beziehung zum Ausdruck: Identität und Differenz des Samens zum Ursprung sowie die Möglichkeit zur eigenständigen Entwicklung. Die Gleichheit mit Gott bringt Eckhart in Verbindung mit der Samenmetapher dadurch zur Sprache, daß er die Bild- sowie die Verwandschaftsbeziehung bemüht: "*Von disem innern edeln menschen, dâ gotes sâme und gotes bilde îngedrücket und îngesajet ist, wie der sâme und daz bilde götlîcher natûre und götlîches wesens, gotes sun, erschîne...*" (V 113,1-3). In Analogie zum Pflanzenwachstum macht Eckhart die organische Entwicklung des göttlichen Samens im Menschen von entsprechender Pflege abhängig: "*Haete er einen guoten, wîsen und vlîzigen werkman, sô betrüejete er dester baz und wüehse ûf ze gote, des sâme er ist, und würde diu vruht glîch ein natûre gotes.*" (V 111,12-14).

Zentral ist dabei für Eckhart, daß der Mensch aufgrund seiner göttlichen Anlage die Möglichkeit hat, Gott gleich zu werden. Die herangezogene Parallele zum Samen, der sich zur Pflanze entwickelt und dadurch seiner Ursprungspflanze gleich wird, hat die Funktion, die Gleichheit des Menschen mit Gott als Ergebnis eines organischen Wachstumsprozesses darzustellen, bei dem Gott für die Anlage, der Mensch für die Entwicklung dieser Anlage zuständig ist.

3.1.: Weil Gott den Samen im Menschen anlegt, indem er ihn "*îngesaejet und îngedrücket und îngeborn hat*" (V 111,18f), kann er auch nicht vernichtet werden, selbst wenn wegen eines *boesen werkman* Unkraut den göttlichen Samen bedeckt und am Wachstum hindert (s.V 111,15-17). Die miteinander kombinierten Verbmetaphern *însaejen*, *îndrücken* und *îngebern* entsprechen den Größen, die von ihnen betroffen sind: *sâme*, *bilde* und *sun gotes*.

3.2.: Die Vorstellung von Aussaat und Ernte zieht Eckhart auch heran, um die Tätigkeit des Menschen (sowie ihr Ergebnis) zu beschreiben, die sich darauf richtet, ungeordnete Minne im Bereich des *vleisches* bzw. geordnete Minne im Bereich des *geistes* jeweils so anzulegen, daß sie sich entwickeln kann. Was das Ergebnis dieses Tuns anbelangt, bemerkt Eckhart, daß der Mensch je nach Anlage "*snidet abe den êwigen tôt*" oder "*daz êwige leben*" (V 431,12-432,2).

D. Tauler

1. *same*
1.1. *vigent* (14,1; 74,16)
1.2. *gnade* (369,23)

1.1.: Argwohn, Haß, Hochmut etc. sind – wie Tauler mittels der Samenmetaphorik deutlich macht – verursacht vom Feind des gläubigen Menschen.

1.2.: Die Kombination von Geburts- und Samenmetaphorik erscheint zur Erfassung der Entstehung neuen geistlichen Lebens im Menschen: *"Hie wirt die gnade geborn; der same ergússet sich in disem grunde."* (369,23)

E. Seuse

1. *same*
1.1. *got* (348,1)

1.1.: Der aus Gott geborene Mensch ist nicht in sich selbst verhaftet und begeht deshalb keine Sünden, weil der *"goetlich same blibet in ime"* (348,1).

schiessen (1.)/ durchschiessen (2.)/ durchschus (3.)/ entschiessen (4.)/ widerschiessen (5.)/ pfil/stral (6.)/ schoss (7.)

A. Mechthild von Magdeburg

6. *stral*
6.1. *gotheit* (II 3,16; VI 24,13)
6.2. *minne* (II 25,65)

6.1. – 6.2.: Mechthild greift auf die in der mittelalterlicher Literatur verbreitete Vorstellung von der (Göttin) Minne zurück, die mit Hilfe einer Armbrust ihre Liebespfeile verschießt. Für Mechthild wird diese Vorstellung zum Bild für die liebevolle Einwirkung Gottes auf den Menschen (s.II 3,13-19) bzw. die menschliche Seele (s.II 25,65; vgl. *wunt* 5.2.; *salbe* 10.1.).

D. Tauler

6. *pfil*
6.1. o.BE (339,21; 405,26f; 424,31)
6.2. *vigent* (406,28; 424,27)
6.3. *minne* (290,19)

7. *schoss*
7.1. *tod* (339,21)
7.2. *vient* (405,23; 406,28.32)

6.1. – 7.2.: Als Bild für die Wirkung eines ungerechten Urteils steht das Bogenschießen: Von der vergifteten Zunge des urteilenden Menschen schnellt ein Pfeil in die Seele des Hörers und verwundet ihn mit dem *schosse* des ewigen Todes (s.339,21). *Pfil/stral* ist auch wie *schoss* Metapher für die Angriffe des Teufels auf den gläubigen Menschen (s.406,28; 424,27); die Metapher konkretisiert ferner die Wirkung der göttlichen Minne auf den Menschen (s.290,19)..

E. Seuse

2. *durschiessen*
2.1. *hertze* (120,26(Pat))
2.2. *sele* (120,16(Pat))

6. *stral*
6.1. *minne* (552,9)
6.2. *scham* (453,12)

2.1. – 2.2.: Mit dem Bild des *durschossen*-Seins verweist Seuse auf die ihn tief treffende Beschuldigung durch andere Menschen (s.120,26).

6.1. – 6.2.: Die Wirkung der Scham nach außen (s.453,12) sowie der von den Worten Jesu ausgehenden Minne (s.552,9) auf den Menschen erscheint im Bild des *stral*.

F. Margaretha Ebner

6. *stral*
6.1. *minne* (131,18)

6.1.: Margaretha erzählt, wie sie durch das Leiden Jesu vom Schlaf erwacht: *"... do waht mich daz minneklich liden mins herren mit ainem geswinden schucz... siner minnstral in min herze mit ainem grozzen smerzen."* (131,16-19)

G. Heinrich von Nördlingen

1. *schiessen*
1.1. *antlütz und augen* (1,27f)
1.2. *Jhesus Christus* (4,25)
1.3. *hl. geist* (4,48)

2. *durchschiessen*
2.1. *mensche* (16,73(Pat))
2.2. *warhait* (17,24)
2.3. *gut* (20,11f)
2.4. *wort* (38,28f)

3. *durchschus*
3.1. *ewig wort* (16,38)

4. *entschiessen*
4.1. *lieb* (49,21f)

5. *widerschiessen*
5.1. *bild* (17,4f)

1.1.: Mit der Metapher *schiessen* setzt Heinrich die schnelle, kraftvolle Bewegung eines Schusses in Beziehung zu der Wirkung, die Margarethas betrübtes Gesicht, ihr sehnsuchtsvoller Anblick und ihre weinenden Augen bis hin in Heinrichs Herz ausüben (s.1,27f).

1.2.: Gemeinsamkeiten mit der Schießbewegung weist der Prozeß auf, in dem Jesus Christus sich in das Herz Margarethas begibt (s.4,25).

1.3.: Im Sinne von 'jemanden mit einem Schuß treffen' zieht Heinrich die Metapher heran, um vorstellbar zu machen, wie der Hl. Geist mit dem göttlichen Licht Margaretha betroffen macht (s.4,48).

2.1. – 2.2.: Mit der metaphorischen Formulierung *"mit lust durchschozzen"* (16,73) weckt Heinrich die Assoziation, daß die aus der unio resultierende Lust eine derartig große Wirkung auf Ellin von Crailsheim, eine Zisterzienserin im Kloster Zimmern, zeigt, daß sie quasi davon ganz durchdrungen wird. Die gleiche, mit der Metapher *durchschiessen* zum Ausdruck gebrachte Wirkung übt auf Heinrich die in Margarethas Brief enthaltene Wahrheit Gottes aus (s.17,24).

2.3.: Heinrich wünscht, daß so, wie Maria vom liebsten und innersten Gut des göttlichen Vaters berührt wurde, auch Margaretha tangiert wird. Er führt aus, den Kontakt des göttlichen Gutes konkretisierend: "... *das musz durchguszen, durchschieszen und umbfluszen deinen geist und alle dein sinne."* (20,11-13)

2.4.: Die Einwirkung Jesu Christi, des *wundent wort*, auf Margaretha in Gott beschreibt Heinrich anhand der Metaphern *durchschieszen* (s.38,28) und *gieszen* (s.38,30).

3.1.: In Bezug auf Margaretha konkretisiert Heinrich verschiedene Aspekte des göttlichen Kontaktes mittels der Metaphern *liechz durchschinen, susses berüren, "seines ewigen worts creften durchschus"* (16,37f).

4.1.: Die rasche Bewegung, die der göttliche Geliebte auf Margaretha hin tun soll, wird parallelisiert mit dem Vorgang des *entschiessen* (s.49,21f).

5.1.: Heinrich wird mit dem Leiden Christi durch Maragaretha konfrontiert, die dieses durch Jesus Christus aufgrund seiner immer *blüenden ruet* (17,2) erfährt. Heinrich bringt dieses Geschehen dadurch zur Sprache, daß er Margaretha zum Spiegel macht, in dem das Leiden Jesu Christi erscheint und von dort als *"widerschiessendes, inlúchtendez bild"* (17,4f) auf Heinrich trifft.

schrin (1.)

E. Seuse

1. *schrin*
1.1. *muoter gotes* (264,5)
1.2. *goetliche toegni* (290,12)
1.3. *minne* (486,20)

__1.1.:__ Der Präsenz der Ewigen Weisheit in der Gottesmutter verleiht Seuse räumliche Züge, indem er von der Gottesmutter als einem *schrin* spricht, in dem die Ewige Weisheit geruht hat (s.264,5).

__1.2. – 1.3.:__ Auch in Bezug auf die Ewige Weisheit evoziert Seuse im 23. cap. des Büchleins der Ewigen Weisheit mit der Metapher *schrin* die Vorstellung, daß die Ewige Weisheit in sich einen verschlossenen Bereich besitzt, der anderen verborgen ist (s.290,12). Damit zusammenhängend bezeichnet Seuse das Herz Jesu als *minne schrin* (s.486,20).

---

schuole (1.)/ schulgenosse (2.)/ schuolkint (3.) schuol–meister (4.)

A. Mechthild von Magdeburg

4. *schuolmeister*
4.1. *got* (VII 3,30)

__4.1.:__ Die Beziehung Mechthilds zu Gott, die ihren sichtbaren Ausdruck in Mechthilds vorliegendem Buch findet, wird charakterisiert als Verhältnis einer *einvaltigen, tumben*, der Gott als "*schuolmeister... dis buoch geleret hat...*" (VII 3,30).

B. David von Augsburg

1. *schuole*
1.1. *geistlich leben* (310,26)
1.2. *himel* (326,14; 363,20)
1.3. *Jesus Kristus* (330,77; 331,6)

2. *schuolgenosse*
2.1. *ebenkrist* (339,10)

3. *schuolkint*
3.1. *minnende geist* (341,3)
3.2. *mensche* (326,22; 329,15; 346,5)

4. *schuolmeister*
4.1. *Jesus Kristus* (326,15.24; 359,26; 363,12.23)

__1.1. – 4.1.:__ Der von David am weitesten im Vergleich zu den anderen untersuchten Autoren enfalteten Metaphorik liegt der Grundgedanke zugrunde, daß der Mensch vom "*schuolmeister der himelschuole*" (326,14f), Jesus Christus, ein tugendhaftes Leben lernen kann; Voraussetzung ist jedoch, daß er bereit ist, ein geistliches Leben zu führen (s.310,26).

D. Tauler

1. *schuole*
1.1. *himel* (316,11)

1.1.: Mit *schuole* bringt Tauler ins Bild, daß Paulus bei seiner Entrückung in den dritten Himmel dort in der Wahrheit über den Menschen unterwiesen wurde (s.316,11).

E. Seuse

1. *schuole*
1.1. o.BE (53,6.12.14.31; 54,1.29)
1.2. *wisheit* (209,11)
1.3. *tugent* (552,1)
1.4. *kunst* (552,1)

1.1.: In einem *inren gesiht* wird Seuse sein bisheriges Leben im Bild der *nidren schuole* als Zeit vorgestellt, in der er genügend Möglichkeit hatte, sich zu üben (s.53,12). Für seine Zukunft wird ihm eröffnet, daß er diese unter dem Aspekt der *hoehste(n) schuole* zu sehen habe, in der man vollkommene Gelassenheit lerne (s.54,1-3).

1.2. – 1.4.: Ein Lerninhalt der *"schuole der wisheit"*, den man dort zu Beginn lernt, ist die Beseitigung aller Begierden. Erworben wird diese Kenntnis durch die Beschäftigung mit dem Gekreuzigten, d.h. bildlich formuliert, indem man liest *"an dem ufgetanen zertenneten buoch mines gekrúzgeten libes."* (209,11f) Daneben kann Seuse Jesu Predigt als *"schuol aller tugent und kuensten"* bezeichnen (552,1).

seugen/sugen (1.)/ suger (2.)

A. Mechthild von Magdeburg

1. *sugen/soegen*
1.1. *sele* (V 25,16; VI 1,144)
1.2. *lip* (V 25,16)
1.3. *Maria* (I 22,3.52.63.65.68.69.73)

1.1. – 1.2.: Die Partizipation an Gott, die Seele und Leib des Menschen aufgrund ihres Gotteslobes erlangen können, erhält bei Mechthild im Bild des *sugen* Züge eines Geschehens, bei dem man Flüssigkeit aufnimmt.

1.3.: In Parallele zum Seugen eines Kleinkindes beschreibt Mechthild die Bedeutung, die die Gottesmutter für die junge Christenheit, die Apostel und Märtyrer hatte.

E. Seuse

1. *sugen*
1.1. *mensche* (472,16)

2. *suger*
2.1. *mensche* (57,17)

1.1.: Mit der Metapher *sugen* wird erreicht, daß der Mensch in seiner Beziehung zur göttlichen Lehre als jemand erscheint, der diese quasi wie ein Kind als Nahrung in sich aufnimmt (472,15f).

2.1.: Im Bild des *suger* und verwöhnten Zärtlings wird ein Status des Dieners umschrieben, in dem er Gott empfangen und in sich aufnehmen konnte. Dieser Status wird abgelöst von einer Zeit der Entbehrung, wo Gott sich entzieht (s.57,19f).

G. Heinrich von Nördlingen

1. *seugen*
1.1. *minne* (4,40)
1.2. *hailige* (43,94)
1.3. *mensche* (51,4f.7)

1.1.: In den Bildern des *seugen, ernern, umbfangen* verleiht Heinrich seiner Meinung Ausdruck, daß die göttliche Minne für Margaretha quasi Mutterfunktion hat (s.4,40).

1.2.: In Kombination mit der Metapher *in sich ziehen* rekurriert Heinrich mehr auf dem in *seugen* implizierten Aspekt des trinkend in-sich-Aufnehmens. Diese Vorstellung liegt der Aussage zugrunde, daß die Heiligen alles Gute, das sie je besessen und verschenkt haben, in Christus "gesogen und in sich gezogen" (43,94) haben.

1.3.: Heinrich wünscht Margaretha, im Himmel zu wohnen und aus Gott, dem König aller Ehren, *seugend* - wie Heinrich es sieht - himmlisches Leben, Weisheit, Wahrheit, Liebe und Barmherzigkeit zu gewinnen und in sich aufzunehmen (51,4f).

sinken (1.)/ sinkend (2.)/ sinkunge/sunk (3.)/ besinken (4.)/ entsinken (5.)/ insinken (6.)/ nidersinken (7.)/ versinken (8.)/ versinkend (9.)/ versunken (10.)/ senken (11.)/ insenken (12.)/ versenken (13.)/

A. Mechthild von Magdeburg

1. sinken
1.1. *sele* (II 18,7; V 4,30.32.38.39; VI 23,15)
1.2. *licham* (V 4,36)
1.3. *brut* (IV 12,2.47.107)
1.4. *homuot* (VII 35,41)
1.5. *mensche* (IV 25,10)
1.6. *engel* (III 1,19)

2. sinkend
2.1. *diemütekeit* (V 4,7.40.48; VII 34,3.24)
2.2. *gerunge* (VI 2,10)
2.3. *minne* (VII 61,15)

3. sinkunge
3.1. *herze* (V 24,60)

5. entsinken
5.1. *brut* (IV 12,106)

8. versinken
8.1. *Lucifer* (III 21,36; VI 8,17)
8.2. *mensche* (VII 27,17)
8.3. *diemuot* (VI 21,7)

11. senken
11.1. *sele* (II 24,74)

1.1. – 1.2.: Den geistigen Vorgang, durch den die Seele von Gott weg zur Erde gelangt, entwirft Mechthild nach dem Muster eines Geschehens, dessen Charakteristikum ist, daß man sich langsam senkrecht nach unten bewegt. Die metaphorische Verwendung des Verbs *sinken* evoziert für die Beziehung Mensch/irdische - göttliche Wirklichkeit eine Vorstellung von Welt, bei der Gott oben in der Höhe, die Erde unten angesiedelt ist. Die Position der Seele in Bezug auf die Pole Gott - irdische Wirklichkeit ist für Mechthild Ergebnis von Prozessen, die Nähe oder Ferne von einem dieser Pole bewirken. Das *irdensch sinken* (s.II 18,7) der Seele wird ausgelöst durch die von Gott geschaffene Vereinigung der Seele mit dem Leib; befreit Gott die Seele vom Leib, bedeutet dies, daß die Seele sich aufgrund ihres Leibes nicht mehr von Gott entfernen braucht, sondern in ihm 'schwebend' sich aufhalten kann.

Eine andere Ursache für die Abwärtsbewegung der Seele bzw. des Leibes zur Erde ist der *"zug der diemuetekeit"* (V 4,33), der die Seele von der *umbehalsunge* der Hl. Dreifaltigkeit weg dazu bringt, sich wieder von Gott in Richtung auf die Erde zu entfernen. Darüberhinaus versucht Mechthild an der gleichen Textstelle, diesen mit den Verbmetaphern *niderstigen* und *sinken* in Opposition zum *ufstigen* anschaulich gemachten Vorgang am Beispiel eines Wanderers zu explizieren, der, nachdem er auf den Berg gestiegen ist, auch wieder herabsteigt. An einer anderen Stelle zieht sie dazu die Sonne als Parallele heran: wie die Sonne von ihrem höchsten Stand bis in die Nacht hinein sinkt, so daß es immer kälter wird, beginnt die Seele zu sinken und - aufgrund der Entfernung von der Hitze der göttlichen Minne - abzukühlen. Dieser metaphorisch als *sinken* beschriebene Vorgang dauert an, bis sie an die tiefste Stelle der Wirklichkeit gekommen ist, die Gottes *gewalt* unterliegt (s.V 4,39).

Die durch das Sinken bewirkte Distanzierung der Seele kann auch das Verhältnis zu irdischem Trost und zur Freude am Irdischen betreffen; denn anders als eine Seele, die nach eigenem Gutdünken handelt und sich infolgedessen irdischen Dingen zuneigt, muß sich die mit dem Hl. Geist versehene Seele - wie Mechthild mit dem Bild des Sinkens deutlich macht - vom Irdischen trennen (s.VI 23,15).

1.3.: Als Braut des himmlischen Bräutigams Jesus Christus will die Seele, nachdem sie acht Jahre göttlichen Trost in der Dreifaltigkeit empfangen hat, Gott zu Ehren sich von der Höhe Gottes in den niedrigsten Teil der Wirklichkeit begeben. Bei diesem, mit den Metaphern *vallen* (s.IV 12,37) und *sinken* (s.IV 12,2.47) als Abwärtsbewegung vorgestellten Vorgang macht die Seele schließlich die Erkenntnis, daß sie sich nie außerhalb des göttlichen Einflußbereichs begeben kann, sondern immer nur zu noch intensiverer Gotteserfahrung gelangt: "... *ie ich tieffer sinke, ie ich suessor trinke.*" (IV 12,107)

1.4. – 1.5.: Das Bild des Sinkens steht für einen Vorgang, der - ausgelöst durch das andauernde Denken an die Todesstunde - zur Vernichtung des Hochmutes führt. Mechthild veranschaulicht dieses Geschehen über die räumliche Vorstellung, daß der Hochmut des Menschen sich von seiner räumlich oben angesiedelten Position zur Gegenposition hin bewegt (s. VII 35,41f).

Der räumliche Vorstellungshintergrund der Metapher tritt zurück, wenn diese verblaßt zur Bedeutung 'geraten in'. In diesem Sinn bezeichnet *sinken* das Geschehen, in dem der Mensch in Sünde gerät. Da in diesem Fall der himmlische Glanz des Menschen erlischt, könnte, obwohl der Kontext keine räumlichen Angaben enthält, bei der Metapher *sinken* dennoch der Aspekt einer räumlichen Entfernung von Gott assoziiert werden (s.IV 25,10).

1.6.: Für Mechthild steht fest, daß Nähe oder Ferne von Gott die Verfassung des Engels wie des Menschen beeinflussen: Wenn der Engel sich von Gott entfernt, indem er zur Erde *sinket*, verliert er seinen himmlischen Glanz; steigt die Seele umgekehrt zu Gott auf, scheint sie umso klarer, je näher sie Gott kommt (s.III 1,19).

2.1.: Das mit 'Demut' bezeichnete Verhalten des Menschen wird konkretisiert, indem die in Demut erfolgende Definition des eigenen Stellenwertes gegenüber den anderen Kreaturen mit der Adjektivmetapher *sinkend* Züge eines räumlichen Vorgangs verliehen bekommt. Für diesen Vorgang ist kennzeichnend, daß der vom Menschen vorgenommenen Selbsterniedrigung die Höherbewertung der Mitmenschen entspricht. Im Rahmen der Gottesbeziehung kommt der *sinkende(n) diemuetekeit* neben der *ufstigende(n) gerunge* und der *vliessende(n) minne* (s.VII 34,2f) die Funktion zu, die Seele zu Gott zu bringen. Da die *sinkende diemuetekeit* Hochmut ausschließt (s.V 4,7), bittet Mechthild Gott um Hilfe, daß die Demut sich nicht infolge von Hochmut - gegenläufig zur Abwärtsbewegung - *muesse ufgerihten* (s.VII 34,24). Denn typisch für die *sinkende diemuetekeit* ist, daß sie die Seele zwar zunächst *jaget uf in den himel*, sie sodann jedoch in den Abgrund bis hin "*under Lucifers zagel...*" zieht (V 4,52).

2.2.: Weil demütiges Leben ein Leben in der Erniedrigung ist, muß auch das menschliche Verlangen, das ein derartiges Leben anzielt, - räumlich vorgestellt - nach unten gerichtet sein, so daß es *"ist sinkendig ze diemuetigem lebenne..."* (VI 2,10f).

2.3.: Im Zusammenhang mit der *"begerende(n), volle(n), creftige(n) und wise(n) minne"* spricht Mechthild auch von der *sinkende(n) minne*. Sie geschieht in der Nachfolge Jesu: *"Du... hast dich selber in im verlorn; des muostu manige pine dolen..."* (VII 61,17f).

3.1.: Mit der Demut des Menschen - durch die metaphorische Formulierung *"sinkunge sines herzen under alle creaturen..."* (V 24,60) als Ortsveränderung vorgestellt - geht einher, daß er von Gott den Adel seines Geistes empfängt.

5.1.: Für Mechthild steht fest, daß sie sich bei aller Erniedrigung doch nie von Gott zu trennen vermag. Sie bleibt überall, da sie *nit entsinken* kann von Gott, quasi in seinen Händen (s.IV 12,106).

8.1.: Wenn Mechthild formuliert, daß Lucifer zusammen mit allen Anhängern der Untugend ist *"versunken under allen dingen..."* (VI 8,17), stellt sie in Analogie zu einem Vorgang heraus, bei dem man in etwas anderes eindringt, indem man ganz unter dessen Oberfläche gerät, daß Lucifer und seine Anhänger völlig unter die - als Oberfläche im Zusammenhang mit der Verbmetapher *versinken* vorgestellten - Dinge der Welt in die unauslotbare Tiefe, in des *tufels abgrunde*, geraten sind (s.VI 8,19). Allerdings hat sich Lucifer dabei noch nicht so weit nach unten bewegt, daß kein Platz mehr wäre, um den Hochmütigen *"under sinen zagel..."* zu drücken (III 21,36).

8.2.: Kombiniert mit den Verbmetaphern *ertrinken* und *verloeschen* liegt der Bedeutungsakzent bei *versinken* darauf, das Ende der menschlichen Existenz auszusagen. Der Tod des Menschen wird dadurch herbeigeführt, daß durch die Wirkung der Welt und ihrer Sünden der Mensch wie in einem Gewässer im *pfuol* der Welt *versinket* und in den Sünden *ertrinket*. Die vernichtende Wirkung der Welt hat insbesondere bei dem geistlichen Menschen, der sich der Welt öffnet, die Konsequenz, daß bei ihm das göttliche Licht *verloeschet* (s.VII 27,17).

8.3.: In Bezug auf die bösen Geistlichen ihrer Zeit zeichnet Mechthild mit Hilfe verschiedener Metaphern ein Bild, das die Vernichtung aller Tugenden vor Augen führt: *"Din golt ist verfúlet in dem pfuole der unkúscheit..."*; *"din kuscheit ist verbrant...; din diemuot ist versunken in dem sumpfe dines vleisches; din warheit ist ze nihte worden..."* (VI 21,5-8).

11.1.: Der Wandel von Salomo und David zur Sünde hin hat für Mechthild u.a. seinen Grund in der fehlenden Demut, d.h. darin, daß *"ir sele was nit gesenket in die nidersten tieffi under aller creature..."* (II 24,74).

B. David von Augsburg

1. *sinken*
1.1. *alles von nihte gemachet* (377,5f)

8. *versinken*
8.1. *mensche* (371,15f; 397,29)
8.2. *gemüete* (373,35)

11. *(sich) senken*
11.1. *sünde* (350,28f)
11.2. *got* (369,27f)
11.3. *minne* (374,34)

1.1.: Die Seele bedarf der göttlichen Hilfe, damit sie nicht zunichte wird; denn alles, was von nichts gemacht worden ist, unterliegt von sich aus einem Vernichtungsprozeß, den David mit den Metaphern *vallen* und *sinken* zu erfassen sucht: es "... velt und sinket von im selben und wirt ze nihte." (377,6f)

8.1.: Die Menschen, die sich am höchsten in der göttlichen Weisheit bewegen, sind zugleich diejenigen, die - wie David mit der metaphorischen Formulierung *"aller tiefist versinken"* (371,16) im Bild des Verschwindens unter eine Wasseroberfläche anschaulich macht - am meisten in die grundlose Fülle der Gottheit hineingeraten. Das Eingehen in die göttliche Wirklichkeit liegt für David auch in der Konsequenz der Nachfolge Jesu, bei der der Mensch *"sol loufen als ein rise krefteclîchen im nach..."*, bis er ihn findet und in ihm *versinket* (397,27.29).

8.2.: In Opposition zum *uf erhaben* der Seele und des *gemüete* durch den göttlichen Einfluß steht die Formulierung *versunkenz gemüete*, die das Hineingeraten des Menschen in bittere Traurigkeit vor Augen stellt (373,35).

11.1.: Die Wirkung der Sünde auf den Menschen besteht u.a. darin, daß sie ihn, wie David anhand der Verbmetapher *senken* zeigt, nach unten in die Hölle bringt (s.350,28f).

11.2.: Als Abwärtsbewegung sieht David auch die Selbstmitteilung Gottes an die Seele: Gott senkt und gießt sich in die Seele mit aller Minne und Süßigkeit, die er selber ist (s.369,27f).

11.3.: Da David ein Raummodell voraussetzt, in dem Gott in der Höhe über der Seele angesiedelt ist, kann er auch darum bitten, daß sich die Minne, die Gott ist, *senke* in seine Seele (s.374,34).

C. Meister Eckhart

5. *entsinken*
5.1. *mensche* (III 443,5)
5.2. *bilde* (V 292,4)
5.3. *werke* (V 292,4)

7. *nidersinken*
7.1. *sêle* (I 395,3f)
7.2. *swaz von der erde ist* (I 395,4f)

8. *versinken*
8.1. *vernünfticheit* (II 216,5)
8.2. *mensche* (III 448,9; 489,4)
8.3. *gemüete* (V 190,12)

13. *versenken*
13.1. *geist* (V 271,6f)

5.1.: Der Mensch, der sich ganz der göttlichen Wirklichkeit hingibt, muß sich selber aufgeben. Dieses Verlassen seiner selbst sieht Eckhart mittels der Metapher *entsinken* als Trennungsgeschehen an, das dadurch zustandekommt, daß man den - durch das Verb *entsinken* als das Innere eines Raumes vorgestellten - Bereich seiner selbst in Richtung nach unten hinter sich läßt. Dementsprechend bleibt die Seinsheit wie ein leerer Behälter oder leerer Raum zurück. Wie aus der engen Verbindung der Verbmetapher *entsinken* mit *zerfliessen* zu schließen ist, sieht Eckhart als Konsequenz der Trennung des Menschen von sich selbst an, daß alle Unterschiede zwischen Gott und Mensch hinfällig werden; denn dadurch, daß der Mensch alle persönlichen Eigenschaften durch den Austritt aus sich selbst zurückgelassen hat, erhält sein im Bild des Zerfließens zur Sprache gebrachtes Verhalten Merkmale, die Ähnlichkeiten aufweisen mit einem anpassungsfähigen, konturenlosen Reagieren eines flüssig gemachten festen Körpers, der dadurch seine charakteristischen Umrisse verloren hat: Indem der Mensch in dieser Weise in Gottes *sinesheit zerfliesen* soll, soll "*din din und sin sin ein min werden....*" (III 443,6).

5.2. – 5.3.: Der Mensch, der sich in sich selbst zurückzieht, muß das Mitwirken mit seinem Gott lernen. Allerdings scheint dies, wie Eckharts Frage "*wie sol got den menschen ouch mit im selber vernihten?*" (V 292,12) erkennen läßt, schwierig zu sein, weil der Mensch sich selbst *entvallen* ist und alle Vorstellungen und Werke ebenfalls - wie Eckhart im Bild des *entsinken* zur Sprache bringt - aus dem Bereich des Menschen verschwunden sind (s.V 292,1-4).

7.1. – 7.2.: Im Rahmen eines Weltbildes, das Gott in der Höhe und die Erde unten ansiedelt, ist es konsequent, daß sich die mit Unterstützung des Hl. Geistes in die Höhe zu Gott gebrachte Seele dann, wenn der Hl. Geist seine Beziehung zu ihr wieder löst, sich in umgekehrter Richtung nach unten bewegen muß. Denn nur mit Hilfe des Hl. Geistes hat die irdisch verhaftete Seele überhaupt die Anziehungskraft der Erde zeitweise überwinden können. Daß die erneute Bewegung der Seele zur Erde hin metaphorisch als *nidersinken* und nicht als *vallen* etc. beschrieben wird, akzentuiert die Immaterialität der Seele, die einen langsamen Bewegungsablauf nach unten nahelegt (s.I 395,3-5). Allein die Seele, die "*alliu dinc überkomen hat*" (I 396,2), ist für die Gottesbegegnung bereit und wird vom Hl. Geist in den göttlichen *grunt* gezogen (s.I 395,1).

8.1.: Eckhart verwendet die Verbmetapher *versinken* für den Vorgang, in dessen Verlauf der Mensch ganz in das Sein der göttlichen Wirklichkeit eindringt. Dadurch werden Gott Züge eines Körpers mit räumlicher Ausdehnung verliehen, in den man hineingelangen kann, indem man unter seine Oberfläche gerät und allmählich darin verschwindet (s.II 216,5).

8.2.: Beim Verb *versinken* kann Eckhart die semantische Komponente einer räumlichen Veränderung dadurch in den Hintergrund treten lassen, daß er den Raumaspekt ausfiltert. Dies geschieht dadurch, daß er den Ausgangs- und Endpunkt der Abwärtsbewegung zusammenfallen läßt, wenn er davon spricht, daß der Mensch, der in das Innere des Einen, das Gott ist, gelangt, sich - entgegen der durch das Verb *versinken* geweckten Erwartung einer räumlichen Veränderung - "*von nite zuo núte*" bewegt (III 448,9).

Die Vorstellung vom Versinken zieht Eckhart auch dazu heran, um das totale Bestimmtsein des Menschen von der Sorge aufzuzeigen (s.III 489,4).

8.3.: Im Unterschied zu dem Menschen, der ganz seiner Sorge hingegeben ist, ist das *ledic gemüete* völlig frei von allen Eigeninteressen und kreatürlichen Bindungen. Es hat seine Eigenständigkeit völlig aufgegeben, indem es in den Willen Gottes *"versunken ist und des sînen ûzgegangen ist."* (V 190,11f)

13.1.: Die Annäherung des menschlichen Geistes an Gott erfolgt in zwei Etappen: zunächst soll der Geist sich erheben, danach sich - wie anhand der Verbmetapher *sich versenken* anschaulich gemacht wird - so wie unter die Oberfläche eines Gewässers in das Innere der göttlichen Wirklichkeit begeben (s.V 271,6f).

D. Tauler

1. *sinken*
1.1. *mensche* (44,25; 69,18; 127,22f; 204,21; 245,3; 251,26; 273,29; 303,19)
1.2. *geist* (117,28)
1.3. *sele* (55,15)
1.4. *ez* (351,31)
1.5. *lop* (293,10)
1.6. *engel* (117,10)
1.7. *abgrunt* (363,12f)
1.8. *gotes hoheit* (245,17)

3. *sunk*
3.1. *mensche* (117,16)

5. *entsinken*
5.1. *mensche* (145,18; 155,25; 204,1; 245,6; 256,30; 273,27; 432,37)
5.2. *geist* (251,21)
5.3. *diemuot* (256,17)
5.4. *sele* (55,15)
5.5. *lop* (293,11)

6. *insinken*
6.1. *mensche* (32,6f; 38,1; 80,10; 146,14.23; 155,25; 406,11; 409,31)
6.2. *wazzer* (55,15)
6.3. *geist* (117,10.28; 263,8)
6.4. *gotheit* (143,5)

7. *nidersinken*
7.1. *nature* (202,13)
7.2. *mensche* (252,12; 274,10f)
7.3. *begerunge* (335,16)

8. *versinken*
8.1. *mensche* (30,10; 36,15; 44,20; 75,25; 77,8; 108,13; 113,32; 120,9; 162,17; 214,14; 229,6.9; 245,27; 249,33; 250,3; 251,26; 256,26; 265,10; 293,10.12; 301,22; 338,11; 351,6; 406,16.37)
8.2. *geist* (33,20f.25; 68,7; 87,33; 117,28; 251,12f)
8.3. *sele* (55,12; 146,21; 175,30)
8.4. *lip* (175,30)
8.5. *daz geschaffen niht* (176,4)
8.6. *verkleinunge* (201,1)
8.7. *lop* (293,10)

9. *versinkend*
9.1. *diemuot* (237,11; 271,27)

10. *versunken*
10.1. *mensche* (77,8; 120,10; 158,20)
10.2. *gemüete* (239,28)
10.3. *volk* (31,16)

11. *senken*
11.1. *mensche* (96,2; 206,29; 388,18; 403,28)
11.2. *Jesus Christus* (310,28f)
11.3. *got* (322,11)

12. *insenken*
12.1. *mensche* (11,21; 179,25; 263,29)
12.2. *geist* (262,30-33)

13. *versenken*
13.1. *mensche* (46,32; 67,31; 98,26f; 129,16; 277,11; 409,22f)
13.2. *got* (143,5)
13.3. *minne* (284,29; 410,10)
13.4. *süezikeit* (102,1)

1.1.: Die Dynamik der Entrückung in den *grunt der warheit*, die Tauler als Möglichkeit des Menschen ansieht, zeigt sich darin, daß der entrückte Mensch in den *grunt* tiefer eindringt, als Gott und alle Kreaturen ihn bringen können. Für den semantischen Schwerpunkt der Metapher *sinken* ist es bei Tauler bezeichnend, daß die als Abwärtsbewegung vorgestellte Aktivität des Menschen die als *vertrucken*, *vernúten* und *versencken* umschriebenen Tätigkeit Gottes und aller sonstigen Kreaturen übertrifft (s.44,25-27). Zugleich wird in Bezug auf den *grunt* in diesem Aussagezusammenhang die Assoziation geweckt, daß der *grunt* bei entsprechendem Verhalten (*sinken, versenken*) wie ein Gewässer existenzvernichtend wirkt. Tauler stellt diesen Bezug zum Wasser an anderer Stelle selbst her, indem er das Eingehen des menschlichen Geistes in den göttlichen Abgrund bzw. in den göttlichen Geliebten mit einem Tropfen Wasser vergleicht, der sich im Meer verliert und dadurch eins mit dem Meer wird (s.251,21f). Diesem Vergleich entsprechend verwendet Tauler im näheren und weiteren Kontext auch Verben, die die Trennung von der individuellen menschlichen Existenz intendieren: *sich entsinken, sich verlieren* (s.251,21) *"vernúten sin selbes"* und *"ein gantz verloeigenen aller eigenschaft"* (251,26f). Im Zustand der Verlorenheit seiner selbst gelangt der Mensch, in der Sichtweise Taulers, *versinkend* zum *grunt*. Ein weiteres Vordringen in die Tiefe bedeutet für den Menschen die Vernichtung seiner Existenz: *"... in diser verlornheit do versinkt der mensche als gar ze grunde; moechte er tieffer sinken denne das er ze núte wúrde von minnen und von demuetkeit das tet er übergerne."* (251,28-30).

In Pr 57 nennt Tauler als Ziel des menschlichen Lebens, daß der Mensch mit allem, was er von Gott empfangen hat, *"ker echt wider in sin begin..."* (273,23f). Die Einstellung des Menschen, die dazu erforderlich ist, umfaßt für Tauler die Anerkennung der *kleinheit, armuet* und des *nichte*, das der Mensch ist (s.273,22f). Die Rückkehr des Menschen stellt Tauler - bedeutungsgleich - einige Zeilen weiter als räumliche Veränderung dar: *"mit grundeloser demuetekeit... sinken wider in den ursprung."* (273,29f) Bewirkt wird das nach dem Muster des *sinken* konturierte Eindringen in den göttlichen Ursprung durch die compassio mit Jesus Christus (s.273,30f); begleitet wird die Rückkehr von *"verkleinunge sin selbes und ein gantz vernúten..."* (273,32f). Die als Reduktion der Körpergröße verstandene Vernichtung des Menschen in Verbindung mit dem *sinken* des Menschen findet sich auch in Pr 60d, wo Tauler davon spricht, daß der Mensch *"luterlich klein... zuo grunde"* sinken soll (303,19).

In anderer Weise formuliert Tauler diesen Gedanken in Pr 46, wenn er den Menschen auffordert, sich demütig an sein lauteres Nichts zu halten (s.204,15). Dies bedeutet auch, daß der Mensch seinen geistigen Standort verändert: "*... halt dich undenen und sink under in din nicht wissen noch wellen wissen...*" (204,20f).

Der Aspekt der Vernichtung der menschlichen Existenz ist an den Stellen ausgeblendet, wo es ausschließlich um den Vorgang der Rückkehr in Gott geht, die nach den Vorstellungen Taulers im *sinken* des Menschen in den göttlichen Grund besteht (s.69,18).

1.2.: Die enge Verbindung zwischen dem Sinken und dem Aspekt der Vernichtung stellt Tauler insbesondere in Pr 28 im Rahmen von Aussagen heraus, die sich mit dem im göttlichen *abgrunt* befindlichen menschlichen Geist befassen. Rückblickend erklärt er das Zustandekommen des Aufenthaltes in Gott damit, daß der menschliche Geist einen "*überslag tete über sin vermúgen in das goetteliche abgrunde.*" (117,13f) Dieses Geschehen weist auch Ähnlichkeiten zu einer nach unten in die Tiefen eines Abgrundes verlaufenden Bewegung auf, so daß Tauler von *minnecliche(n) sunk* (117,16) und davon spricht, daß der Geist "*ist gesuncken in Gottes einikeit*" (117,35). Mit diesem Geschehen geht einher, daß der "*geluterte verklerte geist*" alle Unterschiede verloren hat (117,30.33.36), allen Kreaturen und sich selbst gestorben ist (s.118,1).

1.3. – 1.4.: Während die Metapher *abgrunt* Gott in Beziehung zu einer Landschaft setzt, die tiefe, unzugängliche Täler aufzuweisen hat, so daß das Hineingeraten in Gott - dem Abgrund ähnlich - Gefahren für die menschliche Existenz mit sich bringt, tritt der Aspekt des gefahrvollen Eindringens in den Hintergrund, wenn in Bezug auf die Seele, die sich in der göttlichen *wueste* und *vinsternis* befindet (s.55,5-15), dargelegt wird, daß sie - mit einsickerndem Wasser vergleichbar - in den göttlichen *grunt* sinkt, der durch diesen Vergleich Merkmale eines weichen, schnell aufnehmenden Untergrundes verliehen bekommt. Ist der Mensch/der Geist in Gott, hat er die ewige Seligkeit erlangt, zu der es u.a. gehört, daß man in Gott *gesunken ist* (s.351,32).

1.5.: Für Tauler ist das Lob Gottes am besten, wenn man erkennt, daß man Gott wegen seiner Größe in bestimmter Weise mit menschlichen Worten garnicht loben kann. Aus diesem Grund bleibt nur übrig, von Gott zu schweigen. Die im schweigenden Lob Gottes sich vollziehende Selbsttranszendenz des Lobes auf Gott hin stellt Tauler bildhaft in folgender Weise dar: der Erniedrigung in Demut ähnlich, verläßt es sich selbst, d.h. seine Wortgestalt (*entsinken*), gelangt in das Innere Gottes (*sinken, smelzen in im*; 293,11) und wird mit ihm eins.

1.6.: Die Engel, die im Unterschied zu Lucifer ihre Ungleichheit mit Gott erkennen, sind aus der Sicht Taulers paradoxerweise in eine unaussprechliche Gleichheit mit Gott geraten (s.117,10f); d.h. sie haben einen Wechsel ihres Zustandes erfahren, den Tauler mit der - von räumlichen Bedeutungsmerkmalen befreiten - Verbmetapher *sinken* anschaulich macht.

1.7. – 1.8.: Die Zuwendung Gottes zum Menschen konkretisiert Tauler im Bild des Sinkens dahingehend, daß die Opposition *geschaffen grunt - ungeschaffen abgrunt* (s.363,12f) sowie *Gotz hochheit - tal der demuetkeit* überwunden wird, indem Gott (sein *abgrunt* bzw. seine *hochheit*) in den menschlichen Bereich eingeht (245,17f).

3.1.: Mit der Metapher *sunk* visiert Tauler ein Geschehen an, durch das der Mensch, nachdem er sich dem Prozeß der Läuterung unterworfen hat, in einer Art Abwärtsbewegung in den göttlichen Abgrund gelangt (s.117,16).

5.1. – 5.4.: Die Trennung des Menschen von seinen natürlichen Zielen (s.145,18), von allem Besitz (s.204,1), allem Kreatürlichen und sich selber (s.155,25) bringt Tauler im Bild des Entsinkens und Entfallens zur Sprache; Folge ist, daß der Mensch in Gott (s.204,1) bzw. in den *grunt* (s.145,18) oder *"in sin luter niht"* (245,6) gerät. Wenn der Geist des Menschen in seinen göttlichen Geliebten unter Aufgabe seiner selbst, wie Tauler mit der Metapher *entsinken* suggeriert, eingedrungen ist, verliert er sich *"als der tropphe wassers in dem tieffen mere"* (251,22) und wird mit ihm eins. Ergebnis des als *entsinken* vorgestellten Geschehens ist *"ein grundelos vernúten sin selbes"* (251,26). Insbesondere durch die Demut, die Tauler neben Sanftmut und Geduld zu den niederen Kräften des Menschen zählt (s.256,9), wird der Mensch auf sein Nichts verwiesen; ein Vorgang, dem nach Tauler zentrale Bedeutung zukommt: *"Hie lit es alles an, an einem grundelosen entsinkende in ein grundelos nút."* (256,30f) Die Demut selbst unterliegt dabei einem Geschehen, das sie dadurch in den Abgrund, in ihr Nichts, bringt, daß sie *entsinkt* (s.256,17) und nichts mehr von sich weiß.

5.5.: Zum Lob, das *entsinket* s. 1.5.

6.1. – 6.3.: Tauler setzt den Sachverhalt, daß der Mensch in Gott gerät, in Beziehung zu Quellwasser, das in das Erdreich einsinkt (s.55,15). Voraussetzung dafür ist eine Verfassung, die mit den Metaphern *luterkeit* und *unbeflekheit* (s.146,15) umschrieben wird. In einem solchen Zustand ist die Seele auch *"das selbe bilde das Got selber ist in sinem eigenen luteren goetlichen wesen"* (146,18f); denn in der Vereinigung mit Gott, die mit dem *inversinkende in Got* (146,23) einhergeht, wird die Seele *"gotvar, gotlich, gottig"* (146,21). Die mit den Metaphern *invallen* und *insinken* konkretisierte Bewegung verläuft in Gegenrichtung zum *usvallen* und *usfliessen* (s.146,16) aus Gott und hat, metaphorisch durch die Kombination der Metaphern *insinken* und *smelzen/insmelzen* hervorgehoben, die Einheit des menschlichen Geistes mit dem göttlichen Geist zur Folge (s.117,10; 263,8).

6.4.: Auch in Bezug auf den menschlichen Geist spricht Tauler von der *ingesunkene(n) gotheit*, die sich mit ihrer Minne ganz in ihn begeben hat (s.143,5).

7.1.: Durch die Sünde Adams hat der Mensch seine Stellung in der Wirklichkeit verloren, indem seine Natur die Position zwischen Zeit und Ewigkeit verlassen hat und *nider gesunken* ist *"in das niderste teil"* (202,13).

7.2.: Insbesondere bei Aussagen, die die Entfernung des Menschen von Gott zum Inhalt haben, charakterisiert die Verbmetapher *nidersinken* dieses Geschehen als eine Bewegung, die von der Höhe Gottes oder dem Gipfel der Vollkommenheit in ihr Gegenteil erfolgt: *"Wenne der mensche kumet uf den tolden aller volkomenheit, so enwart im nie so not nider ze sinkende in den aller tiefsten grunt... der demuetkeit."* (274,10-12) Allerdings ist damit die Vollkommenheit des Lebens nicht aufgehoben; denn für Tauler gilt, daß *"alle hoehin dis lebens von dem grunde der demuetkeit"* kommt (274,13). Dies liegt darin begründet, daß *gotz hocheit* nirgendwo so fruchtbar wirkt wie in der tiefsten Niedrigkeit des Menschen (s.252,8-13).

7.3.: Wer nicht in Treue fest zu seiner Gottesliebe steht, dessen Verlangen wendet sich von Gott ab und entfernt sich von ihm, indem es gleichsam *sinket nider* (s.335,16).

8.1.: Welcher Stellenwert dem metaphorisch als *versinken* bezeichneten Vorgang innerhalb der Bewegung des Menschen auf Gott hin zukommt, ergibt sich aus Pr 39, in der Tauler von drei Graden des Menschen spricht. Den ersten Schritt macht die Abkehr des Menschen von allen Dingen und die Hinwendung zum Wirken Gottes in Schöpfung und Geschichte aus. Dadurch, daß Gott sich einem solchen Menschen zu erfahren gibt, *"locket und ziehet und reisset Got den menschen usser im selber zuo dem ersten und usser aller ungelicheit zuo im selber."* (160,26f) Der dann folgende zweite Schritt besteht darin, daß der Mensch dadurch auf Gott vorbereitet wird, daß dieser sich entzieht, so daß der Mensch *"enbevindet noch enweis sines Gotes zu mole nút..."* (161,19). Auf der sich anschließenden Stufe enthebt Gott den Menschen seiner Not, indem er den Menschen aus sich selber in seine göttliche Wirklichkeit hineinführt (s.162,4f). Dieses geistige Geschehen veranschaulicht Tauler, indem er an verschiedenen Stellen der Predigt auf Vorgänge zurückgreift, die eine Ortsveränderung implizieren: der Mensch wird *"uf erhaben uber sin natúrlich wise"* (162,10); ähnlich einem Schiff verhält sich der Mensch in der Sicht Taulers, wenn er den dritten Grad des tugendhaften Lebens folgendermaßen präzisiert: *"Das dritte das ist ein úbervart in ein gotformig wesen in einikeit des geschaffenen geistes in den istigen geist Gotz..."* (160,3f). Die Endphase der Annäherung an Gott vollzieht sich an der Grenze zwischen Mensch und Gott; denn mit der Erkenntnis der eigenen Nichtigkeit, was dem *"aller tiefste(n) versinken in den grunt der demuetkeit"* (162,17) entspricht, verläßt der Mensch seine kreatürliche Existenz. Zugleich stellt der Weg in das eigene Nichts aber auch den Weg zu Gott dar, so daß mit dem Grad der Vernichtung auch der Grad der Vergottung zunimmt (s.162,8): *"wan ie tieffer, ie hoeher; wan hoch und tief ist do ein"* (162,18). Der Mensch, der - worauf das Bild des Versinkens verweist - völlig in das Innere Gottes gerät (s.30,10; 36,15; 113,21), befindet sich in Einheit mit Gott, wie Tauler in Pr 75 mit der Metapher *insmelzen* deutlich macht (s.406,11). Er verliert, nachdem er sich in Distanz zu sich selber und allen Dingen begeben hat, in der unio allen Unterschied und ist völlig frei von sich selber (s.406,37). Von daher wird deutlich, daß ein enger, mit der Formel *"bi disem versinkende und vernútende"* (44,20) prägnant zum Ausdruck gebrachter Zusammenhang des Versinkens mit dem Vernichten besteht. Den mit dem *"versincken in den grunt (des goettelichen willen)"* (108,13f) einhergehenden Verlust seiner selbst erklärt Tauler auch damit, daß der Mensch *"wurt... beroubet sin selbes..."* (108,12f).

Eine andere Erklärung für die Selbstvernichtung des Menschen besteht darin, daß es Menschen aufgrund der Erfahrung der göttlichen Wirklichkeit als notwendig ansehen, sich in den *"grunt der demuetkeit"* zu begeben (214,14) bzw. *ze núte* zu werden und *"von minnen des wesens in ein únwesen"* zu kommen (229,9). Da sie aufgrund der Erfahrung der göttlichen Würde und Hoheit ihre Kleinheit und

Nichtigkeit erkennen (s.229,10f), wollen sie *"von siner hocheit... versinken in den tiefsten grunt."* (229,10f) Auf diese Weise *versinkt* sie *"in ir grundelos nút"* (229,6; vgl. 251,26; 256,26; 265,10), bzw. - wie Tauler auch formuliert - die Erfahrung Gottes *tuot* den Menschen *"versinken und versmelzen in sin eigen nicht und in sin kleinheit"*, die ihm aufgrund der Erfahrung von Gottes Größe bewußt geworden ist (s.249,33-250,1). Diese Reaktion des Menschen wird für Tauler geradezu zum Kriterium dafür, daß ein *"weselich in lúchten"* Gottes stattgefunden hat (s.250,1f).

Durch die Kombination von *versinken* mit *versmelzen* betont Tauler, daß der gemeinte Vorgang eine Identifikation des Menschen mit seiner Verfassung der Nichtigkeit zum Ergebnis hat. Dieser Bedeutungsaspekt der Metapher liegt auch der Aussage zugrunde, in der das völlige Hingegebensein des Menschen an seine eigenen Interessen mit dem Vorgang des Versinkens in dieser egoistischen Motivation parallelisiert wird (s.77,8).

8.2.: Der in der Metapher *versinken* enthaltene Bedeutungsaspekt der Beendigung der Existenz findet sich auch bei Aussagen, die den menschlichen Geist betreffen, der ganz in die göttliche Wirklichkeit gelangt ist. Wie man sich dies vorstellen kann, verdeutlicht Tauler durch einen Vergleich des in Gott versunkenen Geistes mit einem Tropfen Wasser, der sich in einem großen Faß Wein verliert. Wie der Tropfen Wasser, verliert der Geist in Gott jeglichen Unterschied, so daß er auch sich selbst - eins mit der *"suessekeit der gotheit"* - verliert (33,22-24). Da der Geist völlig in die göttliche Wirklichkeit eingedrungen ist - dieses Geschehen thematisiert Tauler im Bild des Versinkens unter eine Oberfläche -, ist er auch nicht in der Lage, etwas anderes als Gott wahrzunehmen (s.87,31-88,2). Aufgrund des Wegfalls aller Unterschiede bedeutet das Versinken des geschaffenen Geistes in den ungeschaffenen Geist Gottes auch Einung mit Gott, weshalb Tauler auch *versinken* mit *versmelzen* kombiniert (s.68,7; 87,33-88,2).

Eine andere Variante des Vernichtungsaspekts der Metapher *versinken* findet sich in Pr 54. Dort führt Tauler aus, daß der menschliche Geist aufgrund seiner Schwäche nicht die göttliche Präsenz im Grund ertragen kann und alle Eigenständigkeit aufgibt, so daß er *"versinke und ertrinke in das goetlich abgrúnde und in dem sich verliere..."* (251,13f).

8.3. – 8.6.: Der im Verb *versinken* implizierte Vernichtungsaspekt steht im Vordergrund bei Ausführungen, in denen das Hineingeraten von Leib, Seele sowie des geschaffenen Nichts und des menschlichen Geistes in die göttliche Wirklichkeit parallelisiert wird mit dem *undergan* (s.175,28), *versinken* (s.175,30; 176,4) und *ertrinken* (s.176,11) in einem *grundelosen mere* (s.176,10). Die Vernichtung des Menschen bzw. des menschlichen Geistes kann in diesem Kontext wie auch in anderen Predigten mit Hilfe von anderen Formulierungen zum Ausdruck gebracht werden: Der menschliche Geist verliert sich selber im *grundelosen mer* Gottes (s.176,10); der Mensch *velt* hier *"in sin grundelos nút"* und wird klein (175,35f). Der Mensch, reduziert auf seine *wore verkleinunge*, *"versinket in das goetlich innerlich abgrúnde"*, wo er sich selbst verliert *"in worer verlornheit"* seiner selbst (201,1f).

Andere Kontexte der Metapher *versinken* halten nur das Eingehen in die göttliche Wirklichkeit fest: so z.B. daß die Seele, die in Gott versinkt, *"wirt geholt über sich in Got."* (146,23) Dadurch kehrt sie wieder an den göttlichen Ursprung, in die göttliche Quelle, zurück (s.55,12).

8.7.: Zum Lob, das *versinket* s. 1.5.

9.1.: Der Einstellung der Demut verleiht Tauler Züge einer nach unten gerichteten Bewegung, indem er von einer *tief versinkende(n) demuetkeit* (s.237,11) spricht.

10.1.: Beim part. adj. *versunken* liegt der semantische Schwerpunkt gegenüber der Verbmetapher *versinken* auf dem Zustand des Menschen. Der im Bild des Versunkenseins zur Sprache gebrachte Zustand des Konzentriert- und Vereintseins findet sich zum einen bei der Selbstwahrnehmung des Menschen; gegenüber aller Mannigfaltigkeit soll der Mensch nach Tauler dabei *"sin gesammet und fúreinet und in dem grunt versuncken sin."* (120,10f) Zum anderen steht die Metapher für den Zustand des *verklerten mensche* bei der Gotteserfahrung; er ist *"versunken und versmolzen in sinem gebruchlichen anhangende an Gotte..."* (158,20). Im negativen Sinne fungiert die Metapher als Bild für das Fixiertsein des Menschen auf sein Ich (s.77,8).

10.2. – 10.3.: Wenn Tauler zum Ausdruck bringen will, daß der Mensch der Ewigkeit mit einem ganz Gott hingegebenen Gemüt folgen soll, macht er die Intensität der Gottesbeziehung im Bild des *"versunkene(n) gemuete in Got"* (239,27f) anschaulich. Ebenfalls wird in Bezug auf das intensive Verhältnis eines Volkes zu Gott mit der Adjektivmetapher *versunken* dessen völlige geistige Präsenz in Gott ausgesagt (s.31,16).

11.1. – 11.3.: Weniger stark als *versenken* beschreibt Tauler mit der Metapher *(sich) senken*, wie sich der Mensch mit Armut, Keuschheit und Gehorsam Christi identifiziert (s.96,2); leitende Vorstellung ist dabei, daß der Mensch in diese Haltungen eingeht. In dieser Bedeutung dient die Metapher auch dazu, die Annäherung Jesu Christi an den Menschen zu konkretisieren; Christus will sich *"gar nohe und indewendeclich in uns... sencken und trucken und uns zuomole vereinen..."* (310,28f).

(Sich) *senken* hat an anderer Stelle die Funktion, die Ausstattung der menschlichen Natur mit Tugend durch Gott zu einem räumlichen Vorgang zu machen, durch den die Tugend quasi in das Innere der menschlichen Natur gebracht wird (s.322,11).

12.1. – 12.2.: Der Prozeß, in dem der Mensch bis ganz unten in den Grund eindringt (s.179,25) oder seinen Willen ganz in den göttlichen Willen versetzt (s.11,21f), hat für Tauler Gemeinsamkeiten mit einem Geschehen, bei dem man durch *insenken* tief in das Innere von etwas eindringt. Auf diese Weise soll sich auch der geschaffene Geist in den ungeschaffenen Geist Gottes begeben; d.h. in der Sicht Taulers: *insenken* oder *intragen* (s.262,31 u.33). Diesem Eingehen in Gott geht voraus, daß der Mensch alle Vorstellungen und Formen hinter sich läßt (s.263,29f).

13.1. – 13.3.: Wenn besonders hervorgehoben werden soll, daß das nach dem Vorbild einer Abwärtsbewegung von Tauler gestaltete Hineingeraten des Menschen in Gott entweder vom Menschen selbst, von Gott oder sonstigen Größen verursacht worden ist, verwendet Tauler anstelle der Verbmetapher *versinken* das Verb *(sich) versenken*: Die Menschen, die Gott lieben, *versenkent sich* in Gott und schauen auf ihn (s.129,16). Als Mensch muß man sich, damit man seinen Geist in Gottes Geist versenken kann, von sich selber und allen Dingen abwenden und sich - alle Kreaturen übersteigend - auf Gott hin orientieren.

An einer anderen Stelle sieht Tauler in der göttlichen Minne den Grund dafür, daß der Mensch in das Innere der göttlichen Wirklichkeit gelangt (s.284,29f). Die Aktivität Gottes kann sich auch in der Weise zeigen, daß Gott sich in den menschlichen Geist versenkt und ihn dann vernichtet, indem er ihn *"in sich selber verslunden hat und versoift hat"* (143,7f).

Neben Gott stellt die Hölle einen Bereich dar, in den sich der Mensch hineingeben kann, indem er sich in sie versenkt. Ebenso kann das menschliche Innere als Raum fungieren, in den der Mensch ganz hineingelangen möchte, weil er dort die positive Erfahrung inneren Trostes gemacht hat (s.98,25-27). *Versinken/versenken* steht ferner für die identifizierende Kraft der Minne, die *"tuot versincken in den geminneten."* (410,10)

13.4.: Die anhand der Geschmackserfahrung als Süßigkeit beschriebene tröstende Wirkung des Hl. Geistes (s.98,14f) wird im göttlichen Abgrund erfahrbar; dort hat *"sich die suessekeit inversencket..."* (101,33f).

E. Seuse

1. *sinken*
1.1. *driheit der persone* (330,11)
1.2. *mensche* (120,11; 338,18; 504,16)
1.3. *es* (342,1)
1.4. *sele* (239,24)

4. *besinken*
4.1. *mensche* (119,25)
4.2. *herze* (270,31)

5. *entsinken/entsunkenheit*
5.1. *mensche* (17,3; 23,9; 168,22; 336,18; 357,17)
5.2. *ding* (168,22)
5.3. *nature* (340,11)
5.4. *wider ingan* (332,26)
5.5. *sinne* (53,9; 55,21; 109,15; 139,25)

5.6. *inblik* (335,11)
5.7. *herze* (270,30)
5.8. *geist* (182,26f; 187,23f; 189,19f)

7. *nidersinken*
7.1. *lip* (387,9)

8. *versinken*
8.1. *mensche* (158,23; 173,20; 336,18; 518,5; 534,10)

11. *senken*
11.1. *Jesus* (50,5)
11.2. *mensche* (62,26; 520,24)

13. *versenken*
13.1. *sele* (245,9(Pat))

1.1.: Im Bild des Sinkens macht Seuse anschaulich, wie die göttliche Dreifaltigkeit - in einem *grundelosen abgründe* sich fortbewegend - in ihre Einheit gelangt (s.330,11).

1.2.: Die in der Metaphorik des Sinkens zur Sprache kommende geistige Positionsveränderung des Menschen führt dazu, daß der Mensch *"in der vergangenheit siner sinne"* in das eigene Innere gelangt (338,18). Mit dem Bild des Sinkens verweist Seuse ferner darauf, wie Menschen in den Einflußbereich des Teufels kommen; denn trotz aller Widerstände *"sinkent sú dar in..."* (504,16).

1.3.: Auf die Frage des Dieners Seuse, warum das, was er an Belehrung empfangen habe, bislang nur vorübergehend in ihm Bestand hatte, wird ihm von Gott geantwortet, daß es bislang wohl noch nicht *"uf sinen weslichen grunt"* vorgedrungen sei (342,1f).

1.4.: Der semantische Schwerpunkt verschiebt sich, wenn *sinken* Metapher ist für die Wirkung, die Jammer und Erbarmen mit den armen Seelen in der Hölle auf die Seele des Dieners ausüben. Der Verlust des aufrechten Ganges infolge von körperlicher Schwäche dient dazu, eine Vorstellung von Konsequenzen zu geben, die sich für die Seele des Dieners aus dem Mitempfinden innerlich ergeben. *"Wie siget min sele so kraftlos da hin..."* (239,24).

4.1. – 4.2.: Seuse stellt in der Vita im Bild des *besinken* dar, wie er in auswegloser Situation den Wunsch hatte, ganz darin aufzugehen.

5.1. – 5.4.: Um das Verlassen seiner selbst geht es, wenn Seuse als Bedingung für die Entrückung des Menschen in den göttlichen Abgrund u.a. das *entsinken* seiner selbst angibt (s.23,9). Dieser Prozeß ist das Ziel eines gelassenen Menschen, der sich selbst, seine Natur zurückläßt (s.340,11) und den alle Dinge verlassen (s.168,22). Im Besitz der vollen Seligkeit sind demnach die Menschen, die sich selbst *entsinkent* und in den göttlichen Willen *versinkent* (s.336,18). In dem Fall, daß der Mensch - nicht sich selbst *entsinkend*, sondern auf das eigene Sein konzentriert (s.332,26) - wieder in das Eine Gottes eingehen will, kommt der Teufel (s.332,28f).

5.5. – 5.7.: Wenn die Tätigkeit der Sinne in der Betrachtung unterbrochen wird, geschieht dies gleichsam so, wie wenn diese sich durch *entsinken* aus dem Inneren des Bewußtseins entfernen würden (s.53,9).

Auch der *inblik*, den der Mensch in seine Nichtigkeit nimmt, unterliegt - wie Seuse mit der Adjektivmetapher *entsinkend* kundtut - dieser Bewegung (s.335,11).

Ebenfalls verwendet Seuse die Metapher *entsinken*, wenn er zum Ausdruck bringen will, wie ihn beim Gedanken an den gekreuzigten Jesus *sin herze* verläßt (s.270,30).

5.8.: Metaphorische und direkte Aussageweise kombinierend, konstruiert Seuse in der Brechung von Eindeutigkeit und Mehrdeutigkeit den Prozeß, dem der *creaturlich geist* in Gott unterliegt. Ausgehend von der Einsicht in die eigene Inkompetenz überläßt sich der Geist - so Seuse im 51. cap. der Vita - ganz der göttlichen Kraft; völlig in *"des obresten wesens ungemessenheit"* aufgenommen, gerät der Geist *"in sin selbes vergessenheit und verlornheit"*, entsprechend dem Pauluswort (Gal 2,20): *"ich leb nút me ich..."* (182,30f). In cap. 52 der Vita wird der mit *entsunkenheit* zur Sprache gebrachte Prozeß noch weiter differenziert: Infolge göttlicher Einwirkung (s.*ziehen* 189,10; *lühten* 189,18; *inblik* 189,19) *"stirbet der* *geist*", d.h. nimmt er keinen Unterschied mehr wahr *"in siner vergangenheit an der eigenlichen weslichkeit"* (189,19-21); oder: Der Geist ist *"uss sin selbsheit in daz froemd sinsheit vergangen und verlorn..."* (189,22).

7.1.: Der Mensch kann aufgrund seiner leiblichen Verfaßtheit die Wahrheit nur im Gleichnis erfassen, da der Leib, insofern es für ihn charakteristisch ist, ein *nidersenkend lip* zu sein, den Menschen nicht in die Nähe des in der Höhe angesiedelten Gottes kommen läßt (s.387,9).

8.1.: Nach den ersten Kämpfen hinsichtlich der Unterwerfung körperlicher Bestimmungen gelangt der Mensch in den Einfluß eines hochmütigen Vernunftgebrauchs. Dessen existenzbedrohenden Charakter stellt Seuse heraus, indem er die Situation des Menschen, der sich die hochmütige Vernunft zu eigen macht, in Beziehung setzt zum Versinken in einem Strudel (s.158,23).

Der lebensbedrohende Aspekt des Strudels ist ausgeblendet, wenn das Versinken des Menschen in Gott in Zusammenhang gebracht wird mit dem Schweben in der Luft und dem Schwimmen *"in dem tiefen wage gotes grundlosen wundern"* (173,24f). Das Bild des Versinkens erscheint auch zur Erfassung des Prozesses, in dem der Mensch sich ganz mit dem göttlichen Willen identifiziert; die zugrundeliegende Vorstellung besagt, daß der Mensch sich völlig in den - raumhafte Züge erhaltenden - göttlichen Willen begibt, so daß von ihm nichts mehr übrig bleibt. Als Voraussetzung für die Aufhebung jeglicher Distanz zum göttlichen Willen gibt Seuse an, daß der Mensch sich selbst zurücklassen muß (s.336,18).

Konkretere Züge verleiht Seuse an anderer Stelle dem Versinken in Gott dadurch, daß er es vergleicht mit einem Stein, der immer tiefer fallen muß, wenn er in ein Wasser ohne Grund fällt: *"Also sulde der mensche haben eyn grundeloiz versinken und vervallen in den grundelosen got und in in gegrundet sin..."* (534,9-11). Grundsätzlich gilt für Seuse aber, daß das Versinken bzw. das Versunkensein in Gott nicht in Worte gebracht werden kann (s.173,20).

11.1. – 11.2.: Den Gedanken, daß Jesus Christus sich in das Herz begibt (s.50,5) oder Menschen in Gott gelangen (s.520,24), veranschaulicht Seuse mit dem Verb *sich senken*. Das Herz und Gott erhalten durch die Metapher *sich senken* Merkmale, die sie zu einem gefäßartigen Gegenstand machen, bei dem man von oben her nach unten in das Innere vorstößt.

13.1.: Die Seelen, die durch göttliches Handeln in Gott kommen, verändern sich dadurch, daß sie in das Innere Gottes gelangen und wegen des Wegfalls jeglicher räumlicher Distanz in Gott mit ihm *verswemmet und vereinet* werden (s.245,12).

G. Heinrich von Nördlingen

1. *sinken*
1.1. *mensche* (46,16)

7. *nidersinken*
7.1. *abgrund* (17,10)

8. *versinken*
8.1. *mensche* (4,30)
8.2. *geist* (37,4f)
8.3. *hertz* (43,24)

13. *versencken*
13.1. *Jesus Christus* (37,6)

1.1.: Zu Beginn des 46. Briefes verleiht Heinrich seinem Wunsch nach einer *geistlich himelfart* (s.46,4) Margarethas Ausdruck, durch die sie in die *fröd* des Herrn gelangt. Das Verhalten in diesem Bereich stellt Heinrich Margaretha mit verschiedenen Metaphern vor Augen: *uberspringen, tieffes sincken, lustiges trincken* etc.

7.1.: Gott, der in der Sicht Heinrichs auch unterhalb des Menschen anzutreffen ist, wird genauer lokalisiert durch die metaphorische Formulierung *"in ainem nider sinckenden abgrunt verkleinder diemütigkeit"* (17,10f).

8.1.: In Gott, wo Margaretha, wie Heinrich ihr verheißt, durch Jesus Christus die göttliche Minne empfängt, wird sie diese quasi trinkend in sich aufnehmen und - was Heinrich mit der Metapher *versinken* ins Bild bringt - sich völlig in die väterliche Barmherzigkeit hineinbegeben (s.4,30).

8.2.: Die Quellmetaphorik zu einer metaphora continuata ausdehnend, stellt Heinrich zu Beginn des 37. Briefes an Margaretha dar, wie die zu Gott, dem *lebenden prunnen* (s.37,1), zurückkehrenden Seelen schwimmend in das väterliche Herz gelangen; aufgrund seines Quellcharakters versetzt das väterliche Herz alle sich nach Gott sehnenden Menschen in die Lage, trinkend ihre Sehnsucht zu stillen und - wofür das Bild des Versunkenseins steht - ganz in Gott zu sein (s.37,4f).

8.3.: Seine negativ zu bewertende Lage bringt Heinrich in Abhebung von Margaretha, dem *"wol beregniten befloszen wurtzgarten"*, dadurch zum Ausdruck, daß er sich selbst im untersten Teil seines quasi vernichteten Lebenszentrums lokalisiert: *"... sprechen usz der tuifen tuifin meins versuncken hertzen..." (43,23-25).*

13.1.: Jesus Christus mißt Heinrich die Funktion zu, Margaretha "im *lebenden prunnen*" Gottes *tuif* zu *versencken* (37,6).

slafen (1.)/ slof (2.)/ entslafen (3.)

A. Mechthild von Magdeburg

2. *sclaf*
2.1. *tragheit* (VII 26,8)

2.1.: Für die lähmende, zur Passivität führende Wirkung der Trägheit auf den Menschen wählt Mechthild das Bild vom *sclaf miner tragheit* (s.VII 26,8).

C. Meister Eckhart

1. *slafen*
1.1. *sun* (I 388,1f)
1.2. *mensche* (I 382,6f; II 100,1)
1.3. *creature* (II 100,6)
1.4. *vernunft* (V 212,3f)

1.1.: Die Präsenz des göttlichen Sohnes im Vater konkretisiert Eckhart dadurch, daß er dem Vater Züge eines Raumes, *der heimlichen triskamer*, verleiht, in dem sich der Sohn schlafend *aufhält* (s.I 388,1f) bzw. mit der Seele, seiner *brût*, wieder hineingehen will (s.I 388,10-12).

1.2.: Bevor Gott den Menschen aus der *"vülle aller lûterkeit"* (I 382,6) als seinen Sohn geboren hat, bestand die Präsenz des Menschen in Gott darin, daß er *"êwicliche geruowet und geslâfen (hat) in der verborgenen bekantnisse des êwigen vaters"* (I 382,6f).

An die Unterbrechung der Sinnestätigkeit im Schlafzustand knüpft Eckhart an, wenn er fordert, daß der Mensch *"von allen dingen slâfe(n)"* solle (II 100,1). Erläuternd fügt er hinzu: *"... daz ist, daz dû umbe zît noch umbe crêatûren noch umbe bilde niht enwizzest..."* (II 100,1f).

1.3.: Die Metapher evoziert auch die Vorstellung, daß aktives Leben nicht stattfindet. In dieser Bedeutung sagt Eckhart unter Verweis auf Hl 5,2 in Bezug auf die Kreaturen aus, daß diese im Menschen, der Gottes Wirken in sich vernehmen will, *slafen* müssen (s.II 100,6).

1.4.: Der in 1.3. dargelegte semantische Schwerpunkt liegt der Metapher ferner zugrunde, wenn im Unterschied zur Aktivität die Passivität der Vernunft ausgesagt werden soll (s.V 212,3f).

D. Tauler

1. *sloffen*
1.1. *mensche* (100,14f)
1.2. *dûnsternis* (301,1)

2. *slof*
2.1. *mensche* (14,30)
2.2. *gemuete* (350,20)

3. *entslafen*
3.1. *mensche* (244,22)

1.1.: Der Trost, den die Begegnung mit Gott dem Menschen verschafft, darf nicht dazu führen, daß der Mensch sich passiv verhält. Vielmehr soll der Mensch *"nuechtern sin und wachen"* (100,13) und sein Werk *"lieplichen und weckerlichen und vernunfteklichen"* (100,17) tun. In Opposition zu diesem mit dem Verb *wachen* ausgesagten Verhalten spricht Tauler von *entsloffen/sloffen*, um metaphorisch die reduzierte Aktivität auszusagen: *"Wann der do sloffet, der ist also er halb tot si, und enhet kein eigen werg."* (100,14f)

1.2.: Mit dem *grunt* oder *gemuete* der Seele ist Gott untrennbar verbunden; der *grunt* hat all das aus Gnade, was Gott von Natur aus hat. Entsprechende Formulierungen finden sich auch für das *gemuete* der Seele: *"dis bekent sich Got in Gotte, und noch denne ist es geschaffen"* (350,18f). Infolgedessen ist *"dis gemuet, diser grunt"* (350,26) *"einvaltig und weselich"* (350,12). Um dies zu erfahren, muß der Mensch, wie Tauler - Proklus zitierend - darlegt, alle Mannigfaltigkeit und alles vernünftige Erkennen in Bezug auf Gott aufgeben und eins mit dem Einen werden (s.300,32-35). Weil dieses Eine über allen Sinnen und der Vernunft liegt, nennt Tauler es eine *"goetteliche unsinnige dunsternisse"* (301,1); das Fehlen jeglicher Mannigfaltigkeit verdeutlicht Tauler, indem er durch die Metaphern *"eine stille swigende sloffende goetteliche dunsternis"* (301,1) - Proklus folgend - den Zustand des göttlichen Einen in Beziehung setzt zu visueller und akustischer Erfahrung sowie zum Ruhezustand des Körpers.

2.1.: Mit *slof* bringt Tauler das Ruhen jeglicher geistigen Wahrnehmung äußerer Leiden und Versuchungen ins Bild, die auf den Menschen treffen (s.14,30).

2.2.: Das Bild des Schlafes steht ferner für das *"gemuete der selen"*. Als einfaltiger Ursprung aller Seelenkräfte verharrt es in der ständigen Anschauung und Liebe Gottes (s.350,17); oberhalb der menschlichen Vernunft situiert, zeichnet es sich durch ein *"verborgen suochen des einen"* (350,21), ein *"gruntneigen wider in den ursprung"* (350,28) aus. Tauler wählt als Bild für die Ausschaltung jeglichen irdischen Interesses bei gleichzeitigem Bemühen um Gott ein Prokluszitat: *"Proculus... nemt es ein slaf und ein stille und ein goetlich rasen..."* (350,20f).

3.1.: Die Metaphorik des *enziehen* und *entslafen* findet sich zur Bezeichnung der distanzierenden Bewegung, die zum einen Ähnlichkeit mit einer räumlichen Veränderung (*enziehen*), zum andern mit einer Zustandsveränderung von aktiver Wahrnehmung zu geistiger Passivität (*entslafen*) hat; Ziel ist der Rückzug aus der Mannigfaltigkeit äußerer Werke und die Passivität gegenüber dem *"gestúrme inwendiger gedenke"* (244,23).

E. Seuse

1. slafen
1.1. *herze* (28,27)
1.2. *mensche* (251,9f)

1.1. – 1.2.: Auf die mit dem Verb *slafen* thematisierte Reduktion der Körperfunktionen hebt Seuse ab, wenn er die lebensbedrohende Wirkung der Sünde auf den Menschen veranschaulichen will: Der Mensch, der aufgrund von Sünde in seinem Lebensvollzug entscheidend beeinträchtigt ist, hat in der lebensfeindlichen Situation der Sünde ein *schlafendes herze* (s.28,27); als *"kint des ewigen todes"* befindet sich der Mensch in einem schlafähnlichen Zustand, aus dem er dadurch herausgeführt wird, daß Leiden ihn zu einer guten Lebensführung ermuntert (s.251,9f).

---

slagen (1.)/ slag (2.)/ entslagen (3.)/ hernider slagen (4.)/ inslac (5.)/ úberslag (6.)/ uzslac (7.)/ widerslagen (8.)/ widerslac (9.)/ zuoslagen (10.)

A. Mechthild von Magdeburg

<u>1. slagen</u>
1.1. *mensche* (VI 23,14)
1.2. *minne* (VII 48,69)

<u>2. slag</u>
2.1. *minne* (I 3,1.6.11)

<u>4. her nider slagen</u>
4.1. *mensche* (VI 1,128(Pat))

1.1. – 1.2.: Die Wirkung, die begangene Todsünden auf die Seele des Menschen haben, bringt Mechthild ins Bild, indem sie davon spricht, daß der Mensch dadurch *"grosse wunden geslagen hat an sine sele."* (VI 23,14) Das gleiche Bild zieht Mechthild heran, um die Wirkung der Minne auf das Herz des Menschen zu veranschaulichen (s.VII 48,69).

2.1.: Auf die Heftigkeit und Schnelligkeit dessen, was die Minne über einen Menschen hereinbrechen läßt, soll abgehoben werden, wenn Mechthild *"von der minne schlage..."* (I 3,1) spricht.

4.1.: Infolge der Unbeständigkeit alles Irdischen führt Hochmut dazu, daß der Mensch alle Selbstgefälligkeit sowie vermeintliche Schuldlosigkeit verliert und *nidergeslagen* ist (s.VI 1,128).

C. Meister Eckhart

<u>1. slagen</u>
1.1. *sêle* (I 14,2f)

<u>2. slag</u>
2.1. *mensche* (V 254,10)

<u>4. her nider slagen</u>
4.1. *sêle* (I 337,13)

<u>7. uzslac</u>
7.1. *sêle* (V 117,3)

<u>8. widerslagen</u>
8.1. *mensche* (II 605,2f(Pat))
8.2. *sêle* (III 244,1f(Pat))

<u>9. widerslac</u>
9.1. *lieht* (II 86,2f; III 353,2f)
9.2. *sêle* (V 117,3)

1.1.: Die Verbmetapher *slagen* steht für den schnellen Wechsel, den die Seele, wenn sie in den Bereich Gottes, des *ungemischten liehtes*, kommt (I 14,2), von ihrer kreatürlichen Verfaßtheit - ihrem *geschaffenen ihte* - zu der Wirklichkeit vollzieht, in der als dem *nihtes niht* jegliche Kreatürlichkeit negiert ist.

2.1.: Mit der Heftigkeit und Schnelle eines Körperschlages vergleicht Eckhart die Wirkung des Unheils, das plötzlich über einen Menschen hereingebrochen ist und von diesem trotz Vorbereitung darauf nur schwer zu verkraften ist (s.V 254,10).

4.1.: Im Zusammenhang mit der grundsätzlichen Orientierung der Seele stellt Eckhart dem *ze-gote-gekeret*-Sein als andere Möglichkeit den mit der Metapher *her nider slagen* als Abwärtsbewegung umschriebenen geistigen Prozeß gegenüber, in dem die Seele sich von Gott abwendet (I 337,13).

7.1.: s. 9.2.

8.1.: Mit der Verbmetapher *widerslagen* - einem Geschehen, bei dem man wieder an den Ausgangspunkt der Bewegung gelangt - versucht Eckhart die Erfahrung zu beschreiben, die der Mensch macht, der Gott erkennen will: Ohne göttliche Werke wird der Mensch "*widergeslagen ûf boesiu dinc.*" (II 605,3)

8.2.: Da die Seele nach dem göttlichen Sohn gebildet ist (s.III 244,4), soll sie, damit sie wieder an ihren Ausgangspunkt gelangt, "*widergebildet sîn und îngedrükket in daz bilde und widerslagen in daz bilde, daz gotes sun ist.*" (III 244,1f)

9.1.: Die Metapher *widerslag* bezieht sich auf die Fähigkeit, Licht zu reflektieren. Eckhart setzt die reflektierende Eigenschaft in Beziehung zum göttlichen Licht, bei dessen *widerslag* in den Heiligen sich die Gottesgeburt ereignet hat (s.II 86,2f).

Neben den Heiligen fungieren auch die Engel als *spiegel*, an denen das göttliche Licht zur Erscheinung kommt; im Rahmen dieser Lichtmetaphorik bezeichnet die Metapher *widerslac* das Moment, durch das die Manifestation Gottes zustandekommt: das Auftreffen und Zurückprallen des göttlichen Lichtes auf den Spiegel der Engel (s.III 353,2f).

9.2.: Mit den Metaphern *ûzslac* und *widerslac* bemüht sich Eckhart, die in der Reflexion vollzogene geistige Bewegung in ihrem Verlauf vorstellbar zu machen. Während *ûzslac* die Entfernung der Seele aus der Einheit in Ruhe mit Gott infolge der Selbsterkenntnis wiedergibt, meint Eckhart mit *widerslac*, daß die sich selbst - als Gott schauend - erkennende Seele an den Anfang und den Ausgangspunkt der Selbsterkenntnis, nämlich ihre Gottesschau, schnell, schlagartig zurückkehren muß; ansonsten hat ihre Selbsterkenntnis nicht den Inhalt, daß sie gottschauend ist. Dementsprechend formuliert Eckhart als Begründung des *widerslac*: "*wan nieman bekennet sich wîz wan der ouch wîz ist.*" (V 117,4f)

D. Tauler

1. *slagen*
1.1. *geist* (151,25(Pat))
1.2. *mensche* (162,18f)
1.3. *menschlicher geist* (251,11f(Pat))

4. *her nider slagen*
4.1. *Jesus Christus* (217,14)
4.2. *mensche* (225,19f)
4.3. *kraft* (230,3f(Pat))

5. *inslag*
5.1. *mensche* (44,23)

6. *überslag*
6.1. *geist* (117,13)

10. *zuoslagen*
10.1. *mensche* (307,18(Pat))
10.2. *vernunft* (314,25)

1.1.: In der größten Erfahrung von Trost, Genugtuung und Gottempfinden werden dem Menschen Leiden zuteil, deren Wirkung Tauler mit Hilfe der Metapher *truk* zu beschreiben versucht. Der in der Bildvorstellung zum Ausdruck gebrachte Aspekt der Heftigkeit wird durch die Verbmetapher *slagen* noch verstärkt, wenn Tauler formuliert, der Geist werde "*ze grunde in sich selber geslagen...*" (151,25).

1.2. – 1.3.: Lucifers *val* (s.162,20) kommt es gleich, wenn der Mensch aus dem *grunt* der Demut in die Tiefe, die zugleich Höhe ist, wieder auf sein eigenes Selbst oder Sein *sluege* (s.162,8-20). Die Metapher *slagen* bringt dabei im Unterschied zu dem im Text vorausgehend beschriebenen "*versinken in den grunt der demuetkeit*" (162,17) zum Ausdruck, daß die im Verlauf der Selbstentäußerung vollzogene Gegenbewegung des Menschen auf sich selbst hin heftig und schnell erfolgt.

Dieser Bedeutungsaspekt liegt auch dem mit der Metapher *slagen* zur Sprache gebrachten Geschehen zugrunde, durch das der menschliche Geist infolge seiner Unfähigkeit, die Gegenwart des Herrn auszuhalten, auf sein eigenes Unvermögen reduziert wird (s.251,11f).

4.1.: Wenn Christus den Menschen für sein langes Warten mit seiner Gegenwart entschädigt hat, bringt er den Menschen, damit dieser nicht hochmütig wird, wieder von der Gotteserfahrung weg auf den Boden der irdischen Wirklichkeit, indem er ihn *her nider sleht* und *in trukt* (s.217,14f).

4.2.: Ironisch bemerkt Tauler zum Verhältnis, das der weltliche Mensch zur Versuchung hat, daß er diese *nidersleht*, indem er ihr Werk vollbringt (s.225,19f).

4.3.: Nach dem "*brande der minne*" muß die *minnende* Seelenkraft des Menschen erfahren, daß sie "*nu also ze mole dar nider geslagen ist von allem troste...*" (230,3-5).

5.1.: Das Bild des *inslag* verweist auf das Geschehen, durch das der Mensch in den "*grunt der warheit*" kommt (44,23).

6.1.: Den *grunt* des Menschen nennt Tauler als Stelle, wo der menschliche Geist, indem der Mensch einen *überslag* über sein Vermögen hinaus tut, in den göttlichen Abgrund gelangt (s.117,13).

10.1.: Mit *zuoslagen* bringt Tauler ein anmaßendes Verhalten zum Ausdruck, bei dem sich der Mensch das Werk des Hl. Geistes als Eigentum zuspricht (s.307,18).

10.2.: Wenn es von der menschlichen Vernunft heißt, daß sie *wil zuoslahen* und *zuowurken* (s.314,25f), geht es um die Beteiligung der Vernunft an dem, was sie aufnimmt; sie *"wil wissen was es si, und wil nút entwerden."* (314,26)

E. Seuse

2. *schlag*
2.1. *liden* (252,3f)
2.2. *ewige wisheit* (300,13f)
2.3. *mensche* (371,3f; 459,29f)

3. *entslahen*
3.1. *inslag* (348,13)
3.2. *bild* (193,19f)
3.3. *form* (193,19f)
3.4. *menigvaltekeit* (193,19f)

4. *her nider slagen*
4.1. *heupt* (515,2)

5. *inschlag*
5.1. *menschlicher geist* (184,22; 189,21; 193,19f)
5.2. *mensche* (327,5; 343,17)

7. *usschlag*
7.1. *menschlicher geist* (184,23; 189,13)
7.2. *mensche* (335,17; 346,1)
7.3. *kreaturen* (332,2f)
7.4. *sele* (346,14f)

9. *widerschlag*
9.1. *driheit* (185,16)
9.2. *sele* (346,16)

2.1.: Die Wirkung der Leiden sieht Seuse in Parallele zur erzieherischen Funktion, die Schläge mit einer Rute haben können: *"Liden ist ein minneruot, ein vetterlicher schlag miner uzerwelten. Liden zúhet und zwinget den menschen zuo gote..."* (252,3-5).

2.2. – 2.3.: An die Schnelligkeit und Heftigkeit, mit der ein Schlag ausgeführt wird, knüpft Seuse an, wenn er metaphorisch die Wirkung des Unheils beschreibt, das Gott über die auf ihn nicht vorbereiteten Menschen verhängt (s.300,13f). Generell ist aufgrund seiner Unvorhersehbarkeit und Heftigkeit jedes über den Menschen hereinbrechende Unglück für Seuse ein *schlag* (s.371,3f).

3.1. – 3.4.: Die als *inschlag* verstandene Entrückung wirkt sich auch in der Weise auf den Menschen bzw. den menschlichen Geist aus, daß der *inschlag* *"entschleht... allen underscheid"* (343,18). Die Verbmetapher geht von der Vorstellung aus, daß Unterschied, Bilder, Formen und alle Mannigfaltigkeit (s.193,19f) etwas sind, was - äußerlich mit dem Menschen verbunden - zu entfernen ist, indem man deren Zusammenhang mit dem Menschen mit Gewalt unterbricht.

4.1.: Ein *nyeder geslaken heupt* steht für fehlenden Lebensmut (s.515,2).

5.1. – 5.2.: Im Zusammenhang mit der Versenkung des Menschen in Gott findet sich bei Seuse das Begriffspaar *inschlag* - *usschlag*. Als *inschlag* beschreibt Seuse die Entrückung des menschlichen Geistes in Gott und charakterisiert sie dadurch als Bewegung, die derart heftig erfolgt, daß sie quasi den menschlichen Geist in Gott hineintreibt; begleitet wird der *inschlag* vom *inblik* in Gott, der dazu führt, daß der Geist *"entsinket im selben"* (189,19). *"Und daz lit an dem inschlag, da er uss sin selbsheit in daz froemd sinsheit vergangen und verlorn ist..."* (189,21f). Mit dem Eindringen in Gott geht die Aufgabe seiner selbst einher, so daß der menschliche Geist in Gott auch ohne Bilder, Formen und alle Mannigfaltigkeit, die an ihm ist, gelangt (s.193,19f). Da der Mensch in Gott alles Kreatürliche zurückläßt, sieht Seuse die Entrückung des Menschen an als *"inschlag in daz niht"*, bei dem *im grunt* aller Unterschied entfernt wird (343,18).

7.1. – 7.2.: Parallel zum *inschlag* verläuft der *usschlag* in entgegengesetzter Richtung von der Entrückung wieder zurück in das zur Differenzierung fähige kreatürliche Bewußtsein: *"... nah dem usschlag haltet er (= der geist) underscheid nah der personen driheit und lat ein ieklich ding underscheidenlich sin, daz es ist..."* (189,13-15). Die Metapher suggeriert die Vorstellung, daß die Rückkehr des Menschen von der Entrückung in Gott zur Welt erfolgt, indem der Mensch seine Ruheposition in Gott verläßt (s.335,17).

7.3.: Die Bildvorstellung des Verlassens einer Ruhelage zieht Seuse auch für das Geschehen heran, bei dem die Geschöpfe aus Gott gelangen, jedes mit seinem besonderen Sein. Global faßt Seuse dieses, mit der Metapher *uzschlag* konkretisierte Geschehen (s.332,2f) als *uzvluz* (s.332,10) zusammen.

7.4.: s. dazu Eckhart 9.2.

9.1. – 9.2.: Das Bild des *widerschlag* erscheint zur Erfassung einer Bewegung, durch die die drei göttlichen Personen wieder in ihre Ausgangssituation, die göttliche Einheit, zurückkehren (s.185,16). In gleicher Weise entfernt sich die Seele in der Reflexion auf den göttlichen Inhalt ihrer Erkenntnis von diesem und kehrt - gegenläufig zum *usschlag* (s.346,16) - wieder zu sich zurück.

---

sliezen (1.)/ sloz (2.)/ besliezen (3.)/ ufsliezen/entsliezen (4.)/ insliezen (5.)/ umbesliezen (6.)/ undersliezen (7.)/ uzsliezen (8.)/ versliezen/zusliezen (9.)/ zesamensliezen (10.)/ sclússel (11.)

A. Mechthild von Magdeburg

3. besliezen
3.1. *got* (VI 31,14)
3.2. *herze* (III 9,5(Pat); V 2,24)

4. ufsliezen
4.1. *himmelrich* (VI 24,10(Pat))
4.2. *Jhesus Christus* (V 23,6)

11. sclússel
11.1. *crúze* (V 23,6)
11.2. *rich* (VI 16,43)

3.1. – 3.2.: Mittels der Vorstellung eines verschlossenen Raumes bringt Mechthild die enge Beziehung von Gott und minnender Seele im Herzen des Menschen ins Bild.

4.1. – 11.2.: Das Bild des verschlossenen Hauses wird entfaltet, indem Mechthild mit dem Hinweis auf die Erlösungstat Jesu Christi darlegt, wie ein Zugang in den Himmel für den Menschen möglich geworden ist. Die Erlösungstat selbst, Jesu Tod am Kreuz, wird in diesem Bildzusammenhang zum *slússel*, mit dem "*Jhesus Cristus den himmel ufsloz.*" (V 23,6)

B. David von Augsburg

1. sliezen
1.1. *Jesus Christus* (372,28)
1.2. *mensche* (339,36)

2. sloz
2.1. *minne gotes* (357,37)

3. besliezen
3.1. *wîsheit* (309,10(Pat))
3.2. *dinge* (324,21f(Pat); 366,19(Pat))
3.3. *tugende* (335,34(Pat))
3.4. *kindelîn* (341,27f)
3.5. *allez guot* (360,34f(Pat); 376,19f(Pat))

5. insliezen
5.1. *zunge* (317,10f)

1.1.: Im Sinn von 'festmachen' wird das Verb *sliezen* als Bild für die feste Beziehung zur innersten Empfindung der göttlichen Verborgenheit verwendet, die durch "*der minne bande*" bewirkt wird (372,27).

1.2.: Die Vernichtung der Einheit der Glieder mit dem Haupt Jesus Christus durch die Störung des Friedens, der Jesus Christus ist, konkretisiert David dahingehend, daß der Mensch dabei "*sliuzet (sich) von der einunge...*" (339,36).

2.1.: Das Wirken Gottes am Menschen zielt darauf ab, den Menschen zu seiner göttlichen Minne zu führen; denn diese ist "*aller tugende sloz und ende.*" (357,37)

3.1. – 3.5.: Das Bild des *besliezen* bezieht David auf die Ewige Weisheit, die dadurch als Komponente des tugendhaften Lebens charakterisiert wird (s.309,10). Ferner verweist David mit diesem Bild darauf, daß in der unendlichen Höhe, in Gott, alle Dinge präsent sind (s.324,21f); denn Gott ist "*aller dinge ewigez exemplar unde lebender bildaere...*" (366,19f). Auch existiert in Gott, dem obersten Gut, alles Gut "*gänzlîche unde gar vollekomenlîche*" (360,34f).
    Das Verb *besliezen* verwendet David auch in Bezug auf das Verhältnis aller Tugenden zur Gottesminne, die alle Tugenden umfaßt (s.335,34).

5.1.: David empfiehlt, eine vom Zorn vergiftete Zunge einzuschließen (s.317,10f).

C. Meister Eckhart

1. *sliezen*
1.1. *lieht des engels* (I 320,1f.5)
1.2. *lieht der sêle* (I 320,5)
1.3. *engel* (III 286,11f)
1.4. *crêatûre* (I 329,11)
1.5. *reinheit* (I 359,2f)
1.6. *abent* (II 187,1f)
1.7. *morgen, mittentac, âbent* (II 187,8)
1.8. *daz komende* (II 349,1f)
1.9. *herze* (I 275,1f)

2. *sloz*
2.1. *warheit* (I 165,11)

3. *besliezen*
3.1. *warheit* (I 184,4)
3.2. *kraft* (II 34,3)
3.3. *mensche* (I 120,8; 165,10f; 404,3; II 187,11f)
3.4. *sêle* (III 400,5f; 430,2f)
3.5. *mâze* (III 21,4f)
3.6. *goetlich lieht* (I 321,1)
3.7. *geistlichiu dinc* (II 612,7f)
3.8. *guete* (V 10,3f)
3.9. *got* (II 399,1)
3.10. *zît* (V 38,6f)
3.11. *stat* (V 38,6f)
3.12. *tugent* (I 276,3(Pat))
3.13. *geist* (III 130,6)
3.14. *engel* (III 130,6)
3.15. *werk* (III 21,5; V 41,1f)
3.16. *wort* (I 211,9f; II 344,4)
3.17. *minne* (V 53,4f)

4. *ûfsliezen/ entsliezen*
4.1. *bekantnis* (I 52,9)
4.2. *ougen* (III 219,1(Pat))

5. *insliezen*
5.1. *sêle* (I 399,3)
5.2. *gedank* (I 399,5)
5.3. *leben* (II 344,6f)
5.4. *gerunge* (II 344,6f)
5.5. *mensche* (II 338,1; III 240,4)
5.6. o.BE (II 338,3; 339,4f; 340,1f; 341,9; 337,7f)

7. *undersliezen*
7.1. *gedank* (I 399,5 (Pat))
7.2. *sêle* (I 399,3 (Pat))

8. *ûzsliezen*
8.1. *sêle* (I 296,8f)
8.2. *got* (II 11,3f)

9. *versliezen/ zuosliezen*
9.1. *mensche* (V 276,4f)

10. *zesamensliezen*
10.1. *mer* (I 399,6)

1.1. – 1.3.: Das Licht des Engels verhält sich zum Licht der Seele, das von ihm überschienen wird, in der Weise, daß es dieses umgibt und dadurch in sich schließt. Das Seelenlicht quasi umfassend, bildet das Licht des Engels das Äußere zum innen befindlichen Licht der Seele. Wenn das göttliche Licht das Licht des Engels und der Seele dadurch überscheint (s.I 320,5), daß beide sich in das göttliche Licht hineinbegeben, bilden sie das Innere des göttlichen Lichtes, das das Licht der Seele und des Engels nach außen hin abschließt. Die gleiche Vorstellung liegt auch Ausführungen bezüglich der Engel zugrunde, die vom obersten bis zum untersten Engel den gleichen Inhalt aufzuweisen haben: *"Alles, das der oberst engel in im hat, das hat auch der, der under im ist, alzuomal in sich geschlossen..."* (III 286,11f).

1.4.: Die Kreaturen besitzen nicht die Fähigkeit, Gott zu offenbaren, da sie von Gott nichts in ihr Inneres aufgenommen haben (s.I 329,11).

1.5.: Eine wesentliche Bestimmung der Reinheit des Herzens ist für Eckhart, daß das Herz neben der Distanz zu leiblichen Dingen auch für Fremdes unzugänglich ist, weil es *"gesamenet und geslozzen in im selben"* ist (I 359,3).

1.6. – 1.8.: Wenn der Abend den Mittag (s.II 187,1f) in sich birgt oder Morgen, Mittag und Abend (s.II 187,8) sich im göttlichen Licht vereinigen, verwendet Eckhart die Metapher *in sich sliezen, in ein sich sliezen*. Diese Formulierung verwendet Eckhart auch bei der Aussage, daß sich jenseits der Zeit Vergangenheit und Zukunft vereinigen (s. II 349,1f).

1.9.: Wenn der Mensch in der Heiligkeit der Heiligen stehen und Gott empfangen will, muß er - wie Eckhart im Bild des Verschlossenseins zur Sprache bringt - unzugänglich sein, damit die geschaffene Wirklichkeit nicht in ihn eindringen kann (s.I 275,2).

2.1.: Die Situation des introvertierten Menschen, der keine Beziehung zum Geschaffenen mehr hat und infolgedessen Gott authentisch erfaßt, parallelisiert Eckhart mit dem Aufenthalt in einem geschlossenen Raum, wenn er diesen Menschen sieht *"in im selber beslozzen in einem wâren slozze der wârheit"* (I 165,11f).

3.1.: Kriterium für Wahrheit ist aus der Sicht Eckharts, daß sie alle sonstige Wahrheit integriert. Darum muß das, was Wahrheit ist, alle Wahrheit in sich *beslozzen* haben (s.I 184,4).

3.2.: Die Kraft, die oberhalb der Zeit ist, hat alle Zeit zum Inhalt und ist darum auch alle Zeit (s.II 34,3).

3.3.: Der Mensch, der mit seinen von allem Kreatürlichen befreiten Kräften in Gott versetzt ist, muß ohne Ende, ohne Kontakt und nirgendwo auf einen bestimmten Raum festgelegt sein: *"daz man kein ende habe und niendert si beslozzen und niendert enhafte..."* (I 120,8).

An anderer Stelle wird ausgeführt, daß der Mensch *"ist in im selber beslozzen in einem waren slozze der warheit."* (I 165,11f) Damit verdeutlicht Eckhart, daß der in sich gekehrte Mensch (s. I 165,10; vgl. 2.1.) jede kreatürliche Einwirkung verhindert; die Wahrheit nimmt dabei gegenüber der Wirklichkeit eine Stellung ein, die Eckhart dazu veranlaßt, sie in Beziehung zu bringen zur Funktion eines Schlosses. Diese Wirkung legt Eckhart auch zugrunde bei der Vorstellung, daß sich Paulus in Gott aufhält wie in einem nicht zugänglichen Raum, der nach außen hin verschlossen ist (s.I 404,3f).

3.4.: Wenn Gott die Seele aus allen Kreaturen heraus in die Einheit führt, ist es von Seiten der Seele erforderlich, daß sie sich sammelt und nach außen hin fest zumacht, wie Eckhart durch die Verbkombination *sich samenen und besliezen* formuliert (s.III 400,6). In Gott wird dann die Seele vereint und - so Eckharts Darstellung, der mit der Verbmetapher *besliezen* die Präsenz der Seele in Gott unter eine räumliche Perspektive stellt - von Gott umgeben (s.III 430,2f).

3.5. – 3.12.: Mit der Verbmetapher *besliezen* evoziert Eckhart bezüglich der Größen *mâze, goetlich lieht, geistlichiu dinc, guete* und *got* eine Sicht, nach der diese sich zum jeweiligen Inhalt verhalten wie eine Hülle zu dem von ihr umschlossenen

Inhalt. Auf diese Weise *besliezt mâze* etwas und schließt etwas anderes aus (s.III 21,4f); das göttliche Licht hat das Licht des Engels und der Seele in sich *beslozzen* (s.I 321,1); die geistlichen Dinge machen den leiblichen Dingen in sich Platz, indem sie sich weiten, um sie in sich *besliezen* zu können (s.II 612,7f); *güete* hat nichts anderes zum Inhalt als *"blôze und lûter güete"* (V 10,4f). Gott vereinigt dadurch alle Dinge in sich, daß er *"einvalticliche alliu dinc in im beslozzen hat."* (II 399,1) Umgekehrt vermag kein Raum und keine Zeit Gott, da dieser zu jeder Zeit überall gegenwärtig ist, mit ihrer Begrenztheit zu umschließen und ihn dadurch auf eine bestimmte Zeit und einen begrenzten Raum zu fixieren (s.V 38,6f). Auch das innere Werk transzendiert Raum und Zeit, so daß es nicht von Raum und Zeit umgriffen werden kann, wie Eckhart mit der verneinten Metapher *besliezen* konkretisierend ausführt. Im Gegensatz zum inneren Werk gilt für alle Tugend, daß sie dem Menschen zum Inhalt werden soll (s.I 276,3).

3.13. – 3.15.: Der Engel kann sich einer jeden Seele mitteilen, da kein Geist, also auch keine Seele, einen anderen Geist in sich derart aufnehmen kann, daß er nicht mehr in der Lage ist, das Innere dieses Geistes zu verlassen. Da *"kein geist besliuzet den andern"*, bleibt der Engel auch *"unbeslozzen in der sele"*(III 130,6f). Auch die göttlichen Werke können nicht begrenzt werden, indem man sie umgreift oder auf einen bestimmten Raum beschränkt; sie sind *"unbegriffen und sint beslozzen unbeslozzenlîche nach götlicher offenbarunge."* (III 21,5f)

Das innere Werk, das selbst nicht durch Zeit und Raum umfassend fixiert werden kann, hat alle Zeit, alle Größe, Weite und Länge zum Inhalt (s.V 41,1).

3.16.: Im Gegensatz zur offenbarenden Rede steht das hermetische Sprechen bestimmter Meister, die aus der Sicht Eckharts *"mit beslozzenen worten"* (I 211,9) gesprochen haben. Eine andere - den räumlichen Aspekt vernachlässigende - Bedeutung der Verbmetapher *besliezen* im Sinn von 'beinhalten' liegt den Ausführungen Eckharts bezüglich des Wortes 'ecce' zugrunde: *"daz wortelin hat in im beslozzen alles, das ze dem worte gehoeret."* (II 344,4f)

3.17.: Die göttliche Minne, die das menschliche Herz mit ihrer Hitze umgibt, versperrt derart den Zugang zum Herzen, daß sie alles, was von außen zum guten Herzen des Menschen will, mittels ihrer Hitze vernichtet (s.V 53,4f).

4.1.: Erkenntnis hat die Funktion, den Zugang zu Gott zu eröffnen: *"bekantnisse hat den slüzzel und sliuzet ûf und dringet und brichet durch und vindet got blôz..."* (I 52,9f).

4.2.: Die Metapher des Aufschließens steht auch für die Befähigung der menschlichen Wahrnehmung, im göttlichen Licht alle Dinge *als niht* zu erkennen (s.III 219,2).

5.1. – 5.5.: Die Seele, der menschliche Gedanke oder allgemein der Mensch werden im Hinblick auf ihr Sein in Gott durch die Verbmetapher *insliezen* genauer dahingehend beschrieben, daß sie von allen Seiten von göttlicher Wirklichkeit umgeben sind (s. I 399,3.5; II 338,1).

In Verbindung mit dem Verb *samenen* verschiebt sich der semantische Schwerpunkt der Metapher dahingehend, daß sie als Bild für die Distanznahme des Menschen von aller Sorge und Beschäftigung mit peripheren Dingen fungiert. Diese stellt die Voraussetzung dafür dar, daß der Mensch Gottes Lehre hören will (s. III 240,3f).

5.6.: In Bezug auf die *einunge* findet sich das Bild, daß die eine mit der anderen Größe *zesamengebunden* und eine von der anderen - wie Eckhart mit der Verbmetapher *insliezen* konkretisiert - ganz umgeben wird: *"Swaz zesamengebunden und ingeslozzen ist, daz machet einunge."* (II 338,3)

7.1. – 7.2.: Im Bild des *underslozzen* macht Eckhart das Endstadium des mystischen Prozesses, die Präsenz der Seele und des menschlichen Gedankens in Gott, unter dem Aspekt anschaulich, daß hier alle bisherigen Bezüge unterbrochen sind (s.I 399,3-5).

8.1. – 8.2.: Eckhart stellt sich die Seele als Stätte vor, die im Heil Jesu *"gevestent, umbemûret und umbevangen ist mit dem götlîchen liehte"* (I 297,1f). Sie hat alle Mannigfaltigkeit aus sich entfernt, indem sie diese *ûzgeslozzen* hat (s.I 296,8f). Anders verhält es sich bei dem mit Gott vereinten Menschen: diesen kann Gott nicht *ûzsliezen* (s.II 11,3-6).

9.1.: Damit der Mensch *"in den werken ledic sî"* (V 275,10), muß er u.a. verhindern, daß Bilder der äußeren kreatürlichen Wirklichkeit in ihn dringen. Dazu ist es erforderlich, daß er sich - worauf das Bild des *versliezen* verweist - unzugänglich macht für die äußere Wirklichkeit (s.V 276,4f).

10.1.: Eckhart bezieht seine Behauptung, daß dem menschlichen Denken in Gott alles Kreatürliche unterworfen ist, auf den Status der Seele bzw. des menschlichen Denkens in Gott, indem er das Bild des Schließens ausweitet: der Gedanke des Menschen ist *"einvalticlîche underslozzen und îngeslozzen in got..., dô slôz sich daz mer zesamen under sînen vüezzen..."* (I 399,5f).

D. Tauler

1. *sliezen*
1.1. *dirne Gottes* (11,27)
1.2. *minne* (366,32; 376,15)

3. *besliezen*
3.1. o.BE (103,12f; 110,27; 143,2f)
3.2. *kunst* (75,28f)
3.3. *gnade* (125,15)
3.4. *ding* (359,14)
3.5. *inwendikeit* (236,29)

4. *ufsliezen/entsliezen*
4.1. *hertz* (110,26f)

5. *insliezen*
5.1. *dirne Gottes* (11,24)
5.2. *Maria* (11,10)
5.3. *mensche* (103,2; 104,22f; 367,21f)

9. *versliezen/zusliezen*
9.1. *maget* (11,15)

1.1.: Jeder Mensch, der wie Maria die Gottesgeburt in sich erfahren will, muß sich als *dirne Gottes* darum bemühen, daß keine äußeren Eindrücke in ihn gelangen. Dazu ist erforderlich, daß er den Zugang von außen zu sich unterbindet, indem er sich abschließt gegenüber der äußeren Wirklichkeit, für Stille in sich sorgt und sinnliche Eindrücke verhindert (s.11,27).

1.2.: Die Minne der Menschen, die Christus empfangen haben, ist so *wit* und *breit*, daß sie *"al in sich slusset"* (366,32).

3.1.: Daß die göttliche Wirklichkeit oder das Pfingstgeschehen für das menschliche Verstehen unzugänglich sind, bringt Tauler ins Bild, indem er die Vorstellung eines Raumes entwickelt, der für den Menschen unzugänglich ist. Zentrale Bildelemente sind: die Verboppostion *uftun - besliezen* (s.110,26f) sowie die Kombination von *verbergen* mit der Verbmetapher *besliezen* und den prädikativ gebrauchten Adjektiven *unbekentlich, unbegriffenlich* und *unsprechenlich* (s.103, 12-14).

3.2. – 3.4.: Da die Demut alle Tugenden umfaßt, derer man für die geistliche Heiligkeit bedarf, spricht Tauler auch davon, daß in dieser *kunst* der Demut alle Künste, d.h. alle anderen Tugenden, *"inne beslossen sint"* (75,29). Im Sinn von 'beinhalten' wird *besliezen* auch verwendet, wenn Tauler ausführt, daß der sakramentale Leib Jesu Christi alle Gnade in sich vereinigt. Ebenfalls spricht Tauler von *besliezen* im Zusammenhang mit verschiedenen Zitaten aus dem Evangelium, deren Inhalt *"ein wunder und ein unbegriffenlich ding"* ist (359,14).

3.5.: Die außenorientierten, sinnlicher Erfahrung zugewandten Menschen haben zur inneren Dimension ihres Menschseins keinen Zugang; *"ir inwendikeit die blibent in vor beslossen..."* (236,29)

4.1.: *Ufsliezen* ist Bild für die Tätigkeit Jesu Christi, der als *ein minnencliche túre* (110,26) des väterlichen Herzens dem Menschen dieses zugänglich gemacht hat.

5.1. – 5.3.: Das Eingeschlossensein, das jegliches Hinaus- und Hineingelangen in einen bestimmten Raum unmöglich macht, setzt Tauler in Beziehung zum Menschen, der wie Maria die Geburt Gottes auf geistige Weise in sich erfahren will: Damit zeitliche Zerstreuung und sinnlich orientierte Ausübung der Tugenden, die die Erfahrung der Gottesgeburt im Menschen unmöglich machen, nicht Eingang in den Menschen finden, muß er wie Maria *"ingeslozzen, von allem abgescheiden"* sein (11,10.24f). Auch dient der metaphorisch als *insliezen* bezeichnete Vorgang dazu, daß der Hl. Geist im Menschen eine Stätte findet, weil der Zugang äußerer Dinge zu seinem Inneren unterbunden ist.

Die Vorstellung des Umschließens liegt zugrunde, wenn Tauler unter Verwendung der Verbmetapher *insliezen* fordert, daß der Mensch beim Handeln aus Liebe alles einbeziehen soll (s.367,21f). Denn zum Wesen der allgemeinen Minne gehört es, daß sie in Bezug auf ihren Inhalt jede Selektion vermeidet (s. 367,18-22).

9.1.: Eine Magd, die *"ein geistlich muoter Gotes diser geburt"* ist (11,11), muß dafür Sorge tragen, daß ihre Liebe keine Gelegenheit mehr hat, sich Äußerem zuzuwenden. Der Mensch muß seine Liebe daher *versliezen* (s.11,15).

E. Seuse

1. *sliezen*
1.1. *mensche* (92,23; 289,22)

2. *sloz*
2.1. *munt* (414,20)

3. *besliezen*
3.1. *diener* (103,6)
3.2. *ewikeit* (343,24)
3.3. *sinne* (169,11)

4. *ufsliezen/entsliezen*
4.1. *herz* (276,22f; 362,25; 418,14f)
4.2. *oren* (320,2f)

4.3. *site* (274,18)
4.4. *ewige wisheit* (213,17)

6. *umbsliezen*
6.1. *diener* (296,24)

8. *uzsliezen*
8.1. *ich* (335,12f)
8.2. *daz niht* (342,19-21)
8.3. *creature* (430,29f(Pat); 486,25-27(Pat))

9. *versliezen/zusliezen*
9.1. *mensche* (430,29f; 486,25-28)

1.1.: Als dem Umfassen eines Gegenstandes ähnlich stellt sich Seuse über die Verbmetapher *in sich sliezen* die Aufnahme des Herrn im Innern des Menschen vor (s.92,23f); auch die Lehre des Vaters soll der Diener in den Grund seines Herzens schließen (s. 289,22f).

2.1.: Seuse fordert den Menschen auf, seinen Mund nur bei notwendigen Dingen zu öffnen: "*...daz du dinem offenen munt ein sloss an slahest...*" (414,20).

3.1.: Seuse beginnt als anfangender Mensch damit, daß er aus geistlicher Vorsicht seinen nächsten Lebensbereich in drei Kreise einteilt, "*hinder die er sich in geischlich huot hate beschlossen.*" (103,6).

3.2.: Die Ewigkeit beinhaltet alle Zeit, indem sie diese, wie Seuse mit der Verbmetapher *besliessen* vorstellt, quasi umschließt (s.343,24).

3.3.: *Besliessen* ist auch Metapher für den Vorgang, durch den die Sinne allen *gegenwúrtigen forman* den Zugang zu sich verwehren mit dem Ziel, daß der äußere zum inneren Menschen werden kann (s.169,11).

4.1. – 4.2.: Das Öffnen des Herzens, das erforderlich ist, um Jesus, den Geliebten, empfangen zu können, stellt Seuse als Öffnen einer Tür dar: "*Tue uf die túr, schlúss uf din hertze, lass in den geminten...*" (418,14f). In gleicher Bedeutung bittet Seuse unter Verwendung des Verbes *ufsliezen* den göttlichen Vater darum, die väterlichen Ohren seinem Rufen allezeit zu öffnen (s.320,2f).

4.3. – 4.4.: Die Ewige Weisheit, Jesus Christus, fordert den Diener auf, sich in ihrer *ufgeschlossen situn*, bleibend niederzulassen (s.274,18). Sie ist es auch, die "*daz abgrunde der grundlosen erbarmhertzkeit... wit uf geschlossen (hat)...*" (213,15-17).

6.1.: Die Ewige Weisheit bittet den Diener, daß er sie "*in gemahellicher minne umbschliezen*" solle (296,24).

8.1. – 8.2.: Wenn der Mensch in Gelassenheit auf sich schaut, erkennt er, daß sein Ich in keiner Gemeinschaft mit Gott steht; mit dem Bild einer verschlossenen Tür verweist Seuse darauf, daß der Zutritt zu Gott bzw. zum Sein unmöglich ist. Grundsätzlich gilt für Gott, daß er alles geschaffene Etwas von sich *us schliezende ist* (s.342,21). Aufgrund der Negierung alles kreatürlichen *iht* nennt Seuse Gott in Opposition dazu daher auch *daz niht* (s.342,16.20).

8.3.: *Uzsliezen* ist ferner Metapher für den Vorgang, durch den die Kreaturen vom Bereich geistlicher Menschen ferngehalten bzw. beseitigt werden (s.430,29f).

9.1.: Der Mensch muß sich gegenüber der Welt so verhalten, daß er ähnlich einem zugeschlossenen Raum so beschaffen ist, daß keine Einwirkung der Welt auf ihn mehr möglich ist. Gleichzeitig dazu soll er sich für die göttliche Sonne öffnen (s.486,25-28).

F. Margaretha Ebner

1. *schliessen*
1.1. *mensche* (45,8; 119,2)

3. *beschliessen*
3.1. *mensche* (64,7(Pat);
   66,11(Pat).15(Pat))
3.2. *warhet* (82,4)
3.3. *gnaud* (164,14)
3.4. *ewig wort* (166,3(Pat))

4. *ufschliesen*
4.1. *helf* (166,7)

9. *verschliessen*
9.1. *nam* (115,26(Pat); 128,10f(Pat))

1.1.: *Schliessen* ist Metapher für den Vorgang, in dem Margaretha ihr Leiden oder ihre Furcht, sie könnte unzureichend im Hinblick auf die Gnade Gottes leben, Jesus Christus anvertraut. Im Kontext der Metapher wird Jesus Christus dabei zum Behälter, in dem Margaretha ihre Sorgen aufbewahrt (s.45,8).

3.1. – 3.4.: Margaretha benützt das Bild eines abgeschlossenen Raumes, um die Trennung ihres Inneren von ihrer übrigen Existenz zur Sprache zu bringen. Infolge dieser Unzugänglichkeit ihres Inneren weiß Margaretha auch nicht um das, was diesen Bereich erfüllt, und kann infolgedessen davon nichts schriftlich mitteilen (s.66,11-15).

An einer anderen Textstelle fungiert die Metapher *beschliessen* als Bild für das völlige Umgebensein Margarethas von der göttlichen Gnade bzw. der göttlichen *süessekeit*, die es nicht möglich macht, daß Margaretha sich nach außen wendet und diese Erfahrung mitteilt (s.64,7). Diesen Zustand erbittet Margaretha regelmäßig im Mittagsgebet von der göttlichen Wahrheit, Jesus Christus (s.82,4 u. 164,14). Jesus Christus selbst wurde als Ewiges Wort des Vaters im irdischen Bereich präsent, "*beschlozzen in ainer jungfrawen lip*" (166,3).

4.1.: Im Sinn von 'Zugang verschaffen' meint die Metapher *uf entschliezzen* den Vorgang, durch den mit Hilfe der Gottesmutter, der Heiligen und Engel dem Menschen der "*brunnen aller erbarmherczigkait*" (166,7) zugänglich wird.

9.1.: Das Bild des verschlossenen Raumes steht bei Margaretha für Situationen, in denen ihr der Name Jesus Christus so unzugänglich wird, daß sie weder davon zu reden noch zu denken vermag (s.115,26f). Zugleich empfindet sie sich dann als arm und elend und allen Trostes beraubt (s.128,11f).

G. Heinrich von Nördlingen

3. *beschliessen*
3.1. *got* (12,22)
3.2. *nitz* (19,11(Pat))

4. *entschliessen/ufschliessen*
4.1. *got* (41,8.9)
4.2. *lamp* (49,18)
4.3. *iner aug* (36,51(Pat))

3.1. – 3.2.: Quasi zum dauernden Aufenthaltsraum wird der göttliche Sohn, in den Gott - so Heinrichs Wunsch - Margaretha und ihre Bekannten "*beschliessen und behalten*" soll (s.12,22). Auch ist in Gott Margarethas *nitz beschlossen* gewesen (s.19,11f).

4.1.: Der in dem Verb *entschliessen* implizierte Aspekt, etwas zu öffnen und dadurch zugänglich zu machen, liegt der metaphorischen Aussage zugrunde, daß Gott durch Margaretha den himmlischen Schatz *entschlossen hat* (s.41,8.9).

4.2.: Jesus Christus, das *getötet lamp*, hat sich selber *ufgeschlossen* und ist in Margarethas Seele durch *eingieszen* gelangt (s.49,17-18).

4.3.: Heinrich fragt in seinem Brief an Margaretha, ob ihr das für die göttliche Offenbarung allein empfängliche innere Auge *ufgeschlossen si* (s.36,51).

sloiffen (1.)

D. Tauler

1. *sloiffen*
1.1. *mensche* (95,17.28(Pat).33)

1.1.: Die Häutung einer Schlange benutzt Tauler als Perspektive auf den geistigen Vorgang, in dem der Mensch sein ganzes Leben, Sein und Wirken daraufhin durchgeht, ob er sich - gemessen am Maßstab der Menschheit Jesu einerseits und seiner Gottheit andererseits - von etwas trennen muß.

smeken (1.)/ smekend/unsmeklich/smackhaft (2.)/ smak (3.)/ unsmak (4.)/ vorsmecken (5.)/ vorsmak (6.)/ wurtze (7.)

A. Mechthild von Magdeburg

1. *smeken*
1.1. *sele* (I 16,2; II 19,55; VI 1,140.147)
1.2. *mensche* (VI 4,26; 29,39; VII 37,8)
1.3. *ewiges leben* (VII 51,8)
1.4. *got* (IV 12,23)
1.5. *hl. geist* (VII 47,16)
1.6. *lob* (V 25,17)

2. *smekend/unsmeklich*
2.1. *gerunge* (VI 1,65)

3. *smak*
3.1. *vleisch* (V 22,33; VI 33,5)
3.2. *got* (IV 12,23; V 25,23)
3.3. o.BE (IV 12,23)

7. *wurtze*
7.1. *wort* (I 2,27)

1.1.: Mechthild benützt die gustatorische Erfahrung dazu, um geistige Erfahrung im Bereich von Mensch und Gott zu veranschaulichen. Auf diese Weise - intensiviert noch durch die Kombination der gustatorischen mit der visuellen und der Geruchswahrnehmung - kann Gott zur Sprache bringen, was ihm die Erfahrung der Seele bedeutet: *"Du smekest als ein wintrúbel, du rúchest als ein balsam, du lúhtest als dú sunne..."* (I 16,2f). Die Seele ihrerseits ist nicht in der Lage, ihre positive Wahrnehmung genauer zu bestimmen, wenn sie - im zweiten Himmel noch vermischt mit irdischer Wahrnehmung - Gott nicht sieht, aber *"smekket ein unbegrifliche suessekeit..."*, die ihre gesamte Wirklichkeit tangiert (II 19,55). Die uneingeschränkte Fähigkeit zur Erfahrung Gottes erlangt die Seele erst, wenn sie in Sehnsucht, in schuldbewußter Scham, Liebe, Demut und Furcht vor Jesus Christus hintritt, durch dessen Einfluß die erkenntnishemmende Wirkung der Sünde verloren geht, so daß die Seele anfängt, *"ze smekende sine suessekeit..."* (VI 1,140).

1.2.: Mechthild sieht die Gier nach irdischen Dingen und eitlen Ehren als Ursache dafür an, daß der Mensch die Fähigkeit verloren hat, Gottes wohltuende Wirklichkeit, Frieden und Barmherzigkeit zu erfassen (s.VI 4,26). Wenn er dagegen Vater, Sohn und Geist mit den ihnen jeweils entsprechenden Einstellungen (*diemuetekeit, pine, gedult, armuete* und *hoffunge*) nachfolgt, kommt er zur Wahrnehmung Gottes (s.VII 37,8). Daß die Erfahrung Gottes jede sinnliche Erfahrung übersteigt, bringt Mechthild dadurch zum Ausdruck, indem sie gustatorische und visuelle Erfahrung mit der Fließmetaphorik kombiniert: *"Swer hie von me sprechen wil, der ... sehe und smeke, wie dú gotheit vlússet..."* (VI 29,38f).

1.3. – 1.5.: Die Verbmetapher *smeken* steht ferner für die Wirkung, die die Erfahrung des ewigen Lebens in der irdischen Zeit (s.VII 51,8) bzw. generell die Erfahrung Gottes (s.VI 4,26), speziell des Hl. Geistes (s.VII 47,16), beim Menschen auslöst, wenn er sie in sich aufnimmt.

1.6.: Der Aspekt der Bedeutung, die für Gott die Erfahrung von Lob hat, steht im Vordergrund, wenn Mechthild Gott fragt: *"Wie smeket dir dis lob und dise annemikeit...?"* (V 25,17)

2.1.: Im Hinblick auf das erfahrungsbezogene Verlangen der *brut* nach Gott spricht Mechthild von *smekende(r) gerunge* (s. VI 1,65).

3.1.: Für den charakteristischen Eindruck, den die leibliche Wirklichkeit im Menschen hinterläßt, steht die metaphorische Formulierung *"smak des vleisches"* (V 22,33 u. VI 33,5). Der Mensch muß diesen *smak* aus sich entfernen, wenn er *gottes suessekeit* erfahren will (s. V 22,33).

3.2.: Die Empfindung, die das Lob des Menschen bei Gott auslöst, bringt Mechthild mit der Geschmacksmetapher zur Sprache (s. V 25,23).

3.3.: Zum Lob Gottes will die *brut* auf alle Erfahrung nichtgöttlicher Wirklichkeit verzichten (s. IV 12,22f).

7.1.: Mechthild zieht akustische und gustatorische Erfahrung heran, um die Wirkung aufzuweisen, die Äußerungen der geliebten Seele bei Gott haben; Mechthild läßt Gott sagen: *"Eya, du liebú tube, din stimme ist ein seitenspiel minen oren; dine wort sint wurtzen minem munde..."* (I 2,27).

B. David von Augsburg

<u>1. smecken</u>
1.1. *sele* (379,4)
1.2. *die heiligen* (396,10f)
1.3. *lib* (320,17)

<u>2. unschmachlich</u>
2.1. *wort* (389,26)

<u>3. smak</u>
3.1. *tugende* (310,4; 322,1)
3.2. *got* (362,10)
3.3. *Jesus Christus* (377,3)
3.4. *wille* (389,28)

1.1.: David beschreibt mit Hilfe der Geschmacksempfindung die Erfahrung der Seele, deren Wunden durch die Salbe Jesus Christus geheilt werden; David bittet Jesus Christus: *"...heile und senfte mine wunden sele..., daz si von der senfte dirre salben gesmecke..."* (379,3f).

1.2.: Visueller und gustatorischer Empfindung ähnlich erfahren die Heiligen in der Kontemplation *süeze vreuden* (396,9-11).

1.3.: So wie man die Güte eines Baumes an seinen Früchten prüft, soll jeder Mensch in Bezug auf seinen Leib darauf achten, *"waz von im wahse und von im vlieze unde smecke..."* (320,17).

2.1.: Während die Worte der Wahrheit äußerlich *"trucken und unschmachlich"* sind (389,26), kommt es bei einem entsprechenden Umgang aufgrund des in diesen Worten verborgenen Geistes zu einer, mit der Geschmacksempfindung von Süßem vergleichbaren Erfahrung.

3.1.: Die durch den göttlichen Ursprung bedingte Qualität der Tugenden bringt David in Parallele zum Wasser, das einer reinen Quelle entspringt: Auch wenn sich die Tugenden immer weiter vom Ursprung entfernen, behalten sie wegen der besonderen Reinheit der göttlichen Quelle dennoch immer *"einen edeln smac"*; je näher sie sich am Ursprung befinden, desto stärker ist die Dynamik (*vluz*) und die Qualität (*süeze*) des Ursprungs in ihnen vorhanden (s.310,4.6). Die guten Werke verlieren den *smac* der Tugenden, wenn sich *îtel êre* hinzugesellt (s.322,1).

3.2. – 3.3.: Die Erfahrung, die der Mensch bei der Anschauung Gottes macht, wird mit mehreren (metaphorischen) Ausdrücken umschrieben, u.a. *lieht, glast, gesmac, "der wunne klenge und doene"* (362,9-11). - Jesus Christus als *"daz brot unde diu spise"* (377,4) wird von David gebeten, mit seinem *lebelichem smacke* die Seele zu kräftigen (s.377,3).

3.4.: Als Ergebnis der menschlichen Anstrengung im Gebet erhält der Mensch *"einen vil süezeclîchen smac des guoten willen"* (389,28).

C. Meister Eckhart

1. *smeken*
  1.1. *mensche* (I 387,3; II 173,4; 289,2; 633,7f; III 43,9; 263,3f; V 60,22; 202,3; 230,2)
  1.2. *sêle* (I 56,2; 286,6; III 263,3f.5; 343,6; 400,13; 401,1)
  1.3. *vernünfticheit* (III 169,1)
  1.4. *dinc* (II 176,6f; V 205,10)
  1.5. *crêatûre* (V 30,3)
  1.6. *daz irdisch* (V 411,8f)
  1.7. *spise* (I 345,8)
  1.8. *lip* (V 262,9)
  1.9. *got* (I 81,11; 187,14; 212,2f; 286,6f; 387,10; III 13,3; 281,14; 266,2)
  1.10. *werk* (I 387,10; V 40,15)
  1.11. *lere* (I 170,5; 187,14)
  1.12. *hl. geist* (I 245,9)
  1.13. *wille gotes* (I 245,6; II 289,12)
  1.14. *gnade* (II 152,5f; III 402,5)
  1.15. *leben* (III 287,9)
  1.16. *lieht* (II 116,5)
  1.17. *selikeit* (II 13,7)
  1.18. *o.BE* (I 245,6; II 291,2)

2. *smekend/ unsmeklich*
  2.1. *lieht* (III 352,6)

3. *smak*
  3.1. *got* (I 165,10; III 266,3)
  3.2. *zit* (II 456,2; III 170,3f)
  3.3. *crêatûre* (III 266,2)
  3.4. *vater* (V 42,11f)
  3.5. *o.BE* (II 1153,1f; 558,1; V 11,9; 52,14; 229,2; 230,1)

4. *unsmak*
  4.1. *o.BE* (III 263,5)

1.1.: Unter Berufung auf Kol 3,2 fordert Eckhart seine Zuhörer zu geistlicher Wahrnehmung auf, die sich nicht mit irdischen, sondern mit Dingen oberhalb des Menschen befaßt (s.II 173,4). Obwohl dieser Vorgang mit dem Verb *smecken* als gustatorische Erfahrung charakterisiert wird, ist diese Aussage nicht im wörtlichen Sinn zu verstehen; denn: *"swer geistlîchiu dinc bekennen und smecken wil mit vleischlîchen sinnen, daz ist valsch..."* (III 43,9f). Dies bedeutet für den Menschen, daß er ausschließlich Gott in sich aufnimmt, wenn er seine kreatürliche Verfassung ganz hinter sich gelassen hat und nur an Gott denkt (s.V 202,3). Infolgedessen ist er auch nicht mehr in der Lage, seine äußere Situation zu erfassen: *"Wan er meinet niht anders und im ensmecket niht anders; und dâ von nimet er got in aller bitterkeit als in der hoehsten süezicheit."* (V 230,2-4). Diese Erfahrung Gottes führt dazu, daß der Mensch Gott ernsthaft dient (s.III 263,2f) und von Gott nicht mehr ablassen will, da er *"got gesehen hât und sîn gesmecket hât"* (II 633,7).

Der Mensch dagegen, der von der kreatürlichen Wirklichkeit bestimmt ist, vermag Gott nicht zu erkennen; denn sein Wahrnehmungsorgan ist durch die Kreaturen eingeschränkt: *"... daz der mensche des niht ensmecket,... ez waere des schult, daz sîn zunge belîmet waere mit anderm unvlâte, daz ist mit den crêatûren."* (I 387,5f)

1.2.: Eckharts räumliche Einordnung der mit der Geschmacksmetapher beschriebenen Erfahrung Gottes besagt, daß diese nur in der *ersten lûterkeit* (s.I 56,1), im *göttlichen wesen* (s.III 400,13), auf jeden Fall immer oberhalb von der Seele (s.I 286,6) möglich ist. Darum bringt die Gnade die Seele in das göttliche Sein und macht sie *gotvar*, daß sie Gottes Wirklichkeit in sich aufzunehmen vermag (s.III 400,13 u.401,3). Dies geschieht durch eine dem Schmecken ähnelnde Wahrnehmungsweise, mit der es der Seele gelingt, Gott noch viel unmittelbarer als alles begrifflich orientierte Erkennen zu erfassen: *"... daz diu sêle îngebildet wirt in die êrsten lûterkeit,... dâ sie gotes gesmecket, ê er wârheit oder bekantlicheit an sich vâhe, dâ alliu nemelicheit abe geleget ist; dâ bekennet si aller lûterlîchest..."* (I 56,1-3). Insofern mit *smecken* eine Art der Wahrnehmung umschrieben wird, bei der die Seele Gott in seinem authentischen Sein - *lûter weselicheit, lûterkeit, aller lûterlîchest* (s.I 56,1-3) - in sich aufnimmt, ist zugleich impliziert, daß Gottes- und Selbsterfahrung der Seele in diesem Vorgang nicht zusammenfallen können. Denn weil Gott *ob ir* ist, vermag die Seele nicht zugleich sich selber und *"got mit der sêle"* zu erfassen (I 286,6.8). Wenn die Seele *"gotes gesmecket hât"*, empfindet sie alles Nichtgöttliche negativ; diese negative Erfahrung ist derart stark, daß Eckhart diesen Sachverhalt durch Kombination verschiedener Wahrnehmungsarten der Vorstellung seiner Zuhörer nahebringt: *"... daz der sêle... ein unsmak stinkende wirt alles, daz got nicht enist."* (III 263,5f)

1.3.: Die *vernünfticheit* bezeichnet Eckhart als Kraft der Seele, mit deren Hilfe der Mensch *"gotes gewar wirt und gesmecket."* (III 169,1f)

1.4. – 1.6.: Wenn der Mensch Gott *"in wesenne hât"* (V 205,10), ist dieser für den Menschen in allen Dingen anwesend und erfahrbar: *"alliu dinc smeckent im götlîchen, und got erbildet sich im ûz allen dingen."* (V 205,11f) Von dieser Position aus ist es unmöglich, daß Kreatürliches noch eine positive Empfindung beim Menschen auslösen könnte (s.V 30,3). Denn in dieser *abegescheidenheit* ist er der Welt tot und in die Ewigkeit entrückt, so daß ihm *"smacket niht, daz irdisch ist."* (V 411,8f)

1.7. – 1.8.: Im Hinblick auf die Eucharistie spricht Eckhart vom *bevinden* und *smecken* des Leibes Jesu Christi (s.V 262,9), der als geistliche Speise dann auf den Menschen einzuwirken vermag, wenn diese Speise mit *minne* empfangen wird (s.I 345,8).

1.9. – 1.13.: Die Minne Gottes ist erforderlich, damit Gott und seine Werke positive Empfindungen im Menschen auslösen können (s.I 387,10). Als weitere Bedingung für das richtige Verstehen der göttlichen Botschaft, d.h. das *smecken* der göttlichen Lehre und *hoeren* des göttlichen Wortes, nennt Eckhart die Aufgabe des eigenen Willens (s.I 170,5). Weiterhin ist vom Menschen auch die Offenheit für die nicht festlegbare Wahrnehmungsqualität Gottes gefordert: *"Man findet lütt den schmacket got wol in ainer wyse und nit in der andern..."* (I 81,11). Allgemein gilt jedoch für die Gotteserfahrung, daß Gott nur dann authentisch erfahrbar wird, wenn die Seele befreit ist von Zeitlichkeit und *"von allem gesmacke der crêatûren"* (III 266,2). Als Position im Raum veranschaulicht, löst ausschließlich Gott dann beim Erfahrenden positive Empfindungen aus, wenn die menschliche Natur in Gott erhöht ist (s.I 212,1f); oberhalb der Seele, wenn dem Menschen nichts anderes mehr Lust bereitet als Gott allein (s.III 281,14) und wenn die kreatürliche Bestimmung - wie der Belag von der Zunge (s.I 187,9-14) - entfernt ist, kann der Seele nichts anderes als *"got in im selber smecken..."* (I 286,7). Die mit der Wahrnehmung Gottes gewonnene neue Erfahrung führt den Menschen zu einer Umorientierung, die im Rahmen der Geschmacksmetaphorik als Geschmacksveränderung erscheint; denn da Gott so gut schmeckt (s.III 13,3), schmeckt dem Menschen nichts anderes mehr. Umgekehrt bildet die ausschließliche Konzentration auf das Göttliche die Bedingung dafür, daß es überhaupt erfahren werden kann. Dementsprechend behauptet Eckhart, daß der Hl. Geist (s.I 245,9) sowie der göttliche Wille allein *"in der ainikait smakt"* (I 245,6).

1.14. – 1.17.: Da die Gnade ihren Ursprung in Gott hat und ein *glichnisse gotes* ist, löst sie beim Menschen die gleiche Empfindung wie Gott aus; sie *"smacket als got und machet die sêle gote glîch."* (II 152,6) Aus der Beziehung zum göttlichen Ursprung ergibt sich auch, daß das Leben dem Menschen *"aller bast schmacket"* (III 287,10f).

In ähnlicher Weise verursacht das Licht des Engels beim Menschen positive Empfindungen; als Begründung gibt Eckhart an, daß im Licht des Engels das göttliche Licht erfahren werden könne (s.II 116,5).

Weil Werk und Leben des Menschen letztlich nicht Eigentum des jeweiligen Menschen sind, partizipieren alle Menschen aneinander; die Seligkeit des Hl. Petrus oder Paulus *smacket* infolgedessen Eckhart *"als wol als in"* (II 13,7).

1.18.: Die Übereinstimmung mit dem göttlichen Willen ist ausschlaggebend dafür, daß etwas dem Menschen besser gefällt als anderes (s.II 291,2; s. 1.9.).

2.1.: Das im Licht des Engels enthaltene göttliche Licht ist es, *"daz dâ smakhaftic machete des engels lieht."* (III 352,7)

3.1. – 3.3.: Die Substantivmetapher *smak* findet sich bei Eckhart in ähnlichen Aussagezusammenhängen wie die Verbmetapher *smecken*: Der Mensch vermag *"got in sînem eigenen smacke und in sînem eigenen grunde"* (I 165,9f), d.h. authentisch, zu erkennen, wenn er alles Geschaffene, alle Zeitlichkeit, d.h. metaphorisch ausgedrückt: den *"gesmacke der crêatûren"* (III 266,2), *"ein anehaften der zit"*, *"ein ruoren der zit"*, *"einen rouch und ainen smak der zit"* (II 455,4-456,2), entfernt hat.

3.4.: Aufgrund der Einheit der ersten mit der zweiten trinitarischen Person kann man im Sohn uneingeschränkt den Vater erfassen; denn den Sohn sieht Eckhart als den *"vollen, rehten, ganzen smak des einen, des himelschen vaters."* (V 42,11f)

3.5.: An einigen Stellen ist im unmittelbaren Kontext der Metapher der Bildempfänger ausgespart. Wenn ausgesagt werden soll, daß die obersten Kräfte der Seele keinen Kontakt und keine Erfahrung mit Raum und Zeit besitzen, charakterisiert Eckhart diese Kräfte folgendermaßen: *"unvermischet mit dem vleische, abegescheiden von zît und von stat und von allem dem, daz ze zît und stat kein zuoversiht hât oder smak..."* (V 11,7-9).

An einer anderen Textstelle zeigt Eckhart am Beispiel des Weines, der durch eine kranke Zunge in seinem Geschmack in sein Gegenteil verkehrt werden kann, die Bedeutung Gottes für einen gläubigen Menschen: *"sô der mensche würket alliu sîniu werk durch got,... enmac niht die sêle und daz herze des menschen rüeren, daz niht enverliese durch got und durch gotes süezicheit und enmüeze von nôt verliesen sîn bitterkeit und lûter süeze werden, ê dan ez des menschen herze iemer müge rüeren..."* (V 52,15-19).

Noch weiter konkretisiert, stellt sich Eckhart diesen Umwandlungsprozeß als einen räumlichen Vorgang vor, bei dem wie bei einem Filter alles Kreatürliche durch Gott zu dem Menschen gelangt, der von seiner kreatürlichen Verfassung befreit und infolgedessen von Gott umgeben ist: *"... der mensche, der des sînen waere ganz ûzgegangen, der würde alsô mit gotes umbevangen, daz alle crêatûren in niht enmöhten berüeren, sie enrüerten got ze dem êrsten, und swaz an in komen solte, daz müeste durch got an in komen; dâ nimet ez sînen smak und wirt gotvar."* (V 228,9-229,2).

4.1.: s. 1.2.

D. Tauler

1. *smeken*
1.1. *mensche* (15,22; 26,22f.24.30; 38,26; 72,16; 85,28.30f; 86,22; 98,22; 104,22; 109,22; 119,5.32; 143,16; 173,20.27; 201,12f; 204,11f; 205,2; 249,33; 313,4; 317,16f; 318,9; 361,14f; 368,28.30)
1.2. *got* (23,36; 59,20f; 105,18; 109,16; 287,11)
1.3. *ding* (38,8; 52,28; 137,7f; 171,30; 310,21)
1.4. *geist* (117,3; 201,12)
1.5. *spise* (320,10)
1.6. *warheit* (250,16)
1.7. *wec* (211,31)
1.8. *erbe* (230,9)
1.9. *trost* (230,9)
1.10. *wille gotes* (23,33; 159,12)
1.11. o.BE (149,25; 213,24; 248,16; 264,28; 355,23f; 368,28)

2. *smekend/unsmeklich*
2.1. *wisheit* (109,16; 194,20)
2.2. *ewikeit* (331,11)
2.3. *bevintlicheit* (317,30)
2.4. *goetliche ding* (136,24)
2.5. o.BE (26,29; 204,25)
2.6. *wise* (50,17; 61,15; 87,6; 119,25f; 168,30; 345,13; 366,23)

3. *smak*
3.1. *ding* (52,26; 136,22; 137,7f)
3.2. *creature* (248,18f)
3.3. *ewikeit* (164,8f)
3.4. o.BE (136,7)

6. *fúrsmak*
6.1. *edele wirtschaft* (317,27f)

1.1.: Die mit *smacken* metaphorisch umschriebene rezeptive Tätigkeit des Menschen ist dadurch von sinnlicher Erfahrung unterschieden, daß sie sich bei Tauler auf geistige Wirklichkeit wie *"friden und veste"* (173,20f), den *grunt* des Menschen (s.26,22), das *joch Gottes* (s.26,30), insbesondere aber auf Gott selbst bezieht. Während die mit *smacken* an mehreren Textstellen kombinierte taktile Metapher *voelen* (s.85,30; 104,22 u.a.) auf die Analogie der Gotteserfahrung zur sinnlichen Erfahrung verweist, wird durch die (ebenfalls mit *smecken* kombinierten) Verben *bekennen* (s.86,22 u. 317,16f) *gewar werden* (s.98,22) und *wissen* (s.119,5) deutlich, daß es sich ausschließlich um einen intellektuellen Vorgang handelt. In Bezug auf die göttliche Wirklichkeit stellt Tauler in diesem Zusammenhang unmißverständlich fest: *"die enmoegent von dem richtuome nút wissen noch múgent des túren edeln schatzes nút gesmacken noch gewar werden, wann sú kunnent nút danne also sú in sinnelicher wisen enphohen."* (119,31-33) Via eminentiae qualifiziert Tauler im Vergleich mit kreatürlicher Wahrnehmung die Gotteserfahrung dahingehend, daß ein einziger *tropfe* der vom Hl. Geist geschenkten Wonne, den der Mensch *"gewar werden und smecken"* kann, allen kreatürlichen *"gesmag und suessikeit übertriffet"* (s.98,22f). Daß der Mensch aber zu dieser Erfahrung kommt, setzt innere Sammlung, Distanz von allem Äußeren und die Schaffung einer Wirkungsstätte für den Hl. Geist im Inneren des Menschen voraus (s.104,22). Wenn der Mensch dann erkennt und seines inwendigen Grundes *gewar* wird, vermag er zu *"smacken wie Got do wonet und wúrket..."* (317,16f). Aufgrund der Erfahrung von Gottes Hoheit verändert das menschliche Bewußtsein seine Einstellung zur Wirklichkeit derart, daß alles bedeutungslos wird, weil *"ime nút enmag gesmacken das under dem ist."* (368,30) Eine andere Konsequenz dieses geistlichen Schmekkens ist, daß der Mensch in sein eigenes Nichts versinkt (s.249,33) und *"enweis nicht, er mint nicht, er ensmakt nicht wan das ein."* (201,12f) Da Gott allem Verstehen aber letztlich entzogen bleibt, empfiehlt Tauler seinen Zuhörern eine Haltung der Passivität: *"in disen unbekanten Got dar in setze din ruowe und ensuoche weder smacken noch lúchten."* (204,11f) Nur der, der in verkehrter Weise in Bezug auf Gott seine eigenen Interessen verfolgt, will haben *"trost... lúchten, smacken, bevinden..."* (361,14f).

Die Verbmetapher steht ferner für die positiven Empfindungen, die ein sanftmütiger Mensch bei Gott auslöst (s.313,4).

1.2.: Daß Gott vom Menschen erfahren werden kann, hat zur Voraussetzung, daß Gott ihm ausschließlich als positiver Erfahrungsinhalt gilt: *"Den lúten smacket alleine Got..., und dise werdent in der worheit erlúhtet, wann Got lúhtet in sú..."* (23,36f).

Sich selber erfährt Gott im göttlichen *abgrunt*. Dort *"verstat... und smacket er sin selbes wisheit und wesenlicheit."* (109,16f)

1.3.: Der durch den Kontakt mit dem Hl. Geist bewirkte Wandel des Menschen hat eine Umwertung in den Empfindungen des Menschen zur Folge: "*... das ime nút der dinge smackent die ime e smachtent, und do ime vor gruwelte, daz gelust im nu...*" (38,8f). Insbesondere besteht für Tauler die Wirkung der positiven Erfahrung des Göttlichen darin, daß dem Menschen außer Gott "*alle ding nút smackent die Got nút ensint...*" (52,28f). Allein bei den *verkerten menschen* lösen göttliche Dinge keine positiven Empfindungen aus (s.137,6-8).

Andererseits entspricht es der Haltung der Demut, wenn "*eime demuetigen geiste smackent nidere ding...*" (310,21).

1.4. – 1.10.: Im göttlichen Nichts nimmt der menschliche Geist nur noch das Eine in sich auf (s.201,12). Damit ist der geläuterte Geist, dem in Demut das *ungeliche* mehr als das *geliche* "*smacket.. voilet und bevindet...*" (117,1-3), an sein Ziel gekommen: "*Ie dis ungeliche ie klerlicher und bloeslicher und offenlicher bekant wurt, ie noherre und innerlicher die glichheit geboren und drinne ervolget wurt.*" (117,4-6) Wenn der Mensch jedoch dem Einfluß seiner Natur oder dem der Kreaturen unterliegt, "*so smacket ime dise goetteliche spise niemer...*" (320,10). Positive Bedeutung kann der Mensch, der allein auf seine natürliche Vernunft setzt, der göttlichen Wahrheit ebenfalls nicht abgewinnen; sie *ensmakt nút* (s.250,17). Diese Einstellung bringt der Mensch auch oft den finsteren Wegen entgegen, die Gott den Menschen führt (s.211,31f). - Die Wertschätzung des Erbes, das Christus den Menschen zurückgelassen hat, - "*ein sele vol Gotz und ein nature vol lidens*" (230,7f) - sieht Tauler von der Intensität der Liebe zu Christus abhängig; von dieser Liebe her entscheidet es sich, ob das Erbe Christi mehr als aller irdische Trost dem Menschen *smakt* (s.230,9). Im Unterschied zu den Menschen, für die Gott nur eine bedingte Relevanz hat, führt Tauler aber auch Beispiele von Menschen an, denen der Wille Gottes "*smacket in allen dingen*" (23,33).

1.11.: Mittels der Geschmackserfahrung macht Tauler vorstellbar, wie bedeutungslos für den Menschen das Gebet ohne innere Teilnahme ist (s.149,25f). Ein Mensch kann dadurch in Bedrängnis geraten, daß er all das aufgegeben hat, was bislang bei ihm positive Empfindungen hervorgerufen hat, und das Neue noch nicht gefunden hat, das "*im smakt und das er suocht*" (213,24). Indem Gott dem Menschen seine Wirklichkeit in Jesu Geburt, Leben, Leiden und Tod anschaulich vermittelt, kann der Mensch in Bezug auf Gott positiv empfinden. Diese, durch die Metapher *suessekeit* (s.247,28), in die Nähe zu einer angenehmen Geschmacksempfindung gerückte Glaubenserfahrung bewirkt beim Menschen (von Gott als Instrument zur Umorientierung des Menschen eingesetzt), daß die göttliche Wirklichkeit sich in Konkurrenz zur irdischen Wirklichkeit beim Menschen durchsetzt und das menschliche Empfinden auf Gott hin umlenkt: "*Aber Got zúhet und reist mit alsolicher suessikeit den menschen fúrbas in einen fúrgang das die wore minne mit disem bevinden zuo lege und in ime gebilt und geboren werde und also mit dem smacken in ime verlesche smak und lust der creaturen und aller ander dinge.*" (248,16-19)

2.1. – 2.3.: In einer Predigt zum Pfingstfest beschreibt Tauler als Wirkung der Gaben des Hl. Geistes, "*verstantnisse und smackende wisheit*", daß der Mensch in den göttlichen *abgrunt* gelangt. Dort verliert die auf Erfahrung hin ausgerichtete Weisheit ihre Funktion; denn der menschliche Geist *enweis* im göttlichen Abgrund *"noch wort und wise, noch smacken noch fuelen, bekennen noch minnen..."* (109,16.20-22).

Völlig konträr dazu führt Tauler an einer anderen Textstelle aus, daß im göttlichen Abgrund die Ewigkeit *"wirt bevintlichen und smeklichen funden"* (331,11). Demgegenüber und in Modifikation zu 109,16ff stellt Tauler auch fest, daß Gott manchem *luteren* Menschen die *"smeklichen bevintlicheit des grundes"* (317,30f) vorenthält.

2.4.: Wenn das Innere des Menschen mit Kreatürlichem ausgefüllt ist, hat dies Konsequenzen für die Empfindungsqualität der göttlichen Dinge; diese erscheinen dem Menschen als bedeutungslos, sie sind für ihn *bitter und unsmeklich* (s.136,24).

2.5.: Tauler fordert seine Zuhörer zur Ruhe in Gott auf und zur Absage an das *lühtende* und *smakende* (s.204,25). Die darin implizierte Forderung zum Verzicht auf alle Erfahrung Gottes entspricht dem Status des *luter nicht*, das der Mensch ist (s.204,15.21-23). Die verbleibende Erfahrung des göttlichen Joches ist dem *recht cristen mensche*, d.h. dem von allen irdischen Vorstellungen befreiten Menschen *"über allen den smak suesse"*, so daß ihm alles Nichtgöttliche dagegen *"unsmeglich und bitter"* ist (26,29); alle Welt ist *"ein bitter galle"* (26,30).

2.6.: Gegenüber der *wurkenden wise* steht die metaphorische Formulierung *smekende wise* für das rezeptive Verhalten des Menschen in Bezug auf die äußere Wirklichkeit (s.87,6), das Altarsakrament (s.119,25), die Freude bei der Betrachtung, die *"in smackender oder in bevindender wise, es si schouwelich oder gebruchlich"* zustandekommt (168,30f). Unterschieden ist der Zugang zur Wirklichkeit *"in bevindender smackender wisen"* (61,15) von der *sinnelichen* und *vernúnftigen wise* (s.61,13). Die *smackende wise* kennzeichnet im Rahmen der von Tauler vertretenen Unterscheidung von drei Menschentypen die Glaubenserfahrung des *"dritten obersten menschen"*, der den Glauben hat *"sunder underscheit ob bilden und formen und underscheide in einer einveltiger einvaltikeit."* (366,21f)

3.1. – 3.2.: Die Wirkung, die die göttliche Wirklichkeit beim Menschen hinterläßt, macht Tauler von der Geschmackserfahrung her vorstellbar. Dieser Geschmack ist so stark, daß alles andere keine positive Empfindung im Menschen mehr auszulösen vermag (s.52,26). Der *"smak und lust der creaturen und aller ander ding"* erlischt (248,18f). Umgekehrt bewirkt die Lust am Kreatürlichen, daß der Mensch in Bezug auf himmlische Dinge empfindungslos wird (s.136,22 u.137,7f).

3.3. – 3.4.: Wenn der Mensch erst einmal die Besonderheit der Ewigkeit wahrgenommen hat, indem ihm *"ein inblicken, ein smak der ewikeit"* (164,8f) zugänglich gemacht wurde, entsteht in ihm ein inneres Suchen danach. Im Lesen von Büchern findet er jedoch nicht sein Ziel; denn diese haben *"weder smak noch gnade"* (136,7).

6.1.: Eine anfangshafte Erfahrung des himmlischen Mahles, ein *fürsmak*, ist auf Erden für den Menschen notwendig, damit er in der Lage ist, dieses endgültig im Himmel zu genießen (s.317,27f).

E. Seuse

1. *smeken*
1.1. *wille gotes* (95,6; 232,9)
1.2. *ding* (232,5; 344,22)
1.3. *mensche* (209,6; 519,20)
1.4. *gebet* (505,8)
1.5. *wort* (538,12)

2. *smekend/ unsmeklich*
2.1. *brot* (303,15)
2.2. *brief* (373,26)

3. *smak*
3.1. *gedultikeit* (252,12)
3.2. *lob* (313,25)
3.3. *himel* (111,16)
3.4. o.BE (208,1; 316,4; 427,17)
3.5. *mensche* (452,18-20)

4. *ungesmak*
4.1. o.BE (373,25)

6. *vorsmak*
6.1. *selikeit* (472,15)
6.2. *süezikeit* (297,7)

1.1.: Die Geschmacksmetaphorik wird von Seuse dadurch ausgeweitet, daß er das Verlangen nach Wahrnehmung des göttlichen Willens mit der Metapher *durst* als ein menschliches Grundbedürfnis charakterisiert. Die positive Erfahrung des göttlichen Willens, der dem Menschen "*smakt... so wol und hein so vil guenlichi dar an...*" (95,6f), führt zu einer Einstellungsänderung beim Menschen: "*...alles daz, daz got über sú verhenget, daz ist in so lustlich, daz sú nit anders enwellen noh begerent."* (95,7-9) Was der Mensch durch eine veränderte Einstellung erst noch erreichen muß, ist in der Sicht Seuses beim obersten Engel andauernder Zustand; er läßt die Ewige Weisheit feststellen, daß diesem "*smakt nút baz, denn minem willen gnuog sin in allen dingen."* (232,9f)

1.2.: Die heidnischen Philosophen der Antike betrachteten - so das Urteil Seuses - die Dinge aufgrund ihrer natürlichen Ursachen; dieses war die einzige Weise ihrer Wahrnehmung: "*also smakten sú inen und nit anders."* (344,22)

1.3.: Paulus fordert seine Mitchristen auf, die himmlischen Dinge in sich aufzunehmen (Kol 3,1f; s.519,20).

1.4.: Die Geschmacksmetapher hat auch die Funktion, die positive Empfindung, die das menschliche Gebet bei Gott auslöst, zu konkretisieren (s.505,8).

1.5.: Das Wort Jesu Christi hat positive Bedeutung für alle Tugenden (s.538,12).

2.1.: Um den besonderen Wert der Wirklichkeit Jesu Christi vorzustellen, die erfahren wird, wenn er in die menschliche Seele mit seiner Wirklichkeit eingeht, greift Seuse auf die in Weish 16,20 entwickelte Vorstellung vom "*suezzen wolgesmaken himelbrot*" zurück, "*daz da allen suezen smak in im hat*" (303,15f). Seuse bleibt im Bild, wenn er die Empfindung, die sich bei der Aufnahme Jesu in der Seele einstellt, mit der Geschmacksempfindung parallelisiert, die beim Essen oder Trinken entsteht; "*... mache hút lústig in dir den túrren munt miner sele; spise und trenke... und vereine dich minneklich mit mir!"* (303,16-18)

2.2.: Seuse bezeichnet seinen Brief als *"ein jubilirendú rede"*; dürren Seelen und harten Herzen wird er jedoch *ungesmak* (s.373,26).

3.1. – 3.2.: Um die Bedeutung zu veranschaulichen, die für Gott die Geduld des Menschen im Leiden hat, lehnt sich Seuse an die Geruchsempfindung an: *"Gedultikeit in lidenne... ist ein suezzer smak dez edlen balsamen vor minem gotelichen antlút..."* (252,12f). Ähnliches wird vom Gotteslob gesagt, dessen Duft, durch edle Kräuter und Wurzeln aller Tugenden verursacht, zu Gott emporsteigen soll. Die Wirkung, die dieses Lob auf Gott ausüben soll, wird noch dadurch verstärkt, daß Seuse ihm neben positiven Geruchs- auch akustische und visuelle Eigenschaften zuschreibt: *"... und daz lob als suezklich erklinge in dinem vaetterlichem herzen..., und der minnevackel uf tringe ein als suezer smak des lobes... und sin anblik als schone in gnaden bluemet si..."* (313,22-28).

3.3.: In einer Erscheinung, in der Seuse den göttlichen Himmel, Engel und den himmlischen Hofstaat sieht, partizipiert er an der göttlichen Wirklichkeit, indem seine Seele *"vil himelisches smakes und jamers na gote"* erfüllt (111,16).

3.4. – 3.5.: Die Wirkung des göttlichen *ingesinde* auf Gottes Auserwählte zeigt Seuse anhand eines Vergleichs mit dem ausströmenden Geruch eines Panthers auf, zu dem andere Tiere aufgrund ihrer Geruchswahrnehmung hineilen. Ebenso eilt der Mensch auf Gott zu, dessen Beschaffenheit er durch die Vermittlung seiner Diener - metaphorisch in Form einer angenehmen Geruchsempfindung vorgestellt - wahrgenommen hat. Der Vergleich mit dem Panther, der seinen angenehmen Geruch weit verbreitet, findet sich auch im 15. Brief des Großen Briefbuches. Seuse verwendet ihn hier als Element eines Naturbildes, mit Hilfe dessen er den Zustand des Menschen vor und nach der Einwirkung der Gnade des Hl. Geistes anschaulich vor Augen führt. Eine Wirkung dieser als Wind vorgestellten umwandelnden Kraft des Hl. Geistes besteht in einer spürbaren, mit der Geruchsempfindung ins Bild gebrachten Veränderung der Beschaffenheit des Menschen: *"und der vor als ein fules ass von dem kalten wind smakte, der wirt als ein pantier sinen suessen smak wite zerspreiten."* (452,18-20)

4.1.: s. 2.2.

6.1.: Zu anfangshafter Erfahrung - *vorsmak* - der ewigen Seligkeit gelangt der Mensch in der Zeit, wenn er Jesus Christus nachfolgt (s.472,12-15).

6.2.: Der Empfang Jesu Christi bereitet der Seele einen *"vorsmak ewiger suezikeit"*. Die existentielle Bedeutsamkeit dieses Geschehens wird mit der Metapher vom *geistlichen hunger* angesprochen, die die Lebensnotwendigkeit Jesu für die Seele herausstellt. Damit verbundene Vorstellungen der Brautmystik tragen dazu bei, daß die Reaktion der Seele, die mit den Ausdrücken *niessen*, *"enphinden ewiger selikeit"* (s.296,27f u. 297,8f) beschrieben und in Anlehnung an die Geschmackserfahrung als *"vorsmak ewiger suezikeit"* charakterisiert wird, nicht nur als Ausdruck einer naturalen Bedürfnisbefriedigung, sondern als Ergebnis eines personalen Vollzugs zwischen Jesus Christus und der Seele erscheint: *"Sie sol mir singen des gesanges von Syon, daz ist ein inbrunstiges minnen mit einem grundlosen lobenne; denne wil ich si umbvahen, und si sol sich uf min herze neigen. Wer-*

de ir da ein stilles ruowen, ein blozes schouwen, ein ungewonlichs niessen... ein vorsmak ewiger suezikeit und ein enphinden ewiger selikeit..." (297,5-8). *Bloz* und *ungewonlich* haben dabei die Funktion, auf die Andersartigkeit des Geschehens im Vergleich zu sonstiger sinnlicher Wahrnehmung und Empfindung aufmerksam zu machen. Der mit den verschiedenen Ausdrücken unterschiedlich akzentuierte Rezeptionsvorgang des Menschen wird durch den metaphorischen Ausdruck *vorsmak ewiger suezikeit* (297,7f) als Erfahrung charakterisiert, die dem völligen Erfassen der Ewigkeit vorausgeht.

F. Margaretha Ebner

3. smak
3.1. o.BE (15,13.21.24; 35,10; 43,5;
    44,19; 105,21; 122,24; 128,22;
    129,5; 140,7; 141,4)
3.2. got (135,7)

3.1. – 3.2.: Der Name Jesu Christi (s.140,5f) oder seine Worte (s.141,3f) sowie die Gnade (s.128,17), das eucharistische Brot (s.105,19) und das Leiden Christi (s.43,3) bewirken in Margaretha eine Empfindung, die sie *grosse süezkait* und *smak* nennt.
   Die Empfindung der Gnade führt Margaretha dazu, daß sie die göttliche Wirklichkeit ähnlich einer positiven Geschmackserfahrung wahrnimmt (s.135,6f).

G. Heinrich von Nördlingen

1. smeken
1.1. *frucht* (1,6)
1.2. *zarthait* (40,23f)
1.3. *warheit* (40,23f)
1.4. *lutterheit* (40,23f)
1.5. *inner nasz* (44,24f.26)
1.6. *mundküssen* (46,54)
1.7. *alle ding* (47,13f)

2. *smackhaft*
2.1. *gnad* (33,14)
2.2. *Jhesus Christus* (44,13)

3. *gesmak*
3.1. *hertze* (7,36)
3.2. *got* (16,13; 27,11)

3.3. *Jesus Christus* (25,3)
3.4. *trost* (44,24)

4. *ungesmack*
4.1. *vasz* (43,11f)
4.2. *gotlich brot* (47,16f)
4.3. *zeitliche ding* (47,79f)

5. *vorsmecken*
5.1. *mensche* (38,13)

6. *vorsmak*
6.1. *gotlich niessen* (13,61)
6.2. *ewiges leben* (16,50)
6.3. *himlische siessigkeit* (47,23f)

1.1. – 1.4.: Die Pflanzenmetaphorik, durch die Margaretha von Heinrich u.a. als *"frucht des hailligen gaistz"* vorgestellt wird, findet ihre Fortsetzung in der Geschmacksmetapher, mittels derer die Wirkung Margarethas auf alle *rainen hertzen* konkretisiert wird (1,6). Gleicherlei Empfindungen löst bei Heinrich die Begegnung mit Margaretha aus: ihm *smeckt* Margarethas *"zartheit, die warheit und die lutterheit gotz..."* (s.40,24).

1.5.: Auf die angenehme Geruchsempfindung greift Heinrich zurück, um Margarethas Erfahrung von Trost, Lust, Freude und Wonne Christi vorstellbar zu machen. Margarethas Erfahrung wird dabei parallelisiert mit einem Riechvorgang: der *edle balsamsmack* wird mit der *inner nasz* von Margarethas *"got begirigs hertz"* aufgenommen (44,24-26).

1.6.: Aus der immer intensiver werdenden Umarmung der Geliebten durch Jesus Christus resultiert ein umso intensiveres Empfinden des *wessenlich mundküssen* (s.46,54).

1.7.: Heinrich teilt Margaretha im 46. Brief mit, daß er es natürlich finde, wenn eine von Minne bestimmte Seele denkt, daß es bei anderen genauso sei und *"es rigent alle ding und smeckend nach irem hertzen"* (47,13f). Um so mehr ist er persönlich traurig darüber, daß ihm *"so ungesmack ist die siessigkeit des gotlichen brotz..."* (47,16f).

2.1. – 2.2.: Analog zu positiver Geschmackserfahrung beschreibt Heinrich den Charakter der göttlichen Gnade (s.33,14) sowie - aufgrund seiner *inner süszigkeit* - Jesus als *smackhaft* (s.44,13).

3.1.: Das Bild des *geschmack* steht für die positive Einstellung zu einem tugendhaften Leben, die Margaretha deswegen hat, weil der äußere Wandel Jesu und der Einfluß des Ewigen Wortes in der Schrift sie bestimmt (s.7,36).

3.2.: Briefe Margarethas vermitteln Heinrich, wie er an mehreren Stellen betont, die Erfahrung des Göttlichen. Diese Erfahrung macht er dadurch nachvollziehbar, daß er Gemeinsamkeiten mit der visuellen (*liecht*) und gustatorischen Wahrnehmung herstellt: heiliger *rauch* und *götliche(r) schmack* fällt aus ihren *fürigen worten* in ihn ein (s.16,13f), bzw. er hat *inlichtend gnad, "liecht und gotlicher smack"* (27,11) aus der in Margarethas Schreiben vorhandenen Wahrheit erhalten.

3.3. – 3.4.: Heinrich wünscht Margaretha die Erfahrung der Wirklichkeit Jesu Christi, indem er ihr *"der edeln blumen aller lustlichsten schmack"* als Gruß entbietet (25,3). Mit einem ähnlichen Bild bringt Heinrich die Erfahrung von Jesu Christi Trost, Lust, Freude etc. zur Sprache. Margarethas *"inner nasz smecket* (ihren*) balsamsmack"* (44,24).

4.1.: Gegenüber der ihm von Margaretha vermittelten göttlichen Gnade bezeichnet Heinrich sich als *"unbereitz und ungesmachs vasz"*, das nicht in der Lage ist, den göttlichen Gnadenfluß zu erfassen (43,11f).

4.2.: Anhand visueller und gustatorischer Wahrnehmung zeigt Heinrich auf, daß er nicht in der Lage ist, die mit der Metapher *"siessigkait des gotlichen brotz"* und *"ausz leichtend klar sunn"* vorgestellte göttliche Wirklichkeit zu erfahren. Denn seinem *böszen magen* ist die *"siessigkait des gotlichen brotz ungesmack"* und seine *siechen augen* vermögen die göttliche Sonne nicht wahrzunehmen (47,16f).

4.3.: Heinrich wünscht Margaretha und ihrem Konvent die wahre göttliche Süßigkeit, damit aufgrund dieser Erfahrung ihnen alle zeitlichen Dinge *ungesmack*, d.h. bedeutungslos werden (s.47,79f).

5.1.: Heinrich wünscht Margaretha, in Christus täglich zu sterben und sich in ihm - wie er im Bild des *vorsmecken* anschaulich macht - einen vorläufigen Eindruck vom ewigen Leben zu verschaffen (s.38,13).

6.1.: Die durch den Einfluß der göttlichen Gnade bewirkte Entrückung Margarethas soll, so Heinrichs Wunsch, zu einem vorläufigen, aber doch gewissen Eindruck - ähnlich dem Vorgeschmack des göttlichen Genießens (s.13,61) - führen.

6.2. – 6.3.: Lust, Friede und Ruhe ohne Schmerzen sieht Heinrich als *frucht* des Hl. Geistes, als *morgengab* Christi sowie als *vorsmeck* des ewigen Lebens an (s.16,50); d.h. sie ermöglichen dem Menschen, sich einen gewissen Eindruck vom ewigen Leben oder - wie es in Weiterführung der Geschmacksvorstellung an anderer Stelle heißt - *"den vorsmack aller himlischen siessigkeit"* zu verschaffen (47,23f).

---

smelzen (1.)/ smelzend (2.)/ insmelzen (3.)/ ûzsmelzen/dursmelzen (4.)/ versmelzen (5.)

A. Mechthild von Magdeburg

1. *smelzen*
1.1. *herze* (II 25,91; III 1,23)
1.2. *sele* (VI 13,9)
1.3. *gotzgabe* (VI 13,39)
1.4. *minne* (V 4,14)
1.5. *mensche* (IV 25,15)

2. *smelzend*
2.1. *got* (I 17,3)

1.1. – 1.2.: Die beim Schmelzvorgang erfolgende Veränderung des Aggregatzustandes zieht Mechthild heran, um damit die Veränderung vorstellbar zu machen, die das *herze* Mechthilds aus Sehnsucht nach der Minne ihres göttlichen Bräutigams erleidet. Die Funktion, die Wärme hinsichtlich der Verflüssigung von festen Stoffen zukommt, spricht Mechthild an einer anderen Textstelle dem göttlichen *vunke* zu, der erreicht, wenn er an *die kalten sele* gelangt, daß das Herz infolge der Mitteilung der göttlichen Energie beginnt zu brennen und die Seele *"ze smelzende und sin ougen ze vliessende..."* (VI 13,9).

1.3.: Die göttliche Gnadengabe versetzt den Menschen tief in Gott, indem sie durch ihre Einwirkung den Menschen quasi in Fluß bringt und somit seine Fortbewegung verursacht (s.VI 13,39).

1.4.: Die durch den Schmelzvorgang bedingte Verflüssigung steht bei Mechthild weiterhin für die Fortbewegung der Minne, die durch die Seele in die Sinne gelangt (s.V 4,14).

1.5.: Negative Bedeutung kommt dem *smelzen* in Bezug auf die Menschen zu, die sich im Fegefeuer befinden, das - wofür das Bild des Schmelzens steht - ihre Individualität zerstört (s.IV 25,15).

2.1.: Die Zuwendung Gottes zum geliebten Menschen fächert Mechthild unter verschiedenen Aspekten mit mehreren Adjektivmetaphorik auf; diese charakterisieren Gott in Hinblick auf seine Mitteilungsbereitschaft, seine liebende Hinbewegung an den Menschen, seine sehnsuchtsvolle Dynamik und im Hinblick auf die Einigung mit dem Geliebten; Mechthild wählt für dieses Geschehen das Bild des Schmelzens, wodurch Gott die Fähigkeit erhält, - der Auflösung jeder festen Form gleich - in den Geliebten überzugehen (s.I 17,3) und mit ihm ohne feste Konturen eins zu werden.

C. Meister Eckhart

1. *smelzen*
1.1. *güete* (I 315,2)
1.2. *got* (I 314,4f)

3. *insmelzen*
3.1. *wesen* (I 301,7f)
3.2. *got* (II 180,6f)
3.3. *sun* (II 180,6f)

4. *ûzsmelzen*
4.1. *got* (I 301,6; 302,2; 314,5; II 180,6.7f; 552,7f)
4.2. *güete* (I 314,5)
4.3. *wesen* (I 301,7)

5. *versmelzen*
5.1. *mensche* (II 264,5(Pat))

1.1. – 1.2.: In Gott sind Einheit und Güte Gottes zu unterscheiden, wie Eckhart anhand der Gebäudemetaphorik zeigt: *"das hûs gotes ist diu einicheit sînes wesens."* (I 314,1f) Diese Einheit *"heltet got zesamen und enleget niht zuo."* (I 314,3) Im Gegensatz dazu steht die Güte Gottes, die das Für-sich-Sein Gottes ergänzt durch den Aspekt seiner Zuwendung. Da Gott dabei von sich selbst auf den Menschen zukommt, überführt er sein Für-sich-Sein in die Mitteilung seiner selbst. Dieses Geschehen läuft für Eckhart nach dem Muster eines Schmelzvorgangs ab, bei dem sich allmählich ein fester Stoff verflüssigt und ausbreitet. Im Unterschied zum 'harten Kern' betrifft die Verflüssigung zunächst den äußeren Bereich des betreffenden Gegenstandes. Dementsprechend nimmt Eckhart für Gott an, daß mit dem *êrsten smelzenne*, d.h. seiner Zuwendung in Güte, die *porte*, nicht jedoch das *wesen* und damit das *hûs gotes* betroffen ist (I 315,2f).

3.1.: Um die unterschiedliche Vollzugsrichtung von Sein und Güte Gottes hervorzuheben, formuliert Eckhart antithetisch: "... *porte, dâ got ûzsmilzet, daz ist güete.*

Aber wesen ist, daz sich heltet ze im selber und ensmilzet niht ûz, mêr: ez smilzet în." (I 301,7f)

3.2. – 3.3.: Wenn Gott in Bewegung gerät, ist das Ziel der göttlichen Mitteilung der Sohn, der von sich aus wieder in den Vater zurückkehrt: "... *dâ got ûzsmilzet, dâ smilzet er in sînen sun, und dâ smilzet er wider in den vater."* (II 180,6f)

4.1. – 4.3.: Die göttliche Güte besteht darin, daß Gott - wie Eckhart mit der Verbmetapher *ûzsmelzen* akzentuiert - in Bewegung gerät, sich verläßt - wie durch die Metapher *ûzbruch* zusätzlich hervorgehoben wird (s.II 180,5f) - und sich den Kreaturen mitteilt: "*Aber güete daz ist, dâ got ûzsmilzet und gemeinet sich allen crêatûren."* (I 302,2f)

Mit dem Bild der *porte* verweist Eckhart darauf, daß die göttliche Güte als die Stelle fungiert, wo Gottes Barmherzigkeit erfahrbar ist (s.II 552,7); dies ist darin begründet, daß im Unterschied zum göttlichen *wesen* (s.I 301,7) die göttliche Güte sich durch die Zuwendung Gottes definiert: "*Sîn ûzsmelzen daz ist sîn güete."* (I 314,5)

5.1.: Die Dynamik der Minne des Hl. Geistes bringt Eckhart dadurch seinen Zuhörern eindrucksvoll nahe, daß er sie in Beziehung setzt zur vernichtenden und auflösenden Wirkung von Hitze; die durch die Liebesenergie des Hl. Geistes bewirkte Umwandlung hat zum Ergebnis, daß der Mensch alle Individualität verliert und mit dem Hl. Geist und seiner Minne identisch wird (s.II 264,5f).

C. Tauler

1. *smelzen*
1.1. *geist* (117,12)

3. *insmelzen*
3.1. *mensche* (80,12f; 406,11)
3.2. *geist* (263,8)

4. *uzsmelzen*
4.1. *got* (150,1; 387,37; 388,2)

5. *versmelzen*
5.1. *mensche* (143,21; 201,12(Pat); 301,25)
5.2. *geist* (68,7f; 87,33-88,2; 102,7; 251,11)
5.3. *herze* (193,22)
5.4. *gebreste* (226,1f)
5.5. o.BE (249,33f)

1.1.: Wenn der verklärte Geist des Menschen im *grunt* Gott als den mit ihm Ungleichen erkennt, löst sich seine Individualität auf; der Geist *insinket* in diesen *grunt*, *smilzet* und vollzieht einen *überslag* über sein natürliches Vermögen (s.117,12f). Er wird aus sich selber *gezogen* (s.117,20), bis er schließlich *"ist gesuncken in Gottes einikeit"* (117,35).

3.1. – 3.2: Auf den im Verb *insmeltzen* enthaltenen Aspekt, daß ein fester Gegenstand in Fluß gerät und dadurch in einen ihm fremden Bereich gelangt, bezieht sich Tauler, wenn er - verstärkt durch *insinken* und *inker* - ins Bild bringen will, wie der Mensch bzw. der menschliche Geist (s.263,8) in Gott eindringt (s.80,12f).

4.1.: Die Zuwendung Gottes stellt sich Tauler in der Weise vor, daß Gott an der *porte* seiner *erwirdikeit* aus sich selber *in barmherzikeit* hinausgelangt, indem er "*us smilzet in wisen der guete und in der unsprechlichen minne*" (150,3f). Die Weise, in der Gott sein Für-sich-sein zugunsten einer Bewegung auf den Menschen hin auflöst, bringt Tauler in Zusammenhang mit dem Prozeß des *uzsmeltzen* (s.150,1.3f).

5.1. – 5.2.: Die Einswerdung des Menschen mit dem göttlichen *grunt* vollzieht sich nach Tauler dadurch, daß der Mensch gleichsam im göttlichen *grunt* versinkt, wo er - wie Tauler mit der Verbmetapher *versmeltzen* zum Ausdruck bringt - seine individuelle Gestalt verliert und mit Gott eine Einheit bildet (s.301,25). Im Zusammenhang mit dem Verschmelzen des Menschen in Gott kann Tauler wegen der Aufhebung jeglicher Individualität daher auch davon sprechen, daß der Mensch in Gott *ze nichte* wird (s.201,11). Tauler bringt den Aspekt der Vernichtung verstärkt ins Bild, indem er in Pr 15 die Aufhebung jeglicher Distanz, die die Bedingung für individuellen Unterschied und Vielheit ist, mit der Metaphernkombination "*versincken und versmeltzen in dem ungeschaffenen geiste Gottes*" (68,7f) darstellt. Die Folge dieser engen Beziehung zu Gott, bei der der Mensch mit Gott *versmulzen ist*, besteht für Tauler darin, daß der Mensch ausschließlich das Eine, das Gott ist, kennt, liebt und erfährt (s.201,12f).

Neben der Funktion, den Vorgang der unio mit Gott nachvollziehbar zu machen, steht die Verbmetapher *versmelzen* auch für die Auflösung des Menschen, die bedingt ist durch die Entbehrungen; diese resultieren ihrerseits aus der Gottesminne des Menschen, die Gott in ihm hat entstehen lassen. Die dadurch freiwerdende Energie, der "*brant des darbens*" (143,22), bewirkt beim Menschen "*ein versmelzen und ein verdorren in dem brande dis darbens*" (143,21). Die gleiche Wirkung erfährt der menschliche Geist auch in der "*starken minne der gegenwürtkeit des herren*" (251,9f). Aufgrund seiner Schwäche kann der menschliche Geist diese Erfahrung nicht verkraften; es kommt zur Auflösung und Aufgabe seiner selbst: "*... und muos do von not versmelzen... Und denne enhat der geist enkein enthalt, denne das er versinke und ertrinke in das goetlich abgründe und in dem sich verliere...*" (251,11-14; vgl. 102,7).

5.3.: Aufgrund der Liebeshingabe der Gottesfreunde an alle Menschen kommt es dazu, daß ihr Herz das Eigensein völlig aufgibt, indem es *versmilzt* (s.193,22).

5.4.: Ein "*tiefer underval ... in den grunt der demuetkeit*" (225,34) hat zur Konsequenz, daß alle *gebreste* vor Gott sich auflösen "*als der sne von der heissen sunnen...*" (226,1f).

5.5.: Die aus der Gotteserfahrung resultierende Selbsterkenntnis führt dazu, daß sich der Mensch mit seiner Nichtigkeit völlig identifiziert. Tauler beschreibt diesen Identifikationsprozeß mit den Verben *versinken* und *versmelzen* unter dem Gesichtspunkt, daß der Mensch völlig in seine Verfassung eingeht, jegliche Distanz zu seiner Nichtigkeit und Kleinheit aufgibt und ganz eins mit ihr wird (s.249,33f).

E. Seuse

1. *smelzen*
1.1. *got* (16,8(Pat))

5. *versmelzen*
5.1. *Ewigú wisheit* (303,20)

4. *dursmelzen*
4.1. *Maria* (266,14(Pat))

1.1.: Die unio, um die Seuse Gott bittet, veranschaulicht er mit dem Bild, daß Gott *"in den grund mins herzen gesmelzet werden"* muß (16,8).

4.1.: Das völlige Bestimmtsein Marias von der göttlichen Gnade thematisiert Seuse, indem er davon spricht, daß Maria *dursmelzet* ist (s.266,14).

5.1.: Unter dem Aspekt der Vernichtung verwendet Seuse die Metapher *versmelzen* im Zusammenhang mit der Vertreibung aller Feinde sowie der Sündenvergebung durch die Ewige Weisheit (s.303,20f).

G. Heinrich von Nördlingen

5. *versmelzen*
5.1. *vetterliche trü* (53,35)

5.1.: Heinrich beschließt seinen 53. Brief an Margaretha mit dem Wunsch, daß die Treue des göttlichen Vaters Margaretha und ihn *"músz ... mit seinem minenbrinenden lieht durchluchten und minenrichlichen versmeltzen in Christum Jhesum."* (53,34f) Dies bedeutet, daß die Energie der göttlichen Liebeszuwendung so groß ist, daß sie in der Lage ist, die Distanz von Margaretha und Heinrich zugunsten ihrer Einheit in Jesus Christus aufzuheben. Das mit der Wirkung von Feuer parallelisierte göttliche Minnehandeln bewirkt, daß Margarethas und Heinrichs jeweiliges Für-sich-Sein von ihrem Ineinandersein abgelöst wird (s.53,35).

sniden (1.)/ snidend (2.)/ dursniden (3.)/ stumpf (4.)

A. Mechthild von Magdeburg

1. *sniden*
1.1. *swert* (I 22,55; II 24,8)

2. *snidend*
2.1. *ere* (VI 1,67)

3. *dursniden*
3.1. *gabe* (VII 50,5)

4. *stumpf*
4.1. *sinne* (V 33,7)
4.2. *sele* (II 23,3.46)

1.1.: Der tiefgehenden Wirkung der Leiden Jesu auf ihre Seele verleiht Mechthild Züge einer Verletzung, die durch ein Schwert zugefügt worden ist (s.I 22,55; II 24,8).

2.1.: Da *ital ere* den Menschen von seiner Gottbezogenheit abbringt und dadurch seine Reinheit und Lauterkeit beeinträchtigt, kann diese falsche Ausrichtung auch, wenn der Mensch ihrem Eindruck erliegt, hinsichtlich ihrer verletzenden Wirkung als *snidend* charakterisiert werden (s.VI 1,67).

3.1.: Die negativen Aspekte der Metapher sind neutralisiert, wenn der semantische Schwerpunkt ausschließlich darauf liegt, die tiefe Wirkung der göttlichen Gaben auf den Menschen zu veranschaulichen: *"Ich danke, herre, dir diner súnlichen gabe,... die alles min gebein und alle min aderen und alles min vleisch dursnidet."* (VII 50,3-5)

4.1.: Aus der mit *stumpf* bezeichneten Eigenschaft eines Schneidewerkzeuges ist die metaphorische Bedeutung der Funktionsunfähigkeit entwickelt, die Mechthild als Folge des Sünders bei den Sinnen feststellt: *"... so wirt min sele also vinster und min sin also stumpf unde min herze also kalt..."* (V 33,7f). Diese Kombination der verschiedenen Metaphern legt als gemeinsamen Nenner die Inaktivität von Herz, Seele und Sinnen nahe.

4.2.: Ähnlich verhält es sich mit der Bedeutung der Metapher auch bei der Seele, die durch ihre Orientierung an der leiblichen Wirklichkeit mit *"blinden ougen ane kreftige minne..."* gelebt hat (II 23,46.52). Eine solche Seele wird deshalb metaphorisch als *stumpfú sele* bezeichnet, weil sie infolge ihres verfehlten Lebens ihre eigentliche Funktion, nämlich die Ausrichtung auf Gott, nicht mehr erfüllen kann.

E. Seuse

3. dursniden
3.1. wort (229,24; 284,5)

3.1.: Die Metapher *dursniden* findet sich zur Bezeichnung der Wirkung, die Jesu Worte bzw. die mahnenden Worte eines Sterbenden auf andere Menschen ausüben.

(uf –)spannen (1.)/ zerspannen (2.)/ tennen (3.)/ uftennen (4.)/ zertennen (5.)

D. Tauler

1. *(ûf-)spannen*
1.1. *mensche* (122,10(Pat); 333,16; 349,34)

4. *ûftenen*
4.1. *mensche* (122,10(Pat); 155,11; 349,34; 378,10)
4.2. *kraft* (233,23(Pat))

1.1.: Das Bild des Bogens steht im Hintergrund, wenn Tauler dazu auffordert, sich nicht mit kleinen Dingen zu begnügen, sondern andauernd in geistiger Spannung auf Gott hin zu leben (s.122,10); wer sich in der Minne zu Gott befindet, muß *tennen* und *spannen* seinen *"bogen in das aller hoechste..."* (333,16f).

4.1. – 4.2.: Als Bild für die geistige Ausrichtung des Menschen sowie all seiner Kräfte auf Gott hin fungiert neben *(ûf)spannen* die Metapher *ûftenen*.

E. Seuse

1. *spannen*
1.1. *sin* (360,6; 405,2)

2. *zerspannen*
2.1. *krefte* (215,25)

3. *tennen*
3.1. *herz* (289,14)
3.2. *muot* (289,14)

5. *zertennen*
5.1. *krefte* (215,25)

1.1.: Die Metapher *spannen* findet Verwendung für die Intentionalität des menschlichen Bewußtseins, die sich auf einen authentischen, von allem Fremden distanzierten Zustand richtet.

2.1.: s.5.1.

3.1. – 3.2.: Im Bild des Spannens und Dehnens wird das Interesse von *herze* und *muot* des Menschen an Gott zur Sprache gebracht (s.289,14).

5.1.: Die Ewige Weisheit verlangt vom Diener den gleichen Einsatz, den Christus am Kreuz gezeigt hat. *"Diu geistlich und liplich krefte..., sú son nach glichnús miner arme in minem dienste sin zertennet und zerspannen."* (215,23-25)

spiegel (1.)/ spiegellich (2.)/ erspiegeln (3.)/ speculieren (4.)/ spiegelberg (5.)/ spiegelglas (6.)

A. Mechthild von Magdeburg

1. *spiegel*
1.1. *sele* (I 4,11; II 16,3; V 7,4; VI 41,6)
1.2. *mensche* (VII 14,7)
1.3. *luterkeit* (V 30,28)
1.4. *bekantnis* (VI 1,120)
1.5. *súnde* (VII 21,5.7)
1.6. *Jesus Christus* (VII 17,6; 18,32)
1.7. *drivaltekeit* (VI 41,7)
1.8. *got* (III 1,69)
1.9. o.BE (III 1,166; 11,2; IV 18,56; VI 16,20)
1.10. *ewekeit* (VII 1,107)

5. *spiegelberg*
2.1. *got* (I 20,2)

1.1.: Die Beziehung Gottes zur gottliebenden Seele sieht Mechthild als ein Verhältnis an, bei dem aufgrund der besonderen - spiegelähnlichen - Beschaffenheit der Seele Gott in der Seele präsent ist. Die von Mechthild entwickelte Parallele zur Sonne, die in jedem Spiegel zu erscheinen vermag (s.I 4,11), enthebt die Gottesbeziehung jeglicher Exklusivität und macht sie dadurch allgemeingültig. Wegen der Funktion der Seele, als Gegenüber Gottes Gott abbildhaft zur Darstellung zu bringen, so daß Gott sich an der Seele selbst wahrnehmen kann, charakterisiert Mechthild die Seele auch als einen *"spiegel der inwendigen anschowunge"* (V 7,4). Die Spiegelmetapher dient ferner der Erfassung der Wirkung, die die Welt auf die Seele ausübt, wenn der Mensch sich auf sie hin orientiert: Mechthild bezeichnet in diesem Zusammenhang die Seele als *"spiegel der welte"* (II 16,3).

1.2.: Im siebten Teil ihres Buches beschreibt Mechthild, wie sie nachts auf dem Friedhof des Konvents Gott, dem Herrn, begegnet. Sie erfährt von dessen Willen, aus den einzelnen Mitgliedern des Konvents *schinende spiegel* zu machen, in denen jeder, der nach ihnen verlangt, sein Leben erkennen kann. Im Himmel können die, die jene als *lúhtende spiegel* erkennen, in ihnen abgebildet finden, wie Gott sie erwählt hat (s.VII 14,7).

1.3.: Der Aspekt einer glatten, unbeeinträchtigten Spiegeloberfläche steht im Mittelpunkt, wenn die *"luterkeit der minne"*, deren Charakteristikum unbeeinträchtigte Authentizität ist (V 30,28), mit einem Spiegel verglichen wird.

1.4. – 1.5.: Der Vorgang der Selbsterkenntnis wird von Mechthild dadurch konkretisiert, daß in Anspielung auf die widerspiegelnde Funktion eines Spiegels vom *"spiegel der waren bekantnisse"* die Rede ist (VI 1,120). Diese Selbsterkenntnis bedeutet im negativen Fall, wenn das ganze Leben noch einmal quasi abbildhaft zur Darstellung kommt, die Erkenntnis der eigenen Sündhaftigkeit *"in disem spiegel miner súnden"* (VII 21,5).

1.6.: Weil Jesus Christus uneingeschränkt zur Darstellung bringt, wer und was der himmlische Vater ist, erscheint Mechthild die Spiegelmetapher geeignet zu sein, die Präsenz der ersten Person der Trinität in der zweiten wegen der Identität des Verschiedenen als eine Art Abbildung zu verstehen. Sie nennt Jesus Christus daher *"allerwunneklicheste(n) spiegel des himelschen vatter..."* (VII 18,32f). Jesus Christus mit all seinen Werken kann auch zum *spiegel* für das menschliche Gewissen werden, da dieses sich selbst im Vergleich mit Person und Werk Jesu Christi zu erkennen vermag (s. VII 17,6).

1.7.: Daß die vom Menschen vollbrachten Tugenden in Gott als Wirklichkeit präsent sind, wird anhand der Spiegelmetapher entwickelt: Der *"spiegel der drivaltekeit"*, in dem alle empfangenen Gaben und tugendhaften Taten des Menschen auf Erden abbildhaft enthalten sind, vermittelt im Himmel jeder Seele und jedem Leib *"warheit und bekantnisse aller der tugenden, die der lip ie begiong, und aller der gabe, die dú sele in ertrich ie enpfieng."* (VI 41,8f).

1.8. – 1.10.: Wenn die erste Person der Trinität ihrerseits *"spiegel der gotheit"* (III 1,69) genannt wird, heißt dies, daß in Gottvater wirklichkeitsgetreu die Gottheit erscheint so, wie in Jesus Christus der Vater. Da die drei göttlichen Personen *ein got* sind und *"sich fuegent in ein"* (III 1,71), besteht für Mechthild auch die Möglichkeit, Gott global als *ewigen spiegel* vorzustellen. Die Verstehensschwierigkeit, die entsteht, wenn man fragt, was in diesem Spiegel abgebildet wird, kann - da der Text Mechthilds keine genauere Bestimmung enthält - nur unter der Annahme gelöst werden, daß beim *ewigen spiegel* das Abzubildende und das Abbild im Spiegel koinzidieren. Weil schon beim göttlichen Sohn als Spiegel des Vaters jegliche Distanz aufgehoben sein muß, insofern *"die drei ein got sint"* (III 1,70f), gilt dies auch für den Vater als dem *spiegel der gotheit*, in dem - selber Gott - die Gottheit insgesamt erscheint. Ebenso fällt beim *ewigen spiegel* Spiegelndes und Gespiegeltes in eins. Von daher läßt sich erklären, warum in Bezug auf die Schönheit der Augen der Seele das Schauen in den ewigen Spiegel als Ursache für die Schönheit angegeben wird; die Augen sind deshalb schön, weil sie im ewigen Spiegel Gott selbst erkannt haben: *"Eya minnendú sele, wie schoene sint die ougen diner bekantnisse, wan du hast gesehen in den ewigen spiegel..."* (IV 18,55f). Weil der *ewige spiegel*, bzw. der *"spiegel der ewekeit"* (VII 1,107), der Gott ist, Gott unüberbietbar wirklichkeitsgetreu abbildet, erkennt man in diesem Spiegel auch alles von Gott: den Willen und die Werke der Hl. Dreifaltigkeit. Daneben kommt Gott als ewigem Spiegel aber auch die Funktion zu, die Selbsterkenntnis der Seligen zu ermöglichen. Gott ist nämlich ein *"spiegel, da sich alle seligen so wunderlich inne beschowent."* (VI 16,20)

5.1.: Gott wird ohne weitere Erklärungen *spiegelberg* der Seele genannt (s.I 20,2).

B. David von Augsburg

1. *spiegel*
1.1. *Jesus Christus* (325,26; 26,3f.6.8; 344,40f; 363,25.26.27; 366,25.26.27; 398,10f.16.23)
1.2. *Maria* (371,25)
1.3. *mensche* (404,11f.13f.15)
1.4. o.BE (395,14)
1.5. *gotliche antlietze* (396,24)
1.6. *gotheit* (363,26)

6. *spiegelglas*
6.1. *got* (403,24f)

1.1.: Für David ist Jesus Christus ein *"spiegel aller volkomenheit"* und der *tugent* (325,26). Da sich in ihm alle Vollkommenheit und Tugend abbildet (s.363,27), kann der Mensch an ihm ablesen, was Gott von ihm fordert. Wenn der Mensch diesen Spiegel in sein Blickfeld holt, nicht um in ihm abgebildet zu werden, sondern um sich dem in ihm zur Darstellung Kommenden anzugleichen, hat er die Möglichkeit, umso ungetrübter im Himmel den göttlichen Spiegel anzusehen und von seinem brennenden Glanz völlig erleuchtet zu werden (s.326,6-9). Weil in Jesus Christus auch alle Güte zur Erscheinung kommt, bezeichnet David ihn als *"spiegel aller güete"* (344,40f). Jesus Christus ist auch ein *"spiegel âne meil"*, weil in ihm uneingeschränkt alles zu sehen ist, was seine ewige Weisheit vor aller Zeit geordnet hat und was in Zukunft sein wird (s.366,27-29). Wenn sich der Mensch aufgrund der Heiligkeit, wie sie sich im *spiegel* Jesus Christus darstellt, *lûtert*, wird er im Himmel *"gelich dem liehten spiegel"* der Gottheit Christi (363,25f).

Bezüglich der ersten Person der Trinität spricht David der zweiten Person für die Selbstreflexion eine spiegelähnliche Funktion zu: Der Vater erkennt sich in dem *spiegel*, der der Sohn ist (s.398,16). Auch wirkt der Vater, wie David anhand der Lichtmetaphorik zeigt, auf den Sohn ein, der seinerseits die Zuwendung des Vaters auf diesen hin zurücklenkt (s.398,19f). Da der Sohn *"in dem spiegel"*, der er selbst ist, die Gottheit des göttlichen Vaters dargestellt sieht, erkennt er, wenn er sich selbst erkennt, in sich selbst die Gottheit (398,23-25).

1.2.: Maria hat in Bezug auf alle Menschen die Funktion eines *vreudenriche(n) spiegel*, *"dâ von allem himelischem her vreude vliuzet..."* (371,25f).

1.3.: Je nachdem, wie der Mensch den Leib Christi empfängt, bildet er, wie David mit der Spiegelmetapher veranschaulicht, nach seinem Tod Züge der Menschheit Christi oder aber des Teufels ab.

1.4.: In Anspielung an 1 Kor 13,12 spricht David allgemein davon, daß man Gott auf Erden im Spiegel sieht (s.395,14).

1.5.: Wie viel dem Menschen an der Vollkommenheit mangelt, erfährt er vor Gott, wo er sich - ähnlich wie bei einem *liehten spiegel* - selber erkennt (s.396,24).

1.6.: s.1.1.

6.1.: Am Beispiel des in viele kleine Teile zerbrechenden Spiegelglases erläutert David, wie es möglich ist, daß Gott in allem Geschöpflichen gleichermaßen präsent sein kann: Gott, *"der im selben ie daz ganze spiegelglas sîner gotheit ist..."* (403,24f), erscheint in allen Spiegelstücken als das gleiche Gesicht, das auf dem ganzen Spiegel sichtbar wird (s.403,17-22).

C. Meister Eckhart

1. *spiegel*
1.1. *sêle* (I 266,3f. 5-7; III 168,9-11; 396,15-397,1)
1.2. *Jesus Christus* (I 267,2-5; 268,3-8)
1.3. *engel* (III 335,1; 342,1-3; 345,2.4; 346,7; 353,2)
1.4. *vernünfticheit gotes* (I 154,1-6)
1.5. *got* (II 600,9-15)

1.1. – 1.2.: In ausdrücklicher Parallelisierung mit dem Auge wird die Seele von Eckhart unter dem Aspekt eines wahrnehmenden Organs betrachtet, in dem alles abbildhaft erscheint, was ihr entgegensteht (s.III 168,1-3). Damit die Seele diese - einem Spiegel ähnelnde - Abbildungsfunktion übernehmen kann, ist es nötig, daß sie ihre Beschaffenheit der eines Spiegels angleicht; sie muß zusammengezogen und verdichtet sein, damit - wie Eckhart anhand der Funktion der Bleihaut für den Spiegel aufzeigt - Gott in der obersten Kraft der Seele präsent werden kann (s.III 396,15-397,1).

Diese Gegenwart Gottes in der Seele stellt sich Eckhart in der Weise vor, daß Jesus Christus als Bild Gottes in der Seele erscheint. Das Präsentwerden Jesu gestaltet Eckhart in Analogie zum Sehvorgang: so wie im Auge nicht unmittelbar der Gegenstand, sondern nur der in Form eines Bildes vermittelte Gegenstand wie auf einem Spiegel erscheint, wird Gott in der Seele dadurch präsent, daß Jesus Christus die göttliche Wirklichkeit der Seele vermittelt. Da Jesus Christus aber im Unterschied zu allen anderen Bildern zugleich Bild und Inhalt, d.h. Bild Gottes und Gott selbst ist, ergibt sich das Paradox, daß Gott im *spiegel* der Seele vermittelt und unmittelbar zugleich präsent wird: "*Daz êwic wort ist daz mittel und daz bilde selbe, daz dâ ist âne mittel und âne bilde, ûf daz diu sêle in dem êwigen worte got begrifet und bekennet âne mittel und âne bilde.*" (III 168,9-11) Dies bedeutet für die Gotteserkenntnis, daß diese einerseits - durch das *bilde* Jesus Christus - vermittelte Erkenntnis ist; andererseits handelt es sich, insofern das *mittel* selbst unmittelbar in der Seele ist und Bild und göttlicher Inhalt koinzidieren, um unmittelbare Gotteserkenntnis.

In schöpferischer Korrektur der Spiegelmetaphorik gelingt es Eckhart auch, wesentliche Aussagen der Bildtheologie - den ontologischen Status des göttlichen Bildes betreffend - zu formulieren. Wenn Gott sich etwas anderem mitteilt, indem er sich quasi als Bild auf einem Spiegel zur Darstellung bringt, bildet sich nicht nur Gottes Äußeres ab, sondern - im Unterschied zu allen anderen Abbildern - seine ganze Wirklichkeit: "*... daz hât got im aleine behalten, swâ er sich inne erbildet, daz er dâ sîne natûre und allez, daz er ist und geleisten mac, zemâle dar inne erbildet...*" (I 266,6f). Dies bedeutet für Jesus Christus und die Seele, denen Eckhart eine spiegelähnliche Funktion zuspricht (s.I 267,2-5; 268,3-8), daß in ihnen Gott selbst präsent wird.

1.3.: Um das Wesen des Engels zu definieren, stellt Eckhart in Pr 77 zunächst Aussagen verschiedener Theologen vor. Eine Aussage geht dahin, aufgrund der Gleichheit des Engels mit göttlicher Güte, Lauterkeit und Verborgenheit Gottes den Engel als einen *lûter spiegel* zu charakterisieren (s.III 335,1-3; vgl. 342,1-3). Die Qualität der Gleichheit des Engels mit Gott präzisiert Eckhart in der folgenden Pr 78, indem er mit Dionysius Areopagita über die Darstellung der Beschaffenheit des Spiegels, der der Engel ist, jegliche Beeinträchtigung der (Abbildungs-)gleichheit ausschließt: "... *ein engel ist ein spiegel âne vlecken, geliutert ûf daz hoehste, der in sich enpfaehet den widerslak götlîches liehtes.*" (III 353,2f)

1.4.: Anknüpfend an die Eigenschaft eines Spiegels, daß er nur eine bestimmte Entfernung des abzubildenden Gegenstandes zuläßt, begründet Eckhart in Pr 9 die Notwendigkeit der Nähe Gottes für den Engel. Denn da das Wesen des Engels in der Selbsterkenntnis besteht, würde er sein Wesen verfehlen, wenn ihm die göttliche Vernunft nicht nahe wäre, in der er wie auf einem Spiegel sein Wesen zur Erscheinung bringen und infolgedessen erkennen kann (s.I 154,1-6).

1.5.: Die Spiegelmetaphorik wird auch dazu eingesetzt, die Präsenz aller Dinge in Gott als Idee vorzustellen: So wie der Mensch ohne eigenes Bemühen in abstrahierter Form als Bild in einem Spiegel erscheint, finden sich vergleichsweise alle Dinge in Gott; allerdings mit dem Unterschied, daß sie in Gott "*sint... unglich dem, als si hie sint...*". Dies heißt: Sie haben alle Unterschiede abgelegt und sind in Gott nicht als Seele oder Kreatur, sondern - wie Eckhart in Pr 57 bemerkt - *als got* (s.II 600,13-15).

D. Tauler

1. *spiegel*
1.1. *sele* (26,16)
1.2. *warheit* (316,11)
1.3. *gotheit* (372,25)

2. *spiegellich*
2.1. *wise* (209,24)

3. *erspiegeln*
3.1. *mensche* (277,1)
3.2. *sunne* (26,18)

1.1.: Die Erfahrungstatsache, daß sich kein Hindernis zwischen der Sonne und einem Spiegel befinden darf, wenn sie als Bild im Spiegel erscheinen soll, benützt Tauler zum Aufweis, daß auch in der Beziehung des Menschen zu Gott kein Hindernis vorhanden sein darf; denn dieses würde verhindern, daß Gott so auf die Seele einwirken kann, daß er als *bilde* im "*spiegel der sele*" präsent wird (26,16; s.3.2.).

1.2. – 1.3.: Paulus hat während seiner Entrückung im "*spiegel der goettelichen worheit*" die unio erfahren (316,11f).

Im "*spiegel der gotheit*" sind die Menschen enthalten, so daß die Engel die Menschen dauernd ansehen können (s.372,25).

2.1.: Die Nachfolge Jesu, die auf einer Relation der Ähnlichkeit zwischem dem Vorbild Jesu und den ihm nachfolgenden Menschen basiert, entspricht in gewisser Weise der Relation, die ein Gegenstand zu einem Spiegel hat. Tauler fordert daher seine Zuhörer auf, *"in spiegellicher wise"* das Vorbild Jesu vor sich zu stellen, damit es als Abbild im nachfolgenden Menschen und seinem Tun erscheint (s.209,22-25).

3.1.: Jenseits der Zeit in der Ewigkeit kann der Mensch *"sin gemuete erspiegeln"* mit der Konsequenz, daß er in der Lage ist, Gott als *luter wesen* zu erkennen (277,1f).

3.2.: Die Leerheit des Spiegels, die überhaupt erst möglich macht, daß sich etwas abbilden kann, thematisiert Tauler in Pr 6 mit Bezug auf die Beschaffenheit der Seele, in der Gott als Bild präsent werden will. Damit die göttliche Sonne sich *"in dem spiegel sinre selen erbilden mag"*, muß diese frei von allen anderen Bildern sein (26,18f; s.1.1).

E. Seuse

1. *spiegel*
1.1. *Jesus Christus* (92,2f; 269,16.30; 277,8; 321,27; 477,23; 493,7; 528,1.6; 539,31; 540,7; 544,11)
1.2. *ewige wisheit* (208,9)
1.3. *wandel* (216,23)
1.4. *mensche* (97,1f; 528,5)
1.5. Maria (263,12)
1.6. *sele* (237,7)
1.7. *creaturen* (172,5f)
1.8. *gotheit* (237,7; 242,18)

2. *spiegellich*
2.1. *leben* (155,18f; 339,22)

4. *speculieren*
4.1. *bekennen* (172,6)
4.2. *mensche* (172,7; 173,9f)

1.1. – 1.3.: Bei Seuse fungiert die Spiegelmetapher vor allem zur Explikation der Bedeutung Jesu Christi. Um den in theologischer Begrifflichkeit als Selbstoffenbarung Gottes bezeichneten Sachverhalt anschaulich zu machen, wird Christus von Seuse als *"ein luter klarer spiegel der götlichen majestat"* (321,27) und im gleichen Zusammenhang als *"ein schönes liehtes bilde der vaetterlichen gueti"* (321,30) oder als *"wunneklicher glanz dez ewigen liechtes"* (321,22) metaphorisch charakterisiert. Die innerhalb von acht Druckzeilen gebrauchten unterschiedlichen Bezeichnungen für Jesus Christus verfolgen die gleiche Intention: der semantische Schwerpunkt liegt bei allen drei Ausdrücken darauf, die enge Verbindung von Gottvater zu Jesus Christus mit Hilfe der Licht reflektierenden Funktionsweise eines Spiegels vorzustellen; *spiegel, glanz* und *bilde* sind dadurch aufeinander verwiesen, daß die spiegelähnliche Beschaffenheit Jesu Christi die Voraussetzung dafür darstellt, daß Gott-Vater in Form eines Abbildes in Jesus Christus zur Darstellung kommt, bzw. daß Jesus den als auffallendes Licht vorgestellten Einfluß der göttlichen Wirklichkeit reflektieren kann und dadurch zum *"widerglanz des ewigen liehtes"* (477,23) wird.

Die Gleichheit zwischen Vater und Sohn wird durch weitere Ausführungen im Zusammenhang mit der Spiegelmetaphorik noch präzisiert: Da Jesus gottgleiches Abbild ist, stellt er Gott auch ohne Einschränkungen dar; daher ist er *"ein glantz des ewigen liehtes und ein spiegel sunder masen"* (539,30f). Aus diesem Grund stellt Seuse an einigen Textstellen auch durch die Adjektive *klar* und *luter*, die die Spiegelmetapher genauer bestimmen, heraus, daß die Beschaffenheit Jesu die Darstellung Gottes nicht beeinträchtigt (s.477,23). Allerdings weist Seuse darauf hin, daß die Wirkung Jesu Christi als *"glantz des ewigen liehtes"* im Herzen des Dieners durch seine Sünden zum Erlöschen gebracht ist und der *"luter klar(er) spiegel der goetlichen majestat"*, der Jesus ist, durch die Sünden des Dieners *verunreinet* ist (277,8f). Aus der Verbindung mit Gott resultiert auch, daß Jesus Christus als jemand erscheint, der alle Gnaden Gottes sowie die Ewigkeit in sich abbildhaft zur Darstellung bringt: er ist als Ewige Weisheit ein *"spiegel aller gnaden"* (208,9) und ein *"spiegel der ewikeit"*, dessen Anblick alles zeitliche Vergnügen verschmähen läßt (540,7f).

Ein anderer Bedeutungsaspekt besteht darin, daß Jesus durch die Spiegelmetapher in einen engen Zusammenhang mit bestimmten Verhaltensweisen gebracht wird, die in seinem Leben quasi abbildhaft deutlich werden; sein *"wandel ist ein luter spiegel aller zuht und sanftmuetikeit"* (216,23f).

Weiterhin sieht Seuse die Bedeutung Jesu Christi darin, daß er als *"mines herzen spiegel"* (269,16) die Selbsterkenntnis des Menschen ermöglicht; mit den Augen der Vernunft soll man sich unter dem Aspekt der Gleichheit mit dem Vorbild Jesus in dem vor die geistigen Augen gestellten Spiegel Jesus Christus betrachten (s.493,6-9).

1.4. – 1.6.: Daß seine geistliche Tochter Elsbeth Stagel sich vor ihren Mitschwestern durch ein tugendhaftes Leben auszeichnet, versucht Seuse mit der Formulierung *"ein spiegel aller tugende"* (97,1) zu erfassen. Gemeint ist damit, daß in ihrem Leben die Tugenden abbildhaft zur Darstellung gekommen sind.

Die Beziehung der Gottesmutter Maria zu Gott wird mittels der Spiegel- und Sonnenmetaphorik als ein Verhältnis charakterisiert, bei dem sich Gott mitteilt, in Maria präsent wird und von dieser Gott zurückgegeben wird; Maria ist *"der ewigen sunnen glastes widerglenzender spiegel"* (263,12). Aber auch allgemein steht für Seuse jede Seele in einer Ähnlichkeitsbeziehung zu Gott; ihrem natürlichen Wesen nach ist jede Seele, wie Seuse mit Augustinus, De Trinitate IX,3f; XI,7 formuliert, *"ein spiegel der gotheit,... ein bilde der drivaltikeit und... ein exemplar der ewikeit."* (237,7f)

In der unio kommt es zur Vereinigung mit Jesus Christus, der *"eyn luchtende spiegel"* der väterlichen *klarheyt* ist (528,1), so daß der Mensch und Jesus Christus *"eyn luchtende spiegel werden"* (528,5f).

1.7.: Aufgrund der von Paulus in Röm 1,20 behaupteten Analogie zwischen Schöpfer und Geschöpf ist es begründet, die Spiegelmetapher auch für alle Kreaturen einzusetzen: *"die creaturen sind als ein spiegel, in dem got widerlúhtet."* (172,5) Wer diese Beziehung erkennt, kommt zur Erkenntnis der spiegelähnlichen Relation zwischen Schöpfer und Geschöpf: *"Und dis bekenen heisset ein speculieren."* (172,5f)

1.8.: Alle Dinge erscheinen im *"lutren klaren spiegel der gotheit"* (242,18). An einer anderen Textstelle steht die Metapher für Seuse, den Diener der Ewigen Weisheit, um dessen enges Verhältnis zur Gottheit anschaulich zu machen (s.237,7).

2.1.: Mit der Metapher *spiegelich leben* setzt Seuse das vorbildhafte, durch nichts beeinträchtigte Leben Jesu Christi in Beziehung zur glatten und reinen Oberfläche eines Spiegels (s.339,22).

4.1. – 4.2.: Mit der Metapher *speculieren* meint Seuse ein Geschehen, bei dem der Mensch Gott erkennt, indem er in den kreatürlichen Bereich wie in einen Spiegel schaut. Diese Erkenntnisweise, d.h. die Erkenntnis Gottes im Spiegel der Kreaturen, ist für Seuse in Röm 1,20 begründet: *"die creaturen sind als ein spiegel, in dem got widerlühtet. Und dis bekennen heisset ein speculieren."* (172,4-6) Daher gewinnt der Erkennende derart Aufschluß über den *"hohen wirdigen meister in siner getat..."* (172,8), daß er in Jubel ausbricht (s.173,9f).

G. Heinrich von Nördlingen

1. *spiegel*
1.1. *gottlich weszen* (4,32)
1.2. *wandel und leben Jhesu Christi* (14,11)
1.3. *leben und leiden Jhesu Christi* (17,5f)
1.4. *mensche* (35,26)
1.5. *sel* (48,22f)

1.1.: Die Selbsterkenntnis der Seele in Gott beschreibt Heinrich in Bezug auf Margaretha als Spiegelgeschehen; denn er wünscht ihr, daß sie im *"spiegel des luttern gottlichen weszens"* (4,32) das Leuchten des Gesichts ihrer Seele im Gesicht Gottes ansehen kann.

1.2. – 1.4.: Gemeinsamkeiten mit der Funktion eines Spiegels weisen für Heinrich Jesu Seele, sein Geist sowie sein Wandel und Leben etc. auf, da in ihnen die göttliche Wahrheit zur Darstellung kommt. Auch Margaretha ist ein solcher Spiegel, in dem als Bild Leben und Leiden Jesu Christi erscheint (s.17,5f). Allgemein kann Heinrich in Bezug auf Margaretha auch von einem *claren spiegel* sprechen, weil sie Heinrich an Jesus Christus erinnert, der in ihr zur Erscheinung kommt (s.35,26).

1.5.: Der entrückten Seele läßt Heinrich von Gott die metaphorischen Bezeichnungen zukommen: *"du bist ein gruntvestigung meins gotlichen flusses..., du bist ein vegtinne der tüfel, du bist ain spiegel der inwendigen anschawung."* (48-20-23).

spilen/spilend (1.)/ spil (2.)/ saitenspil (3.)/ spilunge (4.)/ erspillen (5.)/ vorspilen/vorspilend (6.)/ vorspil (7.)/ wartespil (8.)/ lire (9.)

A. Mechthild von Magdeburg

1. *spilen/spilend*
1.1. *berg* (II 21,10)
1.2. *got* (I 2,15; IV 5,24; V 25,25)
1.3. *sele* (III 3,9; V 25,29; 27,12; 35,60)
1.4. *megde* (III 1,129)
1.5. *hl. geist* (III 9,10)
1.6. *flut* (III 1,109; 13,24; IV 12,17; VII 45,14)
1.7. *herze* (VI 2,43; 15,88)
1.8. *irdenschú ding* (VI 29,23)

2. *spil*
2.1. *got* (I 2,15)
2.2. *hl. geist* (III 9,11)
2.3. *minne* (IV 19,18)
2.4. *sele* (IV 2,65; VII 35,43)
2.5. o.BE (I 2,21; II 22,16)

3. *seitenspiel*
3.1. *stimme* (I 2,26)
3.2. *got* (II 2,43; V 18,68)
3.3. *tugende* (VI 8,11)
3.4. *sele* (V 17,5)

4. *spilunge*
4.1. *sele* (V 23,71)

9. *lire*
9.1. *himel* (II 3,24)
9.2. *sele* (III 2,11)

1.1. – 1.4.: Vom Berg, der für Gott steht, sagt Mechthild in Anlehnung an die zweckfreie, Vernügen bereitende Tätigkeit des Menschen aus, daß er innen in sich selbst in maßloser Minne spielt (s.II 21,10).

An anderer Stelle bezieht Mechthild die Verbmetapher auf das Verhältnis Gott - Seele; die Seele wird dadurch zum Spielgenossen Gottes, mit der Gott spielt und die ihrerseits in der Dreifaltigkeit auf ausdrücklichen Wunsch Gottes "*sol... mit sele und mit libe sweben und spilen sat und ertrinken als der visch in dem mere.*" (V 25,28f) Darin ist sie der Seele Christi gleich, die sich in der Dreifaltigkeit spielend vergnügt, sowie den *megden*, die mit Christus in Liebe spielen (s.III 1,129).

1.5.: Nach Mechthilds Ausführungen im dritten Teil ihres Buches hat der Hl. Geist die Schöpfungsinitiative ergriffen, indem er quasi in der Rolle des Minnesängers dem göttlichen Vater "*ein spil mit grosser miltekeit spilte...*" und im Schlagen auf die (in diesem Zusammenhang als Saiteninstrument fungierende) Dreifaltigkeit seinen Vorschlag zur Schöpfung von Engeln und Menschen unterbreitete (III 9,10).

1.6.: Das göttliche Liebeshandeln, das ähnlich einer Flut den Menschen erreicht, so daß Mechthild von *minne vluot* spricht, wird durch das Adjektiv *spilend* dahingehend genauer charakterisiert, daß es sich dabei um ein dem Spiel ähnelndes, allein aus Freude an der Sache von Gott vollzogenes Geschehen handelt.

1.7. – 1.8.: Der Unterschied zwischen Gott und Mensch läßt sich auch daran ausmachen, womit sich Gott und Mensch jeweils in ihrer Freude beschäftigen. Während Gottes *herze spilet* hin zu seiner geliebten Braut, der Seele, beschäftigt sich das menschliche *herze* zu seinem Vergnügen heimlich mit irdischen Dingen, die ihrerseits im Herzen des Menschen ihre Zeit in einer dem Spielen ähnelnden Weise verbringen.

2.1. – 2.2.: Dem Liebesgeschehen zwischen Gott und der Seele kommt nach Mechthilds Meinung Spielcharakter zu; allerdings muß man es gerade dann, *"wenne das spil allerbest ist,... lassen."* (I 2,21f)

Auch innertrinitarisch verläuft das Geschehen zwischen Vater und Hl. Geist ähnlich zweckfrei und allein aus Freude an der Sache, wie Mechthild am Schöpfungsspiel des Hl. Geistes verdeutlicht. Hierbei geht es um die Aktivität des Hl. Geistes, der mit den Mitteln eines musizierenden Sängers dem göttlichen Vater sein Anliegen vorträgt, indem er wie bei einem Saiteninstrument *"schluog uf die heligen drivaltekeit..."* (III 9,11; s. 1.5.).

2.3.: Allgemein dient *spil* auch dazu, die Betätigung der Minne zu bezeichnen (s.IV 19,18).

2.4. – 2.5.: Der in der Bildvorstellung vom Spiel implizierte Aspekt der Betätigung allein aus Freude an der Sache liegt auch der Aussage Mechthilds zugrunde, daß die Seele mit der Offenbarung des göttlichen Antlitzes ihr *wunsches spil* hat (s.VII 35,43).

3.1.: Die in Analogie zur menschlichen Stimme vorgestellte Äußerung der Seele Gott gegenüber übt auf Gott eine Wirkung aus, die Mechthild veranlaßt, sie mit einem *seitenspiel* zu parallelisieren (s.I 2,26).

3.2. – 3.4.: Die Minnebeziehung zwischen Gott und Seele gestaltet Mechthild u.a. nach dem Muster des höfischen Minnesangs. Auf dem Hintergrund dieser Vorstellung sieht Mechthild Gott in der Rolle des Minnesängers: in der hymnischen Wechselrede V 17 u. 18 erhält die Seele auf ihre Bitte hin von Gott die Antwort: *"Mine seiten sont dir suesse klingen nach der trúwen koste diner langen minne. Iedoch wil ich vor beginnen und temperen in diner sele mine himelschen seiten, uf das du deste langer moegest gebeiten; wan hohe brúte und edel rittere die muos man mit túrer koste lange und sere bereiten."* (V 18,6-10) Ebenfalls zeigen die Tugenden bei der Dreifaltigkeit - wie Mechthild im Bild der klingenden Saiten veranschaulicht - die Wirkung, daß diese sich der Seele zuwenden muß (s.VI 8,11).

4.1.: Um die inneren Qualitäten der Gottesmutter zu beschreiben, greift Mechthild auf die Geschmacks- und Spielerfahrung des Menschen zurück: *"... dú vliessende suessekeit irs reinen herzen und dú wunnenkliche spilunge ir edelen sele..."* (V 23,70f).

9.1. – 9.2.: Die Trinität wird von Mechthild als organische Einheit vorgestellt, die den göttlichen Minnesang hervorbringt: *"Und wie dú gotheit clinget, dú moenscheit singet, der helig geist die liren des himelriches vingeret, das alle die seiten muessent clingen, die da gespannen sint in der minne."* (II 3,23-25) Aber auch die Seele ist *lire* vor Gott. Mechthild läßt Gott zur Seele in der Wechselrede III 2 sagen: *"... Du bist ein lire vor minen oren..."* (III 2,11).

| C. Meister Eckhart |

1. *spilen/spilend*
1.1. *got* (III 364,8)

2. *spil*
2.1. *got* (V 297,1)

1.1.: *Spilen* ist Metapher für das zweckfreie, Vergnügen bereitende Interesse, das Gott jedem guten Werk entgegenbringt: er *"hât rehte ein spiln, ein lachen in dem guoten werke."* (III 364,8)

2.1.: Neben *"wunne und vröude"* (V 297,2) spricht Eckhart im Bild des *spil* davon, was Gott Vergnügen bereitet: daß er ausschließlich und allein Eigentum des Menschen ist.

| D. Tauler |

1. *spilen/spilend*
1.1. *got* (56,5f)
1.2. *bilde* (137,30f(Pat))
1.3. *mensche* (213,27f)

2. *spil*
2.1. *got* (55,29)
2.2. *drivaltekeit* (266,10)

6. *vorspilen/vorspilend*
6.1. *sin* (144,22f)
6.2. *es* (237,9f)

1.1.: Im Zusammenhang mit Ausführungen über die *wilden wege*, die Gott seine Auserwählten bis in seinen tiefen Abgrund hin geführt hat, fordert Tauler seine Zuhörer auf, ihre Aufmerksamkeit darauf zu richten, *"wie die... guete Gottes mit sinem uzerwelten spilen kan..."* (56,5f).

1.2. – 1.3.: Wenn sich der Mensch nur aus Zeitvertreib - *spilende* - mit dem Vorbild Jesu Christi befaßt, besteht die Gefahr, daß dieses seine Wirkung verliert. Ähnliches geschieht denjenigen, die sich auf ihre, der Vernunft entstammenden Vorstellungen konzentrieren und zum Vergnügen, aus Zeitvertreib mit ihnen umgehen (s.213,27f).

2.1.-2.2.: Das Geschehen zwischen Gott und der Seele, in dessen Zusammenhang die Seele *wunderliche wege* von Gott geführt wird, versteht Tauler als *spil* Gottes (s.55,29). Neben dieser, das allgemeine Verhältnis Gottes zur Seele betreffenden Aussage lokalisiert Tauler im *grunt* der Seele die Tätigkeit der Dreifaltigkeit, die aus seiner Sicht gemeinsame Züge mit der zweckfreien, Vergnügen bereitenden Tätigkeit eines Spiels zeigt (s.266,10).

6.1. – 6.2.: Tauler verwendet das Verb *vorspilen* als Metapher in der Bedeutung 'auftreten', 'in Erscheinung treten'. Die Meinung, die Wahrheit gefunden zu haben, bringt er dadurch zum Ausdruck, daß er sagt, sie *"spilt vor einem in der vernunft"* (237,10). Mittels der Aussage, daß der Sinn nur verstanden werden kann von denen, denen er *"für gespilt hat und etwas gelüchtet hat"* (144,23), macht Tauler somit deutlich, daß der Sinn, um verstanden zu werden, bei den um Verstehen Bemühten in Erscheinung treten muß.

E. Seuse

1. *spilen/spilend*
1.1. *got* (31,3f; 82,23)
1.2. o.BE (201,17f)
1.3. *wisheit* (224,26; 417,8)

2. *spil*
2.1. *minne* (20,15f; 225,1; 234,11f.16; 267,5f; 417,8)
2.2. *welt* (361,6; 410,18)
2.3. *vroede* (224,26)

3. *seitenspil*
3.1. *mensche* (250,20)
3.2. *sele* (269,15f)
3.3. *engel* (374,27; 447,5f)
3.4. *hl. geist* (477,9)
3.5. *welt* (361,6; 399,7f)
3.6. *ere* (399,7f)
3.7. *fründ* (399,7f)
3.8. *ewikeit* (31,2f)

6. *vorspilen/vorspilend*
6.1. *geist* (182,24)
6.2. *abgründicheit* (188,20f)

7. *vorspil*
7.1. *trost* (17,13)
7.2. *widervliezen* (179,9-12)
7.3. *wonunge* (313,8)

8. *wartespil*
8.1. o.BE (387,28; 469,4f)
8.2. *got* (362,17)

1.1. – 1.3.: In der Vita sieht Seuse die verschiedenen Leiden, die sich bei ihm dauernd einstellen, als ein Mittel, durch das sich Gott mit ihm, dem Diener, völlig zweckfrei beschäftigt (s.82,23). Dieses in sachlicher Nähe zum Spielen verstandene Geschehen macht sich auch in anderer Form in der Seele bemerkbar, die sich zu Gott hin gezogen fühlt, so daß der Diener fragen kann: *"was ist es..., daz so recht tougenlich in mir spilt?"* (201,17f) Als verantwortlich für dieses Geschehen gibt sich die Ewige Weisheit zu erkennen, von der Seuse an anderer Stelle bemerkt, daß sie heimlich *"spile(s)t... der minne spil"* (417,8).

2.1.: Ähnlich einem Spiel, nämlich zweckfrei, in Selbstvergessenheit und allein aus Freude an der Sache, vollzieht sich das Minnegeschehen zwischen Gott und der Seele (s.20,15f), Gott und der Gottesmutter (s.267,5f). Dabei ist die im Minnespiel sich zeigende Beziehung zwischen Gott und der Gottesmutter so eng, daß beide nicht mehr voneinander zu unterscheiden sind (s.267,5-8). Seuse selbst kann in ähnlicher Weise erfahren, wie der geliebte Gott während des *minnespil* in Seuses Herzen sitzt und seine Seele ganz im göttlichen Geliebten ist. Mit den göttlichen Armen umfangen, an das göttliche Herz gedrückt, liegt die Seele *"also verzogen und versofet von minnen under dez geminten gotes armen."* (20,21-23). Allerdings bereitet das *minnespil* des Geliebten der ewigen Weisheit, Jesus Christus, auch Mühen, insofern sie ihre beglückende Gegenwart nach einer kurzen Zeit dem geliebten Diener wieder entzieht. Als Begründung für dieses *mueliche(s) spil* gibt die Ewige Weisheit im Gespräch mit dem Diener die *wandelberkeit* (s.234,17) des Menschen an; positiv daran ist aus der Sicht Seuses, daß durch die infolge der Unbeständigkeit des Menschen eintretende Trennung dem Liebenden die Qualität der empfangenen Liebe des anderen bewußt wird (s.234,13-15).

2.2. – 2.3.: Seuse thematisiert mit der Metapher *"der welte spil"* den Geschehensablauf der Welt, der zur Vergänglichkeit führt (411,1f). Mit dem Bild der *vroeden spil* macht die Ewige Weisheit ihr völlig zweckfreies Leben in der Gottheit anschaulich (s.224,26).

3.1. – 3.4.: Die positive Wirkung des Leidens veranschaulicht die Ewige Weisheit, indem sie es zu positiver Klangerfahrung in Beziehung setzt: *"Nu hoere daz suez seitenspil der zertenneten seiten eines gotlidenden menschen, wie rilich es doenet und wie suezklich es erklinget."* (250,20-22).

In dieser Weise wird auch der Effekt, den Jesu Worte auf die Seele ausüben, mittels des Saitenspiels anschaulich gemacht (s.269,15f).
Ebenfalls werden der alttestamentliche König David sowie die Engel des Himmels (s.374,27) als *"edel seitenspil des heilgen geistes"* (477,9) verstanden.

3.5. – 3.8.: Vom Standpunkt der Welt aus gesehen sind *"fründ und eren und guotes vil,... der welt seitenspil."* (399,7f).

6.1.: Das Verhältnis des Menschen, der seinen Leib unterwirft und sich am Geist orientiert, zum *überwesliche(n) geist* (s.182,24), beschreibt Seuse, indem er Ähnlichkeiten feststellt mit dem Vorspielen einer Melodie, die vom Zuhörer wiederholt werden soll. Im Unterschied dazu ist der Mensch jedoch nicht in der Lage, das *vorspilen* des Geistes zu wiederholen.

6.2.: Die Tätigkeit der im *"wilden gebirge des übergoetlichen wa"* angesiedelten *abgrúntlichkeit* setzt Seuse in Beziehung zum geselligen, zum Zweck der Unterhaltung der *reinen geister* stattfindenden Spiel (188,20f).

7.1. – 7.3.: Identität und Differenz zur Erfahrung ewigen göttlichen Trostes markiert Seuse dadurch, daß er kurzzeitige innere Erfahrungen der Gottesmutter oder Christi als *"vorspil goetliches trostes"* versteht (17,13). Den zeitlichen und qualitativen Unterschied zum eigentlichen Geschehen, den der Begriff *vorspil* impliziert, überträgt Seuse auch auf das Verhältnis der Rückkehr der Kreaturen in Gott zum Ausfließen der Personen aus Gott, was nur *vorspil* ist (s.179,9-12). Auch das Gotteslob bezeichnet Seuse im Blick auf das ewige Bleiben in Gott als *vorspil* in der Zeit (s.313,8).

8.1. – 8.2.: Ähnlichkeiten mit einem Schauspiel hat für Seuse der Mensch, der wie Abraham ganz aus Verlangen nach Gott handelt. Seiner Dramatik ist es zu eigen, daß er, wenn er Gott zur Darstellung bringen will, leidvoll aller Welt absagen muß (s.362,16f). Zu diesem *wartspil* werden Menschen - wie Seuse in Anlehnung an 1 Kor 4,9 formuliert - mehr hingezogen, als ein Magnet Eisen an sich ziehen kann (s.387,28).

F. Margaretha Ebner

2. *spil*
2.1. *mineklichez werck* (69,21)

2.1.: Für das Liebeshandeln Gottes in der Seele Margarethas steht die Metapher *"ain süesses spil"*.

G. Heinrich von Nördlingen

1. *spiln/spilend*
1.1. *die erwelten* (5,16; 14,19f)
1.2. *got* (31,16)
1.3. *Jhesus Christus* (38,15.17)
1.4. *antlütz der sel* (4,33)

5. *erspillen*
5.1. *usser mensch* (15,33f)
5.2. *geist* (36,63)

6. *vorspilen/vorspilend*
6.1. *gnad gotz* (29,11)
6.2. *Jhesus Christus* (42,6)
6.3. *kurtzweil* (29,20)
6.4. o.BE (46,23)

1.1.: Kombiniert mit dem Verb *spiln* wird *das abgrund* der göttlichen *klarheit* quasi zum Spielplatz, auf dem die Erwählten Gottes vor Gott völlig zweckfrei agieren. Auch die Minne wird als Bereich genannt, in dem im Anblick Gottes ewig alle erwählten Engel und Menschen spielen (s.14,18f).

1.2. – 1.3.: Da Gott sich im Inneren Margarethas völlig zweckfrei, *spilend*, aufhält, hat sie nach Heinrichs Meinung allen Grund, fröhlich zu sein. Jesus Christus trägt dazu in besonderer Weise bei: er *spilt* den Seinen vor *"in newer wis"* (38,17).

1.4.: Die Gegenwart Margarethas in Gott konkretisiert Heinrich mit verschiedenen Verbmetaphern, die auf die - das göttliche Wesen vorstellende - Spiegelmetapher bezogen sind, die für das göttliche Wesen steht; u.a. vermag Margaretha in Gott zu sehen, wie das Gesicht ihrer Seele im Angesicht Gottes *lucht* und *frolichen spilt* (s.4,33f).

5.1. – 5.2.: Die nach außen orientierten Seiten von Margarethas Existenz sollen sich, so die nicht weiter explizierte Absicht Heinrichs, in seinem Brief *"erspiln und erschimpfen"* (15,34).

An anderer Stelle ist es der Geist Margarethas, der mit dem Geist Gottes im ewigen Wort, Jesus Christus, ein dem Spielen vergleichbares Verhalten beginnen soll (s.36,63). In diesem Fall, so wünscht Heinrich, sollte das empfangene Leiden des Herrn vor dem göttlichen Geliebten verborgen werden.

6.1. – 6.3.: Gottes Gnaden- und Tugendtätigkeit erscheint im *"liecht Christo Jhesu"* allen Gotteskindern in einer Weise, die Heinrich darstellt als *"vor spiln in mincklicher weisz"* (29,11f). Speziell Jesu Einwirken auf Margarethas Inneres trägt für Heinrich Züge des *"in leuchten und lustlichen vor spiln"* (42,5f). Im Innersten des Herzens von Gottvater verhält es sich ähnlich; die Seele, die dorthin gelangt, wird im Schein aller Heiligen angesehen *"mit wunerlichem lust der vor spilender kurtzweil der hailigen triveltigkeit"* (29,19f).

6.4.: *Vorspiln* ist Metapher für das alle Traurigkeit beseitigende, zweckfreie Liebesgeschehen zwischen Braut und himmlischem Bräutigam, dessen Erfahrung Heinrich Margaretha wünscht (s.46,23).

---

stein (1.)/ steinin (2.)/ ersteint/ versteint (3.)/ (er)steinen (4.)

D. Tauler

1. *stein*
1.1. *Cristus* (49,18; 95,28.31; 95,33-96,1)
1.2. *menschheit Cristi* (95,15f)
1.3. *gotheit Cristi* (95,14f)

2. *steinin*
2.1. *herze* (62,36; 123,25; 132,18; 281,18)
2.2. *grunt* (281,28)

3. *versteint*
3.1. *mensche* (282,12)

4. *steinen*
4.1. *mensche* (284,1)

1.1. – 1.3.: Bei der Gegenüberstellung der beiden Lebenskonzeptionen Eigenliebe - Verleugnen seiner selbst um Gottes Willen weist Tauler den Vorteil der letztgenannten Konzeption dadurch auf, daß er mittels der Gebäudemetaphorik die Bedeutung Jesu Christi zeigt: Er ist nicht nur ein *stein* (s.49,18), sondern - und hier greift Tauler 1 Petr 2,4ff auf - ein *eckstein* (s.95,32), auf den die ausschließlich auf Gott orientierten Menschen ihr Leben gebaut haben. Hätten sie nicht eine derartige feste Grundlage, müßten sie *"nieder in den grunt vallen"* (49,19).

Während in den bereits zitierten Stellen der semantische Schwerpunkt der Metapher an der harten Beschaffenheit eines Steines anknüpft, wird in den folgenden Stellen eher auf dessen Scharfkantigkeit abgehoben. Als Ausgangspunkt für seine Ausführungen dient Tauler dabei die Naturbeobachtung, daß Schlangen zwischen zwei Steinen ihre alte Haut abstreifen. Dieser Funktion ähnelt nun die Gottheit und Menschheit Jesu Christi als Wahrheit und Weg des Menschen. An Christus, dem Stein, soll alle Herrschaft der Natur über die Tugenden des Menschen *gesloiffet* werden (s.95,28).

2.1. – 2.2.: Der Zustand eines Menschen, der mit seinem weltlich orientierten Herzen und seiner Eigenliebe seinen Grund besetzt, gleicht der harten, leblosen Beschaffenheit eines Steines, so daß Tauler vom *steinin grunde* (s.281,28) und vom *"hert steinin herze, hert und dúrre unde kalt"* (281,18) reden kann.

Tauler selbst sieht sich in Parallele zur Beschaffenheit von Steinen quasi leblos, zu keiner Empfindung mehr fähig: Er findet an Büchern, die er liest, keinen Geschmack mehr, hat keine Einfälle dazu mehr und ihn *"entfurt dar nach nút"*, so daß Tauler sein Verhalten als Tun *"in einer grober blinder wise"* (281,21) einstuft. Wenn er seinen eigenen Grund wahrnimmt, sieht er nichts als *"herte steinin berge"* (281,27).

3.1.: Menschen, die auf ihre eigenen Werke statt auf Gott setzen, werden zunehmend unsensibel für Gott; sie werden *herter* und *versteinter*, *blinder* und *grober* (s.282,12f).

4.1.: In Anbetracht der Erkenntnis der eigenen Fehler und Versäumnisse empfiehlt Tauler, daß der Mensch sich vor Gott in seinem Innern steinigen solle (s.284,1).

E. Seuse

2. *steinin*
2.1. *herz* (552,29; 547,20)

3. *ersteint*
3.1. *herz* (207,28; 222,19; 268,9)

4. *ersteinen*
4.1. *diener* (70,27)

2.1.: *Steininú hertzen* stehen als Bild für die erbarmungslose Gefühllosigkeit von Menschen, die jedoch beim Anblick des Blutes, das vom Gekreuzigten herabfließt (s.547,20) oder in Anbetracht der Wunden Jesu (s.552,29) vergeht, wie Seuse in Opposition zu *iseniu* und *steinin herz* mit der Metapher *erweichen* zur Sprache bringt (s.522,29f).

3.1.: Im Bild des *ersteinten herzen* macht Seuse die Gefühllosigkeit, Unbetroffenheit und Lieblosigkeit des Menschen anschaulich. Dieser Zustand kann - so die Hoffnung der Ewigen Weisheit - durch grenzenlose Minne, Barmherzigkeit und Freundschaft Gottes (s.207,28) oder durch die Tränen der Gottesmutter (s.268,9) verändert werden.

4.1.: Auf den Bericht vom Lebenswandel seiner Schwester hin *"ersteinot er von leide, und erstarb im sin herz, daz er gie als ein sinnloser mensch."* (70,27f)

stoss (1.)/ stossen (2.)

A. Mechthild von Magdeburg

2. *stossen*
2.1. *mensche* (VI 40,2(Pat))

2.1.: Mechthild beschäftigt sich mit der Möglichkeit, daß der Mensch seine festen Einstellungen verliert, indem er "*gestossen (wirt) mit der bekorunge des libes.*" (VI 40,2)

F. Margaretha Ebner

1. *stoss*
1.1. *genade* (75,20f)
1.2. *gewalt gocz* (92,15f)
1.3. *liden* (118,21f)
1.4. o.BE (93,3; 111,5.19; 120,5.14; 122,9; 134,3)

1.1. – 1.4.: Mit der Metapher *stoss* weckt Margaretha die Vorstellung, daß die Gnade (s.75,20f), die Gewalt Gottes (s.92,15f), großes Leiden (s.118,21f) sowie nicht näher bezeichnete Einwirkungen, die Krankheit zur Folge haben, gewaltsam auf den Menschen treffen und ihn erschüttern.

sweben (1.)/ insweben (2.)/ obsweben (3.)/ übersweben (4.)

A. Mechthild von Magdeburg

1. *sweben*
1.1. *sele* (I 2,17; II 18,8; III 1,10; V 14,5; 25,13.28; VI 16,18; VII 2,23; 57,34)
1.2. *minne* (II 21,13; VII 52,13)
1.3. *selige* (III 1,116; VI 10,22)
1.4. *mensche* (III 20,8; V 14,5; VII 25,9; 32,22)
1.5. *brut* (I 22,20)
1.6. *geist* (V 23,8)
1.7. *got/gotheit* (IV 5,23)
1.8. *Jesus Christus* (II 22,17; III 2,23)
1.9. *menscheit* (VII 57,14)
1.10. *gotesgabe* (VII 7,30)
1.11. *minnelust* (V 35,61)
1.12. *bilde* (VI 24,18)
1.13. *juncvrouwe* (VII 62,81)
1.14. *crone* (V 28,6; VII 1,90)
1.15. *baner* (VII 1,79)
1.16. *licham* (V 25,13; VI 26,4.14)
1.17. *wunne* (II 4,62; V 23,45)
1.18. *gebruchunge* (VII 45,25)
1.19. *vluot* (IV 12,18)

1.1.: Mechthild stellt sich die Bewegung der Seele im Bereich Gottes in Parallele zum Schweben in der Luft oder im Wasser vor. Die Grundlage für die Wahl dieser Metaphorik bildet die Absicht, die Seele als frei von irdischen Einflüssen darzustellen. Das Verb *sweben* ist insofern dazu geeignet, als es eine Bewegung beinhaltet, bei der der Mensch sich völlig unabhängig von der Erde in der Luft im Gleichgewicht hält. Dieser Bewegungszustand dauert umso länger an, als die Seele vom Leib, der das Sinken zur Erde bewirkt, gelöst ist: "*...min irdensch sinken kumt von diner einunge mines lichamen. Ie groesser loesunge du mir gist, ie langer ich in dir muos sweben.*" (II 18,7f) Entscheidend ist dabei für die Seele, daß Gott auf die Seele zukommt und sie aus ihrer irdischen Verhaftung befreit. In einem Vergleich wird die Bedeutung Gottes für die Seele mit der Funktion des Wassers für einen Fisch aufgewiesen; da die Seele wie ein "*visch mag uf dem sande nit lange leben und frisch wesen...*" (III 1,10), muß Gott *vliessen*; d.h. durch seine Zuwendung ihr Leben ermöglichen, so daß sie von den irdischen Dingen loskommt und zu einer Lebensweise findet, die metaphorisch mit *sweben* umschrieben wird. Damit ist in diesem Kontext eine Existenzweise gemeint, in der sich die Seele aufgrund des befreienden Einwirkens Gottes in Freiheit von aller irdischen Wirklichkeit vollzieht und sich auf Gott hin bewegt. Mit dieser Freiheit übertreffen Seele und Leib im Himmel alle anderen, wenn sie mit ihrer irdischen Existenz Gott auch in Widerwärtigkeiten loben: "*Hie von wirt sele und lip in himmelriche also ahtber und lobsan, das... sie hoher swebent denne die andern...*" (V 25,10f.13).

Im *sweben* der Seele sieht Mechthild auch Gemeinsamkeiten mit einer Tätigkeit, die völlig zweckfrei, ganz mühelos, allein zum Vergnügen erfolgt. Aus diesem Grund kombiniert sie *sweben* auch mit *spiln*, wenn es darum geht, die Tätigkeit der Seele im Bereich der göttlichen Dreifaltigkeit zu beschreiben: "*Und si (= die Seele) sol iemer me in miner heligen drivaltekeit mit sele und mit libe sweben und spilen sat und ertrinken als der visch in dem mere.*" (V 25,28f) Die Übereinstimmung zwischen beiden Vorgängen kann sogar so weit gehen, daß das Spielen von Christi Seele in der Dreifaltigkeit verglichen wird mit dem "*wunderlich bliken, das in der schoenen sunnen swebet...*" (V 27,13). Neben dem Verb *spilen* kann der in *sweben* enthaltene Bedeutungsaspekt der Freude bereitenden Tätigkeit auch durch die Verbindung mit dem Substantiv *wunne* hervorgehoben werden: die Seelen "*swebent in der wunne als der luft in der sunnen.*" (VII 57,34f)

1.2.: Im Zusammenhang mit Aussagen über die Minne kombiniert Mechthild die Verbmetaphern *vliessen* und *sweben*. Dies ist deshalb möglich, weil beide Metaphern eine Gleichmäßigkeit aussagen; wenn Mechthild in gleichlautenden Formulierungen von der *vliessenden* und von der *swebenden minne* der Heiligen spricht, ist der ganz unabhängige, gleichmäßige Vollzug ihrer Minne gemeint angesichts einer Situation, die von Pein bestimmt ist (s.VII 52,13). Diesen völlig freien, auf nichts angewiesenen Selbstvollzug in der Liebe kann Mechthild im Zusammenhang mit bildlichen Aussagen über Gott als 'Berg' auch dadurch verdeutlichen, daß sie zur Beschreibung von Gottes Tätigkeit die Metaphern *spilen*, *vliessen* und *sweben* miteinander kombiniert: "*... und er spilte in sich selber binnen vliessende goldvar in unzellicher minne. Do sprach ich: 'Herre, selig sint dú ougen, dú das minnesweben eweklich sont schowen'...*" (II 21,10-13).

547

1.3: Zum Status eines Seligen führt Mechthild aus, daß er frei ist von allem irdischen Jammer; denn *"er swebet in klarer wunne hoch über alle irdenische jamerkeit"* (VI 10,22). Die an dieser Textstelle mit der Verbmetapher *sweben* veranschaulichte Losgelöstheit von allem Irdischen wird an anderer Stelle dadurch präzisiert, daß der Zustand, in dem die Seligen im Himmel leben, thematisiert wird. Dabei fällt auf, daß durch die Formulierungen *"si swebent"* und *"wunneklichen lebent"*, *"ruowent in gottes kraft und vliessent in der wunne und haltent sich in dem gottes zuge als der luft in der sunnen..."* (III 1,116-121) Ruhe und Bewegung, Verharren im Schwebezustand und Lebensvollzug zur Charakterisierung der Art des Existierens der Seligen im Himmel herangezogen werden. Während *sweben*, *leben* und *ruowen* mehr den Aspekt der Existenzdauer aussagen, wird mit *vliessen* mehr der Aspekt des Vollzugs hervorgehoben. Insofern *wunneklichen leben* und *"vliessen in der wunne"* (III 1,116f.120) den gleichen Sachverhalt einmal durativ, zum anderen unter dem Vorgangsaspekt aussagen, beinhalten beide Verben wie auch die Verben *sweben* und *ruowen* keine Gegensätze mehr, sondern dienen Mechthild dazu, mit unterschiedlichen bis hin zu gegensätzlichen Vorstellungen den Zustand der Seligen im Himmel zu beschreiben.

1.4. – 1.6.: Die Metapher des Schwebens erscheint auch zum Aufweis dessen, daß der Mensch, der wie Mechthild durch alle List der Feinde hindurch mit Gottes Hilfe seinen Weg gehen soll, völlig frei durch diese widerwärtige Situation hindurchkommt (s.III 20,8). Im Rahmen der Gottesbeziehung steht die Verbmetapher *sweben* zum einen für die Annäherung der Braut oder des menschlichen Geistes (s.V 23,8) an den himmlischen Bräutigam (s.I 22,20); zum anderen stellt das *sweben* des Menschen aber auch ein Element der gesamten, mit mehreren Metaphern veranschaulichten Bewegung des Menschen auf die Dreifaltigkeit dar; schuldig geworden, muß der Mensch nämlich, um wieder in die Dreifaltigkeit zu gelangen, *widerkriechen, gan uf besserunge, louffen mit getrüwen vlisse, vliegen* sowie *"sweben an allen dingen über (sich) selber"* (VII 25,6-9). Der mit den Verben *vliegen* und *sweben* u.a. thematisierte Standortwechsel des Menschen erfolgt durch ein Verschieben der räumlichen Position von unten nach oben in die Höhe, wo Gott zu erreichen ist (s.III 1,13f); *vliegen* fungiert dabei als Metapher der Abstraktionsbewegung vom Irdischen; bewirkt wird die Abstraktion dadurch, daß der Mensch sich durch Tugenden, gute Werke und ein gutes Gemüt auszeichnet: *"Ich muos vliegen mit tubenvederen, das sint tugende und guete und heliges gemuete."* (VII 25,8f).

Im Bild des *sweben* macht Mechthild, im Unterschied zu *vliegen*, mehr die Art des Existierens anschaulich; diese ist geprägt davon, daß der Mensch unabhängig von den Dingen, in Transzendenz dazu, sich in Selbständigkeit vollzieht (s.VII 32,22).

1.7. – 1.13.: Die Seele ist der Bereich, in dem Gott, seine Gabe (s.VII 7,30) - speziell Jesus Christus (s.III 2,23) - sowie die göttliche Minnelust (s.V 35,61) zur Heilung des menschlichen Liebesleidens präsent sind, indem sie dort *sweben*.

An einer anderen Textstelle wird Jesus Christus - in Spannung zu III 2,23 - oberhalb der Seraphim lokalisiert (s.VII 57,14).

1.14. – 1.15.: Da in Gott alle Bewegung unabhängig vom Raum verläuft, *sweben* auch z.B. die sieben *cronen* von Frauen über dem Haupt eines Heiligen im Himmel (s.V 28,6) oder ein Banner auf der Krone, die am Jüngsten Tag auf der Menschheit Christi *sweben* wird (s.VII 1,79).

1.16.: Wenn die Seele erfüllt ist von leidenschaftlicher Gottesliebe, wirkt sich dies auf den Leib darin aus, daß er sich in göttlicher Freude völlig unabhängig - schwebend - aufhalten kann (s.V 25,13).

1.17.: s. 1.1.

1.18.: Das Anschauen Gottes und sein Verkosten haben in Gott ihren Ursprung: sie *"swebent us von dem lebendigen gotte"* (VII 45,25).

1.19.: Die *spilende vluot* - für die Seele von lebensentscheidender Bedeutung - ist in der Dreifaltigkeit präsent, indem sie dort *swebet* (s.IV 12,18).

C. Meister Eckhart

1. *sweben*
1.1. *krefte* (I 56,8)
1.2. *lieht* (III 230,14; 231,1)
1.3. *güete* (V 25,2f; 111,6)
1.4. *wesen* (I 70,2)

2. *insweben*
2.1. *nature* (I 87,6f)
2.2. *bekenntnis* (I 158,6)

4. *übersweben*
4.1. *wesen* (I 400,1; II 120,1; III 134,9f; 442,1)
4.2. *got* (II 161,7)
4.3. *lieht* (II 369,4; III 196,3f)
4.4. *mensche* (I 347,6)

1.1. – .1.3.: Das Bild des Schwebens findet bei Eckhart Verwendung für die Seelenkräfte, das göttliche Licht und die Güte. Die Verbindung zu Gott, die die als *sweben* vorgestellte durative Tätigkeit der Kräfte ermöglicht, ist dabei dadurch gegeben, daß die Kräfte *"ein inhangen in gote"* (I 56,9) haben. Im Unterschied zu den Kräften der Seele gewinnt das Licht, das Gott ist, seinen Standort dadurch, daß *"ez in im selben swebende ist"* (III 230,14). Diese Unabhängigkeit von jeglichem festen Bezugspunkt, die Gott als völlig freiem Wesen zu eigen ist, sagt Eckhart auch aus von der *luter güete*, die Gott ist (s.V 25,2f).

An anderer Stelle verdeutlicht Eckhart den Status der *güete*, indem er die in der metaphorischen Positionsbeschreibung *"in ir swebende"* thematisierte Selbständigkeit der *güete* ergänzt durch die Bestimmung *"unberüeret von diz und daz"* (V 111,6). Damit wird hervorgehoben, daß die metaphorisch durch *sweben* charakterisierte Position der *güete* einem Zustand entspricht, der frei von aller kreatürlichen Mannigfaltigkeit ist.

1.4.: Das Sein der Kreaturen befindet sich in Distanz zum kreatürlichen Bereich bei Gott, wo es *"swebet an der gegenwerticheit gotes"* (I 70,2f).

2.1.: Die allen gemeinsame menschliche Natur, die Christus angenommen hat, ist nach Eckharts Auffassung *"ein und einvaltic"* (I 87,7). Ihre Position erhält sie im *grunt*, wo der Vater seinen Sohn gebiert, indem sie sich dauernd dorthin - *inswebende* - bewegt.

2.2.: Genauso beschreibt Eckhart mit dem Verb *insweben*, wie die Erkenntnis quasi gleitend in den Bereich Gottes gelangt, wo die Seele dann ihre Seligkeit mittels der Erkenntnis erlangt (s. I 158,6).

4.1. – 4.3.: Die Transzendenz Gottes, des Seins, bzw. des göttlichen Lichtes und des mit Gott geeinten Menschen bringt Eckhart im Bild des *übersweben* zur Sprache. Insofern sich diese Metapher auf eine unabhängig von der Erde in der Luft sich vollziehende Bewegungsart bezieht, ergibt sich eine semantische Affinität zur Metapher *lûter*, die neben *übersweben* die Distanz von allem Irdischen beinhaltet: *"... diu vernunft der sêle nimet got, als er ein lûter wesen ist, ein überswebendez wesen."* (I 400,1f) Diese Aussagen zum Sein können durch weitere Bestimmungen noch zugespitzt werden; das *überswebende wesen* ist *"lûter âne natûre"* (II 120,1). Schließlich führt die mit *übersweben* angegebene Position Gottes in Bezug zum Sein zu dessen Negation; denn wenn Gott sich oberhalb vom Sein befindet, wie die metaphorische Formulierung *überswebende wesen* nahelegt, ist er selber kein Sein: *"'Got ist ein wesen' - es ist nit war: Er ist ein über swebende wesen und ein über wesende nitheit."* (III 442,1f) Darum entspricht es auch dem göttlichen Licht, daß es *"sô lûter, so überswebende und sô hôch"* ist (II 369,4). Die göttliche Gnade, die auch ein Licht ist, wie Eckhart bemerkt, muß infolgedessen auch jenseits alles Kreatürlichen sein. Es transzendiert dieses wie das persönliche Mensch-Gott-Sein Jesu Christi, das *"entwehset und überswebet dem ûzersten menschen"* (III 134,9f), indem es *"überswebende und übergânde"* ist über alles Geschaffene (III 196,3f).

4.4.: In der Auslegung von Lk 14,16 "Homo quidam fecit cenam magnam..." setzt Eckhart den in Lk 14 erwähnten Menschen mit Gott gleich (s.I 346,2f). Infolgedessen ist dieser Mensch *ein*, niemand *glich* und *"ist über al überswebende"* (I 347,6f; vgl. die Ausführungen zum göttlichen Sein in 4.1.-4.3.).

D. Tauler

1. *sweben*
1.1. *mensche* (141,17)
1.2. *abgrunt* (331,4)

1.1. – 1.2.: Tauler verwendet die Metapher *sweben* nur an wenigen Stellen. Er stellt sich mit ihrer Hilfe vor, wie sich der gelassene Mensch, der in Gott lebt, dort aufhält. Auch der *abgrunt*, der keinen festen Boden aufzuweisen hat, kennt keine feste Position, sondern existiert *"swebende in im selber sunder grunt..."* (331,4f).

E. Seuse

1. *sweben*
1.1. *mensche* (446,23)

2. *insweben*
2.1. *gnade* (173,17f)
2.2. *widerschlag* (185,16)
2.3. *inblik* (350,24)

2.4. *einikeit* (88,12)
2.5. *einvaltekeit* (193,21f)
2.6. *entsprunglichkeit* (185,6f)

3. *obsweben*
3.1. *kúngin* (111,14; 243,3)

1.1.: Dem Aufenthalt in Gott, im "*meiental der himelischen froeden*", verleiht Seuse Züge des *wonen* und *sweben* (446,23).

2.1. – 2.2.: Den Charakter einer gleitenden Flugbewegung spricht Seuse mit dem Verb *insweben* der Bewegung zu, durch die die göttliche Gnade alle Tage in Seuse gelangt ist (s.173,17f). Auch die Rückkehr der Trinität in die Einheit umschreibt Seuse metaphorisch als *insweben* (s.185,16f).

2.3.: Daß der Mensch sein von Gott unterschiedenes Sein im "*grunde dez nihtes*" (350,22) nicht mehr erkennt, ist nicht in der Nichtexistenz dieses Seins begründet. Vielmehr schlägt sich der *inswebende inblik* in Gott, der die Lösung von der kreatürlichen Verfaßtheit zur Bedingung hat, im menschlichen Auffassungsvermögen nieder; es erkennt jetzt nicht mehr die kreatürliche Mannigfaltigkeit und infolgedessen auch nicht mehr das von Gott unterschiedene menschliche Sein.

2.4. – 2.5.: Mehr in der Bedeutung 'innen schwebend', 'schweben in', 'in eins schweben' verwendet Seuse die Metapher im Zusammenhang mit Aussagen, die die göttliche Einheit betreffen (s.88,12), in der sich Gott und Gottheit sowie die drei göttlichen Personen in einer Art Dauerbewegung befinden (s.193,21f).

2.6.: Auch die unabhängige Präsenz der innertrinitarischen Differenz als Möglichkeit in der göttlichen Einheit bringt Seuse im Bild der "*inswebendú entsprunglichkeit der persoenlichen entgossenheit*" (185,6f) zur Anschauung; d.h. "*dú einikeit hat ir wúrklichkeit an der driheit und dú driheit hat ire mugentheit an der einikeit...*" (185,11f unter Berufung auf Augustinus, De trin I und VII).

3.1.: Mit *obsweben* veranschaulicht Seuse die Stellung, die die Gottesmutter gegenüber dem himmlischen Heer der Engel einnimmt.

G. Heinrich von Nördlingen

1. *sweben*
1.1. *mensche* (11,56; 21,28; 46,48)
1.2. *ewigen leben* (17,8f)

4. *ubersweben*
4.1. *leben* (16,74)

1.1. – 1.2.: Völlig frei von aller Erdanziehung sieht Heinrich Margaretha oberhalb seiner sündigen Seele in Gott *sweben* (s.11,56). Aber auch das ewige Leben sieht er oberhalb von sich "*schweben in den brinnenden flammen hoch fliegender minnen...*" (17,9).

4.1.: Von einem Menschen, der wie Paulus entrückt ist, behauptet Heinrich, daß sein Leben - mit der Verbmetapher *ubersweben* die räumliche Transzendenz hervorhebend - sich über allen Dingen bewegt (s.16,74).

---

swigen (1.)/ daz swigen (2.)/ usswigen (3.)/ stillen (4.)/ stilheit/ stille/ stilnis (5.)/ stil (6.)

B. David von Augsburg

5. *stille*
5.1. *geistliche weide* (349,21f)
5.2. *heimliche gotes* (395,23)

5.1. – 5.2.: Die Transzendenzbewegung des Menschen nimmt ihren Ausgang "*von unruowe der werltlîchen bekümbernüsse*" und endet in der "*stille der geistlichen weide*" (349,20f), eine *stille*, die charakteristisch für den Bereich Gottes ist.

C. Meister Eckhart

2. *daz swîgen*
2.1. *dinc* (III 266,4)
2.2. o.BE (I 312,9; III 266,5f)

5. *stilheit/stille/stilnis*
5.1. *got* (I 150,6f; III 335,2f; 342,3; 345,5; 346,8; 382,1)
5.2. o.BE (I 312,9; 317,4-6; II 200,1; III 266,5f)

5.3. *wîsheit* (V 112,17f)
5.4. *grunt* (II 421,1)

6. *still*
6.1. *vinsternis* (I 388,10)
6.2. *wüeste* (II 420,9)
6.3. *stan* (II 420,7)
6.4. *got* (II 307,2)
6.5. *mensche* (II 307,3)

2.1. – 2.2.: Die Situation, in der Gott erfahren werden kann, wird so dargestellt, daß - parallel zur visuellen Leere der Nacht - die Dinge "*in einem swîgenne*" sind (III 266,4): "*in der naht, sô kein crêatûre in die sêle enliuhtet noch enluoget, und in dem stilleswîgenne, dâ niht in die sêle enspricht, dâ wirt daz wort gesprochen in die vernünfticheit.*" (III 266,5-7)

In einer anderen Predigt macht Eckhart darauf aufmerksam, daß das göttliche Wort immer schon in der Seele präsent ist, jedoch aufgrund fremder, nichtgöttlicher Einwirkungen nicht erfaßt werden kann: Dies ist erst nach Entfernen aller Fremdeinflüsse möglich, wenn dort ein *lûter stilnisse, ein stilleswîgen* herrscht (s.I 312,9).

5.1.: Die Metaphern *stilheit/stille/stilnis* beziehen sich auf die Eigenschaft eines Raumes, akustisch leer zu sein, so daß keine bestimmte Sinneswahrnehmung zustandekommt. Eckhart setzt den von allem Nichtgöttlichen freien Bereich Gottes in Beziehung zur akustischen Leere (s. I 150,6f). Dieser Charakterisierung Gottes kann über die Metaphernkombination *"lûterkeit des stilnisses und der verborgenheit gotes"* noch um den Aspekt der Authentizität Gottes ergänzt werden (III 335,2f). Dies ist auch der Grund dafür, warum Gott kein - akustisch vernehmbarer - Name zugelegt werden kann (s.III 382,1).

5.2. – 5.4.: Im Bild von *"stille und ruowe"* verweist Eckhart auf die kreatürliche Leere in der Seele, die Voraussetzung dafür ist, daß Gott präsent wird, indem er *sprichet* bzw. seinen Sohn *gebirt* (s.I 317,4-7).

Eine andere Vorstellung besagt, daß die gottliebende Seele in einer Transzendenzbewegung von ihrem natürlichen Licht über das Licht des Engels bis zum Licht Gottes gelangt, wo die Seele *"blîbet... in einer stille der lûtern ruowe..."* (II 200,1; vgl. V 112,17f: *"stille der obersten unsprechelîcher wîsheit"*). Diese völlige - im Bild der *stille* veranschaulichte - Leere gilt insbesondere für den *grunt* der Gottheit, der *einvaltic* ist und dem Eckhart Züge einer *stille(n) wueste* ohne Unterschied und *"eine(r) einvaltic stille"* verleiht (II 420,9-421,1).

6.1. – 6.5.: Die Adjektivmetapher *still* steht für die göttliche Qualität der Leere; dementsprechend spricht Eckhart in Bezug auf den göttlichen Vater von einer *"stille(n) vinsternisse der verborgene vaterschaft"* (I 388,10f), von der *stillen wüeste* der Gottheit (II 420,9), vom *"stillestânden götlîchen wesene"* (II 420,7) sowie von Gott, in dessen Bereich *ez gar stille* ist (II 307,2), so daß der Mensch, der zu ihm kommen will, *"muoz gar stille sîn"* und - entsprechend der kreatürlichen Leere - *"gescheiden sîn von allen bilden... und formen."* (II 307,3)

D. Tauler

1. *swigen*
1.1. *mensche* (10,12; 12,1)
1.2. *got* (10,13)
1.3. *krefte* (238,20)
1.4. *ding* (182,2)

2. *daz swigen*
2.1. o.BE (10,14; 11,31.34; 12,11; 55,26; 117,31; 166,31f; 244,8; 254,20; 400,12; 401,28)
2.2. *bilde* (401,22f)
2.3. *forme* (401,22f)
2.4. *krefte* (406,12)

3. *usswigen*
3.1. *ding* (401,29(Pat)

4. *stillen*
4.1. *ding* (351,3(Pat))
4.2. *gedenke* (217,34(Pat))
4.3. *bilde* (217,34(Pat))
4.4. *forme* (217,34f(Pat))

5. *stille*
5.1. o.BE (11,27; 104,24; 238,21; 244,8; 250,24; 350,20)
5.2. *ewikeit* (239,25)
5.3. *got* (411,33)

6. *still* (Adj.)
6.1. *einekeit* (33,28)
6.2. *verborgenheit* (33,29f)
6.3. *einsamkeit* (277,32)
6.4. *abgrunt* (102,22)
6.5. *gebruchen* (156,28)
6.6. *rasten* (102,21)
6.7. *ruowe* (244,24f)
6.8. *swigen* (117,31; 254,20; 301,1)

1.1. – 1.4.: Die Parallelisierung mit dem sprachlichen Verhalten des Menschen dient Tauler dazu, das geistige Geschehen zu erfassen, durch das der Mensch seinen *grunt* für die Wirklichkeit Gottes empfangsbereit macht: "*Und darumbe soltu swigen: so mag dis wort diser geburt in dich sprechen und in dir gehoert werden.*" (10,11-13) Die im Bild des Schweigens veranschaulichte Passivität des Menschen wird zum Verhalten Gottes, wenn der Mensch anstelle der notwendigen Passivität sich aktiv verhält und *sprichet* (s.10,13). Damit Gott sich äußern und im Bereich des Menschen *adelichen würken* (s.182,2) kann, müssen ferner auch alle *krefte* (s.238,20) sowie alle Dinge *swigen*, damit "*ime ein stat und gerum gegeben werde und man Got lide.*" (182,3)

2.1. – 2.4.: Wenn die Situation gegeben ist, daß im Menschen (s.12,11) "*alle ding sint in dem hoehsten swigende*" (11,34), ist das göttliche Wort erfahrbar. Diese Situation wird in einer anderen Predigt genauer bestimmt durch: *luterkeit, blosheit, friheit, einikeit, innerliche und usserliche swigen, demuetikeit, alle tugenden* (55,25f). Das gottentsprechende Verhalten des Menschen besteht in völliger Passivität, Authentizität und Leere: "*noch gedank noch nút denne ein inwendige gantz gelossen stilles swigen in einem in gekerten gemuete und Got luterlich ze wartenne was er in im würken welle...*" (254,20-22). Um diesen Zustand zu realisieren, muß der Mensch sich seinem Inneren zuwenden und dort "*in stilliu und in swigende sunder alle werk und bilde*" (244,8f) verharren und sich in der "*einikeit des geistes*" auf Gott beziehen (400,12), der selbst - wie Tauler im Bild der *vinsternis* und des *stille swigen* (s.117,31) zur Sprache bringt - völlig leer und deshalb nicht wahrnehmbar ist. Mit "*eime stille swigende aller bilde und formen*" (401,22f) kommt der Mensch dann in die göttliche *vinsternisse*, wo er dann, wenn sich seine Kräfte völlig passiv verhalten - "*in eime innewendigen stillen swigende alle irre krefte*" (406,11f) -, mit Gott "*insinckende und insmeltzende*" eins wird.

3.1.: Die im Bild des Schweigens veranschaulichte Situation der Gotteserfahrung wird hinsichtlich der Wirkungslosigkeit der Dinge genauer bestimmt: "*... do alle ding... usgeswigen worent...*" (401,29).

4.1. – .4.4.: Der Mensch erreicht seine innere Einsamkeit, wenn er, wie Tauler mit der Metapher *stillen* zur Sprache bringt, die Wirksamkeit aller Gedanken, Bilder, Formen (s.217,34f) und Dinge (s.351,3) in sich beendet. Die Seele erkennt dann ihr eigenes Sein, ihre Kräfte und daß sie ein Bild Gottes ist.

5.1.: Weil Werke und Gedanken ein Hindernis für das göttliche Handeln im Menschen sind, muß der Mensch jegliche eigene Aktivität beenden sowie die Einwirkung von allem Nichtgöttlichen unterbinden (s.104,23f), und "*im ein stille machen... Aber denne ensol der mensche nút tuon denne das er Got lide.*" (238,21.22f) Im *gemuet*, dem *grunt* des Menschen, existiert als Dauerzustand, was der Mensch in seinem übrigen Bereich immer neu realisieren muß; mit Proklus setzt Tauler infolgedessen diesen *grunt* in Beziehung zu *slaf, stille* und *goetlich rasen* (350,20).

5.2. – 5.3.: Als *"ein stille unwandelber"* (239,25) sieht Tauler die Ewigkeit bzw. den Bereich in Gott, in dem der menschliche Geist seine Ruhe finden kann (s.411,33).

6.1. – 6.6.: Aufgrund des Fehlens jeglichen Unterschiedes hat Gott eine Qualität, die Tauler in Parallele setzt zur akustischen Leere: *"... ist ein luter stille heimliche einkeit"* (33,28), *"ein wesenliche stille verborgenheit"* (33,29f). Diese Monotonie evoziert verschiedene Assoziationen, die die Unterschiedslosigkeit, das Alleinsein bzw. die Leere in unterschiedlicher Weise akzentuieren: *"Denne mag der mensche an sehen die eigenschaft der goetlichen wuestenunge in der stillen einsamkeit, do nie wort... inne gesprochen enwart noch werk gewürkt enwart; denne do ist es so stille, so heimelich und so wuest."* (277,31-34) Wenn der Mensch sich in Gott befindet bzw. *"in dem minneclichen stillen abgrunde"* (102,22), erfährt er die Beziehung zwischen Gottvater und Gottsohn als *"ein stilles einvaltig gebruchen"* (156,28). Für den Menschen bedeutet das Sein in Gott ein *"dunster stille(s) rasten in dem abgrunde"* (102,21).

6.7.: Damit Gott kommt, muß der Mensch in sich *"ein stille ruowe"* herstellen (244,24f).

6.8.: *Still* tritt an mehreren Stellen verstärkend zu *swigen* hinzu.

E. Seuse

2. *daz swigen*
2.1. *inrkeit* (211,5)

4. *stillen*
4.1. *wise* (474,14f(Pat))

5. *stille/stilheit*
5.1. *sele* (152,10)
5.2. *gemuet* (192,26f; 352,12)
5.3. *dunsterkeit* (189,23)
5.4. *einikeit* (186,11)
5.5. *sunheit* (184,23)
5.6. *schowen* (477,10)
5.7. o.BE (170,1; 186,23; 187,7f; 245,17; 309,27; 474,23)

6. *still*
6.1. *swigen* (211,5)

2.1.: Die Schweigemetapher findet sich zur Bezeichnung eines inneren Zustandes, der Ergebnis der Sammlung des Menschen von aller Äußerlichkeit ist (s.211,4f).

4.1.: Im Zusammenhang mit der Metapher des Sterben steht das Bild, daß die eigene *wise* des Menschen *gestillet* sein muß (s.474,14f).

5.1. – 5.2.: *Stilli* ist Metapher für die Disposition der *sele* bzw. des *gemuetes*, in der dem Diener die Sinne vergehen (s.152,10), oder in der dem Menschen ein *vernúnfigez bilde* begegnet (s.352,12), das das *niht* ist. Die mit *"stillheit (des) ge-*

muetes" veranschaulichte geistige Leere gilt Seuse auch als Voraussetzung für die ausschließliche Konzentration auf Gottvater und Jesus Christus (192,26f).

5.3. – 5.6.: Wenn der menschliche Geist den göttlichen *inblik* erfährt, wird er seinen Kräften und sich selbst entrückt. Derart *"entwúrket und entgeistet"* (189,21) ist er nicht mehr in der Lage, die in den Bildern *stillheit, dunsterheit* und *blosse einikeit* zur Sprache gebrachte göttliche Monotonie, Leere und Unterschiedslosigkeit zu stören. Diese Qualitäten der göttlichen *einikeit* kann Seuse auch durch die Kombination von visueller und akustischer Bildlichkeit veranschaulichen: *"Disú blossú einikeit ist ein vinster stillheit..."* (186,11). Als Ort der *"blossen goetlichen sunheit"* ist diese Einheit *nihtekeit, weslichú stilheit* aus der Perspektive der Entrückung und aufgrund der *vinstren wiselosekeit* ohne Mannigfaltigkeit (s.184,20-185,1). Dementsprechend steht das Bild der akustischen Leere ferner für die Situation des göttlichen *schowens* (s.477,10).

5.7.: Als Übung zur Erreichung der Vollkommenheit empfiehlt Seuse die Sammlung von aller Mannigfaltigkeit *"in ein einvaltig stilheit"* (474,23). Dieser der Mannigfaltigkeit entgegengesetzte monotone Zustand wird auf folgende Weise erreicht: durch Befreiung von allem leiblichen Verlangen (s.309,27), so daß der Mensch in seinem ganzen Denken ausschließlich mit Gott in Kontakt steht; durch das Sich-selber-Lassen und durch das Ent-werden, infolgedessen ein übernatürliches Leben im Gegensatz zu einer von Bewegung und Sinnlichkeit bestimmten Existenz beginnt (s.170,1).

Dem göttlichen Sein entspricht wegen seiner Einfachheit der im Bild der Stille zur Sprache gebrachte Zustand der Monotonie, Leere bzw. Unterschiedslosigkeit; infolgedessen sind alle Dinge im göttlichen *"wesen in einer inwesender stillheit"* (187,7f).

6.1.: Wie bei Tauler kann *still* verstärkend zu *swigen* hinzutreten (s.211,5).

| **swimmen (1.)/ ufswimmen (2.)/ verswemmen (3.)** |

| *A. Mechthild von Magdeburg* |

1. *swimmen*
1.1. *die seligen* (VII 1,105)

1.1.: Die Wirkung des Hl. Geistes, der seinen *minnenden himelvlus* ausgießt und die Seligen damit beschenkt, zeigt sich darin, daß die Seligen auf Gott zu in Bewegung geraten. Mechthild veranschaulicht dieses vom Hl. Geist beeinflußte Geschehen, indem sie Bewegungsabläufe verschiedener Art miteinander kombiniert: *"... si ... vliessent und swimment, si vliegent und klimment von kore ze kore und vúr des riches hoehin..."* (VII 1,105f).

| *D. Tauler* |

1. *swimmen*
1.1. *geist* (263,19f.21.30)

2. *ûfswimmen*
2.1. *andaht* (84,18)
2.2. *gemuete* (238,35)
2.3. *nature* (265,8)
2.4. *die frijen geiste* (250,4f)

1.1.: Bei Tauler bezieht sich die Metapher *swimmen* auf die Tätigkeit des menschlichen Geistes, wodurch sich dieser über sich selbst hinaus auf die göttliche Finsternis zubewegt. Diese - entgegen der feststehenden Bedeutung von *swimmen* - vertikal nach oben verlaufende Bewegung übertrifft bei weitem das Fliegen des Adlers in Richtung Sonne sowie das Aufsteigen des Feuers in den Himmel (s.268,19-21).

2.1. – 2.4.: Um noch präziser zum Ausdruck zu bringen, daß das mit der Schwimmbewegung verglichene geistige Geschehen vertikal nach oben verläuft, spricht Tauler an vielen Stellen von *ûfswimmen*. Verstärkt durch die Verbmetapher *übergan* will Tauler u.a. damit zum Ausdruck bringen, daß die Andacht des Menschen, d.h. das Anhangen des Menschen an Gott mit allem, was er ist, den Menschen über alles *smacken* und *bevinden* führt. Die Richtung, in der das geistige Geschehen verläuft, hat darin ihren Grund, daß Gott als anvisiertes Ziel in räumlicher Vorstellungsweise von Tauler oben lokalisiert wird. Darum stellt Tauler die Annäherung des *gemuete* an Gott auch vor als *"uf swimmen in die hoehi der über weselicheit"*, was zugleich ein *"über klimmen alle nidere sinneliche ding"* (238,35f) bedeutet. Was das *gemuete* realisiert, ist der Tendenz nach schon immer in der menschlichen Natur angelegt, allerdings in negativer Weise; denn dieser Wunsch der Natur, *"das si uf swimmet"* (265,8), führt zur Überheblichkeit und damit zum Hochmut. Dieses Verhalten manifestiert sich u.a. bei den *frijen geiste*, die in ihrer Verblendung meinen, die Wahrheit erkannt zu haben, und infolgedessen *ûfswimmen*, d.h. sich erheben mit ihrem eigenen Wohlgefallen und ihrer Selbstgefälligkeit (s.250,4f).

| *E. Seuse* |

1. *swimmen*
1.1. *mensche* (173,25; 180,5; 247,8f)
1.2. *geist* (185,27)

3. *verswemmen*
3.1. *mensche* (225,16(Pat); 245,12(Pat))
3.2. *sele* (477,18(Pat))

1.1. – 1.2.: Mit Hilfe eines irrealen Vergleichs versucht Seuse die Erfahrung seiner Versenkung in Gott, von der er nichts direkt aussagen kann (s.173,21), anschaulich zu machen, indem er seinen, von irdischer Wirklichkeit nicht bestimmten Zustand in Beziehung setzt zum Schweben in der Luft und zum Schwimmen *"in dem tiefen wage gotes grundlosen wundern"* (173,24f). Was in der Metaphorik des Fliegens und Schwimmens zur Sprache kommt, ist die Erfahrung des Freiseins von der Fixiertheit auf den irdischen Erfahrungsraum und seine spezifischen Formen der Fortbewegung, so daß sich der menschliche Geist - alles Irdische transzendierend - Gott nähern und sich in Gottes grundloser Tiefe zu bewegen vermag (s.185,27). Die Losgelöstheit von der Erde bildet auch die Grundlage dafür, durch Vergleich mit der Flugbewegung des Adlers die Schwimmtätigkeit des Menschen in Gott zu erläutern (s.180,5).

Ein anderer semantischer Schwerpunkt liegt der Verbmetapher zugrunde, wenn Seuse im Hinblick auf die Situation von unverständigen Menschen ausführt, daß sie in Kummer, Mühsal und Leiden *swimment* (s.247,8f). Hierbei stellt sich Seuse vor, daß diese Menschen diese Widerwärtigkeiten in solcher Fülle erfahren, daß diese sich quasi über die Menschen ergießen und deren Situation völlig bestimmen.

3.1. – 3.2.: Der Vorgang des Wegschwemmens wird bei Seuse zum Bild für den durch die Überfülle Gottes bewirkten Positionswechsel des Menschen, der in Gott gelangt ist: im *"tief abgründe der wiselosen gotheit"* wird der Mensch *versenket, verswemmet* und vereint (245,12). Der Positionswechsel widerfährt dem Menschen u.a., wenn die Ewige Weisheit ihn mit Minne umgibt (s.225,16), oder wenn die Seele Gott allein anhaftet (s.477,18). Das Ende des mit *verswemmen* anschaulich gemachten geistigen Geschehens bildet in jedem Fall die unio mit Gott.

---

swingen (1.)/ erswingen (2.)/ har nider swingen (3.)/ inswingen (4.)/ ufswingen (5.)/ swank (6.)/ überswank (7.)/ ufswenken (8.)

A. Mechthild von Magdeburg

---

3. *har nider swingen*
3.1. *goetlich atem* (VI 13,21)

6. *swank*
6.1. *ere* (V 32,3)

5. *ufswingen*
5.1. *goetliche gabe* (VI 13,28f)

3.1.: In Richtung nach unten verläuft nach Mechthilds Vorstellung der durch die Metapher *harnider swingen* als flugähnliche Bewegung charakterisierte Vorgang, durch den der göttliche Atem aus der Hl. Dreifaltigkeit in die Seele dringt (s.VI 13,21).

5.1.: Die von Gott den Menschen mitgeteilte göttliche Gabe bereitet ihrem Urheber ewiges Lob und endlose Ehre, wenn sie *mit voller fruht* (s.VI 13,28) wieder zu ihm zurückkehrt. Da Gott von Mechthild in der Höhe angesiedelt wird, verleiht Mechthild mit dem Verb *ufswingen* diesem geistigen Geschehen Züge einer kraftvoll vertikal nach oben verlaufenden Flugbewegung.

6.1.: Obwohl Mechthild am liebsten schweigen würde, da sie *"den heimlichen swank der ere"* fürchtet (V 32,3), schreibt sie gezwungenermaßen.

D. Tauler

2. *erswingen*
2.1. *gemuete* (239,20f)
2.2. *krefte* (363,10)

4. *inswingen*
4.1. *mensche* (388,7f)

6. *swank*
6.1. *mensche* (333,22; 383,23)

7. *überswank*
7.1. *geist* (152,35f; 252,17)

2.1. – 2.2.: Das Verlassen der kreatürlichen Wirklichkeit mit dem Ziel, zu Gott zu gelangen, entwirft Tauler nach dem Muster einer Aufwärtsbewegung, bei der man fliegend die Erde zurückläßt. Dementsprechend verwendet Tauler neben der Formulierung *"in einem erhebende des gemuetes über alle die bilde und formen"* konkretisierend den Ausdruck *"in einem erswingende über alle geschaffene ding"* (239,19-21). Die Freiheit des Geistes sieht Tauler geradezu darin begründet, daß das *"gemuete sich erswingen"* kann über alles Geschaffene hinweg (s.239,19).

Was die sinnlichen und vernünftigen Kräfte des Menschen anbelangt, setzt Tauler ihre Aufwärtsbewegung zu Gott bzw. in den göttlichen Abgrund metaphorisch in Beziehung zu einem Transportvorgang, indem er diesen Vorgang als ein *sich uftragen* und - kombiniert damit - als *sich erswingen* darstellt (363,10).

4.1.: Tauler wählt das Bild des *inswingen* zur Veranschaulichung der Positionsverlagerung des Menschen in den inwendigen Menschen (s.388,7f).

6.1.: Wenn der Mensch von der - jegliche Eigentätigkeit unterbindenden - gefangenen Minne auf die verwundete Minne zurückkommt, soll er einen *swank* (s.333,22) tun und die Minne vorantreiben. Als *swank* in die Wunden Jesu (s.383,23) erscheint auch das Geschehen, durch das der Mensch in die Leidensnachfolge Jesu eintritt.

7.1.: Die göttliche überströmende Gnadenfülle löst einen inneren Prozeß beim Menschen aus, der den menschlichen Geist in Gott führt. Tauler wählt für dieses Geschehen das Bild, daß der menschliche Geist einen *überswank* in den göttlichen *abgrunt* vollzieht (s.152,35f).

An einer anderen Textstelle hat die Einwirkung der *starken minne* auf den menschlichen Geist den gleichen Effekt: der Geist tut einen *überswank* aus sich selbst in ein Unwissen, das ihn in eine Unkenntnis, dann aber wieder in die Erkenntnis seines Nichts führt (s.252,17). In Parallele zu diesem Geschehen setzt Tauler das Handeln Gottes, dessen Darstellung er dem Bild des *überswank* voranstellt: Gott *zúhet* den menschlichen Geist *uf in sich*, *"und denne in im selber sinkt er rechte nieder und meinet minre denne ein mensche ze sinde."* (252,11f) Die

Erklärung für diesen Wechsel sucht Tauler im Entzug Gottes, wie aus Taulers Vergleich mit einem kochenden Wasserkessel zu entnehmen ist: *"... und wenne man denne das für us zúhet, so sinkt es tieffe hin nider."* (252,14f)

E. Seuse

1. *swingen*
1.1. *gotheit* (330,22)
1.2. *mensche* (424,25)

2. *erswingen*
2.1. *krefte* (156,4f)
2.2. *geist* (185,26)

4. *inswingen*
4.1. *geist* (193,22(Pat))

5. *ufswingen*
5.1. *mensche* (158,26; 375,32; 448,10f)
5.2. *geist* (193,4f)

6. *swank*
6.1. *mensche* (408,6)

8. *ufswenken*
8.1. *mensche* (27,30(Pat))

1.1.: Die Geburt des göttlichen Sohnes beschreibt Seuse als ein Geschehen, für das die mit der göttlichen Natur identische vermögende Kraft des Vaters verantwortlich ist. Obwohl Seuse betont, daß der Unterschied zwischen der nicht gebärenden Gottheit und Gott, der gebiert und wirkt, nur Produkt der kreatürlichen Sichtweise ist (s.331,7-9), konkretisiert er auf diese Weise, wie die Gottheit zur *berhaftikeit* Gottes beiträgt. Zu diesem Zweck macht er im Bild einer kraftvollen Bewegung, die von einem bestimmten Befestigungspunkt ausgeht und einen Bogen beschreibt, das Fruchtbarwerden Gottes anschaulich: es ist dadurch entstanden, daß sich *"gotheit ze gotte geswungen"* hat (330,22f).

1.2.: Der Akzent der Verbmetapher kann auch mehr auf der mit kraftvollem Schwung vollzogenen Bewegung liegen, wenn Seuse mit dem Bild des *"swingen in ein minnen"* (424,25) auf die Hinwendung des Menschen zur Minne verweist.

2.1.: Der sich mit seinen Fittichen emporschwingende Adler, an den Seuse unter Anspielung auf Dtn 32,11 erinnert, dient als Vorstellungsmodell für das Geschehen, durch das der Mensch mit den obersten Kräften der Seele *"in die hoehi ... eines seligen volkomen lebens"* (156,5f) gelangt.

2.2.: Mehr im Sinn von einer schwungvollen Bewegung steht das Verb *erswingen* für den Vorgang, bei dem der menschliche Geist sich in das *übervernünftig wa* Gottes begibt. Wegen der endlosen Höhe nimmt diese kraftvolle Bewegung die Form des Fliegens an, wegen der grundlosen Tiefe Gottes wird der Geist *swimmende* (s.185,27).

4.1.: Mit dem Verb *inswingen* macht Seuse den Versuch, anhand dieser kraftvollen, einen Bogen beschreibenden Bewegung ins Bild zu bringen, wie der menschliche Geist zusammen mit den drei göttlichen Personen in den *abgrunt* der göttlichen Einfaltigkeit gelangt (s.193,22).

5.1.: Mit der Verbmetapher *ufswingen* wird eine Sicht evoziert, die das Geschehen, in dem der Mensch von allen kreatürlichen Vorstellungen durch seine Vernunft *geloeset wird* und sich von Raum und Zeit trennt, parallelisiert mit entsprechenden Fortbewegungsmöglichkeiten in der Tierwelt (s.158,26f).

An anderer Stelle, im 5. Brief des Briefbüchleins, führt Seuse die Tatsache, daß Menschen, die an Traurigkeit und Schwermütigkeit gefesselt waren, alles Irdische hinter sich zu lassen vermögen, auf die Einwirkung der göttlichen Weisheit zurück; denn ihr ist *dú wandlung* (s.376,7) dieser Menschen zu verdanken, *"die swingent... uf über alles, das ertrich geleisten mag..."* (375,32).

5.2.: Ein Aspekt der Rückkehr des menschlichen Geistes in seinen göttlichen Ursprung, nachdem dieser sich von der sündigen Welt abgewandt und die Betätigung seiner äußeren Sinne eingestellt hat (s.192,31f), stellt für Seuse (als besondere Auszeichnung des Geistes) die Möglichkeit dar, seine Position derart zu verändern, daß er *"sich uf swinget mit goetlicher kraft in sin liehtrichen vernúnftkeit"*, wo er die Erfahrung himmlischen Trostes macht (s.193,5-7).

6.1.: Die Umkehr des Menschen von den Kreaturen weg sieht Seuse als *frigen swank* (s.408,6).

8.1.: Das Singen des Sursum corda in der Messe lassen in Seuse Gedanken entstehen, durch die er - wie Seuse mit *ufswenken* ins Bild bringt - zu Gott gelangt (s.27,30).

tabernackel (1.)

D. Tauler

1. *tabernackel*
1.1. *mensche* (423,37)

1.1.: Mit dem Bild des *tabernackel* verweist Tauler auf die Eigenschaft des menschlichen Inneren, Ort der Anwesenheit Gottes zu sein.

tac (1.)/ naht (2.)/ morgen(lieht) (3.)/ morgenbekentnis (4.)/ morgenrot (5.)/ morgenstern (6.)/ mittenmorgen (7.)/ mittac (8.)/ abent(lieht) (9.)/ abentbekentnis (10.)/ ostertac (11.)

A. Mechthild von Magdeburg

2. *naht*
2.1. *leben* (III 24,33)

11. *ostertac*
11.1. *sele* (I 3,19)

2.1.: Mechthild zeigt im Bild der Nacht, daß das irdische Leben ohne Gott perspektivenlos ist (s.III 24,33).

11.1.: In Parallele zu Tod und Auferweckung Jesu spricht die personifizierte Minne vom *ostertac* der Seele, an dem es nach dem Tod des Leibes zur Begegnung der Seele mit ihrem göttlichen Geliebten kommt (s.I 3,19).

B. David von Augsburg

9. *abent*
9.1. *tod* (314,32)

9.1.: Das Bild des zu Ende gehenden Tages steht für die letzte Phase des Lebens, der vom Tod bestimmten Lebenszeit, wo der Teufel den von irdischem Besitz und Annehmlichkeit bestimmten Menschen heimsucht (s.314,32).

C. Meister Eckhart

1. *tac*
1.1. *sêle* (I 166,2.6f; 170,11; 326,10-12; II 187,1f.6.9f; 198,9.11; 200,2)
1.2. *got* (I 166,2.6f; 170,11)
1.3. *ewicheit* (I 166,9; 167,2; III 250,1f)
1.4. *vernünfticheit* (I 174,6f)
1.5. *wisheit* (I 174,6f)
1.6. *gerehtikeit* (I 174,6f)
1.7. *selikeit* (I 174,7f)

2. *naht*
2.1. *crêatûre* (I 133,1f; III 219,10; 220,1; 250,3)
2.2. *dinc* (II 222,3)
2.3. *niht daz erste lieht* (III 220,3)
2.4. o.BE (III 220,3; 266,5)

3. *morgen(lieht)*
3.1. *bekennen* (I 133,3f; V 116,14f)
3.2. *verstantnis* (II 221,4; 222,1; 223,5)

3.3. *natiurlich lieht der sêle* (I 320,1;
    II 199,1)
3.4. *goettliches lieht* (I 342,8f)
3.5. *lieht* (III 426,1)

7. *mittenmorgen*
7.1. *lieht des engels* (I 320,2f; II
    199,3)

8. *mittac*
8.1. *bekennen* (I 133,5)
8.2. *goettliches lieht* (I 320,6f; II
    199,3f)
8.3. *sêle* (I 326,11)

9. *abent(lieht)*
9.1. *bekennen* (I 133,2f; V 116,13)
9.2. *natiurlich lieht* (II 222,1f; 223,3f)
9.3. *ruowe* (II 200,1; 198,7f)
9.4. *sêle* (I 326,14f; 343,2f; II
    187,10f)

1.1.: Ähnlich dem Tag, der durch das Sonnenlicht seine Helligkeit erhält und sich dadurch von der Nacht unterscheidet, stellt Eckhart sich die Wirkung des göttlichen Lichtes auf die Seele vor, so daß er von einem geistlichen Tag der Seele spricht: *"Sô diu sunne ûfbrichet, daz ist des morgens lieht; dar nâch sô liuchtet si ie baz und ie baz... Ze glicher wîs alsô brichet daz götlîche lieht ûf in der sêle... Enkeine wîs wirt ez niemer tac geistlîche in der sêle, si enhabe denne empfangen ein götlich lieht."* (I 326,8f.10-13) Dieser Tag läßt Morgen, Mittag und Abend nicht vorübergehen, sondern vereinigt sie aufgrund der besonderen Qualität der Seele, der aus dem Empfang des göttlichen Lichtes resultierenden Zeitlosigkeit (s.II 187,6-9). An anderer Stelle identifiziert Eckhart das *nû* mit dem Tag und dem natürlichen Licht der Seele (s.I 166,7-8). Infolge der Aufhebung der Zeit sind *"tac und naht ein"* (I 166,8); alle Dinge werden von ihr unter Wegfall jeglicher räumlichen und zeitlichen Differenz erkannt; Gott gebiert in diesem *nû*, der auch *gotes tac* und *"tac der ewicheit"* ist (I 166,8f), seinen Sohn, wie auch die Seele den eingeborenen Sohn in diesem *tac* gebiert (s.I 166,11ff).

Eine Kombination der verschiedenen Einwirkungen auf die Seele - natürliche Vernunft, Engel und Gott - stellt Eckhart anhand des Tageszeitenwechsels vor, der aufgrund unterschiedlicher Lichteinstrahlung jeweils eine unterschiedliche Helligkeit hat: *"Daz natiurlich lieht der sêle daz ist der morgen. Swenne diu sêle sich brichet in das hoehste und in daz lûterste in dem liehte und alsô tritet in des engels lieht, in dem liehte ist ez mittenmorgen; alsô tritet diu sêle ûf mit des engels liehte in götlich lieht, daz ist der mittac; und diu sêle blîbet in dem liehte gotes und in einer stille der lûtern ruowe, daz ist der âbent; danne ist ez allerheizest in der götlîchen minne. Nû sprichet er: 'ez was âbent des tages'. Daz ist der tac in der sêle."* (II 199,1-200,2).

1.2. – 1.3.: Entgegen dem im Begriff des Tages implizierten Zeitablauf gilt für den *tac gotes*, daß in ihm (wie auch schon beim Tag der Seele) das Vergehen der Zeit ausgeschlossen ist. Da der mit der Metapher *tac* thematisierte Zeitraum *über zît* (s.I 167,2) jede zeitliche Begrenzung und jeden zeitlichen Unterschied außer Kraft setzt, kann Eckhart den *tac gotes* auch mit dem *"tac der êwicheit"* und dem *wesenlîchen nû* gleichsetzen (I 166,8f).

Um die Präsenz Gottes in der Ewigkeit deutlich zu machen, verknüpft Eckhart die Licht- mit der Tagmetaphorik, indem er Gott als *wâr lieht* bezeichnet (s.III

250,5; vgl. Joh 1,9), das das Charakteristikum des Tages, die Helligkeit, verursacht: "... *in dem tage der êwicheit, dâ ein ganz lieht ist. Waz ich in gote bekenne, daz ist ein lieht.*" (III 250,2f)

1.4. – 1.7.: Die Zeit, die ganz von Vernünftigkeit, Weisheit, Gerechtigkeit und Seligkeit bestimmt ist, bezeichnet Eckhart als "*tac der vernünfticheit, gerehticheit und saelicheit*" (I 174,6f).

2.1. – 2.3.: Die Tageszeitenmetaphorik hat bei Eckhart die Funktion, anhand der Lichteigenschaft der jeweiligen Tageszeit Nähe und Ferne zu Gott, dem *ersten lieht* (s.III 220,3), darzustellen. Da die Kreaturen sich zu Gott verhalten wie die Finsternis zur Helligkeit, ist alles, was der Mensch bei den Kreaturen sucht, "*schaten und naht*" (III 220,1). Auch was mit den Kreaturen oder den Dingen (s.II 222,3) in Kontakt kommt, wird von Eckhart dem Bereich der Nacht zugeordnet im Unterschied zum wahren Licht, das man ist, wenn man Kreatürliches nicht berührt (s.III 250,3). Grundsätzlich gilt: "*Swaz daz êrste lieht niht enist, daz ist allez tunkel und ist naht.*" (III 220,3)

2.4.: Anknüpfend an die im Begriff 'Nacht' implizierte fehlende natürliche Lichteinstrahlung stellt der metaphorisch mit *naht* umschriebene Sachverhalt aber auch (im Gegensatz zu 2.1.-2.3.) einen Zustand der Seele dar, bei dem keine kreatürliche Einwirkung auf die Seele stattfindet, - Voraussetzung dafür, daß Gott sein Wort in die Seele spricht (s.III 266,5f). Dieser in Parallele zu visueller Erfahrung veranschaulichte Sachverhalt kann auch noch durch die Berücksichtigung akustischer Erfahrung dahingehend konkretisiert werden, daß die lichtfreie Nacht mit dem *stilleswîgen* kombiniert wird, "*dâ niht in die sêle ensprichet...*" (III 266,6).

3.1. – 3.2.: Die unterschiedliche Helligkeit zu verschiedenen Tageszeiten bildet die Grundlage, um unterschiedliche Erkenntnisarten unter dem Gesichtspunkt ihrer Beziehung zu Gott entsprechend dem Gegensatz von hell und dunkel auszusagen: "*Sant Augustinus sprichet: swenne die engel die crêatûren âne got bekennent, daz ist ein âbentlieht; oder swenne sie die crêatûren in gote bekennent, daz ist ein morgenlieht.*" (I 133,2-4). Mit *morgenlieht* ist ein *bekennen* und *ein verstantnis* gemeint, mittels dessen die Kreaturen bzw. alle Dinge in Gott, dem Einen, unterschiedslos und sogar aller *glîcheit entglîchet* (s.V 116,16) von Mensch und Engel erfaßt werden (s. auch II 221,4).

3.3.: Die geringe Wirkung, die "*das natiurliche lieht der sele*", die Vernunft, im Vergleich zu den Engeln und zu Gott ausübt, bringt Eckhart im Bild des *morgen* zur Sprache (I 320,1).

3.4.: Wenn Eckhart davon spricht, daß das göttliche Licht in der Seele *ûfgât*, liegt der Bedeutungsakzent der in diesem Zusammenhang verwendeten Metapher *morgen* mehr auf dem Aspekt des Beginns und dem mit dieser Zeit anbrechenden neuen Zustand (s.I 342,8f).

3.5.: Mit der Gabe des Mannes an seine Frau nach der Hochzeitsnacht setzt Eckhart das göttliche Licht in Beziehung, das Gott aus Gunst und Liebe dem Menschen nach seiner Erschaffung als Gleichnis seiner selbst in die oberste Seelenkraft gegeben hat (s.III 426,1).

7.1.: Den Unterschied zwischen dem Einfluß der Seele auf die Kreaturen und dem Einfluß der Engel auf die Seele sagt Eckhart im Rahmen der Tageszeitenmetaphorik durch den Unterschied von *morgen* und *mittenmorgen* aus (s.II 199,1-3).

8.1. – 8.2.: Da der Mittag die höchste Helligkeit besitzt, bleibt diese Zeit Gott, der alles Licht in sich begreift, und der ausschließlichen Erkenntnis Gottes vorbehalten (s.I 133,5).

8.3.: Die mit dem Voranschreiten der Zeit vom Morgen bis zum Mittag einhergehende Steigerung der durch das Sonnenlicht verursachten Helligkeit (s.I 326,8f) bildet den Vergleichspunkt für die Veranschaulichung der göttlichen Einwirkung auf Engel und Seele (s.I 320,5f); die Erleuchtung der Seelenkräfte durch das göttliche Licht nimmt solange zu, *"biz ein mittentac wirt"* (I 326,11). Wird die Annäherung an Gott als Ortsveränderung der Seele vorgestellt, macht die Seele nach Morgen, Mittag und Abend differenzierte Stadien unterschiedlicher Helligkeit durch (s.II 199,1-200,1). *Mittac* fungiert in diesem Zusammenhang als Bild für die Erfahrung, die die Seele beim Eintritt in den göttlichen Bereich macht (s.II 199,4).

9.1. – 9.2.: Im Unterschied zur Erkenntnis, die im Bereich Gottes erfolgt, bezeichnet Eckhart das Erkennen der Kreaturen ohne Gott bzw. die differenzierende Erkenntnis der Dinge in sich selber durch Mensch oder Engel als *abentlieht* (s.I 133,2f) oder *abentbekantnis* (s.V 116,13).

Entsprechend nennt Eckhart das Verstehen des Engels, wodurch er alle Dinge in seinem natürlichen Licht sieht, *abentlicht*; das Verstehen, in dem er alle Dinge in Gott sieht, *morgenlieht* (s.II 222,1-2).

9.3. – 9.4.: Die Situation, daß am Abend die Luft - erwärmt von der Hitze des Tages - ihren Höhepunkt erreicht hat, legt Eckhart dem Zustand der Seele zugrunde, die ganz entbrannt ist in göttlicher Minne (s.198,7). Wenn die Seele nicht nur in das Licht Gottes kommt, sondern auch darin bleibt, so daß sie andauernd dem göttlichen Einfluß (wie der Abend der Hitze des ganzen Tages) ausgesetzt ist, ist es *abent* (s.II 200,1). Der semantische Schwerpunkt der Metapher *abent* verschiebt sich, wenn Eckhart den Zustand der Seele in Analogie zur Verringerung der Helligkeit am Abend darstellt. Diesen Zustand kennzeichnet, daß die anhand der Lichtmetapher vorgestellte Einwirkung der Welt zu Ende geht: *"Swenne daz lieht abevellet, sô wirt ez âbent; swenne alliu diu werlt abevellet von der sêle, sô ist ez âbent..."* (I 343,1-3).

D. Tauler

1. tac
1.1. *gnade* (29,26f)
1.2. o.BE (172,13; 324,22; 326,18)

2. naht
2.1. o.BE (343,23)

1.1.: Wenn Tauler deutlich machen will, daß der lieb- und gnadenlose Zustand durch den *"uzgang der gnaden"* (29,25) abgelöst wird, benützt er die Tageszeitenmetaphorik. Der als *vinsternis* und *naht* (s.29,26) beschriebenen Ausgangssituation des Menschen stellt Tauler den "*tag der gnaden*" entgegen, dessen Anfang er parallel zum beginnenden Tag beschreibt: "*...ein ende der naht, do daz vinsternisse ein ende nimmet und der tag der gnaden ufget.*" (29,26f).

1.2.: Mit dem Gegensatz *tac-vinsternis* bezeichnet Tauler metaphorisch an einigen Stellen ohne weitere Konkretisierung im Text die Heils- oder Unheilssituation des Menschen.

2.1.: In seiner Sinnlosigkeit stellt Tauler das menschliche Bemühen ohne Gott dar; da dem Menschen dabei jegliche Orientierung fehlt, ist sein gesamtes Tun *naht* (s.343,23).

E. Seuse

1. *tac*
1.1. o.BE (17,22f)

2. *naht*
2.1. *tot* (282,17)

4. *morgenbekantnis*
4.1. *mensche* (347,1f)

5. *morgenrot*
5.1. *Maria* (271,18)

6. *morgenstern*
6.1. *Maria* (17,19; 373,15; 374,2.6.8; 446,7.12)
6.2. o.BE (233,21; 446,7)

10. *abentbekentnis*
10.1. *mensche* (347,1f)

11. *ostertag*
11.1. *Ewige wisheit* (27,1; 406,16)

1.1.: Ewigkeit stellt sich Seuse als einen lichterfüllten ewigen Tag vor, dessen Licht von Maria, der "*liehtbringerin des ewigen tages*" (17,22), dem Menschen übermittelt wird. Diese Funktion ist auch Grund dafür, daß Seuse Maria als "*ufbrechenden liehten morgenstern*" (17,19f) sieht, den er - wie Vögel den anbrechenden, Helligkeit verbreitenden Tag - begrüßt.

2.1.: Die unheilvolle Situation des Todes, in die ein Sterbender gelangt ist, der sein Leben im Hinblick auf Gott nicht genützt hat, benennt Seuse mit der Metapher *naht*. Deren Finsternis, die jede Orientierung unmöglich macht, entspricht in vielem dem, was der Mensch im Tod erfährt (s.282,17).

4.1. + 10.1.: *Abentbekentnis* steht für die Erkenntnis der Kreaturen in sich selber; *morgenbekentnis* meint die Erkenntnis der Kreaturen in Gott (s.347,1f).

5.1.: Die Gottesmutter ist für Seuse ein *ufbrechender morgenrot* (s.271,18).

6.1. – 6.2.: Seuse parallelisiert Maria mit der Wirkung des Morgensterns, der alle Finsternis vertreibt und den Tagesanbruch ankündigt. Maria vertreibt ebenso die *leiden vinstri* des dunklen Herzens (s.446,7f) dadurch, daß mit ihrem Kommen alles Leid *zergat* (s.233,21). Seuse bittet daher wegen eines jungen Mädchen, das zu ihm gekommen war, die Gottesmutter: "*dú da ist ein liehter morgensterne...*

daz si des menschen weltlichen muot und ir vinster herz erluhti und si von schedlichen dingen hin zuo got zugi." (373,14-17).

11.1.: Seuse bezeichnet in der Vita, cap. 8, die geliebte Ewige Weisheit als seinen *froeliche(n) ostertag* und seines *herzen summerwunne* (s.27,1f). Das zurückgehende Interesse an der Ewigen Weisheit bei nicht näher charakterisierten geistlichen Menschen stellt er so dar, daß aus dem Ostertag ein stiller *fritage* und die heiße Sommerwonne *"zuo dem kalten riffen"* geworden ist (406,16).

toufen (1.)

B. Meister Eckhart

1. *toufen*
1.1. *sêle* (III 23,1)

1.1.: Das Bild des Taufens steht für den Prozeß der Umwandlung der Seele in Gott, infolgedessen sie die göttliche Natur und ein göttliches Leben erhält.

tragen (1.)/ (súnden)tragerin (2.)/ dartragen (3.)/ engegentragen (4.)/ intragen (5.)/ nidertragen (6.)/ übertragen (7.)/ uftragen (8.)/ umbtragen (9.)/ ustragen (10.)/ vortragen (11.)/ widertragen (12.)/ zuotragen (13.)/

A. Mechthild v.Magdeburg

1. *tragen*
1.1. *mensche* (I 27,5; II 20,9; V 22,45; 24,47; 34,24; VI 6,31; 32,28)
1.2. *sele* (I 44,13; III 10,26; VII 31,3)
1.3. *irdenschú ding* (VI 29,24)
1.4. *alter* (VII 3,13)
1.5. *minne* (III 13,23)
1.6. *herre* (V 34,25; VII 11,5)
1.7. *himelscher vatter* (VI 16,26)

1.1.: Zur Beschreibung der inneren Verfassung des Menschen, die dadurch gekennzeichnet ist, daß Mühe, Armut, leidvolle Tage etc. seine Existenz bestimmen, zieht Mechthild die Transportvorstellung heran: der Mensch soll dies alles *"hie in der waren minne tragen..."* (VI 6,30f). Mit dem Bild des Tragens verweist Mechthild ferner darauf, daß der Mensch einerseits willig die Gottesgnade mit sich führen kann (s.I 27,5), andererseits aber auch empfangene Gottesgaben ungenützt bei sich hält (s. V 22,45).

An anderer Stelle führt Mechthild aus, daß der Mensch, der die Not der Christenheit auf sich nehmen will, den Bekennern gleich wird (s.VI 32,28).

Desweiteren dient die Verbmetapher dazu, die Rolle Mechthilds in Bezug auf die sündige Christenheit dahingehend zu bestimmen, daß sie - mitwirkend am Erlösungswerk Jesu Christi - diese vor Christus bringt: " *'Las, si ist dir alze swere.' 'Eya nein, suesser herre, ich wil si ufheben und für dine fuesse tragen mit din selbes armen, da du si mit an dem crúze truege."* (V 34,23-25)

1.2.: Die Seele, die Kummer und Minne in sich vereinigt (s.I 44,13), trägt ihr Kreuz auf einem *suessen wege* (s.III 10,26), wenn sie um Gottes Willen Pein erleidet. Im 7. Teil ist die Klage der minnenden Seele, der Weg zu Gott sei zu lang, so groß, daß sie alleine nicht diese Klage tragen kann, sondern sie den Gottesfreunden mitteilen muß (s.VII 31,3).

1.3.: Auch wenn die irdischen Dinge äußerlich positiv erscheinen, führen sie doch manche Bitterkeit verborgen mit sich (s.VI 29,24).

1.4.: Der Mensch in einem bestimmten Alter hat keine Jugend mehr aufzuweisen, mit deren Hilfe er die leidenschaftliche Gottesminne zu *tragen* vermag (s.VII 3,13).

1.5.: Ein Aspekt der Minne neben verschiedenen anderen besteht für Mechthild darin, daß diese den guten Willen in der Tat mit sich führt (s.III 13,23).

1.6.: Jesus Christus trägt die Pein der Menschen und (s.1.2.) die sündige Menschheit am Kreuz (s.V 34,25).

1.7.: Gottvater *treit* die himmlische Liebe zur menschlichen Seele (s.VI 16,26).

B. David von Augsburg

1. *tragen*
1.1. *mensche* (329,24; 330,39; 399,16f)
1.2. *lip* (381,21f)
1.3. *gotlicher vater* (402,29f)
1.4. *Jesus Christus* (347,25f)
1.5. *tugent pfede* (359,20f)

1.1. – 1.2.: Als verblaßte Metapher findet sich *tragen* im Zusammenhang mit Ausführungen zum Menschen, der *ungemach* in seinem Herzen mit sich führt (s.329,24) oder ein sanftes Herz gegen seine Feinde hat (s.330,39).

In einem anderen Kontext spricht David davon, daß der Leib auf Erden der Seele geholfen hat, das *wercgerüste* zu tragen (s.381,21f); den Leib selbst hat der Mensch "*mit müen unde mit arbeiten*" getragen (381,13f).

1.3. – 1.5.: Gottvater hat an seinem Sohn gezeigt, daß er die Menschen auf liebevolle Weise in seinem Herzen mit sich führt (s.402,29f). Sein Sohn, Lehrer der *"tugentpfede die ze dem himelrîche tragent"* (359,20f), hat als höchste Tugend das Leiden *"uns vor tragen"* (347,26).

C. Meister Eckhart

1. *tragen*
1.1. *got* (I 37,3.6; III 262,4)
1.2. *mensche* (V 217,7f; 257,3)
1.3. *heilige* (II 596,7)
1.4. *varwe* (II 366,5)
1.5. *hant* (III 167,5)
1.6. *gôetlich lieht* (III 355,6)
1.7. *sêle* (II 549,1 (Pat))
1.8. *sinne* (V 266,6)
1.9. *gloube* (II 142,4f)

5. *intragen*
5.1. *sinne* (I 365,3f; II 191,11; V 220,3f)
5.2. *alles* (I 349,11f.14 (Pat); II 178,2f (Pat); 202,5 (Pat); 203,3 (Pat))
5.3. *mensche* (III 198,1)

7. *übertragen*
7.1. *mensche* (II 89,2f (Pat))

8. *ûftragen*
8.1. *daz heimlîchste* (I 121,2f (Pat))
8.2. *heiliger geist* (I 302,4-6)
8.3. *sun* (I 302,4-6)
8.4. *vünkelîn* (I 345,1)
8.5. *kraft des heiligen geistes* (I 344,9f)
8.6. *kraft in der nature* (I 328,8f)
8.7. *kraft der sêle* (I 349,11f; II 370,7)
8.8. *gotes bilde* (V 114,4)
8.9. *gotes geburt* (V 114,4)
8.10. *vernunft* (II 223,5)
8.11. *mensche* (I 319,5f)
8.12. *sêle* (II 114,7; 115,3; 232,4f; 367,5 (Pat); 549,7 (Pat); 552,5.7; 598,3 (Pat))
8.13. *itelkeit* (V 30,7)
8.14. *materie* (II 135,4f)
8.15. *glichnisse* (II 135,4f)
8.16. *name* (II 533,3f)
8.17. *vremdes* (II 344,1)
8.18. *indruk* (II 344,2)
8.19. *mensche* (V 117,7)

10. *ûztragen*
10.1. *götlîche guete* (V 41,4f (Pat))
10.2. *alles* (I 349,11f.14 (Pat); II 178,2d (Pat); 205,5 (Pat);
10.3. *werk der nâture* (II 65,4f)
10.4. *sêle* (I 418,8f)
10.5. *sinne* (I 136,8f)
10.6. *mensche* (III 322,5)

13. *zuotragen*
13.1. *Christus* (I 87,4f)

1.1.: Leiden um Gottes Willen bereitet dem Menschen keine Schwierigkeiten, da Gott das Leiden auf sich nimmt und *"treit den last"* (I 37,3).

1.2.: Der Mensch, der sich ganz Gott überläßt, ist gerne bereit, Ungemach und Unehre zu tragen (s.V 257,3f), wenn diese auf ihn fallen. Entscheidend ist dabei auch, was der Mensch will: *"wan, daz ich wil haben, daz han ich."* (V 218,4f) Dementsprechend vermag der Mensch auch willentlich aller Menschen Mühsal zu tragen (s.V 217,8).

1.3.: Die Heiligen sind im Unterschied zu den Engeln deshalb noch nicht ganz vollkommen, da sie noch zu sehr ihren Leib lieben (s.II 596,7).

1.4. – 1.5.: Im Bild des Tragens wird die Übermittlung des bei der sinnlichen Wahrnehmung gewonnenen Wahrnehmungsbildes an das Auge anschaulich gemacht (s.II 366,5). Außerdem steht die Metapher für einen Vorgang, durch den das göttliche Licht in die Seele kommt; damit die Seele das göttliche Licht empfangen kann, muß es, bevor es in die Seele getragen wird, gemildert und im Licht des Engels verschattet werden.

1.7. – 1.8.: Die Transportmetapher steht ferner für ein Geschehen, in dem die Seele (s. II 549,1), die Sinne (s.V 266,6), der menschliche Wille, Absichten und Kräfte in Gott gelangen. Offengelassen wird dabei, von wem die genannten Größen dorthin gebracht werden.

1.9.: Eine Antwort auf diese Frage (s.1.7.-1.8.) stellt der Glaube dar, der die Seele dorthin bringt, wo sie aus eigener Kraft nicht hinzugelangen vermag (s.II 142,4). Umgekehrt gelingt es der Erkenntnis, Gott in die Seele zu tragen und die Seele zu Gott zu leiten.

5.1. – 5.2.: Der Tätigkeit der Sinne, die mittels Bildern und Vorstellungsformen das Wahrgenommene von außen nach innen zur Seele bringen, verleiht Eckhart über die Verbmetapher *intragen* Züge eines von außen nach innen verlaufenden Transportvorgangs: " *Allez, daz die ûzern sinne enpfâhent, daz ez geistliche wirt îngetragen...*" (II 178,2f).

5.3.: Der Mensch, der dem Bild des Vaters, von dem alle Bilder entstammen, gleich geworden ist, wird *widergebildet* und "*ingetragen... in daz bilde des vaters*" (III 197,7f). Insofern das *intragen* die Rückkunft des Menschen in den Vater bedeutet, steht die Verbmetapher *intragen* in Opposition zu *ûzvliezen*, das metaphorisch das Verlassen Gottes beschreibt.

7.1.: Die Transzendenz des Menschen, der jenseits von allem Erkennen in der Ewigkeit wohnt, stellt Eckhart mit der Verbmetapher *übertragen* als Ergebnis eines Prozesses dar, bei dem man solange nach oben transportiert wird, bis man alles hinter sich gelassen hat (s.II 89,2f).

8.1.: Die Barmherzigkeit Gottes zeigt sich darin, daß alles Geschöpfliche, "*daz heilicheste und daz verborgenste*" bzw. global die Seele, von Gott an eine Stelle gebracht wird, wo Gott in Barmherzigkeit wirkt. Die mit dem Verb *ûftragen* veranschaulichte Positionsveränderung des Menschen, die in der göttlichen Barmherzigkeit ans Ziel gelangt, wird durch die Barmherzigkeit Gottes selbst bewirkt: "*barmherzicheit... meinet, daz got die sêle setzet in daz hoehste und in daz lûterste..., in ein ungrûntlich mer: dâ würket got barmherzicheit.*" (I 121,10-12)

8.2. – 8.9.: Der Hl. Geist und der göttliche Sohn haben die Aufgabe, die Seele in ihrem Höchsten bis in den *grunt* des Vaters zu bringen. Diese allgemeine Aussage präzisiert Eckhart in Pr 20b dahingehend, daß das *vünkelin* der Seele durch die Kraft des Hl. Geistes, die Minne, in den ersten Ursprung gebracht wird (s. I 344,10 u. 345,1f). In Pr 20 formuliert Eckhart in Spannung zur dieser Funktion des Hl.

Geistes, daß es eine Kraft in der Natur gibt, die das Gröbste abscheidet und das Edelste emporträgt. *Uftragen* verweist auch auf die Tätigkeit der obersten Seelenkraft, die, weiter als alle Welt und der Himmel, das sinnlich Wahrgenommene zur Seele bringt (s.I 349,11f). Diese Kraft der Seele ist es auch, die das Ihrige zu Gott emportragen soll (s. Pr 45). Wie sich aus der Predigt 'Vom edlen Menschen' ergibt, ist dies Gottes Bild bzw. Gottes Geburt (s.V 114,4).

8.10.: In Bezug auf alle Dinge zeigt sich die wirkende Kraft der *vernünfticheit*, mit der sie Gottvater gleicht, in ihrer Tätigkeit, alle Dinge zu Gott zu bringen und ihnen dadurch ein neues Sein zu verschaffen (s.II 223,5).

8.11.: Der Mensch, der Gott loben will, darf sich nicht bei den Kreaturen und seinen Fähigkeiten aufhalten, sondern muß seinen Standort so verändern, daß er sich über alle Dinge hinaus in die Ewigkeit begibt (s.I 319,5f).

8.12. – 8.13.: Die Seele, die - wie Eckhart oft widersprüchlich formuliert - sich zu Gott mit all ihrer Kraft erhebt (s.II 115,3; 232,4f) oder die, geläutert, in der Gnade *ûfgetragen wirt* (s.II 367,5), wird zur göttlichen Schau vorbereitet (s.II 367,5); sie muß so wieder in Gott kommen, wie sie ihn verlassen hat. Deshalb geht mit der Verlagerung ihres Standortes in Gott einher, daß sie *geliutert* und *enbloezet* wird von allem Zufälligen (s. II 549,3.6-8). Das Leersein von allen Kreaturen wird an anderer Stelle sogar geradezu zum Subjekt des Emporbringens der Seele zu Gott gemacht: "*Also treget bloz, arm und îtel aller crêaturen die sêle ûf ze gote.*" (V 30,8f) Nicht leicht vereinbar mit diesen Aussagen scheint die Aufforderung Eckharts zu sein, daß die Seele sich mit all ihren Mängeln und Sünden, aber auch mit all ihren Tugenden und guten Werken in Demut "*ûftragen sol... und sol sich setzen und underböugen under die porte der erbermde gotes, dâ got ûzsmilzet in barmherzicheit...*" (II 552,5-7; vgl. II 114,7).

8.14. – 8.15.: Materielle Dinge und Gleichnisse (s.II 135,4f) stärken und bringen das Auge der Seele, das von sich aus das göttliche Licht nicht aushalten kann, zum göttlichen Licht.

8.16.: Auch wenn Gott für die Kreaturen unaussprechlich ist, gibt es dennoch Namen Gottes, die - auch wenn Gott sich über allen Namen befindet - ein Hinbringen zu Gott, verbunden mit einer gleichzeitigen Hinwendung an die Zeit, bewirken: "*etlîche namen hânt ein ûftragen ze gote und ein kêren in die zît.*" (II 533,3f)

8.17. – 8.19.: Mit der Verbmetapher *ûftragen*, kombiniert mit *zuolegen*, kann Eckhart auch ein Geschehen meinen, durch das Gott und Mensch in ihrem ursprünglichen Sein mit etwas Fremdem versehen werden, indem es quasi auf dieses gelegt wird, so daß dadurch die Oberfläche des ursprünglichen Seins von Gott und Mensch bedeckt ist. In der Predigt 'Vom edlen Menschen' erläutert Eckhart diese Veränderung anhand des Unterschieds in der Erkenntnis der Farbe oder des Gefärbten: Wer sich als weiß erkennt, nimmt seine Erkenntnis nicht von der Farbe an sich, dem Weiß-sein, sondern vom dem Gefärbten. Der Mensch, der nicht am Weißsein, sondern äußerlich am Gefärbten interessiert ist, ist daher, insofern er äußerlich akzidentell weiß Gefärbtes erkennt und nicht zum Sein der Farbe vordringt, "*ûftragende ûf wîz-wesene*" (V 117,6).

10.1.: Die Verbmetapher *ûztragen* steht für ein Geschehen, bei dem aus dem Inneren Gottes, des Menschen oder der Natur etwas in die äußere Wirklichkeit gebracht wird.

Voraussetzung dafür, daß das äußere Wirken des Menschen mittels seines inneren Werkes an der göttlichen Güte partizipiert, ist deren Mitteilung durch Gott selbst. Insofern es sich bei der göttlichen Güte um eine Eigenschaft Gottes handelt, die zu seinem Sein hinzukommt, spricht Eckhart auch metaphorisch von der *gekleideten gotheit*, die sich mitteilt "in einem nidervalle" (V 41,5). Im Rahmen der als *niderval* vorgestellten Selbstmitteilung Gottes "äußert" Gott seine Güte, wie Eckhart - indem er Transport- und Fließmetaphorik kombiniert - im Bild des *ûztragen* und *ûzgiesen* zur Sprache bringt (s.V 41,5).

10.2.: Die Erschaffung der Kreaturen durch Gott beschreibt Eckhart durch Kombination der Geburts- mit der Transportmetapher; das in Anlehnung an den Geburtsvorgang vorgestellte Entstehen kreatürlichen Lebens geht so vor sich, daß dabei - wie mit der Metapher *ûztragen* hervorgehoben wird - durch die Geburt die Kreaturen vom Inneren Gottes nach draußen gebracht werden.

10.3.: Mit *ûzgan* und *ûztragen* visiert Eckhart auch ein Geschehen an, bei dem die Natur alles, was sie zu leisten vermag, in Formen, Bildern und Geschöpfen äußert (s.II 65,4f).

10.4. – 10.5.: Aufgrund von etwas Unnennbarem, in anderen Predigten *vünkelin* genannt, ist die Seele solange in Gott, als sie dieses nicht aus sich entfernt, indem sie *diz ûztrage* (s.I 418,8), oder in sich auslöscht.

Im Körper hat die Seele die Funktion, daß sie das, was die Sinne nach draußen tragen, sammelt und in sich vereinigt (s. I 136,8f).

10.6.: Der Mensch muß, wenn er in Gott versetzt werden will, alles entfernen, was in ihm ist. Die Metaphern *ûzwerfen* und *ûztragen* evozieren eine Sicht, die den Abstraktionsvorgang in Parallele zum räumlichen Prozeß der Distanzierung bringen (s.III 322,5).

13.1.: Die Transportvorstellung bemüht Eckhart auch, wenn es darum geht auszusagen, daß Christus uns als Bote Gottes unsere Seligkeit gebracht hat (s.I 87,4f).

D. Tauler

1. tragen
1.1. sele (25,10)
1.2. mensche (30,17; 37,33f; 77,29; 87,14f; 95,17; 113,11f; 129,17; 137,19; 141,14; 277,10; 284,21; 340,32; 354,9.18; 358,11; 388,11)
1.3. got (28,15; 141,15)
1.4. daz guot (25,29)
1.5. erde (199,31)

3. dannan/dartragen
3.1. bekorunge (116,6)

4. engegentragen
4.1. mensche (249,15; 273,7)
4.2. got (273,21)

5. intragen
5.1. mensche (37,14f; 249,10; 262,24f.32f; 230,27f; 309,10)
5.2. ding (68,25 (Pat))

5.3. *geist* (169,17 (Pat))
5.4. *bilde* (144,10 (Pat))
5.5. *alles* (301,24 (Pat))
5.6. *tugende* (95,29f (Pat))
5.7. *wise* (287,9 (Pat))
5.8. *demuetkeit* (381,14)

8. *uftragen*
8.1. *mensche* (28,8; 30,13; 37,13-15; 48,34; 83,26; 84,4f; 93,25; 95,26; 155,12; 166,5.13; 273,11f.19; 258,25; 341,2; 385,39; 387,37f)

8.2. *gebet* (101,27)
8.3. *urdrutz* (249,25)

12. *widertragen*
12.1. *vünkelin* (80,13)
12.2. *mensche* (31,5f)

13. *zuotragen*
13.1. *sinne* (144,10)

1.1. – 1.2.: Tauler verwendet an den aufgeführten Stellen die Verbmetapher *tragen* hauptsächlich dazu, die Tätigkeit des Menschen darzustellen, die sich darauf richtet, die empfangenen göttlichen Gaben, alle von Gott empfangenen Dinge oder alles Wirken in den *grunt* bzw. in Gott zu bringen. Neben den Gaben gelangen dabei auch die Menschen in den *grunt*, indem sie mit ihnen *infliessen* (s.30,17f) oder *insincken* (s.37,33f) in den göttlichen Ursprung. Sie verhalten sich dabei wie *"ein wasser das uzflússet und wieder inflússet..."* (30,15). Der *grunt/got* erscheint demnach in Verbindung mit der verwendeten Metaphorik *uzfliesen* (s.87,14f), *tragen und infliessen* (s..87,14f) sowie *gebern* (s.30,17) als Ausgangs- und Zielpunkt kreatürlicher Existenz: *"In der verborgenheit wirt der geschaffen geist wider getragen in sin ungeschaffenheit, do er eweklichen gewesen ist e er geschaffen wúrde, und bekent sich Got in Gotte..."* (358,10-12).

An einer anderen Stelle wird die Standortveränderung des Menschen, der sich in Gott oder in das offene Herz Jesu Christi begeben soll, über die Verbmetapher *sich tragen* in einem reflexiven Prozeß des Menschen begründet (s.277,10 u. 284,21).

Der Mensch, der sich an Jesus Christus in seinem Leben orientieren soll, muß sein Leben und sein Wesen zwischen Gottheit und Menschheit Jesu Christi hindurch *"wúrken, sloiffen und tragen"* (95,17). Jesus unterstützt seinerseits mit seiner Menschheit die Engel, Heiligen und seine Freunde dadurch, daß er *"treit dise lieben schof in allen iren werken bis do si ire werk mit in und usser in selber taten..."* (141,14f). Eine neue Perspektive in Bezug auf das Vorbild Jesu gewänne der Mensch, wenn er - wie Tauler durch die Verbmetapher *tragen* veranschaulicht - an eine andere Stelle, nämlich in das übernatürliche göttliche Licht gebracht würde, in dem dieses Vorbild anders erscheint als in der natürlichen Vernunft (s.77,29).

Die Tatsache, daß der Mensch eine Menge Sünden auf sich vereint, kann Tauler unter Zuhilfenahme der Verbmetapher *tragen* in der Weise zur Sprache bringen, daß er formuliert: *"... so treistu an dime halse ein nature vol súnden..."* (113,11f).

1.3. – 1.4.: Gott oder das himmlische Gut (s.25,29) bringt den Menschen in das Allerinnerste oder unterstützt ihn, indem er den Menschen in all seinen Werken trägt (s. 141,15) oder seine Bürde auf sich nimmt (s.28,15).

1.5.: Wenn der Mensch sich ganz vernichtet, wird er so klein, daß ihn *"die erde... uf irem ruggen trage..."* (199,31f).

3.1.: Die Versuchungen, so empfiehlt Tauler, sollen aufgefordert werden, ihre Spuren, die sie hinterlassen haben, auch zu beseitigen: *"den rust... dannan tragen, den su dargetragen hattent."* (116,5f)

4.1. – 4.2.: Der Vorgang, in dem der Mensch die Unbeständigkeit der Zeit der einfaltigen lauteren Einheit Gottes näherbringt (s.249,15) oder in dem sich Gott dem Menschen nähert, verleiht Tauler Züge des *engegen tragen*.

5.1. – 5.6.: Als Gegenbewegung zum *uzfliessen* aus dem göttlichen Ursprung verläuft der mit der Verbmetapher *intragen* bezeichnete Vorgang von der äußeren Wirklichkeit des Menschen in das Innere Gottes hinein, dem der Mensch wiederbringt, was von ihm seinen Ursprung genommen hat (s.37,14f).
Auch die Art und Weise, wie der geschaffene Geist - allgemein formuliert: der Mensch in seiner Geschaffenheit - in den ungeschaffenen Geist Gottes oder in den *grunt* (s.262,24f), oder auch wieder in seinen von Ewigkeit her verliehenen Adel gelangt, stellt Tauler mit der Verbmetapher *sich intragen* vor (s.262,32; 169,17). Die lautere Einfaltigkeit Gottes wird als Bereich beschrieben, in den der Mensch seine vernichtete kreatürliche Existenz, aber auch seine Zerstreuung hinbringen soll (s.249,10). Insofern das *intragen* der Dinge oder der Tugenden in Gott die Rückkehr in den göttlichen Ursprung bedeutet, in dem sie *geborn* waren (s.30,17), kann Tauler die metaphorische Aussage um die Verben *wider ingebern* (s.230,27), *widergebern* und *vernuwen* (s.95,29f) erweitern.
In einem weiteren Aussagekomplex hat die Metapher *intragen* die Funktion, den Rezeptionsvorgang der äußeren Wirklichkeit durch die menschlichen Sinne in Analogie zum Transport von Dingen anschaulich zu machen. Alles, was durch die Sinne von außen in den Menschen in Form von Bildern transportiert worden ist, muß der Mensch zurücklassen, wenn er in den *grunt* kommen will (s.144,8-12) oder wenn er die Gottesgeburt in sich erfahren will (s.301,24).

5.7. – 5.8.: Verhaltensweisen, bei denen der Mensch z.B. nur an Demut und Geduld denkt, ohne wirklich demütig und geduldig zu sein, sind - so Tauler - nicht aus dem *grunt*, sondern von außen (über die Sinne) eingedrungen (s.287,9 u.381,14). Das Bild des *intragen* findet auch Verwendung für die Fähigkeit, von Gott mit behenden und subtilen Worten zu anderen Menschen zu sprechen (s.309,8).

8.1. – 8.3.: Hinsichtlich der Richtung präzisiert Tauler durch das Verb *uftragen* den geistigen Transfer zwischen Mensch und Gott. Da Gott in der Höhe lokalisiert wird, nimmt alles, was der Mensch an Tugenden, Dingen, empfangenen göttlichen Gaben, guten Werken, menschlichen Kräften, Lust und Unlust, aber auch an Mängeln sowie sich selbst oder von sich zu Gott bringt, diese Richtung (s.28,8).
Auch das Gebet (s.101,27), in dem der Mensch sich Gott zuwendet, bringt das menschliche Bewußtsein in Gott. Ebenfalls tragen Ekel und Verachtung von allem, was unordentlich ist, die menschliche Gunst von allen zeitlichen Dingen zu Gott empor (s.249,25).

12.1. – 12.2.: Die Gegenbewegung des *fünkelin* zum *uzfliessen* aus dem göttlichen Ursprung sieht Tauler ähnlich dem *widertragen* und *widerfliessen* ablaufen: "*...do daz fünkelin hat ein gelich widertragen und ein gelich widerfliessen in sinem ursprung do es usgeflossen ist.*" (80,13f) Ebenfalls kommt für Tauler die Rückkehr der göttlichen Gaben in Gott durch das *widertragen* des Menschen zustande, der diese empfangen hat.

13.1.: Den Vorgang, in dem die Sinne etwas von der äußeren Wirklichkeit hin zum Menschen bringen, bezeichnet Tauler metaphorisch als *zuotragen*; das Eindringen in das menschliche Innere wird im Anschluß daran mit dem Verb *intragen* ausgedrückt (s.144,10).

E. Seuse

1. *tragen*
1.1. *mensche* (277,3f; 284,11; 289,1; 322,18; 453,8f; 455,1; 541,20f)
1.2. *herze* (202,25f; 271,15)
1.3. *sinne* (327,18)
1.4. *spruch* (157,11)
1.5. *tugende* (340,16)

5. *intragen*
5.1. *sinne* (97,10 (Pat))
5.2. *alles* (169,13)
5.3. *werk* (169,20)
5.4. *bilde* (351,22 (Pat))
5.5. *goetliche nature* (331,8 (Pat))
5.6. *wise* (340,23)

6. *nidertragen*
6.1. *lip* (468,13f)

8. *uftragen*
8.1. *mensche* (311,16f; 431,10f)

9. *umbtragen*
9.1. *diener* (153,14)

10. *ustragen*
10.1. *ouge* (167,30f)
10.2. *sach* (169,33; 366,9f)

11. *vortragen*
11.1. *mensche* (382,9; 438,14; 463,19; 538,24f)

12. *widertragen*
12.1. *eigenschaft* (331,1f)

1.1. – 1.2.: Das Bild des Tragens erscheint bei Seuse zur Erfassung des inneren Zustandes von Menschen, deren Charakteristikum es ist, daß sie bzw. ihr Herz Leiden (s.277,3f) und ein grenzenloses Jammern nach Jesus Christus (s.322,18) oder die Gleichheit mit dem Kreuz Jesu mit sich führen (s.541,20). Mit dem Effekt, daß etwas durch den Transport an eine andere Stelle gebracht wird, parallelisiert Seuse an anderer Stelle die Wirkung, die das Schauen Gottes durch das menschliche *gemuete* in Bezug auf den göttlichen Betrachtungsgegenstand hat, den es vor die inneren Augen des Schauenden bringt (s.288,15f).

1.3. – 1.4.: Im Sinne von 'enthalten' kann sich der mit der Verbmetapher *tragen* ausgesagte Vorgang auch auf den Inhalt von Sätzen und Sprüchen beziehen, die Menschen äußern. Dieser Inhalt, den ein Satz *treit*, kann aus der Wahrheit eines vollkommenen Lebens oder auch aus Irrlehren (s.157,11) bestehen.

1.5.: Tugenden haben die Funktion, daß sie den Menschen in das Bild Christi bringen: *"gehorsami, lidberi, unhabenlichi und dero glich; wan sogtan tugende tragent den menschen in daz bilde Cristi."* (340,15)

5.1. – 5.4.: Dem Geschehen, durch das im ersten Anfang ihres geistlichen Lebens in das Innere der geistlichen Tochter Seuses, Elsbeth Stagel, hohe und vernünftige Begriffe von der Gottheit und von aller Dinge Nichtigkeit etc. gelangen, verleiht Seuse Züge des *intragen* (s.97,10f).

Auch den Einfluß bestimmter Werke auf den Menschen, der zur Abkehr von den Dingen führt, stellt Seuse so vor, daß die Werke *"intragen einen lidigen vonker"* (169,20). Ebenfalls weist der Vorgang, durch den Wollust (s.169,13) und Vorstellungsbilder in den Menschen kommen, in der Sicht Seuses Merkmale des Hereintragens auf (s.351,22).

5.5.: Wenn man auf kreatürliche Weise die göttliche Natur anblickt, hat man die göttliche Natur in den Bereich des Geschöpflichen versetzt und sie ihres, mit *einig* und *bloz* umschriebenen, Charakters beraubt (s.331,8f).

5.6.: Die Geburt des Sohnes geschieht in der gleichen Weise, wie man allgemein von Gebären spricht, d.h. *"als man geberunge nach einer intragender gemeiner wise nemmet."* (340,22f)

6.1.: Die Metapher *nidertragen* läßt die Wirkung des Leibes auf den Menschen als einen Vorgang erscheinen, durch den der Mensch von jeglicher Annäherung an die höchste Wahrheit weggebracht und in eine quasi sinkende Bewegung nach unten versetzt wird. Die Konsequenz daraus ist, daß der Mensch die Wahrheit nicht unmittelbar empfangen kann, sondern nur im Gleichnis (s.468,13f).

8.1.: Was der Mensch erfährt, soll er zu seinem in der Höhe lokalisierten Gott *uftragen* (s.311,16f).

9.1.: Der Diener, der überall die Botschaft von Jesus Christus hinbringt, hat - in Seuses Darstellungsweise - den *"namen Jesus vil wit und brait... umb getragen, als in och hie vor sin junger umb truogen"* (153,13-15).

10.1. – 10.2.: In cap. 49 der Vita, das überschrieben ist: *"Ein vernünftiges inleiten des ussren menschen zuo siner inrekeit"*, gibt Seuse den Rat, daß das Auge nicht nach außen schauen solle; die einzige mögliche Orientierung in Richtung auf die äußere Wirklichkeit dient dem Entfernen der Vorstellungsbilder, was dadurch geschieht, daß der Mensch diese aus seinem Inneren nach außen transportiert.

Für das Bestreben, innerer Mensch zu werden, ist auch wichtig, daß der Mensch sich aller Dinge entsagt, die - wie Seuse mit der Verbmetapher *uztragen* bildhaft zur Sprache bringt - die Eigenschaft haben, ihn nach draußen in die mannigfaltige, zerstreuende Welt zu versetzen (s.169,33).

11.1.: Mit der metaphorischen Phrase *"guot bild vortragen"* fordert Seuse seine Leser auf, ihre Vorbildfunktion wahrzunehmen.

12.1.: In der göttlichen Natur, im *grunt*, ist nichts anderes als das Sein und die göttlichen Eigenschaften, die Seuse als *widertragende eigenschaften* charakterisiert, da sie ausschließlich sich selbst in den Grund zurückbringen, ohne ihm etwas hinzuzufügen; insofern sie *"legent úberal nihtesnit zuo dem wesenne, sú sint ez alzemale"* (331,1f), ist alles eins im Grund.

G. Heinrich von Nördlingen

1. *tragen*
1.1. *mensche* (3,4; 10,25; 16,81; 24,25; 34,33; 34,88; 35,74; 40,47; 45,14; 48,61; 51,38)
1.2. *gertruthe* (25,3f)
1.3. *hl. gaist* (33,16)
1.4. *got* (11,20)
1.5. *Jhesus* (21,32; 34,34f)
1.6. *kraft* (44,20)

2. *sundentragerin*
2.1. *Margaretha* (40,30)

4. *engegentragen*
4.1. *mensche* (17,7)

5. *intragen*
5.1. *bild* (29,16(Pat))

8. *uftragen*
8.1. *Jhesus Christus* (7,18)
8.2. *mensche* (26,13; 44,30f)
8.3. *seuftzen* (40,5f(Pat))
8.4. *gemahel* (45,22f)

1.1. – 1.3.: Im Sinn von 'aushalten', 'ertragen' spricht Heinrich vom Tragen des Leidens (s.10,25) und Bürden der täglichen Arbeit (s.24,25), dem *gescheft* Jesu (s.34,33), sowie von *giftige(n) stösz*, die Heinrich von bestimmten geistlichen Personen empfängt (34,88).
Auch im Zusammenhang mit der Absicht zweier (Heinrich und Margaretha bekannter) Frauen, Margaretha und Heinrich in Gott hineinzubringen (s.16,81), oder in Verbindung mit Heinrichs Bitte an Margaretha, die gemeinsamen Freunde aus ihrem Herzen in das Herz Jesu Christi zu übermitteln, steht die Verbmetapher *tragen*.

1.3.: Der Hl. Geist bringt aus den toten Worten in den Briefen Margarethas lebende Kraft in andächtige Seelen (s.33,16).

1.4. – 1.5.: Im Sinn von 'mit sich führen' *treit* Gott Vater und Jesus Christus (s.21,32) die Seinen in seinem Herzen (s.11,20). In Bezug auf Jesus Christus und die Seinen findet an anderer Stelle das Bild des Tragens dafür Verwendung, daß sie *"seins vatter gescheft"* auf sich genommen haben (34,34f).

1.6.: In gleicher Bedeutung steht die Metapher, wenn Heinrich nach der *kraft* fragt, die nicht nur widerwärtiges Leiden, sondern auch die von Jesus Christus ausgehende Minne zu *tragen* vermag (s.44,20).

2.1.: Als *"sundentragerin der welt"* bittet Heinrich Margaretha um Mithilfe, seine Sünden ablegen zu können (40,30).

4.1.: Margaretha, die ein *spiegel* des Lebens und Leidens Jesu ist, *treit engegen* der Seele Heinrichs ein *bild* von Jesu Leben (s.17,7).

5.1.: Mit dem Verb *intragen* stellt Heinrich das Geschehen dar, durch das das *"bild der sel"* Margarethas in das Herz des göttlichen Vaters gelangt (29,16).

8.1. – 8.4.: Infolge der Lokalisierung Gottes in der Höhe werden verschiedene Vorgänge, die Gott zum Ziel haben, im Bild des Hinauftragens anschaulich gemacht: Jesus Christus begibt sich selbst, indem er *sich uftreit*, zum Vater (s.7,18); das Seufzen Margarethas (s.40,5), das Lob Gottes (s.26,13) oder die Ehre Jesu Christi gelangen auf die gleiche Weise zu Gott bzw. zu Jesus Christus (s.45,22).

| treten (1.)/ her vür treten (2.)/ übertreten (3.) |

| *C. Meister Eckhart* |

1. *treten*
1.1. *sêle* (I 136,13; 306,10; 331,8f; II 199,2f; 341,1f; III 224,4)
1.2. *spise* (I 331,8f)
1.3. *mensche* (I 395,5f; 397,1; III 286,4; V 11,18; 22,18; 43,18; 227,6)
1.4. *got* (II 589,2)
1.5. *werk* (III 422,7)
1.6. *kraft* (III 423,3f)

2. *her vür treten*
2.1. *kraft* (III 22,5)

3. *übertreten*
3.1. *mensche* (I 179,10f)
3.2. *geist* (II 76,2)
3.3. *sêle* (II 556,6f)

1.1. – 1.2.: An die mit dem Verb *treten* näher charakterisierte Art menschlicher Fortbewegung knüpft Eckhart an, wenn er den Vorgang beschreibt, durch den die Seele in ein vereintes Leben und damit zugleich *"in ein lûter verworfenheit ir selber"* (III 224,4), in das Licht der Engel (s.II 199,2f), in Gott (s.I 331,8f) oder in das göttliche Bild (s.II 341,1f) gelangt. Der auf diese Weise ins Bild gebrachten geistigen Bewegung geht die Läuterung der Seele voraus, die erfolgt, indem die Seele sich in *"daz hoehste und in daz lûterste"* begibt (I 306,10) oder indem sie durch Tugendübungen geläutert wird und vom zerteilten Leben der irdischen Wirklichkeit *ûfklimmet* in ein vereintes Leben (s.I 136,11). Sie dringt dabei mehr in Gott ein, als Speise - so Eckharts Vergleich - in den Menschen gelangen kann (s.I 331,8f).

1.3.: Dem Betreten eines Raumes ähnelt in der Sicht Eckharts auch das Hineinkommen des Menschen in die Sphäre der Dinge (s.III 286,4), der Gerechtigkeit oder Güte bzw. der göttlichen Natur. Ganz von diesen dann umgeben, ist der Mensch mit ihnen identisch. Diesen Sachverhalt kann Eckhart auch als Entbildungs- oder Überbildungsvorgang darstellen: Die höchsten Seelenkräfte müssen *"ir selbes entbildet werden und in got aleine überbildet... Ein sôgetân mensche, gotes sun, guot der güete sun, gereht sun der gerehticheit... tritet in alle die eigenschaft der gerehticheit und der wârheit."* (V 11,12.15f.18f). Ebenfalls ist der Mensch, der ganz in den göttlichen Willen getreten ist, mit diesem so eins, daß er keinen eigenen Willen mehr hat (s.V 227,6).

In anderer Bedeutung wird die Verbmetapher in der Formulierung *"under die vüeze treten"* (I 395,6) verwendet. Eckhart konkretisiert mit dieser metaphorischen Formulierung das Geschehen, bei dem der Mensch alle irdischen Dinge sowie alles, was die Vernunft an der Gotteserkenntnis hindert, vernichtet.

1.4.: Im Kontext der Verbmetapher *treten* erhält die Seele Züge eines Raumes übertragen, in den Gott hereinkommt (s.II 589,2).

1.5. – 1.6.: *Treten* steht ferner für den Prozeß vom Gedanken bis zur tatsächlichen Ausführung dieses Gedanken (s.III 422,7). Ebenso bewegt sich die göttliche Kraft vom Vater in den Hl. Geist: *"Und also tritet diu götlîchiu kraft... in die hant, dâ der heilige geist bî bediutet ist."* (III 423,3-5)

2.1.: Im Prozeß der Annäherung der Seele an Gott unterscheidet Eckhart *bekantnis* und *minne* hinsichtlich ihrer Funktion: da *bekantnis* die Seele nur in Kontakt mit Gott bringt, muß die *minne* als oberste Seelenkraft - wie Eckhart mit dem Bild des *her vür treten* darstellt - ihre Wirksamkeit entfalten und die Seele mit allen Seelenkräften in Gott bis zur unio führen (s.III 22,5-7).

3.1. – 3.3.: Eckhart verleiht der Transzendenzbewegung des Menschen Konturen eines - vom Bereich der Gesondertheit in den der Ungesondertheit verlaufenden - räumlichen Prozesses, wenn er metaphorisch davon spricht, daß der Mensch, bzw. der menschliche Geist oder die Seele Raum, Zeit, Zahl und alle Mannigfaltigkeit *"übertreten muoz und... durchbrechen"* (II 76,2f), um zu Gott zu gelangen. Die mit *übertreten* kombinierte Verbmetapher *durchbrechen* akzentuiert die Aussage dahingehend, daß durch sie Raum und Zeit zu Hindernissen werden, die mit Gewalt überwunden werden müssen.

D. Tauler

1. treten
1.1. *mensche* (139,27(Pat); 210,21)

3. übertreten
3.1. *mensche* (109,1; 239,23; 357,23)

1.1.: Die Einwirkung des Leidens auf den Menschen, die ihn schließlich sanftmütig macht, führt Tauler drastisch dadurch vor Augen, daß er diese über die Verbmetapher *treten* parallelisiert mit körperlicher Mißhandlung (s.139,27).

In positiver Bedeutung konkretisiert Tauler mit der metaphorischen Formulierung *"in die fuosspuren unsers herren tretten"* (210,20f) den Akt der Nachfolge Jesu durch den Menschen.

3.1.: Tauler sieht es als Notwendigkeit des Lebens an, daß der Mensch wieder in seinen göttlichen Ursprung zurückkehrt. Dazu ist erforderlich, daß er sich - genauerhin seinen *vihelichen* und seinen *vernúnftigen* Menschen (s.357,23) - und alle Dinge läßt und sie überwindet, indem er sie *übertritt* (s.109,1). Der im Bild des *übertretten* anschaulich gemachte Prozeß des Transzendierens bildet ferner die Voraussetzung für die Erkenntnis unsichtbarer Dinge. Gregor der Große, den Tauler zitiert, verlangt, daß dazu alles Sichtbare zu *übertretten* ist (s.239,23).

E. Seuse

1. *treten*
1.1. *mensche* (190,5)

1.1.: Der Mensch, der in das göttliche Geheimnis kommen will, muß sich Gott - wie Seuse mit der Verbmetapher *uf wert treten* zur Sprache bringt - geistig in einer Weise nähern, die in ihrem Charakter Ähnlichkeiten mit einer Aufwärtsbewegung zeigt. Der äußere Weg steht dabei für den geistigen Vorgang, in dem der Mensch alles Irdische hinter sich läßt und sich auf Gott hin orientiert: *"la vallen din ussren und din inren sinne... und alles, daz gesihtig ald ungesihtig ist, und alles, daz wesen und nút wesen ist..."* (190,6-9).

turst, turstig (1.)/ túrsten (2.)/ trank (3.)/ getranc (4.)/ trinken (5.)/ uztrinken (6.)/ ertrinken (7.)/ trunken (8.)/ trunkenheit (9.)/ tabern (10.)/ trenken (11.)/ ertrenken (12.)/ besoufen (13.)/ versoufen (14.)

A. Mechthild von Magdeburg

1. *turst, turstig*
1.1. *minne* (III 3,41)
1.2. *sele* (II 6,12; III 3,41)
1.3. *moenschheit* (I 19,4)
1.4. o.BE (I 30,4)

2. *tursten*
2.1. *sele* (III 10,30)

3. *trank*
3.1. *pine* (VII 33,6.14.16)

5. *trinken*
5.1. *sele* (III 10,31; V 8,20.25; 19,25)
5.2. *mensche* (IV 18,30)
5.3. *Jesus Christus* (VII 33,3f)
5.4. *brut* (IV 12,107)

6. *uztrinken*
6.1. *vater* (VI 29,18f)
6.2. *mensche* (VI 29,20)

7. *ertrinken*
7.1. *sele* (V 25,29)
7.2. *mage* (VII 27,18)

8. *trunken*
8.1. *brut* (I 22,7; III 3,12.13; 20,15)
8.2. *Jesus Christus* (VII 33,4)

11. *trenken*
11.1. *hl. geist* (VII 1,104)

1.1. – 1.4.: Die personifizierte Minne äußert ihr Bedürfnis nach Gott, indem sie dieses in Bezug auf Gottvater im Bild des Hungers, in Bezug auf den Sohn im Bild des Durstes anschaulich macht (s.III 3,41). Das im Bild des Durstes veranschaulichte Bedürfnis der Seele kann sich auch auf die göttlichen Worte richten, die die Seele - befreit von allem Irdischen - hören möchte (s.II 6,12). Umgekehrt erfüllt die Seele unterschiedliche Funktionen für die drei göttlichen Personen; so heißt es von ihr in I 19: "*Du bist ein lust miner gotheit, ein turst miner moenschheit, ein bach miner hitze!*"

2.1.: Das Verlangen der gottliebenden Seele parallelisiert Mechthild mit dem Durst des am Kreuz hängenden Jesus; entsprechend *túrstet* die Seele "*ouch vil sere an dem crúze der minne...*" (III 10,30)

3.1.: Wie unter 8.1. ausgeführt, stehen die Metaphern *win* und *trank* bei Mechthild für die Leiden, die Jesus auf sich genommen hat (s.VII 33,6).

5.1.: Die Aufnahme von Flüssigkeit zieht Mechthild als Vorstellungsmodell für den Vorgang heran, in dem die Seele *bitterkeit* (s.V 19,25f) oder *herzeleit* (s.V 8,25) empfängt.

5.2.: Im Rahmen einer Allegorie wird der Sünder u.a. mit einem Tier verglichen, das aufgrund seines natürlichen Triebes (*natürliche lust*) Meerwasser trinkt. Davon krank geworden, kann es nur gesunden, wenn es das Meerwasser wieder aus sich herausbringt. Ähnlich verhält es sich mit dem Menschen, der die Verderben bringende Wirklichkeit der irdischen Welt internalisiert und infolgedessen Schaden genommen hat. Da die negative Wirklichkeit der Welt metaphorisch als schmutziges Wasser - als *pfuol der welte* - im Zusammenhang mit dem schädliches Meerwasser trinkenden Tier charakterisiert wird, paßt es ins Bild, wenn Mechthild den menschlichen Vorgang des In-sich-Aufnehmens mit der Verbmetapher *trinken* umschreibt. Mechthild springt anschließend aus dem Bild dadurch, daß sie die Beseitigung dieses schädlichen Einflusses nicht - wie zu erwarten wäre - bildlich als Ausstoßen von Flüssigkeit, sondern als räumliches Distanzieren von sich selber beschreibt: "*Swenne wir trinken den pfuol der welte... ouwe, so ist úns selben mit úns selben vergeben. Wellen wir denne iemer genesen, so muessen wir úns selben verlassen...*" (IV 18,30-33).

5.3.: Die von Jesus - Gottvater zuliebe - bereitwillig empfangenen Leiden kommen in ihrer Wirkung einem Gesundheitstrank gleich. Wenn der Mensch sich auf die Leiden einläßt und sich diese wie Jesus zu eigen macht, der diesen gesunden Trank *selber trank* (s.VII 33,3), erweist sich die erlittene Pein für den Menschen als heilsam.

5.4.: Die Trinkmetapher steht ferner für die paradoxe Erfahrung, daß die *brut* gerade in der *gottes vroemdunge*, der weitgehendsten Abwendung von Gott, Gott am intensivsten empfängt: "*Mere ie ich tieffer sinke, ie ich suesser trinke.*" (IV 12,107)

6.1. – 6.2.: Mechthild gebraucht die Verbmetapher *uztrinken*, wenn der mit dem Verb *trinken* metaphorisch bezeichnete Vorgang des In-sich-Aufnehmens durch den Aspekt des restlosen Zu-sich-Nehmens ergänzt werden soll. Gottvater wird am

Jüngsten Tag alle Heiligkeit, die er der Seele und den Sinnen des Menschen hat zukommmen lassen, wieder in sein Inneres hereinnehmen, indem er aus den von Jesus angefertigten Kelchen *"ustrinken wil alle die helikeit..."* (VI 29,18). In gleicher Weise verwendet Mechthild die Metapher in Bezug auf das Gute, das Gott im Menschen bewahrt. Wechselseitig werden es Mensch und Gott am Jüngsten Tag internalisieren (s. VI 29,19f).

7.1. – 7.2.: Die existenzvernichtende Wirkung von Sünden führt Mechthild vor Augen, wenn sie am Beispiel von verwandten geistlichen Menschen die Vorstellung entwickelt, daß diese *"in den súnden ertrinkent..."* (VII 27,18). In positiver Bedeutung verwendet Mechthild das Bild des Ertrinkens für den Aufenthalt der Seele in der Fülle der göttlichen Wirklichkeit: *"... si sol... ertrinken als der visch in dem mere."* (V 25,29)

8.1.: Der mit *trunken* metaphorisch bezeichnete Zustand, der sich bei der - auch *brut* genannten - Seele einstellt, nachdem sie den *trank* zu sich genommen hat, führt zu einer Pervertierung des natürlichen Verhaltens; Mechthild trägt dem Rechnung, indem sie verschiedene Paradoxien aneinanderreiht: *"In der groesten sterki kumt si von ir selber,... und in der groeston blintheit sihet si allerklarost. In der groesten klarheit ist si beide tot und lebende. Ie si langer tot ist, ie si vroelicher lebt "*(I 22,9-12). Die Ursache für den rauschhaften Zustand, der Gedanken und Gefühle verwirrt, beruht auf *"der angesihte des edeln antlútes..."* (I 22,8). Weil die Braut das Antlitz ihres Bräutigams Jesus Christus sieht, fällt sie ekstatisch in einen Glückszustand, der die Perspektive des Normalen aufhebt. Dies betont sie durch die semantische Inkongruenz *"trunken sin von angesihte..."* (I 22,7f).

Eine Allegorie findet sich im Dialog zwischen der Seele und der Braut in III 3. Dort beschreibt die Braut als Wirkung der Minne, daß diese *übertrunken* mache, so daß alles Denken außer Kraft gesetzt sei und nur noch der Wille der Minne für sie Geltung besitze. Allegorisch ist vom Wein, den der Wirt selbst getrunken hat, die Rede, von dem man trunken wird, wenn man ihn in der Weinzelle trinkt. Auf dem Hintergrund der Eucharistie geht es dabei um das Leiden, das Jesus Christus freiwillig angenommen hat und an das bei der Eucharistie der Wein erinnert, der das Blut Christi symbolisiert (vgl. II 7,11: *"der rote win der pine"*): *"Darumbe der mich piniget und versmehet, der schenket mir des wirtes* (Jesus) *win, den er selbe getrunken hat."* (III 3,28-30) Das eigene Leiden ist daher Partizipation am Leiden Christi, das, wenn der Mensch es sich zu eigen gemacht hat, eine völlig veränderte Einstellung zur Wirklichkeit hervorruft, insofern sich die Seele allen Kreaturen unterwirft. Da dieser durch das Leiden bewirkte Zustand ein Glücksgefühl hervorruft, indem es *trunken* macht, kann der Verursacher von Peinigung und Schmähung auch positiv gesehen werden als jemand, *"der schenket mir des wirtes win, den er selbe getrunken hat..."* (III 3,29f).

8.2. Das als Trank vorgestellte Leiden versetzt Jesus, nachdem er die Leiden alle bereitwillig auf sich genommen hat, in einen mit *trunken* metaphorisch umschriebenen Zustand der Ekstase, der ihn dazu bringt, daß er *"in allen tugenden truog vúr úns alles sin herzeleit."* (VII 33,4f)

11.1.: Die Metaphernkombination *uzgiezen/voll trenken* steht für das Handeln des Heiligen Geistes, der seine Gnade den Menschen so mitteilt, daß sie diese nur noch, wie die Metapher *trenken* impliziert, in sich aufnehmen müssen, damit ihr Grundbedürfnis gestillt wird. Infolge des *minnenden himelvlus* zeigen sich die Menschen nach seiner Aufnahme derart verändert, *"das si mit vroeden singent, zartelich lachent und springent in gezogner wise und vliessent und swimment..."* (VII 1,104f).

B. David von Augsburg

4. *getranc*
4.1. *gotheit* (384,3f)
4.2. *trost* (396,20f)

5. *trinken*
5.1. *mensche* (330,19; 335,1; 357,40; 376,9)

8. *trunken*
8.1. *mensche* (343,39; 370,28; 393,10)
8.2. *andaht* (392,28)

9. *trunkenheit*
9.1. *mensche* (393,17)

11. *trenken*
11.1. *got* (370,30; 386,14f)
11.2. *Jesus Christus* (379,6; 383,18)

4.1.: Das, was der Mensch von Gott empfängt, veranschaulicht David im Bild der *spise* und *"vröude gebende(m) getranke* (seiner) *immer lustlîche(n) gotheit"* (384,3f).

4.2.: Die Veränderung, die der Mensch infolge der Kontemplation erfährt, konkretisiert David, indem er dem, was der Mensch empfängt und in sich aufnimmt, Züge eines *"getranc des gotlîchen trôstes"* verleiht, der vermischt wird mit den Tränen des Jammers und sehnsuchtsvoller Traurigkeit (s.396,20f).

5.1.: David fordert dazu auf, von Jesus Christus zu lernen, sanft gegen sich und andere zu sein. Den Lernvorgang beschreibt David, indem er die Rezeption der Einstellung Jesu metaphorisch als *in sich trinken* des Geistes Jesu umschreibt (s.330,19). Unter Bezugnahme auf die biblische Episode, daß Maria im Unterschied zu Martha zu den Füßen Jesu sitzt und ihm zuhört, versucht David die Intensität des Hörens im Bild des Trinkens zur Sprache zu bringen: *"...tranc in sich die süezze sîner worte..."* (335,1).

Wenn der Mensch, der Gott liebt und eine intensive - von David im Bild des Durstes zur Sprache gebrachte - Sehnsucht nach Gott entwickelt hat, Gottes ansichtig wird, wird er je nach Intensitätsgrad seiner Sehnsucht Gott umso freudiger in sich aufnehmen. David zeigt diesen Zusammenhang im Rahmen der Trinkmetaphorik dadurch auf, daß er dem *"ie heizer dürsten"* das *"ie gelustlîcher trinken"* folgen läßt (357,38-40).

Die Trinkmetapher dient David auch zusammen mit der Speisemetapher, die der Selbstmitteilung Jesu Christi an den Menschen die Bedeutung einer lebensnotwendigen Nahrung verleiht, als Perspektive auf den geistigen Vorgang des Empfangens und der Aufnahme Jesu Christi, seiner Natur und der Minne seines Geistes in das Innere des Menschen (s.376,8f).

8.1.: Durch die Metapher *trunken* wird die Erfahrung Gottes mit einem ekstatischen Glückszustand parallelisiert. Diese Erfahrung der göttlichen *süeze*, der göttlichen Freude sowie auf der dritten Stufe des Gebets der reichliche Genuß *"von dem moste des heiligen geistes"* (393,10) bewirkt, daß der Mensch *trunken* wird und allen Jammer und alle *gebreste* vergißt (343,39f).

8.2.: Neben der Erfahrung Gottes bewirkt auf der vierten Stufe des Gebetes bereits die *andacht*, mit der der Mensch Gott begehrt, daß der menschliche *muot* so *trunken* wird, daß er alle äußere Wirklichkeit völlig vergißt (392,98).

9.1.: Der mit *trunkenheit* vergleichbare ekstatische geistige Zustand des Menschen stellt sich, wie David in seinen Gedanken zur fünften Stufe des Gebetes bemerkt, ebenfalls ein, wenn der Mensch in *des herzen ruowe* unabhängig von aller Äußerlichkeit zu Gott betet (393,17).

11.1.: Mit der Metapher *trenken* weckt David die Vorstellung, daß Gott es ist, der sich dem Menschen mit seiner *wollust* und den *gnaden* seiner Gottheit in der Weise präsentiert, daß dieser Gott in sich aufnimmt. Im Rahmen der Quellmetapher wird die von Gott dem Menschen zugehende Mitteilung als *"bach (seiner) wollustes"* dargestellt, *"daz ist... der uzvluzze (der) honicvlüzzigen gotheit."* (370,30f)

11.2.: Jesus Christus bittet David, daß er die Seele/das Herz mit seiner Gnade *trenke*. Die Angewiesenheit des Menschen auf die göttliche Zuwendung kommt dadurch in den Blick, daß die Adjektivmetapher *dürr* in Bezug auf das menschliche Herz die Notwendigkeit eines Geschehens plausibel macht, das den Mangelzustand des Menschen beseitigt. Darin, daß Jesus Christus den Menschen speist und tränkt, sieht David die Möglichkeit, *"unverzaget unde kreftic"* (379,2) allen Widerwärtigkeiten dieser Welt standzuhalten.

D. Tauler

1. *turst, turstig*
1.1. *mensche* (51,9.28; 53,1.2f; 56,9; 137,2; 313,26)
1.2. *got* (56,7)
1.3. *welt* (425,14)

2. *türsten*
2.1. *got* (56,7.9)
2.2. *mensche* (56,7; 56,9(Pat); 250,30; 281,20f)
2.3. *materie* (136,31.32)

5. *trinken*
5.1. *mensche* (53,4f.12; 56,16)

8. *trunken*
8.1. *mensche* (53,12; 368,10)

11. *trenken*
11.1. *got* (56,19)

12. *ertrenken*
12.1. *mensche* (53,32)

14. *versoufen*
14.1. *gotheit* (143,7)
14.2. *mensche* (245,25f(Pat))

1.1.: Das mit *turst* artikulierte Grundbedürfnis des Menschen, Flüssigkeit in sich aufzunehmen, benützt Tauler als Bild für das Verlangen des Menschen nach Gott (s.51,9) oder nach geschaffenen Dingen (s.313,26). Als Ursache der Sehnsucht nach Gott nennt Tauler den vom Hl. Geist in der Seele entfachten *minnenbrant*; dessen Energie erzeugt einen *"turst nach Gotte"* und ein liebevolles Begehren (51,9f). Einem solchen Menschen gilt die Verheißung Joh 7,37 "Si quis sitit, veniat et bibat". In der Konsequenz der Gottesliebe liegt es, daß umgekehrt das Verlangen, der *"turst geschaffener dinge"* (313,27), beim Menschen aufhört.

Einen weiteren Aspekt des menschlichen Verlangens nach Gott arbeitet Tauler durch die Ps 42,1 entnommene Parallele zwischen der dürstenden Seele und einem Hirsch heraus: Je mehr der Hirsch von Hunden gejagt wird, dürstet ihn. Entsprechend steigt mit der Verfolgung des Menschen durch Versuchungen und Sünden sein Durst nach Gott (s.51,27f).

1.2.: Gottes *turst* besteht darin, den Menschen zu sich zu bringen und zu erreichen, daß der Mensch seinerseits nach Gott verlangt. Tauler formuliert: *"...daz uns harnoch dúrsten welle, darnoch túrstet in mit grossem turste..."* (56,7).

1.3.: Zur Herrschaft über den Leib gehört u.a. auch, daß der Mensch dem *"turste der welte"* (425,14) eine Absage erteilt. Damit wird er allem weltlichen Verlangen, allen weltlichen Dingen und Sorgen gegenüber gleichgültig.

2.1. – 2.3.: Neben dem inneren Vorgang, in dem der Mensch nach Gott oder danach *túrstet*, Gott zu lieben, richtet sich das Verlangen von *"minneklichen menschen... nach lidende und nach verkleinunge ir selbs..."* (250,30). - Gott dürstet danach, daß der Mensch nach ihm dürste (s.56,7.9). Ferner steht *túrsten* für die Sehnsucht der Materie nach der ihr übergeordneten Form; z.B. *túrstet* die Materie des Menschen nach einer ewigen, *"nach Got gebildeter formen"* (136,31-33).

5.1.: Die bedürfnisstillende Funktion, die das Trinken gegenüber dem Dürsten erfüllt, überträgt Tauler auf das Verhältnis Mensch-Gott, wenn er davon predigt, daß der Mensch in der Ewigkeit *"den aller suessesten brunnen trinken sol mit vollem munde uz sinem eigenen ursprunge und us sime vetterlichen hertzen..."* (53,4-6).

Das, was der menschliche Geist in dem - mit der Verbmetapher *trincken* vorgestellten - Rezeptionsvorgang empfängt, kann Tauler auch - unvereinbar mit der Trinkmetapher - als *"edel goetteliche spise"* (56,16) bezeichnen. Als Folge schildert Tauler, daß der Mensch von seiner irdischen Existenz in das ewige Leben wechselt (s.56,12).

8.1.: Die ekstatische Wirkung, die die Erfahrung Gottes auf den Menschen hat, führt Tauler vor Augen, indem er das Verhalten des mit Gott erfüllten Menschen in Beziehung setzt zur Reaktion eines Menschen, der *truncken* ist: *"Daz ist des schult das sú trunken sint worden, dis heisset jubilieren, underwilent schrigent sú, underwilent lachent sú, so singent sú."* (53,17-19) Neben der Erfahrung Gottes wird als andere Ursache für diesen ekstatischen Zustand des Menschen - wie Tauler in Pr 67 ausführt - die Gottesliebe und die Demut genannt (s.368,9f).

11.1.: Wenn Gott im Menschen das willentliche Verlangen nach sich spürt, ist er bereit, dieses Verlangen zu stillen, indem er den durstigen Menschen in einem solchen Ausmaß tränkt, daß von diesem der Geist Gottes bzw. - wie Tauler in Anlehnung an Joh 7,38 formuliert - "*lebende wasser fliessen*" (56,12).

12.1.: *Ertrenken* ist Metapher für den Verlust der Existenz; dieser tritt dann ein, wenn Menschen zu sehr ihre Aufmerksamkeit auf das Handeln Gottes richten. Um dies zu verhindern, entzieht Gott dem Menschen seine Zuwendung.

14.1. – 14.2.: Die Vernichtung der Existenz durch Ertränken stellt das Muster dar, nach dem Tauler das Geschehen begreift, das dem Menschen in Gott widerfährt (s.143,7). Die Bildlichkeit dient auch der Vorstellung des Vorgangs, durch den der Mensch in Demut sein Nichts realisiert (s.245,25f).

E. Seuse

1. *turst, turstig*
1.1. *mensche* (99,5; 99,14f; 320,4f; 467,5)
1.2. *ader* (92,18)
1.3. *heischen* (274,8)
1.4. *munt* (274,9f)

2. *tursten*
2.1. *geselleschaft* (240,25)
2.2. *Jesus Christus* (272,27; 319,29)
2.3. *sele* (305,14f)
2.4. *mensche* (274,10)

3. *trank*
3.1. *Jesus Christus* (50,8f.11f; 320,4f)
3.2. *lêre* (99,14)
3.3. *bitterkeit* (256,3)
3.4. *trost* (256,3)
3.5. *liden* (256,12)
3.6. *suezicheit* (256,12)
3.7. *ewige wisheit* (472,16)

8. *trunken*
8.1. *mensche* (336,9; 466,3f)
8.2. *sinne* (552,22f)

10. *tabern*
10.1. *tugent* (552,2)

11. *trenken*
11.1. *Jesus Christus* (303,17; 319,29(Pat); 486,23)
11.2. *mensche* (274,10; 472,16(Pat))
11.3. *Maria* (50,3)
11.4. *got* (141,9)

13. *besoufen*
13.1. *mensche* (477,10(Pat))
13.2. *sele* (549,11(Pat))

14. *versofen*
14.1. *sele* (20,22(Pat); 476,5(pat))
14.2. *sin* (310,1(Pat))
14.3. *wunde* (445,24)

1.1. – 1.4.: Seuse stellt in der Vita, cap. 34, dar, wie seine geistliche Tochter ihn um geistliche Lehre bittet. Durch den Gebrauch der Trank- und Speisemetaphorik wird deutlich, daß das Verlangen der geistlichen Tochter für sie den Charakter eines Grundbedürfnisses trägt. Entsprechend dem aus dem Physiologus zitierten Beispiel vom Pelikan, der seine Jungen aus Liebe mit seinem eigenen Blut nährt, meint die geistliche Tochter, daß die ihr von Seuse zu verabreichende Lehre aus seiner eigenen Lebenserfahrung stammen müsse. Auffällig an der zitierten Stelle ist, daß die mit der Adjektivmetapher *turstig* umschriebene geistige Mangelsituation der geistlichen Tochter durch die geistliche Lehre beseitigt wird, die aufgrund ihrer Funktion für die Tochter sowohl als *geischliche spise* (s.99,6) als auch als *trank* (s.99,15) vorgestellt werden kann.

Die Alternative des menschlichen Verlangens zeigt Seuse auf, indem er antithetisch die beiden Bereiche des menschlichen Verlangens gegenüberstellt: *"Herr, erloesche in mir allen turst liplicher dinge, mache mich durstig nah geistlichen dingen."* (320,4-6) Da Christus in seiner Bedeutung für den Menschen mit der Funktion einer rauschenden Quelle vergleichbar ist, die den Durst eines Menschen zu stillen vermag, ergibt sich für Seuse die Notwendigkeit, daß der Mensch sein Inneres weit öffnen muß, damit Christus, der *gnadenriche brunne*, ohne Hindernis in den nach ihm verlangenden Menschen kommen kann (s.92,19). Mit konkretisierender Konsequenz spricht Seuse schließlich in Bezug auf das menschliche Verlangen von einem *turstigen heischen* (s.274,8) und von einem *turstigen munt*, der mit der Ewigen Weisheit *"mit bitterkeit getrenket"* (274,10) wird.

2.1. – 2.4.: Die Verbmetapher *tursten* findet sich in Aussagen, in denen das Verlangen der himmlischen Gemeinschaft nach dem Diener Seuse (s.240,25) oder das Verlangen Seuses und des sterbenden Jesus nach dem Heil aller Menschen (s.272,27) sowie der Seele nach dem richtigen Gotteslob anschaulich gemacht werden soll (s.305,14f).

3.1. – 3.7.: Das, wonach der Mensch verlangt, bezeichnet Seuse im Zusammenhang mit der Durstmetapher als *trank*, der das jeweilige Bedürfnis des Menschen stillt. Dies kann sein: die geistliche Lehre Meister Eckharts oder Seuses (s.99,14), Jesu bitteres Leiden (s.256,12), göttlicher Trost (s.256,3), geistliche Süßigkeit (s.256,12). An einigen Stellen wird nicht ganz deutlich, was man unter dem Trank, mit dem der Mensch getränkt wird, genauer zu verstehen hat. Zu entnehmen ist nur, daß das, was dem Menschen als *trank* mitgeteilt wird, aus dem Bereich der Ewigen Weisheit stammt. Da der als *trenken* vorgestellte Mitteilungsvorgang der Ewigen Weisheit mit der metaphorisch als *"sugen der goettlichen lere"* bezeichneten Tätigkeit des Menschen korrespondiert, liegt eine Identifizierung der göttlichen Lehre mit dem *"trank der ewigen wisheit"* nahe (472,16).

Auch beim bitteren Trank Jesu Christi wird nur durch das Adjektiv *bitter* eindeutig, daß es die Leiden Jesu sind, die die Widerwärtigkeiten des Menschen aufgrund ihrer heilsmittlerischen Bedeutung in *suezikeit* verwandeln (s.320,4f).

8.1. – 8.2.: Als Metapher verweist *trunken* auf die Wirkung der Minne Jesu oder der göttlichen Freuden auf den Menschen bzw. die menschlichen Sinne. Anhand der Beschreibung des durch die Erfahrung des göttlichen Überflusses hervorgerufenen ekstatischen Zustandes läßt sich entnehmen, welche Bedeutung Seuse diesem Zustand zumißt: In Parallele zum *trunken mensche*, der sein Selbst vergißt (s.336,10-12), entäußert sich der in Gott befindliche Mensch ganz seines Selbsts und wird völlig eins mit Gott. Mit einem Beispiel verdeutlicht Seuse, daß die *"grundlose gelaszenheit von ir selbes"* (336,23f) - Seuse zieht als Beispiel den Wassertropfen heran, der im Wein alle seine Eigenschaften verliert und die des Weines annimmt -, nichts vom Menschen in Gott übrigläßt (s.336,21), so daß Gott *"sol werden ellú ding in allen dingen"* (336,19f). Demnach stellt der als *trunken* metaphorisch bezeichnete Zustand des Menschen die Vorbedingung dazu da, daß es zur Einigung mit Gott kommen kann; zugleich wird deutlich, daß dieser Zustand nicht durch menschliches Handeln, sondern allein durch die Erfahrung der göttlichen Wirklichkeit entstehen kann.

10.1.: Jesu Mund sieht Seuse als Schenke, aus der die Worte kommen, die aufgrund ihrer *suezekeit* andächtige Menschen trunken machen (s.552,2).

11.1.: Die mit den Metaphern *turst, turstig, túrsten* oder mit der Vorstellung vom *túrren munt* der Seele (303,17) umschriebene Bedürftigkeit des Menschen wird dadurch beseitigt, daß Jesus sich oder seinen Willen (s.486,23) der Seele mitteilt, die ihn nach Seuses Sicht in einer dem Verzehr von Speise und Trank ähnelnden Weise zu sich aufnimmt: *"Spise und trenke, sterke und ziere und vereine dich minneklich mit mir!"* (303,17f). Während der Mensch von Jesus mit der *suessikeit dez willen* getränkt wird (486,23), wurde der leibliche und geistliche Durst Jesu *bitterliche getrenket* (319,29), da Jesus am Kreuz zur Stillung seines Durstes ein Schwamm mit Essig gereicht und somit das geistige Liebesverlangen Jesu mit seiner leidvollen Tötung beantwortet wurde.

11.2.: Wer Jesus liebt, soll sich sein Kreuz vor Augen stellen. Seine Bedürfnisse darf er nicht auf etwas richten, was ihm Lust und Freude bereitet; vielmehr soll der Mensch in der Nachfolge Jesu davon lassen und das Leiden Jesu in sich nachbilden. Dies führt dazu, daß dieser Mensch die Leiden Jesu empfängt, indem seine - anhand des *turstigen munt* konkretisierte - Bedürftigkeit durch Jesus Christus *"mit bitterkeit getrenket"* wird (274,10). Das Verhältnis zwischen Jesus Christus und dem Menschen kann auch davon bestimmt werden, daß der Mensch sich so sehr für die göttliche Lehre interessiert, daß er sie - was Seuse mit dem Bild des *sugen* eigens hervorhebt - in sich aufnimmt. Je mehr der Mensch sich dabei abmüht, desto mehr empfängt er von Jesus Christus; d.h. metaphorisch formuliert: er wird *"mit dem trancke der ewigen wiszheit getrencket."* (472,17)

11.3. – 11.4.: Seuse, den es abends sehr dürstet, weil er beim Abendtisch wenig getrunken hat, erscheint die Muttergottes, wobei sie ihm *"heilsamen tranke, daz von minem herzen flússet"* anbietet (50,3). Dieser Trank ist *"nit ein lipliches trank, es ist ein heilsames geischliches trank warer luterkeit."* (50,8f) Nachdem Seuse diesen Trank getrunken hat, bleibt ihm etwas im Mund zurück, das wie das Manna beschaffen war (vgl. Ex 16,44ff). Dieses sehr realistisch anmutende Geschehen wird durch die Begleitumstände (die Erscheinung Mariens; der Trank, der aus dem Herzen fließt) in seinem Realitätscharakter in Frage gestellt. Während die Charakterisierung *geischlicher trank* (s.50,9) ein metaphorisches Verständnis nahelegt, führt die Erwähnung des im Mund zurückbleibenden Himmelsbrotes anschließend den Leser wieder dazu, das Geschehen wörtlich aufzufassen.

13.1. – 13.2.: Mit *besoufen* wird ins Bild gebracht, daß David *"in der stille des goetlichen schowens"* durch die göttliche Wirklichkeit in seiner Existenz vernichtet war (477,10). In Anlehnung an Ps 28,5 schildert Seuse die existenzvernichtende Situation seiner Seele; sie war mit den Fluten des Verderbens *besouffet* und mit den Stricken des Todes *umbhalbet* (s.549,11).

14.1.: Die totale Hingabe der Seele des Dieners an den geliebten Gott und das völlige Bestimmtsein von dieser Liebe bringt Seuse im Bild des *versofet*-Seins zur

Sprache (s.20,22). Das Empfinden im göttlichen *abgrunt* führt ebenfalls dazu, daß die Seele *versoffet* wird (s.476,5).

14.2. – 14.3.: Im Sinn der Existenzvernichtung ist mit *versoufen* auch ein Geschehen gemeint, dem der *menschliche sin* in der *luterkeit* unterliegt (s.310,1). Ferner geht es um die Vernichtung der Sünden durch jede Wunde Jesu Christi, indem diese die Sünden in ihrer Tiefe *versoffti* (s.445,24).

F. Margaretha Ebner

1. *turst, turstig*
1.1. *mensche* (138,27; 163,24)

3. *trank*
3.1. *Johannes* (74,21)

5. *trinken*
5.1. *mensche* (84,8; 102,7; 166,14)

11. *trenken*
11.1. *sel* (166,15(Pat))

1.1.: Das Verlangen nach Jesus Christus erscheint bei Margaretha als *turst* (s.138,27).

3.1.: Im Rahmen der metaphorischen Verwendung des Verbs *trinken* wird das, was Johannes, der Lieblingsjünger Jesu, *"trank und sog us den suezzen brüsten Jhesu Christi"* (74,21f) zum *trank*.

5.1.: Im Bild des Trinkens veranschaulicht Margaretha die Aufnahme der Wahrheit aus dem Herzen Jesu durch den Jünger Jesu, Johannes (s.84,8).

Noch genauer beschreibt Margaretha an anderer Stelle den Akt der Rezeption, indem sie die Trink- und Säugemetapher kombiniert (s.102,7); Ergebnis der Aufnahme der Wahrheit ist, daß man kein Verlangen mehr verspürt: *"swer sin getrinket, daz den nimmer me gedürstet."* (166,14)

11.1.: Aufgrund der Bedeutung, die Jesus Christus für den Menschen hat, verlangt Margaretha, daß die menschliche Seele von Christus her *getrenket werden* müsse (s.166,15).

G. Heinrich von Nördlingen

1. *durst/durstig*
1.1. *minne* (10,43)
1.2. *geist* (11,47; 21,16; 37,5)
1.3. *mensche* (17,94; 42,27; 48,37)
1.4. *sünder* (51,18)

2. *dürsten*
2.1. *mensche* (17,43)
2.2. *sel* (17,78; 17,83f)

3. *tranck*
3.1. *got* (36,9)
3.2. *Christus* (43,113)

5. *trinken*
5.1. *mensche* (4,30; 7,6f;17,43; 17,95; 42,23f; 43,80f; 46,16)
5.2. *geist* (11,47; 37,4)
5.3. *sunder* (17,95)
5.4. *ewiges leben* (7,8(Pat))

8. *truncken*
8.1. *geist* (11,48)
8.2. *gemahel gotz* (46,38)
8.3. *mensche* (51,18; 54,5)

11. *trenken*
11.1. *mensche* (10,45(Pat))
11.2. *Jhesus Christus* (37,5)
11.3. *geist* (37,2(Pat))

1.1. – 1.2.: *Minnedurst* ist Metapher für die sehnsuchtsvolle Liebe des Menschen zu Jesus Christus. Der Mangel leidende menschliche Geist Margarethas soll - so wünscht Heinrich - *"uberfüllt werden in aller völin gotz"* (21,16f), bzw. er muß von Jesus Christus getränkt werden (s.37,5). In einem anderen Brief wünscht Heinrich Margaretha, daß sie den göttlichen *"brunen des lebens"* erfahren möge, aus dem ihr *"durstiger geist trincken und truncken werden sol..."* (11,47f).

1.3.: Jesus Christus läßt Heinrich das Verlangen Margarethas, ihren *durst*, spüren; Jesus fordert sie auf: *"... kum zu mir und trinck..."* (17,95).

Allgemein die menschliche Situation charakterisierend, verweist Heinrich im 42. Brief mit der Durstmetapher auf die Sehnsucht nach der Widerkunft Christi (s.42,27f) bei denen, die erfahrungslos sind, während Margaretha als wahrhaft Gottliebende im *weinkeller* in den Genuß Gottes zu kommen vermag (vgl. Hl 2,4). Über Margaretha hofft Heinrich Anteil an Gottes Wirklichkeit zu erhalten: *"... das du uns usz deinen mutterlichen vollen megdlichen brusten... gesögen kanst, uns armen durstigen..."* (42,25-27).

Im 48. Brief erinnert er an die Selbstbezeichnung Gregors des Großen, *"das er ain canel si, durch den got die andern durstigen schenckt."* (48,36f).

1.4.: Heinrich bittet Gott für Margaretha um das *"lebend brod und den suezzen zipperwein, das er selber ist"* (51,14f), damit sie derart *"satt und truncken"* von der empfangenen göttlichen Wirklichkeit werde, daß sie den *"hungerigen und durstig sünder"* aus ihrer göttlichen Fülle mitzuteilen vermag (51,18f).

2.1. – 2.2.: Wie *durst/durstig* ist *dürsten* Bild für den Mangelzustand des Menschen, dem durch Jesus Christus abgeholfen werden kann.

3.1.: Das, was Gott aus Liebe mitteilt, stellt Heinrich als *"aller inersten, suszesten, luteren tranck"* vor, der in die Erwählten Gottes, insbesondere in Margaretha, gelangt (s.36,9).

3.2.: Um deutlich zu machen, daß Christus für Menschen eine ähnliche Bedeutung hat wie die Stillung der elementaren Grundbedürfnisse, spricht er davon, daß *"in irem hunger Christus ir speis si, in irem durst Christus ir tranck si..."* (43,112f).

5.1.: Parallelen mit dem Trinkvorgang hat für Heinrich das Geschehen, bei dem die von ihm betreuten Schwestern in ihr Herz *"das liecht der warheit"*, *"das feur der minen"* und *"den spruch des ewigen wortz"* aus dem *brunen der ewigen Weisheit* (43,79-82) nehmen sollen. Durch die Kombination der Quell- mit der Trinkmetapher bringt Heinrich ins Bild, wie und wo der Mensch Treue, Wahrheit, Minne, Frieden, Freude und Wollust zu sich nimmt; er befindet sich im Bereich des ewigen Lebens und kann somit direkt am Ursprungsort die genannten Qualitäten internalisieren. Eine andere Vorstellung bei Heinrich entsteht aus der Kombination der Fließ-, Wasser- und Trinkmetapher: Durch die *"geeder Jhesu Cristi"* soll - so Heinrichs Wunsch - das allerbeste göttliche Gut in Margaretha kommen, wenn sie in Gott ist, so daß sie dort *trincken* kann und infolge der göttlichen Fülle *versincken* muß (4,30). Ein weiterer Kontext der Verbmetapher ergibt sich aus der Entfaltung von Hl 2,4: *"der künig hat mich ein geleit in seinen weinkeller"*. Das, was der Mensch hier trinkt, nennt Heinrich in Weiterführung des Bildes *"den lustlichen most des hailigen geistes"* (42,24). Auch Joh 7,37: *"wen dürst, der kom zu mir und trinck"* konkretisiert Heinrich dahingehend, daß Jesus Christus zur Stelle wird, wo die Sünder Reue, die Reumütigen Trost, die Getrösteten Freude etc. empfangen und in sich aufnehmen können (s.17,95f).

5.2.: Aus Gottvater, dem *"ursprung des liechtez"* und *"brunen des lebens"*, soll der durstige Geist Margarethas, so die Empfehlung Heinrichs, *trincken* (11,47).

5.3. – 5.4.: s. 5.1.

8.1. – 8.2.: Der ekstatische Zustand, der sich beim Menschen einstellt, wenn sein *durstiger geist* trinkt aus dem *"brunnen des lebens"*, umschreibt Heinrich mit der Adjektivmetapher *truncken*. Eine in gleicher Weise beschriebene Wirkung stellt sich bei der geliebten Braut Gottes ein durch die Wahrnehmung der göttlichen Gestalt (s.46,37-39).

8.3.: Anknüpfend an eucharistisches Gedankengut wünscht Heinrich Margaretha, daß sie von Jesus Christus, dem *lebend brod* und dem *"sueszen zipperwein satt und truncken"* werde (51,17f). Im Rahmen einer Weinbergallegorie äußert Heinrich den Wunsch, daß Gott Margaretha und Elsbeth Scheppach mit dem Wein, den er selbst im *"weingarten aller creatur"* angebaut hat, *truncken mache* (54,5).

11.1. – 11.3.: Die Verbmetapher *trencken* beschreibt, wie der Mensch bzw. alle nach Gott verlangende menschliche Geistigkeit aus dem lebenden *brunnen* Jesus Christus *getrenckt werden*. Im 10. Brief wird dies dahingehend präzisiert, daß der Inhalt, der dem Menschen zum In-sich-Aufnehmen gegeben wird, der leidende Christus ist: *"...die muszent alle mit im getrenckt werden mit mirren, gallen und essig."* (10,45f)

ufruken (1.)

A. Mechthild von Magdeburg

1. *ufruken*
1.1. *sele* (V 31,25)
1.2. *got* (VI 16,9; 23,19)

1.1. – 1.2.: Für das Bemühen der Seele um einen intensiven Kontakt mit Gott stehen die Bilder *"jagen mines herzen, und das ufruken miner sele..."* (V 31,25). Die als räumliche Fortbewegung entworfene Annäherung des Menschen an Gott kann - wie Mechthild in VI 16,9 und 23,19 darlegt - auch von Gott selbst initiiert werden.

---

val (1.)/ vallen (2.)/ abval (3.)/ abevallen (4.)/ entvallen (5.)/ inval (6.)/ invallen (7.)/ niderval (8.)/ nidervallen (9.)/ übervallen (10.)/ ufval (11.)/ underval (12.)/ uzval (13.)/ uzvallen (14.)/ vervallen (15.)/ zuoval (16.)/ zuovallen (17.)/ zuovallend (18.)

A. Mechthild von Magdeburg

1. *val*
1.1. *himel* (VI 2,33)
1.2. o.BE (IV 5,7; 16,17)
1.3. *mensche* (II 24,86; IV 16,17; V 2,23)
1.4. *Adam* (I 22,44)

2. *vallen*
2.1. *mensche* (II 24,71; IV 14,17; 16,17; 23,180; V 8,36; VI 38,12; VII 3,25)

2.2. *selige* (IV 16,8)
2.3. *sunder* (VI 16,57; 19,5(Pat))
2.4. *got* (IV 12,105; VI 19,5)
2.5. *brut* (IV 12,37)
2.6. *gedank* (VI 1,51)

5. *entvallen*
5.1. *mensche* (III 14,23; IV 3,7)
5.2. *fleisch* (II 25,88)

1.1.: Das Bild des *himelval* erscheint zur Erfassung der von Gott auf den Menschen zukommenden göttlichen Gnade; deren Wirkung veranschaulicht Mechthild dadurch, daß sie den *himelval* mit der reinigenden Wirkung von Wasser in Beziehung bringt: als Niederschlag, ausgegossen aus dem göttlichen *brunne*, muß er die Seele reinigen von allen *vleken* der Sünde (s.VI 2,33-36).

1.2. – 1.4.: *Val* ist ferner Metapher für das Geschehen, durch das der Mensch in Sünde gerät (s.IV 16,17).

2.1. – 2.3.: Die Verbmetapher *vallen* bezieht sich auf die Fähigkeit, durch eine vertikal nach unten verlaufende Bewegung seine Position zu verändern. Nach dem Muster dieser Bewegung vollzieht sich - so Mechthilds Sichtweise - das geistige Geschehen, durch das der Mensch in Sünde (s.VII 3,25) kommt oder - aufgrund der Orientierung an äußerlichen Dingen - *"allererst in muotwilligen krieg, dar nach in tragheit, da nach in valschen trost, da nach in missetrost..."* (V 8,36-38). Einzig und allein, weil Jesus Christus in der Dreifaltigkeit alle Sünden dauernd - einer körperlichen Last ähnlich - mit sich führt, läßt Gott die Sünder nicht in den ewigen Abgrund der Hölle *vallen* (s.VI 16,57). Im Unterschied zu diesen Menschen können die ganz von Gott bestimmten Seligen nicht mehr in schwere Sünden geraten (s.IV 16,8).

2.4. – 2.6.: Im Kontext eines Weltbildes, das Gott oben in der Höhe und den Teufel unten in der Tiefe der Wirklichkeit ansiedelt, steht die Verbmetapher *vallen* für die gnadenhafte Zuwendung Gottes zur Seele; diese Zuwendung wird so dargestellt, daß Gott sich der Seele nähert, indem er von oben auf sie fällt. Daneben wird mit der Verbmetapher *vallen* auch die freiwillige Distanzierung der *brut* von Gott als Abwärtsbewegung von der Höhe bis *"under die verhangenen und under die verworhten selen..."* vorgestellt (IV 12,37). Schließlich ist *vallen* Metapher für die Einwirkung des Hochmutes auf die Seele (s.VI 1,51).

5.1.: Im Bild des *entvallen* macht Mechthild das Verlassen des göttlichen Bereichs anschaulich, das bei denjenigen eintritt, die nicht Gottes Wahrheit verfolgen (s.III 14,23).

5.2.: Die Trennung des Leibes von der Seele wird im Bild des *entvallen* veranschaulicht (s.II 25,88).

B. David von Augsburg

1. *val*
1.1. *tievel* (322,10)
1.2. *Adam* (344,5)
1.3. *mensche* (356,23; 396,18; 339,28)

2. *vallen*
2.1. *mensche* (321,6.8.9; 337,16.21; 339,26f; 353,26f; 356,29f; 381,3; 399,32f)
2.2. *got* (374,28)
2.3. *allez, von nihte gemachet* (377,6)
2.4. *engel* (380,38f)

14. *uzvallen*
14.1. *engel* (381,3)

15. *vervallen*
15.1. *liute* (318,19)

1.1. – 1.3.: Die Fallmetaphorik dient David zur Veranschaulichung der Auswirkungen, die die Sünde auf den Teufel (s.322,10), auf Adam (s.344,5) und den Menschen hat. Dieser durch die Sünde bewirkte Schaden des Menschen wird auch daran evident, daß der Mensch, der in der Kontemplation zu Gott erhoben ist, von ihm wieder entfernt und herabgestoßen wird (s.396,17-19). David hat erfahren, *"daz got von des menschen sünde zornic wart und in dô von sînem wünneclîchen antlütze hête gescheiden."* (396,15f) Der Mensch ist aber auch selbst oft der Auslöser der Positionsveränderung anderer Menschen, die eine Entfernung von Gott bedeutet. Darum fordert David dazu auf, anderen Menschen, die als Menschen immer die Möglichkeit zum Fall haben, nicht als Ursache dazu zu dienen (s.339,27f). Aber auch die Welt, der Leib, der Teufel mit seinen Versuchungen lösen beim Menschen eine Bewegung aus, die David metaphorisch mit mehreren Ausdrücken umschreibt: *"sie ziuhen uns nider von gote"* (356,19f) und *"schiuben und triben uns ze valle"* (356,22f).

2.1.: Wie die Substantivmetapher bezeichnet auch das Verb *vallen* das Geschehen, durch das der Mensch in Sünde gerät (s.321,6f); da Sünde eine Entfernung von Gott bedeutet, der räumlich oben lokalisiert wird, erhält die Bewegung von Gott weg die konkrete Gestalt einer vertikalen Fortbewegung des Menschen nach unten in die Tiefe bis hin *"in daz abgründe der ewigen helle"* (399,34).

2.2.: Neben der Bitte, daß Gott sich in die Seele *senken* möge, um die Sehnsucht des Menschen nach ihm zu befriedigen (s.374,34f), findet sich an dieser Textstelle auch das Bild der hungrigen Seele, die bereits durch den geringsten Brotkrümel der göttlichen Wirklichkeit, den Gott in sie fallen läßt, die göttliche Wirklichkeit erfährt.

2.3.: Für den Prozeß der Vernichtung alles Sinnlosen entwirft David mit den Metaphern *vallen* und *sinken* das Bild einer Ortsveränderung, bei der das Betreffende in die Tiefe stürzt (s.377,6).

2.4.: Gegenläufig zum *"übermüete des boesen engel"* verläuft der Engelsturz, der dem Menschen im Himmel den Platz frei macht (381,1f).

14.1.: Noch konkreter als *vallen* wird mit der Metapher *uzvallen*, das ein Sich-Lösen von einem festen Platz impliziert, der Engelsturz als ein Geschehen beschrieben, bei dem im himmlischen Jerusalem eine Lücke entsteht (s.381,2). Damit der Mensch nicht dem gleichen Fehler des Hochmuts erliegt, wurde er von Gott mit Hilfe des irdischen Leibes gedemütigt (s.381,3-5).

15.1.: Die von *sünde* und *gebresten* verkehrte menschliche Existenz berechtigt David zu der Feststellung, daß *"guote liute verkêret sint unde vervallen."* (318,19).

C. Meister Eckhhart

2. vallen
2.1. *vernüfticheit* (I 49,1; III 253,3)
2.2. *bekantnis* (I 122,6f)
2.3. *gemüete* (V 262,2f)
2.4. *lieht* (III 428,4f)
2.5. *wille* (II 216,1f)
2.6. *minne* (II 216,1f)
2.7. *mensche* (II 616,7; V 233,5; 260,4f; 288,7.9)
2.8. *leit/liden* (V 12,14f; 39,13; 114,8; 229,4)
2.9. *itelkeit* (V 114,8)
2.10. *wê* (III 490,14)
2.11. o.BE (I 136,16; III 62,3)
2.12. *dinc* (III 63,5; 249,3)
2.13. *niht* (II 361,3f)
2.14. *iht* (III 223,5)
2.15. *viur* (III 253,1)
2.16. *unglîcheit* (I 202,1)
2.17. *gebreste* (I 102,8)
2.18. *von gnade* (II 152,3)

2.19. *vremdes* (I 56,11; II 344,1)
2.20. *anderunge* (I 358,3f)
2.21. *got* (I 368,3)
2.22. *zît* (I 423,2)
2.23. *sêle* (II 321,4)
2.24. *crêatûre* (III 247,5)
2.25. *núwekeit* (III 439,1f.5; 440,2.3.6)

3. abeval
3.1. *varwe* (II 178,2; 182,4)
3.2. *natûre* (II 182,4)
3.3. *himel* (II 182,3f)
3.4. *allez lipliche* (II 183,2f)

4. abevallen
4.1. *crêatûre* (III 241,1f)
4.2. *niht* (II 198,10)
4.3. *zît* (II 231,5f)
4.4. *mensche* (II 604,2)
4.5. *sünde* (V 246,5)
4.6. *hl. geist* (I 395,3f)

4.7. *morgen* (II 198,9)
4.8. *einez* (II 536,7)
4.9. *begerunge* (II 364,3)

5. *entvallen*
5.1. *got* (I 122,9; 416,4f; V 27,9f)
5.2. *sêle* (I 416,5f; II 231,5f; 232,5; 241,4f)
5.3. *zît* (II 232,5)
5.4. *niht* (II 233,3f)
5.5. *gebreste* (II 239,7f)
5.6. *inner mensche* (III 135,1)
5.7. *mensche* (V 291,4; 292,1f)
5.8. *vriunde* (V 261,6)
5.9. *gedanke* (V 275,4)
5.10. *strafe* (V 275,4)
5.11. o.BE (I 136,16)

6. *inval*
6.1. *mensche* (V 231,4f.8)

7. *invallen*
7.1. *got* (III 225,11)
7.2. *vremdes* (III 173,3; 225,10; 227,1f.3)
7.3. *gemanc* (III 228,7)
7.4. *indruk* (III 225,6; 227,2)
7.5. *betrüebnis* (II 440,10)
7.6. *bitterkeit* (II 446,1)
7.7. *geistlicher hunger* (II 446,1)

8. *niderval*
8.1. *himel* (II 200,7)
8.2. *gotheit* (V 41,4f)
8.3. *vernünfticheit* (II 202,2)
8.4. *allez lîpliche* (II 183,2f)

16. *zuoval*
16.1. *waz* (I 56,6)
16.2. *uzwendiges wesen* (II 266,3)
16.3. *natûre* (II 381,4f)
16.4. *dinc* (II 630,6f)
16.5. *allez lîpliche* (II 183,2f)

17. *zuovallen*
17.1. *alter* (II 304,6)
17.2. *daz* (II 549,6)
17.3. *ez* (V 256,4)
17.4. *dinc* (V 211,2)

18. *zuovallend*
18.1. *hitze* (II 198,5)
18.2. *dinc* (III 66,1)
18.3. *menge* (V 53,18)
18.4. *wille* (V 280,4)

2.1. – 2.6.: Die Rolle, die Vernunft und Erkenntnis bei der Einigung der Seele mit Gott spielen, umschreibt Eckhart mit Hilfe mehrer Bewegungsverben. Während die Erkenntnis des Menschen *"loufet vor und durchbrichet"* (I 49,1f), ist es der *vernünfticheit* in Pr 3 vorbehalten, in das lautere Sein einzudringen. Mit der metaphorischen Formulierung *"vallen in daz lûter wesen"* suggeriert Eckhart, daß dieses Geschehen ähnlich strukturiert ist wie eine senkrecht nach unten verlaufende Bewegung, durch die man in das Innere eines Behälters o.ä. gelangt. Während an dieser Stelle in Pr 3 der Erkenntnis nur eine vorbereitende Funktion im Rahmen der Annäherung an das Sein Gottes zukommt (s.I 49,1f), wird in Pr 7 in Bezug auf die Erkenntnis dagegen ausdrücklich festgestellt, daß die Erkenntnis sich durch Wahrheit und Güte hindurch Gott, wie er an sich ist, annähert. Diese Positionsveränderung der Erkenntnis erhält durch die Verben *durchbrechen* und *vallen* den Charakter eines räumlichen Vorgangs, bei dem die menschliche Erkenntnis sich gleichsam durch einen mit Hindernissen versehenen Weg nach unten eine Öffnung bricht, um schließlich, nachdem das Sein Gottes durch die Beseitigung von Wahrheit und Güte freigelegt ist, *"ûf daz lûter wesen"* zu gelangen. Diese Phase des Vorgangs der Annäherung an Gott wird im Bild des Fallens so dargestellt, daß sich der Mensch im Verlauf des Vorgangs wie Licht auf der Oberfläche von Materie ausbreitet (s.III 428,4f). Interessant ist der Kontext, in dem diese Aussage in Pr 7 steht; denn hier wird - den Ausführungen zur Erkenntnis vorgeschaltet - ausgeführt, wie die *vernünfticheit* den Effekt, daß sie (wie die Erkenntnis) *"nimet got blôz"* (I 122,7f), durch den Vorgang des *abescheln* erreicht (s.I 122,5f). Wie tief der Mensch dabei in Gott gelangt, hängt davon ab, wie *blôz* und *ledic* sein *gemüete* ist, das auf Gott fällt (s.V 262,2f). Anders als das Gemüt und die Vernunft, die bis zum Sein Gottes vordringen können, ist es dem menschlichen Willen und der Minne nur möglich, über das im Bild des Fallens anschaulich gemachte geistige Geschehen mit Gott in Kontakt zu treten, *"als er guot ist"* (II 216,2).

2.7.: Das Bild des Fallens kann auch für ein Geschehen Verwendung finden, in dem der Mensch den Himmel quasi von oben nach unten verläßt oder aus dem Wirkungsbereich der Taufgnade geraten ist (s.V 288,7).
Daneben verleiht Eckhart mit der Verbmetapher *vallen* der Zustandsveränderung des Menschen, der in Sünde (s.V 233,5) oder in Krankheit (s.V 260,4f) gekommen ist, Konturen eines räumlichen Vorgangs.

2.8. – 2.12.: In Verbindung mit der Verbmetapher *vallen* erhält der Mensch die Funktion eines Gefäßes übertragen, in das aufgrund seiner Kapazität *îtelkeit* (s.V 114,8), *lîden und jâmerkeit* geraten.

Eine andere, im Zusammenhang mit dem Verb *vallen ûf* evozierte Vorstellung besagt, daß sich Leiden bzw. alles Weh über den Menschen quasi wie auf einer Fläche ausbreitet (s.V 229,4), also das Äußere des Menschen bestimmt und dabei nicht in sein Inneres gelangt, wie dies in einem anderen Zusammenhang druch die metaphorische Formulierung *vallen in* impliziert ist. Neben dem Leiden kommen auch nicht näher bezeichnete Dinge von Gott zum Menschen und erreichen ihr Ziel, indem sie *"ûf in vallen"* (III 63,5).

Die Bewegung, durch die die Dinge von 'oben' in der Ewigkeit nach 'unten' bis in den Bereich der Kreatürlichkeit hinein gelangen, hat zur Folge, daß sie aufgrund ihrer Distanz zum göttlichen Bereich in der Zeitlichkeit ihre Beschaffenheit verlieren, indem sie *"bleichent und valwent"* (III 249,3).

2.13. – 2.15.: Die Gefäßvorstellung steht ebenfalls bei der Aussage im Hintergrund, daß nichts in lautere Tugend fallen könne, ohne sie in ihrem Charakter zu beeinträchtigen (s.II 361,3f).
Im Zusammenhang mit *vallen* erhält die sinnliche oder sonstige Erkenntnis die Funktion eines Gefäßes, wobei Eckhart feststellt, daß das, was in dieser Weise in die menschliche Erkenntnis gelangt, nicht Gott ist (s.III 223,5). Allerdings verändert das Erkenntnisobjekt - wie Eckhart anhand des Feuers aufzeigt - in der Vernunft seine Beschaffenheit, insofern es dort *"vellet... als in ein ander natûre."* (III 253,2). Das Gleiche gilt für die Vernunft, die, wenn sie die Seele verläßt, ebenfalls *"vellet... als in ein ander natûre."* (III 253,3)

2.16. – 2.18.: Der Mensch, der sich selbst und allem Geschaffenen abgestorben ist, bleibt in der Einheit mit Gott und frei von aller Ungleichheit mit Gott; diese vermag dann nicht in sein Inneres *ze vallen*. Will aber der Mensch in allem seinen eigenen Willen durchsetzen, *vellet gebreste* in sein Inneres (s.I 102,8).
Nur wenn die göttliche Gnade in die Seele kommt, vermag der Mensch ohne Sünde zu sein (s.II 152,3).

2.19. – 2.21.: Gefäßcharakter wird auch Gott zugesprochen, wenn in Bezug auf ihn negiert wird, daß in ihm *vremdes, anderunge* oder *wandelunge gevallen müge* (I 358,3).

Umgekehrt macht sich Gott selbst dadurch zum Inhalt, daß er sich - für Eckhart nach dem Muster der Fallbewegung darstellbar - in den lauteren menschlichen Willen begibt (s.I 368,3).

2.22. – 2.24.: Mit dem in Analogie zum Fallen vorgestellten geistigen Vorgang kann auch der Aspekt der Trennung verbunden sein. In diesem Sinn ist die Aussage zu verstehen, daß dann die Zeit an ihr Ende gekommen ist, wenn alle Zeit vom Menschen *vellet* (s.I 423,2), oder daß die Seele sich in Distanz dazu begibt, "*dâ got alle sîne maht inne würket*" (II 321,4f) oder daß die Kreaturen "*vallent... ûz gote*" (III 247,5f).

2.25.: Den Gedanken, daß auf Gott keine, auf die Engel und alle Kreaturen aber Neuigkeit immer wieder zukommt, setzt Eckhart unter dem Aspekt der unvorhersehbaren Plötzlichkeit mit der Fallbewegung in Beziehung: "*nûweket vellet an alle crêatûren...*" (III 439,1f).

3.1. – 3.4.: Ausschließlich in Pr 35 finden sich die Belege für die Metapher *abeval*. Eckhart benutzt die Metapher, um anhand der Relation Teil/Ganzes die mindere Qualität und beschränkte Gleichheit des aus dem Zusammenhang mit dem Ganzen und der eigentlichen Substanz gelösten Teiles auszusagen. Als *abeval* empfindet Eckhart in diesem Sinne sein äußeres Aussehen im Vergleich zu seiner Natur. Auch den Himmel "*in sînem loufe*" begreift er als einen *abeval* von der zeitlosen Natur des Himmels (II 182,3f). Insgesamt stellt das Leibliche, wie Eckhart mit den Metaphern *abeval, zuoval* und *niderval* (s.II 183,3) hervorhebt, etwas Akzidentelles dar, weil es sich von der Substanz löst, zum eigentlichen Ganzen hinzukommt und sich vom ewigen Sein in der Höhe nieder zur Erde bewegt.

4.1. – 4.3.: Für Eckhart steht zwingend fest, daß die göttliche Wirklichkeit frei von allem Kreatürlichen ist. Daher muß sich alles Kreatürliche bei dem, was zu Gott in die *hoehe* und die "*suezicheit sîner natûre*" kommt, lösen und zur Erde herunterfallen (III 241,1f). Da es in Gottes Ewigkeit keine Veränderung gibt, kann in Gott auch nichts *abevallen* (s.II 198,10). Die Unvereinbarkeit Gottes mit dem Wandel der Zeit macht es auch erforderlich, daß für die Gottesgeburt in der Seele der Zusammenhang der Zeit mit der Seele gelöst ist: "*da muoz alliu zît abegevallen sin...*" (II 231,5f).

4.4. – 4.6.: Die Gottesbeziehung entscheidet darüber, in welchem Verhältnis der Mensch zur Sünde steht. Wenn er sich vom göttlichen Licht entfernt, indem er *abevellet*, kommt er in die Sünde (s.II 604,2). Umgekehrt fällt die Sünde und deren Pein von ihm dadurch ab, daß der Mensch sich dem Leiden Jesu nachbildet (s.V 246,5).

Weiterhin ist für die Orientierung der Seele die Präsenz des Hl. Geistes von Bedeutung: wenn er in der Seele ist, bewegt sie sich nach oben in Richtung auf Gott zu; wenn er aber die Verbindung mit der Seele auflöst und von ihr *abevellet* (s.I 395,4), bewegt sie sich aufgrund ihrer natürlichen Hinordnung wieder auf die irdische Wirklichkeit zu.

4.7.: Im Zusammenhang mit Ausführungen zum Vergehen der Zeit erscheint die Tageszeit als ein Kontinuum, das dadurch Bestand hat, daß Morgen, Mittag und Abend sich nacheinander aus dem Zusammenhang mit der kontinuierlichen Bewegung lösen, indem sie *abevallen* (s.II 198,9).

4.8.: Die Einheit von Gott und Seele wird zur Zweiheit, sobald das Eine den Zusammenhang mit der Seele dadurch aufhebt, daß es *abevellet* (s.II 536,7).

4.9.: Das Verlangen nach bestimmten Dingen hört mit deren Erhalt auf; es *vellet abe* (s.II 364,3).

5.1.: Mit der Verbmetapher *entvallen* ruft Eckhart die Assoziation hervor, daß Gott sich vom Terminus 'Güte', der ihm zugesprochen wird, zu distanzieren vermag, indem er quasi das Innere von dessen Bedeutungsraum verläßt (s.I 122,9). Im Gegensatz dazu ist diese Weise der Trennung für das Verhältnis Gottes zum ewigen Wort ausgeschlossen; denn, wie Eckhart hervorhebt, "*er ist sîn wort*" (V 27,10), so daß er, wenn er seinem Wort "*entviele, er entviele sîner gotheit*" (V 27,9f). Da Gott - im Unterschied zu seiner Einheit mit dem göttlichen Wort - mit seiner Güte und Minne nicht identisch ist, besteht für ihn die Möglichkeit, sich vom Bedeutungsraum der ihn bezeichnenden Termini *güete* und *minne* zu distanzieren (s.I 122,9f). Eine solche Distanznahme ist Gott allerdings in Bezug auf die Seele nicht möglich: Gott vermag die Seele, die im Kontext der Verbmetapher *invliezen* Züge eines Gefäßes erhält, nicht mehr zu verlassen (s.I 416,4f).

5.2. – 5.5.: Im Gegensatz zum Verhalten Gottes in Bezug auf die Seele ist es in Eckharts Augen nicht nur eine Möglichkeit, sondern Realität, daß sich die Seele aus dem Zusammenhang mit Gott herausbegibt. Soll jedoch Gott in der Seele in der Weise der Gottesgeburt präsent werden, ist es erforderlich, daß Seele und Zeit ihr Verhältnis lösen, indem sich die Seele - wie Eckhart im Bild des *entvallen* zur Sprache bringt - aus dem Raum der Zeit und die Zeit sich aus dem Inneren der Seele begeben. Sofern alle *gebreste* das Innere der Seele verlassen, indem sie *entvallen*, macht Gott die Seele mit sich gleich (s.II 239,7f). In Gott selbst aber muß sich die Seele von nichts mehr trennen: "*aldâ entvellet ir niht...*" (II 233,4).

5.6.: Wie in Gott ist der innere Mensch in seinem *grunt* Raum und Zeit enthoben. Wenn er dorthin gelangt, wo er "*ein grunt ist*" (III 135,1f), muß er sein Wesen in geistiger Weise zurücklassen: er "*entvellet sînes eigens wesens*" (III 135,1).

5.7.: Wichtig für das Verhältnis von actio und contemplatio ist die Frage, welcher Stellenwert dem Inneren des Menschen beim Wirken der Werke zukommt. Mit den verneinten Metaphern *entgan* und *entvallen* (s.V 291,4), die den Prozeß der Distanzierung als horizontalen und vertikalen Bewegungsablauf darstellen, hebt Eckhart hervor, daß der Mensch in keiner Weise das Innere beim Handeln zurücklassen darf. Vielmehr soll der Mensch aus dem Inneren, auch wenn er sich selber und allen Werken *entvallen* ist (s.V 292,1f), mit Gott mitwirken.

5.8.: Damit Gott der einzige Halt seiner Freunde ist, bringt er sie weg von den Werken, die ihnen oft als Stütze und Halt gedient haben. Ergebnis ist, daß die Freunde Gottes den Werken für das persönliche Heil keine Bedeutung mehr zumessen und infolgedessen jeglichem 'do-ut-des'-Denken *entvallent* (s.V 261,6).

5.9. – 5.10.: Die Verbmetapher *entvallen* steht auch für die Weise, wie im Menschen das Bewußtsein und der Vorwurf der Sünde verschwinden (s. V 275,4).

5.11.: Eckhart stellt allgemein fest, daß das, was sich vom *"lieht der vernünfticheit"* entfernt, indem es diesem *entvellet*, in den Wirkungsbereich der Sterblichkeit gerät (I 136,16).

6.1.: Mit der Metapher *inval* verleiht Eckhart dem Inneren des Menschen Züge eines Behälters, in den von außen her Unrecht gerät (s. V 231,4f).

7.1. – 7.4.: Während Eckhart in Bezug auf die Erkenntnis der Seele feststellt, daß in sie *"vellet etwaz vremdes în"* (III 225,10), ist es bei Gott ausgeschlossen, daß etwas anderes als er selbst, d.h. etwas ihm Fremdes, zum Erkenntnisinhalt wird: *"wan in gote enist niht wan got."* (III 225,11f) Oder wie Eckhart auch formulieren kann: *"daz lieht, daz got ist, dâ envellet kein gemanc în."* (III 228,6f) Damit in das menschliche Erkenntnisvermögen bei der Gotteserkenntnis nichts Fremdes hineingerät, ist es deshalb notwendig, ihn *sunder mittel* (s. III 227,3) zu erkennen. Für den Engel bedeutet dies, daß er - wenn in ihn nicht ein fremder *indruk* einfällt - sich selber und Gott *sunder mittel* zu erkennen vermag. Jeder andere Erkenntnisinhalt bedeutet, daß etwas Fremdes in ihn gefallen ist (s. III 227,1f).

7.5.: Weil Jesu Geist in der Gegenwart seiner Gottheit lebte, vermochte bei seinem Leiden am Kreuz keine Traurigkeit, noch Pein und Tod in ihn kommen (s. II 440,10).

7.6. – .7.7.: Damit auch die menschliche Seele so, wie die Seele Jesu Christi *vruhtbaere* wird, bewirkt Gott im Inneren des Menschen geistlichen Hunger und Bitterkeit, indem er diese in den Menschen *invallen* läßt (s. II 446,1).

8.1. – 8.2.: Um zu unterscheiden zwischen dem Himmel bzw. Gott an sich und seiner Zuwendung, in der er beispielsweise alle Dinge schafft und Ursprung aller Kreaturen ist, verwendet Eckhart für die in Gottes Wirken erfolgende Hinwendung zur irdischen Wirklichkeit auf dem Hintergrund des Raummodells, das Gott oben und den Menschen unterhalb davon ansiedelt, die Metapher *niderval* (s. II 200,7). Die mit der Metapher *niderval* als räumlicher Vorgang beschriebene Zuwendung Gottes zeigt auch beim äußeren Werk des Menschen seine Wirkung; denn dieses erhält seine göttliche Gutheit durch die Vermittlung des inneren Werkes, das in einem *"nidervalle der gotheit ûzgetragen und uzgegozzen"* (V 41,5) ist.

8.3.: Ein Unterschied von Wille und Vernunft ist dadurch gegeben, daß der Wille völlig unbeeinflußt von leiblichen Dingen in Freiheit handeln kann; ein Teil der Vernunft dagegen wendet sich der irdischen Wirklichkeit zu und nimmt *"in einem nidersehenne und in einem nidervalle"* die Vorstellungsbilder von den leiblichen Dingen. Im obersten Teil allerdings ist die Vernunft ebenfalls frei von allem leiblichen Einfluß (s. II 202,2).

8.4.: s. 3.1.-3.4.

16.1. – 16.5.: All das, was nicht seinshaft ist, sondern zum Sein in der Weise des *zuoval* hinzukommt, muß vom Menschen beseitigt werden: *"Swaz zuoval hât, daz muoz abe."* (I 56,6f) Da der Mensch ein *"zuoval der natûre"* ist, gilt generell für jeden Menschen, daß das, was hinzugekommen ist zur Natur, wieder zunichte wird (II 381,4f). Darum hat der Mensch auch die Aufgabe, sich von allen Dingen und von allem *uzwendic wesen* zu befreien, die alle *zuovelle* sind, um mit Gottvater in der *"einvalticheit und blôzheit des wesens"* leben zu können (II 266,1-3).

17.1. – 17.4.: Den Menschen, insbesondere seine Seele, sieht Eckhart als Größe an, zu der vieles der äußeren Wirklichkeit, über das Sehen und Hören vermittelt, in Kontakt tritt. Dabei gilt grundsätzlich, daß die Seele von allem, was ihr *zuogevallen* ist, entblößt werden muß (s.II 549,6).

18.1. – 18.4.: In Bezug auf die aufgeführten Bildempfänger wird mit dem Adjektiv *zuovallend* ohne weitere Erklärung deren akzidenteller Charakter ausgesagt.

D. Tauler

1. *val*
1.1. *mensche* (163,2; 269,34)

2. *vallen*
2.1. *mensche* (14,14; 31,9; 37,19; 48,24; 49,18; 77,2f; 78,26; 132,10; 138,26; 175,34f; 184,9f; 189,9f; 207,3; 213,27f; 227,13f; 229,15f; 236,8f; 237,1; 250,32; 273,27f; 282,32; 306,3; 313,32; 318,32; 320,20; 321,8; 325,19f; 328,10; 355,25.34; 369,19f; 386,2.4; 426,7f)
2.2. *liden* (17,25; 27,18; 49,13f; 140,9; 163,11; 192,30; 423,19)
2.3. *hindernisse* (129,13f)
2.4. *gebreste* (334,34)
2.5. *das waz/neis was/alles* (139,35; 191,17; 358,15; 433,9)
2.6. *uffelle* (139,23)
2.7. *werk* (327,1f)
2.8. *kriuz* (357,30f)
2.9. *inval* (309,23f)

4. *abevallen*
4.1. *mitel* (33,17f.20)
4.2. *gebet* (33,17f.20)
4.3. *bilde* (33,17.20; 21,18-20)
4.4. *hindernis* (150,13)
4.5. *wise* (423,10f)
4.6. *uzwendiges wirken* (189,29f)
4.7. *súnde* (267,15)
4.8. *gebreste* (361,6)
4.9. *sorgvelticheit* (362,15f)
4.10. *gedancke* (381,14)

5. *entvallen*
5.1. *wort* (175,33; 293,10)
5.2. *wise* (175,33)
5.3. *mensche* (176,1)

6. *inval*
6.1. *mensche* (207,1f; 211,5-7; 309,23f; 324,28; 354,2f; 355,9)

7. *invallen*
7.1. *dinc* (349,20)
7.2. *es* (324,31)
7.3. *mensche* (146,13)

8. *niderval*
8.1. *es* (322,7)
8.2. *mensche* (328,10)

9. *nidervallen*
9.1. *mensche* (49,19; 324,5; 328,10)

10. *übervallen*
10.1. *got* (433,3)

11. *ûfval*
11.1. o.BE (352,32; 354,2f; 355,32; 357,30f)

12. *underval*
12.1. *mensche* (200,24; 214,15)
12.2. *unzellicheit* (352,4)

13. *ûzval*
13.1. o.BE (108,33)

14. *usvallen*
14.1. *mensche* (49,35; 146,14)

15. *vervallen*
15.1. *got* (293,12f)

16. *zuoval*
16.1. o.BE (207,2; 318,30f)

17. *zuovallen*
17.1. *inval* (309,23f)

1.1.: Das Bild des *val* findet Verwendung für die Sünde Adams im Paradies (s.163,2f) sowie für den Akt der Demut, in dem sich der Mensch unter Gott und alle anderen Menschen begibt (s.269,34).

2.1. – 2.9.: Die Verbmetapher *vallen* wird zunächst bei Tauler dazu verwendet, Zustandsveränderungen verschiedenster Art zu veranschaulichen. Die Fallbewegung ist dabei völlig neutralisiert. Es schwingt allenfalls noch der in der Fallbewegung implizierte Verlust des festen Haltes mit, wenn ausgeführt wird, daß der Mensch in Irrungen (s.14,14), in Sünde (s.227,13), in *gebreste* (s.229,15f), in *unglicheit* (s.273,27f), in die Selbstliebe (s.77,2f), in Zweifel (s.132,10), in falsche Freiheit (s.250,32), in den Tod (s.320,20) *velt*. Mit zunehmender Konkretheit des Kontextes erhält in Verbindung mit der Landschaftsmetapher *grunt* das mit der Verbmetapher *vallen* zur Sprache gebrachte Geschehen Züge eines räumlichen, vertikal von oben nach unten verlaufenden Vorgangs, bei dem der Mensch durch eine Art Fallbewegung in eine nicht auslotbare Tiefe eines (Ab-) grundes gerät. Diese - aus der Sicht Taulers - unheilvolle Positionsveränderung des Menschen wird dadurch ausgelöst, daß der betreffende Mensch nicht auf Jesus Christus, dem festen Stein, sein Haus gebaut hat (s.49,18f).

Als weiteren Grund sieht Tauler an, daß Menschen sich auf vernünftige, hin und her kreisende Weise zu Gott hinaufbewegt haben, anstatt den Weg der Demut zu gehen. Gegenläufig zu ihrem Aufstieg (*ufgan*) "*vallent alle dernider und vallent in den grunt.*" (328,10) Dementsprechend bestimmt auch die Höhe der eigenen *guotdunklicheit*, wie tief sie in den *grunt vallen* (s.236,8f). Anstelle der Metaphern *grunt* und *vallen* kann Tauler allgemein - ohne genauere Bestimmung - mit der Formulierung *groeslich vallen* (s.78,27) zum Ausdruck bringen, daß der Mensch in einen negativen Zustand gerät.

Die mit der Verbmetapher *vallen* ausgesagte Zustandsveränderung kann auch einen positiven Charakter haben, wenn das *luter niht* des Menschen oder *got* als Ziel genannt werden (s.327,1f). In Verbindung mit dem Bild des "*tieffen, grundelosem mere*" (175,28.30) bringt Tauler einerseits die unendliche Fülle Gottes zum Ausdruck; andererseits ermöglicht diese Bildkombination, den Aspekt der mit den Metaphern *versinken* (s.175,30), *enpfallen* (s.175,33) und *ertrinken* (s.176,11) umschriebenen Vernichtung des Menschen zu integrieren. Den existenzgefährdenden Eigenschaften eines Meeres entspricht es auch, wenn Tauler im Kontext der Meeresvorstellung ausführt, daß hier der Mensch "*velt in sin grundelos nút*" (175,35). Programmatischer formuliert Tauler an anderer Stelle, daß der Mensch "*muos sich... italen und bereiten und al lossen und des selben lossendes... usgon und lossen und dannan ab von allem dem nút enthalten denne vallen in sin luter niht.*"

(306,1-4) Zugleich schwingt bei den beschriebenen Stellen wie auch in anderen Äußerungen im Zusammenhang mit der Metaphorik des Fallens die vage Vorstellung eines offenen Gefäßes mit; insbesondere wenn Tauler darlegt, daß die Werke des Menschen in Gott *vallen* (s.327,1f) oder wenn er von den *invellen* spricht, die in das menschliche Bewußtsein gelangen (s.309,23f).

Wie die Einfälle *vallen* auch die Kreuze, mit denen der Mensch in seinem Leben konfrontiert wird, in das menschliche Leben (s.357,30f).

Während die metaphorische Formulierung *vallen in* demnach suggeriert, daß dieser Vorgang in das Innere einer anderen, raumhaft vorgestellten Größe führt, kennt Tauler wie schon Eckhart die mit der Formulierung *vallen uf* zur Sprache gebrachte Vorstellung, daß von Gott gesandte Leiden (s.17,25), Hindernisse (s.129,13), Mängel (s.334,34) zum Menschen kommen wie etwas, das von oben auf eine Fläche gerät. Dieser Aspekt liegt auch der Aussage zugrunde, daß der noch nicht ganz seiner selbst abgetötete Mensch, der zum wahren Licht 'Gott' will, auf seinen kreatürlichen Bereich, sein natürliches Licht, (zurück-)fällt (s.48,24). Der gleiche Effekt, daß der Mensch wieder auf seine Natur und seine natürlichen Neigungen zurückkommt, tritt ein, wenn er nicht dem Weg der Gelassenheit folgt und seine Natur nicht zurückläßt (s.189,5-9). Ebenfalls passiert es dem Menschen im Zustand zwischen Bild und Bildlosigkeit, daß er in seiner Bedrängnis wieder auf seine vernünftigen Vorstellungen zurückkommt (s.213,28).

Die metaphorische Formulierung *"vallen an Jhesum Christum"*, *"vallen uf in"* (321,8.9) sowie *"ûf sin niht"* steht - im Unterschied zum *vallen in sin niht* (306,3), wo das Eingehen in das Nichts im Mittelpunkt steht - für die enge Kontaktnahme des Menschen mit den genannten Wirklichkeiten.

Das Verb *vallen lan* ist bei Tauler Metapher der Distanzierung an Textstellen, wo er den Menschen dazu auffordert, sich von allen Dingen und Vorstellungen zu trennen, wenn Gott ihn zu sich holt (s.386,2).

4.1. – 4.9.: Was in der Metaphorik des *abevallen* bei Tauler zur Sprache kommt, ist ein Geschehen, durch das sich - wie in der Natur, wo die pflanzliche Frucht der besseren Sonneneinstrahlung wegen von allen Blättern befreit wird (s.33,15f) - *alle mitel, gebet, bilde der heiligen, wisen und uebungen* aus der Verbindung mit dem ganz auf Gott hin orientierten Menschen lösen.

An anderer Stelle stellt Tauler einen engen Zusammenhang her zwischen der Einwirkung des göttlichen Lichtes und dem Freiwerden von allem Unwesentlichen: Das in Wahrheit empfangene göttliche Licht hat die Gottesgeburt und eine *luter einvaltikeit* zur Konsequenz, die dadurch entsteht, daß alle *bilde, forme* und *glichnisse abevallent* (s.21,20f) oder - wie Tauler auch formuliert - *entwichent* (s.21,24) bzw. das *"naturliche lieht undergon und erloeschen"* (21,25f) muß. Als geistliche Erfahrung teilt Tauler in diesem Zusammenhang seinen Zuhörern mit, daß man als Mensch die Vorstellungsbilder der Dinge, die auf dem Weg zu Gott ein Hindernis darstellen, nicht durch Werke überwinden kann; vielmehr ist es so, daß diese selbst aus dem Bewußtsein des Menschen verschwinden (s.150,12f). Darum muß der Mensch auch warten, bis alle Weisen und Gegenstände von sich aus abfallen, die den Menschen zu guten Werken und zur Gottesminne bringen (s.423,10). Das gleiche Geschehen erfaßt die äußeren Werke, alle fehlgeleitete Sorge, Sünden und Mängel des Menschen; das Freiwerden von Sünden ist, damit die menschliche Seele nicht *"sterbe in den súnden"* (267,15f), lebensnotwendig; die *gebreste* müssen verschwinden, weil nur dann das Reich Gottes im *grunt* der Seele entdeckt zu werden vermag.

4.10.: Es genügt nicht, nur an Demut und Geduld zu denken; wenn diese Einstellungen im Leben nicht vollzogen werden, haben sie, wie Tauler mit der Metapher *grunt* verdeutlicht, keinen festen Boden und keinen Sinn; sie unterliegen dann nämlich dem Geschehen, das Tauler metaphorisch als *abevallen* bezeichnet (s.381,14).

5.1. – 5.3.: Die Verbmetapher *entvallen* bringt einen Vorgang ins Bild, bei dem, ausgelöst durch die Erkenntnis der unbegreiflichen Würde Gottes, das Gotteslob des Menschen *"wort und wise"* verlassen, so daß dieses sich selbst transzendiert und mit Gott eins wird (293,8-12), der sich infolgedessen dann selber lobt. Auch der Mensch selbst, der in Gott zunichte wird, begibt sich heraus aus allem, was er je von Gott empfangen hat (s. 176,1).

6.1.: Mit der Metapher *inval* stellt Tauler heraus, daß der Mensch in Raum und Zeit vielfältigen Einwirkungen unterliegt: "... *die do in fleische und in bluote noch lebent,... si haben als vil invelle und bewegunge und manigvaltige inbildunge...*" (211,5-7). Die Beziehung der äußeren Wirklichkeit zum Menschen differenziert Tauler durch verschiedene Metaphernkombinationen, die unterschiedliche Weisen der Kontaktaufnahme aussagen: Äußeres und Inneres des Menschen sind tangiert, wenn Tauler von *zuovellen* und *invellen* (s.207,2) spricht; für die Konfrontation des Menschen mit dem Kreuz in seinem Leben stehen die Metaphern *inval und ufval* (354,2f).

7.1. – 7.2.: Wie Eckhart beschreibt Tauler im Bild des *invallen*, wie Äußeres in das Innere des Menschen gelangt (s.349,20); da es aufgrund seines akzidentellen Charakters unbeständig ist, stellt Tauler fest, daß es in gleicher Weise das Innere des Menschen auch wieder verläßt.

7.3.: In Gegenrichtung zum *uzvallen* sich bewegend, gelangt der Mensch in gleicher Weise wieder in den *grunt*, in dem er seinen Ursprung hat (s.146,13).

8.1.: Im Zusammenhang mit der Gebäudemetaphorik erscheint die Verbmetapher *nidervallen*, mit deren Hilfe Tauler die Vernichtung desjenigen Lebens vor Augen führt, das nicht Jesus Christus zur Grundlage hat (s.322,7).

8.2.: Diejenigen, die sich nicht in Demut zu dem in der Höhe lokalisierten Gott hinaufbewegen, müssen scheitern, indem sie *"vallent alle dernider"* (328,10).

9.1.: *Nidervallen* ist Metapher für die Haltlosigkeit und Anfälligkeit des Menschen, die dann eintritt, wenn er keine Lebensgrundlage hat.

10.1.: Auf die Tatsache, daß Gott den Menschen unvermutet in Plötzlichkeit Ereignisse zukommen läßt, die sie ganz beanspruchen, verweist Tauler mit dem Bild des *übervallen* (s.433,3).

11.1.: Die Substantivmetapher *ufval* evoziert eine Sicht, die Leiden (s.352, 32), Kreuz (s.354,2f) und Widerwärtigkeiten (s.355,32) in Parallele bringt zu einem

Geschehen, bei dem etwas quasi von oben auf den Menschen wie auf eine Fläche gerät.

12.1. – 12.2.: Die mit der Demut einhergehende Erniedrigung des Menschen unter Gott und alle Kreaturen (s.200,24) erhält über die Metapher *underval* Züge eines räumlichen Geschehens. Dieses Geschehen bewirkt auch, daß die unermeßliche göttliche Wirklichkeit, bestimmt von der *"wise der zit"*, im *werk* aus dem festen Zusammenhang mit dem göttlichen *grunt* tritt, ohne jedoch *"in dem wesende"* diese Verbindung zu verlieren (352,3f).

13.1.: *Uzval* verwendet Tauler als bildhaften Interpretant für das Geschehen, in dem der Mensch durch sündiges Verhalten den Zusammenhang mit Gott aufgibt (s.108,33).

14.1.: In der gleichen Bedeutung wie die Substantivmetapher steht *usvallen* für das Fehlverhalten des Menschen, das ihn von Gott abbringt (s.49,35).

Weiterhin konkretisiert Tauler mit dieser Verbmetapher neben der Metapher *uzvliessen* das Verlassen des Menschen aus dem göttlichen *grunt* (s.146,14).

15.1.: Gott verhindert, daß der mit seinem Gotteslob ganz in Gott aufgehende Mensch auf ewig verloren geht (s.293,12f).

16.1.: Die Wirkung des Sakramentes besteht darin, daß es den Menschen - wie Tauler mit der Metapher *künftige zuovelle* zum Ausdruck bringt - vor zukünftigen Schicksalsschlägen bewahrt (s.318,30f).

17.1.: Mit der Metaphernkombination *vallen in* und *zuovallen* (309,23f) stellt sich Tauler vor, daß der Mensch auf unterschiedliche Weise - innen wie außen - gegen seinen Willen von den *invellen* der äußeren Wirklichkeit tangiert wird.

E. Seuse

1. *val*
1.1. *mensche* (300,14)

2. *vallen*
2.1. *mensche* (100,6; 159,8f.23; 163,20; 166,11; 176,10; 190,6f; 205,5; 281,33; 350,27; 357,6; 382,8; 408,2f; 427,9; 499,8f; 500,13.15)
2.2. *sele* (248,16f; 263,21)
2.3. *missvallendes* (156,33f)
2.4. *tot* (280,17)
2.5. *dink* (534,11)

3. *abval*
3.1. *dis und das* (159,25)

4. *abevallen*
4.1. *bild* (98,16)
4.2. *liecht* (285,5)
4.3. *unmenschliches* (296,6)
4.4. *daz* (162,20)

5. *entvallen*
5.1. *ding* (159,12)

6. *inval*
6.1. *wipliches bilde* (399,24)

15. *vervallen*
15.1. *mensche* (159,8; 534,8.10f)

16. *zuoval*
16.1. o.BE (162,14.19.22; 335,3; 359,20)

17. *zuovallen*
17.1. *das* (162,20; 462,8f)
17.2. *widerwertikeit* (192,21)
17.3. *liden* (248,8)
17.4. o.BE (465,20f)

18. *zuovallend*
18.1. *wise* (162,23f)

1.1.: Seuse will die lebensbedrohenden Konsequenzen herausstellen, die sich für den auf Gott nicht vorbereiteten Menschen ergeben, wenn er die Ewige Weisheit sprechen läßt: *"Ich bin... dien unbereiten ein zitlicher schlag, ein toetlicher val und ewiger vluoch."* (300,13f).

2.1. – 2.2.: Seuse greift auf das Verb *vallen uf* zurück, wenn er die Konstituierung eines engen Kontaktes zur Sprache bringen will, der durch die geistige Tätigkeit des Menschen entsteht und der eine intensive Beschäftigung des Menschen zur Folge hat - etwa mit dem, was er von Gott versteht oder mit dem Wunsch, Seuse als Beichtvater zu wählen (s.100,6f).

Einen solchen engen Kontakt will Seuse verhindern, wenn er sagt, der Mensch dürfe nicht mit Liebe oder Lust zu einem irdischen Ding in Beziehung geraten (*ûf-vallen*), weil dadurch die reine - d.h. die von allem Kreatürlichen freie - Seele in ihrer Funktion bedroht wäre, Ort der Präsenz der Ewigen Weisheit zu sein (s.248,16f).

Die Metapher des *ûf vallen* veranschaulicht ferner den Prozeß der Beschäftigung des Menschen mit bösen Einfällen (s.500,13).

Als verblaßte Metapher in der Bedeutung 'geraten in', 'kommen' eingesetzt, steht die Metapher *vallen in* für den Vorgang, durch den der Mensch in die *vallun* des Todes (s.281,33), sowie in Sünde (s.499,8f) und in *gebreste* (s.357,6) infolge mangelnder Selbsterkenntnis gerät.

In Verbindung mit *lassen* verwendet, parallelisiert Seuse die im Verb *vallen* ausgesagte Ortsveränderung mit einem vom Menschen verursachten inneren Vorgang der Distanzierung. So gibt Seuse den Rat, wenn man sich unter Menschen befindet, alle wahrgenommenen Dinge *vallen ze lassen* und sich allein dem im Innern sichtbar Werdenden zuzuwenden (s.163,20).

Weiterhin ist das mit der Verbmetapher *vallen lassen* thematisierte Entfernen aller Dinge, allen teilbaren Seins (s.176,10) sowie aller Sinne durch die menschliche Vernunft die Voraussetzung dafür, daß Gott, die *luter güete* (s.350,27), bleibt bzw. der Mensch - in Gegenrichtung zur Fallbewegung - *"ufwert trit zuo der einvaltigen einikeit"* (190,6-9). Noch deutlicher tritt der semantische Schwerpunkt der Metapher zutage in der Formulierung *"es muos alles abe"* (159,23). Der semantische Schwerpunkt verschiebt sich noch einmal, wenn *vallen* im Sinn von 'stürzen' die Konsequenz aus der menschlichen Fehlorientierung konkretisiert: Menschen, die so *blint* sind, daß sie das göttliche Licht an sich nicht wahrnehmen können, *"vallent mit ir minne"*, da das göttliche Objekt der Liebe fehlt, *"uf das gesihtlich"* (427,9).

2.3. – 2.5.: An den aufgeführten Stellen fungieren *missvallendes* (s.156,33f), der *tot* (s.280,17) und *dink* (534,11) als Subjekt, deren Kontaktaufnahme mit dem Menschen im Bild des Fallens zum Ausdruck gebracht wird.

3.1.: Im Bild des *abval* macht Seuse anschaulich, wie sich alles Irdische aus dem Zusammenhang mit Menschen löst (s.159,25), die Gott als alles in allem anerkennen wollen.

4.1.: Da Elsbeth Stagel noch eine ungeübte Schwester ist, will Seuse sie den Anfang des geistlichen Lebens lehren. Neben guten Vorbildern, Leben und Leiden mit Christus ist für diese erste Stufe des geistlichen Lebens u.a. auch charakteristisch, daß die *gotesfründ* (s.98,12) die Erfahrung machen, wie ihnen *"dú bild ab vielin."* (98,16).

4.2.: Die Phase des menschlichen Sterbens ist für Seuse gekennzeichnet durch die Trennung von der Welt, die dadurch eingeleitet wird, daß das *"lieht diser welt beginnet abvallen"* (285,5) vom Menschen.

4.3.: Entscheidend für Seuse ist beim Sakrament der Eucharistie, daß Christus in Liebe an seinem Herzen bleibt. Daß er Christus nicht sehen kann, ist ihm nicht wichtig und scheidet - die Möglichkeiten des Menschlichen sprengend - aus seinem Bewußtsein aus: *"daz... vellet ab, daz da unmenschlich ist."* (296,6)

4.4.: Bei der Definition von *zuoval* steht für Seuse die Opposition unbeständig - beständig im Hintergrund: *"Daz heisset zuoval, daz der understanden wesenheit zuo und ab vellet ane des understandes zerstoerung..."* (162,19f).

5.1.: Der Mensch, der die göttlichen Dinge deuten will, kann diese nicht erfassen, da sie sich, wie in der Verbmetapher *entvallen* zur Sprache kommt, ihrer Natur nach aus dem Horizont des deutenden Menschen entfernen (s.159,12).

6.1.: Die bildhafte Vorstellung von einer Frau gerät - in der Perspektive Seuses als *inval* - in das Innere des Mannes und übt dort nach Meinung der Ewigen Weisheit im Dialog mit der weltlichen Minne eine verderbliche Wirkung aus (s.399,24).

15.1.: Analog zum *grundeloz wazzer* (s.534,8), in dessen Tiefe man unbegrenzt weit vordringen kann, sieht Seuse den Menschen beim *grundelois lazen* "in den grundelosen got grundeloiz versinken und vervallen" (534,10f). Die Endgültigkeit des Seins in Gott - wie Seuse über die präfixlose Verbmetapher *vallen* hinausgehend mit *vervallen* aussagt - kommt dadurch zustande, daß der Mensch in Gott seine Eigenständigkeit völlig verliert, indem er sich - durch die Metapher *vervallen* und *versinken* zum Ausdruck gebracht - völlig in ihn hineinbegibt.

16.1.: Was den Menschen von den anderen Lebewesen unterscheidet, das ist nach Seuses Auffassung *"sin persoenlicher mensch"* (335,2), wie er sich in seinem Geist, der den *adel* des Menschen ausmacht, und in seinem Leib ausprägt. Im Unterschied zur Vita, cap. 48, wo Seuse Leib und Seele als *"zwai weslichú stuke"* im Gegensatz zum *zuoval* (162,22f) begreift, charakterisiert er im 4. Kapitel des Buches der Wahrheit mit der Substantivmetapher *zuoval* den Leib als etwas zum Wesen des Menschen Hinzukommendes (zur Definition des *zuoval*; s. 4.4.; 18.1.).

Im Zusammenhang mit seinen Ausführungen über den gelassenen Menschen stellt Seuse fest, daß bei aller Gleichheit zwischen den verschiedenen gelassenen Menschen Unterschiede daraus resultieren, daß es die *"unglicheit des zuovalles"* (359,20) gibt.

17.1. – 17.4.: In Opposition zu *abevallen* konkretisiert Seuse mit *zuovallen* die Art und Weise, wie etwas Unbestimmtes (*daz, anders*), aber auch Widerwärtigkeiten (s.192,21) und Leiden (s.248,8) von außen her in den Bereich des Menschen kommen und zu ihm in Beziehung treten.

18.1.: Mit der metaphorischen Formulierung "*nút in zuovallicher wise*" (162,23f) negiert Seuse, daß Leib und Seele nur akzidentellen Charakter tragen; sie kommen nicht zum Wesen des Menschen hinzu und bilden nachträglich mit ihm einen Zusammenhang, sondern sind "*zwai weslichú stuke*" (162,22f; s. 16.1.).

G. Heinrich von Nördlingen

2. *vallen*
2.1. *leiden* (48,60)
2.2. *sam* (52,68)

4. *abvallen*
4.1. *alles* (19,25)

7. *invallen*
7.1. *schmack* (16,13f)
7.2. *wort* (17,35)

2.1.: Sein Leben sieht Heinrich dadurch gekennzeichnet, daß "*dar in vil leidens vellet*" (48,60).

2.2.: Die Einwirkung des ewigen Wortes auf den Menschen setzt Heinrich in Beziehung zum *sam*, der durch das "*ausser und inner or dring und fall*" - so sein Wunsch in Bezug auf Margarethas Priorin Schepach - "*in den acker ires gutten hertzens...*" (52,68f).

4.1.: Zur Rückkehr des Menschen in Gott ist es erforderlich, daß alles beseitigt ist, was den Menschen am *ingang* in Gott hindert. Heinrich konkretisiert diesen Vorgang, indem er die Entfernung der hinderlichen Dinge vom Zusammenhang mit dem Menschen im Bild des Abfallens zur Sprache bringt (s.19,25).

7.1. – 7.2.: Den Vorgang, durch den aus den *fürigen* Worten von Margarethas Brief *rauch* und göttlicher *schmack* in Heinrich gerät, beschreibt er mit der Metapher *invallen* (s.16,13f).

Heinrich gewinnt das Wort, das er wegen Margaretha an Gott richten will, dadurch, daß es ihm *invellit* (s.17,35).

vangen (1.)/ bevangen (2.)/ gefangen/ungefangen (3.)/ vanknus/ gevengnis (4.)/ kerker (5.)

A. Mechthild von Magdeburg
---

1. *vangen*
1.1. *minne* (I 3,5.9)

2. *bevangen*
2.1. *sele* (IV 19,9; VI 16,14; 23,15.17)
2.2. *frouwe* (V 5,12)
2.3. *kor* (II 4,62)
2.4. *mensche* (III 3,46)
2.5. *selige* (III 1,117)
2.6. *herre* (III 5,29)
2.7. *lieht* (V 23,18)
2.8. *helle* (III 21,19)

3. *gevangen*
3.1. *Jesus Christus* (VII 53,10)
3.2. *sele* (I 28,9; III 10,6.26; VII 48,5)

4. *gevengnis*
4.1. *mensche* (VI 4,41; VII 53,1.4)
4.2. o.BE (I 12,3)

5. *kerker*
5.1. *sele* (II 25,61)
5.2. *helle* (IV 14,24)

1.1.: In Anspielung auf die Passion Jesu wird das Einwirken der Minne auf die Seele beschrieben; die Seele äußert sich der personifizierten Minne gegenüber folgendermaßen: "*Du hast mich gejagt, gevangen, gebunden und so tief gewundet...*" (I 3,4f).

2.1.: Das Verhältnis der gottliebenden Seele zu Gott sieht Mechthild im Kontext der Beziehung von Braut und Bräutigam. Entsprechend führt sie aus, daß die Seele mit Gott *bevangen* (s.IV 19,9) bzw. in der Hl. Dreifaltigkeit "*ine bevangen und wunderlich beworcht...*" (VI 16,14) ist.

An einer anderen Textstelle geht es um die Situation, in der die Seele sich befindet: Wenn die Seele vom Hl. Geist bestimmt wird dadurch, daß sie mit ihm *bevangen* ist, wendet sie sich von allem irdischen Trost ab; die völlige Bestimmung durch den eigenen *muotwillen* dagegen führt zur Hinwendung zum Irdischen (s.VI 23,17) bzw. macht die Seele unfähig zur Erkenntnis des ewigen Lichtes; denn aufgrund der Dominanz des eigenen Willens ist sie "*bevangen mit einer grossen vinsternisse...*" (V 5,12).

2.2. – 2.7.: Die räumliche Vorstellung, daß etwas von etwas anderem umgeben, umschlossen ist, benützt Mechthild zur bildlichen Darstellung der inneren Situation, in der sich der Mensch befindet. Eine zu Gott strebende Frau ist infolge ihres Eigenwillens "*mit vinsternisse bevangen*" (V 5,12); ein Mensch, der ein starkes Bedürfnis nach Gott entwickelt, ist "*mit dirre not... bevangen...*" (III 3,46). Im Himmel sind die Menschen, die selig sind, dann mit göttlichem "*lieht bevangen und... durchvlossen mit einer minne...*" (III 1,117f). Infolge der liebenden Seele sieht sich auch Jesus Christus "*mit noeten bevangen*" (III 5,29).

2.8.: Hölle, Fegefeuer und Erde sieht Mechthild mit "*súnde, pine, súche und schande... bevangen.*" (III 21,18f)

3.1.: Jesus Christus solidarisiert sich mit Mechthild, die sich in ihrem Konvent in einem *gevengnis* sieht, indem er sich zum Mitgefangenen macht: *"Do sprach unser herre: Ich bin gevangen in im."* (VII 53,10)

3.2.: Als Sinn ihres Lebens betrachtet die Seele die völlige Unterwerfung unter die Minne zu Gott (s.I 28,9). Zum Verlust ihrer Freiheit kommt es bereits bei der ersten Erfahrung der göttlichen unio:*"Si wirt gevangen in der ersten kúnde, so got si kússet mit suesser einunge."* (III 10,6)

Eine andere Einschränkung ihrer Freiheit erfährt die Seele durch ihre Leibgebundenheit, die sie jeglicher Orientierung beraubt (s.III 10,26) und ihr Leiden bereitet (s.VII 48,5).

4.1. – 4.2.: Als Inbegriff der Unfreiheit stehen die Metaphern *gevengnis* und *kerker* für die Unterdrückung, die ein heiligmäßiger Mensch in der Welt erleidet; denn ihre *wonunge* ist im Himmel *"und ir gevengnisse ist in diser welte."* (VI 4,41) Mechthild selbst macht die Erfahrung der Unfreiheit in dem Konvent, in dem sie lebt (s.VII 53,1.4). Darum wendet sie sich an Jesus Christus, dem *"loeser aller gevangnisse"* (I 12,3).

5.1.: Die Befürchtung Gottes, daß die geliebte Seele an ihrem Leib Schmerzen verspürt, wenn er sie berühre, entkräftet die Seele folgendermaßen: *"O herre, du schonest alze sere mines pfuoligen kerkers..."* (II 25,61).

5.2.: Die Endgültigkeit der Verbannung und Beschränkung Luzifers auf die Hölle bringt Mechthild zum Ausdruck, indem sie vom *ewigen kercher* spricht (s.IV 14,24).

C. Meister Eckhart

<u>5. kerker</u>
5.1. *lib* (I 285,2.4)

5.1.: Bei Eckhart findet das Bild des Kerkers Verwendung für die freiheitseinschränkende und deshalb die Lebensqualität negativ beeinflussende Wirkung des Leibes (s.I 285,2.4).

D. Tauler

<u>3. gevangen</u>
3.1. *mensche* (27,12; 76,32)
3.2. *gevengnisse* (76,9)

<u>4. gevengnis</u>
4.1. *minne der creaturen* (76,11.21.26.31)
4.2. *minne ir selbes* (77,3)
4.3. *vernunft* (77,22f)
4.4. *suessekeit des geistes* (78,16)
4.5. *eigenwille* (78,29f)

3.1.: Wenn der Mensch der Minne zu den Kreaturen erliegt, bleibt er *"ewekliche gevangen des túfels"* (76,32). Umgekehrt hat der Mensch, der die Einwirkung Gottes erfährt, den eigenen Willen und sich selbst ganz Gott *gevangen* gegeben (s.27,12f).

3.2. + 4.1. – 4.5.: Nach Taulers Ansicht schränkt alles, was unter 4.1.-4.5. aufgeführt ist, die Freiheit des Menschen radikal ein. Erst mit der Auferstehung Jesu Christi im Inneren wird die freiheitsberaubende Wirkung der genannten Größen aufgehoben (s.76,10f). Jesus Christus verdanken wir Menschen es nämlich, daß er bei seiner Auferstehung *"fuerte mit ime das gevengnisse gevangen."* (76,8f)

E. Seuse

1. *vangen*
1.1. *mensche* (266,18(Pat); 511,3f(Pat)
1.2. *kunig* (266,24f(Pat)

3. *gevangen*
3.1. *herze* (28,26)
3.2. *mensche* (39,18)

4. *gevangnúst*
4.1. *kloster* (60,10)

5. *kerker*
5.1. *fúr* (311,5f)
5.2. *gote dienen* (361,21; 411,15)
5.3. o.BE (379,2f)

1.1. – 1.2.: Wie im AT der König Artaxerxes von der Schönheit Esters in den Bann geschlagen war (s. Est 2,15-18), vermag Maria aufgrund ihrer Reinheit, Demut und Tugendhaftigkeit Jesus Christus, das *einhorn* (s.266,25), fest an sich zu binden. Die Metapher erhält eine negative Deutung, wenn sie als Bild für die Obsession des Menschen durch Not fungiert (s.117,4).

3.1. – 3.2.: Wenn der Mensch von vergänglicher Minne bestimmt ist, hat er nach Seuse ein in seiner Freiheit eingeschränktes Herz (s.28,26). Ebenfalls ist der Mensch eingeschränkt, wenn er *"in den erbeiten gevangen"* liegt (39,18).

4.1.: Die selbstgewählte Zurückgezogenheit im Kloster empfindet Seuse als *gevangnúst* (60,10).

5.1.: Die Hölle ist aufgrund ihrer negativen Wirkung für Seuse *"ein kercher dez grimmen fúres"* (311,5f).

5.2. – 5.3.: Für manche Menschen ist auch der Gottesdienst *ein kercher* (s.361,21 u. 411,15). Allgemein gilt, daß die Welt einem *"engen jemerlichen kercher"* vergleichbar ist, aus dem der Mensch *"sol erloest werden"* (379,2f).

F. Margaretha Ebner

1. fangen
1.1. *vasten* (2,14)
1.2. *got* (7,8)
1.3. *Jhesus Christus* (59,4f; 123,8)
1.4. *mensche* (34,7(Pat); 35,20(Pat); 49,23(Pat); 53,20(Pat); 54,12(Pat); 59,14(Pat); 61,7(Pat); 70,21f(Pat); 71,5(Pat); 89,15(Pat); 128,7(Pat))
1.5. *hercz* (48,15(Pat))
1.6. *swige* (53,12(Pat); 63,4(Pat); 65,14(Pat); 66,2(Pat))
1.7. *bande* (61,2)
1.8. o.BE (117,17f)

4. vanknus
4.1. *swige* (138,6)

1.1.: Die Wirkung des Fastens auf Margarethas Fähigkeit, sich zu äußern, verdeutlicht sie mit der Metapher *fangen*; sie ist derart durch das Fasten eingeschränkt, daß sie kein Wort mehr zu reden vermag (s.2,13f).

1.2.: Am Allerseelentag wird Margaretha aufgefordert, für die Seelen zu beten, die Gott in seiner Gerechtigkeit noch in einem Zustand der Unfreiheit hält, indem er sie *gevangen het* (s.7,8).

1.3.: Christus versetzt Margaretha zu ihrer großen Freude in einen Zustand, der sie aufgrund seiner verpflichtenden Wirkung dazu veranlaßt, sich von Christus in *"creftigen banden gefangen und gebunden"* zu sehen (59,4f). In Verbindung mit den Verben *besitzen, binden, inziehen* evoziert Margaretha mit der Verbmetapher *fangen* eine Sicht, die das Festgelegt- und Eingeschränktsein der *übersüezzen lust* auf Jesus Christus in Parallele zur Isolation in Gefangenschaft bringt (s.123,8).

1.4. – 1.5.: Margaretha berichtet an verschiedenen Stellen ihres Werkes von Situationen in ihrem Leben, die Gemeinsamkeiten mit der Existenzweise eines Gefangenen besitzen. Denn sie bzw. ihr Herz (s.48,15) ist mit kräftiger Gnade Gottes so gefangen, daß sie sich äußerlich gar nicht mehr in der Gewalt hat (s.34,9) und auch nicht mehr zu reden vermag (s.35,23).

An anderer Stelle nennt Margaretha als Reaktion auf das Leiden Christi, mit dem sie hörend in der Predigt oder lesend konfrontiert wird, daß sie in- und auswendig *"gefangen und gebunden"* wird (49,23) oder - wie Margaretha auch formuliert - *"beschlossen und gefangen"* (59,13f), so daß sie sich oft einen halben Tag nicht mehr bewegen kann.

Eine andere Reaktion auf die Erfahrung der Gnade im Vernehmen der Passion am Karfreitag besteht in einem zeitweiligen Schweigenmüssen: *"do wart ich aber gefangen mit der swige..."* (53,20; vgl.54,12f).

Mit der Verbmetapher *fangen* bringt Margaretha auch ihre enge Verbindung zu Jesus Christus ins Bild, dessen Präsenz in ihrer Seele sie derart festlegt, daß sie für niemand sonst mehr offen sein kann (s.128,7).

1.6.: An mehreren Stellen berichtet Margaretha auch davon, daß sie infolge der Erfahrung der göttlichen Gnade auf ihr Schweigen festgelegt war. Dieses Eingeschränktsein bringt sie auch mit der Formulierung *(gebunden)gefangen swige* zum Ausdruck (s.63,4; 65,14; 66,2).

1.7.: Eingeschränkt empfindet sich Margaretha auch durch viele (körperliche) Leiden, die Margaretha als *"diu creftigen bant"* Jesu Christi ansieht, mit denen sie *gefangen* ist (60,25; vgl. 61,2.7).

1.8.: Der Wille, von Gott zu reden, oder das Hören über Gott macht Margaretha innerlich so unfrei, daß sie diesen Vorgang als eine Art Gefangennahme versteht: *"... fahet und bindet mich so crefticlichen, daz ich denne nit gereden mag."* (117,17f).

4.1.: Die sich aus der Erfahrung göttlicher Gnade ergebende Konsequenz, schweigen zu müssen, konkretisiert Margaretha unter dem Aspekt der gewaltsamen Einschränkung, indem sie metaphorisch diesen Zustand als *"diu gebunden vanknüzze"* bezeichnet (138,6).

| G. Heinrich von Nördlingen |

3. gevangen/ungefangen
3.1. *Margaretha* (9,1.4.13.25)
3.2. *lieb* (9,17)
3.3. *Jhesus* (9,29f)
3.4. *sinne* (9,27)
3.5. *Heinrich* (17,33; 26,26; 37,7.8)

4. gefancknus
4.1. *Margaretha* (9,22)
4.2. *vatter* (9,31)

3.1. – 3.2.: Um vor Augen zu führen, wie festgelegt Margaretha aufgrund der göttlichen Liebe ist, greift Heinrich unter dem Aspekt der eingeschränkten Bewegungsfreiheit auf die Metapher *gevangen* zurück; sie ist *"gevangen in der minnen gotz"*, in Jesus Christus *gebunden und gefangen*, denn ihr Geliebter hat sie derart *gefangen* und läßt sie nie mehr *ledig*, bis er sie ganz eins mit sich gemacht hat (9,17f). Noch deutlicher dem Zustand eines Gefangenen angeglichen wird die Verfassung Margarethas durch die Kombination der Metaphern *gefangen stan* und *minneband*: *"...gnad, in der du also seligklichen gefangen stast in den minenbanden unsers heren Jhesus Christi..."* (9,12-14). Eine semantische Umwertung erzeugt Heinrich dabei, indem er die Konnotation der Begriffe *gefangen* und *band* durch *selig* und *minne* genauer bestimmt und dadurch ins Positive wendet.

Aufgrund der Tatsache, daß Jesus Christus, Margarethas *lieb*, seinen metaphorisch als *gefancknus* bezeichneten Zustand durch die Auferweckung in die ewige Freiheit Gottes überführt hat (s.9,22-24), empfiehlt Heinrich, daß Margaretha - unter der nicht explizierten Voraussetzung, an das gleiche Ziel zu kommen - gefangen sein soll wie ihr Geliebter Jesus (s.9,25).

3.3. – 3.4.: Metaphorischer und nicht-metaphorischer Gebrauch wechseln sich ab an den Stellen, wo Heinrich darlegt, inwiefern Jesus *gefangen* war: Die *sinne Jhesu* sind in der Geburt aufgrund natürlicher Krankheit *gefangen* (9,27); unter Maria und Joseph *"gab er sich gefangen"*; bis in den Tod gab er sich in die Hände von Feinden unter Verlust seiner Freiheit. Bei all dem unterlag er dauernd der Bestimmung durch seinen Vater (s. 4.2.).

3.5.: Die Verpflichtung, die ihm aus Margarethas Bitte um Beistand erwächst, bringt Heinrich dadurch zum Ausdruck, daß er sich als *gefangne(n) und gebundne(n)* sieht (s.17,33).

Ohne näher auf seinen zurückliegenden Aufenthalt bei Margaretha einzugehen, beschreibt Heinrich seine Zeit, die er bei Margaretha verbracht hat, und seine geistige Fähigkeit, sich schriftlich zu äußern, mit der Metapher *gevangen* als Einschränkung (s.37,7-9).

Seine äußere Situation erscheint ihm, obwohl er auf seine Vertreibung aus Nördlingen (1338) wartet, als *"fri und ungefangen"* (26,26).

4.1. – 4.2.: Im Bild der Gefangenschaft veranschaulicht Heinrich die Lage Margarethas, wenn sie so von Jesus Christus, ihrem Geliebten, besessen wird, daß ihr ganzes Sein, Wirken und Leben von ihm bestimmt ist. Auch Jesus war auf Erden, ganz hingeordnet auf den Willen des göttlichen Vaters, *"alweg in der vancknús seines vatters"* (9,30f). Erst in Gott wird die *gefancknús "ledig in der ewigen friheit gotz..."* (9,24).

(durch)varn (1.)/ entvarn (2.)/ hinvart (3.)/ übervarn (4.)/ übervart (5.)/ ufvarn (6.)/ uffart/himelfart (7.)/ usvart (8.)/ usvarn (9.)/ übersezzen (10.)/ ufstan (11.)

| A. Mechthild von Magdeburg |

1. *durvaren*
1.1. *Jesus Christus* (III 1,126)
1.2. *hellengeist* (V 23,53)
1.3. *minne* (V 31,8)

8. *usvart*
8.1. *sele* (VI 26,4)

9. *usvarn*
9.1. *gegenwirtikeit* (IV 25,21)

1.1. – 1.3.: Die Fortbewegung Jesu Christi durch den Bereich der Himmelschöre (s.III 1,126), des Höllengeistes durch die ganze Welt (s.V 23,53) sowie der *minne* durch die Seele (s.V 31,8) beschreibt Mechthild im Bild des *durchvarn*.

8.1.: Beim Tod kommt es zur *"usvart der sele"* aus dem Leib (VI 26,4).

9.1.: Die Präsenz des sündigen Menschen in Himmel, Fegefeuer und Hölle ist einem ständigen Wechsel unterworfen. Mechthild resümiert: *"Alsus so vart únser gegenwúrtekeit us und in zuo dem himmelriche, in das vegefúr und zuo der... helle..."* (IV 25,21f).

C. Meister Eckhart

1. durchvarn
1.1. *vride* (II 595,4)

1.1.: Dionysius Areopagita zitierend, beschreibt Eckhart, wie der göttliche Friede alle Dinge zu bestimmen vermag, indem er *"durchvert und ordent und endet alliu dinc."* (II 595,4f).

D. Tauler

2. entvarn
2.1. *der geminte* (83,20)

4. übervarn
4.1. *mensche* (337,26)

5. übervart
5.1. *grat* (160,3)

6. ûfvarn
6.1. *got* (83,1f)
6.2. *Cristus* (76,11)
6.3. *mensche* (84,25)

7. ûffart
7.1. o.BE (76,4; 80,21)

11. ûfstân
11.1. *mensche* (22,2.14f; 23,3.8.31; 24,17.19; 25,2)
11.2. *begerunge* (12,25; 20,22)

2.1.: Für den Verlust des geliebten Gottes wählt Tauler in Anlehnung an eine äußere Ortsveränderung das Bild, daß Gott dem Menschen *"so hoch und so verre entvaren ist..."* (83,20).

4.1.: Wenn ein Mensch die Qualen des Fegefeuers erlitten hat, hat dies eine Annäherung an Gott weit über die normale erste Stufe des Aufstiegs zur Folge; denn dieser Mensch *übervert* den auf der ersten Stufe nach Gottes Willen lebenden Menschen *"tusent tusent grete hoher."* (337,26)

5.1.: Als dritten Grad eines tugendhaften Lebens nennt Tauler die Vereinigung des geschaffenen Geistes mit dem göttlichen Geist, die durch *"ein übervart in ein gotformig wesen"* (160,3) geschieht.

6.1. – 6.3.: Um die für die göttliche Präsenz erforderliche Position der Seele über allen *"nidern vergenglichen ding"* zu akzentuieren, verleiht Tauler dieser Position die Form eines Berges, auf den Gott *ûf varen* soll (83,1f). Die Befreiung von allen irdischen Obsessionen wird jedoch zu Beginn der gleichen Predigt (Nr. 19) davon abhängig gemacht, ob Christus *"in uns ûfgevert."* (76,11). Den Schluß von Pr 20 - wie Predigt 19 eine Auslegung der *ûffart* Jesu Christi (s.80,21) - bildet der Wunsch, *"das wir nu alle mit ûnserme herre ûfvarent..."* (84,25).

7.1.: s. 6.1.-6.3.

11.1.: Als Bewegung, bei der man Distanz schafft, indem man seine bisherige Situation zurückläßt, ist *ûfstan* Bild für die Befreiung des Menschen von allem Nichtgöttlichen zu einem - in Anklang an die Auferstehung Jesu - wahren Leben (s.22,14f). Die dadurch erreichte Veränderung ist hauptsächlich Werk Gottes; wenn Menschen nämlich selber anstelle Gottes ihren *grunt* bereiten, sind sie - so Tauler - in Wahrheit nicht *ûfgestanden* (s.23,3); denn dazu gehört "ein sterben des iren in allen dingen" (23,7), indem man sich ganz dem göttlichen Willen übergibt, leidet und sich selber läßt (s.23,31).

11.2.: Die Tendenz der Metapher *ûfstan* liegt auf dem Aspekt der Entstehung, wenn Tauler *begerunge ûfstan* sieht (s.20,22).

E. Seuse

3. *hinvart*
3.1. *sel* (37,19)
3.2. *mensche* (80,25; 88,27; 315,29; 401,8)

4. *übervarn*
4.1. o.BE (257,16)
4.2. *betrahtunge* (257,16)

5. *übervart*
5.1. *geist* (193,11)

6. *ufvarn*
6.1. *diener* (19,4)

8. *usvart*
8.1. *geist* (160,19)

10. *übersezzen*
10.1. *mensche* (94,26(Pat); 130,22(Pat); 193,29f(Pat); 334,12(Pat); 337,13(Pat); 358,7(Pat))

3.1. – 3.2.: Mit dem Begriff *jüngste hinvart* meint Seuse den Prozeß zwischen dem Tod des Menschen und dem ewigem Leben bei Gott.

4.1.: Die Betrachtung des Leidens Jesu Christi erfordert eine bestimmte geistige Bewegung; sie darf "nit mit einem ilenden übervarne" geschehen, sondern nur "mit einem kleglichen übergenne" (257,16.18).

4.2.: Im Hinblick auf die Betrachtung ihrer Leiden schließt die Ewige Weisheit - worauf sie mit der Metapher *übervarn* verweist - eine Beschäftigung aus, die sich in Distanz dazu, in Unberührtheit vom Leiden bewegt.

5.1.: Wenn sich der menschliche Geist - wie Seuse im Bild des *sich ufswingen* veranschaulicht (s.193,5) - mit göttlicher Kraft "in sin liehtrichen vernúnftkeit" begibt, wo er die Einwirkung des himmlischen Trostes wahrnimmt (s.193,6f), befindet er sich jenseits von Raum und Zeit im Bereich des göttlichen Sohnes (s.193,9). Der Bewegung, in der der Mensch Raum und Zeit transzendiert, Gott schaut und in ihm verschwindet, verleiht Seuse Züge einer *übervart*.

6.1.: Als dem Diener einmal ein *gesicht* zuteil wird, *vert* er "geswind uf und umvahet den geminnten engel." (19,4)

8.1.: Den Prozeß vom Leben in den Tod, den der menschliche Geist mitmacht, stellt sich Seuse als *úsvart* vor, die allerdings für den Geist kein definitives Ende bedeutet (s.160,19-23).

10.1.: Die Metapher *übersezzen* evoziert die Sicht, die das Verlassen des eigenen Lebensbereiches sowie der eigenen Person und das sich daran anschließende Kommen in den göttlichen Bereich in Parallele zu einem räumlichen Vorgang bringt. Die auf diese Weise zur Sprache gebrachte Veränderung des Menschen hat eine Positionsveränderung zum Ziel; diese wird erreicht, indem der Mensch über - für ihn nicht zu überwindende - Hindernisse, die in Bildern wie z.B. Fluß, Meer umschrieben werden, hinübergebracht wird. Zunächst wird der Mensch *"sin selbs entsezzet"* (130,21f; 193,29f; 337,13) z.B. durch Leiden (s.130,22) und dann *"übersetzet in ein ander forme und in ein ander guenlichi und in einen andern gewalt."* (337,13f) Dies bedeutet für Seuse das *bildlos ein* (s.193,29), d.h. beständige und vollständige Freude in allen Dingen (s.94,26).

G. Heinrich von Nördlingen

7. *himelfart*
7.1. *mensche* (46,61)

7.1.: Dem Kommen des inneren Menschen zu Gott verleiht Heinrich Züge einer *geistlich himelfart* (s.46,61).

---

varwe (1.)/ fúrben/fúrbung (2.)/ gotvar (3.)/ liechtvar (4.)

D. Tauler

1. *varwe*
1.1. *got* (146,25)

3. *gotvar*
3.1. *mensche* (175,17)
3.2. *sele* (146,21.23)

3.3. *liecht* (376,8)
3.4. *schin* (83,5)
3.5. *fúnckelin* (322,14)

4. *liechtvar*
4.1. *grunt* (376,8)

1.1.: Anhand der äußeren wahrnehmbaren Erscheinung bringt Tauler die Transformation der Seele in Gott zur Sprache: *"Oder wer sie sehe, der sehe si in dem kleide, in der varwe, in der wise, in dem wesende Gotz von gnaden..."* (146,25f).

3.1. – 3.2.: Die Veränderung des Menschen bzw. der Seele in Gott wird so dargestellt, daß sie *gotvar* werden; die äußere Veränderung ist Bild für den göttlichen

Charakter, den die Seele/der Mensch annimmt, wenn Gott ihn in seinen göttlichen Bereich geholt hat, der ihn dann völlig bestimmmt (s.175,17).

3.3. – 3.4.: Die Einwirkung der Engel auf den Menschen ist von göttlicher Beschaffenheit; infolge des *gotvarwen liechte* der Cherubim wird der *grunt* des Menschen *liechtvar* (s.376,8; zur Einwirkung der Dreifaltigkeit s.83,5).

3.5.: Das *gotvar fúnckelin* im Menschen begründet nach Taulers Auffassung die enge Verwandtschaft des Menschen mit Gott (s.322,14).

4.1.: s. 3.3.- 3.4.

E. Seuse

2. fúrben/fúrbung
2.1. *sele* (296,29(Pat))
2.2. o.BE (390,7.17; 471,13)
2.3. *die nidern* (471,7(Pat))

2.1. – 2.3.: Im Bild der Reinigung wird die Notwendigkeit in Bezug auf die Erfahrung Gottes veranschaulicht, alle Untugenden aus der Seele zu entfernen. Grundsätzlich formuliert Seuse: *"Daz furben lit an usgetribenheit alles des, daz creatur ald creatúrlich ist nach ierreklichem hafte und begirde und kumbre, daz den menschen in keiner wise vermitlen mag..."* (390,7-9). Dies kann in der Weise geschehen, wie Seuse in Übereinstimmung mit Dionysius Areopagita darstellt, daß die Niedrigeren von den höher Stehenden werden *gefurbet, erlúhtet und volbraht* (s.471,7).

---

vaz (1.)

A. Mechthild von Magdeburg

1. *vaz*
1.1. *Jesus Christus* (I 31,3)
1.2. *mensche* (I 31,4; II 24,67; III 15,41; VI 39,8; VII 55,8.9.13)
1.3. *Maria* (II 3,26)
1.4. *genuegunge* (VII 55,15)
1.5. *got* (VII 55,15)
1.6. *gewissede* (VII 27,10)
1.7. *Lucifer* (III 21,83)

1.1. – 1.3.: Die biblische Grundlage dieser Metapher ist unverkennbar; in Num 19,15; Apg 8,23; Röm 9,21 und 2 Tim 2,20 werden anhand verschiedenartiger Beschaffenheit von Gefäßen Menschen charakterisiert.

Bei Mechthild steht unter dem Aspekt ihrer unterschiedlichen Qualität das *"here drisem vas"* für Jesus Christus, das *essig vas* für den Menschen (s.I 31,3f). Ein zweiter Aspekt, die menschliche Unfähigkeit zur Aufnahme des geringsten göttlichen *funken* (s.II 24,67), ist entwickelt aus dem Merkmal der begrenzten Kapazität eines Gefäßes. Weitergeführt ist dieser Bedeutungsaspekt an einer anderen Textstelle, wo mit dem Hinweis auf die *zerbrochenú vas* die Unfähigkeit zu einem geistlichen Leben der in dieser Weise metaphorisch umschriebenen Menschen ins Bild gebracht wird (s.III 15,41).

In positiver Bedeutung erscheint *vas* zur Erfassung der Aufnahmefähigkeit von allen gottliebenden Menschen, in die die im Bild der *vluot* zur Sprache gebrachte göttliche Zuwendung gelangt (s.VI 39,8) - über Maria hinausgehend, in die sie zunächst *vlússet* (s.II 3,26). Dabei zeigt sich, daß die menschliche Kapazität, solange der Mensch seine Öffnung für Gott nicht mit seinem eigenen Willen *verstopfen* will (s.VII 55,8f), nicht ausreicht, um die unablässig erfolgende göttliche Mitteilung für sich zu behalten: *"... so vlússet únser vesselin iemer úber von gottes gabe."* (VII 55,9f)

1.4. – 1.5.: Weil der Mensch ein *cleines vesselin* ist, muß er das empfangene Wort von Gott oder der Hl. Schrift sofort wieder wegen seiner geringen Kapazität an Gott, das *grosse vas*, zurückgeben. Dieses große *vas* wird gefüllt, wenn der Mensch die empfangene Gabe den Sündern, unvollkommenen geistlichen Leuten, armen Seelen etc. mitteilt (s.VII 55,20f). In einer allegorischen Interpretation versteht Mechthild dieses Geschehen folgendermaßen: *"Das grosse vas ist die gnuegunge gottes, die er von únsern werken enpfat."* (VII 55,15f)

1.6.: Die orientierende Funktion des Gewissens, die auf dem Einwirken des Hl. Geistes basiert, versucht Mechthild aufzuweisen, indem sie es in Beziehung zu einem *lúhtevas* setzt, in das der Hl. Geist *lúhtet* (s.VII 27,10).

1.7.: Weil Lucifer vollkommen von der Sünde geprägt ist, spricht Mechthild davon, daß *"... er ist das erste vas aller súnde."* (III 21,83)

C. Meister Eckhart

1. *vaz*
1.1. o.BE (I 264,8; 265,1)

1.1.: Bei Eckhart steht die Metapher *vaz* für die Fähigkeit des Menschen, Gott in sich aufzunehmen. Anders als *lîplichiu vaz* gilt für das *geistlîche vaz*: *"Allez, daz dar în enpfangen wirt, daz ist in dem vazze und daz vaz in im und ist daz vaz selbe. Allez, daz daz geistlich vaz enpfaehet, daz ist sîn natûre."* (I 264,8-265,1)

D. Tauler

1. *vas*
1.1. *mensche* (149,30; 338,19)

1.1.: Die Forderung nach Beseitigung alles Kreatürlichen ist für Tauler - wie er mittels der Gefäßmetaphorik seinen Zuhörern vermittelt - die Voraussetzung für die Aufnahmefähigkeit des Menschen: *"Mache din vas lidig...."* (149,30). Allerdings reicht für Gott ein oberflächliches Freimachen nicht aus; wenn die Demut fehlt, ist bei den Menschen, auch wenn sie *"grosse bereite vas habent"* (338,19), keine Tiefe vorhanden, so daß die Kapazität für Gott sehr gering ist.

E. Seuse

1. *vaz*
1.1. *Maria* (266,14)
1.2. *munt* (431,6; 487,4)

1.1. – 1.2.: Den Adressaten seines Briefes empfiehlt Seuse, den irdischen Einfluß zu unterbinden und dadurch ganz offen für die göttliche Einwirkung zu werden: *"Gebent ime stund und stat..., daz úwer hertze werde ein appotecke der gotheit, úwer munt ein fasz der reinekeit."* (431,4-6 u. 487,4f) Seine Empfehlung sieht Seuse bei Maria bereits realisiert: sie ist für ihn *"daz rein rotguldin vaz"* (266,14), die *"apotek aller tugenden und gnaden"* (266,23f).

G. Heinrich von Nördlingen

1. *vasz*
1.1. *sel Maria* (4,10)
1.2. *mensche* (6,44; 43,12)

1.1.: Marias Aufnahmebereitschaft für die göttliche *"usz flieszend suszigkeit"* bringt Heinrich dadurch ins Bild, daß er die göttliche Zuwendung *"in das rain vas... und gelütersten sel Marien"* gelangen läßt (4,10).

1.2.: Eine Mitschwester Margarethas bezeichnet Heinrich wegen der bei ihr vorhandenen Gnadenfülle als *"volles fasz voller gotlicher gnad"* (6,44). Margaretha selbst ist für Heinrich, der sich als *"unbereitz und ungeschmacks vasz"* sieht, ein vom Licht Jesu Christi erleuchtetes *cristallin(en) vasz* (43,12).

| **verstopfen (1.)** |

| *A. Mechthild von Magdeburg* |

1. *verstopfen*
1.1. *mensche* (V 26,11; VII 55,9)

1.1.: Auf dem Hintergrund der Parallelisierung des menschlichen Herzens mit einem offenen Gefäß stellt Mechthild dar, wie der Mensch mit unnützen Gedanken seine Empfangsbereitschaft für die göttliche Mitteilung verhindert.

| **vliegen (1.)/ flug (2.)/ durchvliegen (3.)/ übervliegen (4.)/ überflug (5.)/ vlúgel (6.)/ veder (7.)** |

| *A. Mechthild von Magdeburg* |

1. *vliegen/vliegend*
1.1. *sele* (V 31,8; VII 65,14)
1.2. *mensche* (VII 25,8)
1.3. *die seligen* (VII 1,106)
1.4. *gedanke* (VII 12,8)

2. *vlug*
2.1. *minne* (V 31,14; 35,8)
2.2. *sele* (III 1,14)
2.3. *mensche* (V 23,135)

6. *vlúgel*
6.1. *minne* (II 24,78; VII 61,7)

7. *veder*
7.1. *gerunge* (VII 61,8; 64,14)
7.2. *tugende* (V 31,9; VII 25,8)

1.1. – 1.2.: Dem Einfluß der Minne verdankt die Seele, daß sie in Bewegung gerät und sich verändert, indem sie sich von der vergänglichen Wirklichkeit distanziert. Vorstellbar wird für Mechthild dieser Prozeß, in dessen Verlauf die Seele ein tugendhaftes Leben in Sehnsucht nach Gott beginnt, auf dem Hintergrund der Flugbewegung der Vögel: die Seele beginnt zu *"vliegen mit tubenvedern, das ist mit allen tugenden, und ze gerende mit des aren girheit..."* (V 31,8-10; vgl. VII 25,8).

1.3.: Insofern im Himmel die Bedingungen für die verschiedenen Bewegungsarten aufgehoben sind, zeigen die Seligen dort eine ungewohnte Vielfalt an Bewegungsabläufen: Sie *"vliessent und swimment; si vliegent und klimment von kore ze kore untz vúr des riches hoehin..."* (VII 1,105f).

1.4.: Für die Zufälligkeit, mit der böse Gedanken entstehen, wählt Mechthild das Bild der *"vliegenden boesen gedanken"* (VII 12,8).

2.1. – 2.3.: Den von der Minne initiierten Standortwechsel der Seele/ des Menschen zu Gott hin macht Mechthild im Bild des Minnefluges anschaulich (s.V 31,14).

6.1.: Die zu Gott emporführende Wirkung der Minne, die den Menschen zur Distanz von aller irdischen Lust bewegt, bringt Mechthild im Bild der *minne vlúgel* zur Sprache (s. VII 61,7).

7.1. – 7.2.: Anknüpfend an ihren emporhebenden Effekt verweisen die *tubenvederen* allegorisch auf Tugenden, gute Werke und ein hl. Gemüt (s.VII 25,8); diese haben wie die *"vederen únser gerunge"* (s.VII 61,8) die Konsequenz, daß der Mensch alles zu transzendieren vermag und zu Gott gelangt.

Eine andere Vorstellung orientiert sich ebenfalls an der Aufwärtsbewegung: *"Wir sollen únsere tugende und únsrú guoten werk hohen mit der minne..., so werden wir gottes inne."* (VII 61,9f)

B. David von Augsburg

1. *vliegen*
   1.1. *mensche* (314,15; 315,24; 349,25; 361,23; 362,19; 371,15; 373,6; 382,1.3; 395,33)
   1.2. *geiste* (324,21)
   1.3. *gedanke* (348,5f)

3. *durchvliegen*
   3.1. *mensche* (349,20f)

4. *übervliegen*
   4.1. *Jesus Christus* (382,12.14)

7. *veder*
   7.1. *mensche* (349,24f)

1.1.: Mit der Flugbewegung der Vögel gemeinsam hat die Annäherung des Menschen an Gott, daß sie von der Erde weg in die Höhe - zu Gott - hinführt. Daß die Beziehung zu irdischen Dingen die Entfernung von der Erde erschwert, zeigt David an verunreinigten Federn, die das Fliegen verunmöglichen: Die Wirkung der irdischen Wirklichkeit auf den Menschen ähnelt in Davids Sicht dem Lehm, der an den Federn klebt, sie verunreinigt und beschwert. Da Reinheit ohne Todsünde und das Bemühen um gute Werke es dem Menschen - wie die Federn dem Vogel - ermöglichen, in den Himmel zu gelangen, ist Buße notwendig, die den Menschen von den irdischen Einflüßen befreit und wieder rein macht (s.315,25f). Grundsätzlich gilt: Je weniger der Mensch *"niuzet der werlde guot und ir gelust"*, desto leichter *"er... vliuget in die hoehe des himelrîches."* (314,15f)

Die Frage, *"wer gît mir vederen alsô einer tûben sô vliuge ich und geruowe..."* (349,24f), beantwortet David dahingehend, daß er die Fittiche des Adlers zu den vier Fittichen geistlicher Betrachtung allegorisch in Beziehung setzt: *"Die vier vetiche dirre himelischen tiere sint diu trahtunge nach den vier wegen; der gêt einer under sich, der ander umbe sich, der dritte in sich, der vierte über sich."* (349,9-11) Das Denken an die Abscheu der Sünde, an die Bemühung im tugendhaften Verhalten, an die eigene Schwachheit sowie an die göttlichen Gaben und Werke bewirkt nach Davids Meinung zum einen die Distanz zu sündhaften Gelüsten und zum anderen das Eindringen in die göttliche Wirklichkeit. Mit den Verben *ûfswingen* und *vliegen*, die sich auf die Fähigkeit beziehen, sich vom Erdboden zu lösen und sich in der Luft zu bewegen, bringt David den geistigen Prozeß ins Bild, der *"uz dem boesen lufte süntlicher gelüste in die hoehe der gotlîchen liebe"* bis *"in die einoete"* Gottes verläuft (361,22f). Bei diesem Vorgang macht der Mensch die Erfahrung, daß er mit zunehmender Flughöhe umso mehr staunt über die endlose Höhe Jesu Christi. In Gott eingedrungen, bewegt sich der Mensch quasi fliegend in den göttlichen Freuden, d.h. im Genießen der *"gruntlösen wunder der êwigen honicsüezen gotheit"* (373,6-8). Da die göttliche Wirklichkeit unermeßlich ist, stehen und fliegen die, die Gott erfahren wollen, zugleich in Gott: *"Sie stênt mit der staeten ruowe, die sie in dir habent ... Sie vliegent mit dem unverdrozzen wunder dîner übermanicvalten êren, die sie alle zît iteniuwe an dir schouwent..."* (382,1f.3f).

Eine andere Erfahrung, die diejenigen machen, die sich von der irdischen Wirklichkeit entfernt haben, besteht darin, daß das Transzendieren in die höchste Höhe Gottes mit dem tiefsten Versinken in der Gottheit zusammenfällt: *"Die aller hôhist vliegent..., daz sint die aller tiefist versinkent..."* (371,15f). Jeder Mensch vermag dies jedoch nur, wenn er von seinem Leib sowie von seinen Sünden und seiner natürlichen Schwäche befreit ist: Er ist dann in der Lage, *"als der adelar"* zu fliegen zu Gott, der obersten Sonne (395,33).

1.2. – 1.3.: Die geistige Welt ist der Raum, in dem die *"lûtern geist sich erswingen"* und *über sich vliegen* sollen in die endlose Höhe Gottes (324,21). Durch Rückgriff auf Eigenschaften eines wilden Vogels zeigt David die negative Auswirkung *ungezemete(r)gedanke(n)* auf, die nur *"unnützeclîche hin und her vliegen"* (348,5-7).

3.1.: Die geistige Tätigkeit, durch die sich der Mensch auf verschiedenerlei Wegen *"von unruowe der werltlîchen in die stille der geistlichen weide"* fortbewegt, erscheint - im Zusammenhang mit der zum Vergleich herangezogenen Flugbewegung des Adlers - als *durchvliegen* (s.349,20).

4.1.: Die alles andere zurücklassende *werdekeit* Jesu Christi besteht u.a. für David in dem Vermögen, alle Dinge zu *überstigen, überhoehen und übervliegen* (s.382,11f). Sogar die Cherubim transzendiert er und überfliegt auch die schnelle Kontemplation der *hôhen geiste* (s.382,14f).

7.1.: s.1.1.

D. Tauler

1. *fliegen*
1.1. *mensche* (145,6; 201,26; 368,35)

1.1.: Die innere Veränderung des Menschen, die durch die Präsenz Gottes bewirkt wird, ähnelt in der Sicht Taulers einer Flugbewegung, durch die sich der Mensch von sich selbst (s.368,35) und seiner Natur (s.145,6) distanziert.

Eher negative Bedeutung mißt Tauler dem durch geistliche Übungen erreichten transzendenten Standpunkt zu, da der Mensch dann vergißt, die Gottesmutter um Hilfe für die Gottesbegegnung zu bitten (s.201,26).

E. Seuse

1. *fliegen*
1.1. *geist* (185,27(Pat))
1.2. *mensche* (429,20f)

5. *überflug*
5.1. *gemuet* (184,2)

1.1.: Wenn sich der menschliche Geist in Gott befindet, wird er, bedingt durch die endlose Höhe Gottes, *fliegende* und wegen der *"grundlosen tiefi swimmende"* (185,27f).

1.2.: Das Erreichen der höchstmöglichen Ablehnung aller zeitlichen Dinge beschreibt Seuse als räumlichen Bewegungsvorgang, bei dem der Mensch *"uf den tolden eines versmahens... ist geflogen"* (429,20f).

5.1.: Neben *übervart* findet auch *überflug* für die Transzendenzbewegung des menschlichen Geistes zu Gott Verwendung (s.184,2).

G. Heinrich von Nördlingen

1. *fliegen*
1.1. *minne* (17,9)

2. *flug*
2.1. *mensche* (38,3)

1.1.: Heinrich sieht oberhalb von sich das ewige Leben schweben *"in den brinnenden flammen hoch fliegender minnen"* (17,9).

2.1.: Um zu Jesus Christus zu gelangen, ist eine Positionsveränderung erforderlich, die durch einen *"druck under sich, ... zuck usz ir selber und einen minenden flug uber sich selber und alle creatur"* (38,2-4) in Form eines Vorgangs erfolgt, der sowohl nach unten wie nach oben sowie horizontal den Menschen aus sich herausführt.

vliessen (1.)/ vliessend (2.)/ flüzzig (3.)/ vluot (4.)/ vluz (5.)/ vluzgganc (6.)/ honicvluzz (7.)/ honigvlüzzig (8.)/ durchvliessen (9.)/ durchfliessunge/ durchvluz (10.)/ erfliessen (11.)/ invliessen (12.)/ infliessend (13.)/ invluz (14.)/ (har–) nidervliessen (15.)/ úbervliessen (16.)/ úbervliessend/ überflüssig (17.)/ úbervluz/ überflüssigkeit (18.)/ umbflussen (19.)/ uzvliessen (20.)/ uzvliessend/ uzvlüssig (21.)/ uzvluot (22.)/ uzvluz (23.)/ vervliessen (24.)/ verflossen (25.)/ verflossenheit (26.)/ widerfliessen/ widerflus (27.)/ zefliessen (28.)/ zuovliezen (29.)/ floszen (30.)/ widerflözen (31.)

A. Mechthild von Magdeburg

1. *vliessen*
1.1. *got* (II 6,3; 26,13; III 1,9; 5,14; V 26,12; 35,4; VI 29,39; 39,7)
1.2. *drivaltekeit* (VI 8,16; 39,3)
1.3. *Jesus Christus* (V 6,2)
1.4. *geist* (IV 14,42)
1.5. *gabe* (VI 1,107; VII 36,34)
1.6. *miltekeit* (V 26,14)
1.7. *gots suessekeit* (VI 1,40)
1.8. *wort* (II 6,16; 26,13)
1.9. *vluot* (II 26,29; III 1,108; VII 45,15)
1.10. *úbervlus* (VII 55,6)
1.11. *gemuete* (V 22,40)
1.12. *mensche* (IV 5,9; V 6,7; 20,8)
1.13. *brut* (IV 5,9)
1.14. *selige* (III 1,120; VII 1,105)
1.15. *Maria* (VI 39,16)
1.16. *sele* (I 5,4; III 5,14; VI 1,138)
1.17. *lere* (III 10,37)
1.18. *gerunge* (VII 45,26)
1.19. *herze* (I 7,3)
1.20. *minne* (I 30,7; IV 16,2.3; VI 20,1.11; VII 18,38)
1.21. *ding* (V 35,24)

2. *vliessend*
2.1. *lieht* (Prolog, Z 7.10)
2.2. *drivaltekeit* (I 2,3)
2.3. *got* (I 2,35; 17,2)
2.4. *munt* (II 3,20)
2.5. *guot* (VII 17,9)
2.6. *búrnunge* (VII 34,25)
2.7. *fúr* (V 1,30)
2.8. *suessekeit* (V 11,32; 23,70)
2.9. *qwelunge* (IV 15,4)
2.10. *miltekeit* (V 23,106)
2.11. *barmherzekeit* (VII 36,41)
2.12. *minne* (III 15,13; VI 1,135; VII 15,7; 34,3; 52,18)
2.13. *sele* (V 4,13; 35,3)

4. *vluot*
4.1. *himel* (I 2,2; V 18,2; VI 37,11)
4.2. *hl. geist* (II 26,29; V 11,14)
4.3. *drivaltekeit* (III 1,109; IV 12,17; VI 39,4)
4.4. *minne* (VII 24,1; 45,14)
4.5. o.BE (III 13,14.24)

5. *vluz/stram*
5.1. *minne* (V 31,6; VII 55,7)
5.2. *gerunge* (VI 5,4)
5.3. *sele* (VI 16,11)
5.4. *got* (V 7,2)
5.5. *hl. geist* (VII 1,103; 24,3)
5.6. *drivaltekeit* (VI 39,4)

9. *durchvliessen*
9.1. *bluot* (II 24,6)
9.2. *mensche* (IV 25,4(Pat); V 34,8(Pat))
9.3. *sele* (III 10,60(Pat); V 4,18(Pat))

9.4. *selige* (III 1,117(Pat); IV 16,8(Pat); VII 39,40(Pat))
9.5. *herze* (VII 27,38(Pat))

<u>10. *durchfliessunge*</u>
10.1. *schoepfunge* (II 3,18)
10.2. *gotheit* (IV 12,13)

<u>12. *invliessen*</u>
12.1. *gnade* (V 11,29)
12.2. *ding* (VI 29,37)

<u>15. *(har)nidervliessen*</u>
15.1. *gnade* (V 11,46)
15.2. *gabe* (VI 13,29)

<u>16. *übervliessen*</u>
16.1. *vesselin* (VII 55,9)

<u>17. *übervliessend/überflüssig*</u>
17.1. *vesselin* (VII 55,8)

<u>18. *übervluz/überflüssigkeit*</u>
18.1. *minne* (VII 55,6)
18.2. *vleisch* (I 44,6)
18.3. *armuot* (III 14,10)

<u>20. *uzvliessen*</u>
20.1. *creature* (IV 21,16)
20.2. *ding* (IV 21,16; V 35,24)
20.3. *gabe* (V 22,46; VI 13,28)
20.4. *mensche* (IV 21,16; VI 32,7)
20.5. *alles* (VII 25,4)
20.6. *stimme* (V 26,6)
20.7. *majestat* (VI 41,10)
20.8. *schrift* (VI 43,2)
20.9. *minne* (VI 20,11)
20.10. *súnde* (III 21,17; V 1,6)
20.11. *pine* (III 21,17)
20.12. *súche* (III 21,17)
20.13. *schande* (III 21,17)

<u>21. *uzvliessend/uzvlüssig*</u>
21.1. *brunne* (V 26,9)

<u>22. *uzvluot*</u>
22.1. *hl. geist* (VI 32,9)

<u>23. *uzvluz*</u>
23.1. *gabe* (VII 1,76; 36,32)
23.2. *güete* (VII 1,176)

<u>27. *widervluz*</u>
27.1. *herre* (VII 15,8)

<u>29. *zuovliessen*</u>
29.1. o.BE (I 22,14)

1.1. – 1.8.: Die Fließmetapher steht für die Selbstmitteilung Gottes an die Seele, die über die Verbmetapher *vliessen* Merkmale eines Gefäßes zugeschrieben bekommt, das die göttliche Mitteilung in sich aufzunehmen vermag: Die Worte von Mechthilds Buch "*bezeichent mine wunderliche gotheit; dú vliessent von stunde ze stunde in dine sele us von minem goetlichen munde.*" (II 26,13f) Wie Mechthild im Vergleich mit einem Fisch herausstellt, der ohne Wasser nicht lange leben kann, ist für die Seele die Selbstmitteilung Gottes lebensnotwendig. Darum gilt: "*Woeltistu (got) vliessen, so moehte si (diu sele) sweben...*" (III 1,9f). Erfährt die Seele Gottes Zuwendung, reagiert sie entsprechend: auf Gottes *schinen* hin leuchtet sie, auf das *vliessen* Gottes hin muß sie *vúhten* (s.II 6,3). Dabei kommt es dann zur liebevollen Begegnung, die die unio von Gott und Mensch zum Ergebnis hat. Das Verschwinden jeglicher Distanz zwischen Gott und Seele stellt Mechthild sich so vor, daß beide - ähnlich einer Flüssigkeit - ineinander fließen und zusammen eine Form bilden: "*Wir moegen nit naher sin, wan wir zwoei sin in ein gevlossen und sin in ein forme gegossen...*" (III 5,13f).

Das Bild des Fließens steht ferner für die Dreifaltigkeit; diese teilt sich auf Betreiben des Hl. Geistes der Seele mit, wenn die Seele tugendhaft auf Erden gehandelt hat. Folge ist, daß Leib und Seele des Menschen alle Dinge in Gemeinschaft mit Gott denken und lieben.

An anderer Stelle akzentuiert Mechthild die Fülle der trinitarischen Selbstmitteilung, indem sie das Mitteilungsgeschehen als *vluot* sieht, die sich "*in eime strame*" auf das Antlitz Mariens hin bewegt (s. VI 39,3). Doch kommt die göttliche Zuwendung hier nicht ans Ziel, sondern begibt sich fließend auch in "*alle diemuetigen minnenvas*", die - gemeint sind die für Gott aufnahmefähigen demütigen Seelen - Gott mit seiner göttlichen Wirklichkeit erfüllt (VI 39,7). Die gottgleiche Seele, die Gott ganz nahe ist, erfährt seine Zuwendung in der Form, daß "*da spilet ouge in ouge und da flússet geist in geiste...*" (IV 14,42). In diesem Zusammenhang dient die Verbmetapher *vliessen* dazu, sich den Einigungsvorgang zwischen dem menschlichen und göttlichen Geist vorzustellen. Der menschliche und göttliche Geist erhalten über die Verbmetapher *vliessen* Merkmale eines Gefäßes, was plausibel macht, daß sie zur Aufnahme der Selbstmitteilung des jeweilig anderen in der Lage sind.

Der Bedeutungsaspekt, daß das mit *vliessen* thematisierte Mitteilungsgeschehen bestimmte Empfangsbedingungen verlangt, tritt zurück, wenn neben dem *gebern* durch die Gottesmutter das Hervorkommen Jesu Christi aus dem Vater als *vliessen* vorgestellt wird (s. V 6,2).

Neben Gottes Wirklichkeit im allgemeinen unterliegen insbesondere seine Worte (s. II 6,16) und seine Gaben (s. VI 1,107) einem Geschehen, in dem diese quasi fließend mitgeteilt werden. Im Zusammenhang mit diesem Geschehen wird Gott(-vater) zur Stelle, wo *miltekeit* hervortritt (s. V 26,14).

1.9. – 1.11.: Um die dynamische Fülle der göttlichen Mitteilung zum Ausdruck zu bringen, ergänzt Mechthild die Fließmetapher durch die Metaphern *vluot* (s.4.0.), *úbervluz* und *stram* (s. VII 55,6; VI 39,4); darüber hinaus hebt sie in Konsequenz der göttlichen Dynamik die Notwendigkeit einer bestimmten Empfängerdisposition hervor, wie z.B. der Demut, indem sie diese als Element in die Bildlichkeit des Fließens integriert: "*Wan die vluot mines heligen geistes vlússet von nature ze tal.*" (II 26,29). Die große Fülle der göttlichen Selbstmitteilung bringt sie ferner dadurch ins Bild, daß sie eine Diskrepanz zwischen der göttlichen Mitteilung und der Empfangsmöglichkeit des Menschen herstellt; dazu benutzt sie die Gefäßmetapher, an der sie die Aufnahmemöglichkeiten der Seele veranschaulicht: Mechthild äußert in VII 55, daß der "*grosse úbervlus goetlicher minne vlússet in ein clein vesselin*", das die Seele ist. Dieses Gefäß vermag die göttliche Fülle nicht zu fassen und fließt infolgedessen über von Gottes Gabe (VII 55,6). In Bezug auf die Güte, die Gott in seinem Handeln zeigt, konkretisiert Mechthild deren Fülle in Gott, indem sie ausführt, daß Gottes "*gemuete... ane underlas volvlússet aller guete*" (V 22,40).

1.12. – 1.18.: Das Bild des Fließens steht ferner für die Rückkehr des Menschen in Gott (s. IV 5,9), der Seligen in die göttliche Wonne (s. III 1,120), für den Ausgang des Menschen aus Gott (s. V 6,7), die Mitteilung der vom Herzen der gottliebenden Seele ausgehenden heiligen Lehre, die betrübten Seelen in der Hölle zuteil wird (s. III 10,37), sowie für die *übersuesse gerunge*, die von Gott her in die Seelen gelangt (s. VII 45,26).

Wenn ausgeführt wird, daß die Seele in Sehnsucht, mit Schuldbewußtsein und demütiger Furcht aus Liebe zu Jesus Christus *"beginnet ze vliessende..."* (VI 1,138), oder - an anderer Stelle - daß Gott und die Seele *"sin in ein gevlossen..."* (III 5,13f), geht es darum, daß die Seele ihre individuelle Form aufgibt und Eigenschaften annimmt, die sie anpassungsfähig machen.

1.19. – 1.21.: Damit der Mensch zur Hl. Dreifaltigkeit kommt, muß er sich einem Vernichtungsprozeß unterwerfen, der seine ganze Existenz betrifft; so muß sein Leib *sterben*, die menschlichen Sinne müssen *vergan*, sein Herz muß *vliessen* (s.I 7,3). Die *grosse minne* dagegen verhält sich in dem göttlichen *himmelvúre* paradox; denn *"da inne vlússet si allerverrost und stat doch in ir selber allerstillost."* (IV 16,3f)

2.1. – 2.5.: Daß es zu den Eigenschaften der unter 2.1.-2.13. aufgeführten Größen gehört, sich mitzuteilen, hebt Mechthild durch die Adjektivmetapher *vliessend* hervor. Dies wird besonders deutlich in der Charakterisierung von Mechthilds Buch durch Gott; mit der Formulierung *"ein vliessende lieht miner gotheit in allú dú herzen..."* (Prol, Z 10f), wird veranschaulicht, daß sich Gott mit der in diesem Buch erkennbaren göttlichen Wirklichkeit allen Herzen *ane valscheit* mitteilt. Auch in Bezug auf die Dreifaltigkeit oder allgemein Gott stellt Mechthild mit der Adjektivmetapher *vliessend* fest, daß mitteilende Zuwendung für sie charakteristisch ist. Die soteriologische Bedeutung der göttlichen Zuwendung zum Menschen wird dadurch vor Augen geführt, daß die Angewiesenheit der Seele auf die göttliche Einwirkung durch die Charakterisierung *arme, dúrre sele* mit einer ausgetrockneten Landschaft parallelisiert wird. Insofern dem *vliessenden* Gott, dessen Gruß in die Seelen gelangt, über die Adjektivmetapher eine dem Wasser vergleichbare Wirkung zugesprochen wird, beseitigt seine Zuwendung den Mangel der Seele (s.I 2,35f).

An anderer Stelle führt Mechthild wegen dieser Heilsbedeutung Gottes aus, daß Gott *"das vliessende guot ist gegen mir."* (VII 17,9f)

2.6. – 2.12.: Ohne nähere Erklärung gebraucht Mechthild Formulierungen wie *"die vliessende búrnunge der heligen gottes minne..."* (VII 34,25), *"verlúhtet mit dem vliessenden fúre der gotlichen minne"* (V 1,30f); *"die tieffi der vliessenden gottes suessekeit"* (V 11,31f) bzw. *"die vliessende suessekeit irs (*Marias*) reinen herzen"* (V 23,70). Auch wenn Mechthild nicht näher erläutert, was für sie die *vliessende qwelunge* als ein Aspekt der Gottesminne (s.IV 15,4), *"die helige vliessende miltekeit"* (V 23,106) und *"die vlissende barmherzekeit"* (VII 36,41) bedeutet, legt sich doch von der Bedeutung der Termini *miltekeit, barmherzekeit* und *minne* her nahe, daß die Adjektivmetapher die Zuwendung zum anderen als wichtigen Aspekt der genannten Größen markiert.

2.13.: Die Metapher kann auch für den Auflösungsprozeß stehen, dem die Seele aufgrund des zunehmenden Einflußes der Minne unterworfen ist. Infolge ihrer Einwirkung *stiget* die Seele nämlich *"uf zuo gotte und breitet sich alvliessende gegen das wunder..."* (V 4,13).

An anderer Stelle wird mit der Adjektivmetapher *alvliessend* in Anlehnung an Naturvorgänge sehr vage die beständige, gleichmäßig ablaufende Bewegung der Seele Mechthilds zur Sprache gebracht (s.V 35,3).

4.1.: Während die für Gott verwendete Metapher *brunne* die Ursprungsfunktion und *vliessen* den Bewegungsaspekt vorstellt, geht es bei der Metapher *vluot* um die plenitudo, aber auch um die Dynamik Gottes; in diesem Sinn führt Mechthild aus: *"Der ware gottes gruos, der da kumet von der himelschen fluot us dem brunnen der fliessenden drivaltekeit..."* (I 2,2f). Um das Ausmaß der Reaktion Gottes auf den Gruß und das Lob einer Seele aufzuzeigen, stellt er seinen Gruß als *"ein gros himelvluot"* vor, die die Möglichkeit in sich birgt, das menschliche Leben zu vernichten (s.V 18,2).

Ein anderer Aspekt der göttlichen Himmelsflut liegt darin, den metaphorisch als Dürre charakterisierten Mangelzustand der Seele zu beseitigen (s. 2.11.).

4.2. – 4.3.: Die Einwirkung des Hl. Geistes auf geistliche Menschen wird als *vluot* beschrieben (s.V 11,14). Generell dient die Metapher dazu, das Handeln des Hl. Geistes unter dem Aspekt seiner kraftvollen Fülle zu konkretisieren: *"Wan die vluot mines heligen geistes vlússet von nature ze tal."* (II 26,29; vgl.1.9.)

Allgemein äußert sich auch die Dreifaltigkeit *"mit voller vluot..."* (VI 39,4); da sich jede Person der Trinität machtvoll in Fülle dem Menschen zuwendet, kommt auf den Menschen von Gott aus auch eine *"drierleie spilunde vluot..."* zu (III 1,109).

4.4. – 4.5.: Das Bild der *minne vluot* (s.VII 45,14) steht für die Dynamik und Fülle der Liebe, mit der sich Gott dem Menschen zuwendet.

5.1. – 5.4.: *Vluz* ist Metapher für eine - im Kontext nicht weiter bestimmte - Bewegung Gottes, der *minne* (s.V 31,6), *gerunge* (s.VI 5,4) und *sele* (s.VI 16,11).

5.5. – 5.6.: Im Bild der *"suessen minnenden brunnenvlússe"* (VII 24,3) bringt Mechthild die Wirkung der gnadenhaften Mitteilung des Hl. Geistes zur Sprache; diese besteht darin, daß alles innere Leid Mechthilds getilgt wird (s.VII 24,3f). Eine weitere Metapher für die Zuwendung des Hl. Geistes an den Menschen ist der *himelvlus*. Die Seligen, die er durch den *"himelvlus... so vollen trenket..."* (VII 1,103f), zeigen ein exaltiertes Verhalten, indem sie *"lachent und springent in gezogner wise und vliessent und swimment; si vliegent und klimment..."* (VII 1,105f).

9.1.: Die Wirkung, die die Erlösung Jesu Christi auf Mechthild ausübt, konkretisiert sie, indem sie darlegt, daß das von Jesus am Kreuz vergossene Blut ihre Seele *durchvlossen* hat (s.II 24,6). Die Metapher *durchvliessen* verleiht der Erlösung den Akzent, daß von diesem Geschehen alle Teile der Seele betroffen sind.

9.2. – 9.5.: Um vor Augen zu führen, daß der Mensch (bzw. die Seele oder die Seligen) in seiner ganzen Wirklichkeit Gott (s.IV 16,8) oder dessen Liebe erfährt, zieht Mechthild die Metapher *durchvliessen* (in IV 16,8f kombiniert mit *umbevangen*) heran. Als Hindernis, daß alle Teile der Seele von der Mitteilung der Gottesliebe erfaßt werden können, nennt Mechthild die Versuchung durch irdische Dinge (s.V 4,18). Jedoch wird der Mensch nicht nur von Gott und der Gottesliebe bestimmt: In cap. 34 des 5. Teils zeichnet Mechthild mit verschiedenen Metaphern, die alle mit unterschiedlicher Akzentsetzung das völlige Bestimmtsein des Menschen veranschaulichen, das Bild eines Menschen, der mit Unkeuschheit *durflossen*, mit Hochmut *überzogen* und mit Eitelkeit *umbevangen* war (s.V 34,8).

10.1. – 10.2.: Für die Einwirkung des Hl. Geistes auf die Schöpfung insgesamt (s.II 3,18) sowie der Gottheit auf die Heiligen in ihrer gesamten Existenz (s.IV 12,13) steht die Metapher *durchvliessunge*. Wie das Verb fungiert das Substantiv als Bild für das völlige Ergriffensein von der göttlichen Einwirkung.

12.1. – 12.2.: Dem Geschehen, in dem die Dinge wieder in ihren Ursprung, das göttliche *vúr*, zurückkehren, verleiht Mechthild Züge des *invliessen*. Gott als Ziel dieses Geschehens erhält dabei über die Metapher Merkmale, die ihn einem aufnahmefähigen Gefäß angleichen (s.VI 29,37).

An anderer Stelle verstärkt Mechthild diese Merkmalsübertragung dadurch, daß sie mit zusätzlichen Adjektiven die Aufnahmefähigkeit der Seele, in die die Gnade gelangt, herausstellt: "... du muost... haben breite sinne; so wirt dir ein guotwillig herze und ein offen sele, da dú gnade in vliessen mag." (V 11,28f)

15.1. – 15.2.: Mechthild bezieht in ihre Aussagen über die Zuwendung Gottes zum Menschen die räumliche Vorstellung mit ein, wenn sie auf dem Hintergrund eines Weltbildes, das den Menschen räumlich unter Gott lokalisiert, die aus der Dreifaltigkeit hervorkommende Gnade in ein *offen*, d.h. empfangsbereites, Herz *har nider vliessen* sieht (s.V 11,46). Die gleiche Vorstellung liegt der Aussage zugrunde, daß die göttliche Gabe von Jesus Christus zum Menschen *nider vlos* (s.VI 13,29).

16.1. – 18.3.: Um die Fülle der dem Menschen von Gott mitgeteilten Liebe wirksam vor Augen zu führen, macht Mechthild den empfangenden Menschen zum *clein vesselin*, das den *"úbervlus goetlicher minne"*, die *"ane underlas vlússet"*, nicht zu fassen vermag; die natürliche Folge ist, daß es *"vol und úbervlússig wirt..."* und *úbervlússet* (VII 55,8f). Negativ bewertet Mechthild im Bild der *súntlich úberflússekeit* eine Variante der Armut, die Mischung von *"armuot mit steteklicher girheit"* (III 14,10).

20.1. – 20.8.: Das Hervorkommen des Menschen (s.VI 32,7), aller Kreaturen (s.IV 21,16), Dinge und Gottesgaben aus Gott (s.V 22,46) bringt Mechthild in der Metaphorik des *uzvliessen* zur Sprache. Die Metapher steht in dieser Bedeutung auch für den Ursprung der Stimmen aller Heiligen aus der Stimme der Dreifaltigkeit (s.V 26,6). Ebenfalls sieht Mechthild die Schrift ihres Buches - aus Gott entstanden - in ihr Herz kommen (s.VI 43,2).

20.9. – 20.13.: Ohne genauere Erklärung läßt Mechthild mit der Verbmetapher *uzvliessen* die Minne aus *suessekeit* hervorkommen (s.VI 20,11). Das Herz des Sünders wird in Verbindung mit der Metapher *uzvliessen* zur Stelle, von wo die Sünde nach außen dringt. Für das Herz Lucifers gilt speziell, daß es der Ursprung aller Sünde, Pein, Seuche und Schande ist (s.III 21,17f).

21.1.: Auf die Ursprungsfunktion Gottes zielt die metaphorische Formulierung *uzvliessender brunne* (s.V 26,9).

22.1.: Das Verhältnis zwischen den drei Personen in der Trinität bestimmt Mechthild - übereinstimmend mit der theologischen Tradition - dahingehend, daß der Hl. Geist aus dem Vater und dem Sohn hervorkommt und deshalb - partizipierend an der Fülle der ersten und zweiten Person - als *"milde uzvluot des vaters und des sunes..."* verstanden werden kann (VI 32,9).

23.1. – 23.2.: In einem *uzvluz* gelangen die göttliche Gabe sowie göttliche Güte aus Gott heraus und teilen sich - hierin der fließenden Fortbewegung ähnlich - dem Menschen mit (s.VII 1,76).

27.1.: In VII 15 bittet ein Mensch Gott um den göttlichen *widervluz*, damit *pine* und *bitterkeit* ihm *sanfte tuon* (s.VII 15,9).

29.1.: Für die *brut* gilt: "*Ie si minner wirt, ie ir mer zuoflússet.*" (I 22,14)

B. David von Augsburg

1. *vliezen*
1.1. *tugende* (310, 2.4; 360,40)
1.2. *wisheit* (360,40)
1.3. *leben* (361,1; 383,6)
1.4. *wesen* (361,1; 383,8)
1.5. *maht* (360,4)
1.6. *schoene* (360,40)
1.7. *waz* (320,17)
1.8. *sele* (394,16)
1.9. *vröude* (362,8; 371,26)
1.10. *liebe* (371,40)
1.11. *minne vluz* (362,17)
1.12. *güete* (381,34; 372,5f)
1.13. *guoetes* (366,10)
1.14. *bach* (375,1.6)
1.15. *gnade* (333,20f)
1.16. *sunne schin* (323,23)
1.17. *got* (368,31; 376,23)
1.18. *hl. geist* (370,33; 397,20)
1.19. *Jesus Christus* (373,34; 383,6.8.11.13)

5. *vluz*
5.1. *tugende* (310,5)
5.2. *minne* (362,17)
5.3. *hl. geist* (397,16.20)

6. *vluzganc*
6.1. *sunne schin* (323,23)

7. *honicvluzz*
7.1. *hl. geist* (331,3)
7.2. *got* (361,36)

8. *honicvlüzzig*
8.1. *gotheit* (370,31f)

12. *invliessen*
12.1. *liebe* (337,7)
12.2. *gnade* (333,20f)

17. *übervlüzzic*
17.1. *sele* (374,39f)
17.2. *mâze* (381,28f)

23. *uzvluz*
23.1. *gotheit/got* (370,31; 373,33f; 374,11)
23.2. *minne* (372,10f)

28. *zervliezen*
28.1. *sele* (368,31; 394,13f)
28.2. *mensche* (370,9)

29. *zuovliezen*
29.1. *gedanke* (324,13)

1.1. – 1.6.: Die Tugenden, die alle neben Weisheit, Macht, Schönheit, Leben und Sein (s.360,40f) ihren Ursprung in Gott haben, behalten die Merkmale ihres Ursprungs, auch wenn sie sich in einer dem Fließen ähnlichen Weise von Gott, dem *reinen brunnen* (s.310,3), entfernen, und verlieren daher nicht ihren *edeln smac* (s.310,4).

1.7.: Da man jeden Baum auf seine Güte hin an seiner Frucht prüft, soll der Mensch bei sich nach Davids Meinung auf das achten, was von ihm nach außen gelangt: "*... waz von im wahse und von im vlieze unde smecke...*" (320,17).

1.8.: Die Seele, die Gott auf der 6. Stufe des Gebetes unmittelbar wahrnimmt, erscheint nach Paulus "*in dem selben liehte daz got ist*" (394,7). Die in diesen Worten zum Ausdruck kommende unio des menschlichen Geistes mit Gott (s.394,11f) ergibt sich aus der Einwirkung des Hl. Geistes mit seiner - hinsichtlich ihrer Energie anhand von Wärme- und Feuermetaphorik beschriebenen - Minne. Die Konsequenz, die Aufhebung der Härte der Seele, veranschaulicht David anhand des Wachses, das durch Wärmeeinwirkung flüssig wird. Dementsprechend *vliuzet* die Seele als "*ein zevlozzens wahs in daz gotlîche bilde...*" (394,16).

1.9.: Maria ist deshalb ein *vreudenriche(r) spiegel* Gottes, da dort "*von allem himelischem her vreude vliuzet...*" (371,26).

1.10. – 1.16.: Was die Dauer des göttlichen Mitteilungsgeschehens anbelangt, stellt David sich dieses als *ewiclîchen minnevluz* vor, der aus Gott stammt (s.362,17). In Bezug auf die von Gott dauernd mitgeteilte göttliche Güte bringt David diesen Aspekt der Ewigkeit überspitzt folgendermaßen zum Ausdruck: "*Dâ zerrinnet ê der vazze, ê des ölbrunnen dîner gotlîchen güete, diu uns dâ vliuzet ûz dem zuber dîner blüenden gotheit von der unerschepften genuhtsame dîner überêwigen gotheit.*" (381,33-36) Dies ist von lebensentscheidender Bedeutung für die Schöpfung; denn alles Gute, was an ihr ist, ist von Gott her in die Schöpfung gelangt (s.366,10).

Durch Rückgriff auf eine Naturlandschaft beschreibt David, wie die Güte, die Minne, die Freude und Milde ähnlich vier Bächen von Gott ausgehen und in die Seele gelangen, wenn diese nicht durch Sünden o.ä. versperrt ist, so daß die Bäche am Einfließen gehindert werden (s.375,6). Diese Behinderung der göttlichen Einwirkung zeigt David an anderer Stelle unter Heranziehung der Lichtmetaphorik auf: der "*wâre sunne schîn*" vermag nicht in das menschliche Herz zu *vliezzen*, da der Mensch die "*venster der gehügede*" durch seine Außenorientierung *verrünet* hat (323,20f).

Ein anderes Vermittlungsmodell zielt ab auf die Beziehung zwischen Jesus Christus als dem Haupt und den Menschen als seinen Gliedern. Zu dieser Vorstellung vom Leib Christi gehört als weiteres Element der Kreislauf, über den die Gnade vom Haupt in die Glieder *invliuzet* (s.333,20f).

1.17.: Die Beziehung Gottes zur Seele wird davon bestimmt, daß die Seele nach Gott gebildet ist und deshalb erst zur Ruhe kommt, wenn sie wieder mit Gott ganz verbunden ist. Weiterhin bewirkt der Vorgang, durch den sich Gott in Gnade der Seele mitteilt, indem er in sie *vliuzet*, daß die Seele sich ihrerseits mit Minne wieder in Gott auflöst (s.368,31). Dieser nicht genauer räumlich und zeitlich fixierte Vorgang wird präzisiert im Kontext von Aussagen zur eucharistischen Speise. Mit dieser Speise empfängt der Mensch auf Erden die Kraft des Hl. Geistes; im Himmel bekommt er - ähnlich wie fließendes Wasser durch Rohre zum Menschen gelangt - "*durch die güldînen roeren* (der) *minneclîchen menscheit*" Jesu Christi die ewige Gottheit mitgeteilt (376,21-24).

1.18.: Der Hl. Geist, selbst *"brunne des lebens"* (370,32), *"aller heilekeit aller geistlîchen wunne unde kiuscher liebe"* (397,19f), entfernt sich von den beiden anderen trinitarischen Personen, indem er als *"ein ungemessener vluz alle zit vliuzet"* vom Vater und vom Sohn (370,33 u.397,20f).

1.19.: Auch Jesus Christus wird insofern als *"brunne alles lebens"* bezeichnet, als von ihm das Leben aller Kreaturen und das Sein *vliuzet* (s.383,6ff). Weiterhin fungiert die Fließmetapher als Bild für die von Jesus Christus ausgehenden guten Werke, den guten Willen sowie die Mitteilung der *"tougen bekantnîsse unde* (der) *süezze"* seiner verborgenen Liebe (383,11-15).

5.1.: In Bezug auf die Tugenden, die wie Quellwasser aus dem Herzen Gottes nach außen dringen, stellt David Unterschiede fest, die sich aus der Nähe zum Ursprung ergeben; durch die Übereinstimmung mit den Gegebenheiten in der Natur erhält diese Feststellung ihre Plausibilität und braucht daher auch nicht weiter begründet zu werden: *"... ie nâher dem êrsten urspringe, ie sterker vluz und ie groezer kraft und süeze."* (310,5f)

5.2.: Da Gott ohne Anfang und Ende ist, kennt auch die als *vluz* vorgestellte Mitteilung seiner Minne keine zeitliche Begrenzung; daher *vliûzet uz* Gott *ewiclîchen* der *minne vluz* den Engeln und Heiligen zu (s.362,17f).

5.3.: Mit verschiedenen Bildern versucht David die Funktion des Hl. Geistes im Bereich der göttlichen Trinität zu erfassen: Für die Mitteilung der väterlichen Liebe an den Sohn durch den Hl. Geist und umgekehrt wählt er die Vorstellung vom *vluz* aus, die dem Mitteilungsgeschehen dynamischen Charakter verleiht. Im Hinblick auf die Einheit zwischen Vater und Sohn stellt der Hl. Geist als *minnelim* das einigende Element (s.397,17) dar. Dieser Aspekt wird zusätzlich noch durch die Bestimmung seines Verhaltens als *"ein küssen und ein umbevanc ir beider herzen"* (397,18) hervorgehoben. Als *brunne aller heilekeit* und *ursprinc* aller geistlichen Wonne und Liebe geht der Hl. Geist vom Herzen des Vaters und des Sohnes aus, indem er als *"ungemezzener vluz alle zît vliuzet..."* (397,20f).

6.1.: Wenn der Mensch infolge seiner Außenorientierung *"daz venster der gehügede"* undurchlässig für den göttlichen Sonnenschein macht, ist diesem *"der vluzganc verleit"* (323,23).

7.1. – 7.2.: Der Hl. Geist führt dem Herzen, wo er dauernde Ruhe findet, *honicvluzz* zu, der im Himmel entspringt und im himmlischen Jerusalem *"von den minne roeren"* verteilt wird (361,35f).

8.1.: Die Heiligen, die von Gott *"mit dem bache (sines) wollustes"* getränkt werden, partizipieren durch diese göttliche Tätigkeit am *ûzvluzz* seiner *"êwigen honicvlüzzigen gotheit"* (370,31f).

12.1. – 12.2.: Das als *invliezen* vorgestellte Einwirken der göttlichen Minne auf den Menschen verändert den Menschen insofern, als alle fleischlichen Gelüste vor der göttlichen Minne weichen müssen *"als diu vinster vor dem sunnenschîne"* (337,7).

17.1. – 17.2.: Um die Fülle der göttlichen Minne (s.374,39f) oder der göttlichen Freuden eindrucksvoll vor Augen zu führen, greift David mit der Adjektivmetapher *übervlüzzic* zur Vorstellung eines Gefäßes, das die Fülle an Flüssigkeit nicht fassen kann.

Im Hinblick auf die himmlische Freude kommt der Menschheit Jesu die Aufgabe zu, den fünf Sinnen zu Hilfe zu sein, daß sie die *"vollen unde gehuften unde die în gedrückten und übervlüzzigen mâze der himelischen vröuden"* erfahren können (381,28f; vgl. Lk 6,37ff).

23.1.: Die göttliche Mitteilung an die Heiligen, die bewirkt, daß diese durch die göttliche Erfahrung *trunken* werden, beschreibt David als ein Geschehen, bei dem Gott die Heiligen tränkt *"mit dem bache"* seiner Wollust, d.h. *"mit dem ûzvluzze* (seiner) *ewigen honicvlüzzigen gotheit"* (370,30-32).

Wenn der Mensch nur *"ein tûsentist teil eines tropfens des ûzfluzzes"* der Gottheit mitgeteilt bekommt, wird die menschliche Seele über die bittere Traurigkeit erhoben. Von lebenserhaltender Bedeutung ist dieser *ûzvluz* der göttlichen Güte; David bemerkt dazu, daß Himmel und Erde zerstört würden, wenn die göttliche Güte, die *ein ûzwallender brunne* ist, *"ein tûsentist teil einer wîle sînen ûzvluz lieze."* (374,10f)

23.2.: Die göttliche Minne impliziert nach Davids Meinung von ihrem Begriff her bereits *ûzvluz*, d.h. Mitteilung, der sich niemand zu entziehen vermag (s.372,10f).

28.1. – 28.2.: Die (von David nicht näher bestimmte) unio der Seele mit Gott kommt dadurch zustande, daß die Seele, wie David in Parallele des Wechsels von einem Stoff in festem zum flüssigen Aggregatzustand beschreibt, ihre Form verliert und *zevliuzet* in Gott, so daß sie ein Geist mit ihm wird (s.368,31f).

An anderer Stellt führt David genauer aus, daß durch die - in ihrer Wirkung mit Hitze durchaus vergleichbare - göttliche Liebe die Seele ihre harte Beschaffenheit verliert; für diesen Vorgang stehen die Metaphern *zevliezen* und *weichen* (s.394,14), ausgelöst von der *"hitze der liebe"* (394,13) und dem *"viur des heiligen geistes"* (394,15). Die Reaktion der Seele, ihre unio mit Gott, parallelisiert David mit der Reaktionsweise von Wachs: Die Seele *"als ein zevlozzenz wahs vliuzet in daz gotlîche bilde..."* (394,16).

29.1.: Den Vorgang, bei dem durch das Umherschweifen viel unnütze Gedanken auf den Menschen zukommen, benennt David unter dem Aspekt des kontinuierlichen Kommens mit der Metapher *zuovliezen* (s.324,13).

C. Meister Eckhart

1. vliessen
1.1. *got* (II 214,4; 215,5f; III 217,6; 297,1; 385,2; 395,5; 396,8; 463,5)
1.2. *hl. geist* (I 252,3; III 395,10; 396,4; V 42,2.15)
1.3. *lieht* (I 162,7; 303,5f; III 252,6; 261,8)
1.4. *suezikeit* (III 252,4)
1.5. *bekennen* (II 496,3)
1.6. *gnade* (I 177,7; II 326,1f; III 399,2f)

1.7. *crêatûre* (I 199,1f; 245,3; II 243,8f; 394,5; 395,6f; V 31,1)
1.8. *mensche* (I 199,1f; II 504,5; III 296,7f)
1.9. *dinc* (I 199,1; III 458,2)
1.10. *engel* (I 199,1f)
1.11. *wesen* (III 287,9)
1.12. *leben* (I 105,14; III 287,9)
1.13. *glîcheit* (V 33,1)
1.14. *gabe* (III 385,1)
1.15. *güete* (I 245,10; V 54,17f)
1.16. *setzunge* (II 191,2)
1.17. *tugent* (I 276,3)
1.18. *guot* (I 245,5; II 273,2)
1.19. *minne* (II 496,3; V 30,15f; 42,15f)
1.20. *sêle* (I 20,1-3: III 463,5)
1.21. *kraft* (I 32,1; 35,4; 162,9; II 31,1)
1.22. *himel* (I 386,7)
1.23. *waz* (I 418,4; III 61,4; 457,3f; V 53,2f; 298,3)

4. *vluot*
4.1. *lieht* (I 303,6)
4.2. *got* (III 396,4)

5. *vluz*
5.1. *got* (I 407,7; III 395,3; 397,1)

10. *durchvluz*
10.1. o.BE (III 249,1; V 29,5)

12. *invliessen*
12.1. *geist* (I 251,8)
12.2. *dinc* (I 416,2)
12.3. *got* (I 416,5)
12.4. *sêle* (II 456,12(Pat); 549,6; 550,1f)
12.5. *güete* (V 10,5)
12.6. *Jesus Christus* (I 19,4)

14. *învluz*
14.1. *got* (I 416,7; 417,1; V 429,6.9.11; 430,5)
14.2. *lieht* (II 401,7)
14.3. *hl. geist* (II 454,5)
14.4. *gnade* (II 346,4f; III 134,11; 400,11; 401,1)
14.5. *himel* (II 346,1; III 247,2)
14.6. *natûre* (I 250,19; V 45,4)
14.7. *mane* (V 45,8)
14.8. *mensche* (II 459,2)

15. *(har)nidervliessen*
15.1. *gabe* (I 149,12f; III 456,3)
15.2. *lieht* (III 457,3)
15.3. *gnade* (III 457,3)

16. *übervliessen*
16.1. o.BE (I 397,8)

17. *übervliessend/überflüssig*
17.1. *mensche* (III 118,10)
17.2. *werk* (V 243,5)
17.3. *richeit* (I 19,5)
17.4. *got* (I 384,6)

18. *übervluz/überflüssikeit*
18.1. *gutheit gots* (I 245,3)
18.2. *güete* (I 384,5)
18.3. *geburt* (III 352,1)

20. *ûzvliessen*
20.1. *got* (III 253,5f; 298,8.10f; 379,5; 385,1.2.; 456,3)
20.2. *lieht* (III 227,6)
20.3. *persone* (II 456,11f)
20.4. *sun* (III 245,3)
20.5. *einez* (I 361,8f)
20.6. *niht* (I 363,10)
20.7. *hl. geist* (I 180,4; 245,4f; 395,1f; 396,3; II 51,2f)
20.8. *mensche* (I 376,8; II 504,4; III 118,10; 402,10)
20.9. *sêle* (I 396,4; II 456,10; 458,4; 549,6; 550,2; III 218,1)
20.10. *crêatûre* (II 94,2f; 395,6; 537,1f; III 379,7; 456,3; 457,2)
20.11. *bilde* (III 197,6f)
20.12. *selikeit* (III 369,2)
20.13. *trost* (V 14,15)
20.14. *geist* (I 251,8)
20.15. *güete* (II 32,2)
20.16. *gnade* (II 326,2; III 319,4f)
20.17. *dinc* (II 94,1)
20.18. *wort* (II 94,1f)

21. *ûzvliessend/ûzvlüssig*
21.1. *werk* (I 415,14)
21.2. *gnade* (III 402,4)
21.3. *got* (III 402,5; 437,7)
21.4. *mensche* (III 402,6)

23. *ûzvluz*
23.1. *hl. geist* (II 456,9.10; III 395,10; V 41,11.13; 42,10f)
23.2. *sun* (II 379,2)
23.3. *mensche* (I 199,2f; II 379,3)
23.4. *dinc* (I 199,1; III 217,5)
23.5. *crêatûre* (I 199,2f)
23.6. *engel* (I 199,2f)
23.7. *lieht* (III 261,8)
23.8. *wesen* (I 251,8)

24. *vervliessen*
24.1. *got* (III 379,5; 465,3f)
24.2. *sêle* (III 222,3; 465,3)
24.3. *wille* (I 94,6.8.10)

28. *zefliessen*
28.1. *dinc* (II 595,5)
28.2. *mensche* (III 370,1f; 443,5)

1.1.: In Übereinstimmung mit der Metapherntradition vor ihm sieht auch Eckhart Gemeinsamkeiten zwischen dem Naturvorgang des *vliessen* und dem geistigen Geschehen, in dem Gott in alle Kräfte der Seele (s.II 214,4) sowie in alle Kreaturen (s.III 217,6) gelangt. Damit Gott in die Seele kommen kann, muß diese alles beseitigen, was Gott an seinem Kommen hindern könnte (s.III 396,8). Dem Fließen ähnlich ist Gott dauernd in Bewegung: *"Als vliuzet er alle zît, daz ist über zît, in der êwicheit und in dem lebene, dâ alliu dinc inne lebent."* (II 214,5f).

1.2.: Zu den Eigentümlichkeiten des Hl. Geistes gehört es, daß er sich überall dorthin begibt, wo er eine Stätte für sich findet. Darum *vliuzet* er auch ganz vollkommen in die Seele, die sich - wie die Öffnung eines Gefäßes - *gewîtet hat*, um ihn besser empfangen zu können (s.III 396,1f).

Die Metapher *vliessen* steht auch für das Ursprungsgeschehen, wodurch der Hl. Geist aus Gott Vater und Sohn hervorgeht. Mit der Opposition *"flússet von in beiden inne belibend"* (I 252,3f) verfolgt Eckhart die Intention, die Einheit in der Verschiedenheit der göttlichen Personen durch das Paradox der gleichzeitigen Geltung von Bewegung und Zustand entsprechend den Verlautbarungen des Konzils von Konstantinopel (381 n.Chr.) zu wahren. Dieses Hervorkommen des Hl. Geistes aus den ersten beiden Personen der Trinität bedeutet für Eckhart auch, daß der Hl. Geist in dem Maße im Menschen seinen Ursprung hat und aus ihm hervorgeht, wie dieser Sohn Gottes ist: *"... ie wir dem einen verrer sîn, ie minner wir súne und sun sîn und der heilige geist minner volkomenlîche in uns entspringet und von uns vliuzet."* (V 42,1f)

1.3. – 1.5.: Der Vorgang, bei dem das göttliche Licht infolge seiner Ausbreitung in die Seele kommt, weist für Eckhart Ähnlichkeiten mit einer Fließbewegung auf (s.I 162,7); dies um so mehr, als das göttliche Licht, das auf diese Weise in die Seele gelangt, für Eckhart aufgrund seiner Dynamik und Fülle auch vergleichbar ist mit einer *vluot* (s.I 303,5f). In Pr 72 wird hinsichtlich des Empfangs der göttlichen Wirklichkeit differenziert: Für das synonym als *ûzbrechen* und *vliessen ûz got* bildlich dargestellte Verlassen der ersten trinitarischen Person durch den Sohn und den Hl. Geist gilt, daß die Seele selber in Gott sein muß, wenn sie diese empfangen will; alle sonstige göttliche Wirklichkeit, visuell als *lieht* und gustatorisch als *süezicheit* vorgestellt, empfängt die Seele in ihren Kräften (s.III 252,4-6). In dem Fall, in dem die Lichtmetapher für die Erkenntnis des Menschen steht, veranschaulicht Eckhart den Ursprung der Erkenntnis in der *vernünfticheit*, indem er mittels der Verbmetapher *vliessen* das Ausgehen des Erkenntnislichtes von der Vernünftigkeit zum Ausdruck bringt (s.III 261,8; vgl. 23.7.). In Pr 52 allerdings wird der Ausgangspunkt von Erkenntnis und Liebe nicht begrifflich bestimmt; Eckhart deutet dort nur ganz allgemein an, daß "*einez ist in der sêle, von dem vliuzet bekennen und minnen*" (II 496,3).

1.6.: Der gnadenhaften Mitteilung Gottes verleiht Eckhart Züge eines Flußlaufes, wenn er Anfangs-, Endpunkt und Durchgangsstadien des Gnadengeschehens nennt: Die aus dem Sein Gottes hervorkommende Gnade *vliuzet* in das Sein der Seele (s.I 177,7); genauerhin *entspringet* die Gnade dem Herzen des Vaters, gelangt in den Sohn, von dort in den Hl. Geist und wird schließlich mit dem Hl. Geist in die Seele *gesant* (s.III 399,2-5). Die sich anschließende Aussage ersetzt, da Gnade als "*ein antlütze gotes*" (III 399,5) bestimmt wird, die Fließ- durch die Prägemetaphorik: Die Gnade wird *gedrücket* in die Seele mit dem Hl. Geist (s.III 399,5f).

Was den Ursprung der Gnade in Gott anbelangt, verwendet Eckhart mehrere Metaphern. Wenn herausgestellt werden soll, daß Gnade etwas ist, das aus dem Inneren Gottes hervorkommt und sich nach außen mitteilt, verwendet Eckhart für das Ursprungsgeschehen die Metaphern *entspringen, vliessen ûz* (s.I 177,5.7). Während jedoch bei diesen Aussagen offen bleibt, in welchem Verhältnis die Gott verlassende Gnade zu Gott steht, wird diese Beziehung durch die Metapher *gebern* als Ähnlichkeitsbeziehung höchsten Grades charakterisiert: An der betreffenden Stelle wird die Geburt des Sohnes in der Seele sehr eng mit dem *vliessen* der Gnade "*ûz dem wesene gotes*" verbunden (I 177,5-7).

1.7. – 1.10.: Das Geschehen, wodurch die Engel, die Kreaturen, der Mensch und alle Dinge aus Gott bzw. aus der göttlichen Natur gelangen, konkretisiert Eckhart über die Metapher *vliessen*. In Pr 38 macht Eckhart deutlich, daß der Ort in Gott, wo die Gnade und die zweite trinitarische Person das Innere des göttlichen Vaters verlassen, vom Ursprung der Kreaturen verschieden ist: "*Eine brunne, dâ diu gnâde ûz entspringet, ist, dâ der vater ûzgebirt sînen eingebornen sun; in dem selben entspringet diu gnâde, und aldâ gât diu gnâde ûz dem selben brunnen. Ein ander brunne ist, dâ die crêatûren ûz gote vliezent: der ist sô verre von dem brunnen, dâ diu gnâde ûz entspringet, als der himel ist von der erden.*" (II 243,6-244,2) Daß das *vliessen* von Gott trotz der in dieser Bewegungsart implizierten Gleichmäßigkeit auch eine Veränderung bewirkt, zeigt Eckhart an den Dingen auf, die in Gott "*lûter und edel*" sind (III 458,2); sobald sie aus Gott in die nächste Kreatur gelangen, "*wirt ez als unglîch als iht und niht.*" (III 458,3).

1.11. – 1.19.: In gleicher Weise stellt sich Eckhart auch den Ausgang abstrakter Sachverhalte wie *wesen, leben, volkomenheit, glîcheit, gabe, güete, setzunge aller crêatûre, tugent, guot* von Gott, dem Einen (s.V 33,1), vor. Mittels der Kombination der Metaphern *vliessen* und *urspringen* konkretisiert Eckhart, wie die Minne, die der Hl. Geist ist, aus dem Sohn hervorgeht (s.V 42,15f).

An anderer Stelle wird mit derselben Verbkombination die Entstehung der Minne allgemein als ein Vorgang beschrieben, der *"von zwein als ein"* verläuft (V 30,15f). Etwas genauer lokalisiert Eckhart den Ursprungsort der Minne: *"Einez ist in der sêle, von dem vliuzet bekennen und minnen."* (II 496,3)

1.20.: Die Wirkung der Offenbarung und unio Jesu mit der Seele zeigt sich darin, daß aufgrund der Erfahrung von Jesu Wirklichkeit in all ihrer Fülle die Seele in widersprüchlicher Weise in Bewegung gesetzt wird und infolge dieses in verschiedenen Richtungen verlaufenden Geschehens wieder - hierin dem Zurückfließen ähnlich - in ihren Anfang gelangt: *"... so vliuzet diu sêle in sich selber und ûz sich selber und über sich selber und über alliu dinc... wider in ir êrste begin."* (I 20,1-3)

1.21.: Die Kraft in der Seele, in der Gott grünend und blühend ist, und die Kraft, in der er *"glimmende und brinnende ist"* (I 35,4), bestimmt Eckhart paradoxerweise als etwas, was in seinem Ursprung, dem menschlichen Geist, bleibt und diesen zugleich verläßt: *"si vliuzet ûz dem geiste und blîbet in dem geiste und ist zemâle geistlich."* (I 32,2f)

Im Unterschied dazu gilt für die Kräfte der Seele allgemein, insbesondere aber für *wille* und *vernünfticheit*, daß sie das Sein der Seele bzw. den obersten Teil der Seele quasi fließend verlassen (s.II 31,1).

1.22.: Wie die Erde sich dem Einfluß des Himmels nicht entziehen kann, der in sie *vliuzet*, seine Macht in sie *druket* und sie fruchtbar macht, vermag auch der Mensch nicht das Einwirken Gottes zu verhindern. Ob der Mensch will oder nicht: *"got gebirt sînen eingebornen sun in dir..."* (I 387,3).

1.23.: An einigen Stellen äußert sich Eckhart nur sehr unbestimmt über das, was einem Vorgang unterliegt, den er metaphorisch als *vliessen* bezeichnet. Global geht es z.B. um den Inhalt von Gottes Willen, von dem als Gabe Gottes etwas zum Menschen *"vliuzet oder geoffenbâret wirt"* (III 61,4). Oder es geht um alles, was von Gott durch die *"crêatûren oder natûren vliuzet..."* (III 457,3f).

Ein anderer Bedeutungsaspekt ergibt sich aus dem Sachverhalt, daß 'fließen' eigentlich Objekte verlangt, die ohne feste Form, in flüssigem Zustand sind. Anknüpfend an diese Eigenschaft von 'fließen' steht das Verb als Metapher für ein Geschehen, bei dem das Eine, das Namenlose, d.h. noch Unbestimmte in der Seele, nicht feststellbar von einem zum anderen sich bewegt und völlig konturenlos sowohl dieses und jenes ist (s.I 418,4f).

In einem anderen Zusammenhang spielt Eckhart mit dem kausalen und räumlichen Bedeutungsaspekt der Präposition *durch*. In der Erläuterung der Formel *"wurken durch got"* legt Eckhart dar, daß nichts von außen an das Herz eines von Gottes Wirklichkeit geprägten Menschen gelangt, das nicht aufgrund von Gottes Süßigkeit seine Bitterkeit verliert. Dies geschieht in der Weise, daß es, um ans Herz zu kommen, *"durch gotes suezicheit vliezende..."* ist (V 53,3).

4.1. – 4.2.: Das Ausmaß, mit dem das göttliche Licht (s.I 303,6) bzw. - nicht metaphorisch ausgedrückt - Gott (s.III 396,4) in die Seele kommmen soll, bringt Eckhart eindrucksvoll seinen Zuhörern dadurch nahe, daß er sich die göttliche Zuwendung vorstellt als *vluot*, die in die Seele *sol vliezen*.

5.1.: Im Rahmen seiner Predigt zu Ps 45,5: "Fluminis impetus laetificat civitatem Dei: sanctificavit tabernaculum suum Altissimus..." entwickelt Eckhart seine Sichtweise von der göttlichen Mitteilung als *vluoz*, der die Seelen erfüllt (s.III 397,1).

10.1.: Mit Augustinus (De disc. christ. c.14) sieht es Eckhart für alles Kreatürliche als unabdingbar an, daß es sich nach dem Verlassen Gottes durch alle Engel - in der Sicht Eckharts in der Weise des *durchvluz* - hindurchbegeben muß (s.III 249,1f).

12.1.: Was die *abgeschaiden gaiste* anbelangt, gelangen diese, nachdem sie das Innere Gottes verlassen haben, *infliessend* an ihren göttlichen Ausgangspunkt zurück, ohne dabei die Form irgendwelcher Dinge einzunehmen (s.I 251,8).

12.2. – 12.3.: Weil es der Ordnung in der Natur entspricht, daß die obersten Dinge den niedersten *sint invliezende* (s.I 416,2), darum kommt Gott, der sich über der Seele befindet, alle Zeit in das Innere der Seele (s.I 416,5).

12.4.: Die Rückkehr der Seele in das Innere ihres göttlichen Ursprungs hat einen aktiven und passiven Aspekt: um hervorzukehren, daß die Rückkehr von außen bewirkt wird, formuliert Eckhart passivisch: Die Seele soll *"lûter ûfgetragen werden"* (II 456,12); mehr unter dem Verlaufsaspekt spricht Eckhart von *invliezen*; gemeinsam ist dem *invliezen* mit dem *ûzvliezen*, daß die Seele in der gleichen Verfassung - authentisch - zurückkehren soll, wie sie aus dem göttlichen Ursprung hervorgekommen ist (s.II 550,1f).

12.5.: Um das Abhängigkeitsverhältnis des Guten zur Güte aufzuzeigen, beschreibt Eckhart den Übermittlungsvorgang der Güte mit den Verben *gebern*, *învliezen* und *"ingebern von der ungebornen güete"*. Daß die ethische Qualität der Güte von Gott her in den Menschen gelangt, hat zur Konsequenz, daß sich dadurch der Charakter des Menschen verändert (s.V 10,5).

12.6.: Jesus Christus kommt in die Seele, indem er *"ûzquellende und überquellende"* vom Hl. Geist her in den Menschen *invliezende* ist (s.I 19,4).

14.1. – 14.3.: Die Notwendigkeit der Demut für den Empfang der Zuwendung Gottes zeigt Eckhart anhand einer Erfahrung des alltäglichen Lebens: *"die nidersten enpfâhent von den obersten."* (I 416,4) Damit es zum Eindringen Gottes in die Seele kommen kann, die im Kontext der Metapher *invluz* Gefäßcharakter erhält, muß der Mensch sich unter Gott aufhalten; in diesem Fall *"ist er unmittelîche götlîchen învluz enpfâhende blôz ûzer got..."* (I 416,7).

In einem anderen Aussagekontext nennt Eckhart als Bedingung für den Empfang des göttlichen Einflußes, daß der Mensch sich einförmig mit Gott mache (s.V 429,9). Dies geschieht dadurch, daß er, ledig aller Kreaturen, sich völlig *"geworfen* (hat) *under got"* (V 430,3). Was die Qualität der göttlichen Wirklichkeit anbelangt, die in Eckharts Sicht als *invluz* in die Seele kommt, legt Eckhart im Zusammenhang mit Ausführungen zur Lichtmetapher dar, daß die Seele die Einwirkung des göttlichen Lichtes nur in abgeschwächter Form zu empfangen in der Lage ist (s.II 401,7). Trotz dieser Unfähigkeit des Menschen war es den Propheten möglich, sich im göttlichen Licht zu bewegen und die verborgene Wahrheit Gottes *"in dem in flusse"* des Hl. Geistes zu erkennen (II 454,5).

14.4. – 14.5.: Ganz so, wie die Erde als *"daz niderste element"* völlig den *invluz* des Himmels empfängt (II 346,1), ist der demütige Mensch Empfänger der Einwirkung der göttlichen Gnade. Dies führt dazu, daß die Vernünfigkeit des Menschen *ûfklimmet* (s.II 364,5) und die Seele in das göttliche Sein gebracht wird (s.III 400,11). Der *învluz* der göttlichen Gnade hat auch zur Folge, daß die Seele, wie Eckhart mit der Geschmacksmetapher veranschaulicht, in die Lage versetzt wird, von *götlîcher edelkeit* zu erfahren (s.III 401,1f).

14.6.: Ganz allgemein stellt sich Eckhart die Wirkung der obersten Natur auf den Menschen als *"indruk und învluz"* (s.V 45,4) vor. In Bezug auf die göttliche Natur macht *"ain ainvaltig verstantniss"* die Erfahrung, daß es im Begreifen des göttlichen Seins den *influss* der göttlichen Natur empfängt (I 250,19).

14.7. – 14.8.: Im Bereich der Natur stehen die Metaphern *indruk* und *invluz* für die Beeinflussung des Wassers durch den Mond (s.V 45,8). *Invluz* ist ferner Bild für die Einwirkung des Menschen auf sein Inneres (s.II 459,1f).

15.1. – 15.3.: Die von Gott stammenden Gaben gelangen zum Menschen, indem sie zu ihm *"sint von oben her abe vliezende"* (I 149,12f). In Pr 84 präzisiert Eckhart diese Aussage dahingehend, daß Licht, Gnade und Gabe *her nider vliuzet* durch alle Kreaturen hindurch auf den Menschen (s.III 457,3).

16.1.: Die Gottheit, die sich in die Vernunft Marias begeben hatte, gelangt von dort in den Leib Marias, weil die Gottheit wegen der *übervülle* in der Vernunft Marias *"ûzbrach und vlôz über in den lîp"* (I 397,8).

17.1.: Die göttliche Wirklichkeit Jesu Christi, der sich in der Seele offenbart, ist von einer derartigen Fülle, daß der Mensch sie nicht völlig in sich aufzunehmen vermag und diese wie bei einem zu kleinen Behälter überfließt: Jesus *"offenbâret waerlîche und genzlîche und al, als er ist, und ervüllet den menschen alsô übervlüziclîche, daz er ûzquellende ist und ûzvliezende von übervoller vüllede gotes..."* (III 118,10-12). Der Grund für ein verändertes, Jesus Christus entsprechendes Verhalten des Menschen liegt also in Jesus Christus, der sich in seiner Fülle mitteilt.

17.2. – 17.3.: Mit der Adjektivmetapher *übervlüzzic* wird die Fülle der göttlichen Werke deutlich gemacht; dies bedeutet, auf die Vergebungsbereitschaft Gottes angewandt, daß Gott immer verzeiht (s.V 243,5). Die Fülle Gottes erweist sich weiterhin darin, daß Jesus Christus selbst aufgrund der Fülle seiner göttlichen Wirklichkeit *"mit einer unmaezigen süezikeit und rîcheit ûz des heiligen geistes kraft ûzquellende und überquellende und invliezende mit übervlüzziger voller richeit und süezikeit"* in alle empfangsbereiten Herzen gelangt (I 19,3-5). Die in die Seele gelangende Wirklichkeit Jesu Christi zeigt dabei solche Kraft, daß die Seele von der Wirklichkeit Jesu Christi mit Gewalt wieder in ihren Ursprung gebracht wird: *"... so vliuzet diu sêle in sich selber und ûz sich selber und über sich selber... mit gewalte... wider in ir erste begin."* (I 20,1-3)

17.4.: Allgemein läßt sich sagen, daß Fülle an Wirklichkeit ein Wesenscharakteristikum Gottes ist; mit der als Adverb fungierenden Adjektivmetapher *übervlüzziclîche* ruft Eckhart im Hinblick auf Gott die Assoziation eines Gefäßes hervor, das von seinem Inhalt infolge seiner zu geringen Kapazität abgibt. Die Zuwendung Gottes an den Menschen ist in diesem Bildzusammenhang demnach erklärt als Ergebnis des göttlichen Kapazitätsüberschussses (s.I 384,6).

18.1. – 18.3.: Wie Verb und Adjektiv dient das Substantiv *übervlüzzicheit* dazu, die große Fülle, die zur Mitteilung der göttlichen Wirklichkeit führt, im Hinblick auf Gottes Gutheit (s.I 245,3), Güte (s.I 384,5) und Geburt (s.III 352,1) vor Augen zu führen.

20.1. – 20.3.: Das Geschehen, bei dem Gott bzw. die drei trinitarischen Personen aus sich heraustreten und sich in alle Dinge (s.III 385,1) sowie alle vernünftigen Kreaturen begeben, bringt Eckhart mit der Verbmetapher *ûzvliezen* zur Sprache. Als Wirkung der göttlichen Zuwendung nennt Eckhart die Erleuchtung der Vernunft, wenn er das göttliche Handeln durch die Formulierung *"mit den liehte der gnâde ûzvliezen"* (III 298,11) in enge Beziehung zur Ausbreitung von Licht bringt. Die Einwirkung des von Gott her stammenden Lichtes der Gnade auf den Menschen führt zum Auszug des Menschen aus sich selbst und zum *ûfklimmen* in das göttliche Licht (s.III 298,12f).

In Pr 71 knüpft Eckhart zur Beschreibung des Effektes, den das Ausfließen des göttlichen Lichtes hat, an die blendende Eigenschaft von Licht an. Er führt aus: *"Daz lieht, daz got ist, daz vliuzet ûz und machet vinster allez lieht."* (III 227,6f).

20.4. – 20.6.: Im Kontext der Verbmetapher *ûzvliezen* wird das Hervorkommen des Sohnes aus dem Vater zu einem Geschehen, dem im Bereich der Natur das Entstehen einer Quelle entspricht (s.III 245,3). Diese, einer Quelle ähnliche Ursprungsfunktion des Vaters hat für Eckhart auch die *"blôz lûter gotheit"*, die eins ist, bevor sie sich als Sohn und Hl. Geist äußert (I 361,9).

20.7.: Mit dem Rückgriff auf verschiedene Vorgänge im Bereich der Natur verfolgt Eckhart die Intention, die processio des Hl. Geistes aus dem Sohn als einen Vorgang darzustellen, der vom Inneren des Sohnes als dem *"ursprunc des heiligen geistes"* (I 180,2f) ausgeht und nach außen hin verläuft. Subjekt dieses mit den Verben *ûzvliezen, ûzblüejen* und *ûzquellen* metaphorisch umschriebenen Vorgangs ist der Hl. Geist (I 180,4.5.6f). Im Unterschied zu der Aussage, in der der Sohn als Bedingung für die Existenz des Hl. Geistes genannt wird (s.I 180,3f), führt Eckhart in Pr 27 aus, daß Sohn und Hl. Geist demselben Ursprung entstammen: *"In dem selben ursprunge, da der sun urspringet,... da urspringet ouch der heilige geist und vliuzet ûz."* (II 50,8-51,2). Ein Unterschied zur zweiten Person der Trinität ergibt sich erst dadurch, daß der Hl. Geist den Bereich des Sohnes verläßt, indem er, wie aus dem Vater, auch vom Sohn ausfließt: *"Und enwaere der heilige geist niht ûzgevlozzen von dem sune, sô enhaete man enkeinen underscheit bekant zwischen dem sune und dem heiligen geiste."* (II 51,2f)

In einem anderen Aussagezusammenhang wird der göttliche Wille als Ursprung des Hl. Geistes genannt; die Metaphorisierung des Ursprungs durch die Metapher *grunt* schließlich bringt das mit dem Verb *ûzvliezen* vorgestellte Wirklichwerden des Hl. Geistes in Verbindung mit einer Naturlandschaft, in der eine Quelle an die Oberfläche tritt (s.I 396,2f).

20.8.: Den Menschen sieht Eckhart ebenfalls *ûzvliezen* aus Gott mit allen Kreaturen (s.I 376,8). Paradox an diesen Ausführungen ist, daß trotz des Ausfließens, das ein Verlassen Gottes zur Folge hat, zugleich das Innebleiben der Kreaturen im göttlichen Vater behauptet wird. Das Paradox löst sich in den weiteren Ausführungen dadurch auf, daß Eckhart im Sinne der platonischen Ideenlehre formuliert: *"In dem vater sint bilde aller crêatûren."* (I 377,1)

Der Vorgang des *ûzvliezen* stellt sich beim Menschen weiterhin dann ein, wenn er die in der Offenbarung Jesu Christi in der Seele erfahrene Fülle Gottes weitergibt; dann ist er *"ûzquellende... und ûzvliezende von übervoller vüllede gotes"* (III 118,11f).

Eine weitere Verwendung der Verbmetapher zeigt sich bei Eckhart, wenn es um den Prozeß geht, durch den sich alles individuelle Menschsein aus dem Menschen herausbegibt und nur noch sein Sein übrigbleibt. Eckhart fordert, der Mensch solle zu diesem Zweck *ûzvliezen* mit allem dem, *"daz er hat an lîbe und an sêle..."* (III 402,10f).

20.9.: Wie der Mensch allgemein stammt auch die Seele im Besonderen von Gott ab. Sie ist *ûzgevlozzen* von ihrem *êwigen bilde* in Gott (s.I 396,4); im *usflusse* des Hl. Geistes ist auch die Seele *us gevlossen* (s.II 456,10). Zugleich behauptet Eckhart aber auch, daß die Seele in der ewigen Geburt des Sohnes in ihr Sein *"us geflossen* (ist) *in ir wesen..."* (s.II 458,4). Neben ihrem göttlichen Ursprung konkretisiert Eckhart mit der Verbmetapher auch ihre Ausbreitung in die anderen Glieder des Körpers (s.III 218,1).

20.10. – 20.14.: Das Verhältnis, das alle Kreaturen, *alliu bilde* (s.III 197,7), die *abgescheiden gaist* (s.I 251,6f), aber auch die Seligkeit und der Trost des Menschen zu Gott haben, wird durch die Verbmetapher *ûzvliezen* als Ursprungsbeziehung definiert, deren Charakteristikum darin besteht, daß die jeweiligen Größen das Innere Gottes verlassen haben.

20.15.: Die Ursprungsfunktion, die Gott Vater auch in Bezug auf die Güte innehat, verdeutlicht Eckhart mit Metaphern, die in eigentlicher Bedeutung Ursprung bzw. ursprunghaftes Geschehen im Bereich der Natur bezeichnen: Die Seele will Gott *"als er ein mark ist, von dem uspringet güete; si wil in, als er ein kerne ist, von dem ûzvliuzet güete; si wil in, als er ein wurzel ist, ein âder, in der uspringet güete, und dâ ist er aleine vater."* (II 32,1-3)

20.16.: Was die Gnade anbelangt, steht für Eckhart fest, daß diese ihren Einfluß auf den Menschen nicht in der Weise geltend macht, daß sie selbst ein Werk vollbringt; vielmehr ist es so, daß sie *" vliuzet wol ûz an üebunge einer tugent."* (II 326,2) Eckhart fühlt sich, insgesamt gesehen, im Hinblick auf die Gnade mit Maria, der Mutter Gottes, gleichgestellt; denn er hat seine Gnade unmittelbar von Gott und nicht dadurch erhalten, daß diese von Maria *ûzquellende* und *ûzvliezende* ihm mitgeteilt worden wäre (s.III 319,4f).

20.17. – 20.18.: Am Beispiel der Kreaturen und des Wortes zeigt Eckhart auf, wie erstaunenswert es ist, daß *"ein dinc ûzvliuzet und doch innebliebet"* (II 94,1).

21.1.: Gott hat beim Schaffen der Seele die eigene Wirklichkeit als Maßstab zugrundegelegt; das heißt für Eckhart, daß Gott die Seele nach seiner göttlichen *"natûre, nâch wesene und nâch sînem ûzvliezenden inneblibenden werke"* (I 415,14) geschaffen hat. Dies bedeutet, daß er die Seele geschaffen hat *"nâch dem grunde, dâ er in im selber blîbende ist, dâ er gebernde ist sînen eingebornen sun, dâ von der heilige geist ûzblüejende ist..."* (I 415,15f). Im Hinblick auf die Trinität wird mit der paradoxen Formulierung *"ûzvliezendes innebliîbendes werk"* demnach gleichzeitig das Hervortreten der zweiten und dritten trinitarischen Person aus Gott Vater und deren Einheit ausgesagt. Eckhart versucht also mit dieser Formulierung den Aspekt der Einheit zusammen mit dem Prozeß der Differenzierung innerhalb der immanenten Trinität zur Geltung zu bringen, d.h. die mit Hilfe räumlicher Ortsveränderung durch die Verbmetaphern *gebern*, *ûzblüejen* und *ûzvliezen* vorgestellte Differenzierung in Gott führt nicht zu einer Trennung der drei Personen voneinander. Vielmehr sind die der Natur entlehnten Vorstellungsmodelle an ihre Grenzen geführt, indem durch die Bestimmung *innebliîbend* wesentliche Implikationen der Naturvorgänge korrigiert werden. Interessant ist auch, daß die processio des Hl. Geistes mit den Verben *ûzblüejen* und *ûzvliezen*, die processio des Sohnes als *gebern* umschrieben wird. Der entscheidende Bedeutungsunterschied zwischen beiden Metaphern liegt darin, daß Eckhart mit der Geburtsmetapher die Differenzierung in Vater und Sohn ausschließlich in der Aktivität des Vaters begründet sieht, während bei der processio der dritten trinitarischen Person oder auch bei der (die processio der zweiten und dritten Person subsumierenden) Formulierung vom *ûzvliezenden werk* sowohl die Selbsttätigkeit der Person des Hl. Geistes bzw. der zweiten und dritten Person (s.*ûzvliezen*) als auch die Aktivität von Gottvater (s.*werk*) berücksichtigt wird.

21.2. – 21.4.: Wenn Eckhart die göttliche Gnade (s.III 402,4), Gott selber (s.III 402,5) oder den Menschen (s.III 402,6) unter dem Aspekt ihrer Mitteilung charakterisiert, greift er zum Adjektiv *ûzvlüzzic*, so daß man ein Gefäß assoziiert, das Flüssigkeit abgibt.

23.1.: Die processio des Hl. Geistes aus Gott in die Seele (s.III 395,10) umschreibt Eckhart neben Verb und Adjektiv auch mit der Substantivmetapher *ûzvluz*. Als Ausgangspunkt nennt Eckhart das Eine, in dem Gott seinen Sohn gebiert: *"Dâ ist ûzvluz und ursprunc des heiligen geistes."* (V 41,11) Einige Zeilen weiter spricht Eckhart dem Sohn in der Trinität die Funktion zu, *"brunnen, ursprunc und ûzvluz des heiligen geistes"* zu sein (V 42,10f).

23.2. – 23.6.: Daß es in Gott - wie Eckhart in Pr 46 ausführt - nur einen Ursprung gibt, bewirkt, daß alles, was aus Gott hervorkommt, gleich ist. Bezüglich des Hervorkommens des Sohnes aus dem Vater kombiniert Eckhart die Metaphern *geburt* und *ûzvluz* (II 379,1.2.3.). Für alle Dinge, Engel, Menschen und Kreaturen gilt nicht nur, daß sie in Gott gleich und Gott selbst sind (s.II 199,6), sondern auch, daß sie alle *"vliezent von gote glîch in irm êrsten ûzvluzze. Der nû diu dinc naeme in irm êrsten ûzvluzze, der naeme alliu dinc glîch."* (I 199,2-4).

23.7.: Die Relation des diskursiven Verstandes zur Vernunft stellt Eckhart mittels der Metaphern *ûzvluz*, *ûzbruch* und *stram* als Ursprungsverhältnis dar: der Verstand entstammt der *vernünfticheit*; anhand der räumlichen Entfernung verdeutlicht Eckhart den aus dem *ûzvluz* sich ergebenden Unterschied zwischen Vernunft und Verstand: *"und dirre ûzbruch ist sô verre dâ von geverret, als der himel ist über die erde."* (III 261,10f)

23.8.: Die *abgeschaiden gaiste* empfangen den *usfluss* des göttlichen Seins unmittelbar, oberhalb der Engel (s.I 251,8).

24.1. – 24.2.: Wenn die Seele wieder zu Gott zurückkehrt, verliert sie ihre Individualität und gibt jeglichen Unterschied zu Gott auf. Das Geschehen, das sich dann zwischen Gott und Mensch abspielt, läßt sich nach Eckharts Meinung, wie er mit der Metapher *vervliezen* darlegt, verstehen, wenn man als Parallele zwei ineinanderlaufende Flüssigkeiten heranzieht (s.III 465,3f).

24.3.: Verallgemeinert kann Eckhart mit der Verbmetapher *vervliezen* in Bezug auf den Willen, der sich auf den Bereich der Kreaturen konzentriert, den Verlust von dessen Eigenständigkeit gegenüber der Zeit aussagen, *"als verre er mit der zît vervlozzen ist."* (I 94,10).

28.1.: Die Zerstörung der natürlichen Ordung der Dinge, die dann eintritt, wenn nach Eckhart die ordnende, klar unterscheidende Kraft des göttlichen Friedens fehlt, veranschaulicht Eckhart mit der Verbmetapher *zervliezen* (s.II 595,5).

28.2.: Die Erfahrung Gottes führt bei einer (nicht näher genannten) Heiligen zu dem Wunsch, sich und alle Kreaturen zu vergessen und in Gott zu *zervliezen* (s.III 370,1f).

An anderer Stelle beschreibt Eckhart die Etappen, die zur Aufgabe der Individualität und zur unio mit Gott führen, folgendermaßen: *"Dú solt alzemal entzinken diner dinsheit und solt zer fliessen in sine sinesheit und sol din din und sin sin ein min werden..."* (III 443,5f).

D. Tauler

1. *vliessen*
1.1. vater (179,13)
1.2. sun (179,13; 301,26)
1.3. hl. geist (179,13)
1.4. schin (83,5)
1.5. wúrdikeit (123,8)
1.6. daz kleinste (274,3)
1.7. wasser (56,12)
1.8. abgrunt (201,5)
1.9. mensche (273,15; 301,26; 332,1.9)
1.10. crêatûre (47,12)
1.11. gedanke (218,7; 247,15f)
1.12. krefte (350,10)
1.13. sele (351,4)
1.14. diz (159,18; 192,12)
1.15. túfele (116,21f)
1.16. genuegede (17,12)

2. *vliessend*
2.1. hindernis (125,3)
2.2. gebreste (126,32; 128,1)
2.3. minne (209,28; 338,26)

9. *durchvliessen*
9.1. hl. geist (301,33)
9.2. mensche (86,9f(Pat))

12. *invliessen*
12.1. mensche (30,15; 87,15)
12.2. wunder (299,9)

13. *infliessend*
13.1. o.BE (48,36; 80,13)

14. *invluz*
14.1. *got* (128,17.32)
14.2. *gnade* (126,32; 319,27)
14.3. *sunne* (372,29)
14.4. *houpt* (85,19)

16. *übervliessen*
16.1. *mosse* (152,34; 340,32)
16.2. *ez* (340,24)

17. *übervliessen/übervlüssig*
17.1. *mosse* (147,17; 152,32; 153,23.29; 154,7; 336,6.23.29; 340,20)
17.2. *wise* (153,3)

18. *übervluz/überflüssikeit*
18.1. *richtuom* (8,19)
18.2. *überguss* (175,14)
18.3. *hl. geist* (304,28)
18.4. *unbekantnis* (249,28)

20. *ûzvliessen*
20.1. *vünkelin* (80,13; 347,15f)
20.2. *mensche* (81,12f)
20.3. *ding* (87,14)
20.4. *ez* (37,15; 68,26; 299,13; 340,24)
20.5. *gabe* (38,1)
20.6. *wunder* (196,18)
20.7. *behegelicheit* (8,37)
20.8. *sinne* (9,25)
20.9. *krefte* (350,10)
20.10. *minne* (299,8)

21. *ûzvliessend/ûzvlüssig*
21.1. *wunder* (299,7)

23. *ûzvluz*
23.1. *got* (30,9; 31,2; 44,5; 291,12f)
23.2. *gutheit* (159,31)
23.3. *o.BE* (74,27; 48,34; 126,15)

24. *vervliessen*
24.1. *mensche* (83,29)
24.2. *geist* (120,30; 262,35)
24.3. *ding* (262,35)

26. *verflossenheit*
26.1. *zit* (249,15)

27. *widerfliessen/widerflus*
27.1. *mensche* (31,3; 301,26)
27.2. *vünkelin* (80,13)
27.3. *sun* (301,26)

1.1. – 1.3.: Von den Tugendübungen hängt es ab, ob Gottvater, Sohn und Hl. Geist sich in den Menschen begeben. Bei denjenigen, die ihren *"ungeuebten tugenden gelouben", flussen* die drei göttlichen Personen nicht in das Innere (179,12f).

Tauler springt vom Bereich der belebten Natur in den Bereich der unbelebten Natur, wenn er im gleichen Kontext das Hervorkommen der zweiten Person der Trinität aus der ersten Person als *gebern* und die Rückkehr des Sohnes in seinen Ursprung mit der Verbmetapher *fliessen* zum Ausdruck bringt (s.301,26).

1.4.: Die Kombination der Metaphern *luhten* und *fliessen* evoziert die Vorstellung, daß die als Lichteffekt vorgestellte Einwirkung der Dreifaltigkeit auf die von allem Vergänglichen freie Seele ähnlich einer gleichmäßig ablaufenden Fließbewegung erfolgt (s.83,5).

1.5. – 1.7.: Entsprechend der von Paulus in seinen Briefen entfalteten Rechtfertigungslehre gelangt der Mensch nicht aufgrund eigenen Verdienstes zu seiner *würdikeit*; vielmehr kommt diese von Gott gnadenhaft auf den Menschen zu. In diesem Zusammenhang ist auch Jesu Bedeutung zu sehen, dessen Verdienst es ist, daß der Mensch erlöst wird (s.123,8f). Bereits das Kleinste der Menschheit Jesu, das zum Menschen gelangt ist, reicht aus, um diesem Heil zu vermitteln (s.274,3f). In Pr 11 wird in Anknüpfung an Joh 7,37 die heilsvermittelnde Bedeutung Jesu dadurch herausgestellt, daß Jesus das - mit der Metapher *turst* ins Bild gebrachte - Grundbedürfnis des Menschen nach Heil in einem solchen Maße stillt, daß von dem durch Christus in seinem *turst* gestillten Menschen *"lebende wasser fliessen"* (56,12).

1.8.: Die in der Natur zu machende Beobachtung, daß in die tiefste Stelle eines Tales das meiste Wasser fließt (s.200,33f), zieht Tauler zur Interpretation von Ps 42,8 heran: *"Abyssus abyssum invocat, das abgrúnde das in leitet das abgruende(!)"* (201,3) Wegen der - infolge der Demut des Menschen sich einstellenden - Tiefe des geschaffenen Abgrundes findet sich im Menschen eine ähnliche Lage wie in der Natur wieder. Die Wirkung des geschaffenen Abgrundes auf Gott ist daher aufgrund der Parallele zur Natur verständlich: *"Sin tieffe... das zúhet das ungeschaffen offen abgrúnde in sich, und do flússet das ein abgrúnde in das ander abgrúnde und wirt do ein einig ein..."* (201,4-6). Neben dem Aspekt der Fortbewegung macht sich Tauler an dieser Stelle auch den im Verb *fliessen* implizierten Bedeutungsaspekt der formlosen Beschaffenheit von Flüssigkeit zu eigen, um den Prozeß der unio anschaulich zu machen, die das Aufgeben jeglicher Distanz und Unterschiedenheit verlangt.

1.9. – 1.10.: In Bezug auf den Menschen beschreibt Tauler mit der Verbmetapher *fliessen* dessen Hervortreten aus dem göttlichen Ursprung (s.332,1) sowie dessen Rückkehr mit der zweiten trinitarischen Person in den göttlichen Vater (s.301,26). Wie der Mensch *fliessent* auch alle Kreaturen wieder in den göttlichen Ursprung.

1.11.: Leidvolle Gedanken soll der Mensch nicht beachten, sondern sie - wie Tauler im Bild des Fließens zum Ausdruck bringt - unbeeinträchtigt kommen und gehen lassen (s.218,7). Anders ist es mit den auf das Leben Jesu Christi gerichteten Gedanken. Diese erfassen völlig den Menschen, indem sie *fliessent "mit grosser lust und mit trehenen"* durch das Innere des Menschen *"recht als ein schif durch den Rin..."* (247,15f).

1.12. – 1.13.: Der Ursprung der Seelenkräfte ist das *gemüete*. Daraus empfangen sie ihr ganzes Vermögen und daraus sind sie *fliessend* hervorgekommen. Die Seele erkennt sich hingegen als *"ein vernúnftig bilde"* Gottes, *"us dem si geflossen ist."* (351,4)

1.14. – 1.15.: Auch wenn sich Tauler wünscht, daß die gesamte Wirklichkeit Jesu Christi in sein Inneres komme, weiß er darum, daß von der äußeren kreatürlichen Wirklichkeit viel *"flusset den menschen für die oren"*, so daß das ewige Wort nicht gehört zu werden vermag (192,12f) und daß stattdessen Teufel durch den Leib *fliessent* (s.116,21f).

1.16.: Die Hinneigung des Menschen zur Welt darf nicht im Menschen bleiben; darum muß sie *hinfliessen* (s.17,12).

2.1. – 2.3. Zur genauen Charakterisierung der unter 2.1.-2.3. aufgeführten Bildempfänger zieht Tauler die Adjektivmetapher *fliessend* heran, ohne dabei allerdings die Bedeutung dieser Charakterisierung genauer zu entfalten.

9.1.: Mit dem Verlauf eines Flußes durch eine Landschaft hindurch hat der Hl. Geist gemeinsam, daß er sich mit seinen Gaben durch den *grunt* im Menschen quasi von einem zum anderen Ende bewegt (s.301,33).

9.2.: Mit dem Bild "*durchflossen mit suessekeit durch ir lip und durch ire sele...*" (86,10) verweist Tauler auf die göttliche Bestimmung, der eine nicht näher bezeichnete Gruppe von Menschen unterliegt.

12.1. – 12.2.: Die Menschen, die ausschließlich Gott lieben, bringen ihm alles zurück, was sie von ihm empfangen haben, bis hin in den *grunt*, wo alles hervorgebracht wurde. Zugleich gelangen auch sie selbst mit ihren Gaben in den göttlichen *grunt* (s. 30,15). Allgemein stellt Tauler fest, daß die *usfliessenden wunder in fliessent*. Die Rückkehr des Menschen in den göttlichen *grunt* bedeutet für Gott, daß er Ertrag hervorbringt. Diesen Aspekt betont Tauler, indem er mit der Frucht- und Blumenmetaphorik die göttliche Wirklichkeit in die Nähe eines fruchtbaren Akkerbodens rückt (87,16f).

13.1.: s.27.1.-27.3.

14.1. – 14.3.: Bestimmte Sünden, wie Zorn, Stolz, leichtfertiges Gerede u.a., bewirken, daß das Gemüt des Menschen nicht mehr in der Lage ist, die als *influs* und *lieht* metaphorisch umschriebene göttliche Einwirkung (s.128,17) bzw. den *influs* der sakramentalen Gnade (s.126,32f) zu empfangen. Durch einen Vergleich parallelisiert Tauler die Einwirkung Gottes auf den Menschen mit der Sonne, die "*hat ein stetes unzellich wúrken und influs in das ertrich...*" (372,29).

14.4.: Tauler sieht die Bedeutung Jesu Christi auf dem Hintergrund der Beziehung des Hauptes zu allen Gliedern des Leibes: Würde jedes Glied des Leibes nicht empfangen "*einen steten influs von dem houbete, es verfulte und verdurbe...*" (85,19f).

16.1. – 16.2.: Die Fülle des *überweselichen guotes*, das Gott dem Menschen mitteilt, ist so groß, daß der wie ein Gefäß nur begrenzt aufnahmefähige menschliche Geist überfließt. Der Unterschied zu sonstiger Erfahrung besteht darin, daß die *mosse*, die der menschliche Geist ist, voll bleibt mit der göttlichen Wirklichkeit, wenn der Geist sich ausgießt: "*Er gússet sich us und blibet doch vol; als der ein klein krusen stiesse in das grundelose mer: das wúrde bald vol und gienge úber und blibe doch vol.*" (152,36-153,2). Es reicht schon die geringste göttliche Kraft, daß der menschliche Geist wieder *úbervliessende* aus sich herausgelangt zurück in den göttlichen Ursprung, wo der Inhalt des menschlichen Geistes - Willen, Wissen, Minnen und Erkennen - sich verliert und mit Gott eins wird (s.340,25f).

17.1. – 17.2.: In Pr 38 legt Tauler Lk 6,37ff aus. Der Predigttext enthält u.a. die Aussage, daß dem Menschen "*ein úberflússige mosse*" gegeben werden soll (147,17). Was mit diesem Wort Jesu gemeint ist, beschäftigt Tauler in seiner Predigt ab 149,15ff. Zunächst führt er aus, daß das menschliche Gemüt der Ort im Menschen ist, in dem Gott wohnen soll. Allerdings ist dazu erforderlich, daß der menschliche Geist in seinem Inneren von allen irdischen Verunreinigungen befreit ist: "*Mache din vas lidig...*" (149,30). Erst wenn alles Kreatürliche aus dem *gemuete* des Menschen entfernt ist und der Mensch sich selbst infolge der Leiden, die Gott geschickt hat *(getrukte mosse)*, sich selbst abgestorben ist, kommt Gott *"mit der uberflussigen mosse und gusset sich selber in die mosse..."* (152,32f). Die Mitteilung seiner selbst - verstanden als Gießen von einem übervollen Gefäß in ein anderes - erfolgt in einer derartigen Fülle, daß es das Fassungsvermögen des Menschen übersteigt; das als *mosse* vorgestellte menschliche *gemuete* ist infolgedessen in einem derartigen Ausmaß *"uberflussig worden das sie gat uber alle sinne und alle menschlich, ja engelschlich verstentnisse."* (153,29f) Zugleich wird Gottes Zuwendung zum Menschen *"mit der uberflussigen mosse"* bzw. *"in einer uberflussiger wise"* (153,3) aus seiner Eigenschaft begründet, alles in solch unfaßbarer Fülle zu besitzen, daß es nach Mitteilung drängt.

18.1.: Aus der Sachlogik der Metapher *uberflussikeit*, die für den Reichtum der göttlichen Güte steht, ergibt sich quasi als Naturgesetz die Notwendigkeit der Mitteilung Gottes (s.8,19-21).

18.2. – 18.3.: Über den Aspekt der Fülle hinaus wird mit Hilfe der Metapher *uberflussikeit* auch die Dynamik der göttlichen Einwirkung ins Bild gebracht. Diese ist derart groß, daß Tauler körperliche Krankheit in der unvorbereitet auf den Menschen kommenden *"uberflussikeit des ubergusses der gotheit"* (175,14f) begründet sieht; denn die Kraft der göttlichen Zuwendung ist so stark, daß der Leib des Menschen sie nicht zu ertragen vermag (s.175,15f). Im Unterschied zu *uberflussikeit*, die - an anderer Stelle in Bezug auf die Zuwendung des Hl. Geistes verstärkt durch die Begriffe *"richeit und volheit"* (304,28) - die göttliche Fülle veranschaulicht, evoziert die Metapher *uberguss* die Vorstellung, daß der Mensch von der göttlichen Wirklichkeit ganz eingehüllt ist; ganz überlagert und umgeben mit Gott erscheint der Mensch *uberformet* und *gotvar* (s.175,17f).

18.4.: Die *uberflussikeit* der Unerkennbarkeit Gottes wird von Tauler als Grund dafür genannt, daß die göttliche *vinsternis* allem geschaffenen Verstehen unzugänglich ist (s.249,28).

20.1. – 20.6.: Das Geschehen, bei dem alles Geschaffene aus dem göttlichen *grunt* als seinem Ursprung hervorkommt, ist für Tauler vergleichbar mit dem Entstehen einer Quelle; wie diese aus dem Erdboden hervortritt, ist der Funke der Seele aus dem göttlichen *"grunt us geflossen"* (347,15f). In der gleichen Weise - Tauler evoziert durch die Kombination der Metaphern *grunt* und *uzfliessen* eine Sichtweise von Gott als Quellgrund - gelangt der Mensch aus dem göttlichen Grund, dem auch Jesus Christus (s.81,12f) sowie alle Dinge (s.87,14) und all das, was der Mensch an Gaben von Gott empfangen hat, entstammen.

20.7.: Das Werden des Hl. Geistes erklärt Tauler damit, daß das Wohlgefallen Gottes *"flusset us in ein unsprechenliche minne, daz do ist der heilige geist..."* (8,36f).

20.8. – 20.9.: Durch einen Vergleich mit den Zweigen, die alle aus dem Stamm des Baumes kommen (s.9,26), veranschaulicht Tauler das Ausfließen der Sinne aus der Seele. Die Seelenkräfte hingegen sind aus dem *gemuete geflossen* (s.350,10).

20.10.: Der innertrinitarischen Differenzierung in drei göttliche Personen liegt ein Prozeß zugrunde, den Tauler mit den Verben *gebern, uzgan, sprechen* und *usfliessen* hinsichtlich seines Verlaufes von innen nach außen genauer bestimmt. Während der Sohn in der Geburt bzw. im Sprechen des Vaters den Vater verläßt und zugleich als Selbsterkenntnis des Vaters *inne blibende* ist, *usflússet* von der Erkenntnis, bei der der göttliche Vater aus sich herausgeht und sich selbst im Sohn erkennt, *"ein unsprechlich minne"*, die der Hl. Geist ist (299,8).

21.1.: Zusammenfassend spricht Tauler in Hinblick auf die innertrinitarische Differenzierung von *usfliessenden wunder(n)* (s.299,7).

23.1. – 23.3.: Die Mitteilung der göttlichen Wirklichkeit ähnelt einem *uzvluz* aus Gott. Auch die göttliche Barmherzigkeit gelangt in einem *usflus* aus dem *"burne der vollekomen erbarmhertzekeit"* zum Menschen (44,4f).

Weiterhin setzt Tauler die Metapher *uzvluz* ein, um die Gnadenwirkung des Sakramentes der Eucharistie zu veranschaulichen (s.126,15f). Die göttlichen *usflússe* führen z.B. dazu, daß die verwundete Minne, je mehr sie die göttlichen Ausflüsse in sich zieht, desto weiter wird (291,12f). Weiterhin läßt die Hinwendung zu den *"usflusse(n) der verborgene(n) guotheit gotz"* im Menschen den mystischen Jubel entstehen.

24.1. – 24.3.: Der menschliche Geist, der in der göttlichen Einheit seine Individualität verliert, gibt wie ein flüssiger Stoff seine Konturen auf, indem er in Gott zur Einheit *verflússet* (s.120,30). Der gesamte Einigungsprozeß umfaßt folgende Einzelvorgänge: Der Geist des Menschen wird *"gezogen und erhaben über alle sine ... natúrlicheit und ungelicheit, und wurt do gelutert und verklert und erhaben über alle sine kraft und úber sich selber... und sin wurken und sin wesen wurt mit Gotte durchgangen und wurt in eine goetteliche wise gewiset und überfuert, und do wurt die geburt... geborn, und do verlúret der geist alle gelicheit und verflússet in goetteliche einikeit..."* (120,24-30).

Im Sinn von 'unbeständig sein', 'vergehen' zieht Tauler die Metapher *verfliessen* heran, um die Dinge in ihrer Vergänglichkeit zu beschreiben. Wenn der Mensch sich an den vergänglichen Dingen orientiert, unterliegt auch sein Geist der Vergänglichkeit (s.262,35).

26.1.: Das Vergehen der Zeit erscheint im Bild der *verflossenheit* (s.249,15).

27.1. – 27.3.: Die Rückkehr des Menschen (s.31,3), des *vúnkelin* (s.80,13) oder des göttlichen Sohnes (s.301,26) in den Ursprung, aus dem sie *us geflossen* sind, verläuft, wie Tauler mit den Metaphern *wiederfliessunge, wider úftragen* und *widerflos* (s.48,34.36) zum Ausdruck bringt, in Gegenrichtung zum Entstehungsprozeß und endet in der unio mit Gott (s.301,29).

E. Seuse

1. vliessen
1.1. *sele* (477,19)
1.2. *ding* (166,21; 359,18)
1.3. *gnade* (299,16)
1.4. *mensche* (192,10; 225,18; 257,25; 305,2)
1.5. *herze* (499,7)
1.6. *Jesus Christus* (315,3)
1.7. *zunge* (256,7)
1.8. *brunne* (265,26)
1.9. *guot* (278,5f)
1.10. *wort* (181,11)
1.11. *sun* (185,18f)
1.12. *minne* (14,28)

2. (hin-) vliessend
2.1. *suesikeit* (383,22f; 465,16)

5. vluz
5.1. *minne* (181,11)

12. invliessen
12.1. *wort* (473,3)
12.2. *mensche* (474,6)
12.3. *geist* (478,5)

13. infliessend
13.1. *guot* (178,21)

14. invluz/ingeflossenheit
14.1. *geist* (190,26f)
14.2. *trost* (193,7)
14.3. *warheit* (197,12; 471,26)
14.4. *gnade* (200,3; 302,5)
14.5. *lieht* (243,14)

17. übervliessend/überflüssig
17.1. *wunder* (101,15)
17.2. *güete* (264,23; 178,21)
17.3. *süezikeit* (265,28f)

18. übervluz/überflüssigkeit
18.1. *güete* (385,11; 467,18)

20. uzvliessen
20.1. *persone* (179,7)
20.2. *vernünfticheit* (192,4)
20.3. *wort* (199,16; 473,3)
20.4. *ding* (344,24)
20.5. *wesen* (206,10; 388,11)

21. uzvliessend/uzvlüssig
21.1. *gotheit* (51,1)
21.2. *flus* (310,9)
21.3. *persone* (185,30)

23. uzvluz/usgeflossenheit
23.1. *gotheit* (14,34f; 180,11; 296,9f)
23.2. *persone* (186,5)
23.3. *willen* (181,14)
23.4. *geist* (190,26)
23.5. *wisheit* (400,2)
23.6. *kreature* (179,7; 186,7)
23.7. *wesen* (203,4)
23.8. o.BE (332,10; 390,5)

24. vervliessen
24.1. *mensche* (335,8)

25. verflossen
25.1. *wesen* (262,26)

27. widerfliessen/widerflus/ widergeflossenheit
27.1. *kreature* (179,11)
27.2. *wesen* (203,6f)
27.3. *geist* (190,26f; 192,14)

28. zerfliessen
28.1. *herze* (27,26; 74,9; 227,13; 271,28; 384,19)
28.2. *sele* (27,26; 90,22; 111,11; 227,6; 386,9.16)
28.3. *alles* (377,30; 450,19)
28.4. o.BE (466,20)
28.5. *got* (174,11)
28.6. *name* (264,26)
28.7. *hl. geist* (452,16)
28.8. *kraft* (298,16)

30. floezen
30.1. *mensche* (225,17(Pat))

31. widerflözen
31.1. *sele* (477,17(Pat))

1.1. – 1.7.: Die Entfernung des Menschen vom göttlichen Ursprung (s.477,19), aller Dinge aus dem gelassenen Menschen, der einen sittsamen Lebenswandel zeigt (s.166,21), sowie die Mitteilung der Gnade durch die Ewige Weisheit im Sakrament (s.299,16) umschreibt Seuse mit der Verbmetapher *vliessen*.

Neben der Konkretisierung dieses geistigen Geschehens im Bild des Fließens steht die Metapher *da hin fliessen* für den Auflösungsprozeß, dem der Mensch unterliegt, wenn er das Leiden Jesu durchdenkt (s.257,25). Wegen der Heilsbedeutung des Leidens Jesu Christi ist es für Seuse erklärlich, daß die Zunge des Hl. Bernhard, dem das Leiden Jesu präsent war, *"hin flússe von suezikeit"* (256,7). Nicht nur das positiv gesehene Leiden, auch das Gotteslob kann Ursache dafür sein, daß das Herz des Menschen sich auflöst (s.499,7). Ein weiterer Faktor kann, wie an Jesus Christus ersichtlich ist, die Angst sein; denn Jesus Christus wurde aus Angst vor dem bevorstehenden Tod *"hinvliezende von dem bluotigen sweize"* (315,3).

1.8. – 1.9.: Die Heilsbedeutung Jesu Christi veranschaulicht Seuse, indem er das Bild einer Landschaft entwirft, deren Erdreich begossen wird von den Quellen, die von Jesu Seite, seinen Händen und Füßen *vliessen* (s.265,26). Die heilsmittlerische Funktion Jesu Christi veranschaulicht Seuse an einer anderen Textstelle auch dadurch, daß alles dem Menschen von Gott zugedachte Gut durch Jesu *hende geflossen* ist (s.278,6).

1.10. – 1.12.: Die Auffassung des Thomas v. Aquin (S.c.Gent 4,11), der den Sohn aus der Selbstreflexion des göttlichen Vaters entstehen sieht, übernimmt Seuse in der Vita, cap 51 (s.180,16ff), ausdrücklich und führt sie weiter, indem er den unterschiedlichen Wortgebrauch im Hinblick auf den Sohn und den Hl. Geist erklärt. Während sich Seuse wie Thomas v. Aquin vorstellt, daß der Sohn bei der Selbsterkenntnis des Vaters *"flússet uss dem úsblik dez vater nah der forme der natur mit persoenlichen underscheid..."* (181,11f), erfolgt die processio des Hl. Geistes in einer davon verschiedenen Weise. Denn im Unterschied zum Sohn, der ausschließlich aus dem Vater hervorkommt, verdankt sich der Hl. Geist der Äußerung des Willens und der Liebe von Vater und Sohn. Als *minnne fluss* von Vater und Sohn hervorgebracht, hat die *entgiessunge* des Hl. Geistes zwei Urheber; da im Unterschied dazu der Sohn ausschließlich vom Vater hervorgebracht wird, kann in Bezug auf den Sohn dessen Hervorbringung durch den Vater auch als *geburt* bzw. als *gebern* synonym zu *entgiessunge* (s.181,13.37) umschrieben werden.

Anders als die Metapher *fliessen*, die den Akzent auf den Bewegungsprozeß setzt, verlangen die Verben *entgiessen* und *gebern* eine Angabe über den Urheber der Tätigkeit. Darum kann zwar sowohl in Bezug auf den Sohn als auch den Hl. Geist die Verbmetapher *fliessen* den Prozeß der innertrinitarischen Differenzierung veranschaulichen sowie im Hinblick auf den Hl. Geist - unter Umgehung der Angabe eines Urhebers - mit *entgossenheit* (s.181,4) und *entgossen* (s.180,14; 181,15) dessen Hervorgebrachtsein zum Ausdruck gebracht werden; die Geburtsmetapher hingegen erweist sich als Spezialfall, der nur das Verhältnis von Vater und Sohn in der Trinität betrifft. Klarer - mit den gleichen Metaphern - formuliert finden sich ähnliche Aussagen in cap. 52 von Seuses Vita. Ganz deutlich wird hier die gemeinsame Urheberschaft von Vater und Sohn in Bezug auf den Hl. Geist festgestellt: *"Der vater und der sun entgiessent iren geist."* (185,20). Daß trotz dieser Ausfaltung Gottes in drei Personen die Einheit des göttlichen Wesens gewahrt bleibt, hebt Seuse im Rahmen seiner Aussagen zum göttlichen Sohn mit der antithetischen Formulierung *"von dem vater... geflossen na der persone und inneblibende nah dem wesene"* (185,19f) hervor. Etwas modifiziert kann Seuse paradox auch von den *"inneblibenden und doch ussfliessenden personen"* (185,30) reden. Dies wird einige Zeilen weiter in folgender Weise erklärt: *"... daz dero entgossnen personen usgeflossenheit alle zit ist sich wider in bietende in des selben wesens einikeit."* (186,5f)

2.1.: Ohne weitere Erklärung charakterisiert Seuse die als *suessekeit* vorgestellte Erfahrung der göttlichen Wirklichkeit mit der Adjektivmetapher *hinfliessend* (s.383,22f; vgl. 1.6.).

5.1.: s. 1.10.

12.1. – 12.3.: Was für das ewige Wort in der Gottheit, Jesus Christus, gilt, daß es nämlich *"us fliessende und wider in fliessende"* ist, soll auch der Mensch *"in einem ieglichen nu"* (474,6) realisieren. Wenn man *infliessend* bis in das Innere Gottes gekommen ist, ist man - wie Jesus Christus mit seinem Vater (s. Joh 17,11.21, worauf Seuse anspielt) - eins mit Gott; der in das Innere Gottes eingedrungene Geist des Menschen wird dabei erneuert durch die Erfahrung neuer Wahrheit und die Beseitigung aller Ungleichheit (s.478,4-6).

13.1.: Der Aspekt, daß Gott sich in seiner Fülle in den Menschen begibt, wird mit dem metaphorischen Ausdruck *"das infliessende und überfliessende guot"* veranschaulicht (178,21).

14.1. – 14.2.: Das Leben des menschlichen Geistes verläuft - in der über die Metaphern *usgeflossenheit* und *wideringeflossenheit* (190,26f) zur Sprache gebrachten Sicht Seuses - als Rückkehr in das Innere des Ursprungs, aus dem er hervorgetreten ist; der menschliche Geist gelangt in Gott mit göttlicher Kraft *"in sin liehtrichen vernúnftkeit"*, wo er den himmlischen Trost empfindet, der dort aufgrund seiner andauernden *ingeflossenheit* präsent ist (193,6f).

14.3.: Seuse bekennt, daß die Niederschrift der 100 Betrachtungen des Leidens Jesu Christi im Büchlein der Ewigen Weisheit begleitet ist von der göttlichen Wahrheit, die durch *"mengen liechten influz"* auf den Prediger einwirkt (197,12).

14.4.: Was den Zeitpunkt angeht, in dem die im Sakrament der Eucharistie anwesende göttliche Gnade auf den Menschen einwirkt, nennt Seuse das *"nu des gegenwúrtklichen niezens"* (302,7f). Dieser *influz* kann u.a. den Effekt haben, daß *toetú herzen* wie durch Wasser erquickt werden (s.200,3f).

14.5.: In der Ewigkeit ist es nach der Schilderung der Ewigen Weisheit so, daß die Seraphim aufflammen gegen Gott und die Cherubim *"einen liehten influz und usguz"* des göttlichen Lichtes aufweisen (243,14).

17.1. – 17.3.: Die metaphorischen Formulierungen *überflússige(s) wunder, übervliezende gueti* und *úbervliessende suezikeit* bringen - an mehreren Stellen verstärkt durch die Adjektivmetapher *grundlos* - die unermeßliche Fülle der göttlichen Wirklichkeit zum Ausdruck. Die Auswirkung von Jesu Kreuzestod z.B. veranschaulicht Seuse über das Bild einer ausfließenden Quelle; für dessen Heilsbedeutung verwendet er das Bild *überfliessende suezikeit*. Die in dieser Aussage mit den Metaphern *überfliessen* und *unerschoepht* ins Bild gebrachte Fülle wird fortgeführt mit der Aussage, daß *alles ertrich* vom Heilshandeln Jesu betroffen ist, *"von des henden und vuezen und siten vlussen die lebenden brunnen... übervliessender suezikeit..."* (265,26-29).

18.1.: Wie die Adjektivmetapher *überflüssig* steht *überfluss* für die nicht faßbare Fülle der göttlichen Güte.

20.1. – 20.5.: Nach dem Vorbild der zweiten und dritten göttlichen Person, die aus dem Inneren von Gottvater hervorkommen, sieht Seuse auch die Kreatur in Gott entstehen (s.179,7). Eine Konkretisierung dieses Entstehungsprozesses durch die Metaphorik des Ausfließens findet sich an verschiedenen Textstellen: die *vernünftikeit* (s.192,4), alle Dinge (s.344,24) und das Wesen des jeweiligen Geschöpfes (s.388,11) gelangen in der gleichen Weise aus Gott.

Neben dem Aspekt der Entstehung aus Gott steht die Metapher *uzvliessen* im Prolog zum Büchlein der Ewigen Weisheit auch für den Prozeß, durch den Worte aus dem Inneren des Menschen hervorkommen.

21.1. – 21.2.: Die Funktion der Gottesmutter Maria in Bezug auf die göttliche Selbstmitteilung faßt Seuse in der metaphorischen Formulierung *"ader der usfliessenden gotheit"* (51,1) zusammen. Für Gott selber verwendet Seuse, wenn er die von ihm als Ursprung alles Guten ausgehende Mitteilung anschaulich machen will, das Bild vom *usfliezendem rúnsen* (s.310,9f).

21.3.: s.1.11.

23.1. – 23.5.: Die Metapher *usflus/usgeflossenheit* steht bei Seuse für die im Innern Gottes ihren Anfang nehmende Mitteilung seiner Wirklichkeit: *"Dionysios seit, daz in dem vater si ein usfluss oder ein runs der gotheit..."* (180,11f). Diese Äußerung Gottes manifestiert sich zunächst in den drei göttlichen Personen, deren *usgeflossenheit "alle zit ist sich wider in bietende in des selben wesens einikeit"* (186,5f). Noch differenzierter beschreibt Seuse die processio des Hl. Geistes als *"usrúnse des willen und der minne"* (181,14).

An anderer Stelle spricht Seuse aber einfach *"von des geistes usgeflossenheit"* (190,26). Jesus Christus wird als *"ussfluz der wisheit"* bezeichnet (400,2).

23.6. – 23.7.: Das Ausfließen der drei göttlichen Personen ist nach Seuse ein Modell für das Hervorkommen der Kreaturen aus Gott (s.179,7). Genauerhin präzisiert Seuse den *usfluz* aller Wesen von ihrem ersten Ursprung dahingehend, daß er gemäß der natürlichen Ordnung durch die edelsten in die niedrigeren Wesen erfolgt (s.203,4).

23.8.: Mit dem *"usbrechenden glanze der überweslichen sunnen"*, oder parallel formuliert, mit dem *"usflusse in nuwer inluhtender warheit"* gelingt es den oberen Engeln, daß die niederen Engel *"werdent gelütert, erlühtet und volbraht."* (390,5). Das Bild des *usflus* findet auch Verwendung für die Distanz, die durch das Verlassen des göttlichen Ursprungs entsteht und die es den Kreaturen möglich macht, in Differenz zur unio mit Gott diesen als ihren Gott sowie - aufgrund ihrer durch den *usflus* konstituierten Geschöpflichkeit - als ihren Schöpfer zu erkennen (s.332,10-12).

24.1.: Wenn es darum geht, das Verhalten des Menschen zu konkretisieren, der in Blindheit die Distanz zur Sünde aufgibt und darin aufgeht, wählt Seuse die Parallele zur Reaktionsweise von zwei zusammenkommenden Flüssigkeiten und spricht vom *verfliessen* des Menschen (s.335,8).

25.1.: Das Bild der *verfloessnú wesen* erscheint zur Erfassung der verstorbenen Kreaturen (s.262,26).

27.1. - 27.2.: Die als *widerfluss* metaphorisch umschriebene Rückkehr der Kreaturen in den Ursprung erfolgt - in umgekehrter Reihenfolge zum *usfluss* - durch die niedrigsten in die höchsten Wesen. Ebenso wie für die emanatio der Kreatur das *usfliessen* der drei göttlichen Personen ein *"foermliches bilde des ursprunges"* (179,10) ist, fungieren sie auch als ein *"vorspil des widerfliessens der creatur"* (179,11) in Gott.

27.3.: Anhand von verschiedenen Situationen zeigt Seuse *"nah biltlicher wise"* (192,15) auf, wie der *widerflus* des menschlichen Geistes erfolgt: Der Mensch muß sich von weltlicher Lust und sündigen Schwächen kehren, Widerwärtiges bereit sein zu leiden, Lehre, Leiden und Leben Jesu Christi internalisieren, schließlich seine obersten Kräfte verlassen (*entsinken*) und seine Kreatürlichkeit aufgeben (s.192,15-193,13).

28.1. - 28.4.: Nach dem Muster von Flüssigkeit, die, indem sie sich ausbreitet, alle festumrissenen Konturen verliert, inszeniert Seuse die Reaktion seines Herzens und seiner Seele auf das göttliche Wehklagen oder das Verlangen nach Gott (s.27,26). Aber auch vor Freude über die von Gott geschenkte Liebe (s.377,30), über den von ihm aufgenommenen Engelsgesang (s.386,9) oder auch wegen der von Gott ihm eingesprochenen Worte (s.90,22) *zerflússet* dem Diener Seuse Herz und/oder Seele.

28.5. - 28.7.: Im Sinn von 'ausbreiten' konkretisiert Seuse mit der Verbmetapher *zerfliessen* die Präsenz Gottes im Herzen (s.174,11) oder in der Seele des Menschen (s.264,26). Die Metapher verweist aber auch auf den verändernden Einfluß, den der Hl. Geist auf die von Sünden gekennzeichnete Verfassung des Menschen haben kann, wie Seuse anhand des Bildes vom Gnadenwind des Hl. Geistes vor Augen führt. Infolge dieses Gnadenwindes gibt der Mensch seine - wie ein Eisblock feststehende - sündige Position auf und wechselt seine Einstellung; der Gnadenwind *"zerfloesset gefrornes is suntlicher gebresten..."* (452,16f).

28.8.: Um die völlige Hingabe an den Dienst Jesu Christi im Hinblick auf die Auflösung jeglichen Eigenwillens zu akzentuieren, greift Seuse auf die Verbmetapher *zerfliessen* zurück: *"alle... krefte sollten sin zerflossen in dinem vroelichen dienste."* (298,16ff)

30.1.: Die Geliebten der Ewigen Weisheit erfahren ihre Zuneigung. Dabei werden sie *verswemmet in daz einig ein... und werdent gefriet und gefloezet..."* in ihren göttlichen Ursprung (225,16f).

31.1.: Die Rückkehr der Seele in den göttlichen Ursprung stellt sich Seuse nicht nur unter dem Aspekt der Seelenbewegung vor; vielmehr kann er durch die Metapher *widerflözen* diese Rückkehr in ihrer Bedingtheit durch fremde Aktivität darstellen (s.477,17).

F. Margaretha Ebner

1. *fliessen*
1.1. *warhet* (45,3)
1.2. *genade* (48,25)
1.3. *barmhertzkeit* (70,3f; 83,6f; 161,9f)
1.4. *güet* (70,5)
1.5. *minne* (70,6)
1.6. *sälikait* (166,19)
1.7. *Jhesus Christus* (105,21; 166,2)
1.8. *kunst* (68,15)
1.9. *dink* (75,13)

3. *flüzzig*
3.1. *nam* (107,15)

5. *fluz*
5.1. o.BE (138,16)

17. *überflüssig*
17.1. *genade* (99,21; 129,8)
17.2. *got* (142,15)
17.3. *craft* (166,19f)

18. *überflüssikeit*
18.1. *genade* (43,10)

20. *uzfliessen*
20.1. *sele* (76,22)

28. *zerfliessen*
28.1. *hertze* (75,24)

1.1. – 1.5.: Mit der Fließmetapher erfaßt Margaretha den Prozeß, in dem sich die Wahrheit von ihrem Ursprung, Jesus Christus, aus mitteilt. Jesus Christus ist auch der Ursprung aller von ihm sich gleichsam fließend fortbewegenden Gnade (s.48,25).

Die einzelnen Personen der Trinität stellen ebenfalls die Stelle dar, aus der verschiedene Tugenden hervorkommen und sich mitteilen. Aus Gottvater kommt die Barmherzigkeit, aus Jesus Christus die Güte und aus dem Hl. Geist die Minne (s.70,3-6). In Bezug auf die Barmherzigkeit wird an anderen Stellen auch global die *ewige gotheit* Jesu Christi als Ausgangspunkt der fließähnlichen Bewegung genannt, mittels derer die Barmherzigkeit zur Erde gelangt (s.83,6f u.161,9f).

1.6.: Im Kontext der Fließmetapher erhält die Kraft der Minne Jesu Christi Züge eines Ursprungsortes, aus dem die ewige Seligkeit des Menschen gekommen ist (s.166,19).

1.7.: Das Bild des Fließens erscheint auch zur Erfassung der Selbstmitteilung Jesu Christi mit *"süezzeket und... smecke"* in Form des eucharistischen Brotes in das menschliche Herz und die Seele (s.105,21) sowie zur Erfassung des Kommens als ewiges Wort vom Vaterherz Gottes, *"dem ursprung des lebenden brunnen"* (166,1), in den Schoß der Gottesmutter.

1.8.: Um Gott allein zu leben, bedarf Margaretha des richtigen Wissens darum. Sie hält es daher für notwendig, daß Jesus Christus, aus dessen *"minnendem herzen alliu kúnst geflossen ist"*, sie unterweise (68,15).

1.9.: In der Sicht Margarethas kommen auch alle mit dem Licht des Glaubens zu erkennenden Dinge durch *fliessen* aus Gott hervor (s.75,13).

3.1.: Daß der Name Jesus Christus in ihrem Herzen so präsent ist, daß sie bei jeder Bitte des Vaterunsers den Namen Jesus Christus sprechen muß, führt Margaretha auf die mit *flüzzig* metaphorisch umschriebene Eigenschaft dieses Namens zurück, sich ihrem Herzen mitzuteilen (s.107,15).

5.1.: Nach Ostern gerät Margaretha gewöhnlich in einen Zustand sowohl von Frost als auch von Hitze. In diesem Zustand verspürt sie Freude und Gnade. Einher geht mit diesem Zustand auch ein *grosser fluz*, durch den *süezzeket* in sie kommt (138,16).

17.1.: Im Zusammenhang mit der Adjektivmetapher *überflüzzig* wird Jesus Christus, dessen Gnade der Mensch empfängt, zu einem Gefäß, in dem die Gnade in so reichem Maße vorhanden ist, daß sie überfließt. Diesen in der Metapher implizierten Aspekt des Übermaßes bringt Margaretha direkt auch dadurch zum Ausdruck, daß sie die Formulierung wählt *"von richer völlin siner überflüssiger genade..."* (129,8).

17.2.: Entscheidendes Merkmal Gottes, der sich selbst als Gabe den Menschen gibt, ist, daß er sich *überflüzzenklich* gibt; der in der Metapher enthaltene Aspekt der Menge wird im folgenden aufgegriffen, indem zur Sprache gebracht wird, daß er sich in Minne *"uz sinem grozzen richtum"* zur Gabe gibt (142,15).

17.3.: Die Kraft des Leidens Jesu Christi, aus der dem Menschen die *grundlose* Barmherzigkeit Christi zukommt, ist so groß, daß auch hier von der *überflüzzigen craft* des Leidens Christi, die die Mitteilung unbegrenzter Barmherzigkeit (s.*grundlos*) möglich macht, gesprochen werden kann (166,19f).

18.1.: Auch substantivisch wird die Fülle der Gnade Gottes mit der Wendung *"überfluzzikeit der genade"* anschaulich gemacht (43,10).

20.1.: *Uzfliessen* ist Bild für die Entfernung der menschlichen Seele von ihrem göttlichen Urbild (s.76,22).

28.1.: Während von der *ungestüemen minne* Jesu sich Margarethas Herz *zerspalten* möchte, bewirkt der Einfluß seiner Gnade den Willen zur Auflösung ihres Herzens in einer Weise, die sie fähig für die unio macht (s.75,24).

G. Heinrich von Nördlingen

1. *fliessen*
1.1. *gut* (4,30; 8,6)
1.2. *mensche* (48,10)
1.3. *mine* (44,19)
1.4. *trost und lust* (44,21)
1.5. *herze* (16,77; 42,33)

5. *flus*
5.1. *got* (5,23; 48,20)
5.2. *Jesus Christus* (16,41)
5.3. *barmhertzigkeit* (16,24)
5.4. *gnad* (17,106)

11. *erfliessen*
11.1. Jesus Christus (2,19f)
11.2. mensche (2,20)

12. *infliessen*
12.1. got (5,18)

14. *influss*
14.1. Jesus Christus (5,21)

17. *überflüssig*
17.1. o.BE (4,4)
17.2. got (15,23)
17.3. Jesus Christus (35,28)

19. *umbflussen*
19.1. gut (20,12)

20. *usfliessen*
20.1. segen (21,13)
20.2. gut (27,18f)
20.3. gnad (35,77f)
20.4. guite (43,10)
20.5. barmhertzigkeit (38,5)
20.6. Jesus Christus (42,17)
20.7. suszigkeit (4,7)

23. *usflus*
23.1. hertze (7,22)
23.2. gut (8,4)
23.3. wille (12,5)
23.4. Jesus Christus (35,38f)
23.5. red (42,35)

27. *widerfliessen*
27.1. mine (24,16)
27.2. mensche (25,16; 42,9f)
27.3. engel (42,9f)

28. *zerfliessen*
28.1. hertz (4,24; 46,7)
28.2. sel (5,26)

29. *zufliessen*
29.1. o.BE (46,44)

30. *floszen*
30.1. himel (5,12)

1.1. – 1.2.: Die Fließmetapher bezieht Heinrich auf das Geschehen, bei dem das göttliche Gut von Gottvater durch die *"geeder Jhesu Cristi"* (4,28) in den *minbrinenden geist* Margarethas gelangt, wenn dieser sich entsprechend dem Wunsch Heinrichs in Jesus Christus befindet. Ebenfalls wird mit dieser Metapher der Vorgang konkretisiert, der Heinrich *geistlich* aus dem Herzen des göttlichen Vaters geführt hat (s.48,10).

1.3. – 1.4.: Neben Gottvater ist auch Jesus Christus Ausgangspunkt einer Bewegung, von der Trost, Lust, Freude etc. betroffen sind. Diese *fluszet* aus dem *"suszen marck der ader und des hertzen Jhesu Christi"* (44,21-23).

Weiterhin wird das Mitteilungsgeschehen der Minne Jesu über die Metaphern *uz plüen* und *flieszen* mit Vorgängen in der Natur parallelisiert, bei denen etwas entweder von innen nach außen tritt oder durch eine gleichmäßige Fortbewegung im äußeren Raum seinen Standort verändert (s.44,19).

1.5.: Die Bewegung des von Minne bestimmten Herzens Jesu Christi sowie der Ellin von Crewelsheim veranschaulicht Heinrich im Bild des *minflieszenden herzen* (s.16,77).

5.1.: Die innertrinitarische Selbstmitteilung des Vaters an den Sohn sieht Heinrich als *flusz* oder *influsz*, der dadurch, daß er durch Jesus Christus weitergeleitet wird, den ewigen göttlichen Ursprung in der Seele erfahrbar macht (s.5,23).

Gegenüber der Selbsteinschätzung Heinrichs, ein *armes wirmlin* zu sein (s.48,5), bestimmt Gott die Position Heinrichs in Bezug auf die göttliche Einwirkung gegenteilig: *"du bist ein gruntvestigung meins gotlichen fluszes..."* (48,20).

5.2. – 5.4.: Der Mitteilungsaspekt steht auch im Vordergrund, wenn Heinrich im Hinblick auf Jesus Christus vom *"uszwallenden lebenden flusz"* (16,41) spricht sowie in Bezug auf die Mitteilung von Barmherzigkeit und Gnade von den *"milten flussen und richen uszgussen der barmhertzigkeit gotz"* (16,23-26). Der Ursprung der göttlichen Gnade, die sich der Seele mitteilt, gilt Heinrich als *"gederm der grundloszen barmhertzigkeit"* Christi (17,106).

11.1. – 11.2.: Der Kreuzestod Jesu hat für Heinrich den Sinn, daß Jesus Christus *"zemal in uns und wir in im erfluszent."* (2,19f)

12.1. + 14.1.: Die Selbstmitteilung der ersten Person der Trinität an die zweite Person wird durch die Metapher *influss* unter dem Aspekt gesehen, daß dabei der göttliche Vater in die Wirklichkeit des Sohnes gelangt (s.5,18). Der auch als *berueren* metaphorisch beschriebene intensive Kontakt bedeutet, wie Heinrich im Rahmen der - in *influss* implizierten - Gefäßvorstellung weiter ausführt, daß die Seele Christi *uberfol* wird, so daß die göttliche Fülle durch Jesus Christus *ine flieszende* in den Menschen gelangt (s.5,21).

17.1. – 17.3.: Die Einwirkung der göttlichen Wirklichkeit wird infolge ihrer Fülle als *überflüssig* charakterisiert.

19.1.: Heinrich wünscht Margaretha, daß das göttliche Gut sie ganz bestimmen möge. Um diesen abstrakten Sachverhalt vorstellbar zu machen, greift er auf die Naturerfahrung zurück und führt aus, daß dieses Gut *musz umbfluszen* ihren Geist und ihre Sinne (s.20,12).

20.1. – 20.5.: Die Verbmetapher *usfliessen* steht für das Hervorkommen von Segen, Güte, Gnade und Barmherzigkeit aus Gott. Diese Mitteilung kann im Hinblick auf den Empfänger noch dadurch an einigen Stellen konkretisiert werden, daß Heinrich sich im Gegensatz zu Margaretha, die die göttliche Güte empfangen hat und an ihn weiterleitet, als *"unbereitz und ungesmachs vasz"* (43,11f) bezeichnet. Den positiven Effekt, den die von Margaretha *usz fliessende(r) gnad* auf die geistliche Entwicklung eines Menschen haben kann, zeigt Heinrich dadurch auf, daß er die durch sie bewirkte Entwicklung des ewigen Wortes im Menschen im Bild des Pflanzenwachstums zur Sprache bringt (s.35,77-79).

Eine andere Möglichkeit, den Empfänger der göttlichen Mitteilung seines Segens miteinzubeziehen, besteht darin, neben dem Verlauf der Gnade (*"von dem vatter durch seinen sun und durch Marian in alle...engel und menschen..."* (21,12-14)) die Angewiesenheit des Menschen auf die göttliche Gnade mit dem Durstzustand in Beziehung zu bringen. Die Wirkung der göttlichen Mitteilung zeigt dann Konsequenzen, die mit der Aufnahme von Flüssigkeit vergleichbar sind.

20.6. – 20.7.: Jesus Christus erhält im Zusammenhang mit der Verbmetapher *usfliessen* quasi den Charakter eines Gefäßes, aus dem alles *"flusset, das in (im) stat..."* (42,17). Wenn Heinrich Margaretha *"des miniklichen grusz usz fliessend suszigkeit"* (4,6f) entbietet, zielt er auf eine - im Bild positiver Geschmacksempfindung veranschaulichte - Wirkung, die ihren Ursprung in Gott hat, durch Jesus Christus hindurch *"in das rain vas"* Maria gelangt, von wo aus alle Engel und Heiligen diese empfangen (s.4,10-13).

23.1. – 23.5.: Die Metapher *uszflusz* dient Heinrich zum einen dazu, die Äußerung des mit Gnade vollen Herzens Margarethas zu beschreiben. Zum anderen bezeichnet Heinrich die Mitteilung des göttlichen Guts an Margaretha als "*des allerliebsten gutz uszflusz*" (8,3f).

An anderer Stelle verlangt Heinrich für Margaretha den *uszfluz* des von Gott, Engeln und Heiligen gegebenen guten Willens (s.12,5). Auch die Selbstmitteilung Jesu Christi "*in götlicher wisz und in menschlicher wiesz in zeit und in ewigkeit*" (35,39f) in Maria nennt Heinrich *uszflusz*. Schließlich wird auch die Äußerung Jesu in Form einer *gotlustigen red* (s.42,35) in Beziehung zum *rich uszflusz* gebracht.

27.1. – 27.3.: Für das Geschehen der Rückkehr von Minne, Engel und Mensch in ihren göttlichen Ursprung steht die Metapher *widerfliessen*. In Bezug auf die aus dem göttlichen "*brunen der minen*" (24,13) stammende Minne wird der metaphorisch verwendete Naturvorgang dadurch zu einer Naturlandschaft ausgeweitet, daß die Metaphern *brune, fliessen, bach, widerfliessen, ursprung* zu einem Zusammenhang verbunden werden.

An anderer Stelle konkretisiert Heinrich den Rückkehrvorgang dadurch, daß er die Metaphorik um die Hilfsmittel erweitert, mit denen Engel und Menschen zu Gott widergelangen:"*... das sie auf dem schiffe des haillign crütz und auf dem wag sins hailigen bluttes wider fliessend in dem gelait des hailligen gaistes... in das land der vetterlichen pfaltze...*" (25,14-18).

28.1.: Heinrich wünscht Margaretha, daß Gott sie auf den Berg der Vollkommenheit führe, wo sie Jesu Christi ansichtig wird. Folge dieser Wahrnehmung ist dann, daß sich das Herz Margarethas auflöst (s.4,24). Der gleiche, im Bild des *zerfliessen* beschriebene Vorgang ereignet sich, wenn Margaretha infolge ihrer *geistlich himelfart* (s.46,4), geneigt auf das Herz Christi, sich im Zustand *aller wollust* (s.4,7) befindet.

28.2.: Die Seele Margarethas verändert in Gott ihre Beschaffenheit, wenn ihr Geliebter, Jesus Christus, in sie spricht (s.5,26).

29.1.: Die Seele (Margarethas) wird umso kleiner, je mehr von der Wirklichkeit des göttlichen Bräutigams auf sie zukommt. Heinrich veranschaulicht den Übermittlungsvorgang, indem er auf den Bereich der Natur zurückgreift und von *zufliessen* spricht (s.46,44).

30.1.: Die Mitteilung des himmlischen Taus an das Herz Margarethas, der dem *durre(n) hertz* Heinrichs fehlt, parallelisiert Heinrich mit einem Vorgang, bei dem Flüssigkeit eingeflößt wird (s.5,12).

ervrúren (1.)/ kalt (2.)/ (er–)kalten/verkalten (3.)/ kuelen (4.)/ erkuelen (5.)/ kúlunge (6.)/ verkuelen (7.)/ kelte/kaltheit (8.)

A. Mechthild von Magdeburg

1. *erfrúren*
1.1. *sele* (IV 19,5)

2. *kalt*
2.1. *herze* (V 33,8)
2.2. *sele* (V 13,5; VI 13,8)
2.3. *zergengliches* (V 31,10)

3. *erkalten*
3.1. *mensche* (VI 14,4; 29,11; VII 38,11)
3.2. *minne* (IV 2,91(Pat))

4. *kuelen*
4.1. *sele* (I 44,45.50.56.57.60; V 4,30)
4.2. *mensche* (III 23,5)
4.3. *brútegom* (I 44,76; II 25,46)
4.4. *Maria* (III 4,26)

5. *erkuelen*
5.1. *mensche* (VII 38,14)
5.2. *sele* (I 44,44; II 2,36; 22,22; V 30,4)
5.3. *brut* (I 44,41)

6. *kúlunge*
6.1. *sele* (III 5,11)

1.1.: Insofern der Seele die Erfahrung der Gottesminne abgeht, ist ihr alle Lebensenergie genommen, so daß sie quasi den Kältetod sterben muß: *"Wil er ze lange
von mir sin, so erfrúre ich ze sere."* (IV 19,5)

2.1. – 2.3.: Wenn der Mensch völlig dem Einfluß der Sünde unterliegt, fehlt ihm
jegliche sinnvolle Orientierung, da seine Seele *vinster* sowie seine Sinne *stumpf*
und deshalb nicht mehr aufnahmefähig für Gott sind. Derart getrennt von Gott, ist
seine Seele *kalt*. Dieser Zustand verändert sich erst, wenn die menschlichen Sinne
ihre Außenorientierung aufgeben, so daß die göttliche Mitteilung in den Menschen
gelangen und ihre umgestaltende Kraft entfalten kann: *"... das ein klein vunke har
vlúget an die kalten sele und enpfenget si also vile, das des moenschen herze beginnet ze brennende und sin sele ze smelzende und sin ougen ze vliessende..."* (VI
13,7-9).

Der gleiche Effekt tritt ein, wenn der Mensch sich im Gebet an Gott wendet
(s.V 13,5). Wenn die Seele erst einmal in Kontakt mit der göttlichen Liebe geraten
ist, kann sie garnicht anders, als der Hitze zum Himmel hinauf zu folgen; denn die
Erfahrung der göttlichen Energie kontrastiert das Irdische: *"... es dunket si alles
kalt und ungesalzen, das zergenglich ist."* (V 31,10f)

3.1.: Während die Seligen im Himmel in der *himelschen minne brinnent*, haben
die Sünder keine Beziehung mehr zu Gott und sind infolgedessen - vorgestellt als
Temperaturgegensatz - *"erkaltet in den súnden..."* (VI 29,11).

3.2.: Durch die Orientierung des Menschen zu fleischlichen Genüssen hin verliert
die Gottesminne - wie Mechthild im Bild des *erkalten* zur Sprache bringt - ihre
Kraft (s.IV 2,91).

4.1. – 4.3.: Anhand der Temperaturerfahrung vollzieht Mechthild geistig nach, was es bedeutet, wenn der Seele die Nähe Gottes verlorengeht. Die durch die Erfahrung der göttlichen Wirklichkeit ausgelöste - mit der Hitzemetapher konkretisierte - Erregung und Leidenschaft des Menschen schwindet ähnlich wie die untergehende Sonne: "*... die sele... durchschinen ist in der hitze der langen minne. ..., so beginnet si ze sinkende und ze kuelende, als die sunne von der hochsten stat hernider gat...*" (V 4,28-31). Dieser Prozeß, der durch die Parallelisierung mit der Naturerfahrung seine Normalität erhält, wird bestimmt vom "*zuge der ungruntlichen diemuetekeit...*" (V 4,33). Eine andere Einstellung zeigt der Mensch, der "*do brant in der creftigen minne fúr*" (III 23,4), der Möglichkeit gegenüber, durch Sünden in einen gegenteiligen Zustand zu geraten und dort - fern von allem Göttlichen - zu *kuelen* (s.III 23,5).

Positive Bedeutung mißt Mechthild dem *kuelen* zu, wenn es sich dabei nach dem Tanz mit dem göttlichen Bräutigam um ein Bedürfnis der Seele handelt. Als Mittel zur Abkühlung werden der Seele u.a. die *minne trehnen* Maria Magdalenas, das Blut der Märtyrer sowie das harte Leben Johannes' des Täufers angeboten (s.I 44,45f.57f). In diesem Zusammenhang spricht die Seele ihrem Bräutigam die Fähigkeit zu, sowohl "*krefteglichen (ze) brennen und trostlichen (ze) kuelen.*" (I 44,75f) Der Bräutigam seinerseits verlangt nach der *reinen* Seele, um sich zu *kuelen* (s.II 25,46f).

4.4.: Da die Zuwendung Gottes derart intensiv war, daß Maria sich vor der als *fúr* und *lieht* metaphorisch umschriebenen göttlichen Einwirkung schützen mußte, griff sie - so die Darstellung Mechthilds -, um das menschlich nicht zu verkraftende Übermaß der göttlichen Mitteilung empfangen zu können, zu folgendem Mittel: "*... da na muostest du dich mit armuete, mit missekomen und mit manger herzenswere ellendeklich kuelen.*" (III 4,25f)

5.1. – 5.3.: Die Leidenschaft der Liebe zu Gott und alle Lebensenergie des Menschen wird reduziert, wenn die Gottesminne bzw. die Gottheit allgemein den Kontakt zur Seele abbricht (s. VII 38,14 u. V 30,4).
Positive Bedeutung hat das Verb *erkuelen*, wenn Mechthild davon spricht, daß sich die *brut*, die Seele, am Ziel ihrer Leidenschaft im "*bette der minne*" mit ihrem Bräutigam *erkuelen* kann (s.I 44,41).

6.1.: So wie der himmlische Bräutigam für die Seele Kühlung sein kann, kommt der Seele die gleiche Funktion in Bezug auf den Bräutigam zu, der von der Seele sagt: "*Du bist miner gerunge ein minnevuelunge, du bist miner brust ein suessú kuelunge...*" (III 5,10f).

C. Meister Eckhart

2. kalt
2.1. *mensche* (V 35,10f; 264,9)

2.1.: Wenn sich der Mensch in Distanz zu Gott befindet und von Kreatürlichem bestimmt ist, fehlt ihm - wie die Adjektivmetapher *kalt* als Vorstellung evoziert - die Energie der göttlichen Minne (s.V 35,10f). Ohne göttliche - Lebensenergie spendende - Einwirkung besitzt der Mensch kaum genügend Kraft zu leben; denn er ist *"blôz und kalt und traege..."* (V 264,9f).

D. Tauler

2. kalt
2.1. *mensche* (61,38; 137,34f)
2.2. *hertze* (281,18)

3. erkalten/ verkalten
3.1. *hertze* (61,28f(Pat))
3.2. *gebreste* (126,25)

8. kelte/kaltheit
8.1. o.BE (61,33; 335,11f)

2.1. – 2.2.: Den Zustand des Menschen, dem Gott seinen Trost und seine Erfahrung entzieht, umschreibt Tauler mit verschiedenen Adjektivmetaphern, die im eigentlichen Sinn alle einen Mangelzustand in der Natur bezeichnen: *"Es ist ouch noch ein ander winter, do ein... mensche... dúrre und vinster und kalt wurt von allem goetlichen troste und suessikeit."* (61,35.37f).

Ein den Kreaturen zugewandter Mensch, der es an Energie der *"minne und andaht"* fehlen läßt, verhält sich für Tauler *"blintlichen und kaltlichen"* (137,35). Denn die mit weltlichen Dingen beschäftigten Menschen haben ein *"hert steinin herze, hert und dúrre und kalt, und verloeschen ane andacht und gnade..."* (281,18f).

3.1.: Das Herz des Menschen ist *"verkaltet und verhertet"* (61,29), wenn ihm die Dynamik der Gnade und Gottes Präsenz im Innern verlorengegangen ist.

3.2.: Die täglichen *gebreste* üben eine negative Wirkung auf die Dynamik der Minne aus: *"die minnehitze erkaltet"* (s.126,25).

8.1.: Der Verlust der Gnade und allen göttlichen Trostes beeinflußt die Situation des Menschen dahingehend, daß wegen der fehlenden göttlichen Energie - Tauler spricht vom *verloeschen* des Minnefeuers des Hl. Geistes - nur noch eine *wunderliche kelte* übrig bleibt (s.61,32f).

E. Seuse

2. *kalt*
2.1. *herze* (153,17; 452,14)
2.2. *leben* (528,20)
2.3. *mensche* (233,18)
2.4. *sele* (227,9)

3. *kalten*
3.1. *mensche* (406,8)
3.2. *minne* (430,25f)

5. *erkuelen*
5.1. *got* (84,22)
5.2. *mensche* (85,23; 208,15)
5.3. *sele* (202,27)
5.4. *herz* (276,11)

7. *verkuelen*
7.1. *diener* (245,17)

2.1. – 2.4.: Der als *wint* vorgestellten Dynamik des Hl. Geistes schreibt Seuse die Veränderung des menschlichen Herzens zu, das gottabgewandt ist. Denn er *durweget* ein *kalt, súndiges hertze*; "*er brichet isinú hertzen, er zerfloesset gefrornes is súntlicher gebreste...*" (452,14-17). Seuse selber bemüht sich darum, daß er den Namen Jesu in allen - wegen der Kontaktlosigkeit zu Gott als *kalt* charakterisierten - Herzen "*mit núwer minne wider enzúnde*" (153,17f).

3.1. – 3.2.: Mit zunehmendem Alter verliert der Mensch seine Lebensenergie; ebenso verliert die Minne mit dem Altern der Welt ihre Kraft. Für beide Vorgänge steht das Bild des *kalten* (s.406,8 u. 430,25f).

5.1. – 5.4.: Die anhand der Temperaturvorstellung vorgestellte innere Erregung des Dieners Seuse über erfahrene Widerwärtigkeiten vermag der Diener bzw. seine Seele oder sein Herz allein durch Gott und Jesus Christus zu reduzieren; entsprechend der Temperaturvorstellung macht Seuse diesen Vorgang im Bild des *erkuelen* anschaulich.

7.1.: Seinem vom Leiden betroffenen Herzen soll der Diener seine Erregung nehmen, so die Empfehlung der Ewigen Weisheit: "*... verkuel din herz in diser vinstren stilleheit mit der lieben geselleschaft, die du so tougenlich schouwest...*" (245,17f).

vuelen (1.)/ vuelunge (2.)

A. Mechthild von Magdeburg

1. *vuelen*
1.1. *mensche* (VII 45,21)
1.2. o.BE (I 30,5)
1.3. *sele* (V 30,5)
1.4. *brut* (I 44,75)

2. *vuelunge*
2.1. *sele* (III 5,11; VI 1,148)
2.2. *herze* (V 16,3)
2.3. *got* (V 11,31)

1.1. – 1.4.: Mit dem Bild des *vuelen* verleiht Mechthild der Erfahrung der Gottesminne durch den Menschen bzw. durch die Seele sowie der Erfahrung des göttlichen Geliebten durch die *brut* Züge einer taktilen Wahrnehmung.

2.1. – 2.3.: Gott verbindet mit der geliebten Seele die Erfahrung der Minne, die so stark ist, daß er die Seele mit dieser Erfahrung identifiziert (s.III 5,11). Die Seele ihrerseits verhindert dann die *goetliche vuelunge*, wenn sie ihre natürlichen Bedürfnisse in sich dominant werden läßt (s.V 11,31).

D. Tauler

1. *vüelen*
1.1. *mensche* (57,5f.16f.20; 59,17f; 86,22; 104,22; 119,25f; 395,30f; 416,14)
1.2. *geist* (87,34; 88,3; 109,22; 117,3)

1.1. – 1.2.: Im Bild der taktilen Wahrnehmung veranschaulicht Tauler den Vorgang, durch den der Mensch Gott bzw. seine Präsenz wahrnimmt. Diese Wahrnehmung kommt nicht zustande, wenn der Mensch auf seinen eigenen Vorsätzen beharrt (s.416,14) oder wenn Gott den Menschen in Versuchung und *vinsternis* führt (s.85,30). Von verborgenen göttlichen Dingen weiß überhaupt nur ein *"luter(n) indewendige(n) mensche(n), der werlichen innig were,... in gefuelender, smackender und in wesenlicher wisen..."* (119,25f). Wenn der menschliche Geist mit dem göttlichen Abgrund vereint ist, erfaßt er jedoch nur noch den einfaltigen Gott (s.88,3) oder auch gar nichts mehr: *"... er enweis do noch wort und wise, noch smacken noch fuelen, bekennen noch minnen, danne er ist alles ein luter blos einvaltig Got..."* (109,22f).

vúr/fúrig (1.)/ brant (2.)/ (ver–)brennen (3.)/ entbrennen (4.)/ flamme (Subst.) (5.)/ flamen (Verb) (6.)/ ufflamen (7.)/ ufflammend (8.)/ funke (9.)/ entfunken (10.)/ gluot/gluegend (11.) erglüen (12.)/ hitze (13.)/ (in–) hizzig (14.)/ heiz (15.)/ warm/erwermen (16.)/ erhitzen (17.)/ zúnden (18.)/ entzünden (19.)/ entzündung (20.)/ enzünderin (21.)/ verloeschen (22.)

A. Mechthild von Magdeburg

1. *fúr/fúrig*
1.1. *got* (I 2,38; 28,7; 44,65; II 2,17; III 4,22; 24,10; VI 29,1.4.5.27.29.30.31.33.37.39)
1.2. *minne* (I 18,7; 35,13; II 20,13; 25,65; III 14,7; 23,4; V 1,29.30.32; 31,3.31; VI 1,99; 4,26; 19,8; 25,3; 26,13; VII 1,46; 3,12; 33,4; 34,26; 41,3; 59,10.11)
1.3. *geist gotes* (V 1,19)
1.4. *herz* (I 29,4; III 21,17)
1.5. *engel* (II 22,6; V 1,26; VII 59,10.11)
1.6. *klarheit* (III 1,65)
1.7. *himel* (IV 16,3; V 23,52; VI 9,19; 15,26)
1.8. *zorn* (V 23,95)
1.9. *sele* (V 1,26; 23,24.31)
1.10. *minnelust* (V 1,32)
1.11. *gerunge* (VII 45,9)
1.12. *Maria* (III 4,26)
1.13. *lúte* (IV 27,10)
1.14. *goetlich lieht* (II 18,4)
1.15. *berc* (I 8,2; II 21,7)
1.16. *gegenblik* (VI 41,11)
1.17. *antliz* (VII 57,23)
1.18. *frass* (VI 21,7)
1.19. *schin* (V 1,38)
1.20. o.BE (I 44,65; III 4,27)
1.21. *gelobe* (VII 62,79)

3. *brennen/verbrennen*
3.1. *(gots)minne* (III 1,146; 21,120; IV 4,40; 16,3; V 1,34; 24, 53.56; 28,16; VII 17,33; 32,15; 34,25; 45,9)
3.2. *mensche* (I 9,2; III 17,21; 23,4; IV 16,7; VI 25,2; 29,29; VII 32,14)
3.3. *got* (I 17,3; 44,66.75; VI 11,2; 25,5)
3.4. *sele* (I 18,6; 28,6; II 16,2; 22,12; 25,23; IV 16,7; V 13,5; 14,6; VI 8,29; 26,12; VII 39,2.35)
3.5. *die seligen* (VI 29,10; VII 39,41)
3.6. *heilige* (VI 9,19)
3.7. *Maria Magdalena* (V 23,185)
3.8. *seraphin* (IV 2,37; V 1,26)
3.9. *brut* (I 22,33)
3.10. *herz* (VI 13,9; 15,26)
3.11. *bevindunge* (IV 15,5)
3.12. *súnde* (V 33,14)
3.13. *trost* (I 45,14)
3.14. *samwitzekeit* (VII 6,6)
3.15. *gelobe* (VII 62,79)
3.16. *werk* (VII 39,25)
3.17. *gotliches fúr* (VI 29,5)
3.18. *berc* (I 8,2)
3.18. *warheit* (II 26,9)
3.20. *kúscheit* (VI 21,6)

5. *flamme*
5.1. *minne* (VI 19,8)

9. *funke*
9.1. *engel* (VI 29,7)
9.2. *got* (II 24,68)
9.3. *sele* (I 28,7)

10. *entfunken*
10.1. *brut* (I 22,32)

11. *gluot/ gluegend*
11.1. *herze* (I 4,6)
11.2. *Jhesus Christus* (II 2,17)

13. *hitze*
13.1. *got(heit)* (I 19,4; IV 12,79; V 1,35)
13.2. *minne* (V 4,28)
13.3. *himel* (V 31,10)

15. *heiz*
15.1. *gotheit* (I 44,65; IV 18,14)
15.2. *minnelust* (V 30,29)
15.3. *begerunge* (VII 16,6)
15.4. *sele* (I 22,32)

19. *entzünden*
19.1. *Jesus Christus* (II 2,17)

1.1. – 1.3.: Im Bild des Feuers wird die göttliche Energie anschaulich gemacht: diese ist ohne Beginn (s. VI 29,4f) und braucht keine Nahrung (s. III 4,27), *durschinet* den Leib (s. III 4,28) und ist Ursache für jegliche sonstige Energie (s. I 44,65) sowie für alle Dinge (s. VI 29,5f). Im Rahmen einer metaphora continuata, die auf der Relation verschiedener Teile des Feuers zum Ganzen basiert, ordnet Mechthild Engel, Heilige und Selige, Jesus Christus usw. als Elemente Gott, dem ewigen Feuer, zu (s. VI 29,5). Beispielsweise sind die Seligen *dis vúres kolen*, die in der - mit der Feuermetapher veranschaulichten - *himelische(n) minne* brennen (VI 29,9f).

An anderer Stelle differenziert Mechthild durch die Metaphernkombination *fúres gluot* (s. II 2,17) innerhalb der Gottheit: Während beim Bild des Feuers, das für die erste trinitarische Person steht, mehr die an den hellen Flammen sichtbare Hervorbringung von Energie als Vorstellungsgrundlage dient, bezieht sich die für Jesus Christus gebrauchte Glutmetapher auf einen rotleuchtenden Verbrennungsvorgang ohne Flammen. Wenn der sachliche Unterschied auch gering ist, leistet diese Kombination einen Beitrag, die Einheit in der Differenz von Gottvater und Sohn vorzustellen (s. 11.2.).

Die Wirkung der göttlichen Energie hebt Mechthild durch die Kombination der Metapher *fúrig* mit *blúhend* hervor: Die dem Bereich der Natur entnommene Metapher *blúhend* lenkt - unter dem Aspekt von Leben in seinem Anfangsstadium - den Blick des Lesers auf die Weitergabe der göttlichen Energie: "*Eya sueslicher got, fúrig inwendig, bluegende uswendig...*"(I 2,38).

Die Energie der Minne wird über die Feuermetapher in Verbindung mit dem Substantiv *kraft* ausgesagt: "*...der goetlichen minne vúrigú kraft gat úber alle menschliche maht.*" (V 31,30f) Eine andere Möglichkeit, dem Leser Einblick in die Qualität der Minne zu verschaffen, ergreift Mechthild durch den Aufweis ihrer Wirkung, den sie mit Hilfe der Feuermetapher inszeniert: "*Dú gewaltige minne*" hat den Menschen zu Gott "*mit irs fúres flammen hin gezogen...*" (VI 19,7f); der Leib schwebt aufgrund ihrer Einwirkung in göttlicher Wollust (s. VI 26,13f); oder es gibt Menschen, die aufgrund ihrer Energie zum Märtyrer werden (s. II 20,13).

Das Ausmaß des Einflusses der Minne auf die Seele veranschaulicht Mechthild anhand der Ausbreitung des Lichtes; die in dem Licht enthaltene Kraft wird durch die Adjektivmetapher *fúrig* vorgestellt: "*O minne, wie breit wirt din lieht in der sele und wie vúrig ist din schin...*" (V 31,3).

Der ursächliche Zusammenhang der Tugenden mit dem menschlichen "*für der minne*" wird durch eine metaphora continuata dargestellt: "*das für der minne mit dem holtz der tugende entzúnden..."* (I 35,13f). Wenn die Seele Gott so liebt, daß sie sogar bereit ist, für ihn in den Tod zu gehen, partizipiert sie - wie Mechthild mit der Kombination *"lebend funke"* - *"fúre der hoher majestat"* (I 28,6f) aussagt - an der Wirklichkeit Gottes. Als eigenständige, von Gott unterschiedene Größe mit göttlicher Eigenschaft bildet sie dann einen Bestandteil der göttlichen Energie: *"so brennest du iemer mere unverloschen als ein lebend funke in dem grossen fúre der hoher majestat."* (I 28,6f)

An die läuternde Wirkung des Feuers knüpft Mechthild an, wenn sie darstellt, daß durch die Gottheit oder die göttliche Minne der *"stoub der súnde"* vernichtet wird: *"Aber der stoub der súnden der uf úns vallet... der wirt von der minne fúr also drate ze nihte..."* (VI 1,98f). Aufgrund dieser läuternden Kraft der Gottesminne bezeichnet Mechthild diese auch als Fegefeuer auf Erden (s. VII 34,25f).

Mit der Feuermetapher verleiht Mechthild Gott an mehreren Textstellen Züge einer Wirklichkeit, die aufgrund ihrer - Helligkeit verbreitenden Wirkung - Orientierung und Erkenntnis ermöglicht (s. VI 29,33-36). Diese empfangen insbesondere die Heiligen (s. I 44,65f). Bei der Gottesmutter Maria ist die erhellende Wirkung Gottes so groß, daß alle kreatürliche und gottfeindliche Desorientierung, bildlich als *schate* und *vinsternis* vorgestellt, hinfällig wird (s. III 4,20-24). Sie ist so stark, daß menschliche Sinne beim Anblick dieses Feuers erblinden müssen (s. I 44,64f). Auch stellt Materialität kein Hindernis dafür dar, daß das Feuer nicht hindurchscheinen könnte (s. III 4,27f).

Die Abhängigkeit des Menschen vom göttlichen Licht zeigt Mechthild anhand einer metaphora continuata auf; der Bildzusammenhang verweist dabei auf den sachlichen Zusammenhang Gottes mit dem Menschen und bestimmten menschlichen Einstellungen. Im Rahmen des Funktionszusammenhanges von Gott als Feuer, Seele als Wachs und Demut als Docht wird deutlich, daß allein von Gott her der Mensch seine Aufgabe erfüllen kann, selber jedoch auch einen Beitrag zu leisten hat.

Eine andere Vorstellung für die Beziehung Gottes zum Menschen wird mit Hilfe eines Vergleichs entwickelt, in dem das Einwirken des Geistes Gottes auf die minnende Seele mit einem Sonnenstrahl parallelisiert wird, der auf einen goldenen Schild scheint. Die Ähnlichkeit zwischen den Vergleichsgrößen Geist Gottes - Sonnenstrahl kann von Mechthild nur im Rahmen einer metaphora continuata hergestellt werden, bei der 1. die Sonne wie auch das lichtspendende Feuer als Hintergrundsmetaphern für Gott fungieren und 2. der Geist Gottes infolgedessen metaphorisch als *vúrig* charakterisiert wird, so daß er in der Seele Lichteffekte hervorbringen kann (s. V 1,19). Bemerkenswert ist auch, daß im Unterschied zum Schild, der die Lichteinwirkung nur reflektiert, auf die Seele die mit der Adjektivmetapher *vúrig* angegebene, auf sie einwirkende Eigenschaft Gottes übergeht (s. V 1,26). In VI 29 führt Mechthild in Bezug auf das Verhältnis Mensch-Dreifaltigkeit aus, daß der Mensch über den *"schin des fúres"*, das Gott ist, zur Anschauung der Dreifaltigkeit zu kommen vermag, wenn dieses Licht Leib und Seele durchleuchtet (s. VI 29,33-36).

1.4.: Das Bild des feurigen Herzens erscheint zum einen zur Erfassung der leidenschaftlichen Liebe, die Jesus Christus als Bräutigam der Seele als seiner Braut entgegenbringt (s.I 29,4). Zum anderen charakterisiert es das Innere Luzifers, in dessen Herz alle Sünde und Pein entsteht.

1.5.: Die Seraphim partizipieren in der Weise an Gott, daß sie *"ein minne und ein für und ein âten und ein lieht mit gotte sint."* (II 22,6f)

1.6.: Die in der göttlichen *klarheit* freiwerdende Energie beschreibt Mechthild mit den Adjektivmetaphern *blueiend, lúhtend* und *fúrig*, wobei *blueiend* mehr den Aspekt der wirklichkeitsstiftenden Kraft, *lúhtend* mehr den der orientierenden Helligkeit herausstellt. *Fúrig* weist als Bedeutungskomponente sowohl 'Kraft' wie auch 'Helligkeit' auf (s.III 1,65).

1.7.: Das *himelvúr*, in dem am Ende der Welt die *grosse minne* (s.IV 16,3) und die Herzen der letzten Predigerbrüder sowie von Henoch und Elia brennen (s.VI 15,25f), steht in enger Beziehung zur göttlichen Dreifaltigkeit. Deren im Bild des Feuers beschriebene Kraft wirkt sich dahingehend aus, daß diejenigen, die die Dreifaltigkeit erkennen, durch die Wirkung der Dreifaltigkeit ihre Existenz verlieren, indem sie *verbrennen* (s.IV 16,3). Auch vermag sich der Teufel infolge dieser Kraft der Gottesmutter nicht zu nähern: *"Do, was die kraft der heligen drivaltekeit und das wunnekliche himelvúr an Marien also heis, das der hellen geist... nie als nahe mohte komen..."* (V 23,52-55).

1.8. – 1.11.: Wenn es darum geht, die Heftigkeit von Gefühlen auszudrücken, kann dies mit Hilfe der Feuermetapher geschehen; denn der als Feuer äußerlich sichtbare Verbrennungsprozeß vermag wirkungsvoll die Dynamik innerer Vorgänge zu veranschaulichen. Verständlich ist es daher, wenn Mechthild die Heftigkeit des Zornes Luzifers (s.V 23,95), die in Leidenschaft der Liebe ausgebrochene Seele (s.V 1,29) und die Intensität der Minnelust oder der Sehnsucht *fúrig* nennt.

1.12.: Maria, deren Natur durch *"die kraft der heligen drivaltekeit...bedruket"* ist, partizipiert in einem solchen Ausmaß an der göttlichen Energie, daß ihr Zustand in diese Energie überführt ist; sie ist *"infúrig von dem fúre..."* Gottes (III 4,26f).

1.13. – 1.17.: Wegen der läuternden, jede Unreinheit beseitigenden Wirkung des Feuers ist es für Mechthild konsequent, einen engen Zusammenhang zwischen der Feuermetaphorik und den Metaphern *klar/klaeren/klarheit* herzustellen: Aufgrund der feurigen Eigenschaften des göttlichen, auf die Seele einwirkenden Lichtes sind z.B. die Augen der Seele geklärt (s.II 18,4).

An anderer Stelle ist der in der Feuermetapher enthaltene Aspekt der Energie in eine enge Beziehung zur läuternden Wirkung von Feuer gesetzt, so daß *vúrig* und *clar* miteinander kombiniert werden können: der göttliche Berg ist dementsprechend *fúrig sunnenclar* (s.II 21,7); der Widerschein der Engel wird als *fúrig minnenclar* charakterisiert (s.VI 41,11). Ebenfalls kann das Antlitz des Engels als *"minnefúrig spilend clar"* (VII 57,23) oder die göttliche *clarheit* durch das Adjektiv *fúrig* (s.III 1,65) hinsichtlich ihrer Beschaffenheit charakterisiert werden.

1.18.: Neben der Vernichtung von Negativem durch eine metaphorisch als *vúr* vorgestellte Energie kennt Mechthild auch den umgekehrten Fall, daß durch die Freßsucht die Keuschheit vernichtet wird: *"Din kúscheit ist verbrant in dem girigen fúre des frasses..."* (VI 21,6f).

1.19. – 1.21.: Die energiegeladene Einwirkung der Dreifaltigkeit auf die Seele beschreibt Mechthild mit Hilfe der Feuer- und Lichtmetaphorik, wobei die Feuermetaphorik aufgrund ihres Bedeutungsaspekts der Helligkeit eine Affinität zum Licht aufweist, das als Bild für die (Heil vermittelnde) Zuwendung Gottes fungiert: *"Aber der grosse fúrin schin, der alles lúhtende hat nider gat us von der heligen drivaltekeit in die minnende sele..."* (V 1,38-40).

Die Beziehung des christlichen Glaubens zu Gott konkretisiert Mechthild im Bild des Glaubens, der *vúrig inbinnen* ist, weil er seine Energie von der göttlichen Minne bezieht (s. VII 62,79).

3.1. – 3.2.: Die Leidenschaft der Minne erhält über die Metapher *brennen* Züge eines Vorgangs, bei dem Energie freigesetzt wird. Als Träger der göttlichen, auf den Menschen gerichteten, leidenschaftlichen Tätigkeit der Minne nennt Mechthild den Hl. Geist (s. VII 17,33).

In cap. 32 des 7. Teils schlägt Mechthild in Bezug auf die Bedeutung des menschlichen Handelns für Gott vor, daß menschliche Minne zum Maßstab für die göttliche Minne dem Menschen gegenüber wird. Genauerhin verdeutlicht Mechthild durch die Kombination der Metaphern *brennen* und *lúhten*, daß das leidenschaftliche Handeln des Menschen in Liebe, das sich im vorbildhaften Leben niederschlägt, dazu führen soll, daß Gott in der gleichen Weise in Seele und Leib des Menschen erscheint: *"Darnach als wir hie in minnen brennen und lúhten in heligem lebenne, darnach sol gottes minne in únsere sele und in únsern lichamen brennen und lúhten ane underlas iemer me unverloeschen."* (VII 32,13-16)

3.3.: Die auf Gott gerichtete Minne des Menschen, die ganz nah zu Gott unter Aufgabe ihrer selbst gelangt, partizipiert an der göttlichen Energie, indem sie *"brennet in dem grossen himmelfúre."* (IV 16,3)

Die Gottheit oder speziell die göttliche Minne besitzen eine solche Kraft, daß die Existenz des Menschen vernichtet wird. Mechthild bringt diesen Sachverhalt im Bild des *verbrennen* zur Sprache, wobei sie das Bild durch die Wörter *verre* und *verswunden* um den Aspekt der (als Folge eintretenden) räumlichen Absenz ergänzt. Der anschließende verbale Ausdruck *"ze nihte werden"* greift den in der Verbmetapher *verbrennen* schwerpunktmäßig vorhandenen Aspekt der physischen Vernichtung auf: *"Herre, erbarme dich úber den, der hie verbrant ist in diner minne vúre und verswunden in diner diemuetekeit und ze nihte worden in allen dingen."* (VI 25,2-4)

Mit dem Bild des Brennens verweist Mechthild ferner auf den Menschen, der der Leidenschaft der Minne oder der Energie seines Willens unterliegt (s. III 17,21).

Ein anderer Fall menschlicher Tätigkeit liegt vor, wenn der Mensch bzw. die Seele das *goetliche vúr* empfängt; sie nehmen dann teil an der Energie Gottes und brennen im göttlichen Feuer (s. VI 29,29).

3.4. – 3.9.: Eine Möglichkeit der Partizipation an der göttlichen Energie besteht für die Seele auch darin, daß ihr aufgrund der in ihrer Liebe zu Gott freiwerdenden Energie die gleiche Beschaffenheit wie Gott zukommt; als leidenschaftlich Liebende hat sie sich Gott so weit angenähert, daß sie als eigenständiger Energieträger - als *funke* - Bestandteil der göttlichen Energie ist: *"... und minne in so sere, das du* *moegest sterben dur in; so brennest du iemer mere unverloschen als ein lebend funke in dem grossen fúre der hoher maiestat."* (I 28,5-7)

Daß das göttliche Feuer die göttliche Minne ist, läßt sich Mechthilds Ausführungen in Bezug auf die Seligen entnehmen, die *"brinnent in der himelischen minne"* (VI 29,10).

Im Zusammenhang mit der Temperaturmetaphorik zeigt Mechthild die Wirkung des Gebetes auf, die darin besteht, daß eine Seele ohne Energie Kraft erhält: *"es machet... ein kalte sele brinnende."* (V 13,5) Anstelle des Gebetes kann auch die Konfrontation mit Laster und Pein bei der Seele leidenschaftliche Liebe zu Gott auslösen (s.VI 26,12f). Konsequenz dieser Liebe ist u.a., daß die Gott liebenden Seligen derart von der Minne bestimmt sind, daß sie durch tugendhaftes Verhalten vorbildhaft leben (*lúhten*) und die Kraft ihrer Liebe, *"ir minnenclichen burnen"*, in all ihrem Tun äußern (s.VII 39,41).

Schließlich werden neben Maria vor allem die Seraphim als Vertreter leidenschaftlicher Minne par excellence *"der minne brenner"* (IV 2,37) genannt. Wie bei der in leidenschaftlicher Minne zu Gott sich befindenden *brut* hebt Mechthild bei den Seraphim hervor, indem sie die Feuer- mit der Lichtmetaphorik verbindet, daß die im Inneren sich bemerkbar machende Energie der Minne auch eine Außenwirkung aufzuweisen hat. Diese hat die Funktion, Orientierung für die Seele zu sein: Der Seraphim *"... ist der minne brenner, und der verweneten selen ein helig lúchter."* (IV 2,37)

Die vernichtende Funktion des Verbrennungsvorgangs benützt Mechthild, um in Analogie dazu die Tätigkeit der Gottesliebe vorzustellen (s.VII 34,25), die den Menschen von seinen Sünden befreit.

3.10.: Die Auswirkung der Gottesliebe auf das Herz des Menschen zeigt sich darin, daß die Seele, wenn sie nur ein wenig von deren Kraft empfängt, bereits in Leidenschaft ausbricht und, obwohl nur ein *"klein vúnke an die kalten sele..."* gedrungen ist, *"beginnet... ze smelzende..."* (VI 13,7-9). Daß es sich dabei um eine angenehme Erfahrung handelt, verdeutlicht Mechthild im Zusammenhang mit Ausführungen zu Henoch und Elia, deren Herz am Ende der Welt zusammen mit den dann noch übriggebliebenen Predigerbrüdern *"brennet enbinnen von dem suessen himmel vúre also sere als der licham qwelt an der not."* (VI 15,26) Dies bedeutet, daß Mechthild, indem sie die gleiche Intensität von Feuer und Qual feststellt, die unterschiedliche Qualität der Erfahrung innen und außen betont.

3.11. – 3.14.: Die Metaphern *brennen/brennend* stehen für die Kraft von *trost* (s.I 45,14), *samwitzekeit* (s.VII 6,6), *bevindunge* (s.IV 15,5) und auch von *súnde* (s.V 33,14).

3.15.: Wenn selige Menschen aus Gottesminne gute Werke tun, prägt die Dynamik der Liebe zu Gott die guten Werke, so daß Mechthild sagen kann: *"alle ir guoten werke branten enbinnen von goetlicher minne."* (VII 39,25f)

3.16.: Bezüglich des göttlichen Feuers stellt Mechthild heraus, daß es ununterbrochen seine Kraft jenseits aller Dinge entfaltet (s.VI 29,5).

3.17.: s. Art. *berc* 1.5.

3.18. – 3.19.: Nach dem Muster eines Verbrennungsvorgangs vollzieht sich in der Sicht Mechthilds die Vernichtung von geistigen Sachverhalten oder Einstellungen wie Wahrheit und Keuschheit. Im Zusammenhang mit der Keuschheit entwickelt Mechthild eine Bildfolge, bei der Keuschheit zum betroffenen Objekt wird, das *"ist verbrant in dem girigen füre des frasses..."* (VI 21,6).

3.20.: s.1.21.: *"Der gelobe, der... brannte alles von gotlicher minne."* (VII 62,79)

5.1.: Der Dynamik der Minne verleiht Mechthild Züge eines gewaltigen Feuers; sie spricht von der *"gewaltige(n) minne mit irs füres flammen..."* (VI 19,7f).

9.1.: Züge eines Funkenflugs verleiht Mechthild im Rahmen einer Feuerallegorie, in der Gott das *vúr*, die Seligen des *vúres kolen* usw. sind, der Bewegung der Engel: *"Des vúres vunken die sint gevlogen, das sint die heligen engele."* (VI 29,7).

9.2.: Den Bedeutungsaspekt der kleinen Größe des Funkens benützt Mechthild, um den denkbar geringsten Einfluß Gottes auf die Seele bildlich zur Sprache zu bringen; Maria Magdalene vergleicht in diesem Zusammenhang ihre Seele mit einem Gefäß, das nicht in der Lage ist, Gottes *minsten funken* zu ertragen (s.II 24,68).

9.3.: s.3.4.-3.9.

10.1.: Die Leidenschaft der Braut zeigt sich darin, daß sie diese nach außen hin mitteilt. Mechthild bringt dies ins Bild, indem sie das geistige Geschehen der Gottesliebe parallelisiert mit der Entladung großer Hitze in Form eines Funkenflugs (s.I 22,32).

11.1.: *Gluegendes herze* steht als Metapher für die göttliche Liebesenergie (s.I 4,6).

11.2.: Die Metapher *fures gluot* (s.II 2,17), die für Jesus Christus steht, kann Bild sein für die Einheit und Verschiedenheit der ersten und zweiten trinitarischen Person; es kann aber auch als Bild für die Einheit von Gottheit und Menschheit Jesu Christi verstanden werden.

13.1. – 13.3.: Mechthild stellt sich in Analogie zur Erfahrung von großer Wärme die Energie der Gottheit, der Minne und des Himmels vor. Das Bedürfnis, infolge zu großer Hitzeentwicklung die Intensität abzuschwächen, kann Christus befriedigen, indem er sich an der Seele, seiner Braut, kühlt (s.IV 12,79). Diese Antithetik von *warm* und *kalt* benützt Mechthild auch, um das Nachlassen der Energie der Minne zum Ausdruck zu bringen: *"Das ist, das die sele so sere durschinen ist in der hitze der langen minne..., so beginnet si ze sinkende und ze kuolende, als die sunne..."* (V 4,28-30). Die durch die Distanznahme von Gott bewirkte Abkühlung der Seele hat in der Annäherung an die kreatürliche Wirklichkeit ihre Ursache; denn für die Kreatur ist es charakteristisch, ohne Energie zu sein. Alles, was von Gott kommt oder sich im Himmel befindet, steht in Zusammenhang mit der Hitze Gottes: Die Seele folgt daher *"der hitze uf ze himmele, wan es dunket si alles kalt und ungesalzen, das zergenglich ist."* (V 31,10f)

15.1.: Die Gottheit ist das Zentrum aller Energie; alles *fúr* und alle *gluot* kommt von ihr (s.I 44,65).

15.2. – 15.4.: Bei den unter 15.2.-15.4. aufgeführten Bildempfängern steht die Adjektivmetapher *heiz* für die Dynamik, die bei ihnen zu finden ist.

19.1.: Den Vorgang des Anzündens verwendet Mechthild als bildhaften Interpretanten für die Mitteilung der (als *gluot vom fúr des* göttlichen Vaters unterschiedenen) Energie Jesu Christi an die Seele, bei der diese sich ausbreiten und in der Seele eigenständige Wirklichkeit werden soll (s.II 2,17).

B. David von Augsburg

1. *viur*
1.1. *hl. geist* (394,15)

3. *brennen*
3.1. *minne* (370,8)
3.2. *sele* (375,22)
3.3. *herz* (378,31f.33)
3.4. *girde* (396,31)

4. *entbrennen*
4.1. *palas* (361,33f)

12. *erglüen*
12.1. *Jesus Christus* (378,30)
12.2. *sele* (394,15(Pat))

13. *hitze*
13.1. *rache* (317,15)
13.2. *minne* (320,5; 323,24f; 342,13; 368,6; 394,12)
13.3. *gerunge* (320,5)
13.4. *hl. geist* (342,14f; 376,32)
13.5. *Jesus Christus* (342,9)
13.6. *wille* (352,39)
13.7. *herze* (378,37)
13.8. *andâht* (390,22)
13.9. *staphel* (391,12)
13.10. *girde* (392,35)
13.11. *got* (397,14)

15. *heiz*
15.1. *liebe* (336,23; 402,32)
15.2. *herze* (346,28; 402,34)
15.3. *mensche* (357,14.38)
15.4. *minnebluot* (373,30; 378,31)
15.5. *begerunge* (402,35)

16. *erwermen*
16.1. *herre* (379,2)

17. *erhitzen*
17.1. *Jesus Christus* (378,30)
17.2. *sêle* (394,15(Pat))

19. *entzünden*
19.1. *guote werc* (311,18)
19.2. *zorn* (317,8f)
19.3. *mensche* (325,10(Pat); 334,2(Pat); 351,29(Pat))
19.4. *hitze* (342,14f)
19.5. *trahtunge* (357,11f)
19.6. *wille* (392,6(Pat))

21. *enzünderin*
21.1. *diemuot* (338,23)

1.1.: s.17.2.

3.1.: Gott kann auch in Analogie zum Energie produzierenden Brennvorgang als jemand verstanden werden, dessen Liebe Energie freisetzt: *"ein minnnen brinnen"* (370,8).

3.2.: Der Überformung der in Gott sich aufhaltenden Seele durch die göttliche Wirklichkeit verleiht David Züge eines brennenden Feuers, dessen Energie alles verwandelt, was in es gerät; infolgedessen *brinnet* auch die Seele in der Gottheit (s.375,22).

3.3.: David beschreibt das Herz Jesu als einen Ort, an dem die Energie von Jesu Liebe beheimatet ist. Die Formulierungen *"von dines herzen minneclîcher hitze"* (378,37), *"minneheizes bluot, daz von dînem brinenden herzen vlôz..."* (378,31f), verweisen metaphorisch auf diese geistige Energie.

3.4.: Als *brinnende girde* wird auch die kraftvolle Sehnsucht der Heiligen nach den Freuden des vollkommenen Lebens von David bezeichnet (s.396,31).

4.1.: Die obersten Engelchöre werden derart, wie David mit Hilfe der Lichtmetaphern *schin* (s.361,31) und *"glast diner gotlîchen schoene"* zum Ausdruck bringt, der göttlichen Wirklichkeit teilhaftig, daß ihre Energie auf ihre Umgebung überspringt, *"daz aller der himelische palas von in erliuhtet wirt und enbrant mit minnen..."* (361,33f).

12.1.: Die Kraft der Liebe Jesu am Kreuz, veranschaulicht durch die metaphorischen Ausdrücke *brinnendes herze* und *minneheizes bluot* (s.378,31f), soll - darum bittet David - auf sein Herz übergehen, daß es Kraft in seiner Sehnsucht nach Jesus Christus erhält. Entsprechend der Feuermetaphorik spricht David im Hinblick auf diesen Übermittlungsvorgang von *erhitzen und erglüen*.

12.2.: Die durch die Einwirkung des Hl. Geistes auf der 6. Stufe des Gebetes bewirkte Veränderung der Seele wird in Parallele zu einem Vorgang beschrieben, der durch Hitze Wachs von festem zu flüssigem, fließfähigem Zustand überführt. Da die Seele *"erglüet und erhitzet wirt von dem viure des heiligen geistes"*, fließt sie *"als ein zevlozzen wahs ... in daz gotlîche bilde"* (394,15f).

13.1.: Im Zusammenhang mit Ratschlägen zur Bekämpfung des Zornes führt David u.a. aus, daß man den Zorn besänftigen und weit von sich entfernen müsse, damit nicht wie beim Funkenflug die Energie des Zornes übertragen werde und - auf einen anderen Sachverhalt gerichtet - seine als *hitze* vorgestellte Kraft erneut anfängt sich zu entfalten. Die in diesem Kontext verwendete Feuermetaphorik *brennen, enzünden, vunchen* ist in besonderem Maße geeignet, anhand der Funktionsweise von Feuer die Verlagerung der Zornesenergie von einem Gegenstand auf einen anderen anschaulich zu machen (s.317,15).

13.2. – 13.4.: Die *hitze* der menschlichen Liebe und Sehnsucht, die auf Gott gerichtet ist, verdankt der Mensch der Einwirkung des Hl. Geistes (s.320,4f). Um den Ursprung der menschlichen Energie auszusagen, stellt David mit der Metapher *giezen* eindeutig fest, daß der Mensch allein aufgrund der Einwirkung des göttlichen Erkenntnislichtes wie auch der göttlichen *minnehitze* Gott zu erkennen und zu lieben in der Lage ist. Denn ohne Gottes Einfluß *"belibet ez vinster von unverstandenheit unde kalt von kleiner liebe"* (323,25f).

Die Funktionsweise von Feuer, auf anderes die eigene Energie zu übertragen, bestimmt Davids Aussage, wenn er davon spricht, daß Gott mit seiner *minnehitze* beabsichtigt, den Menschen zu sich zu holen und von irdischer Liebe zu entfernen (s.342,13f). Dies geschieht dadurch, daß der Hl. Geist, der die Minne zwischen

Vater und Sohn ist, Minneenergie auf die menschlichen Herzen überträgt (s.342,15).

Am stärksten wirkt sich die Kraft der Minne bei der Einigung des menschlichen Geistes mit Gott aus. Die Feuermetaphorik ist ganz besonders in diesem Aussagezusammenhang dazu geeignet, den Einigungsprozeß in Analogie zu einem durch Wärmewirkung verursachten Verschmelzungsvorgang vorstellbar zu machen (s.394,11-16). In diesem Bildzusammenhang kommt den verschiedenen Metaphern *"hitze der liebe"*, *zevliezen, geweichen, hertekeit, erglüen, erhitzen, "viure des heiligen geistes", vliezen* (394,12-16) eine dem Verschmelzungsprozeß entsprechende Funktion zu.

13.5.: Licht- und Feuermetaphorik kann David in Bezug auf Jesus Christus insofern kombinieren, als Jesus Christus, der *ewige sunneschin*, dem Menschen sowohl Orientierung verschafft, als auch aufgrund seiner Kraft den Menschen zu sich zieht (s.342,9).

13.6. – 13.10.: Wie die bisher behandelten Bildempfänger werden die unter 13.6.-13.11. aufgeführten Größen durch die Hitzemetapher unter dem Aspekt ihrer Energie und Intensität betrachtet. Die *hitze des willen* ist neben der *lûterkeit der andaht* u.a. die Ursache dafür, daß die Tugend Gott verteidigt (s.352,39). Die *hitze* von Jesu Herz ist nach Davids Meinung dafür verantwortlich, daß sein *minneheize(s) bluot* so kräftig strömte (s.378,37). - Das Zunehmen der *hitze* der auf Gott gerichteten *andaht* führt dazu, daß bei den sieben Stufen des Gebetes der *"nidere staphel ûf den obersten gesetzet"* wird (390,23). Was die Beschreibung der Erfahrung angeht, die man auf den verschiedenen Stufen des Gebetes macht, ist die als *hitze* beschriebene Intensität der dritten Stufe schon so groß, daß man sie nicht mehr in Worte fassen kann (s.391,12).

Auf der fünften Stufe des Gebetes hat sich die Energie der menschlichen Sehnsucht nach der göttlichen Gegenwart bereits so gesteigert, daß sich aufgrund der *"hitze der girde"* die Seele zusammenzieht und auf Distanz zu allen irdischen Dingen geht (392,35-37).

13.11.: Die im Zusammenhang mit der Minne erwähnte göttliche *hitze* und *güete* (s.397,14f) zeigt so viel Kraft, daß sich niemand dem göttlichen Wirken entziehen kann (s.397,14).

15.1. – 15.3.: Die Adjektivmetapher *heiz* hebt wie *hitze* die Dynamik der angeführten Bildempfänger hervor. Zunächst ist die Liebe Gottes gemeint, konkreter Jesus Christus, der aufgrund seiner intensiven Liebe - seines *minneheize(n) herze* (s.346,28) - sich für die Menschen in den Tod gegeben hat. Daneben gerät aber auch die Intensität der Liebe des Menschen zu Gott in den Blick, wenn die Sehnsucht im Bild des *durst* und deren Intensität mit der Hitzemetaphorik zur Sprache gebracht wird. Am Ziel angelangt, kommt Gott als *brunne* die Funktion zu, die Leidenschaft zu kühlen und den Durst des Verlangens zu stillen (s.357,38-40).

15.4. – 15.5.: Das mit der Minne in Verbindung gebrachte Blut Christi, das infolge seines Liebestodes am Kreuz aus seiner Seite floß, wird durch die Adjektivmetapher *heiz* auf die im Bild *"hitze des herzen"* anschaulich gemachte Liebe Christi bezogen (378,31ff). Während menschliches Blut mit dem Tod *"erkaltet und gestêt"*

(402,33), ist das Herz Jesu aufgrund *"des vater heiziu begerunge mît siner minne heiz und resch..."* (402,34f).

16.1.: Das Bild des *erwermen* steht für die Energie, mit der Jesus Christus aufgrund seines Kreuzestodes die *erloschene gerunge* des Menschen wiederbeleben soll (s.379,2).

17.1.: Das Bild des *erhitzen* erscheint zur Erfassung des geistigen Geschehens, in dem sich die Minneenergie Jesu - konkretisiert mit den Bildern *brinnendes herze*, *"dines herzen minneclîche hitze"* und *minneheizes bluot* - dem Menschen mitteilt. Durch die Metaphern *erhitzen* und *erglüen* (s.378,30) wird die Mitteilung zum Prozeß, durch den der Mensch als Adressat der Mitteilung die Qualität des Mitgeteilten annimmt: Ergebnis dieses Mitteilungsvorgangs, der einige Zeilen weiter über die Metaphern *vliezen, bach, begiuzen* Züge einer fließenden Bewegung erhält (s.378,38-379,1), ist in Anbetracht der *dürre* des Herzens (s.379,1), daß die Tugenden sich wieder entfalten und Ertrag bringen und die *erloschene gerunge* wieder Energie erhält, wenn Jesus Christus sie *erwermet* (s.379,2).

17.2.: Die Weitergabe der göttlichen Energie an die Seele führt dazu, daß diese ihre *hertekeit* verliert, *geweichet wirt*, und dadurch an der göttlichen Energie partizipiert, daß sie *"erglüet und erhitzet wirt von dem viure des heiligen geistes..."* (394,15).

19.1.: Um ins Bild zu bringen, wie gute Werke das Verlangen nach anderen guten Werken entstehen lassen, greift David auf die Feuermetaphorik zurück; mit der Kombination der Feuer- und Samenmetaphorik stellt David in besonderer Weise den Aspekt der Entwicklung und Weiterverbreitung dieses Verlangens heraus (s.311,18).

19.2.: Mit der Verbmetapher *enzünden* verweist David ferner auf die Ausbreitung des Zornes auf andere Menschen (s.317,8).

19.3.: Im Rahmen der Feuermetaphorik erscheint an allen Stellen der Mensch als Adressat für die Ausbreitung der Gottesliebe (s.325,10), der Liebe zur Wahrheit (s.334,2) und des vorbildhaften Verhaltens der Heiligen (s.351,29). Bemerkenswert ist, daß die im Bild des *erliuhten* dargestellte Einwirkung der göttlichen Wahrheit zugleich auch ein *"enzünden mit der wârheit minne"* (334,2) zur Folge hat. Dies bedeutet, daß die göttliche Wahrheit nicht nur die Bedingungen für ihre Erkenntnis - die Erhellung des menschlichen Bewußtseins - herstellt, sondern auch den Menschen verändert, indem sie seine Einstellung der Wahrheit gegenüber in Liebe verändert (s.334,1f).

Die auf Menschen übergehende Kraft der Heiligen zeigt sich darin, daß ihr Vorbild auch beim jeweils betroffenen Menschen das Bemühen um Tugenden hervorruft (s.351,29).

19.4.: In Verbindung mit der Hitzemetapher verwendet David die Verbmetapher *enzünden*, um die verwandelnde Wirkung des Hl. Geistes, d.h. der Liebe des göttlichen Vaters und seines Sohnes, auf den Menschen anschaulich zu machen. Demnach wird der Mensch durch die göttliche Minne verändert (s.342,14f), indem diese auf den Menschen übergeht und dieser an der gleichen Kraft der Minne partizipiert, die der Hl. Geist ist.

19.5.: Im Zusammenhang mit seinen Ausführungen zu den *"vier Fittige(n) geistlicher Betrachtung"* führt David u.a. die Betrachtung des Menschen an, die ihn zur göttlichen Erkenntnis erleuchtet und zur Liebe Gottes *enzúndet* (s.357,11).

19.6.: Der Aspekt, daß durch Entzünden etwas anfängt zu brennen, dient dazu, die Vorstellung zu geben, wie der Mensch auf der 4. Stufe des Gebetes nach der Erfahrung Gottes *suezikeit* zu verlangen beginnt (s.392,6).

21.1.: Mit der Metapher *entzünderin* beschreibt David die Funktion der Demut in Bezug auf die Minne dahingehend, daß sie diese mit ihrer Energie hervorbringt (s.338,23).

C. Meister Eckhart

1. *vúr /(in-)vuric*
1.1. *sêle* (I 283,4f; II 368,5)
1.2. *minne* (II, 124,4; 617,3f; III 427,4)
1.3. *engel* (III 354,3f)
1.4. *goetliche minne* (V 53,4)

2. *brant*
2.1. *minne* (I 344,11; II 119,7f; 121,1; 168,4f)
2.2. *hl. geist* (I 317,5; 344,11; II 30,6f)
2.3. *seraphin* (II 217,3)

3. *(ver)brennen*
3.1. *got* (I 42,5; V 33,7f)
3.2. *minne* (III 486,11)
3.3. *geist* (III 486,4f)
3.4. *liden* (V 53,4f.14f)
3.5. *mensche* (II 264,4-6; III 427,7)

9. *vunke/vünkelîn*
9.1. o.BE (I 39,4; 151,1f; 336,2; 338,10; 345,1; 348,4; 349,5; 380,7f; II 419,3f)
9.2. *sêle* (I 283,6; 331,9-11; 332,3; 343,6f; 344,9-11)
9.3. *himelische nature* (I 283,6f; II 211,2)
9.4. *vernünfticheit* (I 348,8; II 211,1; 219,3)
9.5. *redelicheit* (III 315,6f)
9.6. *engel* (II 240,3f; 303,5; III 100,2)

13. *hitze*
13.1. *hl. geist* (I 168,7f; V 30,10)
13.2. *(goetliche) minne* (V 32,13)
13.3. *sêle* (I 283,5)

14. *hitzic*
14.1. *(goetliche) minne* (V 30,13.19; 31,3)
14.2. *sêle* (II 368,4f)
14.3. *mensche* (V 206,2.7; 265,2)
14.4. *ernst* (V 234,10f)

15. *heiz*
15.1. *(goetliche) minne* (II 200,1f)

19. *entzünden*
19.1. *göttlicher vater* (V 33,7f)
19.2. *mensch* (V 233,2; 265,2)
19.3. *herze* (V 432,8)

1.1.: Eckhart zitiert Macrobius, Comm. in Somnium Scipionis I c. 14 n. 19-20, der in Analogie zu den Eigenschaften des Feuers die Beschaffenheit der Seele sieht:

"diu sêle heizet ein viur durch die kraft und durch die hitze und durch den schîn der an ir ist." (I 283,4f) Die Entstehung der als *viur* vorgestellten Energie der Seele sieht Eckhart in der Einwirkung der göttlichen Minne auf die Seele begründet; diese in Form von Licht vorgestellte Weitergabe der göttlichen Energie empfängt die Seele, indem sie sich direkt unter das Licht Gottes kehrt (s.II 368,4f).

1.2.: Aufgrund der leidenschaftlichen Kraft der Minne, durch die man Gott in sich zieht (s.II 124,4) oder durch die man zu guten Werken motiviert wird (II 617,3f), spricht Eckhart vom *"viur der minne"* oder von *"in viuriger minne"*.

1.3.: Mehr auf der vernichtenden Wirkung liegt der Vorstellungsakzent, wenn im Bild des *hitzige(n) vúr* die intensive Kraft der göttlichen Liebe, die Leiden aufzuheben vermag, beschrieben wird (s.V 53,4; vgl. 3.4.).

1.4.: Um die leidenschaftliche Intensität seines Gefühls herauszustellen, wird der Engel im Zusammenhang mit seinem Verlangen nach Gott als *in viuric* charakterisiert (s.III 354,3f).

2.1.: Bei der Aufzählung der drei theologischen Tugenden Glaube, Hoffnung und Liebe gewinnt die Minne dadurch an Konkretheit, daß durch die Metapher *"brant der minne"* deren leidenschaftliche Dynamik vorgestellt wird (II 168,4). Auf Seiten Gottes bezeichnet *brant* die in der göttlichen Minne sich äußernde leidenschaftliche Kraft des Hl. Geistes. Während Gottvater als Vermögen, der Sohn als Weisheit und Wahrheit begriffen wird, kommt dem aus beiden stammenden Geist nämlich die Rolle zu, *"diu minne daz ist der brant"* (II 119,7) zu sein. Wenn die Seele sich Gott angleicht, entsteht in ihr neben dem Sohn diese Energie: *"Wa got vindet glîcheit dirre ordenunge in der sêle, dâ gebirt der vater sînen sun. Diu sêle muoz mit aller maht sich brechen in ir lieht. Uz der maht und úz dem lieht entspringet ein brant, ein minne."* (II 120,4-121,1)

Die Wirkung der Kraft der göttlichen Minne auf die Seele setzt Eckhart vergleichend in Beziehung zur Sonnenenergie: *"Also... nimet die kraft des heiligen geistes daz lûterste und daz kleineste und daz hoeheste, daz vünkelîn der sêle, und treget ez alles ûf in dem brande, in der minne, als ich nû spriche von dem boume: der sunnen kraft diu nimet in der wurzel des boumes daz lûterste und daz kleineste und ziuhet ez alles ûf bis in den zwîc..."* (I 344,9-13)

2.2.: Die dynamische Eigenschaft des Hl. Geistes macht Eckhart im Bild des Brandes anschaulich. Als *brinnender brant* ist er neben dem Ursprung alles Guten und neben Jesus Christus, der ein *liuhtendes lieht* ist, im Obersten der Seele *bedecket* anzutreffen (s.II 30,5-7).

2.3.: Ohne nähere Erklärung werden auch die Seraphim als *brant* bezeichnet (s.II 217,3).

3.1.: Auffallend ist, daß die Tätigkeit Gottes in der Kraft der Seele zugleich als *glimmend und brinnend* (I 42,5) bezeichnet werden kann. Der Grund für die Kombination dieser Metaphern, die eine unterschiedliche Intensität von Feuer als Vorstellungsakzent tragen, ist in dem zeitlosen Charakter der Seelenkraft begründet: Als zeitunabhängige Kraft vereinigt sie verschiedene Prozesse in sich, die gleichzeitig in unterschiedlicher Intensität göttliche Energie freisetzen.

3.2. – 3.3.: *(Ver-)brennen* veranschaulicht ferner die leidenschaftliche Tätigkeit des menschlichen Geistes sowie der Minne, die Gott in allen Kreaturen sucht.

3.4.: Die vernichtende Wirkung der göttlichen Minne, die sich in der Aufhebung von Leid, Trostlosigkeit, Unfrieden und Bitterkeit zeigt (s. V 53,15), konkretisiert Eckhart, indem er die Dynamik der göttlichen Minne mit dem vernichtenden Wirken des Feuers parallelisiert: *"Ouch wirt ez verbrant von dem hitzigen viure der götlîchen minne..."* (V 53,4f; vgl. 1.4.).

3.5.: Die Minne Gottes muß den Entwicklungsstand des Menschen berücksichtigen; anderenfalls läuft sie Gefahr, mit ihrer Energie den Menschen zu vernichten: *"wan verbrente der mensche alzemâle, daz enwaere niht guot."* (III 427,7f)

In Bezug auf den Hl. Geist, der die Minne ist, führt Eckhart aus, daß der Mensch in ihm einem Geschehen unterworfen wird, durch das seine Existenz vernichtet wird: *"des heiligen geistes wesen ist, daz ich in im verbrant werde und in im zemâle versmolzen werde und zemâle minne werde."* (II 264,4-6).

9.1. – 9.2.: Bei Meister Eckhart fällt es schwer, die verschiedenen Bedeutungsaspekte des *vünkelîn* voneinander zu trennen. Wenn dies im folgenden dennoch versucht wird, dann deshalb, weil eine gesonderte Behandlung der semantischen Schwerpunkte eine größere Eindeutigkeit der Aussagen erlaubt. Freilich ist diese Klarheit zugunsten der intendierten metaphorischen Mehrdeutigkeit vom Leser wieder aufzuheben, indem er in Bezug auf das Verstehen der Bedeutung der Metapher in einem bestimmten Kontext getrennt behandelte Bedeutungsaspekte der Metapher wieder zusammenliest.

Die Schwierigkeit, den mit *vünkelîn* metaphorisch bezeichneten Sachverhalt sprachlich wiederzugeben, ist bereits daran ersichtlich, daß Eckhart an vielen Textstellen eine eindeutige Zuordnung entweder zum Bereich Gottes oder zum Bereich der Seele vermeidet; außerdem nennt er im Bildkontext von *vünkelîn* mehrere Metaphern, mit denen er versucht, das von ihm Gemeinte auszudrücken: *"Ich hân underwîlen gesprochen, ez sî ein kraft in dem geiste, diu sî aleine vrî. Underwîlen hân ich gesprochen, ez sî ein lieht des geistes; underwîlen hân ich gesprochen, ez sî ein vünkelîn. Ich spriche aber nû: ez enist weder diz noch daz..."* (I 39,1-4). In den folgenden Textpassagen wird als weitere Metapher noch *bürgelîn* genannt (s.I 42,1). Durch die Metaphernhäufung *"sêle, diu ein tröpfelîn hât vernünfticheit, ein vünkelîn, ein zwîc"* (I 151,1f) legt Eckhart nahe, daß der semantische Schwerpunkt in diesem Zusammenhang auf 'kleines Teil der Seele' liegt; denn der gemeinsame Nenner der drei Metaphern impliziert ein geringes Maß. Aufgrund dieses Bedeutungsaspektes stellt Eckhart in Pr 2 im Hinblick auf das *vünkelîn* fest: *"Mit dem teile ist diu sêle gote glich."* (I 44,5f) Das *"vünkelîn der sêle"* kann infolgedessen neben den Bestimmungen *daz lûterste, daz hoehste* auch das *kleineste* genannt werden (s.I 344,9-11).

Aufgrund seiner Beschaffenheit als glühendes Teilchen, das sich von einer brennenden Materie gelöst hat und durch die Luft fliegt, ist das *vünkelîn* in besonderem Maße dazu geeignet, Bild zu sein für die Ungebundenheit und den Abstand der metaphorisch umschriebenen Größe zur Seele: *"Ez ist von allen namen vrî und von allen formen blôz, ledic und vrî zemâle..."* (I 40,1f). Insofern sich der Funke infolge seiner Dynamik von der brennenden Materie entfernt, ist er auch zur Veranschaulichung des Abstandes der *"kraft in dem geiste"* von allem *"diz und daz"* geeignet: *"daz ist hoeher boben diz und daz dan der himel ob der erde."* (I 39,5f)

An die läuternde Wirkung von Feuer (vgl. die Korrespondenz *hitze-vünkelîn* (I 331,7 u.10)) knüpft Eckhart an, wenn er in Bezug auf den Seelenfunken aussagt, daß diese *"kraft in der sêle spaltet abe daz gröbeste"* (I 331,9-11). Ein weiterer Bedeutungsaspekt der Metapher *vünkelîn* ergibt sich aus dem Wechsel der Perspektive von Aktiv zu Passiv: Neben ihrer Tätigkeit ist *"daz vünkelîn der sêle"* zugleich auch Objekt eines Geschehens, durch das es *in got* vereinigt wird (I 331,10). Somit erweist sich die Spannung von Aktivität und Passivität als kennzeichnend für das *vünkelîn*. In einer anderen Bildvorstellung entwickelt Eckhart den Gedanken, daß das *"vünkelîn der sêle"* oder - wie Eckhart aufgrund der Losgelöstheit des *vünkelîn* von der Seele auch formuliert - das *"vünkelîn in der sêle"* (I 345,1) von der als *brant* metaphorisch vorgestellten Liebesenergie des Hl. Geistes (s.I 344,11) in den ersten Ursprung zu Gott hinaufgetragen wird. Prägend bei dieser Vorstellung ist, daß das *vünkelîn* nicht aufgrund eigener Kraft oder aufgrund der Kraft der Größe, von der der Funke sich gelöst hat, hinauf in den Ursprung zu Gott gelangt. Vielmehr verursacht das mit der Sonneneinstrahlung verglichene Wirken des Hl. Geistes, daß der Funke seinen Standort verändert: *"der sunnen kraft diu nimet in der wurzel des boumes daz lûterste und daz kleineste und ziuhet ez alles ûf biz in den zwîc, dâ ist es ein bluome. Alsô wirt alle wîs daz vünkelîn in der sêle ûfgetragen in dem liehte und in dem heiligen geiste und alsô ûfgetragen in den êrsten ursprunc..."* (I 344,12-345,2). - Anspielend auf die Eigenschaft des Funken, oberhalb der brennenden Materie durch die Luft zu fliegen, fungiert der *vunke* (s.9.4.-9.5.) weiterhin als Bild für *"daz oberste teil des gemüetes"* (III 315,7). Zugleich kann im Zusammenhang mit diesem Bedeutungsaspekt ausgeführt werden, daß der Funke in der Seele *"zît noch stat nie enberuorte."* (II 419,3)

Aufgrund des engen Zusammenhangs zwischen Gott und dem *vünkelîn* bestimmt Eckhart in Pr 22 dieses genauer als *"etwaz, daz ungeschaffen waere, daz in im getragen haete bilde aller creâtûren: daz ist der vunke..."* (I 380,7f). Eckhart beschreibt das Verhältnis zwischen dem Funken und Gott in den sich anschließenden Ausführungen noch detaillierter als Verwandtschaft, die so eng ist, daß das *vünkelîn* mit Gott *"ist ein einic ein ungeschieden..."* (I 381,1).

Ferner ist für das *vünkelîn* charakteristisch, daß es Subjekt einer durativen Tätigkeit ist: Auch wenn der Funke nur eine kleine, kurz aufleuchtende Lichterscheinung darstellt, kann Eckhart in Analogie zum - Helligkeit verbreitenden und damit Wahrnehmung ermöglichenden - Funken die Erkenntnisfunktion des obersten Teils der Seele als durative Tätigkeit vorstellen: *"Sant Augustinus sprichet, daz daz vünkelîn ist mê an der wârheit dan allez, daz der mensche gelernen mac. Ein lieht daz brinnet."* (I 336,1-3). Mit dem sich diesem Gedanken anschließenden Beispiel weist Eckhart darauf hin, daß sich etwas, das anderes entzündet, über diesem befinden muß. Entsprechend wird die Seele *"entvenget von oben her nider. Daz kumet von dem liehte des engels."* (I 336,11f). Wenn nun die Seele dieses Licht empfängt, kann sie nicht anders, als nach allem Guten und Göttlichen zu streben: *"...daz vünkelîn der sêle... ist ein lieht, oben îngedrücket,... und ist alwege geneiget ze guote..."* (I 332,3-333,3).

Da die Erkenntnisfähigkeit der Seele zeitlich nicht eingegrenzt ist, führt Eckhart in Bezug auf das *vünkelîn der redelicheit* aus, daß es *niemer erlischet* (III

315,6). Wenn das *vünkelîn* das göttliche Licht erkennt, hat es sein Ziel erreicht; es *"ensuochet nicht ûzen und heltet sich allez in dem götlîchen liehte."* (I 343,7f) Noch präziser formuliert Eckhart in Bezug auf das Ziel des (hinsichtlich seiner Erkenntnisfunktion im Bild des Lichtes vorgestellten) Seelenfunkens: *"(daz liehte) wil in den einvaltigen grunt, in die stillen wüeste, dâ nie underscheit îngeluogete weder vater noch sun noch heiliger geist."* (II 420, 8-10).

9.3.: Mit dem durch *einvalticheit, lûterkeit* und *blôzheit* umschriebenen authentischen Zustand der Seele ist die Bestimmung der Seele vereinbar, daß sie neben *viur, lieht, geist* und *zal* (s.I 283,4-7) *"ein vünkelîn himelischer natûre"* ist (I 283,6). Durch diese Charakterisierung als *"vünkelîn himelischer natûre"* macht Eckhart die Seele zu einer Größe, die, obwohl von der göttlichen Natur losgelöst, dennoch in ihrer Beschaffenheit an ihr partizipiert. Diesen Zusammenhang macht Eckhart an einer anderen Stelle auf die Weise deutlich, daß er das *"vünkelîn der vernünfticheit"* mit dem *vünkelîn götlicher natûre* (II 211,1f) identifiziert und somit den Zusammenhang mit der göttlichen Natur aufgrund der Relation vom Teil zum Ganzen vorstellt: Das *vünkelîn* ist ein *"ingedrücket bilde götlicher natûre"* (II 211,2f).

9.4. – 9.5.: Anstelle von *"vünkelîn der sêle"* verwendet Eckhart an mehreren Stellen auch die Formulierung *"vünkelîn der vernünfticheit/der redelicheit"*. Anknüpfend an die Relation des Funkens zum Feuer entwickelt Eckhart die Vorstellung, daß das *"vünkelîn der vernünfticheit"* auch *"daz oberste teil des gemuetes"* (III 315,7), *"houbet in der sêle"* (II 211,1) oberhalb von Raum und Zeit und ohne Natur und Gedanken (s.II 211,3) sowie ein *überswebende(s) lieht* (s.I 348,8) und *"bilde götlicher natûre"* ist (II 211,3). In diesem *vünkelîn*, das immer im Sein Gottes steht (s.I 349,5), wird der Sohn Gottes geboren (s.II 211,3).

9.6.: Wenn es darum geht, das gewaltige Ausmaß des menschlichen Verlangens an der Wirklichkeit des Engels zu messen, verwendet Eckhart die Metapher *vünkelîn*. Dabei bilden Ausmaß des Verlangens und Größe des *vünkelîns* ein intellektuelles Paradox: *"Diu begerunge... ist wîter dan alle himel, jâ, dan alle engel, und nochdenne ein vünkelîn des engels..."* (II 303,5f). Es vermittelt der Welt so viel Wonne und Freude, daß die ganze Welt erleuchtet wird (s.III 100,2).

13.1.: Die als *hitzige minne* vorgestellte Wirklichkeit des Hl. Geistes wird in ihrer Eigenschaft zusätzlich charakterisiert durch die mit *hitze* kombinierte Metapher *ûzblüejen*.

Diese Metapher, die sich am Vorstellungsmodell 'Leben' orientiert, betrachtet die Energie des Hl. Geistes, wie sie nach außen tritt: *"Ez ist ein hitze und ein ûzblüejen des heiligen geistes..."* (I 168,7f).

13.2. – 13.3.: s. 1.1. + 19.1.

14.1.: Die in Analogie zu sehr starker Wärme beschriebene Energie des Hl. Geistes, die Leidenschaft seiner Liebe, kommt dadurch zustande, daß sie der engen Beziehung von Vater und Sohn entstammt, die die Energie der Liebe freisetzt: *"Minne hât von ir natûre, daz si vliuzet und urspringet von zwein als ein. Ein als ein engibet niht minne, zwei als zwei engibet niht minne; zwei als ein gibet von nôt natiurlîche, willeclîche, hitzige minne."* (V 30,15-18). Diese Energie Gottes richtet sich darauf, die Seele zu ihrem Ursprung zurückzubringen. Dies entspricht - so Eckhart - der Weise, in der allgemein Hitze in die Höhe zieht (s.V 30,9).

14.2. – 14.3.: Die Seele, die sich ganz auf die (mit der Lichtmetapher zur Sprache gebrachte) Mitteilung von göttlichem Sein und Wahrheit hin konzentriert, partizipiert an der göttlichen Minne; sie *"wirt inhizzic und inviuric in götlîcher minne."* (II 368,4f)

14.4.: *Hitzig* fungiert in V 234,10 für die immer größer werdende Intensität des Ernstes.

15.1.: Wenn die Seele in Gott verharrt, erfährt sie auf unüberbietbare Weise die Energie der göttlichen Minne (s.II 200,1f).

19.1.: Die Übertragung der Minne des Hl. Geistes auf Gottvater stellt sich Eckhart als einen Vorgang vor, durch den die erste Person der Trinität von der *"hitze der minne"* (V 32,13) des Hl. Geistes *enzündet* wird (s.V 33,7f).

19.2.: Auch die auf der Folie der Feuermetaphorik gesehene Energie Gottes wirkt auf den Menschen, der sich in Gott befindet, wie ein Feuer, das anderes zum Brennen bringt; denn in Gott wird der Mensch von Gott *"enzündet und hitzic"* (V 265,2). In Analogie zum Entstehen eines Brandes sieht Eckhart an anderer Stelle - als Konsequenz des im Bild des Entzündens zur Sprache gebrachten Übertragungsvorgangs der göttlichen Energie auf den Menschen - das Entstehen *"starker, grozer minne"* im Menschen (V 233,2), durch die der Mensch aus sich selbst gebracht wird.

19.3.: Im Zusammenhang mit der Feuermetaphorik verweist die Metapher *enzünden* auf einen Vorgang, bei dem die *abegescheidenheit* im Menschen das leidenschaftliche Verlangen nach Gott weckt (s.V 432,8).

D. Tauler

1. *vúr/furig*
1.1. *minne* (51,7; 61,32f; 70,19; 102,8.19; 165,33; 227,27; 254,35; 360,30; 365,12)
1.2. *got* (123,23)
1.3. *herz* (123,25)
1.4. *andacht* (165,33)

2. *brant*
2.1. *minne* (51,8; 230,3f)
2.2. *darben* (143,22)

3. *(ver-)brennen*
3.1. *minne* (99,32; 143,15f.19; 230,8f)
3.2. *mensche* (227,20; 328,28-329,1; 345,14; 376,17)

3.3. *nature* (227,34)
3.4. *geist* (227,34)
3.5. *seraphin* (376,13)

9. *funke*
9.1. *minne* (51,9)
9.2. *sêle* (74,26; 80,13; 137,1; 347,11.14)
9.3. *abgrunt* (117,17-20)
9.4. *mensche* (46,19f)
9.5. *got* (322,14)

13. *hitze*
13.1. *minne* (126,24f; 227,22; 320,27; 334,1.3)
13.2. *got* (121,4f)

16. *warm*
16.1. *herze* (123,25)

19. *entzünden*
19.1. *grunt* (376,13)
19.2. *mensche* (166,27f; 376,16)

22. *verloeschen*
22.1. *kreature* (61,31f.35)
22.2. *mensche* (281,18; 325,25)
22.3. *widerneigen* (262,3)
22.4. *wunne des hl. geistes* (98,23)
22.5. *smak der creaturen* (248,18f)
22.6. *lustikeit* (217,31)
22.7. *bilde* (26,33)
22.8. *ungelicheit* (237,34)
22.9. *J. Tauler* (297,17)
22.10. *minne* (199,22f(Pat); 313,26)

1.1. – 1.3.: Bei Tauler erscheint das Bild des Feuers hauptsächlich zur Erfassung der Energie der Minne. Diese Energie ist bei Gott und beim Menschen vorhanden. In Bezug auf die göttliche Energie verfolgt Tauler überwiegend deren Einwirkung auf den Menschen: Die göttliche *fürige* Minne dringt durch den Geist in den Leib (s. 227,27) und läßt im Menschen *"ein minnen für"* entstehen, das das menschliche Verlangen nach Gott weckt (51,7f). Mit konkretisierender Konsequenz bringt Tauler die Veränderung des menschlichen Zustandes durch die Mittteilung der göttlichen Energie ins Bild, wenn er einen Menschen vorstellt, der *"was von disem füre also groeslichen enbrant inwendig und och uswendig, das er niergent engetorste zuo keime strouwe und gedachte es mueste von der hitze enpfangen von im werden."* (227,20-22).

Die verwandelnde Kraft der göttlichen Minne erfährt nach Tauler auch der Mensch, der sich Gott naht und im göttlichen Feuer verharrt. Das Bleiben in Gott hat zur Konsequenz, daß das dürre und steinerne Herz *"warm, weich, fürig und goettelich"* wird (123,25).

Die Mitteilung Gottes setzt aber die menschliche Freiheit nicht außer Kraft; denn der Mensch vermag durch seine Weltzugewandtheit, sein Bestimmtsein von äußerlichen Dingen (s.360,30) sowie durch Betrübnis die Energie der göttlichen Minne zum Erlöschen zu bringen, so daß sich im Herzen eine große Kälte ausbreitet (s.61,32f).

Die vernichtende Wirkung der göttlichen Liebesenergie besteht darin, daß die Existenz des Menschen durch sie aufgehoben wird: Die Macht der göttlichen Minne *"verzert das marg und das bluot, und in der wirt der mensche zuomole usser ime selber gesast."* (227,18f). Die Aufhebung der individuellen menschlichen Existenz kann Tauler im Zusammenhang mit der Feuermetaphorik auch als *versmelzen* des menschlichen Geistes in Gott vorstellen. In Anlehnung an die Veränderung des festen Aggregatzustandes infolge von Hitzeeinwirkung macht Tauler die Veränderung anschaulich, die der Mensch im *appet grunde* der Seele erleidet. Im Gebrauch der Metapher *versmelzen* kommt eine Sichtweise des sich dort ereignenden Geschehens zur Sprache, die die Auswirkung der göttlichen Liebesenergie als Auflösung der individuellen Existenz interpretiert (s.102,7). Infolge dieser Aufhebung geht der Mensch in der göttlichen Energie auf: *"denne aber so douwent sú in daz minnenkliche heisse für..."* (102,18f).

Aufgrund der vernichtenden Eigenschaft der Minne kann Tauler auch dazu auffordern, wenn es um die Befreiung von aller Lust geht, diese Lust in das *"für der minne"* (254,35) zu werfen.

1.4.: Neben der Energie der Minne versammelt der inwendige Mensch auch das *"für der andacht"* mit sich (165,33).

2.1.: *Minnebrant* fungiert als Bild für die durch den Hl. Geist bewirkte leidenschaftliche Liebe der Seele zu Gott (s. 51,8). Die in diesem Vorgang freiwerdende Energie nennt Tauler auch die *minnende kraft* (s.230,3).

2.2.: Gegenüber einem Verständnis, das Minne mit starker Empfindung und Freude in Zusammenhang bringt, betont Tauler, daß sich die Kraft der Minne in Entbehrung und Beraubung zu zeigen habe; denn hier gilt es, in Gelassenheit die verzehrende Wirkung der Entbehrung - das *"verdorren in dem brande dis darbens"* (143,21f) - zu ertragen.

3.1.: Als Minnedefinition findet sich bei Tauler, daß man trotz Entbehrung und Beraubung des Geliebten die Energie der Leidenschaft freisetzt und in der Situation der Qual *versmilzet* sowie aufgrund der Intensität der Entbehrung *verdort* (s.143,15-22). Die mit den Verbmetaphern in diesem Zusammenhang im Rahmen der Feuermetaphorik aufgewiesene Entwicklung des Menschen bringt ins Bild, was Tauler an vielen Stellen mit den Termini 'Vernichtung' und 'Kleinwerden' umschreibt.

Fast formelhaft verweist Tauler an anderer Stelle auf die Kraft der Minne mit der Formulierung *brinnende minne* (s.99,32).

3.2. – 3.4.: Ohne weitere Erläuterung läßt Tauler Johannes den Täufer sagen, er sei *"ein lucerne lúhtende und burnende"* (328,28f). Während die Lichtmetapher die Vorbildfunktion verdeutlicht, die Johannes als *"gezúgnisse von dem liechte"* erfüllt, zielt die Metapher *brennen* auf seine Liebe Gott gegenüber ab, von dem er Zeugnis gibt. Johannes wird über diese Metapher von Tauler denjenigen zugerechnet, *"die daz liecht minnent."* (329,15)

Menschen bzw. der Geist oder die Natur des Menschen können sich auch deshalb in der mit der Verbmetapher *brennen* ins Bild gebrachten Weise verhalten, weil sie die Erfahrung der göttlichen Energie gemacht haben. Fehlt diese Erfahrung, kommen sie ohne göttliche Orientierung und die Erfahrung der göttlichen Dynamik in *"armuote und stark kreftig dunsternisse..."*; denn sie haben *"enkeinen enthalt noch lúchten noch búrnen in bevintlicher wise noch in smackender wise..."* (345,13-15).

3.5: Aufgrund der Einwirkung der Seraphim bekommt der Mensch den Eindruck, als ob er durch die seraphische Energie verbrennen müsse (s.376,16f). Zu deren Tätigkeit gehört für Tauler die Weitergabe der ihnen eigenen Energie der Minne: *"Denne koment die burnenden seraphin mit irre flammender minne und enzúndent den grunt."* (376,12f).

9.1.: Tauler beschreibt in Pr 11 die Einwirkung des Hl. Geistes auf die Seele mit Hilfe der Feuermetaphorik: Der Hl. Geist entfacht in der Seele ein Minnefeuer; dessen Hitze bewirkt, daß sich Minnefunken vom Feuer lösen und einen Durst nach Gott erzeugen. Im Bild umherfliegender Funken veranschaulicht Tauler, wie leidenschaftliches Verlangen den Menschen von seinem ursprünglichen Standort weg auf Gott hin bewegt (s.51,9).

9.2.: Der *"fünke der sele"* steht für den Teil der Seele, der sich, von der Seele gelöst, mit seinem ganzen Verlangen Gott, seinem Ursprung (s.80,13), zuwendet und sich auch in der Seinsheit Gottes befinden kann (s.74,26). Der Unterschied zur Seele wird von Tauler durch die Kombination des *funke* mit den Metaphern *tolde* und *boden* (s.347,11) sowie *grunt* (s.137,1) hervorgehoben; mittels der räumlichen Lage - unten oder oben in der Seele - ermöglichen diese Metaphern die Vorstellung einer Differenz zwischen *funke* und Seele. Diese Differenz kann auch dadurch veranschaulicht werden, daß die Befriedigung des Verlangens, das Tauler durch die Metapher *durst* mit einem Grundbedürfnis des Menschen parallelisiert (s.51,8; 137,1), eine alles hinter sich lassende Tätigkeit erfordert, bei der der *funke* *"flüget als hoch, ... das dem das verstentnisse nút gevolgen enmag, wan es enrastet nút, es enkome wider in den grunt do es us geflossen ist, das es was in siner ungeschaffenheit."* (347,14-16)

9.3.: Der göttliche *abgrunt* beeinflußt dadurch den menschlichen Geist, daß die als Funkenflug vorgestellte Mitteilung seiner Energie den *verklerten geluterten* Geist aus sich selber bewegt (s.117,17-20).

9.4.: In Verbindung mit der Metapher *troppfe* bezeichnet *funke* in Pr 9 einen kleinen, aber energiegeladenen Teil des Lebens, in dem der Mensch sich von seinem Eigensein lossagt (s.46,19f).

9.5.: Von Gott gegeben und dem Menschen in seinem Hochmut fremd und unbekannt, ist das gottförmige Teilchen im Menschen, das die enge Verwandtschaft zwischen Gott und Mensch begründet (s.322,14).

13.1.: Die Auswirkung der göttlichen Minne auf den Menschen konkretisiert Tauler, indem er in realistischer Weise davon spricht, daß der Mensch infolge der Einwirkung des göttlichen Minnefeuers derartig ist *"enbrant inwendig und och uswendig"* (227,20), daß er wegen der zu großen Hitze keinem Stroh zu nah kommen dürfe. - Weitaus häufiger thematisiert Tauler das Erkalten der göttlichen Minnehitze durch den Einfluß äußerer mannigfaltiger Dinge oder täglicher Sünden: *"Es sint tegeliche gebresten die die minnehitze in irme werke erkaltent..."* (126,24f).

Die Kraft der *rasenden minne* ist so groß, daß die individuelle Existenz des Menschen angegriffen und vernichtet wird: *"...Sie verzert dir das marg und das bluot."* (334,3)

13.2.: Die *goetliche hitze* ist auch in der Lage, alle menschliche Grobheit und Ungleichheit mit Gott in der göttlichen Einheit zu entfernen (s.121,4f).

16.1.: Die Transformation des gottabgewandten und für Gott verschlossenen Herzen - Tauler charakterisiert es metaphorisch als *dúrr, steinin* und *stehelin* - zum göttlichen Herzen hin erfordert, daß es *warm, weich* und *fúrig* wird (s.123,25).

19.1. - 19.2.: Die mit der Feuermetaphorik vorgestellte leidenschaftliche Minne der Seraphim wirkt, indem die Minne ihre Energie weitergibt, auf den menschlichen *grunt* ein. Aufgrund des Kontaktes mit den Seraphim entsteht im *grunt* der gleiche energiegeladene Zustand, den die Seraphim haben. Wie sehr der Mensch von diesem Zustand bestimmt wird, wird daran ersichtlich, daß er den Eindruck hat, alle Menschen *enzúnden* (s.376,16) zu wollen und in sich zu verbrennen meint (s.376,17).

An anderer Stelle heißt es in Bezug auf die Einwirkung der Minne, nachdem der Mensch alle Tugenden in sich versammelt hat, daß "*ein enzúndunge geborn (wirt) in dem brande der minne...*" (166,27f). Dies bedeutet - worauf die Kombination "*brand der minne*" mit *enzúnden* verweist -, daß die Einwirkung der Minne im Menschen ein selbständiges Wirken in Liebe hervorbringt.

22.1. – 22.3.: Als Bild für die Beendigung und Vernichtung des *minnefúr*, durch das der Hl. Geist Gnade, göttlichen Trost und seine *heimlicheit* im Menschen wirkt, fungiert der Vorgang des *verloeschen* (s.61,31f.35). Dieser Vorgang ersetzt die durch die Liebesenergie des Hl. Geistes verbreitete Wärme durch Kälte, d.h. den Verlust der für das Leben notwendigen Gnade und des Trostes Gottes, so daß Tauler auch feststellen kann, daß Menschen ohne Andacht und Gnade mit einem für Gott unsensiblen (*hart, steinin*) Herzen *verloeschen* (s.281,18). Umgekehrt hat Gott mit dem Tod Jesu Christi dem Menschen die Möglichkeit gegeben, seine sündige Abwendung von Gott zu vernichten (s.325,25) und damit seinem nie endenden *widerneigen* in den göttlichen Ursprung erneut nachzukommen (s.262,3).

22.4. – 22.8.: Die Erfahrung der göttlichen Wirklichkeit (s.248,18), insbesondere "*die wunne des hl. geistes*" (98,23), hebt die Wahrnehmung und den Eigenwert jeglicher kreatürlichen Wirklichkeit auf. Alle *lustikeit verloeschet* im Erfassen der *füste* Gottes (s.217,31); alle kreatürlichen Vorstellungen hören auf, im Menschen zu existieren (s.26,33), wenn sich das göttliche Bild im Menschen präsent gemacht hat; jegliche Ungleichheit mit Christus kann zunichte werden, wenn der Mensch sich das Vorbild Jesu aneignet (s.237,34).

22.9.: Tauler bekundet seine Absicht, durch die Spendung des Leibes Christi im bekehrten Menschen die Gegenwart der Welt zu vernichten (s.297,17).

22.10.: Die Minne ist in ihrem Wesen ambivalent: man kann mit *verloeschener, blinder minne* an das Leiden Jesu Christi denken (s.199,22f); es ist aber auch möglich, daß durch die immer größer werdende Minne zu Gott die Sehnsucht nach dem Geschaffenen zum Aufhören gebracht wird (s.313,26).

E. Seuse

1. *viúr/fúrin*
1.1. *brand* (369,22)
1.2. *minne* (16,14; 18,15; 395,27)
1.3. *hertz* (440,7)
1.4. *wort* (137,31; 227,10; 229,23f)
1.5. o.BE (15,27)
1.6. *himel* (241,27)

3. *brennen*
3.1. *geist von seraphin* (18,17)
3.2. *begirde* (277,7f; 321,25)
3.3. *Jesus Christus* (303,22)
3.4. *vakel* (384,15f; 466,16)
3.5. *herze* (14,33)

4. *enbrennen*
4.1. *Jhesus Christus* (303,22)

7. *ufflammen/kalen*
7.1. *geist von Seraphin* (18,15)
7.2. *Seraphin* (243,13)

7.3. *sele* (243,13)
7.4. *mensche* (15,29)

8. *ufflammend*
8.1. *herz* (216,2)
8.2. *minne* (224,15)

9. *funke*
9.1. *sele* (192,10)
9.2. *minne* (376,6; 448,18)

14. *(in-)hizzig*
14.1. *minne* (18,15; 24,31; 313,19; 384,16f; 466,17)
14.2. *geist von seraphin* (18,16)
14.3. *begirde* (386,17)
14.4. *wort* (394,22)

14.5. *sufzen* (453,11)
14.6. *ernst* (216,16)

17. *erhizzen*
17.1. *herz* (139,21(Pat); 227,11)
17.2. *sele* (227,11)
17.3. *mensche* (365,29; 437,2)

19. *entzúnden*
19.1. *mensche* (18,18; 32,2; 294,32f; 436,2)
19.2. *name Jesus* (153,17; 154,1)
19.3. *herz* (216,2; 317,16; 391,21; 479,14f; 546,26f)

22. *erloeschen*
22.1. *lustliche wise* (199,20)

1.1.: In einem Brief an eine von ihm zu betreuende geistliche Tochter bezweifelt Seuse deren Fähigkeit, andere Menschen dadurch zu Gott zu bringen, daß sie die Leidenschaft dieser Menschen nach Gott verstärkt. Seuse konkretisiert seine Aussage mit Hilfe eines Bildes: "*Du wilt stro zuo dem fúrin brand legen...?*" (369,22f).

1.2. – 1.5.: In der Vita berichtet Seuse von der Kraft des höchsten Seraphim, der sich auf die Ewige Weisheit hin ausrichtet. Diese Orientierung bringt Seuse dadurch zur Sprache, daß er im Bild des entflammenden Feuers die Wirkung der Minneenergie anschaulich macht: "*... Seraphin, der in der aller hitzigosten fúrinen minne uf flammet gen der ewigen wisheit...*" (18,14f).

1.6.: Eine lexikalisierte Metapher liegt vor, wenn Seuse definiert: "*coelum enpyreum, der fúrin himel, also geheissen nút von dem fúre, allein von der unmessigen durglenzenden klarheit, die er an siner nature hat...*" (241,27-242,2).

3.1.: s. 19.1.

3.2.: Die Intensität des untugendhaften Verlangens stellt Seuse mit Hilfe der Feuermetaphorik vor, wenn er die *begirde* des Menschen als *brinnend* charakterisiert (s.277,7f).

3.3. – 3.5.: Jesu Minne hat die Bedeutung, die Kraft des menschlichen Willens in Gang zu setzen. Die Konsequenz, daß der Mensch die Ewige Weisheit leidenschaftlich liebt, kann Seuse ins Bild bringen, indem er die Liebesenergie des Menschen parallelisiert mit einer in Brand gesetzten Fackel: "*... daz ein inbrúnstigú vakel enbrunnen si in dinem herzen von rehter begirlicher inhizziger minne zuo der minneklichen ewigen wisheit...*" (384,15-17).

4.1.: Die erbetene Einwirkung Jesu Christi auf den Diener Seuse besteht u.a. darin, wie im Bild des *enbrennen* zur Sprache gebracht wird, daß Christus mit seiner Liebesenergie den Willen des Dieners aktiviert (s.303,22).

7.1. – 7.3.: Die durch die Energie der Minne bewirkte Aktivität der Seraphim und der Seelen im gleichen Engelchor stellt Seuse so dar, daß sie aufgrund ihrer Minneenergie, die Seuse mittels der Feuermetaphorik veranschaulicht (s.18,15), ein *ufflammen* haben zur Ewigen Weisheit hin (s.243,13).

7.4.: Im Bild des Aufflammens verweist Seuse ferner auf den Beginn der göttlichen Liebe im Menschen (s.15,29).

8.1. – 8.2.: Mit der Adjektivmetapher *ufflammend* stellt Seuse eine Beziehung zwischen dem kraftvoll leuchtenden Feuer und der Minne des Hl. Geistes her (s.224,15). Da das Herz des Dieners eine ähnliche Energie wie der Hl. Geist in sich birgt, bittet die Ewige Weisheit um Weitergabe an ihr minnendes Herz: "... *din ufflammendes herze (sol) min minnendes herz enzünden.*" (216,2).

9.1.: Das *liehte fünkelin* ist das Organ der Seele, das den einsichtigen Menschen wieder auf das Ewige hinwendet, indem er sich von allem Kreatürlichen trennt und sich allein mit dem Göttlichen befaßt. Die in diesem Zusammenhang verwendete Metapher *fünkelin* evoziert dabei eine Sicht, die die Tätigkeit des Seelenorgans parallelisiert mit einem glühenden, von der brennenden Materie sich lösenden und durch die Luft fliegenden Teilchen (s.192,10).

9.2.: Wenn Leibliches zum Geistigen und Natürliches zum Ewigen kommt, zeigt sich die göttliche Minne und teilt sich mit; Seuse bringt dies, anknüpfend an die Licht verbreitende Eigenschaft des Funkens, in der bildlichen Formulierung "*ein grosse(r) funk diner gnadenreichen minne*" (376,6) zur Sprache (vgl. den Gegensatz "*vinstre naht der valschen minne*" (376,3) - "*grosse funk diner gnadenrichen minne*" (376,6)).

14.1. – 14.2.: Die Feuermetaphorik dient Seuse zur Charakterisierung der Intensität der Liebesbeziehung des Dieners zum höchsten Seraphim (s.24,31) und zur Ewigen Weisheit (s.18,15; 466,17); es ist auch Bild für die Energie der Minne, die der höchste Seraphim besitzt, den Seuse bittet, daß er als *hizziger geist* sein Herz in Liebe zu Gott glühend mache (s.18,15ff).

14.3. – 14.6.: *Inhizzig* ist ferner Metapher für die aus der Erfahrung der Entrückung resultierende Energie, mit der der Mensch nach Gott verlangt (s.386,17); auch der Ernst, mit dem sich der Mensch Gott nähert, wird hinsichtlich seiner Intensität in gleicher Weise mit den Metaphern *inhizzig* und *inbrúnstig* charakterisiert (s.216,16).

Aufgrund ihrer Intensität können auch *begirde* (s.386,17), *wort* (s.394,22) und *súfzen* (s.453,11) als *hitzig/inhizzig* charakterisiert werden.

17.1. – 17.2.: Die Metapher des *erhizzen* findet bei Seuse Verwendung für die innerliche Erregung Seuses, die er nach dem leidenschaftlich in *goettlicher minne* geführten Gespräch mit seinen geistlichen Kindern in sich wahrnimmt (s.139,21). Den gleichen Effekt unterstellt Seuse den *fúrin* Worten der Ewigen Weisheit in Bezug auf Herz und Seele aller Menschen (s.227,10f); kein Herz vermag so unsensibel (*hert*), ohne Lebensenergie (*kalt*) und antriebsschwach (*lawe*) zu sein, daß es nicht transformiert werden könnte: "*es muoz erweichen und erhizzen...*" in der Minne Jesu Christi (227,11).

17.3.: Geistlicher Erschlaffung ist nach Seuses Meinung abzuhelfen durch das Ausdenken neuer Gebete, durch neue Übung und das geistige Nachgehen der Wege Jesu, bis der Mensch - wie im Bild des *erhizzen* anschaulich gemacht wird - wieder seine geistliche Dynamik erhält (s.365,29).

19.1.: Die Kraft der Minne ist in dem vom höchsten Seraphim in leidenschaftliche Erregung gebrachten Herzen des Dieners derart groß, daß durch seine Lehre und sein Reden in allen Menschen, die dem Diener begegnen, Minne nach Gott entsteht: "*... daz der hizzige geist (von Seraphim) sin herz inbrünstig in goetlicher minne macheti, also daz es in im selb brunni und ellú menschen durch sinú minnerichú wort und lere enzunti.*" (18,16-18) Die Energie, die etwas anderes zum Brennen bringt, dient Seuse ferner dazu, eine Vorstellung davon zu geben, wie die Gegenwart Jesu Christi oder des Hl. Geistes (s.436,2) den Zustand des Menschen beeinflußt: "*Din gegenwúrtikeit enzúndet mich...*" (294,32f).

19.2.: Seuses Ziel ist es, daß er den Namen Jesus "*in allen kalten herzen mit núwer minne wider enzúnde*" (153,17f). Damit ist gemeint, daß der Name Jesus wieder in allen Herzen lebendig wird, so daß seine Wirklichkeit dort wieder aufleuchtet, erkannt und geliebt werden kann (s.153,16.24).

19.3.: Nach Seuse soll jeder Gottesfreund über (Vor-) Bilder und Sprüche verfügen, damit durch ihre Kraft in seinem Herzen leidenschaftliches Verlangen nach Gott entsteht (s.391,20-22): "*... enzúndent werdent in der suessen minne der zarten minneclichen ewigen wiszheit...*" (479,15f). Diese Bedeutung mißt Seuse neben dem Leiden der Gottesmutter (s.546,26) auch seinen Briefen zu, die er an die von ihm betreuten geistlichen Töchter schreibt (s.479,13-15).

22.1.: Mit *erloeschen* visiert Seuse die Konsequenzen an, die sich aus der Verschriftlichung mündlicher Rede ergeben: die die Lebendigkeit mündlicher Rede charakterisierende "*lustliche wise erloeschet*" dann (199,20).

F. Margaretha Ebner

3. brennen
3.1. minne (69,24; 77,1; 166,24)

3.1.: Die *brinnendiu minn* Margarethas bindet Gott, den *gemahel* ihrer Seele, an sie.

G. Heinrich von Nördlingen

1. für/fürig
1.1. got (10,4)
1.2. Jhesus Christus (34,43)
1.3. mine (43,81)
1.4. mensche (30,3)
1.5. wort (16,14)
1.6. o.BE (25,9; 46,58)

2. *brunst*
2.1. *minne* (48,1)

3. *brinnen*
3.1. *geist* (4,29; 11,7f; 14,5)
3.2. *wort* (13,19f)
3.3. *ernst* (17,44; 33,86; 46,12; 56,3)
3.4. *begird* (35,75; 36,49)
3.5. *lieht* (29,11; 53,34)
3.6. *Jesus* (46,81)
3.7. *gotheit* (52,33f)
3.8. *gemahel gotz* (46,58)

5. *flamme (Subst.)*
5.1. *minne* (17,9)

6. *flamen (Verb)*
6.1. *begirde* (33,88)

9. *fundke*
9.1. o.BE (46,58)

18. *zúnden*
18.1. *leben* (13,25f)

19. *entzünden*
19.1. *minne* (4,41)
18.2. *got* (4,81)
19.3. *begird* (13,23)
19.4. *mensche* (33,86f(Pat))

20. *entzundung*
20.1. *mensche* (10,4)

1.1. – 1.2.: Heinrichs Gruß zu Beginn des 10. Briefes beinhaltet den Wunsch nach Partizipation Margarethas an Gott. Entsprechend der Vorstellung Gottes als Licht wünscht er ihr *erluchtung*, in Konsequenz der Vorstellung Gottes als *fur* "*ain ware entzundung in dem gotlichen fur*" (10,4). Während an dieser Stelle nicht deutlich wird, warum Heinrich das Bild vom *gotlich fur* benutzt, wird an einer anderen Textstelle im Zusammenhang mit Ausführungen zu Jesus Christus dessen sündenvergebende Wirkung in Beziehung gesetzt zur läuternden Eigenschaft des Feuers: "*... der dich in sines fewers rost so gar lüteret und geklert hat...*" (34,43f).

1.3.: Die Metapher "*feur der minen*" bezieht sich auf die Dynamik der göttlichen Minne, die Margaretha in ihrem Inneren empfangen soll (43,81).

1.4.: Als Bild für die Energie, die der Mensch zur Liebe der Wahrheit braucht, wünscht Heinrich Margaretha neben dem Licht der Erkenntnis und der Kraft zum Leben der Wahrheit "*ain feur, die warhait ze minen*" (30,3f).

1.5.: Die Adjektivmetapher *fürig* evoziert eine Sicht, die die Worte Margarethas zur Dynamik des Feuers in Parallele bringt (s.16,14).

1.6.: Die Teilhabe der Seele an der göttlichen Wirklichkeit kommt für Heinrich u.a. dadurch zustande, daß sie *fundken* von Gott empfängt. Diese bewirken, daß sie deren Eigenschaften annimmt und *brinet* und *leuchtet* (s.46,58f).

2.1.: Die als Brand vorgestellte Energie der göttlichen Minne zeigt bei Margaretha Ebner, wie Heinrich ihr in einem Brief schreibt, das Ergebnis, daß ihr Gesicht *geklert ist*. Neben dieser, parallel zur läuternden Eigenschaft von Feuer verstandenen Wirkung der Minne ist ihr Gesicht auch hell, da es infolge des auf sie treffenden "*lieht der gnade wider lichten ist*" (48,2).

3.1. – 3.2.: Als Adjektivmetapher hat *brinnend* die Funktion, anhand der Dynamik des Feuers die leidenschaftliche Sehnsucht oder Minne des menschlichen Geistes, insbesondere von Margaretha, anschaulich zu machen. Es charakterisiert einen

Zustand, zu dem neben dem *brinenden geist* auch ein *reins hertz*, ein *minendes hertz* und eine *himelschü sel* (s.11,6f) gehören sowie - wie an anderer Stelle ausgeführt wird - ein demütiger, wahrhaftiger Lebenswandel mit innerer Sehnsucht nach Gott (s.14,4-7).

Unter dem Aspekt kraftvoller Energie sieht Heinrich auch die Wirkung, die von den "*minsamen, getruwen, süszen, brinünden und warhaftü wort*" Margarethas ausgeht. Sie orientieren auf Gott hin und bringen Heinrichs Leben vor Gott (s.13,19f).

3.3. - 3.4.: Den Anspruch Jesu in Joh 4,14 "*wen dürst, der kom zu mir und trinck*" interpretiert Heinrich als Ausdruck von Jesu Verlangen, das von *minnebrinden ernst* gekennzeichnet ist (s.17,44).

Im Hinblick auf die *geistlich himelfart* wünscht Heinrich Margaretha neben der Annäherung an Gott (die er in ihren verschiedenen Phasen bildlich vorstellt) einen Zustand und eine Einstellung, deren wesentliche Elemente mit "*luter hertz, ein durchglestig sel, ain minenden geist, ein brinenden ernst, ein senenden jamer...*" umschrieben werden (46,11f).

An anderer Stelle umreißt Heinrich die Einstellung, die die Erwählte Margaretha, wie Heinrich sie bezeichnet, in das *einig ein* führt: Das Bild "*jagent mit hitzigem, brinenden ernst*" verweist dabei auf den Aspekt der dynamisch leidenschaftlichen geistigen Bemühung, die "*mit aller waren, luter, unschuldiger andacht*" (56,3f) vollzogen werden muß. Den *minnebrinde(n) ernst* Margarethas sieht Heinrich als so groß, daß davon sein laues Verlangen nach Gott *entzündet* werden könnte mit dem Ergebnis, daß seine innersten *begirden* in Gott *flament werden* (s.33,86-88). Die dem Verlangen nach Gott zugrundeliegende Energie stellt Heinrich mit der Adjektivmetapher *brinend* heraus (s.35,75).

3.5. - 3.7.: Die Lichtmetapher, die die göttliche Einwirkung auf den Menschen beschreibt, wird hinsichtlich ihrer Dynamik durch die Adjektivmetapher *minenbrinend* genauer bestimmt. Damit wird ausgesagt, daß das göttliche Handeln von der Dynamik seiner Liebe geprägt ist (s.53,34), die letztlich - in Weiterführung der Feuermetaphorik - den Menschen zu einem "*versmeltzen in Christum Jhesum*" (53,35) bringt.

Im Zusammenhang mit Jesus Christus spricht Heinrich auch vom "*waren brinenden lieht*" (29,11) oder kurz auch vom *brinnenden* Jesus (s.46,81). Allgemein fungiert *brinnend* als stehendes Attribut Gottes (s.52,33f).

3.8.: Eine an Mechthild von Magdeburg angelehnte Passage findet sich im 46. Brief. Heinrich führt aus, daß Margaretha, die "*geminte gemahel gotz*", mit dem geliebten Jesus in die *weincelle* geht, wo sie trunken wird (56,33). Ein Aspekt der Begegnung der beiden Liebenden ist ihr Verlangen, das Heinrich mit der Feuermetaphorik hinsichtlich seines Entstehens im Geliebten und dem Übergreifen auf die Geliebte ins Bild bringt: "*...ie heiszer si blibet ie schierer si fundken enpfahet, ie mer si brinet ie schoner si leuchtet, ie mer gotz lob gebreit wirt ie groszer ir begird blibt.*" (46,57-60; vgl. Mechthild von Magdeburg I 22,32-34)

5.1.: Auf die Dynamik der göttlichen Minne verweist bei Heinrich auch das Bild der "*brinnenden flammen (der) minnen*" (17,9).

6.1.: In Bezug auf die mit Hilfe der Adjektivmetaphern *kranck* und *lau* als funktionsuntüchtig charakterisierten *begirden* hofft Heinrich, daß Margaretha ihnen ihre auf Gott gerichtete Leidenschaft der Liebe mitteile. Genauerhin stellt er sich nach dem Vorbild der Weiterverbreitung von Feuer die Wandlung seines passiven Verlangens in höchste Aktivität vor: Zunächst müssen seine *begirden* solange von Margarethas "*minnebrindem ernst entzündet*" werden, bis sie in Gott *flament* werden (33,88).

9.1.: s.1.6.

18.1.: Die Metaphern *luchten* und *zunden* erscheinen zur Erfassung der Bedeutung, die Margarethas Leben für Heinrich hat: Es orientiert ihn und verleiht ihm Energie zur Ausrichtung auf Gott hin (s.13,25f).

19.1.: Heinrich fordert Margaretha auf, die Seele ihres geliebten Jesus in ihr Inneres zu bringen, damit diese Margarethas Liebe erkennt; dieser Liebe weist Heinrich in Bezug auf Jesus eine Mutterrolle zu, die er mit den Metaphern und Verben *seugen, ernern, leren, umbfangen, enzunden* konkretisiert. Nur die Metapher *enzunden* fällt aus dieser Reihe heraus, da es hierbei um die Mitteilung der Minneenergie an Jesus geht, die in Gott ihr Ziel findet (s.4,41).

19.2.: Die Mitteilung der göttlichen Wahrheit und Minne an den Menschen geschieht dadurch, daß Gott den Menschen erleuchtet und Minne in ihm durch Weitergabe der eigenen Energie entstehen läßt (s.4,81).

19.3. – 19.4.: Die "*hailige inbrústig begird*" Margarethas wirkt in der Weise auf Heinrich ein, daß sie, wie Heinrich im Bild des *enzunden* zur Sprache bringt, in ihm das gleiche Verlangen entstehen läßt (s.13,23). In gleicher Weise hofft Heinrich, daß seine kranken und erschlafften *begirden* neue Kraft erhalten, indem sie von Margarethas "*minnebrinden ernst entzündent werdent*" (33,86f).

20.1.: Als Gruß entbietet Heinrich Margaretha den Wunsch, daß sie an der göttlichen Wirklichkeit partizipieren möge: "... *ain ware erluchtung in dem gotlichen liecht, ain ware entzundung in dem gotlichen für, ain ware kraft in der gotlicher sterck...*" (10,3-5; s. 1.1).

| wahsen (1.)/ entwahsen (2.)/ überwachsen (3.)/ ufwachsen (4.)/ zuonemen (5.)/ abenemen (6.) |

A. Mechthild von Magdeburg

1. *wahsen/wahsend*
1.1. *lust* (I 22,26)
1.2. *gerunge* (IV 15,4; V 28,22)
1.3. *mensche* (IV 25,7)
1.4. *gruos* (IV 2,13)
1.5. *lon* (VI 41,12)
1.6. *vare* (II 26,47)
1.7. *kleid* (III 21,81)
1.8. *minne* (V 4,12.20.45)
1.9. *tugende* (V 35,27)
1.10. *wisheit* (IV 22,30)
1.11. *sele* (V 4,67)

1.1. – 1.5.: Mechthild sieht eine Analogie zwischen dem in der Zunahme von Größe, Umfang u.a. sich zeigenden Wachstum eines lebenden Organismus und Vorgängen, die sich an abstrakten Sachverhalten vollziehen. Zum Beispiel *wahset* Gottes *lust* in Anbetracht seiner Braut, der Seele; ebenfalls beschreibt Mechthild die in der Gottesminne begründete Entwicklung der *gerunge* im Bild des *wahsen* (s.IV 15,4); auch der Zunahme der inneren Disposition des Menschen an *edelkeit* und *klarheit* (s.IV 25,7) verleiht Mechthild Züge des Wachstumsvorgangs.

1.6. – 1.7.: Mechthild bittet darum, daß Gott ihr Buch vor falschem Interesse bewahre. Ein solches falsches Interesse entwickelt sich - wie Mechthild im Bild des menschlichen Wachstumsprozesses mit den Metaphern *gezúget, geborn, gedruten, gewahsen* anschaulich macht - im Kontakt mit Luzifer, mit dem geistlichen Hochmut, sowie mit Haß und Zorn.

1.8. – 1.11.: Die mit der Verbmetapher *wahsen* ausgesagte Entwicklung der Minne in der Seele zeigt sich darin, daß die Seele mit Verlangen zu Gott aufsteigt und sich weitet zur Aufnahme der göttlichen Wirklichkeit (s.V 4,12). Das Endstadium ihrer tugendhaften Entwicklung, für das Mechthild das Bild des *vollewahsen* verwendet, hat die Seele erreicht, wenn sie sich von der höchsten Höhe und größten Gottesnähe in den entgegengesetzten Bereich begibt und die Gottesferne auf sich nimmt (s.V 4,67).

B. David von Augsburg

1. *wahsen*
1.1. *unminne* (315,8)
1.2. *vruht des menschen* (320,16f)
1.3. *ungevelliges* (327,30)
1.4. *diemuot* (332,16)
1.5. *sêle* (378,27)
1.6. *lon* (340,12)
1.7. *schatz* (379,24)

4. *ûfwahsen*
4.1. *mensche* (356,40f; 387,20f)

5. *zuonemen*
5.1. *liebe* (337,10)
5.2. *sele* (378,27)
5.3. *mensche* (387,20)

6. *abenemen/abenemunge*
6.1. *mensche* (373,11; 387,21)
6.2. *slêwekeit* (356,2)
6.3. *gedult* (317,2)
6.4. *liebe* (337,10)

1.1.: Auf dem Hintergrund pflanzlicher Entwicklung versteht David das Entstehen von *unminne* zwischen Freunden und Brüdern. Verursacht wird diese Entwicklung durch den Wegfall des Willens, der der Hüter irdischer Begierden war (s.315,8).

1.2.: Da man die Güte eines Baumes an seinen Früchten erkennt, empfiehlt David dem Menschen, das, was sich bei ihm entwickelt, zu beachten (s.320,16).

1.3.: Um zu verhindern, daß aus Schweigen etwas Unpassendes *wahsen möhte*, fordert David sein Publikum auf zu reden (327,30).

1.4. – 1.5.: Die Erkenntnis der eigenen Undankbarkeit und Unwürdigkeit in Anbetracht des göttlichen Handelns ist Ursache dafür, daß bei den Heiligen die Demut mit den Tugenden und Gnaden *wuchs* (s.332,16). Eine andere Ursache dafür, daß die Seele im Hinblick auf die Tugenden einem - mit *zuonemen* und *wachsen* zum Ausdruck gebrachten - Entwicklungsprozeß unterliegt, ist der Empfang der eucharistischen Speise (s.378,25-27).

1.6. – 1.7.: Im Sinn einer Zunahme an Größe beschreibt David mit der Wachstumsmetapher, daß sich der Lohn der Barmherzigen durch alle Widerwärtigkeit auf Erden vergrößert (s.340,12). In der gleichen Bedeutung setzt David den Schatz im Himmel in Beziehung zum Pflanzenwachstum. Anders als die Erfahrung mit Naturprodukten wächst der Schatz, auch wenn alle im Himmel ihn bekommen und gebrauchen (s.379,24).

4.1.: In Parallele zur Naturerfahrung, daß der Baum, je fester er verwurzelt ist, umso kräftiger hochwächst, setzt David die Wirkung, die die Demut für den Menschen hat: je tiefer sie den Menschen neigt, desto größer wird er vor Gott. Das Gebet bewirkt eine ähnliche, im Bild des *zuonemen* und *ûfwahsen* anschaulich gemachte Entwicklung im heiligmäßigen Leben (s.387,20). Der gegenläufige Prozeß kommt zustande, wenn der Mensch glaubt, sich selbst zu besitzen; dann *nimt* er nicht mehr *zuo*, sondern *abe* (s.387,21).

5.1.: Anhand der Wachstumsvorstellung erläutert David das Verhältnis von irdischer und göttlicher Liebe: "*als vil diu eine zuo nimt, als vil nimt diu ander abe.*" (337,10)

5.2. – 5.3.: Durch den Empfang der eucharistischen Speise erhofft sich David - wie der Kombination der Metaphern *zuonemen* und *wachsen* zu entnehmen ist (s.378,27) - eine Entwicklung der Seele im Hinblick auf die Tugenden.

Eine ähnliche Funktion wie der eucharistischen Speise kommt auch dem Gebet zu, durch das sich das heiligmäßige Leben des Menschen vergrößert (s.387,20; s.4.1.).

6.1. – 6.2.: Anhand des körperlichen Wachstums zeigt David - Hieronymus zitierend - die Wirkung auf, die Gebet und Glaube einerseits, aber auch Lauheit andererseits haben. Während man durch das Gebet eine positive Entwicklung hinsichtlich des geistlichen Lebens durchmacht, verläuft diese Entwicklung beim Menschen, der ausschließlich auf sich selbst setzt, regredient (s.387,21). Überhaupt sind die von Gott bestimmten Menschen getrennt *"von aller trûrekeit, von aller vorhte, von aller abnemunge"* (373,10f). Die Lauheit wirkt sich dermaßen auf den Menschen aus, daß sich Tugenden und Gnaden Gottes verringern (s.356,2).

6.3.: Im Unterschied zur Ungeduld, die eine der Ursachen für die Sünde des Menschen darstellt, bewirkt die Geduld, daß die Sünde vom Menschen entfernt wird. David stellt sich mit der Metapher *abenemen* diesen Vorgang in der Weise vor, daß die Sünde gleichsam aus der festen Verbindung mit dem Menschen gelöst wird (s.317,2).

6.4.: Göttliche und menschliche Liebe stehen im Menschen in Opposition zueinander: Das *zuonemen* der einen bedeutet das *abenemen* der anderen Liebe (s.337,10).

C. Meister Eckhart

1. *wahsen*
1.1. *mensche* (I 331,5; III 300,1; V 209,14; 290,2f)
1.2. *vurht* (III 464,3f)
1.3. *minne* (V 263,10f; 264,3)
1.4. *crêatûre* (II 201,12)

2. *entwahsen*
2.1. *crêatûre* (I 212,6)
2.2. *natûre* (II 475,2f)
2.3. *wesen* (III 134,9f)
2.4. *sêle* (III 251,6; 252,2f; 253,4.6f)
2.5. *lieht* (III 261,1-3)
2.6. *got* (III 261,3)
2.7. *mensche* (III 254,6)

5. *zuonemen*
5.1. *mensche* (II 505,5; III 196,8; 214,4.6; V 290,2f)
5.2. o.BE (II 139,4)
5.3. *vernünfticheit* (II 202,4)
5.4. *lieht* (III 214,5)
5.5. *sêle* (III 427,7)

6. *abenemen*
6.1. o.BE (I 361,4(Pat))
6.2. *gedanke* (II 348,2)
6.3. *mensche* (II 505,5; III 124,4; 224,1)

1.1. – 1.3.: Eckhart parallelisiert mit dem Wachstumsvorgang die innere Entwicklung des Menschen, die ihren Abschluß im väterlichen Herzen Gottes findet; der Mensch gelangt an dieses Ziel, indem er - wie Eckhart anhand der Ortsveränderung im sichtbaren Raum veranschaulicht - *klimet* (s.III 299,9) vom natürlichen Licht, d.h. von seiner Vernunft (s.III 298,7), in das Licht der Gnade, um von da aus zu *"wahsen in daz lieht, daz der sun selber ist"* (III 300,1f). Das Erreichen des göttlichen Zieles gelingt dem Menschen also dadurch, daß er sich einem Prozeß unterwirft, der zum einen dem Zurücklegen eines Weges ähnelt und zum anderen eine Veränderung des Menschen selbst verlangt, der Eckhart Züge einer (infolge

Wachstums eintretenden) Zunahme der Körpergröße verleiht. Interessant ist in diesem Zusammenhang, daß Eckhart in der gleichen Predigt diesen Vorgang als eine Ortsveränderung beschreibt, indem er die Verben *nâhen*, "*gezogen werden ûz uns selben*", "*ûfklimmen in ein lieht, daz got selber ist*", verwendet (III 298,12f).

An anderer Stelle lehnt sich Eckhart an den Wachstumsprozeß an, um die Zunahme des Ausmaßes der Gottsuche oder der Tätigkeit ins Bild zu bringen, bei der der Mensch alle Dinge zu seinem Nutzen verwendet (s.V 209,14; 290,2f). Auch zur Erfassung der Zunahme der Gottesliebe oder von Furcht, Hoffnung sowie der Zunahme des Begehrens nach Gott in der Seele erscheint die Wachstumsmetapher.

1.4.: Im Zusammenhang mit der Feststellung, daß das Geringste von Gott genügt, damit die Geschöpfe leben und gedeihen können, spricht Eckhart metaphorisch vom "*wahsen und gruenen*" der Kreaturen (II 201,12).

2.1.: Die Metapher *entwahsen* erscheint Eckhart geeignet zu sein, in Analogie zu dem Vorgang, bei dem man durch seine Entwicklung über ein bestimmtes Stadium hinausgelangt bzw. wachsend aus etwas herauskommt, den Trennungsprozeß zwischen dem Menschen, der Natur, dem Sein oder der Seele und allem, was nicht Gott ist, darzustellen. Für Eckhart stellt es geradezu eine Bedingung für die Gotteserfahrung dar, daß die Kreatur ihre Geschaffenheit hinter sich läßt; denn "*alle crêatûren enrüerent got niht nâch der geschaffenheit...*" (I 212,3f). Es ist die *lûter blôze natûre*, in der der Mensch das Organ der Gotteserfahrung besitzt. Da diese Natur im kreatürlich verfaßten Menschen vorhanden ist wie der Kern in der Schale (s. I 212,5f), muß der Mensch die kreatürliche Verfaßtheit verlassen, indem er aus dieser *heruz kumet* oder es ihm gelingt, dieser zu *entwahsen*. Bezogen auf die Kern-Schale-Metaphorik verläuft dabei der mit *entwahsen* metaphorisch ausgesagte Vorgang am Menschen in der Weise ab, daß er gleichsam infolge seiner Entwicklung zu groß für die Geschaffenheit wird, so daß er über diese hinausgelangt: "*...daz geschaffen ist, daz muoz gebrochen sîn, sol daz guot her ûz komen. Diu schal muoz enzwei sîn, sol der kerne her ûz komen. Ez meinet allez ein entwahsen...*" (I 212,4-6).

2.2.: Die Natur, die "*so bloß ist in ir selber*" (II 475,2), bewegt sich ausschließlich auf die *erste lautterkeyt* (s.II 475,4) zu; sie befindet sich in Distanz zur Geschaffenheit dadurch, daß sie "*suocht weder diß noch das*" (II 475,3) und allem Unreinen *entwachset*.

2.3.: Das personhafte Mensch-Gott-Sein Jesu Christi ist vom äußeren Menschen unterschieden und für diesen unerreichbar; denn es "*entwehset und überswebet dem ûzersten menschen*" (III 134,9f). Mit der Kombination dieser beiden Metaphern erreicht Eckhart auf zweierlei Weise, die Distanz des Seins Christi zum äußeren Menschen auszusagen: Zum einen resultiert die Distanz aus dem Prozeß, der sich am Sein Christi vollzieht und den Eckhart im Bild der Wachstumsentwicklung anschaulich macht; zum anderen ist das Sein Christi durch seine Position, die aufgrund der Relation Boden - Luft beschrieben wird, ohne Kontakt zum äußeren Menschen.

2.4.: Im Rahmen von Aussagen zur Finsternis, die darin besteht, daß der Mensch Kreatürliches nicht mehr wahrnehmen kann oder daß kein kreatürliches Licht mehr scheint, stellt Eckhart bezüglich der Seele fest, daß diese in der *vinsternis* (s.III 251,6), genauerhin in ihrem *grunt* (s.III 252,4), alles kreatürliche Licht verliert, indem sie alles Kreatürliche infolge ihrer Entwicklung transzendiert: "*si entwahset allem dem, daz hitze geheizen mac oder varwe.*" (III 251,6f)

Auf dem Weg zu Gott in die Höhe - "*daz hôch ist, daz ist got nâhe*" (III 241,4) - bis dorthin, wo er jenseits seines Ausflußes und Ausbruchs in seinem Sohn er selber ist, läßt die Seele alles Licht und alle Erkenntnis hinter sich: "*(si) entwahset... allem liehte... und bekantnisse.*" (s.III 253,4.6f)

2.5. - 2.6.: Das Bild des *entwahsen* erscheint ferner, um die Unbegrenztheit des Lichtes der *vernünfticheit* zu erfassen: "*Diz lieht ist ouch sô wît, daz ez der wîte entwahset; ez ist wîter dan diu wîte. Ez entwahset der wîsheit und güete, als got entwahset der wîsheit und der güete...*" (III 261,1-3). Gerade an dem Vergleich des Lichtes der *vernünfticheit* mit Gott wird deutlich, daß nicht der Vorgang des *entwahsen*, sondern der dadurch erreichte Zustand des 'Darüber-hinaus' ausgesagt werden soll; denn Gott ist *entwahsen*, weil er immer schon Ursache von Weisheit und Güte ist (s.III 261,4).

2.7.: s. 2.1.

5.1. - 5.5.: Die Metapher *zuonemen* steht für die geistliche Entwicklung des Menschen, die die Vermehrung der Gnade (s.III 196,8) und der Erkenntnisfähigkeit Gottes (s.III 214,4.6), nicht aber die Vermehrung von leiblichen Dingen im obersten Teil der Vernunft betrifft (s.II 202,4). Solange der Mensch noch in seiner geistlichen Entwicklung begriffen ist, erkennt er Gott nicht (s.III 214,6) und befindet sich nicht in Gleichheit mit Gott; denn Gott ist kein *zuonemendes lieht* (s.III 214,5). Zu einer wirklich geistlichen Entwicklung kommt es nur, wenn der Mensch seine Mängel und seinen Lebenswandel korrigiert (s.II 139,4) und ständig Gott in allem sucht (s.V 290,2f).

6.1. - 6.3.: *Abenemen* ist Metapher für die Beseitigung alles dessen, was Gott an Bestimmungen zugeschrieben worden ist (s.I 361,4). Der Mensch muß alle *wîse*, jegliche Bestimmung von Gott entfernen, wenn er zur Gottesschau gelangen will (s.III 224,1f). Zum anderen gewinnt die Metapher ihre Bedeutung aus der Parallelisierung mit dem Wachstumsprozeß; jenseits von allen Kreaturen gibt es keinerlei Entwicklung: "*Dâ bin ich, daz ich was, und dâ nime ich weder abe noch zuo...*" (II 505,5).

D. Tauler

1. *wahsen*
1.1. *irrunge* (14,17)
1.2. *begerunge* (22,18)
1.3. *minne* (362,31; 123,15)
1.4. *abegescheidenheit* (96,24)
1.5. *goetteliche vorhte* (313,27)
1.6. *ankleblicheit* (222,26f)
1.7. *gelossenheit* (164,21)
1.8. *mensche* (265,4)
1.9. *flis* (44,29(Pat))

3. *überwachsen*
3.1. *hut* (275,10f)

4. *ufwachsen*
4.1. *mensche* (66,29f; 69,23f)

5. *zuonemen*
5.1. *minne* (123,15; 408,10.16)
5.2. *andaht* (123,15)
5.3. *warnemen* (24,34)
5.4. *inwendicheit* (96,24)
5.5. *abegescheidenheit* (96,24)

5.6. o.BE (14,8; 123,4; 412,20)
5.7. *mensche* (51,13; 92,3; 172,27; 190,11; 225,11; 235,1; 241,19; 264,34; 265,12; 426,20)

6. *abenemen*
6.1. *vorht* (123,15)
6.2. *got* (399,12)
6.3. *minne* (408,10)

1.1.: Die Menschen, die mit hohen Worten von der Dreifaltigkeit sprechen, sind der Grund dafür, daß sich - wie Tauler mit der Wachstumsmetapher veranschaulicht - viel Jammer und Verwirrung ausgebreitet hat (s.14,17).

1.2. – 1.6.: Auf den lebendigen Organismus, der durch Wachsen an Länge und Umfang zunimmt, bezieht sich Tauler, wenn er als Folge der Beseitigung aller menschlichen Ungleichheit mit Gott ausmacht, daß das Streben des Menschen *"wehsset und hoeher über sich selber gat"* (22,18) und beim Berühren des Grundes durch Fleisch und Blut des Menschen dringt. Auch die Zunahme der Gottesminne und Dankbarkeit, die sich infolge der Erfahrung der von Gott verhängten Not steigert, oder des Maßes an Abgeschiedenheit und innerem Leben (s.96,24) sowie von Gottesfurcht oder der Verhaftetheit an der alten Gewohnheit (s.222,26f), stellt Tauler mit Hilfe der Wachstumsmetapher vor. Dies heißt: Die Entwicklung der unter 1.2. - 1.6. aufgeführten Größen sieht Tauler als Voraussetzung dafür, daß der Mensch mit Gott in näheren Kontakt treten kann.

1.7.: Zum Landschaftsbild ausgeweitet erscheint die Verbmetapher *wahsen* in Pr 40. Die metaphora continuata, die auf dem organischen Zusammenhang von Nährboden und dem daraus resultierenden Pflanzenwachstum beruht, verknüpft die Elemente Sanftmut, Gelassenheit, Stille, Geduld, Güte in der Weise mit der Demut des Menschen, daß diese - aufgrund der damit bezeichneten Erniedrigung des Menschen - zum Tal wird, in dem die anderen Tugenden *wahsen* (s.164,21); dadurch wird deutlich, daß die Demut die Grundlage für die Entfaltung der anderen Tugenden bildet.

1.8.: Der Mensch, der sich Gott überläßt und bereit zum Leiden ist, entwickelt sich; sein *ernüwen* und sein *wachsen* ist groß (s.265,4).

1.9.: Kein Geschöpf noch Gott vermögen den Menschen, der sich nach Gott sehnt, so sehr zu erniedrigen, daß er nicht noch tiefer sänke und sein Bemühen nach einem unergründlichen Vernichten seiner selbst nicht noch größer würde (s.44,29).

3.1.: In dem Fall, daß der Mensch in allem das Seine sucht, wirkt dies wie eine Haut, die *"den grunt bedeckent und überwachsen hant"*, so daß er diesen nicht wahrnehmen kann (275,10f).

4.1.: Wenn Tauler aussagen will, daß der Mensch sein Bewußtsein ausschließlich im Bereich seiner eigenen Vernunft entwickelt hat und infolgedessen nur diese gelten läßt, spricht er metaphorisch davon, daß diese Menschen *"in ire natúrlicher vernunft ufgewachssen sint"* (69,24).

5.1. – 5.6.: *Zuonemen* ist Metapher für die Steigerung, den Fortschritt in der Entwicklung und die Vergrößerung des Ausmaßes der *minne* (s.408,10) und *andaht* in Bezug auf Gott (s.123,15), des innerlichen *warnemen* Gottes (s.24,34) sowie von *"inwendicheit und abegescheidenheit"* (96,23). Das *zuonemen* und der *fúrgang* im Inneren kommt u.a. dadurch zustande, daß Jesus Christus auf das Innere einwirkt (s.412,20), oder auch durch den Empfang des Altarsakraments (s.123,1-6).

5.7.: Inbesondere der geistliche Fortschritt des Menschen wird im Bild der Zunahme veranschaulicht, die die Vermehrung von *abegescheidenheit, lidikeit, innikeit* und *einikeit* betrifft (s.92,3). Als bestimmend für den geistlichen Fortschritt sieht Tauler allgemein das Leiden an (s. 265,12), speziell das Durchleiden von *vinsternis* und *qwetschunge* (s.172,27-30); eine weitere Voraussetzung sieht Tauler darin, daß der Mensch Gott bereitwillig in sich wirken läßt und sich dementsprechend verhält (s.190,11) bzw. daß er sich selbst verleugnet und Gott ausschließlich folgt (s.264,34). Die geistliche Entwicklung verläuft für Tauler in drei Stadien: *anhebende lúte, zuonemende lúte* und *volkommen lúte* (s.51,13; vgl. 225,11; 235,1; 241,19).

6.1. – 6.3.: Vollkommenheit anstrebenden Menschen empfiehlt Tauler, darauf zu achten, daß ihre Ehrfurcht Gott gegenüber nicht *abeneme* (s.123,15). Was die Gott entgegengebrachte *minne* anbelangt, bedeutet diese keinen Verlust für den Menschen, *"sunder sú wehset und nimmet zuo, wanne mit minnen verdienet man minne."* (408,10f). Der semantische Schwerpunkt der Metapher verlagert sich, wenn im Bild des *abenemen* die Beseitigung aller bösen Neigungen vom Menschen durch Gott veranschaulicht wird (s.399,12).

E. Seuse

1. *wahsen*
1.1. *liden* (87,15)
1.2. *wisheit* (301,24f)
1.3. *bilde* (323,23)
1.4. *andaht* (301,16f; 394,6f)
1.5. *schuld* (462,11)
1.6. *lon* (422,17; 462,11)
1.7. *frevel* (463,29)
1.8. *gnade* (301,16f)

5. *zuonemen*
5.1. *mensche* (3,10; 113,20; 194,6)

6. *abenemen*
6.1. *menscheit* (4,34)

1.1. – 1.3.: Seuse dient die Verbmetapher *wahsen* zur Veranschaulichung des steigenden Ausmaßes, das er rückblickend bei seinen eigenen Leiden feststellt (s.87,15). In Bezug auf die Weisheit des Menschen gilt, daß sie bei Gebrauch *wahset*, während sie bei mangelndem Gebrauch schwindet (s.301,24). Die Wachstumsmetapher erscheint weiterhin zur Erfassung der Fertigstellung eines Bildes, das Seuse betrachtet (s.323,23).

1.4. – 1.8.: Seuse kann die Metapher *wahsen* auch verwenden, um die organische Entwicklung von etwas herauszustellen. So gebraucht er z.B. die Metapher dazu, um als Wirkung des Sakramentenempfangs das Werden der Gnade und Andacht des Menschen in Bezug auf Gott zu verdeutlichen (s.301,16).

Aber auch wenn es um die Möglichkeit geht, daß sich Schuld (s.462,11), der Frevel einer Liebschaft im Kloster (s.463,29) oder der Lohn Gottes (s.462,11) unter den Menschen ausbreitet, macht dies Seuse mit der Metapher *wahsen* anschaulich.

5.1.: Wie Tauler unterscheidet Seuse in Bezug auf die geistliche Entwicklung zwischen einem *anvahenden, zuonemenden* und *volkomenen* Menschen (s.194,6).

6.1.: Die Metapher *abenemen* steht für den Verfall der Menschheit (s.4,34).

weg (1.)/ wegeleiter (2.)/ wecgeselle (3.)/ phat (4.)/ steg (5.)/ stapf (6.)

A. Mechthild von Magdeburg

1. *weg*
1.1. *pine liden* (I 25,2.3.4)
1.2. *minne* (I 44,1.3.94)
1.3. *o.BE* (I 26,1.2.3; 27,2.6.7.11; III 21,104; VI 1,24)
1.4. *sele* (I 26,2.3; 27,2.6.7.11; 44,3)
1.5. *has* (V 23,101)
1.6. *homuot* (V 23,101)
1.7. *gitekeit* (V 23,101)
1.8. *himel* (V 5,26; 32,28; VI 32,28; VII 48,93)
1.9. *reinekeit* (III 22,16)
1.10. *helle* (VI 21,2)

1.1.: Was den Lebensvollzug anbelangt, der für die Auserwählten Gottes charakteristisch ist, zeigt Mechthild verschiedene Möglichkeiten auf. Eine im Bild des Weges veranschaulichte Lebensweise besteht darin, ohne Sünde und Schuld wie Jesus Pein zu leiden an Leib und Seele und dadurch von Gott, der den Menschen auf diesen Weg führt (s.I 25,3f), Jesus Christus gleichgestaltet zu werden.

1.2.: Anhand des äußerlichen Verlaufs eines Weges zeigt Mechthild auf, wie sich die Seele in ihrer Liebe auf den geliebten Gott hinbewegt: über Reue, Beichte, Liebe zur Welt, den eigenen Willen bis hin zur Begegnung mit dem Geliebten (s.I 44,3ff).

1.3. – 1.4.: Über die Wegmetaphorik kann Mechthild auch den ganzen Lebensablauf eines Menschen in Verbindung bringen mit dem Gehen einer Strecke, bei der der Mensch von wahrer Gottesliebe geleitet sein soll (s.VI 1,24).

Eine weitere Weise des Lebensvollzugs besteht in der ausschließlichen Ausrichtung der Seele auf Jesus Christus (s.I 25,5f) oder daß der Mensch sich unter Gott fügt und daß ihm alle Dinge willkommen sind und er alles Gott in gleicher Weise zur Ehre tut (s.I 27,8). Sünde läßt sich nicht mit dieser Ausrichtung des Lebens vereinbaren. Um die Schwierigkeit auszudrücken, von der Hölle in den Himmel zu kommen, verweist Mechthild an anderer Stelle auf die schlechte Beschaffenheit dieses Weges: *"O wie enge ist da der weg zuo dem himelriche."* (III 21,104)

1.5. – 1.7.: Wegen ihrer Funktion beschreibt Mechthild Haß, Hochmut und Gier als Wege, auf denen der Teufel in das Herz des Königs Herodes zu dringen vermochte (s.V 23,101).

1.8. – 1.9.: Die Möglichkeit für den Menschen, in den Himmel zu gelangen, konkretisiert Mechthild, indem sie diese Möglichkeit als *waren himelweg* bezeichnet (s.VI 32,28).

1.10.: Für Mechthild lassen sich dem Lebenswandel der *verboesete(n) pfafheit* Kenntnisse über den *helleweg* entnehmen (s.VI 21,20).

B. David von Augsburg

1. *weg*
1.1. *mensche* (314,27; 348,11; 349,10.20; 402,18)
1.2. *himel* (342,39; 343,4.30; 344,25f.29; 346,25; 347,24; 378,16)
1.3. *Jesus Christus* (342,40)
1.4. *gebot* (335,37)
1.5. *geistlîcher ernst* (319,9f)

2. *wegeleiter*
2.1. *Jesus Christus* (359,20)

3. *wecgeselle*
3.1. *Jesus Christus* (343,2)

1.1. – 1.3.: Dem auf den Himmel hin ausgerichteten Daseinsvollzug des Menschen auf der Erde verleiht David Züge eines zielgerichteten, schnell zu durchmessenden Weges (s.314,27). Die geistlichen Gedanken des Menschen, der zum Himmel will, sind auf vier Wege gerichtet: *"der gêt einer under sich, der ander umbe sich, der dritte in sich, der vierde über sich."* (349,10f)

Grundsätzlich ist durch die Erlösung Jesu Christi am Kreuz dem Menschen der *senfte wec* (s.402,18) zum Himmel wieder eröffnet worden. Da Jesus Christus vom Himmel gekommen ist, ist ihm auch als einzigem *"der wec kunt"*; ohne ihn kann niemand dorthin gelangen (342,39). Mit seiner Lehre zeigte Christus dem Menschen den Weg zum Himmel (s.343,30); er wird darum auch von David als *"lêraere... des weges ze dem himelrîche"* (347,24f) bezeichnet. Damit sich der Mensch leichtfüßig auf diesem Weg bewegt, darf er mit irdischen Dingen nicht überladen sein (s.344,29f); auch hat er den Vorteil, da Jesus diesen Weg vorgegangen ist, daß er seinen *"vuozsporn nâch volgen"* kann (346,25). Aufgrund dieser verschiedenen Funktionen Jesu Christi, die alle in der Feststellung zusammengefaßt sind, daß ohne Jesus Christus niemand zum Himmel gelangen kann, wählt David verschiedene Metaphern, die entweder seine Orientierungsfunktion, bzw. seine richtungsgebende Bedeutung oder seine helfende Zuwendung erfassen: *"Dû bist daz lieht, dû bist der wec, dû bist der wîsaer, dû bist diu ewige spîse, dû bist der scherm, dû bist der helfaer..."* (342,40f).

1.4. – 1.5.: Das Gebot der Gottesliebe, das alle Tugenden in sich beschlossen hat, ist ein Weg der Vollkommenheit (s.335,37). Als *mittern wec* stellt David den geistlichen Ernst im Vergleich zur *îtelkeit* und *trûrikeit* dar (s.319,9f).

2.1.: Die Vorbildfunktion Jesu Christi auf dem Weg des Menschen zum Himmelreich, die darin besteht, daß er "*uns vor gêt die tugentpfede die ze dem himelrîche tragent*" (359,20f), ergänzt David dadurch, daß er Christus zum *wegeleiter* des Menschen macht.

3.1.: Weil Jesus Christus den Weg des Menschen zum Himmelreich mitgeht, bezeichnet ihn David als *vroeliche(n) wecgeselle(n)*, "*der uns die wîle kürzet unde die arbeit senftet unde die herberge bereitet.*" (343,2f).

C. Meister Eckhart

1. *weg*
1.1. *volkomenheit* (I 196,1)
1.2. *gerehticheit* (II 385,6)
1.3. *sêle* (III 486,10.13.; 487,14)
1.4. *Kristus* (III 487,15)
1.5. *mensche* (III 152,5; 280,9; V 250,8f; 251,1; 252,13)

1.1.: Die Äußerung von Paulus in Röm 9,3, er möchte von Gott geschieden sein, hat Anfragen der theologischen Autoritäten in der Geschichte der Theologie hervorgerufen. Eckhart faßt deren Anliegen folgendermaßen zusammen: "*Nû vrâgent die meister, ob sant Paulus waere ûf dem wege der volkomenheit oder ob er waere in ganzer volkomenheit.*" (I 196,1f) Mit der in Opposition zur *ganzen volkomenheit* stehenden Wegmetapher bringt Eckhart anhand des implizierten Aspektes, daß bis zum Ziel noch eine Strecke zurückzulegen ist, den Unterschied zwischen realisierter (*ganzer*) und noch zu realisierender Vollkommenheit zum Ausdruck.

1.2.: Die Wegmetaphorik erweckt auch die Vorstellung einer bestimmten Art und Weise, an ein ausgesuchtes Ziel zu kommen. Eckhart knüpft daran an, wenn er vom "*weg der gerechtigkeit*" (II 385,6) spricht, den der Mensch geht, auch wenn sich die Hölle an diesem Weg befindet.

1.3. – 1.4.: Die anhand der Wegmetaphorik veranschaulichte existentielle Orientierung auf Gott hin kann sich auf dreierlei Weise vollziehen. Zum einen gibt es für Eckhart den Weg, bei dem man mit leidenschaftlicher Minne in allen Kreaturen Gott sucht (s.III 486,10f). Der zweite Weg ist als Weg ein Nicht-Weg. Als "*wec âne wec*" entspricht er sachlich der Aufforderung Eckharts, Gott "*in der wîse âne wîse*" zu suchen (III 231,1f). Der dritte Weg der Seele ist Christus; er ist nach Joh 14,6 "*der wec und diu wârheit und daz leben*" (III 487,14f). Da die Kreaturen nur eine indirekte Gottesbegegnung ermöglichen können, vermag der Mensch allein in Christus, der selbst Gott ist," *got sehen âne mittel in sînesheit*" (III 487,14f).

1.5.: In der "*rede der underscheidunge*" zeigt Eckhart die Vielfalt der menschlichen Möglichkeiten, zu Gott zu kommen, anhand der Vielzahl von Wegen auf, die zu Gott führen (s. V 250,8f; ähnlich 252,13). Die mit *weg* implizierte Vorstellung, daß etwas Gebahntes in eine bestimmte Richtung durch ein Gebiet führt, macht Eckhart sich zu eigen, wenn er der *tugent* die Funktion zuschreibt, dem Menschen das Verlassen der vergänglichen Dinge zu ermöglichen, indem sie ihm quasi einen Weg aus den Kreaturen heraus bahnt (s.III 280,9f). Auch wenn Gott aufgrund der vielfältigen Hindernisse, wie Eckhart mit dem aus Weish 10,10 entnommenen Bild "*der engen wege*" konkretisiert, schwierig zu erreichen ist, ist Eckhart dennoch davon überzeugt, daß der Mensch mit Gottes Hilfe an sein Ziel kommt: am Ende führt Gott den Menschen "*durch die engen wege in die breite strâze*", die in der *wîte* und *breite* Gottes mündet (III 152,5). Die am unterschiedlichen Charakter des Weges vorgestellte Verschiedenartigkeit der Erfahrungen, die der Mensch in seinem Bemühen um Gott macht, wird am Ziel in eine neue Qualität der Erfahrung aufgehoben: nicht mehr ein begrenzter, in bestimmter Weise verlaufender Weg, sondern die Erfahrung der Fülle des Raumes bedeutet Gott als Ziel des Menschen.

D. Tauler

1. *weg*
1.1. *got* (41,29; 180,19; 242,35; 243,1.22.23; 343,23; 431,13f)
1.2. *gelassenheit* (46,5; 71,23f; 146,7; 147,8; 173,4; 369,28)
1.3. *verloucken sin selbes* (46,24; 47,28; 48,30)
1.4. *übunge* (58,4f; 118,18)
1.5. *sterben* (65,16; 66,19; 171,3)
1.6. *goeteliche vorhte* (106,5f; 123,15)
1.7. *minne* (143,9; 250,21)
1.8. *pine* (163,15; 227,15)
1.9. *tugent* (167,12f; 168,6f; 242,19; 334,23)
1.10. *niht* (200,11)
1.11. *sehen/vallen in sin niht* (267,8f; 306,5)
1.12. *diemuetikeit* (328,4f; 347,25)
1.13. *gnade* (118,18)
1.14. *sacrament* (129,18f.23)
1.15. *gebote* (242,11.14)
1.16. *wandelunge* (211,25f.28.31; 316,16)
1.17. *wissen* (212,3.4.6.7.12.23)
1.18. *Jesus Christus* (51,5; 81,16.18.20f; 88,18; 209,30.34; 240,31; 242,1; 247,25)
1.19. *ding* (221,26f)
1.20. *mensche* (47,28; 55,29; 56,2; 71,9f; 86,17; 92,33f; 106,15; 135,5; 183,15; 189,4.9.15; 202,19; 213,6.7.10; 214,12; 217,21; 223,26; 230,21; 243,4.5; 337,19; 384,5.7; 425,7; 433,29)
1.21. *bekorunge* (321,3f)
1.22. *wueste* (55,4f)
1.23. *warheit* (69,30.33; 151,10f; 234,33)
1.24. o.BE (86,17; 115,9; 153,34.35; 245,19; 254,19; 326,32)

4. *phat*
4.1. *gelassenheit* (189,5f)
4.2. o.BE (189,8; 21,7.11.23; 218,22.36; 255,36; 334,29.32; 335,1)

1.1.: Die Wegmetaphorik findet bei Tauler Verwendung für die Veranschaulichung der Vorgehensweise Gottes. Insofern die Art und Weise des Vorgehens Gottes häufig offen bleibt, spricht Tauler von *verborgenen wegen* Gottes. Als solche charakterisiert Tauler beispielsweise das Geschehen, durch das Gott den Menschen zu sich zieht. Metapher und Begriff fallen dabei in der Aussageintention oft zusammen, wenn Tauler z.B. kombiniert: *verborgene wege* (s.431,13) mit *"durch ungepruefte wisen und wegen"* (431,15). Mehr unter dem Aspekt der Richtung steht *weg gotz* für das Verhalten, das zu realisieren ist, damit der Mensch zu Gott kommen kann. Nach Tauler stellen der Glaube, die priesterlichen Tugenden (Keuschheit, Armut, Gehorsam) sowie die Bindung an einen Orden einen solchen Weg dar (s.242,35). Diese Wege sind deshalb Wege Gottes, weil der Mensch zu dem betreffenden Weg durch Gottes Ruf aufgefordert wird. Die höchste Weise dieses Rufes - über die drei genannten Wege hinausgehend - ist der Weg der Nachfolge Jesu: *"Der hoehste und der oberste weg dis ruoffes das ist nach ze volgende den minneklichen bilden sines aller gemintesten suns uswendig und inwendig..."* (243,23f).

1.2. – 1.15.: Die Kombination von metaphorisch und wörtlich zu verstehenden Termini hat an den untersuchten Stellen die Funktion, die Art und Weise des Geschehens zu bezeichnen, das zu Gott führt. Während die Wegmetapher den Eindruck vermittelt, daß es sich dabei um eine zielgerichtete Vorgehensweise handelt, bestimmt der nichtmetaphorische Terminus näher, worin die besondere Art und Weise dieser Annäherung an Gott besteht. Entsprechend der in der Wegmetapher implizierten Vorstellung eines räumlichen Prozesses kann dies neben einer nominalen auch durch eine verbale Aussage erfolgen. So wird z.B. die Haltung der Gelassenheit, die den Menschen in Gott führt, sowohl als verbaler Vorgang (s.45,33) als auch nominal im Zusammenhang mit der Wegmetapher thematisiert (s.71,23). Andere Wege, durch die man *in got* gelangt, sind aus der Sicht Taulers das Verleugnen seiner selbst (s.48,30f), Gnadengaben und Tugendübungen (s.118,18), das Sterben des Eigenwillens und die Transzendenz des Gemütes über alle irdische Minne (s.65,16; 66,19; 171,3), Gottesfurcht, das Einhalten der Gebote sowie Minne und Leiden; bezüglich der Tugenden hebt Tauler insbesondere die Demut hervor, durch die man in sein Nichts fällt (s.328,4f). Ziel dieses *"weg sins nichtes"* ist die *lebende worheit*, die nur auf diese Weise zu erreichen ist (s.200,11).

Schließlich sieht Tauler im Empfang des Sakramentes der Eucharistie den *nehste(n) und kúrtzeste(n) weg* (s.129,19), auf dem der Mensch sich und alle von Gott empfangenen Dinge wieder in Gott zurückbringt.

1.16. – 1.19.: In Anlehnung an Gal 6,1 *"ob wir leben in dem geiste, so súllen wir och wandelen in dem geiste"* nennt Tauler als dritte Art der *wandelunge* (die erste Art bezieht sich auf den Umgang des Menschen mit sich selbst und seinen Mitmenschen, die zweite Art bedeutet ein Leben in Orientierung am Vorbild Jesu) eine Weise des Existenzvollzuges, die *"unbiltlich sunder alle bilde"* ist (211,25). Eine solche Art zu leben ist ein *"naher, vinster, unbekant, ellent weg"* (211,26); geprägt von Drangsal, führt dieser *"smale enge weg"* (212,6) zwischen Wissen und Unwissen, Sicherheit und Unsicherheit schließlich zum Frieden des Geistes, d.h. zu Gott. Grundsätzlich gilt aber in Spannung zu dieser dritten Art der *wandelunge*, daß Jesus Christus ein Weg zu Gott ist, wie Tauler an vielen Textstellen hervorhebt.

1.20.: Das Bemühen des Menschen, in den Ursprung, in den *abgrunt* seiner selbst (s.56,2) und somit zu Gott zu kommen, sieht Tauler als einen Weg, den der Mensch zurückzulegen hat. Unter Vernachlässigung eines solchen Zielaspektes verwendet Tauler die Wegmetapher, um eine bestimmte Art und Weise des menschlichen Existenzvollzuges zum Ausdruck zu bringen. Dieser semantische Schwerpunkt der Wegmetapher begründet u.a. die Kombination von *weg* und *wise* oder von *weg* und *werk* bei Tauler (s.92,23f; 106,15; 183,15 u.a.). Die verschiedenen Weisen der Existenzverwirklichung sagt Tauler im Zusammenhang mit der Wegmetapher dabei dadurch aus, daß er den jeweiligen Weg auf unterschiedliche Weise charakterisiert: Dem breiten Weg, der im Verfolgen der natürlichen Neigung besteht (s.189,4) und zum ewigen Tod führt, steht der enge Weg des Menschen zu Gott (s.212,3ff), dem rechten Weg (der Tugenden) der krumme Weg gegenüber (s.168,6f). Daneben gibt es kurze Wege (s.123,13), sorgenvollen Wege, die Gott zuwider sind (s.135,5), sowie Wege und Weisen, in denen man sich ichorientiert verhalten hat (s.71,9f) oder Versuchungen nachgegangen ist (s.321,3f). Die Wege, die Gott den Menschen führt, sind oft wunderliche wilde Wege (s.56,2), wüst und elend (s.189,15), finster und unbekannt (s.212,4) oder tief und elend (s.217,21).

Abgeschlossen wird das menschliche Bemühen um Gott dadurch, daß Gott die Menschen "*zühet über alle die wise und die wege in einem blicke...*" (183,14f).

1.21.: In Pr 60 bezieht Tauler die Wegmetapher auf die vielfältigen Weisen der Versuchung durch den Teufel (321,3f).

1.22.: Die Einheit Gottes, die paradox zugleich als Licht und Finsternis vorgestellt wird, ist für Tauler eine "*unbegriffenliche wilde wueste, do nieman vindet weg noch wise...*" (55,4). Denn da Gott "*über alle wise*" (55,5) ist, gibt es in Gott für das menschliche Erkennen keine bestimmte Methode des Vorgehens.

1.23.: Im Unterschied zu Meister Eckhart, der von der höchsten Wahrheit "*sunder wise und sunder wege*" (69,30) aus dem Blickwinkel der Ewigkeit sprach, möchte Tauler aufzeigen, mit welchen "*wisen und wegen*" man zur höchsten Wahrheit kommt. Denn wenn - so Tauler in Pr 15 - dem Menschen keine bestimmte Art des Vorgehens in Richtung auf Gott genannt wird, fassen viele dies buchstäblich auf (indem sie meinen, es bedürfe überhaupt keiner zielgerichteten menschlichen Bemühung, zu Gott zu kommen) und werden *vergiftige menschen* (s.69,31). Wie eine solche Zielrichtung aussehen könnte, zeigt Tauler anhand der Wegmetapher auf, indem er deutlich macht, daß sich der Mensch dann in Richtung auf die Wahrheit bewegt, wenn er die groben Sünden aus sich entfernt (s.234,33).

1.24.: Ohne daß ein direkter Bildempfänger zu erkennen wäre, setzt Tauler die Wegmetapher an einigen Stellen ein, um in allgemeinster Weise den Gott anzielenden Existenzvollzug des Menschen auszusagen. Anstelle einer genaueren Bestimmung dieses Weges wechselt die Bedeutung der Metapher über zum bloßen Unterwegssein des Menschen: "*Nu geschicht wol, als der mensche in disen mineklichen wegen sich wol ergangen hat...*" (245,19f).

4.1. – 4.2.: Im Rahmen der Wegmetaphorik unterscheidet Tauler zwischen einem breiten Weg der Natur, der den Menschen nicht zum *grunt* führt, und einem "en-

gen phat der gelassenheit" (189,5f), zwischen Frieden und Unfrieden, Hoffnung und unechter Furcht (s.218,22).

E. Seuse

1. weg
1.1. *leben Cristi* (155,19)
1.2. *mensche/menscheit* (156,12f; 194,10f; 201,20.28; 202,6f; 205,5;366,10f; 415,15; 438,3; 517,5f)
1.3. *unglicheit* (200,20f)
1.4. *Jesus Christus wizzen* (203,10)
1.5. *gelazzen werden* (251,5)
1.6. *geduld* (252,19-21)
1.7. *liden* (254,9-11; 435,1)
1.8. *vorhte* (287,7)
1.9. *sun* (488,28f)
1.10. *glich werden* (518,16-18; 519,6-8)
1.11. *hl. schrift* (379,10f)
1.12. *warheit* (254,9-11; 379,10f)
1.13. *leben* (288,7; 341,5f)
1.14. o.BE (4,15; 6,16; 132,24)
1.15. *Maria* (262,19f)

4. pfad
4.1. *goetliche warheit* (200,23)
4.2. *liden* (254,10; 367,26; 440,24; 490,4)
4.3. o.BE (472,13)

5. steg
5.1. *daz bitterste* (371,1; 459,26)

6. stapf
6.1. *kreatur* (455,19)

1.1. – 1.3.: Das Leben Christi gilt Seuse in Anbetracht vielfältiger Möglichkeiten (s.194,10f) als der *sicherst weg* zur Seligkeit. Wenn der Mensch die Stufe des Anfangenden überschritten hat, soll er sich mit den obersten Seelenkräften einem Adler gleich in die Höhe des beschaulichen Lebens begeben. Durch Übungen vorbereitet, "*ze komen dur die wuesti eins vihlichen unbekanten lebens, hin in daz geheissen land eins lutren ruewigen herzen, in dem die selikeit an vahet...*" (156,10-12), geschieht hier der Selbstvollzug des Menschen auf vernünftige Weise. Damit der von Seuse betreuten geistlichen Tochter "*der hoh vernünftiger weg dest bekanter sie...*" (156,12f), will Seuse ihr "*vor lúhten mit dem liehte eines guoten underscheides*" (156,13f).

Die Gefahr, der der Mensch unterliegt, besteht darin, daß durch den Kontakt mit der Welt sein Leben eine Richtung nimmt, die von der Gleichheit mit Gott wegführt. Um zu verhindern, daß das menschliche Leben ist "*vergangen in die wege der ungelichheit*" (200,20f), versperrt die Ewige Weisheit oft den Weg, den der Mensch gehen will, oder macht ihn beschwerlich (s.202,6f).

Eine andere Möglichkeit, dem schädlichen Einfluß der Welt zu begegnen, sieht Seuse darin, daß der Mensch die Richtung seines Existenzvollzuges ändert, allen Dingen entsagt (s.366,10f) und "*in sich selber einen weg mache*" (438,3f).

1.4. – 1.14.: Auf die im Begriff des Weges implizierte bestimmte Art und Weise, in der man zielgerichtet vorgeht, wird abgehoben, wenn Seue mit den unter 1.4.-1.14. genannten Bildempfängern im Zusammenhang mit der Wegmetapher genauer ausführt, auf welche Weise der Mensch zu Gott bzw. zur ewigen Seligkeit gelangen kann. Dabei kristallisiert sich als Schwerpunkt der verschiedenen Aussagen heraus, daß das Wissen um das Leben Jesu sowie seine liebende Nachfolge (s.518,16-18; 519,6-8) neben Geduld im Leiden (s.252,19-21) und dem Gelassensein von aller Welt (s.251,5) *"der schnellest weg ze ewiger selikeit"* (203,10) ist.

Im 6. Brief des Briefbüchleins nennt Seuse als Quelle für den von ihm vorgeschlagenen Weg zur Seligkeit die Hl. Schrift und die Wahrheit (s.379,11f).

1.15.: An der Gottesmutter Maria preist Seuse die Fähigkeit, auf verschiedenerlei Weise - in *"so mengen vroemden weg"* (262,19) - arme Seelen zu Gott zurückzubringen.

4.1. – 4.3.: Der Existenzvollzug des Menschen erhält räumliche Züge, wenn Seuse als Ergebnis der Anstrengung der Ewigen Weisheit angibt, daß ein Mensch die *"wege der ungelichheit"* verlassen und den *"pfad der goettlichen warheit"* betreten hat (200,23). Auf diesem Weg erweist sich der *"weg des lidens"* Jesu als *"ein geweres phad"* zur Vollkommenheit (254,10). An einer anderen Textstelle empfiehlt Seuse als Möglichkeit, in der Zeit einen *"vorsmak ewiger selikeit"* (472,13) zu erlangen, des Leibes Schwerheit abzulegen und Jesus Christus beständig auf seinem *phad* nachzufolgen.

5.1.: Die Bedeutung des Leidens für die Erlangung eines ruhigen geistlichen Lebens bringt Seuse im Bild einer Landschaft zur Sprache: Das Bitterste, das der Mensch zu erleiden hat, ist der schmale *steg,* der zur *"witen schoenen heide eins ruewigen geschlichen lebens"* führt (371,2f).

6.1.: *Stapf* ist Metapher für die Funktion der Schöpfung, den Menschen aufgrund ihres Zeichencharakters zu Gott zu bringen (s.455,19).

F. Margaretha Ebner

1. *weg*
1.1. *liden* (41,18: 102,14f)
1.2. *mensche* (48,16; 99,12; 102,12)
1.3. *warhet* (107,2f; 165,21f)
1.4. *ewig leben* (109,19)
1.5. *Jhesus Christus* (85,6; 123,22)

1.1.: Die Möglichkeit der Leidensnachfolge Jesu Christi bezeichnet Margaretha als *"weck ... in dem liden"* (41,18) bzw. als *"weg sines hailigen lidens"* (102,14f).

1.2. – 1.4.: Nicht näher bestimmte Weisen des Menschen, sein Leben zu vollziehen, werden mit der Wegmetapher zum Ausdruck gebracht. Genauer beschrieben, kann die Lebenseinstellung von der *warhet* bestimmt sein; es ist dann ein Weg der *"blosen lutern warhet"* (107,2f). Diesen Weg zu erkennen, hilft Jesus Christus, der die menschlichen Sinne zum Zweck der Erkenntnisfähigkeit der rechten Wahrheit durchleuchtet. Auf diesem Weg gelangt der Mensch direkt in Jesus Christus, dessen Leben für diesen Weg *"daz war lieht"* ist (165,22). Auch spricht Margaretha von einem *"weg in daz ewig leben"*, wenn bestimmtes menschliches Verhalten ewiges Leben zur Konsequenz hat (109,19).

1.5.: Jesus Christus kann auch als *via veritatis* bezeichnet werden (s.85,6).

G. Heinrich von Nördlingen

1. *weg*
1.1. *seligkeit* (7,13)
1.2. *warhait* (14,11f)
1.3. *ewig leben* (16,55; 17,7)
1.4. *Margaretha* (35,24)
1.5. *kinder* (33,3)
1.6. *Jhesus Christus* (15,15.24f; 42,18)

1.1. – 1.4.: Margaretha entspricht mit ihrem Leben in der Sicht Heinrichs der Funktion, die ein unbeirrbar ans Ziel führender Weg hat; denn für Heinrich zeigt sie auf, wie man zur Seligkeit, zur göttlichen Wahrheit kommt. Elemente dieses Weges sind ein treues Herz, eine reine Seele, ein sehnsuchtsvoller Geist, keusche Liebe, demütiger Wandel, inneres Verlangen nach Gott etc. (s.14,3-8). Auch das Leiden Christi, das sich in Margarethas Leben widerspiegelt, ist für Heinrich ein *"weg zu dem ewigen leben"* (17,7f). Heinrich selber kommt die Aufgabe zu, als *blinder* dem *wol gesehenden* den Weg zu weisen (s.16,55).

1.5. – 1.6.: Jesus Christus selber führt Margaretha die *verborgen weg* der *"ausz genomner kinder"* (33,5) und zieht sie mit sich auf den *unkunden wegen* zu seinem Vater (s.15,15f).

---

werfen (1.)/ abwerfen (2.)/ entwerfen (3.)/ hinwerfen (4.)/ hinwerf (5.)/ inwerfen (6.)/ niderwerfen (7.)/ überwerfen (8.)/ ûzwerfen (9.)/ verwerfen (10.)/ verworfenheit (11.)/ zuowerfen (12.)

C. Meister Eckhart

1. *werfen*
1.1. *mensche* (I 244,8; 417,1; III 15,1; V 113,6.8; 430,1)
1.2. *herze* (I 359,4; V 430,1)
1.3. *got* (II 294,12; III 28,1f; V 256,9)
1.4. *gnade* (II 153,1)

2. *abewerfen*
2.1. *mensche* (I 338,13; V 112,8)
2.2. *unglichheit* (V 34,3)

3. *entwerfen*
3.1. *got* (III 13,3f)
3.2. *mensche* (III 397,12.13)

8. *überwerfen*
8.1. *mensche* (II 287,1)

9. *ûzwerfen*
9.1. *Jesus* (I 20,5f)
9.2. *kraft* (I 328,8)
9.3. *mensche* (III 322,5; 326,2)
9.4. *niht* (III 324,3f(Pat))

10. *verwerfen*
10.1. *mensche* (II 347,4f)

11. *verworfenheit*
11.1. *mensche* (III 275,6)

12. *zuowerfen*
12.1. *substanci* (I 250,5(Pat))

<u>1.1. – 1.2.:</u> Den Akt der Demut, bei dem der Mensch seine Bereitschaft zeigt zum Dienst Gottes, veranschaulicht Eckhart im Bild des Sich-(Nieder-)Werfens; dadurch wird der Vollzug der Demut zu einer Bewegung, die anhand einer äußeren Ortsveränderung beschrieben wird: Der demütige Mensch ist *"usgegangen... sin selbes"*, indem er sich unter Gott begeben (I 244,8-10), seinen Willen in Gottes Willen gebracht und seine Orientierung an der Kreatur aufgegeben hat. Wer sich unter Gott begibt, indem er sich unter ihn wirft, ist frei von allen Kreaturen. Dies hat zur Folge, daß der Mensch einförmig wird und für die göttliche Einwirkung empfänglich ist (s.V 429,10f). Ohne jeglichen Kontakt zu den Kreaturen ist das Herz *lûter* und *abegescheiden* (s.V 430,2f); in dem Maß, in dem der Mensch *"sich under die crêatûre wirfet"* (V 430,1f), ist er entsprechend weniger einförmig mit Gott.

Mehr im Sinn von 'befördern', 'durch die Luft fliegen lassen' verwendet Eckhart die Verbmetapher *werfen*, wenn er formuliert: *"Daz ist reinicheit des herzen, daz gesundert ist... und denne ûz der lûterkeit sich werfende in got und dâ vereiniget werdende."* (I 359,2-4)

Eckhart setzt die Metapher *werfen* auch dazu ein, um das Entfernen von Hindernissen aus dem Bereich des Menschen vorzustellen (s.III 15,1). Gegenläufig zum Wegbefördern steht im Rahmen einer Allegorie, die die Verborgenheit des göttlichen Bildes in der Seele anhand eines mit Erde zugeschütteten Brunnens verdeutlicht, die Metapher *dar ûf werfen* für das Hinbefördern der als Erde vorgestellten irdischen Begierde auf das Bild Gottes in der Seele (s.V 113,6f).

<u>1.3.:</u> Die Übermittlung von Gottes Genügen und Lust an die Kreaturen beschreibt Eckhart in Anknüpfung an den Gießvorgang (s.II 294,5); daneben spricht Eckhart davon, daß Gott *"wirfet sinen schîn der genüegede in die crêatûren"* (II 294,12f). Erläutert wird dieser Vorgang und die darin zum Ausdruck kommende Beziehung Gott - Mensch anhand der Sonne, die in sich bleibt und zugleich die Luft erleuchtet (s.II 294,10). Ferner ist die Metapher *werfen* Bild für das Geschehen, durch das Gott dem Menschen Schmähung, Mühe oder göttliche Ruhe zukommen läßt.

<u>1.4.:</u> Je nachdem, ob die göttliche Gnade den menschlichen Willen, die *redeliche kraft* oder die *zürnerin* anzielt, indem sie *sich* dorthin *wirfet*, heißt sie Minne, Licht des Glaubens oder Hoffnung (s.II 153,1).

<u>2.1.:</u> Der Mensch kann ohne Vermittlung einfaltig in Gott gelangen, wenn er sich - wie Eckhart mit der Metapher *abewerfen* konkretisiert - von aller Besorgtheit, allem sinnlich ausgerichteten Leben und jeglicher Außenorientierung trennt (s.I 337,1 - 338,13).

2.2.: Die Beseitigung aller Ungleichheit des Holzes mit dem Feuer geschieht, indem "*alliu unglîcheit wirt benomen und abegeworfen.*" (V 34,3)

3.1.: Gott hat seine Natur zu den Menschen gebracht, indem er sie den Menschen in einem - von Eckhart nach dem Muster des *entwerfen* begriffenen - geistigen Geschehen übermittelt hat. Der Zweck dieser göttlichen Mitteilung besteht darin, daß das Begehren des Menschen aktiviert und auf Gott hin orientiert wird (s.III 13,3f).

3.2.: Der gute Mensch, der innerlich bewegt wird, verändert seine Einstellung nicht in der Weise, daß er dadurch *entworfen* würde *an untugenden* (s.III 397,13f), d.h. er kann nicht so motiviert werden, daß er zu Untugenden aus seiner Bahn geschleudert wird.

8.1.: Unter Berufung auf Paulus (Kol 1,13) stellt Eckhart die Aufnahme der Menschen in das Reich des Sohnes so dar, daß diese "*werden überworfen in (sînen sun) der minne.*" (II 287,1).

9.1. – 9.4.: Eckhart sieht eine Parallele zwischen der Bewegung, mit der man etwas nach außen schleudert und dadurch von sich entfernt, und dem metaphorisch als *ûzwerfen* bezeichneten Vorgang, von dem geistige Sachverhalte betroffen sind. Insbesondere geht es dabei um die Entfernung aller Hindernisse, um das, was im Menschen an Grobem, überhaupt an allem Kreatürlichen vorhanden ist, auch um alles Leid des Herzens. Mit der Verbmetapher *ûzwerfen* verweist Eckhart darauf, daß dies alles vom Menschen durch Jesus, der in den Menschen kommt, sowie durch den Menschen selbst mit seiner vernünftigen Kraft entfernt wird. Dadurch wird die Voraussetzung dafür geschaffen, daß der Mensch in Gott gelangt: "*... swanne ich dar zuo kume, daz ich mich gebilde in niht und niht engebilde in mich und ûztrage und ûzwirfe, waz in mir ist, sô mac ich gesast werden in daz blôze wesen gotes... Da muoz allez daz ûzgetriben werden...*" (III 322,4-6).

10.1.: Die Realisierung der Demut, die Voraussetzung für die Gnadenmitteilung Gottes ist, wird metaphorisch als Vorgang beschrieben, bei dem der Mensch seine Position nach unten hin verlagert: "*Der alsus ein waere und sich verwürfe in den grunt der dêmüetikeit, der würde dâ begozzen mit gnâden.*" (II 347,4f)

11.1.: Da die Erniedrigung des Menschen in Demut letztlich zur Aufgabe des Ichs führt, nähert sich die Selbsterniedrigung der Selbstvernichtung an; aus diesem Grund kombiniert Eckhart in Bezug auf die Beschreibung der Demutshaltung eines Heiligen "*vernichtigkeit und verworffenheit sein selbs*" (III 275,6f).

12.1.: Eckhart definiert den Begriff 'homo' als ein Wesen, das von Gott mit Substanz ausgestattet ist, die ihm Sein, Leben und ein vernünftiges Wesen gibt. Den Akt der Ausstattung des Menschen mit Substanz stellt sich Eckhart im Rahmen des Transportmodells metaphorisch als *zuowerfen* vor (s.I 250,5).

D. Tauler

1. werfen
1.1. *mensche* (139,26(Pat); 176,1f;
 264,2f; 321,14f; 340,8)
1.2. *got* (255,9)

6. inwerfen
6.1. *vient* (324,6f)

7. niderwerfen
7.1. *vorht* (106,25)

1.1.: Die Metapher *werfen* steht für die Tätigkeit des Menschen, durch die alle menschliche Sorge (s.321,14f), alle Dinge sowie alles, was der Mensch von Gott empfangen hat, in Gott gelangt.

In der Bedeutung 'hin- und herwerfen' verwendet Tauler die Metapher, um die Wirkung der Leiden zu veranschaulichen, die über den Menschen kommen, damit er sanftmütig wird: Sie lassen den Menschen nicht - wie im Bild des ständigen Richtungswechsels vor Augen geführt wird - zur Ruhe kommen (s.139,26).

1.2.: Die Wurfbewegung ist auch Bild für göttliches Handeln, durch das der Mensch auf dem Weg der Nachfolge mit bestimmten Widerfahrnissen konfrontiert wird; er soll Gott folgen "*in allen wisen..., wie es Got uf in wirffet von innen und von ussen.*" (255,8f)

6.1.: Die Angriffe des Teufels, denen der Mensch im Glauben zu widerstehen vermag, bringt Tauler über die Verbmetapher *inwerfen* zur Sprache; die Metapher bezieht sich darauf, daß etwas, vom Teufel in Gang gesetzt, in den Bereich des Menschen eindringt (s.324,6f).

E. Seuse

1. werfen
1.1. *mensche* (21,15; 161,30f;
 369,10f; 483,13)

4. hinwerfen
4.1. *mensche* (35,10; 71,2f; 389,6;
 461,15f; 505,3)
4.2. *geberde* (321,20)
4.3. *werlt* (442,2f; 489,25f; 490,18)

5. hinwerf/hinwurf
5.1. *ere* (225,15)
5.2. *guot* (225,15)
5.3. *diener* (35,13)
5.4. *herr* (35,12.13)
5.5. *Paulus* (367,25; 440,23)

12. zuowerfen
12.1. *schmerz* (492,13f)
12.2. *mensche* (383,29; 465,21f)

1.1.: Im Bild des Werfens macht Seuse die Beseitigung von Leiden aus den Sinnen (s.21,15) oder die Entfernung der Lehre des geistlichen Vaters aus dem Bewußtsein (s.369,10) anschaulich. Die Wurfmetapher erscheint weiterhin zur Erfassung des Vorgangs, wodurch sich der Mensch in eine bestimmte Situation hineinbegibt (s.161,30f).

4.1.: Seuse benutzt den Vorgang des *hinwerfen* als Perspektive auf den geistigen Vorgang, in dem der Mensch sich vom Gebet, von falschen Vorwänden, von menschlicher Beschämung und vergänglicher Ehre und Würde trennt. Diese Parallele zum Wegwerfen und Ablegen liegt auch Seuses Aufforderung zugrunde, daß der Mensch in der Äußerlichkeit der Welt seine *"inrkeit nit hin werfen"* soll (389,6).

4.2.: *Truklichú geberde* soll bewirken, daß alles ungebührliche Verhalten *ein hinwerfen* wird (s.321,19f).

4.3.: Im Zusammenhang mit Ausführungen zum Leiden des Christen verweist Seuse mit der Metapher darauf, daß der Christ von der Welt ausgestoßen ist.

5.1. – 5.5.: Mit *hinwerf* bringt Seuse die negative Bedeutung ins Bild, die für ihn bereits nach der geringsten Erfahrung der Ewigen Weisheit zeitliches Gut und Ehre haben (s.225,15). Daneben steht *hinwerf* für die Geringschätzung, die die Welt Jesus (s.35,13), Paulus (s.367,25) und auch dem Diener der Ewigen Weisheit (s.35,13) entgegengebracht hat.

Die Charakterisierung, daß Jesus Christus ein *wurm* und ein *hinwurf* aller Menschen geworden ist, verstärkt anschaulich das negative Handeln des Menschen: In Anspielung auf Ps 22 verweist Seuse mit dieser Metaphorik darauf, daß der Mensch Christus wie ein wehrloses Kleingetier behandelt hat, das man durch Wegwerfen beseitigt (s.35,12).

12.1. – 12.2.: Die Verleihung eines Amtes (s.465,21f) oder die Zufügung von Schmerzen (s.383,19) stellt Seuse so dar, daß diese *zuo geworfen* werden.

---

wipfel (1.)/ tolde (2.)

C. Meister Eckhart

1. *wipfel*
1.1. *geist* (II 75,4; III 491,3f)
1.2. *sêle* (III 354,1; 482,9.11f)

1.1.: Die Relation des *wipfel* als oberstem Teil des Baumes zum Baum als ganzem zieht Eckhart heran, um den Abstand vorstellbar zu machen, in dem der Teil des Geistes, der mit dem Willen Gottes vereint ist, sich zum übrigen menschlichen Geist befindet. Solange in diesen obersten Teil des Geistes nichts Fremdes einwirkt, wird die Seligkeit des Menschen nicht behindert (s.III 491,3f). Um den Hl. Geist empfangen zu können, muß der Mensch alle Zeit und Mannigfaltigkeit zurücklassen und vordringen *"in den wipfel und den ursprunc"* (II 75,4). Angelangt in seinem obersten Teil befindet sich der Geist des Menschen *"obe zît in êwicheit"* (II 73,7). Da hier zugleich auch die Stelle ist, wo der Geist seinen Ursprung genommen hat, fällt Anfangs- und Zielpunkt zusammen. Eckhart verdeutlicht dies, indem er *wipfel* (als Endphase des Baumwachstums) über die Metapher *wurzel* mit der Anfangsphase der Entwicklung kombiniert.

1.2.: Die Zeitenthobenheit der Seele stellt Eckhart an anderer Stelle mit Hilfe der Metapher *wipfel* dar. Ihr oberster Teil vermag von Liebe und Leid der Kreatur nicht betroffen werden, so daß sich *"daz oberste wipfelîn"* auch nicht herunterneigt (III 482,11f). Besonders qualifiziert ist die Seele dadurch, daß sie *"an irm obersten wipfel, an irm obersten zwige"* (III 354,1) das Bild Gottes hat, das unaufhörlich leuchtet.

D. Tauler

2. *dolte/tolde*
2.1. *Jesus Christus* (271,19f)
2.2. *sele* (262,14; 347,12)
2.3. *götlich leben* (268,2)
2.4. *volkomenheit* (274,10)

2.1.: Anhand der Baummetapher veranschaulicht Tauler Menschheit und Gottheit Jesu Christi: Das Leben und Leiden Jesu ist für Tauler ein blühender Baum; seine Gottheit ist als *tolde* mit dem Baum des Lebens Jesu Christi verbunden (s.271,19f).

2.2.: Im Rahmen von Versuchen, den inneren Adel der Seele metaphorisch zu benennen, zitiert Tauler verschiedene Autoren: *"Der eine heisset es ein funke der selen, der andere einen boden oder tolden, einer ein erstekeit..."* (347,11f) Die in der verborgenen Präsenz des *"bilde der drivaltikeit"* begründete Qualität der Seele wird über verschiedene Metaphern unterschiedlichen Bereichen der Seele zugeordnet, die aus verschiedenen Ansichten zur Funktion des göttlichen Bildes resultieren: *grunt* (s.262,11), *boden* (s.262,13) und *"dolten der sele"* (262,14).

2.3. – 2.4.: Mit der Metapher *"tolden eines goetlichen lebens"* bezeichnet Tauler den End- und Zielpunkt eines Lebens, zu dem hin man von Gott, gestärkt durch die eucharistische Speise, gebracht wird (268,2). Am Ziel, dem *"tolden aller volkomenheit"* (274,10), angekommen, fühlt sich der Mensch gedrängt, sich in das entgegengesetzte Extrem, den *"aller tiefsten grunt"* und die *"wurzele der demuetkeit"* (274,11), zu begeben: *"Wan also als des boums hoehi kumet von der tiefsten der wurzelen, also kumet alle hoehin dis lebens von dem grunde der demuetkeit."* (274,12f)

E. Seuse

2. *tolde*
2.1. *volkomenheit* (254,10)
2.2. *versmahen* (429,20)

2.1.: *Tolde* steht für die nicht weiter zu steigernde Form der Vollkommenheit, die der Mensch auf dem Weg des Leidens zu erreichen vermag (s.254,10).

2.2.: Die Wipfelmetaphorik findet weiterhin Verwendung für die größtmögliche Weise des Verschmähens alles Zeitlichen; wer auf diesen *tolden* gekommen ist, hat zugleich die *hoheit* Gottes ereicht (429,20f).

---

wonen (1.)/ wonunge (2.)/ biwonen (3.)/ biwonunge (4.)/ inwonen (5.)/ mitewonen (6.)

A. Mechthild v.Magdeburg

1. *wonen*
1.1. *mensche* (I 9,1.3; 35,15; II 24,63; III 1,78; 21,37; IV 3,76; VII 45,23)
1.2. *selige/helige* (IV 12,15; 14,7)
1.3. *engel* (III 1,81)
1.4. *sele* (II 23,11.24.42; VI 16,1.13)
1.5. *got* (II 23,35; VI 24,15; 38,8)
1.6. *liebi/minne* (I 28,10; II 24,68.77; VII 3,53; 46,16f; II 62,84)
1.7. *diemutekeit* (V 4,47; VII 3,58)
1.8. *fare* (IV 4,33)
1.9. *beiten* (II 6,11)
1.10. o.BE (IV 12,22; VII 3,4)
1.11. *einvaltekeit* (VII 43,7)
1.12. *pine* (IV 12,101)
1.13. *helikeit* (VII 48,66)

2. *wonunge*
2.1. *got* (II 22,20; 23,33; VII 46,11)
2.2. *sele* (II 23,4)
2.3. *gewonheit* (II 23,25)
2.4. *himel* (IV 12,44; VI 1,71)
2.5. *helig mensche* (VI 4,40)
2.6. *hl. geist* (IV 8,11)

3. *biwonen*
3.1. *diemutekeit* (VII 3,58)

1.1. – 1.4.: Gottes Braut, die Seele, die von ihrem Bräutigam im Schlaf verlassen worden ist, kann von den Heiligen in ihrem Kummer nicht getröstet werden, da diese in dem Fall, daß sie von Gottes Nähe und Einwirkung getrennt würden, noch mehr trauern würden als die Braut; die Heiligen haben - auch wenn die Seele als *brut* Christi bereits *"geruowet hat in der besclossenen triskameren der heligen gantzen drivaltekeit"* (IV 12,3f) - nach Mechthilds Meinung einen intensiveren Kontakt als die Seele mit Gott, da sie *"tiefer in got wonen..."* (IV 12,14f). Speziell für die Apostel wird die Nähe zu Gott in Differenz zu den Seraphim und den übrigen Engeln bestimmt: *"Die apostelen wonent allernaheste got in dem throne und hant das ellende in seraphin ze lone... Die engele wonent nit hoher denne in seraphin."* (III 1,78f.81)

Wonen verwendet Mechthild ferner, um die geistige Position von Menschen zu veranschaulichen. In dieser Bedeutung besagt das Bild *"wonen in der wisheit"*, die man zum Nutzen oder Schaden gebrauchen kann, daß sich Ketzer, falsche Priester und sittlich verdorbene geistliche Leute dauernd im Rahmen schädl. Weisheit bewegen (s.IV 3,76f). Im Zusammenhang mit der Wüstenmetaphorik führt Mechthild aus, daß der Mensch *"in der waren wuestenunge wonen..."* kann, wenn er diese durch ein den Dingen gegenüber distanziertes Verhalten in sich errichtet (I 35,15; u. II 24,63f). Auch für die Seele, die ruht *"in der welte mines lichamen"* (II 23,18f) und sich - wie Mechthild mit der Wohnmetapher veranschaulicht - geistig andauernd aufhält *in der wollust* ihrer Verwandten, gilt, daß sie ihre dauernde Präsenz im Bereich der bösen Gewohnheit aufgeben muß, um mit Gott zu *"wonen in edeler vriheit"* (II 23,24f).

1.5.: Bezüglich der Einheit von Gott und Mensch in Christus macht Mechthild mit Hilfe der Verbmetapher *wonen* deutlich, daß die Gottheit in allen Gliedern seines Leibes dauernd präsent war. Als eigentliche Wohnung Gottes nennt Mechthild die Innigkeit; in der *"enoete der sele"* unterhält er sich mit seiner Geliebten (II 23,35). Im Unterschied zu sonstiger Beschaffenheit ist der Wohnraum Gottes nicht zerstörbar; der im Bild des Hauses entworfene organische Zusammenhang mit dem, dessen Lebensgrundlage Gott bildet, bleibt erhalten: *"Des fundament ich bin, des tynaphel wil ich ouch bliben."* (VI 38,10)

1.6. – 1.10.: Die Seele äußert im Gespräch mit dem Verstand den Wunsch, dort zu bleiben, wo die Minne (zu Gott und Gottes zur Seele) dauernd präsent ist (s.I 28,10). Je nach Ausrichtung nimmt die Minne jedoch im Menschen eine andere Position ein; die *ungebunden minne*, die mit irdischen Dingen befaßt ist, *"wonet in den sinnen"* (II 24,68f) oder *"in dem vleische"* (VII 46,17). Die Liebe zu Gott dagegen, die *"gebunden minne wonet in der sele..."* (II 24,77). Verblaßt zur Bedeutung 'dabei sein und Einfluß ausüben', wird die Verbmetapher *wonen* im Zusammenhang mit dem Rat verwendet, den Mechthild sich selbst gibt: *"Das rate ich mir, da muos die minne wonen bi; dunkelguot sollen wir niemer sin, da wonet dú diemuetekeit gerne bi."* (VII 3,57f) Diese Bedeutung liegt auch der Feststellung zugrunde, daß, wenn Seele und Gott eins sind, *"ein wunneklich beiten wonet zwúschent... beiden."* (II 6,10f)

Das Verb *ligen* ersetzend, dient *wonen* als verblaßte Metapher dazu, die vierte Stufe der Demut in der Seele zu lokalisieren (s.V 4,47), die Nähe der falschen Hinterlist zum Haß (s.IV 4,33) hervorzuheben oder zum Ausdruck zu bringen, daß sich etwas unterhalb von Gott befindet (s.IV 12,22). Ferner ist *wonen* Metapher für die Präsenz von allem, was sich im Herzen des Menschen andauernd befindet (s.VII 3,4).

1.11.: Der Aufenthalt der Einfaltigkeit des Herzens, die eine *"arzatinne aller wisheit"* ist, *"in der wisheit der sinne"* stellt die Voraussetzung dafür dar, daß große Heiligkeit in die menschliche Seele kommt (s. VII 43,7).

1.12.: Der aus Lucifers Herzen entstammenden Pein weist Mechthild ihren Ursprungsort als dauernden Aufenthaltsort zu (s.IV 12,101).

1.13.: *Frow helikeit* soll nach Mechthilds Wunsch im *grunt* ihres Herzens *wonen* (s.VII 48,66f).

2.1. – 2.3.: Jesus Christus und der Vater Jesu wollen mit denen, die Jesus lieben, eine gemeinsame Wohnung beziehen (s.VII 46,11). An anderer Stelle präzisiert Mechthild die Frage nach der *wonunge* Gottes dahingehend, daß sie der Innerlichkeit, der *"enge(n) enoete der sele"*, die Funktion einer Wohnung überträgt (II 23,36).

Im Unterschied zu Gott hat die Seele ihren Lebensraum in der *boesen gewonheit* bezogen (s.II 23,25). Sie muß ihre Wohnung daher *rumen*, wenn sie mit Gott will *"wonen in edeler vriheit..."* (II 23,24f). Daß die Metapher *wonunge* die Bedeutungsaspekte 'Position', 'Lebensraum' mit umfaßt, wird in diesem Aussagezusammenhang an der Frage der Minne deutlich: *"Eya torehtigú sele, wa bistu oder wielich ist din wonunge und wes lebestu?"* (II 23,4)

2.4. – 2.5.: Im Unterschied zum Himmel ähnelt der irdische Aufenthalt der Heiligen einem Gefängnis (s.VI 4,40).

2.6.: Der Empfang des Sakramentes der Eucharistie bewirkt Vereinigung der Gottheit mit der menschlichen Seele, Vermischung von Gottes Menschheit mit unserem menschlichen Leib und den dauernden Aufenthalt des Hl. Geistes im Bereich des menschlichen Glaubens (s.IV 8,11).

3.1.: s. 2.6.

B. David von Augsburg

1. wonen
1.1. *Jesus Christus* (339,18)
1.2. *got* (372,14)
1.3. *wort* (401,11)
1.4. *mensche* (350,5; 361,9)
1.5. *sele* (349,5; 382,19f; 395,22f)

2. wonunge
2.1. *ietwederez* (317,36)
2.2. *mensche* (330,37f)
2.3. *tievel* (404,14)
2.4. *himel* (388,2)
2.5. *gotlicher vater* (398,5; 399,1)
2.6. *sun* (400,36)

3. biwonen
3.1. *mensche* (363,14; 371,13)

4. biwonunge
4.1. *hl.geist* (326,35)

1.1. – 1.3.: Jesus Christus *wonet geistlich* in jedem Christen (s.339,18). Auch in Bezug auf Gott stellt David fest, daß er in der Seele seinen dauernden Aufenthalt hat (s. 372,14).

Ebenfalls bringt David die dauernde Präsenz des göttlichen Wortes bei den Propheten im Bild des Wohnens zur Sprache (s.401,11).

1.4.: Die von Sünde bestimmte Situation des Menschen sieht David in Parallele zum Wohnen in schlechter oder guter Luft, was in unterschiedlicher Weise das Wohlbefinden beeinflußt. Die anhand der süßen Geschmacksempfindung aufgewiesene angenehme Erfahrung, die Menschen machen, die sich dauernd bei Gott aufhalten, führt dazu, daß sie alle Zeit vergessen (s. 361,9).

1.5.: Ursache für unterschiedliche Grade von Erfahrung Gottes ist die verschiedenartige Sehnsucht der Seele, Gott *"ze haben, in se sehen, in ze niezen, mit im alle zit ze wonen..."* (349,5). Was für den Menschen ein wichtiges Ziel seiner Sehnsucht bedeutet, ist für Jesus Christus andauernde Wirklichkeit: Seine Seele alleine *"wonet in der vinster"* der göttlichen *heimliche* (382,19f).

2.1. – 2.6.: Mit der Gebäudemetapher *wonunge* stellt David fest, daß alles Lebensraum des Hl. Geistes ist. Dementsprechend ist der Mensch, der *kint* des himmlischen Vaters und Jesu Christi *lernkint* ist, des Hl. Geistes *wonunge* (s.330,37f). Dagegen ist der, der ohne den Empfang des Leibes Christi, in Sünden stirbt, ein Spiegelbild von *des tievels wonunge* (s.404,14).

Selbstverständlich ist, daß der Himmel *wonunge* ist (s.388,2) sowie daß der Vater (s.398,5) und der Sohn gemeinsam *wonunge* haben (s.400,36).

3.1.: Die Gott am meisten dienen, sind diejenigen, die sich am liebsten in seiner Nähe dauernd - wie David mit der Verbmetapher *biwonen* hervorhebt - aufhalten (s. 371,13). Diese Nähe zum Vorbild Jesu Christi ist auch das Kriterium für eigentliche Nachfolge.

4.1.: Die erstrebte *biwonunge* des Hl. Geistes erfordert, daß sich der Mensch nach dem Hl. Geist richtet und ihm folgt (s.326,35).

C. Meister Eckhart

1. *wonen*
1.1. *got* (I 56,5; 150,2f; 167, 10; 321,6; II, 308,3f; 624,7; III, 99,1f; 129,3; 175,6; 196,10f; 214,2; V 265,9)
1.2. *wesen* (III 174,5f)
1.3. *waz* (I 173,10)
1.4. *Jesus Christus* (V 264,7)
1.5. *engel* (I 360,9)
1.6. *mensche* (I 167,10; 193,3; 321,6; II 59,6f; 73,7; 89,2; 272,4f; 273,1.6; 278,10; 280,5; 281,1f; 309,6; 538,5; 614,6; 615,2; III 99,1; 176,1;
1.7. *sêle* (II 308,1; 326,3f; 579,1; III 229,4f; 455,1; 456,1; 460,3f; 461,4; 470,15;
1.8. *gnâde* (II 326,3)
1.9. *geistliches dinc* (III 99,3)

2. *wonunge*
2.1. *Jesus Christus* (II 614,4)
2.2. *sêle* (III 399,9f)

4. *biwonunge*
4.1. o.BE (II 615,2)

5. *înwonen*
5.1. *got* (V 265,9)
5.2. *sêle* (II 326,3f; III 299,4)
5.3. *mensche* (II 309,6)

6. *mitewonen*
6.1. *sêle* (II 326,3f)

1.1. – 1.3.: Im Bild des Wohnens macht Eckhart die Präsenz Gottes im Menschen anschaulich. Verstärkt durch die Gebäudemetaphern *vorbürge* und *tempel*, gewinnt der Leser/Hörer der Predigten Eckharts auf diese Weise eine genaue Vorstellung darüber, welche Bedeutung sein Inneres hat. Während das Sein nur der Vorhof ist, bezeichnet Eckhart die *vernünfticheit* als Tempel, in dem Gott eigentlich wohnt (s.I 150,2f). In Pr 42 lokalisiert Eckhart die Wohnung Gottes in der *"kraft der sêle"*, die *"so lûter und so hoch und so edel in im selben ist"* (II 308,3f), daß sich dort keine Kreatur aufhalten kann. Bedingung dafür, daß Gott das Innere des Menschen für seinen Aufenthalt wählt, ist, daß alles Kreatürliche entfernt ist. Wenn Gott dann alleine im Menschen präsent ist mit allem, was er ist und was die Kreaturen sind (s. III 129,3), hat die einem Haus gleichende Seele *"wirdige hûsgenossen in im"* (I 168,1). Auch wenn Eckhart auf eine genauere Beschreibung des Aufenthaltsortes in der Seele verzichtet und oft Gott/das göttliche Sein allgemein im Menschen oder *"in dem allerinnigesten"* (III 174,6) lokalisiert, findet sich doch schlußfolgernd in Pr 59 die Aussage, daß *"ein kraft in der sêle (ist), diu ist witer dan alliu disiu welt. Ez muoz gar wit sin, da got inne wonet."* (II 624,7f) Die verschiedenen Aussagen zum Wohnen Gottes im Menschen kommen darin überein, daß im Innern des Menschen eine dauernde Präsenz Gottes vorhanden ist. Dieses Innere kann Eckhart auch als *grunt* der Seele bezeichnen: *"Daz ist inne, daz dâ wonet in dem grunde der sêle, im innersten der sêle, in vernünfticheit, und engât niht ûz und ensihet niht ûf kein dinc."* (I 173,10-12) In diesen Ausführungen wird der Aufenthalt Gottes im Inneren des Menschen mit einem entsprechenden, ausschließlich nach innen orientierten Verhalten kombiniert. An anderen Stellen lokalisiert Eckhart den Aufenthaltsort Gottes in der Minne oder unter Berufung auf Paulus *"in einem liehte, da niht zuoganges enist."* (III 175,6; vgl. 1 Tit 6,16)

1.4.: Im Zusammenhang mit Ausführungen zum Empfang des Sakramentes der Eucharistie spricht Eckhart von der Lust des Herrn, sowohl im Menschen als auch in Gemeinschaft mit Menschen Wohnung zu beziehen (s.V 264,7).

1.5.: Der oberste Engel vermag nicht in den *grunt* der Seele zu gelangen, obwohl er ganz in der göttlichen Wirklichkeit verharrt und mit Gott den gleichen Aufenthalt - *"ein stoete mitewonen"* (I 360,9) - teilt. Dies ist allein der *lûter gotheit* vorbehalten.

1.6.: In Verbindung der Metaphern *wonen* und *hûsen* wird die göttliche Wirklichkeit - Eckhart zitiert 1 Joh 4,16 - als Ort der Präsenz des Menschen so weit konkretisiert, daß sie als Haus erscheint, in dem der Mensch wohnt (s.I 167,10f). Als Bedingungen für das Wohnen in Gott nennt Eckhart, daß der Mensch sich und alle Dinge verleugnen, keinem Ding anhängen, sich nicht im kreatürlichen Bereich in der Zeit ständig aufhalten und einrichten sowie keine Kreatur lieben dürfe (s. II 272,5-273,1). Nur wenn sich der Mensch - wie Eckhart mit der Wohnmetapher zur Sprache bringt - oberhalb der Zeit in der Ewigkeit aufhält, vermag er auch den Hl. Geist zu empfangen (s. II 73,7). Diesen Aufenthalt in der Ewigkeit - in Pr 12 gleichgesetzt mit dem Wohnen im Geist, in der Einigkeit und in der Wüste (s. I 193,3f) - erreicht der Mensch aber nur dadurch, daß er Leiblichkeit, Mannigfaltigkeit und Zeitlichkeit transzendiert: *"liplicheit,... manicvalticheit,... zitlicheit. Haete der mensche disiu drîn dinc übergangen, so wonete er in ewicheit und wonete in dem geiste und wonete in einicheit und in in der wuestunge..."* (I 193,2-4) Beschreibt man die Transzendenzbewegung auf dem Hintergrund des Raummodells von oben nach unten, ergibt sich für die Menschen als Ziel, daß sie *"wider ingebildet werden in die hoehe, da wir wonen in dem heiligen geiste."* (II 538,5f)
Eine weitere Bedingung für das Wohnen des Menschen in Gott besteht darin, daß er Gott ausschließlich um Gottes willen aufgrund *"der güete sîner natûre"* (II 59,6f) liebt; denn nur dann hält er sich alleine bei der göttlichen Liebe/bei Gott

auf, so daß Eckhart formuliert, er *"wonet in gotes minne"* (II 59,7), wenn er ihn aus ganzem und ständigem Interesse an seiner Güte liebt: *"Wer nu wonet in der güete sîner natûre, der wonet in gotes minne, und diu minne enhat kein warumbe... (Er)minnet got aleine umbe sine eigene güete..."* (II 59,6f.13f). Die Wohnmetapher besagt in diesem Kontext, daß sich der Mensch mit all seinen Neigungen, Interessen und Wünschen in die göttliche Liebe bzw. Gott begibt und dort seinen ständigen Aufenthaltsort hat. In dem Fall, daß der Mensch Gott um etwas anderes willen liebt, gilt daher: *"der enwonet niht in im, sunder er wonet in dem, umbe daz er in minnet."* (II 273,6) Um diese Fehlorientierung ausschließen zu können, empfiehlt Eckhart, sich in der Kraft der Seele aufzuhalten, in der alle Dinge gleich sind; denn diese Gleichheit aller Dinge verhindert, daß sich der Mensch lieber bei einem Ding als bei einem anderen aufhalten möchte: *"Und alsô wonet der mensche in allen dingen glîch..."* (II 280,5). Indem dem Menschen die in seiner Seelenkraft befindlichen Dinge in dieser Weise begegnen, geht er mit ihnen so um, wie sie in Gott sind; der Mensch, der sich alle Zeit in dieser Kraft befindet, ist daher selig; denn er *"wonet alle zît in gote"* (II 281,2). In Pr 41 führt Eckhart zum Thema der Gottesliebe aus, daß derjenige Gott liebt, der in der Weisheit, d.h. in seinem eingeborenen Sohn, wohnt. Diejenigen, die Jesus Christus dienen, *"suln an der einunge (sines vaters) mit im wonen."* (II 614,5f) Die *einunge* ist das Haus Gottes, wie Eckhart in Auslegung von Jer 7,2 ausführt: *"Daz hûs gotes ist diu einicheit sînes wesens"* (I 314,1f). Da Gott aber - wie Eckhart an anderer Stelle herausstellt - in einem unzugänglichen Licht wohnt, ist es allgemein so, daß sich der Mensch *"in dem wege oder in einem zuogange"* (III 176,1), fern von Gott, aufhält; es bleibt daher nur die Bitte, *"daz wir ein werden und innewonen"* (II 309,6) in dem *grunt*, in dem Gott zu finden ist.

1.7. – 1.8.: Wenn sich die Seele in ihrem Inneren aufhält, sind ihr alle Dinge präsent (s. II 308,1f). Ohne jegliche Begründung findet sich an anderer Stelle ebenfalls als rein affirmative Aussage, daß die von den äußeren Dingen abgekehrte Seele *heim komen* ist und *"wonet in irem einvaltigen lûtern liehte."* (III 229,4f) Dieses Licht ist Gott, der, wie in den unmittelbar vorhergehenden Passagen des zitierten Textes dargelegt wird, in der Seele *"glenze und blicke"* (III 229,3). Ähnlich, allerdings mit veränderter Position der Seele, formuliert Eckhart in Pr 74: *"Diu sêle muoz ouch boben ir selber wonen, sol si got begrîfen..."* (III 460,3; vgl. 470,15 ergänzt um die Position oberhalb der vergänglichen Dinge). Grundsätzlich gilt für die - mit den Metaphern *înwonen* und *mitewonen* vorgestellte - Präsenz der Seele in Gott, daß sie nur gnadenhaft zustandekommt (II 326,3f).

1.9.: Um den johanneischen Satz "Deus caritas est: et qui manet in caritate, in Deo manet, et Deus in eo..." (1 Joh 4,16) in seiner Richtigkeit zu begründen, weist Eckhart darauf hin, daß im Unterschied zu leiblichen Dingen geistige Dinge sich wechselweise im anderen aufzuhalten in der Lage sind: *"Ein ieglich geistlich dinc mac wonen in dem andern ..."* (III 99,2f).

2.1.: Mit Hilfe der Gebäudemetapher wird der dauernde Aufenthalt Jesu Christi im Vater, bedingt durch sein Einssein mit dem Vater, zur *wonunge* Jesu Christi erklärt (s.II 614,4).

2.2.: Durch göttliche Einwirkung wird die Seele so verändert, daß sie ihren natürlichen Aufenthaltsort so weit unter sich läßt, daß keine Kreatur sie mehr zu erreichen vermag (s.III 399,9f).

5.1. – 6.1.: Bedingt durch den Empfang des Sakramentes der Eucharistie, wodurch Gott der Seele zum *înwonenden gote* wird (s.V 265,9), werden die zerstreuten Sinne nach innen orientiert, gereinigt und von leiblichen Hindernissen befreit.

D. Tauler

1. *wonen*
1.1. *got* (54,22-26; 61,7f.11; 102,5.27; 124,5; 235,16; 262,15f; 317,16f; 423,36f)
1.2. *etwaz* (97,11)
1.3. *mensche* (38,10f; 88,8f; 102,27; 157,32; 204,24f; 206,7.8.; 207,19f; 217,34; 322,30)
1.4. *grunt* (94,18)
1.5. *hl. geist* (104,14; 310,4)
1.6. *Jesus Christus* (231,12; 364,22)
1.7. *drivaltekeit* (266,8)

2. *wonunge*
2.1. *grunt* (307,9)
2.2. *kilche* (104,14)
2.3. *mensche* (104,14)
2.4. *got* (175,12; 331,7.13)
2.5. *sele* (202,10f)
2.6. *ewicheit* (202,15)
2.7. *krefte* (104,16)

5. *inwonen*
5.1. *mensche* (174,29f)

1.1. – 1.2.: In Verbindung mit der Verbmetapher *wonen* nennt Tauler verschiedene Orte, an denen sich Gott ständig aufhält: Gott *wonet* in den obersten Kräften der Seele (s.54,22-25), im *abgrunt* in der Seele - seinem edlen Reich (s.102,5.27) -, unter den Menschen (s.124,5), im *grunt* der Seele (s.262,16) und im *innewendigen tabernackel* der göttlichen Einheit (s.423,36f). Während die niederen Kräfte Gott *zuo enge und zuo kleine* (54,23) sind, findet er in den obersten Kräften der Seele seine eigentliche Stätte, da diese sein Bild und Gleichnis darstellen (s.54,26). Diesen Ort kann Tauler unter Heranziehung der Gebäudemetaphorik auch als *tempel* bezeichnen, "*daz ist die edele minnencliche sele mit ire lutern innewendikeit*" (61,4). Wenn der Mensch sich den Kreaturen zuwendet, hat dies zur Konsequenz, daß diese den Platz im Menschen einnehmen, wo Gott eigentlich *wonen* sollte (s.235,16). Darum muß der Mensch auch darauf achten, ob etwas in seinem Tun und Leben "*inne lebe und wone daz Got nut ensi...*" (97,11). Zugang erhält der Mensch zum Aufenthalt Gottes in sich, indem er unabhängig von sinnlicher und vernünftiger Erkenntnis seinen inwendigen *grunt* übt durch ein ausschließliches Ausrichten auf Gott hin. Diesem Menschen wird dann "*dicke daz innewendige tabernackel unbekentlichen gezoeuget goettelicher einikeit inne wonende und ruowende...*" (423,36-38).

1.3.: Durch das Einwirken des Hl. Geistes kehrt der Mensch um, indem er eine neue Position bezieht. "*... do ime vor gruwelte, daz gelust im nu, also smocheit, ellende, einoete, lidekeit, indewendekeit..., abegescheidenheit von allen creaturen, das ist nu sin allerhoeheste wonen.*" (38,8-11). In Bezug auf das Gottesverhältnis stellt der Aufenthalt jenseits aller Gedanken, kreatürlichen Bilder und Vorstellungsformen in der Einsamkeit sogar die Voraussetzung dafür dar, daß Gott in den Menschen kommt (s. 217,34f).

An anderer Stelle beschreibt Tauler die Position des Menschen zwischen Himmel und Erde; mit seinen niedersten Kräften ist er erniedrigt unter alle Dinge *"und wonet in Gotte..."* (88,9). Speziell den Gottesfreunden spricht Tauler die Möglichkeit zu, ewig in Gott *ze wonen* (s. 157,32). Allgemein partizipiert jeder Mensch, wie im Anschluß an Jesus Sirach 24,7ff in Pr 46 dargelegt wird, am zweifachen Erbe des Herrn; insofern dem Menschen als zeitliches Erbe Leben und Leiden des Herrn gegeben ist, soll der Mensch - so Taulers Empfehlung - *"do inne wonen"* (206,8). Auf das zweite Erbe, in Herrlichkeit *hûsgenossen* der Gottheit auf ewig zu sein, kann der Mensch nur warten (s.206,10-12). Der Mensch, dem es gelingt, im verborgenen *abgrunt* seiner Seele präsent zu sein, *wonet* bereits in seinem jetzigen Leben in Gott, wie auch Gott in ihm *wonet* (s.102,27). Die mit der Wohnmetaphorik ins Bild gebrachte Präsenz des Menschen in Gott oder in seinem Erbe verdeutlicht Tauler noch dadurch, daß er die Metapher *wonen* durch *rasten* ergänzt: *"... dazu ir súllent bliben wonende und rastende in dem erbe des herren..."* (207,19f).

1.4.: Der *grunt*, der - durch die Erbsünde verdorben - den Menschen nur das Seine tun läßt, ist - worauf Tauler mit der Verbmetapher *wonen* verweist - in Natur und Geist des Menschen präsent (s.94,18).

1.5. – 1.7.: Der *"grunt der sele"* wird als Ort genannt, an dem die göttliche Dreifaltigkeit *wonet* (266,8); allgemein kommt jedem Menschen eine dem Haus vergleichbare Funktion zu, insofern in ihm der Hl. Geist *wonet* (s.104,14). Bezüglich des Wohnens Christi nennt Tauler einerseits das Herz des Menschen als Wohnort (s.364,22), dann andererseits das Oberste des Menschen, d.h. die höchste inwendigste Minne und das höchste Denken (s.231,12).

2.1. – 2.3.: Neben der Verbmetapher *wonen* zieht Tauler Gebäudemetaphern wie *hûs, wonehûs, wonunge* etc. heran, um die Präsenz Gottes/des Hl. Geistes im Grund des Menschen anschaulich zu machen. Auch die Kirche - im Sinne der Gemeinschaft aller Gläubigen - wird als *wonehûs Gottes* bezeichnet (s.104,14). Als eigentlichen Aufenthaltsort für Gott sieht Tauler jedoch mehr *"denne in dem himel oder in allen creaturen"* (331,8f) den Abgrund an, der allem Kreatürlichen entzogen ist (s. 331,13): *"In disem ist eigenlich gotz wonunge..."* (331,7f).

2.4. – 2.6.: Der göttliche *abgrunt* wird von Tauler als Wohnstätte der Seele aufgeführt; die Ewigkeit bildet die voraussichtliche *wonunge*, das Ende des Menschen; beiden gemeinsam ist ihre Zeitlosigkeit.

2.7.: Die Anzahl der Kräfte in der Seele bildet die Vergleichsgrundlage für die Parallele zu einem Wohnhaus mit vielen Wohnungen und Kammern: *"Also, alse vil wonungen und kammeren sint in eime hûse, also sint in dem menschen vil krefte und sinne und wurckunge..."* (104,16f)

5.1.: Die *"uswendig gelútert menschen und inwendig... verklerte menschen"*, die sich ausschließlich in ihrem Innern aufhalten, sind ein Himmel Gottes; *"wan Got hat raste in in."* (174,31).

E. Seuse

1. *wonen*
1.1. *mensche* (169,17; 187,9f; 244,5; 274,18; 400,18f; 412,20f; 433,15f; 528,6)
1.2. *geist* (187,17; 189,9f)
1.3. *got* (389,15f; 470,19f)
1.4. *himmlische geister* (369,1f)

2. *wonunge*
2.1. *got* (20,13)
2.2. *ewige wisheit* (248,15)
2.3. *der geminte* (538,13f)
2.4. *mensche* (362,10; 474,23f)
2.5. *geist* (189,9f)

3. *biwonen*
3.1. *herze* (492,9f)

5. *inwonen*
5.1. *sunne* (478,16)

1.1. – 1.2.: Die mit der Verbmetapher *wonen* ausgesagte dauerhafte Präsenz des Menschen bezieht sich auf verschiedene Bereiche: Der dauernde Aufenthalt bei der Ewigen Weisheit (s. 400,18f) macht den Menschen selig; Ziel des menschlichen Lebens ist, in den drei göttlichen Personen zu *"wonen und wandeln"* (528,6). Behilflich bei der Realisierung dieses Zieles erweist sich die göttliche Einheit, die den menschlichen Geist in die Trinität an sich zieht, so daß er - sich selbst transzendierend - in Gott, der ihn zu sich geholt hat, präsent ist (s. 189,9f). Dort dauerhaft seiend, verliert er jedes ihn von Gott trennende Hindernis und jede besondere Eigenart und ist in der *"verklerten glanzenrichen dúnsterheit"* sich selber nicht mehr bewußt (187,17). Der göttliche Bereich, in dem der Mensch sich zusammen mit der zweiten Person der Trinität aufhält, wird genauerhin als *"vernúnftig wa"*, als *"istige namlose nihtekeit"* (187,9f) bezeichnet.

An anderer Stelle bezieht sich das Wohnen des Menschen auf das Sein in Jesus Christus; in dessen offenen Seiten soll sich der Mensch - wie Seuse in Parallele zum abgeschlossenen Bereich einer Wohnung formuliert - verschließen und dort *"ein wonen und bliben"* (274,18) suchen.

Als weiteren Bereich, in dem der Mensch nur einen kurzen Aufenthalt beziehen soll, nennt Seuse den irdischen Bereich: *"Der bi im selten alle zit wonet, der gewúnnet gar ein riches vermúgen."* (169,17f)

1.3. – 1.4.: Alle Dinge sind für Seuse der Bereich, in dem Gott präsent ist (s.389,15f). Gott selbst fungiert für die *himmlischen geister* (s.369,1f) als Ort, an dem sie sich dauernd aufhalten.

2.1. – 2.3.: Seuse läßt die Ewige Weisheit die Güte der *verborgenen wonunge*, die sie bzw. der Geliebte der Seele (s.538,13f) sowie Gott (s.20,13) in der menschlichen Seele bezogen haben, verdeutlichen durch einen Vergleich der reinen Seele mit einem *"paradies aller wolluste"* (248,15).

2.4. – 2.5.: Das Himmelreich hat für die Menschen, die Gott eifrig dienen, die Funktion einer Wohnung (s. 362,10); auch das eigene Innere ist ein Ort, an dem der Mensch eine *"emzig unverwenckete wonunge"* (474,23f) haben soll. In Bezug auf den menschlichen Geist erklärt Seuse mit Hilfe der Metapher *wonunge* die göttliche Einheit zum übernatürlichen Aufenthaltsbereich des menschlichen Geistes (s. 189,9f).

3.1.: Das Gegenwärtigsein Seuses bei Jesus kann auch bildlich dargestellt werden als *"biwonen des herzen"* (492,9f).

5.1.: Die Einwirkung Gottes auf die Seele, vorgestellt im Rahmen der Lichtmetaphorik als *"inluhten der waren sunne"*, wird durch die Verbmetapher *inwonen* hinsichtlich ihrer Dauer präzisiert (478,16).

| *G. Heinrich von Nördlingen* |
---

1. *wonen*
1.1. *mensche* (19,16.20; 51,2)
1.2. *gemahel* (46,45)
1.3. *geist* (47,42)
1.4. *Jhesus Christus* (21,4; 29,6f)
1.5. *gaist gotz* (47,42.43f)

2. *wonunge*
2.1. *hertz* (19,17)

1.1. – 1.3.: Den göttlichen Sohn und das Herz Gottes sieht Heinrich - wie die Wohnmetapher signalisiert - als Bereich an, in dem sich der Mensch, die Braut und der menschliche Geist dauernd aufgehalten haben vor ihrer irdischen Existenz bzw. sich wieder aufhalten sollen (s.47,42).

Weiterhin wird auch der Himmel allgemein als zukünftiger Ort des Menschen genannt, wo er den *"künig aller eren ewigklich schawen"* kann (51,3f).

1.4. – 1.5.: Dauernder Aufenthalt Jesu Christi ist die *"herschaft seins vatters"* (21,4); daneben wird aber auch das reine Herz Margarethas zum Ort, an dem - so Heinrichs Wunsch - Jesus Christus in Glaube und Liebe *wonend si* (s.29,6f). Wie der Hl. Geist im Geist des Menschen wünscht Heinrich als *wechesel*, daß Margarethas Geist im Hl. Geist *wonnen* soll (s.47,41f).

Vom Wohnen des Hl. Geistes im Menschen geht heilende Wirkung aus; denn er gibt *"gesunthait und freies leben"* (47,44).

2.1.: Mit *wonunge* wird das väterliche Herz Gottes als Raum gekennzeichnet, in dem der Mensch Gott gedient hat (s.19,17).

wüeste/ wuestenunge (1.)/ wüst (2.)/ einoede (3.)

A. Mechthild von Magdeburg

1. *woestunge*
1.1. o.BE (I 35,15; II 24,63; VII 53,6)

3. *einoede*
3.1. *sele* (II 23,36)
3.2. *herz* (VI 2,15; VII 53,3)

1.1.: Die Bildvorstellung der Wüste als einer öden, unbebauten Gegend zieht Mechthild heran, um den Zustand des Menschen, dem allein Gott wichtig ist, im Unterschied zu einer Verfassung darzustellen, bei der der Mensch auf irdische Dinge fixiert ist: "... *ich wone mit dir in der woestunge, wan mir sint oelú ding ellende sunder alleine got.*" (II 24,63f)

Das bedeutet, daß der Mensch, der Gott erfahren will, einen Standort wählen muß, an dem er nichts von all dem erfährt, was ihn sonst beschäftigt. Dies ist äußerlich nicht zu erreichen, aber an einem in Analogie zur äußeren Erfahrung metaphorisch mit *woestunge/wuestenunge* und *enoete* bezeichneten Ort möglich, den der Mensch sich in seinem Innersten als innere Disposition schaffen muß, indem er von aller begreifbaren kreatürlichen Wirklichkeit Abstand nimmt und sich von allem absondert, um dadurch von allen Dingen frei zu sein: "*Du solt minnen das niht, du solt vliehen das iht, du solt alleine stan und solt zuo nieman gan. Du solt nit sere unmuessig sin und von allen dingen wesen vrî. ... So wonestu in der waren wuestenunge.*" (I 35,2-7.15)

Im Zusammmenhang mit *gevengnis* verwendet, tritt bei *woestunge* der Aspekt eines Lebens hervor, das ähnlich dem Leben in der öden, trockenen Wüste entbehrungsreich ist. Auf die erbarmenswürdige Situation ihres Konvents bezogen, läßt Mechthild Jesus Christus den augenblicklichen Zustand des Konvents in Beziehung setzen zu Erfahrungen des Volkes Israel bzw. Jesu: "*Ich vastete in der woestunge mit in. Ich wart bekort von dem viende mit in.*" (VII 53,6f)

3.1. – 3.2.: Die von aller vielfältigen Wirklichkeit gesonderte Landschaft dient Mechthild dazu, eine Vorstellung von der Stelle im Inneren der Seele bzw. des Herzens zu geben, wo Gott erfahren werden kann.

B. David von Augsburg

1. *wüeste*
1.1. o.BE (363,31)

1.1.: Bei David ist *wüeste* Bild für das entsagungsvolle irdische Leben. Begleitet wird der Mensch "*in dirre wüeste und... und disem ellende*" (363,31f) von Jesus Christus.

C. Meister Eckhart

1. *wüeste*
1.1. *got* (I 171,14f; II 77,1)
1.2. o.BE (I 193,3f; III 21,2; 488,19)
1.3. *vünkelîn* (II 66,6)
1.4. *grunt* (II 420,9)

3. *einoede*
3.1. *got* (I 171,14; III 400,4; V 119,4)
3.2. o.BE (V 46,14; 119,5)

1.1.: Das Freisein Gottes von allem Nichtgöttlichen versucht Eckhart durch Kombination verschiedener Metaphern sowie durch die Verbindung von metaphorischem und abstraktem Terminus auszusagen. Neben die (in *einoede* enthaltene) Vorstellung einer verlassenen, menschenleeren Gegend rückt Eckhart den Aspekt einer Wüstenlandschaft ohne Vegetation; was die Metaphern bildlich verschlüsseln, wird abstrakt in diesem Zusammenhang durch den (mit den Metaphern kombinierten) Terminus *einunge* ausgesagt (s.I 171,14f). Darüberhinaus erzeugen die in diesem Zusammenhang ebenfalls verwendeten Metaphern *grunt*, *einoede* und *wueste* in Bezug auf Gott die Vorstellung eines Raumes mit unbegrenzter Weite.

In Spannung zur Bestimmung des göttlichen Bereiches durch die Formulierung *wuestunge* und "*einicheit sin selbes*" stehen die Aussagen, daß Gott hier "*in im selben quellende*" (II 77,2) ist: Eine Wüstenlandschaft als ödes, menschenleeres Gebiet ist zwar geeignet, die Aussageintention bildhaft zum Ausdruck zu bringen, die als "*einicheit sin selbes*" und "*da er ein lûter ein ist...*" (II 77,2) abstrakt umschrieben wird; zugleich ist mit der Näherbestimmung von *wuestunge* aber negiert, was Gott neben den im Bild der Wüste veranschaulichten Eigenschaften in Pr 29 zugeschrieben wird: "*dâ er... in im selben quellende ist.*" (II 77,2).

1.2.: Die auffällige Verknüpfung von Bild und abstraktem Terminus findet sich auch bei der Beschreibung des Bereiches, in den der Mensch gelangt, nachdem er die kreatürliche Wirklichkeit hinter sich gelassen hat: "*Daz erste ist lîplicheit, daz ander manicvalticheit, daz dritte ist zîtlicheit. Haete der mensche disiu driu dinc übergangen, sô wonete er in êwicheit und wonete in dem geiste und wonete in einicheit und in der wüestunge, und dâ hôrte er daz ewige wort.*" (I 193,2-5).

Auffällig ist bei den lexischen Oppositionen zwischen beiden Sätzen, daß als Antithese zu *manicvalticheit* metaphorisch und wörtlich gebrauchter Terminus zugleich fungieren: *einicheit* und *wüestunge*. In Pr 60 benennt Eckhart den Gegensatz zur kreatürlichen Wirklichkeit, in den Gott den Menschen versetzt, mit der metaphorischen Formulierung "*wüestunge von allen crêatûren*" (III 21,2).

1.3.: Zum *vünkelîn* wird ausgeführt, daß es ist "*ein elende und ist eine wüestenunge und ist mê ungenennet, dan ez namen habe, und ist mê unbekant, dan ez bekant sî.*" (II 66,4-7). Die Wüstenmetapher evoziert in dem vorliegenden Kontext eine Sicht, bei der der Zustand des *vünkelîn* parallelisiert wird mit der schwer zugänglichen, vom Gewohnten unterschiedenen und infolge ihrer Unterschiedslosigkeit schlecht beschreibbaren Wüstenlandschaft. Weitere Bedeutungsaspekte, die im Bild der *wüestunge* impliziert sind, schwingen mit, sind aber vom Kontext her nicht akzentuiert.

1.4.: Wenn der *vunke* Gott begegnen will, muß er "*in den einvaltigen grunt, in die stillen wüeste...*" (II 420,8f) gelangen. Während *wüeste* als Landschaftsmetapher mehr die flächenhafte Erstreckung beinhaltet, liegt der Bildakzent bei *grunt* auf 'unterer, tief gelegener Bezirk'. Zusammen mit der Metapher *einvaltic stille* (s.II 421,2), die in Form der Ist-Prädikation in diesem Kontext als Bildspender des Bildempfängers *grunt* fungiert, bilden *einvaltiger grunt, stille wüeste* einen Bildzusammenhang, der durch Verselbständigung der Signifikans-Ebene entstanden ist. Wie aus dem Kontext hervorgeht, verfolgt Eckhart mit diesen Metaphern die Intention, seinen Hörern ein Bild zu geben für die Abgeschlossenheit, Leere und Unterschiedslosigkeit des Bereichs, an dem sich jenseits der drei göttlichen Personen Gott und das *vünkelîn* begegnen.

3.1. – 3.2.: Bei Eckhart ist *einoede* Metapher für Gott. Als Ziel der von Gott bewirkten räumlichen Veränderung seiner *brut*, der Seele, wird er zum Ort, der aufgrund seiner Gesondertheit von allem Mannigfaltigen die Gegenposition zum kreatürlichen Ausgangspunkt der Seele markiert (s.III 400,4). Gott liebt hier die Seele "*ein in einem*" (V 46,15). Zum anderen entwickelt Eckhart über die Metapher *einoede* von Gott die Sicht einer räumlich differenzierten Landschaft: Im Unterschied zur Gutheit und Wahrheit Gottes sowie den drei göttlichen Personen steht *einoede* für den Einheitsgrund der göttlichen Wirklichkeit; die Seelenkraft, die Gott "*in sînem eigentuome sîner eigenen natûre*" sucht, ist daher erst am Ziel "*in sîner einoede*", wenn sie Gott "*nimet... in sîner wüestunge und in sînem eigenen grunde*" (I 171,14-172,2; vgl. V 119,4f unter Berufung auf Hos 2,14).

D. Tauler

1. *wüeste/wuestenunge*
1.1. *got* (54,29; 277,32; 278,1.3.6)
1.2. *einsamkeit* (277,35f)
1.3. *vinsternis* (55,3f; 406,13)
1.4. *abgescheiden leben* (330,7f)
1.5. *grunt* (302,32f; 331,21f)
1.6. o.BE (68,13)

2. *wüst*
2.1. *mensche* (41,16f)
2.2. *wüeste* (277,34; 331,22)
2.3. *gotheit* (278,1.3.5)
2.4. *grunt* (278,5)
2.5. *weg* (189,15)

1.1. – 1.3.: Die Metapher *wueste/wuestenunge* steht für die Wirklichkeit Gottes, die mit Hilfe der Landschaftsmetapher als einsam, ohne Inhalt und völlig leer dargestellt wird: "*Dise wueste das ist sin stille wueste gotheit...*" (278,3). Lokalisiert "*in der stillen einsamkeit*" (277,32), ist sie - wie im Verlauf der weiteren Ausführungen deutlich wird - mit dieser identisch; denn die als Prädikatskomponente fungierenden Beiwörter *stille* und *wuest* (s.277,34) sprechen der *einsamkeit* die gleiche Beschaffenheit wie der Gottheit zu, die in der gleichen Predigt einige Zeilen weiter als "*wueste stille lidige gotheit*" (278,5) charakterisiert wird. Darum ist es auch nicht verwunderlich, daß Tauler *einsamkeit* ebenfalls mit der Metapher *wuestenunge* konkretisiert (s.278,1) und im Anschluß an das folgende Schriftzitat Hos 2,4 mit der göttlichen Wüste identifiziert (s.278,1-3). Neben der Identifizierung des Terminus *einsamkeit* mit der Metapher *goetliche wuestenunge* erläutern verschiedene Aussagen die im Bild der *wuestenunge* veranschaulichte göttliche Wirklichkeit, indem sie deren Leere, Unterschiedslosigkeit, *wiselose einikeit* (s.54,31f) und Einzigkeit ihres Inhalts akzentuieren: *"do enist nút denne luter Got. Dar in kam nie nút froemdes, nie creature, bilde noch wise. Dise wuestenunge meinet unser herre..."* (277,35f).

Eine weitere Funktion der Metapher *wueste/wuestenunge/wuest* ergibt sich aus dem Zusammenhang mit der Metapher *vinsternis*, die im Hinblick auf Gott dessen Unerkennbarkeit herausstellen soll. Wie eine Untersuchung von Pr 11 ergibt, fungiert *"ein unsprechenlich wilde wueste"* als Bildspender für die Bildempfänger *vinsternis* und *wesenliches lieht*, die ihrerseits Bildspender für den Bildempfänger *got/wiselose einikeit* sind; wild ist die Wüste, weil kein Zugang dorthin für den menschlichen Verstand möglich ist: *"Es ist ein lieht do enkein geschaffen verstentnisse zuogelangen noch verston enmag von naturen, und ist darumb wilde wann es enkeinen zuogang enhat."* (55,5-7) Daß man in dem Bereich, der über allen Bestimmungen (*wise*) liegt, keinen Weg und nichts Bestimmtes finden kann, macht die Landschaftsmetapher *wueste* plausibel. Denn in Anknüpfung an die Erfahrung ist es evident, daß die Eintönigkeit der Wüste keine Differenzierung in sich zuläßt und keinen gebahnten Weg kennt. Die Metaphern *weg* und *zuogang* machen in Bezug auf den Bildempfänger *einikeit/got* deutlich, was an anderer Stelle im Hinblick auf die *wueste* ausgesagt wird: *"In diser wuesti do ist also wuest das nie gedank in die in kan."* (331,22f); die Finsternis der *goetlichen wuestenunge* ist über allem Verstehen (s.406,13). Dies hat für Tauler auch Konsequenzen für das Sprechen über die Wirklichkeit Gottes: Die Paradoxie, daß die *einikeit* Gottes zugleich als *"unsprechenliche vinsternisse, und... wesenliches lieht..."* (55,3) metaphorisch bezeichnet werden kann, weist auf die Unzulänglichkeit des menschlichen Erkennens im Hinblick auf Gott hin. Auch daß mannigfaltige Wörter Gott aussagen, steht in Widerspruch zur Einigkeit Gottes. Darum verwendet Tauler nicht nur verschiedene Metaphern für die göttliche Wirklichkeit, sondern weist ihnen auch unterschiedliche Funktionen zu. So kann ein Bildspender für den Bildempfänger *got* seinerseits wiederum zum Bildempfänger für einen anderen Bildspender werden, so daß die Bestimmung Gottes ad infinitum geführt wird. Chiastisch auf den Bildspender *vinsternis* bezogen fungiert *wilde wueste* (s.55,3) als Metapher für den Bildempfänger *einikeit*. Ebenfalls kann - wobei die Bedeutung aus dem Kontext nicht zu erklären ist - *wilde wueste* Bildspender für den Bildempfänger *vinsternis* oder auch *lieht* sein.

1.4.: *Wueste* ist als verlassene, menschenleere Landschaft in besonderer Weise geeignet, Bild zu sein für ein Leben *"in abgescheidenheit von aller lust geistes und naturen"* (330,8f).

1.5. – 1.6.: Die Beschaffenheit des *grundes* weist für Tauler Ähnlichkeiten mit einer Wüste auf; denn zum einen ist er schwer zugänglich, so daß wegen seiner Unerkennbarkeit Tauler auch von *verborgene(r) wueste* und *frie(r) dúnsternisse* (s.302,33) spricht. Zum anderen ist dieser *grunt* - parallel zur Inhaltsleere der Wüste - frei von Gedanken (s.331,22f) und ähnlich der Monotonie der Wüste *"einvaltig und sunder underscheit"* (331,26). In Spannung zu diesen Ausführungen, die die *wueste* im *grunt* ansiedeln, steht die Lokalisierung der *inre(n) wuestenunge* in der Höhe, wie sie in Pr 15 vorgenommen wird (s.68,13).

2.1. – 2.4.: Mit der Adjektivmetapher *wüest* bringt Tauler den gleichen Sachverhalt der anhand der Wüstenlandschaft aufgewiesenen Leere zum Ausdruck. Die aufgeführten Bildempfänger decken sich weitgehend mit den unter 1.1.-1.6. genannten. *Wüest* wird zur negativen Metapher für den Seinsverlust, der sich bei Menschen feststellen läßt, die durch die Sinne die Inhalte ihrer Vernunft beziehen und gelehrte Worte reden. In ihrem *grunt* bleiben sie allerdings - wie Tauler feststellt - "*itel und wueste*" (41,17).

2.5.: In der Bedeutung 'ungeordnet und deshalb furchtbar' dient das Adjektiv *wuest* dazu, neben *ellent* die Beschaffenheit des Lebensweges anzugeben, den bisweilen die Gottesfreunde zu gehen haben (s.189,15).

E. Seuse

1. *wüeste/wuestenunge*
1.1. *leben* (156,10; 434,12f)
1.2. *herzleit* (211,7)
1.3. *gotheit* (245,10f)

2. *wüst*
2.1. *gotheit* (478,21f)

1.1. – 1.2.: Der Aspekt, daß ein ödes, trockenes und vegetationsarmes Wüstengebiet ohne einen erkennbaren Weg nur mit Entbehrung zu durchqueren ist, entspricht den Erfahrungen, die man nach Seuse bei der Meditation des Kreuzes Jesu (s.211,7) oder in einem "*vihlichen unbekanten leben*" (156,10) bzw. in einem "*anegevangen goetlichen leben*" machen kann. Darum ist es verständlich, daß der Mensch sich bemüht, die *wueste* und den *wilden walt* dieses Lebens zu überwinden und "*uf die schoenen heide eines gebluemeten volkomen lebens zuo komene...*" (434,12f). Als unumgänglich erweist sich dabei jedoch der "*weg manigvaltigen unbekanten lidens*" (435,1), die "*wildú strasse in der vinstrú des waldes*" (434,14f).

1.3.: Die Bildvorstellung einer unbebauten, menschenleeren Gegend zieht Seuse heran, um die Leere und Weiselosigkeit der Gottheit zum Ausdruck zu bringen. Zugleich wird - in der Kombination mit *abgrunt* - die Unerkennbarkeit eines Weges mitgedacht: "*... ingang in die wilden wuesti und in daz tief abgründe der wiselosen gotheit...*" (245,10f).

2.1.: Mit der Adjektivmetapher *wuest* überträgt Seuse die Eigenschaften einer Wüstenlandschaft auf Gott, um dessen Leere und Weiselosigkeit herauszustellen. Die Kombination des Adjektivs *wuest* mit *still* bewirkt beim Rezipienten den Eindruck, daß die Beschaffenheit der Gottheit (s.478,21f) in Richtung 'Leere', 'Monotonie' zu suchen ist.

wurzel (1.)/ (in–) wurzeln (2.)/ wurz (3.)/ wurtzgarten (4.)/ pflanzen (5.)/ inpflanzen (6.)/ heruz rúten (7.)

A. Mechthild von Magdeburg

5. *pflanzen*
5.1. *got* (VI 31,12)

5.1.: Die Pflanzmetaphorik zieht Mechthild im Rahmen ihrer Beschreibung des engen Verhältnisses heran, das der (trinitarische) Gott mit der Seele eingegangen ist: *"Er hat sie gebildet nach îm selber, er hat sie gepflanzet in im selber, er hat sich allermeist mit ir vereinet under allen creaturen."* (VI 31,12f)

B. David von Augsburg

2. *wurzen*
2.1. *leben* (365,16(Pat))

2.1.: Als organischen Zusammenhang beschreibt David im Bild des *wurzen* die Verbindung von Sein, Leben, Erkennen etc. mit Gott; Gott stellt für alle aufgeführten Größen die Lebensgrundlage dar, ermöglicht ihnen Halt, Entfaltung und gewährt ihnen die für ihre Existenz notwendige Energie.

C. Meister Eckhart

1. *wurzel*
1.1. *got/gotheit* (II 52,4.9; 636,1; II 560,5f; III 180,1)
1.2. *vater* (II 32,2)
1.3. *genüegede* (II 294,5f.13)
1.4. *demuetikait* (I 247,2f)
1.5. *saelicheit* (V 117,27)
1.6. *wîsheit* (V 110,9)
1.7. *o.BE* (I 163,5)

2. *wurzeln/inwurzeln*
2.1. *inner bekennen* (III 316,6f(Pat))
2.2. *mensche* (V 112,13(Pat))

5. *pflanzen*
5.1. *demuetikait* (I 247,2f(Pat))

1.1. – 1.2.: Das Verhältnis der Wurzel als dem tiefsten Teil der Pflanze zur Pflanze im Ganzen macht sich Eckhart zunutze, um der göttlichen Wirklichkeit räumliche Züge zu verleihen. Zugleich verweist Eckhart mit der Wurzelmetapher auf die Ursprungsfunktion, die Gott in Bezug auf alle Dinge, insbesondere jedoch auf die zweite und dritte trinitarische Person zukommt. Entsprechend dieser beiden Bedeutungsaspekte der Wurzelmetapher - räumliche Tiefe und Ursprungsfunktion - führt Eckhart in Bezug auf die Gotteserkenntnis aus, daß mit der Tiefe des Eindringens in Gott das Vordringen bis zum Ursprung aller Dinge, dem Einheitspunkt von allem, einhergeht. Die Pflanzenmetaphorik weiterführend bringt Eckhart die Entstehung aller Dinge mit der Verbmetapher *sprozzen* zum Ausdruck: "... man... erkennet die wurzel, uz der alliu dinc gesprozzen sint." (II 560,5f) Vom göttlichen Sohn und dem Hl. Geist heißt es in einer anderen Predigt, ebenfalls unter Verwendung der Pflanzenmetaphorik: "... *vernünfticheit... durchbrichet in die wurzeln, dâ der sun ûzquillet, und der heilige geist ûzblüejende ist.*" (III 180,1f)

An die zentrale Funktion der Wurzel für das Pflanzenwachstum insgesamt anknüpfend, verweist die Wurzelmetapher - verstärkt durch die Fruchtmetaphorik von *mark* und *kern* - auf den für das göttliche Wesen des Vaters entscheidenden Teil (s.II 32,1-3). Auf diese Bedeutung, aber auch auf die Vorstellung des unsichtbar im Erdinneren zurückbleibenden Pflanzenteiles, bezieht sich in einer anderen Predigt Eckharts Äußerung, daß in der Gottesgeburt der göttliche Vater nichts für sich zurückbehält, sondern "*die wurzel der gotheit... sprichet... in sînem sun.*" (II 52,4)

1.3.: Im Unterschied zur Mitteilung der ganzen Wirklichkeit von Gottvater an seinen Sohn bleibt bei der göttlichen Mitteilung von *genüegede* und *lust* an die Kreaturen "*die wurzel aller genüegede und daz wesen aller lust*" in Gott zurück (II 294,5f).

1.4.: Die Einheit Gottes mit dem demütigen Menschen entspricht in Eckharts Augen dem organischen Zusammenhang von Boden und Pflanze; Eckhart führt aus: "*Wan hie geschiht von der ainikait gottes und von dem demuetigen mentschen der kuss. wan die tugend, die da haisset demuetikait, dú ist ain wurtzel in dem grund der gothait, dar in si gepflantzet ist, das si allain ir wesen in dem ewigen ain hat...*" (I 247,1-4).

1.5. – 1.6.: Der Bedeutungsakzent liegt auf der Ursprungsfunktion, wenn Eckhart Gott als Ursache - d.h. als *wurzel* und *grunt* - der Seligkeit des Menschen kennzeichnet (s.V 117,27). Noch mehr wird der Aspekt der Entwicklung akzentuiert im Rahmen einer Ackerallegorie, wo das von Gott in die Seele gegebene göttliche Bild durch die Samen- und Wurzelmetaphorik Züge erhält, die im Bild seine Funktion veranschaulichen, Anlage und Grundlage aller *wîsheit*, *tugende* und *güete* zu sein (V 110,9f).

1.7.: Die Kräfte der Seele, die im Leib wirken, sterben zusammen mit dem Leib. "*In der wurzel*" jedoch bleiben sie erhalten (I 163,4f).

2.1.: Den organischen Zusammenhang von Wurzel und Erdboden, der der Pflanze festen Halt bietet, zieht Eckhart heran, um die Relation des inneren Erkennens zum Sein der Seele vorstellbar zu machen: Das Sein der Seele ist das, worin "*daz inner bekennen gewurtzelt ist*" (III 316,6f).

2.2.: Der vierte Grad des neuen Menschen besteht nach Augustinus (De ver. rel. c. 26 n.49) darin, daß der Mensch festen Halt in der Minne und in Gott erhält (s.V 112,13f).

5.1.: s.1.4.

D. Tauler

1. *wurzel*
1.1. *grunt* (62,21)
1.2. *diemuot* (274,11)
1.3. *tuon* (78,7f)
1.4. *gebreste* (236,19)

2. *wurzeln/inwurzeln*
2.1. *vergiftekeit* (94,15)
2.2. *friede* (96,16)
2.3. *mensche* (96,20; 367,2f.9)
2.4. *gebreste* (236,16; 360,3)
2.5. *Jesus Christus* (364,23)
2.6. *raste* (250,25(Pat))
2.7. *gemach* (250,25(Pat)

5. *pflanzen*
5.1. *himelscher vatter/got* (42,11; 190,1; 323,1f; 324,25f; 367,7f)
5.2. *súnde* (163,5f)

6. *inpflantzen*
6.1. *Jhesus Christus* (66,22)
6.2. *wort*(344,10(Pat))
6.3. *grunt* (350,26)
6.4. *gemuet* (350,26)

7. *heruz rúten*
7.1. *mensche* (31,26)

1.1. – 1.2.: *Wurzel* teilt mit *grunt* die Bedeutung, unterster Teil, Endpunkt von etwas zu sein. Wenn Tauler beide Termini als Metaphern miteinander kombiniert, verstärkt er dadurch die räumliche Vorstellung der Tiefe, die beide Termini implizieren. Als Umschreibung des Endpunktes einer geistigen Tätigkeit geben die als Metaphern verwendeten Termini dem geistigen Geschehen der Einkehr der Seelenkräfte *"in den innewendigen grunt"*, *"in die wurtzele"* (62,21) über alle Natur hinaus den Charakter eines räumlichen Vorgangs, der in der Tiefe endet. Hier angelangt, finden sie Gott.

Gesetzmäßigkeiten im Bereich der Natur macht Tauler sich zunutze, um den Zusammenhang des vollkommenen Lebens mit der Haltung der Demut aufzuweisen: So wie die Höhe eines Baumes von der Tiefe seiner Wurzeln abhängt, bedingt der *"grunt der demuetkeit"* (274,13) die Höhe des Lebens.

Die Erfahrung beim Bergsteigen heranziehend, führt Tauler im gleichen Aussagezusammenhang von Pr 57 aus: Wer auf den *"tolden aller volkomenheit"* gelangt, verspürt in sich die Notwendigkeit, *"nider ze sinkende in den aller tiefsten grunt und an die wurzele der demuetkeit."* (274,10f)

1.3.: Die Funktion der Wurzel, als Organ der Nahrungsaufnahme pflanzliches Leben hervorzubringen, setzt Tauler in Beziehung mit dem Ursprung des Tuns; ähnlich der Pflanze hat es eine Wurzel, aus der es stammt und wieder zurückkehrt (s.78,7f).

1.4.: s. 2.4.

2.1.: Die Funktion der Wurzel, in der Tiefe des Erdreichs festzuwachsen und der Pflanze dadurch je nach Tiefe entsprechenden Halt zu verschaffen, dient Tauler dazu, metaphorisch das Ausmaß der Erbsünde vor Augen zu führen: Die *vergiftunge* der Erbsünde ist so tief in den Menschen eingedrungen und so fest mit ihm verbunden, daß man weder ihren Ausgangspunkt im Menschen erkennen kann noch in der Lage ist, sie auszurotten (s.94,15-17).

2.2.: Die im Verb *wurzeln* implizierten Bedeutungen, die Entwicklung von Leben zu ermöglichen sowie der Pflanze festen Halt zu verschaffen, zieht Tauler heran, um die Entstehung und Verfestigung des Friedens hinsichtlich aller Dinge im Bereich der Abgeschiedenheit und Innerlichkeit ins Bild zu bringen. Tauler bleibt im Bild, wenn er die Fortsetzung dieses mit *wurzeln* ausgesagten Anfangsstadiums des Friedens durch erneuten Rückgriff auf die Pflanzenmetaphorik zur Sprache bringt: *"also vil also dis me wehsset und zuonimmet..."* (96,24).

2.3. – 2.4.: Der Mensch muß sich entsprechend dem in der Natur zu betrachtenden Zusammenhang, daß mit der Tiefe der Verwurzelung die Höhe, Weite und Breite eines Baumes zunimmt, nach Eph 3,14ff in der Minne einen festen Halt verschaffen. In dem Fall, daß er - wie Jesus Christus - *"gewurzelt und gefundiert"* ist in der Minne (367,9), vermag er die Breite, Länge, Tiefe und Höhe Gottes zu begreifen.

Den Sachverhalt des Festmachens, den die Verbmetapher *wurzeln* in Analogie zum pflanzlichen Leben konkretisiert, kann Tauler auch dadurch akzentuieren, daß er zwei Vorstellungen kombiniert: Der Mensch ist in Gott in der Ruhe seines Geistes *"gewurtzelt und gevestent"* (96,20).

2.5.: *Gebreste*, insbesondere in allem nur auf das Seine bedacht zu sein, können so tief im Menschen sitzen, daß er nach einem oder zwei Jahren schon nicht mehr in der Lage ist, sie zu überwinden. Darum muß der Mensch darauf achten, daß *"der gebreste ir boessen wurzellen"* nicht in ihn gelangen (236,19).

2.6. – 2.7.: Die Wurzelmetapher bezieht sich auf den engen Zusammenhang, in dem *raste* und *gemach* mit der menschlichen Natur stehen (s.250,25).

5.1. – 5.2.: Mit der Pflanzmetaphorik verweist Tauler auf die Anlagen im Menschen: Während die göttliche Minne von Gott der menschlichen Natur mitgegeben wurde, ist die Demut nicht *"gepflantzet in den menschen"*, sondern kommt von außen hinzu (323,2f). Grundsätzlich gilt, daß alles, was nicht von Gott im Menschen angelegt wurde, beseitigt werden muß (s.190,1). Dies betrifft insbesondere die Neigung zur Sünde, die *"ist gepflanzet in die nature..."* (163,5f).

6.1. – 6.2.: *Inpflantzen* ist Metapher für das Positive, das z. B. durch Jesus Christus mit dem Ziel der eigenständigen Entwicklung im Menschen angelegt worden ist (s.66,22).

6.3. – 6.4.: Das *gemuet*, der *grunt*, der in den Menschen *ingepflanzet ist*, macht sich in der Weise bemerkbar, daß er andauernd ein *gruntneigen* zurück in seinen Ursprung aufweist (s.350,26).

7.1.: Der Bearbeitung eines Ackers gleicht in der Sicht Taulers die Arbeit des edlen Menschen: er soll sich *besniden* von aller Unordnung, von *"grunt heruz rúten"* und *gebreste absniden* (31,26).

| E. Seuse |

1. *wurzel*
1.1. *untugent* (165,17)
1.2. *tugent* (363,24f)
1.3. *selikeit* (421,24f; 363,25)

2. *inwurzeln*
2.1. *wort* (533,22)

3. *wurz*
3.1. *tugent* (363,24)

1.1. – 1.3.: Die Pflanze, die in der Wurzel ihren Ursprung hat, steht bei Seuse Pate für den Ursprung aller Untugend, den Seuse in vergänglicher Minne sieht (s.165,17); alle Tugend und alle Seligkeit haben ihren Ursprung in wahrer Unterordnung des Menschen (s.363,24f). Auch die Demut wird im 4. Brief des großen Briefbuches als *wurtzel* und *grunt* aller Seligkeit des Menschen genannt (s.421,24f). Der gemeinsame semantische Nenner der miteinander kombinierten Metaphern besteht darin, daß sie als Nährboden und als Organ der pflanzlichen Nahrungsaufnahme eine Vorstellung von der Ursache menschlicher Seligkeit ermöglichen (s.421,24f).

2.1.: Das Bild des *inwurzeln* verweist darauf, daß das verführerische Wort der Schlange sich in Evas Natur gleichsam festgemacht hat (s.533,22).

3.1.: Mit der dem pflanzlichen Bereich entnommenen Metapher *wurz* charakterisiert Seuse die Selbstvernichtung als Ursprung aller Tugenden (s.363,24).

| G. Heinrich von Nördlingen |

1. *wurzel*
1.1. *vermeszenheit* (28,19)

2. *wurtzeln*
2.1. *mensche* (29,8; 36,2f)

4. *wurtzgarten*
4.1. *mensche* (43,23)
4.2. *Jhesus Christus* (34,37f)

1.1.: Mit negativen Zuständen in der Natur, wie *fule wurtzeln, schwanckel ror* und *boszer boden*, parallelisiert Heinrich seine innere Verfassung, die von Vermessenheit, Unstetigkeit und Zweifel geprägt ist (s.28,19).

2.1.: Mit Hilfe der Vorstellung vom fest Verwurzeltsein möchte Heinrich seinem Wunsch Ausdruck verleihen, Margaretha möge in einer festen Verbindung zur Minne Jesu Christi stehen (s.29,8).

Mit *wurtzeln* kombiniert Heinrich an der vorliegenden Textstelle die zur Gebäudemetaphorik gehörende Metapher *grundfesten*. Beide Metaphern kommen darin überein, daß sie ein Festmachen im Untergrund, der in dem vorliegenden Fall die Minne Jesu Christi darstellt, implizieren (s.29,8).

4.1. – 4.2.: Im Zusammenhang mit Mt 5,45: Gott läßt *"sein sunnen schinen... und regnet uf die gerechten und auf die ungerechten"* (43,18-20) beschreibt Heinrich

Margaretha als *"wol beregniten befloszen wurtzgarten"* (43,23). Er sieht sie auch Zugang haben zum *würtzgarten* Jesu Christi, wo der *osterwint* liebevoll Seele, Herz und Sinne durchwehen kann (s.34,37f).

---

ziehen (1.)/ zug (2.)/ abeziehen (3.)/ abzug (4.)/ aneziehen (5.)/ entziehen (6.)/ entzogenheit (7.)/ hinziehen (8.)/ inziehen (9.)/ niderziehen (10.)/ ufziehen (11.)/ ufgezogenheit (12.)/ ufgezogenlich (13.)/ undergezogenheit (14.)/ uzziehen (15.)/ verzogen (16.)/ widerziehen (17.)/ zerziehen (18.)/ zesamenziehen (19.)/ zucken (20.)/ (hin–) ufzucken (21.)/ uzzucken (22.)

A. Mechthild von Magdeburg

1. *ziehen*
1.1. *sele* (I 1,21(Pat); 26,1.3; II 6,4)
1.2. *got* (I 2,13; 5,4.10; III 9,3; IV 2,130; 7,3; 12,19; V 8,32; 32,17; 35,3; VI 16,6)
1.3. *Jesus Christus* (IV 5,5; V 17,9; VI 8,13)
1.4. *gebet* (V 13,5)
1.5. *mensche* (II 20,6(Pat); V 23,13; VI 2,44(Pat); 12,6(Pat); 16,16(Pat); 47,9; VII 50,11)
1.6. *gerunge* (III 15,20)
1.7. *diemuot* (V 4,49)
1.8. *tuvel* (VI 7,7)
1.9. *schin* (V 1,33)
1.10. *licham* (V 4,15(Pat))
1.11. *minne* (VI 19,8)

2. *zug*
2.1. *minne* (V 4,24)
2.2. *diemuetikeit* (V 4,33)
2.3. *got* (III 1,120; V 29,3; 31,13)
2.4. *drivaltekeit* (IV 14,11; V 35,7)
2.5. *hl. geist* (V 23,136)
2.6. *Jhesus Christus* (VII 56,5)
2.7. *geist* (V 5,10)
2.8. *sele* (III 1,14)

12. *ufzug*
12.1. *frouwe* (V 5,13)

15. *usziehen*
15.1. *sele* (I 44,81)

21. *ufzuken*
21.1. *sele* (II 24,17(Pat))

1.1. – 1.2.: Die Seele gelangt an eine verborgene Stätte, weil Gott sie dahin zieht (vgl. Hl 1,4); auch das Vernichten von Fleisch und Blut durch Frau Minne *lütert* die Seele und bringt sie in Gott (s.I 1,21). Die mit der Metaphorik des Ziehens veranschaulichte Einwirkung Gottes auf den Menschen/die Seele hat zur Konsequenz, daß der Mensch aus sich selber (s.III 9,3), über alle Dinge (s.IV 7,3) zu Gott gelangt. Daß Mechthild sich mit der Metapher *ziehen* das göttlich-menschliche Geschehen in Analogie zu einem räumlichen Vorgang vorstellt, rückt noch mehr in das Bewußtsein, wenn die Metapher *ziehen* mit der Wegmetapher kombiniert wird: *"Underwilen zúhet er mich einen andern weg ane bruggen und ane steg, da ich ime volgen muos blos und barfuos von allen irdenschen dingen."* (VI 16,6-7) Das durch die Nacktheit der Gehwerkzeuge des Menschen verbildlichte Fehlen alles Kreatürlichen ist auch die Bedingung dafür, daß der Mensch in der *suessen(n) gotzheimlicheit*, in die ihn Gott *gezogen* hat, verbleiben kann; wenn er sich vergänglichen Dingen zuwendet, geht diese verloren (s.V 8,32).

1.3.: Jesus Christus bittet der Mensch, daß er ihn wieder in sich aufnehme, indem er ihn in sich ziehe (s.IV 5,5). Die Sünderin, die zu Jesus Christus gezogen werden möchte, erhofft von der Gottesnähe eine Änderung ihres augenblicklichen Zustandes: *"... so wirde ich rein und klar"* (V 17,9f). Im gegenteiligen Fall, wenn Christus die Sünderin in sich selber verbleiben ließe, *"so blibe ich in vinsternisse und in sweri."* (V 17,10f).

1.4.: Das Gebet zeigt auf Gott eine so große Wirkung, daß es paradoxerweise *"zúhet har nider den grossen got in ein klein herze..."* (V 13,5f).

1.5.: Die gleiche Wirkung (s. 1.4.) übte Maria auf Gott aus, die - wie Mechthild bildlich konkretisiert - *"zoh únsern herren har nider mit einer suessen stimme ir sele..."* (V 23,13f).

Für Mechthild selbst stellt sich in der Situation des Gebets einmal die Frage, ob das Himmelreich zu ihr oder sie in den Himmel gekommen ist. Mit den Metaphern *neigen* und *gezogen sin* (s.II 20,6) konkretisiert sie die entgegengesetzten Bewegungsabläufe anhand der Parallele zu räumlichem Geschehen. Ausdruck von Unglauben und Hochmut ist es jedoch, wenn Menschen, die sich heilig wähnen, sich von sich aus in die Gottheit *wellent ziehen* (s.VII 47,9).

Mit der Metapher *gezogen sin* bzw. *gezogenheit* bringt Mechthild auch den Zustand der Entrückung zum Ausdruck, der für Mechthild während des Schlafs erfolgt (s.VI 12,6).

1.6. – 1.9.: Sehnsucht, Minne und Demut tragen Sorge dafür, daß die Seele ihre Position verändert. Während die *gerunge* die Seele bewegt und die *minne* sie in den Himmel bringt, gelangt die Seele durch die Demut, nachdem sie durch diese in den Himmel gekommen ist, bis in den Abgrund: *"Si jaget si uf in den himmel und zúhet si in das abgrúnde wider."* (V 4,49f) Als weitere Ursache für die Veränderung des Menschen wird der Teufel genannt; er richtet seine Aktivität darauf, die Menschen von allen guten Dingen wegzubringen (s.VI 7,7).

1.10.: In der Bedeutung von 'unterwegssein, sich irgendwohin bewegen' verwendet Mechthild die Metapher, um dem Kommen des göttlichen *schin* in die Seele Konturen eines Bewegungsvorgangs zu verleihen (s.V 1,33).

1.11.: Wenn sich die Gottesminne in der Seele befindet, ist ihre Wirkung so groß, daß auch der Leib des Menschen daran partizipiert, indem er *"wirt gezogen an allen dingen"* (V 4,15).

2.1. – 2.8.: Die Substantivmetapher *zug* ist wie die Verbmetapher *ziehen* Bild für eine räumlich vorgestellte Bewegung, die Menschen bzw. Engel (s.IV 14,11) betrifft und diese in ihrer Position auf Gott hin verändert. Verantwortliches Subjekt für diese Bewegung sind jeweils die unter 2.1.-2.6. aufgeführten Bildempfänger. Für die unter 2.7.-2.8. genannten Bildempfänger läßt sich aus dem weiteren Kontext erschließen, daß diese nicht Subjekt, sondern direkt betroffenes Objekt der mit *zug* intendierten Bewegung sind, deren Subjekt nicht erwähnt wird.

Von der auf Gott hin abzielenden Bewegung ist einzig der *"zug der ungruntlichen diemuetekeit"* unterschieden, infolgedessen die Seele in die extremste Gegenposition zu Gott gelangt (s.V 4,33-39).

Bemerkenswert ist, daß an einigen Textstellen menschliche mit göttlicher Aktivität kombiniert wird: Zum einen initiiert der göttliche *zug* die *gerunge* des Menschen (s.V 31,12f); oder der Mensch muß auf den göttlichen *zug* adäquat reagieren (s.V 29,3: *"Der sich reht hielti nach dem zuge, der von gotte kumt..."*; s. auch III 1,120). Zum anderen werden Tätigkeit Gottes und des Menschen einfach nebeneinandergestellt, indem sich die Metaphern *zug* und *vlug* abwechseln; so gibt es nach Mechthilds Darstellung Menschen, *"die alle tage mit núwen tugenden zuo gotte koment und halten sich in dem getrúwen himmelvluge mit des heligen geistes zuge."* (V 23,134-136; ähnlich V 31,13f u. 35,3f)

12.1.: *Ufzug* ist Bild für die Aufwärtsbewegung, der die Seele unterliegt (s.V 5,13).

15.1.: Jesus Christus fordert die geliebte Seele auf: *"ir soent úch usziehen..."* (I 44,81). Als Begründung fügt er an: *"Frouw sele, ir sint so sere genatúrt in mich, das zwúschent úch und mir nihtes nit mag sin..."* (I 44,82); d.h. Mechthild stellt anhand der Kleidmetaphorik dar, daß jeglicher Unterschied zu Jesus Christus von der liebenden Seele zu entfernen ist.

21.1.: Im Bild des *ufzucken* bringt Mechthild ihren Wunsch zur Sprache, mit Paulus entrückt zu werden (s.II 24,17).

B. David von Augsburg

1. ziehen
1.1. *mensche* (327,18; 375,28; 376,7(Pat))
1.2. *dinc* (336,3)
1.3. *bekorunge* (354,18f)
1.4. *vil manigez* (356,19f)
1.5. *sele* (367,39)
1.6. *engel* (367,39)
1.7. *got* (359,12; 372,27; 375,12f; 399,38)
1.8. *sunne* (388,17)
1.9. *gnade* (388,22f)
1.10. *Jesus Christus* (342,9.13; 360,22; 404,21f.28)

3. abeziehen
3.1. *gebreste* (365,1)

9. inziehen
9.1. *andaht* (390,2f(Pat))
9.2. *muot* (393,13)

10. niderziehen
10.1. *unvolbrâhtekeit* (365,5)

19. zesamenziehen
19.1. *hitze* (392,35f)

20. zucken
20.1. *mensche* (395,17(Pat); 395,37)
20.2. *schin des gotlichen liehtes* (393,30)

21. (hin-)ufzucken
21.1. *muot* (392,18f(Pat))
21.2. *hl. geist* (394,39f)

22. uzzucken
22.1. *contemplation* (396,10)

1.1. – 1.4.: Im Bild des Ziehens macht David die geistige Distanzierung des Menschen von allem Fremden anschaulich: *"Ziuch dîn gemuete von allem, des dich nicht angêt."* (327,18)

Im Sinne einer Bewegung zu sich hin konkretisiert David mit der Verbmetapher *ziehen* eine geistige Tätigkeit des Menschen, bei der der Leser oder Hörer eines von David schriftlich fixierten Gebetes aus dessen Worten die göttliche *süeze* und *gnâde* entnimmt (s.375,28).

An anderer Stelle erscheint die Verbmetapher zur Erfassung des Geschehens, durch das der Mensch von Gott in die göttliche Wirklichkeit versetzt wird. Als äußeres Mittel dient Gott dabei die eucharistische Speise, die den Menschen in die unio mit Gott bringt (s.376,7f).

Wie Gott übt auch jedes irdische Ding, das von der Seele geliebt wird, eine Wirkung auf die Seele aus, die eine Standortveränderung der Seele in Richtung auf das geliebte Ding zur Folge hat (s.336,3). Eine als *ziehen* bildlich dargestellte Standortveränderung verursachen auch die *bekorunge*, die den Menschen in Kontakt mit den Sünden bringen (s.354,18f). Dieser Hinwendung zu den Sünden entspricht die Abwendung von Gott, die mannigfache Ursachen hat: *"Dar zuo sô ziuhet uns vil manigez nider von gote: diu welt, der lîp, die tievele mit tûsent listen, boesiu bilde und manige bekorunge."* (356,19-21)

1.5. – 1.6.: Mit Hilfe des Verstandes, des freien Willens und des Gedächtnisses, mit denen die Seele und die Engel (s.367,39) von Gott ausgestattet worden sind, ist es beiden möglich, Gott als oberstes Gut zu sich hin zu bewegen (s.367,39).

1.7. – 1.9.: Auch wenn der Mensch in Sünde lebt und alles Gute verwirkt hat, reagiert Gott nicht entsprechend; vielmehr bringt er bzw. seine Gnade den Menschen göttliche Minne (s.359,12; 388,22f).

An anderer Stelle konkretisiert David Gottes Eingreifen sogar so weit, daß er von *der minne bande* spricht, durch die Gott den Menschen zu sich zu holen vermag (s.372,27).

Die gleiche Aussage findet sich auch im Rahmen der Lichtmetaphorik: Gott als die *wâre sunne* gießt sich infolge andauernden Gebetes in den Menschen und zieht den Menschen in sich. Neben der Sonnenmetapher (s.388,17) spricht David an gleicher Stelle auch *"gotes schîn der gnaden"* (388,22f) die Funktion zu, den Menschen in Gottes Minne und in Gottes Verborgenheit zu befördern.

1.10.: Der *êwige sunneschîn* Jesus Christus ist auf die Erde gekommen, um ein ähnliches Geschehen in Gang zu setzen wie in der Natur die Sonne, die *"ûf ziuhet der erde tamph unde lûtert in ze klârem lufte..."* (342,9f). Jesus Christus bewirkt in gleicher Weise wie die Sonne, daß der Mensch aufgrund der *minnehitze* Christi von aller Liebe zu Irdischem entfernt in Richtung auf Jesus Christus in die Höhe hingebracht wird (s.342,9.13).

Im Zusammenhang mit der Aussage, daß Jesus Christus, um von Menschen wahrgenommen werden zu können, *"die menscheit über sînem gotlîchen schîn ziehen muoste..."* (404,21f), wird das mit der Verbmetapher *ziehen* bezeichnete geistige Geschehen nach dem Muster eines Ankleidevorgangs vorgestellt.

3.1. Das *abeziehen* von *zît* durch *gebreste* führt letztlich zur Vernichtung aller Dinge und Lebewesen (s.365,1).

9.1.: Wenn der Mensch die Worte der Wahrheit auf der zweiten Stufe des Gebetes spricht, bewirkt er, daß die *andaht*, die das Gebet veredelt, *wirt îngezogen* (s.390,2f).

9.2.: Auf der fünften Stufe des Gebetes wird der *muot* des Menschen, bedingt durch die *"ingiezunge der andaht"* (393,13), von aller äußeren Wirklichkeit entfernt und nach innen hin orientiert.

10.1.: Während die Ewigkeit allen Dingen *anevanc* und *staete* verleiht, bewirkt die *unvolbrâhtekeit* eines Dinges, daß es in den Prozeß der Zeit gelangt und dort zunichte wird (s.365,5).

19.1.: Die Folgen der Sehnsucht des Menschen nach der göttlichen Gegenwart bestehen für David in einer Konzentration der Seele auf sich selbst; das als *hitze* veranschaulichte intensive Verlangen *"ziuhet die sêle sô gar ze samene in sich selben von aller der wandelunge..."* (392,36).

20.1. – 20.2.: Zucken, lat. *rapere*, bezeichnet das Geschehen, durch das Paulus von seinem Aufenthaltsort weg in den Himmel gebracht wurde (s.395,17). Von diesem Vorgang ist auch der menschliche Geist betroffen, der durch den *"schîn des aller gotlîchsten liehtes"* über sich selbst hinausgebracht wird (393,30f).

21.1.: Auf der vierten Stufe des Gebetes macht der Mensch eine Erfahrung, die Ähnlichkeiten aufweist zum *ufzucken*, das ein schnelles, mit Gewalt bewirktes Wegbringen in die Höhe bedeutet. Der menschliche *muot* kommt dadurch *"in einen sunnlichen liehte der lûtern verstantnisse."* (392,19f)

21.2.: Der in *(uf-)zucken* enthaltene Aspekt, daß man gewaltsam fortgerissen wird, ist bestimmend bei der bildlichen Vorstellung des Geschehens, in dem der Mensch vom *schin* und der Minne des Hl. Geistes verändert wird: *"der heilige geist der zucket in sînem schîne unde in sîner minne des menschen sêle hin ûf..."* (394,39f).

22.1.: Die geistige Veränderung des Menschen durch die Kontemplation stellt David mit dem Verb *ûzzucken* als einen Positionswechsel vor, der die Entfernung vom Aufenthaltsort in der Lebenswelt bedeutet (s.396,10).

C. *Meister Eckhart*

1. ziehen
1.1. *mensche* (I 113,1; II 124,4; 231,9; 465,3; III 16,1; 174,1; 225,7; 298,11; 381,1 (Pat); V 112,21 (Pat); 252,9f; 285,7; 287,2f; 290,5.9)
1.2. *sêle* (I 285,4f; II 141,7f; 145,2f (Pat); 165,1f (Pat); 202,7f; III 23,1f; 26,1 (Pat); V 420,9)
1.3. *got* (II 145,2f (Pat); 343,2; III 13,2; 387,2; 469,7; 489,10; V 46,16; 233,9; 235,3; 428,1f)
1.4. *engel* (II 124,2f)
1.5. *gnâde* (III 429,4; V 413,1-3)
1.6. *lieht* (III 297,4.6f)
1.7. *hl. geist* (I 395,1.3)
1.8. *ouge* (I 364,8f)
1.9. *vernünfticheit* (V 277,9-11 (Pat); 277,9-11)
1.10. *ruwe* (V 236,3)

1.11. *abegescheidenheit* (V 412,8f)
1.12. *glîchnisse* (V 31,5f; 33,1f)
1.13. *crêatûre* (V 46,18)

3. *abeziehen*
3.1. *mensche* (I 120,5f(Pat); III 225,8; 265,2f)
3.2. *bilde* (I 88,4f(Pat))
3.3. *dinc* (I 104,5)
3.4. *vernünfticheit* (I 152,6)
3.5. *got* (III 489,10f)
3.6. *tugent* (II 361,3)

5. *aneziehen*
5.1. *sêle* (I 351,4f)

6. *entziehen*
6.1. *sêle* (III 424,6f(Pat))

9. *învziehen*
9.1. *mensche* (I 120,5f)
9.2. *bilde* (V 434,4f(Pat))

11. *ûfziehen*
11.1. *hl. geist* (I 299,1; 395,1)
11.2. *sêle* (I 313,7f (Pat); II 553,6f(Pat); III 401,4 (Pat))
11.3. *glîchnisse* (V 30,9; 31,3)
11.4. *hitze* (V 30,9; 31,3)

15. *ûzziehen*
15.1. *got* (V 233,9)

1.1.: Die rezeptive Tätigkeit des Menschen, durch die Gott in ihn kommt, erscheint als *ziehen*. Die Realität dieses Geschehens hängt für Eckhart davon ab, ob der Mensch *îtel* ist, eine *înviuric minne* und *glîcheit* mit Gott besitzt (s.II 124,4). Daneben gibt Eckhart mit der Verbmetapher auch die Abstraktionstätigkeit beim Seh- und Denkvorgang wieder: Wie der Mensch das Bild eines Gegenstandes in sich zieht, so auch den Sinn, den er durch Abstraktion aus einem Exempel gewinnt (s.II 465,3). Insgesamt läßt sich mit der Verbopposition *werfen-ziehen* das gesamte Tun des Menschen beschreiben: *"entweder er wil etwaz von im werfen, daz in hindert, oder er wil etwaz ze im ziehen, dar ûf er ruowet."* (III 15,1-16,1)

Als Ziel, worauf der Mensch etwas oder sich selbst hinbewegt, wird an einigen Stellen auch das genannt, was der Mensch von Gott erhalten hat. In diese individuelle *wîse* soll der Mensch alle anderen guten Weisen einbeziehen (s.V 252,9f; 285,7). Weiterhin fungiert das Innere des Menschen als Ziel, zu dem hin sich der Mensch mit all seinen Kräften bewegen soll (s.V 290,5).

Im Bild des Ziehens aller vergangenen Zeit auf den Zeitpunkt des *gegenwertigen nû* stellt Eckhart auch das Zustandekommen der Fülle der Zeit dar (s.II 231,9). Die Zielrichtung dieser Tätigkeit kann auch vernachläßigt werden; dann steht die Verbmetapher *ziehen* für einen Prozeß, der eine Veränderung bewirkt. Von diesem Geschehen können die Grundlagen des Geistes betroffen sein, mit denen der Geist verbunden ist. Wer diese Grundlagen bewegt, zieht den Geist mit. Darum darf der menschliche Geist in nichts ihm Fremdem gegründet sein, so daß ihn kein Prozeß zwischen Himmel und Erde mehr zu tangieren vermag (s.III 174,1f).

Die mit der Ziehmetapher ausgesagte Veränderung kann auch den Menschen betreffen, der *"von gnâden gezogen wirt"* wie Paulus, der in den dritten Himmel entrückt war (III 381,1). Während die Verbmetapher *ûfklimmen* die Aktivität der menschlichen Vernunft wiedergibt, zielt Eckhart mit der Verwendung der Verbmetapher *ziehen* darauf, die gnadenhafte Einwirkung Gottes auf den Menschen herauszustellen. Beides ist für den Menschen notwendig, damit er in Gott gelangt: *"wie wir mit unser vernunft nâhen süln disem gnaediclîchen liehte und ûz uns sel-*

ben gezogen werden und ûfklimmende in ein lieht, daz got selber ist." (III 298,11-13)

1.2.: Die Annäherung der Seele an Gott erfolgt - wie schon allgemein in 1.1. in Bezug auf den Menschen dargestellt - infolge der Aktivitäten Gottes und der Seele. Die Aktivität der Seele bezieht sich nur darauf, daß sie, wie Eckhart anhand einer vertikal nach oben verlaufenden Ortsveränderung vorstellt, sich selbst transzendiert; das Eingreifen Gottes (der als Subjekt jedoch nie genannt wird) hat eine Position der Seele zum Ziel, die sich über Raum und Zeit befindet: *"Diu sêle muoz sich erheben mit aller ir kraft über sich selben und muoz gezogen werden über zît und über stat in die wîte und in die breite, dâ got ist im selben bî und nâhe..."* (II 165,1-3).

Nach dem Muster der Fortbewegung zu einer anderen räumlichen Position hin versteht Eckhart auch das mit der Verbmetapher *sich ziehen* ausgesagte reflexive Geschehen, bei dem sich die Seele bis zur einfaltigen Kraft bringt, durch die man Gott erkennt (s.II 141,7f). Dort ist die Seele, die mit zunehmender Höhe umso *"lûterer und klârer"* (III 26,2) wird, wie Gott *ein lieht* (s.II 141,7f). Auch das Liebesgeschehen, das sich zwischen Seele und Gott vollzieht, wird als eine Fortbewegung beschrieben, bei der jeder Partner jeweils durch den Blick des anderen Partners angezogen wird (s.II 145,2f).

Unter dem Aspekt des Zu-sich-Hinbewegens setzt Eckhart die Verbmetapher ein, um entsprechende Aktivitäten der Seele zu beschreiben; diese richten sich auf die niederen Dinge, von denen sie mit Hilfe der Sinne, wenn sie dingorientiert ist, etwas zu sich bringt (s.I 285,4f). In Bezug auf das Wissen gilt dagegen, daß die Seele dieses nicht in sich zu ziehen braucht (s.II 202,8), da alles Wissen in ihr verborgen vorhanden ist. Stattdessen orientiert sich die Seele, wenn der Mensch *"etwaz hôhes edeles gegenwurfes hât..."* (V 420,8f), in der Weise um, daß sie alle ihre, den fünf Sinnen geliehenen, Kräfte *an sich zieht* (V 420,9); dadurch wird der Mensch ganz *"sinnelôs und verzücket wan sîn gegenwurf ist ein vernünftic bilde..."* (V 420,10f).

1.3.: Für die Einwirkung Gottes auf den Menschen/die Seele mit dem Ziel, sie zu sich hin (s.V 428,1f), zum Einen (s.V 46,16) oder *"ze grozen dingen"* (V 235,3) zu bewegen, stehen die Metaphern *ziehen* und *locken* (s.V 46,16) oder *reizen* und *ziehen* (s.III 13,2). Gott bewirkt, wie Eckhart in Pr 60 ausführt, daß die Seele von Sinnen und geradezu toll nach ihm wird mit dem Ziel, *"daz er sie ze im ziehe."* (III 13,2) Intensiviert werden kann die als *ziehen* beschriebene Tätigkeit Gottes noch dadurch, daß Eckhart ihr durch einen Wechsel der Präposition Züge des Atemvorgangs verleiht: Wenn die Seele sich abgekehrt hat von allen Kreaturen und in die Ungeschaffenheit gelangt ist, *"ziuhet sie got in sich"* (V 428,1f). Konsequenz dieses Aufnahmevorgangs ist, daß die Seele an sich selbst zunichte und, gewandelt wie ein ins Meer geworfener Tropfen (s.III 387,1f), schließlich göttlich wird. Im Rahmen dieses Bedeutungsschwerpunktes der Metapher *ziehen* wird auch das Einigungsgeschehen zwischen Gott und Mensch konkret vorstellbar: *"Darumme zuhit he si in sich selbir in vme selbir: also wirt si mit vme foreinit."* (III 469,7f)

1.4.: Die Engel, die erleuchtet und gottgleich sind, sind in der Lage, Gott in sich aufzunehmen, indem sie *"ziehent und sûgent got in sich"* (II 124,3).

1.5. – 1.6.: Die Aufgabe, die Seele zu Gott zu bringen, weist Eckhart an anderer Stelle speziell der Gnade bzw. dem Licht der Gnade zu; diese *"erhebet die sêle ûf ze gote"* (III 429,1) und vereinigt sie mit Gott. Zusammenfassend bemerkt Eckhart zu ihrer Tätigkeit, daß ihr Werk darin besteht, *"daz si ziuhet und vollen ziuhet"* (III 429,4). Dies heißt auch, daß sie den Menschen, wie Eckhart durch die Metaphernkombination von *ziehen* und *liutern* herausstellt, freimacht von allem Zeitlichen, indem sie ihn aus dem Bereich der zeitlichen und vergänglichen Dinge wegbewegt (s.V 413,2).

1.7.: Auf der Folie des Sonnenscheins, der Feuchtigkeit mit sich hoch in die Luft zieht, sieht Eckhart das Wirken des Hl. Geistes, der die Seele *"erhebet... ûf und underhebet sie und ziuhet sie uf mit im, und waere si bereit, er züge sie in den grunt, dâ er ûzgevlozzen ist."* (I 394,9f) Die mit der Metapher *ûfklimmen* (s.I 395,3) und *erheben* (s.I 394,9) im Bild einer nach oben verlaufenden Ortsveränderung anschaulich gemachte Transzendenzbewegung kommt zustande, *"wan (der hl. geist) ziuhet sie denne mit im."* (I 395,3) Durch den Vergleich mit der Wirkung des Sonnenscheins erhält das Geschehen, das sich zwischen dem Hl. Geist und der Seele abspielt, zugleich den Charakter einer organischen, mit Naturnotwendigkeit ablaufenden Bewegung.

1.8.: Synonym mit *nemen* beschreibt Eckhart mit der Verbmetapher *ziehen* den Abstraktionsvorgang von Kräften der Seele und des Auges, das auf diese Weise Materielles in sich aufnehmen kann (s.I 364,8f).

1.9.: Es ist der Vernunft eigentümlich, auf Gott hin orientiert zu sein. Sollte sie einmal fehlgeleitet sein, muß sie wieder zur richtigen Ausrichtung gebracht werden, indem sie *gezogen* wird.

1.10.: Die zeitliche Reue stellt selbst die Ursache dafür dar, daß sie in immer größeres Leid und Jammer gerät: sie *"ziuhet sich alle zît niderwerts in ein mêrer leit..."* (V 236,3f).

1.11. – 1.13.: Die Einflußnahme der *abegescheidenheit* auf den Menschen verursacht dessen geistige Veränderung, die in verschiedenen Etappen verläuft; denn sie *"ziuhet danne den menschen in lûterkeit und von der lûterkeit in einvalticheit und von der einvalticheit in unwandelbaerkeit..."* (V 412,8f) Auch der Gottgleichheit wird über die Metapher *ziehen* diese Wirkung auf die Seele zugesprochen; vom einen Gott herkommend, *"ziuhet und locket"* sie mit der Kraft des Einen solange, bis das, was auf Gott hinbewegt wird, mit diesem vereint ist (s.V 33,1-4). Andererseits spricht Eckhart den Kreaturen, die *"gezogen über natûre und überbildet"* (V 46,18) sind, die Fähigkeit zu, daß sie *"ein in einem"*, *"ein in im selben"* suchen und erst in der Vereinigung zur Ruhe kommen.

3.1.: Die Distanz der Seele von leiblichen Dingen wird bewirkt durch ein Geschehen, das Eckhart mit den Metaphern *abeloesen*, *abeziehen* und *înziehen* (s.I 120,5f) sowie *abescheiden* und *abeschelen* (s.I 120,3f) umschreibt. Allen Metaphern liegt als Grundvorgang die räumliche Veränderung von Nähe und Kontakt mit dem Kreatürlichen zur Distanz dazu zugrunde.

In der Bedeutung "von etwas ziehend entfernen" verwendet Eckhart die Metapher, um das Funktionieren des Sehvorgangs zu erklären, der durch Abstraktion vom Gegenstand sein Bild nimmt (s. III 225,8). Die Abstraktion kann sich auch auf Akzidentelles richten, das substantielles Sein umgibt; allein in Gott "*enist weder diz noch daz, daz wir abegeziehen mügen...*" (III 265,2f).

3.2.: Den Zusammenhang zwischen dem Gleichnis, mit dem man die Wahrheit erblicken kann, und der Wahrheit selbst bringt Eckhart im Bild des *abgezogen bilde* (s.I 88,4f), das das Gleichnis ist, als Verhältnis von Identität und Differenz zur Sprache.

3.3.: Wenn der Mensch in Liebe der Gerechtigkeit so sehr verbunden ist, daß sie sein Sein ausmacht, vermag kein Ding den Menschen davon durch *abeziehen* zu entfernen (s.I 104,5).

3.4.: In Parallele zu einem Vorgang, bei dem man das Fell oder die Haut abzieht, sieht Eckhart die Tätigkeit der Vernunft, die "*ziuhet got daz vel der güete abe*" (I 152,6f). Ergebnis ist, daß sie Gott dann *blôz* empfängt oder - wie Eckhart durch Rückgriff auf die Kleidmetaphorik ausdrückt - *entkleidet* (s.I 152,7).

3.5.: Christus wäre nur Kreatur, "*züge got daz sîne abe der sêle Kristî*" (III 489,10f).

3.6.: Mit den Metaphern *lûter, abegezogen* und *abegescheiden* (s.II 361,3) umschreibt Eckhart auch den Zustand der Tugend in ihrem *grunt*, der frei von allen leiblichen Dingen ist; darin ist begründet, daß hier kein schädlicher Einfluß die Tugenden zu erreichen vermag.

5.1.: Die Kleidermetaphorik setzt Eckhart dazu ein, um deutlich zu machen, mit was die Seele sich umgibt, wenn sie sich niederen Dingen zuwendet. Im Rahmen der Geschlechtermetaphorik ist die Seele *man*, wenn sie direkt Gott zugewandt ist; wenn sie sich von Gott in Gedanken und in ihrer Blickrichtung abwendet, "*so ziuhet si vrouwenkleit ane...*" (I 351,4f).

6.1.: Im Zusammenhang mit Ausführungen zu der Frage, wie der Mensch beschaffen sein soll, in dem Gott wirkt, führt Eckhart u.a. aus, daß die Seele sich in Distanz zu vergänglichen und wandelhaften Dingen befinden soll. Diese Distanz ist das Ergebnis eines Prozesses, durch den die Seele, wie Eckhart metaphorisch formuliert, den Dingen *entzogen* ist (s.III 424,6f).

9.1.: Um nicht in Kontakt mit leiblichen Dingen zu kommen, empfiehlt Eckhart neben der mit den Metaphern *abeloesen* und *abeziehen* ausgesagten Distanz, daß der Mensch - ähnlich dem Rückzug auf einen geschlossenen Bereich - *îngezogen sî* (s.I 120,5f).

9.2.: Wenn es darum geht, daß der Mensch sich *abegescheidenlich* und "*lûterlich von allen ingezogenen bilden*" (V 434,4f) halten soll, hebt Eckhart mit der adjektivisch gebrauchten Metapher darauf ab, daß durch die rezeptive Tätigkeit des Menschen die Bilder der Gegenstände auf eine dem Einatmen vergleichbare Weise in ihn gelangen.

11.1. – 11.4.: Im Rahmen eines Weltbildes, in dem Gott in der Höhe oberhalb von allen Kreaturen lokalisiert ist, wird das Geschehen, durch das die Seele zu Gott gelangt, in Analogie zu einer vertikal nach oben verlaufenden Ortsveränderung als *ûftragen* und *ûfziehen* (s.V 30,8f) sowie als *ûfklimmen* (s.II 553,6f) umschrieben. Subjekt dieses Geschehens ist neben der Seele, die zu Gott *ûfklimmet*, der Hl. Geist bzw. die als Hitze in ihrer Wirkung metaphorisch vorgestellte Minne des Hl. Geistes (s.V 30,9f) sowie *glîchnisse* mit dem Sohn Gottes (s.V 30,9f). Außerdem bewirkt – wie Eckhart im Bild des *ûftragen* zur Sprache bringt – die *îtelkeit* der Seele, daß sie zu Gott gelangt (s.V 30,7f). Dieses Leersein, das die Seele *treget ûf* zu Gott, ist an anderer Stelle erst das Ergebnis eines Prozesses, bei dem die Seele *ûfgezogen* wird über alle Dinge *"an ir hoehste vrîheit..."* (III 401,4f).

Neben passivischen Formulierungen (s.I 313,7f; II 553,6f; III 401,4) wird das Einwirken des Hl. Geistes auf die Seele näher beschrieben: Sein – mit dem organischen Ablauf in der Natur anhand der Sonneneinstrahlung verglichenes – Handeln umfaßt, daß er *"erhebet diu sêle ûf und underhebet sie und ziuhet sie ûf mit im..."* (I 394,9f). In einer anderen Aussage wird die vom Hl. Geist bewirkte Fortbewegung in drei andere Elemente zerlegt: er *"nimet die sêle und liutert sie in dem liehte und in der gnâde und ziuhet sie ûf in daz allerhoehste."* (I 298,7f)

15.1.: Eckhart konkretisiert mit dem Verb *dar ûz ziehen* die Absicht Gottes, in allem, was er über den Menschen verhängt hat, nur das Beste für den Menschen zu gewinnen (s.V 233,9).

D. Tauler

1. *ziehen*
1.1. *mensche* (18,15; 25,22(Pat); 37,22; 41,14; 46,2.4f(Pat); 69,23-25(Pat); 70,16f(Pat); 150,5; 155,31; 165,23; 168,32(Pat); 178,27; 237,33; 260,3; 261,12.13; 296,19(Pat); 309,21; 353,29(Pat); 354,6f(Pat); 354,33 (Pat).36(Pat); 357,27; 365,31; 370,16; 370,30f)
1.2. *got* (25,29; 60,16; 71,1.3; 139,9f; 160,26; 161,8; 162,6; 169,21; 175,16f; 309,14f; 352,30.33; 353,29f; 354,6f.21.27; 370,8f; 385,34f; 386,2; 388,23; 431,13f; 433,7f)
1.3. *Jesus Christus* (69,37; 71,3; 81,22; 107,4f; 231,1.3. 6; 353,26; 358,21f)
1.4. *hl. geist* (183,14f)
1.5. *geist* (54,29; 117,18-20(Pat); 120,24f(Pat); 169,21f(Pat))
1.6. *spise* (120,18-20; 121,1f; 268,1)
1.7. *krefte* (87,27)
1.8. *minne* (249,16; 252,16.22; 291,12; 338,26f)
1.9. *lust* (237,16; 247,20)
1.10. *warheit* (382,28)
1.11. *abgrunt* (201,4f; 363,14)
1.12. *ufvelle* (357,31)
1.13. *vijent* (374,11)
1.14. *tûfel* (167,19)
1.15. o.BE (357,27)

3. *abeziehen*
3.1. *mensche* (150,5; 354,29(Pat); 357,24f; 361,8f; 425,10f)
3.2. *sacrament* (296,1)
3.3. *spise* (296,4f)
3.4. *herze* (296,6(Pat))
3.5. *vijent* (374,5f)
3.6. *got* (388,21f)

9. *inziehen*
9.1. *neigunge* (10,20)
9.2. *mensche* (102,3(Pat); 102,16; 303,3; 309,11f)
9.3. *geist* (102,8(Pat); 169,23(Pat))
9.4. *got* (160,1f)

15. *uzziehen*
15.1. *mensche* (168,12)

18. *zerziehen*
18.1. *geselleschaft* (52,8)

1.1.: Im Bild des Ziehens macht Tauler anschaulich, wie der Mensch durch seine Aktivität, die das Ziel hat, Gott den Herrn seiner Existenz sein zu lassen, den äußeren Menschen in den inneren Menschen bringt (s.365,31); die Metapher steht ferner für das Geschehen, bei dem Menschen andere Menschen in eine sinnlich orientierte Existenzweise bringen (s.370,30). Die Verbmetapher *ziehen* findet auch Verwendung für den Vorgang, durch den alle Dinge infolge menschlicher Aktivität in den Verstand kommen: "*sú schoeppfent durch die sinne und ziehent es also in irre vernunft das sú grosse ding verstont...*" (41,14f). Weiterhin steht die Metapher für die vom inwendigen Menschen zu vollziehende Tätigkeit, - wenn er in seinen *grunt* gekehrt und von sich selber und von allen Dingen entfernt und immer tiefer in den göttlichen Willen eingedrungen ist -, alle ihm anvertrauten Dinge dorthin zu bringen (s.155,31f).

Mit der Metapher visiert Tauler auch ein Geschehen an, in dem der Mensch sich die Gaben Gottes bzw. Leibliches und Geistliches (s.261,12) derart aneignet, als ob es etwas von seinem Besitz wäre (s.37,22). Mehr in Parallele zum Einatmen stellt Tauler mit der Verbmetapher *in sich ziehen* die rezeptive Tätigkeit der Menschen dar, die die schlechten Vorbilder (s.18,15), die "*minneklichen bilden unsers herren Jhesu Christi*" (237,31f), Gott (s.178,27) sowie alle vom Weg Gottes abbringenden Dinge (s.260,3) betreffen kann. In Bezug auf das vorbildhafte Verhalten Jesu Christi führt Tauler genauer aus, daß der Mensch dieses "*in sich ze grunde trucken und ziehen*" soll (237,33), damit alle Ungleichheit vernichtet wird.

Neben den angeführten Bedeutungen kann mit der Verbmetapher *sich ziehen* ein Verhalten anschaulich gemacht werden, durch das der Mensch sich von der Liebe und Sorge um alle Kreaturen distanziert (s.150,5). Die in der Eigeninitiative des Menschen begründete Positionsveränderung kann auch in der Absicht erfolgen, daß er Ehren und Vorteile erlangt (s.261,13). Neben der selbst bewirkten Positionsveränderung sieht Tauler, daß Menschen diese auch erleiden, wobei sie an verschiedene Ziele und in verschiedene Bereiche geführt werden: Die Menschen, die nur mit ihrer natürlichen Vernunft aufgewachsen sind und ausschließlich sinnenhaft gelebt haben, sind ganz *gezogen* in den Bereich ihrer eigenen *toetlicheit* (s.69,24); der inwendige Mensch wird wieder "*ingeladen und wider ingerueffet und wurt wider gezogen*" in den *grunt* der Gottheit, aus dem er stammt (25,21f); andere werden von Gott an das Kreuz gebracht (s.353,28) oder gelangen durch Gottes Einwirkung in Gott (s.354,6f) sowie durch eine nicht näher bestimmte, - als *gezogen sein* dargestellte, - Einwirkung in den Grund, auf den Weg der Gelassenheit (s.46,4f) oder auf einen engen Weg der Trostlosigkeit und Qual (s.168,32ff). Wer die Absicht hat, wie Johannes am Herzen Jesu zu ruhen, muß "*gezogen werden in daz minnencliche bilde unsers herren Jhesu Cristi, das du ein flissig ansehen daran habest...*" (70,17f).

Mit dem Bild des *gezogen werden* verweist Tauler ferner auf die Bedeutung, die die Errichtung des Kreuzes Jesu im Inneren des Menschen hat. Dieses Kreuz bewirkt die Distanzierung von aller inneren Lust und vom Verhaftetsein am Irdischen (s.354,35f).

1.2.: Gottes Einwirkung auf den Menschen besteht u.a. darin, daß er ihn - wie Tauler metaphorisch zum Ausdruck bringt - *inwert zúhet* (s.386,2). Auf diese Weise verändert, hat der Mensch die Aufgabe, *alle ding* und *"alle bilde vallen"* (386,3) zu lassen und Gott *"sunder alle eigenschaft"* (385,34) zu folgen. In Verbindung mit der Wegmetapher erhält die Fortbewegung des Menschen durch Gott den Charakter einer Ortsveränderung: *"der... volgete Gotte wie und in welicher wisen und durch weliche wege er in ziehen wolte..."* (433,7f). Diese Wege sind verborgen, wie auch Gott im *grunt* der Seele verborgen liegt. Da der Mensch Gottes Eigentum ist, *zúhet* er niemals seine Gegenwärtigkeit vom Menschen (s.60,16), sondern übt auf die Seele seinen Einfluß aus; infolgedessen kommt der Mensch nirgends zur Ruhe, da er ein *"ewig locken und ein neigen"* (25,27f) zu Gott verspürt; dieser *"treit und zúhet in alles in daz aller innerste sunder sin wissen"*, wo er dann, am Ende seiner Suche angelangt, Ruhe findet (25,29f). Neben der Fortbewegung des Menschen in das Innere bewirkt Gott mit seiner auf den Menschen gerichteten Tätigkeit auch eine Positionsveränderung des Menschen oder auch aller Dinge, die bei ihm an ihr Ziel gelangt. Die Aktivität Gottes, die den Menschen aus sich selber und aus aller Ungleichheit zu Gott bringt, bezeichnet Tauler neben *ziehen* mit den Metaphern *tragen, locken* und *reissen* (s.160,26). Als Ausgangspunkt, den der Mensch dabei verläßt, nennt Tauler *alle dinge* (s.161,8), *menschliche wise* (s.162,6) sowie den Menschen in sich selber (s.160,26). Gottes Tätigkeit richtet sich zunächst darauf, den Menschen zu sammeln von aller Ausschweifung und Zerstreuung (s.354,21-26). Auch läßt Gott den Menschen Leid erfahren, um ihn dadurch zu sich zu bringen (s.353,29f). Am Ziel angelangt, nimmt Gott den Menschen in sich auf, so daß er *gotvar* wird: *"Wan Got hat disen menschen als gar in sich gezogen das der mensche wirt als gotvar das alles das in im ist, das wirt von einer überweselicher wise durchgossen uberformet..."* (175,16-18).

1.3.: Wenn Jesus Christus den Menschen berührt, erzielt er eine Wirkung, die Tauler mit der Kraft eines Magneten gleichsetzt: *"Rechte als der agestein der zúhet noch ime daz isen, also zúhet der minnecliche Cristus nach ime alle hertzen die von ime ie beruert wurden."* (81,22-24) Entsprechend Joh 12,32, wo Jesus Christus sagt: "omnia traham ad me ipsum", folgert Tauler, daß Jesus Christus den Menschen (s.358,21f), das irdische Herz des Menschen und auch die Lust an irdischen Dingen zu sich bringen will (s.231,1.3.6). Die dabei erfolgende Positionsveränderung des Menschen stellt Tauler anhand eines vertikal nach oben verlaufenden Bewegungsvorganges dar, der den Menschen aufgrund von Christi Einwirkung über den Leib und alle Dinge in die Höhe führt (s.107,4f). Als Reaktion des Menschen empfiehlt Tauler seinen Zuhörern: *"zúhet dich Cristus, so lo dich ime sunder forme und sunder bilde, und lo in wurcken..."* (71,3f).

Das Bild des *ziehen* verwendet Tauler in Pr 15 in Verbindung mit Jesu Nachfolgeruf an Johannes. Dieser Ruf bedeutet für Johannes insofern eine Standortveränderung, als mit der Nähe zu Jesus eine Abkehr von den bisherigen weltlichen Bindungen verbunden ist (s.69,37f).

1.4.: Der Hl. Geist wirkt auf zweierlei Weise. Zum einen *"manet und tribet und locket und zuhet"* er den Menschen in ein geordnetes Leben; zum anderen bringt er die Seinen an ein Ziel, das weit über ihrem Vermögen und Wirken liegt (183,14f).

1.5.: Wenn der menschliche Geist geläutert und verklärt ist (s.117,18-20) oder Gott trotz vieler Widerwärtigkeiten gefolgt ist (s.169,21f), wird er Objekt eines Geschehens, das Tauler mit der Verbmetapher *ziehen* zur Sprache bringt. Infolge dieses Vorganges gelangt er über alle Kräfte *"in eine wueste wilde..., in daz verborgen vinsternisse des wiselosen guotes"* (54,29f) und verliert in Gottes Einheit alle Mannigfaltigkeit (s.169,21f). Verursacht werden kann die Positionsveränderung durch die Vereinigung des eucharistischen Brotes mit dem Menschen, in der *"wurt der geist gezogen und erhaben über alle sine krangheit und natúrlicheit und ungelicheit, und wurt do gelutert und verklert und erhaben über alle sine kraft und über sich selber..."* (120,25-27). Eine andere Ursache nennt Tauler in Pr 28. Dort stellt er dar, wie durch Übung und Läuterung des Menschen seine Natur *"uf ir hoehestes"* kommt (117,17); der entgegenkommende göttliche *abgrunt*, der seine Funken stieben läßt in den menschlichen Geist, bewirkt mit seiner übernatürlichen Kraft, daß *"der verklerte geluterte geist uz ime selber gezogen (wurt) in ein sunderlich gelutert unsprechenlich gotmeinen."* (117,19f).

1.6.: Den Effekt, den die *lebende spise*, Jesus Christus, beim Menschen erzielt, der in den *abgrunt* gelangt ist, setzt Tauler mit der Verbmetapher *ziehen* in eine paradoxe Beziehung zum Vorgang der Speiseaufnahme. Denn nicht vom Menschen wird im *abgrunt* die Speise empfangen und aufgenommen, sondern die lebendige Speise Jesus Christus nimmt den Menschen in ihr Inneres auf und verwandelt ihn (s.120,19f). Der Prozeß, durch den der Mensch verändert wird, führt den Menschen im einzelnen von der Ungleichheit in die Gleichheit und Einheit mit Gott. Tauler exemplifiziert diesen Vorgang anhand der Wirkweise des Feuers: Wie das Feuer das Holz dazu bringt, daß es schließlich dem Feuer gleich mit diesem vereint ist, *"zúhet dise minnecliche spise den geist usser aller ungelicheit in gelicheit und den us gelicheit in ein goetteliche einikeit."* (121,1-3)

1.7. – 1.9.: Die obersten Kräfte wirken so auf die niederen Kräfte ein, daß diese zu ihnen gelangen (s.87,27). Auch die Tätigkeit der Minne führt zu einer geistigen Positionsveränderung, wenn sie in einer dem Ziehen vergleichbaren Weise auf sich selbst oder auf den menschlichen Geist einwirkt: Die Minne selbst gelangt dabei in eine Abgeschiedenheit und kommt über alle Bilder und Formen (s.249,16); den menschlichen Geist *tribet und zúhet* sie *"das er tuot einen überswank..."* (252,16f). Im darauf folgenden Zusammenhang führt Tauler aus, daß der von der Minne initiierte Prozeß den menschlichen Geist wegbringt von Eigenschaft, Vermögen und den Seelenkräften Gedächtnis und Wille und ihn dem Geliebten zuführt, zu dem die Minne ihn *überswenklichen erhebt* (s.252,21f).

Was den Unterschied zwischen fliessender und verwundeter Minne anbelangt, beruht dieser darauf, daß beiden Formen der Minne im Rahmen des geistigen, nach dem Muster der ziehenden Bewegung entworfenen Geschehens ein verschiedener Stellenwert zukommt: Was die *fliessende minne* anbelangt, fungiert diese als Endpunkt für alle Dinge wie aller guten Werke, für alles Leben und Leiden, d.h. für alles, was sie zu sich hin bewegt (s.338,26-28). Anders als bei der fliessenden

Minne erscheint bei der verwundeten Minne das Bild des Ziehens zur Erfassung ihrer rezeptiven Aktivität; d.h. genauer: Die *verwundete minne* unterscheidet sich dadurch von der *fliessenden minne*, daß sie Gott in sich aufnimmt und auf diese Weise ihre Ausmaße verändert: "*ie me si in sich zúhet der goetlichen usflússe, ie me sie witer wirt...*" (291,12f). Von diesen beiden Formen noch einmal unterschieden ist die *goetliche minne*, an deren Stelle oft bei Menschen die Lust tritt, die sie mit Gott verwechseln (s.237,16f). Sie ist es auch, die oft anstelle wahrer göttlicher Minne zur Abkehr von der Welt motiviert; denn bei der Betrachtung des Lebens Jesu "*in biltlicher wise nach dem sinne... zúhet (diese lúte)... me der lust und das wol sin...*" (247,19f).

1.10.: Wenn der Mensch alle Erinnerungen an die von ihm vollzogenen geistlichen Übungen hinter sich läßt, nimmt die Wahrheit das *gemuete* des Menschen in sich (s.382,28).

1.11.: Die Wirkung, die der geschaffene *abgrunt* mit seiner Tiefe und seinem Nichts auf den ungeschaffenen *abgrunt* ausübt, besteht darin, daß er ihn - wie Tauler im Bild des Ziehens anschaulich macht - in sich aufnimmt (s.201,4f). Umgekehrt *überformet* der *goetlich abgründ*, der in den lauteren *grunt* des Menschen gekommen ist, "*den geschaffen grunt*" und bewirkt dessen Positionsveränderung in die Ungeschaffenheit: "*... er zúhet in in die ungeschaffenheit mit der überformunge, das der geist als ein mit dem wirt.*" (363,14f)

1.12.: Daß bestimmte Vorfälle den Menschen an der Einkehr hindern können, konkretisiert Tauler mit der Metapher *ziehen*, die in diesem Aussagezusammenhang in der Bedeutung von 'wegbewegen' gebraucht wird (s.357,31).

1.13. – 1.14.: Die Einflußnahme des Teufels (s.167,19), bzw. der Feinde Gottes (s.374,11) auf den Menschen besteht darin, ihn in Mannigfaltigkeit auf das hin zu bewegen, worauf seine irdischen Neigungen abzielen.

1.15.: s.1.12.

3.1.: Der Mensch, den Gott zu sich ziehen will, muß sich trennen von allem, mit dem er in Kontakt steht; insbesondere von aller Lust und Liebe zu den Kreaturen. Als Gegenbewegung zum *ankleben* konkretisiert Tauler mit der Verbmetapher *abeziehen* (s.354,29f) in Parallele zur räumlichen Entfernung diesen geistigen Trennungsprozeß. In der gleichen Predigt (Pr 65) formuliert Tauler an anderer Stelle, daß der aus einem *vihelich*, einem *vernúnftigen* und einem *obersten mensche* bestehende Mensch soll "*die zwene niderstern menschen... über tretten und under trucken.*" (357,23) Dies geschieht, wie Tauler darlegt, indem der Mensch den *vihelichen* Menschen, d.h. die sinnlich orientierte Seite seiner selbst, von den Dingen entfernt, die er mit Liebe besessen hat (s.357,24-26). Allerdings ist dazu große Mühe erforderlich, wenn man den äußeren Menschen "*ab geziehe von minnen zergengklicher dinge...*" (361,9).

Die Metapher *abeziehen* erscheint ferner im Zusammenhang mit der Aufforderung, seinen Leib dem Geist zu unterwerfen. Wichtig ist Tauler dabei zunächst, daß man seinen Leib in Distanz bringt - *abeziehet* - zum Essen, Trinken und Schlafen (s.425,11).

3.2. – 3.4.: Der Empfang des Altarsakramentes (s.296,1), der göttlichen Speise (s.296,4f), führt, worauf die Verbmetapher *abeziehen* verweist, zur Distanzierung des Menschen/des menschlichen Herzens (s.296,6) von sich selbst und von allem, was Gott nicht ist.

3.5.: Gegen die Menschen, die den Tugenden folgen, richten sich die Aktivitäten der *vigende*. Diese beabsichtigen, den Menschen abzubringen von seinem Weg; denn dieser soll nicht den Platz im Himmel einnehmen, den die feindlichen Geister im Himmel verloren haben (s.374,5f).

3.6.: Das im Bild des *abeziehen* anschaulich gemachte Bemühen Gottes um den Menschen richtet sich auf eine Trennung des Menschen von der Liebe und Absicht in Bezug auf Nichtgöttliches (s.388,21f).

9.1. – 9.3.: Die Verbmetapher *inziehen* suggeriert, daß man durch die Wirkung der sinnlichen Neigung ähnlich dem Einatmen in den Bereich der Sinne und ihrer Vorstellung hineingenommen wird (s.10,20). Ähnlich stellt sich Tauler das Geschehen vor, bei dem Menschen auf dem Weg zum *grunt* andere Menschen in ihre Art und Weise der geistlichen Übung einbeziehen (s.303,3). Damit der Mensch nicht das Gerede spitzfindiger Leute in sich aufnimmt - "*daz du die in geistlicher wise inzihest*" (309,12) -, soll der Mensch sich vor ihnen hüten.

Der in der Metapher implizierte Aspekt des Rück-/oder Einzugs nach innen tritt in Verbindung mit Aussagen zum Vorschein, die das "*stille und abgescheidene*" Sein des Menschen im *abgrunt* Gottes zum Gegenstand haben (102,3). In Gott wird der menschliche Geist "*ingezogen in das heisse für der minnen...*" (102,8); ganz in Gottes Einigkeit aufgenommen, verliert er alle Mannigfaltigkeit (s.169,23). Die Menschen, die in den göttlichen *abgrunt* gelangen, *zúhent* ihrerseits andere mit sich in Gott hinein (s.102,16).

9.4.: Im Zusammenhang mit Ausführungen zu den drei Graden des mystischen Lebens - Tugendleben, Armut des Geistes und *übervart* in ein gottförmiges Leben - wird im Bild des *in ziehen Gotz* das Geschehen veranschaulicht, das die Beschränkung Gottes auf sich selbst und damit eine "*qwelende beroubunge des geistes*" (160,2) beim zweiten Grad des mystischen Lebens zum Ergebnis hat.

15.1.: *Us ziehen* ist Metapher für den Versuch, Menschen von der Empfindung der Gottesgeburt im Inneren abzubringen und nach außen hin zu bewegen (s.168,12).

18.1.: Die Wirkung von menschlicher Gesellschaft, Kurzweile und Liebenswürdigkeit besteht darin, daß sie den Menschen, wie die Metapher *zerziehen* eindrucksvoll vor Augen führt, in alle Richtungen hin motiviert und dadurch jegliche Einheitlichkeit und Konsequenz auflöst (s.52,8).

| *E. Seuse* |

1. *ziehen*
1.1. *mensche* (87,23; 97,16f;
    108,1(Pat); 119,1; 135,10;
    155,19 (Pat); 171,1; 200,13(Pat);
    220,20f(Pat); 233,3;
    254,12f(Pat); 311,20;
    369,5.21f.24; 373,10f; 376,20;
    457,18.21)
1.2. *got* (98,15f; 133,22; 135,34;
    397,23; 427,1.12; 470,6-8;
    478,24f; 549,28)
1.3. *Jesus Christus* (274,26f; 375,13;
    447,22f; 543,19)
1.4. *ewige wisheit* (200,22; 235,26)
1.5. *Maria* (373,17)
1.6. *sele* (258,10f)
1.7. *gebresten* (94,30f)
1.8. *einikeit* (189,7f)
1.9. *neiswaz* (201,6)
1.10. *liden* (252,4f)
1.11. *widerschin* (59,25f)
1.12. *wartespil* (469,4)
1.13. *daz geminnte* (427,6)
1.14. *friheit* (474,10f)
1.15. *übermuot* (511,12f)
1.16. *guot* (311,11(Pat))

2. *zug*
2.1. *got* (8,17)
2.2. *minne* (223,3)
2.3. *mensche* (10,29)

3. *abeziehen*
3.1. *mensche* (377,16f)

4. *abzug*
4.1. *gemuet* (190,10f)
4.2. *mensche* (10,10; 193,15)

7. *entzogenheit*
7.1. *sinne* (127,34)

8. *hinziehen*
8.1. *dinc* (169,23)
8.2. *Jesus Christus* (274,16)

9. *inziehen*
9.1. *bilde* (288,12f)
9.2. *mensche* (352,11)
9.3. *sinne* (478,7f)

10. *niderziehen*
10.1. *sele* (476,7f(Pat))
10.2. *welt* (4,27)

11. *ufziehen*
11.1. *got* (455,12)

12. *ufgezogenheit*
12.1. *sinne* (196,7)

13. *ufgezogenlich*
13.1. *mensche* (290,2)

14. *undergezogenheit*
14.1. o.BE (322,25)

15. *usziehen*
15.1. *mensche* (97,8)

17. *widerziehen*
17.1. *bilde* (13,5)

1.1. – 1.2.: Mit der Metaphorik des Ziehens veranschaulicht Seuse seine Einwirkung auf andere Menschen, die diese verändert mit dem Ergebnis, daß sie zu Gott gelangen. Neben dem Diener kann dies auch direkt von Gott bewirkt werden (s.200,13). Unmöglich ist dies jedoch von jemandem zu bewerkstelligen, der selbst *"krenker denne Eva in dem paradise..."* ist (457,18f). An Paulus wird für Seuse ersichtlich, daß der mit *ziehen* ausgesagte Vorgang vertikal nach oben verläuft; bei Gott angekommen, wurde Paulus in die Tiefe der verborgenen Gottheit geführt: *"Wol dir,... Paule, daz du so hohe werd gezogen und als tief in gefueret in die verborgnen tougni der blozen gotheit..."* (254,11-13; vgl. 2 Kor 12,4).

Auch den Interpretationsvorgang, bei dem man Worte bestimmten Sachverhalten zuordnet und ihnen dadurch eine feste Position in einem Sinnzusammenhang verleiht, beschreibt Seuse mit der Metapher *ziehen*. Wenn der um das Verstehen bemühte Mensch ein mangelndes Unterscheidungsvermögen besitzt, kommt es anstelle einer festen Zuordnung zu einem dauernden Positionswechsel der Worte, weil derartige Menschen die Worte *"hin und her ziehen uf geist und uf natur..."* (97,17f).

Ebenfalls benützt Seuse die Verbmetapher *ziehen*, um das Gewinnen von Interesse und Sympathie anderer Menschen durch kluges Verhalten zu veranschaulichen (s.376,20). Auch die vom Menschen selbst bewirkte Veränderung zu einer geistlichen Lebensweise hin erfaßt Seuse im Bild des Ziehens (s.369,24).

Die Metapher steht ferner für ein Geschehen, durch das die Einreden der bösen Geister in Gotteslob überführt werden (s.311,20f).

'Ziehen' in der Bedeutung von 'gehen, unterwegs sein' verwendet Seuse, um in Analogie zu einem räumlichen Vorgang die dauernde Beschäftigung, das 'Durchgehen' des Lebens Jesu Christi (s.155,19) sowie - mit der Sinnspitze 'Durchgehen' als Bewältigung - das Durchmachen von Hindernissen (s.171,1) vorzustellen.

1.3. – 1.4.: Der Diener bittet den Herrn, daß er ihn und alle Sünder begnadige und zu sich ziehe (s.375,13). Der von Jesus Christus bewirkte Vorgang verläuft *"dur lieb und dur leid"* und bewegt den Menschen weg *"von aller diser welt zuo dir an din krúz..."* (274,26f).

Die ebenfalls metaphorisch als *ziehen* konkretisierte Tätigkeit der Ewigen Weisheit, von der Seuse im 1. cap. des Büchleins der Ewigen Weisheit berichtet, richtet sich auf einen Menschen mit ungeordnetem Geist, der sich von Gott abgewandt hatte. Indem sie ihn *"dur suez und sur zoh..."* (200,22), brachte die Ewige Weisheit ihn wieder auf den richtigen Weg der göttlichen Wahrheit.

1.5.: In Bezug auf die zur Welt hin fehlgeleiteten Menschen spricht Seuse Maria die Aufgabe zu, diesen Menschen Orientierung zu verleihen und sie *"von schedlichen dingen"* weg zu Gott zu bringen (373,16f).

1.6.: Die soteriologische Bedeutung der Erlösung durch Jesus Christus veranschaulicht Seuse, indem er die Aneignung der Heilswirklichkeit Christi durch die Seele mit den Metaphern *grifen* und *ziehen* ins Bild bringt: Die Seele - wie Seuse Jesus Christus feststellen läßt - *"mag als wol in den edlen schatz mines verdienten lones kunnen grifen und zuo ir ziehen"* (258,10f).

1.7.: Die eigenen *gebrest* sind Ursache dafür, daß der Mensch sündigt. Ihre Wirkung stellt Seuse dar, indem er die von ihnen in Gang gesetzte Veränderung zur Sünde hin mit der Verbmetapher *ziehen* ins Bild bringt (s.94,30f).

1.8.: Die göttliche *einikeit* bewirkt, daß der menschliche Geist zu ihr an seine übernatürliche Wohnstätte kommt; er wohnt in der Einheit Gottes jenseits seiner selbst *"in dem, daz in da gezogen hat."* (189,9f)

1.9.: Der Diener, der der Ewigen Weisheit seine Situation beschreibt, führt seine jahrelange Unruhe, die ihn mit *ilendem turste* hat suchen lassen und *"hitzeklich nah jagen"* (201,2.4), darauf zurück, daß ihn *"neiswaz... nah im zúhet..."* (201,6).

1.10. – 1.15.: Die mit der Metapher *ziehen* zur Sprache gebrachte Positionsveränderung des Menschen zu Gott hin wird neben den bereits ausgeführten durch folgende Ursachen bewirkt: *daz liden* (s.252,4f), der *widerschein* des von Christus erleuchteten Herzens des Dieners (s.59,25f) sowie *"daz liep wartspiel"* bewegen die menschliche *begirde* - wie Seuse meint - mehr als ein Magnet das Eisen (s.469,4f), so daß das Verlangen nach Gott *"hat gejaget und getriben... von anegenge der welte untze an diesen hútigen tag..."* (469,2f); den Vergleich mit dem Magneten, der das Eisen zu sich zieht, führt Seuse weiterhin an, um die Wirkung des Geliebten auf das Herz deutlich zu machen (s.427,6f); bisweilen erfährt der Mensch in sich auch eine Freiheit, die ihn durch ihren Einfluß - hierin dem Ziehen ähnlich - zur inneren Entsagung und zu äußerer Freiheit führt (s.474,10f).

Der Übermut Luzifers hingegen zeigte seine Wirkung darin, daß er *"zoch yne her nyeder in das aller dieffeste, in den grunt des nichtes..."* (511,12f).

1.16.: Den Akt einer Bedeutungsverleihung stellt Seuse in Analogie zu einer vom Menschen mittels Ziehen bewirkten Positionsveränderung vor; in Frage steht, wie der Diener das natürliche Gute, das er aufzuweisen hat, zum ewigen Lob Gottes machen kann: *"wie alles min natúrlichs guot in din ewiges lob von mir gezogen werde."* (311,11f)

2.1. – 2.3.: *Zug* ist Metapher für das Geschehen, durch das Gott bzw. die Minne den Menschen auf sich hin bewegt.

3.1.: Die Entlarvung von falschen Liebhabern, die ihre Mängel und Mißfälliges verbergen, bringt Seuse in Beziehung zum Entfernen einer Haut: *"Owe, der dir núwan die obren hut ab zugi, wie sich denn die warheit in dir erzogti..."* (377,16f).

4.1. – 4.2.: Als Ziehvorgang sieht Seuse das Geschehen, durch das das menschliche *gemuet* bzw. der Mensch aus seinen irdischen Bindungen durch Gott herausgenommen (s.193,15) und - wie Paulus - bis in die göttliche Einheit gebracht wird (s.190,10f).

7.1.: Die Distanz von den Sinnen trägt für Seuse Züge eines Zustandes der *entzogenheit* (s.127,34).

8.1. – 8.2.: Auf die Vergänglichkeit der Dinge sowie des Menschen verweist Seuse mit der Metapher *hinziehen*.

9.1.: Mit der Verbmetapher *inziehen* gibt Seuse seiner Sicht Ausdruck, wie Vorstellungsbilder in das Innere des Menschen gelangen (s.288,12f).

9.2. – 9.3.: Wenn es vom Menschen heißt, daß er *"sazz... ingezogen und verdaht..."* (352,11f), konkretisiert Seuse anhand des nach innen verlaufenden räumlichen Vorgangs die Aufgabe jeglicher Außenorientierung zugunsten eines Rückzuges auf sich selbst. In diesen Zustand kommen auch die Sinne der Menschen, die mit Gott eins geworden sind: *"Alle ir sinne koment in sogtan ingezogenheit..."* (478,7f).

10.1. – 10.2.: Die Wirkung des Leibes auf die Seele sieht Seuse in Parallele zur Schwerkraft, was plausibel macht, daß die Seele *wirt nidergezogen* (s.476,8).

11.1.: Im Rahmen der Lokalisierung Gottes in der Höhe verleiht Seuse den Aktionen, mit denen Gott auf seine Gaben auf der Erde einwirkt, um sie zu sich zu bringen, Züge einer Aufwärtsbewegung (s.455,12).

12.1.: Mit der Metapher *ufgezogenheit* meint Seuse ein Geschehen, das sich am Menschen vollzieht in der Weise, daß die inneren Sinne zu dem in der Höhe angesiedelten Gott hochgezogen werden, wo sie dann erleuchtet werden (s.196,7).

13.1.: Die Ewige Weisheit fordert vom Diener, sich "*inrlich, luterlich, ledklich und ufgezogenlich...*" zu halten (290,2).

14.1.: Im Bild der *undergezogenheit* bringt Seuse die Situation zur Sprache, in der der Mensch ohne Gnade aufgrund des göttlichen Handelns ist (s.322,25).

15.1.: Im Bild des *usziehen* wird die Tätigkeit der geistlichen Tochter zur Sprache gebracht, durch die sie sich heimlich Kenntnis vom Diener über dessen Weise des Durchbruchs zu Gott verschafft (s.97,8).

17.1.: *Widerziehen* ist Metapher für den geistigen Vorgang, durch den Seuses Gedanken an die Ewige Weisheit von fremden Eindrücken verdrängt werden.

F. Margaretha Ebner

1. ziehen
1.1. *mensche* (4,3.5; 5,8; 87,20(Pat); 119,1(Pat); 162,29(Pat))
1.2. *got* (33,23f; 76,18)
1.3. *lieht* (79,8f)
1.4. *kraft des lides* (82,23f)
1.5. *minne* (143,5)
1.6. *lust* (142,22; 79,3f)

9. inziehen
9.1. *mensche* (27,26)
9.2. *Jhesus Christus* (123,9)

16. verzogen
16.1. *mensche* (83,21f(Pat); 100,19(Pat); 104,15)
16.2. *daz* (116,2(Pat))

1.1.: Bei Margaretha bewegt sich der Gebrauch des Verbs *ziehen* zwischen direktem und übertragenen Gebrauch. Zum einen meint Margaretha damit die Endphase, die letzten Atemzüge des Lebens (s.4,3.5); zum anderen geht es ihr um einen von ihr bewirkten Standortwechsel, der sie von den leiblichen Dingen wegbringt (s.5,8). Diese im Bild des Ziehens anschaulich gemachte Positionsveränderung ergibt sich auch, wenn Margaretha, gereinigt duch die Inkarnation Jesu Christi und partizipierend an seiner leidenschaftlichen Minne, in seiner Gnade in den Genuß der göttlichen Wirklichkeit versetzt wird (s.87,20f).

Eine andere Positionsveränderung ergibt sich für Margaretha in der Situation großen Leidens; hierbei wird sie "*gezogen mit ainer starken minne*" (119,1) in das Leiden Christi; d.h. es findet eine Identifizierung mit dem Leiden Christi statt, indem Margaretha mit Liebe ihren Standpunkt aufgibt und die Position Jesu Christi einnimmt.

An anderer Stelle bittet Margaretha Jesus Christus um Mithilfe beim Existenzvollzug, der in einer dem Ziehen ähnlichen Weise vom Willen Jesu Christi bestimmt sein soll (s.162,29).

1.2. – 1.5.: Der Tätigkeit, mit der Gott Margaretha zu Cherubim und Seraphim holen will - bzw. den *"lerer unsers herren" "in daz wild ain"* seiner Gottheit (s.76,18) - verleiht Margaretha Züge einer Ziehbewegung. Auch das Licht, das die Erkenntnis der göttlichen Wahrheit ermöglicht, bestimmt Margaretha in der Weise, daß es sie in die Minne Gottes versetzt (s.79,9). Bewegt wird Margaretha auch von der Kraft des Leidens Jesu so, daß sie in innere Lust und Begierde nach dem Leib Jesu Christi gerät (s.82,23-26). Schließlich nennt Gott als weitere Faktoren, die den Menschen bewegen, seine göttliche Minne und Lust: *"min inbrünstigiu minne ziuhet in, min götlicher lust tribet in..."* (143,5f).

1.6.: Zur Lust führt Margaretha genauerhin aus, daß die Erfahrung der göttlichen Lust und Süßigkeit sie von der leiblichen Lust am Essen und Trinken abbringe (s.79,3f), so daß die Lust, die Margaretha mit Jesus Christus identifiziert, den Menschen in die Wahrheit *ziuhet* (s.142,22).

9.1.: Die Distanz zur Rede anderer Leute ermöglicht Margaretha ein Verhalten, das sie im Bild des *eingeziehen* thematisiert (s.27,26).

9.2.: Von der *übersüezzen lust* vermag Margaretha nicht zu reden, da Jesus Christus diese *"gebunden und gefangen hat und in gezogen hat"* (123,8f).

16.1.: Der Mensch gerät dadurch mit der *luter(n) warhait* in Kontakt, daß diese in den Menschen *gedruket* werde und der Mensch in sie *verzogen* werde (s.83,21f). Die Metapher *verziehen*, die dabei für ein Geschehen steht, durch das etwas durch Fremdeinwirkung an eine andere Stelle bewegt wird, findet sich auch in der Beziehung des Menschen zum Leiden Christi oder des Menschen zu Jesus Christus selbst: wenn der Mensch von der Güte Gottes in das Leiden Christi *verzogen* wird, begreift er die *luter warhait* (s.100,19).

16.2.: Im Sinn von 'entziehen' verwendet Margaretha *verzogen*, um auszusagen, daß ihr der Gedanke an Röm 14,8 nicht genommen werden kann, auch wenn der Name Jesus Christus ihr oft verschlossen bleibt (s.116,2).

G. Heinrich von Nördlingen

1. ziehen
1.1. *minne des hl. geistes* (4,7f)
1.2. *gaist gotz* (47,47f)
1.3. *Jhesus Christus* (42,15f)
1.4. *mensche* (48,35(Pat).44(Pat); 51,57; 52,22)
1.5. *wandel* (43,85)
1.6. *leib* (48,7)
1.7. *sel* (48,24)
1.8. *lust* (16,41)
1.9. *alle hailigen* (43,94)

2. zug
2.1. *Margaretha* (38,3)
2.2. *himel* (44,4)
2.3. *mine* (51,48)

8. hinziehen
8.1. *mensche* (46,12)

11. *ufziehen*
11.1. *hertz* (15,8(Pat))
11.2. *Jhesus Christus* (15,15)

1.1. – 1.3.: Im Bild einer ziehenden Bewegung macht Heinrich u.a. die Tätigkeit Jesu Christi anschaulich, der das in Barmherzigkeit zu sich bringt, was er liebt (s.42,15f).

1.4. – 1.5.: Predigt und Zeichen Jesu haben den Effekt, daß Menschen dadurch in ihre Seligkeit (s.48,35) bzw. in die Gleichheit mit Gott (s.48,44) geführt werden. Die gleiche Bewegung hat das umgekehrte Ziel, wenn Heinrich von sich bekennt, daß er sich aufgrund zu großer Außenorientierung *"in alle ungeleichait meines innern und meines ausern menschen..."* (52,22f) gebracht hat. Demgegenüber kann der heiligmäßige Lebenswandel eines Menschen bewirken, daß die Aufmerksamkeit der guten Menschen auf ihn gerichtet wird (s.43,85).

1.6. – 1.7.: Während der Leib *"mit im züicht und mindert die gaub gotz..."* (48,7), wird die Position der Seele in Richtung Gottes verändert; in diesem Fall spricht Heinrich von *"einer hoch gezogner sel in got"* (48,23f).

1.8.: Heinrich fordert Margaretha auf, das Gesicht Jesu Christi, für das die *"in sich selber ziehende(n) lust"* kennzeichnend ist, auszuhalten (16,41).

1.9.: Jesus Christus ist für Heinrich der Bereich, in dem alle Heiligen - wie in der Metaphernkombination *gesogen/in sich gezogen* zur Sprache kommt - alles je besessene und geschenkte Gut in sich aufnehmen (s.43,94).

2.1.: Die Entfernung Margarethas von sich selbst, die Gott bewirken soll, weist für Heinrich Gemeinsamkeiten mit der Zug- und Flugbewegung auf: *"der geb got einen diemutigen druck under sich, einen andechtigen zuck usz ir selber und einen minenden flug uber sich selber und alle creatur in ir einigs lieb Jhesu Christum!"* (38,2-4).

2.2.: In einem himmlischen *zug* wurde dem neugeborenen Jesus an Weihnachten - so Heinrich - der Gruß einer andächtigen Seele zuteil (s.44,4).

2.3.: Als Ursache für die Hinwendung zu sich selbst sieht Heinrich in seiner aktuellen Situation (Anfang 1348) bei sich nicht die als *zug* vorgestellte Wirkung der Minne auf ihn an, sondern Verdruß und Flucht aus der Arbeit (s.51,48).

8.1.: Heinrich wünscht Margaretha neben *brinnendem ernst, senenden jamer* u.a. ein *stetiges hinziehen* zu Gott (s.46,12).

11.1. – 11.2.: Bei der Himmelfahrt Christi wird auch das Herz der Jünger dadurch verändert, daß es - Jesus Christus begleitend - *"wart gezogen... uf in gotlicher begird..."* (15,8). Einige Zeilen weiter bezeichnet Heinrich Jesus Christus als verantwortlich dafür, daß die Jünger ihre bisherige Position zur Höhe Gottes hin verlagern, indem Jesus sie mit sich *ufgezogen het* (s.15,15f).